國家出版基金項目

教育部哲學社會科學研究重大課題攻關項目

「十一五」國家重點圖書出版規劃項目·重大工程出版規劃

國家社會科學基金重大項目

北京大學「九八五工程」重點項目

儒藏

精華編六六册
經部禮類

儒藏

精華編

北京大學《儒藏》編纂與研究中心

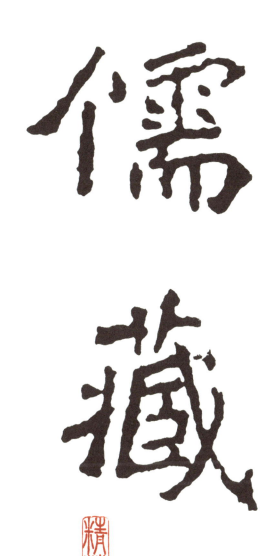

《儒藏》精華編第六六册

首席總編纂　季羨林

項目首席專家　湯一介

總編纂　湯一介　龐樸　孫欽善　安平秋

（按年齡排序）

本册主編　彭林

《儒藏》精華編凡例

一、中國傳統文化以儒家思想爲中心。《儒藏》爲儒家經典和反映儒家思想、體現儒家經世做人原則的典籍的叢編。收書時限自先秦至清代結束。

二、《儒藏》精華編爲《儒藏》的一部分，選收《儒藏》中的精要書籍。

三、《儒藏》精華編所收書籍，包括傳世文獻和出土文獻。傳世文獻按《四庫全書總目》經史子集四部分類法分類，大類、小類基本參照《中國叢書綜録》和《中國古籍善本書目》，於個别處略作調整。凡單書已收入入選的個人叢書或全集者，僅存目録，並注明互見。出土文獻單列爲一個部類，原件以古文字書寫者一律收其釋文文本。韓國、日本、越南儒學者用漢文寫作的儒學著作，編爲海外文獻部類。

四、所收書籍的篇目卷次，一仍底本原貌，不選編，不改編，保持原書的完整性和獨立性。

五、對入選書籍進行簡要校勘。以對校爲主，確定内容完足、精確率高的版本爲底本，精選有校勘價值的版本爲校本。出校堅持少而精，以校正誤爲主，酌校異同。校記力求規範、精煉。

六、根據現行標點符號用法，結合古籍標點通例，進行規範化標點。專名號除書名號用角號（《》）外，其他一律省略。

七、對較長的篇章，根據文字内容，適當劃分段落。正文原已分段者，不作改動。千字以内的短文一般不分段。

八、各書卷端由整理者撰寫《校點説明》，簡要介紹作者生平、該書成書背景、主要内容及影響，以及整理時所確定的底本、校本（舉全稱後括注簡稱）及其他有關情況。重複出現的作者，其生平事蹟按出現順序前詳後略。

九、本書用繁體漢字豎排，小注一律排爲單行。

《儒藏》精華編第六六册

經部禮類

通禮之屬

五禮通考卷第一百二十一

内廷供奉禮部右侍郎金匱秦蕙田編輯
太子太保總督直隸右都御史桐城方觀承同訂
兩淮都轉鹽運使德水盧見曾
按察司副使元和宋宗元 參校

吉禮一百二十一

祀孔子

【《春秋》哀公十六年《左氏傳》】夏四月己丑，孔丘卒。【注】仲尼既告老去位，猶書「卒」者，魯之君臣崇其聖德，殊而異之。四月十八日乙丑，無己丑，己丑，五月十二日，日月必有誤。公誄之曰：「旻天不弔，不慭遺一老，俾屏余一人以在位，❶煢煢余在疚。嗚呼哀哉！尼父，無自律。」【注】慭，❷且也。屏，蔽也。律，法也。言喪尼父無以自爲法。【疏】鄭衆曰：誄謂積累生時德行，以賜之命主爲其辭。鄭玄《禮記註》云：「誄，累也，誄列生時行迹，讀之以作謚。」此傳惟説誄辭，不言作謚，傳、記群書皆不言孔子之謚，蓋惟誄其美行，示己傷悼之情而賜之命耳，不爲之謚，故書傳無稱焉。至漢王莽輔政，尊尚儒術，封孔子後爲褒成侯，追謚孔子爲褒成宣尼君，明是舊無謚也。鄭玄《禮註》云：「尼父，因其字以爲之謚。」❸謂謚孔父爲尼父，鄭玄錯讀《左傳》云「以字爲謚」，遂復妄爲此解。

【《禮記・檀弓》】魯哀公誄孔丘曰：「天不遺耆老，莫相予位焉。嗚呼哀哉！尼父。」【注】誄其行以爲謚也。言孔子死，無佐助我處位者。尼

❶「以」，原脱，據《左傳・哀公十六年》補。

❷「慭」，原作「憖」，案：三家校以作「慭」爲是，經文已改，此處當是削而未盡者，故改。

❸「其」，原作「自」，據《左傳・哀公十六年》孔疏改。

父，因其字以爲之謚。吴氏澄曰：「誄者，述其功行以哀之之詞，如後世祭文之類，非謚也。」

【《欽定義疏》】有誄而不謚者，如哀公之誄尼父是也。有誄而謚者，如衛之謚貞惠文子是也。謚必兼誄，而誄不必兼謚。鄭謂誄其行以爲謚，似未必然。

【《史記·孔子世家》】孔子葬魯城北泗上。《皇覽》曰：「孔子冢去城一里。冢塋百畝，冢南北廣十步，東西十三步，高一丈二尺。冢前以瓴甓爲祠壇，方六尺，與地平。本無祠堂。冢塋中樹以百數，皆異種，魯人世世無能名其樹者。民傳言：『孔子弟子異國人，各持其方樹來種之。』其樹柞、枌、雒離、❶女貞、五味、毚檀之類。孔子塋中不生荆棘及刺人草。」弟子及魯人往從冢而家者百有餘室，因命曰孔里。魯世世相傳以歲時奉祀孔子冢，而諸儒亦講禮鄉飲大射于孔子冢。孔子冢大一頃，故所居堂，弟子内後世因廟，藏孔子衣冠琴車書，索隱曰：「謂孔子所居之室，其弟子之中，孔子没後，後代因廟，藏夫子平生衣冠琴書於壽堂中。」至於漢二百餘年不絶。高皇帝過魯，以太牢祀焉。諸侯卿相至，常先謁然後從政。

太史公曰：《詩》有之：「高山仰止，景行行止。」雖不能至，然心鄉往之。余讀孔氏書，想見其爲人。適魯，觀仲尼廟堂車服禮器，諸生以時習禮其家，余低回留之不能去云。天下君王至於賢人衆矣，當時則榮，没則已焉。孔子布衣，傳十餘世，學者宗之。自天子王侯，中國言《六藝》者，折中於夫子，可謂至聖矣！

右周。

【《漢書·高祖本紀》】十二年十一月，行自

❶「柞」，原作「作」；「離」，原脱，據《史記·孔子世家》校正。

淮南還，過魯，以太牢祀孔子。

丘氏濬曰：「此漢以來祀孔子之始。」

【《晉書·禮志》】昔武王入殷，未及下車，而封先代之後，蓋追思其德也。孔子以大聖而終於陪臣，未有封爵。至漢元帝，孔霸以帝師賜爵，號褒成君，奉孔子後。

【《漢書·儒林傳》】元帝即位，徵霸，以帝師賜爵關内侯，食邑八百户，號褒成君。

【《史記·孔子世家·正義》】《括地志》云：「漢封夫子十二代孫忠爲褒成侯。生光，爲丞相，封侯。平帝封孔霸孫莽二千户，爲褒城侯。後漢封十七代孫志爲褒成侯。魏封二十二代孫羡爲崇聖侯。晉封二十三代孫震爲奉聖亭侯。後魏封二十七代孫爲崇聖大夫，孝文帝又封三十一代孫珍爲崇聖侯。高齊改封珍爲恭聖侯。周武帝改封鄒國公。隋文帝仍舊封鄒國公，煬帝改爲紹聖侯。皇唐給復二千户，封孔子裔孫孔德倫爲褒聖侯也。」

【《成帝本紀》】綏和元年二月癸丑，詔曰：「蓋聞王者必存二王之後，所以通三統也。昔成湯受命，列爲三代，而祭祀廢絶。考求其後，莫正孔吉。其封吉爲殷紹嘉侯。」三月，進爵爲公，及周承休侯皆爲公，地各百里。

【《文獻通考》】梅福上書曰：「武王克殷，未及下車，存五帝之後，封殷於宋，紹夏於杞，明著三統，示不獨有也。是以姬姓半天下，遷廟之主流出於户，所謂存人以自立者也。今成湯不祀，殷人無後，陛下繼嗣久微，殆爲此也。《春秋經》曰：『宋殺其大夫。』《穀梁傳》曰：『其不稱名姓，以其在祖位，尊之也。』此言孔子故殷後也。雖不正統，封其子孫以爲殷後，禮亦宜之。何者？諸侯奪宗，聖庶奪適，《傳》曰『賢者子孫宜有土』，而况聖人又殷之後哉？昔成王以諸侯禮葬周公，而皇天動威，雷風著災。今仲尼之廟不出闕里，孔氏子孫不免編户，以聖人而歆匹夫之祀，非皇天之意也。今陛下誠能據仲尼之素功以封其子孫，則國家必獲其福，又陛下之名與天亡極，何者？追聖人素功封其子孫，未有法也，後聖必以爲則，不滅之名，可不勉哉！」福孤遠，又譏切王氏，故終不見納。初，武帝時，封周後姬嘉爲周子南君。至元帝時，尊周子南君爲周承休侯，位次諸侯王。使諸大夫、博士求殷後。分散爲十餘姓，郡國往往得其大家，推求子孫，絶不能紀。時匡衡議，以爲：「王者存二王後，所以尊其先王而通三統也。其犯誅絶之罪者，絶而更封他親爲始封君，上承其王者之始祖。《春秋》之義，諸侯不能守其社稷者絶。今宋國已不守其統而失國矣，則宜更立殷後爲始封君而上承湯統，非當繼宋之絶侯也，宜明得殷後而已。今之故宋，推求其嫡，久遠不可得，雖得其嫡，嫡之先已絶，不當得立。《禮記》孔子曰：『丘，殷人也。』先師所共傳，宜以孔子世爲湯後。」上以其語不經，遂見寢。至成帝時，梅福復言宜封孔子後以奉湯祀。綏和元年，立二王後，推迹古文，以《左氏》、《穀梁》、《世本》、《禮記》相明，遂下詔封孔子世爲殷紹嘉公。

蕙田案：紹嘉侯之封，雖曰繼殷之後，其實亦是奉孔子也。觀梅福之言，曰「今陛下誠能據仲尼之素功以封其子孫，則國家必獲其福」，匡衡之言，曰「《禮記》孔子曰：『某，殷人也。』先師所共傳，宜以孔子世爲湯後。」意可知矣。故《文獻通考》載之於《褒贈先聖先師門》內，而愚於是編亦附其內云。

【《平帝本紀》】元始元年，封孔子後孔均爲褒成侯，奉其祀，追謚孔子曰褒成宣尼公。

丘氏濬曰：「案此後世尊崇孔子之始。夫平帝之世，政出王莽。姦僞之徒，假崇儒之名，以收譽望，文姦謀。聖人在天之靈，其不之受也必矣。有若曰：『自生民以來，未有盛於夫子者也。』豈一言一行之美，而可以節惠立謚者哉！然則不加以謚號，將何以稱？曰：千萬世之下，惟曰『先師孔子』，以見聖人所以爲萬世尊崇者，在道不在爵位名稱也。」

【《後漢書·鍾離意傳》注】《意别傳》曰：「意爲魯相，到官，出私錢萬叁千文，付户曹孔訢修夫子車。身入廟，拭几席劍履。男子張伯除堂下草，土中得玉璧七枚，伯懷其一，以六枚白意。意令主簿安置几前。孔子教授堂下床首有懸甕，意召孔訢問：『此何甕也？』對曰：『夫子甕也，背有丹書，人莫敢發也。』意曰：『夫子聖人，所以遺甕，欲以懸示後賢。』因發之，得素書，文曰：『後世修吾書，董仲舒。護吾車，拭吾履，發吾笥，會稽鍾離意。璧有七，張伯藏其一。』意即召伯問，果服焉。」

右漢。

【《後漢書·世祖本紀》】建武五年二月壬申，封殷後孔安爲殷紹嘉公。【注】成帝封孔吉爲紹嘉公。安，即吉之裔也。

冬十月，還，幸魯，使大司空祠孔子。

蕙田案：此遣官祀闕里之始。

十三年二月庚午，以殷紹嘉公孔安爲宋公。

十四年夏四月辛巳，封孔子後志爲褒成侯。

【注】平帝封孔均爲褒成侯。志，均子也。

馬氏端臨曰：「西漢時，孔氏之裔，侯者二人，紹嘉侯奉殷後也，褒成侯奉孔子之後也。建武中興，襲爵如故。紹嘉之後不知所終。褒成之後，則志卒，子損嗣。至和帝永元四年，徙封褒尊侯。損卒，子曜嗣。曜卒，子元嗣。相傳至獻帝初，國絶。魏時再襲封，世世不絶。」

【《明帝本紀》】永平十五年三月，幸孔子宅，祠仲尼及七十二弟子。親御講堂，命皇太子、諸王説經。

注《漢春秋》曰：「帝時升廟立，群臣中庭北面，皆再拜。帝進爵而後坐。」

【《册府元龜》】永平十五年，帝東巡過魯，幸孔子宅，祠仲尼及七十二弟子。親御講堂，命皇太子、諸王説經。帝自製《五經要説》章句，令桓郁較定於宣明殿。其後帝親於辟雍自講所著五經章，已，復令郁説一篇。帝謂郁曰：「我爲孔子，卿爲子夏，起予者商也。」又問郁曰：「子幾人能傳學？」郁曰：「臣子皆未能傳學，孤兄子一人，學方起。」帝曰：「努力教之。有起者即白之。」

丘氏濬曰：「此後世祀孔子弟子之始。」

【《章帝本紀》】元和二年二月丙辰，東巡狩。三月己丑，進幸魯。庚寅，祀孔子於闕里，及七十二弟子，賜褒成侯及諸孔男女帛。

《東漢書》曰：「祠禮畢，命儒者論難。」

【《孔僖傳》】元和二年二月，帝東巡狩，還，過魯，幸闕里，以太牢祀孔子及七十二人，作六代之樂，大會孔氏男子二十以上者六十三人，命儒者講《論語》。僖自陳謝，帝曰：「今日之會，於卿宗有光榮乎？」對曰：

「臣聞明王聖主，莫不尊師貴道。今陛下親屈萬乘，辱臨敝里，此乃崇禮先師，增輝聖德，至於光榮，非所敢承。」帝笑曰：「非聖者子孫，焉有斯言乎？」遂拜僖郎中，賜褒成侯損及孔氏男女錢帛。

【《安帝本紀》】延光三年春二月，東巡狩。三月戊戌，祀孔子及七十二弟子於闕里。自魯相、令、丞、尉及孔氏親屬、婦女、諸生悉會。賜褒成侯以下帛各有差。

【《闕里志》】元嘉二年，詔孔子廟置百石卒史一人，掌領禮器。春秋享禮，出王家錢，給大酒值。河南尹給牛、羊、豕各一，大司農給米。

【後漢《置百石卒史詔碑》】❶司徒臣雄、司空臣戒稽首言：「魯前相瑛書言，詔書崇聖道，勉六藝，孔子作《春秋》，制《孝經》，刪述五經，演《易・繫辭》，經緯天地，幽贊神明，故特立廟，褒成侯四時來祠，事已即去。廟有禮器，無常人掌領。請置百石卒史一人，典主守廟。春秋饗禮，則出王家錢，給大酒直。須報。謹問太常祠曹掾馮牟、史郭元，辭對：故事，辟雍禮，夫行祠先聖師，侍祠者孔子子孫、太宰、太祝令各一人，皆備爵，太常丞監祠，河南尹給牛、羊、豕各一，❷大司農給米祠。臣愚以爲宜如瑛言。夫子大聖，則象乾坤，爲漢制作，先世所尊，祠用衆牲，長吏備爵。今欲加寵子孫，敬恭明祀，傳於罔極，可許。臣請魯相爲孔子廟置百石卒史一人，掌領禮器，出王家錢，給大

❶ 案：此碑名稱，《隸釋》作「孔廟置守廟百石孔龢碑」，《幸魯盛典》作「魯相置孔子廟百石卒史碑」，《集古録》卷二作「魯相置孔子廟卒史碑」，皆無「詔」字。

❷ 「豕」下，庫本有「雞」字。

酒直，他如故事。臣雄、臣戒愚戇，誠惶誠恐，頓首稽首，死罪死罪。臣稽首以聞。」制曰「可」。元嘉三年三月二十七日壬寅，司徒雄、司空戒下魯相承書從事下當用者，選年四十以上，經通一藝，雜試通利，能弘先聖之禮，爲宗所歸者，如詔書到言。永興元年六月甲辰朔十六日辛酉，魯相平行長史：「事下守長，擅叩頭死罪，敢言之司徒、司空府。壬寅，詔書爲孔子廟置百石卒史一人，掌領禮器，選年四十以上，經通一藝，雜試通利，能奉弘先聖之禮，爲宗所歸者，平叩頭叩頭，死罪死罪。謹案文書，守文學掾魯孔龢、師孔憲、户曹史孔覽等雜試。龢修《春秋》嚴氏，通經高第，事親至孝，能奉先聖之禮，爲宗所歸一，除龢補名狀如牒。平惶恐叩頭，死罪死罪，❶上司空府。」讚曰：巍巍大聖，赫赫彌章。相乙瑛，字少卿，平原高唐人。令鮑疊，字文公，上黨屯留人。政教稽古，名重規矩。乙君察舉守宅除吏，❷孔子十九世孫麟廉請置百石卒史一人，鮑君造作百石史舍，功垂無窮，于是始闕。❸

靈帝建寧二年，詔祀孔子，依社稷，出王家穀，春秋行禮。

【《魯相史晨奏出王家穀祀夫子碑》】建寧二年三月癸卯朔七日己酉，❹魯相臣晨、

❶ 二「死罪」，原脱其一，據《隸釋》卷一、《幸魯盛典》卷八補。

❷ 「乙」，原作「之」，據庫本改。

❸ 「闕」，原脱，據庫本及《隸釋》卷一補。

❹ 「七」，原作「二十」，據庫本及《隸釋》卷一「魯相史晨祠孔廟奏銘」、《幸魯盛典》卷九「附録」改。

長史臣謙，頓首死罪，上言：❶臣蒙厚恩，受任符守，得在奎婁周孔舊寓，不能闡弘德政，恢崇一變，夙夜憂怖，累息屏營。臣晨頓首頓首，死罪死罪。臣以建寧元年到官，行秋享，飲酒泮宮畢，復禮孔子宅，拜謁神座，仰瞻榱桷，俯視几筵，靈所憑依，肅肅猶存，而無公出酒脯之祠。臣即自以俸錢修上，案食醊具，以敘小節，不敢空謁。❷臣伏念孔子乾坤所挺，❸西狩獲麟，爲漢制作，故《孝經援神契》曰：「玄丘制命帝卯行。」又《尚書考靈曜》曰：「丘生倉際，觸期稽度，爲赤立制，❹故作《春秋》以明文命，綴紀撰書，修定禮義。」❺臣以爲素王稽古，德亞皇代，雖有褒成世享之封，四時來祭，畢即歸國。臣伏見臨辟雍日祠夫子以太牢，長吏備爵，所以尊先師，重教化。夫封土爲社，❻立稷而祀，皆爲百姓興利除害，以祈豐穰。《月令》「祀百辟卿士有益於民」，矧乃孔子玄德焕炳，光於上下，而本國舊居，復禮之日，闕而不祀，誠朝廷聖恩所宜特加。臣寢息耿耿，情所思維。臣輒依社稷出王家穀，春秋行禮，以供禋祀，餘胙賜先王執事。臣晨誠惶誠恐，頓首頓首，

❶「上言」，《隸釋》、《幸魯盛典》皆作「上尚書，臣晨頓首頓首，死罪死罪」。

❷「謁」，原作「渴」，據庫本及《隸釋》卷一、《幸魯盛典》卷九改。

❸「坤」，原作「元」，據庫本改。案《隸釋》作「巛」，即「坤」字。

❹「赤」，原作「志」，據庫本及《隸釋》卷一、《幸魯盛典》卷九改。案：《隸釋》、《幸魯盛典》無「立」字。

❺「義」，原作「議」，庫本作「儀」，據《隸釋》卷一、《幸魯盛典》卷九改。

❻「土」，原作「王」，據庫本及《隸釋》卷一、《幸魯盛典》卷九改。

死罪死罪，上言。❶太傅、❷太尉、司徒、司空、大司農府、治所部從事。❸昔在仲尼，汁光之精。大帝所挺，顔母毓靈。承敝遭衰，黑不代倉。轍環歷聘，歎鳳不臻。自衛反魯，養徒三千。獲麟輟作，端門見徵。血書著紀，黄玉韺應。❹王爲漢制，道審可行。乃作《春秋》，復演《孝經》。删定六藝，象與天談。鈎河適洛，郤揆未然。巍巍蕩蕩，與乾比崇。

右東漢。

【《三國・魏志・文帝本紀》】黄初二年春正月，詔曰：「昔仲尼資大聖之才，懷帝王之器，當衰周之末，無受命之運，在魯衛之朝，教化乎洙泗之上。棲棲焉，遑遑焉，欲屈己以存道，貶身以救世，於時王公終莫能用之。乃退考五代之禮，修素王之事，因魯史而制《春秋》，就太師而正雅頌，俾千載之後，莫不宗其文以述作，仰其聖以成謀，兹可謂命世之大聖，億載之師長者也。以遭天下大亂，百祀墮廢，舊居之廟毁而不修，褒成之後絶而莫繼，闕里不聞講頌之聲，四時不覩烝嘗之位，斯豈所謂崇化報功，盛德百代必祀者哉？其以議郎孔羡爲宗聖侯，邑百户，奉孔子祀。命魯郡修起舊廟，置百石吏卒以守衛之。又於其外廣爲室屋，以居學者。」

【《晉書・禮志》】魏文帝黄初二年正月，詔以議郎孔羡爲宗聖侯，邑百户，奉孔子祀。

❶「上言」，《隸釋》、《幸魯盛典》皆作「上尚書時副言」，《隸釋》於「尚書」下小字注「闕三字」。

❷「太傅」，原脱，據《隸釋》卷一、《幸魯盛典》卷九補。

❸「從事」下，原衍「府」字，據《隸釋》卷一、《幸魯盛典》卷九删。

❹「血書」，原作「彤黄」，「黄玉韺應」，原作「黄王景主應」，據庫本及《隸釋》卷一、《幸魯盛典》卷九改。

令魯郡修舊廟，置百户吏卒以守衛之。

【《魏志・崔林傳》】林爲司空。魯相上言：「漢舊立孔子廟，襃成侯歲時奉祀，辟雍行禮，必祭先師，王家出穀，春秋祭祀。今宗聖侯奉嗣，未有命祭之禮，宜給牲牢、長吏奉祀，尊爲貴神。」制三府議。博士傅祇以《春秋傳》言『立在祀典』，則孔子是也。宗聖適足繼絶世、章盛德耳。至於顯立言，崇明德，則宜如魯相所上」，林議以爲：「宗聖侯亦以王命祀，不爲未有命也。周武王封黄帝、堯、舜之後，及立三恪，禹、湯之世，不列於時，復特命他官祭也。今周公以上達於三皇，忽焉不祀，而禮經亦存其言。今獨祀孔子者，以世近故也。以大夫之後，特受無疆之祀，禮過古帝，義踰湯、武，可謂崇明報德矣，無復重祀於非族也。」

右三國魏。

【《晉書・武帝本紀》】泰始三年十二月，徙宗聖侯孔震爲奉聖亭侯。

【《禮志》】武帝泰始三年十一月，改宗聖侯孔震爲奉聖亭侯。又詔太學及魯國，四時備三牲，以祀孔子。

【《宋書・禮志》】晉明帝大寧三年，詔給事奉聖亭侯孔亭四時祀孔子祭，如泰始故事。

【《晉書・孝武帝紀》】太元十一年秋八月庚午，封孔靖之爲奉聖亭侯，奉宣尼祀。

【《宋書・文帝本紀》】元嘉十九年十二月丙申，詔曰：「胄子始集，學業方興，自微言泯絶，逝將千祀，感事思人，意有慨然。奉聖之胤，❶可速議繼襲。於先廟地，特爲營造，

❶「胤」，原作「後」，乃避諱而改，今依《宋書・文帝本紀》回改。

依舊給祠置令，❶四時享祀。闕里往經寇亂，黌校殘毁，并下魯郡修學舍，採召生徒。昔之賢哲及一介之善，猶或衛其丘壠，禁其芻牧，況尼父德表生民，功被百代，而墳塋荒蕪，荆棘弗剪。可蠲墓側數户，以掌灑掃。」魯郡上民孔景等五户，居近孔子墓側，蠲其課役，供給灑掃，并種松栢六百株。

【《孝武帝本紀》】孝建元年十月戊寅，詔曰：「仲尼體天降德，維周興漢，經緯三極，冠冕百王。爰自前代，咸加褒述。典司失人，用闕宗祀。先朝遠存遺範，有詔繕立，世故妨道，事未克就。國難頻深，忠勇奮勵，實憑聖義，大教所敦。永惟兼懷，無忘待旦。可開建廟制，同諸侯之禮。詳擇爽塏，❷厚給祭秩。」

【《禮志》】文帝元嘉八年，奉聖侯有罪，奪爵。至十九年，又授孔隱之。隱之兄子熙先謀逆，又失爵。二十八年，更以孔惠雲爲奉聖侯，後有重疾，失爵。孝武大明二年，又以孔邁爲奉聖侯。邁卒，子莽嗣，有罪，失爵。

【《齊書·武帝本紀》】永明七年二月，詔曰：「宣尼誕敷文德，峻極自天，發輝七代，陶鈞萬品，英風獨舉，素王誰匹。功隱於當年，道深於日月。感麟厭世，緬邈千祀。川竭谷虚，丘夷淵塞，非但洙泗湮淪，至乃饗嘗乏主。前王敬仰，崇修寢廟，歲月亟流，鞠爲茂草。今學斆興立，實稟洪規，撫事懷人，彌增欽屬。可改築宗祊，務在爽塏，量給祭秩，禮同諸侯。奉聖之爵，以時紹繼。」

【《明帝本紀》】永泰元年三月，詔曰：「仲尼

❶「置」，原作「直」，據《宋書·文帝本紀》改。
❷「詳」，原脱，據《宋書·孝武帝本紀》補。

明聖在躬，允光上哲，弘厥雅道，大訓生民，師範百王，軌儀千載，立人斯仰，忠孝攸出，玄功潛被，至德彌闡。雖反袂遐曠，而祧薦靡闕，時祭舊品，秩比諸侯。頃歲以來，祀典凌替，俎豆寂寥，牲奠莫舉，豈所以克昭盛烈，永隆風教者哉？可式循舊典，詳復祭秩，使牢餼備禮，欽饗兼申。」

【《梁書·武帝本紀》】天監四年六月庚戌，立孔子廟。

【《敬帝本紀》】太平二年春正月壬寅，詔曰：「夫子降靈體喆，經仁緯義，允光素王，載闡玄功，仰之者彌高，誨之者不倦。立忠立孝，德被蒸民，制禮作樂，道冠群后。雖泰山頹峻，一簣不遺，而泗水餘瀾，千載猶在。自皇圖屯阻，祧薦不修，奉聖之門，胤嗣殲滅，❶敬神之寢，簠簋寂寥。永言聲烈，實兼欽愴。可搜舉魯國之族，以爲奉聖後。并繕廟堂，供備祀典，四時薦秩，一皆遵舊。」

【《陳書·廢帝本紀》】光大元年十二月庚寅，以兼從祀中郎孔英哲爲奉聖亭侯，奉孔子祀。

【《北魏書·世祖本紀》】太平真君十一年八月，輿駕南伐。十有一月，至於鄒山，使使者以太牢祀孔子。

【《禮志》】世祖南征，至魯，以太牢祭孔子。「顯祖皇興二年，以青、徐既平，遣中書令兼太常高允以太牢祀孔子。」

【《册府元龜》】皇興二年，以青、徐平，詔中書令高允兼太常，至兖州，以太牢祭孔子廟。帝謂允曰：「此簡德而行，勿有辭也。」

❶「胤嗣」，原作「嗣續」，乃避諱而改，今據《梁書·敬帝本紀》回改。

【《北魏書・高祖本紀》】延興二年二月乙巳，詔曰：「尼父禀達聖之姿，體生知之量，窮理盡性，道光四海。頃者淮、徐未賓，廟隔非所，致令祀典寢頓，禮章殄滅，遂使女巫妖覡，淫進非禮，殺牲鼓舞，倡優媟狎，豈所以尊明神、敬聖道者也。自今以後，有祭孔子，廟制用酒脯而已，不聽婦女合雜，以祈非望之福。犯者以違制論。其公家有事，自如常禮，犧牲粢盛，務盡豐潔，臨時致敬，令肅如也。牧司之官，明糾不法，使禁令必行。」

太和十三年七月，立孔子廟於京師。

　蕙田案：此京師立孔廟之始。

十六年二月丁未，改謚宣尼曰文聖尼父，告謚孔廟。癸丑，帝臨宣文堂，引儀曹尚書劉昶、鴻臚卿游明根、行儀曹事李韶，授策孔子，崇文聖之謚。於是，昶等就廟行事。既而帝齋中書省，親拜祭於廟。

丘氏濬曰：案有司薦享始于此。前此但云釋奠，而未嘗言廟，至是始有宣尼廟之文。

　蕙田案：此即十三年所立京師之廟，丘氏不深考，遂以爲至是始有宣尼廟之文耳。

十九年四月庚申，行幸魯城，親祠孔子廟。辛酉，詔拜孔氏四人、顔氏二人爲官。如徐州，又詔選諸孔宗子一人封崇聖侯，邑一百户，以奉孔子之祠。又詔兗州爲孔子起園栢，修餙墳壠，更建碑銘，褒揚聖德。

【《文獻通考》】後魏封孔子二十七葉孫乘爲崇聖大夫。孝文太和十九年，改封二十八葉孫珍爲崇聖侯。

【《北齊書・文宣帝本紀》】天保元年六月，詔封崇聖侯邑一百户，以奉孔子之祀。并下魯郡，以時修治廟宇，務盡褒崇之至。遣使人致祭孔父。

【《文獻通考》】北齊改封三十一代孫爲恭聖侯。

後周武帝平齊，改封孔子後爲鄒國公。

【《北周書·宣帝本紀》】大象二年三月丁亥，詔曰：「盛德之後，是稱不絶，功施於民，義昭祀典。孔子德惟藏往，道實生知，以大聖之才，屬千古之運，載弘儒業，式叙彝倫。至如幽贊天人之理，裁成禮樂之務，故以作範百王，垂風萬葉。朕欽承寶歷，服膺教義，眷言洙泗，懷道兹深。且褒成啟號，雖彰故實，旌崇聖績，猶有闕如。可追封爲鄒國公，邑數准舊，并立後承襲。別於京師置廟，以時祭享。」

右南北朝。

【《文獻通考》】隋文帝仍舊封孔子後爲鄒國公，煬帝改封爲紹聖侯。

右隋。

【《唐書·禮樂志》】高祖武德九年，封孔子之後爲褒聖侯。

【《闕里志》】武德九年十二月二十九日，詔曰：「宣尼以大聖之德，天縱多能，王道藉以裁成，人倫資其教義，故孟軻稱生民以來，一人而已。自漢氏馭歷，魏室分區，爰及晉朝，暨於隋氏，咸相尊尚，用存享祀。朕欽若前王，憲章故實，親師宗聖，是所庶幾，存亡繼絶，仰推通典。可立孔子後爲褒聖侯，以隋故紹聖侯孔嗣衍嫡子德倫爲嗣。」

【《唐書·太宗本紀》】貞觀十一年七月丙午，給兖州孔子廟户二十，以奉享。

【《禮樂志》】貞觀十一年，尊孔子爲宣父，作廟於兖州，給户二十以奉之。

【《文獻通考》】貞觀十一年，封孔子裔德倫爲褒聖侯。

【《舊唐書·高宗本紀》】乾封元年正月甲午，次曲阜縣，幸孔子廟，追贈太師，增修祠宇，以少牢致祭。

【《闕里志》】乾封元年正月，車駕發泰山，至曲阜，親幸祠廟，詔曰：「朕聞德契機神，盛烈光於後代；化成天下，元功被於庶物。魯大司寇宣尼父孔某，資大聖之材，屬衰周之末，思欲屈己濟俗，弘道佐時。歷聘周流，莫能見用，想乘桴而永歎，因獲麟而興感。於是垂素王之雅則，正魯史之繁文，播鴻業於一時，昭景化於千祀。朕嗣膺寶歷，祗奉璿圖，憲章前王，規矩先聖，崇至公於海內，行大道於天下，遂得八表乂安，兩儀交泰，功成化洽，禮備樂和。展采東巡，回輿西土，途經茲境，撫事興懷，駐蹕荒區，願爲師友。瞻望幽墓，思承格言，雖殿寢荒蕪，舊基尚在，靈廟空寂，徽烈猶存。孟軻曰：自生民以來，未若孔子者也。微禹之歎既深，褒崇之道宜峻。可追贈太師，庶年代雖遠，式範令圖，景業維新，儀刑茂實。其廟宇傾頽者，宜更加修造。仍令三品一人，以少牢致祭。褒聖侯德倫，既承允嗣，有異常流，其子孫並宜免賦役。」

【《册府元龜》】咸亨元年五月，詔曰：「諸州縣孔子廟堂有破壞并先來未造者，遂使先師闕奠祭之儀，久致飄零，深非敬本。宜令有司速事營造。」

【《唐書·禮樂志》】武后天授元年，封周公爲褒德王，孔子爲隆道公。神龍元年，以鄒魯百户爲隆道公采邑，以奉歲祀。子孫世襲褒聖侯。

【《舊唐書·禮儀志》】神龍元年，以鄒魯百户封隆道公，謚曰文宣。

太極元年正月，詔孔宣父祠廟，令本州修飾，取側近三十户以供灑掃。

【《玄宗本紀》】開元十三年十一月丙申，幸孔子宅，遣使以太牢祭其墓，給復近墓五户。

【《册府元龜》】十三年，親設奠祭，詔曰：「孔宣父誕聖自天，垂範百代，作王者之師表，開生民之耳目。朕增封岱嶽，迴鑾泗濱，思闕里之風，想雩壇之詠。逖矣遺烈，慨然永懷。式遵祀典，用申誠敬。宜令禮部尚書蘇頲以太牢致祭。仍令州縣以時祀享，復近墓五户，長供掃除。」

【《玉海》】古者惟功臣與祭大烝，未聞弟子從祀於師也。自建武祠七十二子於孔廟，然亦不出闕里也。貞觀末，加以左、卜諸儒從祀太學，而武成王之祠亦倣而爲之。總章、開元以來，又加諸儒以三等之爵，而州縣學宫咸有從祀矣。

【《文獻通考》】德宗建中三年，以文宣王三十七代孫齊卿爲兗州司馬，襲文宣王。

憲宗元和四年，以文宣王三十八代孫惟昉爲兗州參軍。

十三年，以文宣王三十八代孫惟晊襲文宣王。

武宗會昌二年，以文宣王三十九代孫榮爲國子監丞，襲文宣王。

右唐。

【《五代史·周本紀》】太祖廣順二年六月乙酉朔，幸曲阜，祀孔子。

【《册府元龜》】廣順二年五月，親往兗州。辛未，遣端明殿學士顔衍往曲阜，祀文宣王廟。六月己酉，幸曲阜，謁孔子廟。既畢，其所奠金花銀爐十數事留於祠所，以備享。

遂幸孔林，拜孔子墓。墳側有石壇，是唐朝封禪迴謁孔子之壇，二百餘年間絶東封之禮，洙泗之上無復鑾和之音。帝以武功之餘，枉車致敬，尊師重道，不亦優乎？

【《文獻通考》】廣順二年六月，以文宣王四十三代孫、前曲阜縣令孔仁玉復爲曲阜縣令，仍賜緋魚袋；以亞聖顔淵裔孫顔涉爲曲阜縣主簿。仍敕兖州修葺祠宇，墓側禁樵採。時車駕親征，兖州初平，遂幸曲阜，謁孔子祠。既奠，將致敬，左右曰：「仲尼人臣，無致敬之禮。」上曰：「文宣百代帝王師，得無拜之！」即拜奠於祠前。

胡氏寅曰：「人爲諂諛，趨利而不顧義者也。孔子大聖，途之人猶知之，豈以位云乎？如以位，固異代之陪臣也；如以道，則配乎天地；如以功，則賢乎堯舜。卒伍一旦爲帝王，而以異代陪臣臨天下之大聖，豈特趨利導諛，又無是非之心矣。斯臣也，當周太祖時以拜孔子爲不可，則當石高祖時必以拜契丹爲可者。是故君子有言天下國家所患，莫甚於在位者不知學。在位者不知學，則其君不得聞大道，則淺俗之論易入，理義之言難進。人主功德高下，一係於此。然則學乎學乎，豈非君臣之急務哉！」

【《祖庭廣記》】周高祖親征慕容彦超，至兖州，城將破，夜夢一人，狀甚魁異，被王者服。城陷。取委巷入，適夫子廟在，帝豁然曰：「昨夢殆夫子乎？不然，何路與廟會。」因駐蹕，升堂瞻像，一如夢中所見，感喜下拜。

右五代。

【《闕里志》】宋建隆三年，詔祭文宣王用一品禮，立十六戟於廟門，仍詔用《永安》

之曲。

【《文獻通考》】太祖乾德四年，以文宣王四十四代陵廟主、進士孔宜爲兖州曲阜縣主簿。

太宗太平興國三年，詔孔宜可授太子右贊善大夫，襲封文宣公。十月，詔免兖州曲阜縣襲封文宣公家租税。先是，歷代以聖人之後，不預庸調。周顯德中，遣使均田，遂抑爲編户。至是孔氏訴於州以聞，帝特免之。

【《宋史·真宗本紀》】景德四年五月，兖州增二十户守孔子墳。八月辛亥，賜文宣王四十六世孫聖佑同學究出身。

大中祥符元年十一月戊午，幸曲阜縣，謁文宣王廟，服鞾袍，再拜。幸叔梁紇堂。近臣分奠七十二弟子。遂幸孔林，加謚孔子曰玄聖文宣王。遣官祭以太牢，給近便十户奉塋廟。賜其家錢三十萬，帛三百匹。以四十六世孫聖佑爲奉禮郎，近屬授官、賜出身者六人。

【《禮志》】大中祥符元年，封泰山，詔以十一月一日幸曲阜，備禮謁文宣王廟，内外設黄麾仗，孔氏宗屬並陪位。帝服鞾袍，行酌獻禮。又幸叔梁訖堂，命官奠七十二弟子、先儒洎叔梁紇、顔氏。初，有司定儀肅揖，帝特展拜，以表嚴師崇儒之意。親製贊，刻石廟中。復幸孔林，以樹擁道，降輿乘馬，至文宣王墓，設奠再拜。詔追謚曰玄聖文宣王，祝文進署，祭以太牢，修飾祠宇，給便近十户奉塋廟。仍追封叔梁紇爲齊國公，顔氏魯國夫人，伯魚母亓官氏鄆國夫人。

【王圻《續通考》】大中祥符元年十一月，制曰：「王者順考古道，懋建大猷。崇四術以化民，昭宣教本；總百王而致治，丕變人文。方啟迪於素風，思丕揚於鴻烈。先聖文宣王，道膺上聖，體自生知，以天縱之多能，實人倫之先覺。玄功侔乎簡易，景鑠配乎貞明，惟列辟以尊崇，爲億載之師表。朕以寡昧，欽承命歷，曷嘗不遵守彝訓，保乂中區。屬以祗若元符，告成喬嶽，觀風廣魯之地，飭駕數仞之牆，躬詣遠祠，緬懷遐躅，仰明靈之如在，肅奠獻以惟寅。是用稽簡册之文，昭聰叡之德，聿舉追崇之禮，庶申嚴奉之心，備物典章，垂之不朽，誕告多士，昭示朕意。宜追謚曰玄聖文宣王。」

【《曲阜縣志》】大中祥符元年，封聖考叔梁紇爲齊國公，聖母顔氏爲魯國太夫人。制曰：「朕以祗陟岱宗，新巡魯甸，永懷先聖之德，躬造闕里之庭。奠獻周旋，欽崇備至，惟降靈之所自，亦錫美之有初。像設具存，名稱斯闕，宜加追命，以焕典章。叔梁紇宜追封齊國公，顔氏宜追封魯國太夫人。」遣部官員外郎王勵精虔祭告，追封聖配亓官氏爲鄆國夫人。制曰：「朕巡行魯郡，躬詣聖堂，顧風教之所尊，舉典章而既渥，眷惟令淑，作合聖靈，載稽簡册之文，尚闕追崇之數。屬茲咸秩，特示追崇，垂厥方來，式昭遺範。亓官氏宜追封鄆國夫人，仍令兗州遣官詣曲阜祭告。」

【《宋史·真宗本紀》】大中祥符五年十二月壬申，改謚玄聖文宣王曰至聖文宣王。

【《禮志》】以國諱改謚至聖文宣王，賜孔氏錢帛，録親屬五人，並賜出身。又賜太宗御製御書一百五十卷，銀器八百兩。

丘氏濬曰：「案真宗先詔有司檢討漢唐褒崇先聖故事，初欲追謚爲帝。或言宣父周之陪臣，周止稱王，不當加帝號。故第增美名，曰玄聖，蓋以《春秋演孔圖》曰

『孔子母感黑帝而生』，故曰玄。《莊子》曰『恬澹玄聖，素王之道』，遂取以爲稱。嗚呼！孔子之道，非一言一義所可盡者，謚之有無，固不爲之輕重，况加之非聖之言？既加之矣，而又以犯其誕妄之祖之諱而改之哉！」

【《闕里志》】宋真宗東封，王欽若言祭尼丘山，上有紫雲、氣，長八九丈。詔遣入内殿頭楊懷玉祭謝。

天禧二年，賜文宣公家祭冕服，又賜行宮材，修葺廟宇。又敕兗州差兵士四十人，員寮一人，於本廟巡宿守護。官物仍委轉運司於轄下有衣甲軍器處約度支於本廟。

【《文獻通考》】天禧元年，以文宣王四十六代孫、光禄寺丞聖佑襲封文宣公。

皇祐三年，詔：「兗州仙源縣，自國朝以來，世以孔氏子孫知縣事，使奉承廟祀。近歲廢而不行，非所以尊先聖也。今後宜復以孔氏子弟充選。」

【《宋史·仁宗本紀》】至和二年三月丙子，封孔子後爲衍聖公。

【《文獻通考》】集賢殿學士劉敞言：「據禮部員外郎、直集賢院祖無擇奏：『伏見至聖文宣王四十七代孫孔宗愿襲封文宣公，乃是其人未死已賜謚矣。臣切觀前史，孔子之後襲封者衆，在漢、魏則曰褒成、褒聖、宗聖，在晉、宋亦曰奉聖，後魏曰崇聖，北齊曰恭聖，後周及隋封以鄒國，唐初曰褒聖。或爲君，或爲侯、爲公、爲大夫，使奉祭祀。惟漢平帝追謚孔子爲褒成宣尼公，遂以均爲褒成君。至唐開元二十七年追謚爲文宣王，又以其後爲文宣公，是皆以祖之美謚而加後嗣，生而謚之，不經甚矣。欲乞明詔有司，詳求古訓，或封以小國，或取尊儒褒聖之義，別定美號，加於封爵，著於令式，使千古之下無以加於我朝之盛典也。』奉聖旨，送兩制詳議。臣等謹案：漢元帝初元元年，以師孔霸爲關内侯，食邑八百户，號褒成君，而霸上書求奉孔子祭祀，元帝下詔曰：『其令師褒成君、關内侯霸，以所食八百户祀孔子。』及霸卒，子福嗣，福卒，子房嗣，房卒，子莽嗣，皆稱褒成君。至平帝元始元年，始更以二千户封莽爲褒成侯，而追謚孔子曰褒成宣尼公。以此觀之，則褒成者國也，宣尼者謚也，公爵者爵也，褒成宣尼公，猶曰河間獻王云耳。蓋推宣尼以爲褒成祖，非用褒成以爲宣尼謚也。唐世不深察此義，而以褒成爲夫子之謚，因疑霸等號封褒成，皆襲其祖之舊耳，故遂封夫子文宣王而爵其後文宣公。考校本末，甚失事理。先帝既封泰山，親祠闕里，又加文宣以至聖之號，則人倫之極致，盛德之顯名，盡在此矣，尤非其子孫臣庶所宜襲處而稱之者也。臣等以爲無擇議是，可用。其文宣王四十七代孫孔宗愿，伏乞改賜爵名，若褒成、奉聖之比，上足以尊顯先聖，有不可階之勢，下不失優孔氏，使得守繼世之業，改唐之失，法漢之舊。傳曰『必也正名』，又曰『正稽古立事，可以永年』，此之謂也。」

【《闕里志》】慶曆中，梁適知兗州，乞以廟兵代廟户，又裁減人數。方是時，宰相章得象欲如其請。參知政事范仲淹獨曰：「此事與尋常利害不同，自是朝廷崇奉聖師美事。仁義可息，則此人數可減。吾輩雖行，他人必復之。」朝論遂已。當時天下以此賢仲淹而鄙得象。

【《文獻通考》】英宗治平元年，詔勿以孔氏子弟知仙源縣，其襲封人如無親屬在鄉里，令常任近便官，不得遠去家廟。京東提刑王綱乞慎重長民之官，故有是詔。

哲宗元祐元年，朝議大夫孔宗翰辭司農少卿，請依家世例，知兗州，以奉孔子祀。從之。宗翰又言：「孔子後襲封疏爵，本爲侍祠。今乃兼領他官，不在故郡。請自今不使襲封之人更兼他職，終身使在鄉里。」事下禮部、太常寺禮官議，欲依所請，釐定典禮，命官以司其用度，立學以訓其子孫。襲封者專主祠事，增賜田百頃，供祭祀之餘，許均贍族人。其差墓户並如舊法。賜書，置教授一員，教諭其家子孫。鄉鄰或願從學者，聽。改衍聖公爲奉聖公，及删定家祭冕服等制度，頒賜。詔「可」。

元符元年，吏部言：「請下兗州，於孔子家衆議承襲之人，不必子繼，所貴留意祖廟，敦睦族人。」從之。

高宗紹興八年，詔衢州於係官田内撥賜五頃，賜主奉先聖祠事。襲封衍聖公孔玠以孔氏渡江，子孫隔絶林廟，故賜田以奉先聖蒸嘗也。

二十四年，以文宣王五十代孫搢補右承奉郎，襲封衍聖公，奉祀事。

光宗紹熙四年，以文宣王五十一代孫孔文遠爲承奉郎，襲封衍聖公。

右宋。

【《金史·熙宗本紀》】天眷三年十一月癸丑，以孔子四十九代孫璠襲封衍聖公，奉孔子後。

【王圻《續通考》】海陵天德二年二月，初定襲封衍聖公俸格，有加於常品，又加拯承直郎。

大定十六年，詔立兖州學，闕里廟宅子孫年十三以上，入學者不限數。

【《金史·世宗本紀》】大定二十年十二月癸卯，特授襲封衍聖公孔總爲兖州曲阜令，封爵如故。

【王圻《續通考》】時召總至京師，欲與之官。尚書省奏：「總主先聖祀，若加任使，守奉有缺。」上曰：「然。」乃授曲阜縣令。

【《章宗本紀》】明昌元年三月，詔修曲阜孔子廟學。二年四月，詔襲封衍聖公孔元措視四品秩。

【王圻《續通考》】章宗明昌三年四月，詔曰：「衍聖公秩視四品，階止八品，❶不稱。可超遷中議大夫，永著於令。」元泰定三年，山東廉訪使王鵬南言：「孔思誨襲爵上公，階止四品，於格弗稱，且失尊崇意。」遂進階嘉議大夫。

三年十月壬子，有司奏增修曲阜宣聖廟，敕：「党懷英撰碑文，朕將親行釋奠之禮。其檢討典故以聞。」十一月庚午朔，尚書省奏：翰林侍讀學士党懷英舉孔子四十八代孫端甫，年德俱高，該通古學，賜進士及第，俟春暖召之。

六年夏四月癸亥，敕有司以增修曲阜宣聖廟。工畢，賜衍聖公以下三獻法服及登歌樂一部，仍遣太常舊工往教孔氏子弟，以備祭禮。八月己未，命兖州長官以曲阜新修廟告成於宣聖。

❶「止」，原作「正」，據《續文獻通考》卷四八《學校考》改。

【《闕里志》】襲封衍聖公奏：「朝廷稽考三代，制禮作樂，乞頒降大樂，許内族人及縣學生咸使肄習，并乞降禮器，以備釋奠，及家祭使用。」至六年，賜堂上正聲大樂一副，禮器一副於闕里。

【《金史·章宗本紀》】承安二年二月，特命襲封衍聖公孔元措世襲兼曲阜令。

【《闕里志》】金泰和八年八月二十七日，以先聖降誕之辰，前期一日，宗子率闔族敬祀尼山廟。祭奠日，方午刻，俄聆殿上當空有樂振作，皆金石絲竹之聲，凡在一舍間，皆聞之駭然，蓋德感所致。金修正殿廊廡、大中門、大成門、鄆國夫人殿，自皇統、大定以來建之，其制猶質素。至明昌初，增後位夾殿。殿廡皆以碧瓦爲緣，外柱以石刻龍爲文，其藻栱之飾，塗以青碧。每位皆有閣，至於欄檻簾櫳，並硃漆之。齊國公僅與正位，又創二代三代祖殿、毓聖侯、五賢堂、奎文閣之屬，焕然一新，與夫廳堂黌舍門廡，凡四百餘楹。方之前古，於此爲備。

【《宣宗本紀》】貞祐三年十月，召中奉大夫、襲封衍聖公孔元措爲太常博士。上初用元措於朝，或言宣聖墳廟在曲阜，宜遣之奉祀。既而上念元措聖人之後，山東寇盜縱横，恐罹其害，是使之奉祀而反絶之也，故有是命。

右金。

【《元史·太宗本紀》】五年六月，詔以孔子五十一世孫元措襲封衍聖公。十二月，勅修孔子廟。

八年三月，復修孔子廟。

【《闕里志》】太宗九年，奉旨灑掃廟户依舊一百户，奉上差法，并行蠲免，不係州縣所管。

【《元史・選舉志》】憲宗四年，世祖在潛邸，特命修理殿廷。及即位，賜之玉斝，俾永爲祭器。

【《張德輝傳》】史天澤辟德輝爲經歷官。世祖在潛邸，召見問曰：「孔子没已久，今其性安在？」對曰：「聖人與天地終始，無往不在。殿下能行聖人之道，性即在是矣。」歲戊申，春釋奠，致胙於世祖。世祖曰：「孔子廟食之禮何如？」對曰：「孔子爲萬代王者師，有國者尊之，則嚴其廟貌，修其時祀。其崇與否，於聖人無所損益，但以此見時君崇儒重道之意何如耳。」世祖曰：「今而後，此禮勿廢。」

【《闕里志》】至元二年，罷孔廟灑掃户。

【王圻《續通考》】曲阜孔子廟，歷代給民百户，以供灑掃，復其家。至是，尚書省以括户之故，盡收爲民。翰林學士王磐言：「林廟户百家，歲賦鈔不過六百貫，僅比一六品官終年俸耳。聖朝疆域萬里，財賦歲億萬計，豈愛一六品官俸，不以待孔子哉？且於帑庫所損無多，其損國體甚大。」時論韙之。

【《元史・世祖本紀》】至元四年正月癸卯，勑修曲阜宣聖廟。

【梁宜《御賜尚醞釋奠記》】至元五年後己卯正月，皇帝田於柳林，以上丁在邇，允御史臺奏，因宣聖五十四代孫、監察御史臣思立出上尊酒，釋奠於闕里。遣御史從事臣高元肅驛致之，禮竟，曲阜縣尹、權祀事臣孔克欽言於宗黨曰：「茲誠罕有之盛典，不識諸石，罔以昭後。」於是其宗人前湖廣行中書省都事臣思迪等屬臣宜記之。宜，延祐初科進士，且嘗助教國子，揄揚聖德，職也。遂不敢辭而諾之，曰：「吾夫子没，魯哀公雖誄之而未極其尊，漢高帝雖祀之而未盡其禮。後代褒崇封爵之，未悉其道，詎若皇元累頒明詔，既於至聖文宣王上加封以大成，復於二丁永享以太牢，重以香帛白金之錫。帝心再三寅奉尊隆，禮意淵博，邁越古昔遠矣。今憲臺擴弘縟典，霈光禄之天釀，以備祖庭禋酌，豈惟孔氏子孫有光？實天下儒服之士舉有光也。」迺拜手稽首，樂爲之書。

十三年，以孔子五十三世孫、曲阜縣尹孔治兼權主祀事。　十九年十一月，襲封衍聖公孔洙入覲，以爲國子祭酒兼提舉浙東學校事，就給俸禄與護持林廟璽書。

【王圻《續通考》】案孔子後自宋南渡初，其四十八代孫端友子玠寓衢州。元既平宋，擬所立。或言孔氏子孫寓衢者，乃其宗子。召洙赴闕，洙遜於居曲阜者。帝曰：「寧違榮而不違親，真聖人後也。」故有是命。

【閻子静《復曲阜廟碑》】略曰：「聖上嗣服之初，祗述祖考之成訓，興學養士，嚴祀宣聖，自曲阜始。明年元貞改元，先聖五十三代孫、密州尹治入朝，璽書賜命中議大夫，襲封衍聖公，月俸有千秩，視四品。孔氏世爵弗傳者久，至是乃復。申命有司制考辟雍，作廟於京師。由是四方嚮風，崇建廟學，惟恐居後。闕里祠宇，燬於金季之亂，閣號奎文若大中門闥，存者無幾。右轄嚴公忠濟保魯，嘗假清臺頒歷錢佐營繕之費。歲戊申，始復鄆國後寢，以寓先聖、顔、孟、十哲像。至元丁卯，衍聖公治尹曲阜，主祀事，將圖起廢。奎文、杏壇、齋廳、黌舍，即其舊而新之，禮殿則未遑也。國初，封建宗室，晝濟、兖、單三州爲魯國大長公主駙馬濟寧王分地，置濟寧總管府，屬縣十六，曲阜其一也。濟寧守臣案擅不華泰❶承詔旨，會府尹僚佐鄉長者謀，以廟役爲任，首出錢幣萬緡，衆翕然助之。傭工僱力，市木於河，輦石於山，掄材於野，杗棟櫨桷楹礎之屬悉具。又得泗水渠堰積石數百，石堊稱是，露階銘砌，咸足用焉。郡政之暇，躬爲督視，甄陶鍛冶，丹雘髹漆，以致工師廩積各有司存。經始於大德二年之春，屬歲祲中止，續事於五年之秋，不期月而告成。殿矗重簷，亢以層基，繚以修廊，大成有門，七十二賢有廡，泗、沂二公有位。黼座既遷，更塑鄆國像於後寢。締構堅貞，規模壯麗。大小以楹計者百二十有六，費用以緡計者十萬有奇。落成之日，遠近助祭者衣冠輻輳，衆庶瞻顒。千禩祖庭，頓還舊觀。於是衍聖公治遣其子曲阜令思誠奉表以聞，且以廟碑爲請。會選胄子入學，擢思誠國子監丞，特勅中書賜田五千畝，以供粢盛，户二十八，以應灑掃。仍下翰林書其事於石。臣復承命踧踖，既述興造始末，竊惟聖元神武造邦，天兵傅汴，戎事方殷，不忘先聖之祀。詔令五十一代孫、衍聖公元措歸魯，裒集奉常禮樂於兵燼之餘，燕翼之謀肇於此矣。世祖聖德神功，文武皇帝仁沾義洽，九域混同，文物煥然可觀，内立國學，外置郡邑學官，而於先聖之後，尤所注意。遴選師儒訓迪，作成需賢，以嗣封爵。茲志未究，皇上纘而行

❶「案擅不華泰」，庫本作「阿勒坦不哈」。

之，用能培植教本，光昭先業。以致魯國臣民思樂泮水，如附靈臺，子來之衆至矣哉！觀文化下，必世後仁之效，豈特震耀一時，實宗社無疆之福也。」

【《闕里志》】大德五年，復給灑掃二十八户，從衍聖公孔治之請也。

【《元史・成宗本紀》】大德七年閏五月壬戌，詔禁犯曲阜陵廟者。冬十月，給大都文宣王廟灑掃户五。

【王圻《續通考》】大德九年，給曲阜林廟灑掃户，以尚珍署田五十頃供歲祀。

【《元史・仁宗本紀》】至大四年閏七月辛丑，命國子祭酒劉賡詣曲阜，以太牢祀孔子。

【《祭祀志》】闕里之廟，始自太宗三年，令先聖五十一代孫、襲封衍聖公元措修之，官給其費。而代祠之禮，則始於武宗。牲用太牢，禮物別給白銀一百五十兩，綵幣表裏各十有三匹。四年冬，復遣祭酒劉賡往祀，牲禮如之。延祐之末，泰定、天曆初載，皆循是典，錦幣雜綵有加焉。

【《闕里志》】延祐七年，詔以白金一百五十兩，綿綺雜綵表裏各一十三段，遣説書王存義詣魯，以太牢祀孔子。仁宗手香加額，以授之。

【《元史・英宗本紀》】至治二年春正月戊寅，勅有司卹孔氏子孫貧乏者。

【《泰定帝紀》】至治三年十一月癸丑，遣使詣曲阜，以太牢祀孔子。

【《文宗本紀》】天曆二年二月癸巳，遣翰林侍讀學士曹元用祠孔子於闕里。

至順元年冬十月戊申，降璽書申飭衍聖公崇奉孔子事。

至順二年七月，藝文少監歐陽玄言：「先聖

五十四代孫襲封衍聖公，爵最五等，秩登三品，而用四品銅印，於爵、秩不稱。」詔鑄從三品印給之。

【王圻《續通考》】至順三年二月，詔修曲阜宣聖廟。先是，亓官夫人神座下生木芍藥一本，見者異之，而修廟令下。　順帝元統元年，令浙江行省範銅，造和寧宣聖廟祭器，凡百三十有五事。

【《順帝本紀》】至元元年五月，遣使詣曲阜孔子廟致祭。　四年正月，詔修孔子廟。　五年，勅賜曲阜宣聖廟碑。　六年十一月辛未，以孔克堅襲封衍聖公。　至正二年十月壬戌，遣官致祭於曲阜。　十八年七月乙卯，遣使祀曲阜孔子廟。　十五年十月，以襲封衍聖公孔克堅同知太常禮儀院事，以克堅子希學襲封衍聖公。　十六年二月己卯，令集賢直學士楊俊民致祭曲阜孔子廟，仍葺其廟宇。

右元。

【王圻《續通考》】洪武二年，遣使詣曲阜致祭。曲阜，孔子故里也。使者陛辭，太祖諭之曰：「仲尼之道，廣大悠久，與天地相並。故後世有天下者，莫不致敬盡禮，修其祀事。朕今爲天下主，期在明教化，以行先聖之道。今既釋奠國學，仍遣爾修祀事於闕里。爾其敬之。」

【《大明集禮》】洪武二年，遣官降香致祭曲阜孔子。御製祝文曰：「惟神昔生周天王之國，實居魯邦。聖德天成，述紀前王治世之法。雖當時列國鼎峙，其道未行，垂教於後，以至於今。凡有國家，大有得焉。自漢之下，以神道祀海内。朕代前王統率庶民，目書檢點，忽覩神之訓言，『非其鬼而祭之，諂也』、『敬鬼神而遠之』、『祭之以禮』，此非聖賢明言，他何能道？故不敢通祀，暴殄天物，以累神之聖德。兹以香幣牲齊，粢盛庶品，式陳明薦，惟神鑒焉。」

【《明史·太祖本紀》】洪武二年八月，衍聖公襲封及授曲阜知縣，並如前代制。

七年二月戊午，修曲阜孔子廟，設孔、顔、孟三氏學。

十八年十月甲辰，詔曰：「孟子傳道，有功名教，歷年既久，子孫甚微。近有以罪輸作者，豈禮先賢之意哉？其加意詢訪，凡聖賢後裔輸作者，皆免之。」

【《闕里志》】洪武二十九年，上謂工部右侍郎秦逵曰：「春秋之時，人紀廢壞，孔子以至聖之資，删述六經，使先王之道晦而復明，萬世永賴，功莫大焉。夫食粟則思樹藝之先，衣帛則思蠶繅之始，皆重其所從出也。孔子之功，與天地並立，故朕命天下通祀，以致崇報之意。而闕里又啟聖降神之地，廟宇廢而不修，將何以妥神靈、詔來世？爾工部其即爲修理，以副朕懷。」

洪武初，奉詔修孔廟。至永樂十四年，又撤其故而新之。是年，遣官祭闕里。

宣德元年，宣宗皇帝登極，遣太常寺丞孔克準詣闕里祭告。自先師而下四配、十哲、兩廡，凡九壇，俱用太牢。

正統元年，英宗皇帝登極，遣國子監司業趙琬詣闕里祭告。

景泰元年，景帝登極，遣翰林院侍講吴節以香帛詣闕里祭告。

天順元年，英宗復位，遣工科左給事中孫昱詣闕里祭告。

成化元年，憲宗皇帝登極，遣吏部右侍郎尹旻詣闕里祭告。又駕幸太學，釋奠孔子。遣官取衍聖公弘緒并三氏子孫，赴京觀禮，命衍聖公分獻沂國公，此遣官欽取之始。

弘治元年，孝宗皇帝登極，遣太常寺少卿田景賢詣闕里祭告。

【《明通紀》】弘治六年，命孔彥繩爲翰林，世襲五經博士，主衢州孔子廟祀。

【《明史·孝宗本紀》】弘治十二年六月，曲阜先師廟災，遣使慰祭。

【《明通紀》】十二年，曲阜孔廟火。 題准取旁近各省及各抽分廠銀重修。

【《兖州府志》】闕里至聖廟災，遣翰林侍讀學士李傑祭告，出帑金十五萬兩，命守臣重建。

【《明史·孝宗紀》】弘治十七年閏四月，闕里先師廟成，遣大學士李東陽祭告。

【《闕里志》】正德十六年，詔有司改建孔氏家廟。 廟在衢州者，官給錢，董其役，令博士孔承義奉祀。

嘉靖元年，世宗皇帝登極，遣吏部尚書石瑶詣闕里祭告。

隆慶元年，穆宗登極，遣尚寶司卿劉奮庸詣闕里祭告。

萬曆元年，神宗登極，遣尚寶司司丞張孟男詣闕里祭告。

天啟元年，熹宗皇帝登極，遣順天府府丞姚士慎詣闕里祭告。

右明。

五禮通考卷第一百二十一

淮陰吴玉搢校字

五禮通考卷第一百二十二

内廷供奉禮部右侍郎金匱秦蕙田編輯
太子太保總督直隸右都御史桐城方觀承同訂
兩淮都轉鹽運使德水盧見曾
按察司副使元和宋宗元 參校

吉禮一百二十二

功臣配享

蕙田案：配享之典，國家所以報功而勸忠也。《周禮》「祭于大烝」，並及禘、祫。後世不廢焉。

【《書·盤庚》】兹予大享于先王，爾祖其從與享之。【傳】古者天子録功臣，配食于廟。大享，烝、嘗也。　【疏】此大享于先王，謂天子祭宗廟也。言「古者天子録功臣配食于廟」，故臣之先祖得與享之也。「古」者，孔氏據己而道前世也。此殷時已然矣。「大享，烝嘗」者，烝嘗是秋冬祭名，謂之大享者，以事各有對。若烝嘗對禘祫，則禘祫爲大，烝嘗爲小；若四時自相對，則烝嘗爲大，礿祠爲小。知烝嘗有功臣與祭者，案《周禮·司勳》云「凡有功者，銘書于王之太常，祭于大烝，司勳詔之」是也。秋冬之祭尚及功臣，則禘祫可知。近代以來，惟禘祫乃祭功臣配食，時祭不及之也。近代以來功臣配食，各配所事之君。若所事之君其廟已毁，時祭不祭毁廟，其君尚不時祭，其臣固當止矣。禘祫則毁廟之主亦在焉，其時功臣亦當在也。

陳氏大猷曰：「大勳勞之人方得配食，非徧及有功者。」

蕙田案：《周禮》「祭于大烝」之文，則知大享專指烝而不及嘗矣。蓋烝、嘗同爲大享，而烝尤大于嘗，故報功臣焉。注兼烝、嘗。恐非。

【《詩·商頌·長發》】允也天子，降于卿士，實惟阿衡，實左右商王。

蘇氏轍曰：「大禘之祭，所及者遠，卿士伊尹蓋與祭于禘者也。《商書》曰：『茲予大享于先王，爾祖其從與享之。』是禮也，豈其起于商之世歟？」

【《孔叢子》】《書》曰：「茲予大享于先王，爾祖其從與享之。」季桓子問曰：「此何謂也？」孔子曰：「古者大臣有功，死則必祀之于廟，所以殊有績、勸忠勤也。盤庚舉其事以厲其世臣，故稱焉。」桓子曰：「天子之臣有大功者則既然矣，諸侯之臣有大功者，可以如之乎？」孔子曰：「勞能定國，功加於民，大臣死難，雖食之公廟，可也。」桓子曰：「其位次如何？」孔子曰：「天子諸侯之臣，生則有列于朝，死其有位於廟，其序一也。」

【《書·洛誥》】周公曰：「王肇稱殷禮，祀于新邑，咸秩無文。予齊百工，伻從王于周，予惟曰庶有事。今王即命曰記功宗，以功作元祀。惟命曰汝受命篤弼。」【傳】言王當始舉殷家祭祀，以禮典祀于新邑，皆次秩不在禮文者而祀之。我整齊百官，使從王于周，行其禮典，我惟曰庶幾有善政事。今王就行王命于洛邑，曰當記人之功尊人，亦當用功大小爲序，有大功則列大祀，謂功施于民者。惟天命我周邦，汝受天命厚矣，當輔大天命，視群臣有功者記載之。乃汝新即政，其當盡自教衆官，躬化之。【疏】君知臣功，則臣皆盡力。

蔡氏沈曰：「殷，盛也，與『五年再殷祭』之殷同。功宗，功之尊顯者。蓋功臣皆祭于大烝，而勳勞之最尊顯者，則爲之冠，故謂之元祀。周公教成王，即命曰記功之尊顯者，以功作元祀矣。又惟命之曰汝功臣受此褒賞之命，當益厚輔王室。蓋作元祀既以慰答功臣，而又勉其左右王室，益圖久大之業也。」

蕙田案：注疏以記功宗爲記人之功

尊人，蔡氏以爲記有功之尊顯者，二説不同，蔡義爲長。

【《周禮・夏官・司勳》】王功曰勳，【注】輔成王業，若周公。國功曰功，【注】保全國家，若伊尹。民功曰庸，【注】法施于民，若后稷。事功曰勞，【注】以勞定國，若禹。治功曰力，【注】制法成治，若咎繇。戰功曰多。【注】剋敵出奇，若韓信、陳平。《司馬法》曰：「上多前虜。」凡有功者，銘書于王之太常，祭于大烝，司勳詔之。【注】銘之言名也。生則書于王旌，以識其人與功也，死則于烝先王祭之。詔謂告其神以辭也。盤庚告其卿大夫曰「兹予大享于先王，爾祖其從與享之」是也。今漢祭功臣于廟庭。【疏】必祭功臣在冬之烝祭者，烝者，衆也，冬時物成者衆，故祭功臣。案彼書注以大享爲烝嘗者，此舉冬祭物成者衆而言，其嘗時亦祭之也。或周時直于烝時祭功臣，殷時烝嘗俱祭，禮異故也。

蕙田案：疏謂周於烝祭祭功臣，殷於烝嘗皆祭功臣，此亦無可考。

鄭氏鍔曰：「王功者，輔成王業，勤勞王室，輔幼孤以嗣王者之緒，明王道以成王者之治。即是功，而謂之勳，勳有薰烝之義，謂其功之大，薰烝宇宙，上達于王也，周公之有大勳勞是已。國功者，國爾忘家，盡瘁國事，凡所施爲，無非爲國計者。即是功，而謂之功，功者事有成效之義，獨此名曰功，蓋人臣立功，正以保全王國爲主，進而上名以勳，功不足道也，抑而下則曰勞、曰力之類，皆不足正名其功也。惟爲國而有成者，正可謂之功。民功者，害爲民除之，利爲民興之。或便于昔而不便於今，則爲民革之；或興于前而廢于後，則爲民舉之。即是功，而謂之庸，庸者，用也，事功者或從王事，或任國事，或有所營爲，或有所創制，黽勉從之，不畏其適我也。即是功，而謂之勞，勞有經營艱苦之意也。治功者，或平水土，或闢草萊，或任土地，或疏導溝洫。即是功，而謂之力，力謂其用力以作爲也。戰功者，戰以伐謀爲上，而以伐兵爲下，以正合，以奇勝，執俘折馘，斬將搴旗，奏凱而旋者是也。即是功，而謂之多，多者，算數過人之義。」

又曰：「太常之書，司常之職也。大烝之祭，大宗伯之職也。司勳，知立功之人，當銘則詔之使銘，當祭則詔之使祭。銘于太常，使與日月同其久也；祭于大烝，使與祖宗之神同享乎盛祭也。可以見其報之之厚。」

蕙田案：「詔」字當以鄭氏鍔之説爲長。

王氏昭禹曰：「必使司勳詔之，則以有大功者其貳藏于司勳故也。」

王氏安石曰：「大烝，冬之大享。當是時，百物皆報焉，祭有功宜矣。」

【《春秋》定公十四年《左氏傳》】梁嬰父惡董安于，謂知文子曰：「不殺安于，使終爲政于趙氏，趙氏必得晉國。盍以其先發難也，討於趙氏？」文子使告于趙孟曰：「范、中行氏雖信爲亂，安于則發之，是安于與謀亂也。晉國有命，始禍者死。二子既伏其罪矣，敢以告。」趙孟患之。安于曰：「我死而晉國寧，趙氏定，將焉用生？人誰不死，吾死莫矣。」乃縊而死。趙孟尸諸市，而告於知氏，曰：「主命戮罪人安于，既伏其罪矣，敢以告。」知伯從趙孟盟，而後趙氏定，祀安于於廟。【注】趙氏廟。【疏】禮，臣有大功，配食于廟。《周禮·司勳》云：「凡有功名者，銘書于王之太常，祭于大烝，司勳詔之。」《尚書·盤庚》云：「兹予大享于先王，爾祖其從與享之。」孔安國云：「古者天子録功臣，配食于廟。大享，烝、嘗也。」天子既有此禮，諸侯或亦有之。今趙氏祀安于於趙氏之廟，其意亦如此也。

蕙田案：觀《孔叢子》所載孔子與季桓子問答語，則知自定公以前，諸侯之國無有以臣配享者，故孔穎達云「諸侯或亦有之」。然則以家臣而祀于私廟，僭禮自趙簡子始也。

右經傳功臣配享。

【《漢舊儀》】宗廟祭功臣四十人食堂下，惟御僕滕公祭於廟門外塾。

【杜佑《通典》】漢制，祭功臣于庭，生時侍讌于堂，死則降在庭位，與士庶爲列。

【《三國・魏志・明帝本紀》】青龍元年夏五月壬申，詔祀故大將軍夏侯惇、大司馬曹仁、車騎將軍程昱于太祖廟庭。

【《注》】《魏書》載詔曰：「昔先王之禮，於功臣存則顯其爵禄，没則祭于大烝。故漢氏功臣祀于廟庭。大魏元功之臣，功勳優著，終始休明者，其皆依禮祀之。」于是以惇等配享之。

【《齊王本紀》】正始四年秋七月，詔祀故大司馬曹真、曹休、征南大將軍夏侯尚、太常桓階，司空陳群、太傅鍾繇、車騎將軍張郃、左將軍徐晃、前將軍張遼、右將軍樂進、太尉華歆、司徒王朗、驃騎將軍曹洪、征西將軍夏侯淵、後將軍朱靈、文聘、執金吾臧霸、破虜將軍李典、立義將軍龐德、武猛校尉典韋于太祖廟庭。

五年冬十一月癸卯，詔祀故尚書令荀攸于太祖廟庭。

【《注》】臣松之以爲，故魏氏配享不及荀彧，蓋以其末年異議，又位非魏臣故也。至於升程昱而遺郭嘉，先鍾繇而後荀攸，則未詳厥趣也。徐佗謀逆而許褚心動，忠義之至，遠同于日磾，且潼關之危，非褚不濟，褚之功烈有過典韋，今祀韋而不及褚，又所未達也。

六年冬十一月，祫祭太祖廟，始祀前所論佐命臣二十一人。

嘉平三年十一月，有司奏諸功臣應享食于太祖廟者，更以官爲次。太傅司馬宣王功高爵尊，最在上。

【《陳留王本紀》】景元三年，詔祀故軍諮祭酒郭嘉于太祖廟庭。

【《通典》】魏高堂隆議曰：案先典祭祀之禮，皆依生時尊卑之敘以爲位次。功臣配享于先王，像生時侍讌。燕禮，大夫以上皆升堂，以下則位于庭，其餘則與君同牢。至於俎豆薦羞，唯君備。公降于君，卿大夫降于公，士降于大夫。使功臣配食于烝祭，所以尊崇其德，明其勳，以勸嗣臣也。議者欲從漢氏，祭之于庭，此爲貶損，非寵異之謂也。貴者取貴骨，賤者取賤骨。今使配食者因君之牢，以貴賤爲俎，庶合事宜。《周志》曰：「勇則害上，不登于明堂。」共用謂之勇，言有勇而無義，死不登堂而配食。此即配食之義，位在堂之明，審也，下爲北面三公朝立之位耳。燕則脱屨升堂，不在庭也。凡獻爵有十二、九、七、五、三之差，君禮大夫三獻，太祝令進三爵于配食者可也。

蕙田案：《左傳》：「勇則害上，不登于明堂。」杜注云：「明堂，祖廟也，所以策功序德，故不義之士不得升。」孔疏云：「鄭玄以爲明堂在國之陽，與祖廟別處。《左氏》舊説及賈逵、盧植、蔡邕、服虔等，皆以祖廟與明堂爲一，故杜同之。《祭統》云：『古者明君必賜爵禄于太廟』，傳稱『公行，還告廟，舍爵策勳』，是明堂之中，所以策功序德，故不義之人不得升之也。」據注、疏二家，是謂生而入廟受賞耳。魏高堂隆則以爲登堂配食，乃指死後而言。今案：狼瞫前則曰「吾未得死所」，後則曰「死而不義，非勇也」，是引《周志》之言，明指死後審矣。高堂隆在杜預以前，釋經必有所依據也。

右漢魏。

【《晉書・武帝本紀》】咸寧元年八月壬寅，以故太傅鄭冲、太尉荀顗、司徒石苞、司空裴秀、驃騎將軍王沈、安平獻王孚等，及太保何曾、司空賈充、太尉陳騫、中書監荀勖、平南將軍羊祜、齊王攸等，皆列于銘享。

【《文獻通考》】散騎常侍任茂議：「案魏功臣配食。禮，敘六功之勳，祭陳五祀之品，或祀之于一代，或傳之于百代。蓋社稷五祀，所謂傳之於百代者。古之王臣有明德大功，若勾龍之能平水土，柱之能樹百穀，則祀社稷，異代不廢也。昔湯既勝夏，欲遷其社，不可，乃遷稷，而周棄德可代柱，而勾龍莫廢也。若四敘之屬，分主五方，則祀爲貴神，傳之異代，載之《春秋》。非此之類，則雖明如咎繇，勳如伊尹，功如吕尚，各於當代祀之，不祭于異代也。然則伊尹于殷雖有王功之茂，不配食于周之清廟矣。今之功臣論其勳蹟，比咎繇、伊尹、吕尚猶或未及，凡云配食，各配食于主也。今主遷廟，臣宜從享。」大司馬石苞等議：「魏代功臣，宜歸之陳留國。使修常祀，允合事理。」

【《宋書·長沙景王傳》】太祖元嘉九年，詔曰：「古者明王經國，司勳有典，平章以馭德刑，班瑞以疇功烈，銘徽庸于鼎彝，配祫祀于清廟。是以從享先王，義存商誥，祭于大烝，禮著周典。自漢迄晉，世崇其文，王猷既昭，幽顯咸秩。先皇經緯天地，撥亂受終，駿命爰集，光宅區宇。雖聖明淵運，三靈允協，抑亦股肱翼亮之勤，祈父宣力之効。故使持節、侍中、都督南徐兖二州揚州之晉陵京口諸軍事、太傅、南徐兖二州刺史長沙景王，故侍中、大司馬、臨川烈武王，故司徒、南康文宣公穆之，侍中、衛將軍、開府儀同三司、録尚書事、揚州刺史華容縣開國公弘，使持節、散騎常侍、都督江州豫州西陽新蔡晉熙四郡軍事、征南大將軍、開府儀同三司、江州刺史永修縣開國公道濟，故將軍、青州刺史龍陽縣開國侯鎮惡，或履道廣流，秉德冲邈；或雅景高邵，風鑒明遠；或識唯知正，才略開邁。咸文德以熙帝載，武功以隆景業。固以侔蹤姬旦，方軌伊、召者矣。朕以寡德，纂成鴻緒，每惟道勳，思遵令典，而太常未銘，從祀尚闕，鑒寐欽屬，永言深懷。便宜敬是前式，憲兹嘉禮，勒功天府，配祭廟庭，俾示徽章，垂美長世，茂績遠猷，永傳不朽。」

【《南齊書·禮志》】永明十年，詔故太宰褚淵、故太尉王儉、故司空柳世隆、故驃騎大將軍王敬則、故鎮東大將軍陳顯達、故鎮東將軍李安民六人，配享太祖廟庭。祠部郎何諲之議：「功臣配享，累行宋世，檢其遺事，題列坐位，具書贈官爵謚及名，文不稱主，便是設板也。《白虎通》云：『祭之有主，孝子以繫心也。』揆斯而言，升配廟庭，不容有主。宋時板度，既不復存，今之所制，大小厚薄如尚書召板，爲得其衷。」❶有司攝太廟舊人亦云見宋功臣配享坐板，與尚書板相似。

【《隋書·禮儀志》】武帝即位，遷主太廟，春祠、夏礿、秋嘗、冬烝，并臘，一歲凡五，謂之時祭。三年一禘，五年一祫，謂之殷祭。禘以夏，祫以冬，皆以功臣配。天監三年，何佟之議曰：「禘於首夏，物皆未成，故爲小。祫於秋冬，萬物皆成，其禮尤大。司勳列功臣有六，皆祭于大烝，知祫尤大，乃及之也。近代禘祫並不及功臣，有乖典制，宜改。」詔從之。自是祫祭乃及功臣。

【《陳書·文帝本紀》】天嘉二年九月甲寅，

❶「衷」，原作「衆」，據《南齊書·禮志上》改。

詔曰：「姬業方闡，望載渭濱，漢歷既融，道通圯上。若乃擒精辰宿，降靈惟岳，風雲有感，夢寐是求，斯固舟楫鹽梅，遞相表裏，長世建國，罔或不然。至于銘德太常，從祀清廟，以貽厥後來，垂諸不朽者也。前皇經濟區宇，裁成品物，靈貺式甄，光膺寶命。雖謨明濬發，幽顯協從，亦文武賢能，翼宣王業。故大司馬、驃騎大將軍瑱，故司空文育，故平北將軍、開府儀同三司僧明，故中護軍潁，故領軍將軍擬，或締構艱難，經綸夷險；或摧鋒冒刃，殉義遺生；或宣哲協規，綢繆帷幄；或披荆汗馬，終始勤劬，莫不罄誠悉力，屯泰以之。朕以寡昧，嗣膺丕緒，永言勳烈，思弘典訓，便可式遵故實，載揚盛軌。可並配食高祖廟庭，俾兹大猷，永傳宗祏。」

【《世祖本紀》】天嘉五年三月壬午，詔以故護軍將軍周鐵虎配食高祖廟庭。

【《周鐵虎傳》】天嘉五年，世祖又詔曰：「漢室功臣，形寫宫觀；魏朝猛將，名配宗祧。功烈所以長存，世代因之不朽。故侍中、護軍將軍、青冀二州刺史、沌陽縣開國侯鐵虎，誠節鯁亮，力用雄敢，王業初基，行間累及，垂翅賊壘，正色寇庭，古之遺烈，有識同壯。隕身不屈，雖隆榮等，營魂易遠，言追嘉惜。宜仰陪壖寢，恭頌享奠。可配食高祖廟庭。」

【《宣帝本紀》】大建四年秋九月丙寅，以故太尉徐度、儀同杜稜、儀同程靈洗配食高祖廟庭，故車騎將軍章昭達配食世祖廟庭。

右晉、宋、齊、梁、陳。

【《伽藍記》】北魏廣陵王即皇帝位，爾朱世隆加儀同三司、尚書令、東平王，餘官如故。贈太原王相國、晉王，加九錫，立廟于芒嶺首陽山上。舊有周公廟，世隆欲以太原王功比周公，故立此廟。廟成，爲火所災，有一柱焚之不盡，後三日，雷雨震電霹靂擊爲數段，柱下石及廟瓦皆碎于山下。復命百官議太原王配享。司直劉季明議云不合，世隆問其故，季明曰：「若配世宗，於宣武無功。若配孝明，親害其母。若配莊帝，爲臣不忠，爲莊帝所戮。以此論之，無所配也。」世隆怒曰：「卿亦合死。」季明曰：「下官既爲議臣，依禮而言，不合聖心，俘翦惟命。」議者咸歎，季明終得無恙。

【《北齊書·孝昭帝本紀》】皇建元年十一月庚申，詔以故太師尉景，故太師竇泰，故太師、太原王婁昭，故太宰、章武王厙狄干，故太尉段榮，故太師万俟普，故司徒蔡儁，故太師高乾，故司徒莫多婁貸文，故太保劉貴，故太保封祖裔，故廣州刺史王懷十二人，配享太祖廟庭。故太師、清河王岳，故太宰、安德王韓軌，故太宰、扶風王可朱渾道元，故太師高昂，故大司馬劉豐，故太師万俟受洛干，故太尉慕容紹宗七人，配享世宗廟庭。故太尉、河東王潘相樂，故司空薛修義，故太傅破六韓常三人，配享顯祖廟庭。

【《北周書·明帝本紀》】二年冬十二月癸亥，太廟成。辛巳，以功臣琅琊貞獻公賀拔勝等十三人，配享太祖廟庭。

右北魏、北齊、北周。

【《隋書·禮儀志》】禘祫之月，則停時饗，而陳諸瑞物及伐國所獲珍奇于廟庭，及以功臣配饗。

【《舊唐書·太宗本紀》】貞觀十四年冬十月己卯，詔以贈司空、河間元王孝恭，贈陝東道大行臺、尚書右僕射、鄖節公殷開山，贈民部尚書、渝襄公劉政會等配享高祖廟庭。

【《通典》】貞觀十六年，有司言：「禮，祫享，❶功臣配享于廟庭，禘享則不配。依令，禘、祫之日，功臣並得配享。請集禮官、學士等議。」太常卿韋挺等議曰：「古者臣有大功享禄，其後子孫率禮，潔粢豐盛，礿祠烝嘗，四時不輟，國家大祫，又得配焉。所以昭明其勳，尊崇其德，以勸嗣臣也。其禘及時享，功臣皆不應享。故周禮六功之官，皆配大烝而已。先儒皆以大烝爲祫祭。梁初誤禘功臣，左丞何佟之駁議，武帝允而依行。降暨周、齊，俱遵此義。竊以五年再殷，合諸天道之大小，小則人臣不與，大則兼及有功。禮禘無配功臣，誠謂禮不可易。」❷從之。

【顏師古《功臣配享議》】曰：「竊以肅恭禋祀，經邦彝訓，追遠念功，歷代鴻典。於穆清廟，備孝享于吉蠲；股肱良哉，豫銘常之配侑。爰發明詔，俾命率由，秩宗致請，博謀僚列。《爾雅》説祀禘爲大祭，《公羊傳》義大事爲祫，何休所釋又異鄭玄，然皆一配之文，曾無重祀之證。是非衆論，雖曰踳駮，隆殺二端，厥趣可覩。謹案祫者合食，禘乃禘祭，禘小于祫，理則非疑。《商書》稱從與其大享，《周禮》著祭于大烝，是知小祀不及功臣，其事又無可惑。魏晉以降，莫不通行。中間雖經差失，梁朝又以矯正。有齊立號，朝宗河朔，周氏命歷，卜食咸陽，修定禮儀，皆有憑據，同遵此典，未嘗釐革。今欲更改，實謂非宜。又尋古之配祭，皆在于

❶「祫享」，原脱，據《通典》卷五〇補。
❷「禮」，原作「理」，據《通典》卷五〇改。

冬，據其時月，益明非禘，況乎臣之立功，各因所奉，享祀之日，從主升配，禘之爲祭，自于本室，廟未毁者不至太祖之庭，君既不來，而臣獨當祀列，對揚尊極，乃非所宜。今請祫配功臣，禘則不豫，依經合義，進退爲允。謹議。」

蕙田案：禘祭無配享，其禮極是，特所謂禘者，非古之禘耳。

【《文獻通考》】唐太宗《貞觀禮》，祫享，功臣配享于廟庭，禘享則不配。後又令祫禘之日，功臣並得配享。初，太常卿韋縚等議，功臣祫享之日配享于廟庭，禘及時享則皆不預。其議遂行。至開元初，復令禘之日亦皆配享，非舊典也。配享位在各帝廟庭太階之東少南，西向，以北爲上。

【《舊唐書·高宗本紀》】貞觀二十三年，皇太子即位。九月丙寅，贈太尉梁國公玄齡、贈司徒申國公士廉、贈左僕射蔣國公屈突通，並配食太宗廟庭。

顯慶五年二月甲午，祀舊宅，以武士彠、殷開山、劉政會配食。

【《中宗本紀》】神龍二年閏二月，停許敬宗配享，以贈太尉、鄭公魏徵配享太宗廟。

【《玄宗本紀》】開元六年六月乙酉，制以故侍中桓彦範、敬暉、故中書令兼吏部尚書張柬之、故特進崔玄暐、故中書令袁恕己配享中宗廟庭，故司空蘇瓌、故左丞相太子少保郴州刺史劉幽求配享睿宗廟庭。

【《文獻通考》】順宗既葬，議祧遷中宗廟。有司疑曰：「五王有安社稷功，若遷中宗，則配享永絶。」判集賢院事蔣乂曰：「禘祫功臣，乃合食太廟。中宗廟雖毁，而禘祫並陳太廟，此則五王配食與初一也。」由是遷廟遂定。

【《開元禮》】祫禘，以功臣配享。享日，未明一刻，太廟令布功臣神座于太廟之庭，吏部尚書、贈司空、鄖國公殷開山，光禄卿、渝國公劉政會，開府儀同三司、淮安靖王神通，禮部尚書、贈司空河間元王孝恭，配享高祖廟庭太階之東，少南，西向，以北爲上。司空、贈太尉、梁國文昭公房玄齡，特進、贈司空、鄭國文貞公魏徵，洛州都督、贈尚書左僕射、蔣國忠公屈突通，開府儀同三司、贈司徒、申國文獻公高士廉，配享太宗廟庭，少南，西向，以北爲上。司空、太子太師、贈太尉、英國貞武公李勣，中書令、贈尚書右僕射、高唐縣公馬周，尚書左僕射兼太子少傅、北平縣公張行成，配享高宗廟庭，少南，西向，以北爲上。侍中、譙國公桓彦範，侍中、平陽郡公敬暉，中書令兼吏部尚書、濮陽郡公張柬之，特進、博陵郡公崔玄暐，中書令、南陽郡公袁恕己，配享中宗廟庭，少南，西向，以北爲上。尚書左僕射、太子少傅、贈司空、許國文貞公蘇瓌，尚書左丞相、太子少保、徐國公劉幽求，配享睿宗廟庭，少南，西向，以北爲上。諸座各設版于座首，其版文各具題官爵姓名。每座各設壺罇二于左，北向，玄酒在西，加勺冪，置爵于罇下，設洗于終獻罍洗東南，北向。太廟令與良醞令以齊實罇，如常。堂上設饌訖，太官令帥進饌者出，奉饌入，祝迎，引于座左，各設於座前。太官令以下出，祝還罇所。亞獻將畢，贊引引獻官詣罍洗，盥手，洗爵，詣酒罇所。執罇者舉冪，獻官酌酒，諸助奠者皆酌酒。訖，贊引引獻官進詣首座前，東面，奠爵。贊引引還本位于獻官進奠，諸助奠者各進奠于座，還罇所。于堂上徹豆，祝進首座前徹豆，還罇所。

【《舊唐書·禮儀志》】舊儀，高祖之廟，則開府儀同三司、淮安王神通，禮部尚書、河間王孝恭，陝東道大行臺、右僕射、鄖國公殷開山，吏部尚書、渝國公劉政會配饗。太宗之廟，則司空梁國公房玄齡，尚書右僕射、萊國公杜如晦，❶尚書左僕射、申國公高士廉配饗。高宗之廟，則司空、英國公李勣，尚書左僕射、北平縣公張行成，中書令、高唐縣公馬周配饗。中宗之廟，則侍中、平陽郡王敬暉，侍中、扶陽郡王桓彥範，中書令、南陽郡王袁恕己配饗。睿宗之廟，則太子太傅、許國公蘇瓌，尚書左丞相、徐國公劉幽求配饗。天寶六載，太廟配饗功臣，高祖室加裴寂、劉文静，太宗室加長孫無忌、李靖、杜如晦，高宗室加褚遂良、高季輔、劉仁軌，中宗室加狄仁傑、魏元忠、王同皎等十一人。

【《文獻通考》】高祖廟六人：神通、殷開山、劉政會，並貞觀十四年十月十五日勅；武士彠，顯慶四年三月七日勅，文明元年停；裴寂、劉文靖並天寶六載正月十三日勅。《開元禮》無武士彠、裴寂、劉文静。太宗廟七人：房玄齡、高士廉、屈突通，並貞觀二十三年九月二十四日勅，至永徽四年二月，房玄齡以子遺愛反，停配享；魏徵，神龍二年閏二月十五日勅；長孫無忌、李靖、杜如晦，並天寶六載正月十二日勅。《開元禮》無長孫無忌、李靖、杜如晦。高宗廟六人：李勣、張行成、許敬宗、馬周，並垂拱二年正月十一日勅，其許敬宗神龍二年閏二月一日有勅停；褚遂良、高季輔、劉仁軌，並天寶六載正月十二日勅。《開元禮》無許敬宗、褚遂良、高季輔、劉仁軌。

❶「萊」，原作「梁」，據庫本、《舊唐書·禮儀志六》改。

中宗廟八人：桓彦範、敬暉、張柬之、崔玄暐、袁恕己，並開元六年六月二十二日勅；狄仁傑、魏元忠、王同晈，並天寶六載正月十二日勅。《開元禮》無狄仁傑、魏元忠、王同晈。睿宗廟二人：蘇瓌、劉幽求，並開元六年六月二十三日勅。

蕙田案：《舊唐書》於配享太宗諸臣，前既以杜如晦列於其中，後於所加諸臣内又復列入杜如晦，故沈炳震曰：「如晦已經配享太宗，此云加，誤。」但檢《文獻通考》，貞觀二十三年勅有屈突通而無杜如晦，至天寶六載，始與長孫無忌、李靖同加入，則《舊唐書》後所云加入杜如晦乃不誤，而所誤在前之以屈突通爲杜如晦也。沈炳震想未見《通考》，故反以加爲誤耳。　又案：《文獻通考》高祖配享有武士彠，太宗配享有魏徵，中宗配享有張柬之、崔玄暐，《舊唐書・志》俱不載，其武士彠配而旋停，姑置弗論，餘皆作《志》之漏略也。

玄宗廟三人：贈太師、燕文正公張説，贈太子太師、代國公郭元振，中書令、趙國公王琚。檢年月未獲。肅宗廟二人：贈太師、韓文憲公苗晉卿，大曆四年十月十七日勅；贈太尉、冀獻穆公裴冕，元和四年八月勅。

【《唐書・裴冕傳》】始肅宗廟惟苗晉卿配享。冕卒後二十餘年，有蘇正元者奏言：「肅宗爲元帥時，師纔一旅。冕於草創中，甄大義以勸進，收募驍勇幾十餘萬。既逾月，房琯來。又一年，而晉卿至。今晉卿從祀，而冕乃不與。」有詔冕配享肅宗廟。

代宗廟一人：贈太尉、汾陽忠武王郭子儀，建中二年十一月勅。德宗廟三人：贈太師、西平忠武王李晟，贈太尉、忠烈公段秀實，並元和四年八月勅；贈太師、忠武公渾瑊，元和四年九月四日勅。憲宗廟四人：贈司徒、宣懿公杜黄裳，贈太師裴度，會昌六年十月勅；贈司徒、威武公高崇文，贈太師李愬，會昌六年十一月勅。

【《玉海》】宣宗大中四年五月，宗正少卿李從易奏：「自武德以來，功臣列在祀典者三十八人。」

【《文獻通考》】後唐明宗長興二年，詔以故昭義節度使李嗣昭、故幽州節度使周德威、故汴州節度使符存審配享莊宗廟庭。

右隋唐五代。

【《宋史·真宗本紀》】咸平二年二月丙申，以趙普配享太祖廟庭。八月乙亥，以太師、贈濟陽郡王曹彬配享太祖廟庭，司空、贈太尉、中書令薛居正，忠武軍節度使、贈中書令潘美，右僕射、贈侍中石熙載配享太宗廟庭。

【《禮志》】咸平二年，始詔以趙普配享太祖廟庭。繼以宋白等議，又以曹彬配享太祖，以薛居正、潘美、❶石熙載配享太宗廟庭，仍奏告本室，禘祫皆配之。祀日，❷有司先事設幄次，布褥位于廟庭東門内道南，當所配室，西向，設位板，方七寸，厚一寸半，籩、豆各二，簠、簋、俎各一。知廟卿奠爵，再拜。

【《趙普傳》】真宗咸平二年，詔曰：「故太師、贈尚書令、追封韓王趙普，識冠人彝，才高王佐，翊戴興運，光啟鴻圖。雖吕望

❶「潘美」，原脱，據《宋史·禮志十二》補。
❷「祀」，原作「祠」，據《宋史·禮志十二》改。

肆伐之勳，蕭何指蹤之効，殆無以過也。自輔弼兩朝，周旋三紀，茂巖廊之碩望，分屏翰之劇權，正直不回，始終無玷，謀猷可復，風烈如生。宜預享于大烝，永同休于宗祏。兹爲茂典，以答舊勳。其以普配享太祖廟庭。」

乾興元年，詔從翰林、禮官參議，以右僕射贈太尉中書令李沆、贈太師尚書令王旦、忠武軍節度使贈中書令李繼隆配享真宗。

嘉祐八年，詔以尚書右僕射贈尚書令王曾、太尉贈尚書令吕夷簡、彰武軍節度使贈侍中曹瑋配享仁宗。

【《神宗本紀》】神宗熙寧八年六月戊午，太師、魏國公韓琦薨。己未，以琦配享英宗廟庭。

元豐元年閏正月己亥，太傅兼侍中曾公亮薨。癸卯，以公亮配享英宗廟庭。

【《建炎以來朝野雜記》】祖宗故事，大臣配享，皆祔廟後議之。若趙韓王、曹秦王之配享太祖，蓋真宗咸平時，而韓魏王、曾魯公之配享英宗，皆其身薨日降制，亦在祔廟十數年後。

【《宋史·禮志》】熙寧末，嘗詔太常禮院講求親祠太廟不及功臣禮例。至是，禘祫外，親享太廟並以功臣與。又從太常禮院請，配享功臣以見贈官書板位。

【《文獻通考》】元豐三年，詳定郊廟奉祀禮文所言：「謹案《書·盤庚》曰：『兹予大享于先王，爾祖其從與享之。』《周禮·司勳》：『凡有功者，祭于大烝。』然則《書》之所謂大享，即《禮》之所謂大烝也。烝，冬祭也。謂之大者，物成衆多之時，其祭比三時爲大也。方是時，百物皆報焉，祭有功宜矣。《禮記·祭統》衛孔悝之鼎銘曰：『勤大命，施于烝彝鼎。』後世烝祭不及功臣，既不合禮，而禘祫及之，事不經見。梁初，誤禘功臣，何佟之以爲夏物未成，而禘功臣爲非典禮。唐韋挺亦云：『今禘祫以功臣配享，而冬烝不及，與經不合。』蓋因仍之誤也。伏請每遇冬烝，以功臣配享，其禘祫配享罷之。」詔：「凡冬享、禘祫及親祠，功臣並配享。」

【《宋史·哲宗本紀》】元祐元年六月戊申，以富弼配享神宗廟庭。

紹聖元年夏四月甲寅，以王安石配享神宗廟庭。

三年二月癸酉，罷富弼配享神宗廟庭。

【《禮志》】元祐初，從吏部尚書孫永等議，以故司徒、贈太尉富弼配享神宗；紹聖初，又以守司空、贈太傅王安石配。三年，罷富弼配，謂弼得罪於先帝也。

【蘇氏軾《論周穜擅議配劄子》】本朝自祖宗以來，推擇元勳重望、始終全德之臣，以配食列聖。蓋自天子所不敢專，必命都省集議，其人非天下公議所屬，不在此選。奏議既上，詔云恭依，册告宗廟，然後敢行。其嚴如此。豈有既行之後，復使疏遠小臣各出私意，以議所配？若置而不問，則宗廟不嚴，而朝廷輕矣，褻矣。安石平生所爲，是非邪正，中外具知，難逃聖覽。先帝蓋亦知之，故置之閑散，終不復用。今已改青苗等法，而廢退安石黨人吕惠卿、李定之徒，至於學校貢舉，亦已罷斥佛老，禁止字學。大議已定，行之數年。而先帝配享已定用富弼，天下翕然，以爲至當。穜復何敢建此議，意欲以此嘗試朝廷，漸進邪説。伏望聖慈重賜責降，以儆在位。

崇寧元年，詔以觀文殿大學士、贈太師蔡確配享哲宗廟庭。

【《政和五禮新儀》】配享功臣之位，設于殿庭之次：趙普、曹彬位于横街之南道西，東向，第一次；薛居正、石熙載、潘美位于第二次；李沆、王旦、李繼隆位于第三次：俱北上。王曾、吕夷簡、曹瑋位于横街之南道東，西向，第一次；韓琦、曾公亮位于第二次；王安石位于第三次；蔡確位于第四次：俱北上。惟冬享、祫享徧設祭位。

建炎初，詔奪蔡確所贈太師、汝南郡王，追貶武泰軍節度副使，更以左僕射、贈太師司馬光配享哲宗，既又罷王安石，復以富弼配享神宗。

【《趙鼎傳》】高宗即位，除鼎司勳郎官。久雨，詔求闕政。鼎言：「自熙寧間，王安石用事，變祖宗之法，而民始病。假闢國之謀，造生邊患；興理財之政，窮困民力；設虚無之學，敗壞人才。至崇寧初，蔡京托紹述之名，盡祖安石之政。凡今日之患，始於安石，成於蔡京。今安石猶配享廟庭，而京之黨未除，時政之闕，莫大於是。」上爲罷安石配享。

【《宋會要》】紹興四年，太常少卿江端友請：「明堂前一日，差官詣配祀功臣位行禮。緣即今權于温州真華宫奉安宗廟，比在京事體不同。欲依紹興元年，明堂更不排辦。」從之。

【《宋史·高宗本紀》】紹興八年三月壬寅，定以故相韓忠彦配享徽宗廟庭。

【《揮麈前録》】本朝曹武惠配享太祖，武穆配享仁宗；韓忠獻配享英宗，文定配享徽宗。父子配享，自昔所無也。

【《禮志》】紹興十八年二月，監登聞鼓院

徐禋言：「國家原廟佐命配享，當時輔弼勳勞之臣繪象廟庭，以示不忘，累朝不過一十餘人。今之臣僚與其家之子孫必有存其繪像者，望詔有司尋訪，復摹于景靈宮庭之壁，非獨假寵功臣之子孫，所以增重祖宗之德業，以爲臣子勸。」遂下諸路轉運司，委所管州軍尋訪各家，韓王趙普，周王曹彬，太師薛居正、石熙載，鄭王潘美，太師李沆、王旦、李繼隆、王曾、吕夷簡，侍中曹瑋，司徒韓琦，太師曾公亮、富弼、司馬光、韓忠彥，各令摹寫貌像投納，繪于景靈宮之壁。

紹興二十七年六月戊午，初命太廟冬享祭功臣。

【《孝宗本紀》】乾道五年九月甲子，詔侍從、臺諫集議欽宗配享功臣。

【《禮志》】乾道五年九月，太常少卿林栗等言：「欽宗皇帝廟庭尚虚配享，當時遭值艱難，淪胥莫救，罕可稱述，而以身殉國，名節暴著，不無其人。雖生前官品不應配享之科，事變非常，難拘定制，乞特詔集議。」吏部尚書汪應辰奏：「當時死事之臣，皆有次第褒贈。若今配享欽廟，典故所無，如創行之，又當訪究本末，差次輕重，有所取舍，尤不可輕易。竊謂配享功臣，若依唐制，各廟既無其人，則當缺之。」迺罷集議。欽宗一廟遂無配享。

【《文獻通考》】侍右郎官曾逮言：「昔元祐中，神宗未有配享，朝廷依例，權塑二侍臣。」吏部尚書汪應辰言：「欽宗所圖共政之臣，皆未有能勝其任者。若應故事，姑令備數，上非所以尊宗廟，下非所以勸有功。誠如太常所言，當時死事之臣非一，今欲令配享，考究本末，差次輕重，有所取捨，尤不可輕易。昔唐文宗、武宗皆無配享功臣，蓋崇奉祖宗，必審其實，必當於理，不虛尚文飾，以苟塞人情而已。既無可配享者，乞更不集議。」從之。

【《孝宗本紀》】淳熙十五年三月癸丑，用洪邁議，以吕頤浩、趙鼎、韓世忠、張俊配享高宗廟庭。

【《禮志》】淳熙中，高宗祔廟，翰林學士洪邁言：「配食功臣，先期議定。臣兩蒙宣諭，欲用文武臣各兩人：❶文臣，故宰相、贈太師、秦國公、謚忠穆吕頤浩，特進、觀文殿大學士、謚忠簡趙鼎；武臣，太師、蘄王、謚忠武韓世忠，太師、魯王、謚忠烈張俊。此四人皆一時名將相，合于天下公論。」議者皆以爲宜，遂從之。祕書少監楊萬里獨謂丞相張俊不得配食爲非，❷争之不得，因去位焉。

【《清波雜志》】國朝配享功臣于太廟横街南，東西相向設位。太祖室，趙普、曹彬；太宗室，薛居正、石熙載；真宗室，李沆、王旦、李繼隆；仁宗室，王曾、吕夷簡；英宗室，韓琦、曾公亮；神宗室，富弼、曹瑋；哲宗室，司馬光；徽宗室，韓忠彦。高宗室，吕頤浩、趙鼎、韓世忠、張俊，視祖宗文武各用二人侑食，蓋中興將相勳烈之盛，不得而遺也。

紹興五年十二月，以左丞相、贈太師、魯國公陳康伯配享孝宗廟庭。

【《建炎以來朝野雜記》】孝宗既祔廟，詔以故相陳康伯侑食。寶文閣待制吴總上

❶「各」，原脱，據《宋史·禮志十二》補。
❷「俊」，原作「浚」，據上下文及《宋史·禮志十二》改。

疏，請以其父璘配享廟庭。不報。

【《宋史·禮志》】初，仁宗天聖中郊祀，詔録故相李昉、宋琪、吕端、張齊賢、畢士安、王旦，執政李至、王沔、温仲舒及陳洪進等子孫以官。元豐中，詔：景靈宫繪像舊臣推恩本支下兩房以上，取不食禄者，均有無，取齒長者；若子孫亦繪像，本房不食禄，更不取别房。紹聖初，林希請稽考慶曆以後未經編次臣僚，其子孫應録用者以次編定。尋詔：「趙普社稷殊勳，其諸孤有無食禄者，各官其一子，以長幼爲序，毋過三人。」崇寧初，詔：「哲宗繪像文武臣僚，並與子若孫一人初品官，若子孫衆多，毋過家一人。」又録藝祖功臣吕餘慶族孫偉及司徒富弼孫直柔、直道以官，使奉其祀。靖康初，臣僚言：「司馬光之後再絶，復立族子稹，稹亦卒。今雖有子，而光遺表恩澤已五十年，不可復奏，請許移奏見存曾孫，使之世禄。」從之。

【《寧宗本紀》】嘉泰元年春正月庚午，以葛邲配享光宗廟庭。

嘉定十四年八月乙丑，追封史浩爲越王，改謚忠定，配享孝宗廟庭。

【《理宗本紀》】端平二年八月乙卯，以太師趙汝愚配享寧宗廟庭，仍圖像于昭勳崇德之閣。

右宋。

【《遼史·興宗本紀》】重熙二十一年八月戊子，太尉烏者薨，詔配享聖宗廟。

【《金史·禮志》】天德二年二月，太廟袷享，有司擬上配享功臣。詔以撒改、辭不失、斜也杲、斡魯、阿思魁忠東向，配太祖位。以粘哥宗翰、斡里不宗望、闍毋、婁室、銀朮可

西向，配太宗位。❶

大定三年十月，祫享，又以斜也、斡魯、撒改、習失、❷阿思魁配享太祖，宗望、闍毋、宗翰、婁室、銀朮可配享太宗。❸其後，次序屢有更易。

【《世宗本紀》】大定八年十月乙未，命圖畫功臣于太祖廟，其未立碑者立之。

【《禮志》】大定八年，上命圖畫功臣于太祖廟，有司第祖宗佐命之臣，勳績之大小、官資之崇卑，以次上聞，乃定左廡：開府金源郡王撒改、皇伯太師右副元帥宋王宗望、開府金源郡王斡魯、皇伯太師梁王宗弼、開府金源郡王婁室、皇叔祖元帥左都監魯王闍毋、開府隋國公阿离合懣、儀同三司兖國公劉彦宗、右丞相齊國簡懿公韓企先、特進宗人辭不失；❹右廡：太師秦王宗翰、皇叔祖遼王杲、開府金源郡王習失、❺開府金源郡王完顔希尹、太傅楚王宗雄、開府前燕京留守金源郡王完顔銀朮哥、開府金源郡王完顔忠、金源郡王完顔撒离喝、特進宗人斡魯古、右丞相金源郡王紇石烈志寧。

大定十六年，左廡遷梁王宗弼于斡魯上。

十八年，黜辭不失，❻而次蒲家奴于阿离合懣之下。　二十二年，增皇伯太師遼王、斜也、撒改、宗斡、宗翰、宗望，其下以次列。

【《章宗本紀》】明昌四年三月田午，定配享功臣。

【《禮志》】明昌四年，次序始定，東廊：皇叔

❶「太宗」，原作「太祖」，據《金史·禮志四》改。
❷「習失」，《金史·禮志四》作「習不失」。
❸「可」，《金史·禮志四》作「哥」。
❹「辭不失」，《金史·禮志四》作「習失」。
❺「習失」，《金史·禮志四》作「習不失」。
❻「辭不失」，《金史·禮志四》作「習失」。

祖遼智烈王斜也杲、皇伯太師遼忠烈王宗斡斡魯、❶皇伯太師右副元帥宋桓肅王訛魯補宗望、開府儀同三司金源郡毅武王習失、❷開府儀同三司金源郡貞憲王完顔谷神希尹、太傅楚威敏王謀良虎宗雄、開府儀同三司燕京留守金源郡襄武王完顔銀朮可、開府儀同三司金源郡明毅王完顔忠阿思魁、金源郡莊襄王杲撒离喝、特進宗人斡里古莊翼、特進完顔辭不失威敬、❸太師尚書令淄忠烈王徒單克寧、太師尚書令南陽郡文康王張浩；西廊：開府儀同三司金源郡忠毅王撒改、太師秦桓忠王粘罕宗翰、皇伯太師梁忠烈王斡出宗弼、開府儀同三司金源郡剛烈王斡魯、開府儀同三司金源郡莊義王完顔婁室、皇叔祖元帥左都監魯莊明王闍毋、開府儀同三司隋國剛憲公阿离合懣、開府儀同三司豫國襄毅公蒲家奴昱、開府儀同三司兖國英敏公劉彦宗、右丞相齊國簡懿公韓企先、太保尚書令廣平郡襄簡王李石、開府儀同三司右丞相金源郡武定王紇石烈志寧、開府儀同三司左丞相沂國公僕散忠義、儀同三司左丞相崇國公紇石烈良弼、右丞相莘國公石琚、右丞相申國公唐括安禮、開府儀同三司平章政事徒單合喜、參知政事宗敘。每一朝爲一列，著爲令。

【《章宗本紀》】明昌五年閏十月丙寅，以代國公歡都等五人配享世祖廟庭。

【《禮志》】明昌五年閏十月丙寅，以儀同三司代國公歡都、銀青光禄大夫治訶、特進劾者、開府儀同三司盆納、儀同三司拔達配享

❶「宗斡斡魯」，《金史・禮志四》作「宗幹斡本」。
❷「習失」，《金史・禮志四》作「習不失」。
❸「辭不失」，《金史・禮志四》作「習失」。

世祖廟庭。

享日，並出神主前廊，序列昭穆，應圖功臣配享廟庭，各配所事之廟，以位次爲定。

【王圻《續通考》】南陽郡王完顏襄、壽國公張萬公，皆配享章宗廟庭；平章政事延安郡王僕散端、尚書右丞壽國公高汝礪、宰相福興，皆配享宣宗廟庭。

【《完顏賽不傳》】正大三年，宣宗廟成，將禘祭，議配享功臣，論者紛紜。賽不爲大禮使，因言「丞相福興死王事，七斤謹守河南，以迎大駕，功宜配享」。議遂定。

【《元史·祭祀志》】英宗初，博士言：「今冬祭即烝也，天子親祼太室，功臣宜配享。」事弗果行。

右遼、金、元。

【《明會典》】洪武二年孟春，享太廟，以功臣七人配，遣官分獻讀祝。

【王圻《續通考》】洪武二年正月，享太廟，以功臣廖永忠、俞通海、張德勝、桑世傑、耿再成、胡大海、趙德勝配享。設青布幃六間于太廟庭中，内設配享功臣位，籩、豆各二，實以栗、棗、牛脯、葵菹、鹿醢，簠、簋各二，實以黍、稷、稻、粱，羊豕體各一，遣官分獻。其分獻儀，皇帝行亞獻禮將畢，分獻官各詣盥洗所，盥手，洗爵，酌酒。諸執事官皆酌酒于爵，獻官進詣功臣第一位前，上香，奠爵。諸執事官各進爵于各神位前。讀祝官讀祝訖，獻官復位。其配享祝文曰：「朕以孟春，嚴奉廟享。追念忠烈，輔成開基。爰用牲醴，陳于廟庭。英靈如生，尚其與享。」

【《明史·禮志》】洪武三年，定配享功臣常遇春以下凡八位。春夏於仁祖廟西廡，秋冬於德祖廟西廡，設位，東向，遂罷幃次之設。更定三獻禮，皇帝初獻，時獻官即分詣行禮，不拜。

【《明會典》】洪武三年，定親王從享，皆設位于東廡，西向；功臣配享，皆設位于西廡，東向。

【《明史·禮志》】洪武三年，定以皇伯考壽春王、王夫人劉氏爲一壇，皇兄南昌王、霍丘王、下蔡王、安豐王、霍丘王夫人翟氏、安豐王夫人趙氏爲一壇，皇兄蒙城王、盱眙王、臨淮王、臨淮王夫人劉氏爲一壇，後定夫人皆改稱妃，皇姪寶應王、六安王、來安王、都梁王、英山王、山陽王、昭信王爲一壇，凡一十九位。春夏于仁祖廟東廡，秋冬及歲除於德祖廟東廡，皇帝行初獻禮，時獻官詣神位分獻。四年，進親王於殿内東壁。

【王圻《續通考》】明太祖洪武三年，壽春十五王進侑四祖廟。案壽春於孝陵爲伯；南昌七王，兄；寶應七王，從子也。余從大夫後助祭太廟，見廡中木主稱壽春八王爲高伯祖考，寶應七王爲曾伯祖考，禮官誤矣。

四年，太祖謂中書省臣：「太廟之祭，以功臣配列廡間。今既定太廟合祭禮，朕以祖宗具在，使功臣故舊没者得少依神靈，以同享祀，不獨朝廷宗廟盛典，亦以寓朕不忘功臣之心。」於是禮官議：「凡合祭時，爲黄布幄殿，中祖考神位，旁設兩壁，以享親王及功臣，令大臣分獻。」制「可」。已而命去布幄。

四年，❶罷廟庭幃設之次，改設黄布幃殿于廟内，併具兩廡，中居祖考神位，廡列親王

❶ 案：此段文字不見於《明史·禮志》，與《明會典》卷八一亦頗爲不同，當出自《禮部志稿》卷二八「祠祭司職掌」。

及功臣。每奠獻祖考，則遣大臣各分獻，不讀祝。是秋，又命功臣仍于廡間配享，不設布殿。

蕙田案：親王配享，自太祖創也。

《太祖本紀》：「洪武六年，録故功臣子孫未嗣者二百九人。」

九年，新太廟成，增祀蒙城王妃田氏、盱眙王妃唐氏。以徐達、常遇春、李文忠、鄧愈、湯和、沐英、俞通海、張德勝、胡大海、趙德勝、耿再成、桑世傑十二位配于西廡，罷廖永安。

【《明會典》】洪武九年，奉安四代神主，以親王并王妃二十一位侑于殿内東壁，功臣十二位配于西壁，不分獻。自是四時之祭，皆行合享之禮。

【《明史・太祖本紀》】洪武十年，録故功臣子孫五百餘人。

【《明會典》】洪武二十年，定凡祭功臣，令軍官首領官陪。

【《明史・禮志》】建文時，禮部侍郎宋禮言：「功臣自有雞籠山廟，請罷太廟配享。」帝以先帝所定，不從。且令候太廟享畢，別遣官即其廟祭之。

洪熙元年，以張玉、朱能、王真、❶姚廣孝配享太廟。遣張輔、朱勇、王通及尚寶少卿姚繼各祭其父。

【王圻《續通考》】嘉靖九年，中允廖道南言：「廣孝髡徒，不宜入廟。」禮官李時與張璁、桂萼亦以爲言。遂移祀大興隆寺。

【《明史・禮志》】嘉靖十年，以刑部郎中李瑜議，進劉基位，次六王。

❶「王真」，聖環本、《明史・禮志六》無，三家校插入。秦氏蓋據下文之「王通」增補。

十六年，以武定侯郭勛奏，進其祖英。初，二廟功臣，位各以爵。及進基位公侯上，至是復令禮官議合二廟功臣敘爵。於是，列英於桑世傑上，張玉、朱能於沐英下，基於世傑下。❶

【王圻《續通考》】武定侯郭勛乞進其祖英，侑享高廟。下廷議，不可。户部侍郎唐胄疏争，言：「廟祀諸臣，位次上下，且不可易，況有無之額，敢輒增損乎？」勛言：「往年進劉基祔享，以文臣故，舉朝翕然順從。臣祖英武臣，乃紛然阻忌。」上是勛言，進英祀。先是，二廟侑享功臣，位各以爵。及進基伯位公侯上，帝不喜，曰：「何上基而下英也！」令禮官考議。乃合二廟功臣敘爵。于是列英永義侯上，河間、東平二王黔寧王下，基永義侯下。初，郭英未進侑，時禮官夏言言：「禮有功宗之祀。漢祭功臣于廟庭，魏祀尚書令荀攸于太祖廟，唐高祖至憲宗廟，或六七八人，或二三四人，宋太祖至光宗亦然。如魏徵、李沆、司馬光，皆文臣，不必皆武功也。守成諸君，亦各有與享者，不必皆創業也。我朝二祖，開國靖難，固有功臣。仁宗以後無事武功，❷其間相與輔贊治平，豈無有如魏徵、李沆輩者？今侑享二祖凡十七人，十七人中，惟基、廣孝二人文臣耳。自後六廟，缺焉無聞。乞下廷議，考求六朝文武大臣，有功在當時、澤在後世者，請上裁定，進侑廟庭。」帝不允。

配享功臣十七人：中山武寧王徐達、開

❶ 「於沐英下基」五字，原脱，據《明史·禮志六》補。
❷ 「後」，原脱，據《續通典》卷五三補。

平忠武王常遇春、岐陽武靖王李文忠、寧河武順王鄧愈、東甌襄武王湯和、黔寧昭靖王沐英、河間忠武王張玉、東平武烈王朱能、虢國忠烈公俞通海、蔡國忠毅公張德勝、越國武莊公胡大海、梁國武桓公趙德勝、泗國武莊公耿再成、營國威襄公郭英、寧國公王真、永義侯桑世傑、誠意伯劉基，皆左右敘。

二十四年，進諸配位於新太廟西壁，罷分獻。

【《太常紀》】神宗萬曆九年，給事中丁汝謙言：「諸王世次遠，宜罷祭，祭於墓。親王之殤，無後而近者，宜配。凡親王、功臣，宜列兩廡。」上以汝謙議睿廟，謫汝謙，遂未行。

萬曆十四年，太常卿裴應章言：「諸王本從祖祔食。今四祖之廟已祧，而諸王無所於祔，宜罷享，而祔之祧廟。」禮部言：「祧以藏毀廟之主，爲祖非爲孫。禮有祧，不聞有配祧者。請仍遵初制，序列東廡爲近禮。」報「可」。又言：「廟中列后在上，異姓之臣禮當別嫌。且至尊拜俯於下，諸臣之靈亦必不安。」命改復西廡，遣官分獻。

【《太常紀》】裴應章言：「諸王從祖祔食。四祖親盡且祧，而諸王得配享百世，非所以爲殺也。壽春等王，於太祖爲伯、爲兄，太祖南面，而伯若兄俯而侑于側，非所以爲順也。列后在享，諸功臣同坐一堂，非所以爲別也。其以諸王祔祧廟，歲祫則祔，餘則罷。功臣移之廡，便上下。」禮官宗伯沈鯉議曰：「臣考《儀禮》諸書與前代故事，無親王祔享之儀，是太祖以義起者也。宗廟之祭，祫爲重，故《禮》稱彌遠而彌尊。時享不可預而預於祫，其無乃未安乎？竊謂諸王墳墓，近皇陵則祔皇陵之廟，近祖陵則祔祖陵之廟，于禮無嫌，亦不失太祖遺意。但考洪武四年初享十五王之文，曰：『朕念親親之道，無間存没。凡我伯、考、兄、姪，悉追封爲王；伯妣、先嫂，皆爲王夫人，列祀宗廟，著爲常典。』臣不敢議罷。其仍遵初制，序列東廡；功臣列西廡。惟上裁擇。」上曰「可」。於是諸王、功臣列兩廡，遣官分獻，如國初制矣。

天啟元年，太常少卿李宗延言：「前代文臣皆有從祀，我朝不宜獨缺。」下禮部議，不行。

【《春明夢餘録》】明高祖定鼎，念諸功臣之烈，建太廟，首以李韓公善長等六人及胡越公大海等從享。最後韓公坐嫌死，而六公亦間不得與。逮永樂而始定，自中山、開平二王而下，距永義侯桑世傑，凡六王、五公、一侯十二人。從文皇祀者，至洪熙而定，文、武臣惟河間王玉、東平王能、寧國公真、榮國公廣孝，凡二王、二公。至世宗，首上太祖徽號，後上文皇帝祖號。又采禮官言，進誠意伯從祀太祖，位六王下，而以僧故斥廣孝，使祀大興隆寺。尋用翊國公勛請，進其祖營國公英。獨仁宗而後，寥寥無聞，論者謂如楊文貞、李文達、商文毅、劉文清、楊文忠之賢于輔而不得從，蹇忠定、王忠肅、王端毅、馬端肅、于肅愍之賢于樞而不得從，張定興輔之下南交，朱宣平永之八佩將印，皆位太師，握環衛，爲心膂牙爪而不得從。高帝諸功臣而下猶有説焉，若李韓公之佐開創，不下鄺侯，雖以嫌死，帝尚爲之諱。若馮宋公勝之佐大將軍，取中原，下秦隴，降納哈出二十萬之衆；傅潁公友德之從大將軍，取山東，其平蜀功冠徹侯，而開滇南二百年之地。惜其終于帝之末遘革除之變，而未有舉也。

右明。

五禮通考卷第一百二十二

淮陰吴玉搢校字

五禮通考卷第一百二十三

內廷供奉禮部右侍郎金匱秦蕙田編輯
太子太保總督直隸右都御史桐城方觀承同訂
兩淮都轉鹽運使德水盧見曾
按察司副使元和宋宗元 參校

吉禮一百二十三

賢臣祀典

蕙田案：《祭法》曰：「聖王之制祭祀也，法施于民則祀之，以死勤事則祀之，以勞定國則祀之，能禦大菑則祀之，能捍大患則祀之。」所以崇德報功，勸忠尚義，而風勵于無窮也。自淫祠繁興，貞邪淆亂，歷代以來，祠宇之在天下者廢興不一，或以正而被黜，或以濫而見推，典籍所垂，蓋棼溷矣。今根據正史，旁及傳記，舉勳庸德行、忠節孝義、卓然表見者，著于篇，其不在祀典及《通考》所載淫祠，俱並削焉。

【《禮記·祭法》】聖王之制祭祀也，法施于民則祀之，以死勤事則祀之，以勞定國則祀之，能禦大菑則祀之，能捍大患則祀之。

劉氏彝曰：「法施于民者，民賴其法成身者也。以死勤事者，忠于國者弗顧其生，義于君者弗惜其死，祀之則忠義勸于天下矣。以勞定國者，夙夜勞瘁，弼成王業，如伊尹之相湯升陑，如呂望之鷹揚我武，如周公之坐以待旦也。能禦大災者，如洪水爲災而后土氏能平五土，懷襄昏墊而夏后氏能滌九源，既免民之魚鱉，又敷土以播殖也。能捍大患者，如玁狁猾夏而宣王斥之，管、蔡亂國而周公征之，楊、墨亂教而孟子闢之，皆俾大患弗克興焉。」

陳氏祥道曰：「法施于民，所謂民功曰庸也。以死勤事，以勞定國，所謂事功曰勞也。能禦天之大菑，捍人之大患，所謂治功曰力也。」

右秩祀典。

【《書·武成》】封比干墓。【傳】封益其土。【疏】《周本紀》云：「命閎夭封比干之墓。」

【《禮記·樂記》】封王子比干之墓。【注】積土爲封。封比干墓，宗賢也。

蕙田案：封墓則有祀事可知，廟與墓同。

【《吳越春秋》】夫差帥諸群臣出國門，祀子胥于江濱。諸臣並在，夫差乃言曰：「寡人昔不聽相國之言，乃用讒佞之辭，至令相國遠没江海。自亡以來，濛濛惑惑，如霧蔽日，莫誰與言！」泣下沾襟，哀不自勝。左右群僚，莫不悲傷。

蕙田案：此祀忠臣之始。

右周。

【《漢書·昭帝本紀》】元鳳元年三月，賜郡國所選有行義者涿郡韓福等五人，帛人五十匹，遣歸。詔曰：「朕閔勞以官職之事，其務修孝悌以教鄉里，令郡縣常以正月賜羊酒。有不幸者，賜衣被一襲，祠以中牢。」

《日知録》：「《漢書·萬石君傳》石慶爲齊相，齊人爲立石相祠。《于定國傳》父于公爲縣獄吏，郡中爲之立生祠，號曰于公祠。《漢紀》欒布爲燕相，有治績，民爲之立生祠。此後世立生祠之始。」

【《後漢書·明帝本紀》】永平二年十一月甲申，遣使者以中牢祠蕭何、霍光。帝謁陵園，過式其墓。

【《章帝本紀》】建初七年冬十月，西巡狩，幸長安。丙辰，遣使者以中牢祠蕭何、霍光。

【《安帝本紀》】延光三年閏十月乙未，遣使者祀太上皇于萬年，以中牢祀蕭何、曹參、霍光。

【《桓帝本紀》】延熹八年夏四月丁巳，壞郡國諸房祀。

【注】房謂祠堂也。《王渙傳》曰：「時唯密縣存故太傅卓茂廟，洛陽留令王渙祠。」

【《桓譚傳》】元和中，肅宗行東巡狩，至沛，使使者祀譚塚，鄉里以爲榮。

【《楊厚傳》】厚年八十二，卒于家。策書弔祭，鄉人謚曰文父，門人爲立廟，郡文學掾史春秋饗射常祀之。

【《孔融傳》】融爲北海相，郡人甄子然、臨孝存知名，早卒，融恨不及之，乃命配食縣社。

蕙田案：兩漢風俗淳茂，祀典所及，見于史册者，蕭、曹與霍，皆有相業，功在社稷；桓譚以經學博聞名後世，卓茂、韓福等以行義稱。至于民間，亦立生祠，有甘棠之愛焉。百世而下，猶爲興起，況當其時者乎？逮漢末諸君子，皆以行義風節相矜尚，所由來者遠矣。

右兩漢。

【《宋書·禮志》】劉禪景燿六年，詔爲丞相諸葛亮立廟於沔陽。先是所居各請立廟，不許，百姓遂私祭之。而言事者或以爲可立于京師，乃從人意，皆不納。步兵校尉習隆、中書侍郎向允等言于禪曰：「昔周人懷召伯之美，甘棠爲之不伐；越王思范蠡之功，鑄金以存其像。自漢興以來，小善小德，而圖形立廟者多矣；況亮德範遐邇，勳蓋季世，興王室之不壞，❶實斯人是賴。而

❶「興」，原脱，據《宋書·禮志四》補。

烝嘗止于私門，廟象闕而莫立，百姓巷祭，戎夷野祀，非所以存德念功，述追在昔也。今若盡從人心，則瀆而無典；建之京師，又逼宗廟。此聖懷所以惟疑也。愚以爲宜因近其墓，❶立之於沔陽，使屬所以時賜祭。❷凡其故臣欲奉祀者，皆限至廟。❸斷其私祀，以崇正禮。」於是從之。

蕙田案：孔明爲漢季第一人物，故當爲三國祠祀之冠。

【《三國·蜀志·秦宓傳》】宓同郡王商爲治中從事。商爲嚴君平、李弘立祠，宓與書曰：「疾病伏匿，甫知足下爲嚴、李立祠，可謂厚黨勤類者也。觀嚴文章，冠冒天下，由、夷逸操，山嶽不移，使揚子不歎，固自昭明。如李仲元不遭《法言》，令名必淪，其無虎豹之文故也，可謂攀龍附鳳者矣。如揚子雲潛心著述，有補于世，泥蟠不滓，行參聖師，于今海内，談詠厥辭。邦有斯人，以耀四遠，怪子替兹，❹不立祠堂。蜀本無學士，文翁遣相如東受七經，還教吏民，于是蜀學比于齊、魯。故《地理志》曰：❺『文翁倡其教，相如爲之師。』漢家得士，盛於其世。仲舒之徒，不達封禪，相如制其禮。夫能制禮造樂，移風易俗，非禮所秩有益于世者乎！雖有王孫之累，猶孔子大齊桓之霸，公羊賢叔術之讓。僕亦善長卿之化，宜立祠堂，速定其銘。」

【《魏志·賈逵傳》】逵子充嗣。豫州吏民追

❶「以」，原作「意」；「宜」，原脱，據《宋書·禮志四》改補。
❷「屬所」，原誤倒，據《宋書·禮志四》乙正。
❸「至」，原作「立」，據《宋書·禮志四》改。
❹「兹」，原作「之」，據《三國志·秦宓傳》改。
❺「理」，原作「里」，據《三國志·秦宓傳》改。

思之，爲刻石立祠。青龍中，帝東征，乘輦入逵祠，詔曰：「昨過項，見賈逵碑像，念之愴然。古人有言，患名之不立，不患年之不長。逵存有忠勳，❶没而見思，可謂死而不朽者矣。其布告天下，以勸將來。」

《魏略》曰：「甘露二年，車駕東征，屯項，復入逵祠下，詔曰：『逵没有遺愛，歷世見祠。追聞風烈，❷朕甚嘉之。昔先帝東征，亦幸於此，親發德音，褒揚逵美，徘徊之心，益有慨然！夫禮賢之義，或埽其墳墓，或修其門閭，所以崇敬也。其埽除祠堂，有穿漏者補之。』」

【《宋書·禮志》】魏武帝少時，漢太尉橋玄獨先禮異焉，故建安中遣使祀以太牢。文帝黄初六年十二月，過梁郡，又以太牢祀之。

右三國。

【《晉書·元帝本紀》】太興元年十二月癸巳，詔曰：「漢高經大梁，美無忌之賢；齊師入魯，修柳下惠之墓。其吴之高德名賢，或未旌録者，其條列以聞。」

蕙田案：此後世鄉賢孝義旌表之意。

【《禮志》】故事，祀皋陶於廷尉寺，新禮移祀于律署，以同祭先聖於太學也。故事，祀以社日，新禮改以孟秋之月，以應秋政。摯虞以爲：「案《虞書》，皋陶作士師，惟明克允，國重其功，人思其當，是以獄官禮其神，繫者致其祭，功在斷獄之成，不在律令之始也。太學之設，義重太常，故祭于太學，是崇聖而從重也。律署之置，卑于廷尉，移祀

❶「有」，原作「而」，據《三國志·賈逵傳》改。
❷「風」，原作「夙」，據《三國志·賈逵傳》裴注改。

于署，是去重而就輕也。律非正署，廢興無常，宜如舊祀于廷尉。又，祭用仲春，義取重生，改用孟秋，以應刑殺，理未足以相易。宜定新禮，皆如舊。」制可。

【《羊祜傳》】祜既卒，襄陽百姓于峴山祜平生游憩之所建碑立廟，歲時饗祭焉。望其碑者，莫不流涕，杜預因名爲墮淚碑。

【《宋書》傅亮《爲宋公修張良廟教》】義熙十三年，❶高祖北討，軍次留城，經張良廟，下令：（《文選》傅亮撰）「夫盛德不泯，義存祀典，微管之歎，撫事彌深。張子房道亞黄中，照鄰殆庶，風雲玄感，蔚爲帝師。夷項定漢，大拯横流，固已參軌伊、望，冠德如仁。若乃神交圯上，道契商洛，顯默之際，窅然難究，淵論浩瀁，莫測其端矣。途次舊沛，駐駕留城，靈廟荒頓，遺像陳昧，撫跡懷人，永歎實深。過大梁者，或佇想于夷門；游九原者，亦流連于隨會。擬之若人，亦足以云。可改構棟宇，修飾丹青，蘋蘩行潦，以時致薦。抒懷古之情，存不刊之烈。」主者施行。

【《宋書·武帝本紀》】永初二年夏四月己卯朔，詔曰：「淫祠惑民費財，前典所絶，可並下在所，除諸房廟。其先賢及以勳德立祠者，不在此例。」

【《禮志》】永初二年，普禁淫祠。由是蔣子文祠以下，普皆毁絶。

【《劉穆之傳》】元嘉二十五年四月，車駕行幸江寧，經穆之之墓，詔曰：「故侍中、司徒、南康文宣公穆之，秉德佐命，翼亮景業，謀猷經遠，元勳克茂，功銘鼎彝，義彰典策，故

❶「三」，原作「二」，據《宋書·武帝本紀中》、《文選》卷三六改。

已嗣徽前哲，宣風後代者矣。近因遊踐，瞻其塋域，九原之想，情深悼歎。可致祭墓所，以申永懷。」

【《禮志》】漢時，城陽國人以劉章有功于漢，爲之立祠，青州諸郡轉相倣效，濟南尤盛。至魏武帝爲濟南相，皆毀絶之。及秉大政，普加除翦，世之淫祀遂絶。

孝武帝孝建□年，❶更修起蔣山祠。

【《文帝本紀》】元嘉二十六年，遣使祭晉故司空、忠肅公何無忌之墓。❷

【《禮志》】孝武帝大明三年二月戊申，行幸耤田，經左光禄大夫袁湛墓，遣使致祭。五年庚午，車駕行幸，經司空殷景仁墓，遣使致祭。

【《王弘傳》】大明五年，車駕遊幸，經弘墓，下詔曰：「故侍中、中書監、太保、録尚書事、揚州刺史、華容文昭公弘，德猷光劭，鑒識明遠。故散騎常侍、左光禄大夫、太子詹事、豫章文侯曇首，夙尚恬素，理心貞正。並綢繆先眷，契闊屯夷，内亮王道，外流徽譽。以國圖令勛，民思茂惠。朕薄巡都外，瞻覽墳塋，永言想慨，良深于懷。便可遣使，致祭墓所。」

【《禮志》】大明七年十一月，南巡。乙酉，遣使祭晉司馬桓温、征西將軍毛璩墓。

右晉、宋。

【《北魏書・孝文帝本紀》】太和十有八年，春正月癸亥，車駕南巡。戊辰，經比干之墓，祭以太牢。十有九年九月壬辰，遣黄門侍郎以太牢祭比干之墓。

❶「□」，庫本作「初」。案：《宋書・禮志四》作「初」，但無下「年」字。

❷「墓」，原作「母」，據《宋書・文帝本紀》改。

【《宣武帝本紀》】正始元年六月戊戌，❶詔立周旦、夷齊廟于首陽山。

【《北史·劉芳傳》】芳轉太常卿。以周公之祀不應隸太常，乃上疏曰：「周公廟所以别在洛陽者，蓋緣姬旦創成洛邑，故傳世洛陽，崇祠不絶，以彰厥庸。夷齊廟者，亦世爲洛陽界内神祠。今並移太常，恐乖其本。」詔曰：「所上乃有明據，但先朝置立已久，且可仍舊。」

【《李孝伯傳》】孝伯兄子安世，出爲相州刺史，假趙郡公。敦農桑，斷淫祠。西門豹、史起有功于人者，爲之修飾廟堂。

右北魏。

【《隋書·煬帝本紀》】大業二年五月乙卯，詔曰：「旌表先哲，式存饗祀，所以優禮賢能，顯彰遺愛。朕永鑒前修，尚想名德，何嘗不興歎九原，屬懷千載？其自古來賢人君子，有能樹聲立德，佐世匡時，博利殊功，有益于人者，並宜營立祠宇，以時致祭。墳壟之處，不得侵踐。有司量爲條式，稱朕意焉。」

【《舊唐書·太宗本紀》】貞觀四年九月壬午，勅自古賢臣烈士墳墓，毋得芻牧，令春秋致祭。

七年十二月丙辰，狩于少陵原，詔以少牢祭杜如晦、杜淹、李綱之墓。

【《高宗本紀》】顯慶二年冬十月，遣使祭鄭大夫國僑、漢太丘長陳寔墓。

【《文獻通考》】麟德二年，車駕將封岱嶽，至滎陽頓祭紀信墓。

【《唐書·狄仁傑傳》】仁傑入拜冬官侍郎、持節江南巡撫使。吴、楚俗多淫祠，仁傑一

❶「戌」，原作「辰」，據庫本、《魏書·宣武帝紀》改。

禁止，凡毁千七百房，止留夏禹、吴太伯、❶季札、伍員而已。天授二年，以地官侍郎同鳳閣、鸞臺平章事。會爲來俊臣所搆，乃貶仁傑彭澤令，邑人爲置生祠。萬歲通天中，擢仁傑爲魏州刺史，民愛仰之，復爲立祠。

【《舊唐書·玄宗本紀》】開元十九年夏四月丙申，令兩京及天下諸州各置太公尚父廟，以張良配享，春、秋二時仲月上戊日祭之。

【《册府元龜》】開元十二年十一月，幸東都。勑有司所經忠臣烈士墓，精意致祭，以酒脯時果用代牲牢。

【《唐書·禮樂志》】開元十九年，始置太公尚父廟。牲、樂之制，如文宣。出師命將，發日引辭于廟。仍以古名將十人爲十哲配享。

蕙田案：祀尚父，可也；以古名將爲十哲，陋矣。厥後更有七十二賢，異哉！

【《册府元龜》】詔立太公廟，制曰：❷「乾坤冲用，陰陽所以運行；帝王大業，文武所以垂範。故四序在乎平分，五材資于並用。式稽乾坤之意，載明文武之道，永言嘉章，斯典未洽，自我而始，爰備闕文。昔羲皇立弧矢之象，黄帝有甲兵之事，將以定禍亂，濟生靈，分二柄而齊設，配兩儀而共久。至若用之以仁義，行之以禮樂，龍豹卷舒而莫測，星辰應變而無方，誰其尸之？則齊太公之道也。故宣尼大聖，立文以成化；尚父惟師，仗武而弘訓。齊、魯之道列，親賢之教興，欝爲政源，崇我王業。遂使金石之奏，永播於蹲龍之庭；烝嘗之享，不行于非

❶「夏禹吴太伯」五字，原脱，據《新唐書·狄仁傑傳》補。
❷「曰」，原脱，據《册府元龜》卷三三補。

熊之室。文武並設，斯不然矣。豈王風云季，禮没于前修；將帥是尊，慶彰于今日。式崇大典，垂裕後昆。宜令兩京及天下諸州各置太公尚父廟一所，以張良配享。春秋二時，取仲月上戊日祭。諸州賓貢武舉人，准明經、進士行鄉飲酒禮。每出師命將，辭訖，發日便就廟引辭。仍簡取自古爲將功業顯著、康濟生人者十人，准十哲例預享。」

【《舊唐書·玄宗本紀》】天寶元年冬十月辛丑，改驪山爲會昌山，仍于秦坑儒之所立祠宇，以祀遭難諸儒。

蕙田案：諸儒不在祀典，明皇此一祭，真足千古。

【《册府元龜》】天寶七載五月，詔曰：「式閭表墓，追賢紀善，事有勸于當時，義無隔于異代。其忠臣義士，史籍所載，德行彌高者，所在置一祠宇，量時致祭。」

【《文獻通考》】殷相傅説，汲郡。殷太師箕子，汲郡。宋公微子，睢陽郡。殷少師比干，汲郡。齊相管夷吾，濟南郡。齊相晏平仲，濟南郡。晉卿羊舌叔向，絳郡。魯卿季孫行父，魯郡。鄭卿東里子産，滎陽郡。燕上將軍樂毅，上谷郡。趙卿藺相如，趙郡。楚三閭大夫屈原，長沙郡。漢大將軍霍光，平陽郡。漢太傅蕭望之，萬年縣。漢丞相丙吉，魯郡。蜀丞相諸葛亮，南陽郡。已上忠臣一十六人。

周太王子吴太伯，吴郡。伯夷、叔齊，並河東郡。吴延陵季札，丹陽郡。魏將段干木，陝郡。齊高士魯仲連，濟南郡。楚大夫申包胥，富水郡。漢將軍紀信，華陽郡。已上義士八人。

周太王妃太姜，新平郡。周王季妃太任，扶

風郡。周文王妃太姒，長安縣，配享文王廟。魯大夫妻敬姜，魯郡。鄒孟軻母，魯郡。陳宣孝婦，睢陽郡。曹世叔妻大家，扶風郡。已上孝婦七人。

周宣王齊陵，長沙郡。衛太子恭姜，汲郡。楚莊樊姬，富水郡。楚昭王女，富水郡。宋恭伯姬，睢陽郡。梁宣高行，陳留郡。齊杞梁妻，濟南郡。趙將趙括母，趙郡。漢元帝馮昭儀，咸陽郡。成帝班婕妤，扶風郡。漢太傅王陵母，彭城郡。漢御史大夫張湯母，萬年縣。漢河南尹嚴延年母，東海郡。漢淳于緹縈，濟南郡。已上烈女一十四人。右並令郡縣長官，春、秋二時，擇日准前致祭。

丘氏濬曰：「後世祭忠臣、義士、孝婦、烈女，始于此。」

【《唐書・肅宗本紀》】上元元年閏四月乙卯，追封太公望爲武成王。

【《禮樂志》】上元元年，尊太公爲武成王，祭典與文宣王比，以歷代良將爲十哲象坐侍。秦武安君白起、漢淮陰侯韓信、蜀丞相諸葛亮、尚書右僕射衛國公李靖、司空英國公李勣，列于左；漢太子少傅張良、齊大司馬田穰苴、吴將軍孫武、魏西河守吴起、燕昌國君樂毅，列于右。後罷中祀，遂不祭。

【《册府元龜》】上元元年，詔曰：「定禍亂者，必先于武德；拯生靈者，諒在于師貞。周武創業，克寧區夏，惟師尚父，實佐興王。况德有可師，義當禁暴，稽諸古昔，爰崇典禮，其太公望可追封爲武成王。有司依文宣王置廟享祭之典，一同文宣。」

蕙田案：尚父之祠，必欲以配文宣，何哉？

建中二年五月，有司奏定張良、穰苴、孫武、吴起、樂毅、白起、韓信、諸葛亮、李靖、李勣配武成王廟。先是，❶開元十九年，始于兩京置齊太公廟，以張良配。乾元中，追封齊太公爲武成王，令選歷代名將從祀。然未之行，祠宇日荒。至是，宰相盧杞、京兆尹盧諶，以盧者齊之裔，❷乃鳩其裔孫若盧、崔、丁、吕之族，合錢以崇飾之。請擇自古名將，如孔門十哲，皆配享。詔下史官，乃定穰苴等。至是，始奏定焉。

蕙田案：觀此，則出于姦相之懷私崇飾審矣。

【《禮樂志》】❸建中三年，❹禮儀使顔真卿奏：「治武成廟，請如《月令》春、秋釋奠。其追封以王，宜用諸侯之數，樂奏軒縣。」詔史館考定可配享者，列古今名將凡六十四人圖形焉：越范蠡，齊孫臏，趙廉頗，秦王翦，漢曹參、周勃、李廣、霍去病，後漢鄧禹、賈復、寇恂、馬援、皇甫嵩，魏張遼，蜀關羽，吴周瑜、陸遜，晉羊祜、王濬，東晉謝玄，燕慕容恪，宋檀道濟，梁王僧辯，北齊慕容紹宗，周宇文憲，隋韓擒虎、史萬歲，唐尉遲敬德、蘇定方、張仁亶、王晙、王孝傑；齊管仲、田單，趙趙奢、李牧，漢彭越、周亞夫、衛青、趙充國，後漢吴漢、馮異、耿弇、段熲，魏鄧艾，蜀張飛，吴吕蒙、陸抗，晉杜預、陶侃，前秦王猛，後魏長孫嵩，宋王鎮惡，陳吴明徹，北齊斛律光，周于謹、韋孝寬，隋楊素、賀若弼，唐河間王孝恭、裴行儉、郭元振、張齊丘、郭子儀。

貞元二年，刑部尚書關播奏：「太公古稱大賢，

❶ 自「先是」至段尾，《册府元龜》卷三四爲小字。
❷ 「者」，原脱，據《册府元龜》卷三四補。
❸ 此條與上條同出《新唐書・禮樂志》，依據秦氏體例，「禮樂志」三字當删。
❹ 「三」，原作「二」，據《新唐書・禮樂志五》改。

下乃置亞聖，義有未安。而仲尼十哲，皆當時弟子，今以異時名將，列之弟子，非類也。請但用古今名將配享，去亞聖十哲之名。」自是，惟享武成王及留侯，而諸將不復祭矣。

貞元四年，兵部侍郎李紓言：「開元中，太公廟以張良配，以太常卿、少卿三獻，祝文曰：『皇帝遣某敢昭告。』至上元元年贈太公以王爵，祭典同文宣，有司遂以太尉獻，祝版親署。夫太公周之太師，張良漢之少傅，今至尊屈禮于臣佐，神何敢歆？且文宣百世所宗，故樂以宮縣，獻以太尉，尊師崇道也。太公述作止《六韜》，❶勳業著一代，請祝辭不進署，改『昭告』爲『敬祭』，留侯爲『致祭』，獻官用太常卿以下。」百官議之，多請如紓言。左司郎中嚴涚等議曰：❷「案紓援典訓尊卑之節，當矣，抑猶有未盡。夫大名徽號，不容虛美，而太公兵權奇計之人耳，當殷之失德，諸侯歸周，遂爲佐命。祀典不云乎，『法施于人則祀之』？如仲尼祖述堯舜，憲章文武，删《詩》、《書》，定禮、樂，使君君、臣臣、父父、子子皆宗之，法施于人矣。貞觀中，以太公兵家者流，始令磻溪立廟。開元漸著上戊釋奠禮，其進不薄矣。上元之際，執事者苟意于兵，遂封王爵，號擬文宣。彼于聖人非倫也，謂宜去武成王號，復爲太公廟。奠享之制如紓請。」刑部員外郎陸淳議曰：「武成王，殷臣也，紂暴不諫，而佐周傾之。夫尊道者師其人，使天下之人入是廟，登是堂，稽其人，思其道，則立節死義之士安所奮乎？聖人宗堯、舜，賢夷、齊，不法桓、文，不贊伊尹，殆

❶「六韜」，原作「韜略」，據《新唐書·禮樂志五》改。

❷「涚」，原作「悦」，據《新唐書·禮樂志五》改。

謂此。武成之名，與文宣偶，非不刊之典也。臣愚謂罷上元追封立廟，復磻溪祠，有司以時享，斯得矣。」左領軍大將軍令狐建等二十四人議曰：「兵革未靖，宜右武以起忠烈。今特貶損，非勸也。且追王爵，以時祠，❶爲武教主，文、武並宗，典禮已久，改之非也。」乃詔以將軍爲獻官，餘用紓奏。自是，以上將軍、大將軍、將軍爲三獻。

蕙田案：尚父廟在唐追崇逾制，獻享非禮，幾同淫祠矣。李紓、陸淳議，正大不刊。

【《文獻通考》】昭宗天祐二年，封楚三閭大夫屈原爲昭靈侯，舜帝二妃祠爲懿節祠。

右唐。

【《宋史·太祖本紀》】建隆三年九月壬申，修武成王廟。

【《禮志》】昭烈武成王，自唐立太公廟，春、秋仲月上戊日行祭禮。上元初，封爲武成王，始置亞聖、十哲等，後又加七十二弟子。梁廢從祀之祭，後唐復之。太祖建隆三年，詔修武成王廟，與國學相對。命左諫議大夫崔頌董其役，仍令頌檢閱唐末以來謀臣、名將勳績尤著者以聞。

【《太祖本紀》】乾德元年七月丁卯，幸武成王廟。

【《禮志》】建隆四年，帝幸廟，歷觀圖壁，指白起曰：「此人殺已降，不武之甚，何受享于此？」命去之。案《本紀》，建隆四年十一月改元乾德。

【《文獻通考》】開寶三年十月，詔前代功臣、烈士宜令有司詳其勳業優劣以聞。有司言：「齊孫臏、晏嬰，晉公孫杵臼，燕樂毅，

❶「時祠」，原作「祠祀」，據《新唐書·禮樂志五》改。

漢曹參、陳平、韓信、周亞夫、衛青、霍去病、霍光，蜀主劉備、關羽、張飛、諸葛亮，唐房玄齡、長孫無忌、魏玄成、李靖、李勣、尉遲敬德、渾瑊、段秀實等，皆勳業高邁，爲當時之冠。晉趙簡子，齊孟嘗君，趙趙奢，漢丙吉，唐高士廉、唐儉、岑文本、馬周爲之次。燕慕容德，唐裴寂、郭元振又其次。」詔孫臏等各置守塚三户，趙簡子等各兩户，悉蠲其役；慕容德等禁樵採。其有爲盜賊取發者，皆具棺槨、朝服以葬。掩坎日致祭，長史奉其事。

丘氏濬曰：「宋有司所品第前代功臣、烈士爲三等，皆據其有冢墓存者爾。歷代勳德之名，固不止此。然其所品第者，乃一人之見，非萬世公論也。」

開寶六年，詔許州修晁錯廟。

真宗咸平四年，詔西京修後唐河南尹張全義祠堂。

【《宋史・真宗本紀》】景德元年冬十月壬午，詔修葺歷代聖賢陵墓。

【《禮志》】景德元年，詔：「前代名臣賢士、義夫節婦墳壟，並禁樵採，摧毁者官爲修築；無主者碑碣、石獸之類，敢有壞者論如律。仍每歲首所在舉行此令。」鄭州給唐相裴度守墳三户，賜秦國忠懿王錢俶守墳三户。

【《宋史・真宗本紀》】景德四年二月己巳，幸西京，經漢將軍紀信塚、司徒魯恭廟，贈信太尉、恭太師。癸酉，置國子監武成王廟。戊子，加號列子，增封唐孝子潘良瑗及其子季通墓，仍禁樵採。

【《文獻通考》】景德四年，以唐刑部尚書白居易孫利用爲河南府教授，❶常令修奉墳

❶「教授」，《文獻通考》卷一〇三作「助教」。

塋、影堂。又令鄭州給唐相裴度守墳三户。

【《宋史·真宗本紀》】大中祥符元年十一月戊午，追謚齊太公曰昭烈武成王，令青州立廟；周文公曰文憲王，曲阜縣立廟。

【《文獻通考》】大中祥符元年十月，詔曰：「周文公旦制禮作樂，誕稟聖賢，焕乎舊章，垂之千載。今以上封岱嶽，案蹕魯郊，遊覽遺風，緬懷前烈，始公胙土，實維是邦，故其嗣君得用王祭。而祠宇未設，闕孰甚焉！特議褒崇，以申旌顯。可追封文憲王，于曲阜縣建廟，春、秋委本州長吏致祭。」

丘氏濬曰：「自唐以前，並祀周公，而以孔子配。自後專祀孔子，而周公無廟，誠闕典也。後世宜爲建廟于魯地，一視孔子。有司歲祠用釋奠儀，但不通祀于天下，庶于報祀之典爲稱。」

《宋史·真宗本紀》：「大中祥符四年二月乙酉，詔葺夷、齊祠。」

【《文獻通考》】大中祥符四年，祀汾陰，駐蹕河中府。令訪伯夷、叔齊廟，❶遣官致祭，緣路名臣祠廟，神帳、畫壁，並加葺治。禁唐相婁師德墳墓樵採。

【《宋史·仁宗本紀》】慶曆四年五月壬申，幸武成廟。

【《禮志》】初，建隆議升歷代功臣二十三人，舊配享者退二十二人。慶曆議，自張良、管仲而下依舊配享，不用建隆升降之次。

【《文獻通考》】神宗元豐三年，詔前代百辟卿士載于祀典者皆不名。

【《宋史·神宗本紀》】元豐四年五月戊申，封晉程嬰爲成信侯、公孫杵臼爲忠智侯，立廟于絳州。

❶「廟」，原脱，據《文獻通考》卷一〇三補。

【《文獻通考》】元豐四年，承議郎吴處厚言：「程嬰、公孫杵臼保全趙孤，乞加封爵。」詔河東、河北漕臣訪其祠墓，嬰封成信侯，杵臼封忠智侯，立祠于墓側，載之祀典。

【《青箱雜記》】神宗朝皇嗣屢闕，余嘗詣閤門上書，乞立程嬰、公孫杵臼廟，優加封爵，以旌忠義，庶幾鬼不爲厲，使國統有繼。是時適值鄆王服藥，上覽之矍然，即批付中書，授臣將作監丞，勑河東路訪尋二人遺跡，乃得其塚于絳州太平縣。詔封嬰爲成信侯、杵臼爲忠智侯，因命絳州立廟，歲時致祭。余所上言略曰：臣嘗讀《史記·世家》，考趙氏廢興之本末，惟程嬰、公孫杵臼二人各盡死不顧難，以保全趙氏孤兒，最爲忠義。乃知國家傳祚至今，皆二人之力也。蓋下宫之難，屠岸賈殺趙朔、趙同、趙括、趙嬰齊，已赤族無噍類，惟朔妻有遺腹，匿于公宫。既而免身生男，屠岸賈聞知，索于宫中甚急。于是朔妻置男袴中，祝曰：「趙宗不滅，若無聲。」及索兒，竟無聲，乃得脱。然則兒之無聲，蓋天有所祚。且天方啟趙氏生聖人，以革五代之亂，拯天下于湯火之中，而奄有焉，使聖子神孫繼繼承承而不已，則兒又安敢有聲？蓋有聲則不免，不免則趙氏無復今日矣。然雖天祚，亦必賴公孫杵臼謬負他嬰，匿于山中，卒與俱死，以絶其後患；又必賴程嬰保持其孤，遂至成人而立之，以續趙祀，即趙文子也。于是趙宗復盛，十世傳至武靈王，而遂以胡服，❶與秦俱霸。其後爲秦所

❶「胡服」，原作「强大」，乃避諱而改，今據《青箱雜記》回改。

併，子孫蕩析，居散民間。今常山、真定、中山則古之趙地也，故趙氏世爲保州人，而僖祖、順祖、翼祖、宣祖皆生于河朔，以至太祖啟運，太宗承祧，真宗紹休，仁宗守成，英宗繼統，陛下纘業。向使趙氏無此二人，以力衛襁褓孑然之孤，使得以全，則承祀無遺育矣，又安能熾昌，以至于此？故臣深以謂國家傳祚至今，皆二人之力也。二人死皆以義，甚可悼痛。雖當時趙武爲嬰服三年喪，爲之祭奠，春秋祠之，世世勿絕，然今不知其祠所在。竊慮其祠或廢而弗舉，或舉而弗葺、或葺而弗封，❶三者皆闕典也。左氏曰：「鬼有所歸，乃不爲厲。」自宋有天下，甲子百二十二年于兹矣，而二人忠義未見褒表，廟食弗顯，故仁宗在位歷年至多，而前星不耀，儲嗣屢闕。雖天命將啟先帝以授陛下，然或慮二人精魂久無所歸，而亦因是爲厲也。何哉？蓋二人能保趙孤，使趙宗復續，其德甚厚，則趙宗之續，國統之繼，皆自二人爲之也。况二人者忠誠精剛，洞貫天地，則其魂常遊于太空而百世不泯。臣今欲朝廷指揮，下河東、北晉趙分域之内，訪求二人墓廟，特加封爵旌表。如或自來未立廟貌，即速令如法崇建，著于甲令，永爲祀典。如此，則忠義有勸，亦可見聖朝不負于二人者矣。

【《東軒筆録》】元豐中，屢失皇子。有承議郎吴處厚詣閤門上書，願遣使尋訪程嬰、公孫杵臼塚墓，飾祠加封。主上即命尋訪。未數月，得二塚于絳州太平縣之

❶「或葺」，原脱，據《青箱雜記》補。

趙村，大建廟貌，❶以時致祭。

蕙田案：二忠原有可祀之禮，但以皇嗣爲言，非篤論也。

判應天府張方平言：「司農寺近降新制，募人承買祠廟。然閼伯主祀大火，爲國家盛德所乘；微子開國于宋，亦本朝受命建號所因；張巡、許遠以孤城死賊，能捍大患。請免此三廟，以稱國家嚴奉之意。」詔：「司農寺鬻天下祠廟，辱國瀆神，莫此爲甚。可亟寢之。」令開封府劾官吏以聞。

【《宋史·神宗本紀》】元豐六年丙午，封三閭大夫屈平爲忠潔侯。

【《大學衍義補》】元豐六年，太常寺言：「請自今諸神祠加封，無爵號者賜廟額，已賜額者加封爵，初封侯，再封公，次封王。先有爵位者，從其本號。婦人之神封夫人，再封妃。其封號者，初二字，再加四字，如此則錫命馭神，恩禮有序。」從之。

丘氏濬曰：「前代鬼神皆有封號、贈謚，至本朝始詔革天下神封。其詔略曰：忠臣烈士，雖可加以封號，亦惟當時爲宜。夫禮所以明神人，正名分，不可以僭差。今命依古定制。凡歷代忠臣烈士，亦皆當時初封以爲實號，後世溢美之稱，皆與革去，庶幾神人之際名正言順，于禮爲當，用稱朕以禮祀神之意。嗚呼！聖祖此詔，一洗千古之謬，可以爲萬世法矣。」

【《宋史·禮志》】元豐中，國子司業朱服言：「釋奠文宣王，以國子祭酒、司業爲初獻，丞爲亞獻，博士爲終獻，太祝、奉禮並以監學官充。及上戊釋奠武成王，以祭酒、司

❶「貌」，原脱，據《東軒筆録》補。

業爲初獻，其亞獻、終獻及讀祝、❶捧幣，令三班院差使臣充之。官制未行，武學隸樞密院，學官員數少，故差右選。今武學隸國子監，長、貳、丞、簿，官屬已多，請並以本監官充攝行事，仍令太常寺修入《祀儀》。」

【《文獻通考》】哲宗元祐三年，廣南經略司言：「儂寇之亂，康州趙師旦、封州曹覲、邕州蘇緘戰死，請爲立祠，載祀典。」從之。

【《宋史·哲宗本紀》】元祐五年九月丁酉，詔定州韓琦祠載祀典。

【《文獻通考》】詔相州商王河亶甲冢、沂州顏真卿墓，並載祀典。

元祐七年，詔賜唐韓愈潮州廟爲昌黎伯廟，賜唐柳宗元羅池廟爲靈文廟。又詔蘇州吴泰伯廟以「至德」爲額。元祐八年，賜安州雲夢縣楚令尹鬭穀於菟子文祠爲忠應廟，封崇德侯。

紹聖二年，禮部侍郎黄裳請：「詔天下州軍籍所祠廟，略叙本末如圖經，命曰某州祀典。」從之。

丘氏濬曰：「天下之神祠多矣，有一方專祀者，又有天下通祀者。專祀者，則俾有司考求其所以爲神之故，有何功烈，有何靈驗，始于何代，詳著其姓氏、爵位及歷代有無封號。其通祀者，惟于所生及遊宦之地，詳其始末，其他處則著其建置祠宇歲月及在此靈應之跡，命祠部輯爲一書，以備稽考。」

【《宋史·哲宗本紀》】紹聖三年六月癸亥，真定立趙普廟。

【《文獻通考》】紹聖三年，詔德州大中大夫東方朔廟，以「達隱」爲額，又封辯智侯。

元符三年，臣僚言：「案《史記》言，韓厥之功不在程嬰、杵臼之下，請于祚德設位從祀。」從之。

❶「及」，原作「又」，據《宋史·禮志八》改。

【《宋史・徽宗本紀》】崇寧元年六月癸丑，詔封伯夷爲清惠侯，叔齊爲仁惠侯。

政和元年正月壬申，毁京師神祠一千三十八區。

【《禮志》】大觀中，尚書省言，神祠加封爵等，未有定制，迺並給告、賜額、降勑。已而詔開封府毁神祠一千三十八區，遷其像入寺觀及本廟，仍禁軍民擅立大小祠。秘書監何志同言：「諸州祠廟多有封爵未正，如屈原廟，在歸州者封清烈公，在潭州者封忠潔侯。永康軍李冰廟，已封廣濟王，近乃封靈應公。如此之類，皆未有祀典，致前後差誤。宜加稽考，取一高爵爲定，悉改正之。他皆倣此。」故凡祠廟賜額、封號，多在熙寧、元祐、崇寧、宣和之時。其新立廟，若何承矩、李允則守雄州，曹瑋帥秦州，李繼和節度鎮戎軍，則以有功一方者也；韓琦在中山，范仲淹在慶州，孫冕在海州，則以政有威惠者也；王承偉築祁州河堤，工部員外郎張夏築錢塘江岸，則以爲人除患者也；封州曹覲、德慶府趙師旦、邕州蘇緘、恩州通判董元亨、指揮使馬遂，則死于亂賊者也；若王韶于熙河，李憲于蘭州，劉滬于水洛城，郭成于懷慶軍，折御卿于嵐州，作坊使王吉于麟州神堂砦，❶各以功業建廟。寇準死雷州，人憐其忠，而趙普祠中山，韓琦祠相州，則以鄉里。皆載祀典焉。

丘氏濬曰：「徽宗之世，崇尚神怪之事，顧于神祠乃加毁壞。其時雖非，而所行則是也。朱子謂：『後世有個生的神道，❷人心邪向他，他便盛，如狄仁傑只留泰伯、伍子胥廟，壞了許多廟，其鬼亦不能爲害，這是他見得無這物事了。』上蔡云：『可者，欲人致生之，故其鬼

❶「麟」，原作「靈」，據庫本、《宋史・禮志八》改。
❷「生」，原作「坐」，據《大學衍義補》卷六二改。

神；不可者，欲人致死之，故其鬼不神。』可見鬼神不能自神，所以神不神，由人心之向背也。」

政和二年，武學諭張滋言：「《詩》云：『赫赫南仲』、『惟師尚父』、『文武吉甫』、『顯允方叔』、『王命召虎』、『程伯休父』，是均爲周將，功著聲詩。今昔所尊惟一尚父，而南仲、吉甫之徒不預配食，餘如郤縠之説禮樂、敦《詩》《書》，尉繚以言爲學者師法，不當棄而不録，請並配食。」博士孫宗鑑亦請以黄石公配。後有司討論不定，國子監丞趙子松復言之。

宣和五年，禮部言：「武成王廟從祀，❶除本傳已有封爵者，其未經封爵之人，齊相管仲擬封涿水侯，大司馬田穰苴横山侯，吴大將軍孫武滬瀆侯，越相范蠡遂武侯，❷燕將樂毅平虜侯，蜀丞相諸葛亮順興侯，魏西河守吴起封廣宗伯，齊將孫臏武清伯，田單昌平伯，趙將廉頗臨城伯，秦將王翦鎮山伯，漢前將軍李廣懷柔伯，吴將軍周瑜平虜伯。」于是釋奠日，以張良配享殿上，管仲、孫武、樂毅、諸葛亮、李勣並西向，田穰苴、范蠡、韓信、李靖、郭子儀並東向。東廡，白起、孫臏、廉頗、李牧、曹參、周勃、李廣、霍去病、鄧禹、馮異、吴漢、馬援、皇甫嵩、鄧艾、張飛、吕蒙、陸抗、杜預、陶侃、慕容恪、宇文憲、韋孝寬、楊素、賀若弼、李孝恭、蘇定方、王孝傑、王晙、李光弼，並西向；西廡，吴起、田單、趙奢、王翦、彭越、周亞夫、衛青、趙充國、寇恂、賈復、耿弇、段熲、張遼、關羽、周瑜、陸遜、羊祜、王濬、謝玄、王猛、王鎮惡、斛律光、王僧辯、于謹、吴明徹、韓擒

❶「廟」，原脱，據《宋史·禮志八》補。

❷「遂武」，原誤倒，據《宋史·禮志八》乙正。

虎、史萬歲、尉遲敬德、裴行儉、張仁亶、郭元振、李晟，並東向。凡七十二將云。

蕙田案：七十二將，以擬七十二賢，不經甚矣。

【王圻《續通考》】徽宗宣和間，加封徽州府烏聊山廣惠王廟。隋末盜起，郡人汪華有保障功，後因立廟祀之。

【《燕翼貽謀録》】皇朝追褒先賢，皆有所因。仁宗景祐元年，詔封扁鵲爲神應侯，以上疾愈，醫者許希有請也。徽宗崇寧元年二月，封孔鯉泗水侯，孔伋沂水侯，崇先聖之祠也。六月，封伯夷清惠侯，叔齊仁惠侯，重節義之風也。宣和元年，封列禦寇冲虚觀妙真君，莊周微妙元通真君，尚虚無之教也。然仁宗因醫者之請，姑勉從之；伯魚、子思之封，以配享從例封也；伯夷、叔齊遜千乘之國，豈求身後虚名？莊、列物外，又何羡真君之號？不必封可也。

【《文獻通考》】高宗建炎元年十一月丙寅，郊赦歷代忠臣烈士有功于民載在祀典者，命所在有司祭之。後凡赦皆如之。❶

【《宋史·禮志》】紹興二年，駕部員外郎李愿奏：「程嬰、公孫杵臼於趙最爲功臣，神宗命絳州立廟，歲時奉祀。今廟宇隔絶，祭亦弗舉，宜于行在所設位望祭。」從之。

【《高宗本紀》】紹興十一年八月戊辰，立祚德廟于臨安，祀韓厥。

【《禮志》】紹興十一年五月，國子監丞林保奏：「竊見昭烈武成王享以酒脯而不用牲牢，雖曰時方多事，❷禮用綿蕝，然非所以右武而勵將士。乞今後上戊釋奠用牲牢，以管仲至郭子儀十八人祀于殿上。」從之。

又紹興十一年，中書舍人朱翌言：「謹案晉

❶「凡」，原作「此」，據《文獻通考》卷一〇三改。

❷「曰」，原脱，「時」下原衍「四」字，據《宋史·禮志八》校正。

國屠岸賈之亂，韓厥正言以拒之，而程嬰、杵臼皆以死匿其孤，卒立趙武，而趙祀不絶，厥之功也。宜載之祀典，與嬰、杵臼並享春秋之祀，亦足爲忠義無窮之勸。」禮寺言：「崇寧間已封厥義成侯，今宜依舊立祚德廟致祭。」

【《高宗本紀》】紹興二十二年秋七月甲午朔，加封程嬰、公孫杵臼、韓厥爲公，升中祀。

【《禮志》】紹興十六年，加嬰忠節成信侯，杵臼通勇忠智侯，厥忠定義成侯。後改封嬰强濟公，杵臼英略公，厥啟佑公，升爲中祀。

【《高宗本紀》】紹興二十三年十一月壬寅，詔立張叔夜廟于信州。

【王圻《續通考》】高宗時李綱爲相，請褒恤仗節死義者。乃贈李若水觀文殿學士，謚忠愍；霍安國延康殿學士；劉韐資政殿學士。安國立廟於河南懷州，二人廟未詳所在。死節副總管劉惟輔，立廟于鞏昌成縣，額號忠烈。知徐州王復死節，立忠烈廟。知吉水熊彦明禦賊死，立廟祀之。金騎渡江，武昌郡守李宜嬰城固守，被殺，建祠祀焉，賜額忠義。李彦仙守陝州拒金，城陷死，詔立廟以祀，賜號忠烈。知永豐趙訓之與尉陳自仁力禦金，以衛孟太后，皆遇害，詔贈官，立廟以祀。左翼軍都統崔亮從高宗駕南渡，領兵戍漳州，以討寇戰没，立廟死所，賜額表忠。趙令晟知黄州禦金，不屈而死，詔謚忠愍，立廟祀之，賜額顯忠。延平府陳諫議祠祀陳忠肅公瓘。賜雷州寇萊公祠額曰旌忠。紹興時，山陰蔡定，父革，坐法被繫，時年七十餘。法當免繫，鞫胥持不可。❶

❶「鞫」，原作「鞠」，據庫本改。

定詣府請代，弗許。定知父終不可贖也，仰天呼曰：「父老而刑，定生何益！」自赴河而死。府帥聞之，驚曰：「真孝子也！」立命出革，厚爲定具棺殮，而撫周其家，且請於朝，爲立廟，賜額曰愍孝。　劉晏擊賊戚方，於宣城被害，贈官立廟。　楊邦乂死節于建康，創祠聚寶門外，額曰褒忠。　邦乂廬陵人，廬陵舊有三忠祠，祀歐陽修、胡銓與邦乂。　嘉定末，又益以周必大、楊萬里，爲四忠一節祠。　一節指邦乂也。　鄜瓊叛，統制官喬仲福、張景以不從亂被殺，立廟祀之，名喬張廟。　太行義士王忠植屢敗金師，後以所部赴援，爲叛將趙惟忠執送金人而死。　事聞，贈官建祠。　宿遷人魏勝起兵，復山東。　後與金戰，援兵不至，墜馬死。詔謚忠壯，立廟鎮江之蒜山祀之，額曰褒忠。　廣信州鄭驤、張叔夜前後死節，知州建雙廟合祀之。　金主亮南侵，統制姚興力戰，父子俱死。　詔即其地立廟。　及復淮西，又立廟。　又于戰所立廟，賜額曰旌忠。　滁州守劉位屢敗金兵，金遣使招之，位斬其使。　未幾，出戰，中流矢死。　詔建廟滁陽，賜號剛烈。　揚州守將元怡、梁宏、張昭與金戰死，立三將軍廟。　揚州統制王方、魏全與金力戰而死，立廟曰旌忠。　陳希造從父清流縣丞告老，禦賊於武平，死之，汀人建祠祀焉。　澠池人張玘以家財募兵，與金人戰于海州，中流矢死。　孝宗命祀于戰所。　莆田郭義重事親至孝，母喪，廬于墳傍，甘露降，白鵲馴集。　及卒，爲立廟，名郭孝子祠。　後元孫道卿、子廷煒俱以孝聞，并繪像以祀，名三孝子祠。　武翼郎袁章與賊戰死，立廟于仙遊。　丘祈亦戰死，附祀焉。　廟名靈惠袁侯祠。　李亘爲劉豫守大名，密謀取豫歸宋，事泄而死，朝廷贈官立祠，曰憫忠。

蕙田案：南宋及金、元賢臣祠祀，王圻《續考》臚載頗詳，第年月多失考。今芟其繁蕪，摘其卓然不磨者，彙附于每朝之末。後同。

【《宋史·孝宗本紀》】乾道三年二月甲申，爲知陳州陳亨祖立廟于光州，賜名愍忠。

五年十一月丙寅，爲岳飛立廟于鄂州。

【《禮志》】六年，詔武成王廟升李晟于堂上，降李勣于李晟位次，仍以曹彬從祀。先是，紹興間，右正言都民望言：「李勣邪説誤國，唐祀幾滅，李晟有再造王室之勳。宜升李晟于堂上，置李勣于河間王孝恭之下。」至是，著作郎傅伯壽言：「武成廟從祀，出于唐開元間，一時銓次，❶失于太雜。如尹吉甫之伐玁狁，召虎之平淮夷，實亞鷹揚之烈；陳湯、傅介子、馮奉世、班超之流，皆爲有漢之雋功；在晉則謝安、祖逖，在唐則王忠嗣、張巡輩，皆不得預從祀之列。竊聞邇日議臣請以本朝名將從祀，謂宜并詔有司，討論歷代諸將，爲之去取，然後與本朝名將，繪于殿廡，亦乞取建隆、建炎以來驍俊忠概之臣，功烈暴于天下者，參陪廟祀。」故有此命。

【《孝宗本紀》】淳熙元年二月辛巳，爲郭浩立廟于金州。

十一年冬十月壬午，詔諸以忠義立廟者，兩淮漕臣繕治之。

【王圻《續通考》】孝宗隆興初，環慶路統制强霓及其弟震皆爲金人所執，不屈死，贈官立廟，額曰旌忠。　郴寇犯永州境，都巡檢

❶「時」，原作「歲」，據《宋史·禮志八》改。

使王政被執，罵賊以死，賜廟額褒忠。

【《宋史・寧宗本紀》】嘉泰四年夏四月甲午朔，立韓世忠廟于鎮江府。五月癸未，追封岳飛爲鄂王。

【王圻《續通考》】寧宗時，常熟令孫應時建吴公祠，以祀子游。朱子《記》曰：「案太史公志，孔門諸子多東州之士，獨子游爲吴人。縣有巷名子游，有橋名文學，圖經又言公之故宅在縣西北，而舊井存焉。公爲此縣之人，不誣矣。」

開禧中，蘄州通判秦鉅與郡守李誠之協力禦金人，城破，自刎死。子渾浚從父，皆死，詔封誠之正節侯，鉅義烈侯，立廟蘄州。吴昉知荆門軍，鍾相之黨攻城，昉闔室被害，二子雍、澧在襁褓間，得免。詔立廟于軍城南，賜額英愍。楊震仲權知大安軍，不從吴曦之叛，飲藥死。詔謚節憫，賜廟曰旌忠。南安洞賊入泰和，大肆焚掠。縣著姓蕭必顯、蕭伯達起義兵，保障一方。事聞，徵必達，賜以爵。凡死于陣者，立廟祀之，額曰忠義。金人攻鳳陽，統制韓存、秦允以所部血戰死之，立祠曰忠義。江西洞寇犯南雄境，郡守趙善僎督戰，與其子汝振、司法黃樞俱死，立祠于保昌縣。洞寇犯南雄境，摧鋒將梁滿戰死，立梁侯祠祀之。理宗寶慶時，南雄建四先生祠，以祀周子、二程及朱子。真西山有《記》。建朱文公祠于建安，其季子在、嫡孫鑑，從士友之請也。建安又有游御史祠，祀游酢；有胡文定祠，祀胡安國。皆在府學内。有屏山劉文靖公祠，祀劉子翬，在府治南。朱文公祠，一在浦城，一在晉江，一在南安，一在龍溪，一在仙遊，一在同安。又建寧府守王埜建書院以祀文公，理宗賜額曰建安家廟。南平縣有道南祠，祀楊時，而以羅、李、朱三公配。　循州興寧縣尉顔公衮禦賊遇害，主簿徐千能等皆被害，邑人立廟祀之。　建康都統吴從龍爲元人所獲，使至秦州城下誘降，終不屈，死之，詔廟祀揚、秦二州。胡斌以殿司禆將從童德興討汀寇，賊大至，斌率兵死戰，殺賊甚衆，血凝兩肘，雙刃既折，復以鐵鞭擊之，既而力不支，至蓮塘前遇害，死猶執鞭强立，不仆數日。　郡人賴其拒戰獲奔免者數萬。　賊退後，民哀泣，爲殮葬，即其地創祠祀之。　事聞，賜額曰忠勇。　端平時，建興孝祠于東陽縣，祀吴孝子斯敦，晉孝子許孜、許生，唐孝子應先、唐君裕、馮子華，凡六人。　黄復判滁州，力禦元兵死，立廟祀之。　建吕成公祠于金華府治西，以公弟忠公配。　嘉熙中，都承旨王埜上武都郎趙師檟死賊，爲立廟祀之，詔賜額曰忠愍，廟在尤溪縣。　制置使丁黼子榮爲其父明戰死，立廟石埭，額曰褒忠。　荆湖制置使孟珙以荆襄死節之臣請建祠致祭，賜額曰愍忠。　淮安副總管耿世安爲賈似道調往漣水軍增戍，鏖戰而死，贈官，立廟淮安，賜額忠武。　海州通判侯富與山東李松壽戰死，詔即海州立廟，賜額旌忠。　開慶中，知臨江府軍陳元桂死節，立廟死所，賜額褒忠。　景定二年八月，贈江淮大都督李璮檢校太師，賜廟額曰顯忠。璮，李全之子，自歸宋，爲元所殺。　三年，建永慕廟于義烏孝子顔烏墓左。　烏，秦時人，負土築墳，群烏啣土助之，口爲之傷，故縣名烏傷。　後改義烏。

度宗咸淳中，蘭溪金景文事親至孝，親没廬墓，夜有五色光焰，爛然射墓上，人以爲孝感所致。　知縣沈應龍以景文及陳天隱、董少舒名請于朝，立碑建祠于學宫之後，名三賢堂。　蘇州郡守袁説友建范文正公祠于義宅之東，撥田以供常祀，命其後主之。又專建范氏祠堂于學内，祀仲淹及其子純仁、純禮、純祐、純粹。又長山、興化、慶陽、邠州皆有范文正公祠，蓋其遺澤所存也。　静江節度使牛富死于樊城，詔贈官，謚忠烈，立廟于建康。　知沔州曹友聞與弟萬同禦元兵于雞冠隘，死之，贈謚曰節，賜廟額曰褒忠。　邊居誠守新城，竭力禦元師，城陷自殺，立廟。　王彦明守蘄州，力禦元兵，不敵，卒，家屬同沉水中，立廟祀之。永福縣黄大夫與元兵戰，至洪面爲賊所斬，身首異處，猶能持其頭就頸，口憤憤欲言。鄉人憐而祀之，曰軀嶺廟。　密祐爲江西都統，禦元，不敵被執，不屈死，立廟。恭帝德祐元年，建昌降于元。　吴楚材還其鄉，糾集民兵，力圖恢復。後爲敵所執，遣降人府録訊之，曰：「汝何爲錯舉？」楚材曰：「不錯！不錯！如府録所爲，乃錯耳。身上緑袍，何自而得？乃爲敵用。吾一鄙儒，爲國出力，事雖不成，正不錯也。」竟爲寇所殺。益王立于福州，贈官朝奉郎，即邵武境上立廟，賜額忠勇。　元兵逼南雄，僉判丘必明不屈，爲賊所殺，白血流地，立祠祀之。　元兵至安仁，提刑謝枋得調淮士張孝忠逆戰。孝忠擊殺百餘人，尋中流矢死。立祠祀之，號張將軍廟。　馬發知潮州事，元兵逼潮，戰敗，服鴆死，立馬公祠祀之。　鞏信從文天祥趨永豐，戰于方石嶺。中數矢，傷重不能戰，自投崖石死，立廟祀之。　吴興太守趙良禦元兵，不屈，夫婦俱死。郡人立雙節廟。　湛俟重，南昌縣人，事親孝，執親喪廬墓側，致白兔馴擾。人感其化，立廟祀之。　武平縣有三公祠，祀録參陳希造、知縣顔東老、縣尉鍾伯福，以三公皆禦寇而死也。　邵武監軍劉純死節，立廟祀之，賜額曰忠。　贛州府學内有八先生祠，祀周濂溪、程明道、伊川、張横渠、朱晦菴、張南軒、吕東萊，又增陳大中珣爲八先生。　福建政和縣有陳徽君祠，祀陳朝老。蔡季通嘗覩其遺像，曰：「徽君骨相巖稜，宜其不享富貴。」朱子應聲曰：「富貴不如名節香。」　光州有司馬温公祠二，一在光州儒學内，一在光山縣治西。

右宋。

【王圻《續通考》】遼聖宗統和十六年，以耶律休哥留守南京，禦宋有功，詔立祠于南京。道宗清寧間，以耶律曷魯佐太祖創業有功，詔立祠于上京。　又以子質調和太后，定世宗之位，免穆宗于難，有誅賊之功，詔上京立祠樹碑。　壽隆五年，以舊臣姚景行忠賢，詔爲立祠。

【《金史・章宗本紀》】明昌五年正月乙亥，以葉魯、谷神始製女直字，詔加封贈。依倉頡立廟盩厔例，祠于上京納里渾莊。歲時致祭，令其子孫拜奠，本路官一人及本千户春、秋二祭。

【《禮志》】明昌五年正月，陳言者謂：「葉魯、谷神二賢創置女直文字，乞各封贈名爵，建立祠廟，令女直、漢人諸生隨拜孔子之後拜之。」有司謂：「葉魯難以致祭，若金源郡貞獻王谷神則既以配享太廟矣，亦難特立廟也。」有旨令再議之。禮官言：「前代無創制文字入孔子廟故事，如于廟後或左右置祠，令諸儒就拜，亦無害也。」尚書省謂：「若如此，恐不副國家厚功臣之意。」遂詔令依蒼頡立廟于盩厔例，官爲立廟于上京納里渾莊，委本路官一員與本千户春、秋致祭，所用諸物從宜給之。完顏匡等言：「我朝創業功臣，禮宜配祀。」于是，以秦王宗翰同子房配武成王，而降管仲以下。又躋楚王宗雄、宗望、宗弼等侍武成王坐，韓信而下降立于廡。又黜王猛、慕容恪等二十餘人，而增金臣遼王賽也等。❶其祭，武成王、宗翰、子房各羊一、豕一，餘共用羊八，無豕。宣宗遷汴，于會朝門内闕庭之右營廟如制，春、秋上戊之祭仍舊。

【王圻《續通考》】宣宗興定中，完顏陳和尚死節于鈞州，佗滿胡土門死節于臨洮，皆立像祀之，廟曰褒忠。

右遼、金。

【《元史·祭祀志》】凡忠臣義士在祀典者，所在有司主之。

武成王立廟于樞密院公堂之西，以孫武子、張良、管仲、樂毅、諸葛亮以下十人從祀。每歲春、秋仲月上戊，以羊一、豕一、犧尊、象尊、籩、豆、俎、爵，樞密院遣官行三獻禮。

【《武宗本紀》】至大四年二月庚子，立淮安忠武王伯顏祠于杭州。

【《祭祀志》】功臣之祠，惟故淮安忠武王立廟于杭，春、秋二仲月次戊，祀以少牢，用籩、豆、簠、簋，行酌獻禮。若衛國文正公許衡廟在大名，順德忠獻王哈剌哈孫廟在順德，武昌者，皆歲時致祭。

【《仁宗本紀》】皇慶元年三月乙丑，命河南省建故丞相阿朮祠堂。

延祐三年夏四月壬午，勅衛輝、昌平守臣修殷比干、唐狄仁傑祠，歲時致祭。

【王圻《續通考》】仁宗時，寇犯吉安。廬陵

❶「增」，原作「贈」，據《金史·禮志八》改。

人羅明遠恢復郡城而死，立廟祀之。　福州總管張仲儀建錢聖妃廟。錢氏捐十萬緡，創木蘭坡以護田救民，坡垂成而敗，錢氏投水死，故祀之。

【《元史·英宗本紀》】至治二年三月己丑，命有司建木華黎祠于東平，仍樹碑。　五月戊戌，封諸葛忠武侯爲威烈忠武顯靈仁濟王。

【《泰定帝本紀》】泰定四年秋七月，建横渠書院于郿縣，祀宋儒張載。　六年五月丙子，置諫議書院于昌平，❶祀劉蕡。

致和元年夏四月甲寅，改封唐柳州刺史柳宗元曰文惠昭靈公。

【《文宗本紀》】至順元年冬十月，賜伯夷、叔齊廟額曰聖清，歲春、秋祀以少牢。

【《順帝本紀》】至元六年七月，詔封微子爲仁靖公，箕子爲仁獻公，比干加封爲仁顯忠烈公。

至正十三年二月甲寅，中書省臣言：「徐州民願建廟宇，生祠右丞相脱脱。」從之。

【王圻《續通考》】順帝時，游弘道爲化州路通判。海寇犯境，戰死，祀于文廟側。　萬方、李鉉守延平，與寇戰没，立廟。　台州總管達兼善與方國珍戰死，立祠祀之，賜額曰崇節。　連江巡檢劉濬爲江西賊王善斫其手指及兩腕兩足，駡賊愈厲，遂斷其喉舌以死，立祠福州，歲時致祭。　漳州路達魯花赤迭理迷實死節，建祠祀之，賜額曰表忠。　王伯顔知福寧州，爲邵武賊王善所執，挺頸受刃，頸斷，湧白液如乳，暴屍數日，色不變。子相與婦潘氏及三女亦同死。

---

❶「諫」，原作「建」，據《元史·泰定帝本紀一》、《新元史·禮志七》改。

御史余闕以狀聞。命本州立廟祀之，賜額曰節孝廟。　江州總管李黼與徐壽輝力戰，同姪秉昭皆死，謚忠文，立廟九江，賜額崇烈。　十二年，陳友定據閩，逼閩人詹翰，使從己。翰固拒不從，死之，里人爲立祠墓側。　陳祐守會稽，有惠政，遇盜而死。父老請留葬，不得，乃立祠祀之。

右元。

【《明史·禮志》】鄱陽湖忠臣祠祀丁普郎等三十五人，南昌忠臣祠祀趙德勝等十四人，太平忠臣廟祠花雲、王鼎、許瑗，金華忠臣祠祀胡大海，皆太祖自定其典。　太祖時，應天祀陳喬、楊邦乂、姚興、王鉷，成都祀李冰、文翁、張詠，均州祀黄霸，密縣祀卓茂，松江祀陸遜、陸抗、陸凱，龍州祀李龍遷，建寧祀謝夷甫，彭澤祀狄仁傑，九江祀李黼，安慶祀余闕、韓建之、李宗可。

【王圻《續通考》】明太祖吴元年，命建忠臣祠于鄱湖之康郎山。　上謂中書省曰：「崇德報功，國之大典。自古兵争，忠臣烈士以身殉國，英風義烈，雖死猶生。予與陳友諒戰于鄱陽湖，將臣效忠死敵，昭然可數。然有功不報，何以慰死者之心，而激生者之志哉？爾中書其議行之。」中書省以死事之臣丁普郎、張志雄、韓成、宋貴、陳兆先、余旭昌、文貴、王勝、李信、陳弼、劉義、徐公輔、李志高、王咬住、姜潤、石明、王德、朱鼎、王清、常德勝、王鳳顯、丁宇、王仁、江澤、王理、陳冲、裴軫、王喜仙、袁華、史德勝、常推德、曹信、逯德山、鄭興、羅世榮等三十五人列進。　遂封勳爵有差，建祠設像，歲時祭之。

【《春明夢餘録》】洪武初，禮部奏請如前代故事立武學，仍建武成王廟。　上曰：「立武學，是分文武爲二，❶輕天下無全才矣。三代以上，文武兼備，用無不宜。如太公之鷹揚而授丹書，仲山甫之賦政而式古訓，召虎之經營而成文德，❷豈比于後世武學止講韜略，不事經書，專習干戈，不聞俎豆，拘拘于一藝偏長哉？今建武學，又立武成王廟，是近世之陋規也。太公宜從祀帝王廟，其武成王廟罷之。」

蕙田案：自唐建武成王廟，見識儒者，至于從祀諸將，忽進忽退，忽升忽降，尤無義理。數百年間，實爲非禮之祀。明祖此詔，探本窮源，如豁雲霧，處置盡善。厥後文臣多講武略，如于少保、王文成等，並著奇勳，豈非有以風勵使然哉？

觀承案：孔廟外另立武成王廟，此最不學無識者之所爲也。自唐始建而宋、元因之，直至明祖而始罷之，卓矣哉！振興一代文明之治，于是乎權輿矣。

【《明史·禮志》】漢秣陵尉蔣忠烈公子文、晉咸陽卞忠貞公壼、宋濟陽曹武惠王彬、南唐劉忠肅王仁瞻、元衛國忠肅公福壽，俱以四孟朔、歲除，應天府官祭。惟蔣廟又有四月二十六日之祭。❸

❶「分」，原作「建」，據《春明夢餘録》卷五五改。

❷「成」，原作「陳」，據《春明夢餘録》卷五五改。

❸庫本此下尚有一段：「并功臣廟爲十一。後復增四：關公廟，洪武二十七年建於雞籠山之陽，稱漢前將軍壽亭侯。嘉靖十年，訂其誤，改稱漢前將軍漢壽亭侯。以四孟、歲暮，應天府官祭，五月十三日，南京太常寺官祭。天妃，永樂七年封爲護國庇民妙靈昭應弘仁普濟天妃，以正月十五日、三月二十三日，南京太常寺官祭。太倉神廟，以仲春、秋望日，南京户部官祭。司馬、馬祖、先牧神廟，以春、秋仲月中旬，擇日，南京太僕寺官祭。皆用少牢。」

【《太祖本紀》】洪武二年春正月乙巳，立功臣廟於雞籠山。

【《禮志》】太祖既以功臣配享太廟，❶又命別立廟於雞籠山。論次功臣二十有一人，死者塑像，生者虛其位。正殿：中山武寧王徐達、開平忠武王常遇春、岐陽武靖王李文忠、寧河武順王鄧愈、東甌襄武王湯和、黔寧昭靖王沐英，羊二，豕二。西序，越國武莊公胡大海、梁國公趙得勝、巢國武壯公華高、虢國忠烈公俞通海、江國襄烈公吳良、安國忠烈公曹良臣、黔國威毅公吳復、燕山忠愍侯孫興祖。東序，郢國公馮國用、西海武莊公耿再成、濟國公丁德興、蔡國忠毅公張德勝、海國襄毅公吳禎、蘄國武毅公康茂才、東海郡公茆成，羊二，豕二。兩廡各設牌一，總書「故指揮千百户衛所鎮撫之靈」。羊十，豕十。以四孟、歲暮，遣駙馬都尉祭。初，胡大海等歿，命肖像于卞壺、蔣子文之廟。及功臣廟成，移祀焉。

【《太祖本紀》】洪武八年春正月，增祀雞籠山功臣廟一百八人。

【錢謙益《雞鳴山功臣廟考上》】《太祖實録》：洪武二年正月乙巳，立功臣廟於雞籠山。六月丙寅，功臣廟成。論次諸臣之功，以徐達爲首，次常遇春，又次李文忠、鄧愈、湯和、沐英、胡大海、馮國用、趙德勝、耿再成、華高、丁德興、俞通海、張德勝、吳良、吳禎、曹良臣、康茂才、吳復、茅成、孫興祖，凡二十有一人。命死者塑像祀之，仍虛生者之位。初，胡大海等没，上命塑其像于卞壺、蔣子文之廟。至是，復塑其像於新廟。是祀也，掌在太

❶「既」，原作「使」，據庫本、《明史·禮志四》改。

常，記在《會典》，二百餘年已來，未之有改也。太倉王世貞獨考其誤，以謂：「國初之封六王，韓、魏、鄭、曹、宋、衛也。立廟之時，韓、宋猶未受封，何以前知其不令終而絀之？黔寧是時官不過指揮，何以知其必樹大勳而驟登之？此記事者之誤也。然則云何？曰：塑像虛位誠有之，其後如韓、宋者，則弗克與享也。今之位次，據永樂初年見在者而書之也。」王氏之考覈矣，而未及詳也。夫豈惟黔寧哉？初封二十八侯，何以獨舉五人？繼封十二侯，何以獨舉一人？自蘄國以外，皆以有功待封者也。若黔國則與黔寧比肩者也。如國史之云，其所謂論次者，以何爲援據乎？國史與二年既云論次諸臣之功，定祀二十一人矣；七年六月書祔祭新戰没定遼衛指揮高茂等三十八人；八年正月，又書增祀華雲龍、李思齊等一百八人；九年，又書祔祭何文輝及有功者一百八人；十三年，又書祔祭顧時以下二百八十人。以二年之定祀者爲是，則七年以後不宜增；以七年後之增祀者爲是，則二年之祀未嘗定。同是祀典，同是國史，而前後舛錯如此，此所謂以子之矛陷子之盾者也。虛位塑像，王氏以爲誠有之，吾以爲非也。二年正月，上勅中書省臣曰：「諸將相從，捐軀戮力，開拓疆宇，有共事而不覩其成，建功而未食其報，追思功勞，痛切朕懷。其命有司立功臣廟於雞籠山，序其封爵，爲像以祀之。」九年七月，又諭禮官曰：「諸將始從征伐，宣力效勞，朕於爵賞不敢吝惜。大者公，小者侯，死則俾之廟食，以報其功。」繇二年之勅觀之，則云塑死者之像；繇九年之諭觀之，則云報死者之功，其辭意甚明也。令果有生者虛位之事，則立廟之日，寧不以此明諭省臣而獨諄復於死者耶？羅鶴《記》云：「雞鳴山廟祀定於洪武十一年。」斯又與二年何異？《一統志》云：「南京功臣廟，建于洪武二十年。」嘉靖中科臣禮官駁郭威襄配享之議，皆援以爲證。且謂黔寧、東甌此時尚在，以實生者虛位之説。雖然，宋、潁、涼三公與長興、武定二侯皆無恙也。如宋、潁、涼三公者，將先虛位而後絀之耶？長興、武定或先虛位而後不及補耶？王景撰《黔寧神道碑》，云：「王薨之明年塑像功臣廟，勑太常祀以太牢。」令二十年位次已定，則黔寧之塑像何以待其薨之明年耶？《傳》曰：「豫凶事，非禮也。」《記》曰：「之生而致死之，不仁而不可爲也。」以皇祖之神聖，觀會通以行典禮，而謬盩若是耶？故生者虛位之説，吾斷以爲無之。

【《雞鳴山功臣廟考下》】然則二十一人之祀，其定于何時乎？曰：吾未有徵也。其殆當聖祖末年，胡、藍二黨底定，諸公侯之以罪誅者、以嫌死者芟夷既盡，而後二十一人之論次始定乎？國初，文臣則平章，武臣則都督、指揮，皆得祔祭。《洪武圖志》云：「功臣廟在雞鳴山南。凡本朝開國元勳，功在社稷，澤及生民者，則祀於此。」《志》刻于洪武二十八年，豈聖祖末年嘗汰除祔祭文武諸臣而獨舉元勳之祀乎？考之《會典》，正祭中山以下六人，配以鄖國以下十五人，兩廡各立一牌，總書「故指揮千百户衛所鎮撫之靈」。蓋舉汰除祔祭諸臣而合祀之也。《一統志》所載，定於洪武二十年者，庶幾近之。雖然，二十一人之論次，果出自聖祖，其權衡未有不曲當者也。今則猶有猜焉。六王吾無間然矣，六王以下梁國六公，皆與享太廟者也，而永義獨不在二十一人之列。享祀之禮，莫重于太廟，古所謂其從與享先王，與祭於大烝嘗者也。舉其重而廢其輕，於義何居？二年正月丁未，以功臣廖永安等配享太廟。四年四月，定合祭功臣配享之禮，永安等七人之配享太廟舊矣，不知何時革而爲六也？六年，賜永安等七人謚號；九年，加贈；十三年，改封鄖國。聖祖之追念永安，未嘗少殺也，鄭曉謂九年罷永安祀者，誤也。然則太廟之黜鄖國，殆未必出聖祖之意矣，功臣廟之祀又安得而黜之？如謂德慶之獲罪足以累其兄，則泗國獨無宋國爲之弟，而虢國獨無南安爲之弟乎？然則永義鄖國之不祀功臣廟者，非定論也。國初，死事諸臣與於兩序者，梁國五公之外，濟國、安國、東海、燕山四人而已。在太平則有東丘輩而不得與，在南昌則有隴西、忠節輩而不得與，在康山則有濟陽、清河、高陽、安定輩而不得與。至於陷虜剖腹如樂浪者，以督府峻贈上公而亦不得與。東丘諸公縱不得與梁國六公等，獨不當與濟國、東海、燕山相上下乎？樂浪之忠烈，又豈少遜於安國乎？如謂東丘諸公死事之地已有特祠，則梁國不當祀于南昌，而越國不當祀於金華乎？故吾謂濟國四人之祀，其於以報國初死事之臣，殆有未盡也，此亦非定論也。開國功臣以逆誅、以嫌死者，例不得與享。其有生封侯、死封公，贈謚稠疊而亦不得與者，身死之後，黨事發露，如滕、杞、陜、許、芮、永諸公是也。滕國之祔祭，已見於國史，蓋祔而後黜者也。獨吴海國儼然從其兄之後廟食至今，何居？庚午五月之詔播示天下者，海國不在二十七人之列乎？其罪狀未明，縱不比於滕、杞諸公，又豈獨後於陜國乎？陜國不祀而海國祀，其何以服陜國之心乎？海國之得祀，於祀爲不典，於國爲失刑，此未必聖祖之意也，恐亦非定論也。以位次考之，其載在《會典》者，東序則馮郢國以下七人，西序則胡越國以下八人，與今廟中位次相合。吴江國在西序，吴海國在東序，皆居第五，躋海國于江國之上，斯爲越祀矣。《實録》則云：次胡大海，次馮國用，皆西先於東，江國兄弟適當其次，而華高、丁德興序於俞號國、張蔡國之上，則以配享太廟之元勳，抑而居下，又未可謂之順祀也。繇此推之，二十一人位次，《實録》、《會典》彼此錯互，已不可考正，《一統志》之所載，未知何所援據，又豈可遽信哉！吾學周禮，其可爲三歎已矣！然則嘉靖中太廟配享之議如何？曰：文成宜與享太廟者也，進威襄於二十一人之列，吾無譏焉爾。❶

【王圻《續通考》】洪武中，余忠宣廟在安慶府忠節坊，祀元右丞余闕。余爲元死節，推官黄大倫以下三十三人皆從闕死，咸附祀。　知府許瑗與行樞密院判王鼎共守太平，寇至，城陷，瑗、鼎被執，罵賊而死。踰月，城復，立祠祀之。　忠烈公祠在開州治

❶ 錢氏文二篇，庫本全删。

東。元郭嘉盡忠所事，洪武初，旌其忠烈，立祠致祭。許遠廟在海寧縣西，五代梁初建。後增祀唐中丞張巡。宋併祀南霽雲、雷萬春、姚誾。洪武初，以海寧故鹽官乃遠所生，因獨祀遠。岳武穆王廟在杭州岳飛墓側。靈衛廟在杭州。宋建炎間，金兵犯臨安，錢塘令朱蹕暨二將金勝、祝威率民兵力戰，死之。

【《明史·禮志》】永樂三年，以中山王勳德第一，又命正旦、清明、中元、孟冬、冬至，遣太常寺官祭於大功坊之家廟，牲用少牢。

【《明會典》】宋文丞相祠，永樂六年建。每歲春、秋仲月，用羊一、豕一、果品五、帛一，遣順天府尹行禮。

【《春明夢餘録》】宋丞相文信國祠在郡學西，乃元之柴市，公授命所。永樂六年，太常博士劉履節奉命正祀典，謂天祥忠于宋室，而燕京乃其死節之所，請祠祀。從之。祠堂三楹，前爲門，又前爲大門。祠之西爲懷忠會館，江右士大夫歲時集會于此，以祭公者也。趙弼作《文文山傳》，云：「公既赴義，其日大風揚沙，天日盡晦，咫尺不辨，城門晝閉。自此連日陰晦，宫中皆秉燭而行，群臣入朝，亦爇炬前導。世祖問張真人而悔之，贈公特進、金紫光禄大夫、太保、中書平章政事、廬陵郡公，謚忠武，命王積翁書神主，灑掃柴市，設壇以祀之。丞相孛羅行初奠禮，忽狂飈旋地而起，吹沙滚石，不能啟目。俄捲其神主于雲霄，空中隱隱雷鳴，如怒之聲，天色愈暗。乃改前宋少保右丞相信國公，天俄開霽。」

【《春明夢餘録》】永樂中，始載壽亭侯祠于祀典。

【王圻《續通考》】仁宗洪熙中，建方氏祠在寧海縣，祀方正學孝孺父子。

【《明史・禮志》】宣宗時，高郵祀耿遇德。

英宗時，豫章祀韋丹、許遜，無錫祀張巡。

王圻《續通考》：「英宗正統三年，都督方政征麓川，力戰死節，謚忠毅，立祠祀之。」

李忠定祠在邵武府，正統四年，改建在府學東，祀李綱。

景帝景泰中，永豐縣知縣鄧顒死節，配享于張叔夜祠，祠在廣信府。

英宗天順間，慶遠府同知葉禎父子同死事，贈官祀之。

【《明史・禮志》】憲宗時，崖山祀張世傑、陸秀夫。

【王圻《續通考》】憲宗成化五年，建褒忠廟，在漳州府城東，祀元漳州路達魯花赤迭理彌實死節。

于少保忠節祠在崇文門内東表背巷，公故賜宅也。祠三楹，祀少保、兵部尚書于謙，塑公像危坐，歲春、秋遣太常寺官致祭。

【《春明夢餘録》】漢壽亭侯廟在宛平縣東，成化十三年建，俗呼白馬廟，隋之舊基也。五月十三日，遣太常官致祭。

【王圻《續通考》】弘治二十三年，從太常寺奏，祭宋丞相文天祥，遣順天府堂上官行禮。

二十六年，建曾侍郎祠，時巡按周盤奏，曾銑謀國隕身，立祠黄巖。　直隸提學、御史陳子員言：「郡邑學宮，設有鄉賢、名宦二祠，要以風勵表功，庶幾有高山景行之思。第昔掌握于上之採訪，今多有待于下之請乞。原所由來，則以近世政出多門，事權不一，提學官不得專主之故也。夫提學官奉天璽書，品藻才賢，振揚風教，一方文獻皆所提衡，則名宦、鄉賢之秩祀，皆當屬之提學官，別衙門不得越俎，則職掌既專，祀典益正，有裨風化。」允行。

【《明史·禮志》】孝宗時，新會祀宋慈元楊后，延平祀羅從彦、李侗，建寧祀劉子翬，烏撒祀譚淵，❶廬陵祀文天祥，婺源祀朱熹，都昌祀陳澔，饒州祀江萬里，福州祀陳文龍，興化祀陳瓚，湖廣祀李芾，廣西祀馬忱。武宗時，真定祀顏杲卿、真卿，韶州附祀張九齡子拯，沂州祀諸葛亮，蕭山祀游酢、羅從彦。

【王圻《續通考》】武宗正德中，建忠節祠于杭州，祀明按察使王良、宋大學士徐應鑣。　霸州寇起，指揮馬震力戰死，建祠祀之。　瑞金縣令萬公率兵禦流賊陣亡，建祠。

【《明會典》】榮國恭靖公姚廣孝祠，舊配享于太廟。嘉靖九年，移祀大興隆寺。後寺燬，移崇國寺，每歲春、秋致祭。

【王圻《續通考》】世宗嘉靖元年，建楓山祠于蘭溪縣，祀尚書章懋。　萬曆中，賜名崇儒。　十四年，建陽明先生祠，在餘姚縣龍泉山，祀新建伯王守仁。　建顯忠祠，在奉化縣，祀拾遺戴德彝，死建文難。　文節祠在貴池縣，祀宋通判趙昂發。元兵攻城，昂發與妻雍氏死節。　嘉靖初，知府田賦以邑黄觀妻女同死忠，立雙忠六烈祠。　褒忠廟在石埭縣，祀宋制置使丁黼。黼知成都，與寇戰死。　旌忠祠在南昌府，祀忠臣孫燧、許逵，以馬思聰、黄宏、周憲、宋以枋配。　忠烈祠在餘姚縣，祀禮書孫燧。　恭愍祠在臨海縣，祀光禄卿陳選。

❶「撒」，原作「撤」，據《明史·禮志四》改。

【《明會典》】凡靖難革除間被罪諸臣，隆慶六年，令各地方官查其生長鄉邑，或特爲建祠，或即附本處名賢忠節祠，歲時以禮致祭。萬曆二年，令各撫按釐正名宦、鄉賢，有不應入祀者，即行革黜。

【王圻《續通考》】萬曆初，建表忠祠，在武昌府，祀革除忠臣姚廖昇、樊士信、周拱辰。　寧夏遊擊梁琦、守備馬承先、百户陳緒等死難，建祠致祭。　宋儒周敦頤父輔成，從祀啟聖祠。　孫明復祠在濟南府，以石守道配享。　謝文節祠在九江府，祀宋臣謝枋得。　薛文清祠在平陽府，祀侍郎薛瑄。　魏了翁祠在蘇州府，祀宋參知政事魏文靖公。　陳忠愍公祠在常州府。　尚書陳公治死節交趾，詔建祠。　正學祠在金華府，祀宋儒何基、王栢，元儒金履祥、許謙四人。　褒忠祠在汀州府，祀伍驥、丁泉。　大節祠在南昌府，祀靖難死事諸臣黄子澄、練子寧、胡閏、王良、周是修、曾鳳韶、鄒瑾、王高、彭與明、魏冕、蔡運、顔伯瑋及其子有爲。　參政賀興隆與賊周文貴戰没，立祠祀之。　忠節廟在奉新縣，祀副使周憲、吴一貫，兩廡祀舍人周幹及征華林陣亡烈士。　九忠祠在台州府，祀建文死節方孝儒、葉惠仲、王叔英、徐垕、鄭華、盧元質、鄭恕、盧迥及東湖樵夫。　旌忠廟在揚州府。　宋紹興中，統制王方、魏全與金人戰死，立廟致祭。　包孝肅公祠在肇慶府，祀宋郡守包丞相拯。　忠烈廟在温州府，祀宋教授劉士英。　曹端祠在澠池縣學。

【《明史·禮志》】太祖時，有明一代之臣抗美前史者，或以功勳，或以學行，或以直節，或以死事，臚于志乘，刻于碑板，匪一而足。通州祀常遇春，山海關祀徐達，蘇州祀夏原吉、周忱，淮安祀陳瑄，海州衛祀衛青、徐安生，甘州祀毛忠，榆林祀余子俊，杭州祀于謙，蕭山祀魏驥，汀州祀王得仁，廣州祀楊信民、毛吉，雲南祀沐英、沐晟，貴州祀顧成，廬陵祀劉球、李時勉，廣信祀鄧顒，寶慶祀賀興隆，上杭祀伍驥、丁泉，慶遠祀葉禎，雲南祀王禕、吴雲，青田祀劉基，平陽祀薛瑄，杭州祀鄒濟、徐善述，金華祀章懋，皆衆著耳目，炳然可考。

【《日知録》】《明一統志·永平府名宦》有唐張仲素。德宗時以列將事盧龍節度使張允伸，擢平州刺史，允伸卒，❶詔仲素代爲節度使同平章事。考之新、舊《唐書》列傳，則云張仲武爲盧龍節度使，破降回鶻，又破奚北部及山奚，威加北翟，累擢檢校司徒、同中書門下平章事。卒，子直方多不法，畏下變起，奔京師。軍中以張允伸總後務，詔賜旌節。在鎮二十三年，比歲豐登，邊鄙無虞。張公素爲節度使，性暴厲，眸子多白，燕人號「白眼相公」。爲李茂勳所襲，奔京師，貶福州司户參軍。按盧龍節度使前後三人，皆張姓，曰仲武，曰允伸，曰公素。今乃合二名而曰仲素，及詳其歷官，即公素也。又其逐簡會在懿宗咸通十三年，距德宗時甚遠，且又安取此篡奪暴戾之人而載之名宦乎？今灤州乃祀之名宦祠。吁！其辱朝廷之典而貽千秋之笑也矣。又考唐時別有一張仲素，字繪之。元和中爲翰林學士，有詩名。《舊唐書·楊於陵傳》所謂「屯田員外郎張仲素」，白居易《燕子樓詩序》所謂「司勳員外郎張仲素」，即其人也，然非盧龍節度使。

【《肇慶府志》】「宋王亘淳熙中爲博羅令，築隨龍、蘇村二堤，民賴其利。後知南恩。」《一統志》誤作「王旦」。今《博羅名宦》稱「宋丞相文正公，前博羅令」，而不知文正未嘗爲此官。淳熙，又孝宗年號也。蓋士不讀書，而祀典之荒唐也久矣。

右明。

五禮通考卷第一百二十三

淮陰吴玉搢校字

❶「卒」，原作「即」，據《日知録集釋》卷二二改。

五禮通考卷第一百二十四

內廷供奉禮部右侍郎金匱秦蕙田編輯
太子太保總督直隸右都御史桐城方觀承同訂
兩淮都轉鹽運使德水盧見曾
按察司副使元和宋宗元　參校

吉禮一百二十四

親耕享先農

蕙田案：《禮記》天子爲藉千畝，親耕南郊，以共齊盛，所以敬天祖，致誠信，重耕農也。其儀見於《月令》、《國語》甚詳。享先農之禮，不見他經，《國語》「農正陳藉禮」，説者以爲祭田祖，即神農教民始耕者。一稱先嗇，漢以後稱先農。歷代典禮，至今不廢，誠鉅典也。

【《周禮・春官・籥章》】掌土鼓、豳籥。凡國祈年於田祖，龡豳雅，擊土鼓，以樂田畯。

【注】祈年，祈豐年也。田祖，始耕田者，謂神農也。田畯，古之先教田者。《爾雅》：「田畯，農夫也。」【疏】此田祖與田畯所祈當同日，但位别禮殊，樂則同，故連言之耳。田祖即《郊特牲》云「先嗇」，一也。

【《詩・小雅・甫田》】琴瑟擊鼓，以御田祖，以祈甘雨，以介我稷黍，以穀我士女。【傳】田祖，先嗇也。【箋】設樂以迎祭先嗇，謂郊後始耕也。

【疏】《郊特牲》注云：「先嗇，若神農。」《春官・籥章》注云：「田祖，始耕田者，謂神農。」是一也。始教造田，謂之田祖；先爲稼穡，謂之先嗇；神其農業，謂之神農；名殊而實同也。以神農始造田，謂之田祖，而后稷亦有田功，又有事於尊可以及卑，則祭田祖之時，后稷亦食焉。

【何氏《世本古義》】以神農爲田祖，經傳無明文。王安石謂生爲田正，死爲田祖，猶樂官之死而爲樂祖也。以樂祖例田祖，於理近之。

【《禮記·郊特牲》】主先嗇。【注】先嗇，若神農者。

【《詩·周頌·載芟》序】春藉田而祈社稷也。【疏】《載芟》詩者，春藉田而祈社稷之樂歌也。謂周公、成王太平之時，王者於春時親藉田以勸農業，又祈求社稷，使獲其年豐歲稔。詩人述其豐熟之事，而爲此歌焉。

【陳氏《禮書》】《國語》曰：「司空除壇於藉。」《漢舊儀》：「春始東耕，官祠先農以一太牢。」先儒謂先農，神農也，立壇於田所祠之，其制度如社之壇。後漢《藉田儀》，正月始耕，常以乙日祠先農，已享乃就耕位。晉以太牢祠先農。宋元嘉中，度宮之辰地，整制千畝，中開阡陌。立先農於中阡西陌南，御耕壇於中阡東陌北。將耕，宿青幕於耕壇之上。耕日，以太牢祠先農，如帝社儀。後魏太武天興中，祭先農用羊一。北齊藉田作祠壇於陌南阡西，廣三十尺，四陛，三壝，四門。正月上辛後吉亥，祠先農神農氏於壇上，無配。太宗親祭先農，藉於千畝。武后改藉田壇爲先農壇。神龍初，祝欽明奏曰：「《祭法》：『王自爲立社，曰王社。』先儒以爲其社在藉田之中，《詩》序云『春藉田而祈社稷』是也。」乃改先農壇爲帝社。然則先農即《禮》所謂「先嗇」也。歷代所祭，或以太牢，或以羊；或以乙日，或以亥日：要皆不遠於禮。其改先農壇爲帝社，此於經無見，特傅會《詩》序爲之説。

【明蔣氏德璟《先農考》】《詩·載芟》「春藉田而祈社稷也」，《正義》曰：「周公、成王太平之時，王者親耕藉田以勸農業，又祈求社稷，使獲年豐歲稔。」故《序》本其多獲所繇，經則主說年豐不及藉社，所以經、《序》有異也。《月令》孟春，天子「躬耕帝藉」，仲春，「擇元日，命民社」。《大司馬》仲春，「蒐田，獻禽以祭社」。然則天子祈社，亦以仲春。與耕藉異月而連言之者，俱在春時，故以春總之。《祭法》云：「王爲群姓立社，曰泰社；王自爲立社，曰王社。」亦曰帝社。此二社皆應以春祈之，但此爲百姓祈祭，文當主於泰社，其稷與社共祭，亦當爲泰社、泰稷焉，鄭玄謂「王社在藉田之中」。漢立官社，文帝令官祠先農。晉武詔復二社。北齊及隋又改曰先農。唐神龍中，禮官祝欽明議，以禮典無先農之文，先農與社本是一神，妄爲改作，請改先農壇爲帝社壇，以應禮經王社之義。至開元定禮，又採齊、隋之議，復曰先農。宋陳祥道曰：「先儒謂王社建於藉田，然《國語》王藉則司空除壇，農正陳藉禮，而歷代所祭，先農而已，不聞祭社也。《詩》曰『春藉田而祈社稷』，非謂社稷建於藉田也。」今案：祝欽明云先農即社；陳祥道云社自社、先農自先農，藉田所祭乃先農，非社也。其說不同，其爲重農報本之義，一也。

蕙田案：先農始教造田者，是人鬼；社是土示，截然不同。《詩》序乃言兩祭皆歌此詩，非謂藉田而祭社也。陳用之說極是，祝欽明議非，蔣氏並存之，混矣。

【《壇制考》】號文公云：「耤田之制，司空除壇於耤。」漢文帝立壇於田所，其制如社之壇。宋於宮之震地八里外，整治千畝，中開阡陌，立先農壇於中阡西陌南。

梁移耤田於建康北岸，築兆域，如南北郊。齊作祠壇於陌南阡西，廣輪三十六尺，四陛，三壝，四門，又爲大營於外。唐高宗改耤田壇爲先農壇。神龍初，復改先農壇爲社壇，於壇西立帝稷壇，禮同太社，唯不備方色有異焉。壇高五尺，方五丈，四出陛，其色青。宋先農壇九尺四十步，飾以青，二壝。元壇制同，社壇縱廣十步，高五尺，四出陛，其色青，每方開櫺星門。國朝壇在耤田之北，高五尺，闊五丈，四出陛。

蕙田案：康成云「王社在耤田中」，《國語》云「司空除壇於耤」，夫壇而曰「除」，似臨時之事而不同於社壇矣。且耕耤在南郊，社在宗廟右，鄭氏説恐未的。

【《祭與耕同日考》】享先農之禮，與躬耕同日，禮無明文，惟《周語》云「農正陳耤禮」，而韋昭注謂「陳耤禮者，祭其神，爲農祈也」。至漢以耤田之日祀先農，而其禮始著。《漢舊儀》：春耕耤田，官祀先農，百官皆從，置耤田令丞。東漢《耤田儀》：正月始耕，常以乙日祀先農於田所；先農已享，耕於其地。自晉、魏至唐、宋，其禮不廢。政和間，罷享先農爲中祀，命有司行事，止行親耕之禮。南渡後，復親祀。元不親行，僅命有司攝事而已。明高皇帝親祀躬耕，始復古禮。後改中祀，止遣應天府官致祭，不設配，祭畢親耕。唯登極初行耕耤禮，則親祭云。

右享先農。

【《周禮·天官·内宰》】上春，詔王后帥六宮之人，而生穜稑之種，而獻之於王。【注】六宮之人，夫人以下分居后之六宮者。古者使后宮藏種，以其有傳類蕃孳之祥。必生而獻之，示能育之，使不傷敗，且以佐王耕事，共禘郊也。鄭司農云：「先種後孰謂之穜，後種先孰謂之稑。王當以耕種於耤田。」玄謂《詩》云「黍稷穜稑」是也。

史氏浩曰：「凡穜稑之種必耤后宮生之者，欲其亦知稼穡之艱難。」

鄭氏鍔曰：「經言三農生九穀，固不一種，獨於穜稑之種則三言之，司稼辨之而縣於邑閭，舍人縣之於歲時，内宰生之於上春，皆以穜稑爲言，則知穜稑非九穀也。司農謂『先種而後熟則謂之穜，後種而先熟則謂之稑』，言生穜稑之種，則凡九穀之或先種後熟，或後種先熟者，皆生之也。觀詩人有『黍稷穜稑』之言，謂黍稷之有先後，然則非指穜稑爲穀明矣。」

【《春秋》襄七年《左氏傳》】啟蟄而郊，郊而後畊。【疏】《月令》祈穀之後即擇日而畊，亦在正月。

【《禮記·月令》】孟春之月，天子乃以元日祈穀於上帝，乃擇元辰。【疏】甲乙丙丁等謂之日，子丑寅卯等謂之爲辰。畊用亥日，故云元辰。知用亥者，以陰陽式法正月亥爲天倉，以其耕事，故用天倉也。盧植、蔡邕並云：「郊天是陽，故用日；耕耤是陰，故用辰。元者，善也。郊雖用日，亦有辰，但日爲吉主，耕之用辰，亦有日，但辰爲主。」皇氏云：「正月建寅，日月會辰在亥，故耕用亥也。」未知然否。

方氏慤曰：「元日者，善日也。擇日者，有司之事；以日者，天子之事。凡日皆擇而後以之。然前言『以』，後言『擇』者，以尊卑之序，且互相備也。故『擇元辰』之文其下乃言『天子親載耒耜』，則擇日非天子之事明矣。日爲陽，辰爲陰，祈穀於天，所以成物，故日用辛；耕耤於地，所以終功，故辰用亥也。」

【蔣氏德璟《不用亥考》】《月令》孟春「擇元辰」，説者曰：元辰祈穀，郊後吉辰也，十二支謂之辰。郊天是陽，故用辛日；耕耤是陰，故用亥辰。知用亥者，正月亥爲天倉，以其耕事，故用天倉也。《周語》立春之日，農祥晨正，至二月初吉，王祼鬯而行耤禮。漢文用亥日耕耤，祠先農。明帝耕以二月，章帝耕以正月乙日。晉武帝以正月丁亥。宋文帝以正月上辛後吉亥。齊武帝時，王儉謂親耕用立春後亥日，經無明文。何佟之云：「《少牢饋食禮》禘太廟用丁亥，鄭玄以不必丁亥。今若不得丁，則用己亥、辛亥，苟有亥焉可也。」梁天監中議：《書》云「以殷仲春耤田」，理在建卯。於是改用二月。唐用孟春吉亥。宋用正月上辛後亥日。政和中，議禮局言孟春親耕，下太史局擇日，不必專用吉亥。元用孟春吉亥。國朝以仲春擇吉日行事。

蕙田案：《月令》：「孟春之月，天子乃以元日祈穀於上帝，乃擇元辰，躬耕帝耤。仲春之月，擇元日，命民社。」鄭注以元日祈穀爲上辛郊天，元辰爲郊後吉辰，元日命民社爲祀社，日用甲。《王制》：「耆老皆朝於庠，元日，習射上功。」孔疏以元日爲擇善日。《虞書・舜典》：「正月上日，受終於文祖。月正元日，舜格於文祖。」孔傳：「上日，朔日也。月正，正月也。元日，上日也。」孔疏：「上日，日之最上。元日，日之最長。元日還是上日，如禮文月吉日，❶又變文言吉月令辰也。」或問：均一元日，於《舜典》以爲朔日，於《王制》以爲善日，於《月令》或爲辛日，或爲甲日，又爲元辰，爲吉辰，則亦是善日，其說不一，似不若俱以善日釋之。曰：訓元爲善，元日謂之善日，則元年亦謂之善年乎？《月令》既有元

❶ 「如禮文」，《尚書正義》卷三作「禮云令」。「令月吉日」連讀。

日，又有元辰，日與辰自有别，康成因祈穀與命社之文，故引《郊特牲》「郊用辛，社用甲」以釋之，非元日正訓也。然「郊用辛，社用甲」雖出於秦漢諸儒之傅會，而社日用甲，正與「擇元日，命民社」有合。蓋嘗考之，元者始也，元日者，日之始；元辰者，辰之始。《春官·馮相氏》掌「十有二月，十有二辰，十日」，故子者十二辰之始，甲者十日之始，而每月朔日亦爲一月之日之始。元辰惟一，而元日有二，非子不可稱元辰，而朔日與甲日俱可稱元日也。《舜典》、《王制》及《月令》祈穀之元日，皆朔日也。祈穀直用朔日，故言天子以元日而不言擇。耕耤用子日，故謂之元辰而言擇。命民社，用甲日，故亦謂之元日而言擇也。曰：如此，則祈穀之郊於元旦行之，可乎？曰：以周制言，乃三月之朔耳，非元旦也。於殷爲二月朔，於夏乃爲元旦。夏、殷之禮不可考矣，然萬物本於天，而民之大事在農，則以元旦祈穀於上帝，固無不可也。

天子親載耒耜，措之於參保介之御間，帥三公九卿諸侯大夫，躬耕帝藉。【注】耒，耜之上曲也。保介，車右也。置耒於車右與御者之間。人君之車，必使勇士衣甲居右而參乘，備非常也。保猶依也。介，甲也。【疏】御者，御車之人。車右及御人皆主參乘。於時天子在左，御者居中，車右在右。

方氏慤曰：「帝藉，蓋藉田也。以其共上帝之粢盛，故曰帝。以其借民力而終之，故曰藉。」

【陳氏《禮書》】耕車，《周禮》：木路，不鞔以革，漆之而已。《漢志》「耕車三蓋」，《東京賦》曰「農輿路木」，薛綜曰「所謂耕根車也」。

然晉武及梁乘木路，宋文及唐乘耕根車，三重蓋，而唐《志》「木路赤質，耕車青質」，則木路與耕根車少異耳。考之《周禮・田僕》「掌馭田路，以田以鄙」，鄭氏：「田路，木路也。田，田獵也。鄙，循行縣鄙。」然則耕耤於郊，蓋木路歟？

【蔣氏德璟《耤田考》】耤字，《周禮》作「藉」，《禮記》作「藉」，《詩・載芟》小序亦作「藉」；《說文》作「耤」，《大明會典》亦作「耤」。《周禮・天官・甸師》：「掌帥其屬，耕耨王藉，以時入之，以共齍盛。」注：「藉之言借也。」《月令》：「孟春，乃擇元辰，躬耕帝藉。」注：「元辰，郊後吉辰也。帝藉者，爲天神借民力所治之田也。」藉田共上帝粢盛，故云「爲天神借民力」也。箋云：「藉之言借也，借民力治之。」正義云：「王者役人自是常事，而謂之借者，言此田耕耨，皆當王親爲之，但以聽政治民，有所不暇，故借人之力以爲己功。」《漢書》孝文藉田，應劭曰：「籍田千畝，典籍之田。」臣瓚曰：「親耕親桑，率天下先。」本不得以假借爲稱，然凡言典籍者，謂作事設法，書而記之，或復追述前言，號爲典法，此籍田在於公地，歲歲耕墾，何故以籍爲名？若以事載典籍，即名籍田，則天下之事無非籍矣，何獨於此偏得籍名？瓚「親耕」之文，即云不得假借，豈藉田千畝，天子親耕之乎？《說文》曰：「耤，帝耤千畝也。古者使民如借，故謂之耤。从耒，昔聲，通作藉。」韋昭曰：「借民力治之，以奉宗廟，且以勸率天下，使務農也。」盧植曰：「藉，耕也。《左傳》『鄅人藉稻』，故知藉爲耕。」瓚曰：「藉謂蹈藉也。」師古曰：「瓚說是。」今《會典》作「耤」，蓋本之《説文》。

【《祭統》】天子親耕於南郊，以共齊盛。諸侯親耕於東郊，亦以共齊盛。【注】東郊，少陽，諸侯象也。【疏】鄭云王藉田在遠郊，故甸師氏掌之。天子太陽，故南也。諸侯少陽，故東也。然耤田並在東南，故王言南，諸侯言東。

方氏慤曰：「東南陽地，南又盛陽之地，故天子耕於南郊。冕用朱紘者亦以此。東者少陽之地，故諸侯耕於東郊。冕用青紘者亦以此。此又隆殺之别也。」

【《祭義》】天子爲藉千畝，冕而朱紘，躬秉耒。諸侯爲藉百畝，冕而青紘，躬秉耒。

方氏慤曰：「耕必服冕，所以敬其事也。」

【《月令》】天子三推，三公五推，卿、諸侯九推。【疏】案《國語》：「王耕，王一發，班三之。」賈逵注：「班，次也，謂公卿大夫也。王之下各三其上也，王一發，公三發，卿九發，大夫二十七發。」

方氏慤曰：「或以三，或以五，或以九者，以貴賤爲勞逸之差等也。且畊，陽事也，故每用數之奇焉。此言天子三推，而《春秋外傳》言王耕一撥者，蓋一撥土而三推之，其實一也。」

【《國語·周語》】古者太史順時覛土，陽癉憤盈，土氣震發，農祥晨正，日月底於天廟，土乃脈發。【注】覛，視也。癉，厚也。憤，積也。盈，滿也。震，動也。發，起也。農祥，房星也。晨正，謂立春之日晨中於午也。農事之候，故曰農祥。底，止也。天廟，營室也。孟春之月，日月皆在營室。脈，理也。農書曰：「春土長冒撅，❶陳根可拔，耕者急發。」先時九日，太史告稷曰：「自今至於初吉，陽氣俱烝，土膏其動。弗震弗渝，脉其滿眚，穀乃不殖。」稷以告【注】先，先立春日也。初吉，二月朔日也。《詩》云「二月初吉」。烝，升也。膏，土潤也。其動，潤澤欲行。震，動也。渝，變也。眚，災也。言陽氣俱升，土膏欲動，當即發動變寫其氣。不然，則脉滿氣結，更爲災病，

❶「長」，原脱；「撅」，原作「厥」，據《國語·周語》韋昭注校正。案：汪遠孫《國語》明道本《校異》卷一以「撅」當作「橛」、「春」上脱「孟」字。

穀乃不殖。以太史之言告王。王，曰：「史帥陽官以命我司事曰：『距今九日，土其俱動，王其祗祓，監農不易。』」【注】史，太史。陽官，春官。司事，主農事官。距，去也。祗，敬也。祓，齋戒，祓除也。不易，不易物土之宜。王乃使司徒咸戒公卿、百吏、庶民，司空除壇於藉，命農大夫咸戒農用。先時五日，瞽告有協風至，王即齊宮，百官御事，各即其齋三日。王乃淳濯饗醴，【注】先畊時也。瞽，樂太師，知風聲者。協，和也。立春曰融風。御，治也。淳，沃也。濯，溉也。饗，飲也。謂王沐浴飲醴酒。及期，鬱人薦鬯，犧人薦醴，王祼鬯，饗醴乃行，百吏、庶民畢從。【注】期，耕日也。犧人司尊也，掌共酒醴者。灌鬯、飲醴，皆所以自香絜。及藉，后稷監之，膳夫、農正陳藉禮，太史贊王，王敬從之。【注】監，察也。膳夫，上士也，掌王之飲食、膳羞之饋食。農正，田大夫，主敷陳籍禮而祭其神，爲農祈也。贊，導也。王耕一撥，班三之，【注】一撥，一耜之撥也。王無耦，以一耜耕。班，次也。三之，下各三其上也。王一撥，公三，卿九，大夫二十七。庶人終於千畝。其后稷省功，太史監之；司徒省民，太師監之；【注】終，盡畊也。畢，宰夫陳饗，膳宰監之。膳夫贊王，王歆太牢，班嘗之，庶人終食。【注】宰夫，下大夫也。膳宰，膳夫也。

【陳氏《禮書》】耕壇，掌次掌凡邦之張事，則耕壇蓋有幕也。《國語》曰「司空除壇於藉」，而宋有御耕壇於中阡東陌北，將耕，宿青幕於耕壇之上。北齊於藉田一頃地中通阡陌，作祠壇，又外設御耕壇。後梁有親耕臺，在壇東，帝親耕畢，登臺以觀公卿之推。而晉及北齊、隋、唐皇后躬蠶亦有壇。然則古者躬耕田有耕壇，司空除壇，不特除先農壇而已。

【《禮記·月令》】反，執爵於大寢，三公九卿諸侯大夫皆御，命曰勞酒。【注】既畊而宴飲，以勞群臣也。大寢，路寢。御，侍也。

【《國語·周語》】仲山父曰：「王治農於藉，蒐於農隙，耨穫亦於藉。」

【《禮記·月令》】季秋之月，乃命冢宰藏帝藉之收於神倉，祗敬必飭。【注】帝藉，所耕千畝也。藏祭祀之穀爲神倉，重粢盛之委也。

【《國語·周語》】廩於藉東南，鍾而藏之。

【《周禮·天官·甸師》】下士二人，府一人，史二人，胥三十人，徒三百人。【注】王以孟春躬耕帝藉，天子三推，公五推，卿、諸侯九推，庶人終於千畝。庶人謂徒三百人。

【葉氏《禮經會元》】耕藉田，以教諸侯之孝。《周官》言甸師帥屬耕耨王藉，以時入之，豈特付之有司乎？成王之於農畝，無不躬親，其事詩人歌之，一則曰「曾孫來止」，二則曰「曾孫來止」，成王之於民田猶躬戾止，况藉田乎？甸師亦特言其職云爾。案《内宰》「王后帥六宫而生穜稑之種，而獻於王」，注云「王當以耕於藉田」，《地官·舍人》亦曰「歲時辨穜稑之種，以共於王后之春獻種」，則其躬耕藉田可知矣。夫以天子而躬親耕之禮，則天下孰不勤於耕，以耕藉而共粢盛，則天下孰不勸於孝？其田千畝，或有萊田，使之共蕭茅果蓏之薦，而又足以示天下之無曠土。其徒三百人，自耕藉之暇，則使之以薪蒸役外内饔之事，❶而又足以示天下之無游民，故曰耕藉者天下之大教也。

【陳氏《禮書》】天子爲藉千畝於南郊，正陽之位也。冕而朱紘，則朱者正陽之色

❶「薪」，原作「藉」，據四庫本改。

也。諸侯爲藉百畝於東郊，少陽之位也。冕而青紘，則青者少陽之色也。其時則中春。《春秋傳》曰「啟蟄而郊，郊而後耕」是也。其日則剛日，《月令》曰「乃擇元辰」是也。其祭則祈社稷於内，享先農於外，《詩》曰「春藉田而祈社稷」，《國語》曰「膳夫、農正陳藉禮」是也。其禮則后帥六宫贊事於内，司空、后稷、太史、瞽師、鬱人、犧人、膳夫、農正、司徒、太師贊事於外，《周禮》「内宰詔后帥六宫之人，生穜稑之種，獻之於王」，《國語》曰「太史告稷，司空除壇」之類是也。親載耒耜，猶農者之出疆也。載必措於保介之御間，又明勸農者也。王必三推，即所謂「一撥」也。三公五推，卿、諸侯九推，即所謂「班三之」也。《月令》所言者，推數也；《國語》所言者，人數也。「庶人終於千畝」，甸師所率之徒也。「反，執爵於大寢，公卿、諸侯、大夫皆御，命曰勞酒」，此春耕之終事也。若夫夏耨、秋穫，王又至焉，《國語》所謂「耨穫亦於藉」是也。考之於禮，蜡合萬物而索饗之，則群小祀也。其禮主先嗇。先嗇，先農也。王以玄冕祭之，則耕藉之祭先農，其服玄冕可知也。《小司徒》「凡小祭祀，奉牛牲，羞其肆」，鄭氏謂「小祭祀，王玄冕所祭者」，則祭先農用牛牲可知也。王之藉，掌以甸師，而諸侯亦有甸人，則諸侯之禮與王略同矣。

右耕藉之禮。

【《漢書·文帝本紀》】後二年春正月丁亥，詔曰：「夫農，天下之本也。其開藉田，應劭曰：「古者天子耕藉田千畝，爲天下先。藉者，帝王典藉之常也。」韋昭曰：「藉，借也。借民力以治之，以奉宗廟，且以勸帥天下，使務農也。」臣瓚曰：「景帝詔曰『朕親耕，后親桑，爲天下先』，本以躬親爲義，不得以假借爲稱也。藉，謂蹈藉也。」師古曰：「瓚説是也。《國語》曰：『宣王即位，不藉千畝，虢文公諫。』斯則藉非假借明矣。」朕親率耕，以給宗廟粢盛。」

【《通典》】《漢舊儀》：「春始東耕於藉田，❶官祠先農，以一太牢，百官皆從。先農，神農也。《五經要義》云：「立壇於田所祠之，其制度如社之壇。」賜三輔二百里孝悌、力田、三老帛。❷種百穀萬斛，爲立藉田倉，置令、丞。穀皆以給天地、宗廟、群望之祀，以爲粢盛。」

蕙田案：應劭《漢官儀》曰：「天子升壇，公卿耕訖，嗇夫下種。」藉田，亦曰帝藉，亦曰耕藉，亦曰東耕，亦曰親耕，亦曰王耕。

十三年春二月甲寅，詔曰：「朕親率天下農耕，以供粢盛，其具禮儀。」

《景帝本紀》：「二年，詔曰：『朕親耕以奉宗廟粢盛，爲天下先。』」

【《武帝本紀》】征和四年三月，上耕於鉅定。應劭曰：「齊國縣也。」

【《昭帝本紀》】始元元年春，上耕於鉤盾弄田。應劭曰：「時帝年九歲，未能親耕帝藉。鉤盾，宦者近署，故往試耕，爲戲弄也。」臣瓚曰：「西京故事，弄田在未央宮中。」師古曰：「弄田謂宴游之田，天子所戲弄耳，非爲昭帝年幼，創有此名。」

六年春正月，上耕於上林。

【《後漢書·明帝本紀》】永平四年春二月辛亥，詔曰：「朕親耕藉田，以祈農事。」

【《續漢志》】正月始耕，既事，告祠先農。

【《後漢書·明帝本紀》】十三年春二月，帝

❶「東」，原作「親」，據《通典》卷四六改。

❷「帛」，原脱，據《通典》卷四六補。

耕於藉田。禮畢，賜觀者食。

十五年春二月，東巡狩。癸亥，帝耕於下邳。

【《禮儀志》】正月始耕，晝漏上水初納，執事告祀先農。

【《祭祀志》】縣邑常以乙未日祀先農於乙地。

【《南齊書·樂志》】章帝元和元年，玄武司馬班固奏用《周頌·載芟》祀先農。

【《章帝本紀》】元和二年二月乙丑，帝耕於定陶。詔曰：「三老，尊年也；孝弟，淑行也；力田，勤勞也。國家甚休之。其賜帛人一匹，勉率農功。」

三年春正月辛丑，帝耕於懷。

【《禮儀志》】正月始耕，晝漏上水初納，執事告祠先農，已享。耕時，有司請行事，就耕位，天子、三公、九卿、諸侯、百官以次耕。推數如周法。力田種各耰訖，有司告事畢。是月，令曰：「郡國守相皆勸民始耕，如儀。諸行出入皆鳴鐘，皆作樂。其有災眚，有他故，若請雨、止雨，皆不鳴鐘，不作樂。」

【《圖書集成》】順帝永建中，黄瓊疏請舉藉田禮，從之。

【《黄瓊傳》】自帝即位以後，不行藉田之禮。瓊以國之大典，不宜久廢，上疏奏曰：「自古聖帝哲王，莫不敬恭明祀，增致福祥，故必躬郊廟之禮，親藉田之勤，以先群氓，率勸農功。昔周宣王不藉千畝，虢文公以爲大譏，卒有姜戎之難，終損中興之名。竊見陛下遵稽古之鴻業，體虔肅以應天，順時奉元，懷柔百神，朝夕觸塵埃於道路，晝暮聆庶政以卹人。雖《詩》詠成湯之不怠遑，《書》美文王之不暇食，誠不能加。今廟祀適闋，而祈穀潔齋之事，近在明日。臣恐左右之心，不欲屢動聖躬，以爲親耕之禮，可得而廢。臣聞先王制典，藉田有日，司徒咸戒，司空除壇。先時五日，有協風之應，王即齋宮，享醴載耒，誠重之也。自癸巳以來，仍西北風，甘澤不集，寒凉尚結。迎春東郊，既不躬親，先農之禮，所宜自勉，以逆和氣，以致時風。《易》曰『君子自强不息』，斯其道也。」書奏，帝從之。

【《後漢書·獻帝本紀》】興平元年二月丁亥，帝耕於藉田。

【《三國·魏志·武帝本紀》】建安十九年春正月，始耕藉田。

二十一年三月壬寅，公親耕藉田。

【《明帝本紀》】太和元年春二月辛未，帝耕於藉田。五年春正月，帝耕於藉田。

【《晉書·禮志》】魏氏雖天子耕藉，藩鎮闕諸侯百畝之禮。及武帝末，有司奏：「古諸侯耕藉百畝，躬執耒以奉社稷宗廟，以勸率農功。今諸王臨國，宜依修耕耤之儀。」然竟未施行。

【《武帝本紀》】泰始四年正月丁亥，帝耕於藉田。

【《禮志》】泰始四年，有司奏耕祠先農，可令有司行事。詔曰：「古之聖王，躬耕帝藉，以供郊廟之粢盛，且以訓化天下。近代以來，耕藉止於數步之中，空有慕古之名，曾無供祀訓農之實，而有百官車徒之費。今循千畝之制，當與群公卿士躬稼穡之艱難，以帥先天下。主者詳具其制，下河南，處田地於東郊之南、洛水之北。若無官田，隨宜便換，而不得侵人也。」於是乘輿御木輅以耕，以太牢祀先農。自惠帝之後，其事便廢。

【《武帝本紀》】泰始八年正月癸亥，帝耕於藉田。十年正月辛亥，帝耕於藉田。

【《哀帝本紀》】興寧二年二月癸卯，❶帝親耕藉田。

【《輿服志》】金根車，天子親耕所乘也。置耒耜於軾上。

【《禮志》】江左元帝將修耕藉，尚書符問：「藉田，至尊應躬祠先農不」？賀循答：「漢儀無正有至尊應躬祭之文，❷然《周禮》王者祭四望則毳冕，祭社稷五祀則絺冕，以此不爲無親祭之義也。宜立兩儀注。」賀循等所上儀注又未詳允，事竟不行。後哀帝欲復行其典，亦不能遂。

【《宋書·禮志》】宋文帝元嘉二十年，太祖將親耕，以其久廢，使何承天撰定儀注。史學生山謙之已私鳩集，因以奏聞。乃下詔曰：「國以民爲本，民以食爲天。一夫輟耕，飢者必及。倉廩既實，禮節以興。自頃在所貧耗，家無宿積，陰陽暫偏，則人懷愁墊；年或不稔，而病乏比室。誠由政德未孚，以臻斯弊，抑亦耕桑未廣，地利多遺。宰守微化道之方，氓庶忘勤分之義。永言弘濟，明發載懷。雖制令亟下，終莫懲勸，而坐望滋殖，庸可致乎？有司其班宣舊條，務盡敦課。遊食之徒，咸令附業。考覈勤惰，行其誅賞；勸察能殿，嚴加黜陟。古者從時脉土，以訓農功，躬耕帝藉，敬供粢盛。仰瞻前王，思遵令典，便可量處千畝，考卜元辰。❸朕當親帥百辟，致禮郊甸。庶幾誠素，奬被斯民。」於是斟酌衆條，造定圖

❶「寧」，原作「定」，據《晉書·哀帝本紀》改。

❷「正有」，校點本《晉書》校勘記以其爲衍文，《通典》卷四六亦無，似當刪。「應躬」，原作「親自」，據《晉書·禮志上》改。

❸「卜」，原作「上」，據《宋書·禮志一》改。

注。先立春九日，尚書宣攝内外，各使隨局從事。司空、大農、京尹、令、尉，度宮之辰地八里之外，整制千畝，開阡陌。立先農壇於中阡西陌南，御耕壇於中阡東陌北。將耕，宿設青幕於耕壇之上。皇后帥六宮之人出穜稑之種，❶付藉田令。耕日，太祝令以一太牢告祠先農，悉如祠帝社儀。❷孟春之月，擇上辛後吉亥日，御乘耕根三蓋車，駕蒼駟，建青旗，著通天冠，青幘，朝服青衮，帶佩蒼玉。蕃王以下至六百石皆衣青。❸唯三臺武衛不耕，不改服章。車駕出，衆事如郊廟之儀。至藉田，侍中跪奏：「至尊降車。」臨壇，大司農跪奏：「先農已享，請皇帝親耕。」太史令讚曰：「皇帝親耕。」三推三反。於是群臣以次耕，王公五等開國諸侯五推五反，孤卿大夫七推七反，士九推九反。藉田令帥其屬耕，竟畝，灑種，即耰，禮畢。乃班下州郡縣，悉備其禮焉。

二十一年春，親耕，乃立先農壇於藉田中阡西陌南。高四尺，方二丈。爲四出陛。陛廣五尺，外加埒。去阡陌各二十丈。車駕未到，司空、大司農帥太祝令及衆執事質明以一太牢告祠，祭器用祭社稷器。祠畢，班餘胙於奉祠者。舊典，先農又常列於郊祭云。

【《孝武帝本紀》】大明四年正月乙亥，車駕躬耕藉田。

【《明帝本紀》】泰始五年春正月癸亥，車駕躬耕藉田。

❶「出」，原作「生」，據《宋書・禮志一》改。
❷「悉」、「祠」，原脱，據《宋書・禮志一》補。
❸「衣」，原作「以」，據庫本、《宋書・禮志一》改。

【《通典》】齊武帝永平中，耕藉田用丁亥。使御史乘馬車，載耒耜，從五輅後。❶

【《南齊書・禮志》】武帝永明三年，有司奏：「來年正月二十五日丁亥，可祀先農，即日輿駕親耕。」宋元嘉、大明以來，並用立春後亥日，尚書令王儉以爲亥日藉田，經記無文，通下詳議。兼太學博士劉蔓議：「《禮》，孟春之月，立春迎春，又於是月以元日祈穀，又擇元辰躬耕帝藉。盧植説禮通辰日，日，甲至癸也，辰，子至亥也。郊天，陽也，故以日。藉田，陰也，故以辰。陰禮卑後，必居其末，亥者辰之末，故《記》稱元辰，注曰吉亥。❷又据五行之説，木生於亥，以亥日祭先農，又其義也。」太常丞何諲之議：「鄭注云『元辰，蓋郊後吉亥也』。亥，水辰也，凡在墾稼，咸存灑潤。五行説十二辰爲六合，寅與亥合，建寅月東耕，取月建與日辰合也。」國子助教桑惠度議：「尋鄭玄以亥爲吉辰者，陽生於子，元起於亥，取陽之元以爲生物。亥又爲水，十月所建，百穀賴兹沾潤畢熟也。」助教周山文議：「盧植云『元，善也。郊天，陽也，故以日。耤田，陰也，故以辰』。蔡邕《月令章句》解元辰云『日，幹也。辰，支也。有事於天，用日。有事於地，用辰』。」助教何佟之議：「《少牢饋食禮》云：『孝孫某，來日丁亥，用薦歲事於皇祖伯某。』注云：『丁未必亥也，直舉一日以言之耳。禘太廟禮日用丁亥，若不丁亥，則用己亥、辛亥，苟有亥可也。』鄭又云：『必用丁、己者，取其令名，自丁寧自變改，皆爲謹敬。』如此，丁亥自是祭祀之

❶「後」，原脱，據《通典》卷四六補。
❷「注」，原作「法」，據《南齊書・禮志上》改。

日，不專施於先農。漢文用此日耕耤祠先農，故後王相承用之，非有別義。」殿中郎顧暠之議：「鄭玄稱先郊後吉辰，而不説必亥之由。盧植明子亥爲辰，亦無常辰之證。漢世躬藉，肇發漢文，詔云『農，天下之本，其開藉田』。斯乃草創之令，未睹親載之吉也。昭帝癸亥耕於鉤盾弄田，明帝癸亥耕下邳，章帝乙亥耕定陶，又辛丑耕懷，❶魏之烈祖實書辛未，不繫一辰，徵於兩代矣。推晉之革魏，宋之因晉，政是服膺康成，非有異見者也。班固序亥位云：『陰氣應亡射，該藏萬物，雜陽閡種。』且亥既水辰，含育爲性，播厥取吉，其在兹乎？固序丑位云『陰大旅助黄鍾宣氣而牙物』，序未位云『陰氣受任，助蕤賓君主種物，使長大茂盛』。是漢朝迭選，魏室所遷，酌舊用丑，實兼有據。」參議奏用丁亥。詔「可」。

【《樂志》】永明四年，藉田，詔驍騎將軍江淹造《藉田歌》。淹製二章，世祖口敕付太樂歌之。

祀先農迎送神升歌　羽鑾從動，金駕時遊。教騰義鏡，樂綴禮修。率先丹耦，躬遵緑疇。靈之聖之，歲殷澤柔。

饗神歌辭　瓊斝既飾，繡簋以陳。方燮嘉種，永毓宵民。

【《梁書·武帝本紀》】天監十三年二月丁亥，輿駕親耕藉田，赦天下，孝悌、力田賜爵一級。

【《册府元龜》】天監十六年二月辛亥，親耕藉田。

【《梁五禮藉田儀注》】其田東去宮八里，遠十六里，爲千畝。天子耒耜一具，公耒耜三

❶「辛丑」，原作「辛亥」，據《南齊書·禮志一》改。

具，卿侯耒耜九具。立方壇以祀先農。

【《隋書·禮儀志》】梁初藉田，依宋、齊，以正月用事，不齊不祭。天監十二年，武帝以爲：「啟蟄而耕，則在二月節內。《書》云：『以殷仲春。』藉田理在建卯。」於是改用二月。「又《國語》云：『王即齊宮，與百官御事並齋三日。』乃有沐浴裸享之事。前代當以耕而不祭，故缺此禮。《國語》又云：『稷臨之，太史讚之。』則知耕耤應有先農神座，兼有讚述耕旨。今耤田應散齋七日，致齋三日，兼於耕所設先農神座，陳薦羞之禮。讚辭如社稷法。」又曰：「齊代舊事，耤田使御史乘馬車，載耒耜於五輅後。《禮》云：『親載耒耜，措於參保介之御間。』則置所乘輅上。若以今輅與古不同，則宜升之次輅，以明慎重。而遠在餘處，於禮爲乖。且御史掌視，尤爲輕賤。❶今宜以侍中奉耒耜，載於象輅，以隨木輅之後。」普通二年，又移耤田於建康北岸，築兆域大小，列種梨柏，便殿及齋宮省，如南北郊。別有望耕臺，在壇東。帝親耕畢，登此臺，以觀公卿之推反。又有祈年殿云。

【《梁書·武帝本紀》】普通四年二月乙亥，躬耕藉田。

中大通六年春二月癸亥，輿駕親耕藉田，大赦天下，孝悌、力田賜爵一級。

大同元年春二月丁亥，輿駕躬耕藉田。

二年春正月乙亥，輿駕躬耕藉田。三年春二月丁亥，輿駕親耕藉田。四年春二月己亥，輿駕親耕藉田。

【《唐類函》】梁元帝《祭東耕文》曰：「三農九穀，爲政所先。萬箱億庾，是曰民

❶「輕賤」，原作「親省」，據《隋書·禮儀志二》改。

天。繫稱斲耜，書美厥田。花開杏樹，凍解新泉。當使黍稷莫莫，民翳胥樂。甘雨祈祈，遂及我私。我私之熟，表裏禔福。禔福中田，歲取十千。是薦是衮，登頌有年。」

【《陳書・宣帝本紀》】大建元年春二月乙亥，輿駕親耕藉田。　三年春二月丁酉，輿駕親耕藉田。　六年春二月辛亥，輿駕親耕藉田。　九年春二月壬午，輿駕親耕藉田。

【《北魏書・道武帝本紀》】天興三年春二月丁亥，始耕藉田。

【《禮志》】太武帝天興三年春，始躬耕籍田，祭先農，用羊一。

【《孝文帝本紀》】延興二年春三月甲午，車駕耕於藉田。

【《册府元龜》】太和十六年二月丙午，詔有司刻吉亥，備小駕，躬臨千畝。

【《北魏書・孝文帝本紀》】太和十七年春二月己酉，車駕始藉田於都南。

【《宣武帝本紀》】景明三年冬十二月戊子，詔曰：「民本農桑，國重蠶藉。粢盛所憑，冕織攸寄。比京邑初基，耕桑暫缺。遺規往旨，宜必祗修。今寢殿顯成，移御維始。春郊無遠，拂羽有辰，便可表營千畝，開設宮壇，秉耒援筐，躬勸億兆。」

【《孝明帝本紀》】正光三年春正月辛亥，親耕藉田。

【《北齊書・文宣帝本紀》】天保二年正月癸亥，親耕藉田於東郊。

【《隋書・禮儀志》】北齊耤於帝城東南千畝内，種赤粱、白穀、大豆、赤黍、小豆、黑穄、麻子、小麥，色別一頃。自餘一頃，地中通阡陌，作祠壇於陌南阡西，廣輪三十六尺，高九尺，四陛，三壝，四門。又爲大營於外。又設御耕壇於阡東陌北。每歲正月上辛後吉亥，使公卿以一太牢祠先農神農氏於壇上，無配享。祭訖，親耕。先祠，司農進穜稑之種，六宮主之。行事之官併齊，設齋省。於壇所列宮懸。又置先農座於壇上。衆官朝服，司空一獻，不燎。祠訖，皇帝乃服通天冠、青紗袍、黑介幘，佩蒼玉，黄綬，青帶、襪、舃，備法駕，乘木輅。耕官具朝服從。殿中監進御耒於壇南，百官定列。帝出便殿，升耕壇南陛，即御座。應耕者各進於列。帝降自南陛，至耕位，釋劍執耒，三推三反，升壇即坐。耕，官一品五推五反，二品七推七反，三品九推九反。耤田令帥其屬以牛耕，終千畝。以青箱奉穜稑種，跪呈司農，詣耕所灑之。耰訖，司農省功，奏事畢。皇帝降之便殿，更衣享宴。禮畢，班賚而還。

【《北周書・閔帝本紀》】元年春正月癸亥，親耕藉田。

【《明帝本紀》】二年春正月辛亥，親耕藉田。

【《武帝本紀》】保定元年春正月乙亥，親耕藉田。

天和元年春正月己亥，親耕藉田。　二年春正月己亥，親耕藉田。

建德三年春正月乙亥，親耕藉田。

【《隋書・禮儀志》】隋制，於國南十四里啟夏門外，置地千畝，爲壇，孟春吉亥，祭先農於其上，以后稷配。牲用一太牢。皇帝服衮冕，備法駕，乘金根車。禮三獻訖，因耕。司農授耒，皇帝三推訖，執事者以授應耕者，各以班五推九推。❶而司徒帥其屬，終

❶「五推」、「九推」原誤倒，據《隋書・禮儀志二》乙正。

千畝。播殖九穀，納於神倉，以擬粢盛。穰稾以餉犧牲云。

【《樂志》】先農，奏《諴夏》辭迎、送神與方丘同。

農祥晨晰，❶土膏初起。春原俶載，青壇致祀。斂蹕長阡，迴旌外壝。房俎飾薦，山罍沈滓。親事朱紘，躬持黛耜。恭神務穡，受釐降祉。

【《唐書·太宗本紀》】貞觀三年正月癸亥，親耕藉田。

【《舊唐書·禮儀志》】太宗貞觀三年正月，親祭先農，躬御耒耜，藉於千畝之甸。初，晉時南遷，後魏來自雲、朔，中原分裂，又雜以獯戎，代歷周、隋，此禮久廢，而今始行之，觀者莫不駭躍。於是秘書郎岑文本獻《藉田頌》以美之。初，議藉田方面所在，給事中孔穎達曰：「禮，天子藉田於南郊，諸侯於東郊。晉武帝猶於東南。今於城東置壇，不合古禮。」太宗曰：「禮緣人情，亦何常之有。且《虞書》云『平秩東作』，則是堯、舜敬授人時，已在東矣。又乘青輅、推黛耜者，所以順於春氣，故知合在東方。且朕見居少陽之地，田於東郊，❷蓋其宜矣。」於是遂定。自後每歲常令有司行事。

【《唐書·禮樂志》】皇帝孟春吉亥享先農，遂以耕耤。前享一日，奉禮設御坐於壇東，西向；望瘞位於壇西南，北向；從官位於內壝東門之內道南，執事者居後；奉禮位於樂縣東北，贊者在南。又設御耕耤位於外壝南門之外十步所，南向；從耕三公、諸王、尚書、卿位於御坐東南，重行西向，以其推數爲列。其三公、諸王、尚書、卿等非耕

❶「晨」，原作「神」，據《隋書·音樂志下》改。
❷「田」，原作「由」，據《舊唐書·禮儀志四》改。

者位於耕者之東，重行，西向北上；介公、酅公於御位西南，東向北上。尚舍設御耒席於三公之北少西，南向。奉禮又設司農卿之位於南，少退；諸執耒耜者位於公卿耕者之後、非耕者之前，西向。御耒耜一具，三公耒耜三具，諸王、尚書、卿各三人合耒耜九具。以下耒耜，太常各令耤田農人執之。皇帝已享，乃以耕根車載耒耜於御者間，皇帝乘車自行宮降大次。乘黃令以耒耜授廩犧令，横執之，左耜置於席，遂守之。皇帝將望瘞，謁者引三公及從耕侍耕者、司農卿與執耒耜者皆就位。皇帝出就耕位，南向立。廩犧令進耒席南，北向，解韜出耒，執以興，少退，北向立。司農卿進受之，以授侍中，奉以進。皇帝受之，耕三推。侍中前受耒耜，反之司農卿，卿反之廩犧令，令復耒於韜，執以興，復位。皇帝初耕，執耒者皆以耒耜授侍耕者。皇帝耕止，三公、諸王耕五推，尚書、卿九推。執耒者前受之。皇帝還，入自南門，出内壝東門，入大次。享官、從享者出，太常卿帥其屬耕於千畝。皇帝還宮，明日，班勞酒於太極殿，如元會，不賀，不爲壽。耤田之穀，斂而鍾之神倉，以擬粢盛及五齊、三酒，穰稾以食牲。耤田稾先農，唐初爲帝社，亦曰耤田壇。

享先農樂章：❶貞觀中褚亮等作。

迎神用《咸和》　粒食伊始，農之所先。古今攸賴，是曰人天。耕斯帝藉，播厥公田。式崇明祀，神其福焉。

皇帝行用《太和》詞同冬至圜丘。

登歌奠玉帛用《肅和》　尊彝既列，瑚簋

❶ 此條出自《舊唐書》，與上段不相連屬，段前似當增「舊唐書音樂志」六字。

有薦。歌工載登，幣禮斯奠。肅肅享祀，顒顒纓弁。神之聽之，福流寰縣。

迎俎用《雍和》　前夕親牲，質明奉俎。沐芳整弁，其儀式序。盛禮畢陳，嘉樂備舉。歆我懿德，非馨稷黍。

皇帝酌獻飲福用《壽和》❶詞同冬至圜丘。

送文舞出、迎武舞入用《舒和》　羽籥低昂文綴已，千鏚蹈厲武行初。望歲祈農神所聽，延祥介福豈云虛。

武舞用《凱安》，詞同冬至圜丘。　送神用《承和》

又享先農樂章一首：太樂舊有此詞，不詳所起。

送神用《承和》　三推禮就，萬慶所凝。夤賓志遠，薦衮惟興。降歆肅薦，垂祐祇膺。❷送神有樂，神其上昇。

【《唐書·高宗本紀》】永徽三年正月丁亥，耕藉田。

【《册府元龜》】丁亥，親享先農，御耒耜，率公卿耕於藉田，賜群官帛各有差。

【《文獻通考》】乾封二年正月，行耤田之禮，躬秉耒耜而九推。禮官奏：「陛下合三推。」上曰：「朕以身帥下，自當過之。恨不終千畝耳。」

初，將耕藉田，閱耒耜有雕刻文飾者，謂左右曰：「田器，農人執之，在於樸素，豈貴文飾乎？」乃命撤之。

【《唐書·高宗本紀》】儀鳳二年正月乙亥，耕藉田。

【《册府元龜》】帝親耕藉田於東郊。禮畢，作《藉田賦》以示群臣。三年五月，幸藉田所觀區種，手種數區。

❶「飲」，原作「領」，據《舊唐書·音樂志三》改。
❷「祇」，原作「祖」，據《舊唐書·音樂志三》改。

景雲三年，親耕藉田。

【《舊唐書・禮儀志》】則天時，改藉田壇爲先農。

【《唐書・禮樂志》】神龍元年，禮部尚書祝欽明議曰：「《周頌・載芟》：『春藉田而祈社稷。』《禮》：『天子爲藉千畝，諸侯百畝。』則緣田爲社，曰王社、侯社。今曰先農，失王社之義，宜正名爲帝社。」太常少卿韋叔夏、博士張齊賢等議曰：「《祭法》，王者立太社，然後立王社，所置之地，則無傳也。漢興以有官社，未立官稷，乃立於官社之後，以夏禹配官社，以后稷配官稷。臣瓚曰：『《高紀》，❶立漢社稷，所謂太社也。官社配以禹，所謂王社也。至光武乃不立官稷，相承至今。』魏以官社爲帝社，故摯虞謂魏氏故事立太社是也。晉或廢或置，皆無處所。或曰二社並處，而王社居西。崔氏、皇甫氏皆曰王社在藉田。案：衛宏《漢儀》：『春始東耕於藉田，引詩先農，則神農也。』又《五經要義》曰：『壇於田，以祀先農如社。』魏秦静議風伯、雨師、靈星、先農、社、稷爲國六神。晉太始四年，耕於東郊，以太牢祀先農。周、隋舊儀及國朝先農皆祭神農於帝社，配以后稷。則王社、先農不可一也。今宜於耤田立帝社、帝稷，配以禹、棄，則先農、帝社並祠，叶於周之《載芟》之義。」欽明又議曰：「耤田之祭本王社。古之祀先農，勾龍、后稷也。烈山之子亦謂之農，而周棄繼之，皆祀爲稷。共工之子曰后土，湯勝夏，欲遷而不可。故二神，社、稷主也。黄帝以降，不以義、農列常祀，豈社、稷而祭神農乎？社、稷之祭，不取神農耒

❶「紀」，原作「祖」，據《新唐書・禮樂志四》改。

耜大功，而專於共工、烈山，蓋以三皇洪荒之迹，無取爲教。彼秦静何人，而知社稷、先農爲二，而耤田有二壇乎？先農、王社，一也，皆后稷、勾龍異名而分祭，牲以四牢。」欽明又言：「漢祀禹，謬也。今欲正王社、先農之號而未決，乃更加二祀，不可。」叔夏、齊賢等乃奏言：「經無先農，《禮》曰『王自爲立社，曰王杜』，先儒以爲在耤田也。永徽中猶曰耤田，垂拱後乃爲先農。然則先農與社一神，今先農壇請改曰帝社壇，以合古王社之義。其祭，準令以孟春吉亥祠后土，❶以勾龍氏配。」於是爲帝社壇，又立帝稷壇於西，如太社、太稷，而壇不設方色，以異於太社。

蕙田案：王社在藉田，説本注疏。據《祭統》天子親耕南郊，諸侯親耕東郊，明乎耤田在郊。匠人營國，左祖右社；《禮運》：「祭天於郊，祭社於國。」明乎社稷在國。郊、國所在不同，詎可合一？祝欽明以先農、王社爲一，非是。秦静既知王社、先農不可一矣，而欲於耤田中並祀先農、帝社爲二壇，抑又非矣。

【《唐書·睿宗本紀》】先天元年正月戊子，耕藉田。

【《舊唐書·禮儀志》】睿宗太極元年，親祀先農，躬耕帝藉。禮畢，大赦，改元。

【《唐書·玄宗本紀》】開元十九年正月丙子，耕於興慶宮。

【《禮樂志》】十九年，停帝稷，而祀神農氏於壇上，以后稷配。

【《舊唐書·禮儀志》】玄宗開元二十二年

❶「春」，原作「夏」，據《新唐書·禮樂志四》改。

冬，禮部員外郎王仲丘又上疏請行藉田之禮。

【《唐書·玄宗本紀》】開元二十三年正月乙亥，耕藉田。

【《舊唐書·禮儀志》】親祀神農於東郊，以勾芒配。禮畢，躬御耒耜於千畝之甸。時有司進儀注，天子三推，公卿九推，庶人終畝。玄宗欲重勸耕藉，遂進耕五十餘步，盡壠乃止。禮畢，輦還齊宫，大赦。侍耕、執牛官皆等級賜帛。

【《册府元龜》】開元二十三年正月十八日，親祀先農。禮畢，降至耕位，侍中執耒，太僕秉轡。帝謂左右曰：「帝藉之禮，古則三推，朕今九推，庶九穀之報也。」贊導者跪而奏曰：「先王制禮，不可踰越。」帝曰：「夫禮豈不在濟人治國、勤事務功乎？朕發乎至誠，深惟嘉殖，將以勸南畝、供粢盛，豈非禮意也？」於是九推而止。公卿以下終其田畝。制曰：「昔者受命爲君，體元立極，未有不謹於禮而能見教於人。今嗣歲初吉，農事將起，禮先本於耕藉，義緣奉於粢盛，是所嚴祗，敢不敬事。故躬載耒耜，親率公卿，以先萬姓，遂耤千畝。謂敦本之爲耳，何布澤之更深。宜有順於發生，俾無偏於行惠。可大赦天下。」

【《唐開元禮》】皇帝吉亥享先農。攝事附。

齋戒　前祀五日，皇帝散齋三日於別殿；致齋二日，一日於太極殿，一日於行宫。餘同上辛儀。

陳設　前享三日，陳設如圜丘儀。前享二日，太樂令設宫懸樂，如圜丘儀。唯懸樂、樹路鼓，爲瘞埳於壇壬地外壝之内爲異。前享一日，奉禮設御位，如圜丘儀。唯設望瘞位於内壝東門之内道南，又設奉禮位於瘞埳西南、東面南上爲異。攝事右校埽除壇之内外。前享二日，衛尉設享官公卿以下次於外壝東門外道南，北向，西上。設陳饌幔於内壝東門外道南，北向。太樂令設宫懸。前享一日，奉禮郎設享官公卿位於内壝東門内道北，執事位於道南，西向，北上。設御史位於壇下如式。又設奉禮位於樂懸東北。贊者二人在南，差退，俱西向，北上。又設奉禮贊者位於瘞埳東面，南上。設協律郎位於壇上南陛之西，東向。太樂令於北懸間。享官門外位皆於東壝外道南如式。又設御耕藉位於外壝南門之外十步所，南向。設從耕位，三公、諸王、諸尚書、諸卿位於御座東南，重行，西向，各依推數爲列。其公、王、尚書、卿等非耕者，位於耕者之東，重行，西向，俱北上。介公、酅公位於御位西南，東向，以北爲上。尚舍設御耒席於三公之北，少西，南向。奉禮又設司農卿位於御耒席東，少南，西向。廩犧令於司農卿之南，少退，諸執耒耜者位於公卿耕者之後、非耕者之前，西面。御耒耜一具，三公耒耜三具，諸王、尚書、卿各三人，合耒耜九具。以下耒耜，太常各令藉田農人執之。攝事無設耕藉位以下至此儀。設酒罇之位於壇上。神農氏，犧罇二，象罇二，山罍二，東南隅北向；后稷氏，犧罇二，象罇二，山罍二，在神農酒罇之東，俱北向，西上。罇皆加勺、幕，有坫，以置爵。設御洗於壇南陛東南，亞獻之洗於東陛之南，俱北向。執罇、罍、篚、冪者，各位於罇、罍、篚、冪之後。設幣篚於壇上，各於罇坫之所。晡後，郊社令帥齋郎以坫、罍、洗、篚、冪入設於位。升壇者自東陛。謁者引光禄卿詣厨，視濯溉。凡導引者，每曲一逡巡。贊引引御史詣厨，省饌具。光禄卿以下，每事訖，各還罇所。享日，未明十五刻，太官令帥宰人以鸞刀割牲。祝史以豆取毛血，各置於饌所，遂烹牲。未明五刻，太史令、郊社令各服其服，升，設神農氏神座於壇上北方，南向，設后稷氏神座於東方，西向，席皆以莞。設神位於座首。

鑾駕出宮　乘耕根車於太極殿前，餘同圜丘儀。

饋享　享日未明三刻，諸享官及從享之官各服其服。郊社令、良醞令帥其屬入實罇、罍及幣。犧罇實以醴齊，象罇實以盎齊，山罍實以清酒。齊皆加明水，酒皆加玄酒，各實於上罇。幣皆以青。太官令帥進饌者實諸籩豆簠簋等，入設於饌幔内。未明二刻，奉禮帥贊者先入就位。其御史及禮官等入，再拜，埽除及就位，如圜丘儀。未明一刻，謁者、贊引各引享官以下就門外位，司空行埽除，及從享群官、客使等次入就位，並如圜丘儀。攝事，自未明三刻至此，與正儀同。初，未明三刻，諸衛列大駕仗衛，陳設如式。侍中板奏「外辦，請中嚴」。乘黄令進耕根車於宮南門外，迴車，南向。若行宮去壇稍遠，嚴警如式。未明一刻，侍中板奏「外辦」。質明，皇帝服衮冕，乘輿以出，繖扇華蓋，侍衛如常儀。侍中負璽陪從如式。皇帝升車訖，乘黄令進耒，太僕受載如初。黄門侍郎奏請鑾駕發，引還侍位，鑾駕動，之大次，並如圜丘儀。郊社令以祝板進御署訖，近臣奉出，郊社令受，各奠於坫，如圜丘儀。初，皇帝降車訖，乘黄令受耒耜，授廩犧令，而横執之，左其耜之耕所，❶置於席，遂守之。凡執耒、耜皆横之，授則先其耒，後其耜。皇帝停大次，半刻頃，具奏「辦」，出次，太常卿請行事，並如圜丘儀。攝事，衆官拜訖，謁者白太尉「有司謹具，請行事」，無「初，未明三刻」下至此儀。協律郎

❶「左」上，原衍「於」字；「耕」，原作「耜」，據《大唐開元禮》卷四六删改。

舉麾，鼓柷，奏角音，以《永和》之樂，姑洗之均，❶自後接神，皆奏姑洗。作文、武舞，樂舞三成，偃麾戛敔，樂止。太常卿前奏稱「請再拜」，退復位，皇帝再拜。及奠玉幣、奏樂之節，並如圜丘儀。攝事，謁者引太尉升奠幣。太常卿引皇帝進，北面跪，奠於神農氏神座，俛伏，興，太常卿引皇帝少退，北向再拜訖，太常卿引皇帝又立於西方，東向。又太祝以幣授侍中，侍中奉幣，北向進。皇帝受幣，太常卿引皇帝進，東面跪，奠於后稷氏神座，俛伏，興，太常卿引皇帝少退，東面再拜訖。登歌止，太常卿引皇帝，樂作。皇帝降自南陛，還版位，西向立，樂止。初，群官拜訖，祝史奉毛血之豆立於門外，登歌止，❷祝史奉毛血入，升自南陛，配座升自東陛。太祝迎取於壇上，進奠於神座前。太祝退，立於鐏所。皇帝既升，奠幣，太官令出，帥進饌者奉饌，陳於内壝門外。謁者引司徒出詣饌所，司徒奉神農之俎。皇帝既至版位，樂止。攝事無。太官令引饌入。俎初入門，《雍和》之樂作，饌至陛，樂止。祝史進徹毛血之豆，降自東陛以出，神農氏之饌升自南陛，配座之饌升自東陛。太祝迎引於壇上，各設於神座前。籩、豆、蓋、冪先徹，乃升簠、簋。既奠，却其蓋於下。設訖，謁者引司徒以下降自東陛，復位。太祝各還鐏所。太常卿引皇帝，攝事，謁者引太尉。詣罍洗，樂作。其盥洗奏樂及齋郎奉俎，並如圜丘之儀。太常卿引皇帝詣神農氏酒鐏所，執鐏者舉冪，侍中贊酌醴齊訖，《壽和》之樂作。皇帝每酌獻及飲福，皆作

❶「鼓」上，原衍「工」字；「柷」，原作「祝」；「奏」、「以」原倒；「姑洗」上，原衍「以」字，據《大唐開元禮》卷四六校正。

❷「登」上，原有「於」字，據《大唐開元禮》卷四六删。

《壽和》之樂。太常卿引皇帝進神農氏神座前，北向跪奠爵，俛伏，興。太常卿引皇帝少退，北向立，樂止。太祝持版，進於神座之右，東面，跪讀祝文，曰：「維某年歲次月朔日，子開元神武皇帝某，攝事云「謹遣太尉封臣名」。敢昭告於帝神農氏：獻春伊始，東作方興，率由典則，恭事千畝。謹以制幣犧齊，粢盛庶品，肅備常祀，陳其明薦。以后稷氏配神作主，尚享！」訖，興，皇帝再拜。攝事，太尉再拜，下倣此。初讀祝文訖，樂作，太祝進，跪奠版於神座，興，還罇所，皇帝拜訖，樂止。太常卿引皇帝詣后稷氏酒罇所，酌獻，樂作，並如神農氏，唯皇帝東向立爲異。太祝持版，進於神座之右，北向，跪讀祝文，曰：「維某年歲次月朔日，子開元神武皇帝某，敢昭告於后稷氏：土膏脉起，爰修耕藉，用薦常事，於帝神農氏。唯神功協稼穡，實允昭配。謹以制幣犧齊，粢盛庶品，式陳明薦，作主侑神。尚享！」訖，興，皇帝再拜。初讀祝文訖，樂作，太祝進，跪奠版於神座，俛伏，興，還罇所，皇帝拜訖，樂止。太常卿引皇帝進神農氏神座前，北向立，樂作。太祝各以爵酌上罇福酒，攝事，太祝酌罍福酒。其飲福、受胙、樂舞等，並如圜丘儀。攝事，亦同圜丘攝事。初，皇帝將復位，謁者引太尉詣罍洗，攝事，謁者引太常卿爲亞獻。盥手，洗爵。訖，謁者引太尉自東陛升壇，詣神農氏象罇所，執罇者舉冪，太尉酌盎齊，武舞作。謁者引太尉進神農氏神座前，北向，跪奠爵，興，謁者引太尉少退，北向再拜。謁者引太尉詣后稷氏象罇所，取爵於坫。執爵者舉冪，太尉酌盎齊。謁者引太尉進后稷氏神座前，東向，跪奠爵，興，謁者引太尉少退，東向再拜。謁者引太尉進神農氏神座前，北向立。

太祝各以爵酌罍福酒，合置一爵。太祝持爵進太尉右，西向立。太尉再拜，受爵，跪，祭酒，遂飲卒爵。太祝進受爵，復於坫。太尉興，再拜。謁者引太尉降復位。初，太尉獻將畢，謁者引光禄卿詣罍洗，盥手，帨爵，升，酌盎齊。終獻如亞獻之儀。訖，謁者引光禄卿，攝事同。降復位，武舞止，諸祝各進，跪徹豆。興，還鐏所。徹者，籩、豆各一，少移於故處。奉禮曰「賜胙」，贊者唱「衆官再拜」，在位者皆再拜，已飲福者不拜。《永和》樂作。太常卿前奏稱「再拜」，退復位，皇帝再拜。奉禮曰「衆官再拜」，在位者皆再拜。樂一成，止。太常卿奏請就望瘞位，奉禮帥贊者就瘞埳西南位。太常卿引皇帝，《太和》之樂作。皇帝就望瘞位，北向立，樂止。於群官將拜，祝各執篚，進神座前取幣，各由其陛。降壇詣埳，以幣置於埳。訖，奉禮曰「可瘞」，東、西各四人置土半埳。太常卿前奏「禮畢，請就耕藉位」。攝事，謁者進太尉之左，白「禮畢」，享官執事再拜出，如圜丘攝事。太常卿引皇帝，樂作。皇帝詣耕藉位，南向立，樂止。初，白「禮畢」，奉禮帥贊者還本位。攝事無詣耕藉位。

耕藉　皇帝將詣望瘞位，謁者引三公及應從耕、侍耕者，各就耕位。司農先就位，諸執耒者皆就位。皇帝初詣耕位，廩犧令進詣御耒席南，北面跪，伏搢笏，解耒韜，出執耒，起，少退，北面立。司農卿受耒，以授侍中。侍中奉耒進，皇帝受，以三推。侍中前受耒、耜，反於司農。司農反於廩犧令。訖，還本位。廩犧令復耒於韜，執耒起，復位立。皇帝初耕，執耒者以耒、耜各授侍耕者。皇帝耕訖，三公、諸王五推，尚書、卿九推。訖，執耒者前受耒、耜，退復位。侍中前奏「禮畢」，退復位。太常卿引皇帝入自南門，還大次，樂作。皇帝出自内壝東門，殿中監前受鎮珪，以授尚衣奉御。殿中監又前受大珪，華蓋侍衛如常儀。皇帝入次，樂止。謁者、贊引各引享官及從享群官、諸方客使以次出。贊引引御史、太祝以下，俱復執事位。立定，奉禮曰「再拜」，御史以下皆再拜。贊引引出，工人、二舞以次出。太常卿帥其屬以次耕於千畝，其祝版燔於齋所。

鑾駕還宮如圜丘儀。

勞酒　車駕還宮之明日，設會於太極殿，如元會之儀。唯不賀，不上壽爲異。

藉田東郊儀

皇帝夾侍二人，正衣二人。右令以祝先農壇上行事，夾侍、正衣充。中書門下先奏侍中一人，奉耒耜進，耕畢復受，奏禮畢。中書令一人，侍從。禮部尚書一人，侍從官以下，並合便取祀先農壇上行事官充。司農卿一人，授耒耜於侍中，侍耕。右衛將軍一人。已上並侍衛。太尉、司徒、司空各一人，行五推禮；舊例，宰臣攝行事。九卿九人，行九推禮；舊例，差左右僕射、六尚書、御史大夫攝行事。諸侯三人，行九推禮。差正員一品官及嗣王攝行事。禮儀使一人，贊導耕藉禮。太常卿一人。贊導耕藉禮，已上官便合取祀先農壇已上行事官充。右禮司狀上中書門下請奏差，如本官不足，差六品以下官充，並服袴褶。御耒耜二具，併韜。並以青色，内一具副，准乾元故事，合依農人所執者制造，不合雕飾，事畢日收。藉耒耜一丈席二領，先農壇高五尺，方五尺，四出陛，其色青。祀前二十日修畢。三公、九卿、諸侯耒耜一十五具。御耒耜，牛四頭。内二頭副，併牛衣，每隨牛一人，並絳衣介幘，須明閑農務者行事，禮司專差人贊導。高品中官二人。執侍耒耜，並衣袴褶。

太常帥其屬庶人，量用二十八人，以備禮。郊社令一人，檢校。太常少卿一人，帥庶人赴耕所。太常博士六人，分贊導耕禮。如本司官不足，准舊例，本司具名上中書門下，請差攝行事。司農少卿一人，檢校庶人終千畝。廩犧令二人，一人奉耒耜，授司農卿，係差五品、六品清資官攝充。一人掌耒耜。太常寺用本官。三公、九卿、諸侯耕牛四十頭。内十頭副，每頭隨牛人一人，須明閑農耕者差。庶人耒耜二十具，畚二具，鍤二具。以木爲刃，府司差一人專知。管藉田縣令一人，具朝服，當耕藉田時立於田畔，候耕畢去。畿甸諸縣令，准舊例，集先期到城，藉田日，服常服赴耕所，陪位而立。耆老量定二十人。並常服。藉田日，於庶人耕藉田位之南陪位。

【《唐書・肅宗本紀》】乾元二年正月戊寅，耕藉田。

【《舊唐書・禮儀志》】肅宗乾元二年春正月丁丑，❶將有事於九宮之神，兼行藉田禮。自明鳳門出，至通化門，釋軷而入壇，行宿齋於宮。戊寅，禮畢，將耕藉，先至於先農之壇。因閱耒耜，有雕刻文飾，謂左右曰：「田器，農人執之，在於樸素，豈文飾乎？」乃命徹之。下詔曰：「古之帝王，臨御天下，莫不務農敦本，保儉爲先，蓋用勤身率下也。屬東耕啟候，爰事籍田，❷將欲勸彼蒸人，所以執兹耒耜。如聞有司所造農器，妄加雕飾，殊匪典章。况紺轅縹軏，固前王有制，崇奢尚靡，諒爲政所疵。靖言思之，良用歎息，豈朕法堯舜、重茅茨之意耶！其所造雕飾者宜停。仍令有司依農用常

❶「二」，原作「三」，據《舊唐書・禮儀志四》改。

❷「籍田」至「殊匪」二十八字，原脱，據《舊唐書・禮儀志四》補。

式，即别改造，庶萬方黎庶，知朕意焉。」翌日己卯，致祭神農氏，以后稷配享。肅宗冕而朱紘，躬秉耒耜而九推焉。禮官奏陛下合三推，今過禮。肅宗曰：「朕以身率下，自當過之，恨不能終於千畝耳。」既而佇立久之，觀公卿、諸侯、王公以下耕畢。

【《唐書・禮樂志》】憲宗元和五年，詔以來歲正月藉田。太常修撰韋公肅言：「藉田禮廢久矣，有司無可考。」乃據《禮經》參采開元、乾元故事，爲先農壇於藉田。皇帝夾侍二人、正衣二人，侍中一人奉耒耜，中書令一人、禮部尚書一人侍從，司農卿一人授耒耜於侍中，太僕卿一人執牛，左、右衛將軍各一人侍衛。三公以宰相攝，九卿以左右僕射、尚書、御史大夫攝，三諸侯以正員一品官及嗣王攝。推數一用古制。禮儀使一人、太常卿一人贊禮；三公、九卿、諸侯執牛三十人，用六品以下官，皆服袴褶。御耒耜二，併韜皆以青。其制度取合農用，不雕飾，畢日收之。耤耒耜丈席二。先農壇高五尺，廣五丈，四出陛，其色青。三公、九卿、諸侯耒十有五。御耒之牛四，其二，副也。併牛衣。每牛各一人，絳衣介幘，取閑農務者，禮司以人贊導之。執耒持耜，以高品中官二人，不袴褶。皇帝詣望耕位，通事舍人分導文、武就耕所。太常帥其屬用庶人二十八，以郊社令一人押之。太常少卿一人，率庶人趍耕所。博士六人，分贊耕禮。司農少卿一人，督視庶人終千畝。廩犧令二人，一人奉耒耜授司農卿，以五品、六品清官攝；一人掌耒耜，太常寺用本官。三公、九卿、諸侯耕牛四十，其十，副也，牛各一人。庶人耕牛四十，各二牛一人。庶人耒耜二十具，鍤二具，木爲刃。主耤田縣令一人，具朝服，當耕時立田側，畢乃退。畿甸諸縣令先期集，以常服陪耕所。耆艾二十人，陪於庶人耕位南。三公從者各三人，九卿、諸侯從者各一人，以助耕。皆絳服介幘，用其本司隸。是時雖草具其儀如此，以水、旱、用兵而止。

【《玉海》】《隋書》藉田令以青箱穜稑之種，跪呈司農，❶詣耕所灑之。唐不行此禮。

右漢至唐親耕享先農。

五禮通考卷第一百二十四

淮陰吴玉搢校字

❶「呈」，原作「陳」，據《玉海》卷七六改。

五禮通考卷第一百二十五

内廷供奉禮部右侍郎金匱秦蕙田編輯
太子太保總督直隸右都御史桐城方觀承同訂
兩淮都轉鹽運使德水盧見曾
按察司副使元和宋宗元 參校

吉禮一百二十五

親耕享先農

【《宋史·禮志》】藉田之禮，歲不常講。太宗雍熙四年，始詔以來年正月擇日有事於東郊，行藉田禮。所司詳定儀注：「依南郊置五使。除耕地朝陽門七里外爲先農壇，高九尺，四陛，周四十步，飾以青；二壝，寬博取足容御耕位。觀耕臺大次設樂縣、二舞。御耕位在壝門東南，諸侯耕位次之，庶人又次之。觀耕臺高五尺，周四十步，四陛，如壇色。其青城設於千畝之外。」又言：「隋以青箱奉穜稑，唐廢其禮。青箱舊無其制，請以竹木爲之而無蓋，兩端設襻，飾以青；中分九隔，隔盛一種，覆以青帊。穜稑即早晚之種，不定穀名，請用黍、稷、秫、稻、粱、大小豆、大小麥，陳於箱中。」大禮使李昉言：「案《通禮》，乘耕根車，今請改乘玉輅，載耒耜於耕根車。又前典不載告廟及稱賀之制，今請前二日告南郊、太廟。耕禮畢，百官稱賀於青城。禮有勞酒，合設會於還宮之翌日，望如親祀南郊之制，擇日大宴。」詳定所言：「御耒耜二具，並盛以青縚，準唐乾元故事，不加雕飾。禮畢，收於禁中，以示稼穡艱難之意。其祭先農，用純色犢一，如郊祀例進胙，餘並權用大祠之制。皇帝散齋三日，致齋二日，百官不受誓戒。神農、后稷册，學士院撰文進書。」以鹵簿使賈黄中言，復用象輅載耒耜，以重其事。

五年正月乙亥，帝服衮冕，執鎮圭，親享神農，以后稷配，備三獻，遂行三推之禮。畢事，解嚴，還行宫，百官稱賀。帝改御大輦，服通天冠、絳紗袍，鼓吹振作而還。御乾元門，大赦，改元端拱，文武遞進官有差。二月七日，宴群臣於大明殿，行勞酒禮。

【《樂志》】雍熙享先農六首：餘同祈穀。

降神，《静安》　先農播種，九穀務滋。靈壇致享，《良耜》陳儀。吉日維亥，運屬純熙。樂之作矣，神其格思。

奠玉幣，《敷安》　親耕展祀，明靈來格。九有駿奔，百司庀職。獻奠肅肅，登降翼翼。祈彼豐穰，福流萬國。

奉俎，《豐安》　肅陳《韶》舞，祗薦犧牲。乃逆黄俎，以率躬耕。

亞獻，《正安》　祀惟古典，食乃民天。歆兹潔祀，以應祈年。

終獻，《正安》　式陳芳薦，爰致虔誠。神其降鑒，永福黎甿。

送神，《静安》　明禋紺壇，靈風肅然。登歌已闋，神馭將旋。道光帝藉，禮備公田。鑒兹躬稼，永錫豐年。

【《文獻通考》】學士院上東郊青城殿門名：前殿曰兩儀，後殿曰延慶；大殿門曰龍德，左掖門曰光天，右掖門曰麗天，東門曰鳳陽，西門曰安福，南門曰祈年，北門曰玄英；大殿東西廊門曰日華、月華，後園五花亭曰會芳，御幄後門曰福慶。❶詔付有司。

【《宋史·禮志》】景德四年，判太常禮院孫奭言：「來年畫日，正月一日享先農，九日上辛祈穀，祀上帝。《春秋傳》曰：『啟蟄而郊，郊而後耕。』《月令》曰：『天子以元日祈穀于上帝。乃擇元辰，親載耒耜，躬耕帝藉。』先儒皆云：元日，謂上辛郊天也；元辰，謂郊後吉亥享先農而耕藉也。《六典》、《禮閣新儀》並云上辛祀昊天，次云吉亥享先農。望改用上辛後亥日，用符禮文。」

明道元年，詔以來年二月丁未行藉田禮，而罷冬至親郊。遣官奏告天地、宗廟、諸陵、景靈宮，州都就告嶽、瀆、宮、廟。其禮一如端拱之制，而損益之。禮成，遣官奏謝如告禮。

【《仁宗本紀》】明道二年二月丁未，祀先農于東郊。

【《玉海》】明道二年正月庚辰，詔以皇兄建雄軍節度允升攝左衛上將軍、蔣國公，爲祀先農亞獻；彰信軍節度使觀察留後允寧攝右衛上將軍、萊國公，爲三獻。二月丙午，上齋宿于東郊，日傍有黃氣，如龍鳳。丁未，服衮冕，執圭，祀神農、后稷于壇。

【《會要》】學士院撰《享先農登歌樂章》。

【《文獻通考》】廣文館、開封府貢舉人等上書，以國家躬訓農事，難逢之會，乞陪序于壇次，以觀盛典。從之。令陪位于文官九品之下。大禮使言：「藉田禮希曠已久，比聞修舉，內外翹屬。況親屈萬乘，勸農力本。伏請下有司，令徧諭密

❶「幄」，原作「握」，據庫本、《文獻通考》卷八七改。

近村聚，候御耕日，特許父老鄉民觀望盛禮，勿令呵止。」從之。

【《樂志》】明道親享先農十首：

迎神，《静安》　稼政之本，民食唯天。《甫田》兆歲，后稷其先。靈壇既祀，黛耜攸虔。乃聖能享，億萬斯年。

皇帝升降，《隆安》　冕服在御，壇壝有儀。陟降左右，天維顯思。

奠玉幣，《嘉安》　將躬黛耜，先陟靈壇。嘉玉量幣，樂舉禮殫。神既至止，福亦和安。千斯積詠，萬國多歡。

奉俎，《豐安》　將迎景福，乃薦嘉牲。藉於千畝，用此精誠。

皇帝初獻，《禧安》　雲罍已實，玉爵有舟。薦于靈藉，佇乃神休。

飲福，《禧安》　神既至享，福亦來酬。申錫純嘏，旨酒維柔。思文后稷，貽我來牟。子孫千億，丕荷天休。

退文舞，進武舞，《正安》　羽葆有奕，文武交相。周旋合度，福禄無疆。

亞獻，《正安》　豆籩雖薦，❶黍稷非馨。惠我豐歲，歆茲至誠。

終獻，《正安》　歆我嘉薦，錫我蕃禧。多黍多稌，如京如坻。

送神，《静安》　獻終豆徹，禮備樂成。祠容肅肅，風馭冥冥。三時務本，一撥躬耕。人祇胥悦，祉福是膺。

景祐享先農五首：

迎神，《凝安》　在昔神農，首茲播殖。無有污萊，盡爲稼穡。乃粒斯民，實惟帝力。嘉薦令芳，佇瞻來格。

升降，《同安》　居德之厚，厥祀攸陳。土

❶「雖薦」，原作「維庶」，據《宋史・樂志十二》改。

膏初脉，農事先春。❶鏗然金奏，儼若華紳。陟降於阼，福禄惟神。

奠幣，《明安》　農爲政本，食乃民天。苾芬明祀，薦蓘良田。❷陳茲量幣，望彼豐年。❸茂介福祉，來欽吉蠲。

酌獻，《成安》　農祥晨正，平秩東作。倬彼大田，庤乃錢鎛。❹酒醴盈尊，金璆合樂。期茲萬年，充於六幕。

送神，《凝安》　務嗇之本，恤祀惟馨。神斯至止，降福攸寧。崇茲稼政，合於禮經。俎徹樂闋，邈仰迴靈。

【《禮志》】元豐二年，詔於京城東南度田千畝爲藉田，置令一員，徙先農壇於中，神倉於東南，取卒之知田事者爲藉田兵。乃以郊社令辛公佑兼令。公佑請因舊鏺麥殿規地爲田，引蔡河水灌其中，并種果蔬，冬則藏冰，凡一歲祠祭之用取具焉。先薦獻而後進御，有餘，則貿錢以給雜費，輸其餘於内藏庫，著爲令。權管幹藉田王存等議，以南郊鏺麥殿前地及玉津園東南菱地并民田共千一百畝充藉田外，以百畝建先農壇兆，開阡陌溝洫，置神倉、齋宫并耕作人牛廬舍之屬，繪圖以進。已而殿成，詔以思文爲名。

【《文獻通考》】哲宗紹聖四年，權禮部侍郎范鏜等言：「每遇臨幸藉田，常遣官祭告先農壇，其藉田刈稼皆以爲粢盛之實。車駕臨幸，則取新薦獻當在所先即刈麥，乞以所進麥付所司，變造禮食，於臨幸次日，薦之太廟，然後進供頒賜，並如故事。秋觀刈禾，亦如之。及乞觀麥禮畢，車駕

❶「農」，原作「晨」，據《宋史・樂志十二》改。
❷「蓘」，原作「衮」，據庫本改。
❸「望彼」，原作「被此」，據《宋史・樂志十二》改。
❹「庤」，原作「痔」，據庫本改。

移幸稻池綵殿，以觀插稻。」詔「可」。

徽宗政和元年，有司議：享先農爲中祠，命有司攝事，帝止行耕藉之禮，罷命五使及稱賀、肆赦之類；太史局擇日不必專用吉亥；耕藉所乘，改用耕根車，罷乘玉輅；躬耕之服，止用通天冠、❶絳紗袍，百官並朝服；倣雍熙儀注，九卿以左右僕射、六尚書、御史大夫攝，諸侯以正員三品官及上將軍攝；設庶人耕位於諸侯耕位之南，以成終畝之禮；備青箱，設九穀，如隋之制。尋復以耕藉爲大祠，依四孟朝享例行禮，又命禮制局修定儀注。孟春之月，太史擇上辛後吉日，皇帝親耕藉田，命有司以是日享先農、后稷于本壇，如常儀。

【《文獻通考》】高宗紹興二年四月，上謂輔臣曰：「朕聞祖宗時禁中有打麥殿，今朕於後圃令人引水灌畦種稻，不唯務農重穀，示王政所先，亦欲知稼穡之艱難。」

【《宋史·高宗本紀》】紹興七年五月壬申，命禮官舉先農之祀。

【《禮志》】紹興七年，始舉享先農之禮，以立春後亥日行一獻禮。

【《文獻通考》】紹興十四年十一月，詔以嗣歲之春祗祓青壇，親載黛耜，躬三推之禮。命臨安府守臣度城南之田，得五百七十畝有奇。廼建思文殿、觀耕臺、神倉及表親耕之田。又詔毋建殿宇，設幕殿席屋，如南郊。事畢撤去，庶不擾民。

太常丞王湛謂：「《新儀》帝乘耕根車，左輔奉耒耜，載以象輅，列於仗內。政和八年，左輔奉耒耜于玉輅，耕藉使衛以儀仗二千人，先詣壇所。王之五輅，玉輅最

❶「止」，原作「正」，據《宋史·禮志五》改。

貴。耕根一名芒車，所謂農輿無蓋，車之無飾者也。齊代藉田，御史乘馬車，載耒耜於五輅之後，時以爲禮輕，更用侍中載於象輅。真宗明道二年二月，帝乘玉輅適耕所，司農卿以耕根車載耒耜，前玉輅以行。今《政和儀》帝御耕根，而耒耜乃載於玉輅，輕重失序。請乘玉輅而以耕根載耒耜。」❶又謂：「端拱、明道之禮備矣，政和中，徽宗正之，故《新儀》最爲簡要，宜遵而行。」

權工部侍郎錢時敏奏：「耕藉使所乘車，禮官謂象車，以象飾諸末，朱斑輪，❷八鑾在衡，❸左建旂，右載闟戟，駕馬四，飾以鞶纓、輪衣、絡帶，皆繡以鑾。車高丈有五尺，廣丈。請下有司製之。」甲子，禮官請：前三日，司農以青箱奉九穀穜稑之種進内；前二日，皇太后率六宮獻之於帝；次日，授司農，以待耕事。九穀種以竹木箱爲之，無蓋，飾以青色，覆以青帕。三公、三少、宰臣、親王、使相五推，執政臣、二省、臺諫九推，庶人終畝。又請少府製御耒耜二，及韜皆飾以青；御耕青牛四，衣以青。如無青牛，以黄牛代，以青羅夾衣蓋搭。從耕官每耒耜用牛二頭，耒耜三十，牛六十。庶人四十人，並青衣，耒耜四十，牛八十，鍤十，畚二十。各命有司具之。時敏又謂象車小樣庳，請加高二尺，爲丈有七尺，茵褥用紫。閏十一月癸酉，兵部謂仗士二千以太常鼓吹黄麾仗足之，前期閱習。前一日，宿仗于皇城南

❶「耜」，原脱，據《文獻通考》卷八七補。
❷「朱斑」，原作「諸班」，據《文獻通考》卷八七改。
❸「在」，原作「左」，據《宋史·輿服志》改。

門外。質明，衛耒耜先往。禮官先用其半，❶又請耕藉使用本品鹵簿，王公六百八十有八人，請用其半。禮官請親耕日命有司享先農。已巳，詔討論象車合製與否。禮官乃謂《新儀》象輅載耒耜，宣和耕藉使乘象車，參考端拱親耕，以耕根車載耒耜而使不乘車，請用端拱禮，耕藉使朝服騎護耒耜，行於仗内。仗士千人，質明先往壇所，以候車駕。罷象輅不製，唯製耕根車。從之。

【《宋史·高宗本紀》】紹興十六年春正月壬辰，親享先農于東郊。

【《玉海》】紹興十六年正月五日，禮官修定《親享先農親耕儀注》，上之。二十二日壬辰，皇帝衮冕親享先農。二十五日乙未，百官表賀。

【《文獻通考》】享先農親耕藉田儀注：

前期，設御座于藉田思文殿之中，南向。東西閤于殿後之左右。御幄于親耕壇上，南向。大次于殿上，南向。小次二：一於先農壇午階下稍東，西向；一於觀耕壇西階下稍北，南向。群臣次於門之内外。設饌幔樂舞。前一日，設帝神農氏位於壇之北方，南向；后稷氏位於東方，西向，席皆以莞。設帝板位於壇下小次前，西向；飲福位於壇上稍西，北向；望瘞位於子階之西，北向。群臣位各以其方。尊、罍、俎、豆，皆如大祀。司農設御耒耜於南門外幕屋之内；御耕板位於耕藉所，南向；侍耕位在於東西階，北上；從耕三公位在東南；九卿、諸侯位在其南，皆西向北上。庶人位在其南少東十步外，耆老陪耕位又在其南，皆西

❶「先」，原作「請」，據《文獻通考》卷八七改。

向。御耒席於三公之北稍西，南向。太僕設御耕牛於御耕位之西稍北。太常設登歌於觀耕壇上，宫架於庶人耕位之南，俱北向。耕藉使位於御耕位之東，南向。侍中在其南，西向。司農卿二：一位於侍中之後，一在其南。藉田令二，在司農卿之南，少退，皆西向，北上。奉青箱官位其後。司農少卿位二，於庶人位之前。太社令位司農之西少退，皆西北向。太僕卿位於御耕牛之東，稍前，南向。畿内邑令位於庶人位之東，西向。執耒耜者位於公卿耕者之後、執畚鍤者之前，西向。司農設從耕耒耜及牛，各於其位之前。兵部陳仗士及耕根車於皇城南門之外。遂省牲、省饌、割烹。祀之日，質明，侍中奉御耒耜，載於耕根車。耕藉使騎，從至藉田門外。侍中以耒耜授藉田令，横執之，置於耕所之席而守之。帝履袍，輦出宫南門，至思文殿，降輦，入後閤。群臣入就位。帝服衮冕，至内壝門外，執大圭入自正門，宫架《隆安》之樂作。至午階板位，西南立，宫架作《静安》之樂，《儲靈錫慶》之舞。三成，帝再拜，群臣皆再拜。凡帝拜，群臣皆拜。宫架樂作，帝搢大圭，沃盥，執圭，升壇。耕藉使從，宫架樂作，升自午階，登歌《嘉安》之樂作。帝搢大圭，執鎮圭，進帝神農氏位前，北向立，跪奠鎮圭於繅藉，執大圭，興，搢圭，跪奠幣，執圭，興。次進后稷氏位前，亦如之。帝還板位，登歌樂作，降階，宫架樂作。至板位西南立，祝史奠毛血槃，禮部尚書執籩、豆、簠、簋，兵、工部尚書奉俎以入，宫架《豐安》之樂作，皆奉以升，北面跪奠之，宫架樂作。帝搢大圭，沃盥，洗爵，執圭，升，宫架樂作。至壇上，登歌《禧安》。進帝神農氏位前，北面立，搢大圭，跪執爵，三祭酒於地，執圭，興，祝東向跪讀祝詞，帝再拜。次進后稷氏位前，酌獻亦如之。帝還板位，登歌樂作，降階，宮架樂作，至板位西面立。還小次，釋大圭，文舞退，武舞進，宮架《正安》之樂作。亞獻，盥洗爵，升，進帝神農氏尊所，西面立，宮架作《正安》之樂，《嚴恭將事》之舞。既實爵，進神位前，跪祭酒，奠爵，再拜。次獻后稷氏，亦如之。降復位。終獻亦如之。宮架樂作，帝執大圭，升，登歌《禧安》。至飲福位，北面立，尚醖、奉御酌福酒，殿中監奉爵，西面立。帝再拜，殿中監跪進爵，帝搢大圭，跪受之，三祭于地，啐酒，奠爵。兵部尚書西向跪，進胙俎，帝受俎，奠之。太祝東向跪，進黍豆，帝受豆，奠之。殿中監跪，再進酒，帝遂飲，卒爵，奠之。執大圭，再拜，還板位，登歌樂作，降階，宮架樂作。徹籩豆，徹俎，登歌《歆安》，遂賜胙。群臣皆再拜。送神，宮架作《静安》之樂，一成。帝至望瘞位，❶北面立，宮架樂作，乃瘞。帝還大次，宮架樂作，出内壝門外，釋大圭。群臣各俟於次。侍耕、從耕及執事者皆朝服，以次入就位。帝服通天冠、絳紗袍，輦至思文殿，降自西階，宮架樂作。至小次，降輦，至耕藉位，南面立。藉田令進御耒席南，北面解韜，出耒，東向立，授司農卿。司農以授侍中，進之。帝受耒耜，宮架樂作，三推。禮畢，侍中受耒耜，復轉以次授之藉田令，復於韜。帝初耕，諸執耒耜者各授從耕者。帝升觀耕壇，宮架樂作，升自午階，登歌樂作。御座南向，從藉三公、三少、宰臣、親王、使相皆執耒耜，宮架樂作，行五推

❶「位」，原脱，據《文獻通考》卷八七補。

之禮，退復位。執政、從臣、貳省、諫憲次執耒耜，宫架樂作，九推，復位。司農少卿帥庶人以次耕於千畝，耕畢乃退。耕藉使升自卯階，進御幄前稍東，西面立。陪耕耆老進壇下，北面再拜。樞臣前，北面承制，退至午階之東，西面立，宣制而退。都承旨承制，西面宣勞耆老，耆老再拜，皆退復位。帝降座，登歌樂作，至壇下，升輦，宫架樂作，至思文殿後閣，侍耕、從耕者皆退。司農卿奉穜稑之種，至耕所播之。少卿帥太社令眂終千畝，卿省功畢，至殿下，北面奏訖，皆退。帝還宫。

二十一年八月，❶詔權罷藉田司，免其官吏胥徒。太常少卿王普請以印歸禮部，存卒八人，以守壇壝及凡種植之物，農三人，以給種植，供禮料。藉田司初募兵卒三十一人，存者二十二人，今量存七人；甲頭十人，以農民充，免其科役，今量存三人。典吏以寺吏兼之。

【《宋史·樂志》】紹興享先農十一首：

皇帝入内壝盥洗，《隆安》　大事在祀，齊潔爲先。既盥而升，奉以周旋。下觀而化，無敢不蠲。惟神降格，監厥精虔。

迎神，《静安》　猗歟田祖，粒食之宗！世世仰德，青壇載崇。時維后稷，躬稼同功。作配並祀，以詔無窮。

神農、后稷位奠幣，《嘉安》　制爲量幣，厚意是將。求之以類，各因其方。于以奠之，精誠允彰。神其享止，惠我無疆。

尚書奉俎，《豐安》　柔毛剛鬣，或剥或亨。爲俎孔碩，登薦厥誠。

酌獻，《禧安》　蠲滌醆斝，巾帨而升。挹彼注茲，酒醴維清。洋洋在上，享於克

❶「二一」，原作「三一」，據《文獻通考》卷八七改。

誠。神其孚佑，以厚民生。

文舞退、武舞進，《正安》 羽毛干戚，張弛則殊。進旅退旅，匪棘匪舒。

亞獻，《正安》 顯相祀事，濟濟鏘鏘。舉斝酌醴，神其允臧。

終獻，《正安》 殽核維旅，酒醴維馨。于再于三，禮則有成。

飲福，《禧安》 幽明位異，施報理同。克恭明神，降福乃豐。我膺受之，來燕來宗。豈伊專享，于彼三農。

徹豆，《歆安》 莫重於祭，非禮不成。籩豆有踐，爾殽既馨。神具醉止，薦以齊明。贊徹孔時，釐事斯成。

送神，《静安》 神之來止，風馭雲翔。神之旋歸，有迎有將。歌以送之，磬筦鏘鏘。何以惠民？ 豐年穰穰。

親耕藉田七首：

皇帝出大次，《乾安》 勤勞稼穡，必躬必親。爲藉千畝，以教導民。帝出乎震，時維上春。天顔咫尺，望之如雲。

親耕 元辰既擇，禮備樂成。洪縻在手，祗飾專精。三推一撥，端冕朱紘。靡辭染屨，以示黎甿。

升壇 方壇屹立，陛級而登。玉色下照，臨觀耦耕。萬目咸覩，如日之升。成規成矩，百禄是膺。

公卿耕藉 群公顯相，奉事齊莊。率時農夫，舉耜載揚。播厥百穀，以佑我皇。多黍多稌，丕應農祥。

群官耕藉 畟畟良耜，我田既臧。土膏其動，春日載陽。執事有恪，於此中邦。農夫之慶，棲畝餘糧。

降壇 肇新帝藉，率我農人。三推終畝，祗事咸均。陟降孔時，粲然有文。受天之祜，多稼如雲。

歸大次　教民稼穡，不令而行。進退有度，琚瑀鏘鳴。言還熉幄，禮則告成。帝命率育，明德惟馨。

紹興祀先農攝事七首：

迎神，《凝安》　青陽開動，土膏脉起。日練吉亥，爲農祈祉。典秩增峻，儀物具美。幄光熉黄，庶幾戾止。

初獻升殿，《同安》盥洗同。❶　率職咸涖，禮容睟然。澡身端意，陟降靡愆。神心嘉虞，享兹潔蠲。敷錫純佑，屢登豐年。

奠幣，《明安》　靈斿載臨，見先陳贄。❷有嚴篚實，式將純意。❸　肹蠁既接，禮行有次。神兮安留，歆我禋祀。

神農位酌獻，《成安》　耒耜之教，帝實開先。致養垂利，古今民天。嘉薦報本，于以祈年。誠格和應，神娭福延。

后稷位酌獻，《成安》　有周膺曆，❹實起后稷。相時神功，率由稼穡。振古稱祀，先農並食。阜我昌我，時萬時億。

亞、終獻，《同安》　旨具百味，酌備三疇。貳觴既畢，禮洽意周。庶幾嘉享，格神之幽。相我穡事，錫以有秋。

送神，《凝安》　熙事成兮，始終潔齊。籩豆徹兮，撙節靡垂。靈有嘉兮，降福孔皆。飄然逝兮，我心孔懷。

又親耕藉田四首：

導引　春融日煖，四野瑞煙浮，柳苑更桑柔。土膏脉起條風扇，宿雪潤田疇。金根轂轉如雷動，羽衛擁貔貅。扶攜老

❶「同」，原脱，據《宋史·樂志十二》改。
❷「先」，原作「光」，據《宋史·樂志十二》改。
❸「純」，原作「神」，據《宋史·樂志十二》改。
❹「膺」，原作「應」，據《宋史·樂志十二》改。

稚康衢滿，延跂望凝旒。斗移星轉，一氣又環周，六府要時修。務農重穀人胥勸，耕藉禮殊尤。壇壝嶽峙文明地，黛耜駕青牛。雍容南畝三推了，玉趾更遲留。

六州　昭聖武，不戰屈人兵。干戈戢，烽燧息，海宇清寧。民豐業，❶歌詠昇平。願咸歸畎畝，力穡爲甿。經界正，東作西成。農務軫皇情，躬親耒耜，相勸深耕。❷人心感悦，擊壤沸歡聲。乘鸞輅，羽旗綵仗鮮明。傳清蹕，行黄道，緹騎出重城。仰瞻日表映朱紘，環珮更鏘鳴。百執公卿，❸不辭染履意專精，準擬奉粢盛。田多稼，風行遐邇，家家給足，胥慶三登。❹

十二時　臨寰宇，恭己巖廊，屬意在耕桑。愛民利物，德邁陶唐，躋俗盡淳龐。開千畝，帝藉神倉。舉彝章，祇祓壇場，爲農事祈祥。涓辰行禮，節物值春陽。罄齊莊，明德薦馨香。宮禁邃，嬪妃并御侍，穜稑獻君王。中闈表率，陰教逾光。帳殿靄熉黄，梐枑設，翠幕高張，慶雲翔。罇罍陳酒醴，金石奏宮商。神靈感格，歲歲富倉箱。慶明昌，行旅不齎糧。

奉禋歌　吾皇端立太平基，奉祀肅雍格神祇。撫御耦，降嘉種，何辭手攬洪縻。命太史視日，祗告前期。騐穹象，天田入望更光輝。掌禮陳儀，蒐鉅典，迎春令，頒宣温詔，徧九圍，人盡熙熙。仰明時，儼垂衣，佳氣氤氲表龐禧。豐年屢，大田生異粟，含滋吐秀，九種傳圖，盡來丹闕，

❶「業」上，原衍「樂」字，據《宋史・樂志十六》删。
❷「耕」，原脱，據庫本補。
❸「執」，原作「職」，據《宋史・樂志十六》改。
❹「三」，原作「生」，據《宋史・樂志十六》改。

瑞應昌時。亨運正當攝提，佇見詠京坻。躬稼穡，重耘耔。盛禮興行先百姓，崇本業，憂勤如禹、稷，播在聲詩。

【《文獻通考》】孝宗乾道四年十一月，太常少卿王瀹謂：「藉田以供粢盛蔬果，自廢此司，寺官兼掌之。舊有農十人，今僅存其三。而是時王普請益粢盛禮物，三倍於故歲，請量增三人。」

光宗紹熙五年，❶太社令陳峴奏：「九宫、先農、高禖壇壝蕪廢不治，而農壇爲甚。乞命臨安府守臣葺築以嚴祀。」從之。

【《元史·世祖本紀》】至元九年二月戊申，始祭先農，如祭社之儀。

【王圻《續通考》】元世祖至元七年，立藉田大都東南郊。時趙天麟策曰：「臣聞祭祀者，人之大端；衣食者，人之常理。今聖朝立太常正卿，設司農大寺，欽乃攸司，可謂備矣。但藉田之禮，尚未施行。謹案禮經之義，遠稽前世之文，適三陽交泰之春，當是月上辛之日，祈穀於太微之帝。再擇乎吉亥之辰，封人壝宫，掌舍設枑，太僕秉轡，保介從行。綴黛耜于紺轅，冠朱紘之華冕，平秩東作，爰至南郊。具庶府之官僚，聳萬民之瞻視，天顔咫尺際，恭就于三推；黎庶三百人，遂終於千畝。公卿以下，隨爵秩而亦耕；燕飲之宜，布龍光於既返。內宰獻種於厥後，神倉斂穫於西成。一旦用之，中心足矣。此聖天子藉田之禮也。伏望陛下無怒號公之直諫，式同漢帝之親耕，于彼天田，成兹盛事。南瞻北顧，三思粟帛之原；上化下行，一儆農民之怠。於昭文化，以迓

❶「熙」，原作「興」，據庫本改。

太平，垂諸典章，永示嘉範。」❶

【《祭祀志》】至元九年二月，始祭先農，如祭社之儀。　十三年二月，祀先農東郊。　十四年二月，祀先農東郊。　十五年二月戊午，祀先農，以蒙古胄子代耕藉田。　十六年二月朔，祭先農於藉田。　二十一年，命翰林學士承旨色勒敏祀先農于藉田。❷

武宗至大三年夏四月，從大司農請，建農、蠶二壇。博士議：二壇之式，與社稷同，縱廣一十步，高五尺。四出陛，外壝相去二十五步，每方有櫺星門；今先農、先蠶壇位在藉田內，若立外壝，恐妨千畝，其外壝勿築。是歲，命祀先農如社稷，禮樂用登歌，日用仲春上丁，後或用上辛或甲日。祝文曰：「維某年月日，皇帝敬遣某官，昭告於帝神農氏。」配神曰「于后稷氏」。

祀前一日未後，禮直官引三獻、監祭禮以下省牲饌，如常儀。祀日丑前五刻，有司陳燈燭，設祝幣。太官令率其屬入實籩、豆、尊、罍。丑正，禮直官引先班入就位，立定，次引監祭禮案視壇之上下，糾察不如儀者。畢，退復位，東向立。奉禮曰「再拜」，贊者承傳「再拜」。訖，奉禮又贊「諸執事者各就位」，禮直官引執事官各就位，立定，次引三獻官并與祭等官以次入就位，西向立。禮直官於獻官之右，贊「請行事」，樂作三成止。奉禮贊「再拜」，在位者皆再拜。太祝跪取幣於篚，立於尊所。禮直官引初獻官詣盥洗位，北向立，盥手，帨手，畢，升自東階，詣神位前，北向立，搢笏跪，三上香，受

❶「示」，原作「云」，據《續文獻通考》卷一〇九改。

❷「色勒敏」，聖環本及《元史·祭祀志五》皆作「撒里蠻」。

幣，奠幣，執笏，俛伏，興，少退，再拜訖，降復位，立定。太官令率齋郎設饌於神位前畢，俛伏興，退復位。禮直官引初獻再詣盥洗位，北向立，盥手，帨手，詣爵洗位，洗爵，拭爵，詣酒尊所，酌酒畢，詣正位神位前，北向立，搢笏跪，三上香，三祭酒於沙池，爵授執事者，執笏，俛伏，興，北向立。俟讀祝畢，再拜，興。次詣配位酒尊所，酌酒訖，詣配神位前，東向立，搢笏跪，三上香，三祭酒於沙池，爵授執事者，執笏，俛伏，興，東向立。俟讀祝畢，再拜，退復位。次引亞、終獻行禮，並如初獻之儀，唯不讀祝，退復位，立定。禮直官贊「徹籩豆」，樂作，卒徹，樂止。奉禮贊「賜胙」，衆官再拜，贊者承傳，在位者皆再拜訖，樂作，送神之曲一成止。禮直官引齋郎升自東階，太祝跪取幣祝，齋郎捧俎載牲體及籩、豆、簠、簋，各由其階至坎位，北向立。俟三獻畢，立定，各跪奠訖，執笏，俛伏，興。禮直官贊「可瘞」，乃瘞。焚瘞畢，三獻以次詣耕地所。耕訖而退。

【《禮樂志》】至大先農樂章：

降神，奏《鎮寧》之曲　林鐘宮二成：民生斯世，食爲之天。恭惟大聖，盡心于田。仲春卲農，明祀吉蠲。馨香感神，用祈豐年。

太簇角二成：耕種務農，振古如兹。爰立烝庶，功德茂垂。降嘉奏艱，國家攸宜。所依惟神，庯潔明粢。

姑洗徵二成：俶載平疇，農功肇敏。千耦耕耘，同阻隰畛。田祖丕靈，爲仁至盡。豐歲穰穰，延洪有引。

南吕羽二成：群黎力耕，及兹方春。惟時東作，篤我農人。我黍既華，我稷宜新。由天降康，永賴明神。

初獻盥洗，奏《肅寧》之曲　太簇宮　洞酌行潦，真足爲薦。奉兹潔清，神在乎前。分作甘霖，沾溉芳甸。慎于其初，誠意攸見。

初獻升壇，奏《肅寧》之曲　應鐘宮　有椒其馨，維多且旨。式慎爾儀，降登庭止。黍稷稻粱，民無渴飢。神嗜飲食，永綏嘉祉。

正配位奠玉幣，奏《億寧》之曲　太簇宮　奉幣維恭，前陳嘉玉。聿昭盛儀，肅雝純如。南畝深耕，麻麥禾菽。用祈三登，膺受多福。

司徒捧俎，奏《豐寧》之曲　太簇宮　奉牲孔嘉，登俎豐備。地官駿奔，趨進光輝。肥碩蕃孳，歆此誠意。有年斯今，❶均被神賜。

正位酌獻，奏《保寧》之曲　太簇宮　寶壇巍煌，神應如響。備腯咸有，牲體苾芳。洋洋如在，降格來享。秉誠罔怠，群生瞻仰。

配位酌獻，奏《保寧》之曲　太簇宮　酒清斯香，牲碩斯大。具列觴俎，精意先會。民命維食，稗莠毋害。我倉萬億，神明攸介。

亞、終獻，奏《咸寧》之曲　闕宮❷　至誠攸感，肸蠁潛通。百穀嘉種，爰降時豐。祈年孔夙，稼穡爲重。俯歆醴齊，載揚歌頌。

徹豆，奏《豐寧》之曲　應鐘宮　有來雍雍，存誠敢匱。廢徹不遲，靈神攸嗜。孔

❶「今」，原作「令」，據《元史·禮樂志三》改。

❷「闕宮」，校點本《元史·禮樂志三》據《元文類》補爲「太簇宮」，疑是。

惠孔時，三農是宜。眉壽萬歲，穀成丕乂。

送神，奏《鎮寧》之曲　林鐘宮　焄蒿悽愴，萬靈來唉。靈神具醉，聿言旋歸。歲豐時和，風雨應期。皇圖萬年，永膺洪禧。

望瘞位，奏《肅寧》之曲　闕宮❶　禮成文備，歆受清祀。加牲兼幣，陳玉如儀。靈馭言旋，面陰昭瘞。集兹嘉祥，常致豐歲。

【《泰定帝本紀》】泰定二年二月，祭先農。

四年二月，祭先農。

【《順帝本紀》】至正十三年二月，祭先農。

【《明史·禮志》】太祖洪武元年，諭廷臣以來春舉行耤田禮。於是，禮官錢用壬等言：「漢鄭玄謂王社在耤田之中。唐祝欽明云：『先農即社。』宋陳祥道謂：『社自社，先農自先農，耤田所祭乃先農，非社也。』至享先農與躬耕同日，禮無明文。唯《周語》曰：『農正陳耤禮。』而韋昭注云：『祭其神，爲農祈也。』至漢以耤田之日祀先農，而其禮始著。由晉至唐、宋，相沿不廢。政和間，命有司享先農，止行親耕之禮。南渡後，復親祀。元雖議耕耤，竟不親行。其祀先農，命有司攝事。今議耕耤之日，皇帝躬祀先農。禮畢，躬耕耤田，以仲春擇日行事。」從之。

二年二月，帝建先農壇於南郊，在耤田北。親祭，以后稷配，器物祀儀與社稷同。祀畢，行耕耤禮。御耒耜二具，韜以青絹，御

❶「闕宮」，《元史·禮樂志三》據《元文類》補为「太簇宮」，校點本《新元史·樂志二》據《續通考》補爲「無射宮」，疑是。

耕牛四，被以青衣。禮畢，還大次。應天府尹及上元、江寧兩縣令率庶人終畝。是日，宴勞百官耆老於壇所。

【《明集禮》】《漢舊儀》：春耕藉田，官祠先農，百官皆從；置藉田令、丞。東漢藉田儀，正月始耕，常以乙日祠先農於田所，先農已享，耕於乙地。由晉、魏以下至于唐、宋，其禮不廢。政和間，罷享先農爲中祀，命有司行事，止行親耕之禮。南渡後，復親祠。元雖議耕藉，而竟不親行。其祠先農，命有司攝事而已。國朝親祠躬耕，始復遵古禮云。

時日：以仲春擇吉日行事。　壇壝：壇在藉田之北，高五尺，闊五丈，四出陛。　配位：以后稷配，遂爲常典。　神席：奉主置於案，不用席。　祝册：洪武二年仲春，皇帝親祠先農祝文曰：「惟神生於天地開闢之初，創田器，别嘉種，以肇興農事。古今億兆，非此不生，永爲世教，帝王典祀，敬不敢忘。某本庶民，因天下亂，集兵保民者一紀於兹，荷天地眷佑，海内一家，臨御稱尊，紀綱黎庶。考典崇祀，神載策書。今東作方興，禮宜告祭。謹命太常官築壇于京城之陽，躬率百官，詣壇展禮，緬維神明，造化萬古，如斯仰冀，發太古之苗，實初生之粟，爲民立命，昭祀無疆。謹以制幣、犧齊、庶品，肅備常祀，陳其明薦。以后稷氏配神作主。尚享。」后稷氏祝文曰：「維土膏脉起，爰修耕藉，用薦常事于先農之神。唯神功協稼穡，允宜昭配。謹以制幣犧齊，粢盛庶品，式陳明薦，作主侑神。尚享。」　祭器：正、配位各尊二，籩、豆各十，簠、簋各二，登、鉶、俎、案各三。　幣：自唐、宋以來，皆用青幣。　牲：用犢一，羊一，豕一，配位同。酒齊：正、配位，犧尊實以醴齊，象尊實以盎齊，山罍實以清酒，上尊各實明水玄酒，著尊實醴齊，壺尊實盎齊，上尊各實玄酒。設尊，並實五齊三酒。粢盛：簠實以黍稷，簋實以稻粱。樂章：迎神，奏《永和》之樂，三成。奠幣，奏《永和》之樂。迎俎，奏《雍和》之樂。三獻，並奏《壽和》之樂，文德之舞。徹豆、送神，並奏《永和》之樂。望瘞，奏《泰和》之樂。親耕，用教坊樂。其日，附京耆老皆帥其子弟，以村社簫鼓集于耕所而迭奏焉。冠服：皇帝服衮冕十二章，皇太子侍祠，服衮冕九章，陪祀官俱法服。車輅：皇帝乘玉輅，而以耕根載耒耜。陳設：祀前二日，有司埽除壇上下，灑埽齋舍、饌室、神厨，設皇帝大次于外壝之東，設皇太子次于大次之右。祀前一日，設省牲位于内壝東門之外，設樂縣及協律郎位于壇下之南，設先農神座于壇上，南面，設后稷神座于壇上，西面，設御位于壇下，北向，皇太子位于御位之東，稍後。設望瘞位于壇西南。設典儀御史四人位於壇下，東西相向。設導駕官、太常卿六人位于御位之前，東西相向。設傳贊、贊引各二人位於協律郎之南，東西相向。設文、武官陪祭位于樂縣之南。設諸執事官位於陪祭官之左右。設讀祝位于神位之右。設正配位酒尊於壇上。設御洗於壇下。又設御位于耕藉壇上。設御耒耜二具于壇南，裏以青絹。設户部尚書進耒耜位於御耒耜之左。設從耕丞相、都督、左右丞、參政、御史大夫、中丞、侍御、治書、六部尚書、太常卿位於御耒耜之左右。設應天知府、上元、江寧知縣位于太常卿之後。設庶人耆老位於知縣之後。齋戒：皇帝散齋三日，致齋二日。陪祭執事官各齋戒五日，並如圜丘祀天儀。　齋宮：闕。　耕所：藉田在皇城南門外。御耕藉位在先農壇東南，高三尺，闊二丈五尺，四出陛。　耒耜：牛附。御耒耜二具，依農家常用者製造，用青絹包裹。御耕牛四，衣以青衣。耕推之數，如周法。　勞酒：耕畢，皇帝置酒于大次，從耕大臣咸預，執事百官列坐幕外，光禄徧行酒食，耆老及村社樂藝皆霑賜焉。

【親享儀注】　時日：太常行移司天臺，擇仲春吉日行事。　齋戒：前期，皇帝散齋三日，致齋二日。陪享者並齋五日。　省牲：前期二日，設皇帝大次于外壝東門外，南向；省牲位于内壝東門之外，南向。　前祭一日，車駕出詣大次。太常卿奏「中嚴」，皇帝服皮弁服，太常卿奏「外辦」，導駕官同太常卿導引皇帝詣省牲位。執事者各執乃事。廪犧令帥其屬牽牲，自東出西，過御前，省訖，牽詣神厨，執事者取毛血實于豆。太常卿奏「請詣神厨」，導駕官同太常卿導引皇帝至神厨。太常卿奏「請視鼎鑊」、「請視滌濯」，遂烹牲。導駕官同太常卿導引皇帝還大次。　陳設：前祭一日，有司陳設如圜儀。　鑾駕出宫：鹵簿導從，同圜丘祀天儀。　正祭：祭日清晨，太常少卿率執事者各實尊、罍、簠、簋、籩、豆、登、俎，又實幣于篚，陳于酒尊所，祝版置于正、配神位之右。樂生、舞生入就位，太常卿奏「請中嚴」。皇帝服衮冕，太常卿奏「外辦」，導駕官同太常卿導引皇帝自南門入，至位，北向立。　迎神：贊禮唱「迎神」，協律郎舉麾，俛伏，跪奏《永和》之曲，三成，樂止。贊禮唱「請行禮」，太常卿奏「有司謹具，請行事」，太常卿奏「鞠躬，拜，興，拜，興，平身」，皇帝鞠躬，拜，興，拜，興，平身。贊禮唱「皇太子以下在位官皆再拜」，傳贊唱「鞠躬，拜，興，拜，興，平身」，皇太子以下皆鞠躬，拜，興，拜，興，平身。樂止。　奠幣　贊禮唱「奠幣」，執事官捧幣，各立於酒尊所。太常卿奏「請詣盥洗位」，導駕官同太常卿導引皇帝詣盥洗位。❶太常卿贊盥曰：「前期齋戒，今晨奉祭，加其清潔，以對神明。」太常卿奏「搢圭」，皇帝搢圭。司洗者捧盤進巾。太常卿奏「盥手，帨手，出圭」，皇帝盥手，帨手，出圭。太常卿奏「請升壇」，贊曰：「神明在上，整肅威儀，升自午陛。」太常卿奏「請詣先農神位前」，司幣者捧幣以俟。協律郎舉麾，俛伏，跪，奏《永和》之曲。導駕官同太常卿導引皇帝至神位前，北向立。太常卿奏「跪」、「搢圭」，皇帝跪，搢圭。司香官舉香，跪進於皇帝之左。太常卿奏「上香」、「上香」、「三上香」，皇帝上香，上香，三上香。司幣者捧幣，跪進于皇帝之右。皇帝受幣，奠于先農神位前。太常卿奏「出圭，鞠躬，拜，興，拜，興，平身」，皇帝出圭，鞠躬，拜，興，拜，興，平身。太常卿奏「請詣后稷神位前」，導駕官同太常卿導引皇帝至神位前，東向立。太常卿奏「跪」、「搢圭」，皇帝跪，搢圭。司香官捧香，跪進于皇帝之左。太常卿奏「上香」、「上香」、「三上香」，皇帝上香，上香，三上香。司幣者捧幣，跪進于皇帝之右。皇帝受幣，奠于后稷神位前。太常卿奏「出圭，鞠躬，拜，興，拜，興，平身」，皇帝出圭，鞠躬，拜，興，拜，興，平身。太常卿奏「復位」，導駕官同太常卿導引皇帝復位。　進熟：贊禮唱「進俎」。太

❶「駕」，庫本作「引」。

常卿奏「請升壇」。協律郎俛伏，跪，舉麾，奏《雍和》之曲。進爼官舉爼升壇。導駕官同太常卿導引皇帝至先農神位前，太常卿奏「搢圭」，皇帝搢圭。進爼官以爼進于皇帝之右。皇帝以爼奠於先農神位前。太常卿奏「出圭，請詣后稷神位前」，皇帝出圭，導駕官同太常卿導引皇帝至后稷神位前，進爼官以爼進于皇帝之右。太常卿奏「搢圭」，皇帝搢圭，以爼奠於后稷神位前。太常卿奏「出圭」，皇帝出圭。太常卿奏「復位」，導駕官同太常卿導引皇帝復位。

初獻：贊禮唱「行初獻禮」，太常卿奏「行初獻禮，請詣爵洗位」，導駕官同太常卿導引皇帝至爵洗位。太常卿奏「搢圭」，皇帝搢圭。執爵官以爵進，皇帝受爵，滌爵，拭爵，以爵授執爵官。太常卿奏「出圭」，皇帝出圭。太常卿奏「請詣酒尊所」，導駕官同太常卿導引皇帝升壇，至酒尊所。太常卿奏「搢圭」，皇帝搢圭。執爵官以爵進，皇帝執爵。司尊者舉冪酌醴齊，皇帝以爵授執爵官。太常卿奏「出圭，請詣先農神位前」，皇帝出圭，至神位前。協律郎俛伏，跪，舉麾，奏《壽和》之曲，武功之舞。太常卿奏「跪，搢圭」，皇帝跪，搢圭。司香官捧香，跪，進于皇帝之右。太常卿奏「上香」、「上香」、「三上香」，皇帝上香，上香，三上香。執爵官捧爵，跪進于皇帝之右。皇帝受爵，太常卿奏「祭酒」、「祭酒」、「三祭酒」、「奠爵」，皇帝祭酒，祭酒，三祭酒，奠爵。樂舞止。太常卿奏「出圭」，皇帝出圭。讀祝官取祝版于神右，跪讀訖，樂舞作。太常卿奏「俛伏，興，平身」，稍後「鞠躬，拜，興，拜，興，平身」，皇帝俛伏，興，平身，稍後鞠躬，拜，興，拜，興，平身。樂舞止。太常卿奏「請詣酒尊所」，導駕官同太常卿導引皇帝至酒尊所。執爵官以爵進，皇帝受爵。司尊者舉冪酌醴齊，皇帝以爵授執爵官。太常卿奏「請詣后稷神位前」，導駕官同太常卿導引皇帝至神位前。太常卿奏「跪」、「搢圭」，皇帝跪，搢圭。司香官捧香，跪，進于皇帝之左。太常卿奏「上香」、「上香」、「三上香」，皇帝上香，上香，三上香。執爵官捧爵，跪進于皇帝之右。皇帝受爵。太常卿奏「祭酒」、「祭酒」、「三祭酒」、「奠爵」，皇帝祭酒，祭酒，三祭酒，奠爵。太常卿奏「出圭」，皇帝出圭。讀祝官取祝版于神位之右，跪讀訖。太常卿奏「俛伏，興，平身」，稍後「鞠躬，拜，興，拜，興，拜，興，拜，興，平身」，皇帝俛伏，興，平身，稍後鞠躬，拜，興，拜，興，拜，興，拜，興，平身。太常卿奏「請復位」，導駕官同太常卿導引皇帝復位。亞獻：贊禮唱「行亞獻禮」，太常卿奏「行亞獻禮，請詣爵洗位」，導駕官同太常卿導引皇帝至爵洗位。太常卿奏「搢圭」，皇帝搢圭。執爵官以爵進，皇帝受爵，滌爵，拭爵，以爵授執爵官。執爵官又以爵進，皇帝受爵，滌爵，拭爵，以爵授執爵官。太常卿奏「出圭」，皇帝出圭。太常卿奏「請詣酒尊所」，導駕官同太常卿導引皇帝升壇，至酒尊所。太常卿奏「搢圭」，皇帝搢圭。執爵官以爵進，皇帝受爵。司尊者舉冪酌盎齊，皇帝以爵授執爵官。太常卿奏「出圭，請詣先農神位前」。協律郎俛伏，跪，奏《壽和》之曲，文德之舞。導駕官同太常卿導引皇帝至神位前，太常卿奏「跪」、「搢圭」，皇帝跪，搢圭。執爵官捧爵，跪進於皇帝之右。皇帝受爵。太常卿奏「祭酒」、「祭酒」、「三祭酒」、「奠爵」，皇帝祭酒，祭酒，三祭酒，奠爵。太常卿奏「出圭，俛伏，興，平身」，稍後「鞠躬，拜，興，拜，興，平身」，皇帝出圭，俛伏，興，平身，稍後鞠躬，拜，興，拜，興，平身。樂舞止。太常卿奏「請詣酒尊所」，導駕官同太常卿導引皇帝至酒尊所。執爵官以爵進，皇帝受爵。司尊者舉冪酌盎齊，皇帝以爵授執爵官。太常卿奏「請詣后稷神位前」，樂舞作。導駕官同太常卿導引皇帝至神位前。太常卿奏「跪，搢圭」，皇帝跪，搢圭。司香官捧香，跪進于皇帝之左。太常卿奏「上香」、「上香」、「三上香」，皇帝上香，上香，三上香。執爵官捧爵，跪，進於皇帝之右。皇帝受爵。太常卿奏「祭酒」、「祭酒」、「三祭酒」、「奠爵」，皇帝祭酒，祭酒，三祭酒，奠爵。太常卿奏「出圭，俛伏，興，平身」，稍後「鞠躬，拜，興，拜，興，平身」，皇帝出圭，俛伏，興，平身，稍後鞠躬，拜，興，拜，興，平身。太常卿奏「請復位」，導駕官同太常卿導引皇帝復位。終獻：贊禮唱「行終獻禮」，並同亞獻儀。飲福：贊禮唱「飲福，受胙」，太常卿奏「請詣飲福位」，導駕官同太常卿導引皇帝升壇，至飲福位，北向立。太常卿奏「鞠躬，拜，興，拜，興，平身」，皇帝鞠躬，拜，興，拜，興，平身。太常卿奏「跪」、「搢圭」，皇帝跪，搢圭。捧爵官酌福酒，跪進於皇帝之左，贊曰：「維此酒肴，神之所與。賜以福慶，億兆同霑。」皇帝受福酒，祭酒，飲福酒，以爵置于坫。捧胙官捧胙，跪進於皇帝之右。皇帝受胙，以胙授執事者。執事者跪受胙於皇帝之右。太常卿奏「出圭，俛伏，興，平身」，稍後「鞠躬，拜，興，拜，興，平身」，皇帝出圭，俛伏，興，平身，稍後鞠躬，拜，興，拜，興，平身。太常卿奏「請復位」，導駕官同太常卿導引皇帝復位。徹豆：贊禮唱「徹豆」，協律郎俛伏，跪，舉麾，奏《永和》之曲。掌祭官徹豆。贊禮唱「賜胙」，太常卿奏「皇帝飲福受胙，免拜」，贊禮唱「皇太子以下在位官皆再拜」，傳贊唱「鞠躬，拜，興，拜，興，平身」，皇太子以下皆鞠躬，拜，興，拜，興，平身。　送神：贊禮唱「送神」，協律郎俛伏，跪，舉麾，奏《永和》之曲。太常卿奏「鞠躬，拜，興，拜，興，平身」，皇帝鞠躬，拜，興，拜，興，平身。贊禮唱「皇太子以下在位官皆再拜」，傳贊唱「鞠躬，拜，興，拜，興，平身」，皇太子以下皆鞠躬，拜，興，拜，興，平身。贊禮唱「祝人取祝，幣人取幣，詣望燎位」，讀祝官捧祝，奉幣官捧幣，掌祭官取饌及爵、酒，詣瘞次。樂止。

望瘞：贊禮唱「望瘞」，太常卿奏「請詣望瘞位」，協律郎俛伏，跪，舉麾，奏《太和》之曲。導駕官同太常卿導引皇帝至望瘞位。贊禮唱「可瘞」，執事者以祝、幣、牲、醴、酒、饌置坎内，填土至半。太常卿奏「請還大次」，皇帝還大次，解嚴。　耕藉：太常卿奏「請詣耕藉位」，導駕官同太常卿導引皇帝至耕藉位，南向立。三公以下及從耕者各就耕位。户部尚書北面進耒耜。導駕官同太常卿導引皇帝秉耒，三推，訖。户部尚書跪受耒。太常卿奏「請復位」，皇帝復耕藉位，南向坐。三公五推，尚書、九卿九推，訖，各退就位。太常卿奏「禮畢」，導駕官同太常卿導引皇帝還大次，華蓋、侍衛如常儀。應天府尹及兩縣令率庶人終畝。是日，宴勞百官耆宿於壇旁。鑾駕還宮，鹵簿導從並如來儀。大樂鼓吹振作。

【王圻《續通考》】樂章：迎神、奠帛，並奏《永和》之曲：

迎神：東風起蟄，地脉奮然。蒼龍騰掛，熚熚天田。民命惟食，創物有先。圜鐘既奏，有降斯筵。

奠帛：帝出乎震，天發農祥。神降于邇，藹藹洋洋。禮神有帛，其色唯蒼。豈伊具物，誠敬之將。

進俎，奏《雍和》之曲：

制帛既陳，禮嚴奉牲。載之于俎，祀禮孔明。簠簋攸列，黍稷唯馨。民力普存，先嗇之靈。

三獻並奏《壽和》之曲

初獻：九穀未分，庶草攸同。表爲嘉種，實在先農。黍稷斯豐，酒醴是供。獻奠之初，以祈感通。

亞獻：倬彼甫田，其隰其原。耒耜云載，驂馭之間。本斯亞獻，執事惟虔。神其歆之，自古有年。

終獻：帝藉之典，享祀是資。潔豐嘉粟，咸仰于斯。時唯親耕，享我農師。禮成於三，以汔陳詞。

徹豆、送神，並奏《永和》之曲：

徹豆：於赫先農，歆此潔修。于篚于爵，于饌于羞。禮成告徹，神惠敢留。駿及終畝，豐年是求。

送神：神無不在，於昭于天。曰迎曰送，于享之筵。冠裳在列，金石在懸。往無不之，其佩翩翩。

望瘞，奏《太和》之曲：祀帛牲醴，先農既歆。不留不褻，瘞之厚深。有幽其瘞，有赫其臨。曰禮之常，匪今斯今。

配享樂章：

初獻：厥初生民，粒食其天。開物唯智，邃古奚傳？思文后稷，農官之先。侑神作主，初獻唯蠲。

亞獻：后稷配天，興於有邰。誕降嘉種，有栽有培。俶載南畝，祇事三推。侑神再獻，歆我尊罍。終獻：嘉德之薦，民和歲豐。帝命率育，報本之供。陳常時夏，其德其功。齊明有格，唯獻之終。

蕙田案：享先農樂曲，《明集禮》不載，今補録。

【《春明夢餘録》】洪武八年，令府尹祭先農壇，不設配。

【《明史·禮志》】洪武十年二月，遣官享先農，命應天府官率農民耆老陪祀。

【《明通紀》】洪武二十年二月，上躬耕藉田，遣官享先農。禮成，宴群臣于壇所。

【《明史·禮志》】二十一年，更定祭先農儀，不設配位。

【《太祖實録》】正祭止設先農一位，品物如舊。

【《明會典》】洪武建先農壇于山川壇西南，列爲大祀。每歲親祭，遂耕藉田，以后稷氏配。已又奉仁祖配。後改中祀，止遣應天府官致祭，不設配位，祭畢，猶親耕藉田。

蕙田案：洪武十年祭社稷，始命罷勾龍、棄，以仁祖配。而是年祀先農，遣官行禮，未親祭也。而《會典》云云，豈仁祖未配社稷，先配先農，而史不書耶？至二十一年始罷配位，是未罷之先，仁祖侑享，而帝竟未親祀矣。夫棄、稷罷配社稷，專配先農，史有明文。若仁祖並配，疑無是理。《會典》之言，恐有訛舛。

【《明會典》】❶洪武二十六年，定先農祀典：

❶ 此條乃約略《明會典》而成，文字頗爲不同，而與《禮部志稿》類似，故校勘記亦以後者爲準，不專用《會典》。

一、齋戒：二日。❶ 一、省牲：牛一，羊一，豕一，鹿一，兔一。 一、陳設：❷先農之神，南向。❸ 犢一，羊一，豕一，登一，鉶二，籩、豆各十，簠、簋各二，帛一，青色。❹ 設酒尊三，爵三，篚一于壇南，西向；祝文案一于壇西。 一、正祭：❺典儀唱，樂舞生就位。執事官各司其事。 贊引引獻官至盥洗所，搢笏，出笏，贊就位。 典儀唱「瘞毛血，迎神」，奏樂，樂止，贊四拜。 陪祭官同。❻ 典儀唱「奠帛，行初獻禮」，樂作，贊詣神位前。獻帛、獻爵訖，詣讀祝位。 跪讀畢，贊俯伏、興，平身，復位，樂止。 行亞獻禮，樂作，樂止。 行終獻禮，儀同。❼ 典儀唱「飲福受胙」。 訖，俛伏，興，平身，復位。 贊兩拜。徹饌，奏樂，執事于神位前徹饌，樂止。 唱「送神」，奏樂，贊四拜，樂止。 典儀唱「奉祝、❽帛、饌，各詣瘞位」。 禮畢。

【《明史·成祖本紀》】永樂元年二月，耕耤田。

【《明會典》】❾駕至耤田所，户部尚書捧鞭跪進，教坊司官率其屬作樂，隨駕行三推

❶「二日」，《禮部志稿》卷二九作「三日」。

❷「一」，原脱，據《明會典》、《禮部志稿》補。「陳設」上，《明會典》有「正祭」二字。

❸「南向」，《明會典》爲小字。

❹「青色」，《明會典》爲小字，其下，《明會典》、《禮部志稿》皆有「禮神制帛」四字。

❺「一」，原脱，據《明會典》、《禮部志稿》補。「正祭」，《明會典》作「儀注」。

❻「陪祭官同」，《明會典》、《禮部志稿》皆爲小字。

❼「儀同」，《明會典》、《禮部志稿》皆爲小字，《明會典》其下尚有「亞獻」二字。

❽「奉」，《明會典》、《禮部志稿》皆作「捧」。

❾此條與《明會典》卷四九文字差異甚大，而與《續文獻通考》卷七八全然相同，「明會典」字當改爲「王圻續通考」。案：此下秦氏又引《明會典》，言永樂間耤田之事，與此適爲一事，益可證此條標題之誤。

禮畢，駕至儀門，升座，樂作，觀三公九卿耕訖，教坊司承應用大樂百戲，奏致語。駕至殿内，升座，進湯、膳，俱用樂。畢，順天府官率耆老謝恩，次百官行禮，俱作樂。賜百官酒飯，樂作。一奏《本太初》之曲，二奏《仰大明》之曲，三奏《民初生》之曲。徹御案，樂止，百官行禮，駕還。

【《成祖實録》】永樂十八年十二月，北京先農壇成。

【《明史·禮志》】永樂中，建壇京師，如南京制，在太歲壇西南。石階九級。西瘞位，東齋宮、鑾駕庫，東北神倉，東南具服殿，殿前爲觀耕之所。護壇地六百畝，供黍稷及薦新品物地九十餘畝。每歲仲春上戊，順天府尹致祭。後凡遇登極之初，行耕耤禮，則親祭。

【《明會典》】永樂間續定。凡祭先農畢，駕至藉田所。户部尚書捧鞭跪進。教坊司官率其屬作樂，隨駕行三推禮畢，駕至儀門，陞座，樂作，觀三公九卿耕訖，教坊司承應用大樂百戲畢，跪奏致語。駕至殿内，陞座，進湯，進膳，俱用樂。畢，順天府官率耆老人等謝恩，樂作，禮畢，樂止。次百官行禮，樂作，禮畢，樂止。賜百官酒飯。百官復入班行禮，樂作，禮畢，樂止。尚膳官進膳，樂作，進訖，樂止。百官入席。教坊司官奏，一奏《本太初》之曲：進酒，樂作，進訖，樂止；進膳，樂作，進訖，樂止；教坊司官跪奏，進湯，樂作，徹湯，樂止。二奏《仰大明》之曲，進酒、進膳、進湯，如前儀。三奏《民初生》之曲，進酒、進膳、進湯，如前儀。徹御案畢，樂止。百官復入班行禮，樂作，禮畢，樂止。鴻臚寺官奏禮畢，駕還。

【《農政全書》】❶宣宗時，禮部進藉田儀注。上觀之，謂侍臣曰：「先王制藉田，以奉粢盛，以率天下務農。天子公卿躬秉耒耜，貴有實心耳。不然，三推、五推，何益于事？」

【《明通紀》】成化元年二月，行藉田禮，率百官祀先農。畢，釋祭服，秉耒，三推。户部尚書馬昂奉青箱後隨，京府耆老二人馭牛，二人曲躬按犁。教坊樂工執綵旗，夾隴謳歌，一唱百和，颭旗而行。上秉耒，三往三返如儀。既畢，乃坐觀三公九卿助耕。畢，教坊前呈應用田家典故。觀畢，賜宴而回。

【《孝宗實録》】弘治元年二月，祭先農，遂耕耤田。

户部尚書李敏言：「天下之勞苦者，莫如農夫、蠶婦。今皇上躬耕耤田，若不親其事，則稼穡之艱難，何由而知？乞勅禮部，于《耕耤儀注》内增上、中、下農夫各十人，服常服，執農器，引見行禮，然後令其終畝。或賜食賜布，以慰其勞，尤見初政重農之意。」帝從之。

【《明史・禮志》】弘治元年，定耕耤儀。前期，百官致齋。順天府官以耒耜及穜稑種進呈，内官仍捧出授之，由午門左出，置綵輿，鼓樂，送至耤田所。至期，帝翼善冠、黄袍，詣壇所具服殿，服衮冕，祭先農。畢，還，更翼善冠、黄袍。太常卿導引至耕耤位，南向立。三公以下各就位。户部尚書北向跪，進耒耜，順天府官北向跪，進鞭。帝秉耒，三推三反訖。户部尚書跪受耒耜，順天府官跪受鞭。太常卿奏請復位，府尹挾青箱，以種子播而覆之。帝御外門，南向

❶ 此條文字與《農政全書》卷三差異較大，而與《明史紀事本末》卷二八「仁宣致治」同。

坐，觀三公五推，尚書、九卿九推。太常卿奏耕畢，帝還具服殿，升座。府尹率兩縣令、耆老人行禮畢，引上、中、下農夫各十人，執農器朝見，令其終畝。百官行慶賀禮，賜酒饌。三品以上丹陛上東西坐，四品以下臺下坐，並宴勞耆老於壇旁。宴畢，駕還宮。大樂鼓吹振作，農夫人賜布一疋。

【《明通紀》】武宗正德元年春。上耕藉田。

【《圖書編》】世宗嘉靖元年，命終畝農夫照例引見，只穿本等衣鞋，每人賞布一疋。

【《世宗實録》】嘉靖九年二月，禮部上《耕耤儀》。帝以其過煩，命來歲別議。十年正月，更定《耕耤儀》。

【《明史·禮志》】十年，更定迎神、送神止行二拜。先二日，順天府尹以耒耜穜稑種置綵輿，至耕耤所，並罷百官慶賀。後又議造耕根車，載耒耜，府尹於祭日進呈畢，以耒耜載車内前玉輅行。其御門觀耕，地位卑下，議建觀耕臺一。詔皆「可」。

【《世宗實録》】帝命造耕根車，以重農務。禮臣言：「考《大明集禮》，國朝耕耤因宋制，皇帝乘玉輅，以耕根車載耒耜，同日而行。及考見行儀注，順天府官捧耒耜及穜稑種，置綵輿，先祭前二日出。今用耕根車載耒耜，宜於祭日早進呈，畢即置車中，前玉輅以行。至耕根車式，禮書止有圖式，無高廣尺寸。合依今制車式差小，通用青質。」又言：「考《宋史》有觀耕臺，今皇上御門觀耕，地位卑下侍衛人衆有礙觀視，宜令工部權作木臺，高五尺，方、廣五丈，正面、東、西三出陛，俟明年築臺。」從之。

【《明史·禮志》】是年，命墾西苑隙地爲田。建殿曰無逸，亭曰豳風，又曰省耕，曰省斂，倉曰恒裕。禮部上郊廟粢盛支給之數，因言：「南郊耤田，皇上三推，公卿各宣其力，較西苑爲重。西苑雖農官督理，皇上時省耕斂，較耤田爲勤。請以耤田所出，藏南郊圜廩神倉，以供圜丘、祈穀、先農、神祇壇、長陵等陵、歷代帝王及百神之祀。西苑所出，藏恒裕倉，以供方澤、朝日、夕月、太廟、世廟、太社稷、帝社稷、禘祫、先蠶及先師孔子之祀。」從之。

蕙田案：《明史》「建殿曰無逸」，「無逸」訛「天遁」。今考正。

【沈德符《萬曆野獲編》】世宗初建無逸殿于西苑，翼以豳風亭，蓋取《詩》、《書》之義，以重農務。時率大臣游宴其中。又命閣臣李時、翟鑾輩坐講《豳風·七月》之詩，賞賚加等。添設户部堂官，專領穡事。其後日事元修，即于其地營永壽宮。雖設官如故，而所創祈報大典，悉遣官代行。後西苑宮殿悉毁，惟無逸至今猶存。至尊于西成時間亦御幸，内臣各率其曹作打稻之戲。凡播種、收穫以及野饁、農歌、徵糧諸事，無不入御覽，蓋較上耕耤田時尤詳云。

十六年，諭凡遇親耕，則户部尚書先祭先農。皇帝至，止行三推禮。

三十八年，罷親耕，唯遣官祭先農。

四十一年，並令所司勿復奏。

【《圖書編》】嘉靖四十一年，仍遣順天府尹祭先農，免樂舞。

隆慶元年，罷西苑耕種，諸祀皆取之耤田。

【《春明夢餘録》】穆宗隆慶元年，禮官言：「先農之祭，即祈穀遺意。宜罷祈穀，于先農壇行事。❶ 大享禮亦宜罷。」詔「可」。

【王圻《續通考》】隆慶二年己丑，禮部請聖駕親祭先農，上躬耕耤田儀注　一、前期三日，太常寺進祝版。上御文華殿，親填御名訖，太常寺博士捧出，安于香亭内，擡至先農壇，暫安於神庫。順天府官以耒耜及穜稑種于午門外伺候。早朝畢，捧至皇極門，内官進呈訖，少頃，仍捧出。順天府官捧由午門左門出，置綵輿，鼓樂送至藉田所。一、先期一日，上常服，以親享先農，并行耕耤禮，預告於奉先殿、世宗皇帝几筵、弘孝殿、神霄殿。　一、正祭：免朝，上御皇極門。太常寺堂上官奏請聖駕詣先農壇致祭，并行耕耤禮。錦衣衛官備法駕，設輦于皇極門下正中。上常服，乘輦鹵簿導從，由大明門出，詣壇所。導駕官導上至具服殿候報時，具皮弁服出。導駕官導上詣先農壇，行祭先農，禮如常儀。祭畢，導駕官導上回至具服殿，更翼善冠、黄袍。太常卿侍百官俱從。上至耕耤位，南向立。三公以下從耕者各就從耕位。户部尚書北向跪進耒耜，順天府尹北向跪進鞭。導駕官同太常卿導引上秉耒，三推三反。户部尚書跪受耒耜，順天府尹跪受鞭。太常卿奏請復位。順天府尹捧青箱隨，以種子播而覆之。上御外門，南向坐，觀三公五推，九卿九推。訖，太常卿奏耕畢，從耕官各就位，教坊司承應。太常卿奏禮畢，導駕官同太常卿導引上還具服殿。俟上陞座，鴻臚寺官奏順天府官并兩縣官、耆老人等行禮，贊五拜三叩頭。禮畢，率庶人終畝。鴻臚寺官贊入班，候百官序列定，致詞慶賀，贊五拜三叩

❶「壇」，原脱，據《春明夢餘録》卷一四補。

頭。禮畢，鴻臚寺官拱聽聖旨，賜酒飯。鴻臚寺官承旨訖，贊入班，一拜叩頭，尚膳監進膳。❶三品以上官各就丹陛上賜坐，四品以下官臺下序立，并宴勞耆宿于壇旁。宴畢，鴻臚寺官贊入班，一拜叩頭；奏禮畢，駕興，還宮，鹵簿導從並如來儀。大樂鼓吹振作。上還，仍詣奉先殿及世宗皇帝几筵、弘孝殿、神霄殿參謁，如前儀。

【《明通紀》】穆宗隆慶二年二月，行耕耤田禮于南郊。

神宗萬曆八年三月，行耕耤田禮。

【《春明夢餘録》】崇禎七年二月二十七日，親祭先農，行躬耕耤田禮。

十五年二月十九日，親祭先農，行躬耕耤田禮。

【《崇禎壬午上親耕耤田紀》】今上御極之七年，歲在甲戌二月二十有七日，親致祭于先農之神，行躬耕耤田禮。至十五年壬午二月十九日，上復親祭先農，行耕耤禮。澤爲户科左給事中，同科員張希夏、沈允培、左懋第、沈迅、戴明説導駕，躬逢大典，略紀其概。壬午二月十九日，己未卯刻，上駕至先農壇。六科同禮部堂上官導駕至具服殿，易皮弁服，絳紗祭服。至壇，壇上結黄幄，奉先農。下設上拜位，❷上拜揖甚恭。禮畢，仍導駕至具服殿，易翼善冠、黄袍。太常寺奏請詣耕耤位，六科同禮部導駕至位。户部尚書傅淑訓跪進耒耜，順天府尹張宸極跪進鞭。❸六科、錦衣衛、太常卿導引，上左手

❶「進」，原脱，據《續文獻通考》卷七八補。
❷「下」，原作「上」，據《春明夢餘録》卷一五改。
❸「宸」，原作「宏」，據《春明夢餘録》卷一五改。

秉耒，右手執鞭，三推，步行，犁土中，盡壠而止。耕時，教坊司引紅旗，兩旁唱禾詞，老人牽牛，二人扶犁，二人耕。畢，户部尚書跪受耒耜，置犁亭；府尹跪受鞭，置鞭亭。府尹捧青箱播種，耆老以御牛隨而覆之。上御觀耕臺。於是，大學士周延儒、賀逢聖、張四知、謝陞、陳演、吏部尚書李日宣六人耕東，定國公徐允禎、恭順侯吴維英、清平伯吴遵周、户部尚書傅淑訓、兵部尚書陳新甲、工部尚書劉遵憲六人耕西，順天府廳官各執箱播種。太常卿奏耕畢，駕至齋宫。各官一拜三叩頭，分班侍立。順天府官率兩縣官、耆老人等五拜三叩頭，農夫簑衣，挑農具三十人隨後，俛伏。禮畢，即隨府縣官至耕所終畝。各官行慶賀禮，上傳旨賜酒飯，文官三品以上、武官二品以上坐丹陛上，餘在臺下。是日，科臣沈迅因教坊承應歌詞俚俗，宜改正，上疏。即下部。本月二十四日，上令閣臣傳禮部王錫衮、蔣德璟到閣，諭以後耕耤宜歌《豳風》、《無逸》之詩，其教坊所扮黄童白叟鼓腹謳歌，爲佯醉狀，委爲俚俗，斥令改正。天地之舞，不宜扮天神褻瀆，及禾詞宜頌不忘規，須令詞臣另行撰擬。户科左給事中臣某紀。

右宋、元、明親耕享先農。

五禮通考卷第一百二十五

淮陰吴玉搢校字

五禮通考卷第一百二十六

内廷供奉禮部右侍郎金匱秦蕙田編輯
太子太保總督直隸右都御史桐城方觀承同訂
兩淮都轉鹽運使德水盧見曾
按察司副使元和宋宗元　參校

吉禮一百二十六

親桑享先蠶

蕙田案：《周禮·内宰》：「仲春，詔后帥外内命婦，蠶於北郊，以爲祭服。」此與「天子親耕南郊，以供粢盛」同義。《祭統》云：「天子、諸侯非莫耕也，王后、夫人非莫蠶也。身致其誠信，誠信之謂盡，盡之謂敬，❶敬盡然後可以事神明。」此之爲言，得禮意矣。其儀詳於《月令》、《祭義》。其享先蠶，經亦不見。杜氏《通典》、馬氏《通考》皆云「即躬桑之日」，其説當是。自漢以後，時舉時罷。今採可考者類次焉。

【《禮記·月令》】季春之月，天子乃薦鞠衣於先帝。【注】鞠衣，黄桑之服。先帝，太皞之屬。爲將蠶，求福祥之助也。　【疏】依禮，祭五帝自服大裘，今薦鞠衣，色如鞠塵，象桑葉始生。鞠者草名，花色黄，與桑同色。又當桑生之時，故鄭云「黄桑之服」。蓋薦於神坐，爲蠶求福也。知先帝太皞之屬者，以其言「先」不言「上」，故知非天。蠶功既大，總祭五方之帝於明堂，故鄭云「之屬」。

❶「盡之謂」三字，原脱，據《禮記·祭統》補。

陳氏祥道曰：「將耕也，祈穀於上帝，所以祈有秋；將蠶也，薦鞠衣於先帝，所以祈有春。鞠衣，后服也，其色象鞠。鞠之華以陰中其色，則陰盛色也。后蠶服，此則率內外命婦而蠶，使天下之嬪婦取中焉。后之盛事也，薦鞠衣於先帝，則是薦之於神，所以告將服之以蠶也。蓋王與后常相資以成禮者也。」

又曰：「天子薦鞠衣於先帝，以告將蠶。內宰詔后帥內外命婦，以趨蠶事。而后之首飾以編，服以鞠衣，屨以黃屨，車以翟車，貝面組總，有握。及郊享先蠶，然後東鄉而躬桑焉。躬桑，后夫人之事耳。天子必薦鞠衣，君必皮弁、素積，卜三宮，夫人、世婦使入蠶室者，內外相成之義也。」

【《欽定義疏》】黃帝之妃西陵氏始蠶，後世祀爲先蠶。或天子先告黃帝，而後乃祀西陵與？

【《路史》】黃帝有熊氏命西陵氏勸蠶稼，月大火而浴種，夫人副褘而躬桑。

【《通鑑外記》】西陵氏之女嫘祖爲帝元妃，始教民育蠶治絲繭，以供衣服。後世祀爲先蠶。

【《唐月令》】三月之節，天子乃薦鞠衣於先帝。三月中氣，后妃齋戒，享先蠶而躬桑，以勸蠶事。

【《通典》】后妃齋戒，享先蠶而躬桑，以勸蠶事。【注】季春吉巳，王后享先蠶。先蠶，天駟也。享先蠶而後躬桑，示帥天下先也。

【陳氏《禮書》】先蠶壇，呂氏《月令》言「薦鞠衣於先帝」，不言享先蠶，《唐月令》言「薦鞠衣於先帝」，又言「享先蠶」。考之於古，食必祭先倉，竈必祭先炊，視學祭先聖、先師，養老祭先老，射祭侯，師祭禡，則將蠶而享先蠶，蓋禮然也。漢儀以中牢羊豕祭蠶神，曰苑窳婦人、寓氏公主，凡二神。晉武時，先蠶壇在皇后採桑壇東南。北齊爲蠶壇，每歲季春穀雨後吉日，使公卿以一太牢祠先蠶黄帝氏於壇上，無配，如祀先農。禮訖，皇后乃躬桑。後周皇后至蠶所，以一少牢親進，祭奠先蠶西陵氏神，二嬪爲亞獻、終獻。隋制，先蠶壇於宫北三里爲壇，季春上巳，皇后服鞠衣，以太牢制幣祭先蠶，用一獻之禮。唐制亦皇后上巳享先蠶，遂以親桑。李林父釋《月令》曰：「先蠶，天駟也。先蠶之神，或以爲苑窳婦人、寓氏公主，或以爲黄帝，或以爲西陵氏，或以爲天駟。歷代儒者議論不一，然則蠶其首馬首，其性喜温惡濕，其浴火月而再養則傷馬，此固與馬同出於天駟矣。」然天駟可謂蠶祖而非先蠶者也。蠶，婦人之事，非黄帝也。《史記》黄帝娶西陵氏，而西陵氏始蠶，於志無見。漢祀苑窳婦人、寓氏公主二人，此或有所傳然也。其壇或在桑壇東南，或在桑壇之西，其祭或少牢，或太牢，或一獻，或三獻，歷代之所尚異也。然禮必皇后親享，北齊使公卿祠之，非古也。

蕙田案：聖王祀典，凡有利於民者必報之。故飲食必祭，原其始也。凡先聖、先師、先農、先老、先醫、先牧、先炊、先倉，皆始爲之者之神。蓋理與事之所必有，而不必實指其爲誰何也。先蠶之名，舊説爲天駟，爲黄帝，爲西陵氏，爲苑窳婦人、寓氏公主。夫既爲始蠶之人，則非天駟顯然。而西陵氏已下，則亦無明據也。祀先蠶禮，自漢以後具有之。陳氏考之特詳，但其正義則經無明文耳。惟《月令》鞠衣之薦爲近於祀事。今取《通典》及《禮書》説附於經文之下，從其類也。至先蠶之神，似當與祭諸先同例，而不必求其人以實之與？ 俟議禮者質焉。

右饗先蠶。

【《周禮·天官·内宰》】中春，詔后帥外内命婦，始蠶於北郊。【注】蠶於北郊，婦人以純陰爲尊。

鄭氏鍔曰：「中春者，可蠶之候也。說者謂《月令》季春之月，鳴鳩拂其羽，戴勝降於桑，后妃齊戒，親東鄉躬桑，而先儒於《祭義》『大昕』之注亦以爲『季春朔日』。今此仲春詔后，何也？ 然以《七月》之詩考之，『春日載陽，有鳴倉庚。女執懿筐，爰求柔桑』，謂仲春也。倉庚以仲春鳴，記禮者乃言季春，豈季春者蠶事之始歟？ 謂之始蠶，意可知矣。」

【《禮記·祭義》】古者天子諸侯必有公桑蠶室，近川而爲之，築宮仞有三尺，棘牆而外閉之。【疏】公桑蠶室者，謂官家之桑。於處而築養蠶之室，近川，取其浴蠶種便也。築宮謂築養蠶宮。墻七尺曰仞，言墻之七尺又有三尺，高一丈也。棘墻者，謂墻上置棘。外閉謂扇在户外閉也。

【陳氏《禮書》】天子、諸侯之禮文而有辨，故耕於南郊、東郊；王后、夫人之禮質而少變，故皆蠶於北郊。公桑蠶室近川爲之，以其便於浴蠶也。築宮仞有三尺，棘墻而外閉之，所以謹於蠶者也。

方氏慤曰：「公桑猶公田也，以其别於私，故謂之公。築宮謂築宮墻也。前曰蠶室，此曰築宮者，蠶居於内，故曰室；墻圍於外，故曰宮也。仞者，度土高深之用。《考工記》曰：『人長八尺，登下以爲節。』故八尺爲仞也。墻高於人長之外又有三尺，所以防窺伺也。又置棘，所以防踰越也。閹人自外閉其門，以親蠶者皆婦人故也。」

陸氏佃曰：「棘墻而外閉之者，不專爲防也，故曰外户而不閉，禦風氣而已。若棘亦以爲暖，今養華用棘。」

蕙田案：以上公桑蠶室。

【《月令》】季春之月，命野虞毋伐桑柘。鳴鳩拂其羽，戴勝降於桑，具曲、植、籧、筐。【注】毋伐桑柘，愛蠶食也。野虞，謂主田及山林之官。鳴鳩飛且翼相擊，趨農急也。戴勝，織紝之鳥，是時恒在桑，皆蠶將生之候也。言降於桑者，若時始自天來，重之也。曲，薄也。植，槌也。皆養蠶器也。【疏】曲、植、籧、筐，案《方言》云：「宋、魏、陳、楚、江淮之間謂之曲，自關而西謂之簿，故云曲簿。」《方言》注：「槌，縣蠶薄柱也，宋、魏、陳、楚、江淮之間謂之植，自關而西謂之槌。」

方氏慤曰：「以致曲而織，故曰曲。以取直而立，故曰植。籧則席之粗者，筐則筥之方者。凡此皆蠶具。」

蕙田案：此條具蠶器。

【《祭義》】及大昕之朝，君皮弁素積，卜三宮之夫人、世婦之吉者，使入蠶於蠶室，奉種浴於川，桑於公桑，風戾以食之。【注】大昕，季春朔日之朝也。諸侯夫人三宮，半王后也。風戾之者，及早涼脆采之，風戾之，使露氣燥，❶乃以食蠶，蠶性惡濕也。【疏】世婦，亦諸侯世婦。前雖總舉天子、諸侯，此特舉諸侯，互言之。奉種浴於川，言蠶將生而又浴之。初於仲春已浴，至此更浴之也。

陸氏佃曰：「鄭氏謂大昕季春朔日之朝，然則餘日爲昕，朔日然後謂之大昕。言大，以有小，《文王世子》『大昕，鼓徵視學』，蓋亦朔日。不然，朝愈益早矣。」

蕙田案：此條浴蠶。

【《月令》】季春之月，后妃齊戒，親東鄉躬桑。【注】后妃先採桑，示帥先天下也。東鄉者，鄉時氣也。是明其不常留養蠶也，留養者，所卜夫人與世婦。禁婦女毋觀。省婦使，以勸蠶事。【注】毋觀，去容飾也。婦使，縫線組紃之事。

【《周禮・夏官・馬質》】禁原蠶者。【注】原，再也。天文，辰爲馬。《蠶書》「蠶爲龍精」。月直大火，則浴其種，是蠶與馬同氣。物莫能兩大，禁再蠶者，爲傷馬與？【疏】辰則大火，房爲天駟，故云辰爲馬。月值大火，謂二月則浴其種，則《内宰》云「仲春詔后帥外内命婦治蠶於北郊」是也。若然，《祭義》云「大昕之朝，奉種浴於川」，注云「大昕，季春朔日之朝」，是建辰之月又浴之者，蓋蠶將生重浴之，故彼下文即云「桑於公桑」之事是也。云「是蠶與馬同氣」者，以其俱取大火，是同氣也。云「禁再蠶者，爲傷馬與」者，二者既同氣，不可兩大，而禁再蠶，

❶「露」，原作「靈」，據《禮記・祭義》鄭注改。

明恐傷焉。無正文，故云「與」以疑之也。

李氏嘉會曰：「今東南如兖、揚，衣被天下，蠶盛而無焉。西北苦寒之地，有馬而無蠶，蓋可知矣。」

蕙田案：以上躬桑禁戒。

【《禮記·祭義》】歲既單矣，世婦卒蠶，奉繭以示於君，遂獻繭於夫人。夫人曰：「此所以爲君服與！」遂副禕而受之，因少牢以禮之。古之獻繭者，其率用此與？注：「歲單，謂三月月盡之後也。言歲者，蠶，歲之大功，事畢於此也。副禕，王后之服，而云夫人，容二王之後歟？禮之，禮奉繭之世婦也，其率用此。與，問者之辭也。」

方氏慤曰：「自去歲蠶成之後迄今歲蠶成，期一歲矣，故謂之歲單，若孟夏稱麥秋，亦此意。蠶歲既單，故繼言世婦卒蠶也。繭則示於君，而獻於夫人者，示則告其成而已，獻則欲其受之以繅也。禮之以少牢，則所以勞其還也。」

【《月令》】蠶事既登，分繭稱絲效功，以共郊廟之服，毋有敢惰。【注】登，成也。敕往蠶者，蠶畢將課功，以勸戒之。

方氏慤曰：「蠶事既登者，事畢而登比年之數也，與《曲禮》『年穀不登』之『登』同義。分繭，所以使之繅；稱絲，所以使之織。效其功之多少，以共郊廟之服。無有敢惰，敬之至也。」

孟夏之月，蠶事畢，后妃獻繭。乃收繭稅，以桑爲均，貴賤長幼如一，以給郊廟之服。【注】后妃獻繭者，内命婦獻繭於后妃。收繭稅者，收於外命婦。外命婦雖就公桑蠶室而蠶，其夫亦當有祭服以助祭，收以近郊之稅耳。貴賤長幼如一，國服同。【疏】后妃獻繭者，謂后妃受内命婦之獻繭。知非后妃獻繭於王者，《祭義》曰：「世婦卒蠶，奉繭以示於君，遂以獻於夫人。」是夫人不獻繭也。内命婦既已獻繭，乃收外命婦之賦稅。外命婦雖受公桑蠶室而蠶，既是官家之桑，繭應全入，於己所以有稅者，以其夫亦當有祭服，官家所給，故輸繭稅以供造之。但稅寡少，《載師》云：「近郊十一。」公桑在國北近郊，故知收以近郊之稅也。以桑爲均者，言收稅之時，以受桑多少爲賦之均齊，桑多則賦多，桑少則賦少。

胡氏銓曰：「鄭謂后妃受内命婦獻繭，非也。據經云后妃獻繭，則獻於王矣。鄭以《祭義》云『世婦奉繭，以示於君，遂以獻夫人』，是夫人不獻，故云后亦不獻。按天子尊於后妃，若諸侯與夫人體敵也，不可以爲比。又《祭義》云『世婦獻繭於君』，則夫人不可獻也。此不云世婦獻繭於天子，則后妃自獻無疑也。鄭又謂收外命婦繭税，案《内宰》職『后妃帥外内命婦蠶』，則繭税亦内外均，何必外命婦？」

【《祭義》】及良日，夫人繅，三盆手，遂布於三宫夫人、世婦之吉者，使繅。【注】三盆手者，三淹也。凡繅，每淹大總而手振之以出緒也。【疏】良日謂吉日，宜繅之日，明繅更擇日，日至而後夫人自繅，每淹以手振出其緒，故曰三盆手。夫人親繅三盆，以手振出其緒訖，遂布與三宫夫人、世婦之吉者。既據諸侯，則夫人惟一人，而云世婦之吉者，雜互天子言之，以天子有三夫人，就其中取吉者。若諸侯，惟世婦之吉者，蠶繅非一人，擇其吉者主領而已。

蕙田案：以上獻繭、繅絲。

【《月令》】季夏之月，命婦官染采，黼黻文章，必以法故，無或差貸。黑、黄、蒼、赤莫不質良，毋敢詐僞。

【《祭義》】遂朱緑之，玄黄之，以爲黼黻文章。服既成，君服以祀先王、先公，敬之至也。

陳氏《禮書》：「繅必三盆手者，禮成於三也。三盆手猶王藉之三推也。然後布於三夫人、世婦之吉者使繅，遂朱緑之、玄黄之，以爲祭服，猶庶人之終畝也。」

蕙田案：以上染采作服。

右親蠶之禮。

【《漢書·文帝本紀》】十三年，詔曰：「皇后親桑，以奉祭服，其具禮儀。」

【《景帝本紀》】二年，詔曰：「后親桑以奉宗廟祭服，爲天下先。」

【《元后傳》】孝元王皇后爲太后，春幸繭館，師古曰：「上林苑有繭館，蓋蠶繭之所也。」率皇后、列侯夫人桑。

【《後漢書·禮儀志》注】《漢舊儀》曰：「春

桑生而皇后親桑於苑中。蠶室養蠶千薄以上。祠以中牢羊、豕，❶祭蠶神曰菀窳婦人、寓氏公主，凡二神。群臣妾從桑還，獻於繭館，皆賜從桑者絲。皇后自行，凡蠶絲絮，織室以作祭服。祭服者，冕服也。天地宗廟群神五時之服。❷其皇帝得以作縷縫衣，皇后得以作巾絮而已。❸置蠶官令、丞，諸天下官下法皆詣蠶室，與婦人從事，故舊有東西織室作治。」❹

【《通典》】漢皇后蠶於東郊。

蕙田案：史家稱周禮蠶於北郊，漢則東郊，非古也。魏依周制用北郊爲是。晉則西郊，蓋止取與東郊藉田相對，俱非古義。

【《後漢書·禮儀志》】明帝永平二年三月，皇后帥公卿諸侯夫人蠶。祠先蠶，❺禮以少牢。

【《注》】丁孚《漢儀》曰：「皇后出，乘鸞輅，青羽蓋，駕駟馬，龍旗九斿，大將軍妻參乘，太僕妻御，前鸞旗車，皮軒闒戟，雒陽令奉引，亦千乘萬騎。車府令設鹵簿駕，公、卿、五營校尉、司隸校尉、河南尹妻皆乘其官車，帶夫本官綬，從其官屬導從皇后。置虎賁、羽林騎，戎頭、黄門鼓吹，五帝車，女騎夾轂，執法御史在前，後亦有金鉦黄鉞，五將導。桑於蠶宫，手三盆於繭館，畢，還宫。」案谷永對稱「四月壬子，皇后蠶桑之日也」，則漢桑亦用

❶「祠」，原作「祀」，據《後漢書·禮儀志上》劉昭注改。
❷「神」，原作「臣」，據《後漢書·禮儀志上》劉昭注改。
❸「皇后」，原脱，據《後漢書·禮儀志上》劉昭注校正。
❹「下法」，原脱；「與」，原作「亦」；「治」，原作「法」，據《後漢書·禮儀志上》劉昭注補正。
❺「祠」，原作「祀」，據《後漢書·禮儀志上》改。

四月。

【《東觀漢記》】曰：「明德馬皇后置織室、蠶室於濯龍中，數往來觀視。」

【《晉書・禮志》】《周禮》，王后帥內外命婦享先蠶於北郊。漢儀，皇后親蠶東郊苑中，蠶室祭蠶神，曰菀窳婦人、寓氏公主，祠用少牢。魏文帝黃初七年正月，命中宮蠶於北郊，依周典也。

【魏韋誕《皇后親蠶頌》】於時明庶扇物，鳥帑昏正，躬耕帝藉，邁德班令。嘉柔桑之肇敷，思郊廟之至敬。命皇后以親蠶，俾躬桑於郊坰。考時日於巫咸，詔太卜以獻禎。御坤德之大輅，翳翠葆以揚旌。爾乃皇英參乘，塗山奉輿，總姜任於後陳，載樊衛於貳車。千乘隱其雷動，萬騎粲以星敷。啟前路於三官，命蚩尤而清衢。遊青虯於左角，步素螭於右隅。登崇壇而正位，覿休氣於朝陽。步雕輦而下降，手柔條於公桑。嬪妾肅以莅事職，蠶植而承筐，供副褘之六服，昭孝敬於蒸嘗。盛華禮於中宇，神化馳於八方。乃延群妾，宴賜於前，降至貴以逮下，布愷悌之渥恩。禮儀備序，巾車回轅。班中黃之禁財，散束帛之戔戔。神澤沛以雨施，洪恩布於膴原。同碩慶於生民，發三靈之永歡；苞繁祜於萬國，卷福釐以言旋。美休祚於億載，豈百世之曾玄？

【《隋書・禮儀志》】魏遵周禮，蠶於北郊。吳韋昭制《西蠶頌》，則孫氏亦有其禮矣。

【《晉書・禮志》】武帝太康六年，散騎常侍華嶠奏：「先王之制，天子、諸侯親耕耤田千畝，后、夫人躬蠶桑。❶今陛下以聖明至

❶「桑」下，原衍「官」字，據《晉書・禮志上》刪。

仁，修先王之緒，皇后體資生之德，合配乾之義，而坤道未光，蠶禮尚缺。以爲宜依古式，備斯盛典。」詔曰：「昔天子親耤，以供粢盛，后夫人躬蠶，以備祭服，所以聿遵孝敬，明教示訓也。今耤田有制，而蠶禮不修，由中間務多，未暇崇備。今天下無事，❶宜修禮以示四海。其詳依古典，及近代故事，以參今宜，明年施行。」於是蠶於西郊，蓋與耤田對其方也。乃使侍中成粲草定其儀。先蠶壇高一丈，方二丈，爲四出陛，陛廣五尺，在皇后採桑壇東南帷宮外門之外，而東南去帷宮十丈，在蠶室西南，桑林在其東。取列侯妻六人爲蠶母。蠶將生，擇吉日，皇后著十二笄步摇，依漢魏故事，衣青衣，乘油畫雲母安車，駕六騩音貴。馬。女尚書着貂蟬佩璽陪乘，載筐鉤。公主、三夫人、九嬪、世婦、諸太妃、太夫人及縣鄉君、郡公侯特進夫人、外世婦、命婦皆步摇，衣青，各載筐鉤從蠶。先桑二日，蠶宮生蠶著簿上。桑日，❷皇后未到，太祝令質明以一太牢告祠，謁者一人監祠。祠畢徹饌，頒餘胙於從桑及奉祠者。皇后至西郊升壇，公主以下陪列壇東。皇后東面躬桑，採三條，諸妃公主各採五條，縣鄉君以下各採九條，悉以桑授蠶母，還蠶室。事訖，皇后還便座，公主以下乃就位，設享宴，賜絹各有差。

【《隋書·禮儀志》】晉太康六年，武帝楊皇后躬桑於西郊，祀先蠶。

【《宋書·孝武帝本紀》】大明三年冬十月丁酉，詔曰：「古者薦鞠青壇，聿祈多慶，分繭玄郊，以供純服。來歲可使六宮妃嬪修親

❶「下」，原作「子」，據庫本改。

❷「桑」上，原衍「躬」字，據《晉書·禮志上》刪。

桑之禮。」

四年三月甲申，皇后親桑於西郊。

【《禮志》】先蠶壇高一丈，方二丈，爲四出陛，陛廣五尺，在採桑壇東南帷宮之外，去帷宮十丈。皇后未到，太祝令質明以一太牢告祀。謁者一人監祀。祀畢，徹饌，班餘胙於從桑及奉祀者。

周禮，王后帥外内命婦，蠶於北郊。漢則東郊，非古也。魏則北郊，依周禮也。晉則西郊，宜是與籍田對其方也。魏文帝黄初七年正月，命中宮蠶於北郊。案韋誕《后蠶頌》，則於時漢德已亡，更考撰其儀也。及至晉氏，先蠶多采魏法。宋孝武大明四年，又修此禮。

【《隋書・禮儀志》】宋孝武大明四年，始於臺城西白石里，爲西蠶設兆域，❶置大殿七間。又立蠶觀。其禮皆循晉氏。

【《宋書・孝武文穆王皇后傳》】大明四年，后率六宮躬桑於西郊，皇太后觀禮。上下詔曰：「朕卜祥大昕，測辰拂羽，爰詔六宮，親蠶川室。皇太后降鑾從御，佇蹕觀禮。緑蘧既具，玄紞方修，庶儀發椒，闈花動中。縣妃主以下，可量加班賜。」

【《隋書・禮儀志》】北齊爲蠶坊於京城北之西，去皇宮十八里之外，方千步。蠶宮方九十步，墻高一丈五尺，被以棘。其中起蠶室二十七口，別殿一區。置蠶宮令丞，皆宦者爲之。路西置皇后蠶壇，高四尺，方二丈，四出陛，陛廣八尺。置先蠶壇於桑壇東南，大路東，橫路之南。壇高五尺，方二丈，四出陛，陛廣五尺。❷外兆方四十步，面開一

❶「西蠶」，原作「蠶所」，據《隋書・禮儀志二》改。

❷「廣」，原作「各」，據《隋書・禮儀志二》改。

門，有綠襜襦、褠衣、黄履，以供蠶母。每歲季春，穀雨後吉日，使公卿以一太牢祠先蠶黄帝軒轅氏於壇上，無配，如祀先農。禮訖，皇后因親蠶於桑壇。備法駕，服鞠衣，乘重翟，帥六宫升桑壇東陛，即御座。女尚書執筐，女主衣執鉤，立壇下。皇后降自東陛，執筐者處右，執鉤者居左，蠶母在後。乃躬桑三條訖，升壇，即御座。内命婦以次就桑，服鞠衣者採五條，展衣七條，褖衣九條，以授蠶母。還蠶室，切之授世婦，灑一簿。預桑者並復本位。后乃降壇，還便殿，❶設勞酒，頒賚而還。

後周制，皇后乘翠輅，率三妃、三㚤、音弋，婦官名。御媛、御婉、三公夫人、三孤内子至蠶所，以一太牢親祭，進奠先蠶西陵氏神。❷禮畢，降壇，昭化嬪亞獻，淑嬪終獻，因以公桑。❸

蕙田案：《隋書》周祭先蠶以一太牢，與隋制同。《通典》、《通志》、《通考》俱作少牢，恐相沿之訛。

隋制，先蠶壇於宫北三里爲壇，高四尺。季春上巳，皇后服鞠衣，乘重翟，率三夫人、九嬪、内外命婦，以一太牢制幣，祭先蠶於壇上，用一獻禮。祭訖，就桑位於壇南，東面。尚功進金鉤，典制奉筐。皇后採三條，反鉤。命婦各依班採五條、九條而止。世婦亦有蠶母受切桑，❹灑訖，還依位。皇后乃還宫。自齊及周、隋，其典法多依晉儀，亦時有損益。

【《唐書・太宗本紀》】貞觀元年三月癸巳，皇后親蠶。

【《文獻通考》】唐先蠶壇在長安宫北苑中，

❶「殿」下，《隋書・禮儀志二》有「改服」二字。
❷「祭進」，原誤倒，據《隋書・禮儀志二》乙正。
❸「公」，原作「躬」，據《隋書・禮儀志二》改。
❹「亦有」，原作「以授」，據《隋書・禮儀志二》改。

高四尺，周迴三十步。

太宗貞觀九年三月，文德皇后率内外命婦有事於先蠶。

【《唐會要》】高宗永徽三年三月七日，制以先蠶爲中祀。后不祭，則皇帝遣有司享之，如先農。

【《文獻通考》】有司言：「案《周官・宗伯》，后不祭則攝，而薦豆籩徹，明王后之事而宗伯得攝行之。伏以農桑乃衣食萬人，不宜獨闕先蠶之祀。無已，則皇后遣有司享之如先農可也。」

【《唐書・高宗本紀》】顯慶元年三月辛巳，皇后親蠶。

總章二年三月癸巳，皇后親蠶。

咸亨五年三月，皇后親蠶。

上元元年三月己巳，皇后親蠶。

二年三月丁巳，天后親蠶。

【《玄宗本紀》】開元元年正月辛巳，皇后親蠶。

【《文獻通考》】自嗣聖以來，廢闕此禮，至是始重行焉。

【《肅宗本紀》】乾元二年三月己巳，皇后親蠶。

【《唐書・張皇后傳》】后親蠶苑中，儀物甚盛。

【《通典》】顯慶元年皇后武氏，先天二年皇后王氏，乾元二年皇后張氏，並有事於先蠶。其儀備《開元禮》。

【《開元禮》】皇后季春吉巳享先蠶儀：攝事附。

齋戒：先祀五日，散齋三日於後殿，致齋二日於正殿。前致齋一日，尚寢設御幄於正殿西序及室中，俱東向。致齋之日，晝漏上水一刻，尚儀版奏「請中嚴」，尚服帥司仗布侍衛，司賓引内命婦陪位，並如式。六尚以下各服其服，詣後殿奉迎。尚儀版奏「外辦」。上水三刻，皇后服鈿釵禮衣結珮，乘輿出自西房，華蓋、警蹕、侍衛如常儀。皇后即御座，東向坐。六尚以下侍衛如常。一刻頃，尚儀前跪奏，稱「尚儀妾姓言，請降就齋室」，興，退復位。皇后降座，乘輿入室。六尚以下各還寢，直衛者如常。司賓引陪位者退。散齋之日，内侍帥内命婦之吉者，使蠶於蠶室。攝事，無以上儀。凡應享之官，散齋三日於其寢，致齋二日，一日於其寢，一日於享所。亞獻、終獻則致齋二日，皆於其所。六尚以下應從升者，及從享内外命婦，各於其寢，清齋一宿。諸應享之官，致齋之日給酒食及明衣，各習禮於齋所。光禄卿監取明水火。大官令取水於陰鑑，取火於陽燧。火以供爨，水以實罇。前享一日，諸衛令其屬。未後一刻，各以其器服守衛壝門。每門二人，每隅一人。享日未明，給使代執，與女工人等俱清齋一宿。攝事同。

陳設：前享三日，尚舍直長施大次於外壝東門之内道北，南向。尚舍奉御鋪御座。尚舍直長設内命婦及六尚以下次於大次之後，俱南向。守宫設外命婦次，大長公主、長公主、公主以下，於南壝之外道西，三公夫人以下在其南，俱重行，每等異位，東向，北上。設陳饌幔於内壝東門之外道南，北向。攝事，守宫設享官次於東壝内道南，北向，西上；設陳饌幔於内壝東門外道南，北向。前享二日，大樂令設宫懸之樂於壇南内壝之内，如圜丘儀。諸女工人各爲位於懸後，東方西方，以北爲上，南方北方，以西爲上。右校掃除壇之内外，又爲瘞埳於壇之壬地内壝之外，方深取足容物，南出陛。又爲採桑壇於壇南二十步所，方三丈，高五尺，西出陛。尚舍量施帷幄於外壝之外，四面開門，其東門使容厭翟車。前享一日，内謁者設御位於壇之東南，西向。設望瘞位於壇之西南，當瘞埳，西向。設亞獻、終獻位於内壝東門之内道南，執事者位於其後，每等異位，俱重行，西向，北上。設典正位於壇下，一位於東南，西向，一位於西南，東向。女史各陪於後。設司贊位於樂懸東北，掌贊二人在南，差退，俱西面。又設司贊掌贊位於瘞埳西南，東面，南上。設典樂舉麾位於壇上南陛之西，東向。設司樂位於北懸之間，當壇北向。設内命婦位於終獻之南，每等異位，重行，西面，北上。設外命婦位於中壝南門之外，大長公主以下於道東，西向，當内命婦位差退，太夫人以下於道西，去道遠近准公主，俱每等異位，重行相向，北上。又設御採桑位於採桑壇上，東向。設内命婦採桑位於壇下，當御位東北，每等異位，南向，西上。設外命婦採桑位於壇下，當御位東南，每等異位，北向，西上。設執御鉤筐者位於内命婦之西少南，西上。尚功執鉤，司製執筐。設内命婦執鉤筐者位，各於其採桑位之後。尚功下四典執鉤，司製下女史執筐。設門外位，享官於東壝之外道南，從享内命婦於享官之東，俱每等異位，重行，北向，西上。從享外命婦於南壝之外道西，如設次之式。攝事，内謁者設三獻位於内壝東門之内道北，執事位於道南，每等異位，重行，西面，以北爲上。又設望瘞位於壇之東北，當瘞埳道，西向。又設典正位於壇下，一位於東南，西向，一位於西南，東向。女史各陪其後，糾察違失。設掌贊位於樂懸東北，女史二人在南，差退，俱西向。設掌贊女史位於瘞埳西南，東向，南上。設典樂舉麾位於壇上南陛之西，東向。設司樂位於北懸之間，當壇，北向。設三獻以下門外位於東壝之外道南，每等異位，北向，西上。無設御位下至此儀。設酒罇之位於壇上東南隅，北向，西上。犧罇二，象罇二，山罍二。罇皆加勺、冪，有坫，以置爵。設御洗於壇南陛東南，攝事，無御洗。亞獻之洗又於東南，俱北向。罍水在洗東，篚在洗西，南肆。篚實以巾、爵。執罇、罍、篚、冪者位於罇、罍、篚、冪之後。設幣篚於壇上罇坫之所。晡後，內謁者帥其屬以罇、坫、罍、洗、篚、冪入設於位。升壇者自東陛。享日未明十五刻，大官令帥宰人以鸞刀割牲，祝史以豆取毛血，置於饌所，遂烹牲。其神厨及諸司供事便次，守宮與金吾相之，量於壇東張設。享日未明五刻，司設服其服，升設先蠶氏神座於壇上北方，南向，席以莞，設神位於座首。

車駕出宮：前享一日，金吾奏請外命婦等應集壇所者，並聽夜行，其應採桑者四人，各具女侍者進筐鉤，載之而行。監門預奏請。❶享日未明四刻，開所由苑門，諸親及命婦以下以次入詣壇南次所，各服其服。其應採桑者筐鉤，各具女侍者執授內謁者監，內謁者監受之，以授執鉤筐者。享日未明三刻，槌一鼓爲一嚴。三嚴時節，前一日，內侍奏裁。❷未明二刻，槌二鼓爲再嚴。尚儀版奏「請中嚴」，內命婦各服其服，所司陳車駕鹵簿。未明一刻，槌三鼓爲三嚴。司賓引內命婦入立於庭，重行，西面，以北爲上。六尚以下各服其服，俱詣室奉迎。尚服負寶如式。內僕進厭翟車於閤外。尚儀版奏「外辦」，馭者執轡，皇后服鞠衣，乘輿以出，華蓋侍衛警蹕如常。內命婦從出門。皇后升車，尚功司製進筐鉤，載之，仗衛如常。內

❶「預」，原作「先」，據《大唐開元禮》卷四八改。
❷「二」，原脱；「侍」，原作「寺」，據《大唐開元禮》卷四八補正。

命婦及六尚等乘車陪從如式。其内命婦應採桑者四人，各服其服。典製等進筐鉤，載之。諸翊駕之官皆乘馬。駕動，警蹕如常。不鳴鼓吹，諸衛前後督攝如常。内命婦、宫人以次從。

饋享：享日未明二刻，諸享官各服其服，尚儀及司醖各帥其屬，攝事，則女史及司醖各帥其屬。入實罇、罍及幣。犧罇實以醴齊，象罇實以盎齊，山罍實以清酒。齊加明水，酒加玄酒，各實於上罇。其幣以黑。太官令實諸籩、豆、簠、簋、俎等，内謁者帥其屬，詣厨奉饌，入設於饌幔内。内侍之屬，與司膳等掌之。其牲之内不上神俎者，亦太官付内謁者同時進入，以供班胙，自餘供享之物，並請祠前一日先入。駕將至，女相者引先置享官，内典引引命婦，❶俱就門外位。女相者以尚儀下女史充。攝事，質明，女相者引享官以下就壝外位，掌贊帥女史先入就位，女相者引典正、女祝、女史、祝史，與女執罇、❷罍、篚、冪者，入自東門，當壝南，北面，西上，立定。掌贊曰「再拜」，女史承傳，典正以下皆再拜。訖，典正以下各就位。司樂帥女工人就位。女祝以典贊充，女祝史以典贊下女史充。駕至大次門外，迴車南向。尚儀進車前，跪奏稱「尚儀妾姓言，請降車」，興，還侍位。皇后降車，乘輿之大次，華蓋繖扇侍衛如常儀。尚儀以祝版進，御署訖，奉出，奠於坫。初，皇后降車訖，尚功、司製進受鉤筐以退。其内命婦鉤筐，則内命婦降車訖，典製等進受之。典贊引亞獻及從享内命婦就門外位。司贊帥掌贊先入就位。女相者引尚儀、典正及女史、❸祝史，女祝史以尚儀下女史充。與女執罇、❹罍、篚、冪者入自東門，當壝南，北

❶「内典」，原誤倒，據《大唐開元禮》卷四八乙正。
❷「與」，原作「典」，據《大唐開元禮》卷四八改。
❸「及」，原脱，據《大唐開元禮》卷四八補。
❹「與」，原作「典」，據《大唐開元禮》卷四八改。

面，西上，立定。司贊曰「再拜」，掌贊承傳，凡司贊有詞，掌贊皆承傳。尚儀以下皆再拜。訖，尚儀以下各就位。司樂帥女工人入就位。典贊引亞獻、終獻，女相者引執事者，司贊引內命婦，內典引引外命婦，俱入就位。皇后停大次半刻頃，司言引尚宮立於大次門外，當門，北向。尚儀版奏「外辦」，皇后出次，華蓋侍衛如常。尚服負寶陪從如式。司言引尚宮，尚宮引皇后，凡尚宮前導，皆司言先引。入自東門，華蓋仗衛停於門外，近侍者從入如常。皇后至版位，西向立，每立定，尚宮與司言退立於左。立定。尚宮前奏稱「請再拜」，退復位。皇后再拜。司贊曰「衆官再拜」，享官及內外命婦在位者皆再拜。其先拜者不拜。尚宮前奏「有司謹具，請行事」，退復位。攝事，女相者各引享官入就位，立定。掌贊曰「再拜」，在位者皆再拜。女相者進尚宮之左，白「有司謹具，請行事」。無駕至以下至此儀。典樂跪，舉麾，凡取物者，皆跪而取以興，奠物，亦跪奠訖而後興。鼓柷，奏《永和》之樂，以姑洗之均，自後壇下接神之樂，❶皆奏姑洗。三成，偃麾戛敔，樂止。凡樂，皆典樂舉麾，工鼓柷而後作，偃麾戛敔而後止。尚宮前奏稱「請再拜」，退復位。皇后再拜。司贊曰「衆官再拜」，享官及內外命婦在位者皆再拜壇上。尚儀跪取幣於篚，興，立於罇所。攝事，掌贊曰「再拜」，在位者皆再拜。女祝史跪取幣於篚，興，立於罇所。尚宮引皇后，《正和》之樂作。皇后每行，皆作《正和》之樂。皇后詣壇，升自南陛，攝事，女相者引尚宮升壇，以下皆尚宮行事。六尚以下量人從升。以下升皆如之。皇后升壇，北面立，樂止。尚儀奉幣，東向進，皇后受幣，登歌作《肅和》之樂，以南呂之均。尚宮引皇后進，北

❶「接」，原作「享」，據《大唐開元禮》卷四八改。

向跪奠於神座，興。尚宫引皇后少退，北向再拜。訖，登歌止。尚宫引皇后，樂作，降自南陛，還版位，西向立，樂止。初，内外命婦拜訖，女祝史奉毛血之豆，立於内壝東門之外，於登歌止，女祝史奉毛血入，升自南陛。尚儀迎引於壇上，進跪奠於神座前，興，女祝史退立於罇所。皇后既升奠幣，攝事，尚宫既升奠幣，下倣此。司膳出，帥女進饌者奉饌，陳於内壝東門之外。皇后既降復位，司膳引饌入。俎初入門，《雍和》之樂作，攝事，自後酌獻，皆奏《雍和》之樂。饌至陛，樂止。女祝史跪徹毛血之豆，降自東陛以出，饌升南陛，尚儀迎引於壇上，攝事，女祝史迎引於上。設於神座前。籩、豆蓋冪先徹，乃升簠、簋。既奠，却其蓋於下。設訖，司膳帥女進饌者降自東陛，復位。尚儀攝事，女祝。還罇所。尚宫引皇后詣罍洗，樂作，攝事，女相者引尚宫，無樂。皇后至罍洗，樂止。尚儀跪取匜，盥沃水，司言跪取盤，興，承水，皇后盥手。司言跪取巾於篚，❶興，進，皇后帨手。訖，司言受巾，跪奠於篚。司言跪取爵於篚，興，進，皇后受爵。尚儀酌罍水，司言奉盤，皇后洗爵，司言受巾，皆如初。皇后拭爵訖，尚儀奠匜，司言奠盤巾，皆如常。尚宫引皇后，樂作，詣壇，升自南陛，樂止。尚宫引皇后，攝事，無皇后至罍洗以下至此儀，但女相者引尚宫詣酒罇所。詣酒罇所，執罇者舉冪，尚儀贊酌醴齊。訖，《壽和》之樂作。皇后每酌獻及飲福，皆作《壽和》之樂。攝事，奏《雍和》。尚宫引皇后少退，北向立，樂止。尚儀持版，進於神座之右，東向跪，讀祝文曰：「維某年歲次月朔日，子皇后某氏敢昭告於攝事，女祝持版，祝云：「皇后某氏謹遣某官

❶「司言」上，原衍「又」字，據《大唐開元禮》卷四八删。

妾姓，敢昭告於。」先蠶氏。唯神肇興蠶織，功濟黔黎。爰擇嘉時，式遵令典。謹以制幣、犧齊、粢盛、庶品，明薦於神。尚享。」訖，興，皇后再拜。初，讀祝文訖，樂作，尚儀進，跪奠版於神座，興，還罇所。皇后拜訖，樂止，尚儀以爵酌上罇福酒，西向進。攝事，女祝以爵酌罍福酒，進於尚宮之右，西向立。皇后再拜受爵，跪祭酒，啐奠，興。尚儀帥女進饌者持籩俎進，尚儀減神前三牲胙肉，以取前脚第二骨。各置一俎上，又以籩取稷黍飯，共置一籩。尚儀先以飯籩西向進，皇后受，以授左右。尚儀又以胙俎以次進，皇后每受，以授左右。皇后跪取爵，遂飲卒爵。尚儀進受，復於坫。皇后興，再拜訖，樂止。尚宮引皇后，樂作，降自南陛，還版位，西向立，樂止。自此以上，若攝事儀，皆尚宮行事，女相、女祝贊之，以下倣此。皇后獻將畢，典贊引貴妃詣罍洗，盥手，洗爵。訖，攝事，則女相者引尚儀爲亞獻。典贊引貴妃自東陛升壇，詣象罇所。執罇者舉羃，貴妃酌盎齊。典贊引進神座前，北向，跪奠爵，興。典贊引貴妃少退，北向再拜。尚儀以爵酌罍福酒，持爵進貴妃之右，西向立。貴妃再拜，受爵，跪祭酒，遂飲卒爵。尚儀進受爵，復於坫。貴妃再拜。典贊引貴妃降自東陛，復位如初。貴妃獻將畢，又典贊引昭儀攝事，女相者引尚食爲終獻。詣罍洗，盥手，洗爵，升酌盎齊。終獻如亞獻之儀。訖，典贊引昭儀降復位。尚儀進神座前，跪徹豆，興，還罇所。徹者，籩豆各一，少移於故處。司贊曰「賜胙」，掌贊唱，衆官拜，在位者皆再拜，已飲福酒者不拜。攝事，賜胙，則掌贊唱「賜胙」，女史唱「再拜」也。《永和》之樂作。尚宮前，奏稱「請再拜」，退復位。皇后再拜。司贊曰「衆官再拜」，在位者皆再拜，樂一成止。尚宮前奏：攝事，女相者白。「請就望瘞位。」司贊帥掌贊就瘞埳西南位。尚宮引皇后，樂作，至望瘞位，西向立，樂止。於衆官將拜，尚儀執篚，進神座前，取幣，自北陛降壇西行，詣瘞埳，以幣置於埳。訖，司贊曰「可瘞」，埳東西各四人，置土半埳。尚宮前贊「禮畢，請就採桑位」，尚宮引皇后，樂作，詣採桑壇，升自西陛，東向立，樂止。初，白禮畢，司贊帥掌贊還本位。

親桑：皇后將詣望瘞位，司賓引內外命婦採桑者，俱就採桑位，內外命婦一品，各二人；二品、三品，各一人。諸執鉤筐者各就位。皇后既至採桑位，尚功奉金鉤，自北陛升壇進，典製奉筐從升。皇后受鉤採桑，典製奉筐受桑。皇后採桑三條止。尚功前受鉤，典製以筐，俱退復位。皇后初採桑，典製等各以鉤授內外命婦，皇后採桑訖，內外命婦以次採桑，女史執筐者受之。內外命婦一品各採五條，二品、三品各採九條止。典製等受鉤，與執筐者退復位。司賓各引內外命婦採桑者退復位。司賓引婕妤一人詣蠶室，尚功帥執鉤筐者以次從至蠶室。尚功以桑授蠶母，蠶母受桑切之，以授婕妤。婕妤食蠶，灑一簿訖，司賓引婕妤還本位。尚儀前奏「禮畢」，退復位。尚宮引皇后還大次，樂作，入大次訖，樂止。司賓引內命婦，內典引引外命婦，各還其次。尚儀、典正以下，俱復執事位，立定，司贊曰「再拜」，尚儀以下皆再拜。訖，出，女工人以次出。其祝版燔於齋所。

車駕還宮：皇后既還大次，內侍版奏「請解嚴」。將士不得輒離部伍。皇后停大次一刻頃，槌一鼓爲一嚴，轉仗衛於還塗，如來儀。三刻頃，槌二鼓爲再嚴，尚儀版奏「請中嚴」，皇后服鈿釵禮衣。五刻頃，槌三鼓爲三嚴，内典引引外命婦出次，就門外位。司賓引内命婦出次，序立於大次之前。六尚以下，依式奉迎。内僕進厭翟車於大次門外，南向。尚儀版奏「外辦」，馭者執轡，皇后乘輿出次，華蓋侍衛警蹕如常。皇后升車，鼓吹振作而行。内命婦以下乘車陪從，如來儀。車駕過，内典引引外命婦退還第。駕至正殿門外，迴車南向。尚儀進當車前，跪奏稱「尚儀妾姓言，請降車興」，還侍位。皇后降車，乘輿入，侍衛如常。内侍版奏「請解嚴」，將士各還其所。

勞酒：車駕還宫之明日，内外命婦設會於正殿，如元會儀。唯不賀、不上壽爲異。

【《舊唐書·音樂志》】享先蠶樂章五首：

迎神，用《永和》　芳春開令序，韶苑暢和風。惟靈申廣祐，利物表神功。綺繪周天宇，黼黻藻寰中。庶幾承慶節，歆奠下帷宫。

皇后升壇，用《肅和》　明靈光至德，深功掩百神。祥源應節啟，福緒逐年新。萬宇承恩覆，七廟佇恭禋。於兹申至懇，方期遠慶臻。

登歌奠幣，用《展敬》　霞莊列寶衛，雲集動和聲。金巵薦綺席，玉幣委芳庭。因心罄丹款，先已勵蒼生。所冀延明福，于兹享至誠。

迎俎，用《潔誠》　桂筵開玉俎，蘭圃薦瓊芳。八音調鳳律，三獻奉鸞觴。潔粢申大享，庭寓冀降祥。神其覃有慶，錫福永無疆。

飲福送神，用《昭慶》　仙壇禮既畢，神駕儼將昇。佇屬深祥啟，方期庶績凝。虔誠資宇内，務本勖黎蒸。靈心昭備享，率土洽休徵。

【《文獻通考》】宋真宗景德三年，詔祀先蠶，依先農例，遣官攝事。資政殿大學士王欽若言：「古者王后親率嬪御以祀先蠶，是以《開寶通禮》、《郊祀録》並有親蠶祝辭。蓋由中宮未嘗親祭，所以有司闕而不舉。又《通禮義纂》后親享先蠶，貴妃爲亞獻，昭儀爲終獻。若攝事，則尚宮爲初獻，尚儀爲亞獻，尚食爲終獻。又《周禮・大宗伯》后不祭則攝而薦豆籩徹，蓋薦徹豆籩，王后之事，而宗伯得攝之。《唐會要》云：『農桑衣食萬人，不宜獨缺先蠶之祭，皇帝遣有司攝祭可也。』臣以謂屬之命婦，未若歸於有司。望詔有司參定其儀。」

【《宋史・禮志》】先蠶之禮久廢，真宗從王欽若請，詔有司檢討故事以聞。案《開寶通禮》：「季春吉巳，享先蠶於公桑。前享五日，諸與享官散齋三日，致齋二日。享日未明五刻，設先蠶氏神座於壇上北方，南向。尚宮初獻，尚儀亞獻，尚食終獻。女相引三獻之禮，女祝讀文，飲福、受胙如常儀。」又案《唐會要》：「皇帝遣有司享先蠶如先農可也。」乃詔：「自今依先農例，遣官攝事。」禮院又言：「《周禮》『蠶於北郊』，以純陰也。漢蠶於東郊，以春桑生也。請約附故事，築壇東郊，從桑生之義。壇高五尺，方二丈，四陛，陛各五尺；一壝，二十五步。祀禮如中祠。」❶慶曆用羊、豕各一，攝事獻官太尉、太常、光禄卿，不用樂。

【《神宗本紀》】元豐四年九月，詳定郊廟奉

❶「祠」，原作「祀」，據《宋史・禮志五》改。

祀禮文。

【《文獻通考》】禮文所言：「季春吉巳，享先蠶氏。《唐月令》注以先蠶爲天駟。案先蠶之義，與先農、先牧、先炊一也，當是始蠶之人。故《開元禮》享先蠶，爲瘞埳於壇之壬地。《禮義羅》曰：『今禮，享先蠶無燔柴之儀，明不祀天駟星也。』又案王涇《郊祀録》載先蠶祝文，曰『唯神肇興蠶織』，則是始蠶之人明矣。今享先蠶，其壇在東郊，《熙寧祀儀》又有燎壇，則是沿襲《唐月令》，以先蠶爲天駟，誤矣。《周禮》后蠶於北郊，以純陰爲尊。請就北郊爲壇，以享始蠶之人。仍依《開元禮》，不設燎壇，但瘞埋以祭。其餘自如故事。」從之。

【《宋史·禮志》】政和禮局言：「禮，天子必有公桑蠶室，以興蠶事。歲既畢，則奉繭而繅，遂朱緑之，玄黃之，以爲郊廟之祭服。今既開藉田以供粢盛，而未有公桑蠶室以供祭服，尚爲闕禮。請倣古制，於先蠶壇側築蠶室，度地爲宫，四面爲墻，高仞有三尺，上被棘，中起蠶室二十七，别構殿一區爲親蠶之所。倣漢制，置繭館，立織室於蠶宫中，養蠶千薄以上。❶度所用之數，爲桑林。築採桑壇於先蠶壇南，相距二十步，方三丈，高五尺，四陛。凡七事。置蠶官令、丞，以供郊廟之祭服。又《周官·内宰》『詔后帥内外命婦蠶於北郊』，鄭氏謂『婦人以純陰爲尊』，則蠶爲陰事可知。《開元禮》：享先蠶，幣以黑，蓋以陰祀之禮祀之也。請用黑幣，以合至陰之義。」詔從其議，命親蠶殿以「無斁」爲名。又詔：「親蠶所供，不獨衮服，凡施於祭祀者皆用之。」

❶「千」，原作「於」，據《宋史·禮志五》改。

親蠶。

【《徽宗本紀》】宣和元年三月甲戌，皇后親蠶。

【《禮志》】宣和元年三月，皇后親蠶，即延福宫行禮。其儀：季春之月，太史擇日，皇后親蠶，命有司享先蠶氏於本壇。前期，殿中監帥尚舍設坐殿上，南向；前楹施簾，設東西閣殿後之左右。又設内命婦妃嬪以下次於殿之左右，外命婦以下次於殿門内外之左右，隨地之宜，量施帷幄。於採桑壇外，四面開門，設皇后幄次於壇壝東門之内道北，南向。其日，有司設褥位壇上少東，❶東向。設内命婦位壇下東北，南向；設外命婦位壇下東南，北向，俱異位重行，西上。内外命婦，一品各二人，二品、三品各一人。又設從採桑内命婦等位於外命婦之東，南向；以内命婦一員充詣蠶室，授蠶母桑以食蠶。設從採桑外命婦等位於外命婦東，北向，俱異位重行，西上。設執皇后鉤箱者位於内命婦之西，少南，西上。尚功執鉤，司製執箱。内外命婦鉤箱者，各位於後。典製執鉤，女史執箱。又於壇上設執皇后鉤箱位於皇后採桑位之北，稍東，南向，西上。前出宫一日，兵部帥其屬陳小駕鹵簿於宣德門外，太僕陳厭翟車東偏門内，南向。其日未明，外命婦應採桑及從採桑者，先詣親蠶所幂次，以俟起居，各令其女侍者進鉤箱，載至親蠶所，授内謁者監以授執鉤箱者。前一刻，内命婦各服其服，内侍引内命婦妃嬪以下，俱詣殿庭起居訖，内侍奏「請中嚴」；少頃，又奏「外辦」。皇后首飾、鞠衣，乘龍飾肩輿，如常儀。障以行幄，出内東門至左昇龍門。内侍跪奏：「具官臣

❶「上」，原作「二」，據《宋史·禮志五》改。

某言，請降肩輿，升厭翟車。」訖，俛伏，興，少退。御者執綏升厭翟車，内侍詣車前，奏「請車進發」，出宣德東偏門，執事者進鈎箱，載之車。至親蠶所殿門，❶降車，乘肩輿入後殿西閤門，侍衛如常儀。内侍先引内外命婦及從採桑者俱就壇下位，諸執鈎箱者各就位。内侍奏「請中嚴」；少頃，奏「外辦」。皇后首飾、鞠衣，乘肩輿，内侍前導至壇東門，華蓋、仗衛止於門外，近侍者從之入。内侍奏「請降肩輿」，至幄次内，下簾。又内侍至幄次，請行禮，導皇后詣壇，升自南陛，東向立。執鈎箱者自北陛以次升壇就位次，内侍引尚功詣採桑位前，西向，奉鈎以進。皇后受鈎採桑，司製奉箱進以受桑，皇后採桑三條，止，以鈎授尚功。尚功受鈎，司製奉箱，俱退復位。初，皇后採桑，典製各以鈎授内外命婦，皇后採桑訖，内外命婦以次採桑，女使執箱者受之。内外命婦一品各採五條，二品、三品各採九條，止，典製受鈎，與執箱者退，復位。内侍各引内外命婦退，復位。内侍詣皇后前奏「禮畢」，退復位。内侍引皇后降自南陛，歸幄次。少頃，奏「請乘肩輿」如初。内侍前導，皇后歸殿後閤，内侍奏「解嚴」。初，皇后降壇，内侍引内命婦詣蠶室，尚功帥執鈎箱者以次從至蠶室。尚功以桑授蠶母，蠶母受桑縷切之，授内命婦食蠶，❷灑一薄訖。内侍引内外命婦各還次，皇后還宮。

【《徽宗本紀》】六年閏三月辛巳，皇后親蠶。

【《禮志》】宣和重定親蠶禮，外命婦、宰執并一品夫人升壇侍立，餘品列於壇下。六年

❶「殿門」，原脱，據《宋史·禮志五》補。

❷「食」，原脱，據校點本《宋史·禮志五》校勘記補。

閏三月，皇后復行親蠶之禮焉。

【《玉海》】高宗紹興二年四月二十四日，上謂輔臣曰：「宮内亦自育蠶，欲知女工艱難，俾每事質儉。」

【《宋史·高宗本紀》】紹興七年五月壬申，命禮官舉農、蠶、風、雷、雨師之祀。

【《禮志》】紹興七年，始以季春吉巳日享先蠶，視風師之儀。

【《玉海》】紹興七年五月十一日，黄積厚請季春吉巳日享先蠶，從之。

【《文獻通考》】紹興十五年，太常王湛言：「請案政和禮，建親蠶殿、蠶室、繭館，請皇后就禁中行親蠶之禮。」朝旨送禮部，下太常寺討論。不果行。

【《宋史·禮志》】孝宗乾道中，升先蠶爲中祀。

【王圻《續通考》】親蠶之禮，遼、金俱不行，故不列祀典。元建蠶壇而祀事不舉，故其禮儀亦無可考。趙天麟嘗有策，述古公桑之製，勸中宮倣古親蠶。

【《明史·世宗本紀》】嘉靖九年正月，作先蠶壇於北郊。

【《禮志》】先蠶。明初未列祀典。嘉靖時，都給事中夏言請改各官莊田爲親蠶廠公桑園。令有司種桑柘，以備宫中蠶事。九年，復疏，言耕蠶之禮，不宜偏廢。帝乃敕禮部：「古者天子親耕，皇后親蠶，以勸天下。自今歲始，朕親祀先農，皇后親蠶，其考古制，具儀以聞。」大學士張璁等請於安定門外建先蠶壇，詹事霍韜以道遠争之。户部亦言：「安定門外近西之地，水源不通，無浴蠶所。皇城内西苑中有太液、瓊島之水。考唐制在苑中，宋亦在宫中，宜倣行之。」帝謂唐人因陋就安，不可法。於是禮部尚書李時等言：「大明門至安定門道路遥遠，請鳳輦出東華、❶玄武二門。」因條上四事：一、治繭之禮，二、壇壝之向，三、採桑之器，四、掌壇之官。帝從其言，命自玄武門出。内使陳儀衛軍一萬人，五千圍壇所，五千護於道。餘如議。

【《世宗實録》】禮部尚書李時等條上四事：一、增治繭之禮。採桑而不治繭，非禮之全。及繭成後，令内臣自北郊捧獻宮中，仍於宮中量立蠶繭織室，行三盆之禮，以終蠶事。二、定壇壝之向。先蠶、採桑二壇，悉準先農耤田。先蠶壇北向，採桑壇東向，如唐開元之制。三、定採桑之器。唐制，尚功奉金鉤。夫親桑以識女工之艱難，金鉤侈矣，筐鉤宜如民間器用，毋過雕飾。四、擇掌壇之官。中宮出郊禮儀，擇司禮監老成謹厚者掌之。

【《禮志》】二月，❷工部上先蠶壇圖式，帝親定其制。壇方二丈六尺，疊二級，高二尺六寸，四出陛。東、西、北俱樹桑柘，内設蠶宮令署。採桑臺高一尺四寸，方十倍，三出陛。鑾駕庫五間，後蓋織堂。壇圍方八十丈。

蕙田案：壇圍方八十丈，「壇」字疑誤，或當作「墻」，存考。

【《世宗實録》】九年三月，皇后親蠶於北郊，祭先蠶氏。

禮部言：「親蠶之禮，出於創見。命婦倉卒入壇，恐愆禮度。請以所繪採桑圖授之，俾先期肄習。並定命婦牙牌式，視陪祀官殺三之一。」至日，皇后出郊，行親蠶

❶「出」，原作「由」，據《明史·禮志三》改。
❷「二」，原作「三」，據《明史·禮志三》改。

禮，祭先蠶氏。

【《明會典》】國初，無親蠶禮。肅皇帝始勑禮部，以每歲季春，皇后親蠶於北郊，後改於西苑，未久即罷。嘉靖九年，定先期欽天監擇日以聞，順天府具蠶母名數奏送蠶室内，工部具鉤箔筐架及一應養蠶什物給送蠶母，順天府將蠶種及鉤筐一副進呈訖，奉自西華門出，置綵輿中，鼓樂送至蠶室。蠶母浴種，伺蠶生，先飼以待。先一日，蠶宫令、丞設皇后採桑位於採桑臺，東向，執鉤筐者位於稍東，設公主及内命婦位於皇后位東，設外命婦位於採桑臺東陛之下，南北向，以西爲上。至日四更，宿衛陳兵衛，女樂工備樂，司設監備儀仗及重翟車，蠶宫令備鉤筐，俱候於西華門外。内執事、女樂生并司贊、六尚、女官等皆乘車，先至壇内。候將明，内侍詣坤寧宫奏請皇后詣先蠶壇所，皇后服常服，導引女官導皇后出宫門，乘肩輿，侍衛、警蹕如常儀。公主及内命婦應入壇者，各服其服以從。至西華門，内侍奏請降輿，陞重翟車。兵衛、儀仗、女樂前導，女官奉鉤筐行於車前。皇后至具服殿，少憩，易禮服，祭先蠶。祭畢，更常服。司賓引外命婦先詣採桑臺位南，北向，女侍執鉤筐者各隨於後。尚儀入奏「請詣採桑位」，導引女官導皇后至採桑位，東向，公主以下各就位，南北向。執鉤者跪進鉤，執筐者跪奉筐，受桑。皇后採桑三條，還至壇南儀門，坐觀命婦採桑。三公命婦以次取鉤採桑五條，列侯九卿命婦以次採桑九條。採訖，各以筐授女侍。司賓引内命婦一人詣蠶室，尚功帥執鉤筐者從。尚功以桑授蠶母，蠶母受桑縷切之，以授内命婦。内命婦還，尚儀前奏「採桑禮畢」，皇后還具服殿，候陞座。尚儀奏司賓帥蠶母等行叩頭禮訖，司贊唱「班齊」，外命婦序列定，贊四拜，畢，賜命婦宴於殿内外，並賜蠶婦酒食於採桑臺旁。公主及内命婦殿内序坐，外命婦從採桑者及文武二品以上命婦於殿臺上，三品以下於臺下，各序坐。尚食進膳，司賓引公主及内命婦各就坐。教坊司女樂奏樂，進酒，及進膳、進湯，如儀。宴畢，徹案。公主以下並外命婦各就班，司贊贊四拜。尚儀跪奏「禮畢」，皇后興，還宫，導從如前。

【《禮志》】四月蠶事告成，行治繭禮。選蠶婦善繅絲及織者各一人，❶卜日，皇后出宫，導從如常儀。至織堂，内命婦一人行三盆手禮，布於織婦，以終其事。蠶宫令送尚衣織染監局造祭服。❷其祀先蠶，止用樂，不用舞，樂女生冠服俱用黑。

【《世宗本紀》】十年四月，皇后親蠶於西苑。

【《實録》】二月，禮臣言：「親蠶盛典，去歲皇后躬祭採桑，已足風勵天下。今先蠶壇殿工未畢，宜且遣官行禮。」帝初不可，令如舊行。已而以皇后出入不便，命改築先蠶壇於西苑。

【《明會典》】親蠶壇改築於西苑，壇高二尺六寸，四出陛，廣六尺四寸，甃以甎石。又爲瘞坎於壇右，方深取足容物。東爲採桑臺，方一丈四尺，高二尺四寸，三出陛，鋪甃如壇制，臺之左右樹以桑。壇東爲具服殿三間，前爲門一座，俱南向。西

❶「一」，《明史·禮志三》作「十」。
❷「祭」，原脱，據《明史·禮志三》補。

爲神庫、神厨，各三間，右宰牲亭一座。壇之北爲蠶室五間，南向，前爲門三座，高、廣有差；左右爲廂房，各五間；後爲從室各十間，以居蠶婦。設蠶宮署於宫左，置蠶宮令一員，丞二員，擇内臣謹恪者爲之，以督蠶桑等務。

初建先蠶壇於北郊，以歲春擇日，皇后躬祀先蠶，行親蠶禮。後又改築壇，於内苑致祭，行親蠶禮。一、齋戒：前期三日，尚儀奏致齋三日；内執事并司贊、六尚等女官及應入壇者，各齋二日。一、省牲：羊二，豕一，鹿一，兔一。一、陳設：❶先蠶氏之神，羊二，豕一，登一，籩、豆各六，簠、簋各二，帛一，篚一，酒尊三，爵三，酒盞三十，祝案一。一、正祭：先一日，蠶宮令陳樂女生位於壇南，設皇后拜位於壇下，北向，次公主，次内命婦，次外命婦拜位，俱異位重行，北向。設内贊位於壇南，設司贊位於皇后拜位之東西，設司賓位於外命婦班之北，東西相向。皇后至壇所，入具服殿，少憩，司賓先引外命婦列於先蠶壇下，東西相向，以北爲上。尚儀詣皇后前，奏請皇后易禮服，出殿門，將至壇，内贊唱，樂女生就位，執事官各司其事。導引女官導皇后至拜位。司贊奏「就位」。次公主，次内命婦，又次外命婦，各就拜位。内贊唱「瘞毛血」，迎神樂作，樂止。司贊奏「四拜」，公主以下同。❷内贊唱「奠帛」，行初獻。樂作，執事官捧帛爵，跪於神位前，各奠訖，樂暫

❶ 此處及下「正祭」前之「一」字，原皆脱，據《禮部志稿》卷二九補。

❷ 此段五處「公主以下同」，《禮部志稿》卷二九均爲小字。

止。内贊唱「讀祝」。司贊奏「跪」，皇后跪，公主以下同。讀祝女官跪於神位前右。讀訖，樂作。司贊奏「興」，皇后興，公主以下同。樂止。内贊唱「行亞獻禮」，樂作，執事官捧爵，跪奠於神位前。訖，樂止。内贊唱「行終獻禮」，儀同亞獻。❶執事女官進立壇東，西向，唱「賜福胙」，司贊奏「跪」，皇后跪。執事女官以福酒跪進於皇后右。奏「飲福酒」，皇后飲訖。執事女官以胙跪進於皇后右，奏「受胙」皇后受胙。訖，司贊奏「興」，皇后興。司贊奏「二拜」，公主以下同。内贊唱「徹饌」，樂作，執事女官詣神位前徹饌。訖，樂止。内贊唱「送神」，樂作。司贊奏「四拜」，公主以下同。樂止。内贊唱「讀祝官捧祝，執事官捧帛饌，各詣瘞位」。樂作，樂止。司贊唱「禮畢」，皇后還具服殿，更常衣，行親蠶禮。

享先蠶樂章　於穆惟神，肇啟蠶桑。依我萬民，保我家邦。茲舉曠儀，春日載陽。恭迎霞馭，靈氣洋洋。　神其臨只，有苾有芬。乃獻玉盞，乃奠文纁。仰祈昭鑒，淑氣氤氳。顧茲蠶婦，祈祈如雲。　載舉清觴，蠶祀孔明。以格以享，鼓瑟吹笙。陰教用彰，坤儀允貞。神之聽之，鑒此禋誠。　神之格思，桑土是宜。三繅七就，惟此繭絲。獻禮有終，神不我遺。錫我純服，藻繪皇儀。　俎豆具徹，式禮莫愆。既匡既勅，我祀孔虔。我思古人，葛覃唯賢。明靈歆只，永顧桑阡。　神之升矣，日霽霞蒸。相此女紅，

❶「儀同亞獻」，《禮部志稿》卷二九爲小字。

杼軸其興。兹過玄宫，❶鸞鳳翔騰。瞻望勿及，永錫嘉徵。

【《禮志》】四月，皇后行親蠶禮於内苑。帝謂親耕無賀，此安得賀？第行叩頭禮。女樂第供宴，勿前導。

【《春明夢餘録》】夏言《請舉親蠶之禮疏》：「《祭統》：『天子親耕於南郊，以供粢盛。皇后親蠶於北郊，以供祭服。』❷夫以天子之尊，非莫爲之耕也，而必躬耕，以供郊廟之粢盛；后妃之貴，非莫之蠶也，而必躬蠶，以爲祭祀之服飾。所以然者，一以致其誠信，可以交於神明；一以勸天下之農夫蠶婦，非身帥先之，弗可也。先儒張栻曰：『周家建國，自后稷以農事爲務，歷世相傳。其君子則務稼穡之事，其室家則躬織絍之勤。如周公之告成王，其見於《詩》，有若《七月》，皆言農桑之候也；其見於《書》，有曰《無逸》，欲其知稼穡之艱難，知小人之依也。帝王相傳心法之要，端在於此。』臣由是考之，於漢皇后蠶於東郊，後漢皇后帥公卿、列侯夫人蠶，歷魏、晉、宋、北齊、後周，以及於隋，亦復依據周典，未之或廢。唐立先蠶壇在長安北苑，太宗貞觀九年三月，文德皇后帥内外命婦有事於先蠶。歷高宗永徽、顯慶以還，皆間歲皇后親祀先蠶。宋真宗景德三年，詔祀先蠶。神宗元豐四年，又詳定享先蠶之儀。宣和元年，皇后親蠶於延福宫。高宗紹興七年，猶復舉行。至十五年，太常丞王湛言

❶「過」，《明會典》卷九二、《明史・樂志二》作「返」，萬斯同《明史・樂志三》作「還」。

❷「祭」，原作「純」，據《春明夢餘録》卷一九改。

請案政和禮建親蠶殿、蠶室、繭館，請皇后就禁中行親蠶禮。朝旨送禮部，下太常寺討論，尋不果行，則是親蠶之禮，殆廢於此矣。洪惟我太祖高皇帝開天建極，制禮作樂，躬耕藉田，既稽古攸行矣，顧獨於親蠶闕焉。當時議禮諸臣，亦竟未有及之者，豈非本朝之缺歟？列聖相承，繼文由舊，謙讓未遑，禮官廷臣蔑聞建白，是固有待於陛下也。夫農桑之業，衣食萬人，不宜獨缺；耕蠶之禮，垂法萬世，不宜偏廢。先儒謂禮樂必百年而後興，又曰必聖人在天子之位，此臣惓惓之愚，所以不已於今日發也。伏望陛下留神垂覽，倘蒙采納，乞勅禮、户、工三部會集具議以聞。」

【《續文獻通考》】嘉靖十年，世宗召張孚敬、李時詣西苑相地，建土穀壇，并建先蠶壇於仁壽宮側，毁北郊蠶壇。

【《農政全書》】太祖洪武二年二月，上命皇后率内外命婦蠶北郊，供郊廟衣服如儀。自是歲以爲常。

蕙田案：《明史》先蠶，明初未立祀典，《會典》亦云國初無親蠶禮，夏言亦云太祖制禮，親蠶獨缺，而《農政全書》所載，未知何本。今附之以俟考。

【《世宗實録》】嘉靖十六年二月，詔罷親蠶禮，西苑改建先蠶壇。十一、十二年，皇后皆親蠶。其後因事輒不舉。至是始詔罷之。仍命進蠶具如常歲，遣女官祭先蠶。

【《明史·禮志》】嘉靖三十八年，罷親蠶禮。四十一年，並罷所司奏請。

蕙田案：世宗罷親蠶禮，據《實録》在十六年。至三十八年，并女官亦罷。史誤。

右漢至明親桑享先蠶。

五禮通考卷第一百二十六

淮陰吴玉搢校字

五禮通考卷第一百二十七

內廷供奉禮部右侍郎金匱秦蕙田編輯
太子太保總督直隸右都御史桐城方觀承同訂
兩淮都轉鹽運使德水盧見曾
按察司副使元和宋宗元 參校

吉禮一百二十七

享先火

【《周禮・夏官・司爟》】凡祭祀，則祭爟。

【注】報其爲明之功，禮如祭爨。【疏】禮如祭爨者，祭爨，祭老婦也，則此祭爟，謂祭先出火之人。

高氏愈曰：「舉火曰爟，又火神之名也，謂祝融、回禄，或謂始鑽燧出火者。凡民非火不活，故祭而報其功。先王於有功之人，未嘗忘報，如先蠶、先農、先卜皆有祭，而況鑽木出火，以教人者乎？」

右享先火。

享先炊

【《禮記・禮器》】孔子曰：「臧文仲焉知禮？燔柴於奥。夫奥者，老婦之祭也，盛於盆，尊於瓶。」【注】奥當爲爨，字之誤也。或作竈。禮，尸卒食而祭饎爨、饔爨也。時人以爲祭火神乃燔柴。老婦，先炊者也。盆、瓶，炊器也。明此祭先炊，非祭火神，燔柴似失之。【疏】老婦之祭，故知非奥。奥者，夏祀竈神，其禮尊，以老婦配之耳。故中霤禮祭竈先薦於奥，有主有尸，用特牲迎尸，以下略如祭宗廟之禮，是其事大也。爨者，宗廟祭祀，尸卒食之後，特祭老婦，盛於盆，尊於瓶，是其事小也。《特牲・記》注舊説云：「宗婦祭饎爨，亨人祭饔爨，用黍肉而已，無籩、豆、俎。」

右享先炊。

享先卜

【《周禮・春官・龜人》】上春釁龜，祭祀先卜。【注】先卜，始用卜筮者。言祭言祀，尊焉，天地之也。《世本》曰：「巫咸作卜筮。」未聞其人也。【疏】先卜是人，應曰享，而云「祭祀」，與天地同稱，故云「尊焉，天地之也」。《易》所作，即伏羲爲之，但未有揲蓍之法。至巫咸乃教人爲之，故巫咸得作筮之名。未聞其源，《世本》又不言其人，故云「未聞其人也」。

高氏愈曰：「祭祀先卜，『祭』字疑羡文。先卜，始爲卜筮者。用其術，而因祀之，不敢忘本也。」

右享先卜。

享先醫

蕙田案：三皇之祭，唐、宋以來有之，元始定爲先醫，明仍之。

【《元史・祭祀志》】元貞元年，初命郡縣通祀三皇，如宣聖釋奠禮。太皞伏羲氏以勾芒氏之神配，炎帝神農氏以祝融氏之神配，軒轅黃帝氏以風后氏、力牧氏之神配。黃帝臣俞跗以下十人，姓名載於醫書者，從祀兩廡。有司歲春、秋二季行事，而以醫師主之。

【王圻《續通考》】成宗元貞間，建三皇廟，在明照坊内，有三皇并歷代名醫像。東有神機堂，内置銅人鍼灸圖二十有四。

【《明史・禮志》】三皇。明初仍元制，以三月三日、九月九日通祀三皇。洪武元年，令以太牢祀。二年，命以勾芒、祝融、風后、力牧左右配，俞跗、桐君、僦貸季、少師、雷公、鬼臾區、伯高、岐伯、少俞、高陽十大名醫從祀。儀同釋奠。四年，帝以天下郡邑通祀三皇爲瀆。禮臣議：「唐玄宗嘗立三皇五帝廟於京師。至元成宗時，乃立三皇廟於府、州、縣，春秋通祀，而以醫藥主之，甚非禮也。」帝曰：「三皇繼天立極，開萬世教化之源，汨於藥師，可乎？」命天下郡縣毋得褻祀。

正德十一年，立伏羲氏廟於秦州。秦州，古成紀地。從巡按御史馮時雄奏也。

【《明會典》】嘉靖十五年，建聖濟殿於文華殿後，以祀先醫。歲用羊一，豕一，鉶二，簠、簋各二，籩、豆各八，帛一，遣太醫院正官行禮。

二十一年，又建景惠殿於太醫院。上祀三皇，配以勾芒、祝融、風后、力牧，而附歷代醫師於兩廡，凡二十八人。歲遣禮部堂上官一員行禮，太醫院堂上官二員分獻。二殿之祭，並以春、秋二仲上甲日。一、陳設：殿中正壇，犢一，羊一，豕一，登二，鉶二，籩、豆各十，簠、簋各二，爵三，酒尊一，帛一，篚一，祝案一。東配位一壇，羊一，豕一，鉶一，籩、豆各十，簠、簋各一，爵六，帛一，篚一。西配位一壇，陳設同。東廡醫師十四位，分設三壇，僦貸季、天師岐伯、伯高、鬼臾區、俞跗、少俞、少師、桐君、太乙雷公、馬師皇、伊尹、神應王扁鵲、倉公淳于意、張機，每壇豕一，析爲三，壇籩、豆各六，簠、簋各一，酒盞五，爵三，帛一，篚一。西廡醫師十四位，華陀、王叔和、皇甫謐、抱朴子葛洪、巢元方、真人孫思邈、藥王韋慈藏、啓玄子王冰、錢乙、朱肱、李杲、劉完素、張元素、朱彦修，陳設同。一、正祭：贊引對，引導遣官至咸濟門，贊詣盥洗所，贊搢笏。洗訖，贊出笏。典儀唱「執事官各司其事」，贊引贊就位，典儀唱「迎神」，贊四拜。贊引贊陞壇，導遣官至中香案前，贊跪，贊搢笏，贊上香。贊引引至東香案前，贊跪，上香訖，引至西香案前，贊跪，上香訖，贊出笏，贊復位。太醫院堂上官於兩配位香案前上香訖，典儀唱「奠帛」，行初獻禮。贊引贊陞壇，引至神位前，贊搢笏，贊獻帛，贊三獻爵。獻訖，贊出笏，贊詣讀祝位，贊跪，贊讀祝。讀訖，贊俯伏、興、平身，贊復位。兩配位執事自獻。兩廡儀同正殿。❶典儀唱亞獻禮、終獻禮，儀同初獻，惟不獻帛，不讀祝。典儀唱「徹饌」。執事徹訖，典儀唱「送神」。贊引贊四拜。典儀唱「讀祝官捧祝，掌祭官捧帛饌，各詣燎位」。贊引贊禮畢。

【《春明夢餘録》】嘉靖二十一年，以太醫院廟制湫隘弗稱，命展拓今廟。隨從禮官議增從祀僦貸季等二十八人。隆慶四年，禮部侍郎王希烈議，三皇既祀於帝王廟，請罷太醫院廟祭，專遣太醫院官祭先醫。不允。

【明闕名《改建太醫院廟制奏議》】蓋聞上古聖人繼天立極，開物成務，壽世福民，其功尤繫於醫。伏羲觀天象，明歷氣；神農嘗百藥，制本草；黄帝與岐伯問答，而有《素問》之書，醫道蓋昉於此矣。《周禮·小宗伯》「兆五帝於四郊」，説者謂祭以天帝，配食以五人帝，春以太昊，夏以炎帝，季夏以黄帝。然此主於五方之位，未有醫之專祀也。至於元，自國都以至郡縣，皆立三皇廟，於醫者之學，如宣聖

❶「正」，原脱，據《明會典》卷九二補。

釋奠禮。太昊伏羲氏以勾芒氏之神配，炎帝神農氏以祝融氏之神配，黄帝軒轅氏以風后、力牧氏之神配。及黄帝臣俞跗以下十人姓氏載於醫書者，從祀兩廡。有司歲春、秋二季行事，而以醫師主之。其臣虞集有言：三聖人之所以惠利生人者，不必以醫之一技，而求夫爲醫之道，不上達於三聖人，則不足以盡其至聖之能事。是其祭雖專爲醫而設，然徧於郡縣，則又不免失之瀆矣。肆我成祖御宇，諏經稽典，正名定祀，尤以醫道關係民生至重，乃即太醫院立廟，以崇祀三皇。正統間重加修葺。❶ 聖祖神宗，先後一揆，咸欲躋斯世斯人於仁壽之域，而永貽燕翼之令圖也。洪惟皇上創矩以盡度，備物以章虔。臣等切惟廟必有制，祀必合法。不爲畫一之制，則恐襲前人之故轍，而無以稱觀瞻；不正從祀之名，則恐失醫聖之心傳，而無以垂法守。臣等將合行規制，恭擬上進，伏乞裁定施行。

右享先醫。

祭厲

蕙田案：厲祭列於七祀，見於《祭法》。聖人知鬼神之情狀，而神道設教於無窮也。《記》曰：「人死歸復於土，其氣發揚於上，爲昭明，焄蒿悽愴，此百物之精也。」子産曰：「鬼有所歸，乃不爲厲。」「人生始化曰魄，既生魄，陽曰魂。用物精多，則魂魄强。匹夫、匹婦强死，其魂魄猶

❶「重」，原脱，據《春明夢餘録》卷二二改。

能係於人，❶以爲强厲。」❷帝王治天下，建宗伯，秩三禮，俾神人上下，無一不治且和。雖鬼之不得其所者，亦惻然有所不忍而思以慰之，俾有血食以安其類。其義固深且遠矣。周人附於七祀之列。漢立五祀，而鄭氏注漢時民家皆秋祀厲，則固未嘗廢也。唐開元制七祀，宋仍之。逮明初，仍立五祀，而另立祭厲之禮，上自國都，下至州、縣、里、社，並得祀焉，至於今不廢，固祀典之正而非淫祠之比也。今略附見《五祀》門內，考其原流，列諸吉禮之末，亦可見聖人制作之精意云。

【《禮記・祭法》】王爲群姓立七祀，曰泰厲。諸侯爲國立五祀，曰公厲。大夫立三祀，曰族厲。【注】厲主殺伐。《士喪禮》曰：「疾病，禱於五祀。」司命與厲，其時不著。今時民家，或春、秋祠司命、行神、山神，門、户、竈在旁，是必春祠司命，秋祀厲也。或者合而祠之。山即厲也。民惡言厲，❸巫祝以厲山爲之，謬乎！《春秋傳》曰：「鬼有所歸，乃不爲厲。」【疏】曰泰厲者，謂古帝王無後者也。此鬼無所依歸，好爲民作禍，故祀之也。曰公厲者，謂古諸侯無後者。諸侯稱公，其鬼爲厲，故曰公厲。曰族厲者，謂古大夫無後者鬼也。族，衆也。大夫衆多，其鬼無後者衆，故言族厲。《士喪禮》曰「疾病禱於五祀」者，證士亦有五祀。云「司命與厲其時不著」者，以其餘五祀，《月令》所祀，皆著其時，唯司命與厲祀時不顯著。云「今時民家，或春秋祠司命、行神、山神，門、户、竈在旁」者，鄭以無文，故引今漢時民家，或有春秋二時祠司命、行神、山神也。民或然，故云「或」也。其祀此司命、行神、山神之時，門、户、竈三神在諸神之旁列位而祭也。云「是必春祠司命，秋祠厲也」者，漢時既春秋俱祠司命與山神，則是周時必應春祠司命，司命主

❶「係」，庫本作「依」。
❷「强」，庫本作「淫」。
❸「言」，原作「曰」，據庫本、《禮記・祭法》鄭注改。

長養，故祠在春；厲主殺害，故祠在秋。云「或者合而祠之」者，鄭又疑之，以見漢時司命與山神春秋合祭，故云或者合而祠之。云「山即厲也」者，以漢時祭司命、行神、山神，門、户、竈等，此經亦有司命、門、行、户、竈等；漢時有山而無厲，此有厲而無山，故云山即厲也。云「民惡言厲，巫祝以厲山爲之」者，鄭解厲稱山之意。漢時人民嫌惡厲，漢時巫祝之人意以厲神是厲山氏之鬼爲之，故云厲山。云「謬乎」者，謂巫祝以厲爲厲山之鬼，於理謬乎！所以爲謬者，鬼之無後，於是爲厲。厲山氏有子曰柱，世祀厲山之神，何得其鬼爲厲？故云謬也。引《春秋傳》者，昭七年《左傳》文。於時鄭良霄被殺而死，其鬼爲厲，子産立良霄之子良止爲後，子太叔問其故，子産曰：「鬼有所歸，乃不爲厲。」引之者，證厲山氏既有所歸，不得爲厲。

蕙田案：「厲」字義與「和」字相反。泰，大也。天子主天下，凡天下之大，其厲皆當祀之，曰泰厲。諸侯主一國，凡一國之無主者，皆公厲也。公與私對。大夫主一家，凡一家之無祀者，皆族厲也。族，同姓之謂。康成以公厲爲諸侯之無後者，諸侯稱公，爲公厲；族厲爲大夫之無後者，大夫衆多，故曰族厲。非唯理義拘礙，隘而不宏，而王之泰厲，又將何以訓之？《明集禮》祭厲文得之矣。

【《春秋》昭公七年《左氏傳》】鄭子産聘於晉。晉侯有疾，韓宣子逆客。私焉，曰：「寡君寢疾，於今三月矣。並走群望，有加而無瘳。今夢黄熊入於寢門，其何厲鬼也？」對曰：「以君之明，子爲大政，其何厲之有？昔堯殛鯀於羽山，其神化爲黄熊，以入於羽淵，實爲夏郊，三代祀之。晉爲盟主，其或者未之祀也乎？」

鄭人相驚以伯有，曰「伯有至矣」，則皆走，不知所往。【注】襄三十年，鄭人殺伯有。言其鬼至。鑄刑書之歲二月，【注】在前年。或夢伯有介而行，【注】介，甲也。曰：「壬子，余將殺帶也。明年壬寅，余又將殺段也。」及壬子，駟帶卒。國人益懼。齊、燕平之月，【注】此年正月。壬寅，公孫段卒，國人愈懼。其明月，子産立公孫洩及良止以撫之，乃止。【注】公孫洩，子孔之子也。襄十九年，鄭殺子孔。良止，伯有子也。立以爲大夫，使有宗廟。子太叔問其故。子産曰：「鬼有所歸，乃不爲厲，吾爲之歸也。」太叔曰：「公孫洩何爲？」【注】子孔不爲厲，問何故復立洩。子産曰：「説也，爲身無義而圖説。【注】伯有無義，以妖鬼故立之，恐惑民，并立洩，使若自以大義存誅絶之後者，以解説民心。從政有所反之，以取媚也。【注】民不可使知之，故治政者或當反道以求媚於民也。【疏】反之者，謂反正道也。媚，愛也。從其政事治國家者，有所反於正道，以取民愛也。反正道者，子孔誅絶，於道理不合立公孫洩。今既立良止，恐民以鬼神爲惑，故反違正道，兼立公孫洩，以取媚於民，令民不惑也。段與帶之卒，自當命盡而終耳，未必良霄所能殺也。但良霄爲厲，因此恐民，民心不安，義須止遏，故立祀止厲，所以安下民也。何休《膏肓》難此言：「孔子不語怪力亂神，以鬼神爲政，必惑衆，故不言也。今左氏以此令後世信其然，廢仁義而祈福於鬼神，此大亂之道也。子産雖立良止，以託繼絶，此以鬼賞罰，要不免於惑衆，豈當述之，以示季末？」鄭玄答之曰：「伯有，惡人也，其鬼爲厲。鬼厲者，陰陽之氣相乘不和之名，《尚書五行傳》六厲是也。人死，體魄則降，魂氣在上。有尚德者，附和氣而興利。孟夏之月，令雩祀百辟卿士有益於民者，由此也。爲厲者，因害氣而施災，故謂之厲鬼。《月令》『民多厲疾』，《五行傳》有禦六厲之禮。禮，天子立七祀，有大厲；諸侯立五祀，有國厲。欲以安鬼神，弭其害也。子産立良止，使祀伯有以弭害，乃禮與《洪範》之事也。子所不語怪力亂神，謂虛陳靈象，於今無驗也。伯有爲厲鬼，著明若此，而何不語乎？子産固爲衆愚將惑，故并立公孫洩，云『從政者有所反之，以取媚也』。孔子曰：『民可使由之，不可使知之。』子産達於此也。」不媚不信，【注】説而後信之。不信，民不從也。」及子産適晉，趙景子問焉，曰：「伯有猶能爲鬼乎？」子産曰：「能。

人生始化曰魄，既生魄，陽曰魂。用物精多，則魂魄强。是以有精爽，至於神明。匹夫匹婦强死，其魂魄猶能憑依於人，以爲淫厲。況良霄我先君穆公之胄，子良之孫，子耳之子，敝邑之卿，從政三世矣。鄭雖無腆，抑諺曰蕞爾國，而三世執其政柄，其用物也弘矣，其取精也多矣。其族又大，所馮厚矣。而强死，能爲鬼，不亦宜乎？」

蕙田案：左氏兩條，可證明厲字之義。

右古祭厲。

【《通典》】後漢人家祀山神、門、户。注：「山即厲也。」

唐開元中，祭七祀。門，厲以秋。

【《文獻通考》】宋制七祀，秋祀厲。

【《明史·禮志》】泰厲壇祭，無祀鬼神。《春秋傳》曰：「鬼有所歸，乃不爲厲。」此其義也。《祭法》，王祭泰厲，諸侯祭公厲，大夫祭族厲。鄭注謂「漢時民間皆秋祠厲」，則此祠達於上下矣，然後世皆不舉行。洪武三年定制，京都祭泰厲，設壇玄武湖中，歲以清明及十月朔日遣官致祭。前期七日，檄京都城隍。祭日，設京省城隍神位於壇上，無祀鬼神等位於壇下之東、西，羊三，豕三，飯米三石。王國祭國厲，府州祭郡厲，縣祭邑厲，皆設壇城北，一年二祭，如京師。里社則祭鄉厲。後定郡邑厲、鄉厲，皆以清明日、七月十五日、十月朔日。

【《大明集禮》】古者七祀，於前代帝王、諸侯、卿大夫之無後者，皆致其祭。後世以爲涉於淫謟，非禮之正，遂不舉行。而此等無依之厲，乃或依附土木，爲民禍福，以邀祀享者，蓋無足怪。國朝於京都則祭泰厲，於王國則祭國厲，於各府、州、縣則祭郡、邑厲，於里社則祭鄉厲，而於天下之淫祀，一切屏除，使厲之無所歸依者不失祭享，其爲民除害之意，可謂至矣。

祭日　泰厲、國厲、郡邑厲，皆一年二祭。春以三月清明日，冬以十月初一日。鄉厲則一年三祭。春以清明後三日，秋以七月十五日，冬以十月三日。

祭所　京都壇在玄武湖中，其各府、州、縣則皆設壇於城北，其縣、里長則又各自立一祭壇。

祭物　凡祭，用少牢，羊三，豕三，飯米三石。

祭儀　凡祭，前期，移文告於京都城隍。京都七日前告，各府、州、縣三日前告。其各府、州、縣則隨其地而易之，曰「某處城隍」。正祭日，設城隍神位及天下城隍神位於壇上，其各府、州、縣，則獨設某處城隍於壇上之正東。設無祀神鬼等衆位於壇下之東西。

祭泰厲文：維某年某月某日，中書省某官欽奉聖旨，謹備牲醴羹飯，致祭於天下無祀神鬼等衆。有制諭爾，爾其恭聽。皇帝制曰：「普天之下，后土之上，無不有人，無不有鬼神。人鬼之道，幽明雖殊，其理則一。故天下之廣，兆民之衆，必立君以主之。君總其大，又設官分職於府、州、縣，以各長之。各府州縣又於每一百户内，設一里長以統領之。上下之職，綱紀不紊，此治人之法如此。天子祭天地神祇及天下山川，王國、各府、州、縣祭境内山川及祀典神祇，庶民祭其祖先及里社土穀之神，上下之禮，各有等第，此事神之道如此。尚念冥冥之中，無祀神鬼，昔爲生民，未知何故而殁。其間有遭兵刃而横傷者，有死於水火盗賊者，有被人取財而逼死者，有被人强奪妻妾而死者，有遭刑禍而負屈死者，有天災流行而疫死者，有爲猛獸毒蟲所害者，有爲饑餓凍死者，有因戰鬭而殞身者，有因危急而自縊者，有因墻屋傾頽而壓死者，有死後無子孫者。此等鬼魂，或終於前代，或殁於近世，或兵戈擾攘，流移於他鄉，或人烟斷絶，久缺其祭祀。姓名泯没於一時，祀典無聞而不載。此等孤魂，死無所依，精魄未散，結爲陰靈。或倚草附木，或作爲妖怪，悲號於星月之下，呻吟於風雨之時。凡遇人間節令，心思陽世，魂杳杳以無歸，身墮沉淪，意懸懸而望祭。興言及此，憐其慘悽。已敕天下有司，依時享祭。在王國有國厲之祭，在各府、州有郡厲之祭，在各縣有邑厲之祭，在一里又有鄉厲之祭。期於神依人而血食，人敬神而知禮。猶慮四海之廣，未能徧及。今遇三月清明日，十月初一日。特設壇於玄武湖中，遣官致備牲醴，普祭天下鬼魂等衆。先期已告京都城隍，移文徧歷所在，招集汝等鬼靈，於今日悉赴此壇，普享一祭。城隍在此鑒察。爾等或生於良善，或素爲兇頑，善惡之報，神必無私。汝等既享之後，聽命於城隍，各安其分。」告城隍文：中書省爲祭天下無祀神鬼等衆事，欽奉聖旨。云云猶慮四海之廣，未能徧及，特於京城之北玄武湖中設壇，遣官普祭天下無祀神鬼等衆。然幽明異境，人力難爲，必資神力，庶得感通，故命移文於神。先期分遣諸將，徧歷所在，召集鬼靈等衆，於是日悉赴壇所，普享一祭。至日請神鎮控壇場，鑒諸鬼等類，其中果有生爲良善，誤遭刑禍，死於無辜者，神當達於所司，使之還生中國，來享太平之福；如有素爲凶頑，身死刑憲，雖獲善終，亦出僥倖者，神當達於所司，屏之四裔。善惡之報，神必無私。永垂昭格，欽此。除欽遵外，合行移咨，請照欽依施行。

各府祭郡厲文：州、縣倣此。維某年月日，某府官某遵承禮部符文，爲祭祀本府闔境無祀神鬼等衆事。該欽奉皇帝聖旨。云云。欽奉如此。今某等不敢有違，謹設於城北，以三月清明日，十月初一日。置備牲醴羹飯，專祭本府闔境無祀神鬼等衆。靈其不昧，來享此祭。凡我一府境内人民，倘有忤逆不孝、不敬六親者，有姦盜詐僞，不畏公法者，有拗曲作直、欺壓良善者，有趓避差徭、靠損貧户者，似此頑惡奸邪、不良之徒，神必報於城隍，發露其事，使遭官府，輕則笞决杖斷，不得號爲良民，重則徒流絞斬，不得生還鄉里。若事未發露，必遭陰譴，使舉家並染瘟疫，六畜田蠶不利。如有孝順父母，和睦親族，畏懼官府，遵守禮法，不作非違，良善正直之人，神必達之城隍，陰加護佑，使其家道安和，農事順序，父母妻子保守鄉里。我等闔府官吏人等，如有上欺朝廷，下枉良善，貪財作弊，蠹政害民者，靈必無私，一體昭報。如此，則鬼神有鑒察之明，官府非諂諛之祭。尚享。

祭告城隍文：某府遵承禮部符文，爲祭祀本府無祀神鬼事。該欽奉聖旨。云云。欽奉如此。今某等不敢有違，謹於年月日，於城北設壇，致備牲酒羹飯，享祭本府無祀神鬼等衆。然幽明異境，人力難爲，必資神力，庶得感通。今特移文於神，先期分遣諸將，召集本府闔境鬼靈等衆，至日悉赴壇所，普享一祭。神當欽承敕命，鎮控壇場，鑒察善惡，無私昭報。爲此合行移牒，請照驗欽依施行。

祭鄉厲文：某縣某鄉某村某里某社里長某人，承本縣官裁旨，該欽奉皇帝聖旨。云云。欽奉如此。今某等不敢有違，謹設壇於本里，以三月日，謂清明後三日，七月十五日，十月初三日。率領某人等百家，聯名於此，置備羹飯肴物，專祭爾等本里神鬼。靈其不昧，依期來享。凡我一里之中，百家之内，倘有忤逆不孝、不敬六親者，有姦盜詐僞、不畏公法者，有拗曲作直、欺壓良善者，有趓避差徭、靠損貧户者，似此頑惡奸邪、不良之徒，神必報於城隍，發露其事，使遭官府，輕則笞决杖斷，不得號爲良民，重則徒流絞斬，不得生還鄉里。若事未發露，必遭陰譴，使舉家並染瘟疫，六畜田蠶不利。如有孝順父母，和睦親族，畏懼官府，遵守禮法，不作非違，良善正直之人，神必達之城隍，陰加護佑，使其家道安和，農事順序，父母妻子保守鄉里。如此，則鬼神有鑒察之明，我民無諂諛之祭。靈其無私，永垂昭格。尚享。

告祭城隍文：某府某縣某鄉某村某里里長某人，率領本里人民某人等聯名謹具，狀告於本縣城隍之神。今來某等承奉縣官裁旨，遵依上司所行，爲祭祀本鄉無祀神鬼事。該欽奉聖旨。云云。欽奉如此。今某等不敢有違，欽依於年月日就本里設壇，謹備羹飯肴物，享祭於本鄉無祀神鬼等衆。然幽明異境，人力難爲，必資神力，庶得感通。今特虔告於神，先期分遣諸將徧歷所在，招集本里鬼靈等衆，至日悉赴壇所受祭。神當欽承敕命，鎮控壇場，鑒察善惡，無私昭報。爲此，謹用狀告本縣城隍之神，俯垂昭鑒。謹狀。

蕙田案：觀《集禮》所載明太祖祭厲及告城隍文，知其用意深遠，何也？其於厲也，既憫之憐之，又令其聽命於城隍，各安其分；其於城隍也，又分別善惡以區處之。憫之，仁也；區處之，義也。其於府、州、縣也，不特憫之、區處之，反令伺察生人之善惡，以告於神，是併有所以用之。俾聞之者，知虛冥之中，昭佈森列，赫然有以動其謹畏之心。舉一小祀，而規模條理精密如此，祀典之所係，豈不鉅哉！

右歷代祭厲。

五禮通考卷第一百二十七

淮陰吴玉搢校字

五禮通考卷第一百二十八

內廷供奉禮部右侍郎金匱秦蕙田編輯
太子太保總督直隸右都御史桐城方觀承同訂
兩淮都轉鹽運使德水盧見曾
按察司副使元和宋宗元 參校

嘉禮一

即位改元

蕙田案：后王踐阼臨民，體元居正，典莫鉅焉。唐、虞禪讓，受終告廟，類上帝，秩百神，巍乎尚已。《商書》太甲元祀，祗見厥祖。周成王顧命，康王即位，陳設宿衛，麻冕黼裳，册告殯宮，受同瑁，臨朝見諸侯。既退，釋冕，反喪服，儀節炳然，蓋損益二代而爲之。吉凶之際，禮以義起，可爲軌則矣。漢高帝即位汜水之陽，典禮未具。光武以後，創業之主，往往柴燎告天，即位於郊壇。而繼體守文，自漢文帝即阼謁高廟，後嗣因之。受命几筵之前，遣告天地社稷，亦猶行古之道也。至如唐高祖、睿宗、玄宗、順宗、宋高宗、孝宗、寧宗，以父子內禪，則禮之變矣。「元祀」之稱，始見《商書》。《春秋》嗣君即位，必書「元年」。《公羊傳》：「元者何？君之始年也。」杜氏預謂：「凡人君欲其體元居正，故不言一年一月。」胡氏《大紀》亦謂：

「元者，義之所存。後世以元爲數而不知其義。如漢武之初曰建元元年，既曰元年，則元已建矣，又曰建元，豈不贅乎？後又因事别建，失其義也。」三説近之，第稱元不知何昉爾。其稱「後元年」，起於漢文。而紀年之號，肇於漢武。本皆惑于方士之言，後迺一君而數改其元，一年而再更厥號。甚者正僞紛雜，不勝其紀，詎不舛與！即位受朝儀，詳見《元志》，明遂有登極儀。用綜經史，述其源流，以爲嘉禮之冠。紀元則一以正統爲綱，而侯國及僭僞並附焉。

【《通鑑前編》】甲辰，陶唐氏帝堯元載，乃命羲和。在位一百載。

邵子《皇極經世歷》係「命羲和」于元年。又《東漢志》、《晉志》皆曰「唐堯即位，羲和立象儀」，則是命羲和，帝堯即位之初政也。

【《書·舜典》】正月上日，受終于文祖。【傳】上日，朔日也。

【蔡《傳》】堯于是終帝位之事，而舜受之也。

月正元日，舜格於文祖。【傳】月正，正月。元日，上日也。舜服堯喪三年畢，將即政，故復至文祖廟告。

【疏】舜至于文祖之廟，告己將即正位爲天子也。前以攝位告，今以即位告也。

【蔡《傳》】《春秋》國君，皆以遭喪之明年正月，即位於廟而改元，孔氏云「喪畢之明年」，不知何所據也。

鄒氏季友曰：「案《孟子》言：『堯崩，三年喪畢，舜避堯之子，天下歸之，而後踐天子位。』孔傳本此，蔡《傳》豈偶未之思與？」

【《通鑑前編》】丙戌，有虞氏帝舜元載。

【《紀元表》】丙戌，虞帝舜元載，正月元日即天子位。在位五十年。

右唐虞。

【《書・大禹謨》】正月朔旦，受命於神宗，率百官若帝之初。

【蔡《傳》】禹受攝帝之命於神宗之廟。

【《通鑑前編》】丙子，夏后氏大禹元歲，春正月即位，會諸侯於塗山。

【《紀元表》】丙子，夏帝禹元載，正月即天子位，改載曰歲。

【《通鑑前編》】甲申，后啟元歲。在位九歲，子太康立。

金氏履祥曰：「三代以來，嗣君皆逾年而稱元，與堯、舜、禹之間不同，故胡氏《大紀》於甲申書『元載』，今從之。或曰：『是時三年之喪未畢，益未有箕山之避，啟未膺朝覲訟獄之歸，宜未王也，何以稱爲元年？』是不然。古者稱元，無大意義，特以其君天下之始計年耳。況益之相禹，異於禹之相舜；禹之相舜，異於舜之攝堯。孟子之俱以『薦』言者，推堯、舜、禹之心也；其俱以『避』言者，推禹、益之心也。事跡固自不同，故胡氏于明年書『益歸政就國』而不言避，是爲得之。」

【《紀元表》】癸巳，太康元歲尸位。在位二十九歲，弟仲康立。

壬戌，仲康元歲，肇位四海。在位十三歲，子相踐位。

乙亥，后相元歲。羿篡位，寒浞又殺羿代之。二十八歲，浞子澆弒王，后緡歸有仍。

癸卯，少康元歲，后緡生少康於有仍。四十歲始即天子位，共六十一歲，子杼踐位。

金氏履祥曰：「自此以後，《皇極經世》缺四十年不書，而《皇王大紀》即以少康生之年爲元載。蓋少康既生，則夏統不絕也。」

宗元案：《大紀》即以少康生之年爲元載，而《皇極經世》亦缺四十年不書，極是。後來如王莽十八年不書，亦與此同義。蓋光武旋即中興，則漢統亦未絶也。

甲辰，后杼元歲。在位十七歲。　辛酉，后槐元歲。在位二十六歲，子芒踐位。　丁亥，后芒元歲。在位十八歲，子泄踐位。　乙巳，后泄元歲。在位十六歲，子不降踐位。　辛酉，后不降元歲。在位五十九歲，弟扃立。　庚申，后扃元歲。在位二十一歲，子廑踐位。　辛巳，后廑元歲。在位二十一歲，不降之子孔甲立。　壬寅，后孔甲元歲。在位三十一歲，子臯立。　癸酉，后臯元歲。在位十一歲，子發立。　甲申，帝發元歲。在位十九歲，子癸踐位，是爲桀。　壬寅，❶后癸元歲。戊寅，商侯履元歲。五十三歲，湯放桀於南巢。

右夏。

【《通鑑前編》】乙未，商王成湯十有八祀。在位十三祀，太子太丁早卒，弟外丙立。

胡氏宏《大紀》論曰：「古史不載湯改元，獨劉道原載之，非其實也。夫人君即位之一年謂之元年，一定而不可易也。成湯之元，立于桀之三十五載矣，其所以克享天心，受天明命，以有九有之師，爰革夏正，本是而爲之者也，又可改乎？元者，義之所存，非若一二之爲數也。後世以元爲數而不知其義，如漢武之初年曰建元元年，既曰『元年』，則元已建矣，又曰『建元』，豈不贅乎？後又因事別建年號，失其義也甚矣。使人君知此義而體之，則元原於一，豈至如是之紛紛乎！」

❶「壬寅」，《通鑑前編》卷三、《紀事年表》卷三均作「癸卯」。

觀承案：胡氏以湯之元立於后癸之三十五祀，考之《紀元表》，實三十七祀也。然湯以侯服之十八祀，統紀於割正之十三載而不改元，議者曰「所以克享天心」者，實基於此。則周以虞、芮質成，爲文王受命之始，不其然乎！武王繼西伯肆伐，以十三年即天子位而不改元，亦一義也。竊謂元者，紀一君之終始。崛起之聖，寖昌有自，而維新之命，即新于厭德之年。迨奄有四海，告成功而已。德業之丕揚，何藉于改元以爲重？而仄微之積累，又何可因改步而頓泯耶？則創業必昭乎勝國之紀，而垂統乃肇興朝之盛，代終之義固如此。或者以統系之説爲疑，不知禪代推遷，各有本末。自堯甲辰以來，興衰治亂，修短之數，紀於歷次者，可逆覩也。孰能從而矯誣之，則固無害于統系也。

【《史記·殷本紀》】帝外丙即位。

【《紀元表》】戊申，帝外丙元祀。在位二祀，弟仲壬立。《書序》及《通鑑前編》俱作湯崩時，外丙二歲，仲壬四歲，皆以幼，故不立。太甲差長，立之。今從《史記》紀元。

蕙田案：《史記》明據，自不宜廢。《大紀》以立嫡之義，斷其不立外丙，恐未確。今從《集成》。

【《史記·殷本紀》】帝仲壬即位。

【《紀元表》】庚戌，帝仲壬元祀。在位四祀，太丁之子太甲立。

【《書·伊訓》】惟元祀十有二月乙丑，伊尹祠于先王，奉嗣王祇見厥祖，侯甸群后咸在，百官總己以聽冢宰。【傳】此湯崩踰月，太甲即位，奠殯而告，居位主喪。【疏】伊尹祠于先王，謂祭湯也。奉嗣王祇見厥祖，謂見湯也。故傳解「祠先王」爲「奠殯而告」、「見厥祖」爲「居位主喪」，是言祠是奠也。禮：❶喪于殯，斂祭，皆名爲奠；虞、祔、卒哭，始名爲祭。知祠非宗廟者，元祀即是初喪之時，未得祠廟。且湯之父祖不追爲王，所言先王，惟有湯耳，故知祠實是奠，非祠宗廟也。

【蔡《傳》】夏曰歲，商曰祀，周曰年，一也。元祀者，太甲即位之元年。十二月者，商以建丑爲正，故以十二月爲正也。祠者，告祭於廟也。古者王宅憂，祠祭則冢宰攝而告廟。太甲服仲壬之喪，伊尹祠于先王，奉太甲以即位改元之事祇見厥祖，則攝而告廟也。或曰孔氏言「湯崩踰月，太甲即位」，則十二月者，湯崩之年，建子之月也，豈改正朔而不改月數乎？曰：此孔氏惑于《序書》之文也。太甲繼仲壬之後，服仲壬之喪，而孔氏曰「湯崩，奠殯而告」，固已誤矣。又曰：「孔氏意湯崩踰月，太甲即位，奠殯而告，是以崩年改元矣。蘇氏曰：『崩年改元，亂世事也，不容伊尹有之，不可以不辨。』又案：孔氏以爲湯崩，吳氏曰：『殯有朝夕之奠，何爲而致祠？主喪者不離於殯側，何待於祇見？蓋太甲之爲嗣王，嗣仲壬而王也。太甲，太丁之子；仲壬，其叔父也。嗣叔父而王而爲之服三年之喪，爲之後者爲之子也。太甲既即位于仲壬之柩前，方居憂于仲壬之殯側，伊尹乃至商之祖廟，徧祠商之先王，而以立太甲告之。不言太甲祠而言伊尹，喪三年不祭也。奉太甲徧見商之先王，而獨言「祇見厥祖」者，雖徧見先王，而尤致意於湯也。湯既已祔於廟，則是此書初不廢外丙、仲

❶「禮」，原作「祠」，據黄懷信校點《尚書正義》改。

壬之事。但此書本爲伊尹稱湯以訓太甲，故不及外丙、仲壬之事耳。』」

蘇氏軾曰：「太史公案《世本》，湯之後，二帝七年，而後至太甲，其迹明甚，不可不信。而孔安國獨據經臆度，以爲成湯没而太甲立，且以是歲改元。學者因謂太史公爲妄，初無二帝，而太史公妄增之。豈有此理哉！安國謂湯崩之歲而太甲改元，不待明年者，亦因經以臆也。」

【《朱子語類》】「伊尹祠于先王」，若有服，不可入廟，必有外丙二年、仲壬四年。

問：「《書序》：『成湯既没，太甲元年。』玩其語意，似成湯没而太甲立。或者乃曰，《孟子》云：『湯崩，太丁未立，外丙二年，仲壬四年。』湯没六年而太甲立，太甲服仲壬之喪。伊川謂太丁未立而死，外丙方二歲，仲壬方四歲，乃立太丁之子太甲。而或者又謂：『商人以甲乙爲兄弟之名，則丙當爲兄，而壬當爲弟，豈有兄二歲而弟四歲乎？』案《皇極經世圖紀》，則太甲實繼湯而立無疑。」曰：「《書序》恐只是經師所作，然亦無證可考，但決非夫子之言耳。成湯、太甲年次，尤不可考。」問：「康節之説，亦不可據耶？」曰：「也怎生便信得他。」又問：「如此，則堯即位于甲辰，亦未可據也？」曰：「此却據諸歷書如此説，恐或有之，然亦未可必。」問：「若如此，則二年四年，亦可推矣。」曰：「却爲中間年代不可紀，自共和後方可紀，則湯時自無由而推。」

胡氏一桂曰：「湯後有外丙、仲壬二王，蔡氏力主之。邵子《經世》書又合孔註。朱子《孟子集註》亦云『二説未知孰是』，闕之可也。」

王氏樵曰：「觀『先王』、『厥祖』，上下異文，則先王是湯之先廟、厥祖是湯可知。且于先王曰『祠』，而於厥祖爲『祇見』，『祠』是祭，『祇見』非祭也。祠先王曰『伊尹』，而見厥祖曰『奉嗣王』，是廟中之祭，攝于伊尹，殯前之告，非伊尹所攝也。」又曰：「蔡氏云『先王，湯也』，又云『徧祀商之先王』，蓋以外丙、仲壬爲先王，而不知湯以上尚當有先王也。如其言，先祠丙、壬，後見烈祖，無乃非序乎！若以先王中有湯，則下『祇見』爲複矣。既以所居爲仲壬之喪，則仲壬亦未在應祠之内。」

蕙田案：太甲元祀之説，《史記》、《孟子》皆有外丙、仲壬之六年，朱子、蔡氏從之。《書序》及《註疏》皆以爲太甲繼湯而立，程子、邵子、胡五峰《大紀》、金仁山《通鑑前編》從之。今據《史記》、《孟子》而並載諸儒之説，學者兩存，而從胡雙峰闕疑之意可也。

【《紀元表》】甲寅，帝太甲元祀。在位二十七祀，廟號太宗，子沃丁立。

【《通鑑前編》】辛巳，帝沃丁元祀。在位二十九祀，弟太庚立。

庚戌，帝太庚元祀。在位二十五祀，子小甲立。

金氏履祥曰：「兄死弟及，自太庚始，謂爲殷禮，非也。伊尹曰：『七世之廟，可以觀德。』父子相傳爲一世，若兄弟則昭穆紊矣。沃丁及見伊尹之典刑，死而傳弟，當必有故，而典籍無可考。後世沿襲，諸弟子或争立，遂啟亂源，是以聖人立法，不立異以爲高。」

蕙田案：金氏之論正矣，然以七世之廟爲伊尹之典刑，兄弟則昭穆紊，非也。若然，則太甲繼湯，昭穆先紊矣。不知兄弟繼及，亦同一世，不害於七世之廟也。夫父死子繼者，至正之理；兄終弟及者，遇變之事。天子繼統，關係甚鉅，未可以一例執也，前後皆有之矣。金氏不信外丙、仲壬而取胡氏之論，其即此意也夫。

【《紀元表》】乙亥，帝小甲元祀。在位十有七祀，弟雍己立。　壬辰，帝雍己元祀。在位十有二祀，弟太戊立。　甲辰，中宗帝太戊元祀。在位七十五祀，子仲丁立。　己未，帝仲丁元祀。在位十有三祀，弟外壬立。　壬申，帝外壬元祀。在位十五祀，弟河亶甲立。　丁亥，帝河亶甲元祀。在位九祀，子祖乙立。　丙申，帝祖乙元祀。在位十九祀，子祖辛立。　乙卯，帝祖辛元祀。在位十六祀，弟沃甲立。　辛未，帝沃甲元祀。在位二十五祀，祖辛之子祖丁立。　丙申，帝祖丁元祀。在位三十二祀，沃甲之子南庚立。　戊辰，帝南庚元祀。在位二十五祀，祖丁之子陽甲立。　癸巳，帝陽甲元祀。在位七祀，弟盤庚立。　庚子，帝盤庚元祀。改國號曰殷。在位二十八祀，弟小辛立。　戊辰，帝小辛元祀。在位二十一祀，弟小乙立。　己丑，帝小乙元祀。在位二十八祀，子武丁立。　丁巳，殷高宗武丁元祀。在位五十九祀，子祖庚立。　丙辰，帝祖庚元祀。在位七祀，弟祖甲立。　癸亥，帝祖甲元祀。在位三十三祀，子廩辛立。　丙申，帝廩辛元祀。在位六祀，弟庚丁立。　壬寅，帝庚丁元祀。在位二十一祀，子武乙立。　癸亥，帝武乙元祀。在位四祀，子太丁立。　丁卯，帝太丁元祀。在位三祀，子帝乙立。　庚午，帝乙元祀。在位三十七祀，子辛立，是爲紂。　丁未，帝辛元祀。十三祀，命周侯昌爲西伯。二十一祀丁卯，周侯發元年。己卯三十三祀，周侯發克商滅紂。

右商。

【《通鑑前編》】己卯，周武王十有三年。一月癸巳，于征伐商。

金氏履祥曰：「《序》稱十一年，《書》稱十三年，程子謂必有一悞。而伏生《大傳》、《史記·太初曆》、邵子《皇極經世》皆係之十一年。《大衍曆》謂伐商之歲在武王十年，則『一』與『三』字皆悞。朱子謂《泰誓》稱『十有三年』，《洪範》又云『惟十有三祀』，則十三年爲是，廣漢張氏從之。而《經世》紀年乃未及改，每以爲憾，今從朱子。」

【《紀元表》】己卯，周武王十三年。二月，即天子位，改祀曰年。是年，焦、祝、薊、陳、杞、齊、魯、燕、管、蔡俱始封。在位十九年，子成王誦立。丙戌，成王元年。是年，魯公伯禽元。三年，宋微子啟、衛康叔封元。八年，蔡仲胡元。九年，唐侯叔虞元。在位三十七年，子康王釗立。

【《書·顧命》】

呂氏祖謙曰：「天子，天下之共主也。成王力疾，臨廟朝而命之，畢、召受遺，率諸侯而輔之，所以公天位，嚴大寶。世稱漢武帝拔霍光于宿衛、托以幼孤爲知人。不知所謂大臣，非可寄安危、屬存亡者，不在此選。如周、召，内爲師保，外統諸侯，君存則輔政，君没則托孤，所謂受遺，蓋其職也。」

林氏之奇曰：「後世人主，將托後嗣，獨引親信入受遺詔，謂之顧命之臣。唐、漢末，❶雖有嫡嗣，不能屬于大臣，多立自戚宦之手，倉卒之際，廢立紛然。《顧命》一書，誠萬世之法。」

惟四月，哉生魄，王不懌。甲子，王乃洮頮水。相被冕服，憑玉几，乃同。召太保奭、芮伯、彤伯、畢公、衛侯、毛公、師氏、虎臣、百尹、御事。

【朱子《語録》】召公，冢宰。畢公，司馬。毛公，司空。是三公。芮伯，司徒。彤

❶「唐漢末」，朱鶴齡《尚書埤傳》卷一四引作「漢唐末」，疑是。

伯，宗伯。衛侯，司寇。是三孤。孔氏以高官兼攝下司，漢世以來謂之領，故召、畢、毛皆稱公，傳皆稱領，而芮、彤、衛則但稱本爵也。

林氏之奇曰：「此謂紀述一時所命之人，而周家命官之意見于此者有四：以六卿兼主三公之事，一也；諸侯入爲公卿，二也；公卿皆同姓之邦，三也；三公九卿，各以其職任爲尊卑，不以爵秩高下，四也。」

潘氏遴曰：❶「敘畢公於二伯後，敘毛公于衛侯後，敘六卿，不敘三公也。」

王曰：「嗚呼！疾大漸，惟幾。病日增，既彌留，恐不獲誓言嗣，茲予審訓命汝。」

鄒氏季友曰：「嗣謂嗣君。《周禮·典命》云：『諸侯之適子，誓于天子，攝其君。』注云：『誓猶命也。明樹子不易也。』告命之辭，致其戒勉，故曰誓。蔡《傳》『不得誓言以嗣續我志』，從孔《傳》也，未當。」

茲既受命，還，出綴衣於庭。越翼日乙丑，王崩。

鄒氏季友曰：「『茲既受命』，句；『還』字，句。還，音旋。孔《傳》『群臣既受命，各還本位也』，屬下句，非。」

蔡《傳》：「綴衣，幄帳也。群臣既退，徹出幄帳於庭。」

太保命仲桓、南宮毛俾爰齊侯呂伋，以二干戈、虎賁百人逆子釗于南門之外，延入翼室，恤宅宗。【疏】將正太子之尊，故出于路寢門外，使更逆之。

【蔡《傳》】桓、毛，二臣名。伋，太公望子。翼室，路寢旁左右翼室也。逆子釗于路寢門外，引入路寢翼室，爲居憂宗主也。

呂氏祖謙曰：「發命者，冢宰；傳命者，兩朝臣；承命者，勳戚。顯諸侯體統尊嚴，樞機周密，防危慮患之意深矣。入自端門，萬姓咸覩，與天下共之也。延入翼

❶「潘氏遴曰」，《欽定書經傳説彙纂》卷一九引作「潘氏士遴曰」。按《四庫全書》存目著録《尚書葦籥》二十一卷，《提要》曰：「明潘士遴撰，士遴，字叔獻，烏程人，天啟壬戌進士。」然則「遴」上脱「士」字。

室，爲憂居之宗，示天下不可一日無統也。唐穆、敬、文、武以降，閹寺執國命，易主于宮掖而外庭猶不聞，然後知周家之制，曲盡備豫，雖一條一節，亦不可廢也。」

范氏祖禹曰：「成王崩，太子必在側。當是時，本在内，特出而迎之，所以顯之于衆也。」

王氏樵曰：「初喪未爲梁闇，故以東夾室爲恤宅之地。」

金氏履祥曰：「天子居喪之次曰梁闇，比諸侯倚廬而加楣梁。此初喪，未爲梁闇，故以東夾室爲宅宗之地。此下文東夾所以不陳設也。」

王氏安石曰：「王宮南鄉，南門，王宮之外門也。」

葉氏時曰：「虎賁之士，非太宰之屬，而太保得發之，則太宰兼總兵衛亦明矣。然呂伋雖掌兵，非有宰臣之命，則不得以擅發。召公雖制命，非有二卿將命，亦不得以專行。兵權散主，不在一人，可見周人制兵之深意。」

朱氏鶴齡曰：「《周禮》虎賁氏本下大夫，齊侯領之，蓋以宿衛王宮爲重也。後世功臣子弟爲列侯，入宿衛，亦其意。《史記》稱『太公五世反葬于周』，是時伋必入爲王官，故虎賁百人屬其統屬。」

蕙田案：此奉迎即位之禮也。南門，蔡氏謂爲路寢門，王氏謂王宮之外門。考王五門，自外而入，爲臯、庫、雉、應、路。是時康王固當侍疾，但亦必別有異宮，如入路門，當由朝門入宮門。蓋命其暫還本宮，而後率虎賁迎之以備禮耳。所由入者，實不止一門，故但稱「南門」，又以見皆朝廷之正門，平日不得行，至此始行之，以嗣正位也。專主路寢門者，似狹。

丁卯，命作册度。【疏】《周禮》内史掌策命。既作策書，因作受册法度，下文升階即位及受同祭饗，皆是法度。

蕙田案：此即位之册命也。度，即如後之儀注，蓋預擬之。

越七日癸酉，伯相命士須材。

金氏履祥曰：「天子七日而殯，癸酉，殯之明日也。既殯，始傳顧命材物也。朝廷所須器物，如下文禮器、几席、車輅、戈鉞之類是也。自此以下，皆癸酉之事。舊説須材爲供喪者，與上下文不相入。」

蕙田案：以下，即位日陳設之禮也。須材，金氏説是。若供喪，不應在既殯之後。

狄設黼扆、綴衣。牖間南向，敷重篾席，黼純，華玉，仍几。西序東嚮，敷重底席，綴純，文貝，仍几。東序西嚮，敷重豐席，畫純，雕玉，仍几。西夾南向，敷重筍席，玄紛純，❶漆，仍几。越玉五重，【疏】上云「西序東嚮」、「東序西嚮」，則序旁已有王之坐矣。下句陳玉，復云在東序、西序者，明于東西序坐北也。西序二重，東序三重，二序共爲列玉五重。陳寶：【疏】陳先王所寶之器物。赤刀、大訓、弘璧、琬琰，在西序；大玉、夷玉、天球、河圖，在東序；允之舞衣、大貝、鼖鼓，在西房；兑之戈、和之弓、垂之竹矢，在東房。

蕙田案：此路寢堂上之陳設也。

大輅在賓階面，綴輅在阼階面，先輅在左塾之前，次輅在右塾之前。

蕙田案：此路寢庭之陳設也。

二人雀弁，執惠，立于畢門之内。四人綦弁，執戈上刃，夾兩階戺。一人冕，執劉，立于東堂。一人冕，執鉞，立于西堂。一人冕，執戣，立于東垂。一人冕，執瞿，立于西垂。一人冕，執鋭，立于側階。【疏】立畢門及夾兩階服弁者，皆士也。以去殯遠，故使士爲之。立堂上堂外服冕者，皆大夫也。以去殯近，故使大夫爲之。先門，次階，次堂，從外向内而序之也。次東西垂，次側階，又從近向遠而序之也。前陳坐位器物，皆以西爲上，由王殯在西序故也。此執兵宿衛之人，則先東而後西者，以新王在東故也。

陳氏經曰：「自『設黼扆』至此，典章文物之備，一以象

❶「紛」，原作「粉」，據庫本改。

前王平生所坐、所寶、所乘、所衛，以起嗣王之追慕而盡誠紹述也；一以昭前王委重投艱之意，使嗣王肅敬以祇承也；一以起群臣諸侯之尊敬，想慕前王而繫心于嗣王也；一以表人主之崇高富貴，尊無二上，而傳授之正如此，以絶天下覬覦之萌也。」

蕙田案：此路寢宿衛之執事也。合前二條，陳設之儀法已備。後世即位儀注多本此。

王麻冕黼裳，由賓階隮。卿士邦君，麻冕蟻裳，入即位。【疏】王麻冕者，蓋衮冕也。鄭云「衮之衣五章，裳四章」，以黼有文，故特言之。禮，君升阼階，此用西階升者，以未受顧命，不敢當主也。公卿大夫及諸侯皆同服吉服，如助祭，各服其冕服也。蟻，蟲，色玄。禮，祭服皆玄衣纁裳，此獨云玄裳者，不可全與祭同，改其裳，以示變于常也。

吕氏祖謙曰：「儀物既備，然後延嗣王受顧命而踐位，自此始稱王。」

太保、太史、太宗皆麻冕彤裳。太保承介圭，上宗奉同瑁，由阼階隮。太史秉書，由賓階隮，御王册命，曰：「皇后憑玉几，道揚末命，命汝嗣訓，臨君周邦，率循大卞，燮和天下，用答揚文、武之光訓。」【疏】鎮圭，圭之大者，天子之所守，故奉之以奠康王所位，以明正位爲天子也。

林氏之奇曰：「介圭以爲天子之守，而冒圭以合諸侯之信，故當康王之受顧命，皆奉而陳之。」

夏氏僎曰：「圭、瑁，先王所執，今將授嗣王，若先王予之，故自阼階而升。太史執書，將進之嗣王，故與王接武同升。」

【蔡《傳》】成王顧命之言，書之册矣，此太史口陳者也。

蕙田案：此即位授瑁授册之禮。

王再拜，興，答曰：「眇眇予末小子，其能而亂四方以敬忌天威。」乃受同、瑁，王三宿，三祭，三咤。上宗曰：「饗。」【疏】天子執瑁，故受瑁爲主。同是酒器，故受同以祭。三祭各用一同，非一同而三反也。《釋詁》云：「肅，進也。」宿即肅也。三宿，爲三進爵，從立處而三進至神所也。三祭，三酹酒于神坐也。每一酹酒，則一奠爵，三奠爵于地也。經典無此「咤」字，以既祭必當奠爵，既言三祭，知三咤之爲奠爵也。王肅亦以咤爲奠爵。禮，於祭末必飲神之酒，受神之福。此非大祭，故上宗以同酌酒進王，讚王曰「饗福酒」也。

陳氏櫟曰：「『咤』有兩説：孔氏以爲奠爵，蘇氏以爲至齒不飲，與『嚌』同義。考字書。『詫』與『吒』同，祭奠酒爵也。『咤』本『詫』字，傳寫訛耳。孔氏音釋云：《説文》作『詫』。由是觀之，則『咤』訓奠爵不可易。」

鄒氏季友曰：「吉祭，尸受酒，灌于地。此非吉祭，不迎尸，故王代尸祭酒也。」

蕙田案：此即位而告奠于殯宮也。

太保受同，降，盥，以異同秉璋以酢。授宗人同，拜，王答拜。【疏】太保更洗異同實酒，乃秉璋以酢祭于上。祭後復報祭，猶如正祭之亞獻也。

陳氏櫟曰：「王祭告成，王言己已受顧命也。太保授同而拜，告成王己已傳顧命也。」

陳氏師凱曰：「此王答召公拜也，冢宰傳顧命以相授，見大臣如見先王也。王答召公拜，敬大臣，即以敬先王也。」

太保降，收。諸侯出廟門俟。

吕氏祖謙曰：「『太保降收』者，蓋百官總己以聽召公，公退則有司收徹矣。俟者，俟見康王于門外也。」

鄒氏季友曰：「《爾雅》：『室有東西廂曰廟。』疏：『凡太室有東西廂夾室及前堂有序墻者曰廟。』不專以神居爲廟也。上文東序、西序即東西廂也。惟路門内有之，故獨稱路門爲廟門。《禮記·聘義》云：『三讓而後傳命，三讓而後入廟門。』所謂廟門，但指路寢之門而言，初非言神居，亦非因有廟也。《周禮·司儀》載諸侯相見交幣之禮，亦有『及廟』之文，今人尚有『廟堂』、『廊廟』之語。孔氏謂『殯之所處，故曰廟』，蔡氏因之，蓋泥于神居爲廟也。」

蕙田案：以上即位告殯宮之事已畢，下遂臨治朝而見諸侯百辟卿士也。

【《康王之誥》】王出，在應門之内。太保率西方諸侯入應門左，畢公率東方諸侯入應門右，皆布乘黃朱。賓稱奉圭兼幣，曰：「一二臣衛，敢執壤奠。」皆再拜稽首。王義嗣德，答拜。

鄒氏季友曰：「『應』字平聲爲正音，去聲爲借音，故陸氏于此無音。《禮記》疏云：『應，當也，謂南向當朝正門也。』治朝在路門外，王日視治之朝。」

蕙田案：應門之內，蓋治朝也。

王氏振綱曰：「黃朱是幣，當依蔡《傳》後注。古人以一爲奇，二爲偶，三爲參，四爲乘。布乘黃朱，言所布黃朱之幣各四也。故下言『奉圭兼幣』，圭是王朝所頒信瑞也，幣是諸侯所獻壤奠也，非『陳四黃馬而朱其鬣』也。」

蕙田案：此即位受朝而諸侯執贄以見王也。古人贄見之禮，莫重于玉幣，故祀享神祇皆獻玉幣，臣之奉君猶王之奉天，王氏之說不可易也。若如疏說，每一諸侯皆布四馬於朝，非特與執贄不合，且朝內何以容之？人馬相雜，豈復成體統乎！

【蔡《傳》】「再拜稽首」，以致敬。義，宜也。「義嗣德」云者，史氏之辭也。康王宜嗣前人之德，故答拜也。答拜，正其爲後，且知其以喪見也。

蕙田案：此即位，正其爲天子，而兼爲後之禮，故答拜。

太保暨芮伯咸進，相揖，皆再拜稽首，曰：「敢敬告天子，皇天改大邦殷之命，惟周文、武誕受羑若，克恤西土，惟新陟王畢協賞罰，戡定厥功，❶用敷遺後人休。今王敬之哉，張皇六師，無壞我高祖寡命。」

【《古今考》】古之揖，天子以待臣下，以手著胸曰揖，蓋雙拱手向胸也。下手曰拜。

呂氏祖謙曰：「二伯率諸侯列門左右，朝會分班儀也。太保、芮伯咸進相揖，朝會合班儀也。始而分班，則諸侯兩列，西伯與東伯之位相對。今而合班，則六卿前

❶「戡」，原作「勘」，據庫本改。

列，家宰與司徒之位相次。」

蕙田案：此即位之後，既朝而更奏告也。

王若曰：「庶邦侯甸男衛，惟予一人釗報誥，昔君文、武丕平，富不務咎，底至齊信，用昭明于天下。則亦有熊羆之士，不二心之臣，保乂王家，用端命于上帝。皇天用訓厥道，付畀四方，乃命建侯樹屏，在我後之人。今予一二伯父尚胥暨顧，綏爾先公之臣服于先王。雖爾身在外，乃心罔不在王室，用奉恤厥若，無遺鞠子羞。」

蕙田案：此初即位而報告諸侯也。

群公既皆聽命，相揖，趨出。王釋冕，反喪服。

蘇氏軾曰：「成王崩，未葬，君臣皆冕服，禮與？曰：非禮也。謂之變禮可乎？曰：不可。禮變于不得已。嫂非溺，終不援也。三年之喪，既成服，釋之而即吉，無時而可者。曰：成王顧命，不可以不傳。既傳，不可以喪服受也？曰：何爲其不可也？孔子曰：『將冠子，未及期日，而有齊衰、大功之喪，則因喪服而冠。』冠，吉禮也，猶可以喪服行之，受顧命、見諸侯獨不可以喪服乎？太保使太史奉册授王于次，諸侯入哭于路寢而見王于次，王喪服受教戒諫，哭踊答拜，聖人復起，不易斯言矣。《春秋傳》曰：『鄭子皮如晉，葬晉平公。將以幣行，子産曰：「喪安用幣？」子皮固請以行。既葬，諸侯之大夫欲因見新君，叔向辭之，曰：「大夫之事畢矣，而又命孤。孤斬焉在衰絰之中，其以嘉服見，則喪禮未畢；其以喪服見，是重受弔也，大夫將若之何？」皆無辭以退。』今康王既以嘉服見諸侯，而又受乘黄玉帛之幣，使周公在，必不爲此。然則孔子何取此書也？曰：至矣！其父子君臣之間，教戒深切著明，足以爲後世法，孔子何爲不取哉？然其失禮，則不可不辨。」

【《朱子語類》】潘時舉問：「康王釋喪服而被衮冕，受虎賁之逆于南門之外，且受黄朱圭幣之獻，諸家皆以爲禮之變，獨蘇氏以爲『失禮。使周公在，必不爲此』。

未知當此際合如何區處？」曰：「天子諸侯之禮與士庶人不同，故《孟子》有『吾未之學』之語，蓋謂此類耳。如《伊訓》元祀十有二月朔，亦是新喪，伊尹已『奉嗣王祗見厥祖』，固不可用凶服矣。漢、唐新主即位，皆行册禮，君臣亦皆吉服，追述先帝之命以告嗣王。《韓文》外集《順宗實録》中有此事可考。蓋易世傳授，國之大事，當嚴其禮。而王侯以國爲家，雖先君之喪，猶以爲己私服也。五代以來，此禮不講，則始終之際，殊草草矣。」

葉氏夢得曰：「康王此舉，必有大不得已而然者。蓋成王初即位，猶有三監殷民之變，微周公，天下未可知，況不及成王、周公者乎？故召公權一時之宜，而遽正君臣之分。若曰三年之喪，天下之通喪也，亦天下之大義也。通喪，天下之所同；大義，天子諸侯之所獨。故不以通喪廢大義，而吉凶又不可相亂，則以冕服朝諸侯，以爲常禮則不可，以爲非禮亦不可。傳及後世，卒不能奪康王之所爲，然後知此書之録於經，非孔子不能權于道，以盡萬世之變也。」

吕氏祖謙曰：「《顧命》，成王所以正其終；《康王之誥》，康王所以正其始也。舜除堯之喪，格廟而咨四岳；成王除武王之喪，朝廟而訪群臣，皆百王之正禮。然成湯方没，伊尹遽偕群后侯甸陳訓太甲焉。禮固有時而變矣。説者不疑太甲受伊尹之訓于居憂之時，乃疑康王受畢、召之戒于宅恤之日，甚者以晉辭諸侯爲證，然則隆周之元老，反不若衰晉之陪臣耶？」

朱氏鶴齡曰：「以上諸説，當與蘇説並

存。胡康侯傳《春秋》，乃云『是時成王方崩，就殯猶未成服，故用麻冕黼裳，乃受顧命，誥諸侯，然後成服宅憂』。愚謂經文明言『王反喪服』，則先時已成服矣。禮，天子七日而殯。自乙丑至癸酉，凡九日，無不殯者。殯後無不成服之禮。章俊卿又言：『古天子諸侯，既殯，即嗣位改元。康王所行，正人君即位之常禮。春秋時之踰年即位及嗣君稱子，乃夫子書之，以著其變周制而啟亂源。』此說吾尤不敢信。」

蕙田案：此條尤即位禮之有關係者，惟朱子爲能得古聖人經權之義。葉氏、吕氏説足相發明。《禮》云：「喪三年不祭，惟祭天地社稷。」祭祀尚易吉服，何況即位以臨天下耶？

又案：即位之禮，惟此二篇，最爲詳備。由是而上推之，文、武可知也；由是而更推之，夏、商可知也。周監二代，此禮必傳之典册而非倉卒舉行者。後世之禮，皆權輿于此矣。夫子曰：「所損益可知也，雖百世可知也。」豈非考禮之大法哉！故備著之，以爲成憲之準。

【《紀元表》】癸亥，康王元年。十七年，魯考公元。　二十一年，魯煬公熙元。　在位二十六年，子昭王瑕立。　己丑，昭王元年。十五年，魯魏公濆元。　在位五十一年，子穆王滿立。　庚辰，穆王元年。十四年，魯厲公擢元。　十七年，趙造父元。　五十一年，魯獻公具元。　在位五十五年，子共王翳扈立。　乙亥，共王元年。　在位十二年，子懿王囏立。　丁亥，懿王元年。　在位二十五年，共王之弟孝王辟方立。　壬子，孝王元年。十三年甲子，封非子爲附庸邑之秦。　在位十五年，懿王子燮立，是爲夷王。**丁卯，夷王元年。**八年，楚熊渠元，僭稱王。在位十六年，子厲王胡立。**癸未，厲王元年。**是年，齊胡公元。二年，楚熊摯紅元。三年，楚熊延元。十三年，衛頃侯元。十五年，曹夷伯喜、燕惠侯元。十六年，蔡武侯元。二十年，齊獻公山元。二十一年，晉靖侯宜臼、宋僖公舉元。二十二年，秦侯元。二十四年，魯直公濞元。二十五年，衛僖侯、陳幽公寧元。二十九年，齊武公壽元。三十二年，秦公伯、楚熊勇元。三十五年，秦仲元。三十九年，晉僖侯司徒元。四十二年，楚熊嚴、蔡夷侯元。四十五年，曹幽伯彊元。四十八年，陳釐公孝元。四十九年，宋惠公覸元。在位五十一年。三十七年己未，國人叛，王出居彘。三十八年，召公、周公行政，號「共和」。癸酉，崩于彘，子宣王靖立。**甲戌，宣王元年。**是年楚熊霜元。二年，燕僖侯莊元。三年，魯武公敖、曹戴伯蘇元。四年，齊厲公無忌元。六年，晉獻侯籍元。七年，秦莊公、楚熊狗元。十三年，魯懿公戲、齊文公赤元。十六年，衛武公和元。十七年，晉穆侯費元。十九年，蔡僖侯所事元。二十二年，魯伯御元。二十五年，齊成公説元。二十八年，宋戴公元。二十九年，楚熊咢元。三十三年，魯孝公稱、陳武公靈、曹惠伯兕元。三十四年，齊莊公贖元。三十八年，楚若敖熊儀、燕頃侯元。四十四年，晉殤叔元。在位四十六年，太子涅踐位。**庚申，幽王元年。**二年，晉文侯仇元。五年，秦襄公、陳平公燮元。在位十一年，庚午，申侯與犬戎入寇，被弒，太子宜臼立。**辛未，平王元年。**三年，魯惠公弗涅元。五年，燕哀侯元。六年，秦文公、宋武公司空元。七年，燕鄭侯元。八年，楚熊坎元。十年，蔡共侯興元。十二年，蔡戴侯、曹穆公武元。十四年，楚熊眴、衛莊公揚元。十五年，曹桓公終生元。十七年，陳文公圉元。二十一年，杞武公元。二十二年，蔡宣侯考父元。二十四年，宋宣公力元。二十六年，晉昭侯伯元。封叔父成師于曲沃，號桓叔。二十七年，陳桓公鮑、晉曲沃桓叔元。二十八年，鄭莊公寤生元。三十一年，楚熊通元。三十三年，晉孝侯平元。三十七年，衛桓公完元。四十一年，齊僖公禄甫、曲沃莊伯元。四十三年，宋穆公和、燕穆侯元。

四十八年，晉鄂侯郄元。　四十九年，魯隱公息姑元，春秋之始。　在位五十一年，太子洩父早卒，孫林立。

【《春秋》隱公元年《公羊傳》】元年者何？君之始年也。【注】變一爲元，元者，氣也，王者當繼天奉元，善成萬物。

杜氏預曰：「凡人君即位，欲其體元居正，故不言一年一月也。」

蕙田案：《書》「月正元日」，則日亦稱元也。

吕氏大圭曰：「不書即位，禮之不舉也。　新君踰年即位，由阼階，三揖而後升，謂之踐阼。　禮不舉，故不書也。　桓、宣得國之初，必有以正其朝廟、臨群臣之禮，故書之。　定元年春不書即位，而于夏之六月書之，蓋于是時始得以正其朝廟、臨群臣之禮耳。」

蕙田案：新君踐阼朝廟而臨群臣，蓋即《虞書》「受終」、「受命」之禮是也。

【《紀元表》】壬戌，桓王元年。　是年，宋殤公與夷元。　二年，衛宣公晉元。　三年，晉哀侯光元。　五年，秦寧公、晉曲沃武公、滕宣公嬰齊元。　六年，蔡桓侯封人元。　九年，魯桓公軌元。　十年，宋莊公馮、燕宣侯元。　十二年，晉小子侯元。　十四年，陳厲公躍元。　十六年，晉侯湣元。　楚熊通僭稱王。　十七年，秦出公、杞靖公元。　十九年，曹莊公射姑元。　二十年，鄭厲公突元。　二十一年，衛惠公朔、陳莊公林元。　二十三年，齊襄公諸兒、秦武公、燕桓侯、許穆公新臣元。　在位二十三年，子佗立。　乙酉，莊王元年。　是年，鄭昭公忽元。　二年，衛黔牟元。　三年，蔡哀侯獻舞、鄭子亹元。　四年，魯莊公同、鄭子儀元。　五年，陳宣公杵臼元。　六年，宋閔公捷元。　七年，燕莊公元。　八年，楚文王熊貲元。　九年，衛惠公朔後元。　十二年，齊桓公小白元。　在位十五年，子胡齊立。　庚子，釐王元年。　是年，宋桓公御説元。　三年，鄭厲公突後元。　四年，晉武公稱滅晉侯湣，以其寶賂王，列爲諸侯，在位五年，子閬立。　乙巳，惠王元年。　是年，晉獻公詭諸、楚熊囏元。　二年，秦宣公元。　三年，蔡穆侯肸元。　五年，鄭文公捷、杞惠公元。　六年，楚成王熊惲元。　七年，曹僖公夷元。　九年，衛懿公赤元。　十二年，邾文公蘧除元。　十四年，秦成公元。　十六年，魯閔公啟方、曹昭公班元。　十七年，衛戴公申元。　十八年，魯僖公申、秦穆公任好、衛文公燬元。　二十年，燕襄公元。　二十二年，許僖公業元。　二十三年，杞成公元。　在位二十五年，子鄭立。　庚午，襄王元年。　二年，晉惠公夷吾、宋襄公茲父元。　五年，陳穆公款元。　七年，蔡莊侯甲午元。　十年，齊孝公昭元。　十六年，晉懷公圉、宋成公王臣、杞桓公姑容元。　十七年，晉文公重耳元。　十八年，衛成公鄭元。　二十年，齊昭公潘元。　二十一年，陳共公朔元。　二十五年，晉襄公驩、鄭穆公蘭元。　二十六年，魯文公興元。　二十七年，楚穆王商臣元。　三十一年，許昭公錫我元。　三十二年，晉靈公夷皋、秦康公罃元。　三十三年，宋昭公杵臼元。　在位三十三年，子壬臣立。　癸卯，頃王元年。　二年，曹文公壽、燕桓公元。　六年，楚莊王旅、陳靈公平國、邾定公貜且元。　在位六年，子班立。　己酉，匡王元年。　是年，齊懿公商人元。　二年，蔡文侯申元。　三年，宋文公鮑元。　五年，魯宣公倭、齊惠公、秦共公稻元。　在位六年，弟瑜立。　乙卯，定王元年。　是年，晉成公黑臀元。　二年，鄭靈公夷元。　三年，秦桓公榮元、鄭襄公堅元。　六年，燕宣公元。　八年，晉景公獳、衛穆公遫、滕文公繡元。　九年，齊頃公無野、陳成公午元。　十三年，曹宣公廬元。　十六年，蔡景侯固、許靈公甯元。　十七年，魯成公黑肱、楚共王審元。　十九年，宋共公固、衛定公臧元。　二十一年，鄭悼公費、燕昭公元。　在位二十一年，子夷立。　丙子，簡王元年。　是年，吴壽夢元，始僭稱王。　二年，鄭成公睔元。　五年，齊靈公環元。　六年，晉厲公州蒲元。　九年，曹成公負芻元。　十年，秦景公后、衛獻公衎、莒犂比公密州元。　十一年，宋平公成元。　十三年，燕武公、邾宣公䞍元。　十四年，魯襄公午、晉悼公周元。　在位十四年，子泄心立。　庚寅，靈王元年。　二年，鄭僖公髡頑元。　四年，陳哀公弱元。　六年，杞孝公匄元。　七年，鄭簡公嘉元。　十二年，吴王諸樊元。　十三年，楚康王昭元。　十四年，衛殤公元。　十五年，晉平公彪元。　十七年，邾悼公華元。　十八年，曹武公勝、燕文公元。　十九年，齊莊公光元。　二十一年庚戌，冬十一月，孔子生。　二十三年，杞文公益姑元。　二十四年，燕懿公元。　二十五年，齊景公杵臼、吳王餘祭元。　二十六年，衛獻公衎後、❶許悼公買元。　在位二十七年，子貴立。

丁巳，景王元年。是年，楚郟敖麇、燕惠公欵元。　二年，衛襄公惡、吳王夷昧元。　三年，蔡靈侯般元。　四年，魯昭公稠元。　五年，楚靈王虔、邾莊公穿元。　七年，滕悼公寧元。　九年，秦哀公元。　十年，蔡悼公、杞平公鬱元。　十一年，衛靈公元。　十四年，晉昭公夷、宋元公佐元。　十六年，陳惠公吳、蔡平侯廬、鄭定公寧元。　十七年，楚平王熊居、燕共公元。　十八年，曹平公須、莒共公庚輿元。　十九年，吳王僚元。　二十年，晉頃公去疾元。　二十二年，燕平公、曹悼公元。　二十三年，許公斯元。　二十四年，蔡悼侯東國元。　在位二十五年，子猛立，是爲悼王。悼王崩，弟丐立。

壬午，敬王元年。二年，蔡昭侯申、莒郊公元。　三年，杞悼公成元。　四年，宋景公欒元。　五年，楚昭王軫元。　六年，曹聲公野、吳王闔閭元。　七年，鄭獻公蠆、滕頃公元。　九年，晉定公午元。　十年，薛襄公定元。　十一年，魯定公宋、曹隱公元。　十六年，燕簡公元。　十七年，許元公成元。　十九年，陳閔公、曹伯陽元。　二十年，秦惠公、鄭聲公元。　二十三年，薛伯比元。　二十四年，越王句踐、薛惠公夷元。　二十五年，吳王夫差元。　二十六年，魯哀公蔣元。　二十八年，衛出公輒、燕獻公元。　二十九年，秦悼公元。　三十年，蔡成侯朔元。　三十一年，齊安孺子荼元。　三十二年，齊悼公陽生、楚惠王章元。　三十三年，宋景公滅曹。　三十四年，杞閔公維、邾子革元。　三十六年，齊簡公壬元。　三十九年，魯西狩獲麟，孔子作《春秋》。　四十年，齊平公驁元。　四十一年，衛莊公蒯聵元。　四十三年，衛君起元。　四十四年，秦厲共公元，衛出公輒後元年。　在位四十四年，子仁立。

丙寅，元王元年。二年，晉出公錯元。　三年，越滅吳。　四年，邾隱公益後元年。　五年，蔡聲侯產元。　六年，邾子何元。　七年杞哀公閼路元。　在位七年，子介立。

癸酉，貞定王

---

❶「衛獻公衎後」，據本書體例及《史記·十二諸侯年表》，「後」下當有「元」字。

元年。是年，宋昭公得、衛悼公黚元。　二年，魯悼公寧元。　五年，燕孝公、越王鹿郢元。　七年，鄭哀公易元。　八年杞出公敕元。　十一年，越王不壽元。　十三年，晉哀公驕、蔡元侯元。　十四年，齊宣公積元。　十五年，鄭共公丑元。　十九年，衛敬公、蔡侯齊元。　二十年，燕成公載元。　二十一年，越王翁元。　二十二年，楚惠王滅蔡。　二十七年，秦躁公元。　在位二十八年，子去疾立，是爲哀王。三月，弟叔自立，是爲思王。五月，少弟嵬弑思王自立，是爲考王。

辛丑，考王元年。三年，晉出公柳元。　八年，燕閔公元。　十年，楚簡王仲元滅莒，衛昭公糾元。　十一年，魯元公嘉元。　十三年，秦懷公元。　在位十五年，子午立。西周君封小子班于鞏，是爲東周。東西周分之始。

丙辰，威烈王元年。是年，衛懷公亹元。❶　二年，秦靈公、鄭幽公已元。　四年，鄭繻公駘元。　五年，晉烈公止元。　十二年，秦簡公悼子、衛慎公頹元。　十五年，越王翳元。　十七年，魯穆公顯元。　十九年，楚聲王當元。　二十二年，齊康公貸元。　二十三年，初命韓、趙、魏爲諸侯。　二十四年，燕僖公莊元。　在位二十四年，子驕立。

《集成》曰：「《史記·六國表》威烈王二年，載魏文侯元年；十八年，載韓景侯、趙烈侯元年。是時三晉雖專國政，實則大夫，不可列于諸侯。《綱目》于二十三年下始註：『韓、趙、魏爲諸侯。』今從《綱目》例書。」

庚辰，安王元年。是年，楚悼王類元。　三年，秦惠公、韓烈侯取、趙武公元。　七年，宋休公田、鄭康公乙元。　八年，晉孝公頎元。❷　十六年，齊太公元。　田和初受王命爲諸侯。秦出公、韓文侯、趙敬侯章、魏武侯擊元。　十八年，田齊桓公午、秦獻公師隰元。　二十二年，楚肅王臧元。　二十四年，田齊威王因齊元。　二十五年，晉靖侯俱酒元。　在位二十六年，子喜立。

丙午，烈王元年。是年，越王之侯元。韓哀侯滅鄭。　二年，趙成侯種元。　四年，宋辟公辟兵、衛聲公訓、燕桓

❶「懷」，《史記·六國表》作「悼」。
❷「頎」，《史記·六國表》作「傾」。

公元。　六年，韓懿侯、魏惠侯罃元。　七年，宋公剔成、楚宣王良夫元。　在位七年，弟扁立。　**癸丑，顯王元年。**八年，衛成公遬、秦孝公渠梁、燕文公元。　十一年，韓昭侯元。　十三年，越王無疆元。　十五年，魯康公屯元。　十九年，秦孝公徙都咸陽。　二十年，趙肅侯語元。　二十三年，衛公貶號曰侯。　二十四年，魯景公偃元。　三十年，楚威王商元。　三十二年，秦惠文公駟元。　三十五年，齊、魏僭稱王。魏惠王罃後元年。　三十六年，蘇秦合從。　三十七年，衛平侯、田齊宣王辟疆、韓宣惠侯、燕易公元。　四十一年，宋元公偃、楚懷王槐元。　四十四年，趙武靈王雍元，僭稱王。　秦僭稱王。　四十五年，衛嗣侯元。秦惠文王駟後元年。　四十六年，韓、燕僭稱王，不改元。　在位四十八年，子定立。　**辛丑，慎靚王元年。**是年，燕王噲元。衛侯貶號曰君。　二年，張儀連衡。　三年，魏襄王嗣元。　宋僭稱王。　五年，魯平公叔元。　在位七年，子延立。　**丁未，赧王元年。**二年，田齊閔王地元。　四年，韓襄王倉元，燕昭王平元。　五年，秦武王蕩元。　九年，秦昭襄王稷元。　十七年，趙惠文王何、楚頃襄王橫元。　十九年，魯湣公賈元。　二十年，韓僖王咎、魏昭王遬元。　二十九年，齊、楚、魏共滅宋。　三十二年，田齊襄王法章元。　三十三年，衛懷君元。　三十七年，燕惠王元。　三十九年，魏安釐王圉元。　四十二年，魯頃公讎元。　四十三年，韓桓惠王元。　四十四年，燕武成王元。　五十年，趙孝成王丹元。　五十三年，楚考烈王完元。　五十八年，燕孝王元。　五十九年，秦人入寇，王入秦，盡獻其地，周民東亡就鞏，東周君傑保遺民，奉周宗廟社稷。　**丙午，東周君元年。**二年，燕王喜元。　五年，衛元君元。　六年，秦孝文王柱元。　七年，東周君爲秦所滅。

右周。

壬子，秦莊襄王楚元。楚滅魯。甲寅，漢高帝劉邦生。　**乙卯，**秦王政元。　**丁巳，**趙悼襄王偃元。　**己未，**魏景閔王增元。　**癸亥，**韓王安元。　**甲子，**楚幽王悍元。　**辛未，**秦滅韓。　**壬申，**衛君角元。　**甲戌，**魏王假、代王嘉、楚王負芻元。　**丙子，**秦滅魏。　**戊寅，**秦滅楚。　**己卯，**秦滅燕、趙。

庚辰，秦始皇帝二十六年，并天下，稱皇帝。是年，齊亡。共在位三十七年，子胡亥立。　壬辰，二世皇帝元年。是年，衛亡。楚隱王陳勝、趙王武臣、魏王咎、燕王韓廣、齊王田儋元。　項梁起兵于吳。漢高帝起兵于沛，自立爲沛公。　二年，楚懷王、韓王成、趙王歇、魏王豹元。　在位三年，趙高弑帝，立子嬰。　乙未，王子嬰元年。是年，沛公入關，至霸上，王子嬰降。西楚霸王項羽、漢王劉邦、雍王章邯、塞王司馬欣、翟王董翳、魏王豹、河南王申陽、殷王司馬卬、代王趙歇、常山王張耳、九江王英布、衡山王吴芮、臨江王共敖、膠東王田市、齊王田都、濟北王田安、韓王鄭昌、齊王田榮元。

右秦。

丙申，西楚霸王弑義帝于江中。代王陳餘、齊王田廣元。

丁酉，齊王田横元。

【《漢書·高祖本紀》】五年，諸侯王及太尉長安侯臣綰等三百人，與博士稷嗣君叔孫通謹擇良日二月甲午，上尊號。漢王即皇帝位于汜水之陽。【《括地志》】漢高祖即位壇，在曹州濟陰縣界。　在位十二年，太子盈立。

【《紀元表》】丁未，惠帝元年。在位七年，太子立，是爲少帝。太后臨朝稱制。　甲寅，高皇后吕氏元。丁巳，太后廢少帝，立恒山王義爲帝，更名宏，太后仍臨朝稱制。　壬戌，太后崩，高帝子代王恒立。

【《史記·孝文本紀》】孝文皇帝，高祖中子也。高后八年，諸吕欲爲亂，大臣共誅之，謀召立代王。使人迎代王，乘傳詣長安，至渭橋，群臣拜謁稱臣，代王下車拜。太尉勃跪上天子璽符，代王謝曰：「至代邸而議之。」丞相陳平、太尉周勃、大將軍陳武、御史大夫張蒼、宗正劉郢、朱虚侯劉章、東牟侯劉興居、典客劉揭皆再拜言曰：「子宏等皆非孝惠子，不當奉宗廟。臣謹請與陰安侯列侯頃王后與瑯琊王、❶宗室、大臣、列侯、吏二千石議曰：『大王高帝長子，宜爲高帝嗣。』願大王即天子位。」代王曰：「奉高帝宗廟，重事也。寡人不佞，不足以稱宗廟。願請楚王計宜者，寡人不敢當。」群臣皆伏固請。代王西鄉讓者三，南鄉讓者再。丞相平等皆曰：「臣伏計之，大王奉高帝宗廟最宜稱，雖天下諸侯萬民以爲宜。臣等爲宗廟社稷計，不敢忽。願大王幸聽臣等，臣謹奉天子璽符再拜上。」代王曰：「宗室將相王列侯以爲莫宜寡人，寡人不敢辭。」遂即天子位。群臣以禮次侍。即日夕入未央宮，下詔書赦天下，賜民爵一級，女子百户牛酒，酺五日。元年十月辛亥，皇帝即阼，謁高廟。

【《漢書·文帝紀》】即皇帝位于代，入未央宮。還坐前殿。十月辛亥，見于高廟。在位二十三年，太子啟立。

【《通鑑》胡三省注】如淳曰：「讓群臣也。或曰賓主位東西面，君臣位南北面，故西鄉坐三讓不受，群臣猶稱宜，乃更南鄉坐，示變，即君位之漸也。」余謂如説以爲代王南鄉坐爲即君位之漸，恐非代王所以再讓之意。蓋王入代邸而漢庭群臣繼至，王以賓主禮接之，故西鄉。群臣勸進，王凡三讓，群臣遂扶王正南面之位，王又讓者再，則南鄉，非王之得已也，群臣扶之使南鄉耳，遽以爲南鄉坐，可乎？

【《文獻通考》】馬氏曰：「古之受終革命者，必告于天地、祖宗。堯、舜之禪讓，湯、武之征伐，未之有改也。漢承秦後，典禮隳廢，以古人所以郊祀天地者，施之五時之淫祠，而未嘗有事天地之禮。高皇帝平秦滅項，諸侯王推戴即皇帝位于汜水之陽，亦不聞有燔燎告天之事，于義闕矣。至文帝以後，則凡嗣君即位，必謁見高廟，亦受命祖宗之意。」

【《通鑑》】十六年秋九月，新垣平言：「臣候

❶ 上「與」字，中華書局校點本《史記》删之。

日再中。」於是始更以十七年爲元年。

蕙田案：此帝王有後元年之始。後世改元，皆本此。

「七年六月丁未，太子即皇帝位。」

鄭氏樵曰：「漢大斂畢，三公奏《尚書・顧命》，太子即日即天子位于柩前。請太子即皇帝位，皇后爲皇太后。奏可。群臣皆出，吉服入會如儀。太尉升自阼階，當柩御坐，北面稽首，讀册畢，以傳國玉璽綬東面跪授，皇太子即皇帝位。告令群臣，群臣皆伏稱萬歲。或大赦天下。群臣百僚罷，入成喪服如禮。」

蕙田案：此禮即倣《尚書・顧命》、《康王之誥》二篇爲之，後世即位禮，史雖不詳，大略同此。

【《紀年表》】乙酉，景帝元年。　壬辰，中元年。　戊戌，後元年。在位十六年，太子徹立。

【《史記・孝武本紀》】有司言元宜以天瑞命，不宜以一二數。一元曰建元，二元以長星曰元光，三元以郊得一角獸曰元狩。有司言寶鼎出爲元鼎，以今年爲元封元年。改歷，以正月爲歲首，因爲太初元年。

胡氏三省曰：「自古帝王未有年號，始起于此。貢父曰：『《封禪書》云：「其後三年，有司言元宜以天瑞命，不宜以一二數。」推所謂「其後三年」者，蓋盡元狩六年至元鼎三年也。然元鼎四年方得寶鼎，又無緣先三年稱之。以此而言，自元鼎以前之年，皆有司所追命。其實年號之起在元鼎，故元封改元則始有詔書也。』」

蕙田案：胡氏説是。

【《紀元表》】辛丑，武帝建元元年。六。　丁未，元光元年。六。　癸丑，元朔元年。六。　己未，元狩元年。六。乙丑，元鼎元年。六。辛未，元封元年。六。丁丑，太初元年。四。辛巳，天漢元年。四。乙酉，太始元年。四。己丑，征和元年。四。癸巳，後元元年。二。在位五十四年，改元十一。太子弗陵立。乙未，昭帝始元元年。六。辛丑，元鳳元年。六。丁未，元平元年。一。在位十三年，改元三。武帝曾孫病已立，更諱詢。

【《漢書·宣帝本紀》】元平元年，昭帝，❶毋嗣。大將軍霍光奏議曰：「禮，人道親親故尊祖，尊祖故敬宗。大宗無嗣，擇支子孫賢者爲嗣。孝武皇帝曾孫病已，可以嗣孝昭皇帝後。」奏可。遣宗正德至曾孫尚冠里舍，洗沐，賜御府衣。太僕以軨獵車奉迎曾孫，就齊宗正府。庚申，入見未央宮，❷見皇太后，封爲陽武侯。已而群臣奏上璽綬，即皇帝位，謁高廟。

【《紀元表》】戊申，宣帝本始元年。四。壬子，地節元年。四。丙辰，元康元年。四。庚申，神爵元年。四。甲子，五鳳元年。四。戊辰，甘露元年。四。壬申，黃龍元年。一。在位二十五年，改元七。太子奭立。癸酉，元帝初元元年。五。戊寅，永光元年。五。癸未，建昭元年。五。戊子，竟寧元年。一。在位十六年，改元四。太子驁立。己丑，成帝建始元年。四。癸巳，河平元年。四。丁酉，陽朔元年。四。辛丑，鴻嘉元年。四。乙巳，永始元年。四。己酉，元延元年。四。癸丑，綏和元年。二。在位十六年，改元七。定陶共王子欣立。乙卯，哀帝建平元年。四。己未，元壽元年。二。在位六年，改元二。中山孝王子衎立。辛酉，

❶「昭帝」，校點本《漢書》「帝」下有「崩」字。
❷「入」下，校點本《漢書》無「見」字。

平帝元始元年。五。封王莽爲安漢公，秉政。在位五年，改元一。宣帝曾孫嬰立，號曰孺子。安漢公王莽居攝踐阼。丙寅，孺子嬰元年。王莽僭稱假皇帝，安衆侯劉崇起兵。二年丁卯，東郡太守翟義起兵。戊辰，初始元年。王莽廢孺子嬰爲定安公，篡位，國號新，僭稱皇帝。己巳，新莽始建國元年，徐鄉侯劉快起兵。甲戌，新莽天鳳元年。四年，臨淮瓜田儀，瑯琊吕母，新市王匡、王鳳，南郡馬武、王常、成丹，南郡張霸，江夏羊牧，俱起兵。五年，赤眉樊崇、東海刁子都起兵。庚辰，王莽地皇元年。二年，南郡秦豐、平原女子遲昭平起兵。三年，景帝六世孫齊武王縯及弟光武帝秀起兵舂陵，興復漢室。平林陳牧、廖湛起兵。癸未，漢兵誅新莽。淮陽王劉聖公稱帝，號更始元年，殺齊武王縯，以光武爲破虜大將軍，行大司馬事。梁王劉永起兵睢陽，稱元年。王郎僭稱漢帝元年。隗囂起兵成紀，彭寵起兵漁陽，公孫述起兵成都。甲申，立光武爲蕭王。公孫述僭稱蜀王。元年，張步起兵瑯琊。

右漢。

【《後漢書·世祖本紀》】建武元年：「命有司設壇場于鄗之南千秋亭五成陌。【注】壇謂築土，場謂除地。秦法，十里一亭。南北爲阡，東西爲陌。其地在今趙州栢鄉縣。六月己未，即皇帝位。燔燎告天，禋于六宗。《續漢志》：「平帝元始中，謂六宗爲《易》卦六子水、火、雷、風、山、澤也。光武中興，未改。」望于群神。其祝文曰：『皇天上帝，后土神祇，眷顧降命，屬秀黎元，爲人父母，秀不敢當。群下百辟，不謀同辭，咸曰：王莽篡位，秀發憤興兵，破王尋、王邑于昆陽，誅王郎、銅馬于河北，平定天下，海内蒙恩，上當天地之心，下爲元元所歸。讖記曰：「劉秀發兵捕不道，卯金修德爲天子。」秀猶固辭，至于再，至于三。群下僉曰：皇天大命，不可稽留。敢不敬承。』于是建元爲建武，大赦天下。」

【《祭祀志》】建武元年，光武即位于鄗，爲壇，營於鄗之陽。祭告天地，采用元始中郊祭故事，六宗群神皆從，未以祖配，天地共犢，餘牲尚約。

蕙田案：即位，燔燎告天，禋六宗，望群神，三代後始見于此。蓋是時經術大明，修復唐虞之迹也。

【《紀元表》】乙酉，後漢光武帝建武元年。三十一。是年春正月，方望以前定安公嬰稱帝于臨涇，更始遣兵擊斬之。九月，赤眉入長安，更始奔高陵。辛未，詔封更始爲淮陽王。冬十月，淮陽王降于赤眉。十二月，赤眉殺淮陽王。梁劉永僭稱帝元年。成公孫述龍興元年，僭稱帝。赤眉以劉盆子僭稱帝，號建世元年。盧芳僭稱漢帝元年。河西竇融起兵。三年，赤眉平。梁劉永子紆僭稱王元年。燕彭寵僭稱王元年。淮西董憲僭稱王元年。齊張步僭稱王元年。淮南李憲僭稱帝元年。五年，彭寵奴殺寵以降。禽梁王紆。竇融降。張步平。九年，隴西隗囂子純元年。十年，隴西隗純降。十二年，成公孫述死，成都平。十三年，盧芳亡入匈奴。十六年，盧芳降。十七年，盧芳復奔匈奴。丙辰，中元元年。二。在位三十三年，改元二，太子莊立。戊午，明帝永平元年。十八。在位十八年，改元一，太子炟立。丙子，章帝建初元年。八。甲申，元和元年。三。丁亥，章和元年。二。在位十四年，改元三，太子肇立。己丑，和帝永元元年。十六。乙巳，元興元年。一。在位十七年，改元二，太子隆立。丙午，殤帝延平元年。八月，崩，清河孝王子祐立。❶

【《後漢書・安帝本紀》】延平元年，鄧太后特詔留帝清河邸。八月，太后與兄車騎將軍鄧隲定策禁中。其夜，使隲持節，以王青蓋車迎帝，齋于殿中。皇太后御崇德殿，百官皆吉服，群臣陪位，引拜帝爲長安侯。太后詔：「以祐爲孝和皇帝嗣，奉承祖宗，案

❶「祐」，《後漢書・安帝紀》作「祜」。下「祐」字同。

禮儀奏。」又作策命。讀策畢，太尉奉上璽綬，即皇帝位。太后猶臨朝。九月庚子，謁高廟。辛丑，謁光武廟。

【《紀元表》】丁未，安帝永初元年。七。甲寅，元初元年。六。庚申，永寧元年。一。辛酉，建光元年。一。壬戌，延光元年。四。四年三月崩，在位十九年，改元五。閻皇后臨朝，立濟北惠王子、北鄉侯懿爲嗣。十月，北鄉侯薨。十一月，中黄門孫程等迎立安帝子濟陰王保入即帝位。

【《後漢書·順帝本紀》】帝諱保，安帝之子也。母李氏，爲閻皇后所害。永寧元年，立爲皇太子。延光三年，安帝乳母王聖、大長秋江京、中常侍樊豐譖太子乳母，殺之，太子數爲歎息。王聖等懼禍，搆陷太子，廢爲濟陰王。明年三月，安帝崩，北鄉侯立。薨，車騎將軍閻顯及江京與中常侍劉安、陳達等白太后，秘不發喪，而更徵立諸國王子，乃閉宮門，屯兵自守。十一月，中黄門孫程等斬江京、劉安、陳達等，迎濟陰王于德陽殿西鍾下，即皇帝位，年十一。近臣尚書以下，從輦到南宮，登雲臺，召百官。尚書令劉光等奏言：「陛下正統，當奉宗廟，而姦臣交搆，遂令陛下龍潛藩國。天命有常，北鄉不永，漢德盛明，福祚孔章。近臣建策，左右扶翼，内外同心，稽合神明。陛下踐阼，奉遵洪業，爲郊廟主。而即位倉卒，典章多缺，請條案禮儀，分別具奏。」制曰：「可。」乃召公卿百僚，使虎賁、羽林士屯南北宮諸門。閻顯兄弟率兵入，郭鎮斬顯弟衛尉景。戊午，遣使者入省，奪得璽綬，乃幸嘉德殿，收閻顯等。己未，開門，罷屯兵。壬申，謁高廟。癸酉，謁光武廟。

蕙田案：順帝被讒見廢，即位自屬變禮。據史，即位倉卒，典章多闕，則其餘諸帝，典章無闕可知也。後漢即位禮，其詳不可得聞。

【《紀元表》】丙寅，順帝永建元年。六。壬申，陽嘉元年。四。丙子，永和元年。六。壬午，漢安元年。二。甲申，建康元年。一。在位十九年，改元五。太子炳立。乙酉，冲帝永嘉元年。正月崩，渤海孝王子纘立。丙戌，質帝本初元年。閏六月，梁冀弑帝，蠡吾侯翼子志立。

【《後漢書·桓帝本紀》】帝諱志，肅宗曾孫，襲爵爲侯。本初元年，梁太后徵帝到夏門亭，將妻以女弟，會質帝崩，遂與兄冀定策禁中。閏月庚寅，使冀持節，以王青蓋車迎帝入南宮，其日即皇帝位。秋七月乙卯，葬質帝。辛巳，謁高廟、光武廟。

蕙田案：桓帝閏六月庚寅即位，七月乙卯葬質帝，辛巳謁廟，凡五十二日，是後漢制以二十七日除服後既葬而謁廟也。

【《紀元表》】丁亥，桓帝建和元年。三。庚寅，和平元年。一。辛卯，元嘉元年。二。癸巳，永興元年。二。乙未，永壽元年。三。戊戌，延熹元年。九。梁冀伏誅。丁未，永康元年。一。在位二十一年，改元七，解瀆亭侯萇子宏立。

【《後漢書·靈帝本紀》】帝諱宏，襲侯爵。桓帝崩，無子，皇太后與父城門校尉竇武定策，使劉鯈持節，左右羽林至河間奉迎。建寧元年春正月，帝到夏門亭。使竇武持節，以王青蓋車迎入殿中。庚子，即皇帝位。二月辛酉，葬桓帝。庚午，謁高廟。辛未，謁世祖廟。

蕙田案：靈帝即位而葬桓帝，後謁廟，與桓帝同。

【《紀元表》】戊申，靈帝建寧元年。四。壬子，熹平元年。六。戊午，光和元年。六。甲子，中平元年。黄巾賊張角等始作亂。　二年，黑山張燕起兵。　六年，帝崩。　在位二十一年，改元四。　皇子辯立，是爲少帝。何太后臨朝，改元光熹。八月，又改元昭寧。九月，董卓廢帝爲弘農王，弟協立，是爲獻帝，改元永漢。十二月，詔除光熹、昭寧、永漢三號，復還中平。六年，曹操起兵。　庚午，獻帝初平元年。是年，關東州郡起兵討董卓，推袁紹爲盟主。董卓以帝遷都于長安。孫堅起兵討卓。　二年，孫堅卒，子策嗣。　三年，董卓伏誅。甲戌，興平元年。是年，孫策據江南。丙子，建安元年。是年，曹操遷帝于許。　二年，袁術稱帝于壽春。　四年，漢宗室昭烈帝備起兵討曹操。　五年，孫策卒，弟權立。　七年，袁紹卒。　九年，曹操滅袁氏。　十八年，封曹操爲魏公。　十九年，昭烈取成都。　二十一年，進封曹操爲魏王。　二十三年，昭烈帝稱漢中王。庚子，延康元年。一。　是年春正月，魏王曹操薨，太子丕立。冬十月，獻帝禪位于魏。魏封帝爲山陽公。在位三十二年，改元四。魏文帝黄初元年，代神元帝拓拔力微元年，是爲北魏始祖。

右後漢。

【《三國志·蜀先主傳》】章武元年，即皇帝位于成都武擔之南。爲文曰：「惟建安二十六年四月丙午，皇帝備敢用玄牡，昭告皇天上帝，后土神祇。漢有天下，歷數無疆。曩者王莽篡盜，光武皇帝震怒致誅，社稷復存。今曹操阻兵安忍，戮弒主后，滔天泯夏，罔顧天顯。操子丕，載其凶逆，竊居神器。群臣將士，以爲社稷墮廢，備宜修之，嗣武二祖，龔行天罰。備雖否德，懼忝帝位，詢于庶民，外及蠻夷君長，僉曰『天命不可以不答，祖業不可以久替，四海不可以無主』，率土式望，在備一人。備畏天明命，又懼漢邦將湮于地，謹擇元日，與百寮登壇，受皇帝璽綬，修燔瘞，告類于天神，惟神饗祚于漢家，永綏四海。」

蕙田案：陳壽作《三國志》，魏主稱

「紀」，而蜀主稱「傳」。蓋典午得統于魏，當時不得不以魏爲正統。而後之論者，往往譏之。今觀《先主傳》中詳載告天之文，而魏、吴即位，俱從其闕。蓋隱然以正統與之，亦可以稍諒其心矣。

觀承案：陳史紀魏傳蜀，似乎以魏爲統也，然不直云《魏書》而曰《三國志》，則魏一國耳，何統之有？先主告天文，出自丹誠，上規誥誓，足垂不朽。備載之，直筆也，乃隱含帝蜀，彷彿《春秋》之旨意，深哉！稱爲良史才，信矣。

【《紀元表》】辛丑，漢昭烈帝即皇帝位，建元爲章武元年。是年，封孫權爲吴王，吴黄武元年。即帝位三年，崩，改元一，太子禪立。

【《三國志·蜀後主傳》】章武三年夏四月，先主殂于永安宫。五月，後主襲位于成都，大赦改元。

蕙田案：繼嗣之君，以即位之明年改元，此古今通禮也。後主以章武三年即位即改其年，五月以後爲建興元年，先儒所謂「崩年改元，亂世之事」，蓋始于此。

觀承案：崩年改元，實乖舊典，遂貽後世口實。然先主既東挫於吴，又即崩於永安，岌岌殆哉！則建號改元，有萬不得已者。故曰東漢人才，可與立；三國人才，可與權。

【《紀元表》】癸卯，漢後主建興元年。四年，魏文帝崩，太子叡立，是爲明帝。五年，魏明帝太和元。七年，吴黄龍元，吴王稱帝。十年，吴嘉禾元。十一年，魏青龍元。十五年，魏景初元。戊午，漢延熙元年。二十。是年，吴赤烏元。二年，魏明帝崩，太子芳立。　三年魏齊王芳正始元。　十二年，魏嘉平元。　十四年，吴太元元。　十五年二月，吴改元神鳳。　四月，孫權薨，子亮立，改爲建興。　十七年，魏司馬師廢其主芳爲齊王，迎立高貴鄉公髦，改元爲正元。吴五鳳元。　十九年，魏甘露元，吴太平元。　戊寅，漢景耀元年。五。　是年，魏封司馬昭爲晉公。吴孫綝廢其主亮，立琅琊王休，改元永安。　三年，司馬昭弑其主髦，迎立常道鄉公奂，改爲景元。　癸未，漢炎興元年。十月，爲魏所滅。　在位四十一年，改元四。

右蜀漢。

甲申，魏咸熙元年。　進封司馬昭爲晉王。　二年十二月，禪位于晉王太子司馬炎，晉封爲陳留王。

【《晉書·武帝本紀》】泰始元年冬十二月丙寅，❶設壇于南郊，百僚在位，及匈奴南單于四夷會者數萬人，柴燎告類于上帝曰：「皇帝臣炎，敢用玄牡，明告于皇皇后帝。魏帝稽協皇運，紹天明命以命炎。昔者唐堯，熙隆大道，禪位虞舜，舜又以禪禹，邁德垂訓，多歷年載。暨漢德既衰，太祖武皇帝撥亂濟時，扶翼劉氏，又用受命于漢。粤在魏室，仍世多故，幾于顛墜，實賴有晉匡拯之德，用獲保厥肆祀，弘濟於艱難，此則晉之有大造於魏也。誕惟四方，罔不祇順，廓清梁岷，包懷揚越，八紘同軌，祥瑞屢臻，天人協應，無思不服。肆予憲章三后，用集大命于兹。炎維德不嗣，辭不獲命，於是群公卿士，百辟庶僚，黎獻陪隸，暨于百蠻君長，僉曰：『皇天鑒下，求人之瘼。既有成命，固非克讓所得距違。天序不可以無統，人神不可以曠主。』炎虔奉皇運，寅畏天威，敬簡元辰，升壇受禪，告類上帝，永答衆望。」禮畢，即洛陽宮，幸太極前殿。

【《紀元表》】乙酉，晉武帝泰始元年。十。

❶「丙」，原作「景」，此蓋避唐諱改字。今回改。

是年，吴甘露元。二年，吴寶鼎元。五年，吴建衡元。八年，吴鳳凰元。乙未，咸寧元年。五。是年，吴天册元。二年，吴天璽元。三年，吴天紀元。五年，以匈奴劉淵爲左部帥。庚子，太康元年。十。是年。吴主孫皓降。吴亡。

【《晉書・孝惠帝紀》】太熙元年四月己酉，武帝崩。是日，皇太子即皇帝位，大赦，改元爲永熙。永平元年春正月乙酉朔，臨朝，不設樂。詔曰：「朕夙遭不造，淹恤在疚。賴祖宗遺靈，宰輔忠賢，得以眇身托于群后之上。昧于大道，不明於訓，戰戰兢兢，夕惕若厲。乃者哀迷之際，三事股肱，惟社稷之重，率遵翼室之典，猶欲長奉先皇之制，是以有永熙之號。然日月踰邁，已涉新年，開元易紀，禮之舊章。其改永熙二年爲永平元年。」

蕙田案：晉惠帝亦以武帝崩年改元，旋以非禮，至明年又改元，故有此詔。

又案：《紀元表》書「庚戌，惠帝永熙元年」，不書武帝太熙之號，非也。當云「庚戌，太熙元年四月，帝崩，太子即位，改元爲永熙元年」。

【《紀元表》】庚戌，惠帝永熙元年。一。是年四月武帝崩，在位二十六年，改元三，太子衷立。六月，改元爲永熙元年。辛亥，永平元年。❶三月，改元爲元康元年。九。庚申，永康元年。一。辛酉，永寧元年。一。正月，趙王倫篡位，改爲建始元年。四月，帝復位。前凉張軌初爲凉州刺史，後蜀李特據蜀。壬戌，太安元年。二。二年，後蜀李特建初元。特死，弟流自稱益州牧。張昌據江夏反，稱神鳳元。甲子，春正月，改元永安。秋七月，改元建武。十一月，復改元爲永安。十二月，改爲永興元年。二。是年，前趙劉淵元熙元，僭稱王，

❶「永平」上，原有「惠帝」二字，據三家校删。

國號漢。後蜀李特子雄建興元，僭稱成都王。丙寅，光熙元年。一。是年，後蜀李雄太武元，僭稱帝，國號成。在位十七年，太弟熾立。丁卯，懷帝永嘉元年。六。是年，前燕慕容廆據棘城，自稱鮮卑大單于。二年，代穆帝拓跋猗盧元。前趙劉淵永鳳元，僭稱帝。三年，前趙劉淵河瑞元。四年，封拓跋猗盧爲代公。前趙劉淵卒，長子和立。一月，和弟聰弑和自立，改爲光興元年。前涼張軌都督隴右。在位六年，改元一，武帝孫秦王業立。癸酉，愍帝建興元年。四。二年，前涼張軌爲涼州牧，卒，子實立。三年，封拓跋猗盧爲代王。前趙劉聰建元元。四年，劉曜陷長安，愍帝蒙塵，宣帝曾孫琅琊王睿承制江東，是爲元帝。前趙劉聰麟嘉元。丁丑，晉元帝建武元年四月，即晉王位。

【《晉書·禮志》】元帝爲琅琊王，將即極位告廟，王導書問賀循云：「或謂宜祭壇拜受天命者，或謂直當稱億兆群情告四祖之廟而行者，若爾，當立行廟主。今固辭尊號，俯順群情，還依魏晉故事。然魏晉皆稟命而行，不知今進璽當云何？」循答曰：「愚謂告四祖之廟而行。《蜀書》劉先主初封漢王，時群臣共奏上勳德，承以即位。今雖事不正同，然議可方論。」導又書曰：「得刁僕射書曰如此，京兆是宣帝祖，章郡是父也，至惠帝爲七廟，至懷德，京兆府君應落，想足下亦是識。刁侯不欲告惠、懷二帝，不知於禮云何？」循答曰：「古禮及漢氏之初，皆帝帝異廟，即位大事，謁于太祖。故晉文朝于武宮，漢文謁于高廟也。至光武之後，惟有祖宗兩廟而已，祖宗兩廟，昭穆皆共堂别室。魏晉依之，亦惟立一廟。則一廟之中，苟在未毁，恐有事之日，不得偏有不告。然人不詳太廟定議，不敢必據。欲依古禮，惟告宣帝一廟。人意以祖宗非一，且太廟合共，事與古異，不得以古禮爲斷。」

蕙田案：宗廟同堂異室，偏告爲是。

【《紀元表》】戊寅，晉元帝太興元年三月即皇帝位。四。　是年，前趙劉聰子粲立，改元漢昌。一月，爲靳準所弒，淵族子曜立，改元爲光初。　二年，前趙劉曜始改國號曰趙。後趙石勒僭稱趙王元年。　三年，前涼張實弟茂立，仍稱建興八年。　四年，代惠帝拓跋賀傉元。壬午，永昌元年。一。　在位六年，改元三，子紹立。　癸未，明帝太寧元年。三。　是年，前涼張茂仍稱建興十一年。　在位三年，改元一，太子衍立。　丙戌，成帝咸和元年。九。　三年，後趙石勒太初元。　四年，代烈帝拓跋翳槐元。後趙滅前趙。　五年，後趙石勒建平元年，僭稱帝。　八年，前燕慕容廆子皝立。　九年，後趙石勒子宏延熙元，僭稱帝。後蜀李特孫班立五月，雄子越弒之，立雄第四子期，僭稱帝。　乙未，咸康元年。八。　是年，代煬帝紇那後元年。　後趙石勒從子虎建武元，僭稱天王。　後蜀李期五恒元。　三年，代烈帝翳槐後元年。　前燕慕容皝僭稱王。　四年，代高祖拓跋什翼犍建國元。後蜀李特姪壽漢興元，改國號漢。　在位十七年，改元二，弟琅琊王岳立。　癸卯，康帝建元元年。二。　是年，前涼張駿仍稱建興三十年。　在位二年，改元一，太子聃立。

【《晉書·禮志》】康帝立，準禮將改元，尚書下侍御史、太常主者，殿中屬應告廟，其敕禮官并太史擇吉日撰祝文及諸應所用備辦，符到奉行。博士徐禪議曰：「案魯文公之書即位也，僖公未葬，蓋改元之道，宜其親告，不以喪闕。昔代祖受終，亦在諒闇，既正其位於天郊，必告成命于父祖。事莫大于正位，禮莫盛于改元。傳曰：『元，始也，首也，善之長也。』故君道重焉。謂應告。」尚書奏：「案《惠帝起居注》改永熙二年爲永平元年，使持節太尉石鑒造于太廟。前朝明準，不應革易，如禪議。」

蕙田案：徐禪議是。

【《紀元表》】乙巳，穆帝永和元年。十二。　是年，前涼張駿仍稱建興三十三年。　二年，後蜀李勢嘉寧元。前涼張駿子重華立。　三年，後蜀降。前涼張重華仍稱建興三十五年。　四年，前燕慕容皝子儁立。　五年，後趙石虎大寧元，正月，僭稱帝，夏四月，虎卒，幼子世立；一月，庶長子遵弒世自立；十一月，冉閔弒遵立虎子鑒，改元爲青龍。前燕慕容儁元。　六年，後趙石虎族子祗僭稱帝于襄國，改元永寧。冉閔永興元，僭稱帝，國號魏。前秦苻洪僭稱三秦王。　七年，後趙石祗爲其將劉顯所弒，後趙亡。前秦苻洪子健皇始元，僭稱天王，國號秦。　八年，前燕慕容儁元璽元，僭稱帝，滅閔。前秦苻健僭稱帝。　九年，前涼張重華子曜靈立，二月，國人廢之，立駿子祚。　十年，前涼張祚和平元，僭稱王，尋爲國人所殺。重華子元靚立。　十一年，前秦苻健子生壽光元，僭稱帝。前涼張元靚復稱建興四十三年。丁巳，升平元年。五。　是年，前燕慕容儁光壽元。前秦苻洪季子堅永興元。　三年，前秦苻堅甘露元。　四年，前燕慕容儁子暐建熙元。　在位十七年，改元二，成帝長子瑯琊王丕立。　壬戌，哀帝隆和元年。一。　癸亥，興寧元年。三。　是年，前涼張元靚子天錫立。　在位三年，改元二。弟東海王奕立，後廢。　丙寅，廢帝太和元年。六。　辛未十一月，帝廢，元帝子會稽王昱立，是爲簡文帝，改元爲咸安元年。二年，簡文帝崩，太子曜立。　癸酉，孝武帝寧康元年。三。　丙子，太元元年。二十一。是年，前涼張天錫降于前秦。　九年，後秦姚萇白爵元，僭稱王。後燕慕容垂燕元元，僭稱王。西燕慕容泓燕興元，僭稱王。　十年，前秦苻堅子丕太安元，僭稱帝。右丞相竇衝叛，自稱秦王，改元元光。西秦乞伏國仁建義元，秦封爲苑川王，是爲西秦。西燕慕容暐弟冲更始元。　十一年，北魏道武帝拓跋珪登國元年，即代王位，改國號魏。前秦苻堅族孫登太初元。後秦姚萇建初元，僭稱帝。後燕慕容垂建興元，僭稱帝。西燕慕容冲爲其將韓延所殺，延立冲將段隨爲燕王，改元昌平，伏誅，立慕容覬爲燕王，改元建明。慕容韜殺顗，立冲子瑶爲帝，改元建平。慕容永殺瑶，立泓子忠爲帝，改元建武。　立三月，武衛將軍刁雲等殺之，推永爲主，改元中興。自二月至六月，凡五改元。後涼吕光大安元，僭稱酒泉公。　十三年，後凉吕光麟嘉元，僭稱三河王。　十九年，前秦苻堅子崇延初元，國亡。後秦姚萇長子興皇初元，僭稱帝。西燕滅于後燕。　二十一年，北魏皇始元，始建天子旌旗。後燕慕容垂子寶永康元。後凉吕光龍飛元，僭稱天王，國號凉。　在位二十四年，太子德宗立。　丁酉，安帝隆安元年。五。　是年，後燕慕容寶永康二年。慕容㑺曾孫詳自立，改元建始。垂少子麟殺之，自立。尋又立㑺少子德。是爲南燕。寶奔尚書蘭汗，汗弑寶自立，改元青龍。南凉秃髮烏孤太初元，僭稱西平王。北凉段業神璽元，僭稱建康公。　二年，北魏天興元年。南燕慕容德元，僭稱燕王。後燕慕容寶子盛建平元。　三年，後秦姚興弘始元。後凉吕光嫡子紹立五日，紹庶兄篡，弑紹自立，改元咸寧。北凉段業天璽元，僭稱凉王。後燕慕容盛長樂元。　四年，南凉秃髮烏孤弟利鹿孤建和元，僭稱凉王。西凉李暠庚子元，僭稱凉公。南燕慕容德建平元，僭稱帝。　五年，後凉吕光弟隆神鼎元。後燕慕容垂子熙光始元。北凉沮渠蒙遜永安元，殺段業，僭稱張掖公。壬寅，元興元年。三。　是年，南凉秃髮烏孤第三弟傉檀弘昌元。桓玄舉兵反，稱大亨元。　二年，玄篡位，更號楚，改元建始，又改爲永始。　三年，北魏天賜元。帝復位。南凉秃髮傉檀畏秦强，去弘昌年號。　乙巳，義熙元年。十四。　是年，南燕慕容德兄子超太上元。西凉李暠建初元。　三年，北燕高雲正始元，僭稱天王，滅後燕。　四年，南凉秃髮傉檀復改爲嘉平元。北魏道武太子明元帝永興元。西秦乞伏乾歸更始元。北燕馮跋太平元，僭稱天王。　八年，西秦乞伏乾歸子熾磐永康元。北凉沮渠蒙遜元始元，僭稱河西王。　九年，夏赫連勃勃鳳翔元。　十年，北魏神瑞元。　十二年，北魏泰常元。後秦姚興長子泓永和元。　十三年，西凉李暠子歆嘉興元。　在位十四年，弟瑯琊王德文立。　己未，恭帝元熙元年。二。　是年，夏赫連勃勃真興元。　二年，禪位于宋。

右晉。

五禮通考卷第一百二十八

淮陰吴玉搢校字

五禮通考卷第一百二十九

内廷供奉禮部右侍郎金匱秦蕙田編輯
太子太保總督直隸右都御史桐城方觀承同訂
兩淮都轉鹽運使德水盧見曾
按察司副使元和宋宗元　參校

嘉禮二

即位改元

【《宋書·武帝本紀》】永初元年六月丁卯，設壇南郊，即皇帝位。柴燎告天，策曰：「皇帝臣裕，敢用玄牡，昭告皇天后帝。❶晉帝以卜世告終，歷數有歸，欽若景運，以命于裕。夫樹君司民，天下爲公，德充帝王，樂推攸集。越俶唐、虞，降暨漢、魏，靡不以上哲格文祖，元勳陟帝位，故能大拯黔黎，垂訓無窮。晉自東遷，四維不振，宰輔憑依，爲日已久。難棘隆安，禍成元興，遂至帝主遷播，❷宗祀湮滅。裕雖地非齊、晉，衆無一旅，仰憤時難，俯悼横流，投袂一援，❸則皇祀尅復，❹及危而能持，顛而能扶，姦宄具殲，僭僞必滅，誠興廢有期，否終有數。至於大造晉室，撥亂濟民，因藉時來，實尸其重。加以殊俗慕義，重譯來庭，正朔所暨，咸服聲教。乃至三靈垂象，山川告祥，

❶「皇天」，原作「皇皇」，據庫本及《宋書·武帝紀下》改。
❷「主」，原作「王」，據三家校及《宋書·武帝紀下》改。
❸「援」，校點本《宋書》作「麾」，其校勘記曰：「『麾』，各本作『援』，《南史》作『起』，據《禮志三》改。」
❹「祀」，原作「祚」，據三家校及《宋書》改。

人神協祉，歲月滋著。❶是以群公卿士、億兆夷人僉曰：『皇靈降鑒於上，晉朝欸誠于下，天命不可以久淹，宸極不可以暫曠。』遂逼群議，恭兹大禮。猥以寡德，託於兆民之上，雖仰畏天威，略是小節，顧深永懷，祗懼若實。敬簡元辰，升壇受禪，告類上帝，用酬萬國之情；克隆天保，永祚于有宋。惟明靈是饗。」禮畢，備法駕，幸建康宫，臨太極前殿，詔赦天下。

【《紀元表》】庚申，宋武帝永初元年。三。是年，西秦乞伏熾磐建弘元，西涼李歆弟恂永建元。三年，武帝崩，太子義符立。癸亥，少帝景平元年。二。二年，北魏太武帝始光元。在位二年，弟義隆立。❷乙丑，文帝元嘉元年。三十。二年，夏赫連勃勃子昌承光元。五年，北魏神䴥元，西秦乞伏熾磐子暮末永洪元，夏赫連昌弟定勝光元，北涼沮渠蒙遜承玄元。八年，沮渠蒙遜義和元，北燕馮跋弟弘太興元。九年，北魏延和元。十年，沮渠蒙遜子牧健永和元，一作承光。十二年，北魏太延元。十七年，北魏太平真君元。二十八年，北魏正平元。二十九年二月，北魏太武帝崩，南安王余立，改元永平。冬十月，皇孫濬立，是爲文成帝，改元興安。三十年，宋元凶劭太初元。帝在位三十年，太子駿立。改元一。甲午，孝武帝孝建元年。三。是年，北魏興光元。二年，北魏太安元。丁酉，大明元年。八。四年，北魏和平元。帝在位八年，太子子業立，尋廢。文帝子湘東王彧立。乙巳，廢帝永光元年，八月，改爲景和元年；十一月，明帝立，改爲泰始元年。七。是年，北魏文成帝崩，太子弘立，是爲獻文帝。二年，北魏獻文帝天安元。三年，北魏皇興元。七年，北魏禪位于太子宏，是爲孝文帝，改元延興。帝在位七年，改元一。太子昱立，五年，廢爲蒼梧

❶「滋」，原作「兹」，據三家校及《宋書》改。

❷「弟」，原作「太子」，據庫本改。按：少帝義符是武帝長子，義隆是武帝第三子，見《宋書》本紀。

王。

癸丑，後廢帝元徽元年。五。在位五年，改元一。明帝子安成王準立。丁巳，順帝昇明元年。三。是年，北魏太和元。帝在位三年，封蕭道成爲齊王，禪位，封帝爲汝陰王。

右宋。

【《齊書·高帝紀》】建元元年，夏四月甲午，上即皇帝位於南郊，設壇柴燎告天曰：「皇帝臣道成，敢用玄牡昭告皇皇后帝。宋陟鑒乾序，欽若明命，以命于道成。夫肇自生民，樹以司牧，所以闡極則天，開元創物，肆兹大道。天下惟公，命不于常。昔在虞、夏，受終上代；粤自漢、魏，揖讓中葉。咸炳諸典謨，載在方册。水德既微，❶仍世多故，實賴道成匡拯之功，以宏濟于厥艱，大造顛墜，再構區宇，宣禮明刑，締仁緝義。晷緯凝象，川岳表靈，誕惟天人，罔弗和會。乃仰協歸運，景屬與能，用集大命于兹。辭德匪嗣，至于累仍，而群公卿士，庶尹御事，爰及黎獻，至于百戎，僉曰：『皇天眷命，不可以固違；人神無託，不可以曠主。』畏天之威，敢不祗從鴻歷。敬簡元辰，虔奉皇符，升壇受禪，告類上帝，以永答民衷，式敷萬國。惟明靈是饗。」

【《紀元表》】己未，南齊高帝建元元年。四。在位四年，改元一。太子賾立。癸亥，武帝永明元年。十一。在位十一年，改元一。太孫昭業立，後廢爲鬱林王。甲戌，鬱林王隆昌元年。七月，弟昭文立，改爲延興元年。十月，高帝從子西昌侯立，是爲明帝，改爲建武元年。四。戊寅，永泰元年。一。帝在位四年，太子寶卷立，後廢爲東昏侯。

【《齊書·禮志》】永泰元年，有司議應廟

❶「水」，原作「宋」，據《南齊書·高帝本紀》改。

見不。尚書令徐孝嗣議：「嗣君即位，並無廟見之文；蕃支纂業，乃有虔謁之禮。」左丞蕭琛議：「竊聞祗見厥祖，義著《商書》；朝于武宮，事光晉册。豈有正位居尊，繼業承天，而不虔覲祖宗，格于太室？《毛詩·周頌》篇曰：『《烈文》，成王即政，諸侯助祭也。』鄭注云：『新王即政，必以朝享之禮祭於祖考，告嗣位也。』又篇曰：『《閔予小子》，嗣王朝廟也。』鄭注云：『嗣王者，謂成王也。除武王之喪，將始即政，朝于廟也。』則隆周令典，焕炳經記。體嫡居正，莫若成王。又二漢由太子而嗣位者，西京七主，東都四帝，其昭、成、哀、和、順五君，並皆謁廟，文存漢史。其惠、景、武、元、明、章六君，❶前史不載謁事，或是偶有闕文，理無異説。議者乃云：『先在儲宮，已經致敬，卒哭之後，即親奉時祭，則是廟見，故無别謁之禮。』竊以爲不然。儲后在宮，亦從郊祀，若謂前虔可兼後敬，開元之始，則無假復有配天之祭矣。若以親奉時祭仍爲廟見者，自漢及晉，支庶嗣位，並皆謁廟，既同有烝嘗，何爲獨修繁禮？且晉成帝咸和元年，改號以謁廟；咸康元年，加元服又更謁。夫時非異主，猶不疑二禮相因，况位隔君臣，而反以一謁兼敬？宜遠纂周、漢之盛範，近黜晉、宋之乖義，展誠一廟，駿奔萬國。」奏可。

【《梁書·蕭琛傳》】東昏初嗣立時，議以無廟見之典，琛議據《周頌·烈文》、《閔予》皆爲即位朝廟之典，于是從之。

【《紀元表》】己卯，東昏侯永元元年。三。

❶「元」，原脱，據《南齊書·禮志》補。

是年，北魏孝文帝崩，太子恪立，是爲宣武帝。　二年，北魏宣武帝景明元。　在位三年，明帝子南康王寶融即位于江陵。　辛巳，和帝中興元年。二。　在位二年，封蕭衍爲梁王，禪位，封帝爲巴陵王。

右南齊。

【《梁書・武帝紀》】天監元年，夏四月丙寅，高祖即位於南郊，設壇柴燎，告類于天曰：「皇帝臣衍，敢用玄牡，昭告于皇天后帝。齊氏以歷運斯既，否終則亨，欽若天應，以命于衍。夫任是司牧，惟能是授，天命不于常，帝王非一族。唐謝虞受，漢替魏升，爰及晉、宋，憲章在昔。咸以君德馭四海，元功子萬姓，故能大庇氓黎，光宅區宇。齊代云季，世主昏凶，狡焉群慝，是崇是長，肆厥姦回暴亂，以播虐于我有邦，俾溥天惴惴，將墜于深壑。九服八荒之内，連率岳牧之君，蹶角頓顙，匡救無術，卧薪待然，援天靡訴。衍投袂星言，摧鋒萬里，❶厲其掛冠之情，用拯兆民之切，銜膽誓衆，覆鋭屠堅，建立人主，克翦昏亂。遂因時來，宰司邦國，濟民康世，實有厥勞。而晷緯呈祥，川岳効祉，朝夕坰牧，日月郊畿。代終之符既顯，革運之期已萃，殊俗百蠻，重譯獻欵，人神遠邇，罔不和會。于是群公卿士，咸致厥誠，並以皇乾降命，難以謙拒。齊帝脱屣萬邦，授以神器。衍自惟匪德，辭不獲許，仰迫上玄之睠，俯惟億兆之心。宸極不可久曠，民神不可乏主。遂藉樂推，膺此嘉祚，以兹寡薄，臨御萬方，顧求夙志，永言祇惕。敬簡元辰，恭兹大禮，升壇受禪，告類上帝，克播休祉，以弘盛烈，式傳厥後，用永保于我有梁。惟明靈是饗。」

❶「摧」，《梁書・武帝中》作「推」。

【《范雲傳》】高祖受禪，柴燎于南郊，雲以侍中參乘。禮畢，高祖升輦，謂雲曰：「朕之今日，所謂『凜乎若朽索之馭六馬』。」雲對曰：「亦願陛下日慎一日。」

【《紀元表》】壬午，梁高祖武帝天監元年。十八。　三年，北魏正始元。　五年，秦州主簿吕苟兒反，號建明元。涇州陳瞻聖明元，僭稱王。　七年，北魏永平元。魏京兆王愉僭稱帝，號建平元。　十一年，北魏延昌元。　十五年，北魏孝明帝熙平元。　十七年，北魏神龜元。庚子，普通元年。七。　是年，北魏正光元。　五年，沃野鎮人破落汗拔陵反，號真王元。　秦州城人莫折念生天建元，僭稱天子。　六年，北魏孝昌元。　徐州刺史元法僧天啟元，僭稱宋王。　柔元鎮人杜洛州反于上谷，號真王元。　山胡劉蠡斤神嘉元，僭稱天子。　丁未，大通元年。二。　是年，永州刺史蕭寶寅反，號隆緒元。　陳郡民劉獲、鄭辨同反于西華，號天授元。　二年，北魏武泰元。　二月，孝明帝崩，胡太后立臨洮王世子釗，是爲幼主，太后臨朝稱制。　夏四月，尒朱世隆立長樂王子攸，是爲孝莊帝，改元建義。　九月，改爲永安元。河間邢杲反于青州，號天統元。　魏北海王顥爲魏王，號孝基元。己酉，中大通元年。六。　是年，北海王顥建武元。　二年，北魏尒朱世隆與尒朱兆立長廣王曄，改爲建明元年。　三年，北魏尒朱世隆更立廣陵王恭，改元普泰，後廢。　十一月，高歡立渤海太守朗于信都，改元中興，後廢。　四年，北魏前廢帝普泰二年，後廢帝中興二年。　夏四月，高歡廢其主恭及朗，立平陽王修，是爲出帝，改元太昌。　十二月，改元永興，以同太宗號，復改爲永熙元。　六年，北魏出帝入關，高歡奉清河王亶子善見即位於洛陽，是爲東魏孝静帝，改元天平。　乙卯，大同元年。十一。　是年，北魏宇文泰立南陽王寶炬於關西，是爲西魏文帝，改元大統。　鄱陽鮮于琛反，號上願元。二年，汾胡王迢觸二龍號平都元。　四年，東魏元象元。　五年，東魏興和元。　九年，東魏武定元。　丙寅，中大同元年。一。　丁卯，太清元年。三。　二年，侯景立臨賀王正德爲帝，號正平元。　帝在位四十八年，改元七。太子綱立。　庚午，簡文帝大寶元年。三。　是年，湘東王繹起兵討侯景，稱太清四年。　北齊文宣帝天保元。　二年，侯景廢簡文帝，立豫章王棟，改元天正。十月，景篡位自立，改爲太始元。西魏太子欽立，是爲廢帝。　三年，湘東王稱太清六年。夏四月，平侯景；十一月，即位於江陵，是爲元年，改元承聖。武陵王紀稱帝於成都，號天正元。　西魏廢帝元。　壬申，元帝承聖元年。三。　三年十一月，西魏陷江陵，元帝被執，遇害。王僧辨、陳霸先奉元帝子晉安王方智承制，是爲敬帝。西魏廢帝三年，爲宇文泰所廢，子齊王廓立，是爲恭帝元。　在位三年，改元一。　乙亥，敬帝紹泰元年。一。　是年二月，即皇帝位於潯陽。王僧辨立貞陽王淵明于建康，改元天成。　梁王蕭詧稱帝于江陵，是爲後梁，建元大定。　丙子，太平元年。二。　二年九月，封陳霸先爲陳公，冬十月進爵爲王，敬帝禪位于陳，陳封帝爲江陰王。　在位三年，改元二。

右梁。

【《陳書·高祖本紀》】永定元年，冬十月乙亥，高祖即皇帝位于南郊，柴燎告天曰：「皇帝臣霸先，敢用玄牡昭告於皇皇后帝：梁氏以圮剥薦臻，歷運有極，欽若天應，以命霸先。夫肇有烝民，乃樹司牧，選賢與能，未常厥姓。放勳、重華之世，咸無意於受終；當塗、典午之君，雖有心于揖讓。皆以英才處萬乘，高勳御四海，故能大庇黔首，光宅區縣。有梁末運，仍葉遘屯，獯醜憑陵，久移神器。承聖在外，非能祀夏，天未悔禍，復罹寇逆。嫡嗣廢黜，宗枝僭詐，天地蕩覆，紀綱泯絶。霸先爰初投袂，大拯横流，重舉義兵，實戡多難，廢王立帝，實有厥功，安國定社，用盡其力。是謂小康，方期大道。既而煙雲表色，日月呈祥，緯聚東井，龍見譙邦，除舊布新，既彰玄象，遷虞事夏，且協謳歌，❶九域八荒，同布衷欵，百神群祀，皆有誠願。梁帝高謝萬邦，授以大寶。霸先自惟菲薄，讓德不嗣，至于再三，辭弗獲許。僉以百姓須主，萬機難曠，皇靈眷命，非可謙拒。畏天之威，用膺嘉祚，永言夙志，能無慙德。敬簡元辰，升壇受禪，告類上帝，用答民心，永保于我有陳。惟明靈是饗。」

【《紀元表》】丁丑，陳高祖武帝永定元年。三。　是年，西魏封宇文覺爲周公，禪位，北周孝閔帝元。正月即位，尋廢，子寧都公毓立，是爲明帝元。　二年，梁丞相王琳奉永嘉王蕭莊稱帝於江州，改爲天啟元。　三年，北齊文宣帝崩，太子殷立，後廢。北周武成元，始稱皇帝。　在位三年，改元一。　兄子臨川王蒨立。

庚辰，文帝天嘉元年。六。　是年，北齊廢帝乾明元。常山王演廢其主殷爲濟陰王，自立爲孝昭帝，改元爲皇建。北周廢帝弟魯國公邕立，是爲武帝。　二年，北齊孝昭帝崩，弟長廣王湛立，是爲武成帝，改元爲太寧。北周武帝保定元。　三年，北齊河清元。後梁蕭詧子巋天保元。　六年，北齊武成帝禪位于太子緯，是爲後主，改元爲天統。

丙戌，天康元年。一。　是年，北周天和元。　帝在位六年，改元二。太子伯宗立，後廢。

丁亥，廢帝光大元年。二。　二年，安成王頊廢帝爲臨海王自立。　帝在位二年，改元一。

己丑，宣帝太建元年。十四。　二年，北齊武平元。　四年，北周建德元。　八年，北齊隆化元。齊人立文襄帝子安德王延宗于晉陽，改元德昌，尋被執于周。　九年，北齊後主禪位于太子恒，是爲幼主，改爲承光元，被執于周。　十年，北周宣政元。　武帝崩，太子斌立，是爲宣帝。　十一年，北周宣帝天成元年，二月，改爲大象元，禪位于太子衍，是爲静帝。　十二年，北周宣帝崩。十二月，封楊堅爲隋王。　十三年，北周静帝大定元年，春正月，禪位于隋，隋封帝爲介國公。隋文帝開皇元。　十四年，宣帝崩，太子叔寶立。　帝在位十三年，改元一。

癸卯，

❶「歌」，《陳書・高祖紀下》作「訟」，義勝。

後主至德元年。四。　四年，後梁蕭巋子琮廣運元。丁未，禎明元年。三。　三年，後主降隋，隋封爲長城公。　在位七年，改元二。

右陳。

【《隋書・高祖本紀》】開皇元年，二月甲子，上自相府常服入宫，備禮即皇帝位于臨光殿，設壇于南郊，遣使柴燎告天，大赦改元。

【《禮儀志》】周大定元年，静帝遣兼太傅、上柱國、杞國公椿，大宗伯、大將軍、金城公煚，奉皇帝璽紱策書，禪位于隋。司録虞慶則白：「請設壇于東第。」博士何妥議，以爲：「受禪登壇，以告天也。故魏受漢禪，設壇于繁昌。爲在行旅，郊壇乃闕。至如漢高在汜，光武在鄗，盡非京邑所築壇。自晉、宋揖讓，皆在都下，莫不並就南郊，更無别築之義。又後魏即位，登朱雀觀；周帝初立，受朝于路門。雖自我作古，皆非禮也。今即府爲壇，恐招後誚。」議者從之。

【《紀元表》】辛丑，隋高祖文帝開皇元年。二十。辛酉，仁壽元年。四。　四年，帝崩，太子廣立。　在位二十四年，改元二。　乙丑，煬帝大業元年。十三。　九年，杜伏威起兵掠江、淮。扶風向海明白烏元，僭稱帝。　十年，延安劉迦論善世元，僭稱皇王。　十二年，鄱陽操天成始興元，僭稱元興王。楚林士弘太平元，僭稱帝。　十三年，恭王侑立，❶遥尊煬帝爲太上皇，改元義寧，封大丞相李淵爲唐王。夏竇建德丁丑元，僭稱長樂王。魏李密永平元，僭稱公。劉武周天興元，號定揚可汗。梁師都永隆元，僭稱帝。郭子和丑平元，僭稱永樂王。梁蕭銑鳴鳳元，僭稱帝。西秦薛舉秦興元，僭稱帝。桂陽曹武徹通聖元。　在位十三年，改元一。　丁丑，恭帝義寧元年。二。　二年二月，宇文化及弑煬帝于江都，立秦王浩，尋弑之，自稱帝，國號許，改元天壽。五月，恭帝侑禪位于唐王。王世充立恭帝

❶「王」，庫本作「帝」，疑是。

侗，改元皇泰。

右隋。

【《唐書·高祖本紀》】武德元年五月甲子，即皇帝位于太極殿。命蕭造兼太尉，告於南郊，大赦，改元。

【《紀元表》】戊寅，唐高祖武德元年。九。是年夏，竇建德五鳳元，僭稱王。燕高開道始興元，僭稱王。涼李軌安樂元，僭稱帝。楚朱粲昌達元，僭稱帝。懷戎浮屠法輪元，僭稱大乘皇帝。　在位九年，禪位于太子世民。改元一。

【《唐書·太宗本紀》】武德九年，以太宗爲皇太子。八月甲子，即皇帝位于東宮顯德殿，遣裴寂告于南郊。

【《紀元表》】丁亥，太宗貞觀元年。二十三。帝在位二十三年，太子治立。改元一。

【《唐書·高宗本紀》】貞觀十七年，立爲皇太子。二十三年，太宗有疾，詔皇太子聽政于金液門。四月，從幸翠微宮。太宗崩，以羽檄發六府甲士四千，衛太子入于京師。六月甲戌，即皇帝位于柩前。

【《紀元表》】庚戌，高宗永徽元年。六。丙辰，顯慶元年。五。辛酉，龍朔元年。三。甲子，麟德元年。二。丙寅，乾封元年。二。戊辰，總章元年。二。庚午，咸亨元年。四。甲戌，上元元年。二。丙子，儀鳳元年。三。己卯，調露元年。一。庚辰，永隆元年。一。辛巳，開耀元年。一。壬午，永淳元年。一。癸未，弘道元年。一。　帝在位三十四年，太子顯立，改元十四。　甲申，中宗嗣聖元年。二十一。是年二月，武后廢帝爲廬陵王，立豫王旦爲皇帝，是爲睿宗，改元文明，武后臨朝稱制。夏四月，遷帝于房州，又遷于均州。九月，武后改元光宅。　二年，武后垂拱元。　六年，武后永昌元。　七年，武后載初元。九月改元天授，武后自稱皇帝，改國號周，以睿宗爲太子，賜姓武氏。　九年，武后如意元。九月，改元長壽。　十一年，武后延載元。　十二年，武后證聖元。九月，改元天冊萬歲。

十三年，武后萬歲登封元。三月，改元萬歲通天。十四年，武后神功元。十五年，武后聖曆元。九月，武后復以帝爲太子，還東都，賜姓武氏，以睿宗爲相王。十七年，武后久視元。十八年，武后大足元。十月，改元長安。乙巳，神龍元年。二。是年，帝復位，復國號曰唐。神龍本武后年號，中宗復位，因之。丁未，景龍元年。四。四年六月，韋后弒中宗于神龍殿，立温王重茂，改爲唐隆元。睿宗即皇帝位，廢重茂復爲温王，改元。在位五年，改元三。庚戌，睿宗景雲元年。二。壬子，太極元年。一。是年五月，改爲延和元。八月，睿宗禪位于太子隆基，改元先天。在位二年，改元二。

【《唐書·玄宗本紀》】睿宗即位，立爲皇太子。景雲二年，監國。延和元年，星官言：「帝座前星有變。」睿宗曰：「傳德避災，吾意決矣。」七月壬辰，制皇太子宜即皇帝位。太子惶懼入請，睿宗曰：「此吾所以答天戒也。」皇太子乃御武德殿。八月庚子，即皇帝位。十月庚子，享于太廟，大赦。

【《通鑑》】太平公主使術者言于上曰：「帝座前星皆有變，皇太子當爲天子。」上曰：「傳德避災，吾志決矣。」太子聞之，馳入見，自投于地，叩頭請曰：「臣以微功，不次爲嗣，懼弗克堪，未審陛下遽以大位傳之，何也？」上曰：「社稷所以再安，吾之所以得天下，皆汝力也。今帝座有災，故以授汝。轉禍爲福，汝何疑耶！」太子固辭，上曰：「汝爲孝子，何必待柩前然後即位耶！」太子流涕而出。壬辰，制傳位于太子。太子上表固辭。太平公主勸上，雖傳位，猶宜自總大政。上乃謂太子曰：「朕雖傳位，豈忘家國。其軍國大事，當兼省之。」八月庚子，即皇帝位，尊睿宗爲太上皇。

【《紀元表》】癸丑，玄宗開元元年。二十九。

七年，渤海王武藝仁安元。　十六年，渤海王欽茂大興元。　壬午，天寶元年。十五。　三年正月，改年曰載。　十五載，帝幸蜀，太子亨即位于靈武，尊帝爲上皇天帝，改元。安禄山反，僭稱帝，國號燕，改爲聖武元。在位四十四年，改元二。

【《唐書·肅宗本紀》】天寶十五載，玄宗避賊，行至馬嵬，父老遮道，請留太子討賊，玄宗許之，遣壽王瑁及内侍高力士諭太子，太子乃還。七月辛酉，至于靈武。壬戌，裴冕等請皇太子即皇帝位。甲子，即皇帝位于靈武，尊皇帝曰上皇天帝，大赦，改元至德。

【《紀元表》】丙申，肅宗至德元載。三。　二載，春正月，安禄山爲子慶緒所殺，慶緒即僞位，改元載初。十月，又改爲天和元載。十二月，上皇還京師。　三年，改載曰年。　戊戌，乾元元年。二。　二年，史思明應天元，殺安慶緒。夏四月，更國號曰大燕，改元順天，僭稱帝。　庚子，上元元年。二。　二年，去上元號，稱元年。史思明爲子朝義所殺，朝義即僞位，改元顯聖。　壬寅，寶應元年。一。　是年，帝崩，太子豫立。在位七年，改元四。　癸卯，代宗廣德元年。二。　是年，吐番入寇，帝幸陝州。郭子儀復京師，帝還京。　乙巳，永泰元年。一。　丙午，大曆元年。十四。　十四年，南詔異牟尋見龍元，後又改上元。　在位十八年，改元三。太子适立。　庚申，德宗建中元年。四。　四年冬十月，涇原兵亂，帝幸奉天。朱泚應天元，僭稱秦帝。　甲子，興元元年。一。　是年李懷光反，帝幸梁州。李晟等收復京師，帝還京。李希烈應天元，僭稱帝。朱泚天皇元，更號漢。　乙丑，貞元元年。二十一。　十二年，初，渤海王欽茂卒，子宏臨早死，族弟元義立一歲，國人殺之，宏臨子華嶼立，改元中興。華嶼卒，欽茂少子嵩臨立，改元正曆。在位二十六年，改元三。太子誦立。

【《唐書·順宗本紀》】貞元二十一年正月癸巳，德宗崩。丙申，即皇帝位于太極殿。二月癸卯，朝群臣于紫宸門。　永貞元年八月庚子，立皇太子爲皇帝，自稱曰太上皇。

辛丑，改元，降死罪以下。

蕙田案：順宗以德宗崩年即位，本不改元，至八月内禪，乃改爲永貞元年，與蜀後主、晉惠帝之改元有别。

【《紀元表》】乙酉，順宗永貞元年。一。 是年正月立，八月禪位于太子純。在位一年，改元一。 丙戌，憲宗元和元年。十五。 三年，沙陀來降，以其酋長執宜爲陰山兵馬使，爲後唐之始。南詔王尋閣勸應道元。 四年，渤海王元瑜永德元，南詔王勸龍晟龍興元。 八年，渤海王言義朱雀元。 十一年，南詔王勸利全義元。 十三年，初，渤海王言義卒，弟明忠立，改元太始，一歲卒，從父仁秀立，改元建興，至是遣使入朝告哀，詔以仁秀嗣渤海王。 在位十五年，太子恒立，改元一。 辛丑，穆宗長慶元年。四。 三年，南詔王豐祐保和元，後又改元天啟。 在位四年，太子湛立，改元一。 乙巳，敬宗寶曆元年。二。 在位二年，爲宦官劉克明所弑，弟江王昂立，改元一。 丁未，文宗太和元年。九。 四年，渤海王彝震咸和元。 丙辰，開成元年。五。 在位十四年，太弟瀍立，改元二。 辛酉，武宗會昌元年。六。 在位六年，太叔忱立，改元一。 丁卯，宣宗大中元年。十三。 十三年，南詔王酋龍建極元。 在位十三年，子鄆王漼立，❶改元一。 庚辰，懿宗咸通元年。十四。 在位十四年，子普王儇立，改元一。 甲午，僖宗乾符元年。六。 二年，黄巢作亂。 五年，黄巢王霸元。 庚子，廣明元年。一。 是年，黄巢陷長安，帝幸興元。黄巢金統元，僭稱齊帝。辛丑，中和元年。四。 是年，帝幸成都。 二年，賊將朱温降，以爲河中招討使，賜名全忠，爲後梁之始。 三年，李克用破黄巢，復長安。 乙巳，光啟元年。三。 是年三月，帝還京。十二月，蒲、晉、邠、寧四鎮搆兵，帝幸鳳翔。秦宗權稱帝。 一年，南詔王驃信舜化中興元。 二年，帝幸興元，邠寧朱玫以肅宗玄孫襄王熅監國，尋稱帝，改元建貞。 戊申，文德元年。一。 是年，僖宗還

❶「漼」，原作「灌」，據庫本改。

京。　在位十年，太弟傑立，改元五。　己酉，昭宗龍紀元年。一。　庚戌，大順元年。二。　二年，前蜀王建鎮蜀。　壬子，景福元年。二。　是年，吴楊行密鎮淮南。　二年，吴越錢鏐節度鎮海軍。　甲寅，乾寧元年。四。　二年，邠寧二鎮犯闕，帝幸石門鎮，李克用以車駕還京。　三年，李茂貞犯闕，帝幸華州。　閩王潮節度威武軍，楚馬殷節度湖南。　四年，閩王潮弟審知節度威武軍。　戊午，光化元年。三。　是年，帝還京。　三年，宦官劉季述等廢帝，立太子裕。　辛酉，天復元年。三。　是年春正月，帝復位，黜太子裕爲德王。　十一月，韓全誨等刼帝幸鳳翔。　南漢劉隱節度清海。　甲子，天祐元年。四。　是年，朱全忠弑帝，太子祝立，是爲昭宣帝。　二年，昭宣帝仍稱天祐。　吴楊行密卒，子渥立。　四年，昭宣帝禪位于梁。　在位十六年，改元七。　昭宣帝嗣立，三年未改元。

右唐。

【《五代史·梁本紀》】太祖開平元年夏四月壬戌，更名晃。　甲子，皇帝即位。　戊辰，大赦，改元，國號梁。

【《紀元表》】丁卯，後梁太祖開平元年。四。　是年，遼太祖耶律億即皇帝位，始稱元年。　晉王李克用、岐王李茂貞、吴楊渥俱稱唐天祐四年。　前蜀王建稱唐天復七年。　吴越錢鏐據杭州，閩王審知據閩南平，高季興節度荆南，楚馬殷據湖南，南漢劉隱據嶺南。　二年，前蜀王建武成元，僭稱帝。　吴越錢鏐天寶元。《通鑑綱目》：吴越至唐明宗天成元年改元寶正，《十國春秋》吴越在梁開平二年已稱天寶，後改寶大，尋又改寶正。　三年，晉王李存勖、吴楊渥弟隆演俱稱唐天祐六年。　庚午，乾化元年。四。　是年，前蜀王建永平元，南漢劉隱庶弟龑節度清海，燕劉守光應天元。　二年，子均王友貞立，是爲末帝。　三年，末帝仍稱乾化。　晉王李存勖、吴楊隆演、岐李茂貞俱稱唐天祐十年。　在位六年，爲其子郢王友珪所弑。　改元二。　甲戌，末帝貞明元年。六。　二年，遼太祖神册元，前蜀王建通正元。　三年，前蜀王建天漢元，改國號漢。　南漢劉龑乾亨元，僭稱帝，國號越。　四年，前蜀王建光天元，復國號蜀。　南漢劉龑改國號漢。　五年，吴楊隆演武義元，僭稱吳王。前蜀王建子衍乾德元。辛巳，龍德元年。三。是年，吳楊隆演子溥順義元。二年，遼天贊元，吳越錢鏐始建國稱王。三年，晉王存勖伐梁，末帝自殺。

右後梁。

【《五代史·唐本紀》】莊宗同光元年夏四月己巳，皇帝即位，大赦，改元，國號唐。

【《紀元表》】癸未，後唐莊宗同光元年。四。三年，前蜀王衍咸康元，降唐。南漢劉龑白龍元。南平高季興封南平王。後蜀孟知祥節度西川。閩王審知長子延翰僭稱王，國號閩。吳越錢鏐王寶正元。四年，莊宗被弒于郭從謙，養子嗣源立，❶改元一。

【《五代史·唐本紀》】明宗天成元年四月丁亥，莊宗崩。己丑，入洛陽。甲午，監國，朝群臣于興聖宮。丙午，始奠於西宮，皇帝即位于柩前，易斬縗以袞冕。甲寅，大赦，改元。

徐氏無黨曰：「曰『始奠』，見其緩也。自己丑入洛，至此二十日矣。柩前即位，嗣君之禮也。反逆之臣自立，而用嗣君之禮，書從其實而不變文者，蓋先已書反，正其罪矣。此書其實者，見其猶有自愧之心，而欲逃大惡之名也。」

【《紀元表》】丙戌，明宗天成元年。四。二年，遼太宗德光立，仍稱天顯二年。《遼史·太宗本紀》：「天贊二年五月，改元天顯。七月，太祖崩。」《太宗本紀》：「天顯二年十一月即位，有司請改元，不許。」據此，則太宗未改太祖天顯年號，故天顯有十五年。而《五代·契丹附録》：「德光立三年，改元天顯。」計在唐明宗天成元年。《通鑑》載契丹改元天顯又在天成二年，彼此互異，今從《遼史》。吳楊溥乾貞元，僭稱帝。閩王審知次子鏻弒延翰自立。楚馬殷封楚國王。三年，南漢劉龑大有元。南平高季興長子從誨立。四年，吳楊溥太和元。庚寅，長興元年。四。是年，後蜀孟知祥據西川。楚馬殷次子希聲立。三年，楚馬殷第四子希範立。四年，閩王鏻龍啟元，僭稱帝，國號閩。吳越錢鏐長子元瓘

❶「源」，原作「元」，據庫本改。

立。在位八年，子從厚立，改元二。甲午，閔帝應順元年，潞王從珂清泰元年。三。是年，後蜀孟知祥明德元，閏五月僭稱帝，國號蜀。六月，子昶立，仍稱明德。二年，吴楊溥天祚元。閩王鏻永和元。三年，石敬塘陷洛陽，帝自焚死。契丹立敬塘爲帝。在位三年，改元一。

右後唐。

【《五代史·晉本紀》】高祖天福元年十一月丁酉，皇帝即位，國號晉。己亥，大赦，改元。

【《紀元表》】丙申，晉高祖天福元年。八。二年，南唐李昪昪元元，篡吴，僭稱帝，國號齊。三年，遼會同元。後蜀孟昶廣政元。南唐李昪改國號唐。四年，閩王審知少子曦永隆元。七年，南漢劉龑長子玢光天元。吴越錢元瓘長子佐立。八年，南唐李昪子璟保大元。南漢劉龑次子晟改元應乾，又改元乾和。閩王審知子延政天德元，改國號殷。在位七年，兄子齊王重貴立，是爲出帝，仍稱天福八年。甲辰，出帝開運元年。三。二年，封劉知遠爲北平王。閩王延政復國號閩，降于南唐。三年，契丹入寇，帝被執。在位三年，改元一。

右後晉。

【《紀元表》】丁未，後漢高祖建國即位，稱晉天福十二年。戊申，改乾祐元年。三。天福，晉高祖年號。天福止八年，改元開運，至此四年，漢雖易代，仍稱晉年號，舍開運而追稱天福爲十二年。是年六月以前，仍稱晉。六月，始改國號漢。是年，遼大同元，建國號曰遼。太宗崩，永康王兀欲立，是爲世宗，改元天禄。楚馬希範同母弟希廣立。二年，吴越錢佐弟俶立。❶ 南平高從誨第三子保融立。在位二年，子周王承祐立，是爲隱帝，仍稱乾祐二年，以郭威爲樞密使。宋太祖趙匡胤應幕居帳下。三年，郭威廢帝自立。楚馬希萼殺其弟希廣自立。

【《五代史·漢本紀贊》】嗚呼！人君即位稱元年，常事爾，古不以爲重也。孔子

❶「俶」，原作「淑」，據庫本改。

未修《春秋》，其前固已如此，雖暴君昏主，妄庸之史，其記事先後遠近，莫不以歲月一二數之，乃理之自然也。其謂一爲元，亦未嘗有法，蓋古人之語爾。古謂歲之一月，亦不云一，而曰正月。《國語》言六吕曰元間大吕，《周易》列六爻曰初九。大抵古人言數，多不言一，不獨謂年爲元也。及後世曲學之士，始謂孔子書「元年」爲《春秋》大法，遂以改元爲重事。自漢以後，又名年以建元，而正僞紛雜，稱號遂多，不勝其紀也。五代，亂世也，其事無法而不合於理者多矣，皆不足道也。至於年號乖錯，以惑後世，則不可以不明。初，梁太祖以乾化二年遇弑，明年，末帝已誅友珪，黜其鳳歷之號，復稱乾化三年，尚爲有説。至漢高祖建國，黜晉出帝開運四年，復稱天福十二年者，何哉？蓋以其愛憎之私爾。方出帝時，漢高祖居太原，嘗憤憤下視晉，而晉亦陽優禮之，幸而未見其隙。及契丹滅晉，漢未嘗有赴難之意。出帝已北遷，方陽以兵聲言追之，至土門而還。及其即位改元，而黜開運之號，則其用心可知矣。蓋其于出帝，無復君臣之義，而幸禍以爲利者，其素志也，可勝歎哉！夫所謂「有諸中必形于外」者，其見於是乎！

蕙田案：歐陽氏論後漢黜開運之號是矣，以稱元爲未嘗有法，未敢信也。

右後漢。

【《五代史·周本紀》】太祖廣順元年春正月丁卯，皇帝即位，大赦，改元，國號周。

【《紀元表》】辛亥，周太祖廣順元年。四。是年，遼世宗崩，太宗子壽安王述律立，是爲穆宗，改元應曆。楚馬殷世子希崇立一月，爲南唐所滅。北漢劉旻僭稱帝，仍稱乾祐四年。在位四年，改元一。養子柴榮立。

【《五代史·周本紀》】周世宗顯德元年正月丙申，皇帝即位於柩前。

【《紀元表》】甲寅，世宗顯德元年。七。是年，北漢劉旻子鈞仍稱乾祐八年。四年，北漢劉鈞天會元。五年，南漢劉晟長子鋹大寶元。南唐李璟中興元，又改元交泰，盡去帝號，奉周正朔。六年，世宗崩，子梁王宗訓立，是爲恭帝，不改元。七年，恭帝禪位于殿前都檢點趙匡胤，宋封帝爲鄭王。

徐氏無黨曰：「五代亂世，以嗣君即位者五，而改元不依古者四。梁末帝、晉出帝即位，踰年宜改元而不改，又明年然後改。漢隱帝、周恭帝皆仍稱先帝年號，終其世不改。書其實，自見其失也。」

右後周。

【《宋史·太祖本紀》】周顯德七年春，軍士宣言「策點檢爲天子」，羅拜，呼萬歲。擁宰相范質等至，降階列拜。翰林承旨陶穀出周恭帝禪位制書于袖中，宣徽使引太祖就庭，北面拜受已，乃掖太祖升崇元殿，服衮冕，即皇帝位。建隆元年春正月乙巳，大赦，改元，定有天下之號曰宋。己酉，遣官祭告天地社稷。

【《文獻通考》】告天地社稷群祀祝文曰：「維大宋建隆元年，歲次庚申，正月辛丑朔某日，嗣天子臣匡胤，謹遣某官某，敢昭告于昊天上帝、皇地祇。天命不常，惟德是輔。神器大寶，猥集眇躬。欽眷命而不遑，勵小心而昭事。靈貺下屬，群情樂推，今月四日，已即皇帝位，改國號爲大宋，乃改建隆元年，不敢不告，尚享。」又遣宗正少卿郭屺，以即位告周高祖、世宗廟。

【《紀元表》】庚申，宋太祖建隆元年。三。是年，南平高寶融卒，弟保勗立。二年，南唐李璟子煜立。三年，南平高保勗卒，保融子繼沖立。癸亥，乾德元年。五。是年，南平高繼沖入宋，國除。三年，後蜀孟昶降于宋。戊辰，開寶元年。九。是年，北漢劉鈞養子繼恩立，二月，爲供奉官侯霸所殺。劉繼元立，改元廣運。二年，遼穆宗崩，世宗子賢立，是爲景宗，改元爲保寧。三年，南漢劉鋹降于宋。九年，太祖崩，弟晉王光義立。在位十七年，改元三。丙子，太宗太平興國元年。八。三年，吴越錢俶降于宋。四年，北漢劉繼元降于宋。七年，遼景宗崩，長子隆緒立，是爲聖宗。八年，遼聖宗統和元，復國號曰大契丹。甲申，雍熙元年。四。四年，李繼遷爲夏國王，西夏之禍始此。戊子，端拱元年。二。是年，命李繼捧鎮夏州，賜姓名趙保忠。庚寅，淳化元年。五。二年，李繼遷降，賜姓名趙保吉。趙保忠叛，降契丹。乙未，至道元年。三。三年，太宗崩。在位二十二年，改元五，太子恒立。戊戌，真宗咸平元年。六。六年，夏趙保吉死，子德明嗣。甲辰，景德元年。四。戊申，大中祥符元年。九。五年，遼開泰元。丁巳，天禧元年。

五。五年，遼太平元。壬戌，乾興元年。一。是年，真宗崩，在位二十六年，改元五，太子受益立。癸亥，仁宗天聖元年。九。九年，遼聖宗崩，太子宗真立，是爲興宗，改元景福。壬申，明道元年。二。是年，遼重熙元。夏趙德明死，子元昊嗣，避父諱，稱顯道元。甲戌，景祐元年。四。是年，夏趙元昊反，改元開運，又改爲廣運。三年，夏趙元昊大慶元。戊寅，寶元元年。二。是年，夏趙元昊改元天授禮法延祚，僭稱帝，國號夏，更名曩霄。庚辰，康定元年。一。辛巳，慶曆元年。八。四年，册元昊爲夏國王。八年，夏曩霄子諒祚延嗣寧國元。己丑，皇祐元年。五。二年，夏諒祚天祐垂聖元。五年，夏諒祚福聖承道元。甲午，至和元年。二。二年，遼興宗崩，長子洪基立，是爲道宗，改元爲清寧。丙申，嘉祐元年。八。八年，仁宗崩，在位四十二年，改元九，太宗曾孫宗實立。甲辰，英宗治平元年。四。是年，夏諒祚拱化元。二年，遼咸雍元。四年，英宗崩，在位五年，改元一，太子頊立。　戊申，神宗熙寧元年。十。　是年，夏秉常乾道元。　二年，王安石用事，行新法。　交趾李日尊自稱帝，國號大越，改元寶象，又改元神武。　三年，夏秉常天賜禮盛國慶元。　八年，遼太康元，夏秉常大安元。　戊午，元豐元年。八。　八年，遼大安元。　在位十九年，改元二，太子煦立。　丙寅，哲宗元祐元年。八。　是年，夏秉常天安禮定元。　二年，夏秉常子乾順天儀治平元。　六年，夏乾順天佑民安元。　甲戌，紹聖元年。四。　是年，章惇、蔡京等用事。　二年，遼壽隆元。　戊寅，元符元年。三。　二年，夏乾順永安元。　三年，哲宗崩，在位十五年，改元三，弟端王佶立。　辛巳，徽宗建中靖國元年。一。　是年，遼道宗崩，孫燕國王延禧立，是爲天祚帝，改元乾統。　壬午，崇寧元年。五。　二年，夏乾順貞觀元。　丁亥，大觀元年。四。　辛卯，政和元年。七。　是年，遼天慶元。　渤海高永昌僭號，稱隆基元。　四年，金太祖稱帝元年。　七年，金天輔元。　戊戌，重和元年。一。　己亥，宣和元年。七。　二年，夏乾順元德元。　三年，遼保大元。　四年，遼保大二年。　金克中京，天祚帝奔雲中。　三月，燕京留守李處温等立秦晉王淳爲帝，遥廢天祚帝爲湘陰王，建元建福。　六月，遼主淳殂，蕭幹等迎立秦王定爲帝，蕭后稱制，改元德興。　十二月，金克燕京，蕭后奔天德。　五年，遼天祚帝奔夏，都統蕭特立等立帝第二子梁王雅里爲帝，改元神曆。　冬十月，天祚帝復渡河，東還雅里，殂，蕭特立等復立聖宗孫术烈爲帝。　十一月，术烈爲亂兵所害，知北院樞密事奚回離保自稱爲奚帝，改元天復。　都統蕭幹自稱爲奚帝，改元天嗣。　金太祖崩，弟晟立，是爲太宗，改元天會。　六年，耶律大石稱帝于起兒漫，是爲西遼，改元延慶。　七年，遼天祚帝爲金所執，遼亡。　在位二十五年，改元六，傳位于太子桓。　丙午，欽宗靖康元年。二。　是年，西遼耶律大石康國元。　二年，徽宗、欽宗北狩，康王構即位于南京，❶是爲高宗。

❶「構」，原作「搆」，據三家校改。

【《宋史・欽宗本紀》】宣和七年十二月，徽宗詔皇太子嗣位，趣太子入禁中，被以御服，涕泣固辭，因得疾。又固辭，不許。辛酉，即皇帝位，御垂拱殿見群臣，改元。

【《高宗本紀》】建炎元年，至應天府。皇后手書告中外，俾帝嗣統。詔有司備法駕儀仗。群臣勸進，命有司築壇府門之左。五月庚寅，帝登壇受命，禮畢慟哭，遥謝二帝，即位于府治。改元建炎。

【《通考》】高宗建炎元年五月一日登極，告於昊天上帝，册文曰：「維靖康二年，歲次丁未，五月庚寅朔，嗣天子臣構，敢昭告于昊天上帝：金戎亂華，二帝北狩，天支戚屬，混於穹居，宗社固所憑依，夷夏罔知攸主。臣構以道君皇帝之子，奉宸旨以總六師，握大元帥之權，唱義旅而先諸將，冀清京邑，迎復兩宮。而百辟卿士，萬邦黎獻，謂人思宋德，天眷趙宗，宜以神器屬臣構。辭之再四，懼不克負荷，貽羞於來世。九州四海，萬口一辭，咸曰：『不可稽皇天之寶命。』慄慄震惕，敢不欽承，尚祈陰相，以中興于宋祚。」

【《紀元表》】丁未，高宗建炎元年。四。是年，帝幸揚州。二年，夏乾順正德元。三年，帝幸杭州，苗傅、劉正彦作亂，立皇子旉，改元明受。四月，傅正彦伏誅，帝復位，還越州。辛亥，紹興元年。三十二。是年，金立劉豫爲齊帝，改元阜昌。二年，帝還臨安。五年，徽宗崩于金五國城。金太宗崩，太祖孫亶立，是爲熙宗。六年，夏乾順大德元。西遼感天皇后蕭氏稱制，改元咸清。八年，帝定都臨安。金天眷元。十年，夏乾順子仁孝大慶元。十一年，金皇統元。十三年，西遼大石子夷列紹興元。十四年，夏仁孝人慶元。十八年，夏仁孝大盛元。十九年，金熙宗崩。遼王宗幹子亮立，後廢，改元天德。二十三年，金貞元元，遷都于燕。二十五年，西遼承天太后普速完稱制，改元崇福。　二十六年，欽宗崩于金。　金正隆元。　三十一年，金曹國公雍即位于遼陽，是爲世宗，改元大定。　廢帝被弒，尋追廢爲海陵庶人。　世宗入燕。　在位三十六年，内禪于太子昚，改元二。

【《宋史·孝宗本紀》】高宗久有禪位之意，紹興三十二年五月乙亥，内降御札：「皇太子可即皇帝位，朕稱太上皇帝，退處德壽宮。」丙子，遣中使召帝入禁中，面諭之，帝又推遜不受，即趨側殿門，欲還東宮。　高宗勉諭再三，乃止。　於是高宗出御紫宸殿，輔臣奏事畢，高宗還宮。　百官移班殿門外，拜詔畢，復入班殿庭。　頃之，内侍掖帝至御榻前，側立不坐，内侍扶掖至七八，乃略就坐。宰相率百僚稱賀，帝遽興。　輔臣升殿固請，帝愀然曰：「君父之命，出于獨斷。　然此大位，懼不敢當。」班退，太上皇帝即駕之德壽宮，帝服袍履，步出祥曦殿門，冒雨掖輦以行，及宮門弗止。　上皇麾謝再三，且令左右扶掖以還，顧曰：「吾付託得人，吾無憾矣！」左右皆呼萬歲。

【《宋史·禮志·高宗内禪》】紹興三十二年六月十日御札：「皇太子可即皇帝位，朕稱太上皇帝，退處德壽宮。　一應軍國事，並聽嗣君處分。」十一日，行内禪禮。　有司設仗紫宸殿，宰臣、文武百僚立班，皇帝出宮，鳴鞭，禁衛諸班直、親從儀仗并内侍省執骨朵使臣等並迎駕，自贊常起居。　皇帝升御座，知閤門官以下並内侍都知、御帶以下一班起居，次管軍一班起居，次宰執以下常起居訖，左僕射陳康伯、知樞密院事葉義問、參知政事汪澈、同知樞密院事黄祖舜升殿奏曰：「臣等不才，輔政累年，罪戾山積，乃蒙容貸，不賜誅責。　今陛下超然獨斷，高蹈堯、舜之舉，臣等心實欽仰。　但自此不獲日望清光，犬馬之情，不勝依戀。」因再拜辭，相與泣下，幾至號慟。帝亦爲之流涕曰：「朕在位三十六年，今老且病，久欲閒退。此事斷自朕心，非由臣下開陳，卿等當悉力以輔嗣君。」康伯等復奏曰：「皇太子仁聖，天下所共知，似聞謙遜太過，未肯便御正殿。」帝曰：「朕前此固嘗與之言，早來禁中又面諭之，即步行徑趨側殿門，欲還東宮，已再三敦勉邀留，今在殿後矣。」宰執降階，皇帝降坐，鳴鞭還内。宰臣、文武百僚並退，立班，聽宣詔訖，再拜，舞蹈，三稱萬歲，再拜訖，班權退，復追班入，請殿下立班。❶少頃，新皇帝服履袍，涕泣出宫，❷禁衛諸班直、親從儀仗等迎駕，起居，鳴鞭。内侍扶掖皇帝至御榻，涕泣再三，不坐。内侍傳太上皇帝聖旨，請皇帝升御座。皇帝升御座東側坐。知閤門官以下一班起居、稱賀，次管軍官一班起居、稱賀，次文武百僚横行北面立，舍人當殿，文武百僚宰臣陳康伯以下起居、稱賀，皇帝降御座，側身西向，不坐。後宰臣以下再拜，❸舞蹈，三稱萬歲，起居，稱賀畢，康伯等升殿奏：「臣等言：願陛下即御坐，以正南面，上副太上皇帝傳授之意。」❹帝愀然曰：「君父之命，出于獨斷，此大位，懼不敢當，尚容辭避。」康伯等再奏：「玆者伏遇皇帝陛下應天順人，龍飛寶位，第以駑下之材，恐不足以仰輔新政，然依乘風雲千載之遇，實與四海蒼生不勝慶幸。」再拜賀畢，奏事而退。宰執下殿，皇帝還内，鳴鞭。宰執文武百僚赴祥曦殿，候太上

❶「請」，《宋史·禮志十三》作「詣」。
❷「泣」，原作「泗」，據庫本改。
❸「後」，《宋史·禮志十三》作「俟」。
❹「副」，原脱，據庫本補。

皇帝登輦，至德壽宮而退。淳熙十六年孝宗内禪，紹熙五年光宗内禪，並如紹興二十三年故事。

【《紀元表》】癸未，孝宗隆興元。二。乙酉，乾道元年。九。　四年，西遼夷列子直魯古元禧元。甲午，淳熙元年。十六。　十四年，高宗崩。　十六年，金大定二十九年，世宗崩，太孫璟立，是爲章宗。　在位二十七年，改元三，禪位于太子淳。

【《宋史·光宗本紀》】淳熙十六年正月辛亥，兩府奏事，孝宗諭以倦勤，欲禪位皇太子，退就休養，以畢高宗三年之制。因令周必大進呈詔草。二月壬戌，孝宗吉服御紫宸殿，行内禪禮，應奉官以次稱賀。内侍固請帝坐，帝固辭，内侍扶掖至七八，乃微坐，復興。次丞相率百僚稱賀禮畢，樞密院官升殿奏事，帝立聽。班退，孝宗反喪服，御後殿，帝侍立，尋登輦，同詣重華宮。帝還内。

【《文獻通考》】淳熙十六年二月五日，光宗即位，以皇帝登極奏告天地、宗廟、社稷、景靈宮諸宮觀、諸陵攢宮。

【《紀元表》】庚戌，光宗紹熙元年。五。　是年，金章宗明昌元。契丹德壽陁鎮等據信州反，建元身聖。　四年，夏仁孝子純祐天慶元。

【《宋史·光宗本紀》】紹熙五年，壽皇聖帝崩。七月甲子，太皇太后以皇帝疾，未能執喪，命皇子嘉王即皇帝位于重華宮之素幄。

【《寧宗本紀》】紹熙五年六月戊戌，孝宗崩，光宗以疾不能出，宰臣奏云：「皇太子嘉王，仁孝夙成，宜正儲位，以安人心。」從之。擬旨以進，御批云：「歷事歲久，念欲退閑。」宰臣等以禪位嘉王之意請於太皇太后，太皇太后諭曰：「好爲之。」知樞密院事趙汝愚命殿帥郭杲夜分兵衛南北，❶翌日禫祭，汝愚率百官詣大行柩前，太皇太后垂簾，汝愚率同列再拜，奏：「皇帝疾，不能執喪。」乃奉御批八字以奏。太皇太后曰：「既有御筆，卿當奉行。」汝愚曰：「内禪事重，須議一指揮。」太皇太后允諾。汝愚袖出所擬以進云：「皇帝以疾，未能執喪，曾有御筆，欲自退閑，皇子嘉王擴可即皇帝位，尊皇帝爲太上皇，皇后爲太上皇后。」太皇太后覽畢，曰：「甚善。」汝愚出，以旨諭帝，帝固辭，曰：「恐負不孝名。」汝愚曰：「天子當以安社稷定國家爲孝。今中外憂亂，萬一變生，置太上皇何地？」衆扶入素幄，被黄袍，方却立，未坐，汝愚率同列再拜。帝詣几筵殿，哭盡哀。須臾，立仗訖，催百官班，帝衰服出，就重華殿東廡素幄立，内侍扶掖，乃坐。百官起居訖，乃入，行禫祭禮。詔建泰安宫，以奉太上皇、太上皇后。以即位告于天地、宗廟、社稷。

蕙田案：光宗内禪，寧宗即位之禮，與高宗内禪儀稍别。蓋因時制宜，不得不爾。當時宰臣趙汝愚等，不愧爲大臣也。

【王圻《續通考》】宋寧宗慶元元年，吏部員外郎李謙言：「事莫重于登極，禮莫急于告廟。蓋即位必告廟，示敬親也。告廟必于歲首，大其事也。舜正月上日受終于文祖，禹正月朔旦受命于神宗，皆行告廟之禮也。然禮以變而或殊，事隨時而亦異，有不可以一例觀者。議禮之家，各持一説，不致其辯，禮意無自而明。夫嘉禮之與凶禮，不可以並行，舉一必廢一，故在《禮經》：『喪三

❶「北」下，《宋史·寧宗本紀》有「内」字。

年不祭，惟祭天地社稷爲越紼而行事。』蓋不敢以卑而廢尊也。夫天地以尊而不廢，宗廟以親，豈獨可廢乎？况《王制》『三年不祭』之説，諸儒之論，亦自不同。杜預之説，以爲既祔以後，宗廟得四時常時祭。❶蓋杜氏之意，不以三年不祭宗廟爲是也。今姑置常祭之説，而論即位踰年告廟之禮，庶幾禮簡而易明。虚言無證，則論不定，請質事以明之。且太甲之元祀十有二月乙丑，伊尹奉嗣王祗見厥祖，百官猶總己以聽冢宰，則是太甲居仲壬之喪而告廟也。漢吕后以八年七月即世，九月大臣迎立代王，元年十月辛亥，文帝即祚，謁高廟，即是文帝居吕后之喪而告廟也。唐代宗以大曆十四年即世，德宗建中元年正月庚午朝享于太廟，其後穆宗長慶之元年，敬宗寶曆之元年，武宗會昌之元年，懿宗咸通之元年，皆以正月朝享于太廟。徧觀歷代之制，雖小節不同，大概居喪雖權住祭，踰年正月，必告于廟。載諸經史，可考而知。漢昭、宣、元、成、哀、平六世，皆以即位謁廟，不待踰年，則失之速。唐太宗貞觀三年正月方事于太廟，馬周得以爲言，則失之緩。皆非禮之正也。以歷代之事而求其當，其惟踰年正月告廟乎！恭惟陛下，自登極以來，已享帝矣，大行梓宫，發引在即，來年正月，盍行告廟之禮。禮官未見申明者，豈非以《王制》爲據乎？竊謂即位之後，已曾謁廟，國有大故，故可以未祭，與居喪之後即位未經謁廟者事體不同。考歷代已行之事，宜於來年正月一日，陛下躬行告廟之禮，庶幾立一王之制，示萬世之規，乞下禮官指定施

❶「常」下，《禮記·王制》孔疏引無「時」字。

行。」詔令禮部太常寺討論聞奏。至是禮寺看詳，乞俟皇帝從吉日討論典禮施行。從之。

【《通考》】馬氏端臨曰：「《國朝會要·告禮門總序》稱：『祖宗以來，登位則有告祭。而所記累朝排年告祭之禮，則惟昌陵受禪創業，思陵南京，中興有之，此後則惟孝宗、光宗、寧宗登極有告祭之禮，而太宗以下皆無之，豈軼其記耶？或孝、光、寧三帝以受内禪故行之，而累朝以諒闇不克行耶？又即位之後，即親見于宗廟，行饗祀禮，亦惟孝、光二帝行之，累朝則皆以諒闇闕其禮云。』」

【《紀元表》】乙卯，寧宗慶元元年。六。辛酉，嘉泰元年。四。是年，金泰和元。西遼末主直古魯爲乃蠻界出律所擒，西遼亡。乙丑，開禧元年。三。二年，蒙古奇握温鐵木真即皇帝位于斡難河，是爲元太祖，稱元年。三年，夏乾順孫安全應天元。戊辰，嘉定元年。十七。是年，金章宗崩，衛王永濟立，後廢。二年，金後廢帝大安元。三年，夏安全皇建元。四年，夏安全族子遵頊光定元。五年，金崇慶元。六年，金至寧元。右副元帥胡沙虎廢帝立昇王珣，是爲宣宗，改元貞祐。耶律留哥自立爲遼王，改元元統。八年，張致據錦州反，僭稱漢興皇帝，建元興隆。遼東蒲鮮萬奴反，國號大真，建元天泰。十年，金興定元。十五年，金元光元。十六年，金宣宗崩，太子守緒立，是爲哀宗。夏遵頊子德旺乾定元。十七年，金哀宗正大元。在位三十一年，史彌遠矯詔立沂王子貴誠，更諱昀。

【《宋史·理宗本紀》】嘉定十七年閏八月丁酉，寧宗崩于福寧殿，史彌遠入白楊皇后，命子昀嗣皇帝位，同聽政，改明年爲寶慶元年。

【《紀元表》】乙酉，理宗寶慶元年。三。二年，夏德旺弟睍立，稱元年。三年，夏睍爲元所滅，元太祖崩。**戊子，紹定元年。**六。　是年，元太祖第四子拖雷監國一年。　二年，元太祖第三子窩闊台立，是爲太宗，稱元年。　五年，金開興元；四月，又改元天興。**甲午，端平元年。**三。　是年，金哀宗傳位于宗室承麟，宋會元兵滅金，哀宗自縊死，承麟爲亂兵所殺，金亡。**丁酉，嘉熙元年。**四。　**辛丑，淳祐元年。**十二。　是年，元太宗崩，后乃馬氏稱制一年至五年。　六年，元太宗長子貴由立，是爲定宗，稱元年。　八年，元定宗崩，后斡兀立海迷失稱制一年至三年。　十一年，元睿宗長子蒙哥立，是爲憲宗，稱元年。　**癸丑，寶祐元年。**六。　**己未，開慶元年。**一。　**庚申，景定元年。**五。　是年，元睿宗第四子忽必烈立，是爲世祖，建元爲中統元年。　五年，元至元元年，入都于燕。　在位四十一年，改元八，太子禥立。　**乙丑，度宗咸淳元年。**十。　在位十年，改元一，子瀛國公顯立。**乙亥，恭帝德祐元年。**二。　二年三月，元入臨安，以瀛國公北去。夏五月，弟益王昰即位于福州，改元景炎。　在位二年，改元一。　**丙子，端宗景炎元年。**二。　是年十一月，奔惠州。　三年，益王殂于碙州，度宗子衛王昺即位改元。　在位三年，改元一。**戊寅，帝昺祥興元年。**二。　二年二月，左丞相陸秀夫負衛王赴海殂，宋亡。　在位二年，改元一。

右宋。

【《紀元表》】己卯，元世祖至元十六年。三十一。　十六年，宋亡。　二十年，廣州新會縣桂林芳、趙良鈐等聚衆反，國號平羅，建元延康。三十一年崩，在位三十五年，改元二，太孫鐵木兒立。　**乙未，成宗元貞元年。**二。　**丁酉，大德元年。**十一。　在位十三年，改元二，順宗子懷寧王海山立。　**戊申，武宗至大元年。**四。　在位五年，改元一，弟愛育黎拔力八達立。

【《元史·仁宗本紀》】至大四年三月庚寅，即皇帝位。四月戊申，以即位告天地於南郊。戊午，告於太廟。

【《紀元表》】壬子，仁宗皇慶元年。二。甲寅，延祐元年。七。在位九年，改元二，太子碩德八剌立。

【《元史·英宗本紀》】延祐七年三月丙午，有事於南郊，告即位。四月庚戌，有事於太廟，告即位。戊午，祀社稷，告即位。

【《紀元表》】辛酉，英宗至治元年。三。在位三年，改元一，顯宗子晉王也孫鐵木耳立。甲子，泰定帝泰定元年。四。戊辰，致和元年。一。是年，帝崩于上都。在位五年，改元二，皇太子阿速吉八即位于上都，改元天順。武宗次子懷王圖帖睦爾入京師，九月，即帝位。

【《元史·文宗本紀》】天曆元年十月辛卯，有司言：「即位之始，當告祭郊廟社稷。」丁未，告祭于南郊。十一月壬申，遣官告祭社稷。

【《紀元表》】戊辰，文宗天曆元年。二。二年，武宗長子周王和世㻋稱帝于和寧之北，是爲明宗。立文宗爲太子。八月，明宗崩，未改元，文宗復即位于上都。

【《元史·明宗本紀》】文宗天曆二年四月癸卯，遣使如京師，卜日命中書左丞相鐵木兒補化攝告即位于郊廟、社稷。五月壬午，攝告南郊。六月丁亥朔，告於宗廟、社稷。

【《文宗本紀》】八月己亥，帝復即位。十月甲午，以登極恭謝，遣官代祀於南郊、社稷。

【《紀元表》】庚午，文宗至順元年。三。在位五年。三年八月崩，改元二。十月，明宗第二子鄜王懿璘質班立，是爲寧宗，十一月崩，未改元。

【《元史·寧宗本紀》】至順三年十月庚子，即位。庚戌，修郊祀法服。乙卯，以即位告祭南郊。己未，告祭太廟。

【《紀元表》】癸酉，順帝元統元年。二。帝爲明宗長子，名妥懽鐵木爾，是年六月即位于上都，十月始改元。乙亥，至元元年。六。三年，廣州增城縣民朱光卿反，國號大金，建元赤符。辛巳，至正元年。二十八。　八年，方國珍起台州。　十一年，天完徐壽輝治平元，僭稱帝。　十三年，周張士誠天祐元，僭稱王。　十五年，明太祖朱元璋起兵濠州。　宋韓林兒龍鳳元，僭稱帝，又號小明王。　十六年，明太祖稱吳公一年。　二十年，漢陳友諒弒徐壽輝，僭稱帝，國號漢，改元大義。　二十三年，❶夏明玉珍天統元，僭稱帝。　二十四年，明太祖即吳王位。　漢陳友諒子理德壽元，降吳。　二十七年，明太祖稱吳元年，平方國珍、張士誠。　夏明玉珍子明昇開禧元。　二十八年閏七月，明兵入通州，順帝奔上都。八月，明兵入京城，元亡。

【《元史·禮樂志》】皇帝即位受朝儀　前期三日，習儀于萬安寺。前二日，陳設于殿上。前一日，設宣詔位于闕前。至期，大昕，侍儀使引導從護尉，各服其服，至皇太子寢閤前，❷捧牙牌，跪報外辦。內侍傳旨，曰：「可。」侍儀使俛伏興。皇太子出閤，侍儀使前導，由崇天門入，升大明殿。引進使引導從至皇太子妃閤前，跪報外辦。內侍出，傳旨曰：「可。」引進使俯伏興，前導，由鳳儀門入。俟諸王以國禮扶皇帝登寶位畢，鳴鞭三，尚引引點檢以下，皆公服，入就起居位。起居、贊拜，如元正朝儀。　兩班點檢、宣徽將軍、宿直、尚廐、管旗，各恭事。俟后妃、諸王、駙馬以次賀獻禮畢，參議中書省事四人，以篚奉詔書，由殿左門入，至御榻前。參議中書省事跪奏詔文，俛伏興，以詔授典瑞使押寶畢，置于篚，對舉由正門出，樂作，至闕前，❸以詔置於案。文武百僚，各公服就位，北面立。侍儀使稱有制，宣贊唱曰「拜」，通贊贊曰「鞠躬」，曰「拜」，曰「興」，曰「拜」，曰「興」，曰「平身」，曰「班首稍前」，

❶「二」，原作「三」，據三家校改。
❷「閤」，原作「閣」，據三家校改。下同。
❸「至」，原作「置」，據庫本改。

典引引班首至香案前。通贊贊曰「跪」，曰「在位官皆跪」，司香贊曰「搢笏」，通贊贊曰「上香」，曰「上香」，曰「三上香」，曰「出笏」，曰「就拜」，曰「興」，曰「復位」，宣贊唱曰「拜」，通贊贊曰「鞠躬」，曰「拜」，曰「興」，曰「拜」，曰「興」，曰「平身」。侍儀使以詔授左司郎中，郎中跪受，同譯史稍西，陞木榻，東向宣讀。通贊贊曰「在位官皆跪」。讀詔，先以國語宣讀，隨以漢語譯之。讀畢，降榻，以詔授侍儀使，侍儀使置於案。通贊贊曰「就拜」，曰「興」，曰「拜」，曰「興」，曰「拜」，曰「興」，曰「搢笏」，曰「鞠躬」，曰「三舞蹈」，曰「跪左膝，三叩頭」，曰「山呼」，曰「山呼」，曰「再山呼」，曰「出笏」，曰「就拜」，曰「興」，曰「拜」，曰「興」，曰「拜」，曰「興」，曰「平立」。興引丞相以下皆公服入起居位，❶起居、拜舞、祝頌、進酒、獻表、賜宴，並同元正受朝儀。宴畢，鳴鞭。侍儀使導駕，引進使導后，入寢殿，如來儀。次日，以詔頒行。

右元。

【《明史・太祖本紀》】至正二十七年十二月，李善長帥百官勸進，表三上，乃許。甲子，告于上帝。洪武元年春正月乙亥，祀天地于南郊，即皇帝位，建元洪武。

【《明集禮》】洪武元年正月四日，皇帝即位，合祀天地，祝文曰：「惟我中國人民之君，自宋運告終，帝命真人于沙漠，入中國爲天下主。其君父子及孫，百有餘年，今運亦終。其天下土地人民，豪傑分争，惟臣，帝賜英賢李善長、徐達等爲臣之輔，遂戡定采石水寨蠻子海牙、方山陸寨陳也先、袁州歐祥、江州陳友諒、潭州王忠信、新淦鄧明、龍

❶「興引」，《元史・禮樂一》作「典引引」三字。

泉州彭時中、荆州江珏、濠梁孫德崖、廬州左君弼、安豐劉福、贛州熊天瑞、辰州陳文貴、永新周安、萍鄉易華、平江王世明、沅州李勝、蘇州張士誠、慶元方國珍、沂州王宣、益都老保等處狂兵，息民於田里。今地周圍二萬里廣，諸臣下皆曰：『恐民無主。』必欲推尊帝號，臣不敢辭，亦不敢不告上帝皇祇。是用吴二年正月四日，于鍾山之陽，設壇備儀，昭告上帝皇祇，簡在帝心。尚享。」

【《明史·禮志·登極儀》】漢高帝即位汜水之陽，其時緜蕞之禮未備。魏、晉以降，多以受禪改號。元世祖履尊既久，一統後但舉朝賀。明興，太祖以吴元年十二月將即位，命左相國李善長等具儀。善長率禮官奏：即位日，先告祀天地。禮成，即帝位於南郊。丞相率百官以下及都民耆老，拜賀舞蹈，呼萬歲者三。具鹵簿導從，詣太廟，上追尊四世册寶，告祀社稷。還，具衮冕，御奉天殿，百官上表賀。先期，侍儀司設表案于丹墀内道之西北，設丞相以下拜位于内道東西。每等異位，重行北面。捧表、展表、宣表官位于表案西，東向。糾儀御史二人於表案南，東西向。宿衛鎮撫二人于東西陛下，護衛百户二十四人于其南，稍後。知班二人，于文武官拜位北，東西向。通贊、贊禮二人于知班北，通贊西，贊禮東。引文武班四人于文武官拜位北，稍後，東西向。引殿前班二人于引文武班南。舉表案二人于引文武班北。舉殿上表案二人西陛下，❶東向。丹陛上設殿前班指揮司官三

❶「人」下，校點本《明史·禮志七》有「於」字，其校勘記曰：「原脱『於』字，據《太祖實録》卷二三吴元年十二月辛酉條補。」

人，東向。宣徽院官二人，西向。儀鸞司官于殿中門之左右，護衛千户八人于殿東西門，俱東西向。鳴鞭四人于殿前班之南，北向。將軍六人于殿門左右，天武將軍四人于殿上四隅，俱東西向。殿上，尚寶司設寶案于正中，侍儀司設表案于寶案南。文武侍從兩班于殿上東西，文起居注、給事中、殿中侍御史、尚寶卿，武懸刀指揮，東西向。受表官于文侍從班南，西向。内贊二人于受表官之南，捲簾將軍二人于簾前，俱東西向。是日，拱衛司陳鹵簿，列甲士于午門外，列旗仗，設五輅于奉天門外。侍儀舍人二，舉表案入。鼓初嚴，百官朝服立午門外。通贊、贊禮、宿衛官、諸侍衛及尚寶卿侍從官入。鼓三嚴，丞相以下入。皇帝衮冕陞御座，大樂鼓吹振作。樂止，將軍捲簾，尚寶卿置寶于案。拱衛司鳴鞭，引班導百官入丹墀拜位。初行樂作，至位樂止。知班贊班，贊禮贊拜。樂作，四拜，興。樂止，捧表以下官由殿西門入。内贊贊進表。捧表官跪捧。受表官搢笏，跪受，置于案。出笏，興，退立，東向。内贊贊宣表。宣表官前，搢笏，跪，展表官搢笏，同跪。宣訖，展表官出笏，以表復於案，俱退。宣表官俯伏興。俱出殿西門，復位。贊禮贊拜。樂作，四拜，樂止。搢笏，鞠躬三，❶舞蹈。拱手加額，呼萬歲者三。出笏，俯伏興。樂作，四拜，賀畢。遂遣官册拜皇后，册立皇太子，以即位詔告天下。

【《紀元表》】戊申，明太祖洪武元年。三十一。在位三十一年，建元一，太孫允炆立。己卯，惠宗建文元年。四。是年七月，燕王棣起兵，號靖

❶「鞠躬」，原脱，據庫本補。

難。四年六月，靖難兵入京城，惠宗遜位。在位四年，改元一。成祖即位，革建文年號。萬曆二十三年，復年號。

【《明史·成祖本紀》】建文四年六月丙寅，諸王群臣上表勸進。己巳，王謁孝陵，群臣備法駕，奉寶璽，迎呼萬歲。王升輦，詣奉天殿，即皇帝位。七月壬午朔，大祀天地于南郊，詔：「今年以洪武三十五年爲紀，明年爲永樂元年。」

【《紀元表》】癸未，成祖永樂元年。二十二。在位二十二年，改元一，崩于榆木川，太子高熾立。

【《明史·仁宗本紀》】永樂二十二年八月丁巳，即皇帝位。

【《禮志》】成祖即位倉猝，其儀不詳。仁宗即位，先期，司設監陳御座於奉天門，欽天監設定時鼓，尚寶司設寶案，教坊司設中和韶樂，設而不作。是日早，遣官告天地、宗社，皇帝具孝服告几筵。至時，鳴鐘鼓，設鹵簿。皇帝衮冕，御奉天門。百官朝服，入午門。鴻臚寺導執事官行禮，請陞御座。皇帝由中門出，陞座，鳴鞭。百官上表，行禮，頒詔，俱如儀。宣宗以後，儲宮嗣立者並同。

【《紀元表》】乙巳，仁宗洪熙元年。一。在位一年，改元一，太子瞻基立。丙午，宣宗宣德元年。十。在位十年，改元一，太子祁鎮立。丙辰，英宗正統元年。十四。七年，慶元葉宗留反，僭稱大王，國號太平，建元泰定。十四年，英宗北狩，郕王祁鈺立。庚午，景帝景泰元年。七。七年，代宗廢，英宗復辟。丁丑，英宗天順元年。八。帝前後在位二十二年，改元二，太子見深立。乙酉，憲宗成化元年。二十三。在位二十三年，改元一，太子祐樘立。戊申，孝宗弘治元年。十八。在位十八年，改元一，太子厚照立。丙寅，武宗正德元年。十六。在位十六年，改元一，興獻王長子厚熜立。

【《明史·世宗本紀》】正德十六年丙寅，武宗無嗣，慈壽皇太后與大學士楊廷和等定策，以遺詔迎王于興邸。四月，至京師，止于郊外。禮官具儀，請如皇太子即位禮。王顧長史袁宗皋曰：「遺詔以我嗣皇帝位，非皇子也。」大學士楊廷和等請如禮臣所具儀，由東安門入居文華殿，擇日登極。不允，會皇太后趣群臣上箋勸進，乃即郊外受箋。是日，日中，入自大明門，遣官告宗廟社稷，謁大行皇帝几筵，朝皇太后，出御奉天殿，即皇帝位。以明年爲嘉靖元年。

【《禮志》】正德十六年，世宗入承大統。先期，造行殿于宣武門外，南向。設帷幄御座，備翼善冠服及鹵簿大駕以候。至期，百官郊迎。駕入行殿，行四拜禮。明日，由大明門入。省詔草，改年號，素服詣大行几筵謁告。畢，設香案奉天殿丹陛上，皇帝衮冕，行告天地禮。詣奉先殿、奉慈殿謁告，仍詣大行几筵、慈壽皇太后、莊肅皇后前各行禮，遂御華蓋殿。百官朝服入。傳旨免賀，五拜三稽首。鴻臚寺官請陞殿，帝由午門出御奉天殿。鳴鞭，贊拜，頒詔，如制。

蕙田案：明世宗登極時，不允行皇子即位禮，其繼統不繼嗣之意已早決矣。大禮之議，所由不可回也。璁、萼輩特窺其隱而將順之耳。

【《紀元表》】壬午，世宗嘉靖元年。四十五。在位四十五年，改元一，子裕王載垕立。　丁卯，穆宗隆慶元年。六。在位六年，改元一，太子翊鈞立。　癸酉，神宗萬曆元年。四十八。在位四十八年。八月，太子常洛立，是爲光宗。八月，改爲泰昌元年。九月崩，皇長子由校立。　辛酉，熹宗天啟元年。七。在位七年，光宗子信王由檢立。戊辰，莊烈帝崇禎元年。十六。在位十六年，明亡。

右明。

五禮通考卷第一百二十九

淮陰吳玉搢校字

五禮通考卷第一百三十

内廷供奉禮部右侍郎金匱秦蕙田編輯
太子太保總督直隸右都御史桐城方觀承同訂
兩淮都轉鹽運使德水盧見曾
按察司副使元和宋宗元 參校

嘉禮三

上尊號

蕙田案：尊號起於唐武后、中宗之世，始以即位，繼以拜洛受圖，後乃往往以符瑞行之。玄宗開元、天寶以來，殆數數矣，然其儀不傳。宋每遇大禮，群臣輒上表請，至於再三。自太祖、太宗以還，沿爲故事，《宋史》著其儀爲《嘉禮》第一，至神宗、哲宗，乃毅然止之。遼始於太祖，厥後相繼不絶。金初猶舉之，逮章宗，堅却不受，其事乃罷。元上尊號者，五帝而已。自明以來，蓋無聞焉。今於即位儀後附及之。

【《唐書·則天后本紀》】光宅元年二月甲子，皇帝率群臣上尊號於武成殿。

【《通鑑》】太后御武成殿，皇帝帥王公以下上尊號。

蕙田案：上尊號始此。

垂拱四年五月乙亥，加尊號爲聖母神皇。

【《通鑑》】武承嗣使鑿白石爲文曰：「聖母臨人，永昌帝業。」末紫石雜藥物填之，使雍州人唐同泰奉表獻之，稱獲之於洛水。太后喜，命其石曰「寶圖」，擢同泰爲遊擊將軍。五月戊辰，詔當親拜洛，受「寶圖」。有事南郊，告謝昊天。禮畢，御明堂，朝群臣。命諸州都督、刺史及宗室外戚以拜洛前十日集神都。乙亥，太后加尊號爲聖母神皇。

天授元年九月，改國號周，大赦改元。乙酉，加尊號曰聖神皇帝。

二年九月乙未，❶加號金輪聖神皇帝。

延載元年五月甲午，加越古金輪聖神皇帝。

天册萬歲元年正月辛巳，加號慈氏越古金輪聖神皇帝。

久視元年五月癸巳，大赦改元，罷天册金輪大聖號。

蕙田案：罷尊號始此。

長安五年，皇帝復於位。丁未，徙后於正陽宮。戊申，上后號曰則天大聖皇帝。

【《中宗本紀》】神龍元年十一月戊寅，上尊號曰應天皇帝，皇后曰順天皇后。

景龍元年八月丙戌，上尊號曰應天神龍皇帝，皇后曰順天翊聖皇后。

【《玄宗本紀》】開元元年十一月戊子，群臣上尊號曰開元神武皇帝。大赦改元。❷

二十七年二月，群臣上尊號曰開元聖文神武皇帝，大赦，免今歲稅，賜文武官階爵版。

【《通鑑》】群臣請加尊號曰聖文，二月己巳，許之，因赦天下，免百姓今年田租。

天寶元年正月甲寅，陳王府參軍田同秀言，玄元皇帝降於丹鳳門通衢。二月丁亥，群臣上尊號曰開元天寶聖文神武皇帝。辛

❶「二年」上，據《新唐書·則天皇后本紀》，宜有「長壽」二字。

❷「大赦改元」上，據《新唐書·玄宗本紀》，宜有「十二月庚寅」五字。

卯，享玄元皇帝於新廟，大赦。

【《通鑑》】田同秀上言：「見玄元皇帝於丹鳳門之空中，告以我藏靈符在尹喜故宅。」上遣使於故函谷關尹喜臺旁求得之。壬辰，群臣上表，以函谷靈符，潛應年號，先天不違，請於尊號加「天寶」字。從之。

十三載二月壬申，朝獻太清宮，加上玄元皇帝號曰大聖祖高上大道金闕玄元天皇大帝。甲戌，群臣上尊號曰開元天地大寶聖文神武證道孝德皇帝，大赦。

至德三載，上號曰太上至道聖皇天帝。

【《肅宗本紀》】乾元元年正月戊寅，上皇天帝御宣政殿，受皇帝傳國受命寶符冊，號曰光天文武大聖孝感皇帝。

【《通鑑》】上皇御宣政殿受冊，❶加上尊號，上固辭「大聖」之號，上皇不許。上尊上皇曰太上至道聖皇天帝。

二年正月己巳，群臣上尊號曰乾元大聖光天文武孝感皇帝。

【《通鑑》】乾元二年二月壬子，月食既。先是，百官請加皇后尊號曰輔聖，上以問中書舍人李揆，對曰：「自古皇后無尊號，惟韋后有之，豈足爲法？」上驚曰：「庸人幾誤我。」

上元二年九月壬寅，大赦，去乾元大聖光天文武孝感號。

【《通鑑》】壬寅，制去尊號，但稱皇帝。去年號，但稱元年。

【《代宗本紀》】廣德元年七月壬寅，群臣上尊號曰寶應元聖文武孝皇帝。壬子，大赦改元。

❶「受」，《通鑑》卷二二〇作「授」，疑是。

【《通鑑》注】以楚州所獻十三寶爲上登極之符應也。

【《德宗本紀》】建中元年正月丁卯，改元，群臣上尊號曰聖神文武皇帝。

興元元年正月癸酉，大赦，改元，去聖神文武號。

【《順宗本紀》】永貞元年八月庚子，立皇太子爲皇帝，自稱太上皇。 元和元年正月，皇帝率群臣上尊號曰應乾聖壽太上皇。

【《通鑑》】百官請上尊號曰文武大聖孝德皇帝，上許。 上上皇尊號而自辭不受。

【《憲宗本紀》】元和三年正月癸巳，群臣上尊號曰睿聖文武皇帝。 十四年七月己丑，群臣上尊號曰元和聖文神武法天應道皇帝，大赦。

【《穆宗本紀》】長慶元年七月壬子，群臣上尊號曰文武孝德皇帝。

【《敬宗本紀》】寶曆元年四月癸巳，❶群臣上尊號曰文武大聖廣孝皇帝，大赦，賜文武官階勳爵。❷

蕙田案：敬宗弟文宗在位十四年，未上尊號。

【《武宗本紀》】會昌二年四月丁亥，群臣上尊號曰仁聖文武至神大孝皇帝，大赦，賜文武官階勳爵。

【《宣宗本紀》】大中二年正月甲子，群臣上尊號曰聖敬文思和武光孝皇帝，大赦，賜文武官階勳爵。

【《懿宗本紀》】咸通三年正月庚午，群臣上尊號曰睿文明聖孝德皇帝，大赦。 十一年正月甲寅，群臣上尊號曰睿文英武明德

❶ 「四」，原作「正」，據《新唐書·敬宗本紀》改。

❷ 「勳」，《新唐書·敬宗本紀》無，疑衍。

至仁大聖廣孝皇帝，大赦。

【《僖宗本紀》】乾符元年十一月庚寅，改元，群臣上尊號曰聖神聰睿仁哲明孝皇帝。「光啟元年五月，群臣上尊號曰至德光烈皇帝。」

【《昭宗本紀》】大順元年正月戊子，群臣上尊號曰聖文睿德光武弘孝皇帝，大赦，改元。

蕙田案：上尊號自武后始，後遂奉爲故事。唐一代之君循行之，其不行者，一二帝而已。

右唐。

【《宋史・太祖本紀》】乾德元年十一月甲子，有事南郊，大赦，改元，百官奉玉册上尊號曰應天廣運仁聖文武至德皇帝。即建隆四年。

【《宋史・禮志》】尊號之典，唐始載於禮官。宋每大祀，群臣詣東上閤門，拜表請上尊號，或三上，或五上，多謙抑弗許；如允所請，即奏命大臣撰册文及書册寶。其受册，多用祀禮畢日，御正殿行禮。禮畢，有司以册寶詣閤門奉進入内。建隆四年，群臣三上表上尊號，詔俟郊畢受册。前三日，遣官奏告天地、宗廟、社稷，遂爲定制。其儀：有司宿設崇元殿仗衛，文武百官並集朝堂之次，攝太尉奉册於案，吏部侍郎一員押，司徒奉寶於案，禮部侍郎一員押，以五品、六品清資官充舉册、舉寶官，皆承之以匣，覆之以帊，俱詣殿門外之東、太尉之前。大樂令帥工人入就位，諸侍衛官及宰執、兩制、供奉等官立於殿階下香案前左右，如常入閤儀。侍中奏中嚴外辦，所司承旨索扇，扇上，皇帝衮冕，御輿出自西房，樂作，即御坐，扇開，樂止。符寶郎奉寶如常儀，禮直官、通事舍人分引太尉以下文武群官應北面位者，各就橫行位，太常卿於册案前導至丹墀西階上少東，北面置訖。太尉、司徒、吏部禮部侍郎各入本班立定，典儀贊百官再拜，舞蹈，三稱萬歲，又再拜起居訖，又再拜，分班序立。禮直官引太常卿隨行，吏部侍郎押册案以次序行，太尉從之，禮部侍郎次押寶案行，司徒從之，詣西階，至解劍褥位。其讀册中書令、讀寶侍中，候册案將至，先升於前楹間第一柱北對立。太尉解劍、脱舄訖，吏部侍郎押册案先升，太尉從升，當御坐前。太尉搢笏，北面，奉册案稍前跪置訖，俛伏，興，少退，東向立。中書令進當册案前，讀册訖，俛伏，興，又搢笏，奉册於褥，東向册函，❶北向進跪置御坐前，與舉册官降還侍立位，太尉亦降，納舃，帶劍。禮部侍郎押寶案升，司徒隨升，北面跪置，侍中讀寶訖，置册之南，俱復位，其納舃、帶劍、俛伏，一如上儀。典儀贊在位官皆再拜，禮直官、通事舍人引太尉至西階下，解劍、舃升，當御坐前跪賀，其詞中書門下撰。賀訖，復位，皆再拜，如讀册寶儀。侍中升至御坐前承旨，退臨階西向稱「有制」，典儀贊再拜訖，宣曰：「朕以鴻儀昭舉，保命會昌，迫於群情，祗膺顯號。退循寡昧，惕懼增深。所賀知。」宣訖，復位。典儀贊再拜，舞蹈，三稱萬歲，又再拜訖。侍中升階奏禮畢，降復位。扇上，樂作，帝降坐，御輿入自東房，扇開，樂止。侍中版奏解嚴，中書侍郎帥奉案官升殿，跪奉册置於案，次門下侍郎奉寶如奉册禮，通事舍人贊引詣東上閤門狀進，所司承旨放仗，百官再拜訖，退如

❶「向」，校點本《宋史・禮志十三》改作「迴」。

常儀。自後受册皆如之。禮畢，賜百官食於朝堂。

【《太祖本紀》】開寶元年十一月癸卯，有事南郊，改元開寶。宰相普等奉玉册寶，上尊號曰應天廣運大聖神武明道至德仁孝皇帝。

【《太宗本紀》】太平興國三年八月甲戌，群臣請上尊號曰應運統天聖明文武皇帝。十一月丙申，祀天地於圜丘，大赦改元，❶御乾元殿受尊號。　六年冬十月癸酉，群臣三奉表，上尊號曰應運統天睿文英武大聖至明廣孝皇帝。十一月辛亥，祀天地於圜丘，大赦，御乾元殿受尊號，内外文武加恩。　雍熙元年九月壬戌，群臣表三上尊號曰應運統天睿文英武大聖至仁明德廣孝皇帝，不許。宰相叩頭固請，終不許。

蕙田案：宋却尊號，自太宗始也。

端拱二年十二月庚申，詔令四方所上表，祇稱皇帝。群臣請復尊號，不許。辛酉，上法天崇道文武皇帝，詔去「文武」二字，許之。淳化三年九月乙卯，群臣上尊號曰法天崇道明聖神孝文武皇帝。凡五表，終不許。至道元年十二月甲戌，群臣奉表加上尊號曰法天崇道上聖至仁皇帝，凡五上，不許。

【《真宗本紀》】咸平二年八月乙卯，群臣上尊號曰崇文廣武聖明仁孝皇帝。十一月丙戌，祀天地於圜丘，御朝元殿受尊號册。丁亥，賜群臣帶服鞍馬器幣有差。

大中祥符元年六月，天書再降於泰山醴泉北。壬寅，迎天書於含芳園。辛亥，群臣表上尊號曰崇文廣武儀天尊道寶應章感聖明仁孝皇帝。十二月辛卯，御乾元殿受尊號。

❶「改元」二字，《宋史·太宗本紀》無，疑衍。

蕙田案：宋上尊號，多在即位郊天之後。是年十月封禪，辛卯，駕發京師，十一月丁丑，至自泰山，奉天書還宫，遂行受尊號之禮，不關郊祀也。

五年冬十月丙子，群臣上尊號曰崇文廣武感天尊道應真佑德上聖欽明仁孝皇帝。天禧三年七月壬申，群臣上尊號曰體仁御極感天尊道應真寶運文德武功上聖欽明仁孝皇帝。十一月辛未，祀天地於圜丘，大赦。丁丑，御天安殿受尊號。乾興元年正月，改元。二月，大赦。癸卯，上尊號曰應天尊道欽明仁孝皇帝。

【《仁宗本紀》】天聖二年十二月丁酉，祀天地於圜丘，大赦，百官上尊號曰聖文睿武仁明孝德皇帝。

明道二年二月丁未，祀先農於東郊，躬耕籍田，大赦，百官上尊號曰睿聖文武體天法道仁明孝德皇帝。

蕙田案：耕籍成，上尊號，史所謂大禮後故事也。

景祐二年十一月乙未，祀天地於圜丘，上尊號曰景祐體天法道欽文聰武聖仁孝德皇帝。四年十一月庚戌，❶祀天地於圜丘，百官上尊號曰寶元體天法道欽文聰武聖仁孝德皇帝。

皇祐二年三月戊子朔，詔季秋有事於明堂。己丑，以大慶殿爲明堂。戊戌，詔明堂禮成，群臣毋上尊號。

蕙田案：是年九月，始大享明堂，三月之詔，蓋預止之也。

嘉祐四年六月己巳，群臣請加尊號曰大

❶「四年」，據《宋史·仁宗本紀》，當作「寶元元年」。

仁至治，表五上，不許。

【《英宗本紀》】治平二年七月己卯，群臣五上尊號，不允。　四年春正月，群臣上尊號曰體乾膺歷文武聖孝皇帝。

【《神宗本紀》】熙寧元年七月乙卯，群臣三表請上奉元憲道文武仁孝之號，不許。

【《禮志》】熙寧元年，宰臣曾公亮等上表請加尊號，詔不允。先是，翰林學士司馬光言：「尊號起唐武后、中宗之世，遂爲故事。先帝治平二年，辭尊號不受，天下莫不稱頌聖德。其後佞臣建言，國家與契丹常有往來書，彼有尊號，而中國獨無，足爲深恥。於是群臣復以非時上尊號，論者甚爲朝廷惜之。今群臣以故事上尊號，臣愚以爲陛下聰明睿智，雖宜享有鴻名，然踐阼未久，又在亮陰之中，考之事體，似未宜受。陛下誠能斷以聖意，推而不居，仍令更不得上表請，則頌嘆之聲，將洋溢四海矣。」詔賜光曰：「覽卿來奏，深諒忠誠。朕方以頻日淫雨，甲申地震，天威彰著，日虞傾禍，被此鴻名，有靦面目，況在亮陰，亦難當是盛典。今已批降指揮，可善爲答辭，使中外知朕至誠靦懼，非欺衆邀名。」其後宰臣數上表請，終不允。

徐氏乾學曰：「神宗此舉，可謂賢矣。然非司馬光之疏忠懇切至，有以啟沃之於前，則諛佞之言，未有不爲之動者也。蓋好諛惡直，人之常情。倘神宗移用王安石之心以任光，豈非宋室之令主哉！」

二年四月丁酉朔，群臣再上尊號，不許。

四年六月庚申，群臣三上尊號曰紹天法古文武仁孝皇帝，不許。　七年七月癸卯，群臣五上尊號曰紹天憲古文武仁孝皇帝，不許。　十年七月辛酉，群臣五上尊號曰奉天憲古文武仁孝皇帝，不許。

元豐三年七月甲戌，詔：「自今遇大禮，罷上尊號。」

【《哲宗本紀》】元祐四年三月己丑，❶詔：「自今大禮，毋上尊號。」

蕙田案：自神宗、哲宗罷上尊號，終宋之世，未嘗舉行。

右宋。

【《遼史·太祖本紀》】元年春正月，即位，群臣上尊號曰天皇帝，后曰地皇后。

神册元年春二月丙戌朔，上在龍化州，迭烈部夷離菫耶律曷魯等率百僚請上尊號，三表乃允。丙申，群臣及諸屬國築壇州東，上尊號曰大聖大明天皇帝，后曰應天大明地皇后。大赦，改元。初，闢地爲壇，得金鈴，因名其地曰金鈴岡。壇側滿林曰册聖林。

【《太宗本紀》】天顯元年十一月壬申，御宣政殿，群臣上尊號曰嗣聖皇帝。大赦。

會同元年十一月丙寅，皇帝御宣政殿，劉煦、盧重册上尊號曰睿文神武法天啟運明德章信至道廣敬昭孝嗣聖皇帝。大赦，改元。

【《穆宗本紀》】天禄五年九月丁卯，即皇帝位，群臣上尊號曰天順皇帝，改元應曆。

五年二月庚申，漢遣使請上尊號，不允。

【《景宗本紀》】應曆十九年二月，即皇帝位，百官上尊號曰天贊皇帝，大赦，改元保寧。

【《聖宗本紀》】乾亨四年九月癸丑，即皇帝位，時年十二，皇后攝政。十月己未朔，帝始臨朝。辛酉，群臣上尊號曰昭聖皇帝。大赦。

統和元年，群臣上皇帝尊號曰天輔皇帝。

五年，群臣上皇帝尊號曰至德廣孝昭聖天輔

❶「三月」二字，原脱，據《宋史·哲宗本紀》補。

皇帝。　二十三年十月庚午，群臣上皇帝尊號曰至德廣孝昭聖天輔皇帝，大赦。開泰元年十月甲子朔，文武百官加上尊號曰弘文宣武尊道至德崇仁廣孝聰睿昭聖神贊天輔皇帝，大赦改元。　九年九月，文武百僚奉表上尊號，不許。表三上，迺從之。太平元年十一月癸未，上御昭慶殿，文武百僚奉册上尊號曰睿文英武尊道至德崇仁廣孝功成治定昭聖神贊天輔皇帝，大赦改元。

【《興宗本紀》】太平十一年六月，即皇帝位，群臣上皇帝尊號曰文武仁聖昭孝皇帝，大赦，改元重熙。

重熙十一年冬十一月丁亥，群臣加上尊號曰聰文聖武英略神功睿哲仁孝皇帝，册蕭氏曰貞懿宣慈崇聖皇后，大赦。　十二年，高麗國以加上尊號，遣使來賀。

【《道宗本紀》】清寧二年十一月甲辰，文武百僚上尊號曰天祐皇帝，后曰懿德皇后。咸雍元年春正月辛酉朔，文武百僚加上尊號曰聖文神武全功大略廣智聰仁睿孝天祐皇帝，改元大赦。

【《天祚帝本紀》】壽隆七年正月，即位，群臣上尊號曰天祚皇帝。二月，改元乾統，大赦。　三年十一月丙申，文武百官加上尊號曰惠文智武聖孝天祚皇帝，大赦。

【《遼史·禮志》】皇帝受册儀　前期一日，尚舍奉御設幄於正殿北墉下，南面設御坐；奉禮郎設官僚、客使幕次於東西朝堂；大樂令設宮懸於殿庭，舉麾位在第二重西階上，東向；乘黄令陳車輅，尚輦奉御陳輿輦，尚舍奉御設解劍席於東西階。設文官六品以上位横街南東方，西向；武官五品已上位横街南西方，東向。皆北上重行，每等異位。將士各勒所部六軍仗屯諸門。金吾仗、黄麾仗陳於殿庭。至日，押册官引册自西便門入，置册案西階上。通事舍人引侍從班入，就位。侍中東階下，解劍履，上殿，欄外俛伏跪，奏「中嚴」；下殿，劍履，復位立。閤使西階上殿，欄外跪請木契；西殿鞠躬，奏「奉敕唤仗」。殿中監、少監、殿中丞等押金吾四色仗入，位臣僚後。協律郎入，就舉麾位。符寶郎詣閤奉迎。通事舍人引文官四品至六品、武官三品至五品，就門外位。皇帝御輦至宣德門。宣徽使押内諸司班起居，引皇帝至閤，服衮冕。侍中東階下，解劍履，上殿，版奏外辦。太常博士引太常卿，太常卿引帝。内諸司出。協律郎舉麾，太樂令令撞黄鐘之鐘，左五鐘皆應，❶工人鼓柷，樂作。皇帝即御坐，宣徽使贊扇合，樂止；贊簾捲，扇開。符寶郎奉寶進，左右金吾報平安。通事舍人引文官三品、武官二品以上入門，樂作；就相向位畢，樂止。通事舍人引侍從班，南班文官三品、武官二品以上合班，北向。東班西上，西班東上，起居，七拜。分班，各復位。通事舍人引押册官押册自西階下，至丹墀，當殿置香案册案。置册訖，樂作；就位，樂止。捧册官近後，東西相對立。舍人引侍從班并南班合班，北向如初。贊再拜，在位者皆再拜；舞蹈，五拜。分班，各復位如初。捧册官就西階下解劍席，解劍履，捧册西階上殿，樂作；置册御坐前，東西立，北向。捧册官西牖下立，北上，樂止。讀册官出班，當殿立，贊再拜，三呼萬歲。❷就西階

❶「左五鐘皆應」，校點本《遼史》校勘記曰：「《樂志》作『左右鐘皆應』。」

❷「三」，原作「山」，據庫本改。

下解劍席，解劍履，西階上殿，欄内立，當御坐前。侍中取册，捧册官捧册匣至讀册官前跪，相對捧册。讀册官俛伏跪，讀訖，俛伏，興。捧册官跪左膝，以册授侍中。侍中受册，以册授執事者，降自西階，劍履訖，復當殿位。贊再拜，三呼萬歲，復分班位。舍人引侍從班、南班合班，北向如初。贊拜，在位者皆拜；舞蹈，鞠躬如初。通事舍人引班首西階下，解劍履。上殿，樂作；就欄内位，樂止。俛伏跪，通全銜臣某等致詞稱賀訖，俛伏興。降西階下，帶劍，納舄，樂作；復位，樂止。贊拜，在位者皆再拜，舞蹈，五拜，鞠躬。侍中臨軒西向，稱「有制」，皆再拜。侍中宣荅訖，贊皆再拜，舞蹈，五拜，分班各復位。三品以上出，樂作；出門畢，樂止。侍中當御坐俛伏跪，通全銜奏「禮畢」，俛伏興。退，東階下殿，帶劍，納履，復位。宣徽使贊扇合，❶下簾。太常博士、太常卿引皇帝起，樂作；至閤，樂止。舍人引文官四品、武官三品以下出門外，分班立；次引侍從班出，次兵部、吏部出，次金吾出，次起居郎、舍人出，次殿中監、少監押金吾細仗出，仍位臣僚後。次東西上閤門使於丹墀内鞠躬，奏衙内無事，❷捲班出。閤門使丹墀内鞠躬，揖「奉敕放仗」。出，門外文武班中間立，唤承受官。承受官聲喏，至閤門使後，鞠躬，揖。閤門使鞠躬，稱「奉敕放仗」。承受聲喏，鞠躬，揖，平身立，引聲「奉敕放仗」。聲絶，趨退。文武合班，再拜。舍人一員攝詞令官，殿前鞠躬，揖，稱「奉敕放黄麾仗」，出。放金吾仗亦如之。

❶「贊」，原脱，據庫本補。
❷「内」，原作「門」，據《遼史·禮志五》改。

翼日，文武臣僚入問聖躬。太平元年行此儀，大略遵唐、晉舊儀。又有《上契丹册儀》，以阻午可汗行柴册禮，合唐禮雜就之也。又有《上漢册儀》，與此儀大同小異，加以《上寶儀》耳。

右遼。

【《金史·太祖本紀》】收國二年，群臣上尊號曰大聖皇帝。

【《熙宗本紀》】皇統元年正月庚戌，群臣上尊號曰崇天體道欽明文武聖德皇帝。初御衮冕，大赦改元。十一月己酉，高麗國賀受尊號。十二月，夏國賀受尊號。

【《金史·禮志》】受尊號儀　皇統元年正月二日，太師宗幹率百僚上表，請上皇帝尊號，凡三請，詔允。七日，遣上京留守奭告天地社稷，析津尹宗强告太廟。十日，帝服衮冕御元和殿，宗幹率百僚恭奉册禮。册文云云：「臣等謹奉玉册、玉寶，上尊號曰崇天體道欽明文武聖德皇帝。」是日，皇帝改服通天冠，宴二品以上官及高麗、夏國使。十二日，恭謝祖廟，還御宣和門，大赦，改元。大定七年，恭上皇帝尊號。前三日，遣使奏告天地、宗廟、社稷。前二日，諸司停奏刑罰文字，百官習儀於大安殿庭。兵部帥其屬，設黄麾仗於大安殿門之内外。宣徽使帥儀鸞司，於前一日設受御册寶壇於大安殿中間，又設御榻於壇上，又設册寶幄次於大安殿門外，及設皇太子幕次於殿東廊，❶又設群官次於大安門外。大樂令與協律郎前一日設宮懸於殿庭，又設登歌樂架於殿上，立舞表於殿下。符寶郎即其日俟文武群官入，奉八寶置於御座左右，候上

❶「幕」，原作「幄」，據三家校改。

册寶訖，❶復昇寶還所司。其日質明，奉册太尉、奉寶司徒、讀册中書令、讀寶侍中以次應行事官，並集於尚書省，俟册寶輿，❷乘馬奉迎。册寶至應天門，下馬由正門步導入，至大安殿門外，置册寶於幄次。昇册寶牀弩手人等分立於左右。文武群官並朝服入次。攝太常卿與大樂令帥工人入就位，協律郎各就舉麾位。昇册寶案官由西偏門先入，置案於殿東西間褥位，置訖，各退於西階册寶位後。捧册官、捧寶官、昇册匣官、昇寶盝官由西偏門先入，至殿西階下册寶褥位之西，東向立，俟閤門報。通事舍人引攝侍中版奏「中嚴」訖，❸典儀、贊者各就位。閤門官引文武百僚分左右入，於殿階下磚道之東西相向立。符寶郎奉八寶由西偏門分入，升置殿上東西間相向訖，分左右立於寶後。通事舍人引攝侍中版奏「外辦」，扇合，服衮冕以出，曲直華蓋、侍衛警蹕如常儀。❹殿上鳴鞭訖，殿下亦鳴鞭。初索扇，協律郎跪，俛伏，興，舉麾。工鼓柷，奏《乾寧》之曲。出自東房，即座，儀使副添香，爐烟升，扇開，簾捲。協律郎偃麾，戛敔，樂止。太常博士、通事舍人自册寶幄次分引册，太常卿前導，吏部侍郎押册而行，奉册太尉、讀册中書令、舉册官於册後以次從之。次太常博士、通事舍人二員分引寶，

❶ 「册寶」，原作「寶册」，據三家校改。

❷ 「俟」，原作「候」，據三家校改。

❸ 「通事舍人引攝侍中版奏中嚴訖」，校點本《金史》於此句下出校勘記曰：「按《受尊號儀》至此句以上，係據《大金集禮》卷二《帝號》下《大定七年册禮》編寫。自此句以下，至本段末，係誤抄卷一《帝號》上《天德貞元册禮》，遂與上文不合。其抄《天德貞元册禮》亦多脱誤，今不復校正。」

❹ 「常」，原脱，據三家校補。

禮部侍郎押寶而行，奉寶司徒、讀寶侍中、舉寶官於寶後以次從之。由正門入，宮縣奏《歸美揚功》之曲。太常卿於册牀前導，至第一墀香案南，藉册寶褥位上少置。太常卿與舉册寶官退於册寶稍西，東向立。博士、舍人立於其後，舁册寶牀弩手、繖子官等又於其後，皆東向。太尉、司徒、中書令、侍中皆於册後，面北以次立。吏部侍郎、禮部侍郎次立於其後。立定，樂止。閤門舍人分引東西兩班群官合班，轉北向立，中間少留班路。俟立定，太常博士、通事舍人四員分引太尉、司徒、中書令、侍中、吏部禮部侍郎以次各復本班，訖，博士、舍人退以俟。初引時，樂奏《歸美揚功》之曲，至位立定，樂止。典儀曰「拜」，贊者承傳，太尉以下應在位官皆舞蹈，五拜。班首出班起居訖，又贊「再拜」，如朝會常儀。太常博士、通事舍人四員再引太尉、司徒、中書令、侍中、吏部禮部侍郎復進至册寶所稍南，立定。舁册寶牀弩手、繖子官並進前，舉册寶牀興。太常博士、通事舍人二員分引册，太常卿前導，吏部侍郎押册而行，奉册太尉、讀册中書令、舉册官於册後以次從之。册初行，樂奏《肅寧》之曲。次通事舍人、太常博士又二員分引寶，禮部侍郎押寶而行，奉寶司徒、讀寶侍中、舉寶官於寶後以次從之，詣西階下，至册寶褥位少置，册北，寶南。樂止。舁册寶牀弩手、繖子官等退於後稍西，東向立。捧册官與舁册官並進前，取册匣升。太常博士、通事舍人分引册，太常卿側身導册先升，奉册太尉、讀册中書令、舉册官、捧册官於册後以次從升。册初行，樂奏《肅寧》之曲。進至殿上，博士、舍人分左右於前楹立以俟，讀册中書令於欄子外前楹稍西立以俟，舉册官、捧册官立於其後。奉册太尉從升，至褥位，搢笏，少前跪置訖，執笏，俛伏，興，樂止，退於前楹稍西立以俟。太常博士立於後。太常卿少退東向立。舁册官立於其後，皆東向。捧册官先入，舉册官次入，讀册中書令又次入。捧册官四員，皆搢笏雙跪捧。舉册官二員，亦搢笏，兩邊單跪對舉。中書令執笏進，跪稱「中書令臣某讀册」。讀訖，俛伏，興。中書令俟册興，先退。通事舍人引，降自東階，復本班。訖，太常卿降復寶牀前，舁册官並進，與捧册官等取册匣，興，置於殿東間褥位案上，西向。捧舉册官等降自東階，還本班。舁册官亦退。太常博士引奉册太尉降自西階，東向立以俟。次捧寶官與舁寶官俟讀册中書令讀訖出，並進前，取寶盝升。太常博士、通事舍人分引寶，太常卿側身導寶，先升。奉寶司徒、讀寶侍中、舉寶官、捧寶官於寶後以次從升。寶初行，樂奏《肅寧》之曲。進至殿上，博士舍人俱退不升，並於前楹稍西立俟。讀寶侍中於欄子外前楹間稍西立以俟。舉寶官、捧寶官立於其後。奉寶司徒從升，至褥位，搢笏，少前跪置，訖，執笏，俛伏，興，樂止。司徒退於前楹西，立以俟。太常卿少退，東向立。舁寶官立於其後，皆東向。捧寶官先入，舉寶官次入，讀寶侍中又次入。捧寶官四員，皆搢笏，雙跪捧。舉寶官二員，亦搢笏，兩邊單跪對舉。侍中執笏進，跪稱「侍中臣某讀寶」。讀訖，俛伏，興。侍中俟寶興先退，通事舍人引，降自西階，復本班。訖，舁寶官進前，與捧寶舉寶官等取寶盝興，置於殿之西間褥位案上，東向。捧寶舉寶官等與太常卿俱降自西階，及吏部侍郎皆復本班。

舁寶官亦退。太常博士引奉寶司徒次奉册太尉，東向立定。博士、舍人贊引太尉、司徒進，詣第一墀香案南褥位立定，博士、舍人稍退。典儀曰「拜」，贊者承傳，在位官皆再拜。訖，博士、舍人二員引太尉詣東階升，宫縣奏《純成亭上》之曲，❶至階，止。閤門使二員引太尉進至前，立定，樂止。閤門使揖贊太尉拜跪賀，殿下閤門揖百僚躬身，太尉稱「文武百僚具官臣等言」，致賀詞云云，俛伏，興，退至階下。博士、舍人分引太尉降自東階，初降，宫縣作《肅寧》之曲，復香案南褥位立定，樂止。博士、舍人少退。典儀曰「拜」，贊者承傳，太尉、司徒及在位群官俱再拜舞蹈，三稱萬歲，又再拜。訖，通事舍人引攝侍中升自東階，進詣前楹間，躬承旨，退臨階西向，稱「有制」。典儀曰「拜」，贊者承傳，太尉、司徒及在位群官俱再拜，躬身宣詞云云。宣訖，通事舍人引侍中還位。典儀曰「拜」，贊者承傳，階上下應在位群官俱再拜舞蹈，三稱萬歲，又再拜。訖，博士、舍人分引太尉、司徒就百僚位。初引，宫縣作《肅寧》之曲，至位立定，樂止。閤門舍人分引應北面位群官，各分班東西相向立定。通事舍人引攝侍中升自東階，當前楹間，跪奏「禮畢」，俛伏，興，引降還位。扇合，簾降。協律郎俛伏，興，舉麾，工鼓柷，奏《乾寧》之曲。降座，入自東房，還後閤，進膳，侍衛警蹕如儀。扇開，樂止。捧册官帥舁册牀人，捧寶官帥舁寶牀人，皆升殿取匣、盝蓋，訖，置於牀前。引進司官前導，通事舍人贊引，詣東上閤門上進。通事舍人分引文武百僚等以次出，歸幕次，賜

❶「成」，校點本《金史》作「誠」。

食，以俟上壽。上册寶禮畢，有司供辦御牀及與宴群臣位，並如曲宴儀。攝太常卿與太樂令帥宮人入，❶并協律郎各就舉麾位，俟舍人報。通事舍人引三師以下文武百僚親王宗室等分左右入，至殿階下稍南，東西相向立。通事舍人先引攝侍中版奏「中嚴」，少頃，又奏「外辦」。扇合，鳴鞭。協律郎跪，俛伏，興，工鼓柷，宮縣奏《乾寧》之曲。服通天冠、絳紗袍，即座，簾捲。内侍贊「扇開」，殿上下鳴鞭，戛敔，樂止。儀使副等添香，爐烟升。通事舍人引班首以下合班，樂奏《肅寧》之曲，至北向位，重行立定，中間少留班路。通事舍人引攝侍中詣東階升，至殿上少立。閤門舍人引禮部尚書出班前，北向，俛伏，跪奏，稱「禮部尚書臣某言，請允群臣上壽」，俛伏，興，躬身。通事舍人引攝侍中少退。舍人贊「禮部尚書再拜」，訖，贊「祗候」，復本班。内侍局進御牀入。次良醖令於殿下横街南酹酒，訖，典儀曰「拜」，贊者承傳，在位官皆再拜，隨拜三稱萬歲，訖，平立。太常博士、通事舍人分引攝上公由東階升。初升，宮縣奏《肅寧》之曲。殿上，舍人少退，二閤使揖上公進，至進酒褥位，樂止。宣徽使以爵授上公，上公搢笏，受爵，詣榻前跪進。受爵訖，上公執槃授宣徽使。訖，二閤使揖上公入欄子内，贊「拜」，跪。殿下，閤門揖百僚皆躬身。通事舍人揖攝侍中進，詣前楹間，躬承旨，退臨階西向，稱「有制」，典儀曰「拜」，贊者承傳，上公及在位群官皆再拜，隨拜三稱萬歲，訖，躬身宣曰：「得公等壽酒，與公等内外同慶。」閤門舍人贊宣諭訖，上公與

❶「宫」，校點本《金史》作「工」，是。

百僚皆舞蹈五拜。訖，閤門舍人引百僚分班東西序北向立。博士、舍人再引上公自東階升，宮縣奏《肅寧》之曲，至進酒褥位，樂止。上公搢笏，宣徽使授上公斝，上公詣欄子内褥位，跪舉酒，宮縣奏《景命萬年》之曲。飲訖，❶上公進受虚爵。訖，復褥位，以爵授宣徽使，訖，二閤使揖上公退，内侍局舁御牀出。博士、舍人並進前分引，降自東階，宮縣作《肅寧》之曲。閤門舍人分引東西兩班，隨上公俱復北向位，立定，樂止。典儀曰「拜」，贊者承傳，在位官皆再拜，三稱萬歲。訖，平立。殿上，通事舍人揖攝侍中進詣前楹間，躬承旨，退臨階，西向。閤門官先揖，百僚躬身，侍中稱「有制」，典儀曰「拜」，贊者承傳，在位官皆再拜。訖，躬身宣曰「延王公等升殿」，典儀曰「拜」，贊者承傳，在位官皆再拜。訖，搢笏，舞蹈，又再拜。訖，太常博士、通事舍人引王公以下合赴宴群臣，分左右升殿，不與宴群臣分左右捲班出，宮縣奏《肅寧》之曲。百僚至殿上座後立，樂止。内侍局進御牀入。依尋常宴會，再進第一爵酒，登歌奏《聖德昭明》之曲，飲訖，樂止。執事者行群臣酒，宮縣作《肅寧》之曲，文舞入，觴行一周，樂止。尚食局進食，執事者設群官食，宮縣奏《保大定功》之舞，三成，止，出。又進第二爵酒，登歌奏《天贊堯齡》之曲，飲訖，樂止。執事者行群官酒，宮縣作《肅寧》之曲，武舞入，觴行一周，樂止。尚食局進食，執事者設群官食，宮縣奏《萬國來同》之舞，三成，止，出。又進第三爵酒，登歌奏《慶雲》之曲，飲訖，樂止。執事者行群官酒，宮縣作《肅寧》

❶「訖」下，校點本《金史·禮志九》有「樂止」二字。

之曲，觴行一周，樂止。尚食局進食，執事者設群官食，宮縣奏《肅寧》之曲，食畢，樂止。閤門官分揖侍宴群臣起，立於席後。通事舍人引攝侍中詣榻前，俛伏，興，跪奏「侍中臣某言，禮畢」。俛伏，興。閤門舍人分引群官俱降東西階，內侍局舁御牀出，宮縣作《肅寧》之曲，至北向位立定，樂止。典儀曰「拜」，贊者承傳，在位官皆再拜。訖，搢笏，舞蹈，又再拜。訖，再分班東西序立。扇合，簾降，殿上下鳴鞭。協律郎俛伏，跪，舉麾，興，工鼓柷，奏《乾寧》之曲。降座，入自東房，還後閤，侍衛如來儀。內侍贊「扇開」，戛敔，樂止。通事舍人引攝侍中版奏「解嚴」，所司承旨放仗，在位群官皆再拜以次出。

【《廢帝海陵本紀》】天德二年二月戊辰，群臣上尊號曰法天膺運睿武宣文大明聖孝皇帝。七月戊戌，夏國遣使賀即位及受尊號。十二月癸卯朔，詔去群臣所上尊號。正隆元年正月己酉，群臣奉上尊號曰聖文神武皇帝。　二年三月高麗遣使賀受尊號。

【《世宗本紀》】大定元年十一月甲申，群臣上尊號曰仁明聖孝皇帝。　三年十一月庚戌，百官請上尊號，不允。　四年三月壬寅，百官復請上尊號，不允。　五年三月壬申，群臣奉上尊號曰應天興祚仁德聖孝皇帝。八月癸巳，宋、夏遣使賀尊號。　十二月，高麗遣使賀尊號。　七年正月壬子，上服袞冕，御大安殿，受尊號冊寶禮。　十一年十一月，群臣奉上尊號曰應天興祚欽文廣武仁德聖孝皇帝。乙未，詔中外。

【《章宗本紀》】明昌四年夏四月，自己亥至癸卯，百官三表請上尊號，上曰：「祖宗古先，有受尊號者，蓋有其德，故有其名。比年五穀不登，百姓流離，正當戒懼修身之日，豈得虛受榮名耶?」不許,仍斷來章。八月己亥,樞密使襄帥百僚再請上尊號,不許。十月庚寅,右丞相夾谷清臣等表請上尊號,不允。壬寅,右丞相清臣復請上尊號,國子祭酒劉璣亦率六學諸生上表陳請,不允。甲子,親王百官各奉表上尊號,不允。四年三月庚午,親王百官請上尊號,不許。

蕙田案:章宗堅却尊號,與宋神宗同。然神宗尚有司馬温公之諫,章宗則内斷於心,不爲衆論所動,難也。

右金。

【《元史·太祖本紀》】元年,即皇帝位,諸王群臣共上尊號曰成吉思皇帝。

【《世祖本紀》】中統二十一年正月乙卯,帝御大明殿,右丞相和禮霍孫率百官奉玉册、玉寶,上尊號曰憲天述道仁文義武大光孝皇帝,諸王百官朝賀如朔旦儀,赦天下。

【《武宗本紀》】至大二年正月辛卯,皇太子諸王百官上尊號曰統天繼聖欽文英武大章孝皇帝。乙未,恭謝太廟。丙申,詔天下。

【《英宗本紀》】至治元年十一月戊寅,御大明殿,群臣上尊號曰繼天體道敬文神武大昭孝皇帝。己卯,以受尊號,詔天下。

【《文宗本紀》】至順元年五月戊午,帝御大明殿,燕帖木兒率文武百官及僧道耆老奉玉册、玉寶,上尊號曰欽天統聖至德誠功大文孝皇帝。是日改元至順,詔天下。

蕙田案:元上尊號凡五,太祖以登極,文宗以改元,餘皆不審所以,大概習爲常事,非甚盛舉,故世祖尚有大赦,武宗後僅詔天下而已。

【《元史·禮樂志》】群臣上皇帝尊號禮成受朝賀儀　前期二日,儀鸞司設大次於大明門外,又設進册案於殿内御座前之西,進寶案於其東，設受册案於御座上之西，受寶案於其東。侍儀司設册案於香案南，寶案又於其南。禮儀使位於前，册使、册副位於廷中，❶北面。引册、奉册、舉册、讀册、捧册官位於右，引寶、奉寶、舉寶、捧寶、讀寶官位於左，以北爲上。百官自金玉府迎册寶，奉安中書省，如常儀。前期一日，右丞相率公卿朝服，儀衛音樂，導册寶二案出自中書，至闕前，控鶴奠案，方輿中道，册使等奉隨入大次内，方輿奠案。侍儀使引册使以下，由左門以出，百官趨退。至期，大昕，右丞相以下百官，各公服集闕廷，儀仗護尉就位。侍儀使、禮儀使引導從導皇帝升大明殿，引進使引導從導皇后升殿。尚引引殿前班入起居位，起居山呼、拜舞畢，宣贊唱曰「各恭事」。皇太子、❷諸王、后妃、公主以次升殿，鳴鞭三。侍儀使、引册、引寶導册寶由正門入，樂作。奉册使、右丞相率册官由右門入，奉寶使、御史大夫率寶官由左門入，至殿下，置册案於香案南，寶案又奠於其南，樂止。侍儀使引册使以下就起居位，典引引群臣入就位。通班舍人唱曰「文武百僚具官臣某以下起居」，典引贊曰「鞠躬」，曰「平身」，引至丹墀拜位。宣贊唱曰「拜」，通贊贊拜、舞蹈、山呼，如常儀。畢，承奉班都知唱曰「奉册使以下進上册寶」。侍儀司引册使以下進就位，樂作。掌儀贊曰「奉册寶官稍前，搢笏，捧册寶」。侍儀使前導，由中道升正階，立宇下。俟奉册使諸册官由右階躋，奉寶使諸寶官由左階躋畢，俱由左門入，奉册寶至御榻褥位前，册西寶

❶「廷」，原作「庭」，據三家校改。
❷「皇」，原脱，據三家校補。

東。樂止。掌儀贊曰「捧册寶官稍前，以册寶跪置於案」，曰「出笏」，曰「就拜」，曰「興」，曰「平身」，曰「復位」，曰「奉册使以下皆跪」，曰「舉册官興，俱至案前跪」，曰「搢笏，取册於匣，置於盤，對舉」，曰「讀册官興，俱至案前跪」，曰「讀册」。讀册官稱「臣某謹讀册」。讀畢，舉册官納册於匣，興，以授典瑞使，出笏，立於册案西南，典瑞使置於受册案。掌儀贊曰「舉寶官興，俱至案前跪」，曰「搢笏，取寶於盝，對舉」，曰「讀寶官興，俱至案前跪」，曰「讀寶」。讀寶官稱「臣某謹讀寶」。讀畢，舉寶官納寶於盝，興，以授典瑞使，出笏，立於寶案東南，典瑞使置於受寶案。掌儀贊曰「奉册使以下皆就拜」，曰「興」，曰「平身」。參議中書省事四人，以箧奉詔書，由殿左門入，至御榻前，跪讀詔文如常儀，授典瑞使押寶畢，置於箧，對舉，由正門出，至丹墀北，置於詔案。册使以下由南東門出，就位聽詔如儀。儀鸞使四人，舁進册寶案，由左門出。侍儀使引班首由左階躋，前行樂作，至宇下，樂止，舞旋至露階立。班首入殿，宣徽使奉隨，班首跪，宣徽使西北向立。班首致詞曰：「册寶禮畢，願上皇帝、皇后萬萬歲壽。」宣徽使應曰：「如所祝。」樂作。通贊唱曰「分班」。進酒畢，班首由南東門出，降階，復位。樂作。❶通贊唱曰「合班」，奉進表章禮物，贊拜、舞蹈、山呼、錫宴，並如元正之儀。

右元。

五禮通考卷第一百三十

淮陰吴玉搢校字

❶「作」，《元史·禮樂志一》作「止」。

五禮通考卷第一百三十一

內廷供奉禮部右侍郎金匱秦蕙田編輯
太子太保總督直隸右都御史桐城方觀承同訂
兩淮都轉鹽運使德水盧見曾
按察司副使元和宋宗元　參校

嘉禮四

朝禮

蕙田案：古朝禮有二。《書》：「日覲四岳群牧。」又曰：「肆覲東后。」《周禮·大行人》掌朝、宗、覲、遇、會、同、聘、問之事，乃賓禮也。《周禮·宰夫》「掌治朝之法」，《太宰》「王眡治朝則贊聽治」，爲天子日視朝之正，乃嘉禮也。秦、漢以還，有常朝，有正至聖節朝賀，與古不同，惟常朝爲周治朝之意，餘皆起於後世。今以朝、宗、覲、遇等別爲賓禮，而屬之嘉禮者統名之曰朝禮。先經後史，各以類列，庶古今之沿革，瞭若指掌焉。

《周禮·秋官·小司寇》掌外朝之政。

【注】外朝，朝在雉門之外者也。【賈疏】外朝之職，朝士專掌，但小司寇既爲副貳長官，亦與朝士同掌之耳。外朝在雉門之外，則亦在庫門之外也。

蕙田案：天子五門，則外朝在庫門外。諸侯三門，則外朝在雉門外。

其位：王南鄉，三公及州長、百姓北面，群臣西面，群吏東面。【注】群臣，卿大夫士也。❶群

❶「士」，原脱，據《周禮·小司寇》鄭注補。

吏，府史也。❶其孤不見者，孤從群臣卿大夫在公後。

【《朝士》】掌建邦外朝之法。左九棘，孤、卿、大夫位焉，群士在其後；右九棘，公、侯、伯、子、男位焉，群吏在其後；面三槐，三公位焉，❷州長衆庶在其後。左嘉石，平罷民焉；右肺石，達窮民焉。【注】鄭司農云：「外朝在路門外，內朝在路門內。」玄謂王五門，雉門爲中門，閽人幾出入者，窮民蓋不得入也。然則外朝在庫門之外，皋門之內與？周天子、諸侯皆有三朝，外朝一，內朝二，內朝之在路門內者，或謂之燕朝。

蕙田案：康成駁先鄭説極是。

又案：以上外朝。

【《周禮·天官·宰夫》】掌治朝之法，以正王及三公、六卿、大夫、群吏之位。掌其禁令。【注】治朝在路門之外，其位司士掌焉，宰夫察其不如儀。【疏】燕朝在路寢庭，外朝在庫門外，其事希簡，非常治政之所。此云治朝，是常治事之朝，故知是路門外。宰夫與司士，俱是下大夫，非贊治朝，經云「禁令」，知直察其不如儀式者也。

【《夏官·司士》】正朝儀之位，辨其貴賤之等。王南向，三公北面東上，孤東面北上，卿大夫西面北上；王族故士、虎士在路門之右，南面東上；太僕、太右、太僕從者在路門之左，南面西上。【注】此王日視朝事於路門外之位。【疏】「此王日視朝事於路門外之位」者，對彼《太僕職》路寢庭有燕朝、《朝士職》庫門外有外朝而言也。

王氏《詳説》曰：「天子有三朝，外朝、治朝、燕朝是也。庫門之外爲外朝，則路寢門外與路寢門內之朝皆爲內朝矣。但以日眡事，則曰治朝，退適路寢之庭聽政，則曰燕朝。內外之朝，本無定名，以燕朝爲內朝，則治朝爲外朝矣。庫門之朝爲外朝，則治朝又爲內朝矣。《玉藻》曰：

❶「史」，原作「吏」，據《周禮·小司寇》鄭注改。

❷「位」，原作「在」，據《周禮·朝士》改。

『朝服以日眡朝於内朝，退適路寢。』云『退適路寢』者，是内朝之内又有内朝也，是燕朝也。《文王世子》曰：『其朝於公，内朝則東面北上，以齒；其在外朝，則以官，司士爲之。』夫司士所掌之朝，治朝也，《玉藻》以路寢之外爲内朝，而《文王世子》又以司士所掌之朝爲外朝，治朝可以兼内外之名也。」

【《大僕》】建路鼓於大寢之門外而掌其政，【注】大寢，路寢也。其門外則内朝之中，如今宫殿端門下矣。【疏】「大寢，路寢也」者，欲見在路寢門外正朝之處。云「其門外則内朝之中」者，案《玉藻》云：「視朝於内朝，群臣辨色始入。」彼諸侯禮，天子亦然。若據《文王世子》，亦得謂之外朝，故《文王世子》云：「其朝於公，内朝臣有貴者以齒；其在外朝，則以官。」彼以路門外爲外朝者，對路寢庭朝爲外朝，其實彼外朝亦内朝耳。以其天子諸侯皆内朝二，外朝一，既以三槐九棘朝爲外朝一，明此二者皆内朝也。

【《天官·冢宰》】王眡治朝，則贊聽治。【注】治朝在路門外，群臣治事之朝。【疏】王有三朝，必知此是路門外朝者，但外朝是斷疑獄之朝，路寢庭朝圖宗人嘉事，二者並於事簡，非正朝，故知治朝是路門外司士所掌者也。

郝氏敬曰：「治朝、中朝在路門外。」

蕙田案：中朝，於經無文。

【《地官·師氏》】居虎門之左，司王朝。【注】虎門，路寢門也。王日視朝於路寢門外，畫虎焉，以明勇猛，於守宜也。【疏】虎門是路寢門者，其路寢庭朝及庫門外之朝非常朝之處，司士所掌路門外是常朝日所朝之所，經云「司王朝」，明據此朝，故鄭以路寢門外解之。

朱子曰：「正義謂『路寢庭朝及庫門外之朝非常朝』，此是常朝，故知在路門外。蓋路寢朝在路門之裏，議政事則在此。外朝在庫門之外，國有大事詢衆庶，則在此，非常朝也。每日常朝，王立於寢門外，與群臣相揖而已。王又先揖群臣就位，王使入揖，亦有高下不同，如『天揖同姓』是也。胡明仲常云『近世朝禮，每日拜跪，乃是秦法，周制元不如此』。」

【《地官·稾人》】掌共外内朝冗食者之食。【注】外朝，司寇斷獄弊訟之朝也，今司徒府中有百官朝會之殿，云天子與丞相舊决大事焉，是外朝之存者與？内朝，路門外之朝也。冗食者，謂留治文書，若今尚書之屬，諸直上者。

蕙田案：此以治朝爲内朝，對小司寇、朝士所掌外朝而言。

【《冬官·匠人》】外有九室，九卿朝焉。【注】外，路門之表也。九室，如今朝堂諸曹治事處。【疏】九卿之九室，在門外正朝之左右爲之。

蕙田案：賈疏所云正朝，謂治朝也。

【《儀禮·聘禮》】管人布幕於寢門外。【注】寢門，外朝也。【疏】「寢門，外朝也」者，謂路門外即正朝之處也。

蕙田案：此以治朝爲外朝，對燕朝而言。

宰入，具告於君。❶君朝服出門左，南面。【注】入告，入路門而告。【疏】朝在路門外，故知入路門至路寢而告君，以其在路寢聽政處故也。官載其幣，舍於朝。使者載旜，帥以受命於朝。【注】孤卿建旜。至於朝門，使者北面，東上。【疏】至於朝門者，凡諸侯三門：皐、應、路，路門外有常朝位，下文君臣皆朝列位，乃使卿進使者，使者乃入，至朝，則此朝門者，皐門外矣。

蕙田案：「官載弊，舍于朝」，及「受命于朝」，皆治朝也，諸侯當在雉門内，疏以爲皋門外，似非。

【《禮記·月令》】賞公卿大夫於朝。【注】朝，大寢門外。

【《玉藻》】諸侯朝服以日視朝於内朝。【注】此内朝，路寢門外之正朝也。天子、諸侯皆三朝。【疏】天

❶「具告」，《儀禮·聘禮》作「告具」。

子諸侯皆三朝者，《太僕》云：「掌燕朝之服位。」注云：「燕朝，朝於路寢之庭。」是一也。《司士》：「正朝儀之位。」云此王日視朝事於路門外，是二也。《朝士》云：「掌外朝之法。」注云：「外朝，在庫門之外，皋門之内。」是三也。諸侯三朝者，《文王世子》云：「公族朝於内朝。」路寢朝，是一也。《世子》又云：「其在外朝，司士爲之。」與此視朝於内朝，皆謂路寢門外每日視朝，是二也。此但云「内朝」，對中門外朝，謂爲内也。《文王世子》云外朝者，對路寢庭爲外。此據路寢門外而稱内朝，明知中門之外別更有朝也。諸侯三門，是中門外大門内又有外朝，是三朝也。

蕙田案：此以治朝爲内朝，對外朝而言。

【《文王世子》】庶子之正於公族者，其在外朝，則以官，司士爲之。其在宗廟之中，則如外朝之位。【注】外朝，路寢門之外庭。【疏】案《周禮》司士掌路寢門外之朝。司士爲之者，謂司士之官，主爲朝位之次。外朝位既司士主之，則内朝庶子主之也。此對路寢庭朝爲外朝，若對庫門外朝，朝士所掌三槐九棘之朝，則此路門外朝亦爲内朝也。❶故《玉藻》云「朝於内朝」。其朝位，天子之朝，三公北面，東上；孤東面，北上；卿大夫西面，北上；其士，門西東面，北上。若諸侯之朝，案《大射》卿西面，北上；大夫北面，東上；士門西東面，北上：與天子不同。

蕙田案：此外朝指治朝，對内朝而言。下同。

外朝以官，體異姓也。【注】體，猶連結也。

【《國語》】天子及諸侯，合民事於外朝，合神事於内朝。【注】神事，祭祀也。内朝在路門内也。

蕙田案：韋昭注以内朝在路門内，則外朝亦指治朝而言。

又案：以上治朝。

【《周禮·夏官·大僕》】王眂燕朝，則正位，掌擯相。【注】燕朝，朝於路寢之庭。王圖宗人之嘉事，則燕朝。【疏】以其路寢安燕之處，則謂之燕朝。以其與賓客享食在廟，燕在寢也。但與賓客及臣下燕時亦有

❶「此」，原作「外」，據《周禮·文王世子》疏改。

朝，必以王圖宗人嘉事爲燕朝者，以其因燕而朝賓臣，《燕禮》已有成文，圖宗人嘉事者朝不見，故鄭特見之。宗人冠、昏嘉禮之等，皆曰嘉事。

鄭氏鍔曰：「王有三朝，而燕朝乃安燕之地，親族所聚，正其位而且擯之相之，則王之見之也以禮，而宗人之見王也，不敢恃恩以犯分。」

【《禮記·文王世子》】庶子之正於公族者，其朝於公，内朝則東面北上，臣有貴者以齒，庶子治之。【注】内朝，路寢庭。公族朝於内朝，内親也，雖有貴者以齒，明父子也。

【《周禮·夏官·射人》】掌國之三公、孤、卿、大夫之位：三公北面，孤東面，卿、大夫西面。【注】位，將射，始入見君之位。不言士者，此與諸侯之賓射，士不與也。《燕禮》曰：「公升，即位於席西。鄉小臣納卿大夫，卿大夫皆入門右，北面東上。士立於西方，東面北上。」《大射》亦云。則凡朝、燕及射，臣見於君之禮同。【疏】引《燕禮》者，欲見天子、諸侯朝、燕、射三者位同之義。云「凡朝、燕及射，臣見於君之禮同」者，以《儀禮》内諸侯有燕朝，有射朝，不見正朝；《周禮》内諸侯有射朝與正朝，不見燕朝。諸侯射朝與燕朝位同，則天子燕朝亦與射朝位同，則諸侯正朝亦與射朝位同，是天子、諸侯三朝各自同。

蕙田案：此賓射之位與燕朝之位同。

【《春秋》成公六年《左氏傳》】韓獻子將新中軍，且爲僕大夫。【注】兼太僕。公揖而入，獻子從。公立於寢庭。【注】路寢之庭。【疏】《禮·玉藻》云：「君日出而視朝，退適路寢聽政。」知寢庭，路寢之庭也。沈氏云：《太僕職》云：「王視燕朝，則正位，掌擯相。」鄭注云：「燕朝，朝於路寢之庭。」韓獻子既爲僕大夫，故知寢庭，路寢之庭也。

蕙田案：此諸侯之燕朝。

又案：以上燕朝。

【陳氏《禮書》】《周官》太僕掌燕朝之服位，宰夫掌治朝之法，司士掌朝儀之位，朝士掌外朝之法。《文王世子》：「公族朝於内朝，庶子掌之；其在外朝，司士掌之。」《玉藻》：「朝服以日視朝於内朝，退適路寢聽政。」然則《文王世子》與《玉藻》所謂朝者，諸侯之朝也。蓋天子庫門之外，外朝也，朝士掌之；路門之外，治朝也，宰夫、司士掌之；路寢，燕朝也，太僕掌之。諸侯亦有路寢，有外朝，則《文王世子》所謂内朝者，《玉藻》所謂路寢也；《玉藻》所謂内朝者，《文王世子》所謂外朝也。《玉藻》於路寢之外言内朝，則又有外朝明矣。諸侯内朝，司士掌之，其官與天子同。燕朝，庶子掌之，其官與天子異。《魯語》曰：「天子及諸侯，合民事於外朝，合神事於内朝。自卿以下，合官職於外朝，合家事於内朝。」然則，卿大夫亦二朝也。王燕朝之位，雖太僕掌之，然其位之所辨，不可以考。《文王世子》曰：「公族朝於内朝，東面北上，臣有貴者以齒。」則王之燕朝，宜亦然也。《太僕》：「建路鼓於大寢之門外而掌其政，❶以待達窮者與遽令。」鄭氏曰：「路寢門外，則内朝之中。」蓋窮者達其情於外朝之肺石，朝士又達窮者之情於内朝之路鼓。遽令，傳遽之令也。《行夫》「掌邦國傳遽之小事」，則遽令非行夫之所掌者而已。鄭康成以《公食大夫》拜賜於朝，不言賓入；《聘禮》以柩造朝，不言喪入，則謂諸侯之朝在大門外，然大門外則經涂耳，非朝位也。

吴氏紱曰：「大門外或尚寬闊，非即經涂。」

葉氏時曰：「周有三朝：一曰燕朝，一曰

❶ 「建」，原作「掌」，據《禮書》卷三八改。

治朝，一曰外朝。外朝之位，左孤卿大夫，群士在其後；右公侯伯子男，群吏在其後；面三公、州長，衆庶在其後。此朝士所掌之朝法也。及致萬民而詢之，則小司寇掌其政，王位南向，三公及州長、百姓北面，群臣西面，群吏東面，其位亦如朝士之儀。其建朝也，左嘉石，以平罷民；右肺石，以達窮民。職聽國、郊、野、都獄訟者，必聽於此；兩造束矢平劑鈞金者，必入於此；凡得獲貨賄、人民、六畜者，必委於此。雖有帥屬鞭呼趨辟之儀，有慢朝錯立族談之禁，其儀非不肅也。而卿大夫以大詢之時，帥六鄉之衆庶而致於朝，百姓衆庶得外與公卿侯伯、群士群吏相先後於階陛之間，則其政誠爲平易近民矣。治朝之位，王南向，三公北面，孤東面，卿大夫西面，王族故士、虎士在路門右，太僕、大右、太僕從者在路門左。此司士所正之朝儀也。及掌敘群吏之治，則宰夫掌其法以正王及三公六卿大夫群吏之位，而察其不如儀。其眡朝也，太僕則前正位，師氏則司王朝，冢宰則贊聽治，雖有虎賁士族之衛，有僕御右從之位，其儀非不嚴也，而太僕掌建路鼓於大寢門外以待達窮者與遽令，聞鼓聲則速逆御僕與御庶子。而受其事以聞。又況宰夫掌庶民之逆，得與賓客之治，諸臣之復同徹於冕旒之前，則其能又未嘗以禁嚴爲限矣。至於燕朝之法，雖在《太僕》，只曰『王視燕朝，則正位，掌擯相』而已。然曰『王眡朝，則前正位而退，入亦如之』，是正燕朝亦如正治也。《小臣》『正王之燕位』，《御僕》『掌王之燕令』，此皆燕朝之臣，其儀亦非不重也。

而諸侯之復逆，則掌於太僕；三公、孤卿之復逆，則掌於小臣；群吏之逆，庶民之復，則又掌於御。復者，下之報上。逆者，下之迎於上。皆上書報奏之名。庶民之復，得與諸侯、公卿、群吏之復逆，又皆同達於燕處之時，則其地亦未嘗以邃深而爲間隔矣。觀外朝之政而及萬民之詢，治朝之治而及萬民之逆，燕朝之令而及庶民之復，則知成周盛時，户庭無壅，其疏通洞達何如哉！然而三朝分掌，外朝雖掌於秋官之屬，而三公、孤卿皆在焉，則是太宰與聞外朝之政矣。治朝之法，雖曰司士正之，屬於夏官，而宰夫掌其禁令。王眡治朝，冢宰贊之，則是太宰與聞治朝之事矣。燕朝之臣，亦夏官之屬也，然而所掌群臣之復逆，實與宰夫所掌相關焉。而況太僕雖正燕朝之位，而建鼓則在路門外，治朝則在路門左，王眡治朝則前正位，王不眡朝則辭於三公及孤卿，是燕朝之臣，實與治朝相通，則太宰亦與聞乎燕朝之政矣。以此見周人之法，宫中府中，實爲一體，而無内外之分也。」

蕙田案：天子五門，曰臯、庫、雉、應、路。諸侯三門，曰庫、雉、路。皆三朝，一曰外朝，一曰治朝，一曰燕朝。外朝，天子在庫門外，諸侯在庫門内。《周禮·小司寇》朝士所掌有三槐九棘，嘉石肺石，國有大事，致萬民而詢，則御之，非常朝之處。治朝在路門外，《周禮》宰夫掌治朝之法，司士正朝儀之位，太宰贊聽治，有路鼓，有屏有宁，乃每日常朝聽治處。燕朝在路門内，路寢之庭，《周禮》太僕掌擯相，《文王世子》「庶子正公族，公族朝於内朝」，鄭康成謂「王圖宗人嘉事則燕朝」，亦非常朝處。治朝又兼内外之名，對外朝而言，亦曰内朝。《玉藻》「朝服以視朝於内朝」，鄭康成謂「外朝一，内朝二」是也。對燕朝而言，亦曰外朝。《文王世子》「其在外朝則以官，司士爲之」是也。路門當道設屏。《禮緯》：「天子外屏，諸侯内屏。」《爾雅》邢疏：「天子外屏，在路門之外。諸侯内屏，在路門之内。」《爾雅》：「門屏之間謂之宁。」當宁而立，諸公東面，諸侯西面曰朝。孔疏：「天子受朝於路門外之朝，於門外而宁立以待諸侯之至，故云當宁而立。」據此，則天子、諸侯雖有五門、三門，惟路門外有屏有宁，非每門皆有之也。至其朝儀，《周禮》：「司士擯，孤卿特揖，大夫以其等旅揖，士旁三揖，王還揖門左，揖門右。」太僕前王入，内朝皆退。《玉藻》：「朝，辨色始入；君日出而視之，退適路寢聽政，使人視大夫；大夫退，然後適小寢。」《周禮》宰夫掌諸臣之復逆。蓋古者常朝，惟在路寢門，當宁而立，三揖而退，其禮甚簡。聽政則在路寢之堂，諸臣不從入，有奏事，然後因宰夫以入，升路寢之堂。《論語》「過位」、「升堂」即此。過位，過當宁之位；升堂，升路寢之堂。無事，則朝畢而退，不用過位，亦不用升堂。朱子訓過位：「謂門屏之間，人君宁立之處，所謂宁也。」萬充宗謂：

「《禮器》云：『天子、諸侯臺門。』足知君門崇廣，可即此朝見臣民。又《玉藻》云：『閏月則闔門左扉，立於其中。』益足証君門可以蒞衆，不必更有朝堂矣。後世御門聽政，即此意。」

附辨《通典》天子四朝

【《通典》】周制，天子有四朝：一曰外朝，秋官朝士掌之；二曰中朝，夏官司士正其位，辨其貴賤之等；三曰內朝，亦謂路寢之朝；四曰詢事之朝，小司寇掌其政。諸侯三朝：路寢爲內朝，中朝在路門外，外朝在應門外。諸侯社稷與中朝正相當，故傳云「間於兩社，爲公室輔」者也。

蕙田案：天子三朝：一曰外朝，一曰治朝，一曰燕朝。其外朝，《周官》小司寇及朝士共掌之，賈疏謂：「外朝之職，朝士專掌，但小司寇既爲副貳長官，亦與朝士同掌之。」今案：「致萬民而詢」，其事大，故掌於小司寇；九棘三槐，聽獄之位，其事小，故掌於朝士。其實一朝也。杜君卿《通典》誤分朝士、小司寇所掌爲兩朝，於三朝之外又添一詢事之朝，遂有四朝之說。《文獻通考》亦仍其誤。其實止有三朝，無所謂四朝也。杜又謂「詢事之朝，非常朝之限」及以治朝爲中朝，以燕朝爲群公常日於此朝見君位，皆與註疏不合，今不録。

右天子、諸侯三朝。

【《禮記・玉藻》】揖私朝，煇如也。【注】私朝，自大夫家之朝也。【疏】私朝，大夫自家之朝也。

【《春秋》襄公三十年《左氏傳》】鄭伯有爲窟室，而夜飲酒，擊鐘。朝至，未已。朝者曰：「公焉在？」其人曰：「吾公在壑谷。」皆自朝布路而罷。

【《論語》】冉子退朝。

【朱子註】朝，季氏之私朝也。

【《國語・魯語》】公父文伯之母如季氏，康子在其朝，與之言，弗應，從之及寢門，弗應而入。康子辭於朝而入見，曰：「肥也不得聞命，無乃罪乎？」曰：「子不聞乎？天子及諸侯合民事於外朝，合神事於内朝；自卿以下，合官職於外朝，合家事於内朝。寢門之内，婦人治其業焉，上下同之。夫外朝，子將業君之官職焉；内朝，子將庀季氏之政焉：皆非吾所敢言也。」

陳氏祥道曰：「據此，則卿以下有二朝矣。韋昭謂『外朝，君之公朝。内朝，家朝』，非是。」

【萬氏斯大《與應撝謙書》】向奉書，辨大夫士正寢之外無私朝，《玉藻》所謂私朝，即正寢，答教不以爲然，更援《魯語》外朝、内朝証鄙言之失。某以爲，先王之制，荒遠難稽，不得不憑諸傳記。第傳記多後人所述，有就古初之正禮以爲言者，有就衰時之變禮以爲言者，讀者要當擇善而從，不可不慎也。又禮文參錯，一事之本末，往往互見於他書，苟非會通以考其詳，則一隅之見，或不無病於偏執。此又言禮者所當知也。《魯語》云：「自卿以下，合官職於外朝，合家事於内朝。」先生據以爲别有私朝之証，必謂敬姜賢婦，素稱知禮，其語可信也。亦知康子之時何時乎？魯自季武子專政以來，禄去公室，君若贅旒，公廟立矣，昭公出矣，中軍作舍矣，禮樂征伐，惟其所出，何有於私朝？至康子時，僭踰既久，子孫臣庶，視爲固然，莫有覺其非度，因遂有非禮之禮以相傳，如敬姜之語康子者。使先王之制，卿大夫果得有外朝以業君之官職，則冉有之謀政於私朝，乃其常分，孔子曷爲以其事抑之？是以知敬姜之語，從僭後爲言，而非先王之制也。先王之職，合官職於公朝，合家事於私室，觀《玉藻》云：「朝，辨色始入，君日出而視之，退適路寢聽政，使人視大夫；大夫退，然後適小寢，釋服。」據此，則知聽政路寢之時，卿大夫各治官職於外。《考工記》云：「外有九室，九卿朝焉。」《曲禮》云：「在官言官。」《玉藻》云：「君命召，在官不俟屨。」據此，則知公門外旁皆有卿大夫治事之所。迨其後，諸侯微，大夫僭政，莫在公而私家，遂有内朝外朝之號。然其内朝，當即正寢；其外朝，當亦於門。蓋君有臺門旅樹以爲治朝，而《郊特牲》云：「臺門而旅樹，大夫之僭禮。」知衰世大夫之門，皆儼然公門，以爲外朝，不獨季氏爲然矣。惟晏子近市之宅，湫隘囂塵，不可以居，若是者，知其必不僭爲私朝也。夫然，《玉藻》所謂「私朝」，疑亦就僭禮爲文。何以言之？《玉藻》言「朝服以縞，自季康子始」。康子卒于哀公二十七年，死而後謚，則記《玉藻》者，在康子死後，其時之有私朝也久矣。天子、諸侯，路寢之外，別無朝堂，安得據敬姜之言，謂大夫士正寢之外別有私朝也哉？

蕙田案：《玉藻》：「揖私朝，煇如也。」鄭注：「私朝，大夫家之朝。」《論語》：「冉子退朝。」朱註：「朝，季氏之私朝。」蓋卿大夫有家臣，則必有朝家臣處；有家事，則必有合家事處，其有私朝，宜也。大夫二門，則私朝當在大門之内，寢門之外。《魯語》敬姜曰：「自卿以下，合官事於外朝，合家事於内朝。夫外朝，子將業君之官職焉；内朝，子將庀季氏之政焉。」陳用之謂：「據此，則卿以下有二朝。」而萬充宗則謂此衰時之變禮，敬姜之語，從僭後爲言，而非先王之制。案萬説最當。敬姜並舉天子、諸侯及自卿以下有二朝，上下同之，且謂「寢門之内，婦人治其業」，則是寢門之外，有内外二朝矣。有二朝，則又有二門，通寢門爲三門，是以大夫而上，擬諸侯之制，其爲僭無疑也。韋昭謂「外朝，爲君之公朝。内朝，家朝」，蓋亦知其非禮而强爲之説，非敬姜語本義。敬姜但明婦人之不可干外，而不知私家之不可干公，故其説如是。至萬氏謂大夫士正寢之外無私朝，并謂《玉藻》所謂私朝亦就僭禮爲文，則非是。私朝，卿大夫自有之，但不得兼内外兩朝，如敬姜所云耳。

觀承案：禮，天子、諸侯三朝，無卿大夫二朝之文，萬氏説最當。陳氏據《魯語》疑大夫有二朝，非也。蓋朝者，以下事上之通稱。《内則》子事父母，亦曰「昧爽而朝」，惟天子、諸侯得備其制，故其朝也，有地，有時，有器，有官，而朝之典綦重，下此則聽其自相朝，而不爲之制。卿大夫士，貴賤有等矣。《士冠禮》鄭注云：「大夫士服玄端深衣而聽私朝。」則大夫士同一聽朝之法，其與《内則》昧爽之朝何異？不獨此也。門與寢，内外朝之所也。天子五門，諸侯三門，卿大夫士二門。天子諸侯之寢四注，卿大夫之室夏屋兩下，皆天子諸侯一制，卿大夫士一制。大夫而有内外朝也，士亦有内外朝乎？士之不得有内外朝，則凡禮之兼大夫士者，皆可例觀，何獨疑於大夫？大率大夫士隨其時與地與其下相見，即謂之朝，非當宁之比。《義疏》曰大夫士無宁，兩塾之間非宁也。此可見矣。即《魯語》而論，使康子而僭爲當宁之制，必將有夙戒之期，何文伯之母硜硜守不言之義，獨不知其朝而避之？康子又不自重，從而與之語，不應，又辭其衆而即之，則所謂朝者，正兩塾之間，偶與衆接，故文伯之母不知避而康子可得辭也。其言「合官職於外朝」，卿以下之官職，即天子、諸侯之民事。韋昭謂「外朝，君之公朝」，甚合。且曰「自公卿以下」，亦括士在内，則《魯語》原自分明，何以爲二朝之據乎？惟大夫之朝與《内則》之朝無異，則有其名而不干其制，故冉子退朝，夫子不以爲非；《玉藻》著大夫登車之美，而先言其揖私朝之煇。如不然，設服離衛，當時即有「美矣君哉」之刺，况朝之大者乎？然則季氏雖僭，實未亢然而有二朝，萬氏概以僭當之，亦求其説不得而爲之辭。

右卿大夫私朝附。

【《春秋》成公十八年《左氏傳》】❶齊侯使士華免以戈殺國佐於内宫之朝。【注】内宫，夫人宫。【疏】於夫人之宫，有朝群妾之處，故云「内宫之朝」。蓋齊侯召入與語而殺之。

【陳氏《禮書》】王后夫人朝。《左氏》曰：「齊侯使華免殺國佐於内宫之朝。」則后、夫人治家事於内，猶天子諸侯治邦事於外，故内宫亦有朝。

觀承案：《周禮》：「内宰以陰禮教六宫。」鄭注：「后象王，立六宫而居之，亦正寢一，燕寢五。」蓋王六寢，小寢五，正寢一。正寢即燕朝之所也。然則王后、夫人之朝，其在六宫之正寢乎？諸侯之寢三，正寢一，小寢二，君夫人亦如之。則所謂内宫之朝者，其即後宫之正寢乎？

右后、夫人内宫之朝附。

❶「八」，原作「六」，據《春秋》成公十八年改。

【《詩・大雅・綿》】迺立皐門，皐門有伉。

【傳】王之郭門曰皐門。【箋】諸侯之宮，外門曰皐門，朝門曰應門，內有路門。天子之宮，加以庫、雉。【疏】《明堂位》云：「庫門，天子皐門。雉門，天子應門。」是則名之曰庫、雉，制之如皐、應。魯以周公之故，成王特褒之，使之制二兼四，則其餘諸侯不然矣。襄十七年《傳》，宋人稱「皐門之晳」，諸侯有皐門也。諸侯法有皐、應，太王自爲諸侯之制，非作天子之門矣。《明堂位》云「天子皐門」、「天子應門」，《顧命》云二伯「率諸侯入應門」，是天子亦有皐、應，故爲天子之宮，加之以庫、雉也。《家語》衛亦有庫門者，《家語》言多不經，未可據信。或以康叔賢，亦蒙褒賞故也。

蕙田案：《春秋傳》「澤門之晳」，杜注：「澤門，宋東城南門也。」然則澤門乃國門，非朝門，《孟子》所云「垤澤之門」即此。陸德明《釋文》云：「澤門，本或作皐門者，誤也。」孔氏援以證諸侯有皐門，是不然矣。

陳氏祥道曰：「《左傳》曰：『魯人之皐。』杜氏曰：『皐，緩也。』皐鼓、皐舞，皆以皐爲緩，則門之遠者謂之皐，宜矣。毛氏以皐門爲郭門，非也。」

朱子曰：「《書》天子有應門，《春秋》書魯有雉門，《禮記》云魯有庫門，《家語》云衛有庫門，皆無云諸侯有皐、應者，則皐、應爲天子之門明矣。意者太王之時，未有制度，特作二門，其名如此。及周有天下，遂尊以爲天子之門，而諸侯不得立也。」

《禮記・明堂位》：「庫門，天子皐門。」注：「天子五門，皐、庫、雉、應、路。魯有庫、雉、路，則諸侯三門與？皐之言高也。」疏：「言魯之庫門，制似天子皐門。」

蕙田案：以上皐門。

【《禮記・檀弓上》】君復於庫門、四郊。

徐氏師曾曰：「天子曰皐門，諸侯曰庫門。」

【《檀弓下》】既卒哭，宰夫執木鐸以命於宮曰：「舍故而諱新。」自寢門至於庫門。【注】百官所在。庫門，宮門外。❶ 【疏】寢門，路門。庫門是魯之外門也，百官及宗廟所在之次。至庫門，咸使知之也。魯三門，故至庫門耳。若天子五門，則至臯門也。

軍有憂，則素服哭於庫門之外。

魯莊公之喪，既葬，而經不入庫門。【疏】庫門，周之臯門也。魯有三門：庫、雉、路。庫門最在外，以從外來，故至庫門去經。經既不入，衰亦不入可知矣。

【《郊特牲》】孔子曰：「繹之於庫門，失之矣。」【疏】繹祭之禮，當於廟門外之西堂，今乃於庫門內，故言「失之矣」。

獻命庫門之內，戒百官也。【注】庫門在雉門之外，入庫門，則至廟門之外矣。

【《家語》】公西赤問衛莊公之反國，改舊制，變宗廟。高子臯問於孔子曰：「周禮繹祭於祊，祊在宗廟之西，今衛君更之，如何？」孔子曰：「繹之於庫門內，祊之於東方，失之矣。」

陳氏祥道曰：「《曲禮》曰：『在府言府，在庫言庫。』天文，東壁爲文府，西奎爲武庫；《漢書》于府言財物之府，于庫言武庫，則庫門，兵庫在焉。」

蕙田案：以上庫門。

【《春秋》】定公二年夏五月，雉門及兩觀灾。冬十月，新作雉門及兩觀。【注】雉門，公宮之南門。兩觀，闕也。【疏】《明堂位》云：「庫門，天子臯門；雉門，天子應門。」是魯之雉門，公宮南門之中門也。

陳氏祥道曰：「《春秋》書『新作雉門及兩觀』，《公羊傳》曰：『五板爲堵，五堵爲雉。』蓋城雉之制在是也。何休曰：『天子外闕兩觀，諸侯内闕一觀。』然天子外闕，於經無見。」

【《周禮・天官・閽人》】掌守王宮中門之禁。【注】中門，於外内爲中。鄭司農云：「王有五門，外曰臯門，二曰雉門，三曰庫門，四曰應門，五曰路門。路

❶「門外」，《禮記・檀弓下》鄭注作「外門」。

門，一曰畢門。」玄謂：雉門，三門也。《春秋傳》曰：「雉門災，及兩觀。」【疏】雉門外有臯、庫，内有應、路，故云「於外内爲中」也。玄謂「雉門爲三門」者，破先鄭雉門爲二門。必知雉門爲中門者，凡平諸侯三門，有臯、應、路。《詩》云「乃立臯門，臯門有伉。乃立應門，應門將將」者是也。若魯三門，則有庫、雉、路，故《明堂位》説魯制三兼四云：❶「庫門，天子臯門。」則庫門向外，兼臯門矣。又云：「雉門，天子應門。」則雉門向内，兼應門矣。既云庫門向外兼臯門，雉門向内兼應門，則天子五門，庫門在雉門外明矣。又引《春秋傳》者，證魯有三門，雉門有兩觀，爲中門，則知天子五門，雉門亦爲中門，有兩觀矣。

蕙田案：鄭仲師以雉門爲二，庫門爲三；康成以庫門爲二，雉門爲三。今以《明堂位》「庫門，天子臯門。雉門，天子應門」觀之，則庫門在外，雉門在内，康成之説，不可易矣。疏謂「平諸侯有臯、應、路」，非是。諸侯有庫、雉、路，無臯、應。

又案：以上雉門。

【《詩·大雅·緜》】乃立應門，應門將將。【傳】王之正門曰應門。

【《書·康王之誥》】王出，在應門之内，太保率西方諸侯入應門左，畢公率東方諸侯入應門右。【傳】出畢門，立應門内之中庭，南面。【蔡《傳》】外朝在路門外，則應門之内，蓋内朝所在也。

蔡氏德晋曰：「外朝在庫門外、臯門内，内朝在路門外、應門内。蔡《傳》云『外朝在路門外』，蓋因鄭仲師之誤。然路門外即應門内，既云外朝在此，又云内朝亦在，豈内外朝並在一處者乎？」

【《禮記·明堂位》】九采之國，應門之外，北面，東上。【注】正門謂之應門。【疏】「正門謂之應門」者，以明堂更無重門，非路門外之應門。以《爾雅·釋

❶「三」，原作「二」，據庫本改。

宮》云：「正門謂之應門。」李巡云：「宮中南向大門，應門也。以當朝正門，故謂之應門。」但天子宮內有路寢，故應門之內有路門。明堂位既無路寢，❶故無路門及以外諸門，但有應門耳。

雉門，天子應門。【疏】言魯之雉門，制似天子應門。

【《周禮·考工記》】應門二徹三个。【注】二徹之內八尺，三个二丈四尺。

【《爾雅》】正門謂之應門。【注】朝門。【疏】李巡云：「路門之外，受朝正門，一名應門。」以正朝在應門內，故謂應門爲朝門也。

陳氏祥道曰：「應門，發政以應物也。《明堂位》南門之外，亦曰應門。蓋明堂之南門猶路門，故南門之外門，亦謂之應門。」

蕙田案：以上應門。

【《周禮·春官·小宗伯》】縣衰冠之式於路門之外。

【《夏官·司士》】正朝儀之位，王族故士、虎士在路門之右，太僕、太右、太僕從者在路門之左。【注】此王日視朝事於路門外之位。

【《太僕》】建路鼓於大寢門外。【注】大寢，路寢也。其門外則內朝之中，如今宮殿端門下矣。

【《冬官·考工記》】路門，不容乘車之五个。【注】路門者，大寢之門。乘車廣六尺六寸，五个三丈三尺。言不容者，是兩門乃容之。兩門乃容之，則此門半之，丈六尺五寸。

【《地官·師氏》】居虎門之左。【注】虎門，路寢門也。王日視朝於路寢門外，畫虎焉，以明勇猛，於守宜也。

李氏叔寶曰：「虎門，畫虎以示威武之象。至於中門爲雉門，亦畫雉以象文明。文明著於外，威武潛乎內，則王之威亦德威而已。」

❶「明堂位」，《禮記·明堂位》孔疏無「位」字。

【《春秋》昭公十年《左氏傳》】❶子良伐虎門，晏平仲端委立於虎門之外。【疏】鄭玄以虎門爲路寢門，此亦當然。或以虎門非路寢門，當是宮之外門。

【《書・顧命》】二人雀弁，執惠，立於畢門之內。【傳】路寢門，❷一名畢門。【疏】天子五門：皐、庫、雉、應、路也。下云「王出，在應門之內」，出畢門，始至應門之內，知畢門即是路寢之門，一名畢門也。

陳氏祥道曰：「路，大也。王之路車、路馬、路寢、路鼓，皆曰路，則大寢之門謂之路門，宜矣。路門，《書》謂之畢門，《師氏》謂之虎門，春秋之時，齊晏子端委於虎門，鄭子良伐虎門，蓋末世諸侯之門亦放其名耳。」

蕙田案：諸侯三門，曰庫、雉、路，無虎名。陳氏謂末世諸侯放之，極是。至伐虎門者，齊高彊字子良，非鄭子良也，誤。

又案：以上路門。

【《禮記・月令》】田獵罝罘、羅綱、畢翳，餧獸之藥，毋出九門。【注】天子九門者，路門也，應門也，雉門也，庫門也，皐門也，城門也，近郊門也，遠郊門也，關門也。

九門磔攘，以畢春氣。

【陳氏《禮書》】《月令》曰「毋出九門」，先儒謂天子外門四：關門、遠近郊門、國門也；內門五：皐、庫、雉、應、路也。諸侯外門四，與天子同；內門三，則庫、雉、路，而與天子異。《詩》以天子之禮追太王之事，《明堂位》以魯之門取天子之制，皆稱皐門、應門。又《書・康王之誥》、《周禮・考工記》、《爾雅》互稱應門、路

❶「十」下，原有「三」字，據《左氏傳》昭公十年刪。

❷「路」，原脱，據《尚書・顧命》孔傳補。

門，《郊特牲》：「王聽誓命，庫門之內，戒百官也。」則天子之門謂之臯、庫、應、路著矣，特雉門之設，不見於經。然《周禮》「掌中門之禁」，則中門豈雉門歟？雉門謂之中門，猶應門，《書》謂之南門，《爾雅》謂之正門；路門，《書》謂之畢門，《師氏》謂之虎門。蓋中於五門，謂之中門；前於路門，謂之南門；發政以應物，謂之應門；門畢於此，謂之畢門；畫虎於此，謂之虎門：則門之名，豈一端而已哉！臯門之內，外朝也，朝士建其法，小司寇掌其政，列三槐與九棘，設嘉石與肺石，而朝諸侯、聽訟、詢大事在焉。應門之內，治朝也，司士正其位，宰夫掌其法，太僕正王之位，而王日視朝在焉。路門之內，燕朝也，太僕正其位，掌擯相，而族人朝焉。《玉藻》曰：「朝服以視朝，退適路寢聽政。」然則王日視於治朝，而退聽政於燕朝矣。雉門之外，縣治象，所以待萬民。應門之外，設宗廟、社稷，所以嚴神位。路門之外則九室，九卿朝焉；路寢之內亦九室，九嬪居焉。《明堂位》曰：「庫門，天子臯門。」故魯莊公既葬而經不入庫門，衛莊公繹於庫門之內，《檀弓》曰「君復於庫門、四郊」，又曰「卒哭而諱，宰夫執木鐸以命於宮，自寢門至於庫門」，又曰「軍有憂，哭於庫門之外」，則諸侯之公門，庫門也。魯公周公之故，猶不可以稱臯門、應門，特爲臯、應之制而已，況非魯乎？《閽人》「掌王宮之中門之禁。喪服、凶器不入宮，潛服、賊器不入宮」，《司寇》凡民之有獄訟，入束矢、鈞金於朝，《朝士》凡得獲貨財、人民、六畜者，委於朝，是禁施於雉門之內，而不於雉門之外，故庶民得以造外朝，而奇服、怪民得以入皋門、庫門。若然，縣法於中門宜矣。《禮運》曰：「仲尼與蜡賓，事畢，出遊於觀之上。」《穀梁》曰：「女嫁，父送之不下堂，母不出祭門，諸母不出闕門。」諸侯之廟在闕門內，則天子可知。鄭氏釋《閽人》謂廟在中門之外，其説無據。

蕙田案：古者建國，必先立爲門制。天子五門，曰臯、庫、雉、應、路。《禮記・明堂位》，天子有臯門；《郊特牲》：「王立於澤，親聽誓命，獻命庫門之内。」是天子有庫門。《周禮・天官・閽人》：「掌守王宮中門之禁。」賈疏謂：「外有臯、庫，内有應、路，雉門爲中門。」是天子有雉門。《書・康王之誥》：「王出，在應門之内。」《考工記》：「應門二徹三个。」《爾雅》：「正門謂之應門。」是天子有應門。路門，一名寢門，一名虎門，一名畢門。《春官・小宗伯》：「縣衰冠之式於路門之外。」《夏官・司士》：「王族故士在路門之右，太僕、太右在路門之左。」《太僕》：「建路鼓於大寢門外而掌其政。」鄭注：「大寢，路寢也。」《地官・師氏》：「居虎門之左，司王朝。」鄭注：「虎門，路寢門也。」《顧命》：「二人雀弁，執惠，立於畢門之内。」孔《傳》：「路寢，一名畢門。」是天子有路門。此五門之制也。臯者，高也，遠也，門最高而在外，故曰臯。庫者，藏也，府庫在焉，故曰庫。雉，取其文明也，畫雉于門，故曰雉門；居五門之中，故又曰中門。應，居此以應治也；應治出政，故又曰正門。路，大也，王之路車、路馬、路鼓皆曰路，故寢門謂之路門；寢，正寢也，畫虎於門，以示勇猛於守，故又曰虎門；門於此終矣，故又曰畢門。此五門之義也。諸侯三門，曰庫、雉、路。《檀弓》：「魯莊公之喪，既葬，而經不入庫門。」《春秋》定二年：「雉門及兩觀災。」《魯頌·閟宮》：「路寢孔碩。」《家語》衛有庫門。《左傳》昭十年：「晏平仲端委立於虎門之外。」列國無有稱臯、應者。況《明堂位》云：「庫門，天子臯門。雉門，天子應門。」則臯、應爲天子之門明矣。《大雅·綿》之篇曰：「迺立臯門，臯門有伉。迺立應門，應門將將。」朱子謂：「太王時未有制度，特作二門，其名如此。及周有天下，遂尊以爲天子之門，而諸侯不得立焉。」其説是也。是庫、雉、路，諸侯之門也。《儀禮·士冠禮》：「賓如主人服，贊者玄端從之，立於外門之外。」鄭注：「外門，大門外。」《士昏禮》：「陳三鼎於寢門外東方。」是大門、寢門，大夫士之門也。《曲禮》孔疏云：「天子五門，諸侯三門，大夫士二門。」其言信矣。

右天子五門，諸侯三門。

【《禮記·禮器》】天子諸侯臺門。家不臺門【注】闍者謂之臺。【疏】兩邊築闍爲基，基上起屋，曰臺門。諸侯有保捍之重，故爲臺門。而大夫輕，故不得也。闍者謂之臺，《爾雅·釋宮》文。

徐氏師曾曰：「臺門，門之兩旁築土爲臺而起屋於其上，諸侯之禮也。」

【《郊特牲》】臺門，大夫之僭禮也。

方氏慤曰：「門之有臺，所以壯國體，故家不臺門，而以爲大夫之僭也。」

【《春秋》定三年《左傳》】邾子在門臺，臨廷。

【注】門上有臺。

萬氏斯大曰：「天子五門，諸侯三門。門皆直入，無堂室相間。路門内爲路寢，即内朝。治朝、外朝，就門而立。《左傳》『邾子在門臺，臨廷』，即視朝時也。然則天子、諸侯路寢之外，别無朝堂。」

蕙田案：《韓詩外傳》云：「吾君有治事之臺。」即臺門也。君日視朝於此門之外則廷，故古人稱朝廷，不稱朝堂也。

右臺門。

【《禮記·郊特牲》】旅樹，大夫之僭禮也。

【注】旅，道也。屏謂之樹。樹，所以蔽行道。管氏樹塞門，塞猶蔽也。禮，天子外屏，諸侯内屏，大夫以簾，士以帷。【疏】樹，立也。人君當門道立屏，蔽内外，爲敬也。旅，道也。所行處，故以爲道也。引管氏塞門者，據經旅樹之義。云「禮，天子外屏，諸侯内屏，大夫以簾，士以帷」，《禮緯》文。或云大夫以帷，士以簾，❶誤也。

【《雜記》】管仲旅樹而反坫。【注】旅樹，門屏也。

【《論語》】邦君樹塞門，管氏亦樹塞門。【解】鄭曰：「人君别内外，於門樹屏蔽之。」

不在顓臾，而在蕭墻之内。【解】鄭曰：「蕭之言肅也。墻，謂屏也。君臣相見之禮，至屏而加肅敬焉，是以謂之蕭墻。」

【《爾雅·釋宫》】屏謂之樹。【注】小墻，當門中。【疏】屏，蔽也。樹，立也。立墻當門，以自蔽也。李巡曰：「垣當門自蔽名曰樹。」諸侯内屏，在路門之内。天子外屏，在路門之外，而近應門者矣。

【《荀子·大略篇》】天子外屏，不欲見外也。諸侯内屏，不欲見内也。

❶「帷」、「簾」二字原互倒，據《禮記·郊特牲》疏乙正。

【陳氏《禮書》】古者門皆有屏，天子設之於外，諸侯設之於內。《禮》：「臺門而旅樹。」旅，道也。當道而設屏，此外門之屏也。治朝在路門之外，天子當宁而立，宁在門屏之間，此路門之屏也。《國語》：「吴王背屏而立，夫人向屏。」此寢門內之屏也。《魯廟》疏：「屏，天子之廟飾。」此廟門之屏也。《月令》：「天子田獵，整設於屏外。」此田防之屏也。疏屏，疏通之也。《爾雅》云：「屏謂之樹。」《語》曰：「吾恐季孫之憂在蕭墻之內。」則屏謂之樹，又謂之蕭墻。漢之時，東闕罘思灾，鄭康成釋《明堂位》曰：「屏，若今浮思。」釋《匠人》曰：「城隅，角浮思。」孔穎達謂：「浮思，小樓也。城隅及闕皆有之。」而屏亦然，則屏又謂之浮思。孔子以管仲樹塞門爲不知禮，《禮記》以旅樹爲大夫之僭，而《禮緯》謂大夫以簾，士以帷，於理或然。天文，屏四星在端門之內，近右執法，然則先王設屏，非苟然也。

右門屏。

【《禮記·曲禮下》】天子當宁而立，諸公東面，諸侯西面，曰朝。【疏】天子當宁而立者，此爲春夏受朝時也。宁者，《爾雅》云：❶「門屏之間謂之宁。」謂天子受朝於路門外之朝，於門外而宁立以待諸侯之至，故云當宁而立也。

【《詩·齊風》】俟我于著乎而。【傳】門屏之間曰著。【疏】孫炎曰：「門內屏外，人君視朝所宁立處也。著與宁，音義同。」

【《爾雅·釋宮》】門屏之間謂之宁。【注】人君視朝所宁立之處。【疏】謂路門之外，屏樹之內，人君視朝宁立之處，因名曰宁。

【《論語》】過位，色勃如也，足躩如也，其言

❶「云」，原作「中」，據《禮記·曲禮下》孔疏改。

似不足者。【解】包曰：「過君之空位。」【疏】君之空位，謂門屏之間，人君宁立之處。君雖不在此位，人臣過之宜敬也。

【朱子《集註》】位，謂君之虚位，謂門屏之間，人君宁立之處，所謂宁也。君雖不在，過之必敬，不敢以虚位而慢之也。禮，將升堂，兩手摳衣，使去地尺，恐躡之而傾跌失容也。

【《語類》】位，君之虚位，謂門屏之間，如今人廳門之内，屏門之外，似《周禮》所謂外朝也。　問：「『過位，色勃如也』，位，謂門屏之間，人君宁立之處？」曰：古今之制不同，今之朝儀，用秦制也。古者朝會，君臣皆立，故《史記》謂「秦王一旦捐賓客而不立朝」。君立於門屏之間。屏者，乃門間蕭墻也。今殿門亦設之。設位於庭中，❶故謂之三槐九棘者，廷中有樹處，公卿位當其下。

附辨《論語》「過位」諸説不同

饒氏魯曰：「門屏之間，謂治朝也。但天子外屏，其屏在路門外；諸侯内屏，其屏在路門内。諸侯當在屏外門内，此爲不同爾。」

蕙田案：天子、諸侯，雖有外屏、内屏之别，而宁立之處，皆在路門之外，門屋之内，當扆之中，不得泥「門屏之間」四字，而謂諸侯宁立之處在路門内也。

林氏希元曰：「此是外朝，人君聽治之所，故又爲治朝。入則爲内朝矣。下文『攝齊升堂』，則内朝也。」

蕙田案：林説是。

汪氏份曰：「諸侯三朝，庫門内之外朝，非君所常御。路寢即燕朝，群臣不從君入。蓋群臣日所常朝之地，乃在治朝。此章記夫子在朝之容，則所謂『攝齊升堂』者，

❶「設」上，《朱子語類》卷三八有「三公九卿以下」六字。

必當在此。《存疑》悮以過位爲治朝，而以升堂爲路寢之内朝。案朱註：『位，君之虚位。』若以此爲治朝，則群臣方日視朝於此，何緣人君乃有虚位？何緣不行朝禮而反過之？況《朱子語類》引《周禮》所謂外朝，不引《文王世子》所謂外朝，且言三公九卿以下，有三槐九棘云云，此非最外之外朝而何？既知此爲最外之外朝，則過此所升之堂，雖先儒無明文，可以知爲治朝無疑也。」

蕙田案：《論語》「過位」，過治朝門屏間君所宁立之位也。「升堂」，升路寢之堂也。「復其位」，復治朝中庭左右臣所立之位也。或疑治朝爲君日視朝之所，何以有虚位？夫子何以不行朝禮而過之？不知「過位」「升堂」皆既朝以後事。入雉門，遂行朝禮，君當宁而立，諸大夫立於中庭左右，君三揖，禮畢，退適路寢聽政，諸大夫不得從入。有宰夫、小臣掌諸臣復逆，諸大夫有所啟奏，乃得因之以入，於是有「過位」「升堂」之事。蓋君既退入路寢，門屏間宁立之地已爲虚位也。或以「過位」之位，爲朝士所掌外朝之位；「升堂」之堂，爲治朝之堂。不知治朝，君立於門屏間，無堂可升；外朝非常朝之所，無當宁之位。《爾雅》：「門屏之間謂之宁。」疏云：「天子外屏，在路門外。諸侯内屏，在路門内。」朝士所掌外朝，在庫門内，雉門外，無屏，亦無宁也。或以「復其位」之位，即在堂下，不知路寢之庭，惟宗族朝於此，異姓之臣，惟燕得列位於此，尋常朝位，皆在路門外，有所啟奏，乃入，奏畢即出，堂下固無位也。或又以「復其位」之位在外朝，不知尋常朝位，俱在治朝，夫子不應舍治朝之正位而遠至外朝。饒氏及林氏俱以「過位」爲治朝之位、「升堂」爲路寢之堂，汪氏非之，反多謬解矣。

附辨《釋宮》門之内兩塾之間謂之宁

【朱子《釋宮》】《聘禮》：「賓問卿，大夫迎於外門外。及廟門，大夫揖入。擯者請命。賓入。三揖，並行。」鄭注：「大夫揖入者，省内事也。既而俟於宁也。」凡至門内霤，爲三揖之始。上言揖入，下言三揖並行，則俟於霤南門内兩塾間可知矣。李巡曰：「宁，正門内兩塾間。」義與鄭同。謂之宁者，以人君門外有正朝，視朝則於此宁立故耳。

【《欽定儀禮義疏》】大夫士本無所謂宁者，注家强以門内兩塾當之，非其實也。即天子諸侯宁立之處，亦不在此。《周官·司士》：「正朝儀之位。」天子之治朝也。《聘禮》夕幣及受命于朝，諸侯之治朝也。皆立於路門之外，未有在門内者。若在門内兩塾之間，則何以偏揖群臣乎？天子外屏，屏在路門之外，天子負之而立，屏近而門稍遠。諸侯内屏，屏在路門之内，諸侯在門外遥負之以立，門近而屏稍遠。曰門屏之間謂之宁者，猶言門屏相近之處，未可執二者之中間以求之也。若泥於二者之間，内屏者，宁在門之内，則不便於揖群臣；外屏者，宁在屏之外，則直幾於面墻矣，而可乎？《曲禮》疏謂「天子外屏，屏在路門之外而近應門」，亦慮面墻之不可，而又泥間字耳。若近應門，則仍是内屏，不必舍近求遠，取節於路門而曰外屏矣。《覲禮》：「侯氏肉袒，告聽事。出，自屏南適門西。」則屏在門外而距門不遠可見也。廟門如此，路門可推。

蕙田案：《曲禮》云：「天子當依而立。」又云：「天子當宁而立。」依在室户牖間，當之，即負之也。則宁亦即在門屏間，天子負之而立，可知兩「當」字自屬一例，註家訓爲兩塾之間者，殊未確也。《義疏》分辨極明。

右宁。

五禮通考卷第一百三十一

淮陰吴玉搢校字

五禮通考卷第一百三十二

內廷供奉禮部右侍郎金匱秦蕙田編輯
太子太保總督直隸右都御史桐城方觀承同訂
兩淮都轉鹽運使德水盧見曾
按察司副使元和宋宗元　參校

嘉禮五

朝禮

【《禮記・玉藻》】天子玄端而聽朔於南門之外。【注】端，當爲冕，字之誤也。玄衣而冕，冕服之下。【疏】知「端」當爲「冕」者，凡衣服，皮弁尊，次以諸侯之朝服，次以玄端。案下「諸侯皮弁聽朔，朝服視朝」，是視朝之服，卑於聽朔。今天子皮弁視朝，若玄端聽朔，則是聽朔之服卑於視朝，與諸侯不類。且聽朔大，視朝小，故知端當爲冕，謂玄冕也。

【《周禮・春官・司服》注】玄者，衣無文，裳刺黻而已，是以謂玄焉。凡冕服，皆玄衣纁裳。【疏】《易・繫辭》：「黄帝、堯、舜垂衣裳，蓋取諸《乾》、《坤》。」《乾》爲天，其色玄；《坤》爲地，其色黄。但土無正位，托於南方火，赤色。赤與黄即是纁色，故以纁爲名也。

【《夏官・弁師》注】玄衣之冕，三斿，用玉七十二。

聶氏崇義曰：「玄冕，三旒，五采藻十二就。每旒亦貫五采玉十二，計用玉七十二。」

方氏慤曰：「經有曰玄冕，有曰玄冠，有曰玄端，何也？蓋玄端者，祭服、燕服之總名。衣玄衣而加玄冕則爲祭服，衣玄衣而加玄冠則爲燕服。或冠冕通謂之端，『玄端而朝日』，則是玄冕者也；『玄端而居』，則是加玄冠者也。聽朔亦玄冕者，敬朔事如祭故也。」

蕙田案：玄冕者，五冕之下。天子玄冕，五采繅十有二就，前後三斿，每斿貫五采玉十二，凡用玉七十二。其諸侯孤卿大夫從王視朔，亦服玄冕，繅就各如其命數。諸公繅九就，用玉五十四；侯伯繅七就，用玉四十二；子男繅五就，用玉三十。繅玉皆三采，三采者，朱、白、蒼也。天子之三公，繅八就，用玉四十八；卿繅六就，用玉三十六；大夫繅四就，用玉二十四。繅玉亦皆三采。士無冕，以爵弁代之。其諸侯之大夫從王朝視朔，繅就亦各從其命數。

又案：以上玄冕。

【《周禮·春官·司服》】眡朝則皮弁服。

【注】視朝，視內外朝之事。皮弁之服，十五升白布衣，積素以爲裳。【疏】案《禮記·雜記》云：「朝服十五升。」《士冠禮》云：「皮弁，素積。」故知義然也。

【《夏官·弁師》】王之皮弁，會五采玉璂，象邸玉笄。【注】故書「會」作「䯤」。鄭司農云：「讀如馬會之會，謂以五采束髮也。《士喪禮》曰：『檜用組，乃笄。』檜，讀與䯤同，書之異耳。説曰：『以組束髮乃著笄，謂之檜。』沛國人謂反紒爲䯤。璂，讀如綦車轂之綦。」玄謂會讀如大會之會。會，縫中也。璂，讀如薄借綦之綦。綦，結也。皮弁之縫中，每貫結五采玉十二以爲飾，謂之綦。《詩》云「會弁如星」，又曰「其弁伊綦」是也。邸，下抵也，以象骨爲之。【疏】天子以十二爲節，約同冕旒也。引《詩》「會弁如星」者，《詩》彼注云：「會，謂弁之縫中，飾之以玉，皪皪而處，狀似星也。」與經義合，故爲證也。

諸侯及孤卿大夫之冕、韋弁、皮弁，各以其等爲之，而掌其禁令。【注】各以其等，繅、斿、玉璂，如其命數也。皮弁則侯伯璂飾七，子男璂飾五，玉亦三采。孤則璂飾四，三命之卿璂飾三，再命之大夫璂飾二，玉亦二采。士皮弁之會無結飾。

【《儀禮·士冠禮》】皮弁服：素積，緇帶，素韠。【注】此與君視朔之服也。皮弁者，以白鹿皮爲冠，象上古也。積猶辟也，以素爲裳，辟蹙其要中。皮弁之衣，用布亦十五升，其色象焉。

素積白屨，以魁柎之，緇約、繶、純，純博寸。【注】魁，蜃蛤。柎，注也。　【疏】以蛤灰塗注於上，使色白也。

【《周禮·司服》疏】天子諸侯白舄，大夫士白屨，皆施於皮弁。

蕙田案：《士冠禮》稱皮弁服緇帶白屨，皆士之制也。若天子視朝，則素帶朱裏，朱綠終辟，白舄。諸侯視朔則素帶玄華，終辟，白舄。其素積、素韠，則上下同之。

【《禮記·玉藻》】天子皮弁以日視朝，遂以食。【疏】天子既著皮弁視朝，遂以皮弁而朝食，所以敬養身體。

君衣狐白裘，錦衣以裼之。【注】君衣狐白毛之裘，則以素錦爲衣覆之，使可裼也。袒而有衣曰裼。必覆之者，裘褻也。《詩》云：「衣錦絅衣，裳錦絅裳。」然則錦衣復有上衣明矣。天子狐白之上衣，皮弁服與？凡裼衣，象裘色也。　【疏】君，謂天子。引《詩》者，證錦衣之上更有衣覆之。必知狐白上加皮弁服者，以狐白既白，皮弁服亦白，錦衣白，三者相稱，皆爲白也。云「凡裼衣，象裘色也」者，狐白裘用錦衣爲裼，狐青裘用玄衣爲裼，羔裘用緇衣爲裼，是裼衣與裘色相近也。天子視朝，服皮弁服，則天子皮弁之下，有狐白錦衣也。諸侯於天子之朝亦然，故《秦詩》云：「君子至止，錦衣狐裘。」此經云君，則天子兼諸侯也。凡在朝，君臣同服。然則三公在天子之朝，執璧與子男同，則皮弁之下，狐白錦衣，與子男同也。其天子卿大夫及諸侯卿大夫在天子之朝，亦狐白裘。以下云「士不衣狐白」，則卿大夫得衣狐白也。其裼則不用錦衣，故下注云：「非諸侯，則不用錦衣爲裼。」熊氏云：「當用素衣爲裼。」其天子之士及諸侯之士在天子之朝，既不用狐白，熊氏云：「用麛裘素裼也。」諸侯朝天子，受皮弁之裼，歸來嚮國，則亦錦衣狐裘以告廟，則《秦詩》云「君子至止，錦衣狐裘」是也。告廟之後，則不服之。其在國視朔，則素衣麛裘。卿大夫士亦皆然。故《論語》注云「素衣麛裘，視朔之服」是也。

諸侯皮弁以聽朔於太廟。【注】皮弁，下天子也。　【疏】以天子用玄冕，諸侯用皮弁，故云「下天子」也。

【《論語》】素衣麑裘。【疏】素衣麑裘，諸侯在國視朔之服也。卿大夫士亦皆然，故鄭玄注此云「素衣麑裘，視朔之服」是也。

【聶氏《三禮圖説》】《士冠禮》：「皮弁服：素積，緇帶，素韠。」注云：「以白鹿皮爲冠，象上古也。」此明上古未有布帛，衣其羽皮也。又云：「積猶辟也，以素爲裳，辟蹙其要中也。亦用十五升布爲衣，以象弁色。」蓋天子素帶素韠，朱裏，朱緑終辟，佩白玉，白舄，青絇、繶、純。又《弁師》云：「王之皮弁，會五采玉璂，象邸玉笄。」注云：「會，縫中也。璂，讀爲綦。綦，結也。邸，謂下抵。」梁正、張鎰《圖》云「弁縫十二」。賈疏引《詩》「會弁如星」，謂於弁十二縫中結五采玉，落落而處，狀似星也。又於弁內頂上以象骨爲抵。至三王，重質不變，故王服之以日視朝，燕諸公甥舅，視學祭菜，皆服焉。賈疏云「皮弁、韋弁同，但色異耳」。

【陳氏《禮書》】《周禮・弁師》：「王之皮弁，會五采玉璂，象邸玉笄。諸侯及孤卿大夫之皮弁，各以其等爲之。」鄭康成曰：「皮弁者，以白鹿皮爲之。」蓋皮弁存毛，順物性而制之，文質具焉。韋弁去毛，違物性，而又染之，文而已。凡在下者爲基，可以托宿者爲邸。玉璂，則縫中貫玉而施於下者也。象邸，則下柢用象而託以皮者也。諸侯及孤卿大夫之皮弁各以其等，鄭康成曰：「侯伯璂飾七，子男璂飾五，玉亦三采。孤璂飾四，三命之卿璂飾三，再命大夫璂飾二，玉亦二采。」於理或然。推此則公之玉九，天子之玉十有二，又可知也。《詩》曰：「會弁如星。」言其玉也。又曰：「其弁伊騏。」

《書》曰：「綦弁執戈。」言其文也。蓋綦者，陰陽之雜，故禮以綦組纓爲士之齊冠，綦組綬爲世子佩，《詩》以綦巾爲女巾，皆其未成德者之服也，則士弁以綦宜矣。康成讀「玉璂」爲「綦」，以綦爲結，是臆説也。《記》曰：「三王共皮弁素積。」《語》曰：「素衣麑裘。」則素衣，其衣也；素積，其裳也。《士冠禮》：「皮弁，素積，緇帶。」《禮記》：「雜帶：君朱緑，大夫玄華，士緇辟。」則士之皮弁緇帶，與君大夫皮弁之帶異矣。《士冠禮》：「皮弁笄，爵弁笄，緇組紘，纁邊。」《弁師》：「王朱紘。」《禮記》：「天子朱紘，諸侯青紘。」則士皮弁緇組紘，與天子諸侯皮弁之紘亦異矣。蓋皮弁，天子以視朝，以宴，以聽郊報，以舞《大夏》；諸侯以聽朔，以巡牲，以卜夫人、世婦，以迎王之郊勞，以待聘賓；卿大夫以王命勞侯氏，以聘於鄰國，以卜宅；士以冠學，士以釋菜。凡大夫士之朔月皆皮弁服，則皮弁之所施者衆矣。蓋人爲者多變，自然者不易，皮弁因其自然而已，此所以「三王共皮弁素積」，而周天子至士共用之也。然《喪服小記》諸侯弔必皮弁錫衰，《郊特牲》大蜡，皮弁素服，葛帶榛杖以送終，則弁雖與吉禮同，而服與吉服不同。

蕙田案：天子諸侯，有冕服，有弁服。弁有三等，皮弁其一也。天子皮弁以眡朝，諸侯皮弁以聽朔。《弁師》：「王之皮弁，會五采玉璂，象邸玉笄。」鄭注：「璂，讀如綦。皮弁之縫中，每貫結五采玉十二以爲飾，謂之綦。」《詩》：「其弁伊騏。」箋云：「騏，當作璂，以玉爲之。」陸德明《釋文》亦云：「《説文》作璂，云弁飾也。」然則璂與璂，璂與綦，一字而互變其文耳。《内則》云：「偪、屨、著綦。」又云：「屨綦。」鄭注：「綦，屨繫也。」綦之訓結，《内則》有之，陳用之譏鄭爲臆説，非也。《弁師》云：「諸侯及孤卿大夫之皮弁，各以其等。」則天子眡朝，諸臣之在王朝者，三公璂飾八，卿璂飾六，大夫璂飾四；其諸侯入爲王卿士者，上公璂飾九，侯伯璂飾七，子男璂飾五，各如其命數可知也。士皮弁無結飾，則但以白鹿皮爲之而已。天子皮弁之服，素衣素裳，素帶朱裏，朱緑終辟，佩白玉，素韠，白舄，其裘則以狐白，錦衣以裼之。知者，《司服》注：「皮弁之服，十五升白布衣。」《士冠禮》注：「皮弁之衣，用布十五升，其色象焉。」又《論語》：「素衣麑裘。」鄭注：「視朔之服。」諸侯以素衣視朔，明天子以素衣眡朝，故知素衣矣。《士冠禮》「皮弁服，素積」注：「積猶辟也，以素爲裳辟，蹙其要中。」又《冠禮記》、《郊特牲》、《明堂位》、《祭義》並有「皮弁素積」之文。案積訓爲辟，即《論語》之帷裳也，以素爲之，故云素裳矣。《玉藻》：「天子素帶朱裏，終辟。而素帶終辟。大夫素帶，辟垂。士練帶，率下辟。雜帶：君朱緑，大夫玄華，士緇辟二寸，再繚四寸。」注：「士裨垂之下，外内皆以緇，是謂緇帶。」案《士冠禮》爵弁、皮弁、朝服、玄端四等皆用緇帶，士以緇，則天子以朱緑可知，故云『素帶朱裏，朱緑終辟』矣。《玉藻》：「天子佩白玉而玄組綬。」以君子玉不去身，知常佩之，故云佩白玉矣。《士冠禮》：「皮弁服，素韠。」《玉藻》注：「凡韠，以韋爲之，必象裳色。皮弁服皆素韠。」《正義》謂「君與大夫士皮弁皆然」，故云素韠矣。《士冠禮》：「素積白屨，以魁柎之，緇絇、繶、純，純博寸。」《周禮·司服》疏：「天子諸侯白舄，大夫士白屨，皆施於皮弁。」《屨人》疏：「白舄配韋弁、皮弁。」故云白舄矣。《玉藻》：「君衣狐白裘，錦衣以裼之。」注：「君衣狐白毛之裘，則以素錦爲衣覆之，使可裼也。《詩》云：『衣錦絅衣，裳錦絅裳。』然則錦衣之上復有上衣明矣。天子狐白之上，衣皮弁服與？」

案皮弁服者，素衣也。錦衣加狐白之上，素衣又加錦衣之上，《中庸》謂「惡其文之著」者以此。凡在朝，君臣同服，故三公、諸侯在天子之朝亦狐白錦衣，《詩·秦風》「錦衣狐裘」是也。卿大夫亦衣狐白，但以素衣裼，不用錦衣，鄭注《玉藻》云「非諸侯，則不用錦衣爲裼」是也。士麛裘，以素衣裼，《玉藻》「士不衣狐白」是也。諸侯視朔之服，皮弁，素衣，素裳，素韠，白舄，與天子同。其皮弁之璂飾，各如其命數。素帶朱緑，終辟，佩山玄玉，與天子異。其裘則麛裘，素衣以裼之。卿大夫亦麑裘素衣，《論語》「素衣麑裘」是也。禮，君用純色，臣下之，則大夫士視朔之裘，青豻褎與？凡裼衣，象裘色。

《玉藻》「絞衣以裼」，與《論語》素衣不同，熊氏云：「臣用絞，君用素。」皇氏云：「素衣爲正，記者亂言絞耳。」二説不同，皇氏近之。

又案：以上皮弁服。

【《周禮・春官・司服》】冠弁服。【注】冠弁，委貌。其服，緇布衣，亦積素以爲裳，諸侯以爲視朝之服。《詩・國風》曰：「緇衣之宜兮。」

【《儀禮・士冠禮》】主人玄冠，朝服，緇帶，素韠。【注】玄冠，委貌也。朝服者，十五升布衣而素裳也。衣不言色者，衣與冠同也。天子與其臣，玄冕以視朔，皮弁以日視朝；諸侯與其臣，皮弁以視朔，朝服以日視朝。凡染黑，五入爲緅，七入爲緇，玄則六入與？【疏】六入七入，深淺不同，而鄭以衣與冠同，以緇與玄同色者，大同小異，皆是黑色，故云同也。

蕙田案：士之朝服緇帶，諸侯則素帶，朱緑終辟；大夫則素帶，玄華辟垂。

【《儀禮・燕禮・記》】燕：朝服，於寢。【注】朝服者，諸侯與其群臣日視朝之服也，謂冠玄端，緇帶，素韠，白屨也。【疏】案《屨人》注：「天子諸侯，吉事皆舄。」諸侯朝服，素裳素韠，應白舄而云白屨者，引《士冠禮》成文，其實諸侯當白舄，其臣則白屨也。

【《周禮・屨人》注】王吉服有九，舄有三等。赤舄爲上冕服之舄。《詩》云：「王錫韓侯，玄衮赤舄。」則諸侯與王同。下有白舄、黑舄。【疏】赤舄，舄中之上，六冕之舄也。冕服皆玄上纁下，而畫以衮龍，赤舄者，象纁裳故也。下有白舄、黑舄者，白舄配韋弁、皮弁，黑舄配冠弁服。冠弁服，諸侯視朝之服。《燕禮・記》云：「燕，朝服。」鄭云：「諸侯與其群臣日視朝之服也，謂冠玄端，緇帶，素韠，白屨也。」白屨，即與「皮弁，素積白屨」同，今以黑舄配之，不與裳同色者，朝服與玄端，大同小異，皆玄端、緇布衣，而裳有異耳。若朝服則素裳白屨，若玄端之裳，則《玉藻》云：「韠：君朱，大夫素，士爵韋。」是韠從裳色，則天子諸侯朱裳，大夫素裳，皆不與裳同色者，但天子諸侯，舄有三等，玄端既不得與祭服同赤舄，若與韋弁、皮弁同白，則黑舄無所施，故從上士玄裳無正而黑舄也。大夫玄端素裳，亦從玄裳黑屨矣。

蕙田案：天子諸侯，白舄以配韋弁、皮弁、冠弁，黑舄以配玄端，但《司服》所掌九服，别無玄端，故康成於「冠弁」之下注云：「王卒食以居則玄端。」以玄端與冠弁大同小異，因附見之耳。賈疏泥於注中三等舄配九服之文，因謂黑舄配冠弁服，既又知其非也，復多方以通之。竊謂不如云黑舄配玄端之直捷也。

又案：玄端之服，與朝服同，惟裳與屨舄異。朝服，君素裳白舄，臣素裳白屨。玄端，則天子諸侯朱裳黑舄，大夫素裳黑屨，上士玄裳，中士黄裳，下士雜裳，同用黑屨。其大夫，玄端素裳與朝服不異，賈公彦謂禮窮則同，然朝服之屨以素，玄端服以黑，則亦有别矣。

【《特牲饋食禮・記》】其服皆朝服，玄冠、緇帶、緇韠。【注】皆者，謂賓及兄弟。朝服者，諸侯之臣與其君日視朝之服，大夫以祭。今賓、兄弟緣孝子欲得嘉賓尊客以事其祖禰，❶故服之。緇韠者，下大夫之臣。

蕙田案：朝服，素裳、素韠，上下同之。此《記》云「緇韠」，與《士冠禮》異，疑「緇」當爲「素」，因上有「緇帶」之文而誤耳。鄭氏以爲下大夫之臣緇韠，於他書無所考。

【《禮記・玉藻》】諸侯朝服以日視朝於内朝。【注】朝服，冠玄端、素裳也。【疏】案《王制》云：「周人玄衣而養老。」注：「玄衣素裳，天子之燕服，爲諸侯朝服。」彼注云「玄衣」，則此玄端也。若以素爲裳，則是朝服。此朝服素裳皆得謂之玄端，故《論語》云「端章甫」，注云：「端，玄端，諸侯朝服。」若上士，以玄爲裳；中士，以黄

❶「今」，原作「命」，據《儀禮・特牲饋食禮》鄭注改。

爲裳；下士，以雜色爲裳；天子諸侯，以朱爲裳，則皆謂之玄端，不得名爲朝服也。

【《玉藻》疏】皇氏云：「畿内諸侯，朝服用緇衣；畿外用玄衣。狐青是畿外諸侯朝服之裘。」熊氏以爲：「内外諸侯朝服皆緇衣，以羔爲裘，不用狐青也。」案《王制》直云「玄衣而養老」，不辨内外之異。又《詩·唐風》：「羔裘豹袪。」卿大夫之服。《檜風》云：「羔裘逍遥。」鄭玄云：「朝、燕之服也。」《論語》云：「緇衣羔裘。」注云：「諸侯之朝服羔裘者，必緇衣爲裼。」唐、檜、魯，非畿内之國，何以並云羔裘？若此玄衣爲畿外諸侯，則鄭注此何得云大夫士也？

陳氏澔曰：「諸侯以玄冠、緇衣、素裳爲朝服。凡在朝，君臣上下同服。」

蕙田案：朝服，緇衣也，亦可稱玄端者，緇與玄雖淺深不同，而皆黑色，從其相近而名之也。玄端而不素裳，則不得云朝服，賈、孔三禮疏析之當矣。

孔子曰：「朝服而朝，卒朔然後服之。」【注】謂諸侯與群臣也。諸侯視朔，皮弁服。【疏】朝服，緇衣、素裳。而朝，謂每日朝君。卒朔然後服之者，卒朔，謂卒告朔之時，服皮弁，告朔禮終，脱去皮弁而後服朝服也。

陳氏澔曰：「聽朔重於視朝，諸侯之朝服，玄端素裳，而聽朔則皮弁，故卒聽朔之禮，然後服朝服而視朝也。」

朝服之以縞也，自季康子始也。【注】亦僭宋王者之後。【疏】案《王制》云：「殷人縞衣而養老。」燕服則爲朝服。宋是殷後，故朝服以縞。

方氏慤曰：「朝服以布不以純，以緇不以縞。後世反之，始乎季康子之失禮。」

陳氏澔曰：「朝服之布十五升，先王之制也。季康子始用生絹，後人因之，故記者原其所自。」

【《雜記》】朝服十五升。

【《詩·周南·羔羊》】羔羊之皮，素絲五紽。

【傳】大夫羔裘以居。【疏】謂居於朝廷，非居於家也。《論語》曰：「狐貉之厚以居。」注云：「在家所以接賓客。」則在家不服羔裘矣。《論語注》又云：「緇衣羔裘，諸侯視朝之服。卿大夫朝服亦羔裘，惟豹袪與君異耳。」明此爲朝服之裘，非居家也。

【《鄭風・緇衣》】緇衣之宜兮。【傳】緇，黑色，卿士聽朝之正服也。【箋】緇衣者，居私朝之服也。天子之朝服，皮弁服也。【疏】此緇衣，即《士冠禮》所云「主人玄冠、朝服、緇帶、素韠」是也。諸侯與其臣服之以日視朝，故禮通謂此服爲朝服。美武公善爲司徒，而經云緇衣，則緇衣，卿士所服也。而天子與其臣皮弁以日視朝，則卿士旦朝於王，服皮弁，不服緇衣，故知是卿士聽朝之正服。謂既朝於王，退適治事之館，釋皮弁，而服以聽其所朝之政也。又云退適治事之處爲私，對在天子之庭爲公，此私朝在天子宮内，即下句「適子之館兮」是也。《舜典》云「闢四門」者，注云：「卿士之職，使爲己出政教於天下。」言四門者，亦因卿士之私朝在國門。魯有東門襄仲，宋有桐門右師，是後之取法於前也。彼言私朝者在國門，謂卿大夫夕治家事，私家之朝耳，與此不同。何則？《玉藻》説視朝之禮曰：「君既視朝，退適路寢，使人視大夫，大夫退，然後適小寢，釋服。」君使人視其事盡然後休息，則知國之政教事在君所斷之，不得歸適國門私朝，明國門私朝，非君朝矣。《玉藻》云：「天子皮弁以日視朝。」是天子之朝服皮弁，故退適諸曹服緇衣也。

【《羔裘》】羔裘如濡，洵直且侯。【箋】緇衣羔裘，諸侯之朝服也。

【朱子《集傳》】蓋美其大夫之辭。

羔裘豹飾，孔武有力。【傳】豹飾，緣以豹皮也。

【疏】禮，君用純物，臣下之，故袖飾異皮。

【《唐風・羔裘》】羔裘豹祛，自我人居居。

【箋】羔裘豹祛，在位卿大夫之服也。

羔裘豹袖，自我人究究。

【《檜風・羔裘》】羔裘逍遥，狐裘以朝。【傳】羔裘以遊燕，狐裘以適朝。國無政令，使我心勞。【箋】諸侯之朝服，緇衣羔裘。大蜡而息民，則有黄衣狐裘。今以朝服燕，祭服朝，是其好潔衣服也。

蘇氏軾曰：「錦衣狐裘，所以朝天子之服也。」

嚴氏粲曰：「狐裘有青，有白，有黄，此詩不指何色，鄭氏以爲黄衣狐裘，謂檜君以祭服而朝也。蘇氏以爲狐白，謂檜君以朝天子之服而聽其國之朝也。二説不同。狐青爲臣下之服，非檜君所服，檜君好潔衣服，亦必不服狐黄，當從蘇氏，以爲狐白。」

蕙田案：朱子《集傳》從蘇氏説。

羔裘翱翔，狐裘在堂。【疏】上言「以朝」，謂日出視朝。此云在堂，謂正寢之堂。人君日出視朝，乃退適路寢，以聽大夫所治之政，二者於禮同服羔裘，今檜君皆用狐裘，故二章各舉其一。

【《論語》】緇衣羔裘。【疏】緇衣羔裘，謂朝服也。《士冠禮》云：「主人玄冠，朝服，緇帶，素韠。」注云：「玄冠，委貌。朝服者，十五升布衣而素裳。不言色者，衣與冠同色。」是朝服色玄，玄即緇色之小别。此説孔子之服云緇衣羔裘。《玉藻》亦云：「羔裘，緇衣以裼之。」是羔裘裼用緇衣，明其上正服亦緇色也。下文又曰「羔裘玄冠不以弔」，是羔裘所用配玄冠，羔裘之上，必用緇布衣爲裼，裼衣之上，正服亦是緇色，又與玄冠相配，故知「緇衣羔裘」是諸侯君臣日視朝之服也。

吉月，必朝服而朝。【注】孔曰：吉月，月朔也。朝服，皮弁服。【疏】皮弁服，與君視朔之服也。魯自文公，不行視朔之禮，孔子恐其禮廢，故每於月朔，必衣此視朔之服而朝於君，所謂「我愛其禮」也。

蕙田案：《儀禮》、《禮記》所謂皮弁服與朝服，其用不一。然皮弁自皮弁服，朝服自朝服，未有以皮弁爲朝服者，何也？蓋皮弁，天子視朝之服。玄端，卿大夫視私朝之服。二者似皆可稱朝服，而不然者，以在朝君臣同服，而皮弁綦飾，有五采三采之不同，玄端服則有玄裳、黄裳、雜裳之别，獨冠弁爲諸侯君臣之朝服，上下同之。其不同者，惟諸侯白舄，大夫士白屨；諸侯之羔裘純色，大夫羔裘豹袖二端。無大分别，故謂之朝服也。《玉藻》稱孔子曰：「朝服而朝，卒朔然後服之。」夫告朔之服，皮弁服也，必卒朔而視朝，然後脱皮弁而服朝服，則朝服非皮弁服，《禮記》所載甚明，孔氏、邢氏之説非也。

【聶氏《三禮圖説》】張鎰《圖》云：「緇、玄二服，素韠，素帶，朱緑終裨，佩山玄玉，白舄，青絇、繶、純，天子之卿服以從燕諸侯，諸侯之孤卿大夫服以朝君。」

蕙田案：素帶，朱緑終裨，佩山玄玉，白舄，專據諸侯而言，卿大夫與君不同。

蕙田案：諸侯朝服以視朝。朝服，《周禮・司服》謂之「冠弁服」，鄭注：「冠弁，委貌也。」冠弁，亦謂之玄冠，《士冠禮》「主人玄冠朝服」，注「玄冠，委貌」是也。其名委貌者，鄭氏云：「委猶安也，言所以安正容貌也。」亦謂之委。《左氏傳》劉定公曰：「吾與子弁冕端委以治民臨諸侯。」又：「晏子端委立於虎門。」《國語》：「晉侯端委以入武宫。董安于曰：臣端委以隨宰人。」諸所云「端」者，朝服之玄端；所云「委」者，委貌也。其制經無明文，聶崇義《三禮圖》委貌有四式：其一，「舊圖云：委貌，進賢冠其遺象」是也；其二，「《漢志》云：委貌與皮弁冠同制」是也；其三，「張鎰《圖》云：諸侯朝服之玄冠，士之玄端之玄冠，諸侯之冠弁，此三冠與周天子委貌形制相同」是也；其四，則「梁正因阮氏之本而圖委貌，與前三法形制又殊」。聶氏疑不敢定，而以張氏爲得之。誠然，但張氏亦略有語病。蓋諸侯朝服之玄冠，即冠弁，亦即委貌，本無二制。其天子諸侯卿大夫士之玄端服，惟裳制有異，其冠則皆玄冠，與朝服之玄冠亦無二制也。張氏之説，似猶岐而視之矣。諸侯之朝服：緇衣，素裳，素帶，朱緑終辟，佩山玄玉，素韠，白舄，其裘則以羔，緇衣以裼之。知者，《詩·鄭風》「緇衣之宜兮」，鄭武公以諸侯入爲周卿士，在私朝則服緇衣，是緇衣爲諸侯朝服也。緇衣之布，亦十五升，《雜記》「朝服十五升」是也。緇衣，亦謂之玄衣。《王制》：「周人玄衣而養老。」注：「玄衣素裳，天子之燕服，爲諸侯朝服。」《士冠禮》疏云：玄爲六入，緇爲七入，深淺不同。鄭以緇與玄同色者，大同小異，皆是黑色，故云同也。亦謂之玄端。《論語》注：「玄端，諸侯朝服。」蓋端者，端正之義，以朝服用正幅爲之，故云端矣。知素裳、素韠者，《司服》注「冠弁服，亦積素以爲裳」，《玉藻》注「朝服，冠玄端素裳也」，又《士冠禮》「朝服，素韠」，韠與裳同色，故云素裳、素韠矣。素帶，朱緑終辟，佩山玄玉，張鎰圖亦云然，蓋以《玉藻》文推得之。《燕禮·記》：「燕，朝服。」注：「朝服，謂冠玄端，緇帶，素韠，白屨也。」賈疏以爲「諸侯朝服應白舄，而云白屨者，引《士冠禮》成文，其實諸侯當白舄，其臣則白屨也」。諸侯朝服羔裘，《詩》：「羔裘如濡。」箋云「緇衣、羔裘，諸侯之朝服」是也。其臣亦羔裘而豹褎，《詩》「羔裘豹飾」、「羔裘豹袪」、「羔裘豹褎」，《玉藻》「羔裘豹飾，緇衣以裼之」，皆大夫士之禮也。孔穎達曰：「禮，君用純物，臣下之，故袖飾異皮。」陳用之乃以天子視朝服麛裘青豻褎，諸侯視朝服羔裘豹飾，上下同之，其不然乎？ 裼裘之制，漢唐注疏家以爲裘之上有裼衣，裼衣之上又有正服，故邢叔明疏《論語》云：「羔裘，裼用緇衣，明其上正服亦緇色也。」陳用之則謂袒而見裘曰裼，揜而充裘曰襲。「素衣麑裘」，則麑裘之上，素衣其正服也；「緇衣羔裘」，則羔裘之上，緇衣其正服也；「黄衣狐裘」、「錦衣狐裘」，蓋亦若此。《詩》曰：「衣錦尚褧。」蓋惟錦加褧以惡文著，餘衣固不然也。此説似亦有理，並存之，以俟考。

又案：以上冠弁服。

【《儀禮・士冠禮》】玄端：玄裳、黄裳、雜裳可也，緇帶，爵韠。【注】此莫夕於朝之服。玄端，即朝服之衣，易其裳耳。上士玄裳，中士黄裳，下士雜裳。雜裳者，前玄後黄。《玉藻》曰：「韠：君朱，大夫素，士爵韋。」【疏】此莫夕於朝之服者，當是莫夕於君之朝服也。案《玉藻》云：「君朝服以日視朝於内朝，夕深衣，祭牢肉。」是君朝服朝服，夕服深衣矣。下又云：「朝玄端，夕深衣。」朝時所服，與君不同，故鄭注云「謂大夫士也」，則彼朝玄端夕深衣，是大夫士家私朝也。若然，大夫士既服玄端、深衣以聽私朝矣，此服注云「莫夕於朝之服」，是士向莫之時夕君之服。必以莫爲夕者，朝禮備，夕禮簡，故以夕言之也。若卿大夫莫夕於君，當亦朝服矣。云「玄端，即朝服之衣，易其裳」者，上云「玄冠，朝服，緇帶，素韠」，此玄端亦緇帶，彼云「朝服」，即此「玄端」也。但朝服亦得名端，故《論語》云：「端章甫。」鄭云：「端，諸侯視朝之服耳，皆以十五升布爲緇色正幅爲之，同名也。」云「易其裳」者，彼朝服素韠，韠同裳色，則裳亦素，此既易其裳，以三等裳同爵韠，則亦易之矣。不言者，朝服言素韠，不言裳，故須言易。彼言「素韠」，此云「爵韠」，於文自明，故不言易也。云「君朱，大夫素，士爵」者，韠之韋色也。云君朱者，見五等諸侯，則天子亦朱矣。韠同裳色，則天子諸侯朱裳，士言爵，則此經爵韠亦一也。以其裳有三等，爵亦雜色，故同爵韠。若然，大夫素裳，則與朝服不異者，禮窮則同也。

玄端黑屨，青絇、繶、純，純博寸。【注】屨者，順裳色。玄端黑屨，以玄裳爲正也。絇之言拘也，以爲行戒，狀如刀衣鼻，在屨頭。繶，縫中紃也。純，緣也。三者皆青。博，廣也。【疏】玄端有玄裳、黄裳、雜裳，經惟云「玄端黑屨」，與玄裳同色，不取黄裳、雜裳，故云「以玄裳爲正」也。

【《周禮·屨人》賈疏】繶是牙底相接之縫，綴絛於其中。絇，謂屨頭以絛爲鼻。純，謂以絛爲口緣。

【《特牲饋食禮》】主人冠端玄。【注】冠端玄，玄冠玄端。下言玄者，玄冠有不玄端者。【疏】玄冠有不玄端者，不玄端則朝服也。對文則玄端有纁裳、玄裳、黄裳、雜裳，若朝服緇布衣而素裳，但六入爲玄，七入爲緇，大判言之，緇衣亦名玄，是以散文言之，朝服亦名玄端。《論語》云：「端章甫。」鄭云：「端，玄端也，諸侯日視朝之服。」以端是正幅，非直服名端，六冕亦有端稱。《禮記》魏文侯曰：「吾端冕而聽古樂。」是冕服正幅亦名端也。

【《禮記·玉藻》】朝玄端，夕深衣。【注】謂大夫士也。【疏】大夫士以視私朝，故服玄端。若朝君之時，則朝服也。朝服其衣，與玄端無異，但其裳以素耳。若大夫莫夕，蓋亦朝服。其士則用玄端，故《士冠禮》注云「玄端，士莫夕於朝之服」是也。其私朝及在家，大夫士夕皆深衣也。

【聶氏《三禮圖》】《司服》云：「齋有玄端。」張鎰《圖》云：天子齊，玄衣，玄冠，玄裳，黑韠，素帶，朱緑終辟，佩白玉，黑舄，赤絇、繶、純。諸侯惟佩山玄玉爲別。卿燕居，朱裳，朱韠，赤舄，黑絇、繶、純。卿大夫素裳，上士玄裳，中士黄裳，下士雜裳，前玄後黄。大夫以上，朝夕服之，惟士夕服之。夕者，若夕晡上視事耳。

蕙田案：大夫士朝朝於君，皆朝服。其夕見君，大夫則朝服，士則玄端。

若大夫士夕視事於私朝，亦服深衣，不服玄端也。今如《禮圖》所云，大夫以上燕居朝夕服玄端，既與《玉藻》「夕深衣」之文違牾，又云「惟士夕服之」，則士朝所服者又何衣耶？

【陳氏《禮書》】玄端，齊服也，諸侯與士以爲祭服，《玉藻》「玄端以祭」，《特牲》「冠端玄」是也。大夫士以爲私朝之服，《玉藻》「朝玄端」是也。天子至士，亦以爲燕服。《玉藻》「天子卒食，玄端以居」，《内則》「事父母，端韠紳」是也。然則，端衣所用，固不一矣。若夫朝服，天子以素，諸侯以緇，未聞以玄端也。玄端，皆玄裳，或黄裳、雜裳可也，未聞以素裳也。鄭氏釋《儀禮》謂「玄端，即朝服之衣，易其裳耳」；釋《玉藻》曰「朝服，冠、玄端、素裳」，此説無據。

蕙田案：玄端之名，見於《三禮》者不一。其以爲齊服者，《周禮·司服》云「齊服有玄端、素端」是也。其以爲祭服者，《特牲饋食禮》「主人冠端玄」是也。天子、諸侯祭服皆冕，《雜記》：「大夫冕而祭於公，弁而祭於己。士弁而祭於公，冠而祭於己。」然則玄端以祭，惟士則然。《玉藻》：「諸侯玄端以祭。」鄭氏破「端」爲「冕」，其説原不可易。陳用之據此謂諸侯祭服有玄端，真大惑矣。其以爲朝服者，大夫士私朝爲然，《玉藻》「朝玄端」是也。若士夕見君，則亦服之，以夕禮簡於朝，士卑於大夫，故不服朝服而服玄端，鄭注《儀禮》謂「莫夕於朝之服」是也。其以爲燕服者，《玉藻》「天子卒食，玄端以居」，《内則》「子事父母，端、韠、紳」，是天子以至士，皆得服之。但天子燕居，則朝夕並服玄端，諸侯以下，皆夕深衣，則惟朝服之，爲不同耳。朝服之緇衣，與玄端同制，蓋緇之與玄，猶纁之與黄，緇衣可稱玄衣，纁裳亦可云黄裳，其色相近故也。朝服，君臣皆素裳，玄端服之裳，則天子諸侯以朱，大夫以素，士有以玄、以黄、以雜之别，其玄端衣與朝服同。鄭皆推校禮經諸文而得之，陳氏以爲無據，亦非。

又案：以上玄端服。

右朝服。

【《周禮・春官・巾車》】象路，朱，樊纓七就，建大赤，以朝。【注】象路，以象飾諸末。象路無鉤，以朱飾勒而已。其樊及纓，以五采罽飾之而七成。大赤，九旗之通帛。以朝，以日視朝。【疏】以日視朝者，謂於路門外常朝之處乘之。此雖據常朝而言，至于三朝，皆乘之。

【《夏官・道僕》】掌馭象路，以朝夕、燕出入。【注】朝夕，朝朝莫夕。

吴氏澄曰：「朝見群臣曰朝，莫見曰夕。燕，謂自内外朝乘象路以還燕寢。」

【《禮記・玉藻》】大夫齊車，鹿幦豹犆；朝車，鹿幦豹犆。【注】幦，覆苓也。犆，讀如「直道而行」之直。直，謂緣也。臣之朝車與齊車同飾。

蕙田案：《巾車》：「金路以封同姓，象路以封異姓，革路以封四衛，木路以封蕃國。」賈疏：「凡五等諸侯所得路，惟祭祀及朝天子乘之。若齊弔及朝，并朝夕燕出入，可降一等。」然則諸侯視朝所乘之車，同姓以象路，異姓以革路，四衛以下皆乘木路，可知也。卿大夫以下朝車，經無明文，《玉藻》紀大夫朝車有「鹿幦豹犆」之文，亦未詳何車。但以《巾車》「孤乘夏篆，卿乘夏縵，大夫乘墨車，士乘棧車」考之，則卿大夫朝車，應即此四等之車也。

右朝車。

【《周禮·春官·大史》】頒告朔於邦國。【注】天子頒朔於諸侯，諸侯藏之祖廟，至朔，朝於廟，告而受行之。　【疏】案《禮記·玉藻》：「諸侯皮弁聽朔於太祖。」太祖，即祖廟也。諸侯約天子，故縣之於中門，帀日斂之，藏之於祖廟，月朔，用羊告而受行之。此經及《論語》稱「告朔」，《玉藻》謂之「聽朔」，《春秋》謂之「視朔」。視朔者，人君入廟視之。告者，使有司讀祝以言之。聽者，聽治一月政令。所從言之異耳。

蕙田案：《玉藻》「皮弁以聽朔於太廟」，賈疏引作「太祖」，小異。

閏月，詔王居門終月。【注】門，謂路寢門也。鄭司農云：「《月令》十二月，分在青陽、明堂、總章、玄堂左右之位，惟閏月無所居，居於門，故於文，王在門謂之閏。」【疏】明堂、路寢及宗廟，皆有五室、十二堂、四門。十二月，聽朔於十二堂。閏月，各於時之門，故太史詔告王居路寢門。若在明堂，告事之時，立行祭禮，無居坐之處。若在路寢堂與門聽事之時，各居一月，故云居門終月。❶

【《禮記·月令》】孟春之月，天子居青陽左个。【注】所以順時氣也。青陽左个，大寢東堂北偏。【疏】北偏，近北也。然則此是明堂北偏而云大寢者，欲明明堂與大廟、大寢制同，故兼明於明堂聽朔竟，次還大廟，次還大寢也。然云東堂，則知聽朔皆堂，不於五角之室中也。

仲春之月，天子居青陽大廟。【注】青陽大廟，東堂當大室。

季春之月，天子居青陽右个。【注】青陽右个，東堂南偏。

孟夏之月，天子居明堂左个。【注】明堂左个，大

❶ 「云」，原作「立」，據孫詒讓《周禮正義》卷五一改。

寢南堂東偏。

仲夏之月，天子居明堂大廟。【注】明堂大廟，南堂當大室。

季夏之月，天子居明堂右个。【注】明堂右个，南堂西偏。

中央土，天子居大廟大室。【注】大廟大室，中央室也。【疏】案《考工記》云：「周人明堂，東西九筵，南北七筵。❶凡室二筵。」則五室並皆二筵，無大小也。今中央室稱大室者，以中央是土室，土爲五行之主，尊之，故稱大。以夏后大室，則四旁之室，皆南北三步，東西三步三尺，中央土室，南北四步，東西四步四尺，則周之明堂，亦應土室在中央，大於四角之室也，但文不具耳。

孟秋之月，天子居總章左个。【注】總章左个，大寢西堂南偏。

仲秋之月，天子居總章大廟。【注】總章大廟，西堂當大室。

季秋之月，天子居總章右个。【注】總章右个，西堂北偏。

孟冬之月，天子居玄堂左个。【注】玄堂左个，北堂西偏。

仲冬之月，天子居玄堂大廟。【注】玄堂大廟，北堂當大室。

季冬之月，天子居玄堂右个。【注】玄堂右个，北堂東偏。

蕙田案：明堂與大寢不同制，辨詳吉禮明堂門。

【《玉藻》】天子玄端聽朔於南門之外，閏月則闔門左扉，立於其中。【注】南門，謂國門也。天子廟及路寢，皆如明堂之制。明堂在國之陽，每月就其時之堂而聽朔焉。卒事，反宿於路寢，亦如之。閏月，非常月也，聽其朔於明堂門中，還處路寢門終月。凡聽朔，必以特牲告其帝及神，配以文王、武王。【疏】云「每月就其時之堂而聽朔焉」者，《月令》孟春居青陽左个，仲春居青陽大廟，季春居青陽右个，以下所居，各有其處，是每月

❶「七筵」，原作「九步」，據《禮記·月令》孔疏改。

就其時之堂也。云「閏月非常月也」者，案文六年云：「閏月，不告月，猶朝於廟。」《公羊》云：「不告月者何？不告朔也？曷爲不告朔？天無是月也。閏月矣，何以謂之天無是月？是月非常月也。」何休云：「不言朔者，閏月無告朔禮也。」《穀梁》之義與《公羊》同。《左氏》則閏月當告朔。案《異義》：「《公羊》說：每月告朔朝廟，至於閏月不以朝者，閏月殘聚餘分之月，無正，故不以朝。經書閏月猶朝廟，譏之。左氏說：閏以正時，時以作事，事以厚生，生民之道，於是乎在。不告閏朔，棄時政也。許君謹案：從《左氏》說，不顯朝廟、告朔之異，謂朝廟而因告朔。」故鄭駁之，引《堯典》「以閏月定四時，成歲」，閏月當告朔。又云：「説者不本於經，所譏者異，其是與非，皆謂朝廟而因告朔，似俱失之。」朝廟之經，在文六年，「冬，閏月不告月，猶朝於廟」，辭與宣三年「春，郊牛之口傷，改卜牛。牛死，乃不郊。猶三望」同。言「猶」者，告朔然後當朝廟，郊然後當三望，今廢其大，存其細，是以加「猶」譏之。《論語》曰：「子貢欲去告朔之餼羊。」《周禮》有朝享之禮祭。然則告朔與朝廟祭異，亦明矣。如此言從《左氏》説，又以先告朔而後朝廟。鄭以《公羊》閏月不告朔爲非，以《左氏》告朔爲是。二傳皆以先朝廟而因告朔，二者皆失，故鄭云「其是與非，皆謂朝廟而因告朔，俱失之也」。鄭必知告朔與朝廟異者，案天子告朔於明堂，其朝享從祖廟下至考廟，故《祭法》云「曰考廟，曰王考廟，皆月祭之」是也。又諸侯告朔在太廟，而朝享自皇考至考，故《祭法》云諸侯自皇考以下，「皆月祭之」，是告朔與朝廟不同。又天子告朔以特牛，諸侯告朔以羊，其朝享，各依四時常禮，故用太牢。故《司尊彝》朝享之祭用虎彝、蜼彝、大尊、山尊之等，是其別也。云「聽其朔於明堂門中，還處路寢門終月」者，以閏非常月，無恒居之處，故在明堂門中。案《太史》云：「閏月，詔王居門終月。」是還處路寢門終月，謂終竟一月所聽之事於一月中耳，於尋常，則居燕寢也。故鄭注《太史》云：「於文，王在門謂之閏。」是閏月聽朔於明堂門，反居路寢門。皇氏云：「明堂有四門，即路寢亦有四門，閏月各居其時當方之門。」義或然也。云「凡聽朔必以特牲告其帝及神，配以文王、武王」者，《論語》云「告朔之餼羊」，注云：「天子特牛與？」以其告朔禮略，故用特牛。案《月令》每月云其帝其神，故知告帝及神。以其在明堂之中，故知配以文王、武王之主。亦在明堂，以汎配五帝，或以武王配五神於下，其義非也。

張子曰：「據《玉藻》，天子聽朔於明堂，

諸侯則於太廟，就藏朔之處告祖而行。」

馬氏晞孟曰：「告朔於廟，明其受之於祖也。聽朔於南門之外，明其受之於天也。」

諸侯皮弁以聽朔於太廟。【注】皮弁，下天子也。【疏】以天子用玄冕，諸侯用皮弁，故云「下天子」也。此諸侯聽朔於太廟，熊氏云：「周之天子，於洛邑立明堂，惟大享帝就洛邑耳，其每月聽朔，當在文王廟也。以文王廟爲明堂制故也。」此聽朔於太廟，《穀梁傳》云「諸侯受乎禰廟」，與禮乖，非也。凡每月以朔告神，謂之告朔，即《論語》云「告朔之餼羊」是也。則於時聽治此月朔之事，謂之聽朔，此《玉藻》文是也。聽朔，又謂之視朔。文十六年「公四不視朔」是也。告朔，又謂之告月，文六年「閏月不告月」是也。行此禮，天子於明堂，諸侯於太祖廟，訖，然後祭於諸廟，謂之朝享。《司尊彜》云「朝享」是也；又謂之朝廟，文六年云「猶朝於廟」是也；又謂之「朝正」，襄二十九年「釋不朝正於廟」是也；又謂之月祭，《祭法》云「皆月祭之」是也。

方氏慤曰：「天子聽朔於南門，示受之於天也。諸侯聽朔於太廟，示受之於祖也。諸侯受朔於天子，而云受之於祖者，以己得受朔於天子由祖故也。玄冕，祭服也。皮弁，朝服也。天子以祭服受之於天，故神之；諸侯以朝服受之於祖，故明之。」

【《春秋》僖公五年《左傳》】春王正月，辛亥朔，日南至。公既視朔，遂登觀臺以望，而書，禮也。【注】視朔，親告朔也。【疏】公既告廟受朔，即聽視此朔之政。

文公十六年：「夏，五月，公四不視朔。」【注】諸侯每月必告朔聽政，因朝於廟。今公以疾，闕不得視二月、三月、四月、五月朔也。《春秋》十二公，以疾不視朔非一也，義無所取，故特舉此以表行事，因明公之實有疾，非詐齊。【疏】天子頒朔於諸侯，諸侯受而藏之於祖廟，每月之朔，以特羊告廟，受而施行之，遂聽治此月之政，謂之視朔。因以其日又以朝享之禮祭皇考以下，謂之朝廟。此年公疾，自二月至於五月，已經四月不得視朔，故書「公四不視朔」。告朔，謂告於祖廟。視朔，謂聽治月政。視朔由公疾而廢，其告朔，或有司告之，不必廢也。《論語》云：「子貢欲去告朔之餼羊。」必是廢其禮而羊在。蓋從是以後，更有不告朔者，故欲去其羊耳。六年「閏月不告月」，書經以譏之。在後若不告朔，不復書之者，蓋以閏月不告，其譏已明，故於後不復譏之。

【《公羊》何注】視朔説在六年，不舉不朝廟者，禮，月終，於廟先受朝政乃朝，明王教尊也。朝廟，禮也，故以不視朔爲重，常以朔者始重也。

【文六年「閏月不告月」何注】禮，諸侯受十二月朔政於天子，藏於太祖廟，每月朔朝廟，使大夫南面奉天子命，君北面而受之。比時，使有司先告朔，慎之至也。❶受於廟者，孝子歸美先君，不敢自專也。言朝者，緣生以事死，親在，朝朝莫夕，已死，不敢渫鬼神，故事必於朔者，感月始生而朝。

蕙田案：告朔與朝廟，無二禮，何邵公注《公羊》，其説甚明。鄭康成乃別以《司尊彝》之朝享當朝廟，殊誤。詳見吉禮告朔門。

【《左傳》】公四不視朔，疾也。【《公羊傳》】公曷爲四不視朔？公有疾也。何言乎公有疾不視朔？自是公無疾，不視朔也。然則曷爲不言公無疾不視朔？有疾，猶可言也。無疾，不可言也。【注】言無疾，大惡，不可言也。是後公不復視朔，政事委任公子遂。

【《家語》】季康子朝服以縞，曾子問於孔子曰：「禮乎？」孔子曰：「諸侯皮弁以告朔，然後服之以視朝，若此禮者也。」

【荀悦《申鑒》】曰：「天子南面聽天下，嚮明而治，蓋取諸《離》，天之道也。月正聽朝，國家之大事也，宜正其儀，以明舊典。」

【杜氏預《春秋釋例》】人君者，設官分職，以爲民極。遠細事，以全委任之責；從諸下，以盡知力之用；總成敗以效能否，執八柄以明誅賞。故自非機事，皆委任焉。誠信足以相感，事實盡而不擁，故受

❶「慎」，原作「禮」，據《公羊傳》何注改。

位居職者，思効忠善，日夜自進，而無所顧忌也。天下之細事無數，一日二日萬端，人君之明，有所不照，人君之力，有所不堪，則不得不借問近習，有時而用之。如此，則六鄉、六遂之長，雖躬履此事，躬造此官，當皆移聽於內官，回心於左右，政之粃亂，常必由此。聖人知其不可，故簡其節，敬其事，因月朔朝廟，遷坐正位，會群吏而聽大政，考其所行，而決其煩疑，非徒議將然也，乃所以考已然。又惡其密聽之亂公也，故顯聚以斷之，是以上下交泰，官人以理，萬民以察，天下以治也。每月之朔，必朝於廟，因聽政事，事敬而禮成，故告以特羊。❶ 然則朝廟、朝正、告朔、視朔，皆同日之事，所從言異耳。

右聽朔。

【《周禮・天官・宰夫》】掌治朝之法，敘群吏之治以待賓客之令、諸臣之復、萬民之逆。【注】恒次敘諸吏之職事，三者之來，則應使辨理之。鄭司農云：「復，請也。逆，迎受王命者。宰夫主諸臣、萬民之復逆，故詩人重之曰：家伯維宰。」玄謂復之言報也，反也，反報於王，謂於朝廷奏事。自下而上曰逆。逆，謂上書。【疏】復，謂群臣受王命，使臣行之，訖，反報於王，故云朝廷奏事也。自上而下曰順，故自下而上曰逆也。言上書者，則今之上表也。若然，據《夏官》諸侯、諸臣、萬民皆復逆並有，則此亦皆有上書、奏事耳。

吴氏澄曰：「令者，賓客有求於朝也。復者，諸臣反命於上也。逆者，萬民有言於上也。待之有敘，則下得以致其情於上；待之無敘，則上無以審擇於其下。故賓客之令有輕重，諸臣之復有先後，萬民之逆有緩急，宰夫皆敘群吏之治以待之，則賓客臣民俱順矣。」

丘氏濬曰：「案天官卿冢宰，其貳則少宰，少宰之次又有宰夫，王眂朝則冢宰贊聽治，而宰夫掌其治之法，所謂『敘群吏

❶「羊」，原作「牛」，據《春秋左氏傳・文公六年》孔疏改。

之治』，即今百司各奏所治之事也；『待賓客之令』，即今鴻臚引見藩府所遣使及外夷也；『諸侯之復，萬民之逆』，即今通政司所奏事也。正公卿大夫群吏之位，正之爲言，疏謂『察其不如儀者』，即前代殿中御史之職，今輪御史糾儀也。古今委任之職不同，而所當爲之令、所當禁之法，則一而已。」

【《夏官·太僕》】掌正王之服位，出入王之大命。掌諸侯之復逆。建路鼓於大寢之門外而掌其政，以待達窮者與遽令；❶聞鼓聲，則速逆御僕與御庶子。【注】服，王舉動所當衣也。位，立處也。出大命，王之教也。入大命，群臣所奏行也。鄭司農云：「復，謂奏事也。逆，謂受下奏。窮，謂窮冤失職則來擊此鼓，以達於王，若今時上變事擊鼓矣。遽，傳也，若今時驛馬軍書當急聞者，亦擊此鼓，令聞此鼓聲，則速逆御僕與御庶子也。太僕主令此二官使速逆窮遽者。」玄謂：達窮者，謂司寇之屬朝士，掌以肺石達窮民，聽其辭以告於王。遽令，郵驛上下程品。御僕、御庶子，直事鼓所者。太僕聞鼓聲，則速逆此二官，當受其事以聞。

吴氏澄曰：「建路鼓於大寢門之外，非惟以鼓爲朝事早晚之節也，蓋亦如後世之登聞鼓焉。窮，謂窮冤失職者。遽令，謂事當急聞者之政令也。御僕、御庶子二官，皆直事於鼓所者。若聞鼓聲，則太僕即速迎此二官而受其事也。」

【《小臣》】掌三公及孤卿之復逆。【疏】諸侯是賓客，其復逆，太僕尊官掌之；三公孤卿是臣，在朝廷，故小臣掌也。

【《御僕》】掌群吏之逆及庶民之復，以序守路鼓。【注】群吏，府史以下。序，更。【疏】太僕掌諸侯復逆，小臣掌三公孤卿復逆，此所云群吏，對庶民是府

❶「待」，原脱，據庫本補。

史以下。言以下，兼胥徒。若然，不見大夫士者，《小臣》孤卿中兼之矣。序，更者，即《太僕》鄭云「直事鼓所者」也。

蕙田案：《内豎》：「掌内外之通令，凡小事。」注云：「内外以大事聞王，則俟朝而自復。」然則宰夫、太僕、小臣、御僕所掌諸臣之復逆，皆以大事聞於王者也。諸臣復逆，大率在路寢聽政之時，不必正當眡朝。而於此可以想見先王之勤政事，通下情。舜之「好察邇言」，大禹之「稽於衆」，皆由此道也，故先著於此。

又案：以上復逆。

【《禮記・玉藻》】將適公所，宿齊戒，居外寢，沐浴。史進象笏，書思對命。既服，習容，觀玉聲，乃出。揖私朝，煇如也，登車則有光矣。【注】思，所思念將以告君者也。對，所以對君者也。命，所受君命者也。書之於笏，爲失忘也。私朝，自大夫家之朝也，揖其臣乃行。

陳氏澔曰：「既服，著朝服畢也。容觀，容貌儀觀也。玉聲，佩玉之聲也。揖私朝，與其家臣揖而往朝於君也。」

【《論語》】孔子沐浴而朝。

【朱子《集注》】沐浴齋戒，以告君，重其事而不敢忽也。

右臣將適君所。

【《禮記・玉藻》】朝，辨色始入。【注】群臣也。入，入應門也。辨，猶正也，别也。

蕙田案：此諸侯之禮。諸侯有庫、雉、路三門，則所入者雉門也。鄭誤以平諸侯有臯、應、路，故云應門。

【《詩・齊風・雞鳴》】雞既鳴矣，朝既盈矣。【傳】朝盈而君作。

【《論語》】入公門，鞠躬如也，如不容。立不中門，行不履閾。

【朱子《集注》】公門高大而若不容，敬之至也。中門，中於門也，謂當棖闑之間，君出入處也。閾，門限也。

右臣入門。

【《禮記·玉藻》】君日出而視之。

陳氏澔曰：「臣入常先君，出常後，尊卑之禮然也。視朝而見群臣，所以通上下之情。」

【《詩·齊風·雞鳴》】東方明矣，朝既昌矣。

【毛傳】朝已昌盛，則君聽朝。

蕙田案：雞鳴而朝盈，《玉藻》所謂「辨色始入」也。東方明而聽朝，所謂「君日出而視之」也。及其衰也，朝廷興居無節，東方未明而顛倒衣裳，違視朝之常期，則詩人刺之。

【《東方未明》】東方未明，顛倒衣裳。顛之倒之，自公召之。【箋】挈壺氏失漏刻之節，東方未明而以爲明，故群臣促遽，顛倒衣裳。群臣之朝，別色始入。自，從也。群臣顛倒衣裳而朝，人又從君所來而召之，漏刻失節，君又早興。

蕙田案：《小雅·庭燎》一篇，蘇氏《詩傳》以爲王將起視朝，不安於寢，而問夜之早晚。朱子《集傳》亦因之。然案之《周禮·秋官·司烜》：「邦之大事，則供墳燭庭燎。」蓋惟諸侯來朝設之，其日視朝不設庭燎也，當從箋義，以爲諸侯來朝，故不載。

宗元案：古人習勤，子事父母，皆雞初鳴而盥漱，況人君聽朝，有不於其時者乎！雖人臣之入朝，猶辨色，君之視朝，俟日出。然櫛洗衣冠，必於色未辨、日未出時，方能及時朝會。其餘執事侍御之臣，尤當早集於朝門，此庭燎之所以不可不設。

今据司烜氏「國有大事，共墳燭庭燎」，然亦未嘗指定常朝之非大事也。且墳燭與庭燎並言，或常朝但有庭燎而不設墳燭，或庭燎爲數差減，不比諸侯來朝時之多，亦未可定歟？

【《論語》】君在，踧踖如也，與與如也。馬曰：「君在，視朝也。踧踖，恭敬之貌。與與，威儀中適之貌。」

【《孟子》】朝將視朝。

右君出視朝。

【《周禮·夏官·司士》】司士擯：孤卿特揖，大夫以其等旅揖，士旁三揖，王還揖門左，揖門右。【注】特揖，一一揖之也。旅，衆也。大夫爵同者，衆揖之。公及孤卿大夫始入門右，皆北面，東上，王揖之，乃就位。群士及故士、太僕之屬，登在其位，群士位東面，王西南鄉而揖之。三揖者，士有上中下。王揖之，皆逡遁，既，復位。

丘氏濬曰：「天子視朝之際，臣下入朝之初，大臣則逐位而拜，群臣則逐列而拜，小臣則即其位而旁拜，左右侍從之臣，則方有事而未暇也。故王於大臣，則答以特揖之禮；於群臣，則答以旅揖之禮；於小臣，則於再揖之後，向其旁而答之焉。聽政既畢，王將還内，而侍衛於門之左右者，始行拜禮，王於是隨其所在而左右揖之。可見隆古盛時，以禮爲治，位有尊卑，而禮無不答也。秦不師古，始尊君卑臣，而此禮廢矣。」

【《禮記·禮器》】諸侯視朝，大夫特，士旅之。【注】大夫特，士旅之，謂君揖之。【疏】視朝，謂日出視諸臣之朝者也。特，猶獨也。旅，衆也。君行日出路門視諸臣之朝，若大夫，則君人人揖之；若士，則不問多少，而君衆共一揖之也。是大夫貴，故人人得揖；士賤，故衆共得一揖。是以少爲貴也。此諸侯所尊者少，故大夫特，士旅之。若天子之朝，所尊者多，故《司士》云「孤卿特揖，大夫以其等旅揖，士旁三揖」是也。

【《王制》】七十不俟朝。【注】大夫士之老者，君揖則退，故不俟朝。【疏】此謂大夫士老年而聽致仕者，朝君之時，入門至朝位，君出揖之即退，不待朝事畢也。

右揖。

【《夏官·司士》】大僕前。【注】前正王視朝之位。

【《大僕》】王眡朝則前正位而退，入亦如之。

【注】前正位而退，道王，王既立，退居路門左，待朝畢。

【疏】太僕本位在路門之左，今進前正位訖，還退在本位，故云「退居路門左」也。王退入路寢聽事時，亦前正王位，却位立也。

右正位。

【《天官·冢宰》】王眡治朝，則贊聽治。【注】王視之，則佐王平斷。

蕙田案：聽治一節，當在太僕正王位之後。《冢宰職》之「凡邦之小治，則冢宰聽之」，則此眡朝所聽之治，乃國家大事也。

右聽治。

【《夏官·司士》】王入內朝，皆退。【注】王入，入路門也。王入路門內朝，朝者皆退，反其官府治處也。

【《玉藻》】退適路寢聽政，使人視大夫，大夫退然後適小寢，釋服。【注】小寢，燕寢也。釋服，服玄端。

【《周禮·宮人》賈疏】「辨色始入」者，謂群臣昧爽至門外，辨色始入應門。云「君日出而視朝」者，尊者體盤，故日出始出路門而視朝。「退適路寢聽政」者，謂路門外朝罷，乃退適路寢以聽政。朝罷，君退適路寢之時，大夫各鄉治事之處。

陳氏澔曰：「聽事而適路寢，所以決可否之計。釋服，釋朝服也。」

蕙田案：古者視朝之禮甚簡，既朝而退，君適路寢聽政，臣適諸曹治事。諸臣治事之所，即《匠人》所謂「外九室」是也。其室在路門外治朝之左右，如今午門朝房矣。鄭康成箋《詩》，以治事之所爲私朝，蓋以卿大夫議朝政於此，故亦得名朝。《曲禮》云：「在朝言朝。」《論語》：「朝，與下大夫言，與上大夫言。其在朝廷，便便言。」皆指治事之朝而言也。

【陳氏《禮書》】朝，辨色始入，所以防微。日出而視之，所以優尊。《詩》曰：「夜向晨，言觀其旂。」臣辨色始入之時也。又曰：「東方明矣，朝既盈矣。」君日出而視之之時也。蓋尊者體盤，卑者體蹙，體蹙者常先，體盤者常後，故視學衆至然後天子至。《燕禮》設賓筵然後設公席，則朝禮，臣入然後君視之，皆優尊之道也。然朝以先爲勤，以後爲逸；退以先爲逸，以後爲勤。朝而臣先於君，所以明分守；退而君後於臣，所以防怠荒。此所以「使人視大夫，大夫退然後適小寢釋服」也。然則公卿諸侯之朝王，其有先後乎？《詩》云：「三事大夫，莫肯夙夜。邦君諸侯，莫肯朝夕。」夫夙先於朝，夜後於夕，則公卿朝常先至，夕常後退；諸侯朝常後至，夕常先退。

丘氏濬曰：「人君每日出視治朝，見群臣，以通上下之情。退適路寢，聽政治，以決可否之計。蓋視朝之時，百官班次以列，趨蹌以進，漏下無幾刻耳。奏對之際，機務雜沓，未易一一詳悉也。故於退朝之後，再御燕寢，取其事務之急且切者重聽之。與夫左右臣工所謂股肱心膂者，委曲講究，必罄竭其本末終始，如此行之則便，不如此則弊。俾上心曉然於中，而奉行之臣亦灼然知其必如此而不可如彼，然後行下。如此則朝廷所行之事皆所當行，所禁之事皆所不當行，行之萬世而無弊。太平之根本在此矣。」

右退朝。

【《禮記・曲禮》】在朝言朝。【注】朝，謂君臣謀政事之處。

朝言不及犬馬。

輟朝而顧，不有異事，必有異慮。故輟朝而顧，君子謂之固。【注】輟，猶止也。固，謂不達於禮。

在朝言禮，問禮對以禮。

【《論語》】其在朝廷，便便言，唯謹爾。朝，與下大夫言，侃侃如也。與上大夫言，誾誾如也。

右在朝言語之節。

【《周禮・地官・師氏》】凡祭祀、賓客、會同、喪紀、軍旅，王舉則從，聽治亦如之。【注】舉，猶行也，謂王舉於野外以聽朝。【疏】王所在皆有朝以聽治之，故從王，亦如上虎門之左同。朝在野外，則守内列。【注】内列，謂蕃營之在内者也。❶其屬亦帥四夷之隸守之，如守王宫。

【《天官・冢宰》】王眡四方之聽朝，則贊聽治。【注】謂王巡守在外時。【疏】此據依常者而言，征伐外亦有聽朝，以非常法，故不言也。

蕙田案：以上二條，天子在外之聽朝。

【《夏官・太僕》】王不眡朝，則辭於三公及孤卿。【注】辭，謂以王不視朝之意告之。《春秋傳》曰：「公有疾，不視朔。」

蕙田案：此條王不眡朝。

【《禮記・曾子問》】諸侯適天子，必告於祖，奠於禰。冕而出視朝。【注】聽國事也。諸侯朝天子，必裨冕，爲將廟受也。裨冕者，公衮，侯伯鷩，子男毳。【疏】諸侯視朝，當用玄冠，緇衣，素裳。今視朝而服裨冕之服者，案《覲禮》「侯氏裨冕」，天子受之於廟，故

❶「内」，原作「列」，據《周禮・地官・師氏》鄭注改。

云「諸侯朝天子必裨冕，爲將廟受也」，言天子於廟受己之禮。今諸侯往朝天子，爲天子將欲於廟中受己之禮，故諸侯豫敬之，以冕服視朝也。諸侯相見，必告於禰。朝服而出視朝。【注】朝服，爲事故也。反，必親告於祖禰，而后聽朝而入。【疏】諸侯朝服，玄冠，緇衣，素裳。以上文諸侯朝天子，「冕而出視朝」，爲將廟受，尊敬天子，習其禮，故著冕服。諸侯相朝，雖亦在廟受，降下天子，不敢冕服，惟著臨朝聽事之服，故云「朝服，爲事故也」。熊氏又云：「此朝服，謂皮弁服。以天子用以視朝，故謂之朝服。《論語》云：『吉月必朝服而朝。』注云『朝服，皮弁服』是也。《聘禮》諸侯相聘皮弁服，則相朝亦皮弁服。」此義爲勝也。

蕙田案：此二條，諸侯有事視朝。

右視朝變禮。

【《春秋》成十三年《左氏傳》】百官承事，朝而不夕。【注】不夕，言無事。【疏】旦見君，謂之朝。莫見君，謂之夕。哀十四年《傳》稱「子我夕」，《晉語》稱「叔向夕」，皆謂夕見君也。人息事少，故百官承奉職事，皆朝朝而莫不夕。不夕，言無事也。《儀禮·士冠禮》賈疏：「無事，亦無夕法。若夕有事須見君，則夕。」

【昭十二年《左傳》】右尹子革夕。【注】夕，莫見。

【哀十四年《左傳》】子我夕。【注】夕，視事。

蕙田案：杜預以「子我夕」爲「視事」，孔疏以爲「夕見君」，當從孔氏。

【《國語》】叔向聞之，夕。【注】夕至於朝。

右夕見。

【《周禮·秋官》】小司寇之職：掌外朝之政，以致萬民而詢焉。一曰詢國危，二曰詢國遷，三曰詢立君。【注】國危，謂有兵寇之難。國遷，謂徙都改邑也。立君，謂無冢適，選於衆也。鄭司農云：「致萬民，聚萬民也。詢，謀也。《詩》曰：『詢于芻蕘。』《書》曰：『謀及庶人。』」【疏】國危，謂鄰國來侵伐，與國爲難者也。國遷，謂王國遷徙，若殷之盤庚遷殷之類。若遷卿大夫都邑，不在詢限。立君，冢適雙言。案《内則》而言，謂適后所生最長者爲冢。若無冢，適后所生次冢以下爲適，則適者非一；若無適，則於衆妾所生擇立之；衆妾所生非一，是以須與衆人共詢可否。此三者，皆採衆心，衆同乃可依用也。

小司寇擯以敘進而問焉，以衆輔志而弊謀。【注】擯，謂揖之使前也。敘，更也。輔志者，尊王賢明也。【疏】以敘進者，案《小宰》六敘，皆先尊後卑，則此言「以敘進」，謂先公卿，以次而下。此既在朝，立定而問之，明擯者無别相見之禮，故知以次一一揖之，使前問之。

【《地官・鄉大夫》】大詢於衆庶，則各帥其鄉之衆寡而致於朝。【注】大詢者，詢國危，詢國遷，詢立君。鄭司農云：「大詢於衆庶，《洪範》所謂『謀及庶人』。」【疏】國有大事，必順於民心，故與衆庶詢謀，則六鄉大夫各帥其鄉之衆寡而致於朝，謂外朝三槐九棘之所共詢謀之。

【《書・洪範》】汝則有大疑，謀及乃心，謀及卿士，謀及庶人。

【《詩・大雅》】先民有言，詢于芻蕘。

蕙田案：以上外朝詢事之制。

【《孟子》】昔者大王居邠，狄人侵之。事之以皮幣，不得免焉；事之以犬馬，不得免焉；事之以珠玉，不得免焉。乃屬其耆老而告之曰：「狄人之所欲者，吾土地也。吾聞之也：君子不以其所以養人者害人，我將去之。」

【《春秋》哀元年《左傳》】吴之入楚也，使召陳懷公。懷公朝國人而問焉，曰：「欲與楚者右，欲與吴者左。陳人從田，無田從黨。」逢滑當公而進。

蕙田案：《小司寇》「致萬民而詢」，「詢國危」居其一焉，鄭氏訓國危謂「有兵寇之難」，賈公彥以爲「鄰國來侵伐，與國爲難者也」。但天子詢國危，於古無考。《孟子》載太王爲狄人所侵，屬耆老而告之，則周先公已有行之者矣。《左傳》陳懷公事，乃諸侯詢國危之見於經者。又僖十五年秦獲晉侯以歸，子金曰：「朝國人而以君命賞。」亦與詢危之事同。以其時君亡在外，諸大夫稱君命而行之，故不復載。

蕙田案：以上詢國危。

【《易・益卦》】六四，中行告公從，利用爲依遷國。

【程《傳》】自古國邑民不安其居則遷，遷國者，順下而動也。

【《書・盤庚上》】盤庚遷於殷，民不適有居，率籲衆慼，出矢言。

盤庚斆於民，由乃在位以常舊服、正法度，曰：「無或敢伏小人之攸箴！」王命衆，悉至於庭。

蕙田案：古者建國，辨方正位，體國經野，以爲民極，必順乎人心之所同欲而後相宅焉。周公營洛邑，「四方民大和會，侯甸男邦，采衛百工，播民和見，士於周」，則諸侯、百官、庶民咸與聞可知矣。至若不得已而有遷國之役，或迫於天災，如殷有河患是也。或逼於寇難，則君親御外朝，進百官兆姓而詢之。詢謀僉同，然後決之，所謂作大事必順於人心也。周衰，平王東遷，不聞詢之萬民，蓋此禮已廢。春秋晉遷新田，謀之諸臣而已；邾遷於繹，衛遷帝丘，決之卜筮而已；楚遷於鄀，決之正卿而已；其餘邢遷夷儀，蔡遷州來，許遷夷，又遷白羽之類，迫於彊寇，掠亡而已。何足道哉！

又案：以上詢國遷。

【《書・大禹謨》】朕志先定，詢謀僉同。

【《春秋》昭公二十有六年《左傳》】昔先王之命曰：「王后無適，則擇立長，年鈞以德，德鈞以卜。」王不立愛，公卿無私，古之制也。【疏】何休難「年鈞以德」之言云：「人君所賢，下必從之，焉能使王不立愛也？」鄭玄答云：「《周禮·小司寇》：『掌外朝之政，以致萬民而詢焉。其三曰詢立君。其位：王南鄉，三公及州長、百姓北面，群臣西面，群吏東面。小司寇以敘進而問焉。』如此，則大衆之口，非君所掩，是王不立愛之法也。」

【哀二年《左傳》】衛侯遊於郊，子南僕。公曰：「余無子，將立女。」不對。他日又謂之，對曰：「郢不足以辱社稷，君其改圖。君夫人在堂，三揖在下，君命祇辱。」【注】三揖，卿、大夫、士。言立適當以禮與內外同之，今君私命，事必不從，適爲辱。【疏】《周禮·司士》云：「孤卿特揖，大夫以其等旅揖，士旁三揖。」鄭衆云：「卿大夫士，皆君之所揖禮。《春秋傳》所謂『三揖在下』」。服虔云：「三揖，卿、大夫、士。土揖庶姓，時揖異姓，天揖同姓。」

【《孟子》】謀於燕衆，置君而後去之。

惠氏士奇曰：「《春秋》王子朝與敬王爭立，求助於晉，晉欲助之，而莫知適立也，乃使士景伯蒞問於周。士伯立於乾祭而問介衆，由是遂絶子朝之使而戴敬王，君子曰禮。夫禮，立君必詢萬民也。堯年老而子不肖，舜有元德而在側微，帝聞之而岳牧不舉，於是帝朝萬民而詢之，廷民之所舉，一如帝之所聞而當乎帝心，於是史臣書之曰『師錫帝』。介衆曰師，以爲舜有天下也，衆錫之。曷爲不曰天錫之而曰衆錫之？天遠而衆邇也。不孚於衆而合乎天，妄矣。且古者立君，問諸民，不問諸神。楚共王有寵子五人，未知誰立，乃大有事於群望而祈焉，密埋璧於庭，而使五人入拜，且曰：『當璧而拜者，神所立也。』既而或跨之，或壓之，或加之，皆可以爲當璧，則神之所命，誰知之者？適以啟其覬覦之心。而前有蒲宫，後有奥主，臣强於君，末大於本，亂幾亡國。故古者立君問諸民，不問諸神。然則太卜曷爲而卜立君？卜立君者，先王先蔽志而後命龜，謀及卿士，謀及庶人，乃參之以卜筮。未有不謀於卿士，不謀乎庶人，而專信卜筮之説者也。」

蕙田案：鄭氏訓「立君」謂「國無冢適，選於衆」，專指繼嗣，蓋舉其常而言。若《孟子》稱堯禪舜，則曰「暴之於民而民受之」，《尚書》稱舜禪禹，則曰「詢謀僉同」，是五帝官天下，必詢於民也。《孟子》論伐燕之役，云「謀於燕衆，置君而後去之」，是諸侯興滅繼絶，必詢於民也。惠氏謂「古者立君，問諸民，不問諸神」，此説得之。

又案：以上詢立君。

丘氏濬曰：「案王朝有三：有内朝，有治朝，有外朝。治朝，其常治事之位。内朝，則退居之處也。外朝不常御，惟國家有非常之事，然後御於此，致萬民而詢謀之焉。若夫常行之事，則在治朝，與群臣案古典而施行之也。《洪範》曰：『汝則有大疑，謀及乃心，謀及卿士，謀及庶人。』《詩》曰：『詢于芻蕘。』此所謂致萬民而詢焉。詢及萬民，則卿大夫士皆在其中矣。國危則詢之，而求其所以安國之策；國遷則詢之，而求其所以從國之方；立君則詢之，而求其所以嗣國之人。三者皆國之大政，必民心之所安，衆論以爲可，然後行之。苟非偏訪於人人，其不至於逆天理而拂人心也者幾希。然其詢之不於治朝，而必於外朝者，以民之衆且微，治朝之嚴與狹，非獨不可使之褻入，亦恐不足以容之也。」

【《周禮·秋官·朝士》】掌建邦外朝之灋。左九棘，孤、卿、大夫位焉，群士在其後；右九棘，公、侯、伯、子、男位焉，群吏在其後；面三槐，三公位焉，州長衆庶在其後；左嘉石，平罷民焉；右肺石，達窮民焉。【注】樹棘以爲位者，取其赤心而外刺，象以赤心三刺也。槐之言懷也，懷來人於此，欲與之謀。群吏，謂府史也。州長，鄉、遂之官。

帥其屬而以鞭呼趨且辟。【注】趨朝辟行人，執鞭以威之。

禁慢朝、錯立族談者。【注】慢朝，謂臨朝不肅敬也。錯立族談，違其位僔語也。【疏】違其位，解「錯立」。❶僔，亦聚也。聚語，解「族談」也。

丘氏濬曰：「案外朝在庫門之外，最居外者也，人君不常御，國家有大禮典，則於此朝會，而朝士掌其法。有大疑難，則於此詢問，而小司寇掌其政。法者，經常之制；政者，權宜之事也。朝著之間，有上下之位，有前後之次，入者必循序漸進而不可參差，立者必肅容守次而不可錯亂，非奏對不言，無故不可聚而喧譁。故當人臣朝見之時，小司寇則擯而相之，使之次第而進，朝士則帥其屬而用鞭號呼以肅之，使之各趨其位而知所避焉。後世人君出警入蹕而鳴鞭以肅衆，其原蓋出於此。」

蕙田案：以上外朝聽政之儀。

右外朝詢事聽政。

五禮通考卷第一百三十二

淮陰吴玉搢校字

❶「錯」，原作「族」，據庫本、《周禮》賈疏改。

五禮通考卷第一百三十三

内廷供奉禮部右侍郎金匱秦蕙田編輯
太子太保總督直隸右都御史桐城方觀承同訂
兩淮都轉鹽運使德水盧見曾
按察司副使元和宋宗元 參校

嘉禮六

朝禮

蕙田案：周制，天子三朝，惟路門外之朝曰治朝，王日眡朝于此，即後世所謂常朝也。古者三公坐而論道，王眡朝則冢宰贊聽治，大僕正位，百官各從表著之位，上下之分至嚴，君臣之情至親。凡邦國之利病，政事之得失，民生之疾苦，無有壅于上聞者。秦、漢以降，迄于南北朝，史志詳于朝會之儀注，而常朝闕如。自唐以後，其儀始備。唐常朝于太極殿，其在大明宫，則于宣政殿。貞觀初，每日臨朝；十三年，三日一朝；永徽中，五日一朝。仍有朔望朝。《開元禮》有朔日受朝，其後又有紫宸殿入閤。中葉以還，又有開延英召對。敬宗定以朔望入閤，昭、宣帝時，定一、五、九日開延英。後唐明宗，始詔群臣五日一詣内殿起居，仍復朔望入閤。宋制，文武官每日赴文明殿正衙，曰常參；五日一赴崇德殿或垂拱殿，曰起居；而外别有入閤之儀。但唐之入閤，御便殿也，其禮視正衙爲簡。宋之入閤，御前殿也，其禮視正衙爲繁，則非唐舊矣。熙寧以後，罷入閤儀，重定朔望御殿之制。《政和新儀》有文德殿月朔視朝、紫宸殿望參、垂拱殿四參、紫宸殿日參、垂拱殿日參、崇政殿假日起居。遼有常朝起居儀。太宗至燕，御元和殿，入閤。金以朔望日爲朝參，餘日爲常朝。元惟宰執每日入延春閣及别殿奏事。明常朝有御殿儀，有御門儀。每日晨興，御奉天門，至午晚復出坐朝。其後，御殿之禮廢，午晚二朝亦廢。景泰、弘治，始復午朝。未幾旋罷，至世宗、神宗之世，常朝御門，數十年不一舉焉。常朝儀，《宋志》列之賓禮，今依《通典》、《明集禮》、《會典》，作嘉禮而繼《周官》朝禮之後，蓋視朝之正禮也。

【《史記·秦始皇本紀》】三十五年，始皇以爲咸陽人多，先王之宫廷小，吾聞周文王都豐，武王都鎬，豐、鎬之間，帝王之都也。乃營作朝宫。聽事，群臣受決事，悉于咸陽宫。

二世二年，趙高説二世曰：「先帝臨制天下久，故群臣不敢爲非，進邪説。今陛下富于春秋，初即位，奈何與公卿廷決事？事即有誤，示群臣短也。天子稱朕，固不聞聲。」于是二世常居禁中，與高決諸事。其後公卿希得朝見。

蕙田案：周制，王日眡朝。秦去古未遠，故始皇梁父刻石云：「既平天下，不懈于治。夙興夜寐，建設長利。」則猶知聽政之勤也。至二世，信趙高邪説，居禁中與高决事，而朝禮始廢矣。

【《漢書・宣帝本紀》】地節二年，上始親政事，五日一聽事。

【《續漢書・禮儀志》注】胡廣曰：「舊儀，公卿以下，每月常朝。先帝以其頻，故省，惟六月、十月朔朝。後復以六月朔盛暑，省之。」

【《三國・魏志・文帝本紀》】黄初五年五月，有司以公卿朝朔望日，因奏疑事，聽斷大政，論辨得失。

【《魏志・齊王本紀》】景初元年正月即位，七月始親臨朝聽公卿奏事。

【《宋書・孝武帝本紀》】孝建三年二月丁丑，始制朔望臨西堂接群下。

【《梁書・武帝本紀》】大同六年八月辛未，詔曰：「經國有體，必詢諸朝。所以尚書置令、僕、丞、郎，旦旦上朝，以議時事，前共籌懷，然後奏聞。頃者不爾，每有疑事，倚立求决。古人有云：主非堯舜，何得發言便是。是故放勳之聖，猶咨四岳；重華之叡，亦待多士。豈朕寡德，所能獨斷？自今尚書中有疑事，前于朝堂參議，然後啟聞，不得習常。其軍機要切，前須諮審，自依舊典。」

【《北魏書・穆亮傳》】高祖臨朝堂，謂亮曰：「三代之禮，日出視朝，自漢魏已降，禮儀漸殺。《晉令》有朔望集公卿于朝堂而論政事，亦無天子親臨之文。今因卿等日中之集，中前則卿等自論政事，中後與卿等共議可否。」遂命讀奏案，高祖親自决之。

蕙田案：「讀奏案，親自决之」，今之御門，大學士進御前，内閣學士讀本請旨，即其意也。

【《前廢帝本紀》】普泰元年四月，詔員外諫議大夫、步兵校尉、奉車都尉、羽林監、給事中、積射將軍、奉朝請，其七品以上，朔望入朝。

【《北齊書·孝昭本紀》】帝日昃臨朝，訪問左右，冀獲直言。

【《後周書·武帝本紀》】保定三年五月甲子朔，避正寢，不受朝，旱故也。

建德二年秋七月，自春末不雨，至于是月壬申，集百寮于大德殿，帝責躬罪己，問以政治得失。

【《隋書·高祖本紀上》】每旦臨朝，日昃忘倦。

右秦至隋常朝。

【《唐六典》】太極殿，朔望坐而視朝。兩儀殿，常日聽朝而視事。

【《唐書·職官志》】文武官職事九品以上及二王後，朝朔望。文官五品以上及兩省供奉官，監察御史、員外郎、太常博士，日參，號常參官。武官三品以上，三日一朝，號九參官。五品以上及折衝當番者，五日一朝，號六參官。弘文、崇文館、國子監學生四時參。凡諸王入朝及以恩追至者，日參。九品以上，自十月至二月，袴褶以朝；五品以上有珂，蕃官及四品非清官則否。

【《文獻通考》】貞觀元年十一月，梁州都督竇軌請入朝，上曰：「君臣共事，情猶父子，外官久不入朝，情或疑懼，朕亦須數見之，問以人間風俗。」許令入朝。

蕙田案：此外官入朝也。

貞觀十三年十月，尚書左僕射房玄齡奏：「天下太平，萬機事簡，請三日一臨朝。」許之。

【《通典》】貞觀十五年正月，太宗謂侍臣

曰：「古者諸侯入朝，有湯沐邑，芻禾百車，待以客禮。漢家故事，爲諸州刺史郡守創立邸舍于京城。頃聞都督、刺史、充考使至京師，皆賃房，與商人雜居，豈優禮之不足，❶必是人多不便。」至十七年十月下詔，令就京城内閑坊爲諸州朝集使各造邸第三百餘所，太宗親觀幸焉。

貞觀二十二年十月，令百僚朔望服袴褶以朝。

【《册府元龜》】高宗以貞觀二十三年即位，九月十一日，太尉無忌等奏請視朝坐日，上報曰：「朕登大位，日夕孜孜，猶恐擁滯衆務，自今以後，每日常坐。」

永徽二年八月二十九日，詔：「來月一日，太極殿受朝。此後每五日一度太極殿視朝。朔望朝即永爲常式。京官文武五品，依舊五日一參。」

顯慶二年，太尉長孫無忌等奏以：「天下無虞，請隔日視事。」許之。

【《文獻通考》】中宗神龍元年，初令文武官五品以上，每朔望參日升殿食。四月，上以時屬炎暑，制令每隔日不坐。右拾遺靳恒上疏諫曰：「臣聞昔漢制，反支日亦通奏事；又光武在軍，躬自覽疏；明帝撫運，夜必讀書。豈以四氣炎寒妨於政理？竊爲陛下不取。」

【《册府元龜》】先天二年二月，太上皇誥：「正月十五日朝，改取十一日，每年皆然。」又非朔望而同朔望受朝者，前後有詔非一。

【《文獻通考》】先天二年，敕文武官朝參應著袴褶、珂繖者，其有不著入班者，各奪一月俸。若無故不到者，奪一季禄。其行香

❶「豈優」，庫本作「既優」，《通典》卷七四作「既復」。

拜表不到，亦準此。頻犯者，量事貶降，其衣冠珂繖，仍許著到曹司。十月，敕：「諸蕃使、都府管覊縻州，其數極廣，每州遣使朝集，頗成勞擾。應須朝賀，委當蕃都督與上佐及管内刺史自相通融，明爲次第，每年一蕃，令一人入朝，給左右不得過二人，仍各分領諸州貢物，於都府點檢，一時録奏。」

開元中，案《本紀》，先天二年十月，改開元。蕭嵩奏：「每月朔望，皇帝受朝於宣政殿，先列仗衛及文武四品以下於庭，侍中進『外辦』，上乃步自西序門，出昇御座。朝罷，又自御座起，步入東序門。然後放仗散。臣以爲宸儀肅穆，升降俯仰，衆人不合得而見之，乃請備羽扇於殿兩廂，上將出，所司承旨索扇，扇合，上座定，乃去扇，給事中奏『無事』。上將退，又索扇如初。今以爲常。」

蕙田案：《開元禮》朔日受朝儀，與此略同而加詳。彼云「受朝於太極殿」，據在大内而言；此云「宣政殿」，據在大明宫而言也。

【《唐開元禮》】朔日受朝，其朔日讀時令則不行此禮。前一日，尚舍奉御設御幄於太極殿北壁，南向。守宫設文官次於朝堂如常儀。❶太樂令展宫懸於殿庭，設舉麾位於殿上西階之西，東向，一位於樂懸東南，西向，並如常儀。其日，典儀設文官三品以上位於横街之南，道東；設武官三品以上位於道西。俱每等異位重行，北面，相對爲首。設文官四品五品位於懸東，六品以下於横街之南，每等異位重行，西面北上；設武官四品五品位於懸西，六品以下於横街之南，當文

❶「文」，《大唐開元禮》卷一〇九作「羣」。

官，每等異位重行，東面北上。設典儀位於樂懸東北，贊者二人在南，少退，俱西向。❶奉禮設門外位：文官於東朝堂，西面；武官於西朝堂，東面；皆每等異位重行，北上。其日，依時刻諸衛勒所部列仗屯門及陳於殿庭如常儀。群官集朝堂，❷俱就次，各服公服。吏部、兵部贊群官俱出次，通事舍人各引就朝堂前位。侍中版奏「請中嚴」。鈒戟近仗入陳於殿庭。❸太樂令帥工人入就位，協律郎入就舉麾位。諸侍衛之官各服其器服，❹符寶郎奉寶，俱詣閤奉迎。典儀司贊者入就位。通事舍人引四品以上先入就位。侍中版奏「外辦」。有司承旨索扇，皇帝弁服，絳紗衣，御輿以出。曲直華蓋、警蹕侍衛如常儀。皇帝將出，仗動，太樂令令撞黄鐘之鐘，右五鐘皆應，協律郎跪，俯伏舉麾，鼓柷，奏《太和》之樂。皇帝出自西房，即御座，南向坐。符寶郎奉寶，置於御座如常儀。協律郎偃麾，戛敔，樂止。通事舍人引三品以上以次入就位。公初入門，《舒和》之樂作，至位，樂止，立定。典儀曰「再拜」，贊者承傳，在位者皆再拜。典儀又曰「再拜」，贊者承傳，群官在位者又再拜。舍人引群官北面位者以次出。公初行，樂作，出門，樂止。侍中前跪，奏稱「侍中臣某言」。禮畢，俯伏，興，還侍位。有司承旨索扇，皇帝興，太樂令令撞蕤賓之鐘，左五鐘皆應，奏《太和》之樂。皇帝降座，御輿，入自東房，侍衛警蹕如來儀。侍臣從至閤，樂

❶「俱西向」，原作「又」，屬下句。據《大唐開元禮》卷一〇九改。
❷「集朝堂」，原作「朝集官」，據《大唐開元禮》卷一〇九改。
❸「庭」，原脱，據《大唐開元禮》卷一〇九補。
❹「侍」，原脱，據《大唐開元禮》卷一〇九補。

止。舍人引東西面位者以次出。皇帝若御翼善冠，則群臣皆服袴褶，不設樂懸，去警蹕。

朝集使引見。奉辭附。前一日，尚舍奉御先奏，於御殿所設御座如常儀。其日，依時刻，所司量加隊仗陳列如常式。典儀於殿庭横街之南北，設版位如常儀。其日，朝集使夙興，並集朝堂，各服其服。朝京官文武九品以上，❶並服袴褶。諸侍奉官及京官文武四品以上就位如式。通事舍人引京官文武三品以上及朝集使俱就所御殿門外，序立以次。侍中進奏「外辦」。皇帝常服，即御座，南向坐。侍衛如常儀。通事舍人分引京官文武三品以上詣横街南相對北面位立定。典儀曰「再拜」，群官在位者皆再拜。訖，通事舍人各引就街北東西班序立。❷又通事舍人分引朝集使入就北面位，❸東方南方在東，西方北方在西。立定。典儀曰「再拜」，朝集使等俱再拜。通事舍人承旨詣朝集使東，北面立，稱「有制」，朝集使等皆再拜。舍人宣敕訖，又再拜。答制：先定行首一人跪奏，舍人爲奏聽進止。若承恩慰問，即舞蹈。訖，又再拜。舍人宣敕訖，侍中奏「禮畢」，皇帝還宮如來儀。侍臣退，群官等以次退。其朝集使奉辭，皆準奉參之儀。其京官但常參官列版位。其朝集使三品以上，引升殿賜食；四品以下，於廊下賜食：並臨時奏聽進止。

【《册府元龜》】開元二十二年閏十一月，詔：「諸州考使六品以下，朔望日朝，宜準

❶「朝」，《大唐開元禮》卷一〇九無此字。
❷「序」，原作「停」，據《大唐開元禮》卷一〇九改。
❸「就」，原脱，據《大唐開元禮》卷一〇九補。

例賜食。」

【《通典》】天寶三載二月，敕：「百官朔望朝參，應服袴褶，并著珂傘，至閏二月一日，宜停。自今以後，每逢此閏，仍永爲恒式。」

【《舊唐書·玄宗本紀》】天寶五載，夏五月庚申，敕：「今後每至旬節休暇，中書門下文武百僚不須入朝，外官不須衙集。」

【《通典》】天寶六載九月，敕：「自今以後，每朔望，❶於常儀一刻進外辦。每坐喚仗，令朝官從容至閤門入，至障外，不須趨走。百司無事，至午後放歸，無爲守成，宜知朕意。」

蕙田案：入閤之禮始於此。

【《文獻通考》】入閤唐制，起於天寶。明皇以無爲守成，詔宴朝喚仗，百官從容至閤門入。蓋唐前含元殿，非正至大朝會不御。次宣政殿，謂之正衙。每坐朝，必立仗於正衙。或御紫宸殿，即喚正衙仗自宣政殿兩門而入，是謂東西上閤門，故謂之入閤。其後遂爲常朝之儀。

【《宋史·禮志》】唐制，天子日御正衙以見群臣，必立仗。朔望薦食陵寢，不能臨前殿，則御便殿，乃自正衙喚仗由宣政兩門而入，是謂東西上閤門。群臣俟於正衙者，因隨以入，故謂之入閤。五代以來，正衙既廢，而入閤亦希闊不講，宋復行之。

蕙田案：《通考》與《宋志》所載入閤之説不同，今以《册府元龜》考之，則《通考》爲得之矣。蓋唐制，正衙每日有立仗，玄宗以正衙體嚴，而御便殿以接群下，喚仗入閤，示無爲守成之意。故不特朔望入閤，常日亦可

❶「望」下，《通典》卷七四有「朝晚」二字，「晚」當從下讀。

入閤。何者？御便殿原無常期也。《册府元龜》載大曆中間日坐朝，雙日不復入閤。然則入閤可間日行之，何必朔望耶？《册府元龜》又云：「故事，朔望日，皇帝御宣政殿，謂之大朝。此即《開元禮》所載。玄宗始以朔望陵寢薦食，不聽政，其後遂以爲常。」憲宗元和十年三月朔，御延英殿，召對宰臣，特以事召，非故事也。夫入閤接見群臣，所以聽政。且曰不聽政，則并入閤亦廢之矣。且入閤之儀，於紫宸殿行之，雖云便殿，固内朝之正殿也。延英則非正殿矣。朔望薦食，延英且不御，况御紫宸乎？竊意天寶以後，玄宗怠于政事，始則借無爲守成之名，變正衙之朝而爲入閤，繼則借薦食陵寢之説，并朔望入閤亦廢之。其後習以爲常，有常日入閤，無朔望入閤矣。德宗以後，率於延英召對宰臣，而常日入閤，又復不講。至敬宗復入閤之儀，則專於朔望行之。此禮之變也。《宋志》以朔望薦食不聽政亦起於玄宗，遂與入閤并爲一事，誤矣。又案：宋張洎、宋庠、宋敏求皆以入閤爲唐隻日紫宸殿受常朝之儀，不云朔望，其説得之。

【《册府元龜》】天寶六載正月，詔曰：「今勝殘在運，無事爲心，顧此朝儀，當符至理，既時非旰食，將致昇平，而廷設殺刑，何成在宥？其每日立仗食及杖鍉等，並宜停廢。」十一月辛卯朔，引朝集使及貢舉人見。十二月丙寅，仗下後，百官於尚書省閲貢物。

【《通典》】天寶十二載十一月，御史中丞吉温奏：「請京官朔望朝參著朱衣袴褶，五品以上著珂傘。」制曰「可」。

蕙田案：此朱衣袴褶之始。

【《文獻通考》】肅宗乾元三年，敕：「員外郎五品以上常參官，自今以後，非朔望日許不入，賊平之後依舊常參。」時安、史據河洛。

【《通典》】代宗廣德二年，敕：「常參官遇泥雨，准《儀制令》，例停朝參。今軍國事殷，若准式停，恐有廢闕。泥既深阻，許延三刻傳點。待道路通，依常式。以後亦宜准此。」

【《册府元龜》】大曆九年十一月，是時四方無事，間日坐朝，雙日不復入閤。十二年八月，以久雨宥常參百寮，不許御史點班。

【《舊唐書·德宗本紀》】建中元年十一月辛酉朔，朝集使及貢士見於宣政殿。兵興以來，四方州府不上計，内外不會同者，二十五年。至此，始復舊典。州府計吏至者一百七十有二。

【《文獻通考》】建中二年，御史中丞竇參奏：「准《儀制令》，泥雨合停朝參。伏以軍國事殷，恐有廢闕，請令每司長官一人入朝，有兩員併副貳，亦許分日。其夜甚雨，至明不止，許令仗下，到廊食訖，入中書。其餘官及王府長官，並請停朝。任於本司，勾當公事，泥雨經旬，亦望准此。」是年舉故事，置武班朝參。其廊下食等，亦宜加給。

【《册府元龜》】貞元元年七月，關中蝗食禾稼，無孑遺。八月甲子，詔不御正殿奏事，悉於延英。庚寅，視朝於延英殿，群臣列位於延英殿門外，申甲子之詔也。丁丑，雨。戊寅，中書門下上言：「陛下前以愆陽經時，避居正殿。凡在臣庶，無任兢惶。今至誠感通，嘉雨霑洽，兇渠授首，同類格心。

臣等敢昧死請，自今以後，依常儀御正殿。」詔曰：「可。」

蕙田案：開延英殿始見於此。

【《文獻通考》】開延英儀：內中有公事商量，即降宣頭付閤門開延英，閤門翻宣申中書，并榜正衙門。如中書有公事敷奏，即宰臣入榜子奏請開延英。祗是宰臣赴對，閤門使奏宰臣某已下延英候對，宣徽使殿上宣通，次閤門使奏「中書門下到」，次宣徽使喚，次閤門使傳聲喚，次通事舍人引宰臣當殿立，贊兩拜，搢笏，舞蹈，又三拜，奏「聖躬萬福」，又兩拜。金口宣「上來」，又兩拜。通事舍人引上殿，至御座前，又兩拜，問聖體。皇帝宣「安」，又兩拜，三呼萬歲。各分班，案前立定。兩樞密使在御榻兩面祗候，其餘臣僚，並約赴外，次奏事。訖，宣賜茶，又兩拜，三呼萬歲，賜坐，吃茶，對。訖，下殿，兩拜，宣賜酒食，舞蹈，謝恩。訖，宣徽使喝「好去，就中書喫食」。延英畢，次兩省官轉對。閤門使當殿奏某已下轉對，宣徽使殿上宣通，次閤門使奏某已下到，次宣徽使喚，次閤門使傳聲喚，次通事舍人引當殿立定，贊兩拜，搢笏，舞蹈，又三拜。奏聖躬萬福，又兩拜。殿下奏事。訖，宣賜酒食，又兩拜，舞蹈謝。訖，閤門使喝「好去，南班揖殿出，於省就食」。次對官，御史中丞、三司使、京兆尹並各奏所司公事。次閤門使奏某祗候次對，宣徽使殿上宣通，次閤門使奏某到，次宣徽使喚，次閤門使傳聲喚，次通事舍人引當殿立定，贊兩拜，搢笏，舞蹈，三呼萬歲，又三拜。訖，奏聖躬萬福，又兩拜。奏所司公事。宣賜酒食，又兩拜，舞蹈謝。訖，閤門使喝「好去，南班揖殿出，於客省就食」。合赴延英中謝官、❶文武兩班三品及御史中丞、❷左右丞、諸侍郎、諫議、給事、中書舍人并諸道節度、觀察、防禦團練使、刺史、兩縣令，皆入謝，並通喚文武四品以下及諸道行軍司馬、節度副使、兩使判官、書記、支使、推巡令録等，舊例并不對敭中謝，祇於正衙朝謝。

蕙田案：馬氏《通考》載開延英儀於貞元二年敕之後，然閤門使、宣徽使、三司使，唐時無此官制，而宋又無開延英之儀，當是五代所定之儀。或昭、宣帝時開延英有之，今不可定以延英奏事始於貞元，故附見於此，并存疑以俟考。

【《舊唐書·德宗本紀》】貞元三年春，三月庚寅，詔：「今年朝集使宜停。」

【《文獻通考》】貞元七年，詔：「常參官入閤，不得奔走。其有周以下喪者，禁縿服朝會，復衣綾袍金玉帶。」初，金吾將軍沈房有弟喪，公服不衣，縿服入門。上問宰臣董晉，對曰：「准式，朝官有周以下喪者，許服絁縵，衣不合淺色。」上曰：「南班何得有之？」對曰：「因循而然。」又曰：「在式，朝官皆以綾爲袍，五品以上服金玉帶，取其文綵華飾，以奉上也。昔尚書郎含香，此意也。」

【《册府元龜》】貞元十三年正月，御史臺奏：「諸司常參，文官隔假三月以上，❸並横行參假。其武班，每日先配九參六參。比

❶「赴」，原作「起」，據庫本改。
❷「班」，原作「拜」，據庫本改。
❸「官」，原作「武」，據《册府元龜》卷七五改。

來或經冬至及歲首、寒食等三節假滿，不是本配入日，並不横行，事實乖闕。請從今以後，每經三節假滿，不是本配入日，其前件官請依文官例横行參假，庶幾周行式序。」可之。五月，帝以累月天陰，街鼓聲暗，百官入朝，多走馬奔馳，令宣示宰臣及百官曰：「卿等朝謁是常，或陰雨不聞鼓聲，則不免奔波走馬，忽有墜損，深軫朕懷。自今以後，縱鼓聲差池，亦不得走馬。并時暑稍甚，及雨雪泥潦，亦量放朝參。」宰臣等上表陳謝。

【《文獻通考》】憲宗元和元年三月，准吏部兵部尚書侍郎郎官并禮部侍郎御史中丞武元衡奏：「近起十月，至來年三月，稱在選舉限内，不奉朝參。令式無文，禮敬斯闕。一年之内，半歲不朝。去貞元十二年中丞王顔奉敕釐革，載在明文。尋又因循，輒自更改。若以兵、吏、禮部舉選限内事繁，即中書門下、御史臺、度支、京兆府公事至重，朝請如常。又況旬節已賜歸休，常參又許分日，一月之内，才奉十日朝參。其間甚熱甚寒，皆蒙班放。臣以爲王顔舉奏甚詳，當時敕文甚備。准貞元十一年四月敕旨，自今以後，永爲常式。他年妄改條，請委臺司彈奏，庶使班行式敘，典法無虧。」依奏。

【《舊唐書·憲宗本紀》】元和元年三月己未，武元衡奏：「常參官兼御史大夫、中丞者，准檢校省官例，立在本品同類之上。」二年十二月癸亥，御史臺奏：「文武常參官，准乾元元年三月十四日敕，如有朝堂相弔慰及跪拜，待漏行立失序，語笑喧嘩；入衙入閤，執笏不端，行立遲慢；立班不正，趨拜失儀，言語微喧，穿班穿仗；出入閤門，無故離位；廊下飲食，行坐失儀諠鬧，入朝及退不從正衙出入，非公事入中書等：每犯奪一月俸。班列不肅，所由指摘，猶或飾非，即具聞奏貶責。臣等商量，於舊條每罰各減一半，所貴有犯必舉。」從之。

【《册府元龜》】元和二年二月己巳，宰臣延英罷對，起居舍人鄭隨次對，詔入，面受進止，令宣付兩省供奉官：「自今以後，有事即進狀來，其次對宜停。」初，貞元七年，詔每御延英，引見常參官二人，訪以政道，謂之次對官，所以廣視聽也。宰臣奏罷，時議非之。六月丁巳朔，百官初入待漏院，候禁門啟入朝。故事，建福、望仙等門，昏而闔，五更而啟，與諸里門同時。至德中，有吐蕃内自金吾仗亡命，❶因敕晚開，宰相待漏於太僕寺車坊。至是，始命有司各據班品置院於建福門外。

【《唐國史補》】舊百官早朝，必立馬於望仙、建福門外，宰相於光宅車坊以避風雨。元和初，始制待漏院。

蕙田案：此制待漏院之始。

【《册府元龜》】元和六年十二月庚午，以苦寒放朝五日。七年四月壬子，開延英，對宰臣以下。八年十月丙辰，以大雪，放朝三日。九年六月癸卯，以時暑甚，放百官五日參。十年三月壬申朔，御延英殿，召對宰臣。故事，朔望日，皇帝御宣政殿見群臣，謂之大朝。玄宗始以朔望陵寢薦食，不聽政，其後遂以爲常。今之見宰臣，特以事召也。六月，敕御史臺：「自今以後，常參官入朝，以見到人名銜進來。其朔望及雙日莫進。」

【《舊唐書·憲宗本紀》】元和十四年，上謂宰

❶「内」，《册府元龜》卷一〇七與《舊唐書·憲宗本紀》作「囚」。

臣曰：「天下事重，一日不可曠廢。若遇連假不坐，有事即詣延英請對。」崔群以殘暑方甚，目同列將退。上止之，曰：「數日一見卿等，時雖暑熱，朕不爲勞。」久之方罷。

【《册府元龜》】穆宗長慶二年八月，詔曰：「夏秋之間，常多水潦，如緣暮夜暴雨，道路不通車馬，宜便放其日朝參。委御史臺勾當，仍每日奏。如雨不至甚，即不在此例。」敬宗以長慶四年正月即位，二月辛丑，御紫宸殿，群臣初展入閤之儀。

葉氏夢得曰：「唐正衙，日見群臣，百官皆在，謂之常參。唤仗入閤，百官亦隨以入，則唐制天子未嘗不日見百官也。其後不御正衙，紫宸所見，惟大臣及内諸司。百官俟朝於正衙者，傳聞不坐即退，則百官無復見天子矣。敬宗再舉入閤禮之後，百官復存朔望兩朝。」

【《唐書・李渤傳》】渤，諫議大夫，時敬宗晏朝，紫宸入閤，帝久不出，群臣立屏外，至頓仆。渤見宰相曰：「昨論晏朝事，今益晚，是諫官不能移人主意，渤請出閤待罪。」會唤仗，乃止。退，上疏曰：「今日入閤，陛下不時見群臣，群臣皆布路跛倚。夫跛倚形諸外，則憂思結諸内。憂倦既積，災釁必生，小則爲旱爲孽，大則爲兵爲亂。禮，三諫不聽則逃之。陛下新即位，臣至三諫，恐危及社稷。」又言：「左右常侍，職規諫，循默不事，若設官不責實，不如罷之。」

【《舊唐書・文宗本紀》】太和元年六月辛卯朔，敕：「文武常參官，朝參不到，據料錢多少，每貫罰二十五文。」

【《册府元龜》】開成元年正月己酉，詔以入閤日，次對官班退，立於東階松樹下，須宰臣奏事畢，齊至香案前，各言本司事。左右起居，又待次對官奏事畢方出。

【《舊唐書・昭宣帝本紀》】❶天祐二年十二月辛丑，敕：「漢宣帝中興，五日一聽朝，歷代通規，永爲常式。近代不循舊儀，輒隳制度，❷既姦邪之得計，❸致臨視之失常。須守舊規，以循定制。宜每月只許一、五、九日開延英，計九度。其入閤日，仍於延英日一度指揮。如有大段公事，中書門下具牓子奏請開延英，不計日數。付所司。」又敕：「宫嬪女職，本備内任。近年以來，稍失儀制。宫人出内宣命，寀御參隨侍朝，乃失舊規，須爲永制。今後每遇延英坐朝日，只令小黄門祗候引從，宫人不得擅出内門，庶循典儀，免至紛雜。」

【《見聞録》】《唐會要》天祐二年敕：「令後每遇延英坐朝日，只令小黄門祗候引從，宫人不得擅出内。」乃知杜詩「户外昭容紫袖垂，雙瞻御座引朝儀」者，真出殿引坐；而鄭谷《入閤詩》亦言「導引出宫鈿」，蓋至天祐始罷。

三年六月壬寅，敕：「文武百寮，每月一度入閤於貞觀殿，朝廷正衙，遇至正之辰，受群臣朝賀。比來視朝，未正規儀。今後於崇勳殿入閤。付所司。」

蕙田案：昭宣帝以天祐元年八月即位，不改元，四年而禪梁，《册府元龜》載此二敕，以爲昭宗天復二年、三年之事，《文獻通考》則云昭宗天祐二年、三年。不知昭宗崩在元年，皆誤也。今以《舊唐書》本紀爲正。

❶ 下文實出《舊唐書・哀帝本紀》。
❷ 「輒」，原作「輟」，據《舊唐書・哀帝紀》改。
❸ 「既」，原作「致」，據《舊唐書・哀帝紀》改。

【《册府元龜》】天祐二年四月，敕：「自今年五月一日後，常朝出入，取東上閤門。或遇奉慰，即開西上閤門。永爲定制。」

蕙田案：《册府元龜》載，天復三年文武兩班官員遇一、五、九朝日，元帥朱全忠請排廊飡，賜詔奬飭，仍付所司。案一、五、九日開延英之制，既定於天祐二年，則此事亦當在天祐三年可知。今附見於此。

右唐常朝。

【《册府元龜》】後唐莊宗同光元年十二月，中書門下奏：「每日常朝，百官皆拜，獨兩省官不拜。准本朝故事，朝退，於廊下賜食，謂之廊飡，百僚遂有謝食拜。惟兩省官本省有厨，不赴廊飡，故不拜。伏自僖宗幸蜀迴，以多事之後，遂廢廊飡，百官拜儀，至今未改，將五十載。禮恐難停。惟兩省官獨尚不拜，豈可終日趨朝，曾不一拜，獨於班列有所異同。若言官是近臣，於禮尤宜肅敬。起今後，逐日常朝，宣不坐，除職事官押班不拜外，其兩省官與東西兩班並齊拜。」從之。

二年正月庚申，四方館奏：「常朝諸職員，多有參雜，今後除隨駕將校，外方進奉專使，文武兩班三品以上官，可於内殿對見，其餘並詣正衙，以申常禮。」從之。八月癸巳宣旨，放三日朝參，以霖雨甚故也。

三年正月，以百官扈從之勞，放十九日至二十日朝參。六月癸酉，敕：泥塗稍甚，放文武常參三日。丁亥，以霖雨，放朝。七月乙未敕：霖雨未止，泥塗頗甚，宜放五日六日朝參。戊戌敕：泥塗頗甚，放八日九日朝參。丁亥，以霖雨，放朝。八月己丑敕：如聞天津橋未通往來，百官以舟船濟渡，因滋傾覆，兼踣泥塗。自今文武百官，三日一趨朝，宰臣即每日中書視事。

明宗天成元年五月丁巳，内出御劄一封，賜宰臣曉示文武百僚：「每日正衙常朝外，五日一度赴内殿起居，宰臣百官，班於文明殿庭謝。其中書非時有急切公事請開延英，不在此限。」乙酉敕：「每月十五日，賜廊下食。本朝承平時，常參官每日退朝，賜食廊下，謂之廊飡。自乾符亂離已後，庶事草創，有司經費不足，無每日之賜，但遇月旦入閤日賜食。帝初即位，始因諫官疏奏，請文武百寮五日一起居，見帝於便殿。李琪以爲非故事，以五日爲繁，請每月朔望日皆入閤，賜廊下食，罷五日起居之儀。至是，宣每月朔望皆入閤，依奏五日一度起居，不得停廢，遂以爲常。」

【《五代史·李琪傳》】唐末喪亂，朝廷之禮壞，天子未嘗視朝，而入閤之制亦廢。常參之官，日至正衙者，傳聞不坐即退，獨大臣奏事，日一見便殿，而侍從内諸司，日再朝而已。明宗初即位，乃詔群臣，五日一隨宰相入見内殿，謂之起居。琪以爲非唐故事，請罷五日起居，而復朔望入閤。明宗曰：「五日起居，吾思所以數見群臣也，不可罷。」而朔望入閤可復。」然唐故事，天子日御殿見群臣，曰常參；朔望薦食諸陵寢，有思慕之心，不能臨前殿，則御便殿見群臣，曰入閤。宣政，前殿也，謂之衙，衙有仗。紫宸，便殿也，謂之閤。其不御前殿而御紫宸也，乃自正衙喚仗，由閤門而入，百官俟朝於衙者，❶因隨以入見，故謂之入閤。然衙，朝

❶「百」，原作「閤」，據《新五代史·李琪傳》改。

也，其禮尊；閤，宴見也，其禮殺。自乾符以後，因亂禮闕，天子不能日見群臣而見朔望，故正衙常日廢仗，而朔望入閤有仗。其後習見，遂以入閤爲重，至出御前殿，猶謂之入閤。其後亦廢，至是而復。然有司不能講正其事。凡群臣五日一入見中興殿，便殿也，此入閤之遺制，而謂之起居。朔望一出御文明殿，前殿也，反謂之入閤。琪皆不能正也。琪又建言：「入閤有待制、次對官論事，而内殿起居，一見而退，欲有言者，無由自陳，非所以數見群臣之意也。」明宗乃詔起居日有言事者，許出行自陳。又詔百官以次轉對。

【《五代會要》】天成元年五月十九日，敕：「本朝舊日趨朝，官置待漏院，候子城門開，便入立班。如遇不坐，前一日晚，便宣來日兩衙不坐。其日纔明，閤門立班，便宣不坐，百官各退歸司。近年以來，雖遇不坐正殿，或是延英對宰臣，或是内殿親決機務，所司不循舊制，往往及辰巳之時，尚未放班。既日色已高，人心咸倦。今後若遇不坐日，未御内殿前，便令閤門使宣不坐，放朝班退。」

【《册府元龜》】天成元年八月壬辰，以積雨泥甚，放百僚朝參。己亥，帝御文明殿，百官入閤，如月朔之儀，從新例也。九月丙辰，帝御文明殿，入閤新制，次日例也。十月，右拾遺曹珍上疏，内一件：「百寮朔望入閤及五日一度内殿起居，請許三署寺監官輪次轉對奏事。」從之。

二年正月丙申，詔曰：「君使臣以禮，臣事君以忠。禮不可一日不修，忠不可一夕不念。二者全則上下順，一途廢則出入差。須振綱維，以嚴規矩。凡在策名之列，皆知辨色而朝，儻不夙興，是虧匪懈。君上思政，猶自求衣未明；爲下服勤，固合假寐待旦。宜令御史臺徧示文武兩班，❶自此每日，早赴朝參，職司既得，整齊公事，的無壅滯，如或尚玆懈怠，具録奏聞。」

【《文獻通考》】三年，中書門下奏：「逐日常朝，宣奉敕不坐，兩省官與東西兩班並拜，押班宰臣不拜。或聞班行所論，承前有廊飡，百官謝食，兩省即各有常厨，從來不拜。或云有侍臣不拜。檢尋故實，不見明規。百官拜爲廊餐，即承旨合宣『有敕賜食』。供奉官不拜，亦恐非儀。且左右前後之臣，日面天顔，豈可不拜。臣等商量，今後常朝，押班宰臣亦拜，通事舍人亦拜，閤門外放仗亦拜。」從之。

【《册府元龜》】長興元年二月，郊祀畢。丙辰，敕：「宜放兩日朝參。」以百官行事之勞故也。五月庚寅，詔：「諸州得替防禦、團練使、刺史，並宜於班行比擬，如未有員闕，可隨常參官逐日立班。」新例也。

二年八月癸酉，詔：「文武百官，五日内殿起居仍舊，其輪次對宜停。若有封事，許非時上表。朔望入閤，待制候對，一依舊制。」

三年三月乙酉，敕：「文武兩班，每遇入閤，從官並賜酒食。從前臺官及諸朝官，皆在敷政門外兩廊下就食，惟北省官於敷政門内。既爲隔門，各不相見，致行坐不齊，難於整肅。今後每遇入閤賜食，北省官亦宜令於敷政門外東廊下設席，以北爲首，待班齊，一時就坐。」六月己未，敕：「以霖雨經旬，街衢泥濘，文武兩班，宜放今月八日朝參。」甲子朔，敕放三日朝參，大雨故也。

❶「徧」，原作「編」，據《册府元龜》卷一〇八改。

四年八月辛亥，以霖雨甚，宣旨放入閤。

【《五代史·盧文紀傳》】文紀拜中書侍郎、同中書門下平章事。是時，天下多事，廢帝數以責文紀，文紀因請罷五日起居，復唐故事，開延英，冀得從容奏議天下事。廢帝以爲，五日起居，明宗所以見群臣也，不可罷，而便殿論事，可以從容，何必延英。因詔：「宰相有事，不以時詣閤門請對。」

【《册府元龜》】末帝清泰元年六月辛卯，御史中丞張鵬奏：「文武常參官入閤，内廊下設食，每宣放仗，拜後就食，相承以爲謝食拜。臣以每日常朝，宣不坐後拜退，豈謝食之謂乎？如臣所見，自今宣放仗拜後，且就次，候將設食，别降使於敷政門外宣賜酒食，群臣謝恩後食。」從之。十一月己巳，御史臺奏：「前任節度、防禦、團練使等，刺史、行軍副使，近儀五日一度内殿起居，皆綴班序立元係班簿，雖曰便殿起居，其遇全班起居時，亦合綴班。」從之。

二年三月庚戌，御文明殿，群臣入閤，刑法官劇可久、待制官李慎儀次對。

後晉高祖天福二年三月己未，御史臺奏：「唐朝定令式，南衙常參，文武百僚，每日朝退，於廊下賜食，謂之堂食。自唐末亂離，堂食漸廢，仍於入閤起居日賜食。每入閤禮畢，閤門宣放仗，群官俱拜，謂之謝食。至僞主清泰元年中，入閤禮畢，更差中使至正衙門口宣賜食，百寮立班重謝，此則交失有唐堂食之意，於禮實爲太煩，臣恐因循漸失根本。起今後入閤賜食，望不差中使口宣，請准唐明宗朝事例處分。」從之。四月丙午，御史臺奏：「文武百寮，每五日一度内殿起居。在京城時，百官於朝堂幕次，自文明殿門入，穿文明殿庭，入東上閤門，至天福殿序班。令隨駕百官自到行朝，每遇起居日，於幕次東出升龍門，與諸色人排肩雜進，自外繚繞，方入内門。臣竊見升龍門外，庭宇不寬，人徒大集，或是諸司掌事，或是諸道使臣方集貢輸，不可止約。若令與衣冠雜進，朝士並趨，則恐有壞天官，見輕朝序，權時之義，事理難安。起今後，每遇百官赴内殿起居日，請依在京事體，百官於幕次，自正衙門入，東出横門，既協京國常儀，兼在行朝便穩。」從之。　庚戌，御史臺奏：「文武百寮，每月朔望入閤禮畢，賜廊下食。在京時，祇於朝堂幕次兩廊下，今在行朝，於正衙門外權爲幕次。房廊湫隘，間架絶少，伏恐五月一日朝會禮畢，准例賜食，即與幕次難爲排比。伏見唐明宗時，兩省官於文明殿前廊下賜食，今未審每遇入閤日，權於正衙門内兩廊下排比賜食，爲復别有處分者。」敕旨：「宜依明宗時舊規。」　六月甲午，太妃將至行闕，放文武朝一日。十一日，中書奏：「准唐貞元二年九月五日敕，文官充翰林學士及皇太子諸王侍讀，武官充禁軍職事，並不常朝參。其在三館等諸職事者，並朝參訖，各歸所務。自累朝以來，文武在内廷充職兼判三司，或帶職額及六軍判官等，例不赴常朝，元無正敕。准近敕，文武職事官未升朝者，案舊制，並赴朔望朝參。其翰林學士、侍讀、三館諸職事，望准元敕處分。其在内廷諸司使等，每受正官之時，來赴正衙，謝後不赴常朝，大會不離禁廷位次。三次職官免常朝，❶惟赴大朝會。其京司未升朝官員，祇赴朔望朝參，帶諸司職掌者不在此例。文

❶「次」，《舊五代史·晉高祖紀二》作「司」。

官除端明殿、翰林學士、樞密院學士、中書省知制誥外，有兼官兼職者，仍各發遣本司供事。」可之。

四年七月壬寅朔，帝御崇元殿，百官入閤如常禮。朔不入閤，日蝕故也。閏七月庚子朔，百官不入閤，雨霑服也。十二月丁酉朔，百官不入閤，大雪故也。

五年正月壬辰，馮道奏曰：「宰臣朝見、辭謝，在朝堂横街之南，逮至餘官，則悉於崇元門内。夫表著之列，豈可踰之。故古先明王，必正其位服。此實事因偶爾，❶習以爲常。又入閤禮畢之時，群官退於門外，定班如初，俟宣放仗，唯翰林學士、前任郡守等不隨百辟即時直出。二者禮僭序失，其使正之。」帝深然其言，於是下詔曰：「官爵之班，即分高下；見謝之位，豈有異同。宜格通規，以爲定制。今後宰臣、使相朝見辭謝，並於崇元門内，與諸官重行異位，一時列班横行，以從舊例。又入閤之義，序班爲重，宣喚則齊趨正殿，各出朝門，何起居之禮即同，而進退之規有異。其翰林學士及前任郡守等，今後入閤退朝，宜依百官班制。」

七年五月己亥，中書門下奏：「時屬炎蒸，事宜簡省，應五日百官起居，即令押班宰臣一員押官班，其轉對官兩員封事付閤門使引進，本官起居後，隨百寮退，不用別出謝恩。其文武内外官寮乞假寧親、移家及昏葬、病損，並門見門辭。諸道進奉物等，不用殿前排列，引進使引至殿前，奏云『某等進奉』。奏訖，其進奉物便出。其進奉專使，朝見日，班首一人致詞，都附起居。州刺史并行軍副使、諸道馬步軍都指揮使已

❶「實」，《五代會要》卷六作「蓋」。

下，差人到闕，並門見門辭。州縣官謝恩日，甲頭一人都致詞，不用逐人告官。其供奉官、殿直等，如是當直及於合殿前排立者，❶即入起居；如不當直排立者，不用每日起居。委宣徽院專切點檢，常須整齊。」從之。

開運元年八月癸卯，倉部郎中、知制誥陶穀奏：「內外臣寮，正衙辭謝，內則諸司小吏與宰相差肩，外則屬郡末寮共元戎接武，欲望宰臣、使相依舊押班，其郡牧、藩侯、臺省少監長吏等，不得令部內本司卑冗官員同班辭謝。」敕從其奏。

十一月乙亥，吏部侍郎張昭遠奏：「文武常參官每日於正衙立班，閤門使宣不坐後，百僚俱拜。舊制，惟押班宰相、押樓御史、通事舍人各緣提舉贊揚，所以不隨庶官俱拜。自唐天成末，議者不悉朝儀，遽違舊典，遂令押班之職，一例折腰。此則深忽禮文，殊乖故實。且宰相居庶寮之首，御史持百職之綱，嚴肅禁庭，糾繩班列。慮於拜揖之際，或爽進退之宜，於是凝立靜觀，檢其去就。若令旅拜旅揖，實恐非宜。況事要酌中，恭須近禮，人臣愛主，不在於斯。其通事舍人職司贊導，比者兩班進退，皆相其儀，今則在文班武班之前，居一品二品之上，端笏齊拜，禮實未聞。其押班相、押樓御史、通事舍人，並請依天成三年以前禮例施行，無至差忒。」殿中侍御史賈元珪奏：「是非既異，沿革不同，舉之則雖有舊規，考之則全無故實。且夫酌人心而致禮，依神道而設教，此乃經國之大端也。況通事舍人居贊導之職，押樓御史當糾察之司，一則

❶「於合」，《舊五代史·晉高祖本紀六》作「合於」。

示於紀綱，一則防於謬誤，所以静觀進退，詳視等威，實非抗禮於庭。所謂各司其局，俾令不拜，雅合其宜。伏以宰相押班，率千官而設拜，起居内殿，統百辟以致詞，儀刑文武之班，表式鵷鷺之列，不得比贊導之職，詎可同糾察之司。統冠群僚，所宜列拜。臣位居憲府，迹厠同班，言或庶其得中，罪難逃於多上。」帝從之。

蕙田案：御史司糾察，舍人主贊導，朝謁之時，不令一體列拜，所以肅朝儀也。宰相，百僚之師表，既云押班，自應率領諸司一體跪拜。賈元珪之議，允爲得中。

二年六月乙丑朔，帝御崇元殿，百官入閤。

後漢隱帝乾祐二年五月，中書舍人艾穎上言：「近制，一月兩度入閤，五日一度起居。近年以來，入閤多廢，每遇朔望，不面天顔。臣請今後朔望入閤，即從常禮。如不入閤，即請朔望日起居，冀面聖顔，以伸誠敬。」

周太祖廣順元年四月壬辰，朔，帝御廣政殿，群臣起居。十月壬寅，雪尺餘，放朝。

二年十一月癸丑，朔，入閤。

顯德元年八月壬寅，朔，帝御崇元殿，文武百寮入閤，仗衛如儀。十一月辛未，朔，帝御崇元殿，文武百官入閤，仗衛如儀。二年四月己亥，帝御崇元殿，文武百官入閤，仗衛如儀。八月丁酉，朔，帝御崇元殿，百官入閤如儀。　三年六月壬戌，朔，帝御崇元殿，文武百官入閤，仗衛如儀。

四年二月辛酉，詔曰：「文武百寮，起今後每遇入閤日，宣賜廊餐。」此有唐之舊制也，自晉氏多故，寢而不行，上以寵待廷臣，故復有是命。五月丁亥，朔，帝御崇元殿視朝，太常樂懸、金吾仗衛如儀。八月乙卯，朔，帝御崇元殿，文武百官入閤如儀。既罷，賜百官廊餐。時帝御廣德殿西樓以觀焉，命中黄門閲視，酒饌無不腆。

右五代常朝。

五禮通考卷第一百三十三

淮陰吴玉搢校字

五禮通考卷第一百三十四

内廷供奉禮部右侍郎金匱秦蕙田編輯
太子太保總督直隸右都御史桐城方觀承同訂
兩淮都轉鹽運使德水盧見曾
按察司副使元和宋宗元 參校

嘉禮七

朝禮

【《宋史·禮志》】常朝之儀，唐以宣政爲前殿，謂之正衙，即古之内朝也；以紫宸爲便殿，謂之入閤，即古之燕朝也。外又有含元殿，含元，非正、至大朝會不御。正衙則日見群臣，百官皆在，謂之常參。其後，此禮漸廢。後唐明宗詔群臣每五日一隨宰相入見，謂之起居。宋因其制，皇帝日御垂拱殿，文武官日赴文德殿正衙曰常參，宰相一人押班。其朝朔望，亦於此殿。五日起居，則於崇德殿，或長春殿，中書、門下爲班首。長春，即垂拱也。

蕙田案：《宋志》謂「古之内朝」，即治朝也。

【《文獻通考》】宋朝因唐與五代之制，文武官每日赴文明殿正衙常參，宰相一人押班。五日起居，即崇德、長春二殿，中書、門下爲班首。其長春殿常朝，則内侍省都知押班，率内供奉官以下并寄班等先起居，次閤門使，次三班使臣，注：節度、觀察、防禦、團練、刺史等子弟充供奉官、侍禁、殿直，有旨令預内朝起居者。次内殿當直諸班，殿前指揮使、左右班都虞侯以下、内殿直、散直、散指揮、散都頭、金槍班等。次長入祗候、東西班殿侍，次御前忠佐，次殿前都指揮使率軍校至副指揮使，次駙馬都尉，任刺史以上者綴本班。次諸王府僚，次殿前司諸軍使、都頭，次皇親將軍以下至殿直，次行門指揮使率行門起居。以上並内侍贊謁。如傳宣前殿不坐，即宰相與樞密使、文明殿學士、三司使、翰林樞密直學士、中書舍人、三司副使、知起居注、皇城内監庫藏朝官、諸司使副、内殿崇班、供奉官、侍禁、殿直、翰林醫官、待詔等同班入；中書舍人，乾德後始令赴内朝。三司判官，太平興國前赴内殿，其後罷之，止隨百官五日起居。中書舍人知起居注，遇五日起居之時，亦各付外朝。次親王，次侍衛親軍馬步軍都指揮使率軍校至副指揮使，次使相，次節度使，次統軍，次兩使留後、觀察使，次防禦、團練使、刺史，次侍衛馬軍步軍使、都頭，起居畢，見、謝班入。如御崇德殿，即樞密使以下先就班，俟升坐，諸司使副以下至殿直，分東西對立，餘皆北向。長春殿皆北向。❶ 宰相、參知政事最後入。以上並閤門贊謁。日止再拜，朔望及三日假，即樞密使以下皆舞蹈。國初，近侍、執事之臣皆赴晚朝，後罷之。凡早朝，宰相、樞密、宣徽使起居畢，同升殿問聖體。宰相奏事，樞密、宣徽使退候。宰相對畢，樞密使復入奏事。次三司、開封府、審刑院，遇百官起居，即樞密、宣徽使侍立，俟左右巡使出，即退。其崇德殿，三司使、文明樞密直學士、内客省使仍侍立。舊三司使奏事，副使、判官同對，其後止副使同之。❷ 大中祥符九年，詔自今有大事，許判官同上之。及群臣以次升殿。大兩省以上領務京師者，有公事許即請對。自餘受使出入要切者，欲

❶ 「長春殿皆北向」，《宋會要·儀制》二之一無此六字，疑衍。

❷ 「同」，原作「司」，據庫本改。

面議奏事，則先聽進止。其見、謝、辭官，以次入於庭。出使閑慢及未升朝官，或止拜於殿門外，自秘書監、上將軍、觀察使、内客省使以上得拜殿前階上，及升殿，止拜御座前，餘皆庭中也。凡見者先之，謝次之，辭又次之。❶其班次，先宰相，次親王，次樞密副使、參知政事，次内職、内臣，次使三司學士、兩省御史臺文武班節使以下、次將軍校，次雜班。惟宰相、親王、使相赴崇德殿，即宣徽使通喚，餘皆側立候通，再拜舞蹈；致詞辭，即不舞蹈。見，即將相升殿問聖體。其賜分物酒食及收進奉物，皆舞蹈稱謝。凡收進奉物，皆入謝。幕職、州縣官謝、辭，即判銓官引對，兼於殿門外宣辭戒勵。凡國有大慶瑞、出師勝捷，樞密使率内職軍校入賀致詞，閤門使宣答。訖，當侍立者升殿，次百官入；宰相致詞，宣徽使宣答。賜酒，即預坐官後入，作樂送酒，如曲宴之儀。

凡視朝退，進食訖，易服，御崇政殿或承明殿，先群臣告謝，注：自諫舍、知雜御史以上及帶三司館、王府僚屬、歷官醫官刺史以上，上將軍并發運使、轉運使并許焉，自非宣制並捧官告敕敘謝，其貴近者，或賜坐賜茶，餘或改章服，即謝訖易服，又告謝再拜。次軍頭引見司奏事於殿陛下，次三班、審官院、流内銓、刑部及諸司引見官吏。後詔審官引對京朝官，奏課不得過三人，差遣不得過五人，三使部選人差遣不得過十人。如假日起居辭見畢，即移御座，臨軒視事。既退，復有群司奏或閲器物之式，謂之後殿再坐。

蕙田案：宋制，每日常參，五日起居，並稱常朝。《文獻通考》所云長春殿常朝，《宋志》謂之垂拱殿起居，

❶「辭又次之」四字，原脱，據庫本補。

其實一也。

【《宋史・禮志》】建隆元年八月朔，太祖常服御崇元殿，設仗衛，文武百官入閤，始置待制、候對官，乃以工部尚書竇儼待制，太常卿邊光範候對。仗退，賜食廊下。

【《文獻通考》】五代以來，廢正衙立仗，而入閤亦希闊不講，至是復行之，然御前殿，非唐舊矣。崇元殿，即大慶殿前殿也。待制、候對者，亦唐制也。每正衙，待制官兩員。正衙退後，又令六品以下於延英候對，皆所以備顧問。其後，每入閤，即有待制、次對官。後唐天成中廢，至是復行之。廊下食起唐貞觀。其後，常參官每日朝退賜食，謂之廊餐。唐末浸廢，但於入閤起居日賜食，今循其制。

【《文獻通考》】建隆三年三月，詔：「內殿起居日，令百官以次轉對，限三人爲定。其封章，於閤門通進，復鞠躬自奏，宣徽使承旨宣答，拜舞而出。」

【《宋史・禮志》】建隆四年四月朔，❶帝服通天冠、絳紗袍，御崇元殿視朝，設金吾仗衛，群臣入閤。

【《文獻通考》】六年九月，始以旬假日御講武殿，近臣但赴早參，宰相以下皆具靴笏，諸司使以下皆係鞵。其節假及太祠，並如令式處分。

蕙田案：《宋史・禮志》原注：「講武殿，又名崇政。」

【《宋史・禮志》】開寶九年四月，詔旬休日不視事。

【《文獻通考》】太宗即位，旬休日復視事講

❶「建隆」，原作「乾德」，據《宋會要・儀制》一之二一及《玉海》卷七〇《建隆崇元殿入閤》改。

武殿。其後，又詔自今内外百司，除舊制給假外，每月旬假、上巳、社、重午、重陽，並休務一日。三司、開封府事關急速，不在此限。遇初寒、盛暑、大雨、雷雪，當議放朝。

【《宋史·禮志》】太宗淳化二年十一月，詔以十二月朔御文德殿入閤，令史官修撰楊徽之、張洎定爲新儀。前一日，有司供帳於文德殿。宋初曰文明。是日既明，先列文武官於殿庭之東西，百官、軍校、行軍副使等序班於正衙門外屏南階下；次御史中丞、三院御史序立，中丞獨穿金吾班過揖兩班，一揖歸本位；次監察御史兩員監閤，於正衙門外屏北階上北面立；次中書、門下、文明翰林樞密直學士、❶兩省官分班立；次司天奏辰刻；次閤門版奏班齊。皇帝服鞾袍乘輦，至長春殿駐輦，樞密使以下奏謁，前導至文德殿。殿上承旨索扇，捲簾。皇帝升位，扇却，儀鸞使焚香；次文武官等拜；次司天雞唱；次閤門勘契；次閤門使承旨呼四色官喚仗，南班有辭謝者再拜先退，中書、門下班對揖，序立正衙門外屏北階上；次翰林學士、兩省官、中丞、侍御史序立；次金吾將軍押細仗入正衙門後，横行拜訖，分行上黄道，仗隨入，金吾將軍至龍墀分班揖訖，序立；次吏部、兵部侍郎執文武班簿入，❷對揖立；次中書、門下、學士、兩省、御史臺官入，北面拜訖，上黄道，將至午階，廠鞾急趨赴丹墀，彈奏御史至吏部侍郎南便落黄道，急趨就位；起居郎、舍人至兵部、

❶「文明翰林樞密直學士」，校點本《宋史》卷一一七校勘記：《宋會要·儀制》一之一九《文德殿視朝儀》作「翰林學士」，無「文明」、「樞密直」等五字。

❷「兵部」二字，原脱，據《宋會要·儀制》一之二〇《文德殿視朝儀》補。

吏部侍郎後，急趨而進，飛至香案前，皆揖訖序立；次金吾大將軍先對揖並鞠躬，嚴鞸行至折方石位又對揖，北行至奏事石位鞠躬，一員奏軍國内外平安，倒行就位；次引文武班就位，揖訖，鞠躬，嚴鞸急趨入沙墀；次引侍從班横行，宰相祝月起居畢，分班序立；文武兩班出，序立於衙門外。刑法、待制官赴監奏位，中書、門下夾香案侍立，兩省、御史臺官、學士、兵部吏部侍郎、金吾將軍、監閤御史並相次出，就衙門外立。惟學士立門側，以候宰使。❶中書、門下詣香案前奏曰：『中書公事，臣等已具奏聞。』訖，乃退，揖殿出。次刑法官、待制官各奏事，並宣徽使答訖，乃出就班。次彈奏官、左右史出。閤内失儀者，彈糾如式。❷彈奏官失儀，起居郎糾之；起居郎失儀，閤門使糾之；閤門使失儀，宣徽使糾之。凡出者，皆嚴鞸急趨揖殿。次中書、門下、學士就位，閤門使宣放仗，再拜，賜廊下食，又再拜。次閤門使奏閤内無事，文武官出。殿上索扇，垂簾，輦還宫。其賜廊下食，自左右勤政門北東西兩廊，文東武西，以北爲上，立定；中丞至本位，面南一揖，乃就坐食。至臺史，贊乃搢笏食，食訖復贊，食畢而罷。三年五月朔，❸命有司增黄麾仗三百五十人，令文武官隨中書、門下横行起居，徙翰林學士位於參知政事後，與節度使分東西揖殿出。真宗凡三行之，景德以後其禮不行。

❶「以」，原作「北」，據《宋會要·儀制》一之二〇改。

❷「糾」，原作「紀」，據《宋會要·儀制》一之二〇改。下文三「糾」字同。

❸「三年」二字，原脱，據《宋會要·儀制》一之二三、《玉海》卷七〇《淳化文德殿入閤》補。

【《揮麈後録》】時江南張洎獻狀，述朝會之制，得失明著。其要云：今之乾元殿，即唐之含元殿也，在周爲外朝，在唐爲大朝，冬至、元日，立全仗，朝百國，在此殿也。今之文德殿，即唐之宣政殿，在周爲中朝，在漢爲前殿，在唐爲正衙，凡朔望起居，册拜后妃、皇太子、王公大臣，對四夷君長，試制策科舉人，在此殿也。昔東晉太極殿有東西閤，唐制紫宸上閤，法此制也。且人君恭己南面，嚮明而理，紫微黄屋，至尊至重，故巡幸則有大法駕從之盛，御殿則有勾陳羽衛之嚴，故雖隻日常朝，亦猶立仗。前代謂之入閤儀者，蓋隻日御紫宸上閤之時，先於宣政殿前立黄麾金吾仗，候勘契畢，喚仗，即自東西閤門入，故謂之入閤。今朝廷且以文德正衙權宜爲上閤，甚非憲度。況國家繼百王之後，天下昇平，凡曰憲章，咸從損益，惟視朝之禮，尚自因循。竊見長春殿正與文德殿南北相對，殿前地位連横街，亦甚廣博，伏請改創此殿作上閤，爲隻日立仗視朝之所。其崇政殿，即唐之延英是也，爲雙日常時聽斷之所。庶乎臨御之式，允協前經。今論以入閤儀注爲朝廷非常之禮，甚無謂也。

蕙田案：張洎論入閤之説當矣。宋初，去五代未遠，故承其悮，至熙寧，始罷入閤之禮。

初，群臣見、辭、謝，皆赴正衙。淳化二年，知雜御史張郁言：「正衙之設，謂之外朝，凡群臣辭，見及謝，先詣正衙，見訖，御史臺具官位姓名以報閤門，方許入對，此國家舊制也。自乾德後，始詔先赴中謝，後詣正衙。而文武官中謝後，次日並赴正衙，内諸司遥領刺史、閤門通事舍人以上新授者亦赴正衙辭謝，出使急速免衙辭者亦具狀報臺，違者罰俸一月。其内諸司職官并將校至刺史以上新授者，欲望同百官例，赴正衙謝。」從之。

淳化二年，詔：自今内殿起居日，復令常參官二人次對，閤門受其章。

【《太宗本紀》】淳化三年五月甲午朔，御文德殿，百官入閤。

【《文獻通考》】是歲，令有司復舉十五條：一，朝堂行私禮；二，跪拜；三，待漏行立失序；四，談笑喧嘩；五，入正衙門執笏不端；六，行立遲緩；七，至班列行立不正；八，趨拜失儀；九，言語微喧；十，穿班仗；十一，閤門不即就班；十二，無故離位；十三，廊下食行坐失儀語喧；十四，不從正衙門出入；十五，非公事入中書。犯者罰一月俸。有司振舉，拒不伏者，録奏，乞行貶降。其後每罰減半。

【《真宗本紀》】咸平二年八月辛亥，御文德殿，文武百官入閤。

【《禮志》】真宗咸平三年五月朔，雨，命放仗。百官常服起居於長春殿，退詣正衙，立班宣制。

咸平六年，命翰林學士梁顥等詳定閤門儀制，成六卷，因上言：「三司副使序班，朝服比品，素無定列。至道中，筵會在知制誥後、郎中前。今請同諸司、少卿監，班位在上。如官至給諫、卿監者，自如本品。朝會大宴隨判使赴長春殿起居引駕。其朝會引駕至前殿，與諸司使同退。」

景德二年，光禄寺丞錢易言：「竊覩文德殿常朝班不及三四十人，蓋以凡掌職務止赴五日起居，頗違舊章。望令並赴朝參。」乃詔應三館、祕閣、❶尚書省二十四司、諸司寺監朝臣内殿起居外，並赴文德殿常參。其審刑院、大理寺、臺直官、開封府判官推官司録兩縣、司天監、翰林天文、監倉塲庫務等仍免。

三年，復詔：「群臣轉對，其在外京官内殿崇班以上，候得替，先具民間利害實封，於閤門上進，方得朝見。」

大中祥符二年，御史知雜趙湘言：「伏見常參官，每日趨朝，多不整肅。舊制，並早赴待漏院，候開内門齊入。伏緣每日迨辰以朝，以故後時方入。又風雨寒暑，即多稱疾。宜令知班驅使官視其入晚者申奏；疾者，遣醫親視。」

【《真宗本紀》】大中祥符三年閏二月辛亥，帝御文德殿，群臣入閤。

【《禮志》】大中祥符四年閏三月，太常禮院、閤門言：「準詔同詳定閤門使李端愨所奏閤門儀制，宰臣與親王立班坐位分左右各爲班首，宰臣、樞密使帶使相，或帶郡王并使相作一行，總爲中書門下班。其親王獨作一班者，❷準《封爵令》。❸兄弟皇子皆封國，謂之親王，所以他官不可參綴。檢會坐次圖，直將宗室使相輒綴親王，❹蓋更張之時，未見親王，遂致失於講求。近見朝拜景靈宫，東陽郡王顥亦綴親王班，竊恐未安。今所到《閤門儀制》，其合班，宰臣、使相在東，親王在西，分班立。又祥符元年晏坐次圖，宰臣王旦與使相石保吉在東，寧王元

❶「祕」下，原有「書」字，據《宋會要·儀制》二之七、《長編》卷六一删。

❷「作」，原作「行」，據《宋會要·儀制》三之三一改。

❸「封」，原作「對」，據《宋史·禮志二十一》改。

❹「輒」，原作「輙」，據庫本改。

偓、舒王元偁、廣陵郡王元儼、節度使惟吉在西，分班坐。其元儼、惟吉是郡王與節度使，許綴親王班。竊慮當時出自特旨。今來檢尋，元初文字不見。在先朝，只依祥符元年晏坐次圖，親王及帶使相郡王在西爲一班。臣等參詳，請依《閤門儀制》，親王在西，獨爲一班；宗室郡王帶使相，許綴親王立班坐次，即係臨時特旨。」從之。

【《職官志》】大中祥符九年正月，興利州團練使德文言：❶「男侍禁承顯赴起居，請在惟忠子從恪之上。」時從恪雖姪行，而拜職在前，遂詔宗正寺定《宗室班圖》以聞。宗正言：「案《公式令》：朝參行立，職事同者先爵，爵又同者先齒。今請宗子官同而兄叔次弟姪者，並虛一位而立。」

【《真宗本紀》】天禧元年秋七月丁未，霖雨，放朝。十二月丙子，嚴寒，放朝。　四年九月己未，久雨，放朝。冬十月戊寅，命依唐制，雙日不視事。十一月辛未，詔：「自今群臣五日於長春殿起居，餘隻日視朝於承明殿。」

【《禮志》】天禧四年十月，中書、門下言：「唐朝故事，五日一開延英，隻日視事，雙日不坐。方今中外晏寧，致刑清簡，望準舊事，三日、五日一臨軒聽政，隻日視事，雙日不坐。至於刑章錢穀事務，遣差臣僚，除急切大事須面對外，餘並令中書、樞密院附奏。」詔禮儀院詳定，雙日前後殿不坐，隻日視事。或於長春殿，或於承明殿，應内殿起居群臣並依常日起居，餘如中書、門下之議。❷ 俄又請隻日承明殿常朝，依假日便服

❶「利」，《宋史·職官志八》校勘記以爲衍文。

❷「議」，原作「儀」，《續資治通鑑長編》卷九六天禧四年十月戊寅條作「奏」，據此，「儀」當爲「議」之訛，因改。

視事，不鳴鞭。詔可。

【《真宗本紀》】天禧五年冬十月壬子，依漢唐故事，五日一受朝。遇慶會，皇太子押班。

【《仁宗本紀》】景祐元年九月壬辰，百官請隻日御前殿如先帝故事。詔可。

【《宋庠傳》】庠，寶元中以諫議大夫參知政事。庠儒雅，練習故事。嘗從容論及唐入閤儀，庠退而上奏曰：「入閤，乃有唐隻日於紫宸殿受常朝之儀也。唐有大内，又有大明宫，宫在大内之東北，世謂之東内，高宗以後，天子多在。大明宫之正南門曰丹鳳門，門内第一殿曰含元殿，大朝會則御之；第二殿曰宣政殿，謂之正衙，朔望大册拜則御之；第三殿曰紫宸殿，謂之上閤，亦曰内衙，隻日常朝則御之。天子坐朝，須立仗於正衙殿，或乘輿止御紫宸，❶即唤仗自宣政殿兩門入，是謂東、西上閤門也。以本朝宫殿視之，宣德門，唐丹鳳門也；大慶殿，唐含元殿也；文德殿，唐宣政殿也；紫宸殿，唐紫宸殿也。今欲求入閤本意，施於儀典，須先立仗文德庭，如天子止御紫宸，即唤仗自東、西閤門入，如此則差與舊儀合。但今之諸殿，比於唐制，南北不相對。又案，唐自中葉以還，雙日及非時大臣奏事，别開延英殿，若今假日御崇政、延和是也。乃知唐制無過坐朝日，❷即爲入閤，其後正衙立仗因而遂廢，甚非禮也。」事如前殿。

【《禮志》】康定初，詔中書、樞密、三司，大節康定元年六月丙戌，詔：假日御崇政殿，視

❶「止」，原作「正」，據庫本改。

❷「無過」，《宋史·宋庠傳》作「每遇」。

大忌，給假一日；小節、旬休，並後殿奏事。前殿毋得過五班，❶餘聽後殿對。御厨給食。假日，崇政殿辰漏，上入内進食，俟再坐復對。

【《文獻通考》】英宗治平四年，詔御史臺每遇起居日，令百僚轉對。御史臺請依《閤門儀制》，輪兩省及文班秩高者二員，於百官起居日轉對。若兩省官有充學士、待制，則綴樞密班起居，内朝臣僚不與。詔從之。又詔：遇轉對日，增二員。

【《禮志》】❷神宗即位，御史中丞王陶以《皇祐編敕》宰臣押班儀制移中書，謂「天子新即位，大臣不應墮廢朝儀」，不報。舊制：祖宗以來，日御垂拱殿，待制、諸司使以上俱赴，而百官班文德殿，曰常朝；五日皆入，曰起居。平時，宰相垂拱殿奏事畢，赴文德殿押班，或日昃未退，則閤門傳宣放班，多不復赴。王陶以韓琦、曾公亮違故事不押班爲不恭，劾之。琦、公亮上表待罪，且言：「唐及五代《會要》，月九開延英，則餘日宰相當押正衙班。及延英對日，未御内殿前，傳宣放班，則宰相不押正衙班明矣。自祖宗繼日臨朝，宰相奏事。至祥符初，始詔循故事，押文德班。以妨職浸廢，乃至今日。請下太常、禮院詳定。」陶坐絀。司馬光代爲中丞，請令宰相遵國朝舊制押班，不須詳定。尋詔：「宰相春分辰初、秋分辰正，垂拱殿未退，聽勿赴文德殿，令御史臺放班。」光又言：「垂拱奏事畢，春分以後鮮有不過辰初，秋分以後鮮有不過辰正，

❶「殿」，原作「後」，據《長編》卷一二七、《宋會要·儀制》一之八改。

❷「禮志」二字，原脱，據《宋史·禮志十九》補。

然則自今宰臣常不至文德殿押班。請春分辰正，秋分已初，奏事未畢，即如今詔，庶幾此禮不至遂廢。」迺詔春秋分率以辰正。

【《文獻通考》】熙寧元年，詔自今授外任者，許令轉訖朝辭。

【《宋史·禮志》】熙寧初，閤門言：「舊制，中書省、樞密院奏事退，再引三班，假日則兩班。或再御後殿引對，多及午刻；遇開經筵，即至申末，恐久勞聖躬。請遇經筵日，自二府奏事外，止引一班，或有急奏及言事官請對即取旨，俟罷經筵日仍舊。」又言：「假日御崇政殿，每遇辰時，則隔班過延和殿再引，不待進食，至巳刻隔班取旨，尚許引對。請自今隔班過延和殿，俟已進食再引。遇寒暑、大風雨雪，即令次日引對。」詔：「自今授外任者，許令轉對訖朝辭。」監察御史裏行張戩、程顥言：「每欲奏事，必俟朝旨，或朝政有闕及聞外事而機速後時，則已無所及；況往復俟報，必由中書，萬一事干政府，則或致阻格。請依諫官例，牒閤門求對，或有急奏，即許越次登對，庶幾遇事入告，無憂失時。」又以編脩《閤門儀制》所言，「三衙有急奏，許於後殿登對，若別有奏陳，則報閤門如常制，或假日御崇政殿，則於已得旨對班後續引，且許兩制以上同班奏事。

蕙田案：《文獻通考》載張戩、程顥奏在熙寧二年。

【《文獻通考》】熙寧三年，知制誥宋敏求等言：「文德殿入閤儀制，考之《國朝會要》，與今《儀制》所載，頗或異同。案今文德殿，唐宣政殿也；紫宸殿，唐紫宸殿也。然祖宗朝，皆嘗御文德殿入閤。唐制，嘗設仗衛於宣政殿，或遇上坐紫宸，即喚仗入閤。如此，則當御紫宸殿入閤，方協舊制。請下兩制及太常禮院詳定。」詔學士院議。翰林學士承旨王珪等言：「案入閤者，乃唐隻日紫宸殿受常朝之儀也。唐制，天子坐朝，必立仗於正衙，若止御紫宸，即喚正衙仗自宣政殿東西閤門入，故爲入閤。五代以來，遂廢正衙立仗之制。今《閤門》所載入閤儀者，止是唐常朝之儀，非爲盛禮，不可遵行。」從之。自是入閤之禮遂罷。敏求又言：「本朝以來，惟入閤乃御文德殿視朝，今既不用入閤儀，即文德殿遂闕視朝之禮。請下兩制及太常禮院，約唐制御宣政殿，裁定朔望御殿儀，以備正衙視朝之制。」詔學士院詳定儀注。學士韓維等以《入閤圖》增損裁定上儀曰：「朔日不值假，前五日閤門關諸司排辦，前一日，有司供帳於文德殿。其日，左右金吾將軍常押本衛仗，判殿中省官押細仗先入殿庭，東西對列；文武官等分東西序立；諸將軍校分入，❶北向立；朝堂引贊官引彈奏御史二員入殿門踏道，當下殿北向立；次催文武班分入，並東西相向對立；諸軍將校即於殿庭北向立班，其班次並御史臺祗應。皇帝服靴袍，垂拱殿坐，鳴鞭，内侍、閤門、管軍依朔望常例起居；次引樞密、宣徽使、三司使副、樞密直學士、内閤省使以下至醫官、待詔及修起居注官二員並大起居。皇帝乘輦至文德殿後，閤門奏班齊，皇帝自後閤出，殿上索扇，升榻，鳴鞭；扇開，簾捲，儀鸞使焚香，喝文武官就位，四拜起居；雞人唱時；舍人於彈奏御史班前西向喝大起居。御史由文武班後至對立位，次引左右金吾將軍合班於宣制石南大

❶「將軍」，《通考》卷一〇八作「軍將」。

起居，班首出班，躬奏軍國内外平安，歸位再拜，各歸東西押仗位。通喝舍人於宣制石南北向對立。舍人退於西階，次揖宰臣、親王以下，躬奏文武百僚、宰臣某姓名以下起居，分引宰臣以下横行，諸軍將校仍舊立。閤門使喝大起居，舍人引宰臣至儀石北，俛伏跪致詞祝月訖，其詞曰：「文武百僚、宰臣全銜臣某姓名等言：孟春之吉，伏惟皇帝陛下，膺受時祉，與天無窮，臣等無任懽呼忭蹈之至。」歸位五拜。閤門使揖中書由東階升殿，樞密使帶平章事以上由西階升殿侍立；給事中一員，以知門下封駁事官充。歸左省位立；轉對官立於給事中之南；如罷轉對官，每遇御史臺前期牒請；❶文官二員並依轉對官立例，先于閤門投進奏狀。吏部侍郎及刑法官立於轉對官之南；兵部侍郎於右省班南，與吏部侍郎東西相向定，❷搢笏，各出班籍置笏上；吏部、兵部侍郎以知審官東、西院官充，刑法官以知審刑、大理寺官充。親王、使相以下分班出；引轉對官於宣制石南，宣徽使殿上承旨宣答如儀；次吏部、兵部侍郎及刑法官對揖出；見、謝、辭班，自從别儀。次彈奏御史無彈奏對揖出；如有彈奏，並如儀。引給事中至宣制石南揖，躬奏殿中無事；喝祗候，揖，西出；次引修起居注官排立，供奉官以下各合班於宣制石南躬；喝祗候，揖，分班出；喝天武官等門外祗候，❸出。索扇，垂簾，皇帝降座，鳴鞭。舍人當殿承旨放仗，四色官嚴韃急趨至宣制石南，稱奉敕放仗。金吾將軍并判殿中省官對拜訖，隨仗出；親王、使相、節度使至刺史、學士、臺省官，

❶「期」，原脱，據庫本補。
❷「定」上，《通考》卷一〇八有「立」字。
❸「天」，原作「文」，據校點本《宋史·禮志二十》及其校勘記改。下同。

文武百僚諸軍將校等並序班朝堂，謝賜茶酒。皇帝御垂拱殿座，中書、樞密及諸對官奏事；❶不引見、謝、辭班。後殿座，臨時取旨。其日遇有德音、制書、御札，仍候退御垂拱殿座，制箱出外。應正衙見、謝、辭文武臣僚，並依御史臺儀制喚班，依序分入於文武班後，以北爲首，分東西相向，重行異位，依見、謝、辭班序位。餘押班臣僚於班稍前押班，候刑法官對揖出，分引近前揖躬。舍人當殿宣班，引轉對班見、謝、辭，並如紫宸殿儀。樞密使不帶平章事、參知政事至同簽書樞密院事、宣徽使並立於宣制石稍北，宰相、親王、樞密帶平章事、使相繫押班者，立於儀石南，餘官並立于宣制石南，並合贊喝。閤門使引並如儀。贊喝訖，係中書、樞密並揖升殿謝辭，揖，西出，其合問聖體者，並如儀；餘官分班出。彈奏御史候見、謝、辭班絶，對揖出。其朝見，如謝都城門外御筵，及詔赴闕謝茶藥撫問之類，不可合班者，各依別班中謝對。賜酒食等並門賜。其係正衙見門謝辭，亦門外喝放。應正衙見、謝、辭臣僚，前一日於閤門投諸正衙牓子，❷閤門下奏目；又投正衙狀於御史臺、四方館。應朔日或得旨罷文德殿視朝，止御紫宸殿起居，其已上奏目，正衙見、謝、辭班並放免，依官品隨赴紫宸殿引，或值改，依常朝文德殿，自有百官班日，並如舊儀。應外國蕃客見、辭，候喚班先引赴殿庭東邊，依本國職次重行異位立，候見、謝、辭班絶，西向躬。舍人當殿通班轉於宣制石南，北向立，贊喝如儀，西出。其酒食分物並門賜，如有進奉，候彈奏御史出入，進奉入。惟御馬及檐牀自殿西偏門入，東偏門出。其進奉出入，文武

❶「諸」，《通考》卷一〇八作「請」，是。

❷「諸」，《通考》卷一〇八作「詣」，是。

官起居，舍人通某國進奉，宣徽使喝進奉出，節次如紫宸殿儀式。候進奉出，給事中奏殿中無事，出。其後殿再座，合引出者，從別儀。其日，賜茶酒，宰臣、樞密於閤子，親王於本廳，使相、宣徽使、觀文殿大學士至寶文閣直學士、兩省官、待制、三司副使、文武百官、皇親使相以下至率府副率，及四廂都指揮使以下至副都頭，並於朝堂。如朝堂位次不足，即于朝堂門外序次。管軍節度使至四廂都指揮使、節度使、兩使留後至刺史，並於客省廳。」詔依所定。

【《宋史·禮志》】熙寧六年正月，西上閤門副使張誠一言：「垂拱殿常朝，先内侍喝内侍都知以下至宿衛行門計一十八班起居，後通事舍人引宰執、樞密使以下大班入，次親王，次侍衛馬步軍都指揮以下，次皇親使相以下十班入，方引見、謝、辭。或遇百官起居日，自行門後，通事舍人引樞密以下，次親王、使相以下至刺史十班入，方奏兩巡使起居。立定，方引兩省官入，次閤門引宰臣以下大班入。起居畢，候百官出絶，兩省班出，次兩巡使出，中書、樞密方奏事，已是日高。況大班本不分别丞郎、給諫、臺省及常參官，今獨使相以下曲爲分别，虚占時刻。請御垂拱殿百官起居日，將親王以下十班合爲四班，親王爲一班，侍衛馬步軍都指揮使爲一班，親王、使相以下至刺史重行異位爲兩班，可減六班。如垂拱殿常朝不係百官起居，或紫宸殿百官起居，其親王、使相以下班，並依舊儀序入起居。」從之。

【《神宗本紀》】熙寧七年八月，集賢院學士宋敏求上《編修閤門儀制》。

【《禮志》】元豐中，官制行，始詔侍從官而上，日朝垂拱，謂之常參官。百司朝官以上，每五日一朝紫宸，爲六參官。在京朝官以上，朔望一朝紫宸，爲朔參官、望參官，遂爲定制。

【《神宗本紀》】元豐三年二月丙辰，始御崇政殿視朝。五月乙丑，詔：自今三伏内，五日一御前殿。

【《文獻通考》】三年九月，引進使李端慤言：「近朔望御文德殿視朝，初寒盛暑，數煩清蹕，而紫宸朝，歲中罕御。請朔日御文德，既望坐紫宸，庶幾正衙、内殿朝儀並舉。」從之。

蕙田案：《宋史·禮志》載李端慤奏在熙寧六年，今以《通考》爲定。

【《宋史·禮志》】元豐既定朝參之制，侍御史知雜事蒲中行上言：「文德正衙之制，尚存常朝之虚名，襲横行之謬例，有司失於申請，未能釐正。兩省、臺官、文武百官赴文德殿，東西相向對立，宰臣一員押班，聞傳不坐，則再拜而退，謂之常朝。遇休假并三日以上，應内殿起居官畢集，謂之横行。自宰臣、親王以下應見、謝、辭者皆先赴文德殿，謂之過正衙。然在京釐務之官，例以别敕免參，宰臣押班近年已罷，向武班諸衙本朝又不常置。故今之赴常朝者，獨御史臺官與審官、待次階官而已。今垂拱内殿宰臣以下既以日參，而文德常朝仍復不廢，舛謬倒置，莫此爲甚。至於横行參假，與夫見、謝、辭官先過正衙，雖沿唐之故事，然必俟天子御殿之日行之可也。」詔下詳定官制所。言：「今天子日聽政於垂拱，以接執政官及内朝之臣，而更於别殿宣敕不坐，實爲因習之誤。兼有執事升朝官五日一赴起居，而未有執事者反謂之參，疏數之節，尤爲未當。又辭、見、謝，自已入見天子，則前殿正衙對拜爲虛文。其連遇朝假，則百官司赴大起居，不當復有横行參假。宜如中行言。」於是常朝、正衙、横行之儀俱罷。

元豐中，詔：「尚書侍郎同郎官一員奏事，郎中、員外郎番次隨之，不許獨留身。侍郎以下，亦不許獨請奏事。其左右選非尚書通領者，聽侍郎以上郎官自隨。秘書、殿中省、諸寺監長官視尚書，貳丞以下視侍郎。」又詔：「三省、樞密院獨班奏事，日無得過三班。若三省俱獨班，則樞密院當請奏事。其見任官召對訖，次日即朝辭回任聽旨。」

元豐八年二月，詔諸三省、御史臺、寺監長貳、開封府推判官六參，職事官、赤縣丞以上、寄禄升朝官在京釐務者望參，不釐務者朔參。

【《哲宗本紀》】元祐五年五月壬午，詔：文彦博班宰相之上。

【《禮志》】元祐元年五月，詔：「太師、平章軍國重事文彦博已降旨令獨班起居，自今赴經筵、都堂，同三省、樞密院事，❶並序位在宰臣之上。」

元祐四年十月，以户部尚書呂公孺言，詔朔參官兼赴望參，望參官兼赴六參。

【《哲宗本紀》】元祐五年夏四月癸丑，詔：「講讀官御經筵退，留一員奏對邇英閣。」丁巳，詔以旱避殿減膳，罷五月朔日文德殿視朝。

【《禮志》】元祐中，宰臣呂大防言：「昨垂簾聽政，惟許臺諫以二人同對，故不正之言無得以入。今陛下初見群臣，請對者必衆。既人人得進，則善惡相雜，故於采納尤難。」帝曰：「人君以納諫爲上，然邪正則不可不

❶「事」上，校點本《宋史·禮志二十一》補「奏」字。

辨。」遂詔上殿班當直牒及帥臣、國信使副，許依元豐八年以前儀制。

【《哲宗本紀》】元祐七年五月庚子，罷侍從官轉對。

紹聖四年四月己酉，復文德殿侍從轉對。

【《禮志》】紹聖初，臣僚言：「文德殿視朝，輪官轉對，蓋襲唐制，故祖宗以來，每遇轉對，侍從之臣，亦皆預焉。元祐間因言者免侍從官轉對，續詔執事官權侍郎以上並免，自此轉對止於卿監郎官而已。請自今視朝轉對，依元豐以前條制。」

蕙田案：侍從輪官轉對，下情得以上達，此唐宋良法也。元祐免侍從轉對，自此轉對止於卿監郎官而已。紹聖中，臣僚請依元豐已前條制是也，惜其時惇、卞柄政，附從皆僉壬耳。

又詔：「自今三省、樞密院進擬在京文臣開封府推判官、武臣横行使副、在外文臣諸路監司藩郡知州、武臣知州軍以下，❶取旨召對。」臣僚言：「每緣職事請對，待次旬日，遇有急奏，深恐失事。請自今後許依六曹、開封例，先次挑班上殿，仍不隔班。」又言：「諸路監司，朝廷所選，以推行法令，省問風俗，朝辭之日，當令上殿。」六曹尚書如有職事奏陳，許獨員上殿。其群臣請對，雖遇休假，特御便殿聽納。既又詔：「應節鎮郡守往令陛辭，歸許登對，不特審觀人材，亦所以重外任也。可於監司不許免對條下，增入節鎮郡守依此。」十月，御史臺言：「外任官到闕，朝見訖，並令赴朔望參。」尋又言：「元豐官制，朝參班序，有日參、六參、望參、

❶「以下」，校點本《宋史·禮志二十一》校改作「以上」。

朔參，已著爲令。元祐中，改朔參兼赴望參，望參兼赴六參，有失先朝分别等差之意，止依元豐儀令。」從之。

【《徽宗本紀》】崇寧五年十二月壬戌，詔臣僚休日請對，特御便殿。

【《禮志》】政和詳定《五禮新儀》，有《文德殿月朔視朝儀》、《紫宸殿望參儀》、《垂拱殿四參儀》、《紫宸殿日參儀》、《垂拱殿日參儀》、《紫宸殿再坐儀》、《崇政殿假日起居儀》，其文不載。

【《文獻通考》】重和元年，臣僚言：「比年以來，二三大臣，奏對留身，讒疏善良，請求相繼，甚非朝廷至公之體。」詔：「自今惟蔡京五日一朝，許留身，餘非除拜、選秩、因謝及陳乞罷免，並不許獨班奏事，令閤門報御史臺彈劾。」

蕙田案：此蔡京箝制朝官，沮塞言路，所爲豐亨之説日陳於上，諂媚之風日成於下，上壅蔽而不聞，臣專擅而無忌，汴宋之所以亡也。

【《宋史·徽宗本紀》】宣和四年十二月乙未，詔監司未經陛對，毋得之任。

【《禮志》】臣僚言：「祖宗舊制，有五日一轉對者，今惟月朔行之；有許朝官轉對者，今惟待制以上預焉。自明堂行視朔禮，歲不過一再，則是畢歲而論思者無幾。請遇不視朔，即令具章投進，以備覽觀。」又：「諸路監司未經上殿者，雖從外移，先赴闕引對，方得之官。」並從其議。

【《高宗本紀》】建炎三年二月丁卯，百官入見，應迪功郎以上並赴朝參。

紹興二年五月戊子，手詔：用建隆故事，命百官日輪一人轉對。七年冬十月丁巳，詔：六參日，輪行在百官一員轉對。十三年二月壬戌，初御前殿，特引四參官起居。

【《孝宗本紀》】紹興三十二年五月壬辰，詔百官日一人入對。

【《文獻通考》】紹興三十二年九月，閤門言：「太上皇帝巡幸以來，上御後殿，繼廷復興舊典，於紹興十三年二月四日初御前殿，特令四參官起居。伏自皇帝登寶位，止係後殿日分，今已降旨九月十二日初御前殿，欲乞是日皇帝御垂拱殿，四參官起居。」從之。

隆興二年九月，閤門言：「在京及行在舊例，御前殿日分，值雨雪及泥濘，得旨放朝參，即改後殿坐。今後乞依例取旨。」從之。

【《朝野雜記》】舊群臣朝殿遇雨，開隔門起居，紹興中申行之。又詔從駕遇雨，賜雨具。景靈宫遇雨，或地濕，分東西廂立班。皆特恩也。

【《宋史・禮志》】孝宗乾道二年九月，閤門奏：「垂拱殿四參，四參官，謂宰執、侍從、武臣正任、文臣卿監員郎監察御史以上。皇帝坐，先讀奏目。知閤以下，次御帶、環衛官以下，次忠佐，殿前都指揮使以下，次殿前司員僚，次皇太子，次行門以上，逐班並常起居。次樞密、學士、待制、樞密都承旨以下，知閤并祗應武功大夫以下，通班常起居。次親王，次馬步軍都指揮使，次使相，次馬步軍員僚以上，逐班並常起居。次殿中侍御史入側宣大起居訖，歸侍立位。次宰執以下，並兩省官、文臣百官入，❶相向立定，通班面北立，大起居訖，凡常起居兩拜，大起居七拜。三省升殿侍立。次兩省官出，次殿中侍御史對揖出，三省、樞密院奏事，次引見、謝、辭，次引臣

❶「臣」，校點本《宋史・禮志十九》校改作「武」。

僚奏事訖，皇帝起。」詔：「今後遇四參日分，起居班次，可移殿中侍御史及宰執以下百官班，令次樞密以下班起居。却令親王并殿前都指揮使以下殿前司員僚，逐班於宰執以下班後起居，餘並從之。」

【《文獻通考》】乾道七年四月，詔：「爲暑熱，依年例，自五月十三日並後殿坐，并放見、謝、辭及參假官，候秋凉日取旨。今後准此。」

【《孝宗本紀》】七年十二月庚申，詔閤門舍人依文臣館閣，以次輪對。

淳熙七年九月癸亥，詔自今常朝，毋稱丞相名。甲子，命樞密使亦如之。

【《禮志》】寧宗嘉定十二年正月，臣僚奏：「竊見皇帝御正殿，或御後殿，固可間舉，四參官亦有定日。近者每日改常朝爲後殿，四參之禮，亦多不講。正殿、後殿，四參間免。陛下臨朝之日固未嘗輟，而外廷不知聖意，或謂姑從簡便，非所以肅百執事也。常朝之禮，止於從臣。後殿之儀，從臣不與。四參止及卿郎，而乃累月僅或一舉。咫尺天威，疎簡至此，非所以尊君上而勵百辟也。伏願陛下嚴常朝、後殿、四參之禮，起群下肅謹之心，彰明時勵精之治，豈不偉哉。」從之。

【《老學庵筆記》】先君言：舊制，朝參拜舞而已，政和以後增以喏。然紹興中，予造朝，已不復喏矣。淳熙末還朝，則迎駕起居，閤門亦喝唱喏，然未嘗出聲也。又紹興中，朝參止磬折，遂拜。今閤門習儀，先以笏叩額拜，謂之瞻笏，亦不知起於何年。

【《二老堂詩話》】歐公詩云：「玉勒争門隨仗入，牙牌當殿報班齊。」或疑其不然。今朝殿争門者，往往隨仗而入。及在廷排立既定，駕將御殿，閤門持牙牌刻「班齊」二字，候班齊，小黄門接入。上先坐後幄，黄門復出，揚聲云：「人齊未？」行門當頭者應云：「人齊。」上即出，方轉照壁，衛士即鳴鞭。然此乃是駕出時，常日則不同。

右宋常朝。

五禮通考卷第一百三十四

淮陰吴玉搢校字

五禮通考卷第一百三十五

内廷供奉禮部右侍郎金匱秦蕙田編輯
太子太保總督直隸右都御史桐城方觀承同訂
兩淮都轉鹽運使德水盧見曾
按察司副使元和宋宗元參校

嘉禮八

朝禮

【《遼史·禮志》】常朝起居儀：昧爽，臣僚朝服入朝，各依幕次。内侍奏「班齊」。先引京官班於三門外，當直舍人放起居，再拜，各祇候。依次兩府以下文武官，於丹墀内面殿立，暨班諸司并供奉官，於東西道外相向立定。當直閤使副贊放起居，再拜，各祇候。退還幕次，公服。帝升殿坐，兩府并京官丹墀内聲喏，各祇候。教坊司同北班起居畢，奏事。

燕京就嘉寧殿，西京就同文殿。朝服，幞頭，袍笏。公服，紫衫，帽。

正座儀：皇帝升殿座，警蹕絶。契丹、漢人殿前班畢，各依位侍立。次教坊班畢，捲退。京官班入拜畢，揖於右横街西，依位班立。次武班入拜畢，依位立。文班入拜畢，依位立。北班入，起居畢，於左横街東，序班立。次兩府班入，鞠躬，通宰臣某官以下起居，拜畢，引上殿奏事。

已上六班起居，並七拜。内有不帶節度使，班首止通名，亦七拜。捲班，與常朝同。直院有旨入文班。留守司、三司、統軍司、制署司謂之京官；都部置司、❶宮使、副宮使、都承以下令史，北面主事以下隨駕諸司爲武官；館閣、大理寺，堂後以下，御史臺、隨駕閒員、令史、司天臺、翰林、醫官院爲文官。天慶二年冬，教坊並服袍。

臣僚接見儀：皇帝御座，奏見榜子畢，臣僚左入，鞠躬。通文武百僚宰臣某官以下祗候見。引面殿鞠躬，起居，凡七拜。引班首出班，謝面天顏，復位。舞蹈，五拜，鞠躬。宣答問制，再拜。宣訖，謝宣諭，五拜。各祗候畢，可矮徹以上引近前，❷問「聖躬萬福」。傳宣問「跋涉不易」，鞠躬。引班舍人贊各祗候畢，引右上，準備宣問。其餘並於右侍立。

宣答云：「卿等久居鄉邑，來奉乘輿。時屬霜寒，或云「炎蒸」。諒多勞止。卿各平安好，想宜知悉。」

【《太宗本紀》】會同三年四月庚子，至燕，備法駕，入自拱辰門，御元和殿，行入閤禮。

蕙田案：《遼史·禮志》不載入閤之儀，《儀衛志》則云：「木契正面爲陽，背面爲陰，閤門喚仗。」則有之，是亦有喚仗入閤之禮也。

右遼常朝。

【《金史·熙宗本紀》】天眷二年三月丙辰，命百官詳定儀制。四月甲戌，百官朝參，初用朝服。

【《禮志》】朝參、常朝儀及朔望儀，准前代制，以朔日、六日、十一日、十五日、二十一日、二十六日爲六參日。後又定制，以朔望

❶ 「置」，《遼史·禮志》作「署」。
❷ 「徹」，庫本作「墩」。

日爲朝參，餘日爲常朝。凡朔望朝參日，百官卯時至幕次，皇帝辰刻視朝，供御弩手、傘子直於殿門外，分兩面排立。司辰入殿報時畢，皇帝御殿坐，鳴鞭。閤門報班齊。執擎儀物内侍分降殿階兩傍，面南立。宿衛官自都點檢至左右親衛，祗應官自宣徽閤門祗候，❶先兩拜，班首少離位，奏「聖躬萬福」，兩拜。弩手、傘子先於殿門外東西向排立，俟奏「聖躬萬福」時，即就位北面山呼聲喏，起居畢，即相向對立。擎御傘直立左班内侍上。都點檢以次陞殿，副點檢在少南，東西相向立。左右衛在殿下，東西相向立。閤門乃引親王班，贊班首名以下再拜，訖，班首少離位，奏「聖躬萬福」，歸位再拜畢，先退。次引文武百僚班首以下應合朝參官，并府運六品以上官，皆左入，至丹墀之東，西向鞠躬畢，閤門通唱，復引至丹墀。閤門贊班首名以下起居，舞蹈五拜，又再拜，畢，領省宰執陞殿奏事。殿中侍御史對立於左右衛將軍之北少前，修起居東西對立於殿欄子内副階下，❷餘退，右出。初，帝就坐，置寶匣於殿階上東南角。後定制，師傅起居畢，御案始東入，置定，捧案内侍東西分下，侍殿隅。直日主寶捧寶當殿叩欄奏「封主」，❸符寶郎及當監印郎中各一員，監軍手分令史用印，訖，主寶吏封授主寶，俟奏事畢進封，訖，内侍徹案。若常朝，則親王班退，引七品以上職事官，分左右班入丹墀，再拜。班首稍前起居畢，復位，再拜。宰執升殿，餘官分班退。

❶「徽」下，校點本《金史·禮志九》校勘記以爲當有「使至」二字。
❷「内」，校點本《金史·禮志九》校勘記以爲當作「外」。
❸下「主」字，《金史·禮志九》作「全」。

【《海陵王本紀》】正隆元年三月壬寅朔，始定職事官朝參等格，仍罷兵衛。

【《儀衛志》】初，國制，凡朔望常朝日，殿下列衛士，簾下置甲兵。正隆元年，海陵去甲兵，惟存錦衣弩手百人，分列兩階。其儀，都副點檢，公服偏帶。常朝則展紫。左右衛將軍，宿直將軍，展紫，金束帶，各執玉、水晶及金飾骨朵。左右親衛，盤裹紫襖，塗金束帶，骨朵，佩兵械。供御弩手、傘子百人，並金花交脚幞頭，塗金銅鈒襯花束帶，骨朵。左右班執儀物内侍二十人，展紫，塗金束帶。朝參日，弩手、傘子直於殿門外，分兩面排立。司辰報時畢，皇帝御殿坐，鳴鞭，閤門報班齊。執擎儀物内侍分降殿階，南向立。點檢司起居，弩手、傘子於殿門外北向山呼聲喏，訖，即於殿門外東西相向排立。都點檢以次三員陞殿，都點檢在東近南，左副又少南，右副在西，東向對立。左右衛將軍在殿下東西對立。省臣隨班起居畢，左右司侍郎從宰執奏事。殿中侍御史隨班起居畢，東西對立於左右衛將軍之北，少前。修起居注分殿陛東西對立於殿欄外副階下，以俟。奏事畢，皇帝還閤，侍衛者乃退。

【《禮志》】大定二年五月，命臺臣定朝參禮。五品以上職事官趨朝朝服，入局治事則展皂。自來朝參，除殿前班外，若遇朔望，自七品以上職事官皆赴。其餘朝日，五品以上職事官得赴，六品以下止於本司局治事。如左右司員外郎、侍御史、記注院等官職，雖不係五品，亦赴朝參。若拜詔，則但有職事並七品以上散官，皆赴。朝參，吏員、令譯史、通事、檢法，各於本局待，官員朝退，赴局簽押文字，不得於宮内署押。七品以下流外職，遇朝日亦不合入宮。如左右司都事有須合奏事，乃聽入宮。七品以上職事官，如遇使客朝辭見日，依朔望日，皆赴。若元日、聖節、拜詔、車駕出獵送迎、詣祖廟燒飯，但有職事并七品以上散官，皆赴。凡親王宗室已命官者年十六以上，皆隨班赴起居。

大定五年，右諫議大夫移剌子敬言：「猛安謀克不得與州鎮官隨班入見，非軍民一體之意。」上是其言，責宣徽院令隨班入見。凡班首，遇朝參有故不赴，以次押班。凡五品以上及侍御史、尚書諸司郎中、太常丞、翰林修撰起居注、殿中侍御史、補闕、拾遺赴召，或假一月以上若除官出使之類，皆通班入見、辭、謝，除官於殿門外見。❶謝班皆舞蹈七拜，辭班四拜，門見、謝、辭並再拜。十七年，詔以皇族袒免以上親，雖無官爵封邑，若預宴，當有班次。禮官言：「案唐典，皇家周親視三品，大功親、小功尊屬視四品，小功親、緦麻尊屬視五品，緦麻袒免以上視六品。」上令以此制爲班次。

【《黄久約傳》】世宗時，左諫議大夫黄久約侍朝，故事，宰相奏事則近臣退避，久約欲趨出，世宗止之。自是，諫臣不避以爲常。

【《章宗本紀》】承安四年春二月壬申，諭有司：「自三月一日爲始，每旬三品至五品官各一人轉對，六品亦以次對。臺諫勿與，有應奏事，與轉對官相見，無面對者，上章亦聽。」三月，户部尚書孫鐸、郎中李仲略、國子祭酒趙忱始轉對香閣。

泰和五年十一月戊戌，大雪，免朝參。

❶「除」，校點本《金史·禮志九》校改作「餘」。

【《宣宗本紀》】貞祐三年春正月辛巳，皇太子疾，輟朝。四月，權參知政事德升言：「舊制，夏至免朝，❶四日一奏事。」上曰：「此在平時可也。方今多故，勿謂朕勞。遂云當免，但使國事無廢，則善矣。」十二月戊子，以軍事，免樞密院官朝拜。四年春正月丁卯，諭御史臺曰：「今旦視朝，百官既拜之後，始聞開封府報衙聲。四方多故之秋，弛慢如此，可乎？中丞福興號素謹於官事者，當一詰之。」興定四年五月丙申，以時暑，免常朝，四日一奏事。

右金常朝。

【《春明夢餘録》】元世祖至元十一年正旦，始御大明殿受朝賀。及後天壽節，皆行朝賀禮。每日則宰執入延春閣及別殿奏事而已。

馬氏治曰：「百官朝見奏事，古有朝儀。今國家有天下百年，典章文物，悉宜燦然，光於前代，況欽遇列聖文明之主。如科舉取士、吏員降等之類，屢復古制，惟朝儀之典，不講而行，使後世無以鑒觀，則於國家太平禮樂之盛，實爲闕遺。且夫群臣奏對之際，御史執簡，史官執筆，縉紳佩玉，儼然左右，則雖有懷奸利、乞官賞者，亦不敢公出諸口。如蒙聞奏，命中書省會集文翰衙門官員究講。參酌古今之宜，或三日二日一常朝，則治道昭明，生民之福也。」

蕙田案：元有天下百年，而常朝之典竟未及舉，故史册所載闕焉，其遜於遼、金遠矣。

❶「夏至」下，《金史·宣宗本紀》有「後」字。

右元常朝。

【《明會典》】常朝御殿儀：洪武初，定凡早朝，文官自左掖門入，武官自右掖門入。如華蓋殿朝，至鹿頂外東西序立，鳴鞭訖，守衛官至鹿頂内行禮，訖，就侍立位。各衙門官以次行禮訖，有事奏者入奏，無事奏者，四品以上及應陞殿者入殿内侍立；五品以下官出至鹿頂外列班，北向立，候鳴鞭，以次出。如奉天殿朝，俱於華蓋殿行禮奏事畢，五品以下官詣丹墀，依品級列班，重行北向立；四品以上及翰林院官、給事中、監察御史等官於中左中右門伺候，鳴鞭，各詣殿内序立，候朝退捲班，以次出。如先於奉天殿朝，後却奏事者，文武官於丹墀内依品級重行北向立，候鳴鞭行禮訖，四品以上及翰林院官、給事中、監察御史等官陞殿侍立，五品以下仍前序立，候謝恩、見、辭人員行禮訖，鳴鞭，捲班退。有事奏者，於奉天門或華蓋殿進奏；無事奏者，以次出。常朝御門儀：洪武初，定凡早朝，文官自左掖門入，武官自右掖門入。如奉天門朝，至金水橋南，各依品級東西序立，候鳴鞭訖，以次隨行，至丹墀内，東西相向序立。守衛官先行禮畢，東西序立；文武官入班行禮。有事者以次進奏，無事奏者隨即入班。朝退，捲班，分東西出。

【《春明夢餘録》】常朝御門，其御座謂之金臺。既升座，錦衣力士張五繖蓋、四團扇，自東西陛升立座後左右，而内使一執蓋升立座上，一執武備襍二扇，立座後正中。武備之制，一柄三刃，而圈以鐵線，裹以黄羅，袱如扇狀，用則線圈自落，三刃出焉，防不虞也。又曰：「御門，非古制也。古制，天子居總章明堂，惟閏月則居門，故閏字從王從門也。」

蕙田案：古者，天子、諸侯臺門，每日視朝則於此。《周禮·師氏》：

「居虎門之左，司王朝。」是朝於門之證也。孫氏以御門非古制，失之。

凡糾舉失儀：洪武初，令百官有未閑禮儀、新任及諸武臣，聽侍儀司官每日於午門外演習，御史二員監視，有不如儀者糾舉。百官入朝失儀者，亦糾舉如律。又令朝班，每日都察院輪委監察御史二員侍班，糾察失儀。

凡雜儀：令百官入朝遇雨雪，許服雨衣。凡行走，洪武初，令百官早朝入班行禮及朝退捲班，俱分文東武西，不許徑越御道，東西行走。如在奉天門朝，其有事東西往來者，出至金水橋南行過。凡謝恩、見、辭，洪武二年，令在京文武官有故告假及出使，皆奉辭，還皆奉見，而奉特旨授官及除授內外百職，皆即辭謝恩。到任之日，仍望闕行禮。省選者，亦到任日，望闕行禮。或除郡縣官，給賜銀物，聽宣諭者，皆總行謝禮，俱五拜三叩頭。又令凡早朝謝恩、見、辭人員，都察院輪委監察御史二員侍班，凡謝恩者居前，見者次之，辭者又次之，俱行五拜三叩頭禮。凡內外諸司文武官員，已入流者，謝恩、見、辭，必具公服行禮。其或常服見者，綴班後。如以軍務遠來及承制使還，❶即時引見者，不在此例。凡在外諸司遣人來朝及朝使還京者，俱先朝見後詣所司，否者以違制論。

【《昭代典則》】洪武三年正月癸巳，命宰臣定百官入侍班序。

【《明太祖實録》】初，帝以天下初定，欲通君臣之情，日詔百官，悉侍左右，詢問民情，咨訪得失，或考論古今典禮制度，故雖小官，

❶「制」，原脱，據《大明會典》卷四四補。

亦得上殿，至有踰越班序者。至是，帝謂宰相曰：「朝廷之上，禮法爲先。殿陛之間，嚴肅爲貴。朕始欲咨訪庶事，故令百官入侍左右，至班序失次，非所以肅朝儀也。自今文武百官入朝，除侍從、中書省、大都督府、御史臺、指揮使、六部尚書侍郎等官許上殿，其餘文武官五品以下，並列班於丹陛左右，違者糾儀官舉正之。」

【《續文獻通考》】三年二月庚午，帝問禮部尚書崔亮曰：「朕郊祀天地，拜位皆正中，而百官朝參，則班列東西，以避正中，此何禮也？」亮對曰：「臣聞天子祭天，升自午陛；祭社，升自子陛。蓋社祭土而主陰，故君升自子陛，而南向答陰之義也；郊祭天而主陽，故君升自午陛，而北向以答陽也。若夫群臣，朝參於上，非答神之義，俱當避君上之尊，故升降則俱由卯陛，朝班則分列東西，以避馳道，此其義不同也。」帝曰：「臣之事君與君之事天，其道不相遠也。」因命侍儀司：「自今百司朝參，左右班相去不得越二尺，其省府臺官，俱就甬道上拜謁，但不得直行甬道而已。」

【《明太祖實録》】三年三月，禮部奏：「案宋制，駙馬班次，出入皆依官品。今駙馬既授官職，當依百官由西門出入，其班次品級當在百官之上，如一品，在一品之上；二品，在二品之上。」從之。

【《續文獻通考》】七月己亥，詔定朔望升殿儀。崔亮奏：「朔望日，上皮弁服，御奉天殿。百官公服，於丹墀東西對立。引班引合班，北面再拜。班首詣前，同百官鞠躬，唱『某官臣某起居』，贊禮稱『聖躬萬福』。復位，皆再拜，分班對立。省府臺部官有奏，由西階升殿。奏畢，降階。引班引百官以次出。如無事奏，則侍儀由西階升殿，奏知降階，百官出。」制可。

定百官朝參儀：崔亮奏：「凡朝覲進表箋及謝恩，皆公服。如面除，不及具服即時謝恩者勿拘。凡入午門，毋相跪拜拱揖。入朝，坐立毋越其等，毋談笑、諠譁、指畫、窺望。凡近侍，御前毋咳嗽吐唾。如有舊患齁喘發者，許即退班。或一時感疾，不能侍立者，許同官掖出。凡侍班奏事，依舊儀，含雞舌香。如賜坐，不許推讓。或被顧問，先起立對，復問，不必更起。同列侍坐，或被顧問，一人奏對，餘静聽，毋攙言。如各有所見，俟其人言畢，方許前陳。凡諸儒官於御前奏事，或進呈文字，恐有口氣體氣，須退立二三步，毋輒近御案。凡立，須於東西隅，不得直前。其入朝，或錫宴，俱不得素服。」制可。

【《瑣綴録》】今制，早朝班定，鴻臚官宣贊謝恩、見、辭行禮畢，各官將奏事，皆預咳一聲。文武班中，不約而同，聲震如雷，俗謂之打掃。其有痰咳，不可忍者，許引退自便。宣德間，少詹事曾棨以痰咳作，於班中引退，上遥見之，敕免其常朝。成化中，文華殿經筵，户部尚書馬昂，以將咳退出殿門，俟講畢，仍同行禮。餘未見有敢先退者。蓋昂初爲序班，故尚習此例。其他見此，不以爲異，則以爲失儀矣。

【《明太祖實録》】壬寅，賜文武官朝服、公服。先是，命省部會弘文館學士劉基等，參考歷代制度爲之，至是成，始給賜。凡大朝會，天子衮冕御殿，則服朝服；見皇太子，則服公服。

四年三月癸丑，中書省奏舉百官起居之禮

及進膳用樂，不許。

五年三月己酉，命將官子弟年幼者入國學，稍長，令隨班朝參，以觀禮儀。

六年九月丙午，禮部奏定百官常朝班次及奏事等禮儀。

十一年三月丁酉，始製牙牌給文武朝臣。其製，以象牙爲之，刻官稱於上。凡朝參，佩以出入。有不佩者，門者却之。私相借者，論如律。有故，則納之内府。其在外來朝百司官無牌者，則於各門附名以入。

【《明會典》】洪武十四年，定凡朔望日，文武百官，各具朝服，俟鼓三嚴，公侯一品二品官入東西角門俟，其餘三品以下，先於丹墀内班，横行序立。鐘三鳴，公侯一品二品以次入班序立。鐘鳴畢，儀禮司奏「外辦」，導駕官導上出，陞御座，鳴鞭；訖，鳴贊唱「班齊」，通贊詣中，道「班首臣某等起居聖躬萬福」畢，百官行五拜禮，儀禮司奏禮畢而退。

【《明太祖實録》】洪武十六年十一月甲寅，詔定朝參官坐次。凡奉天門賜坐，公侯至都督僉事坐於門内，守衛指揮坐於都督僉事之後稍南，六部尚書及署都督府事官坐於門外，皆東西向；六部侍郎、十衛指揮、應天府尹、國子祭酒、翰林院官、諫官、僉都御史坐於西角門，東向。若華蓋殿，則公侯及都督僉事坐於殿内，尚書及署都督府事官坐於鹿頂内，六部侍郎及十衛指揮、應天府尹、國子祭酒、翰林院官、諫官、僉都御史坐於鹿頂外，皆東西相向。

【《明史·禮志》】十七年，罷朔望起居禮。後更定，朔望御奉天殿，常朝官序立丹墀，東西向；謝恩、見、辭官序立奉天門外，北向。陞座，作樂。常朝官一拜三叩頭，樂止，復班。謝恩、見、辭官於奉天門外，五拜三叩頭畢，駕興。

【《明太祖實録》】十七年九月辛丑，命公侯、駙馬及文官三品、武官四品以上，凡大朝會及常朝，許由午門之右門出入。其有宣召及不時奏事，文官四品、武官五品以下，仍由左右掖門。

二十年十月丁卯，命禮部尚書李原名考正禮儀，申布中外，重定朝參及筵宴儀。朝參儀八條：一，朝班序立，公侯居文武班首，次駙馬，次伯，自一品以下，各以序，文東武西；風憲糾儀官居下，北面；紀事官居文武第一班之後，稍近上，以便觀聽，不得攙越。如奏事，須從班末至御前跪奏，不得班内横過。二，文武官於御前侍坐，遇大小官奏事，必起立，奏畢復坐。若特旨賜坐者，不拘。三，文武官出入朝門，各加敬遜。如一品以下遇公侯、駙馬，立則傍立，行則後從，餘倣此。其有宣召，不在此限。四，朝參官遇有聖諭，須專心拱聽，守而勿失。五，百官入午門内，不得吐唾。如朝參，近侍病嗽者，許即退班。六，御前奏對，務從誠實，不許妄誕。七，隨從過丹墀中，常北面，不得南向，左右環轉，不背北。如隨從升奉天門或丹陛，不得徑行中道及王道；有旨令行於側，隨行；入朝門須拱手端行，不得行私揖禮。

丘氏濬曰：「案前代朝儀，無一定之制，時有更改，惟我朝自祖宗以來，至於今日，率循舊章，一日三朝，自古帝王所無也。每日晨興，上御奉天門，文東武西，侍鳴鞭畢，鴻臚寺卿唱入班，百官行叩頭禮，分班侍立。翰林學士侍御座左，錦衣衛官俠陛西立，六科給事中分侍左右，御史分班北面立，鴻臚官屬立其後。先日謝恩、見、辭者，於鴻臚寺報名。至日，先赴午門外，俟百官叩頭畢，鴻臚卿對御宣奏姓名員數，於午門外行五拜三叩頭禮畢，五府六部以次奏所司合行事。次通政司引入於御前，面奏請旨，該司官出班承旨。大理寺以下，有事出奏，無則已。次禮科引差使考滿官員，次六科各奏旨意題本、守衛揭帖、賞賜鈔錠，次鴻臚宣奏藩府、邊鎮所遣使臣，上命以酒飯賞賜。既而兩京堂上官新陞者及在外三司來朝赴任者面見，叩頭畢，鴻臚卿唱奏事畢，群臣俱側身向上立，鳴鞭畢，上乘輦，往御武英殿或文華殿閱章疏。日率如此，至午復出朝，❶晚亦如之。此每日常朝之制也。每月朔望，上皮弁服，御正殿，百官公服叩頭畢，分班侍。鴻臚卿宣奏謝恩、見、辭員數畢，上出奉天門視朝如常儀。臣竊考前代之制，有所謂押班、放仗、入閤等名目，❷或失於粗略，或失於煩瑣，惟今日朝儀，酌古準今，實爲得中。洪武二十年冬，太祖皇帝諭大臣曰：『近者，臣僚尊卑體統，多未得宜，爾等宜著禮儀，以爲定式。』禮部尚書李原名等會官著爲《禮儀定式》一書，凡三十七條，所謂朝參之禮有八焉。頒行既久，而奉行者偶因一時之便，遂襲以爲故事。旁觀者雖知其非，而不復以爲言，❸後來因以爲當然者，亦或有之。竊觀前代朝會班次，皆著成圖式，載在《文獻通考》諸書者可考也，乞敕大臣及翰林院、鴻臚寺官，

❶「復」，原作「後」，據《大學衍義補》卷四五改。
❷「目」，原脱，據《大學衍義補》卷四五補。
❸「不復」，《大學衍義補》卷四五作「不敢」。

將累朝《實録》及《禮儀定式》等書，再稽洪武、永樂年間以來事例，詳加講究，釐括節潤，畫爲圖式，懸於兩長安門，用以表正百官，觀示列辟，俾人人知所趨避，世世得以遵守，永爲定制云。」

二十一年二月己巳，禮部言：「今後朝參，宫門籍宜從各衙門自置。」從之。

二十二年七月壬午，給文武官朝服錦綬。帝以民間不能製，命工部織成頒賜之。文官五品以上，武官三品以上。

【《明會典》】洪武二十四年，定侍班官員。凡文武官，除分詣文華殿啟事外，如遇陞殿，各用履韈，照依品級侍班。有違越失儀者，從監察御史、儀禮司糾劾。東班則六部堂上官、各部堂掌印官、都察院堂上官、十三道掌印御史、通政司、大理寺、太常寺、太僕寺、應天府、翰林院、春坊、光禄寺、欽天監、尚寶司、太醫院、五軍斷事官及京縣官，西班則五軍都督及首領官、錦衣衛指揮、各衛掌印指揮、給事中、中書舍人。又凡朝班序立，洪武二十四年，令禮部置百官朝班序牌，大書品級，列丹墀左右木栅之上，文武百官照品序立侍班。又凡入朝次第，洪武二十四年，令朝參將軍先入，近侍官員次之，公、侯、駙馬、伯又次之，五府、六部又次之，應天府及在京雜職官員又次之。

百官朝見儀。凡百官朝見，洪武二十六年，定稽首、頓首、五拜乃臣下見君上之禮；先拜手、稽首、四拜後一拜、叩頭成禮，稽首四拜者，百官見東宫、親王之禮。其見父母，亦行四拜禮。其餘官長及親戚朋友相見，止行兩拜禮。

蕙田案：《明史·禮志》載洪武二十六年，令凡入殿必履韈。今以《會典》考之，乃在洪武二十四年，疑《志》誤也。

【《昭代典則》】洪武二十八年十月壬寅，從禮部言，罷百官朝參賜食。先是，每旦視朝奏事畢，賜百官食。帝御奉天門或華蓋殿、武英殿，公侯、一品官侍坐於門內，二品至四品及翰林院等官坐於門外，其餘五品以下於丹墀内，文東武西，重行列位，贊禮贊拜叩頭，然後就坐，光禄司進膳案，從以次設饌，❶食畢，百官仍拜叩頭而退，率以爲常。至是，以職事衆多，供億爲難，罷之。

【郭正域《典禮志》】洪武二十九年十月丁酉，詔定各司奏事次第。禮部議：「凡奏事，先都督府，次十二衛，次通政使司，次刑部，次都察院，次監察御史，次斷事官，次吏、户、禮、兵、工五部，次應天府，次兵馬指揮使，次太常司，次欽天監。若太常司奏祭祀，則在諸司先。每朝，上御奉天門，百官上謁畢，儀禮司以次贊奏事，奏畢，復班。若上御殿，奏事官升殿，以次奏畢，先退。其不升殿者，俱於中左、中右門外兩廊候奏事官出，則皆出。若文華殿啟事，則詹事府在先。凡晚朝，惟通政使司、六科給事中、守衛官奏事，其各衙門有軍情重事者許奏，餘皆不許。」詔從之。

【《明太祖實録》】十一月乙卯朔，詔免國子監生朔望朝參。

【《續文獻通考》】成祖永樂元年五月庚辰，禮部請忌辰西角門視朝。禮部尚書李至剛等奏：「五月十日丙戌，太祖高皇帝忌辰，議於忌辰前二日，上服淺淡衣服，御西角門視事，不鳴鐘鼓，不行賞罰，不舉音樂，禁屠

❶「從」，《昭代典則》卷一一無此字。

宰。文武官服淺淡衣服、黑角帶視朝。」從之。仍命八月十日高皇后忌辰亦如之。

【《明史·禮志》】永樂初，令內閣官侍朝立金臺東，錦衣衛在西，後移御道，東西對立。四年，諭六部及近侍官曰：「早朝多四方所奏事。午後事簡，君臣之間，得從容陳論。自今有事當商榷者，❶皆於晚朝。」

【《續文獻通考》】七年正月癸丑，賜朝參官元宵節假，自正月十一日爲始，凡十日，百官朝參不奏事，聽軍民張燈飲酒，爲弛夜禁。著爲令。

【《明會典》】永樂七年大寒，早朝，上御奉天門，百官行叩頭禮侍班，俟鴻臚寺官引謝恩、見、辭人員行禮畢，駕興，御右順門內便殿，百官有事奏者以次入奏，無事者退治職務。

【《明史·禮志》】七年，諭行在禮部曰：「北京冬氣嚴凝，群臣早朝奏事，立久不勝。今後朝畢，於右順門內便殿奏事。」

【《明會典》】二十二年九月，時仁宗已即位。令方面大臣來朝，鴻臚寺即皆引見。

【《續文獻通考》】十月庚戌，令大小公私之事，皆於公朝陳奏。

【《宣宗實録》】宣德三年十二月，寧王權言：「慶賀行禮，拜進表箋，三司官皆依秩序立，獨儀賓未有定制。」帝命禮部考定。尚書胡濙言：「考洪武禮制，郡主儀賓秩從二品，縣主儀賓從三品，郡君儀賓從四品，縣君儀賓從五品，鄉君儀賓從六品。若遇行禮，宜序於同等官員之左。」詔頒行遵守。

【鄧元錫《明書》】宣德四年十二月，帝以霜寒，命光禄寺賜早朝官羊酒，謂侍臣曰：

❶「榷」，原作「確」，據庫本改。

「皇祖考臨朝，旦常賜食，必謹識無忘。」

【《明史·英宗本紀》】宣德十年正月，英宗即位，始罷午朝。

【《大政記》】太祖相傳，諸帝臨朝，每至日昃，不遑暇食。惟欲達四聰，以來天下之言。至是，以帝幼冲，始罷午朝。又創權制，每日早朝，止許言事八件。前一日先以副本詣闕下，豫以各事處分陳上。遇奏，止依所陳傳旨而已。其後遂爲定制。

朱氏國楨曰：「開創與守成不同，長君與幼主亦異。三楊創權制，自合如此。後八事改爲六事，今止三事。臨朝，文武侍立，傳宣奏對，不能多，亦不能久，與文華詳審擬議，不可並論矣。」

【《明史·禮志》】景泰初，定午朝儀。凡午朝，御左順門，設寶案，執事奏事官候於左掖門外。駕出，以次入。內閣、五府、六部奏事官，六科侍班官，案西序立；侍班御史二，序班二，將軍四，案南面北立；鳴贊一，案東，西向立；錦衣衛、鴻臚寺東向立；管將軍官、侍衛官立於將軍西。府部奏事畢，撤案，各官退。有密事，赴御前奏。

蕙田案：《實録》但云景泰二年復午朝，而備載此儀於弘治元年。然《明會典》、郭正域《典禮志》及此志並以爲景泰初定。蓋景泰復午朝，即定此儀，孝宗因而行之耳。《實録》於景泰中事多闕略，此亦其一證也。

【《續文獻通考》】景泰二年九月丙申朔，定常朝內閣位、午朝翰林院先奏事。時户部尚書兼翰林院學士陳循奏以「永樂初，內閣官遇常朝，立金臺東，錦衣衛在西。後因不便，移下貼御道，東西對立，已爲定例。近日因雨，各衙門官俱上奉天門奏事。五府官雖品高，皆立西簷柱外，獨六卿序立東簷柱内，遂使内閣官無地可立。此係朝儀，不可不辨。又每午朝，進近御榻奏事臣，所奏多係制誥機密重務，不宜在五府、六部奏雜事後」。帝從之，故有詔。

【《瑣綴録》】舊制，每早朝，閣老與司禮監太監對立寶座東。❶太宗晚年健忘，寶座後常有一二宫嬪從立記旨。時金文靖公嫌不自安，辭立丹陛下仗馬之南。景泰中，陳芳洲請復立陛下，託言每遇雨雪不便，朝廷難之，事遂寢。天順中，一日仗馬蹄齧，驚逼諸閣老，英廟乃命諸閣老移南，立諸給事之前、大漢將軍之後。給事亦移南立。英廟見之，命毋南移，惟仍舊班。成化間，閣老復立北上，諸給事又隨而北，若前後班然，不復分上下班矣。初，閣老以品序前後立。成化初，劉主静以四品入閣，獨立於陳、彭二先生後，以與給事班同。上命立陳、彭之下，萬循吉繼之而立，遂爲一班。

【《明會典》】景泰三年，令師保兼官品同者，立班以銜門爲次。又令六科都左右給事中内外序坐書銜俱居御史之左。又令官員人等至皇城門四下馬牌邊橫過俱下馬，其順行不係橫過，不在禁例。

【《續文獻通考》】英宗天順元年正月，武清侯石亨言：「洪武禮制榜文，凡朝參及護衛官員軍校進退，先後有序，禁門出入有常。近來不分貴賤，相參挨擠，皇城各門，諸人往來徑行，全無忌憚，有帶物貨入内買賣者。今後常朝，第三通鼓起，先開一門，官軍旗校將軍先進排列。鐘響，朝官依次而進。嚴敕守衛官軍，不許徑放無牌面人員

❶「東」下，庫本有「西」字，疑是。

穿朝出入及將物貨買。」從之。

【《明會典》】天順三年，定方面官入班，遞降京官一等。

成化元年，令每日早朝，各衙門并公差官員，具本面奏，及通政司類進本狀，各具手本，備開所奏事件，送禮科收照。次日，將收到奏目并各衙門送到奏題本狀，通具奏目，送司禮監交收，以候類進。又令一應奏題本有旨意者，六部、都察院等衙門抄出，即明白覆奏發落，不許稽緩。若過五日不覆奏者，該科以聞。凡在京文武衙門，奏題本謹封完備，俱差屬官捧入左順門進呈。

成化十三年，奏准文武官員入朝，大臣許帶官吏頭目，每人二名。若遇陰雨，大臣添一人，小官許帶一人，各執雨具。又令文武大小官員入朝，跟隨辦事官吏人等，照出午門例，於長安左右門、承天門、端門各下小木牌進入，出則收回。

十四年，令朝參官員，遇鼓起時，俱於左右掖門外拱候。東西班次，照依衙門品級序；其進士，各照辦事衙門次序立於見任官後。

【《明憲宗實録》】成化二十一年六月，帝以盛暑祁寒，朝官侍衛人等難於久立，今後每歲自五月至七月、十一月至次年正月，止奏五事，餘仍舊。

【《續文獻通考》】弘治元年正月丁酉，帝黑翼善冠、淺淡色袍、黑犀帶，御奉天門視朔。群臣常服朝參。自是日至十五日，皆不御殿。故事，元旦至元宵，皆御殿。

閏正月丙寅朔，帝御奉天殿，文武官公服朝參。自此，朔望始御殿。庚午，吏部右侍郎楊守陳上疏，請遵祖宗舊制，日再御朝。

蕙田案：《憲章録》、《昭代典則》載守陳上疏在是年三月，其官銜稱少詹事。今以《實録》及《明史》本傳考之，則守陳時已爲吏部侍郎矣。本傳云正月上疏，今從《實録》及《續通考》，在閏正月。

【《明孝宗實録》】弘治元年三月，禮部進午朝儀注。三月十八日午朝，内官先設御座於左順門之北，設案稍南，文武執事奏事官俟於左掖門内。駕出，以次入，序立。内閣及府部奏事官，六科侍班官，俱案西序立；侍班御史二，序班二，將軍四，俱案南，面北立；鳴贊一，案東，面西立；錦衣衛、鴻臚寺、堂上官於奏事官班下，以次面東立；管將軍官及侍衛官立於將軍之西。府部官依次出班奏事，通政司依常例引人奏事。三法司官遇有奏，俱隨班。其常日承旨，刑部、大理寺郎中、寺正各一員。都察院，侍班御史承旨。其餘衙門，分官承旨。鴻臚寺官贊奏事畢，徹案，百官退。如有機密重事，許赴御前具奏。

蕙田案：《實録》但云禮部進午朝儀注，不云是年重定，則《會典》、《明史·志》以爲景泰初所定者是也。特成化中已廢而不舉，至是復遵舊制耳。

【《續文獻通考》】弘治二年六月戊子朔，工部主事林沂奏欲按品秩列坐御史上，爲御史所劾。帝以沂故違成憲，治之。

御史向翀等劾曰：「朝廷設官分職，有拘品秩者，有不拘品秩者。故慶成賜宴，翰林坐於科道之前，科道坐於郎中之上。若概以品秩，則殿閣諸大學士皆當列於太僕少卿之下，京縣知縣、兵馬指揮皆當列於御史、給事中之上矣。」

四年八月庚午，復午朝。九月甲午，南京給

事中毛珵等言：「陛下臨御之初，吏部侍郎楊守陳請遵祖宗舊制，御早午二朝聽政。意以早朝侍衛森嚴，君臣之間難以盡情，冀於午朝欵曲辨議。今乃與早朝不殊，君臣間隔如故，豈建言初意乎？伏望自今午朝，敕各衙門將緊切事件口奏，少霽天顔，議其可否；朝退之後，常御便殿，時召大臣，咨訪政事，如守陳之説。」詔下所司知之。

【《憲章録》】弘治十三年正月，大學士劉健等言：「自古願治之君，必早朝晏罷，日省萬幾。祖宗黎明視朝，每日奏事二次。邇者視朝太遲，朝罷或至昏黑。四夷朝貢，奚所觀瞻？庶府文移，多致寢閣。矧今各邊啟釁，四方薦災，尤爲可慮。怠荒是戒，勵精是圖，庶可以回天意，慰人心。」上嘉納之。

【《孝宗本紀》】十三年五月丙辰，召大學士劉健、李東陽、謝遷於平臺議政。

【《燕史》】建極殿，即謹身殿也。殿居中向後，高踞三纏白玉石欄杆之上者，雲臺門也。兩旁向後者，東曰後左門，西曰後右門，即雲臺左右門，亦名曰平臺也。凡召對閣臣等官，或於平臺，即後左門也。

【《明孝宗實録》】十三年六月戊子，御史劾西寧侯宋愷等文武官五百有六人朝參不至，有詔宥之，仍奪一月俸。靖遠伯王憲以病在告，都督僉事李晟等十二人以赴操，太僕寺少卿李綸以文華殿辦事，例免朝參，奏狀得不奪俸。

【《明武宗實録》】正德九年，編修王思以乾清宫災，應詔上言：「祖宗故事，正朝之外，日奏事左順門，又不時召對便殿。今每月御朝不過三五日，每朝進奏不踰一二事。其養德之功，求治之實，宰輔不得而知也；

聞見之非，嗜好之過，宰輔不得而知也。況天下之大，四海之廣，生民愁苦之狀，盜賊縱横之由，又豈能一一上達。伏願陛下，悉遵舊典，凡遇宴閒，少賜召問，勿以遇災而懼，災過而弛。」不報。

【《明世宗實録》】嘉靖元年二月，詔以正德末，朝儀多廢，命禮部詳定。於是禮部奏：「朝參諸儀，凡入進班奏啟復命及齋戒、忌辰、令節予告日期，以及御史、鴻臚官面糾、疏糾各禮，皆查復舊例，明示諸司，永爲遵守。」從之。

【《典彙》】嘉靖六年十二月，大學士楊一清等言：「人主視朝，當有常期。古禮，朝辨色始入，君日出而視之。今陛下常於昧爽以前視朝，或設燭以登寶位，雖大風寒無間，是固勵精圖治之心，第聖躬得毋過勞乎？伏願於新歲履端更始之前，倣古禮而行，命鴻臚官傳示内外，每以日出爲度，或遇大風寒日，暫免。遂著爲令。」上曰：「卿等所言，真師保愛君至意。邇來内外百官，偷閑怠惰，不能勤事，故朕以身先之，庶足以警化云耳。古禮謂辨色入朝，日出而視之，不獨爲息養之計，是亦防微之一道也。」

蕙田案：如一清所奏，可見世宗初政之勤。迨其後，至三十餘年不御常朝矣。

【《明史·禮志》】嘉靖九年，令常朝官禮畢，内閣官由東陛、錦衣衛官由西陛陞，立於寶座東西。有欽差官及外國人領敕，坊局官一人奉敕立内閣後，稍上，候領敕官辭，奉敕官承旨由左陛下，循御道授之。

【《續文獻通考》】十一年八月丙子朔，詔領敕及謝恩、見、辭之制，俱如舊。先是，正月，帝以疾，數不視朝，鴻臚卿王道中因請領敕謝恩及見、辭官暫受事左順門，後因循，遂爲定制。禮部以爲非祖制，不可。帝以諸事非係重大，其如寺議。於是尚書夏言議曰：「領敕必於御前，以重帝命，可防詐傳旁出之奸。繳敕必於御前，以達下情，可防遲留隱匿之弊。至面見、面辭人員，即遇免朝，豈不能少待而遽廢上下之禮，殆非臣子之心所安。」帝然之，詔並遵舊制，如遇雨雪風寒，暫三五日不視朝，並令候待；若免朝日久，准受命左順門。著爲令。

【《明世宗實録》】十三年十一月，帝以大祀，御殿誓戒群臣。中書舍人無侍殿班者，御史楊行中奏之。掌中書事傅桒等言：「故事，誓戒無舍人侍班。」下禮部議，言：「升殿禮儀，翰林官與中書舍人俱用四人，東西侍班。緣《會典》所載，互有詳略，故於誓戒進歷等禮，有翰林而無中書。今宜著爲令，凡御殿稱賀諸禮，皆令中書舍人侍班。」從之。

【《續文獻通考》】十四年三月丁卯，帝與大學士張孚敬、李時議復午朝。帝日講畢，召輔臣張孚敬、李時見於文華殿西室。語次，歷評諸臣，時因請舉先朝午朝之典，每午御左順門，命大臣朝見，即奏事，亦足以聯屬人心。帝曰：「先朝仍有晚朝之儀，朕常思之，如鴻臚寺奏謝恩、見、辭是朝儀，若政事，另行爲是。今通政司奏事，全是行政，非朝也。」孚敬曰：「午朝驟難復，不若時常宣召大臣於文華殿，質問政事。」時曰：「不但質問政事，亦可知人臣賢否。臣等亦在側侍班。」帝曰：「也著科道官侍，俟廷試後舉行之。」

【《大政記》】隆慶元年正月戊午，帝御宣治門視事。

【《明穆宗實録》】帝初即位，禮部請御宣治門聽政，詔以元年正月二日始。至三月己卯，始御皇極門，復常儀。

【《明書》】辛酉，詔復召對舊典，令科道隨入。

【《大政記》】元年二月，考定朝儀。

【《續文獻通考》】隆慶元年，都給事辛自修等以朝儀久曠，班行不肅，請令禮官考議成式。疏下禮部禮科會議。至是，奏言：「國家初制，百官以品序立，故今皇極殿前所列品山表識森然。其後更定制度，又有不拘於品者。如内閣官、錦衣衛升立寶位之東西，翰林學士列於僉都御史之上，其他翰林官不論品級敘於京堂之内，科道官自爲一等，列於部屬之先；及鴻臚寺、尚寶司列於西階，三科六道與東班對侍。雖若次序參錯，班行混淆，然或以顧問糾察，或以奉事承旨，莫不有因，難以輕改。今後常朝，悉如此例。其餘官員，仍依品級崇卑、衙門次序爲列。如有紊越，聽糾儀官糾奏。至於各官被服束帶，《會典》所載甚明，不得僭用，以乖典制。」從之。

【《穀城山房筆麈》】國初朝儀，專敘品級，不分散要。世宗自甲午以後，三十餘年不視常朝，舊典無人記憶。穆考登極，始復常朝。鴻臚搜求故實，多所散失，不知於世廟初年合否。班行東西分列，勳臣在西上，東面，不與百官齒。左班面西侍立，一品二品爲第一行，❶三品次之，爲第二；四品五品京堂次之，爲第三；宫坊五品六品次之，爲第四；翰林六品七品次

❶「第」，原脱，據《穀城筆麈》卷一補。

之，爲第五；兩房中書次之，爲第六。此爲一段。其下則六科爲第一，吏部第二，中書舍人第三，此爲一段。其下則御史第一，五部次之。自此以下，品級官次，紊不可紀矣。右班面東侍立，則錦衣在前，五軍都督府次之。其後，七十二衛指揮等官。叩頭禮畢，則左班内閣、右班錦衣俱由玉陛升，立金臺左右；六科升，立甬道左右，東西向；御史立於甬道左右，北向。其北面行禮班次，則公侯、駙馬、伯立三班於前，去文武階次稍遠。其下則文武兩班同上，御道左右分立，一品二品爲第一，三品第二，四品五品京堂至翰林、史官、吉士第三，科道、中書第四，其下則六部郎官，亦頗紊亂。其同班序立，翰林七品，在小九卿六品之上；宫坊六品，在小九卿五品之上；宫坊五品，在大九卿五品之上；講讀學士在大九卿四品之上。惟讓僉都、少詹、光學士在僉都之上。至于六部郎官，往時一吏二禮，其下則户、兵等部，故有主事立於郎官之上者。其後，户部主事賀邦泰以禮部在其上，嘗疏争之，有詔六部郎中並列，員外次之，主事又次之。久之，又稍稍紊矣。

三年閏六月，南京吏部尚書吴嶽上疏謂：「常朝止於見謝彌文，即奏對常規，姑取塞責。宜將各部院衙門編爲班次，分定日期，皇上親御便殿，依次召入，令其各照職掌次第敷陳；其科道官，亦得分番參與可否，則可以廣聖聰，勸百辟。」報可。

【《明史・禮志》】隆慶六年，詔以三六九日視朝。

【《明神宗實録》】元年，禮部議應否常朝官定規：除兵部協理戎政，侍郎遇開操日免朝。户部總督倉場管東官廳禄米倉銀庫、大通橋、崇文門，禮部提督四夷館，工部管修京通倉，户刑二部照磨各部司務，俱朔望日朝參。刑部提牢主事暫免，其餘在京差管倉場廳廠官，俱常朝。其差出城者，臨時填註門籍。

【《明史·禮志》】神宗三年，令常朝日記注起居官四人，列於東班給事中上，稍前，以便觀聽。午朝，則列於御座西，稍南。

【《明神宗實録》】大學士張居正奏：「國初設起居注官，日侍左右，實古者『左史記事，右史記言』之制。後定官制，乃設翰林院修撰、編修、檢討等官。蓋以記載事重，故設官加詳，原非有所罷廢。而自職名更定，遂失朝夕記注之規，以致累朝史文，闕略記載。臣等仰稽成憲，參酌時宜，竊以宫禁邃嚴，流傳少實，堂簾遠隔，聽睹非真，何以據事直書，傳信垂後。謹案《禮儀定式》，凡遇常朝，記事官居文武官第一班之後，近上，便於觀聽，即古螭頭載筆之意。洪武二十四年，定召見臣下儀，以修撰、編修充侍班官，即古隨仗入直紀事之意。今遵祖制，除升殿例用史官侍班外，凡常朝御皇極門，每日輪該記注起居并史官共四人，列於東班各科給事中之上；午朝御會極門，列於御座西，稍南，專記言動。」詔依擬行。

【《續文獻通考》】神宗四年六月癸酉，帝命禮兵二部議五府官應否與勳臣同班立。於是禮部言：「都督諸臣，於殿下則當立錦衣衛官後而稍出其上，與六部對侍。常朝御門，初立亦如之。行禮後，則與南北司無執事者同班而序其上。」命著爲令。

【《春明夢餘録》】各班武臣，當以都督爲

先。自嘉靖以來，錦衣權重。又陸、朱二公，皆以三公重銜，官在都督之上，故立於首。神宗六年戊寅，朱太傅已歿，掌錦衣者俱都指揮等官，相沿舊規，仍立前列。其後遂有争議。部中以錦衣貴重，竟不能持可否。乃令錦衣仍前立，行稍下，都督立其後稍上，非正禮也。

【《明會典》】神宗四年議，准於左右掖門内各設序班，分立東西，與原設催促入班序班二員，一同糾察。

十二年，議令吉服朝參日期，除祭祀齋戒不面糾外，其餘照常糾儀。又令參將見朝在京營者，照京官儀，不贊跪；在外者，照外官儀，贊跪。失儀俱面糾。

常朝近儀：凡早朝，鼓起，文武官各於左右掖門外序立，候鐘鳴開户，各以次進。過金水橋，至皇極門丹墀，東西相向立，候上御寶座。鳴鞭，鴻臚寺官贊入班，文武官俱入班，行一拜三叩頭禮，分班侍立。鴻臚寺官宣念謝恩、見、辭人員，傳贊午門外行禮畢，鴻臚寺官唱奏事，各衙門應奏事件以次奏訖，御史序班糾儀。無失儀官則一躬而退，鴻臚寺官跪奏「奏事畢」，鳴鞭，駕興，百官以次出。近例，朝覲外官及舉監人等，不許擅戴煖耳入朝。

【《明神宗實録》】十四年十一月己未，給事中王三餘疏言：「視朝太早，多有未便，即日出亦不爲遲，既可調養聖躬，保和元氣，且於門禁朝儀，俱爲便益。皇上如欲希古帝王及我祖宗中興之盛，莫若再復午朝之規，日與公卿大臣及執事等官商搉政事，面賜批答可也。」帝報聞。

【《明史·莊烈帝本紀》】崇禎元年八月乙未，詔：「非盛暑祁寒，日御文華殿與輔臣議政。」

【《續文獻通考》】是月甲寅，御史王相説言：「文華殿召輔臣商搉機務，請仍輪詞臣二員以備記注，臺省臣二員以備糾參，庶幾古人左右史記言動及諫官隨宰相入閤之意。」從之。

【《春明夢餘録》】崇禎十五年閏十一月初七日，詔：「二祖舊制，日常朝見群臣，裁決政事。朕今率循成憲，除門朝照例應免日期傳免外，餘每日視朝畢，勳戚文武諸司等官有欲奏事者，赴弘政門報名候召。內外官員敢有壅蔽阻當者，定以奸欺論。」

觀承案：常朝，周制不過旅揖特揖，其儀最簡，而君體盤，臣體蹙，其分未始不嚴。東遷以後，上替下陵，天子下堂，侯國大夫相率而拜於上，其朝可知矣。秦矯其弊，而立朝揖朝之法，遂不復行。然受決事於咸陽宮，庶幾其猶舊典禮歟？叔孫通采古禮，與秦儀雜治之，爲漢朝儀。其見於史書者，皆秦儀也。頗采古禮者安在？且不可用於常朝。漢初，公卿每月常朝，宣帝始親國事，五日一朝，則常朝也。其儀不著，意者即以倣秦之所爲決事者爲古禮歟？唐宋以來，重常朝而儀特備，一切已非秦漢之舊。至明，御門商確事於晚朝，俾從容陳論，依古以來，獨此爲近。載考漢、唐，君臣決事於殿庭也，皆列坐，宋太祖密撤范質之坐，宰相立而白事。至不時之朝，惟漢、唐有之，故汲黯得見武帝於武帳，魏徵得見太宗於便殿。宋以下，則待召而入。夫周之掌治朝者爲小宰，通復逆者爲小臣，皆士也，而君臣又不時可見。秦、漢、唐、宋、明用宦寺，不得時見，宜乎多奄禍而繁文縟節，皆成日中之蔀已。

右明常朝。

五禮通考卷第一百三十五

淮陰吴玉搢校字

五禮通考卷第一百三十六

内廷供奉禮部右侍郎金匱秦蕙田編輯
太子太保總督直隸右都御史桐城方觀承同訂
兩淮都轉鹽運使德水盧見曾
按察司副使元和宋宗元 參校

嘉禮九

朝禮

蕙田案：古者有朝覲之禮，無朝賀之文。秦改封建爲郡縣，始有朝十月之禮。漢叔孫通起《朝儀》，其制始詳，大朝會實始於此。其冬至稱賀，昉於魏晉。千秋之節，始於有唐。前明以元正、冬至、聖節爲三大節，我朝因之。蓋以元正者，一歲之始；冬至者，一陽之始；聖節者，人君之始。帝王所以臨御萬國，臣子所以致敬君父，將於是乎觀禮焉。若唐、五代、宋以五月朔受大朝，遼以重五稱賀，元、明則有郊祀慶成受賀，其禮大略相仿。《遼志》別有賀祥瑞、平難諸儀，皆起於一時創制，不合於古，今編次五禮，概不及録。元正、冬至朝賀，《晉書》、宋、遼諸《志》俱入賓禮，今以杜佑《通典》、《明集禮》、《會典》之例，載入嘉禮云。

【《史記・秦始皇本紀》】二十六年，始皇推終始五德之傳，以爲水德之始，改年始，朝賀皆自十月朔。衣服、旄旌、節旗，皆上黑。

蕙田案：三代盛時，無所謂朝賀也。每日則有視朝之儀，月朔則有聽朔之禮。聽朔者，天子於明堂、諸侯於祖廟行之，故亦謂之朝廟，不於朝也。其在歲首行之，則謂之朝正。《春秋》襄二十九年經書「公在楚」，《左氏傳》云：「釋不朝正於廟也。」後世朝正之名，蓋始於此。但古者於廟行告朔之禮，所以尊祖；後世於朝舉賀歲之禮，乃以尊君。名同而實異。秦朝賀儀，雖不可考，然漢叔孫通所起《朝儀》，頗采用之，當亦不甚相遠，此後代正朔朝會之權輿也。

右秦正旦朝賀。

【《叔孫通傳》】漢已并天下，高帝悉去秦苛儀法，爲簡易。群臣飲酒爭功，醉或妄呼，拔劍擊柱，高帝患之。叔孫通説上曰：「儒者難與進取，可與守成。臣願徵魯諸生與臣弟子共起《朝儀》。」高帝曰：「得無難乎？」通曰：「禮者，因時世人情爲之節文。臣願頗采古禮與秦儀雜就之。」上曰：「可試爲之，令易知，度吾所能行爲之。」於是通使徵魯諸生三十餘人及上左右爲學者，注：「左右，謂近臣也。爲學，謂素有學術。」與其弟子百餘人爲綿蕞野外。注：應劭曰：「立竹及茅索營之，習禮儀其中也。」如淳曰：「謂以茅剪樹地，爲纂位尊卑之次也。❶《春秋傳》曰：『置茅蕝。』」師古曰：「蕞與蕝同，並音子説反。」習之月餘，通曰：「上可試觀。」上使行禮，❷曰：「吾能爲此。」迺令群臣習

❶「位」，原脱，據《漢書・叔孫通傳》注補。

❷「行」，原作「習」，據《漢書・叔孫通傳》改。

肄，會十月。漢七年，長樂宫成，諸侯群臣皆朝十月。注：「適會長樂宫新成。漢時尚以十月爲正月，故行朝歲之禮。史家追書十月。」儀：敘下儀法。先平明，未平明之前。謁者治禮，引以次入殿門，廷中陳車騎、戍卒、衛官，設兵，張旗志。傳曰「趨」。傳聲教入者皆令趨，謂疾行爲敬也。殿下郎中俠陛，陛數百人。俠與挾同，挾其兩旁，每陛皆數百人。功臣、列侯、諸將軍、軍吏以次陳西方，東鄉；文官丞相以下陳東方，西鄉。大行設九賓，臚句傳。上傳語告下爲臚，❶下告上爲句也。大行掌賓客之禮，今之鴻臚。九賓，則九儀也，謂公、侯、伯、子、男、孤、卿、大夫、士也。❷於是皇帝輦出房，百官執戟傳警，傳聲而唱警。引諸侯王以下至吏六百石以次奉賀。自諸侯王以下莫不振恐肅敬。至禮畢，復置法酒。法酒，猶言禮酌，謂不飲之至醉。諸侍坐殿上皆伏抑首，抑，屈也，謂依禮法不敢平坐而視。以尊卑次起上壽。觴九行，謁者言「罷酒」，御史執法舉不如儀者輒引去。竟朝置酒，無敢讙譁失禮者。於是高帝起曰：「吾乃今日知爲皇帝之貴也。」乃拜叔孫通爲太常，賜金五百斤。

《讀史管見》：「胡氏寅曰：帝王之禮，因革損益，至周而大備。周八百年，雖柄移祚迄，其朝廷所用者，無利害於争戰從横之事。雖秦火書滅籍，亦必有知其略者。誠能深知詢求，草創而潤色之，縱不得其全，亦當參互有見，使聖帝明王制儀立度，文章物采，寓法象形，禁戒之意，後猶有考，不亦美哉。惜乎漢高智不及此，而叔孫通委己從人，諧世而取寵也。」

丘氏濬曰：「此後世歲首行朝賀禮之始。漢承秦制，以十月爲歲首故也。武帝始行夏正，而以正月爲歲首。然朝賀之禮則仍其舊，用十月焉。至後漢，始命行朝會禮於正月。此禮，三代以前雖未有其制，然歲序更端之始，萬物維新，凡爲臣子者，畢來朝會，以致其履端之

❶「語」，原脱，據《漢書・叔孫通傳》注補。
❷「孤」，原脱，據《漢書・叔孫通傳》注補。

慶，亦義之當然也。」

蕙田案：朝賀之禮，在歲首正月朔。秦、漢以十月爲正月，其云「朝十月」者，史家於太初改曆之後追書之。顔師古注《漢書》，其説甚明。太初改用夏正，則朝賀自當在正月。《武帝紀》太初四年春正月，朝諸侯王於甘泉宫。後元二年春正月，朝諸侯王於甘泉宫。《宣帝紀》五鳳三年，單于稱臣，使弟奉珍朝賀正月。甘露二年，匈奴呼韓邪單于款五原塞，願奉珍以朝三年正月。是其證也。杜佑《通典》云：「武帝雖用夏正，然每月朔朝，至于十月朔，猶常享會。」蓋漢儀，諸侯王惟朝正月，公卿則每月常朝，以十月舊爲歲首，故亦有享會之禮，瓊山丘氏據此，以爲西漢朝賀常在十月，誤矣。

【《史記·高祖本紀》】九年，未央宫成，高祖大朝諸侯。群臣置酒未央前殿，高祖奉玉卮爲太上皇壽，殿上群臣皆呼萬歲。

【《吕后本紀》】孝惠三年，方築長安城。六年，城就，諸侯來會，十月朝賀。

【《漢書·高后本紀》】二年春，詔曰：「高皇帝匡飭天下，諸有功者皆受分地爲列侯，萬民大安，莫不受休德。朕思念至於久遠而功名不著，亡以尊大誼，施後世。今欲差次列侯功以定朝位，藏於高廟，世世勿絶，嗣子各襲其功位。其與列侯議定奏之。」丞相陳平言：「謹與絳侯臣勃、曲周侯臣商、潁陰侯臣嬰、安國侯臣陵等議，列侯幸得賜餐錢奉邑，陛下加惠，以功次定朝位，臣請藏高廟。」奏可。

蕙田案：高帝時已定蕭、曹以下十

八侯位次，至高后二年，詔丞相平盡差列侯之功，則自陳濞以下至須無，共一百三十七人，其朝位則如淳注《漢書》謂「功大者位在上」是也。

【《南齊書・禮志》】秦人以十月旦爲歲首，漢初習以大饗會。後用夏正，饗會猶未廢十月旦會也。

蕙田案：志所云，可正丘氏以朝賀仍舊在十月之誤。

《決疑要注》：「古者朝會皆執贄，侯伯執圭，子男執璧，孤執皮帛，卿執羔，大夫執鴈，士執雉。漢魏粗依其制。正旦大會，諸侯執玉璧，薦以鹿皮，公卿以下所執如古禮。古者衣皮，故用皮帛爲幣；玉以象德，璧以稱事也。」

《大學衍義補》：「漢有天子大會殿，爲周之外朝。蕭何造未央宮，言前殿宜有後殿。大會殿爲外朝，宮中有後殿爲治朝。七年，諸侯群臣朝長樂宮，蓋大朝會之所。」

蕙田案：鄭康成注《周禮・稾人》云：「今司徒府中有百官朝會之殿，云天子與丞相舊決大事焉，是外朝之存者與？」然則漢無大會殿之名也。丘氏之説，蓋承葉石林之誤。又，漢時朝正月，或在長樂宮，或在未央宮，或在甘泉宮，或在建章宮，隨上所在，無定所，不必常在長樂也。

右西漢正旦朝賀。

【《續漢書・禮儀志》】每月朔歲首，❶爲大朝受賀。其儀：夜漏未盡七刻，鐘鳴，受賀。及贄：公、侯璧，中二千石、二千石羔，千

❶「每月朔歲首」，校點本《續漢書・禮儀志》校改作「每歲首正月」。

石、六百石鴈，四百石以下雉。《獻帝起居注》：「舊典，市長執雁。建安八年，始令執雉。」百官賀正月，二千石以上上殿稱萬歲。舉觴御坐前，司空奉羹，大司農奉飯，奏食舉之樂，百官受賜宴享，大作樂。其每朔，惟十月旦從故事者，高祖定秦之月，元年歲首也。

【蔡質《漢儀》】正月旦，天子幸德陽殿，臨軒。公、卿、將、大夫、百官各陪朝賀。❶蠻、貊、胡、羌朝貢畢，見屬郡計吏，皆陛覲，庭燎。宗室諸劉雜會，❷萬人以上，立西面。位定，公納薦，太官賜酒食，西入東出。❸既定，上壽。計吏中庭北面立，太官上食，賜群臣酒食。❹貢事御史四人執法殿下，❺虎賁、羽林弧弓撮矢，❻陛戟左右，戎頭偪脛陪前向後，左右中郎將位東南，❼羽林、虎賁將東北，五官將位中央，悉坐就賜。作九賓徹樂。❽舍利從西方來，❾戲於庭極，乃畢入殿前，激水化爲比目魚，跳躍嗽水，作霧鄣日。畢，化成黃龍，長八丈，出水遨戲於庭，炫燿日光。以兩大絲繩係兩柱中頭間，❿相去數丈，兩倡女對舞，行於繩上，對面道逢，切肩

❶「陪」下，校點本《續漢書·禮儀志》校增一「位」字。
❷「雜」，校點本《續漢書·禮儀志》校改作「親」。
❸「公納薦太官賜酒食西入東出」，校點本《續漢書·禮儀志》删去此十二字。
❹「食」下，校點本《續漢書·禮儀志》校補「西入東出」四字。
❺「貢事」，校點本《續漢書·禮儀志》删此二字。
❻「弧」、「撮」，校點本《續漢書·禮儀志》校改作「張」、「挾」。
❼「位」，原作「住」，「南」，原作「西」，據校點本《續漢書·禮儀志》改。下文兩「位」字同。
❽「撤」，校點本《續漢書·禮儀志》校改作「散」。
❾「利」下，校點本《續漢書·禮儀志》校補「獸」字。
❿「中頭」，校點本《續漢書·禮儀志》删此二字。

不傾，又蹋局出身，❶藏形於斗中。鐘磬並作，樂畢，❷作魚龍曼延。小黄門吹三通，謁者引公卿群臣以次拜，微行出，罷。卑官在前，尊官在後。德陽殿周旋容萬人。陛高一丈，皆文石作壇。激沼水於殿下。畫屋朱梁，玉階金柱，刻鏤作宫掖之好，厠以青翡翠，一柱三帶，韜以赤緹。天子正旦節，會朝百僚於此。自到偃師，去宫四十三里，望朱雀五闕、德陽，其上鬱律與天連。《雒陽宫閣簿》云：「德陽宫殿，南北行七丈，東西行三十七丈四尺。」

蕙田案：正旦朝會百僚，爲盛禮所在，乃以雜技、遊戲，不經瀆禮，莫此爲甚。

【班固《東都賦》】春王三朝，會同漢京。是日也，天子受四海之圖籍，膺萬國之貢珍，内撫諸夏，外接百蠻，乃盛禮樂，供帳置乎雲龍之庭，陳百僚而贊群后，究皇儀而展帝容。端門東有崇賢門，次外有雲龍門。於是庭實千品，旨酒萬鍾，列金罍，班玉觴，嘉珍御，太牢享。爾乃食舉《雍》徹，泰師奏樂，陳金石，布絲竹，鐘鼓鏗鎗，管絃爗煜，抗五聲，極六律，歌九功，舞八佾，《韶》、《武》備，太古畢。四夷間奏，德廣所及。《伶》、《佅》、兜《離》，罔不具集。萬樂備，百禮曁，皇懽浹，群臣醉。降烟煴，調元氣。然後撞鐘告罷，百僚遂退。

【蔡邕《獨斷》】正月朝賀，三公奉璧上殿，向御座，北面。太常贊曰：「皇帝爲君興。」三公伏，皇帝坐，乃進璧。古語曰

❶「出身」二字，原脱，據《續漢書·禮儀志》補。
❷「樂」上，校點本《續漢書·禮儀志》校補一「倡」字。

「御坐則起」，此之謂也。舊儀，三公以後月朝後省，常以六月朔、十月朔旦朝。後又以盛暑，省六月朝，故今獨以爲正月、十月朔朝也。

【《南齊書·禮志》】東京以後，正旦夜漏未盡七刻，鳴鐘受賀。張衡賦云：「皇輿夙駕，登天光於扶桑。」然則雖云夙駕，必辨色而行事矣。

【《宋書·禮志》】舊有充庭之制，臨軒大會，陳乘輿、車輦、旌鼓於殿庭。張衡賦云：「龍路充庭，鸞旗拂霓。」

【《後漢書·朱暉傳》】驃騎將軍、東平王蒼辟之，甚禮敬焉。正月朔旦，❶蒼當入賀。故事，少府給璧。是時陰就爲府卿，貴驕，吏傲不奉法。蒼坐朝堂，漏且盡，而求璧不可得，顧謂掾屬曰：「若之何？」暉望見少府主簿持璧，即往紿之曰：「我數聞璧而未嘗見，試請觀之。」主簿以授暉，暉顧召令史奉之，主簿大驚，遽以白就。就曰：「朱掾義士，勿復求。」更以他璧朝。蒼既罷，召暉謂曰：「屬者掾自視孰與藺相如？」帝聞，壯之。

【《陳翔傳》】翔拜侍御史，時正旦朝賀，大將軍梁冀威儀不整，翔奏冀恃貴不敬，請收案罪。

【《後漢書·安帝本紀》】永初元年春正月，元日會，徹樂，不陳充庭車。每大朝會，必陳乘輿法物車輦於庭，故曰充庭車。以年饑，故不陳。

【《晉書·禮志》】漢建安中，將正會，而太史上言「正旦當日蝕」。朝士疑會否，共諮尚書令荀彧。時廣平計吏劉邵在坐，曰：「梓慎、裨竈，古之良史，猶占水火，

❶「旦」，原作「日」，據《後漢書·朱暉傳》改。

錯失天時。諸侯旅見天子，入門不得終禮者四，日蝕在一。然則聖人垂制，不爲變異預廢朝禮者，或災消異伏，或推術謬誤也。」或及衆人咸善而從之，遂朝會如舊。日亦不蝕，邵由此顯名。

【《南齊書·禮志》】漢末，蔡邕立漢《朝會志》，竟不就。

蕙田案：兩漢朝會，樂章無可考。蔡邕《禮樂志》云：「漢樂四品，其三曰黄門鼓吹，天子所以晏樂群臣。」此即三朝食舉之樂也。又云：「孝章皇帝親著歌詩四章，列在食舉。」今其詩亦不傳。

右後漢正旦朝賀。

【《晉書·禮志》】魏氏承漢末大亂，舊章殄滅，命侍中王粲、尚書衛覬草創朝儀。

【《南齊書·禮志》】魏武都鄴，正會文昌殿，用漢儀，又設百華燈。文帝修洛陽宫室，權都許昌，宫殿狹小，元日於城南立氈殿，青帷以爲門，設樂享會。後還洛陽，依漢舊事。

【《宋書·禮志》】何承天云，魏元會儀無存者。案何禎《許都賦》曰：「元正大饗，壇彼西南。旗幕峩峩，檐宇弘深。」王沈《正會賦》又曰：「華幄映於飛雲，朱幕張於前庭。絙青帷於兩階，象紫極之峥嶸。咸百辟於和門，等尊卑而奉璋。」此則大饗悉在城外，不在宫内也。臣案魏司空王朗奏事曰：「故事，正月朔，賀。殿下設兩百華燈，對於二階之間。端門設庭燎火炬，端門外設五尺、三尺燈。月照星明，雖夜猶晝矣。」如此則不在城外也。何、王二賦，本不在洛京。何云《許都賦》，時在許昌也。王賦又云「朝四國於東巡」，亦賦許昌正會也。

【《魏文帝本紀》】黄初元年注：「案諸書紀，是時帝居北宮，以建始殿朝群臣，門曰承明，陳思王植詩曰『謁帝承明廬』是也。」

【《宋書・禮志》】魏黄初三年，始奉璧朝賀。

【《魏志・明帝本紀》】景初元年春正月，有司奏以爲魏得地統，宜以建丑之月爲正，朝會建太白之旗。

【《宋書・禮志》】景初三年十二月，尚書盧毓以烈祖明皇帝以今年正日棄離萬國，《禮》：「忌日不樂。」甲乙之謂也。烈祖明皇帝建丑之月棄天下，臣妾之情，於此正月，❶有甚甲乙。今若以建丑正朝四方，會群臣，設盛樂，不合於禮。博士樂祥議：「正日旦受朝貢，群臣奉贄，後五日，乃大宴會作樂。」大尉屬朱誕議：「今因宜改之際，還修舊則，元首建寅，於制爲便。」大將軍屬劉肇議：「宜過正一日乃朝賀大會，明令天下，知崩亡日不朝也。」詔曰：「烈祖明皇帝以正日棄天下，每與皇太后念此日至，心有剥裂，不可以此日朝群辟，受慶賀也。月二日會，又非故也。聽當還夏正月。雖違先帝通三統之義，斯亦子孫哀慘永懷。又夏正朔得天數者，其以建寅之月爲歲首。」

蕙田案：《禮記・祭義》云：「君子有終身之喪，忌日之謂也。」鄭氏以「忌日爲親亡之日，忌日不用舉他事」。魏明帝以元正日崩，便是忌日，朝賀之禮，自應不舉。適會其時，改用丑正，因改朝正之禮於建寅，復用夏時，事出偶然耳。不然，則如劉肇議，過正一日朝會，似亦可行也。

❶「月」，《宋書・禮志》作「日」。

【《魏志・鍾繇傳》】明帝時，有疾，拜起不便。時華歆亦以高年疾病，朝見皆使載輿，虎賁士輿上殿就座。是後，三公有疾，以爲故事。

蕙田案：《魏志》正始六年，詔太傅乘輿升殿，此又在鍾繇、華歆之後。但此等類，非純臣之事，史册所載，不可覶縷，今盡删去，以存君臣上下之分。此條以三公沿襲成例，故存之。

【《晉書・樂志》】杜夔傳舊雅樂四曲，一曰《鹿鳴》，二曰《騶虞》，三曰《伐檀》，四曰《文王》，皆古聲辭。及太和中，左延年改夔《騶虞》、《伐檀》、《文王》三曲，更自作聲節，其名雖存，而聲實異。惟因夔《鹿鳴》，全不改易。每正旦大會，太尉奉璧，群后行禮，東廂雅樂常作者是也。後又改三篇之行禮詩。第一曰《於赫篇》，詠武帝，聲節與古《鹿鳴》同。第二曰《巍巍篇》，詠文帝，用延年所改《騶虞》聲。第三曰《洋洋篇》，詠明帝，用延年所作《文王》聲。第四曰復用《鹿鳴》，《鹿鳴》之聲重用，而除古《伐檀》。

蕙田案：魏朝賀諸樂章俱不存。

右魏正旦朝賀。

【《晉書・禮志》】晉氏受命，武帝更定元會儀，《咸寧注》是也。傅玄《元會賦》曰：「考夏后之遺訓，綜殷周之典藝，採秦漢之舊儀，定元正之嘉會。」此則兼採衆代可知矣。《咸寧注》：先正一日，有司各宿設。《宋志》：「守宮宿設王公卿校便坐於端門外，大樂鼓吹又宿設四廂樂及牛馬帷閤於殿前。」夜漏未盡十刻，群臣集到，庭燎起火。上賀，起，謁報，又賀皇后。還，從雲龍、東中華門入，詣東閤下，便坐。漏未盡七刻，百官及受贄郎官以下至計吏皆入立其次，其陛衛者如臨軒儀。漏未盡五刻，謁者、僕射、大鴻臚各各奏群臣就位定。漏盡，侍中奏「外辦」。皇帝出，鐘鼓作，百官皆拜伏。太常導皇帝升御座，鐘鼓止，百官起。大鴻臚跪奏「請朝賀」。掌禮郎讚「皇帝延王登」。大鴻臚跪讚「藩王臣某等奉白璧各一，再拜賀」。太常報「王悉登」。謁者引上殿，當御座。皇帝興，王再拜。皇帝坐，復再拜。跪置璧御座前，復再拜。成禮訖，謁者引下殿，還故位。掌禮郎讚「皇帝延太尉等」。於是公、特進、匈奴南單于、金紫將軍當大鴻臚西，中二千石、二千石、千石、❶六百石當大行令西，皆北面伏。鴻臚跪讚「太尉、中二千石等奉璧、皮、帛、羔、鴈、雉，再拜賀」。太常讚「皇帝延公等登」。掌禮引公至金紫將軍上殿。皇帝興，皆再拜。皇帝坐，又再拜。跪置璧、皮、帛御座前，復再拜。成禮訖，謁者引下殿，還故位。公置璧成禮時，大行令並讚殿下，中二千石以下同。成禮訖，以贄授贄郎，郎以璧帛付諸謁者，羔、雁、雉付太官。太樂令跪奏雅樂，樂以次作。乘黃令乃出車，皇帝罷入，百官皆坐。晝漏上水六刻，諸蠻夷胡客以次入，皆再拜訖，坐。御入後三刻又出，鐘鼓作。謁者、僕射跪奏「請群臣上」。謁者引王公、二千石上殿，千石、六百石停本位。謁者引王詣罇酌壽酒，跪授侍中。侍中跪置御坐前，王還。王自酌置位前，謁者跪奏「藩王臣某等奉觴，再拜上千萬歲壽」。❷四廂樂作，百官再拜。已飲，又再拜。謁者引王等還本位。陛下者傳就席，

❶「石」，原脱，據庫本補。

❷「壽」，原脱，據《晉書·禮志下》補。

群臣皆跪諾。侍中、中書令、尚書令各於殿上上壽酒。登歌樂升，太官又行御酒。御酒升階，太官令跪授侍郎，侍郎跪進御座前。乃行百官酒。太樂令跪奏「奏登歌」，三終乃降。太官令跪請具御飯，到階，群臣皆起。太官令持羹跪授司徒，持飯跪授大司農，尚食持案並授持節，❶持節跪進御座前。群臣就席。太樂令跪奏「奏食舉樂」。太官行百官飯案徧。食畢，太樂令跪奏「請進樂」，樂以次作。鼓吹令又前跪奏「請以次進衆妓」。乃召諸郡計吏前，受敕戒於階下。宴樂畢，謁者一人跪奏「請罷退」。鐘鼓作，群臣北面再拜，出。然則夜漏未盡七刻謂之晨賀，晝漏上三刻更出，百官奉壽酒謂之晝會。別置女樂三十人於黃帳外，奏房中之歌。

蕙田案：自漢以後，《晉書》志朝儀始詳。

宗元案：晉朝儀尚無不用庭燎者，益知《小雅》宣王早朝詩，不必據「庭燎」二字而以爲非常朝之時也。

【《輿服志》】臨軒大會，則陳乘輿、車輦、旌鼓於其殿庭。象車，漢鹵簿最在前。武帝太康中平吴後，南越獻馴象，詔作大車駕之，以載黃門鼓吹數十人，使越人騎之。元正大會，駕象入庭。

【《南齊書·禮志》】晉朝會儀，夜漏未盡十刻，庭燎起火，群臣集。傅玄《朝會賦》云：「華燈若乎火樹，熾百枝之煌煌。」此則因魏儀與庭燎並設也。　史臣曰：案晉中朝元會，設臥騎、倒騎、顛騎，自東華

❶「持節」，校點本《晉書·禮志下》校勘記以爲當作「侍郎」。下句「持節」同。

門馳往神武門，此亦角抵雜戲之流也。

【《晉書·樂志》】晉初，食舉亦用《鹿鳴》。至泰始五年，尚書奏，使太僕傅玄、中書監荀勖、黄門侍郎張華各造正旦行禮及王公上壽酒、食舉樂歌詩。荀勖云：「魏氏行禮、食舉，再取周詩《鹿鳴》以爲樂章。又《鹿鳴》以宴嘉賓，無取於朝，考之舊聞，未知所應。」勖乃除《鹿鳴》舊歌，更作行禮詩四篇，先陳三朝朝宗之義。又爲正旦大會、王公上壽歌詩并食舉樂歌詩，合十三篇。又以魏氏歌詩，或二言，或三言，或四言，或五言，與古詩不類，以問司律中郎將陳頎。頎曰：「被之金石，未必皆當。」故勖造晉歌，皆爲四言，惟王公上壽酒一篇爲三言五言焉。張華以爲「魏上壽、食舉詩及漢氏所施用，其文句長短不齊，未皆合古。蓋以依詠弦節，本有因循，而識樂知音，足以制聲度曲，法用率非凡近之所能改。二代三京，襲而不變，雖詩章辭異，廢興隨時，至其韻逗曲折，❶皆繫於舊，有由然也。是以一皆因就，不敢有所改易。」此則華、勖所明異旨也。時詔又使中書侍郎成公綏亦作焉，今並採列之云。

【《宋書·樂志》】晉四廂樂歌三首，傅玄造。

天鑒有晉，世祚聖皇。時齊七政，朝此萬方。其一。鐘鼓斯震，九賓備禮。正位在朝，穆穆濟濟。其二。煌煌三辰，實麗於天。君后是象，威儀孔虔。其三。率禮無愆，莫匪邁德。儀形聖皇，萬邦惟則。其四。

右《天鑒》四章，章四句。正旦大會行禮歌。

於赫明明，聖德龍興。三朝獻酒，萬壽是膺。敷佑四方，如日之升。自天降祚，元

❶「逗」下，原有「留」字，據《晉書·樂志上》校勘記刪。

吉有徵。

右《於赫》一章，八句。上壽酒歌。

天命大晉，載育群生。於穆上德，隨時化成。其一。自祖配命，皇皇后辟。繼天創業，宣文之績。其二。丕顯宣文，先知稼穡。克恭克儉，足教足食。其三。既教食之，弘濟艱難。上帝是祐，下民所安。其四。天祐聖皇，萬邦來賀。雖安勿安，乾乾匪暇。其五。乃正丘郊，乃定冢社。廩廩作宗，光宅天下。其六。惟敬朝饗，爰奏食舉。盡禮供御，嘉樂有序。其七。樹羽設業，笙鏞以間。琴瑟齊列，亦有篪塤。其八。喤喤鼓鐘，鎗鎗磬管。八音克諧，載夷載簡。其九。既夷既簡，其大不禦。風化潛興，如雲如雨。其十。如雲之覆，如雨之潤。聲教所暨，無思不順。其十一。教以化之，樂以和之。和而養之，時惟邕熙。其十二。禮順其儀，樂節其聲。於鑠皇繇，既和且平。其十三。

右《天命》十三章，章四句。食舉東西廂歌。

晉四廂樂歌十七篇，荀勖造。

正旦大會行禮歌四篇　於皇元首，群生資始。履端大享，敬御繁祉。肆覲群后，爰及卿士。欽順則元，允也天子。

《於皇》一章八句。當《於赫》。

明明天子，臨下有赫。四表宅心，惠浹荒貊。柔遠能邇，孔淑不逆。來格祁祁，邦家是若。

《明明》一章八句。當《巍巍》。

光光邦國，天篤其祜。丕顯哲命，顧柔三祖。世德作求，奄有九土。思我皇度，彝倫攸序。

《邦國》一章八句。當《洋洋》。

惟祖惟宗，高朗緝熙。對越在天，駿惠在

兹。聿求厥成，我皇崇之。式固其猷，❶往敬用治。

《祖宗》一章八句。當《鹿鳴》。

正旦大會王公上壽酒歌一篇　踐元辰，延顯融。獻羽觴，祈令終。我皇壽而隆，我皇茂而嵩。本枝奮百世，休祚鍾聖躬。

《踐元辰》一章八句。當《觴行》。

食舉樂東西廂歌十二篇　煌煌七燿，重明交暢。我有嘉賓，是應是貺。邦政既圖，接以大饗。人之好我，式遵德讓。

《煌煌》一章八句。當《鹿鳴》。

賓之初筵，藹藹濟濟。既朝乃晏，以洽百禮。頒以位敘，或庭或陛。登擯台叟，亦有兄弟。胥子陪寮，憲兹度楷。觀頤養正，降福孔偕。

《賓之初筵》一章十二句。當《於穆》。

昔我三后，大業是維。今我聖皇，焜燿前暉。奕世重規，明照九畿。思輯用光，時罔有違。陟禹之跡，莫不來威。天被顯禄，福履是綏。

《三后》一章十二句。當《昭昭》。

赫矣太祖，克廣明德。廓開寓宙，正世立則。變化不經，民無瑕慝。創業垂統，兆我晉國。

《赫矣》一章八句。當《華華》。

烈文伯考，時惟帝景。夷險平亂，威而不猛。御衡不迷，皇塗焕炳。七德咸宜，其寧惟永。

《烈文》一章八句。當《朝宴》。

猗歟盛歟，先皇聖文。則天作孚，大哉爲君。慎徽五典，帝載是勤。文武發揮，茂建嘉勳。修己濟治，民用寧殷。懷遠燭

❶「猷」，原作「猶」，據庫本改。

幽，元氣氛氲。❶善世不伐，服事參分。德博化隆，道冒無垠。

《猗歟》一章十六句。當《盛德》。

隆化洋洋，帝命溥將。登我晉道，越惟聖皇。龍飛革運，臨燾八荒。叡哲欽明，配蹤虞唐。封建厥福，駿發其祥。三朝習吉，終然永臧。其臧惟何，總彼萬方。元侯列辟，四岳藩王。時見世享，率兹有常。旅揖在庭，❷嘉客在堂。宋衛既臻，陳留山陽。我有賓使，觀國之光。貢賢納計，獻璧奉璋。保祐命之，申錫無疆。

《隆化》一章二十八句。當《綏萬邦》。

振鷺于飛，鴻漸其翼。京邑穆穆，四方是式。無競惟人，王綱允敕。君子來朝，言觀其極。

《振鷺》一章八句。當《朝朝》。

翼翼大君，民之攸暨。信理天工，惠康不匱。將遠不仁，訓以淳粹。幽明有倫，俊乂在位。九族既睦，庶邦順比。開元布憲，四海鱗萃。協時正統，殊塗同致。厚德載物，靈心隆貴。敷奏讜言，納以無諱。樹之典象，誨之義類。上教如風，下應如卉。一人有慶，群萌以遂。我后宴喜，令聞不墜。

《翼翼》一章二十六句。當《順天》。

既宴既喜，翕是萬邦。禮儀卒度，物有其容。晢晢庭燎，喤喤鼓鐘。笙磬詠德，萬舞象功。八音克諧，俗易化從。其和如樂，庶品時邕。

《既宴》一章十二句。當《陟天庭》。

時邕份份，六合同塵。往我祖宣，威静殊

❶「氣」，原作「教」，據庫本改。
❷「揖」，原作「輯」，據《晉書·樂志二》改。

鄰。首定荆楚，遂平燕秦。娓娓文皇，邁德流仁。爰造草昧，應乾順民。靈瑞告符，休徵響震。天地弗違，以和神人。既戡庸蜀，吴會是賓。肅慎率職，楛矢來陳。韓濊進樂，均協清《鈞》。西旅獻獒，扶南效珍。蠻裔重譯，玄齒文身。我皇撫之，景命惟新。

《時邕》一章二十六句。當《參兩儀》。

愔愔嘉會，有聞無聲。清酤既奠，籩豆既馨。禮充樂備，《簫韶》九成。愷樂飲酒，酣而不盈。率土歡豫，邦國以寧。王猷允塞，萬載無傾。

《嘉會》一章十二句。

晉四廂樂歌十六篇，張華造。

稱元慶，奉壽觴。后皇延遐祚，安樂撫萬方。

右王公上壽詩一章。

明明在上，丕顯厥繇。翼翼三壽，蕃后惟休。群生漸德，六合承流。三正元辰，朝慶麟萃。華夏奉職貢，八荒覲殊類。黻冕充廣庭，鳴玉盈朝位。濟濟朝位，言觀其光。儀序既以時，禮文涣以彰。思皇享多祜，❶嘉樂永無央。九賓在庭，臚讚既通。升瑞奠贄，乃侯乃公。穆穆天尊，隆禮動容。履端承元吉，介福御萬邦。朝享，上下咸雍。崇多儀，繁禮容。舞盛德，歌九功。揚芳烈，播休蹤。皇化洽，洞幽明。懷柔百神，輯祥禎。潛龍躍，雕虎仁。儀鳳鳥，屆游麟。枯蠹榮，竭泉流。菌芝茂，枳棘柔。和氣應，休徵滋。❷此字疑誤。協靈符，彰帝期。綏

❶「祜」，原作「祐」，據庫本改。

❷「滋」，原作「絃」，三家校曰：「查新刻《宋書》，絃作滋字，應改正。」按：今校點本《宋書·樂志二》作「滋」，據改。

宇宙，萬國和。昊天成命，賚皇家。賚皇家。本在第五章之末，今按音節宜在此。世資聖哲，三后在天，啟鴻烈。啟鴻烈，隆皇基。率土謳吟，欣戴於時。恒文示象，代氣著期。泰始開元，龍升在位。四隩同風，燮寧殊類。五韙來備，嘉生以遂。凝庶績，臻太康。申繁祉，允無疆。本枝百世，繼緒不忘。繼緒不忘，休有烈光。永言配命，惟晉之祥。聖明統世，篤皇仁。廣大配天地，順動若陶鈞。玄化參自然，至德通明神。❶清風暢八極，流澤被無垠。於皇時晉，奕世齊聖。惟天降嘏，神祇保定。弘濟區夏，允集大命。有命既集，光帝猷。大明重耀，鑑六幽。聲教洋溢，惠滂流。惠滂流，移風俗。多士盈朝，賢俊比屋。敦世心，斲雕反素樸。反素樸，懷庶方。干戚舞階庭，疏狄説遐荒。扶南假重譯，肅慎襲衣裳。雲覆雨施，德洽無疆。旁作穆穆，仁化翔。朝元日，賓王庭。承宸極，當盛明。衍和樂，竭祇誠。仰嘉惠，懷德馨。游淳風，泳淑清。協億兆，同歡榮。建皇極，統天位。運陰陽，御六氣。殷群生，成性類。王道浹，治功成。人倫序，俗化清。虔明祀，秖三靈。崇禮樂，式儀形。慶元吉，宴三朝。播金石，詠泠簫。奏《九夏》，舞《雲韶》。邁德音，流英聲。八紘一，六合寧。六合寧，承聖明。王澤洽，道登隆。綏函夏，總華戎。齊德教，混殊風。混殊風，康萬國。崇夷簡，尚敦德。弘王度，表遐則。

右食舉東西廂樂詩十一章。

❶「明神」，校點本《宋書·樂志二》作「神明」。

於赫皇祖，迪哲齊聖。經緯大業，基天之命。克開洪緒，誕篤天慶。旁濟彝倫，仰齊七政。　烈烈景皇，克明克聰。静封略，定勳功。成民立政，儀形萬邦。式固崇軌，光紹前蹤。　允文烈考，濬哲應期。參德天地，比功四時。大亨以正，庶績咸熙。肇啟晉宇，遂登皇基。　明明我后，玄德通神。受終正位，協應天人。容民厚下，育物流仁。濟我王道，暉光日新。

右雅樂正旦大會行禮詩四章。

蕙田案：張華四廂樂歌十六篇，《晉書》不載。但以志考之，既述「華、勖異旨」，即云「今並採列之」，似亦録華所作，疑傳寫脱之也。今依《宋志》增入。

晉四廂歌十六篇，成公綏造。

上壽酒，樂未央。大晉應天慶，皇帝永無疆。

右詩一章，王公上壽酒所用。

穆穆天子，光臨萬國。多士盈朝，莫匪俊德。流化罔極，王猷允塞。嘉會置酒，嘉賓充庭。羽旄燿宸極，鐘鼓振太清。百辟朝三朝，彧彧《晉志》作「式式」。明儀形。濟濟鏘鏘，金振玉聲。❶《晉志》作「金聲玉振」，於韻不協。　禮樂具，宴嘉賓。眉壽祚聖皇，景福惟日新。群后戾止，有來雝雝。獻酬納贄，崇此禮容。豐羞萬俎，旨酒千鍾。嘉賓盡宴樂，福禄咸攸同。　樂哉！天下安寧。道化行，風俗清。《簫韶》作，詠九成。年豐穰，世太平。至治

❶「金振玉聲」，校點本《宋書·樂志二》校改作「玉振金聲」。

哉，樂無窮。元首聰明，股肱忠。樹豐澤，揚清風。　嘉瑞出，靈應彰。麒麟見，鳳凰翔。醴泉湧，流中唐。嘉禾生，穗盈箱。降繁祉，祚聖皇。承天位，統萬國。受命應期，授聖德。四世重光，宣開洪業。景克昌，文欽明，德彌彰。肇啟晉邦，流祚無疆。　泰始建元，鳳凰龍興。龍興伊何，享祚萬乘。奄有八荒，化育黎蒸。圖書煥炳，金石有徵。德光大，道熙隆。被四表，格皇穹。奕奕萬嗣，明明顯融。此下疑有脱句。高朗令終，保兹永祚，與天比崇。　聖皇君四海，順人應天期。三葉合重光，泰始開洪基。明燿參日月，功化侔四時。宇宙清且泰，黎庶咸雝熙。善哉雝熙。　惟天降命，翼仁祐聖。於穆三皇，載德彌盛。總齊璿璣，光統七政。百揆時序，化若神聖。四海同風，興至仁。濟民育物，擬陶鈞。擬陶鈞，垂惠潤。皇皇群賢，峩峩英儁。德化宣，芬芳播來胤。　播來胤，垂後昆。清廟何穆穆，皇極闢四門。萬機無不綜，娓娓《晉志》作「亹亹」。翼翼，樂不及荒，饑不遑食。大禮既行，樂無極。　登崑崙，上增城。乘飛龍，升泰清。冠日月，佩五星。揚虹蜺，建彗旌。披慶雲，蔭繁榮。覽八極，游天庭。順天地，和陰陽。序四氣，燿三光。張帝網，正皇綱。播仁風，流惠康。邁洪化，振靈威。懷萬方，納九夷。朝閶闔，宴紫微。　建五旗，羅鐘簴。列四縣，奏《韶》《武》。鏗金石，揚旌羽。縱八佾，巴渝舞。詠雅頌，和律吕。于胥樂，樂聖主。　化蕩蕩，清風泄。總英雄，御俊傑。開宇宙，掃四裔。光緝熙，美聖哲。超百代，揚休烈。流景祚，顯萬世。　皇皇顯祖，翼世佐時。寧濟六合，受命應期。神武鷹揚，大化咸熙。廓開皇衢，用成帝基。　光光景皇，無競維烈。匡時拯俗，休功蓋世。宇宙既康，九域有截。天命降監，啟祚明哲。　穆穆烈考，克明克儁。實天生德，誕膺靈運。肇建帝業，開國有晉。載德奕世，垂慶洪允。　明明聖，❶龍飛在天。與靈合契，通德幽玄。仰化清雲，俯育重淵。受靈之祐，於萬斯年。

右雅樂正旦大會行禮詩十五章。

蕙田案：成公綏王公上壽酒一章，《晉志》失載，依《宋志》增入。

【《宋書·樂志》】晉《鞞舞歌》五篇，又《鐸舞歌》一篇，《幡舞歌》一篇，《鼓舞伎》六曲，並陳於元會。江左又有《拂舞》，陳於殿庭。

蕙田案：漢《鼙舞歌》《關東有賢女》、《章和二年中》、《樂久長》、《四方皇》、《殿前生桂樹》五篇，魏《鼙舞歌》《明明魏皇帝》、《太和有聖帝》、《魏歷長》、《天生蒸民》、《爲君既不易》五篇，今俱不傳。晉《鐸舞歌》二篇，其一竟不可句讀。《拂舞歌》五篇，所詠俱無關元會之事。惟傅玄所造《鼙舞》五篇，一曰《洪業》，二曰《天命》，三曰《景皇帝》，四曰《大晉》，五曰《明君》，歌詠晉德，陳於元會爲宜。以非朝會正曲，故不録。

【《晉書·武帝本紀》】咸寧二年春正月，以疾疫廢朝。

【《禮志》】武帝咸寧三年、四年，並以正旦合

❶「聖」下，校點本《晉書·樂志上》、《宋書·樂志二》有「帝」字。

朔却元會，改魏故事也。

【《惠帝本紀》】永平元年春正月乙酉朔，臨朝，不設樂。

【《禮志》】武帝以來，國有大喪，輒廢樂，終三年。惠帝太安元年，太子喪未除，及元會，亦廢樂。

蕙田案：孔子稱三年之喪，「食旨不甘，聞樂不樂」。晉故事，國有大喪，元會輟樂者三年，於禮爲合。若惠帝以愍、懷之喪未除而元會廢樂，揆之《春秋》，叔向譏景王之義，亦爲允協。蓋晉時儒者，以凶禮爲亟。《儀禮·喪服》一篇，專門訓詁者亡慮十數家。故國有大喪，尚能據禮是正，鄭、王諸大儒之流風，猶有存者，未可概以清談薄之也。

江左多虞，不復晨賀。夜漏未盡十刻，開宣陽門，至平明始開殿門。晝漏上水五刻，皇帝乃出受賀。皇太子出會者，則在三恪下、王公上。正旦元會，設白獸樽於殿庭，樽蓋上施白獸，若有能獻直言者，則發此樽飲酒。案禮，白獸樽，乃杜舉之遺式也。爲白獸蓋，是後世所爲，示忌憚也。

蕙田案：東晉朝賀，因行酒舊制，設白獸樽以招直言，雖非古禮，勝於伏謁上壽者多矣。

【《宋書·樂志》】魏晉訖江左，正旦朝賀，有《夏育扛鼎》、《巨象行乳》、《神龜抃舞》、《背負靈岳》、《桂樹白雪》、《畫地成川》之樂。晉成帝咸康七年，散騎侍郎顧臻表雜伎而傷人者，皆宜除之。於是除《高絙》、《紫鹿》、《跂行》、《鼈食》及《齊王捲衣》、《笮兒》等樂。又減其禀。其後復《高絙》、《紫鹿》焉。

【《元帝本紀》】太興元年春正月戊申朔，臨朝，懸而不樂。

【《明帝本紀》】太寧二年春正月丁丑，帝臨朝，停饗宴之禮，懸而不樂。

【《晉書・禮志》】康帝建元元年，太史上元日合朔，後復疑應却會與否。庾冰輔政，寫劉邵議以示八座。於是有謂邵爲不得禮意，荀彧從之，是勝人之一失。故蔡謨遂著議非之曰：「邵論災消異伏，又以梓慎、裨竈猶有錯失，太史上言，亦不必審，其理誠然也。而云聖人垂制，不爲變異預廢朝禮，此則謬矣。災祥之發，所以譴告人君，王者之所重誡，故素服廢樂，退避正寢，百官降物，用幣伐鼓，躬親而救之。夫敬誡之事，與其疑而廢之，寧慎而行之。故孔子、老聃助葬於巷黨，以喪不見星而行，❶故日蝕而止柩，曰安知其不見星也。而邵廢之，是棄聖賢之成規也。魯桓公壬申有災，而以乙亥嘗祭，《春秋》譏之。災事既過，猶追懼未已，故廢宗廟之祭，況聞天眚將至，行慶樂之會，於禮乖矣。《禮記》所云諸侯入門不得終禮者，謂日官不預言，諸侯入，見蝕乃知耳，非先聞當蝕而朝會不廢也。引此，可謂失其義旨。劉邵所執者，《禮記》也。夫子、老聃巷黨之事，亦《禮記》所言，復違而反之，進退無據。然荀令所言，❷漢朝所從，遂使此言至今見稱，莫知其誤矣。後君子將擬以爲式，故正之云耳。」於是冰從衆議，遂以却會。

蕙田案：蔡謨駁劉邵之議甚當。

宗元案：劉邵之議，一時巧辨，非禮

❶「喪」，原作「表」，據《晉書・禮志上》改。
❷「言」，《晉書・禮志上》作「善」。

意也。荀文若學術本疎，故爲强詞所奪，而典禮幾廢。得蔡謨此議，乃能駁正前違，開示衆惑，誰謂晉人清談遠遜漢儒歟？

永和中，殷浩輔政，又欲從劉邵議不却會。王彪之據咸寧、建元故事，又曰：「《禮》云『諸侯旅見天子，不得終禮而廢者四』，自謂卒暴有之，非謂先存其事，而僥倖史官推術謬錯，故不豫廢朝禮也。」於是又從彪之議。

【《恭帝本紀》】元熙元年春正月壬辰朔，以山陵未厝，不朝會。

右晉正旦朝賀。

【《南齊書·禮志》】宋世晝漏至十刻乃受賀。

【《宋書·樂志》】宋武帝永初元年十二月，有司又奏：「依舊正旦設樂，參詳屬三省改大樂諸歌舞詩。黄門侍郎王韶之立三十二章，合用教試，日近，宜逆誦習。輒申攝施行。」詔可。

宋四廂樂歌五篇，王韶之造。

於鑠我皇，體仁包元。齊明日月，比量乾坤。陶甄百王，稽則黄軒。訏謨定命，辰告四蕃。

將將蕃后，翼翼群僚。盛服待晨，明發來朝。饗以八珍，樂以九《韶》。仰祗天顔，厥猷孔昭。

法章既設，初筵長舒。濟濟列辟，端委皇除。飲和無盈，威儀有餘。温恭在位，敬終如初。

九功既歌，六代惟時。被德在樂，宣道以詩。穆矣太和，品物咸熙。慶積自遠，告成在兹。

右《肆夏》樂歌四章　客入，於四廂振作《於鑠曲》。皇帝當陽，四廂振作《將將曲》。皇帝入變服，四廂振作《於鑠》、《將將》二曲。又黃鐘、太簇二廂作《法章》、《九功》二曲。

大哉皇宋，長發其祥。纂系在漢，統源伊唐。德之克明，休有烈光。配天作極，辰居四方。

皇矣我后，聖德通靈。有命自天，誕授休禎。龍飛紫極，造我宋京。光宅宇宙，赫赫明明。

右大會行禮歌二章　姑洗廂作。

獻壽爵，慶聖皇。靈祚窮二儀，休明等三光。

右王公上壽歌一章　黃鐘廂作。

明明大宋，緝熙王道。則天垂化，光定天保。天保既定，肆覲萬方。禮繁樂富，穆穆皇皇。

沔彼流水，朝宗天池。洋洋貢職，抑抑威儀。既習威儀，亦閑禮容。一人有則，作孚萬邦。

烝哉我皇，固天誕聖。履端惟始，對越休慶。如天斯久，如日斯盛。介茲景福，永固駿命。

右殿前登歌三章，別有金石。

晨羲載燿，萬物咸覩。嘉慶三朝，禮樂備舉。元正肇始，典章暉明。萬方畢來賀，華裔充皇庭。多士盈九位，俯仰觀玉聲。

恂恂俯仰，載爛其煇。鼓鐘震天區，禮容塞皇闈。思樂窮休慶，福履同所歸。

五玉既獻，三帛是薦。爾公爾侯，鳴玉華殿。皇皇聖后，降禮南面。元首納嘉禮，萬邦同歡願。休哉！君臣嘉燕。建五旗，立四縣。樂有文，禮無倦。融皇風，窮一變。

體至和，感陰陽。德無不柔，繁休祥。瑞

徽璧，應嘉鐘。舞靈鳳，躍潛龍。景星見，甘靈墜。❶木連理，禾同穗。元化洽，仁澤敷。極禎瑞，窮靈符。

懷荒裔，綏齊民。荷天祐，靡不賓。靡不賓，長世宏盛。昭明有融，繁嘉慶。繁嘉慶，熙帝載。合氣成和，❷蒼生欣戴。三靈協瑞，惟新皇代。

王道四達，流仁布德。窮理詠乾元，垂訓順帝則。靈化侔四時，幽誠通玄默。德澤被八紘，乾寧軌萬國。

皇猷緝，咸熙泰。禮儀煥帝庭，要荒服遐外。被髮襲纓冠，左衽回衿帶。天覆地載，流澤汪濊。聲教布濩，德光大。

開元辰，畢來王。奉貢職，朝后皇。鳴珩佩，觀典章。樂王度，説徽芳。陶盛化，游太康。丕昭明，永克昌。

惟永初，德丕顯。齊七政，敷五典。彝倫序，洪化闡。王澤流，太平始。樹聲教，明皇紀。和靈祇，恭明祀。衍景祚，膺嘉祉。

禮有容，樂有儀。金石陳，干羽施。邁《武》《濩》，均《咸池》。歌《南風》，舞德稱。文武煥，頌聲興。

王道純，德彌淑。寧八表，康九服。道禮讓，移風俗。移風俗，永克融。歌盛美，告成功。❸詠徽烈，邈無窮。

右食舉歌十章　黃鐘、太簇二廂交作。黃鐘作《晨羲》、《體至和》、《王道》、《開元辰》、《禮有容》五曲。太簇作《五玉》、《懷

❶「靈」，《宋書·樂志二》作「露」，是。

❷「合氣成和」，校點本《宋書·樂志二》校勘記：「《南齊書·樂志》作『含氣感和』，《樂府詩集》一四作『含氣成和』」。

❸「告」，原作「造」，據校點本《宋書·樂志二》改。

荒裔》、《皇猷緝》、《惟永初》、《王道純》五曲。

宋《前舞後舞歌》二篇，王韶之造。

於赫景明，天監是臨。樂來伊陽，禮作惟陰。歌自德富，儛由功深。庭列宫縣，陛羅瑟琴。翿籥繁會，笙磬諧音。《簫韶》雖古，九成在今。道志和聲，德音孔宣。光我帝基，協靈配乾。儀形六合，❶化穆自然。如彼雲漢，爲章于天。熙熙萬類，陶和當年。擊轅中《韶》，永世弗騫。

右《前舞歌》一章。晉《正德之舞》，蕤賓廂作。

假樂聖后，實天誕德。積美自中，王猷四塞。龍飛在天，儀形萬國。欽明惟神，臨朝淵默。不言之化，品物咸德。告成於天，銘勳是勒。翼翼厥猶，娓娓其仁。順命創制，因定和神。海外有截，九圍無塵。冕鎏司契，垂拱臨民。乃舞《大豫》，欽若天人。純嘏孔休，萬載彌新。

右《後舞歌》一章。晉《大豫之舞》，蕤賓廂作。

蕙田案：《宋志》云：「晉泰始九年，荀勖使郭瓊、宋識等造《正德》、《大豫》之舞。咸寧元年，詔定祖宗之號，而廟樂同用《正德》、《大豫》舞。」然則此二舞乃宗廟之樂。及宋改《正德》曰《前舞》、《大豫》曰《後舞》，於元會四廂亦用之。齊梁以後，因而不改。今録之，以足三十二章之數云。

【《禮志》】宋文帝元嘉十一年，皇太子出會，升在三恪上。

【《樂志》】孝武帝孝建二年，有司又奏：「元會登歌伎舊並於殿庭設作。今元會，登歌

❶「形」，三家校改作「刑」。

人亦上殿，弦管在下。」詔可。

【《明帝本紀》】泰始二年春正月己丑朔，以軍事不朝會。泰豫元年春正月甲寅朔，上有疾，不朝會。

右宋正旦朝賀。

【《通典》】宋因晉制，無所改易。惟朝至十刻，乃受朝賀，升皇太子在三恪之上。齊因之。

【《南齊書·樂志》】元會大饗四廂樂歌辭，宋黄門郎王韶之造《肆夏》四章，行禮一章，上壽一章，登歌三章，食舉十章，《前後舞歌》一章。齊微改革，多仍舊辭。其《前後舞》二章，新改。其臨軒樂，亦奏《肆夏·於鑠》四章。

《肆夏樂》歌辭。四曲。

蕙田案：齊《肆夏樂》歌四章，即仍宋曲。客入，四廂奏《於鑠曲》。皇帝當陽，四廂奏《將將曲》。皇帝入變服，四廂并奏《於鑠》、《將將》二曲。又黄鐘、太簇二廂作《法章》、《九功》二曲，亦與宋儀同，今不重載。

大會行禮歌辭。二曲，姑洗廂奏。

蕙田案：此二曲亦仍宋辭，惟「皇宋」二字改爲「皇齊」，「纂系在漢」二句改爲「祚隆姬夏，道邁虞唐」，「宋京」改爲「齊京」。

上壽歌辭。一曲，黄鐘廂奏。

蕙田案：此曲仍宋辭，無改易。

殿前登歌辭。三曲，别用金石，太樂令跪奏。

蕙田案：三曲並仍宋辭，惟「大宋」二字改爲「齊國」，又「固天誕聖」作「實靈誕聖」，「如天斯久」作「如天斯崇」，「永固駿命」作「永固洪命」，亦小異。

食舉歌辭。十章。黄鐘先奏《晨儀》篇，太簇奏《五玉》篇，餘八篇，二廂更奏之。

蕙田案：十曲並仍宋辭，惟「永初」二字改爲「建元」，又「晨羲載燿」作「晨儀載焕」，「萬物畢來賀」二句作「萬方來賀，華夷充庭」，「九位」作「九德」，「休哉君臣嘉燕」作「休哉休哉，君臣熙宴」，「荒裔」作「荒遠」，「長世宏盛」作「長世盛」，「合氣成和」作「含氣感和」，「流仁布德」作「流仁德」，「乾寧」作「禮章」，「衍景祚」作「介景祚」，「舞德稱」作「德永稱」，「文武」作「文明」，小異。

《前舞階步》歌辭。新辭。

天挺聖哲，三方維綱。川岳伊寧，七耀重光。茂育萬物，衆庶咸康。道用潛通，仁施遐揚。德厚巛極，功高昊蒼。舞象盛容，德以歌章。八音既節，龍躍鳳翔。皇基永樹，二儀等長。

《前舞凱容》歌辭。舊辭。

蕙田案：此曲仍宋辭，無改。

《後舞階步》歌辭。新辭。

皇皇我后，紹業聖明。滌拂除穢，宇宙載清。允執中和，以莅蒼生。元化遠被，兆世軌形。何以崇德，乃作九成。妍步恂恂，雅曲芬馨。八風清鼓，應以祥禎。澤浩天下，功濟百靈。❶

《後舞凱容》歌辭。舊辭。

蕙田案：此曲仍宋辭，惟「大豫」二字改爲「凱容」。

【《禮志》】建武二年朝會，時世祖遏密未終，

❶「濟」，《南齊書·樂志》作「齊」。

朝議疑作樂不。祠部郎何佟之議：「昔舜受終文祖，義非胤堯，❶及放勳徂落，遏密三祀。近代晉康帝繼成帝，於時亦不作樂。懷帝永嘉元年，惠帝喪制未終，於時江充議云：古帝王相承，雖世及有異，而輕重同禮。」從之。

右齊正旦朝賀。

【《隋書·禮儀志》】梁元會之禮：未明，庭燎設，文物充庭。臺門闢，禁衛皆嚴，有司各從其事。太階東置白獸樽。群臣及諸蕃客並集，各從其班而拜。侍中奏中嚴，王公卿尹各執珪璧入拜。侍中乃奏外辦，皇帝服袞冕，乘輿以出。侍中扶左，常侍扶右，黄門侍郎一人，執曲直華蓋從。至階，降輿，納舄，升坐。有司御前施奉珪藉。王公以下，至阼階，脱舄、劍，升殿，席南奉贄珪璧，禮畢下殿，納舄佩劍，詣本位。主客郎徙珪璧於東廂。帝興，入，徙御座於西壁下，東向。設皇太子、王公以下位。又奏中嚴，皇帝服通天冠，升御座。王公上壽禮畢，食。食畢，樂伎奏。太官進御酒，主書付黄甘，逮二品以上。尚書騶騎引計吏，郡國各一人，皆跪受詔。侍中讀五條詔，計吏每應諾訖，令陳便宜者，聽詣白獸樽，以次還座。宴樂罷，皇帝乘輿以入。皇太子朝，則遠遊冠服，乘金輅，鹵簿以行。與會則劍履升座。會訖，先興。

蕙田案：古宗廟之室，以西爲上。朝覲之禮，天子當依而立，當宁而立，自以南面爲尊。梁制徙御座於西壁下，非也。

【《隋書·音樂志》】梁天監元年，定三朝之

---

❶「胤」，原作「嗣」，蓋避清世宗諱改。今回改。

樂。以武舞爲《大壯舞》，文舞爲《大觀舞》，國樂以「雅」爲稱。乃去階步之樂，增撤食之雅焉。衆官出入，宋元徽三年《儀注》奏《肅咸樂》，齊及梁初亦同。至是改爲《俊雅》，取《禮記》「司徒論選士之秀者而升之學曰俊士」也。二郊、太廟、明堂、三朝同用焉。皇帝出入，宋孝建二年秋《起居注》奏《永至》，齊及梁初亦同。至是改爲《皇雅》，取《詩》「皇矣上帝，臨下有赫」也。二郊、太廟同用。皇太子出入，奏《胤雅》，取《詩》「君子萬年，永錫祚胤」也。王公出入，奏《寅雅》，取《尚書·周官》「貳公弘化，寅亮天地」也。上壽酒，奏《介雅》，取《詩》「君子萬年，介爾景福」也。食舉，奏《需雅》，取《易》「雲上于天，需，君子以飲食宴樂」也。撤饌，奏《雍雅》，取《禮記》「大饗，客出以《雍》撤」也。並三朝用之。

蕙田案：皇帝出入，奏《皇雅》，《志》不云「三朝同用」。然皇帝出入，三朝之大節，不容無樂歌。又《志》載周捨議，以爲：「《禮》，王入「入」字上疑脱「出」字。奏《王夏》。大祭祀與朝會，其用樂一也。而漢制，皇帝在廟，奏《永至》樂，朝會之日，別有《皇夏》。二樂有異，於禮爲乖，宜除《永至》，還用《皇夏》。」從之。然則元會亦用《皇夏》審矣。此應《志》之脱文，不可不補。

觀承案：雅頌之爲樂章，如《文德》之歌，《大武》之舞，不必案切本事，而皆可施用，所以廣文、武之德於天下也。後代樂章，每一節必綴以一歌，詞煩意瑣，豈所以重朝典而揚君德乎？周捨議去《永至》，有以哉！

《俊雅》，歌詩三曲，四言　設官分職，髦俊攸俟。髦俊伊何？貴德尚齒。唐乂咸事，周寧多士。區區衛國，猶賴君子。漢之得人，帝猷乃理。　開我八襄，闢我九重。珩佩流響，纓緌有容。衮衣前邁，列辟雲從。義兼東序，事美西雍。分階等肅，異列齊恭。　重列北上，分庭異陛。百司揚職，九賓相禮。齊、宋舅甥，魯、衛兄弟。思皇藹藹，群龍濟濟。我有嘉賓，實惟愷悌。

《皇雅》，三曲，五言　帝德實廣運，車書靡不賓。執瑁朝群后，垂旒御百神。八荒重譯至，萬國婉來親。　華蓋拂紫微，勾陳繞太一。容裔被緹組，參差羅罕畢。星回照以爛，天行徐且謐。　清蹕朝萬寓，端冕臨正陽。青絇黃金繶，衮衣文繡裳。既散華蟲采，復流日月光。

《胤雅》，一曲，四言　自昔殷代，哲王迭有。降及周成，惟器是守。上天乃眷，大梁既受。灼灼重明，仰承元首。體乾作貳，命服斯九。置保置師，居前居後。前星比耀，克隆萬壽。

《寅雅》，一曲，三言　禮莫違，樂具舉。延藩辟，朝帝所。執桓蒲，列齊、莒。垂衮毳，紛容與。升有儀，降有序。齊簪紱，忘笑語。始矜嚴，終酣醑。

《介雅》，三曲，五言　百福四象初，萬壽三元始。拜獻惟衮職，同心協卿士。北極永無窮，南山何足擬。　壽隨百禮洽，慶與三朝升。惟皇集繁祉，景福互相仍。申錫永無遺，穰簡必來應。　百味既含馨，六飲莫能尚。玉罍信湛湛，金卮頗搖漾。敬舉發天和，祥祉流嘉貺。

《需雅》，八曲，七言　實體平心待和味，

庶羞百品多爲貴。或鼎或鼒宜九沸，楚桂胡鹽芼芳卉。加籩列俎彫且蔚。五味九變兼六和，令芳甘旨庶且多。三危之露九期禾，圓案方丈粲星羅。皇舉斯樂同山河。九州上腴非一族，玄芝碧樹壽華木。終朝采之不盈掬，用拂腥羶和九穀。既甘且飫致遐福。人欲所大味爲先，興和盡敬咸在斿。碧鱗朱尾獻嘉鮮，紅毛緑翼墜輕翮。臣拜稽首萬斯年。擊鐘以侑惟大國，況乃御天流至德。侑食斯舉揚盛則，其禮不僭儀不忒。風猷所被深且塞。膳夫奉職獻芳滋，不贕不夭咸以時。調甘適苦别澠淄，其德不爽受福釐。於焉逸豫永無期。備味斯饗惟至聖，咸降人神禮爲盛。或風或雅流歌詠，負鼎言歸啟殷命。悠悠四海同兹慶。道我六穗羅八珍，洪鼎自爨匪勞薪。荆包海物必來陳，滑甘滫瀡味和神。以斯至德被無垠。

《雍雅》，三曲，四言　明明在上，其儀有序。終事靡僭，收鉶撤俎。乃升乃降，和樂備舉。天德莫違，人謀是與。敬行禮達，兹焉讌語。我餕惟阜，我肴孔庶。嘉味既充，❶食旨斯飫。屬厭無爽，冲和在御。擊壤齊歡，懷生等豫。蒸庶乃粒，實由仁恕。百司警列，皇在在陛。既飫且醑，卒食成禮。其容穆穆，其儀濟濟。凡百庶僚，莫不愷悌。奄有萬國，抑由天啟。

《大壯舞》奏夷則，《大觀舞》奏姑洗，取其月王也。二郊、明堂、太廟、三朝並同用。今列其歌詩二曲云。

❶「充」，原作「克」，據庫本改。

《大壯舞》歌，一曲，四言　高高在上，實愛斯人。眷求聖德，大拯彝倫。率土方燎，如火在薪。悰悰黔首，暮不及晨。朱光啟燿，兆發穹旻。我皇鬱起，龍躍漢津。言屆牧野，電激雷震。闞巩之甲，彭、濮之人。或貔或武，漂杵浮輪。我邦雖舊，其命維新。六伐乃止，七政必陳。君臨萬國，遂撫八寅。

《大觀舞》歌，一曲，四言　皇矣帝烈，大哉興聖。奄有四方，受天明命。居上不怠，臨下惟敬。舉無僭則，動無失正。物從其本，人遂其性。昭播九功，肅齊八柄。寬以惠下，德以爲政。三趾晨儀，重輪夕映。棧壑忘阻，梯山匪敻。如日有恒，與天無竞。載陳金石，式流舞詠。《咸》、《英》、《韶》、《夏》，於兹比盛。

相和五引　角引　萌生觸發，歲在春。《咸池》始奏，德尚仁。淴滯以息，和且均。　徵引　執衡司事，宅離方。滔滔夏日，火德昌。八音備舉，樂無疆。　宫引　八音資始，君五聲。興此和樂，感百精。優游律吕，被《咸》、《英》。　商引　司秋紀兑，奏西音。激揚鐘石，和瑟琴。風流福被，樂愔愔。　羽引　玄英紀運，冬冰折。物爲音本，和且悦。窮高測深，長無絶。

舊三朝設樂有登歌，以其頌祖宗之功烈，非君臣之所獻也，於是去之。三朝，第一，奏《相和五引》；第二，衆官入，奏《俊雅》；第三，皇帝入閤，❶奏《皇雅》；第四，皇太子發西中華門，奏《胤雅》；第五，皇帝進，王公發足；第六，王公降殿，同奏《寅雅》；第七，

❶「閤」，原作「閣」，據庫本改。

皇帝入儲變服；第八，皇帝變服出儲，同奏《皇雅》；第九，公卿上壽酒，奏《介雅》；第十，太子入預會，奏《胤雅》；十一，皇帝食舉，奏《需雅》；十二，撤食，奏《雍雅》；十三，設《大壯》武舞；十四，設《大觀》文舞；十五，設《雅歌》五曲；十六，設俳伎；十七，設《鞞舞》；十八，設《鐸舞》；十九，設《拂舞》；二十，設《巾舞》並《白紵》；二十一，設舞盤伎；二十二，設舞輪伎；二十三，設刺長追花幢伎；二十四，設受猾伎；二十五，設車輪折脰伎；二十六，設長蹻伎；二十七，設須彌山、黄山、三峽等伎；二十八，設跳鈴伎；二十九，設跳劍伎；三十，設擲倒伎；三十一，設擲倒案伎；三十二，設青絲幢伎；三十三，設一繖花幢伎；三十四，設雷幢伎；三十五，設金輪幢伎；三十六，設白獸幢伎；三十七，設擲蹻伎；三十八，設獼猴幢伎；三十九，設啄木幢伎；四十，設五案幢咒願伎；四十一，設辟邪伎；四十二，設青紫鹿伎；四十三，設白武伎，作訖，將白鹿來迎下；四十四，設寺子導安息孔雀、鳳凰、文鹿胡舞登連《上雲樂》歌舞伎；❶四十五，設緣高絙伎；四十六，設變黄龍弄龜伎；四十七，皇太子起，奏《胤雅》；四十八，衆官出，奏《俊雅》；四十九，皇帝興，奏《皇雅》。自宋、齊以來，三朝有鳳凰銜書伎。至是乃下詔曰：「朕君臨南面，道風蓋闕，嘉祥時至，爲媿已多。假令巢侔軒閣，集同昌户，猶當顧循寡德，推而不居，况於名實頓爽，自欺耳目？一日元會，大樂奏鳳凰銜書伎，至乃舍人受書，升殿跪奏。誠復興乎前代，率由自遠，内省懷

❶「樂」，原脱，據庫本補。

慙，彌與事篤。可罷之。」

蕙田案：此條載三朝樂，次第最詳。《志》既明云「皇帝入閤，奏《皇雅》；皇帝入儲變服，皇帝變服出儲，同奏《皇雅》；皇帝興，奏《皇雅》。」知前文誤脱「三朝」字審矣。

【《通典·徹食宜有樂議》】《周官》云：「王大食，三侑，皆合鐘鼓。」❶漢蔡邕云：「王者食舉以樂。今但有食舉樂，食畢則無樂。」案《膳夫職》：「以樂侑食。」《禮記》云：「客出以《雍》，徹以《振羽》。」《論語》云：「三家者以《雍》徹。」如此，則徹食宜有樂，不容同用食舉也。

蕙田案：徹食奏《雅》，惟梁禮爲然，歷代皆無之。

【《通典·三朝不宜奏登歌議》】《禮記·燕居》：「入門而金作，示情也。升歌《清廟》，示德也。下管《象武》，示事也。是故古之君子不必親相與言也，以禮樂相示。」《郊特牲》云：「奠酬而工升歌，發德也。歌者在上，匏竹在下，貴人聲也。」《明堂位》云：「升歌《清廟》，下管《象武》。」《太師職》云：「大祭祀，帥瞽登歌，令奏擊拊。」❷《小師職》云：「大祭祀，登歌擊拊。」《尚書大傳》云：「古者帝王，升歌《清廟》之樂，大琴練弦達越，大瑟朱弦達越，以韋爲鼓，竽瑟之聲亂人聲。《清廟》升歌，先人功烈德深也。周公升歌文王之功烈德深，苟在廟中嘗見文王者，愀然如復見文王，故《書》曰『搏拊琴瑟以

❶「合」，《通典》卷一四七作「令」，《周禮·大司樂》作「令奏」。

❷「令」，原作「金」，據《周禮·春官·太師》改。

詠，祖考來格』，此之謂也。」案登歌，各頌祖宗之功烈，去鐘徹竽，以明至德，所以傳云：「其歌呼也，曰『於穆清廟』。於者，歎之也。穆者，敬之也。清者，欲其在位者徧聞之也。」檢以經記，悉施郊廟耳，非元日所宜奏也。若三朝大慶，百辟具陳，升工席殿，以歌祖宗，君臣相對，便應涕淚，豈可獻酬舉爵以申歡宴邪？若改辭易旨，苟會一時，則非古人登歌之義。

蕙田案：杜氏二議，與梁禮合，今附見其下。

【《隋書·禮儀志》】天監六年，詔曰：「頃代以來，元日朝畢，次會群臣，則移就西壁下，東向坐。求之古義，王者讌萬國，惟應南面，何更居東面？」於是御座南向，以西方爲上。皇太子以下，在北壁坐者，悉西邊東向。尚書令以下在南方坐者，悉東邊西向。舊元日，御座東向，酒壺在東壁下。御座既南向，乃詔壺於南欄下。又詔：「元日受五等贄，珪璧並量付所司。」周捨案：「《周禮·冢宰》：『大朝覲，贊玉幣。』尚書，古之冢宰。頃王者不親撫玉，則不復須冢宰贊助。尋尚書主客曹郎，既冢宰隸職，今元日五等奠玉既竟，請以主客郎受。鄭玄注《覲禮》云：『既受之後，出付玉人於外。』漢時少府，職掌珪璧，請主客受玉，付少府掌。」帝從之。又尚書僕射沈約議：「《正會儀注》，御出，乘輿至太極殿前，納舄升階。尋路寢之設，本是人君居處，不容自敬宮室。案漢氏，則乘小車升殿。請自今元正及大公事，御宜乘小輿至太極階，仍乘板輿升殿。」制可。

【《梁書·簡文帝本紀》】大寶元年春正月辛亥朔，以國哀不朝會。

右梁正旦朝賀。

【《隋書・禮儀志》】陳制，先元會十日，百官並習儀注，令僕以下，悉公服監之。設庭燎，街闕、城上、殿前皆嚴兵，百官各設部位而朝。宫人皆於東廊，隔綺疏而觀。宫門既無籍，外人但絳衣者，亦得入觀。是日，上事人發白獸樽，自餘亦多依梁禮云。

蕙田案：朝會鉅典，乃禮樂雍肅之地，陳制嚴兵設部伍，失嘉會合禮之意矣。至令宫人隔綺疏而觀，狎禮至是，宜其及也。

【《隋書・音樂志》】太建元年，定三朝之樂，採梁故事：第一，奏《相和》五引，各隨王月，則先奏其鐘。惟衆官入，奏《俊雅》，林鍾作，太簇參應之，取其臣道也。鼓吹作。皇帝出閣，奏《皇雅》，黄鍾作，太簇、夾鍾、姑洗、大吕皆應之。鼓吹作。皇太子入至十字陛，奏《胤雅》，太簇作，南吕參應之，取其二月少陽也。皇帝延王公登，奏《寅雅》，夷則作，夾鍾應之，取其月法也。皇帝入宁變服，奏《皇雅》，黄鍾作，林鍾參應之。鼓吹作。皇帝出宁及升座，皆奏《皇雅》，並如變服之作。上壽酒，奏《介雅》，太簇作，南吕參應之，取其陽氣盛長，萬物輻湊也。食舉，奏《需雅》，蕤賓作，大吕參應之，取火主於禮，所謂「食我以禮」也。徹饌，奏《雍雅》，無射作，中吕參應之，取其津潤已竭也。武舞奏《大壯》，夷則作，夾鍾參應之，七月金始王，取其堅斷也。鼓吹引而去來。文舞奏《大觀》，姑洗作，應鍾參應之，三月萬物必榮，取其布惠者也。鼓吹引而去來。衆官出，奏《俊雅》，蕤賓作，林鍾、夷則、南吕、無射、應鍾、太簇參應之。鼓吹作。皇帝起，奏《皇雅》，黄鍾作，林鍾、夷則、南吕、無射參應之。鼓吹作。詞用宋曲，宴准梁樂，蓋取人神不雜也。制曰：「可。」

六年十一月，侍中尚書左僕射、建昌侯徐陵，儀曹郎中沈罕，奏來年元會儀注，稱舍人蔡景歷奉敕，先會一日，太樂展宮懸、高絙、五案於殿庭。客入，奏《相和》五引。帝出，黄門侍郎舉麾於殿上，掌故應之，舉於階下，奏《康韶》之樂。詔延王公登，奏《變韶》。奉珪璧訖，初引下殿，奏亦如之。帝興，入便殿，奏《穆韶》。更衣又出，奏亦如之。帝舉酒，奏《綏韶》。進膳，奏《侑韶》。帝御茶果，太常丞跪請進舞《七德》，繼之《九序》。其鼓吹雜伎，取晉、宋之舊，微更附益。舊元會有黄龍變、文鹿、師子之類，太建初定制，皆除之。至是蔡景歷奏，悉復設焉。

右陳正旦朝賀。

【《魏書·禮志》】太祖天興元年冬，詔儀曹郎董謐撰朝覲、饗宴之儀。

【《樂志》】天興元年冬，詔尚書吏部郎鄧淵定律吕，協音樂。正月上日，饗群臣，宣布政教，備列宫懸正樂，兼奏燕、趙、秦、吴之音，五方殊俗之曲。

【《高祖本紀》】太和十年春正月癸亥朔，帝始服衮冕，朝饗萬國。

十八年春正月丁未朔，朝群臣於鄴宫澄鸞殿。

十九年春正月辛未朔，朝饗群臣於懸瓠。

二十二年春正月癸未朔，朝饗群臣於新野行宫。

二十三年春正月戊寅朔，朝群臣，以帝疾瘳上壽，大饗於澄鸞殿。

【《禮志》】熙平二年十二月丁未，❶侍中司空

❶「十」，原脱，據《魏書·禮志四》補。

公領尚書令任城王澄、度支尚書崔亮奏：「謹案《禮記·曾子問》曰：『諸侯旅見天子不得成禮者幾？』孔子曰：『四：太廟火，日蝕，后之喪，雨沾服失容，則廢。』臣等謂元日萬國賀，應是諸侯旅見之義。若禘廢朝會，孔子應云五而獨言四，明不廢朝賀也。又《鄭志》：檢魯禮，《春秋》昭公十一年夏五月，夫人歸氏薨。十三年五月大祥，七月釋禫，公會劉子及諸侯於平丘。詳考古禮，未有以祭祀廢元會者。臣等備位樞納，可否必陳，冒陳所見，伏聽裁衷。」靈太后令曰：「可如所執。」

神龜二年正月二日元會，高陽王雍以靈太后臨朝，太上秦公喪制未畢，欲罷百戲絲竹之樂。清河王懌以爲萬國慶集，天子臨享，宜應備設。太后訪之於侍中崔光，光從雍所執。懌謂光曰：「宜以經典爲證。」光據

《禮記》「縞冠玄武，子姓之冠」，父母有重喪，子不純吉。安定公親爲外祖，又有師恩，太后不許公除，衰麻在體。正月朔日，還家哭臨，至尊輿駕奉慰。《記》云：「朋友之墓，有宿草焉而不哭。」是則朋友有朞年之哀。子貢云：「夫子喪顔淵，若喪子而無服，喪子路亦然。」顔淵之喪，饋練肉，夫子受之，彈琴而後食之。若子之哀，則容一朞不舉樂也。孔子既大練，五日彈琴，父母之喪也。由是喪夫子若喪父而無服，心喪三年，由此而制。雖古義難追，比來發詔，每言師、祖之尊，是則一朞之内，猶有餘哀。今且禮，母有喪服，聲之所聞，子不舉樂。今太后更無別宫，所居嘉福，去太極不爲大遠。鼓鐘於宫，聲聞於外，況在内密邇也。君之卿佐，是謂股肱，股肱或虧，何痛如之！知悼子喪未葬，杜蕢所以諫晉平公

也。今相國雖已安厝，裁三月爾，陵墳未乾。懌以理證爲然，乃從雍議。

【《出帝本紀》】永熙二年春正月庚寅朔，朝饗群臣於太極前殿。

右北魏正旦朝賀。

【《隋書·禮儀志》】後齊正日，侍中宣詔慰勞州郡國使。詔牘長一尺三寸，廣一尺，雌黄塗飾，上寫詔書三。計會日，侍中依儀勞郡國計吏，問刺史太守安不，及穀價麥苗善惡，人間疾苦。又班五條詔書於諸州郡國使人，寫以詔牘一枚，長二尺五寸，廣一尺三寸，亦以雌黄塗飾，上寫詔書。正會日，依儀宣示使人，歸以告刺史二千石。一曰政在正身，在愛人，去殘賊，擇良吏，主決獄，平徭賦。二曰人生在勤，勤則不匱，其勸率田桑，無或煩擾。三曰六極之人，務加寬養，凡使生有以自救，没有以自給。四曰長吏華浮，奉客以求小譽，逐末捨本，政之所疾，宜謹察之。五曰人事意氣，干亂奉公，外内溷淆，綱維不設，所宜糾劾。正會日，侍中黄門宣詔勞諸郡上計。勞訖付紙，遣陳土宜：字有脱誤者，呼起席後立；書迹濫劣者，飲墨水一升；文理孟浪，無可取者，奪容刀及席。既而本曹郎中，考其文迹才辭可取者，録牒吏部，簡同流外三品敘。元正大饗，百官一品以下，流外九品已上預會。一品已下、正三品已上、開國公侯伯、散品公侯及特命之官，下逮刺史，並升殿。從三品已下、從九品已上及奉正使人比流官者，在階下。勳品已下端門外。

蕙田案：北齊於朝會日宣詔慰郡國使，問穀價麥苗、人間疾苦，又頒五條誥誡以示訓，行又付紙遣陳便宜，以寓賞罰，與古述職之義爲近，較之叔孫通所起朝儀，僅以拜賀行酒畢事者，誠不免諂世取寵之誚也。

【《隋書・音樂志》】齊武成之時，始定三朝之樂。元會大饗，協律不得升陛，黄門舉麾於殿上。今列其歌辭云。❶

賓入門，四廂奏《肆夏》辭　昊蒼眷命，興王統天。業高帝始，道邈皇先。禮成化穆，樂合風宣。賓朝荒夏，揚對穹玄。

皇帝出閤，奏《皇夏》辭　夏正肇旦，周物充庭。具僚在位，俛伏無聲。大君穆穆，宸儀動睟。日煦天迴，萬靈胥萃。

皇帝當扆，群臣奉賀，奏《皇夏》辭　天子南面，乾覆離明。三千咸列，萬國填并。猶從禹會，如次湯庭。奉茲一德，上下和平。

皇帝入宁變服，黄鍾、太簇二廂奏《皇夏》辭　我應天歷，四海爲家。協同内外，混一戎華。鶴蓋龍馬，風乘雲車。夏章夷服，其會如麻。九賓有儀，八音有節。肅肅於位，飲和在列。四序氤氳，三光昭晰。君哉大矣，軒唐比轍。

皇帝變服，移幄坐於西廂，帝出升御坐，姑洗奏《皇夏》辭　皇運應籙，廓定區寓。受終以文，構業以武。堯昔命舜，舜亦命禹。大人馭歷，重規沓矩。欽明在上，昭納八夤。從靈體極，誕聖窮神。化生群品，陶育蒸人。展禮肆樂，協此元春。

王公奠璧，奏《肆夏》辭　萬方咸暨，三揖以申。垂旒馮玉，五瑞交陳。拜稽有章，升降有節。聖皇負扆，虞唐比烈。

上壽，黄鍾廂奏上壽曲辭　仰三光，奏萬壽。人皇御六氣，天地同長久。

❶「辭」，原作「舞」，據《隋書・音樂中》改。

皇太子入，至坐位，酒至御，殿上奏登歌辭三　大齊統歷，道化光明。馬圖呈寶，龜籙告靈。百蠻非衆，八荒非逖。同作堯人，俱包禹迹。其一。天覆地載，成以四時。惟皇是則，比大於兹。群星拱極，衆川赴海。萬寓駿奔，一朝咸在。其二。齊之以禮，相趨帝庭。應規蹈矩，玉色金聲。動之以樂，和風四布。龍申鳳舞，鸞歌麟步。其三。

食至御前，奏食舉樂辭　三端正啟，萬方觀禮。具物充庭，二儀合體。百華昭曉，千門洞晨。或華或裔，奉贄惟新。悠悠亘六合，員首莫不臣。仰施如雨，晞和猶春。風化表笙鏞，歌謳被琴瑟。誰言文軌異，今朝混爲一。其一。彤庭爛景，丹陛流光。懷黄綰白，鵷鷺成行。文贊百揆，武鎮四方。折衝鼓雷電，獻替協陰陽。大矣哉，道邁上皇。陋五帝，狹三王。窮禮物，該樂章。序冠帶，垂衣裳。其二。天壤和，家國穆。悠悠萬類，咸孕育。契冥化，侔大造。靈効珍，神歸寶。興雲氣，飛龍蒼。麟一角，鳳五光。朱雀降，黄玉表。九尾馴，三足擾。化之定，至矣哉。瑞感德，四方來。其三。囹圄空，水火菽粟。求賢振滯，棄珠玉。衣不靡，宫以卑。當陽端嘿，垂拱無爲。云云萬有，其樂不訾。其四。嗟此舉時，逢至道。肖形咸自持，賦命無傷夭。行氣進皇輿，遊龍服帝皂。聖主寧區宇，乾坤永相保。其五。牧野征，鳴條戰。大齊家萬國，拱揖應終禪。奥主廓清都，大君臨赤縣。高居深視，當扆正殿。旦暮之期，今一見。其六。兩儀分，牧以君。陶有象，化無垠。大齊德，邈誰群。超鳳火，冠龍雲。露以絜，風以薰。榮光至，氣氤氳。其七。神化遠，人物協。寒暑調，風雨爕。披泥檢，受圖諜。圖諜啟，期運昌。分四序，綴三光。延寶祚，眇無疆。其八。惟皇道，升平日。河水清，海不溢。雲干呂，風入律。驅黔首，入仁壽。與天高，並地厚。其九。刑以厝，頌聲揚。皇情邈，眷汾、襄。岱山高，配林壯。亭亭聳，云云望。旆葳蕤，駕騤騤。刊金闕，奠玉龜。其十。

文舞將作，先設階步辭　我后降德，肇峻皇基。摇鈐大號，振鐸命期。雲行雨洽，天臨地持。茫茫區宇，萬代一時。文來武肅，成定於兹。象容則舞，歌德言詩。鏘鏘金石，列列匏絲。鳳儀龍至，樂我雍熙。

文舞辭　皇天有命，歸我大齊。受兹華玉，爰錫玄珪。奄家環海，實子蒸黎。圖開寶匣，檢封芝泥。無思不順，自東徂西。教南暨朔，罔敢或攜。比日之明，如天之大。神化斯洽，率土無外。眇眇舟車，華戎畢會。祠我春秋，服我冠帶。儀協震象，樂均天籟。蹈武在庭，其容藹藹。

武舞將作，先設階步辭　大齊統歷，天監孔昭。金人降汎，火鳳來巢。眇均虞德，干戚降苗。夙沙攻主，歸我軒朝。禮符揖讓，樂契《咸》、《韶》。蹈揚惟序，律度時調。

武舞辭　天眷横流，宅心玄聖。祖功宗德，重光襲映。我皇恭己，誕膺靈命。宇外斯燭，域中咸鏡。悠悠率土，時惟保定。微微動植，莫違其性。仁豐庶物，施洽群生。海寧洛變，契此休明。雅宣茂烈，頌紀英聲。鏗鍠鐘鼓，掩抑簫笙。歌之不足，舞以禮成。鑠矣王度，緬邁千齡。

皇帝入，鐘鼓奏《皇夏》辭　禮終三爵，樂奏九成。允也天子，穹壤和平。載色載笑，反寢宴息。一人有祉，百神奉職。

右北齊正旦朝賀。

【《隋書·音樂志》】周建德二年十月，六代樂成。朝會則皇帝出入，奏《皇夏》。皇太子出入，奏《肆夏》。王公出入，奏《驁夏》。五等諸侯正日獻玉帛，奏《納夏》。宴族人，奏《族夏》。大會至尊執爵，奏登歌十八曲。食舉，奏《深夏》。舞六代《大夏》、《大濩》、《大武》、《正德》、《武德》、《山雲》之舞。

蕙田案：《隋·禮儀志》不載周朝會之儀，蓋偶脱之。其儀節之大者，於《音樂志》可得其一二焉，故録於首。

【《北周書·明帝本紀》】武成二年春正月癸丑朔，大會群臣於紫極殿，始用百戲焉。

【《武帝本紀》】保定五年春正月甲申朔，廢朝，以庸國公王雄死王事故也。

天和四年春正月辛卯朔，廢朝，以齊武成王薨故也。

六年春正月己酉朔，廢朝，以路門未成故也。

建德三年春正月壬戌朔，朝群臣於路門。

【《宣帝本紀》】大象元年春正月癸巳，受朝於路門，帝服通天冠、絳紗袍，群臣皆服漢魏衣冠。二年春正月丁亥，帝受朝於道會苑。

右後周正旦朝賀。

五禮通考卷第一百三十六

淮陰吴玉搢校字

五禮通考卷第一百三十七

內廷供奉禮部右侍郎金匱秦蕙田編輯
太子太保總督直隸右都御史桐城方觀承同訂
兩淮都轉鹽運使德水盧見曾
按察司副使元和宋宗元　參校

嘉禮十

朝禮

【《隋書·禮儀志》】隋制，正旦及冬至，文物充庭，皇帝出西房，即御座。皇太子鹵簿至顯日門外，❶入賀。復詣皇后御殿，拜賀訖，還宮。皇太子朝訖，群官客使入就位，再拜。上公一人，詣西階，解劍，升賀。降階，帶劍，復位而拜。有司奏諸州表。群官在位者又拜而出。皇帝入東房，有司奏行事訖，乃出西房。坐定，群官入就位，上壽訖，上下俱拜。皇帝舉酒，上下舞蹈，三稱萬歲。皇太子與會，則設坐於御東南，西向。群臣上壽畢，入，解劍以升。會訖，先興。

蕙田案：顯日門，《文獻通考》作「明陽門」。

【《音樂志》】仁壽元年，制詔吏部尚書奇章公弘等創制雅樂歌辭。

元會，皇帝出入殿庭，奏《皇夏》辭郊丘、社、廟同。深哉皇度，粹矣天儀。司陛整蹕，式道先馳。❷八屯霧擁，七萃雲披。

❶「日」，《隋書·禮儀四》作「陽」。

❷「馳」，原作「驅」，據庫本改。

退揚進揖，步矩行規。勾陳乍轉，華蓋徐移。羽旗照耀，珪組陸離。居高念下，處安思危。照臨有度，紀律無虧。

皇太子出入，奏《肆夏》辭　惟熙帝載，式固王猷。體乾建本，是曰孟侯。馳道美漢，寢門稱周。德心既廣，道業惟優。傅保斯導，賢才與遊。瑜玉發響，畫輪停輈。皇基方峻，匕鬯恒休。

食舉歌辭八首　燔黍設教，禮之始。五味相資，火爲紀。平心和德，在甘旨。牢羞既陳，鐘石俟。以斯而御，揚盛軌。　養身必敬，禮食昭。時和歲阜，庶物饒。鹽梅既濟，鼎鉉調。特以膚腊，加臐膮。威儀濟濟，懋王朝。　饔人進羞，樂侑作。川潛之膾，雲飛臛。甘酸有宜，芬勺藥。金敦玉豆，盛交錯。御鼓既聲，安以樂。　玉食惟后，❶膳必珍。芳菰既潔，重秬新。是能安體，又調神。荆包畢至，海貢陳。用之有節，德無垠。　嘉羞入饋，猶化謐。沃土名滋，帝臺實。陽華之菜，雕陵栗。鼎俎芬芳，豆籩溢。通幽致遠，車書一。　道高物備，食多方。山膚既善，水豢良。桓蒲在位，簨業張。加籩折俎，爛成行。恩風下濟，道化光。　禮以安國，仁爲政。具物必陳，饔牢盛。罝罘斤斧，順時令。懷生熙熙，皆得性。於兹宴喜，流嘉慶。　皇道四達，禮樂成。臨朝日舉，表時平。甘芳既飫，醑以清。揚休玉巵，正性情。隆我帝載，永明明。

上壽歌辭　俗已乂，時又良。朝玉帛，會衣裳。基同北辰久，壽比南山長。❷黎元

❶「后」，原作「君」，據《隋書・音樂下》改。
❷「比」，校點本《隋書・音樂下》作「共」。

鼓腹樂未央。

宴群臣登歌辭　皇明馭歷，仁深海縣。載擇良辰，式陳高宴。顒顒卿士，昂昂侯甸。車旗煜爚，衣纓蔥蒨。樂正展懸，司宫飾殿。三揖稱禮，九賓爲傳。圓鼎臨碑，方壺在面。《鹿鳴》成曲，嘉魚入薦。筐篚相輝，獻酬交徧。飲和飽德，恩風長扇。

文舞歌辭　天睠有屬，后德惟明。君臨萬宇，昭事百靈。濯以江漢，樹之風聲。罄地必歸，窮天皆至。六戎仰朔，八蠻請吏。烟雲獻彩，龜龍表異。緝和禮樂，燮理陰陽。功由舞見，德以歌彰。兩儀同大，日月齊光。「同大」，一作「固天」，一作「同天」。

武舞歌辭　惟皇御宇，惟帝乘乾。五材並用，七德兼宣。平暴夷險，拯溺救燔。九域載安，兆庶斯賴。續地之厚，補天之大。聲隆有截，化覃無外。鼓鐘既奮，干戚攸陳。功高德重，政謐化淳。鴻休永播，久而彌新。

右隋正旦朝賀。

【《唐六典》】元日，大陳設於太極殿。今大明宫於含元殿，東都則於乾元殿。皇帝衮冕臨軒，皇太子獻壽，次上公獻壽，次中書令奏諸州表，黄門侍郎奏祥瑞，户部尚書奏諸州貢獻，禮部尚書奏諸蕃貢獻，太史令奏雲物。侍中奏禮畢，然後中書令又與供奉官獻壽，時殿上皆呼萬歲。

蕙田案：《通典》以此條爲唐舊制，然考《唐六典》注云：「舊儀闕供奉官獻壽禮，開元二十五年，臣林甫謹草其儀，奏而行之。」然則開元以後更有增益，非盡舊制也。

宫城在皇城之北，南面三門，中曰承天，

東曰長樂，西曰永安。若元正、冬至，大陳設燕會，赦過宥罪，除舊布新，受萬國之朝貢，四夷之賓客，則御承天門以聽政。蓋古之外朝也。其北曰太極門，其內曰太極殿，朔望則坐而視朝焉。蓋古之中朝也，有東上、西上二閤門，東西廊左延明、右延明二門。又北曰兩儀門，其內曰兩儀殿，常日聽朝而視事焉。蓋古之內朝也。大明宮在禁苑之東南，西接宮城之東北隅。龍朔元年，高宗以大內卑濕，乃於此置宮。南面五門，正南曰丹鳳門，門內正殿曰含元殿。殿即龍首山之東趾也。階上高於平地四十餘尺，南去丹鳳門四百餘步，東西廣五百步，今元正、冬至於此聽朝也。其北曰宣政門，門內曰宣政殿。次西曰延英門，其內之左曰延英殿，右曰含象殿。宣政北曰紫宸門，其內曰紫宸殿。即內朝正殿也。興慶宮在皇城之東南，即今上龍潛舊宅也，開元初以爲離宮。宮之西曰興慶門，其內曰興慶殿，即正衙殿。次南曰金明門，門內之北曰大同門，其內曰大同殿。宮之南曰通陽門，北入曰明光門，其內曰龍堂。通陽之西曰花萼樓，樓西曰明義門，其內曰長慶殿。東都皇城如京城之制，皇宮在皇城之北，南面三門，中曰應天，左曰興教，右曰光政。應天門，端門，若西京之承天門。其內曰乾元門，若西京之太極門。乾元之左曰萬春，右曰千秋，其內曰乾元殿。則明堂也。證聖元年營造，上圜下方，八窗四闥，高三百尺，元正、冬至，有時而御焉。上陽宮在皇城之西南，上元中營造，高宗晚年常居此宮以聽政焉。東面三門，南曰提象門，即正衙門。北曰星躔門。提象門內曰觀風門，南曰浴日樓，北曰七寶閣，其內曰觀風殿。

蕙田案：《唐六典》於禮部職云：「元

日、冬至大陳設於太極殿。」於工部職則云：「元正、冬至大陳設，御承天門以聽政，朔望則御太極殿以視朝。」二條不合。今以大明宮三殿之制相較，似當以太極殿爲大朝之外朝，兩儀殿爲常朝之正朝。但考《册府元龜》載永徽二年八月詔：「來月一日太極殿受朝，此後每五日一度太極殿視事，朔望即爲常式。」則又當以後説爲是。今姑兩存之，以俟考。

葉氏夢得曰：「唐以宣政殿爲前殿，謂之正衙，即古之內朝也。以紫宸殿爲便殿，謂之上閤，即古之燕朝也。而外別有含元殿。古者天子三朝：外朝、內朝、燕朝。外朝在王宮庫門外，有非常之事，以詢萬民於宮中。內朝在路門外，燕朝在路門內。蓋內朝以見群臣，或謂之路朝。燕朝以聽政，猶今之奏事，或謂之燕寢。鄭氏《小宗伯》注以漢司徒府有天子以下大會殿，爲周之外朝。而蕭何造未央宮，言前殿則宜有後殿。大會殿設於司徒府，則爲外朝。而宮中有前殿，則爲內朝、燕朝。蓋去周猶未遠也。唐含元殿宜如漢之大會殿，宣政、紫宸乃前後殿，其沿習有自來矣。方其盛時，宣政蓋常朝日見群臣，遇朔望陵寢薦食，❶然後御紫宸，旋傳宣喚仗入閤，宰相押之，由閤門進，百官隨之入，謂之喚仗入閤。紫宸殿言閤，猶古之言寢。此御朝之常制也。中世亂離，宣政不復御，正衙立仗之禮遂廢，惟以隻日常朝御紫宸而不設仗。敬宗始復修之，因以朔望陳仗紫宸，以爲盛禮，亦謂之入閤，誤矣。」

蕙田案：唐自高宗以後，朝會聽政多在大明宮，而不常在大內，故石林亦止舉大明宮而言。其實，大內與慶宮、東都之皇宮上陽宮並有正衙，不必常在宣政也。漢司徒府中有百官朝會之殿，其説見鄭氏《稾人》注，

❶「薦」，原脱，據庫本補。

別無大會殿之名。若《小宗伯》注，則并無此文，何疎舛如此也！

【《唐書・百官志》】凡朝，晚入、失儀，御史録名奪俸。三奪者，奏彈。　御史臺，大夫一人，中丞三人，朝會則率其屬正百官之班序。遲明，列於兩觀，監察御史二人押班，侍御史顯舉不如法者。凡朝位以官，❶職事同者先爵，爵同以齒，致仕官居上。職事與散官、勳官合班，則文散官居職事之下，武散官次之，勳官又次之；官同者，異姓爲後。親王、嗣王任文武官者，從其班，官卑者從王品；郡王任三品以下執事者，居官階品之上；❷非任文武官者，嗣王居太子太保之下，郡王次之，國公居三品之下，郡公居從三品之下，縣公居四品之下，侯居從四品之下，伯居五品之下，子居從五品之上，男居從五品之下。以前官召見者，居本品見任之上。以理解者，居同品之下。本司參集者，以職事爲上下。文武三品非職事官者，朝參名簿，皆稱曰諸公。

【《册府元龜》】武德九年正月庚寅朔，廢朝，雨故也。

【《舊唐書・太宗本紀》】貞觀二年秋九月丙午，詔曰：「尚齒重舊，先王以之垂範；還章解組，朝臣於是克終。釋菜合樂之儀，東膠西序之制，養老之義，遺文可覩。朕恭膺大寶，憲章故實，乞言尊事，彌切深衷。然情存今古，世踵澆季，而策名就列，或乖大體。至若筋力將盡，桑榆且迫，徒竭夙興之勤，未悟夜行之罪，其有心驚止足，行堪激勵，謝事公門，收骸閭里，能以禮讓，固可嘉焉。

❶「位」，原作「會」，據《新唐書・百官三》改。

❷「官」，《新唐書・百官三》作「同」。

内外文武群官，年高致仕，抗表去職者，參朝之日，宜在本品見任之上。」

蕙田案：《禮》有「七十致仕」之文，所以崇禮讓，誡止足也。唐制，年高抗表致仕者，朝參之位居見任之上；以理解者，居同品之下。其扶風教，勵廉恥之義，可爲後世法。

【《舊唐書·音樂志》】武德九年，命祖孝孫修定雅樂。至貞觀二年六月，奏之。制《十二和》之樂：皇帝臨軒，奏《太和》；王公出入，奏《舒和》；皇帝食舉及飲酒，奏《休和》；皇帝受朝，奏《政和》；皇太子軒懸出入，奏《承和》；元日、冬至皇帝禮會登歌，奏《昭和》。

蕙田案：《新書·禮樂志》：「十一曰《正和》，皇后受册以行。」此云「皇帝受朝奏《政和》」，與彼不同。考《開元禮》朝賀儀，並無奏《政和》之文，惟皇后受册儀則云「典樂舉麾，奏《正和》之樂」，則舊史誤也。《册府元龜》載後漢張昭改《十二和》爲《十二成》，議云：「皇帝受朝、皇后入宫，奏《正和》，請改爲《扆成》。」然則「皇帝受朝」下當有「皇后入宫」四字，舊志誤脱去，又訛「正」爲「政」耳。

【《唐書·禮樂志》】唐之自製樂凡三大舞：一曰《七德舞》，二曰《九功舞》，三曰《上元舞》。元日、冬至，朝會慶賀，《七德舞》與《九功舞》同奏。

【《通典》】貞觀中，景雲見，河水清，協律郎張文收採古朱雁天馬之義，製《景雲河清歌》，名曰讌樂，奏之管弦，爲諸樂之首，今元會第一奏者是。

蕙田案：張文收製讌樂在太宗朝，《册府元龜》所載亦同，《唐志》誤以爲高宗時。

【《册府元龜》】貞觀十一年正月朔，帝臨軒，懸而不樂，禮也。　十五年正月庚午朔，帝常服不臨軒，行幸洛陽宫，衣冠禮樂闕如也。　二十年正月甲子，太宗常服不臨軒，行在故也。

【《舊唐書·高宗本紀》】永徽元年春正月辛丑朔，上不受朝，詔改元。壬寅，御太極殿，受朝而不會。　四年春正月癸丑朔，上御軒，❶不受朝，以濮王泰在殯故也。

永淳元年正月乙未朔，以年饑，罷朝會。

【《册府元龜》】神龍二年正月庚子朔，以則天皇后梓宫在殯，不朝會。

【《舊唐書·中宗本紀》】神龍三年春正月庚子朔，不受朝會，喪未再朞也。

【《唐書·睿宗本紀》】景雲二年春正月丁未朔，以山陵日近，不受朝賀。

【《舊唐書·睿宗本紀》】景雲三年春正月癸酉，上始釋慘服，御正殿，受朝賀。

【《册府元龜》】開元四年正月戊寅朔，帝御正殿受朝賀，禮畢，親朝太上皇於西宫。

【《舊唐書·玄宗本紀》】開元五年春正月壬寅朔，上以喪制，不受朝賀。　六年春正月丙辰朔，以未經大祥，不受朝賀。

【《通典》】開元六年八月敕：「九族既睦，百姓有敘。至於班列，宜當分位。嗣王實先於主祭，國老有貴於乞言。比在朝儀，尚爲間雜，非所謂睦親敦舊之義也。嗣王宜與開府儀同三司等致仕官各居本品之上，用爲永式。」

---

❶「御」，《舊唐書·高宗本紀》作「臨」。

【《册府元龜》】開元七年正月辛卯朔，御含元殿受朝，衛仗如常儀。十年正月癸卯朔，御含元殿受朝賀。十六年正月戊戌朔，始聽政於興慶宮，朝賀如常儀。十八年正月癸酉，御含元殿，受百僚朝賀如常儀。

【《開元禮》】皇帝皇后至正受皇太子朝賀

前二日，本司宣攝内外，各供其職。前一日，尚舍奉御幄座於太極殿北壁，南向。守宫設皇太子次於承天門外朝堂北，西向。又於東宫朝堂設宫臣次如式。太樂令展宫懸於殿庭如臨軒儀。典儀設皇太子位於横街南道東，北面。設典謁位於懸之東北，贊者二人在南，差退，俱西面。奉禮設宫臣版位於東宫朝堂如常。其日，依時刻宫官俱集於次，各服其服。諸衛率各勒所部，陳設如常。左庶子版奏：「請中嚴。」典謁引宫臣各就位，如侍衛之官，❶各服其器服，右庶子負寶如式。俱詣閤奉迎。僕進金輅於西閤外，南向。内率一人執刀立於輅前，北向。中允一人在侍臣之前，贊者二人在中允前。左庶子版奏「外辦」。僕奮衣而升，正立執轡。皇太子具服遠遊冠，若未冠，則雙童髻。絳紗袍，升輿而出，左右侍衛如常儀。内率前執轡，皇太子升輅，僕立，授綏，左庶子以下夾侍如常。中允進當輅前，跪奏稱：「中允臣某言：請發引。」俛伏，興，退，復位。凡中允奏請，皆如此儀。輅動，中允與贊者夾引以出，内率夾輅而趨出。出重明門，至侍臣上馬所，中允奏：「請輅權停，令侍臣上馬。」左庶子前承令，退稱令曰：「諾。」中允退稱：「侍臣上馬。」贊者承傳，文武侍臣皆上馬。左庶子夾侍於輅前，贊者在供奉官人

❶「如」，《大唐開元禮》卷九五無此字。

內。侍臣上馬畢，中允奏稱：「請令車右升。」左庶子前承令，退稱令曰：「諾。」中允退復位。內率升訖，❶中允奏：「請發引。」退復位。皇太子輅動，三師乘車訓導，三少乘車訓從，鳴鐃而行，文武宮臣皆乘馬以從。至長樂門，鐃吹止。至次前，迴輅西向，內率降立於輅右，左庶子進當輅前，跪奏稱：「左庶子臣某言：請降輅。」俛伏，興，還侍位。皇太子降輅，舍人引就次，坐，侍衛如常。其日，依時刻將士填街，諸衛勒所部列黃麾大仗屯門及陳於殿庭如常儀。皇太子既就次，侍中版奏：「請中嚴。」進仗就陳於閤外。太樂令帥工人入就位，協律郎入就舉麾位。諸衛之官各服其服，符寶郎奉寶，詣閤奉迎。典儀贊者先入就位，通事舍人引群官四品以下次入就位。皇太子出次，舍人引皇太子、三師三少導從如式，入立於太極門外之東，❷西面。諸衛率、左右庶子、舍人及近侍者量人從入。侍中版奏「外辦」，皇帝服衮冕之服，乘輿以出，曲直華蓋，警蹕侍衛如常儀。皇帝將出，仗動，太樂令令撞黃鐘之鐘，右五鐘皆應，協律郎跪，俛伏，舉麾，工鼓柷，奏《太和》之樂，鼓吹振作。皇帝出自西房，即御座，南向坐。符寶郎奉寶，置於御座如常。協律郎偃麾，戛敔，樂止。舍人引皇太子入就位，諸衛率、左右庶子以下從入者立於皇太子東南，西面北上。❸皇太子初入門，《舒和》之樂作；至位，樂止；立定，典儀曰：「再拜。」贊者承傳，皇太子再拜。舍人引皇太子詣西階，初行樂作，至階樂止。舍

❶「內」，原作「令」，據《大唐開元禮》卷九五改。
❷「極」下，《大唐開元禮》卷九五有「殿」字。
❸「北」，原作「向」，據《大唐開元禮》卷九五改。

人引進當御座前，北面，跪賀稱：「元正首祚，景福惟新。伏惟陛下，與天同休。」冬至云：「天正長至，伏惟陛下，如日之升。」以下諸正至，賀詞並同。俛伏，興，舍人引降，樂作，復位，樂止。皇太子再拜。侍中前承制，降，詣皇太子東北，西面，稱「有制」。皇太子再拜。宣制訖，皇太子又再拜。典儀唱：「再拜。」皇太子又再拜。通事舍人引出，初行樂作，出門樂止。皇太子既出，公主入，朝賀如別儀。前一日，❶守宮設皇太子次於崇義門內，隨地之宜。其日，司贊設皇太子版位於皇后正殿之庭懸南，北面。皇太子朝皇后訖，舍人引皇太子從納義門詣崇義門內次權停。外命婦朝賀將訖，舍人引皇太子出立於肅章門。外命婦出訖，內謁者監引皇太子至肅章門，司賓承引皇太子入就位。立定，司贊唱：「再拜。」皇太子再拜訖，司賓又引皇太子詣西階，❷升當御座前，北面跪賀。其賀詞，同賀皇帝，唯改云「殿下」。俛伏，興，引復位。皇太子再拜。尚儀前承令，降詣皇太子西北，東面，稱「令旨」，皇太子再拜。宣令訖，又再拜。司贊唱：「再拜。」皇太子又再拜。司賓引皇太子至閤，❸內謁者監承引以出。舍人引皇太子乘車還宮如來儀。

皇帝皇后正至受皇太子妃朝賀

其日，依時刻諸衛率各勒所部陳布妃儀仗如常。內廐尉進車於閤外，司則量時刻啟「外辦」。妃服首飾褕衣，乘車以出，侍衛如常。入，至下車所，妃降車，侍從如常。內侍所司引詣閤外，皇帝即御座，南向坐，侍

❶「前」上，據《大唐開元禮》卷九五，應有「皇后元正冬至受皇太子朝賀」十二字作爲小標題。
❷「西」，原脱，據《大唐開元禮》卷九五補。
❸「至」，原脱，據《大唐開元禮》卷九五補。

衛如常。司賓引妃升自西階，進當御座前，北面跪賀。詞與上同，唯加尊號耳。賀訖，起，司賓引降復位，妃再拜訖，尚儀前承敕，降詣妃西北，東面，稱「有敕」，妃再拜。宣敕訖，又再拜。司賓引妃出，謁皇后所御殿，立於閤外。六尚以下各服其服，俱詣皇后内閤奉迎如式。皇后出，即御座南向坐，近侍如常。司賓引妃入，立於庭，北面，立定，再拜。司賓引妃升自西階，進當御座前，北面跪賀，賀詞同上。賀訖，起。司賓引降復位，妃再拜訖，尚儀前承令，降詣妃西北，東面，稱「令旨」，妃再拜。宣令訖，又再拜。司賓引妃出，乘車還宮如來儀。若諸王妃奉敕同朝，則各服其服，先至皇太子妃下車所侍，❶隨入，位在皇太子妃南，北面西上，唯不升於外，與皇太子妃同。若別朝，亦准皇太子妃式。

皇帝正至受群臣朝賀并會

前一日，尚舍奉御設御幄於太極殿北壁下，南向，鋪御座如常。守宮設群官客使等次於東西朝堂。太樂令展宮懸於殿庭，設麾於殿上西階之西，東向，一位於樂懸東南，西向。鼓吹令分置十二案於建鼓之外，乘黄令陳車輅，尚輦奉御陳輿輦，尚舍奉御設解劍席於懸西北橫街之南，並如常儀。典儀設文官三品以上位於橫街之南道東，褒聖侯於三品以下。介公、酅公於道西，武官三品以上於介公、酅公之西，少南。每等異位重行，北面，相對爲首。設文官四品五品位於懸東，六品以下於橫街南，每等異位重行，西面北上。設諸州朝集使位：都督、刺史及三品以上，東方南方於文官三品之東，重

❶「下車」，原作「車妃」，據《大唐開元禮》卷九六改。「侍」，《通典》卷一二三作「待」。

行，北面西上；西方北方於武官三品之西，❶重行，北面東上。四品以下皆分方位於文武官當品之下。諸州使人分方位於朝集使之下亦如之。設諸親位於四品五品之南。皇親在東，異姓親在西。設諸方客位：三等以下，東方南方於東方朝集使之東，每國異位重行，北面西上；西方北方於西方朝集使之西，每國異位重行，北面東上。四等以下分方位於朝集使六品之下，重行，每等異位。設典儀位於懸之東北，贊者二人在南，少退，俱西面。奉禮設門外位：文官於東朝堂，每等異位重行，西面。褒聖侯於三品之下。介公、酅公於西朝堂之前，武官於介公之南，少退，每等異位重行，東面。諸親位文武官四品五品之南。皇宗親在東，異姓親在西。設諸州朝集使位，東方南方於宗親之南，每等異位重行，西面；❷西方北方於異姓親之南，每等異位重行，東面。諸州使人分方位於朝集使之下，亦如之。諸方客位：東方南方於東方朝集使之南，每國異位重行，西面北上；西方北方於西方朝集使之南，東面北上。其日，依時刻將士填街，諸衛勒所部列黄麾大仗屯門及陳於殿庭如常儀。群官、諸親、客使集朝堂，皆就次，各服其服。侍中版奏：「請中嚴。」太樂令帥工人入就位，協律郎入就舉麾位，諸侍位之官各服其服，符寶郎奉寶，俱詣閤奉迎。典儀帥贊者先入就位。吏部、兵部、主客、户部贊群官客使俱出次，通事舍人各引就朝堂前位。又通事舍人引四品以下及諸親、客使等應

❶「之西」，原作「之東」，據庫本改。

❷「西面」至「重行」十八字原脱，據庫本及《大唐開元禮》卷九七補。

先置者入就位。侍中版奏「外辦」，皇帝服衮冕，冬至則服通天冠、絳紗袍。御輿以出，曲直華蓋、警蹕侍衛如常儀。皇帝將出，仗動，太樂令令撞黄鐘，右五鐘皆應。協律郎俛伏，舉麾，鼓柷，奏《太和》之樂，鼓吹振作以姑洗之均。皇帝出自西房，即御座，南向坐。符寶郎奉寶置於御座如常。協律郎偃麾，戛敔，樂止。通事舍人引王公以下及諸方客使等以次入就位，皇太子若來朝，皇太子朝出訖，典謁引王公以下入。公初入門，《舒和》之樂作，公至位，樂止。群官、客使等立定，典儀曰「再拜」，贊者承傳，群官、客使等皆再拜訖，通事舍人引上公一人詣西階。初行，樂作，至解劍席，樂止。公就席，脱舄，跪解劍，置於席，俛伏，興。通事舍人引升階，進當御座前，北面跪賀，稱「某官臣言」。賀辭與太子同，惟稱尊號爲異。賀訖，俛伏，興。通事舍人引降階，詣席後，上公跪著劍，俛伏，興，納舄，樂作，復横街南位，樂止。群官、客使等皆再拜。侍中前承詔，降詣群官東北，西面，稱「有制」，群官、客使等皆再拜。宣制曰：「履新之慶，與公等同之。」冬至云：「履長之慶，與公等同之。」宣訖，群官、客使等皆再拜訖，舞蹈，三稱萬歲，訖，又再拜。侍中還侍位。初，群官將朝，中書侍郎以諸州鎮表别爲一案，俟於右延明門外，給事中以祥瑞案俟於左延明門外，俱令史絳公服對舉案。侍郎、給事中俱就侍臣班。於客使入，户部以諸州貢物陳於太極門東西廂，禮部以諸蕃貢物最可執者蕃客手執入就内位，其重大者陳於廟堂前。初，上公將入門，中書侍郎降，引表案入，詣西階下，東面立；給事中降，引祥瑞案入詣東階下，西面立。上公將升賀，中書令、黄門侍郎俱降，各立階下。

初，上公升階，中書令、黄門侍郎各取所奏之文以次升。上公賀訖，中書令前，跪奏諸方表訖，黄門侍郎又進，跪奏祥瑞訖，俱降，置所奏之文於案，各還侍位。侍郎引給事中引案退至東西階前案，❶遂出。侍郎、給事中還侍位。初，侍中宣制訖，朝集使及蕃客皆再拜訖，户部尚書進階間，北面，跪奏，其尚書奏，仍待黄門侍郎奏祥瑞訖。稱：「户部尚書臣某言：諸州貢物，請付所司。」俛伏，興。侍中前承制，退，稱：「制曰可。」尚書退復位。禮部尚書以次進，詣階間，北面，跪奏，稱：「禮部尚書臣某言，諸蕃貢物，請付所司。」俛伏，興。侍中前承制，退，稱：「制曰可。」尚書退復位。侍中還侍位。太府率其屬受諸州及諸蕃貢物出歸仁、納義門，執物者隨之。典儀曰「再拜」，通事舍人以次引北面位者出。公初行，樂作；出門，樂止。侍中前，跪奏稱：「侍中臣某言：禮畢。」俛伏，興，還侍位。皇帝興，太樂令令撞蕤賓之鐘，左五鐘皆應，奏《太和》之樂，鼓吹振作。皇帝降座，御輿入自東房，侍衛警蹕如來儀。侍臣從至閤，樂止。通事舍人引東西面位者以次出。蕃客先出。其冬至受朝，則不奏祥瑞、貢物，又無諸方表。

會　朝訖，太樂令設登歌於殿上，引二舞入，立於懸南面。❷尚舍奉御鋪群官升殿者座：文官三品以上於御座東南，西向；褒聖侯於三品之下。介公、酅公於御座西南，東向；武官三品以上，於介公、酅公之後；朝集使、都督、刺史及三品以上，東方南方於文官三品之後，西方北方於武官三品之

❶ 上「引」字，《大唐開元禮》卷九七作「與」。
❷ 「南」下，《大唐開元禮》卷九七無「面」字。

後；蕃客三等以上，東方南方於東方朝集使之後，西方北方於西方朝集使之後，俱重行，每等異位，以北爲上。設不升殿者座，各於其位。又設群官解劍席於懸之西北，横街之南，並如常儀。尚食奉御設壽罇於殿上東序之端，西向；設坫於罇南，加爵一。太官令設升殿者酒罇於東西廂，近北；設殿庭群官酒罇，各於其座之南。皆有坫冪，俱障以帷。施設訖，吏部、兵部、户部、主客贊群官客使俱出次，通事舍人各引就朝堂前位，典儀帥贊者先入就位，通事舍人各引升殿者次入就位。侍中版奏「外辦」，皇帝服通天冠、絳紗袍，冬至則不改服。御輿以出。曲直華蓋、警蹕侍衛如常儀。皇帝將出，仗動，太樂令令撞黄鐘之鐘，右五鐘皆應，奏《太和》之樂，鼓吹振作。皇帝出自西房，即御座，南向坐。符寶郎奉寶置於座如常，樂止。典儀一人升就東階上，西面立。通事舍人引王公以下及諸客使以次入就位。王公初入門，樂作，至位，樂止。群官客使立定，若朝會日，别設位，贊拜，陳引如朝禮。其日，二舞與工人俱入就位。侍中進當御座前，北面跪奏，稱：「侍中臣某言：請延諸王公等升。」俛伏，興。又侍中稱：「制曰可。」侍中詣東階上，西面，稱：「制延王公等升殿上。」典儀承傳，階下贊者又承傳，群官、客使皆再拜。侍中還位。群官拜訖，通事舍人引應升殿者詣東西階。公初行，樂作，至解劍席，樂止。王公以下，各脱舄，跪解劍，置於席上，俛伏，興。通事舍人接引上公一人升階，少東，西面立定；以下各立於座後，立定。光禄卿進詣階間，跪奏，稱：「臣某言：請賜群官上壽。」俛伏，興。侍中稱：「制曰可。」光禄卿進詣酒罇所，西面立。通事舍人引上公詣酒罇所，北面立。尚食奉御酌酒一爵授上公，上公搢笏受爵。通事舍人引上公進到御座前，北面，授殿中監。殿中監受爵，進置御前。上公執笏，通事舍人引上公退，北面，跪稱：「某官臣某等稽首言：元正首祚，冬至云「天正長至」。臣某不勝大慶，謹上千萬歲壽。」俛伏，興，再拜。群官、客使等上下俱再拜，立於席後。侍中前承制，退稱：「敬舉公等之觴。」群官、客使等上下又再拜。殿中監取爵奉進，❶近臣遞進。皇帝舉酒，《休和》之樂作，群官、客使等上下皆三舞蹈，稱萬歲。皇帝舉酒訖，殿中監進受虛爵，以授尚食奉御，奉御受爵，復於坫，樂止。初，殿中監受虛爵，殿上典儀唱：「再拜！」階下贊者承傳，群官、客使等上下皆再拜。通事舍人引上公就座後立，殿上典儀唱：「就座。」階下贊者承傳，群官、客使等上下俱就座，俛伏，坐。太樂令引歌者及瑟琴至階，脱履於外，升，就位，坐。其笙管者，進詣西階間，北面立。尚食奉御進酒至階，殿上典儀唱：「酒至，興。」階下贊者承傳，群官、客使等上下皆俛伏，起立於席後。殿中監到階，省酒。尚食奉御奉酒進，皇帝舉酒。太官令又行群官酒，酒至，殿上典儀唱：「再拜。」階下贊者承傳，群官、客使等皆再拜，搢笏，受觶。殿上典儀唱：「就座。」階下贊者承傳，群官、客使等上下皆就座，俛伏，坐飲。皇帝初舉酒，登歌作《昭和》之樂，三終，尚食奉御進受虛觶，復於坫。登歌訖，降，復位。觴行三周，尚食奉御進御食。食升階，殿上典儀唱：「食至，興。」階下贊者承傳，群官、客使

❶「取」，原作「收」，據《大唐開元禮》卷九七改。

等上下皆執笏，俛伏，起，立座後。殿中監到階，省按。尚食奉御品嘗食訖，以次進置御前。太官令又行群官桉，御若不食，群官桉先上訖，不須興。設食訖，殿上典儀唱：「就座。」階下贊者承傳，群官、客使等上下皆就座，俛伏，坐。皇帝乃飯，《休和》之樂作。群官、客使等上下俱飯。御食畢，樂止。仍行酒，遂設庶羞。太樂令引二舞以次入作。若賜酒，侍中承詔詣東階，西面，稱：「賜酒。」殿上典儀承傳，階下贊者又承傳，群官、客使等上下皆執笏，俛伏，起，再拜，搢笏，立受觶，就席，俛伏，坐飲訖，俛伏，起立，授虛爵，執笏，又再拜，就座。酒行十二徧，會畢，殿上典儀唱：「可起。」❶階下贊者承傳，群官、客使等上下皆俛伏，起，立席後。通事舍人引降階，俱詣席後，跪著劍，俛伏，興，納舃，樂作，復橫街南位，樂止。位於殿庭者，仍立於席後。立定，典儀曰「再拜」，贊者承傳，群官、客使等在位者皆再拜，位於殿庭者拜於席後。若有敕賜物，侍中前承制，降詣群官東北，西面，稱「有制」，群官、客使等皆再拜。侍中宣制訖，群官、客使等又再拜。通事舍人引群官、客使以次出。公初行，樂作，出門，樂止。侍中前奏稱：「侍中臣某言：禮畢。」俛伏，興，還侍位。皇帝興，太樂令令撞蕤賓之鐘，左五鐘皆應，❷奏《太和》之樂，鼓吹振作。皇帝降座，御輿入自東房，侍衛警蹕如來儀。侍臣從至閤，樂止。通事舍人引東西面位者以次出。蕃客先出。皇帝若服翼善冠袴褶，則京官著袴褶，朝集使著公服。升座者服履如式。

❶「起」，原作「退」，據《大唐開元禮》卷九七改。

❷「左」下，原有「右」字，據《大唐開元禮》卷九七刪。

若設九部樂，則去樂懸，無警蹕。太樂令帥九部伎立於左右延明門外，群官初唱萬歲，太樂令即引九部伎聲作而入，各就座，以次作如式。

【《册府元龜》】開元二十一年正月庚子朔，御含元殿，受朝賀如常儀。　二十三年正月戊申朔，御含元殿，朝賀如常儀。

【《通典》】開元二十五年十一月，御史大夫李適之奏：「每至冬正及緣大禮，應朝參官並六品清官並服朱衣，餘六品以下許通著袴褶。如有慘故，准式不合著朱衣袴褶者，其日聽不入朝。自餘應合著而不著者，請奪一月俸，以懲不恪。」制曰可。

【《册府元龜》】開元二十六年正月庚午朔，御含元殿，受朝賀如常儀。　二十八年正月戊子朔，御含元殿，受朝賀如常儀。　二十九年正月癸未朔，御含元殿，受朝賀。

天寶元年正月丁未朔，御勤政樓，受朝賀，大赦天下，改開元三十年爲天寶元年。

二年正月辛丑朔，御含元殿，受朝賀。　三載正月丙申朔，御含元殿，受朝賀。　四載正月己未朔，御含元殿，受朝賀。　五載正月癸丑朔，御含元殿，受朝賀。　六載正月丁丑朔，御含元殿，受朝賀。

【《文獻通考》】天寶六載敕：「中書門下奏：前諸道差使賀正，十二月早到，或有先見，或有不見。其所賀正表，但送省司，又不通進，因循日久，於禮全乖。望自今以後，應賀正使，並取元日，隨京官例，序立便見。通事舍人奏知，其表直送四方館，元日仗下後一日同進。」敕旨依。

【《册府元龜》】天寶七載正月壬申朔，御含元殿受朝賀。　八載正月丙寅朔，御含元殿受朝賀。

【《舊唐書・玄宗本紀》】天寶九載春正月庚寅朔，與歲次同，始受朝於華清宮。

【《册府元龜》】天寶十載正月乙酉朔，御含元殿受朝賀。　十二載正月癸卯朔，帝御含元殿受朝賀。

【《舊唐書・玄宗本紀》】天寶十三載春正月丁酉朔，上御華清宮之觀風樓受朝賀。

十五載春正月乙卯，御宣政殿受朝。

【《肅宗本紀》】至德二載春正月庚戌朔，上在彭原受朝賀。

【《册府元龜》】上元二年正月丁亥朔，御含元殿受朝賀。

代宗廣德二年正月己亥朔，御含元殿受朝賀如常儀。

永泰元年正月癸巳朔，御含元殿，下制大赦天下。宣制畢，乃受朝賀。　二年正月丁巳朔，御含元殿受朝賀，仗衛如常儀。

大歷二年正月壬子朔，御含元殿受朝賀，仗衛如常儀。　三年正月庚午朔，御含元殿受朝賀，仗衛如常儀。　八年正月己丑朔，御含元殿受朝賀，仗衛如常儀。　九年正月庚子朔，御含元殿受朝賀，仗衛如常儀。　十年正月乙未朔，御含元殿受朝賀，仗衛如常儀。　十一年正月庚戌朔，❶御含元殿受朝賀，仗衛如常儀。　十三年正月戊申朔，御含元殿受朝賀，仗衛如常儀。

【《舊唐書・德宗本紀》】大歷十四年五月辛酉，代宗崩，癸亥即位。冬十二月丙寅，詔元日朝會，不得奏祥瑞事。

【《册府元龜》】德宗建中二年正月庚申朔，御含元殿受朝賀，四方貢物珍寶，列爲庭

❶「戌」，庫本作「午」，據《册府元龜》卷一〇七、《舊唐書・代宗紀》當作「寅」。

實，復舊制也。　三年正月乙卯朔，御含元殿受朝賀。　四年正月戊寅朔，御含元殿受朝賀。

【《舊唐書·德宗本紀》】貞元元年正月丁酉朔，御含元殿受朝賀。

【《册府元龜》】貞元元年十二月丁亥，詔曰：「朕以眇身，仰承列聖，不能纂修先志以洽昇平，馴致寇戎，屢興兵革，上天降譴，蝗旱爲災，年不順成，人方歉食，言念於此，實用傷懷。是以齋心別宮，與人祈穀。雖陽和任候，而黔首無聊，稱慶於予，竊所不敢。其來年正月一日朝賀宜罷。」

【《通典》】貞元二年九月敕：「應文武百官朝謁班序：中書門下，侍中、中書令、同中書門下平章事，各以官爲序。　供奉官，左右散騎常侍、門下中書侍郎、諫議大夫、給事中、中書舍人、起居郎及舍人、左右補闕、左右拾遺、通事舍人，在横班。　若入閤，即各隨左右省主。　其御史大夫、中丞、侍御史、在左。　殿中侍御史、在右。　通事舍人，分左右立。　若横行參賀辭見。御史大夫在散騎常侍之上，中丞在諫議大夫之下。　御史臺、御史大夫在三品官之上，別立；中丞在五品官之上，別立。　留守、副元帥、都統、節度使、觀察使、都團練、都防禦使并大都督、大都護持節兼者，即入班，在正官之次，餘官兼者，各從本官班序。御史在六品之後。　諸使下無本官，唯授内供奉裏行者，即入班，亦在正官之次。　有本官兼者，各從本官班序。　如本官不是常參官并憲官攝者，唯聽於御史班中辭見。　殿中省官，監、少監、尚衣尚舍尚輦奉御，分左右，隨繖扇立。　若入閤，亦如之。　一品班，三太、三公、太子三太、嗣王、郡王、散官開府儀同三司、國公。　二品班，尚書左右僕射、太子三少、京兆河南牧、大都督、大都護、散官特進、光禄大夫，爵開國郡公、開國縣公，勛官上柱國、柱國。　三品班，六司尚書、太子賓客、九寺卿、國子祭酒、三監、京兆等七府尹、詹事、親王傅、中都督、上都督、❶下都督、上州刺史、五大都督長史、上都護府副都護，散官金紫光禄大夫，爵開國侯，勛官上護軍。四品班，尚書左右丞、六司侍郎、太常少卿、宗正少卿、左右庶監、❷京兆河南太原少尹、少詹事、左右諭德、家令、率更僕、❸親王長史司馬、鳳翔等少監、中州刺史、大都督大都護司馬，散官正議大夫、通議大夫、太中大夫、中大夫，爵開國伯，勛官上輕車都尉。五品班。尚書諸司郎中、國子博士、都水使者、萬年等六縣令、太常宗正秘書丞、著作郎、殿中丞、尚食、尚藥、尚舍、尚輦奉御、大理正、中允、左右贊善、中舍人、❹洗馬、親王咨議友，散官中散大夫、朝散大夫、朝請大夫，爵開國子、開國男，勛官上騎都尉。武班供奉班，宣政殿前立位。從北，千牛連行立，次千牛中郎將，次千牛將軍一人，次過狀中將一人，❺次接狀中將一人，次押柱中將一人，次後又押柱中將一人，次排階中將一人，次押散手仗中將一人。以上在横階北次南。金吾將軍分左右立。入閤升殿，夾階座左右。從南，千牛將軍一人，次千牛郎將一人，次千牛連行立柱外，過狀中將一人，接狀中將一人，次押柱中將一人，次後又押柱中將一人，排階中將一人，階下押散手仗中將一人。金吾將軍分左右立。應當上合入閤人，各依前件立。其不合入閤人，各依本職事立。非當上人，遇合參日，並從本官品第班序。其入閤日升殿，除千牛衛將軍、中郎將外，餘並以左右衛中將充。其諸衛及率府中將，不得升殿。一品班，郡王、散官驃騎大將軍，爵國公。二品班，散官輔國大將軍、鎮國大將軍，爵開國郡公、開國縣公，勛官上柱國、柱國。三品班，左右衛、左右金吾衛、左右驍衛、左右武衛、左右威衛、左右領軍衛、左右監門衛、左右千牛衛大將軍、諸衛將軍，散官冠軍大將軍、雲麾將軍，爵開國

❶「上都督」，《通典》卷七五作「上都護」。
❷「庶」下，《通典》卷七五有「子祕書少監左右七寺少卿國子司業少府殿中少」二十字。
❸「更」下，《通典》卷七五有「令」字。
❹「中」下，《通典》卷七五有「書」字。
❺「中」下，《通典》卷七五「郎」字。下同。

侯，勳官上護軍、護軍。**四品班**，左右千牛衛左右監門衛中郎將、親勳翊衛中郎將、太子左右衛司率、清道內率、監門副率、太子親勳翊衛中郎將、上府折衝都尉、中府折衝都尉，散官忠武將軍、壯武將軍、宣威將軍、明威將軍，爵開國伯，勳官上輕車都尉、輕車都尉。**五品班**。王親勳翊衛郎將、太子親勳翊衛郎將、親王府典軍、❶親王府副典軍、下府折衝都尉、上府果毅都尉，散官定遠將軍、寧遠將軍、遊擊將軍、遊騎將軍，爵開國男，勳官上騎都尉、騎都尉。**尚書省官**，據《周禮》，先敘六官。准《六典》，尚書爲百官之本。今每班請以尚書省官爲首。**東宮官、王府官、外官**，東宮官既爲宮臣，請在上臺官之次，王府官又次之。三太、三少、賓客、庶子、王傅，既爲師傅賓相，不同官屬，請仍舊。**太常宗正丞**，並隨寺望，合在秘書丞上。**尚食奉御、尚藥奉御**，本局既隸殿中官，❷合在殿中丞之下。**諸王府官**，行列合以王長幼爲序。**檢校官、兼官及攝、試、知、判等官**，並列在同位正官之次。其有行、守、檢校、兼、試、攝、判等官職事者，即依正官班序。除留守、副元帥、都統、節度使、觀察使、都團練、都防禦使兼大都督、大都護持節兼外，餘應帶武職事者，位在西班，仍各以本官品第爲班序。**含元殿前龍尾道下敘班**。舊無此儀，唯令於通乾、觀象門南敘班。自李若冰任通事舍人，奏更於龍尾道下序班，既非典故，今請停廢。**文武官行立班序**，通乾、觀象門外序班，武次於文。至宣政門，文由東門而入，武由西門而入。至閤門亦如之。其退朝，則並從宣政門而出。**文官充翰林學士、皇太子侍讀，武官充禁軍職事**。准舊制，並不常朝參。其翰林學士，大朝會日，准興元元年十二月敕，朝服班序，宜准諸司知制誥例。其集賢、史館等諸職事者，並請朝參訖，各歸所務。**辭、見宴集，班列先後**。請依天寶二載七月禮部詳定所奏敕。❸**《公式令》**。諸文武官朝參行立，二王後位在諸王侯上，餘各依職事官品爲序。職事同者，以齒。致仕官各居本品之上。若職事與散官、勳官合班，則文散

---

❶「府」，原脱，據《通典》卷七五補。

❷「官」，《通典》卷七五作「省」。

❸「二」，校點本《通典》卷七五校改作「三」。

官在當階職事者之下，武散官次之，勛官又次之。官同者，異姓爲後。若以爵爲班，爵同者亦准此。其男以上任文武官者，從文武班。若親王嗣王任卑者職事，仍依本品。郡王在三品以下職事官，在同階品上。自外無文武官者，嗣王在太子太保下，郡王次之。國公在正三品下，郡公在從三品下，縣公在正四品下，侯在從四品下，伯在正五品下，子在從五品上，男在從五品下。即前資官被召及赴朝參，致仕者在本品見任上，以理解者在同品下。其在本司參集者，依職事。諸散官三品已上在京者，正冬朝會依百官例，自餘朝集及須別使，臨時聽敕進止。《儀制令》。諸在京文武官職事九品以上，朔望日朝。其文官五品已上，及監察御史、員外郎、太常博士，每日朝參。武官五品已上，仍每月五日、十一日、二十一日、二十五日參。三品已上，九日、十九日、二十九日又參。當上日，不在此例。其長上折衝果毅，若文武散官五品已上，直諸司及長上者，各准職事參。其弘文、崇文館及國子監學生，每季參。若雨露失容及泥潦，並停。諸文武九品已上應朔望朝參者，十月一日以後，二月二十日以前，並服袴褶。五品已上者，著珂傘。周喪未練，大功未葬，非供奉及宿衛官，皆聽不赴。常參文武官，准令，每日參。自艱難以來，人馬劣弱，遂許分日。伏望且許依前，分日參，待戎事稍平，加其俸禄，即依恒式。其武官，准令，五品已上，每月六參；三品已上，更加三參。頃並停廢。今請准令，却復舊儀。其朔望朝參及弘文、崇文館、國子監學生，每季參等，請續商量聞奏。」敕旨：「二品武班，宜以左右金吾等十六衛上將軍，依次爲班首。其檢校官兼、攝、試、知、判等，本官二品已上者，位望崇重，禮異群僚，宜依本班朝會。餘依。」

【《册府元龜》】貞元三年正月丙戌朔，停朝賀，以大行皇后在殯故也。

【《舊唐書·德宗本紀》】貞元四年秋七月壬申，詔：「嗣王、郡王朝會班位在本官班之上。左右庶子准令在左右丞、侍郎之下，諸司四品之上。今在少卿之下，非也，宜改之。」

【《册府元龜》】貞元四年五月庚戌朔，御含元殿，受朝賀畢，御丹鳳門樓，大赦天下。　五年正月甲辰朔，御含元殿受朝賀。　六年正月癸卯朔，不視朝。先是，有司奏元日日有食之，遂停朝會。及時不食，百僚皆賀。

蕙田案：有司奏日食，及時不食，此歷官推步之疎也，而臣僚稱賀，謏矣。

七年正月壬戌朔，帝不視朝，以去年冬親郊故也。❶　八年正月丙辰朔，御含元殿，受朝賀。

【《舊唐書·德宗本紀》】貞元九年春正月庚辰朔，朝賀畢，上賦《退朝觀仗歸營詩》。

【《册府元龜》】貞元十年正月乙亥朔，罷朝賀之禮，以九年冬郊祀故也。　十一年正月庚午朔，御含元殿，受朝賀。　十二年正月甲午朔，御含元殿，受朝賀。　十三年正月朔，御含元殿，受朝賀。　十四年正月朔，御含元殿，受朝賀。　十五年正月朔，御含元殿，受朝賀。

【《文獻通考》】貞元十五年，膳部郎中歸崇敬以百官朝服袴褶非古禮，上疏云：「案三代典禮，兩漢史籍，並無袴褶之制，亦未詳所起之由。隋代以來，始有服者。事不師古，請罷之。」奏可。

【《册府元龜》】貞元十六年正月朔，御含元殿，受朝賀。　十七年正月朔，御含元殿，受朝賀。

【《舊唐書·德宗本紀》】貞元十八年春正月戊午朔，大雨雪，罷朝賀。

【《册府元龜》】貞元十九年正月甲辰朔，御

❶「親」下，原有「迎」字，據《册府元龜》卷一〇七删。

含元殿，受朝賀。　二十年正月朔，御含元殿，受朝賀。

【《舊唐書·憲宗本紀》】元和元年春正月丁卯朔，御含元殿，受朝賀。禮畢，御丹鳳樓，大赦天下，改元曰元和。

【《册府元龜》】元和三年正月癸未朔，以將受尊號，元日權停朝賀。　四年正月戊寅朔，御含元殿，受朝賀。　五年正月壬寅朔，御含元殿，受朝賀。十二月制：「來年正月一日，御含元殿，受朝賀，令所司准式。」　六年正月丙申朔，御含元殿，受朝賀。閏十二月壬子，敕：「來年正月一日，御含元殿，受朝賀宜權停。」　七年正月辛酉朔，帝不受朝賀，以皇太子薨，廢朝故也。十二月戊戌，敕：「來年正月一日御含元殿，宜令所司准式。」甲寅晦，宰臣並宿於中書。　八年正月乙卯朔，御含元殿，受朝賀。　九年正月己酉朔，御含元殿，受朝賀。　十年正月癸酉朔，御含元殿，受朝賀。

【《舊唐書·憲宗本紀》】元和十一年正月丁卯朔，以宿師於野，不受朝賀。　十二年正月辛酉朔，以用兵，不受朝賀。　十三年春正月乙酉朔，御含元殿，受朝賀。禮畢，御丹鳳樓，大赦天下。　十四年春正月庚辰朔，以東師宿野，不受朝賀。

【《穆宗本紀》】長慶元年正月辛丑朔，御丹鳳閣，群臣於樓前稱賀。　二年春正月癸巳朔，以用兵，罷元會。　四年正月辛亥朔，上御殿受朝如常儀。

【《册府元龜》】長慶四年十二月乙未，敕來年正月一日朝賀宜權停。

【《舊唐書·文宗本紀》】太和五年春正月庚子朔，以積陰浹旬，罷元會。　六年春正月乙未朔，以久雪，廢元會。　七年春正月乙丑朔，御含元殿，受朝賀。　比年以用兵、雨雪，不行元會之儀，故書。

【《册府元龜》】太和九年正月丁未朔，權停朝賀之禮。

【《舊唐書・文宗本紀》】開成元年正月辛丑朔，帝常服御宣政殿受賀。

【《文獻通考》】武宗會昌二年，中書門下奏：「元日御含元殿，百官就列，唯宰相及兩省官，皆未索扇前立於欄檻之内，及扇開，便侍立於御前。　三朝大慶，萬邦稱賀，唯宰相侍臣，同介冑武夫，竟不拜至尊而退，酌於禮意，事未得中。　臣商量請御殿日，昧爽，宰相、兩省官對班於香案前，俟扇開，通事贊兩省官再拜，拜訖，升殿侍立。」從之。

　蕙田案：朝賀日，宰相、兩省官因侍立御前，昧爽先拜，其儀始此。

【《舊唐書・武宗本紀》】會昌三年春正月，以宿師於野，罷元會。　四年春正月乙酉朔，以澤、潞用兵，罷元會。

【《懿宗本紀》】咸通元年春正月，上御紫宸殿受朝。　五年春正月戊午朔，以用兵，罷元會。　七年春正月戊寅朔，以太皇太后喪，罷元會。　十年春正月己未朔，以徐州用兵，罷元會。

【《舊唐書・昭宗本紀》】乾寧元年正月乙丑朔，上御武德殿受朝。

　右唐正旦朝賀。

【《册府元龜》】後唐莊宗同光二年正月庚子朔，帝衮冕御明堂殿，受朝賀。　太常樂、左右金吾仗、六軍諸衛，如常儀。　三年正月甲午朔，❶帝御文明殿受朝賀，如常儀。

❶「三」，原作「二」，據庫本改。

明宗天成二年正月癸丑朔，帝被衮冕法服，御明堂殿，百寮稱賀。文物、仗衛、禮樂如常儀。　三年正月戊申朔，帝御崇元殿受朝賀，禮樂仗衛如常儀。　四年正月壬申朔，帝御崇元殿受朝賀，仗衛如常儀。

長興元年正月丙寅朔，帝御明堂殿受朝賀，樂懸、仗衛如常儀。　二年正月庚寅朔，帝御文明殿受朝賀，如常儀。　三年正月癸未朔，帝御明堂殿朝賀，禮樂、仗衛如式。

　　四年正月戊寅朔，帝御文明殿，百寮稱賀。

閔帝清泰三年春正月辛卯朔，始御文明殿，陳樂懸、仗衛，受朝賀。

　　蕙田案：以上後唐。

【《册府元龜》】後晉高祖天福二年正月甲寅朔，帝御文明殿受文武百寮朝賀。　三年正月戊申朔，帝御崇元殿受朝，仗衛如式。　四年正月癸卯朔，帝御崇元殿受朝賀，仗衛如式。　十二月庚戌，禮官奏：「歲正旦，王公上壽，皇帝舉酒，奏《元同》之樂。再飲、三飲，並奏《文同》之樂。三飲訖，群臣再拜，樂奏《大同》，蕤賓之鐘，左右皆應。」是月壬戌，又奏：「正旦宫懸歌舞未全，且請雜用九部雅樂，歌聲坊法曲。」從之。　五年正月丁卯朔，帝御崇元殿朝賀，仗衛如式。　六年正月辛酉朔，帝受朝於崇元殿。　七年正月丙辰朔，帝不受朝賀，用兵故也。

少帝開運二年春正月戊戌朔，帝不受朝賀，不豫故也。

　　蕙田案：以上後晉。

【《册府元龜》】後漢高祖天福十二年九月，權判太常卿張昭議：「請改《十二和》樂：皇帝臨軒奏《太和》，請改爲《政成》；王公出入奏《舒和》，請改爲《弼成》；皇帝食舉及飲宴，奏《休和》，請改爲《德成》；皇帝受朝，皇后入宫，奏《正和》，請改爲《扆成》；皇太子軒懸出入，奏《成和》，請改爲《裔成》；元日、冬至皇帝禮會，登歌奏《昭和》，請改爲《慶成》。」

乾祐元年正月辛亥朔，帝不受朝賀。

蕙田案：以上後漢。

【《册府元龜》】周太祖廣順元年七月，太常卿邊蔚上言，議改《十二成》。皇帝臨軒，奏《政成》，請改爲《治順》之樂；王公出入，奏《弼成》，請改爲《忠順》之樂；皇帝食舉，奏《德成》，請改爲《康順》之樂；皇帝受朝，皇后入宫，奏《扆成》，請改爲《雍順》之樂；皇太子軒懸出入，奏《裔成》，請改爲《温順》之樂；元日、冬至皇帝禮會，登歌奏《慶成》，請改爲《禮順》之樂。　三年正月壬子朔，帝御崇元殿，群臣朝賀，樂懸、仗衛如常儀。班退，太祖御永福殿，群臣百寮稱觴獻壽，舉教坊樂。

世宗顯德二年正月辛未朔，帝不御殿，宰臣率百官拜表稱賀。　三年正月乙未朔，帝不御殿，文武百官詣閤進名稱賀。　四年正月己丑朔，帝御崇元殿受朝賀。禮畢，御廣政殿，群臣上壽，並如常儀。　五年春正月癸未朔，帝在楚州西北，衣戎衣，御帳殿，受宰臣已下稱賀。　六年春正月丁未朔，帝御崇元殿，受朝賀。金吾仗衛、太常樂懸如儀。

蕙田案：以上後周。

右五代正旦朝賀。

五禮通考卷第一百三十七

淮陰吴玉搢校字

五禮通考卷第一百三十八

内廷供奉禮部右侍郎金匱秦蕙田編輯
太子太保總督直隸右都御史桐城方觀承同訂
兩淮都轉鹽運使德水盧見曾
按察司副使元和宋宗元參校

嘉禮十一

朝禮

【《宋史·禮志》】宋承前代之制，以元日、五月朔、冬至行大朝會之禮。

【《樂志》】建隆元年，改樂章《十二順》爲《十二安》。皇帝臨軒爲《隆安》，王公出入爲《正安》，皇帝食飲爲《和安》。

建隆、乾德朝會樂章二十八首

皇帝升座，《隆安》　天臨有赫，上法乾元。鏗鏘六樂，儼恪千官。皇儀允肅，五坐居尊。❶文明在御，禮備誠存。

公卿入門，《正安》　堯天協紀，舜日揚光。淑慎爾止，率由舊章。佩環濟濟，金石鏘鏘。威儀炳焕，至德昭彰。

上壽，《禧安》　乾健爲君，坤柔爲臣。惟其臣子，克奉君親。永御皇極，以綏兆民。稱觴獻壽，山岳嶙峋。　舜《韶》更奏，堯酒浮觴。皇情載懌，洪算無疆。基隆郟鄏，德茂陶唐。山巍日焕，地久天長。

蕙田案：《禧安》爲祭祀酌獻飲酒受胙之樂，非朝會所用，以淳化景德樂

❶「五」，《宋史·樂志十三》作「玉」。

章校之，當作《和安》。

皇帝舉酒，第一盞用《白龜》　聖德昭宣，神龜出焉。　載白其色，或游於川。　名符在沼，瑞應巢蓮。　登歌丹陛，紀異靈篇。

第二盞，《甘露》　天德冥應，仁澤載濡。　其甘如醴，其凝如珠。　雲表潛結，顥英允敷。　降於竹柏，❶永昭瑞圖。

第三盞，《紫芝》　煌煌茂英，不根而生。　蒲茸奪色，銅池著名。　晨敷表異，三秀分榮。　書於瑞典，❷光我文明。

第四盞，《嘉禾》　嘉彼合潁，致貢升平。　異標南畝，瑞應西成。　德至於地，皇祇效靈。　和同之象，煥發祥經。

第五盞，《玉兔》　盛德好生，網開三面。　明視標奇，昌辰乃見。　育質雪園，淪精月殿。　著於樂章，色含江練。

蕙田案：乾德四年，判太常寺和峴言：「今年荆南進甘露，京兆、東州進嘉禾，❸黄州進紫芝，和州進緑毛龜，黄州進白兔。　欲依月律，撰《神龜》、《甘露》、《紫芝》、《嘉禾》、《玉兔》五瑞各一曲，每朝會登歌，首奏之。」詔如所請。　此則五曲乃乾德中所增加。　今依《宋志》所編，不復更析，特著其説於此。

群臣舉酒，《正安》　户牖嚴丹扆，鵷鸞造紫庭。　懇祈南岳壽，勢拱北辰星。　得士於兹盛，基邦固以寧。　誠明一何至，金石與丹青。　簪紱若雲屯，晨趨閶闔門。　侁侁羅禹會，濟濟奉堯罇。　周禮觀明備，

❶「柏」，原作「帛」，據庫本改。
❷「典」，原作「興」，據庫本改。
❸「東」，校點本《宋史·樂志一》作「果」。

天儀仰睟温。高卑陳表著，同拱帝王尊。　待漏造王庭，威儀盛莫京。紛綸簪組列，清列珮環聲。禮飲終三爵，《韶》音畢九成。永圖㫖藻樂，千載奉升平。

群臣第一盞畢，作《玄德升聞》　治定資神武，功成顯睿文。貢輸庭實旅，朝會羽儀分。偃革千年運，垂衣萬乘君。孰知堯舜力，明德日升聞。　約法皇綱正，崇文寶歷昌。遒人振木鐸，農器鑄干將。瑞日含王宇，卿雲藹帝鄉。萬邦成一統，鴻祚與天長。

六變　宸扆威容盛，聲明禮樂宣。九州臻禹會，萬國戴堯天。貢職輸琛賮，皇猷焕簡編。含和均暢茂，鳩慶結非烟。❶朝會儼威儀，司常建九旗。舞容分綴兆，文物辨威蕤。運格桃林牧，祥開洛水龜。帝功潛日用，化俗自登熙。　螭階聊載筆，紀瑞軼唐虞。丹鳳儀金奏，黄龍負寶圖。群材薪棫樸，仁政煦蒲盧。蕩蕩巍巍德，豚魚信自孚。　接聖宅神都，方來五達區。國賢熙帝載，靈命握乾符。至化當人被，斯文益誕敷。車書今混一，聖治奉三無。　聖王臨大寶，八表湊才賢。經緯文天賦，剛柔德日宣。建邦隆柱石，造物運陶甄。共致升平業，綿長保億年。　神化妙無方，巍巍邁百王。鶴書搜隱逸，龍陛策賢良。拱揖朝群后，賓筵闢四方。洪圖基億載，淳曜德彌光。

第二盞畢，《天下大定》　皇猷敷八表，武誼肅三邊。蘭錡韜兵日，靈臺偃伯年。奉珍皆述職，削衽盡朝天。功德超前古，音徽播管弦。　伐叛天威震，恢疆帝業

❶「鳩」，校點本《宋史·樂志十三》作「鴻」。

多。削平侔肅殺，涵煦極陽和。蹈厲觀周舞，風雲入漢歌。功成推大定，歸馬偃琱戈。

六變　惕厲日乾乾，濬蟠或躍淵。伐謀參上策，受鉞總中堅。田訟歸周日，民謡戴舜年。風雲自冥感，嘉會翼飛天。

壺關方逆命，投袂起親征。虎旅聊攻伐，梟巢遽蕩平。天威清朔漠，仁澤被黎氓。案節皇輿復，洋洋載頌聲。　蠢兹淮海帥，保據毒黎苗。不悟龍興漢，猶同犬吠堯。六師方雨施，孤壘自冰消。千載逢嘉運，華戎奉聖朝。❶　上游荆楚要，澤國洞庭深。自識同文世，皆迴拱極心。一戎聊仗鉞，九土盡輸金。大定功成後，薰風入舜琴。　席卷定巴邛，西遐盡率從。岷峨難負阻，江漢自朝宗。述職方舟集，驅車九折通。粲然書國史，冠古耀豐功。　鋭旅慶回旋，邊防盡宴然。鞬櫜方偃武，飛將亦韜弦。震曜資平壘，文明協麗天。洸洸成大業，赫奕在青編。

蕙田案：宋初郊廟殿庭，通用《文德》、《武功之舞》，乾德四年，以和峴言，改殿宇所用文舞爲《玄德升聞之舞》，武舞爲《天下大定之舞》。其武舞，一變象六師初舉，二變象上黨咸平，三變象淮揚底定，❷四變象荆湖歸復，五變象邛蜀納款，六變象兵還振旅。乃别撰舞曲、樂章，而《文德》、《武功之舞》請於郊廟仍舊通用。然則《玄德升聞》以下十二曲，亦乾德中所增加，乃和峴之詞。今

❶「戎」，《宋史・樂志十三》作「夷」。

❷「淮」，校點本《宋史・樂志一》作「維」。

亦依《宋志》類編之，不更析也。

【《樂志》】元豐三年，楊傑言大樂七失曰：「國朝郊廟之樂，先奏文舞，次奏武舞，而武舞容節六變：一變象六師初舉，二變象上黨克平，所向宜北；三變象淮揚底定，所向宜東南；四變象荆湖來歸，所向宜南；五變象邛蜀納欵，所向宜西；六變象兵還振旅，所向宜北而南。今舞者發揚蹈厲，進退俯仰，既不足以稱成功盛德，失其所向，而文舞容節，尤無法度，則舞不象成也。」

【《文獻通考》】建隆二年春正月朔，帝御崇元殿受朝賀，服衮冕，設宫懸，仗衛如儀。仗退，群臣詣皇太后宫門奉賀，上常服御廣德殿，群臣上壽，用教坊樂。　御殿儀仗者，本充庭之制。唐禮，殿庭、屯門，皆列諸衛黄麾大仗。宋朝太祖增創錯繡諸旗并纛氅等，著於《通禮》，正、至、五月一日，御正殿則陳之。

【《宋史・太祖本紀》】建隆三年春正月庚申朔，以喪，不受朝賀。

【《禮志》】朝儀班序。太祖建隆三年三月，有司上合班儀：太師，太傅，太保，太尉，司徒，司空，太子太師、太傅、太保，嗣王，郡王，左右僕射，太子少師、少傅、少保，三京牧，大都督，大都護，御史大夫，六尚書，常侍，門下、中書侍郎，太子賓客，太常、宗正卿，御史中丞，左右諫議大夫，給事中，中書舍人，左右丞，諸行侍郎，祕書監，光禄、衛尉、太僕、大理、鴻臚、司農、太府卿，國子祭酒，殿中、少府、將作監，前任節度使，開封、河南、太原尹，太子詹事，諸王傅，司天監，五府尹，國公，郡公，中都督，上都護，下都督，太子左右庶子，五大都督府長史，中都護，下都護，太常、宗正少卿，秘書少監，光禄等七寺少卿，司業，三少監，三少尹，少詹事，左右諭德、家令、率更令、僕，諸王府長史，❶司天少監，起居舍人，侍御史，殿中侍御史，左右補闕、拾遺，監察御史，郎中，員外郎，太常博士，五府少尹，五大都督府司馬，通事舍人，國子博士，五經博士，都水使者，四赤令，太常、宗正、祕書丞，著作郎，殿中丞，尚食、尚藥、尚舍、尚乘、尚輦奉御，大理正，太子中允、贊善、中舍、洗馬，諸王友、諮議參軍，司天五官正。凡雜坐者，以此爲準。詔曰：「尚書中臺，萬事之本，而班位率次兩省官；節度使，出總方面，古諸侯也，又其檢校兼守官多至師傅三公，而位居九寺卿監之下，甚無謂也。其給事、諫議、舍人宜降於六曹侍郎之下，補闕次郎中，拾遺、監察次員外郎，節度使升於六曹侍郎之上、中書侍郎之下，餘悉如故。」

【《職官志》】建隆以後合班之制：中書令，侍中，同中書門下平章事。以上爲宰相。親王、樞密使、留守、節度、京尹兼中書令、侍中、同中書門下平章事。以上並爲使相。尚書令，太師，太尉，太傅，太保司徒，司空，舊儀，太師、太傅、太保爲三師。太尉、司徒、司空爲三公。太尉在太保下。今依此序。其三師、三公之稱，如舊儀制。樞密使，知樞密院事，參知政事，舊在樞密之下。❷樞密副使，舊在知院之上。同知樞密院事，宣徽南院、北院使，簽書樞密院事，參政以下班位臨時取奏裁。太子太師、太傅、太保，左右僕射，太子少師、少傅、少保，諸府牧，開封、河南、應天、大名、江陵、興元、真定、江寧、京兆、鳳翔、河中。又有大都督、大都護，今皆領使，無特爲者。御史

❶ 「史」下，校點本《宋史·禮志二十一》有「司馬」二字。

❷ 「之」，《宋史·職官八》作「使」。

大夫，觀文殿大學士，舊無此位。六尚書，吏、兵、户、刑、禮、工。左右金吾衛，左右衛上將軍，門下、中書侍郎，舊在尚書下。節度使，泰寧、武寧、彰信、鎮海、天平、安化、武成、忠武、鎮海、河陽、山南東道、武勝、崇信、昭化、保康、天雄、成德、鎮寧、彰德、永清、安國、威德、静難、彰化、雄武、保泰、淮南、忠正、保信、保静、集慶、建康、寧國、鎮南、昭信、荆南、寧海、武昌、安遠、武安、鎮東、平江、鎮江、宣德、保寧、康國、威武、建寧、益州、安静、武信、山南西道、昭武、安德、武定、寧海、寧江、武康、清海、静江、寧遠、建武、高州定南、密州静海、凉州西河、沙州歸義、洮州保順、應州彰國、威城、昌化、豐州、天德、朔州振武、雲州大同。觀文殿學士，舊曰文明殿，若學士官尚書者自從本班。資政殿大學士，三司使，與觀文、資政班位臨時取裁。翰林學士承旨，❶翰林學士，資政殿學士，翰林侍讀、侍講學士，龍圖閣學士，天章閣學士，樞密直學士，龍圖直學士，天章直學士，左右散騎常侍，舊在諸衛上將軍下。六統軍，左右龍武、左右羽林、左右神武。諸衛上將軍，左右驍衛、❷左右武衛、左右屯衛、左右領軍衛、左右千牛衛。太子賓客，太常、宗正卿，御史中丞，權中丞立中丞塼位，❸内殿起居日止立本官班。左右丞，諸行侍郎，節度觀察留後，給事中，左右諫議大夫中書舍人，知制誥，龍圖閣待制，天章閣待制，觀察使，祕書監，光禄、衛尉、太僕、大理、鴻臚、司農、太府卿，内客省使，國子祭酒，殿中、少府、將作監，景德殿使，延福宫使，客省使，開封、河南、應天、大名尹，太子詹事，諸王傅，司天監，諸衛大將軍，太子左右庶子，引進使，防禦使，齊、濟、沂、登、萊、鄭、汝、蔡、潁、均、

❶「翰」上，《宋史·職官八》有「玉清昭應宫景靈宫會靈觀副使」十三字，疑脱。

❷「驍」，原作「騎」，據《宋史·職官八》改。

❸「塼」，原作「專」，據《宋史·職官八》改。

郢、懷、衛、博、磁、洺、❶棣、深、瀛、雄、霸、莫、代、絳、解、龍、和、蘄、❷舒、復、眉、象、陸、果。❸團練使，單、濮、濰、唐、祁、❹冀、隰、忻、成、鳳、海、鼎。三司鹽鐵、度支、户部副使，官至諫議大夫已上，從本官。玉清昭應宫、景靈宫、會靈觀判官，太常寺、宗正少卿，祕書少監，光禄等寺七寺少卿，宣慶使，四方館使，國子司業，殿中、少府、將作少監，開封、河南、應天、大名少尹，太子少詹事、左右諭德，太子家令，太子率更令，太子僕，諸州刺史，淄、趙、德、濱、保、并、汾、澤、遼、憲、嵐、石、虢、坊、丹、階、乾、商、寧、原、慶、渭、儀、環、楚、泰、泗、濠、光、滁、通、黄、真、舒、江、池、饒、信、太平、吉、袁、撫、筠、岳、澧、峽、歸、辰、衡、永、全、柳、邵、常、秀、温、台、衢、睦、處、南劍、江、漳、綿、漢、彭、邛、蜀、嘉、簡、黎、雅、維、茂、資、榮、昌、普、渠、合、戎、瀘、興、劍、文、集、壁、巴、蓬、龍、施、萬、開、達、涪、渝、昭、循、潮、連、梅、英、賀、封、南雄、端、新、康、恩、春、惠、韶、梧、藤、龔、象、潯、貴、賓、横、融、化、竇、高、雷、南儀、欽、鬱林、廉、瓊、崖、儋、萬安。

諸王府長史、司馬，司天少監，樞密都承旨，如客省使以下充者，依本職同班。如閤門使充，即在閤門使之上。如自見任内客省以下轉南班官充，亦與同班，仍在舊職之上。如自客省副使以下轉南班官充者，並在閤門使之上。宣政使，昭宣使，東上、西上閤門使，樞密承旨，樞密副都承旨，諸軍衛將軍，起居舍人，知雜御史，侍御史，諸行郎中，左右司、吏部、兵部、司封、司勳、考功、職方、駕部、庫部、度支、户部、金部、倉部、刑部、都官、比部、司門、禮部、工部、祠部、主客、膳部、屯田、虞部、水部。皇城以下諸司使，皇城、洛苑、右騏驥、尚食、左騏驥、御厨、内藏庫、軍器、左藏、儀鸞、南作坊、弓箭庫、北作坊、衣庫、莊宅、六宅、文思、東作坊、内苑、牛羊、如京、東綾錦、香藥、崇儀、

❶「洺」，原作「洛」，據《宋史・職官八》改。
❷「蘄」，原作「鄿」，據《宋史・職官八》改。
❸「眉」，原作「蜀」，據《宋史・職官八》改。
❹「祁」，原作「相」，據《宋史・職官八》改。

榷易、西京左右藏、氈毯、❶西綾綿、西京作坊、鞍轡庫、東染院、酒坊、西染院、法酒庫、禮賓、翰林、醫官、供備庫。樞密院副承旨、諸司副承旨，如帶南班官者，在諸司使之下；不帶南班官者，在皇城副使之上。殿中侍御史，左右司諫，諸行員外郎，客省引進、閤門副使，左右正言，監察御史，太常博士，皇城以下諸司副使，諸次府少尹，大都督府左右司馬，兖、徐、潞、陝、楊、杭、越、福。通事舍人，國子博士，《春秋》、《禮記》、《毛詩》、《尚書》、《周易》博士，都水使者，開封、祥符、河南、洛陽、宋城縣令，太常、宗正、祕書丞，著作郎，殿中丞，内殿承制，殿中省尚食、尚藥、尚衣、尚舍、尚乘、尚輦奉御，大理正，太子中允、左右贊善大夫，内殿崇班，閤門祗候，太子中舍、洗馬，太子諸率府率，左右衛、左右監門、左右清道、左右司禦。❷樞密院兵房、吏房、户房、禮房副承旨，東頭、西頭供奉官，太子諸率府副率，諸衛中郎將，左右金吾、左右衛、左右千牛、左右羽林。郎將，左右金吾、左右衛。左右侍禁，諸王友，諸王府諮議參軍，官高者從本官。司天春官、夏官、秋官、冬官正，節度行軍司馬，副使，祕書郎，左右班殿直，著作佐郎，大理寺丞，諸寺、監丞，大理評事，太學、廣文博士，太常太祝，奉禮郎，祕書省校書郎、正字，御史臺、諸寺、監主簿，國子助教，廣文、太學、四門、書學、算學博士，律學助教，書、算學無助教。司天靈臺郎、保章正、挈壺正，三班奉職、借職，防禦、團練副使，留守、京府、節度、觀察判官，節度掌書記，觀察支使，防禦、團練判官，留守、京府、節度、觀察推官，軍事判官，防禦、團練、軍事推

❶「氈」，原作「壇」，據《宋史・職官八》改。

❷「禦」，原作「禁」，據《宋史・職官八》改。

官，軍監判官，諸軍別駕、長史、司馬，司録、録事參軍，司理參軍，三京府軍巡判官在諸曹參軍之下。諸州諸司參軍，軍巡判官，諸縣令，赤縣丞，諸縣主簿、尉，諸軍文學、參軍、助教。

【《太祖本紀》】乾德元年春正月甲寅朔，不御殿。

【《禮志》】乾德元年閏十二月，詔：「自今一品致仕官曾帶平章事者，朝會宜綴中書門下班。」　二年二月，詔重定内外官儀制。有司請令上將軍在中書侍郎之下，大將軍在少卿監之下，諸衛率、副率在東宮五品之下，内客省使視太卿，客省使視大監，引進使視庶子，判四方館事視少卿，閤門使視少監，諸司使視郎中，客省引進、閤門副使視員外郎，諸司副使視太常博士，通事舍人從本品，供奉官視諸衛率，殿直視副率，樞密承旨視四品朝官，兼南班官諸司使者承本品，副承旨視寺監丞，諸房副承旨視南省都事。凡視朝官者本品下，視京官在其上。

【《太祖本紀》】乾德三年春正月癸酉朔，以出師不御殿。

【《職官志》】乾德五年正月朔，乾元殿受朝，升節度使班在龍墀内、金吾將軍之上。

【《太祖本紀》】開寶二年春正月己卯朔，以出師，不御殿。　三年春正月癸卯朔，雨雪，不御殿。　五年春正月壬辰朔，雨雪，不御殿。　六年春正月丙辰朔，不御殿。九月壬申，詔晉王光義班宰相上。

【《禮志》】開寶六年九月，詔曰：「周之宗盟，異姓爲後，此先王所以睦九族而和萬邦也。晉王親賢莫二，位望俱崇，方資夾輔之功，俾先三事之列，宜位宰相上。」

【《太祖本紀》】開寶七年春正月庚戌朔，不御殿。　八年春正月甲戌朔，以出師，不御殿。

蕙田案：《文獻通考》太祖建隆二年，乾德四年、五年、六年，開寶九年，俱元會。

【《太宗本紀》】太平興國三年春正月丙戌朔，不受朝，群臣詣閤賀。

【《宋史·禮志》】群臣上表儀。《通禮》，守宮設次於朝堂，文東武西，相對爲首；設中書令位於群臣之北。禮曹掾舉表案入，引中書令出，就南面立。禮部郎中取表授中書令，令即受表入奏。其禮，凡正、至不受朝，及邦國大慶瑞、上尊號請舉行大禮，宰相率文武群臣暨諸軍將校、蕃夷酋長、道釋、耆老等詣東上閤門拜表，知表官跪授表於宰臣，宰臣跪授於閤門使，乃由通進司奏御。凡有答詔，亦拜受於閤門，獲可奏者，奉表稱賀。其正、至，樞密使率內班拜表長春殿門外，亦閤門使受之。

【《太宗本紀》】太平興國七年春正月甲午朔，不受朝，群臣詣閤稱賀。

又淳化二年春正月壬申朔，不受朝，群臣詣閤拜表稱賀。

【《文獻通考》】太宗淳化三年正月朔，服衮冕，御朝元殿受朝賀。禮畢，改通天冠、絳紗袍，升座，受群臣等上壽。帝即位以來，每朝賀畢，退御大明殿，常服，上壽，奏教坊樂。至是，始命有司約《開元禮》定《上壽儀》，皆以法服行禮，設宮懸，萬舞，酒三行而罷。復舊制也。又取嗣位以來祥瑞，作《祥麟》、《丹鳳》、《白龜》、《河清》、《瑞麥》五曲用之。

【《宋史·樂志》】太平興國九年，亳州獻祥麟。雍熙中，蘇州貢白龜。端拱初，澶州河清，廣州鳳凰集，諸州麥兩穗、三穗者連歲來上。有司請以此五瑞爲《祥麟》、《丹鳳》、《河清》、《白龜》、《瑞麥》之曲，薦於朝會用之。淳化二年，太子中允、直集賢院和嶹上言：「來歲正會之儀，登歌五瑞之曲已從改製，則文武二舞亦當定其名。《周易》有『化成天下』之辭，謂文德也；漢史有『威加海内』之歌，謂武功也。望改殿庭舊用《玄德升聞》之舞爲《化成天下》之舞，《天下大定》之舞爲《威加海内》之舞。其舞六變：一變象登臺講武，二變象漳、泉奉土，三變象杭、越來朝，四變象克殄并、汾，五變象肅清銀、夏，六變象兵還振旅。每變樂章各一首。」詔可。三年，元日朝賀畢，再御朝元殿，上壽，復用宮縣、二舞，登歌五瑞曲，自此遂爲定制。

淳化中朝會二十三首

上壽，《和安》 四序伊始，三陽肇開。條風入律，玉琯飛灰。望雲肅謁，鳴佩斯來。稱觴獻壽，瞻拱星迴。一陽應候，萬國同文。天正紀節，太史書雲。凝旒在御，列敘爰分。壽觴斯薦，祝慶明君。

皇帝初舉酒，用《祥麟》 聖王御寓，仁獸誕彰。在郊旅貢，游畤呈祥。星辰是稟，草木無傷。紀異信史，登歌太常。

再舉酒，《丹鳳》 九苞薦瑞，戴德膺仁。藻翰爰奮，靈音載振。非時不見，有道則臻。降岐匪匹，儀舞爲鄰。

三舉酒，《河清》 沔彼涇瀆，澄明鑑如。清應寶運，光涵帝居。洞分沈璧，徹見游魚。聖祚無極，神休偉與。

四舉酒，《白龜》 稽彼靈物，允昭聖皇。浮石可躍，巢蓮益光。金方正色，介族殊祥。信書永耀，帝德無疆。

五舉酒，《瑞麥》 芃芃嘉麥，擢秀分岐。

甘露夕灑，惠風晨吹。良農告瑞，循吏稱奇。歸美英主，折而貢之。

群臣初舉酒畢，作《化成天下》軒、昊方同德，成、康粗比肩。❶素風惟普暢，皇道本無偏。陰魄重輪滿，陽精五色圓。要荒咸率服，卓越聖功全。聖德比陶唐，千年祚運昌。茂功雖不宰，鴻業自無疆。極塞成清謐，齊民益阜康。文明同日月，遐邇仰輝光。

六變　蕩蕩無私世，巍巍至聖君。山河分國寶，日月耀人文。厭浥凝甘露，輪囷吐慶雲。正聲兼《大雅》，洋溢應南薰。鴻範合彝倫，調元四序均。歲功天吏正，御苑物華新。底貢陳方物，來賓列遠人。奉觴呈九奏，嘉貺動穹旻。大君隆至化，興運契千齡。覲禮俄班瑞，夷賓盡實庭。❷成文調露樂，奉聖拱辰星。舞佾方更進，朝陽上楚萍。禮樂招王業，寰區致太平。革車停北狩，雲駕屢西成。國有祥延詔，鄉聞講誦聲。日華融五色，遐邇仰文明。亭障戢干戈，人心浹太和。務農登寶穀，獵俊設雲羅。儀鳳書良史，祥麟載雅歌。嘉晨資宴喜，星拱弁峩峩。冠古耀鴻徽，深仁及隱微。二《南》、《江漢》詠，九奏鳳凰飛。設虡羅鐘律，盈庭列舞衣。❸文明資厚德，怡懌兆民歸。

再舉酒畢，《威加海内》革輅征汾、晉，隳城比燎毛。桓桓勖軍旅，將將禦英豪。神武誠無敵，天威詎可逃。王師宣利澤，

❶「粗」，原作「初」，據庫本改。
❷「夷」，原作「來」，據《宋史·樂志十三》改。
❸「列」，原作「倒」，據庫本改。

霈若沃春膏。　振萬方明德，疾徐咸可觀。鏗鏘動金奏，蹈厲總朱干。夾進昭威武，申嚴警宴安。守方推猛士，當用鶡爲冠。

六變　宣榭始觀兵，桓桓稱鼓行。一戎期大定，載纘議徂征。善政從師律，神功冀武成。勖哉勤誓衆，王業自經營。

聲教方柔遠，甌閩禮可招。獻圖連日際，歸國象江潮。撫運重熙盛，提封萬里遥。還同有虞氏，文德格三苗。　南暨宣王化，東吴奉乃神。舞干方耀德，執玉自來賓。巢伯朝丹陛，韓侯覲紫宸。古今歸一揆，懷遠道彌新。　遺俗續陶唐，來蘇徯聖皇。布昭湯弔伐，恢復漢封疆。金鉞申戡剪，朱干示發揚。宜哉七德頌，千載播洋洋。　乃眷嘗西顧，偏師暫首征。靈旗方直指，獷俗自亡精。禹敘終馴致，堯封漸化成。不須嚴尉候，於廓海彌清。　干戚有司傳，威儀著凱旋。衆成王業盛，役輟武功全。兵寢西郊閲，書惟北闕縣。聖神膺景命，卜世萬斯年。

【《太祖本紀》】淳化四年春正月庚寅朔，享太室，群臣詣齋宫拜表稱賀。五年春正月甲寅朔，不受朝，群臣詣閤，拜表稱賀。

雍熙元年春正月壬子朔，不受朝，群臣詣閤，拜表稱賀。　四年春正月甲子朔，不受朝，群臣詣閤，拜表稱賀。

端拱元年春正月己未朔，不受朝，群臣詣閤，拜表稱賀。　二年春正月癸未朔，不受朝，群臣詣閤，拜表稱賀。

蕙田案：《文獻通考》太宗興國五年、六年、八年，雍熙三年，淳化元年、三年，並元會。

【《樂志》】真宗景德三年，又爲朝會上壽

之樂。

景德中朝會一十四首

皇帝升座,《隆安》　金奏在庭,群侯在位。❶　天威煌煌,嚮明負扆。高拱穆清,弁冕端委。盛德日新,禮容有煒。

公卿入門,《正安》　萬邦來同,九賓在位。奉璋薦紳,陟降庭止。文思安安,威儀棣棣。臣哉鄰哉,介爾蕃祉。

上壽,《和安》　天威煌煌,山龍采章。庭實旅百,上公奉觴。拱揖群后,端委垂裳。永錫難老,萬壽無疆。

皇帝初舉酒,《祥麟》　帝圖會昌,二獸效祥。雙角共觝,示武不傷。四靈爲畜,玄枵耀芒。公族信厚,元元皇康。

再舉酒,《丹鳳》　矯矯長離,振羽來儀。和音中律,藻翰揚輝。珍符沓至,品物攸宜。至德玄感,受天之祺。

三舉酒,《河清》　德水湯湯,發源靈長。皎鑒澄徹,千年效祥。積厚流濕,資生阜昌。朝宗潤下,善利無疆。

群臣舉酒,《正安》　思皇多士,靖恭著位。❷　鳴玉飛緌,鏘鏘濟濟。宴有折俎,以示慈惠。罔敢不祗,福禄來暨。　金奏在庭,有酒斯旨。顒顒卬卬,嚮明負扆。湛湛露斯,式宴以喜。佩玉蘂兮,罔不由體。　酒以成禮,樂以侑食。露湛朝陽,星環紫極。淑慎爾容,既飽以德。進退周旋,威儀抑抑。

初舉酒畢,《盛德升聞》　八佾具呈,萬舞有奕。既以象功,又以觀德。進旅執退,執籥秉翟。至化懷柔,遠人來格。　閶

❶「侯」,《宋史·樂志十三》作「后」。

❷「著」,原作「者」,據《宋史·樂志十三》改。

闔天開，群后在位。設業設虡，庭燎晰晰。斧扆當陽，虎賁夾陛。舞之蹈之，四隩來暨。

再舉酒畢，《天下大定》 武功既成，綴兆有翼。以節八音，以象七德。俁俁蹲蹲，朱干玉戚。發揚蹈厲，其儀不忒。偃伯靈臺，功成作樂。以昭德容，以清戎索。萬邦會同，邪慝銷鑠。盡善盡美，侔彼《韶箾》。

降坐，《隆安》 被衮當陽，穆穆皇皇。擊石拊石，頌聲揚揚。和樂優洽，終然允臧。禮成而退，荷天百祥。

【《真宗本紀》】景德四年春正月己亥朔，御朝元殿受朝。

【《樂志》】大中祥符元年，又作《醴泉》、《神芝》、《慶雲》、《靈鶴》、《瑞木》五曲，施於朝會宴享，以紀瑞應。

大中祥符朝會五首

皇帝舉酒，《醴泉》 霈沸檻泉，寒流清泚。地不愛寶，其旨如醴。上善至柔，靈休所啟。❶利澤無疆，允資岱禮。

再舉酒，《神芝》 彼茁者芝，茂英煌煌。敷秀喬嶽，實繁其房。適符修貢，封巒允臧。永言登薦，抑惟舊章。

三舉酒，《慶雲》 惟帝佑德，卿雲發祥。紛紛郁郁，五色成章。奉日逾麗，回風載翔。歌薦郊廟，播厥無疆。

四舉酒，《靈鶴》 玄文申錫，❷嘉祥紹至。偉茲胎禽，羽族之異。翻翰來儀，徘徊嘹唳。祚聖儲休，聿昭天意。

五舉酒，《瑞木》 天生五材，木曰曲直。

❶「靈」，原作「盡」，據《宋史·樂志十三》改。

❷「申」，原作「中」，據《宋史·樂志十三》改。

維帝順天，厚其生植。連理效祥，成文表德。總萃坤珍，永光秘刻。

【《真宗本紀》】大中祥符二年十二月辛巳，詔晉國大長公主薨，罷明年元會。六年春正月癸巳朔，上御朝元殿受朝。八年春正月壬午朔，謁玉清昭應宫，奉表告尊上玉皇大天帝聖號，奉安刻玉天書於寶符閣，還御崇德殿受賀。

蕙田案：《文獻通考》真宗咸平、景德元年、四年，大中祥符六年，並元會。其八年御崇德殿受賀，《通考》不及，蓋是年以得天書，尊上玉帝聖號禮成受賀，非受朝也。崇道家之邪説，廢朝會之大典，可謂不知務矣。

【《文獻通考》】仁宗天聖四年，帝詔輔臣曰：「朕欲元日率百官先上太后壽，然後御天安殿，可令禮院草具其儀。」太后曰：「豈可爲吾故後元會禮哉？」宰相王曾因言：「陛下以孝奉母儀，太后以謙全國體，請如太后命。」不聽，詔中書門下具儀注。

蕙田案：元會前先上太后壽始此。

【《宋史·禮志》】天聖五年正月朔，曉漏未盡三刻，宰臣百官與遼使、諸軍將校並常服，班會慶殿。内侍請皇太后出殿後幄，鳴鞭，升座；又詣殿後皇帝幄，引皇帝出。帝服鞾袍，于簾内北向褥位再拜，跪稱：「臣某言：元正啟祚，萬物維新。❶伏惟尊號皇太后陛下，膺時納祜，❷與天同休。」内常侍承旨答曰：「履新之祜，與皇帝同之。」帝再

❶「物」，原作「壽」，據《宋史》卷一一六改。
❷「祜」，原作「祐」，據《太常因革禮》卷八七《皇帝率百官諸軍將校等上皇太后壽》改。下「履新之祜」同。

拜，詣皇太后御座稍東。內給侍酌酒授內謁者監進，帝跪進訖，以盤興，內謁者監承接之，帝却就褥位，跪奏曰：「臣某稽首言：元正令節，不勝大慶，謹上千萬歲壽。」再拜，內常侍宣答曰：「恭舉皇帝壽酒。」帝再拜，執盤侍立，教坊樂止，皇帝受虚醆還幄。通事舍人引百官横行，典儀贊再拜、舞蹈、起居。太尉升自西階，稱賀簾外，降，還位，皆再拜、舞蹈。侍中承旨曰：「有制。」皆再拜，宣曰：「履新之吉，與公等同之。」皆再拜、舞蹈。閤門使簾外奏：「宰臣某以下進壽酒。」皆再拜。太尉升自東階，翰林使酌御酒盞授太尉，執盞盤跪進簾外，內謁者監跪接以進，太尉跪奏曰：「元正令節，臣等不勝慶忭，謹上千萬歲壽。」降，還位，皆再拜。宣徽使承旨曰：「舉公等觴。」皆再拜。太尉升，立簾外，樂止。內謁者監出簾授虚盞，太尉降階，横行，皆再拜、舞蹈。宣徽使承旨宣群臣升殿，再拜，升，及東西廂坐，酒三行，侍中奏禮畢，退。樞密使以下迎乘輿于長春殿，起居稱賀。百官就朝堂易朝服，班天安殿朝賀，帝服衮冕受朝。禮官、通事舍人引中書令、門下侍郎各於案取所奏文，詣褥位，脱劍舄，以次升，分東西立。諸方鎮表、祥瑞案先置門外，左右令使絳衣對舉，給事中押祥瑞、中書侍郎押表案入，分詣東西階下對立。既賀，更服通天冠、絳紗袍，稱觴上壽，止舉四爵。乘輿還內，恭謝太后如常禮。

蕙田案：元會前上太后壽儀注始此。

【《仁宗本紀》】慶曆元年春正月辛亥朔，御大慶殿受朝。七年春正月丙子朔，御大慶殿受朝。

皇祐五年春正月壬寅朔，御大慶殿受朝。

嘉祐元年春正月甲寅朔，御大慶殿受朝。

蕙田案：《文獻通考》仁宗天聖五年，慶曆元年、三年、七年，皇祐五年，嘉祐元年、七年，並元會。

又案：英宗享國日淺，正、冬、五月朔受朝之儀概未及舉，故《通考》不載。

【《神宗本紀》】治平四年十二月辛酉，以來歲日食正旦，自乙丑避殿減膳，罷朝賀。

熙寧四年春正月丁亥朔，不視朝。

【《樂志》】熙寧中朝會三首

皇帝初舉酒，《慶雲》　乾坤順夷，皇有嘉德。爰施慶雲，承日五色。輪囷下乘，萬物皆飾。惟天祚休，長彼無極。

再舉酒，《嘉禾》　彼美嘉禾，一莖九穗。農疇告祥，史牒書瑞。擊壤歡歌，如京委積。留獻春種，昭錫善類。

三舉酒，《靈芝》　皇仁溥博，品物蕃滋。慶祥回復，秀發神芝。靈華雙舉，連葉四施。披圖案牒，永享純禧。

【《文獻通考》】元豐元年，詔右諫議大夫宋敏求、權御史中丞蔡確、樞密副使承旨張誠一、直舍院同判太常寺李清臣詳定正旦御殿儀注，敏求等遂上《朝會儀》二篇，《令式》四十卷，詔頒行。

元正冬至大朝會儀注

前期，有司設御座于大慶殿，東西房於御座之左右少北，東西閤於殿後，百官、宗室、客使次於朝堂之內外。五輅先陳於庭，兵部設黃麾仗于殿之內外。太樂令展宮架之樂于横街南，鼓吹令分置十二案於宮架外。協律郎二人，一位於殿上西階之前楹，一位於宮架西北，俱東向。陳輿輦、御馬於龍墀，繖扇於沙墀，貢物於宮架之南，東西相向，餘則列於大慶門之外。冬至不設貢物。扶侍執事侍立官及諸司使副立於左右，樞密院諸房副承旨承制以下立於殿下，東西相向，重行異位，北上。典儀設三師、三公、侍中、中書令、左右僕射、開府儀同三司位於丹墀香案之南少東，次尚書左丞位於其後，皆北面西上；親王位於香案之南少西，北面東上；上壽則知、同知樞密院事位於親王之後。門下侍郎位於其東，次左散騎常侍，次給事中、左諫議大夫，次左司諫、正言，皆重行，位于其後；觀文、資政殿大學士、學士，端明殿學士位於次南，並西南北上；中書侍郎位于其西，次右散騎常侍，次中書舍人、右諫議大夫，次右司諫、正言，皆重行，位于其後；翰林學士承旨至寶文閣學士位于次南，次樞密直學士以下，次待制，皆重行，位于其後，並東面北上；起居郎、舍人夾香案，東西相向；契丹使位於龍墀上少西，北面東上；宗姓節度使以下至率府副率位於橫街南，分東西相對，班各重行異位，北上；左右巡使位於次南，東西相向；宮架前少東，則特進以下至未升朝官班，各重行異位，北面西上。夏國使在宮架之東，軍員位於其後，夏國人從次之。宮架前少西，則御史臺班；節度以下，又位於西，並重行，北面東上，皆視特進退一列外。高麗國使在宮架之西，軍員位于其後，高麗人從次之。諸蕃客位于次西陪位，進奏官位于宮架之南，諸道貢舉解首位于其後，皆北面；而設敘班位于大慶門外，東西相對，以北爲上。中書侍郎諸方鎮表案於右，給事中祥瑞案於左，冬至不設給事中位、祥瑞案。下同。其日，闢大慶門，列黃麾仗，張旗幟，群官、宗室使各服其服以俟，太樂令帥樂工入，太常卿立於宮架前，協律郎就舉麾位，中書侍郎以諸方鎮表、給事中以祥瑞案令令史對舉，侍衛官各就列。輦出，至西閤降輦，符寶郎奉寶俱詣閤奉迎，有司引秘書監以下，次御史知雜以下，次宗姓及外任防禦使以下就位。侍中版奏：「中嚴」，復位，少頃，奏「外辦」。閤簾捲，殿上鳴蹕，❶太樂令令撞黄鐘之鐘，右五鐘皆應。内侍承旨索扇，扇合，皇帝服通天冠、絳紗袍。御輿出西閤，協律郎俛伏，舉麾興，奏《乾安》之樂，鼓吹振作。皇帝出自西房，降輿，即御座，南向，扇開，殿下鳴蹕。協律郎偃麾戛敔，樂止，鑪烟升。符寶郎奉寶置御座前，尚書左右丞以上，門下中書省官及待制以上至大學士正議大夫以上，御史中丞以上，宗姓及外正任觀察使以上，契丹使，班分東西，各以次入，奏《正安》之樂，就位，樂止。中書侍郎押表案入，詣西階下，東向立；給事中押祥瑞案入，詣東階下，西向立。押樂官歸本班，起居畢，復案位。三師以下至尚書左右丞，親王以下至百官，及御史臺官、外正任、契丹使俱就北向位。贊者曰：「拜。」在位者皆再拜，舞蹈，三稱萬歲。再拜訖，又再拜。太尉將升，中書令、門下侍郎俱降至兩階下立。冬至，門下侍郎不奏。下同。太尉詣西階下，行則作樂，至位樂止，升階。中書令、門下侍郎各於案取所奏，以次升。中書令取方鎮官最高一表，分東西立。太尉詣御座前，北向，俛伏跪奏：「文武百僚、太尉具官臣某等言：元正起祚，萬物咸新。冬至云「晷運推移，日南

❶「蹕」，《宋史·禮志十九》作「鞭」。下同。

長至」。伏惟皇帝陛下膺乾納祜，❶與天同休。」俛伏，興，降階。侍中詣東階，升殿立。俟太尉還位，贊者曰「拜」，在位者皆再拜，舞蹈，三稱萬歲，再拜。引侍中進當御座前承旨，退臨階，西向，稱「有制」，贊者曰「拜」，在位者皆再拜，宣曰：「履新之慶，冬至云「履長之慶」。與公等同之。」贊者曰「拜」，在位者皆再拜，舞蹈，三稱萬歲，再拜。侍中少退，引北向班，各分東西序立。中書令進當御座前，北向，俛伏跪奏：「中書令具官臣某奏諸方鎮表。」搢笏讀訖，執笏，俛伏，興，少退，東向立。門下侍郎詣御座前奏祥瑞，如諸方鎮表儀。奏畢，置所奏於案南。中書侍郎、給事中俱還本班，案退。户部尚書詣横街南承制位，俛伏跪奏：「具官某言：諸州貢物，請付所司。」俛伏，興。侍中前承旨，退，西向曰：「制可。」侍中少退，舍人曰「拜」，户部尚書再拜，還本班。次引禮部尚書就位，俛伏跪奏：「具官臣某言：諸蕃貢物，請付所司。」俛伏，興。侍中前承旨，退，西向曰：「制可。」侍中少退，舍人曰「拜」，禮部尚書再拜，還本班。冬至不奏祥瑞、貢物。太史令就位，俛伏跪奏：「具官臣某言：某年某月日雲物祥瑞，請付史館。」俛伏，興。侍中前承旨，退，西向曰：「制可。」侍中少退，舍人曰「拜」，太史令再拜，還本班。侍中進當御座前，俛伏跪奏：「侍中具官臣某言：禮畢。」俛伏，興，還位。内侍承旨索扇，扇合，殿下鳴蹕，太樂令令撞蕤賓之鐘，左五鐘皆應。協律郎跪，俛伏，舉麾興，太樂令令奏《乾安》之樂，鼓吹振作，皇帝降座，御輿入自東房，還東閣，扇開，偃麾

❶「祜」，原作「祐」，據《通考》卷一〇八改。

戞敔，樂止。侍中奏：「解嚴」，百官退還次。有司設食案，太樂令設登歌于殿上，二舞入，架於架南。預坐當升殿者位于御座之前，文武相向，異位重行，以北爲上。非升殿者位于東西廊下。尚食奉御設壽尊于殿上之東楹少南，南向，設坫于尊南，加爵一。尊、坫、酒爵，以金玉器充。有司設上下群官酒尊於殿下東西廂，侍衛官及執事者各立于其位，百官入就位。侍中版奏「中嚴」，復位，少頃，奏「外辦」。閤簾捲，殿上鳴蹕，太樂令令撞黄鐘之鐘，右五鐘皆應。内侍承旨索扇，扇合，皇帝服通天冠、絳紗袍，御輿出東閤，協律郎俛伏，舉麾興，奏《乾安》之樂，鼓吹振作，皇帝出自東房，降輿，即御座，南向，扇開，殿下鳴蹕，協律郎偃麾戞敔，樂止，爐烟升。三師以下至尚書左右丞，親王以下至同知樞密院事，及百官、御史臺官、外正任、契丹使，俱就北向位。贊者曰「拜」，在位者皆再拜，三稱萬歲，北向，班分東西立。光禄卿詣横街南，北向，俛伏跪奏：「具官臣某言：請允群臣上壽。」俛伏，興。侍中詣東階升，進御座前承旨，退臨階，西向曰：「制可。」侍中少退，舍人曰「拜」，光禄卿再拜訖，復位。三師以下就北向位，贊者曰「拜」，在位者皆再拜，三稱萬歲。太尉自東階升，詣酒尊所，北向，尚食奉御酌酒一爵授太尉，太尉搢笏執爵詣御座前跪進，皇帝執爵，太尉執笏，俛伏，興，少退，當御座前，俛伏跪奏：「文武百官、太尉具官臣某等稽首言：元正首祚，冬至云「天正長至」。臣等不勝大慶，謹上千萬歲壽。」俛伏，興，退，降階復位。贊者曰「拜」，在位者皆再拜，三稱萬歲。侍中承旨退，臨階西向，宣曰：「舉公等觴。」贊者曰「拜」，在位者皆再拜，三稱萬歲，北向，班分東西序位。太尉自東階升，侍立，皇帝舉第一爵，作《和安》之樂，飲訖，樂止。太尉受虛爵，復於坫，降階。三師以下復北向位，贊者曰「拜」，在位者皆再拜，舞蹈，三稱萬歲，又再拜。侍中自東階升，進御座前，俛伏跪奏：「侍中具官臣某言：請延公王等升殿。」俛伏，興，降階復位，侍中承旨退，稱「有制」，贊者曰「拜」，在位者皆再拜。宣曰：「延公王等升殿。」贊者曰「拜」，在位者皆再拜，舞蹈，三稱萬歲，再拜。公王等詣東西階，升，於席後立。尚食奉御進酒，殿中監省酒以進皇帝第二爵，升殿群官就橫行位，舍人曰：「各賜酒。」贊者曰「拜」，上下群官皆再拜，三稱萬歲。舍人曰：「就坐。」太官令行酒，群官搢笏受觶，作《正安》之樂，文舞入，立宮架北。觴行一周。太官令奏樂止，尚食奉御進食，置御座前。又詔群官食，太官令奏作《盛德升聞》之舞曲，舞作三成，止，出。殿中監進皇帝第三爵酒，群官立於席後，登歌作《嘉禾》之曲。飲訖，樂止。殿中監受虛爵，舍人就坐，❶群官皆坐。太官令行酒，作《正安》之樂，武舞進，觴又行一周，樂止。尚食奉御進食置御座前，又設群官食，太官令奏酒周巡食徧如前儀，作《天下大定》之舞曲，舞作三成，止，出。殿中監進皇帝第四爵酒，登歌作《靈芝》之曲，其禮如第三爵。太官令行酒如第二爵，又一周，樂止，舍人曰：「可起。」百僚立於席後，侍中進當御座前，俛伏跪奏：「侍中具官臣某言：禮畢。」俛伏，興，與群官俱降，復位。贊者曰「拜」，群官皆再拜，舞蹈，三稱萬歲，再

❶「人」下，《宋史·禮志十九》有「曰」字。

拜，起，分東西序立。内侍承旨索扇，扇合，殿下鳴蹕，太樂令令撞蕤賓之鐘，左五鐘皆應。協律郎跪，俛伏，舉麾，興，太樂令令奏《乾安》之樂，鼓吹振作，皇帝降坐，御輿入自東房，還閤，扇開，戛敔，樂止。侍中奏「解嚴」，有司承旨放仗，群官再拜乃退。

宋敏求又言：「《考工記》：『天子執冒，四寸，以朝諸侯。』未有臨臣子而執鎮圭。《唐六典》元正、冬至大朝會，止有進爵之禮。《開寶通禮》始著元會執圭，出自西房。淳化中，又以上壽進酒，以内侍捧圭。臣等遠稽周制，近考唐禮，皆爲未合。其元會受朝賀，請不執鎮圭。上壽准此。」

【《宋史·神宗本紀》】元豐二年夏四月癸亥，定正旦御殿儀。秋七月戊寅，詳定朝會儀。

【《樂志》】元豐二年，詳定所以朝會樂而有請者十：其一，唐元正、冬至大朝會，迎送王公用《舒和》，《開元禮》以初入門《舒和》之樂作，至位，樂止。蓋作樂所以待王公，今中書、門下、親王、使相先於丹墀上東西立，皇帝升御座，乃奏樂引三品以上官，未爲得禮。請侍從及應赴官先就立位，中書、門下、親王、使相、諸司三品、尚書省四品及宗室、將軍以上，班分東西入，《正安》之樂作，至位，樂止。其二，今朝會儀：舉第一爵，宮縣奏《和安》之曲，第二、第三、第四，登歌作《慶雲》、《嘉禾》、《靈芝》之曲。則是合樂在前，登歌在後，有違古義。請第一爵登歌奏《和安》之曲，堂上之樂隨歌而發；第二爵，笙入，奏《慶雲》之曲，止吹笙，餘樂不作；第三爵，堂上歌《嘉禾》之曲，堂下吹笙《瑞木成文》之曲，一歌一吹相間；第四爵，合樂，奏《靈芝》之曲，堂上下之樂交作。

蕙田案：詳定所議樂曲節奏，有登歌、笙入、間歌、合樂，次序與古雅樂合。

【《神宗本紀》】元豐三年春正月乙丑朔，以大行太皇太后在殯，不視朝。　五年春正月癸未朔，不受朝。　六年春正月丁丑朔，御大慶殿受朝，始用新樂。

蕙田案：《文獻通考》神宗熙寧五年、元豐六年，並元會。

【《文獻通考》】哲宗即位，禮部言：「冬至、正旦在諒闇，當罷朝賀，欲令群臣於東上閤門内東門表賀。」從之。

【《宋史·哲宗本紀》】元祐三年春正月己酉朔，不受朝。　四年春正月壬申朔，不受朝，群臣及遼使詣東上閤門内東門拜表賀。十二月癸丑，更定朝儀二舞曰《威加四海》、《化成天下》。　五年春正月丁卯朔，御大慶殿視朝。　六年春正月辛酉朔，不受朝，群臣及遼使詣東上閤門内東門拜表賀。八年春正月己卯朔，不受朝。

【《禮志》】元祐八年，太常博士陳祥道言：「貴人賤馬，古今所同。故《覲禮》馬在庭而侯氏升堂致命，《聘禮》馬在庭而賓升堂私覿。今《元會儀》，御馬立於龍墀之上，而特進以下立於庭，是不稱尊賢才體群臣之意，請改儀注，以御馬在庭，于義爲允。」

【《哲宗本紀》】紹聖四年春正月丙戌朔，不受朝，群臣及遼使詣東上閤門拜表賀。元符元年春正月庚戌朔，不視朝。

【《樂志》】元符大朝會三首

皇帝初舉酒，《靈芝》　嘉瑞降臨，應我皇德。　煒煒神芝，不根而植。　春秋三秀，晝夜一色。　物播詩歌，聲被金石。

再舉酒，《壽星》　倬彼星象，於昭於天。

維南有極，離丙之躔。既明且大，應聖乘乾。誕受景福，億萬斯年。

三舉酒，《甘露》　泫泫零露，雲英醴溢。和氣凝津，流甘委白。飴泛泮林，珠聯竹栢。天不愛道，聖功允格。

【《哲宗本紀》】元符二年春正月甲辰朔，御大慶殿，以雪罷朝，群臣及遼使詣東上閤門拜表賀。群臣又詣内東門賀如儀。

蕙田案：《文獻通考》哲宗元祐五年、紹聖三年，並元會。

【《徽宗本紀》】大觀二年春正月壬子朔，受八寶於大慶殿，蔡京表賀符瑞。

【《禮志》】《新儀》成，改《元豐儀》太尉爲上公，侍中爲左輔，中書令爲右弼，太樂令爲大晟府，《盛德升聞》爲《天下化成》之舞，《天下大定》爲《四夷來王》之舞及增刑部尚書奏「天下斷絶，請付史館」，餘並如舊儀。凡遇國恤則廢，若無事不視朝，則下敕云「不御殿」，群臣進表稱賀於閤門。

蕙田案：《文獻通考》徽宗大觀二年、政和八年、宣和六年，並元會。

【《欽宗本紀》】靖康元年春正月丁卯朔，受群臣朝賀。

【陳隨隱《上壽拜舞記》】凡正旦朝賀，一十九拜，三舞蹈。初面西立，上升座，閤門起居，班首以下躬身北面，竢舍人宣名訖，聽贊「拜」，兩拜、舞蹈如前禮。躬身竢班首奏「聖躬萬福」，聽贊「拜」，兩拜，起直身立。竢樞密升殿，班首出班，俛伏致詞，並躬身竢班首復位，聽贊「拜」，兩拜、舞蹈如初。起，躬身竢樞密承旨詣折檻東，稱「有制」，兩拜，起；躬身竢樞密宣答訖，聽贊「拜」，兩拜、舞蹈如初。

【《文獻通考》】建炎之初，鑾輿南幸，庶事未備，而朝會之儀，未暇舉焉。正、至，但循例宰臣率文武百官拜表稱賀而已。紹興改元，以道君皇帝、淵聖皇帝北狩，權宜皇帝躬率百僚遥拜畢，次御常御殿，朝參官起居。

【《宋史·高宗本紀》】紹興元年春正月己亥朔，帝在越州，帥百官遥拜二帝，不受朝賀。　二年春正月癸巳朔，帝在紹興府，率百官遥拜二帝，不受朝賀。　三年春正月丁巳朔，帝在臨安，率百官遥拜二帝，不受朝賀。　四年春正月辛亥朔，帝在臨安，率百官遥拜二帝。

【《禮志》】紹興十二年十月，臣僚言：「竊以元正，一歲之首；冬至，一陽之復。聖人重之，制爲朝賀之禮焉，自上世以來，未之有改也。漢高祖以五年即位，而七年受朝於長樂宫。我太祖皇帝以建隆元年即位，受朝於崇元殿。主上臨御十有六年，正、至朝賀，初未嘗講。艱難之際，宜不遑暇。兹者太母還宫，國家大慶，四方來賀，亶惟其時。欲望自今元正、冬至，舉行朝賀之禮，以明天子之尊，庶幾舊典不至廢墜。」禮部、太常寺考定朝會之禮，依國故事，❶設黄麾大仗、車輅、法物、樂舞等，百寮服朝服，再拜上壽，宣王公升殿，間飲三周。」詔自來年舉行。十一月，權禮部侍郎王賞等言：「朝會之制，正旦、冬至及大慶受朝賀，係御大慶殿，與文德、❷紫宸、垂拱殿，禮制各有不同。月朔視朝則御文德殿，謂之前殿正衙，仍設黄麾半仗。紫宸、垂拱，皆係

❶ 據《宋史》行文慣例，「國」下當有「朝」字。

❷ 「與」，原作「其」，據《宋會要·禮》五七之四、《宋史》卷一四三《儀衛志》及《玉海》卷七〇《禮儀·紹興文德殿視朝》改。

側殿，不設儀仗。元正在近，大慶殿之禮，事務至多，乞候來年冬至，別行取旨。」詔從之。

【《文獻通考》】紹興十三年，閤門言：「依汴京故事，遇大行大禮，則冬至及次年正旦朝會皆罷。」十四年九月，有司言：「明年正旦朝會，請權以文德殿爲大慶殿，合設黄麾大仗五千二十七人，欲權減三分之一；合設八寶於御坐之東西及登歌宫架樂舞、諸州諸蕃貢物，行在致仕官、諸路貢士舉首，並令立班。」詔從之。十五年正旦，御大慶殿受朝，文武百官朝賀如儀。

【《建炎以來朝野雜記》】大朝會者，紹興十二年十月，詔來歲舉行之。王望之爲禮部侍郎，言排辦不及，請自來年冬至，既而不果。十五年正月朔旦，乃克行用黄仗三千三百五十人，視東都舊儀，損三之一。時無大慶殿，遂權於崇政殿行之。是以殿狹，輦出房，不鳴鞭，它如故事。是日設宫架樂，百官朝服，上壽如儀。自是一行而止。

【《宋史·樂志》】紹興十五年，正旦朝會，始陳樂舞，公卿奉觴獻壽。首奏《和安》，次奏《瑞木成文》、《滄海澄清》、《瑞粟呈祥》三曲。其樂專以太簇爲宫。太簇之律，生氣湊達萬物，於三統爲人正，於四時爲孟春，故元會用之。

紹興朝會十三首

皇帝升座，《乾安》　鈞陳肅列，金奏充庭。顒卬南面，如日之升。垂衣拱手，治無能名。順履獻歲，大安大榮。

公卿入門，《正安》升降同　天子當陽，臣工率職。流水朝宗，衆星拱極。環珮鏘鏘，威儀抑抑。上下交欣，同心同德。

上公上壽，《和安》　八音克諧，萬舞有奕。上公奉觴，率兹百辟。聲効呼嵩，祝聖人壽。億載萬年，天長地久。

皇帝初舉酒，《瑞木成文》　厚地效珍，嘉木紀瑞。匪刻匪雕，具文見意。三登太平，允協聖治。《詩》雅詠歌，有光既醉。

再舉酒，《滄海澄清》　百谷王，符聖治。不揚波，效殊祉。德淪淵，滄海清。應千秋，敘五行。

三舉酒，《瑞粟呈祥》　至治發聞惟馨香，播厥百穀臻穰穰。農夫之慶歲其有，禾易長畝盈倉箱。時和物阜粟滋茂，嘉生騈穗來呈祥。自今以始大豐美，行旅不用齎餱糧。

群臣酒行，《正安》　群公卿士，咸造在庭。式燕以衎，恩均露零。穆穆明明，於斯爲盛。歸美報上，一人有慶。明明天子，萬福來同。嘉賓式燕，曷不肅雍。燕以示慈，式禮莫愆。樂胥君子，容止可觀。

酒一行，文舞　帝德誕敷，銷鑠群慝。近悦遠來，惟聖時克。玉振金聲，治功興起。《韶箾》象之，盡善盡美。文物以紀，藻色以明。禮備樂舉，遹觀厥成。睿知有臨，誕敷文德。教雨化風，洽此四國。

酒載行，武舞　用戒不虞，誰能去兵。師出以律，動必有名。折彼遐衝，布昭聖武。和衆安民，時惟多助。止戈曰武，惟聖爲能。❶御得其道，無敢不庭。整我六師，稽諸七德。❷不吴不揚，有嚴有翼。

❶「聖」，原作「能」，據庫本改。
❷「七」，原作「士」，據庫本改。

皇帝降座，《乾安》　帝座熒煌，庭紳肅穆。對揚天休，各恭爾服。頌聲洋洋，彌文郁郁。禮備樂成，永膺多福。

【《高宗本紀》】三十一年春正月甲戌朔，以日食，不受朝。

【《孝宗本紀》】隆興元年春正月壬辰朔，群臣朝于文德殿。

【《光宗本紀》】紹熙三年春正月乙巳朔，帝有疾，不視朝。　五年春正月癸亥朔，帝御大慶殿，受群臣朝。

【《續文獻通考》】理宗紹定元年春正月，御文德殿，群臣朝賀。　四年十二月，詔正旦大朝會權免。

右宋正旦朝賀。

五禮通考卷第一百三十八

淮陰吴玉搢校字

五禮通考卷第一百三十九

內廷供奉禮部右侍郎金匱秦蕙田編輯
太子太保總督直隸右都御史桐城方觀承同訂
兩淮都轉鹽運使德水盧見曾
按察司副使元和宋宗元
參校

嘉禮十二

朝禮

【《遼史·禮志》】正旦朝賀儀：臣僚并諸國使昧爽入朝，奏「班齊」，皇帝升殿坐，契丹舍人殿上通訖，引契丹臣僚東洞門入，引漢人臣僚并諸國使西洞門入。合班，舞蹈，五拜，鞠躬，平身。引親王東階上殿，欄內褥位俛伏，跪，自通全銜臣某等祝壽訖，俛伏，興，退，引東階下殿，復位，舞蹈，五拜畢，鞠躬。宣徽使殿上鞠躬，奏「臣宣答」，稱「有敕」，班首以下聽制訖，再拜，鞠躬。宣徽傳宣云：「履端之慶，與公等同之。」舍人贊謝宣諭，拜，舞蹈，五拜。贊各祗候，分班引出。引班首西階上殿，奏表目訖，教坊起居，賀，十二拜，畢，贊各祗候。引契丹、漢人臣僚并諸國使東西洞門入，合班，再拜。贊進酒，引親王東階上殿，就欄內褥位，搢笏，執臺琖，進酒訖，退，復褥位。置臺琖，出笏，少前俛伏，自通全銜臣某等謹進千萬歲壽酒。俛伏，興，退，復褥位，與殿下臣僚皆再拜，鞠躬。俟宣徽使殿上鞠躬，奏「臣宣答」，稱「有旨」，親王以下再拜如初儀。傳宣云：「飲公等壽酒，與公等內外同慶。」

舍人贊謝宣諭如初。贊各祗候，親王搢笏，執臺琖，殿下臣僚分班。皇帝飲酒，教坊奏樂，上下臣僚皆拜，呼「萬歲」。贊各祗候。樂止，教坊再拜。皇帝卒飲，親王進受琖，復褥位，置臺琖，出笏。揖臣僚合班，引親王東階下殿，復位，鞠躬，再拜。贊各祗候，分班引出。皇帝起，詣皇太后殿，臣僚并諸國使皆從。皇太后升殿，皇帝東方側坐。❶引契丹、漢人臣僚并諸國使兩洞門入，班稱賀，❷進酒，皆如皇帝之儀。畢，引出。教坊入，起居、進酒亦如之。皇太后宣答稱「聖旨」。契丹班謝宣宴，上殿就位立。漢人臣僚并諸國使東洞門入，丹墀東方，面西鞠躬。舍人鞠躬，通文武百僚宰臣某以下謝宣宴，再拜；出班致詞訖，退，復位，舞蹈，五拜。贊各上殿祗候，引宰臣以下并諸國使副，方裀朵殿臣僚，西階上殿就位立。不應坐臣僚並於西洞門出。二人監琖，教坊再拜。贊各上階，下殿謝宴，如皇太后生辰儀。

拜表儀：其日，先於東上閤門陳設氈位，分引南北臣僚、諸國使副於氈位合班。通事舍人二人舁表案，置班首前，揖鞠躬，再拜，平身。中書舍人立案側，班首跪，搢笏，興，捧表，跪左膝，以表授中書舍人。出笏，就拜，興，再拜。中書舍人復置表案上。通事舍人舁表案於東上閤門入，捲班，分引出。禮畢。元日，皇帝不御座行此儀，餘應上表，有故，皆倣此。

【《樂志》】正月朔日朝賀，用宫懸雅樂。元會，用大樂，曲破後，用散樂，角觝終之。是

❶「帝」，原作「后」，據庫本改。

❷「班」上，《遼史·禮志六》有「合」字。

夜，皇帝燕飲，用國樂。

【《遼史・太祖本紀》】太祖二年春正月癸酉朔，御正殿受百官及諸國使朝。　七年春正月甲辰朔，以用兵，免朝。

【《太宗本紀》】會同四年十一月壬午，以永寧、天授二節及正旦、重午、冬至、臘並受賀，著爲令。　五年春正月丙辰朔，上在歸化州，御行殿受群臣朝。以諸道貢物進太后及賜宗室百僚。

大同元年春正月丁亥朔，備法駕入汴，御崇元殿，受百官賀。

【《穆宗本紀》】應歷十八年春正月乙酉朔，宴於宫中，不受賀。　十九年春正月己卯朔，宴宫中，不受賀。

【《聖宗本紀》】統和元年春正月戊午朔，以大行在殯，不受朝。

【《道宗本紀》】太康三年冬十二月丙寅，預行正旦禮。　六年冬十二月丁亥，預行正旦禮。

大安四年冬十二月癸卯朔，預行正旦禮。

壽隆七年春正月壬戌朔，力疾御清風殿，受百官及諸國使賀。

右遼正旦朝賀。

【《金史・禮志》】元旦、聖誕上壽儀　皇帝升御座，鳴鞭、報時畢，殿前班小起居，各復位立。舍人引皇太子并臣僚使客合班入，至丹墀，舞蹈，五拜，平立。閤使奏諸道表目，皇太子以下皆再拜。引皇太子升殿褥位，搢笏，捧盞進酒，皇帝受置於案。皇太子退復褥位，轉盤與執事者，出笏，二閤使齊揖入欄子内，拜跪致辭云：「元正啟祚，品物咸新，恭惟皇帝陛下與天同休。」若聖節，則云：「萬壽令節，謹上壽巵，伏願皇帝陛下萬歲萬歲萬萬歲。」祝畢，拜，興，復褥位。同殿下臣僚皆再拜。宣徽使稱「有制」，在位皆再拜，宣答曰：「履新上壽，與卿等内外同慶。」聖節則曰：「得卿壽酒，與卿等内外同慶。」詞畢，舞蹈，五拜，齊立。皇太子搢笏，執盤，臣僚分班，教坊奏樂。皇帝舉酒，殿上下侍立臣僚皆再拜。皇太子受虚爵，退立褥位，轉盤琖與執事者，出笏，左下殿，樂止，合班，在外臣僚皆再拜。分引與宴官上殿。次引宋國人從至丹墀，再拜，不出班奏：「聖躬萬福。」再拜，唱：「有敕賜酒食。」又再拜，各祗候，平立，引左廊立。次引高麗、夏人從，如上儀。畢，分引左右廊立。御菓牀入，進酒。皇帝飲，則坐宴侍立臣皆再拜。進酒官接盞還位，坐宴官再拜，復坐。行酒，傳宣，立飲，訖，再拜，坐。次從人再拜，坐。三盞，致語，揖臣使從人立。誦口號畢，坐宴侍立官皆再拜，坐。次從人再拜，坐。食入。七盞，曲將終，揖從人立，再拜畢，引出。聞曲時，揖臣使起，再拜，下殿。菓牀出。至丹墀，合班謝宴，舞蹈，五拜，各祗候，分引出。

【《熙宗本紀》】皇統三年正月己丑朔，以皇太子喪，不御正殿，群臣詣便殿稱賀。宋、高麗、夏使詣皇極殿遥賀。

【《世宗本紀》】大定二年正月戊辰朔，日有食之，伐鼓用幣，上徹樂減膳，不視朝。

【《章宗本紀》】明昌元年正月丙辰朔，改元。以世宗喪，不受朝賀。二年正月庚戌朔，以世宗喪，不受朝。三年正月乙巳朔，以皇太后喪，不受朝。四年正月己巳朔，以皇太后喪，不受朝。

【《宣宗本紀》】貞祐二年春正月丁卯朔，以邊事未息，詔免朝賀。

興定四年春正月壬辰朔，詔免朝。五年

正月丙戌朔，免朝。

元光元年正月庚戌朔，免朝。　二年正月甲辰朔，詔免朝賀。

右金正旦朝賀。

【《元史·憲宗本紀》】八年戊午春正月朔，幸也里本朶哈之地受朝賀。

【《世祖本紀》】至元六年冬十月己卯，定朝儀、服色。　八年春三月甲戌，敕元正、聖節朝會，凡百官表章、外國進獻、使臣陛見朝辭禮儀，皆隸侍儀司。

【《禮樂志》】八年八月己未，初起朝儀。

【《輟耕録》】至元初，尚未遑興建宫闕，凡遇稱賀，則臣庶皆集帳前，無尊卑貴賤之辨。執法官厭其喧雜，揮杖擊逐之，去而復來者數次。翰林承旨王磐，時兼太常卿，慮將貽笑外國，奏請立朝儀，遂如其言。

元正受朝儀：前期三日，習儀於聖壽萬安寺，或大興教寺。前二日，陳設於殿庭。至期大昕，侍儀使引導從護尉，各服其服，入至寢殿前，捧牙牌跪報外辦。內侍入奏，出，傳制曰「可」，侍儀俛伏興。皇帝出閤陞輦，鳴鞭三。侍儀使并通事舍人，分左右，引擎執護尉、劈正斧中行，導至大明殿外。劈正斧直正門北向立，導從倒卷序立，惟扇置於錡。侍儀使導駕時，引進使同內侍官，引宫人擎執導從，入至皇后宫庭，捧牙牌跪報外辦。內侍入啟，出，傳旨曰「可」，引進使俛伏興。皇后出閤陞輦，引進使引導從導至殿東門外，引進使分退押直至塈塗之次，引導從倒卷出。俟兩宫陞御榻，鳴鞭三，劈正斧退立於露階東。司晨報時雞唱畢，尚引引殿前班，皆公服，分左右入日精、月華門，就起居位，相向立。通班舍人唱曰「左右衛上將軍兼殿前都檢點臣某以下起居」，尚引唱曰「鞠躬」，曰「平身」，引至丹墀拜位，知班報班齊。宣贊唱曰「拜」，通贊贊曰「鞠躬」，曰「拜」，曰「興」，曰「拜」，曰「興」，曰「都點檢稍前」。宣贊報曰「聖躬萬福」，通贊贊曰「復位」，曰「拜」，曰「興」，曰「拜」，曰「興」，曰「平身」，曰「搢笏」，曰「鞠躬」，曰「三舞蹈」，曰「跪左膝，三叩頭」，曰「山呼」，曰「山呼」，曰「再山呼」，凡傳「山呼」，控鶴呼譟應和曰「萬歲」；傳「再山呼」，應曰「萬萬歲」。後倣此。曰「出笏」，曰「就拜」，曰「興」，曰「拜」，曰「興」，曰「拜」，曰「興」，曰「平立」，宣贊唱曰「各恭事」。兩班點檢、宣徽將軍分左右升殿，宿直以下分立殿前，尚廐分立仗南，管旗分立大明門南楹。俟后妃、諸王、駙馬以次賀獻禮畢，典引引丞相以下皆公服，入日精、月華門，就起居位。通班唱曰「文武百僚、開府儀同三司、録軍國重事、監修國史、右丞相具官無常。臣某以下起居」，典引贊曰「鞠躬」，曰「平身」，引至丹墀拜位。知班報班齊，宣贊唱曰「拜」，通贊贊曰「鞠躬」，曰「拜」，曰「興」，曰「拜」，曰「興」，曰「平身」，曰「搢笏」，曰「鞠躬」，曰「三舞蹈」，曰「跪左膝，三叩頭」，曰「山呼」，曰「山呼」，曰「再山呼」，曰「出笏」，曰「就拜」，曰「興」，曰「拜」，曰「興」，曰「拜」，曰「興」，曰「平身」。侍儀使詣丞相前請進酒，雙引升殿。前行樂工分左右，引登歌者及舞童舞女，以次升殿門外露階上。登歌之曲各有名，音中本月之律。先期，儀鳳司運譜，翰林院撰詞肄之。丞相至宇下褥位立，侍儀使分左右北向立。❶ 俟前行色曲將半，舞旋列

❶「使」，原作「司」，據《元史·禮樂一》改。下一「侍儀使」之「使」字同。

定，通贊唱曰「分班」，樂作。侍儀使引丞相由南東門入，宣徽使奉隨至御榻前。丞相跪，宣徽使立於東南，曲終。丞相祝贊曰：「溥天率土，祈天地之洪福，同上皇帝、皇后億萬歲壽。」宣徽使答曰：「如所祝。」丞相俛伏，興，退詣進酒位。尚醖官以觴授丞相，丞相搢笏，奉觴，北面立。宣徽使復位。前行色降，舞旋至露階上。教坊奏樂，樂舞至第四拍，丞相進酒，皇帝舉觴。宣贊唱曰「殿上下侍立臣僚皆再拜」，通贊贊曰「鞠躬」，曰「拜」，曰「興」，曰「拜」，曰「興」，曰「平身」。丞相三進酒畢，以觴授尚醖官，出笏。侍儀使雙引自南東門出，復位，樂止。至元七年進酒儀：班首至殿前褥位立，前行進曲。尚醖官執空盃，自正門出，授班首。班首搢笏，執空盃，由正門入，至御榻前跪。俟曲終，以盃授尚醖官，出笏祝贊。宣徽使曰「諾」，班首俛伏，興。班首、宣徽使由南東門出，各復位。班首以下，舞蹈、山呼、三拜，❶百官分班，教坊奏樂，尚醖官進酒，殿上下侍立臣僚皆再拜。三進酒畢，班首降至丹墀。至元十八年十二月二十八日改今儀。通贊贊曰「合班」。禮部官押進奏表章、禮物二案至橫階下，宣禮物舍人進讀禮物目，至第二重階。俟進讀表章官等，翰林國史院屬官一人。至宇下齊跪。宣表目舍人先讀中外百司表目，翰林院官讀中書省表畢，皆俛伏，興，退，降第一重階下立。俟進讀禮物舍人陞階，至宇下，跪讀禮物目畢，俛伏，興，退。同降至橫階，❷隨表章西行，至右樓下，侍儀仍領，❸禮物東行至左樓下，太府受之。宣贊唱曰「拜」，通贊贊曰「鞠躬」，曰「拜」，曰「興」，曰「平身」，曰「搢笏」，曰「鞠

❶「三」，《元史・禮樂一》作「五」。

❷「階」，原作「街」，據《元史・禮樂一》改。

❸「領」下，《元史・禮樂一》有「之」字。

躬」，曰「三舞蹈」，曰「跪左膝，三叩頭」，曰「山呼」，曰「山呼」，曰「再山呼」，曰「出笏」，曰「就拜」，曰「興」，曰「拜」，曰「興」，曰「拜」，曰「興」，曰「平立」。僧道耆老、外國番客，以次而賀。禮畢，大會諸王宗親、駙馬、大臣，宴饗殿上，侍儀使引丞相等陞殿侍宴。四品已上，賜酒殿上。典引引五品以下，賜酒於日精、月華二門之下。宴畢，鳴鞭三。侍儀使導駕，引進使導后，還寢殿，如來儀。

蕙田案：至元朝儀定於劉秉忠、許衡之手，其儀注頗依倣前代爲之，惟太常陳燕樂，不陳雅樂，遂使三朝大會，不聞大成雅樂之音。至帝后並坐正殿，則歷代所未有者。

【《輟耕録》】大明門在崇天門内，大明殿之正門也，七間三門，日精門在大明門左，月華門在大明門右，皆三間一門。大明殿乃登極、正旦、壽節會朝之正衙也，十一間，寢室五間，東西夾六間。後蓮香閣三間，❶中設七寶雲龍御榻，白蓋金縷褥，並設后位，諸王百僚怯薛官侍宴坐牀重列左右。

【《春明夢餘録》】元大朝殿上設漏案、香案、酒海，殿門外中道設褥位，丹陛中道設鳴鞭，丹墀中道設香案，又設表案、禮物案。中道南，東西設樂位，設內黃麾立仗，設外牙門立仗。又酒海之前，一人手執玉鉞立於階下。鉞乃殷時之物，長三尺有奇，廣半之，通體花紋，宋藏宣和殿中，爲金所得，後歸元，以爲大寶。其服制：祀天則服大裘而加衮，正旦、聖節則

❶「蓮」，《輟耕録》卷二一作「連」。

常衣，不被袞冕，惟祀宗廟則服之。內庭大宴則服質孫，質孫者，華言一色服也。其臣下朝會之服，則用唐、宋公服，一品紫玉帶，二品紫犀帶，三品四品紫金帶，五品紫角帶，六品七品緋角帶，八品九品綠角帶。其京官，賜宴則有質孫。其制冬之服凡九等，大紅納石失、大紅怯綿里、大紅官素一，桃紅、藍、綠官素各一，紫、黄、鴉青各一。納石失者，金錦也。怯綿里者，剪絨也。

【《世祖本紀》】十一年春正月己卯朔，宫闕告成，帝始御正殿，受皇太子、諸王、百官朝賀。　二十三年春正月戊辰朔，以皇太后故，罷朝賀。　二十四年春正月壬申，御正殿，受諸王、百官朝賀。　二十九年春正月甲午朔，以日食，免朝賀。

【《成宗本紀》】大德十一年春正月丙辰朔，免朝賀。

【《武宗本紀》】至大四年春正月癸酉朔，帝不豫，免朝賀。

【《仁宗本紀》】延祐七年春正月辛巳朔，日有食之，輟朝賀。　癸未，帝御大明殿，受諸王、百官朝賀。

【《順帝本紀》】元統二年冬十月乙卯朔，正内外官朝會儀，班次一依品從。

【王圻《續通考》】元統二年，蘇天爵奏曰：「朝覲會同，國家大體，班制儀式，不可不肅。夫九品分官，所以著尊卑之序；四方述職，所以同遠近之風。蓋位序尊嚴，則觀望隆重，朝廷典獻，莫大於斯。邇年以來，朝儀雖設，版位品秩，牽越班行，均爲衣紫。從五與正五雜居，共曰服緋；七品與六品齊列，下至八品九品，莫不皆然。夫既踰越班制，遂致行立不端，因忘肅敬之心，殊失朝儀之禮。今後朝賀行禮，聽讀詔赦，先儘省部院臺正從二品衙門，次諸司局院各驗職事，散官序列，正從班次，濟濟相讓，與與而行。如有踰越品秩、差亂班序者，同失儀論，以懲不恪。庶幾貴賤有章、儀式不紊，上尊朝廷之典禮，下聳中外之觀瞻。」

【《順帝本紀》】至元七年春正月甲辰朔，日有食之，大寒而風，朝臣仆者數人。

右元正旦朝賀。

【《明史·禮志》】太祖洪武元年九月，定正旦朝會儀，與登極略相仿。

蕙田案：《續文獻通考》在十月，與《志》不同。

【《明太祖實録》】凡正旦、冬至，先日，内使監陳御座香案於奉天殿，設皇太子、親王次於文樓。侍儀司設表案於丹墀内道西北，文武官起居位於文武樓南，東西向。一品二品拜位於内道上之東西，三品以下拜位於内道下，每等異位重行，北面。使者位於文武官拜位之東，北面西上。殿前班、侍從班、諸執事起居位於文武官起居位北，東西向。捧表官、宣表官、宣表目官、展表官於表案西，東向。糾儀御史二位，於表案南，東西向。宿衛鎮撫二位於東西陛下，護衛百户二十四位於鎮撫南，稍後。典牧所官二位於乘馬前，東西向。司晨郎報時位於内道中文武官拜位北，知班二位於文武官拜位北，東西向。通贊、贊禮二位於知班北，通贊西，贊禮東。引文武班四位於文武官拜位北，稍後，東西向。引殿前班二位於引武班南，引使者二位於引文班南，舉表案二位於引武班北，舉殿上表案二位於西陛下，東向。其丹陛上設皇太子、親王拜位於中，洪武二十六年，改定皇太子、親王朝賀於乾清宮。殿前班指揮司官三侍立位於其西，宣徽院官三侍立位於其東，相向。儀鸞司官位於殿中門左右，護衛千户八位於殿東西門左右，典儀二位於陛上南，將軍六於殿門左右，天武將軍四於陛上四隅，皆東西相向。鳴鞭四，列於殿前班之南，北面。殿上設寶案於正中，表案於其南。皇太子、親王位於表案南。文官侍從、起居注、給事中、殿中侍御史、尚寶卿位於殿東，武官侍從懸刀指揮位於殿西，相向。受表兼受表目官位於文官侍從南，西向。内贊二，又位於南，東西相向。捲簾將軍二位於簾前，東西相向。翌明，金吾衛設鹵簿，陳五輅，列甲士於午門外，列旗仗於奉天門外，陳儀仗於丹陛上及丹墀左右。拱衛司設拜褥於皇太子、親王位。典牧所設乘馬於文武樓南各三，東西向。和聲郎陳樂於丹墀文武官拜位南。侍儀司舍人二舉表案入，就殿上位，舍人二以表函置於案，舉入丹墀位。鼓初嚴，百官朝服。次嚴，齊班於午門外東西，以北爲上。通班贊禮、宿衛鎮撫入就位，諸侍衛官各服其器服，及尚寶卿、侍從官入詣謹身殿。鼓三嚴，文武官以次入，侍儀奏外辦，皇帝服衮冕，御輿出，仗動，大樂鼓吹振作。尚寶卿捧寶，侍儀、侍衛、導從警蹕，升座，樂止。將軍捲簾，尚寶卿置寶於案，拱衛司鳴鞭，司晨郎報時雞唱訖，諸侍從官、拱衛司官由殿西門出，降自西階，引班引入起居位。通班贊「某衛指揮使臣某以下起居」，樂作，四拜，樂止。贊禮贊「鞠躬」，指揮使以下皆鞠躬，贊「聖躬萬福」，復位，贊「拜」，樂作，四拜，樂止。通班贊各供事殿前班、侍從班及諸執事就位。引進引皇太子及親王由奉天東門入，樂作，陞自東階，至丹陛拜位，樂止；贊「拜」，樂作，四拜，興，樂止；導詣奉天殿東門入，樂作，内贊導至御座前，樂止。贊「跪」，皇太子、親王皆跪，皇太子稱賀曰：「長子某，兹遇履端之節，冬至則曰「履長」。謹率諸弟某等，欽詣父皇陛下稱賀。」制曰：「履端之慶，與長子等同之。」贊俯伏，興，導由東門出，樂作，引進導復丹陛拜位，樂止；贊「拜」，樂作，四拜，興，樂止。降自東階，樂作，至文樓，樂止。司晨再報時訖，通班贊「丞相名臣某以下起居」，引班導文武百官入拜位，北面立。初行，樂作，至位，樂止。知班唱班齊，贊禮贊「拜」，樂作，四拜，興，樂止；引班導丞相詣西階，樂作，丞相升，捧表及展宣等官從行至殿西門，樂止。内贊引丞相至御座前，贊「跪」，贊禮贊衆官皆跪，丞相奏：「具官臣某等，兹遇三陽開泰，萬物維新，冬至則曰「律應黄鍾，日當長至」。欽惟皇帝陛下，膺乾納佑，奉天永昌。」贊俛伏，興，丞相及衆官皆興。内贊導丞相出殿西門，樂作，降自西階，復位，樂止。捧表以下官由殿西門入，内贊贊進表，捧表官跪進於案前，受表官於案東，搢笏，跪受，置於案，出笏，興，退復位。捧表官出笏，興，退，立於殿内之西，東向。贊宣表，宣表目官、展表目官詣案前，搢笏，跪展宣畢，展表目官出笏，復位；宣表目官俛伏，興，以表目復於案，出笏，退復位；宣表官、展表官詣案前，搢笏，跪展宣畢，展表官出笏，❶一人以表復於案，俱退；宣表官俛伏，興，同捧表以下官出殿西門，降自西階，復位。贊禮贊「拜」，樂作，四拜，樂止。給事中詣御座前跪，承制由殿中門出，至丹陛上東南，

❶「表」，原脱，據庫本及《明史》卷五三補。

西向，稱「有制」，百官皆跪，宣皇帝制曰：「履端之慶，與卿等同之。冬至則曰「履長」。」給事中由西門入，跪奏承制畢，俛伏，興，復位。贊禮贊俛伏，興，搢笏，鞠躬三，舞蹈，跪，山呼，各拱手加額呼「萬歲」者三。凡呼，樂工、軍校齊聲擊鼓應之。出笏，俛伏，興，樂作，四拜，樂止。侍儀奏禮畢，鳴鞭，皇帝興，樂作，警蹕侍從導引至謹身殿，樂止。舍人各奉表案出，丞相以下皆出。朝賀畢，錫宴於謹身殿。內使監陳御座，拱衛司設黄麾仗及擎執於殿庭，如朝儀。設皇太子座於御座東偏，西向，諸王座以次南，東西相向。殿内設三品以上官座，廡下設四品至九品座，文東武西，重行異位。和聲郎於殿南楹陳大樂、細樂及諸舞隊。宣徽院陳食案於殿中及東西廡，皇帝常服陞座，鼓吹振作，鳴鞭，樂止。皇太子、親王就位。丞相率禮部尚書、宣徽使進御食案，侍郎、宣徽、同知進太子、親王食案。丞相進壽花於御前，禮部、工部尚書進壽花於太子、親王前。百官各就位。諸執事進壽花於百官訖，内使監令御前行酒司壺行太子以下酒，細樂作，和聲郎北面舉手稱上酒飲畢，樂止。内使監令御前進食、供食供太子以下食，大樂作，和聲郎北面舉手稱上食食畢，樂止。凡酒七行，進食五次，樂作、止如初。酒第五行及第七行，雜呈諸隊舞。宴畢，皇帝興，大樂作。太子、親王還宫，樂止。文武官以次出。

【王圻《續通考》】洪武二年正月甲子，以群臣每遇正旦、聖壽，朝賀行禮，呼「萬歲」者三，雖云臣子祝上，實亦虚詞，因諭宰臣更其詞。八月庚午，禮部尚書崔亮、太常少卿陳昧言：「舊制，朝賀之禮，贊禮者既唱三舞蹈訖，復三唱山呼，而群臣拱手加額，與樂工軍校齊聲稱『萬歲』者三。近改擬『山呼』爲『贊呼』，百官應之曰『天輔有德』，曰『海宇咸寧』，曰『聖躬萬福』。臣等竊謂，殿庭之禮，主於尊嚴，贊呼之際，貴於齊一。今百官三呼，應聲喧嘩不齊，誠爲失儀。況山呼故事，甚爲嚴肅，宜仍其舊。」從之。

【《明史·樂志》】定朝會宴饗之制。凡聖節、正旦、冬至大朝賀，和聲郎陳樂於丹墀百官拜位之南，北向。駕出，仗動。和聲郎舉麾，奏《飛龍引》之曲，樂作，陞座，樂止，偃麾。百官拜，奏《風雲會》之曲，拜畢，樂止。丞相上殿致詞，奏《慶皇都》之曲，致詞畢，樂止。百官又拜，奏《喜昇平》之曲，拜畢，樂止。駕興，奏《賀聖朝》之曲，還宫，樂止。百官退，和聲郎、樂工以次出。凡宴饗，和聲郎四人總樂舞：二人執麾，立樂工前之兩旁；二人押樂，立樂工後之兩旁。殿上陳設畢，和聲郎執麾由兩階升，立於御酒案之左右；二人引歌工、樂工由兩階升，立於丹陛上之兩旁，東西向。舞師二人執旌，引武舞士立於西階下之南；又二人執翿，引文舞士立於東階下之南；又二人執幢，引四夷舞士立於武舞之西南：俱北向。武舞曰《平定天下》之舞，象以武功定禍亂也。文舞曰《車書會同》之舞，象以文德致太平也。四夷舞曰《撫安四夷》之舞，象以威德服遠人也。引大樂二人，執戲竹，引大樂工陳列於丹陛之西，文武二舞樂工列於丹陛之東，四夷樂工列於四夷舞之北，俱北向。駕將出，仗動，大樂作，升座，樂止。進第一爵，和聲郎舉麾，唱奏《起臨濠》之曲。引樂二人引歌工、樂工詣酒案前，北面，重行立定。奏畢，偃麾，押樂引衆工退。第二，奏《開太平》之曲。第三，奏《安建業》之曲。第四，奏《削群雄》之曲。第五，奏《平幽都》之曲。第六，奏《撫四夷》之曲。第七，奏《定封賞》之曲。第八，奏《大一統》之曲。第九，奏《守承平》之曲。其舉麾、偃麾、歌工、樂工進退皆如前儀。進第一次膳，和聲郎舉麾，唱奏《飛龍引》之樂，大樂作，食畢，樂止，偃麾。第二，奏《風雲會》之樂。第三，奏《慶皇都》之樂。第四，奏《平定天下》之舞。第五，奏《賀聖朝》之樂。第六，奏《撫安四夷》之舞。第七，奏《九重歡》之樂。第八，奏《車書會同》之舞。第九，奏《萬年春》之樂。其舉麾、偃麾如前儀。九奏三舞既畢，駕興，大樂作，入宫，樂止。和聲郎執麾引衆工以次出。

洪武三年，定朝賀樂章。陞殿，奏《飛龍引》之曲。百官行禮，奏《風雲會》之曲。丞相致詞，奏《慶皇都》之曲。復位，百官行禮，奏《喜昇平》之曲。還宫，奏《賀聖朝》之曲。俱見後宴饗九奏中。

三年，定宴饗樂章。

一奏《起臨濠》之曲，名《飛龍引》 千載中華生聖主，王氣成龍虎。提劍起淮西，將勇師雄，百戰收强虜。 驅馳鞍馬經寒暑，將士同甘苦。次第静風塵，除暴安民，功業如湯、武。

二奏《開太平》之曲，名《風雲會》 玉壘瞰江城，風雲繞帝營。駕樓船龍虎縱横，飛礮發機驅六甲，降虜將，勝胡兵。 談笑掣長鯨，三軍勇氣增。一戎衣，宇宙清寧。從此華夷歸一統，開帝業，慶昇平。

三奏《安建業》之曲，名《慶皇都》 虎踞龍蟠佳麗地，真主開基，千載風雲會。十萬雄兵屯鐵騎，臺城守將皆奔潰。一洗煩苛施德惠，里巷謳歌，田野騰和氣。王業弘開千萬世，黎民咸仰雍熙治。

四奏《削群雄》之曲，名《喜昇平》　持黄鉞，削平荆楚清吴越。清吴越，暮秦朝晉，幾多豪傑。　幽燕齊魯風塵潔，伊凉蜀隴人心悦。人心悦，車書一統，萬方同轍。

五奏《平幽都》之曲，名《賀聖朝》　天運推遷虜運移，王師北討定燕畿。百年禮樂重興日，四海風雲慶會時。　除暴虐，撫瘡痍，漠南争覩舊威儀。君王聖德容降虜，三恪衣冠拜玉墀。

六奏《撫四夷》之曲，名《龍池宴》　海波不動風塵静，中國有真人。文身交趾，氊裘金齒，重譯來賓。　奇珍異産，梯山航海，奉表稱臣。白狼玄豹，九苞丹鳳，五色麒麟。

七奏《定封賞》之曲，名《九重歡》　乾坤清廓，論功定賞，策勳封爵。玉帶金符，貂蟬簪珥，形圖麟閣。　奉天洪武功臣，佐興運，文經武略。子子孫孫，尊榮富貴，久長安樂。

八奏《大一統》之曲，名《鳳凰吟》　大明天子駕飛龍，開疆宇，定王封。江漢遠朝宗，慶四海，車書會同。　東夷西旅，北戎南越，都入地圖中。遐邇暢皇風，億萬載時和歲豐。

九奏《守承平》之曲，名《萬年春》　風調雨順徧乾坤，齊慶承平時節。玉燭調和甘露降，遠近桑麻相接。偃武修文，報功崇德，率土皆臣妾。山河磐固，萬方黎庶歡悦。　長想創業艱難，君臣曾共掃四方豪傑。露宿宵征鞍馬上，歷盡風霜冰雪。朝野如今清寧無事，任用須賢哲。躬勤節儉，萬年同守王業。以上九奏，前三奏和緩，中四奏壯烈，後二奏舒長。其曲皆按月律。

武舞曲，名《清海宇》 拔劍起淮土，策馬定寰區。王氣開天統，寶歷慶乾符。武略文謨，龍虎風雲創業初。將軍星繞弁，勇士月彎弧。選騎平南楚，結陣下東吴。跨蜀驅胡，萬里山河壯帝居。

文舞曲，名《泰階平》 乾坤清寧，治功告成。武定禍亂，文致太平。郊則致其禮，廟則盡其誠。卿雲在天甘露零，風雨時若百穀登。禮樂雍和，政刑肅清。儲嗣既立，封建乃行。讒佞屏四海，賢俊立朝廷。玉帛鐘鼓陳兩楹，君臣賡歌揚頌聲。

四夷舞曲 其一，《小將軍》：大明君，定宇寰，聖恩寬，掌江山。東虜西戎，北狄南蠻，手高擎，寶貝盤。 其二，《殿前歡》：五雲宮闕連霄漢，金光明照眼。玉溝金水聲潺潺，頫顒觀，趨蹌看，儀鑾嚴肅百千般，威人心膽寒。 其三，《慶新年》：虎豹關，文武班，五綵間慶雲朝霞燦。黄金殿，喜氣增，丹墀内，仰聖顔。翠繞紅圍錦繡班，高樓十二欄。笙簫趁紫壇。仙音韻，瑶箏按，拜舞齊，歌謡讚，吾皇萬壽安。 其四，《過門子》：定宇寰，定宇寰，掌江山，撫百蠻。謳歌拜舞仰祝讚，萬萬年，帝業安。

朝賀。洪武三年，定丹陛大樂：簫四，笙四，箜篌四，方響四，頭管四，龍笛四，琵琶四，箏六，杖鼓二十四，大鼓二，板二。

【《明太祖實録》】三年六月甲子，禮部尚書崔亮等言：「朝儀貴乎整肅，禮文不可乖錯。今定大朝會、常朝及内外官辭謝、奏事、侍班等禮，付侍儀司行之。侍儀職專贊引，凡侍立班序，告示引進，通贊、承奉知班都知、舍人贊引執事。殿中侍御史職專糾劾殿廷失儀者，監察御史職專糾舉大朝會百官失儀者，知班職專檢察班行日與侍儀司官隨同朝班出入有失儀者，以報殿中侍御史糾治。」從之。七月戊子，禮部尚書崔亮奏定：「大朝會錫宴，文三品武四品以上上殿者賜坐墩。其制：皇太子、親王，青質蟠螭雲花飾；宰相一品，赤質雲花飾；二品以下，蒲墩無飾。其朝退燕閒及行幸處，則中書省、大都督府官二品以上，臺官三品以上及勳舊之臣、文學之臣賜坐者，加絨罽繡褥。」命如式製之。

【《明史·樂志》】宴饗之曲，後凡再更。四年所定，一曰《本太初》，二曰《仰大明》，三曰《民初生》，四曰《物品亨》，五曰《御六龍》，六曰《泰階平》，七曰《君德成》，八曰《聖道行》，九曰《樂清寧》。其詞，詹同、陶凱所製也。　十五年所定，一曰《炎精開運》，二曰《皇風》，三曰《眷皇明》，四曰《天道傳》，五曰《振皇綱》，六曰《金陵》，七曰《長楊》，八曰《芳醴》，九曰《駕六龍》。

十五年，重定宴饗九奏樂章。

一奏《炎精開運》之曲　炎精開運，篤生聖皇。大明御極，遠紹虞、唐。河清海宴，物阜民康。威加夷獠，德被戎羗。八珍有薦，九鼎馨香。鼓鐘鍠鍠，宮徵洋洋。怡神養壽，理陰順陽。保兹遐福，地久天長。

二奏《皇風》之曲　皇風被八表，熙熙聲教宣。時和景象明，紫宸開繡筵。龍衮曜朝日，金爐褭祥烟。濟濟公與侯，祓服麗且鮮。列坐侍丹扆，磬折在周旋。羔豚升華俎，玉饌充方圓。初筵奏《南風》，繼歌賡載篇。瑶觴欣再舉，拜俯禮無愆。同樂及斯辰，於皇千萬年。

奏《平定天下》之舞，曲名《清海宇》。同前。

三奏《眷皇明》之曲　赫赫上帝，眷我皇明。大命既集，❶本固支榮。厥本伊何？育德春宮。厥支伊何？藩邦以寧。慶延百世，澤被群生。及時爲樂，天禄是膺。千秋萬歲，永觀厥成。

奏《撫安四夷》之舞，曲名《小將軍》、《殿前歡》、《慶新年》、《過門子》。俱同前。

四奏《天道傳》之曲　馬負圖兮天道傳，龜載書兮人文宣。羲畫卦兮禹疇敘，皇極建兮合自然。綿綿歷數歸明主，祥麟在郊威鳳舞。九夷入貢康衢謡，聖子神孫繼祖武，垂拱無爲邁前古。

奏《車書會同》之舞，曲名《泰階平》。同前。

五奏《振皇綱》之曲　《周南》詠麟趾，《卷阿》歌鳳凰。藹藹稱多士，爲楨振皇綱。赫赫我大明，德尊踰漢唐。百揆修庶績，公輔理陰陽。峩冠正襟佩，都俞在高堂。坐令八紘内，熙熙民樂康。氣和風雨時，田疇見豐穰。獻禮過三爵，歡娱良未央。

六奏《金陵》之曲　鍾山蟠蒼龍，石城踞金虎。千年王氣都，於今歸聖主。六代繁華經幾秋，江流東去無時休。誰言天塹分南北，英雄豈但嗤曹劉。我皇昔住濠梁屋，神遊天錫真人服。提兵乘勢渡江來，詞臣早獻《金陵曲》。歌金陵，進珍饌，諧八音，繼三歎，請觀漢祖用兵時，爲嘗馮異滹沱飯。

七奏《長楊》之曲　長楊曳緑，黄鳥和鳴。菡萏呈鮮，紫燕輕盈。千花浥露，日麗風清。及時爲樂，芳尊在庭。管音嘒嘒，絲韻泠泠。玉振金聲，各奏爾能。皤皤國

❶「命」，原作「明」，據《明史·樂志三》改。

老，載勸載懲。明德惟馨，垂之聖經。《唐風》示戒，永保嘉名。無已太康，哲人是聽。

八奏《芳醴》之曲　夏王厭芳醴，商湯遠色聲。聖人示深戒，千春垂令名。惟皇登九五，玉食保尊榮。日昃不遑餐，布德延群生。天庖具豐膳，鼎鼐事調烹。豈但資肥甘，亦足養遐齡。達人悟茲理，恒令五氣平。隨時知有節，昭哉天道行。

九奏《駕六龍》之曲　日麗中天漏下遲，公卿侍宴多令儀。《簫韶》九奏觴九獻，爐烟細逐祥風吹。群臣舞蹈天顔喜，歲熟民康常若此。六龍回駕鳳樓深，寶扇齊開扶玉几。景星呈瑞慶雲多，兩曜增暉四序和。聖人道大如天地，歲歲年年奈樂何。

進膳曲，《水龍吟》　寶殿祥雲紫氣濛，聖明君，龍德宫。氤氲霧靄，檜栢間青松。龍樓鳳閣，雕梁畫棟，此是蓬萊洞。

太平清樂曲，《太清歌》　萬國來朝進貢，仰賀聖明主，一統華夷。普天下八方四海，南北東西。託聖德，勝堯王，保護家國太平，天下都歸一，將兵器銷爲農器。旌旗不動酒旗招，仰荷天地。《上清歌》　一願四時風調雨順民心喜。攝外國，將寶貝！攝外國，將寶貝！見君王，來朝寶殿裏，珊瑚、瑪瑙、玻璃，進在丹墀。《開天門》　託長生，日月光天德，萬萬歲永固皇基。公卿文武來朝會，開玳筵，捧金盃。

迎膳，奏《水龍吟》曲，與進膳同。陞座、還宫、百官行禮，奏《萬歲樂》、《朝天子》二曲，與朝賀同。

【《明會典》】洪武十六年正旦，以高皇后喪服，親王及文武衙門進到表箋，先期三日捧進。是日，皇帝御几筵殿，祭祀畢，常服御奉天殿，百官常服，行五拜三叩頭禮。

【王圻《續通考》】十六年正月乙巳朔，皇太子、親王、駙馬俱淺色常服詣華蓋殿，行八拜禮。帝御奉天殿，受百官朝賀畢，賜宴華蓋殿。不舉樂。以皇后喪故也。

【《明會典》】洪武二十二年，令凡遇大朝賀，除已習儀及具服官員許入班，其餘便服人員，止於午門外行禮。執事官於華蓋殿行禮，排甲帶刀侍衛之人免拜，五府六部等官於殿前侍立，奏事止於華蓋殿。

【王圻《續通考》】二十六年六月壬寅，命禮官重定正旦、冬至、朝會儀。

【《明會典》】正旦、冬至百官朝賀儀。洪武二十六年定。凡正旦、冬至前一日，尚寶司陳御座於奉天殿及寶案於御座之東，設香案於丹陛之南。教坊司設中和韶樂於殿內之東西，北向。其日清晨，錦衣衛陳鹵簿儀仗於丹陛及丹墀之東西，設明扇於殿內東西，列車輅步輦於丹墀東西，相向，鳴鞭四人，左右北向。教坊司陳大樂於丹陛之東西，北向。儀禮司設同文、玉帛案於丹陛之東，金吾衛設護衛官於殿內及丹陛之東西，陳甲士於午門外、奉天門外及丹墀東西。錦衣衛設將軍於奉天門外丹陛、丹墀及奉天門，列旗幟於奉天門外東西。典牧官陳仗馬犀象於文、武樓南，東西相向。欽天監設司晨郎報時位於內道東，近北。立糾儀御史二人於丹墀北，東西相向。內贊二人於殿內，外贊二人於丹墀北，東西相向。設傳制、宣表等官位於殿內，東西相向。鼓初嚴，文武官具朝服，齊班於午門外。鼓次嚴，引禮引百官由左右掖門入，詣丹墀東西，北向立。鼓三嚴，執事官詣華蓋殿伺候，内官跪奏，皇帝具袞冕陞座，鐘聲止。儀禮司官跪奏各執事官行禮，贊五拜，禮畢，贊供事、執事官各就位，儀禮司官跪奏請陞殿。駕興，中和韶樂奏《聖安》之曲，尚寶官捧寶前行，導駕官前導，扇開簾捲，尚寶官置寶於案，樂止。鳴鞭報時，雞唱曉。對贊唱排班，班齊。贊禮唱鞠躬，大樂作。贊四拜，平身，樂止。典儀唱進表，大樂作。給事中二人，詣同文案前，導引序班舉案由東門入，置殿中，樂止。内贊唱宣表目。宣表目官跪宣訖，俛伏，興。唱宣表，展表官取表，宣表官至簾前，外贊唱，衆官皆跪。宣表訖，内外皆唱，俛伏，興，平身。序班即舉表案於殿東，外贊唱，衆官皆跪。代致詞官跪於丹陛中，致詞云：「具官臣某等，兹遇正旦則云「三陽開泰，萬物咸新」，冬至則云「律應黄鐘，日當長至」。恭惟皇帝陛下，膺乾納祐，奉天永昌。」賀訖，外贊唱，衆官皆俛伏，興。樂作，四拜，興，平身，樂止。傳制官詣御前跪奏傳制，俯伏，興，由東門靠東出，至丹陛之東，西向立，稱「有制」。贊禮唱跪，百官皆跪，宣制：正旦則云「履端之慶」，冬至則云「履長之慶」。「與卿等同之。」贊禮唱，俯伏，興，平身，樂止。贊搢笏，鞠躬三，舞蹈。贊跪唱山呼，百官拱手加額曰「萬歲」；唱山呼，曰「萬歲」；唱再山呼，曰「萬萬歲」。凡呼「萬歲」，樂工、軍校齊聲應之。贊出笏，俛伏，興，大樂作。贊四拜，平身，樂止。儀禮司官跪奏禮畢，中和樂作，奏《定安》之曲，駕興。尚寶官捧寶，導駕官前導，至華蓋殿，樂止。引禮官引百官以次出。

【《茶園雜記》】本朝將軍之名不一，職方司職掌收充將軍，蓋選軍民中之長軀偉貌者以充朝儀耳，今謂之大漢將軍，優旃所稱楯郎，疑即此也。凡大朝會，若蕃使入貢，天子御正殿，大漢將軍著飾金介冑，持金瓜、鐵鉞、刀劍列丹陛上；常朝，著明鐵介冑，列門楯間。其次等者，御道左右及文武官班後，相向握刀布列。凡鑾輿出入，扈從以行，宿衛巡警之事，則以侯伯都督係國戚者統之。其常朝宿衛，各以番上，謂之正直；有大事，無番上，謂之貼直。正直者，金牌相傳懸掛；貼直者，尚寶司奏而給發，事畢復納之。

【《明史·樂志》】凡大朝賀，教坊司設中和韶樂於殿之東西，北向；陳大舞於丹陛之東西，亦北向。駕興，中和韶樂奏《聖安》之曲，陞座進寶，樂止。百官拜，大樂作，拜畢，樂止。進表，大樂作，進訖，樂止。宣表目，致賀訖，百官俯伏，大樂作，拜畢，樂止。宣制訖，百官舞蹈山呼，大樂作，拜畢，樂止。駕興，中和韶樂奏《定安》之曲，導駕至華蓋殿，樂止。百官以次出。其大宴饗，教坊司設中和韶樂於殿内，設大樂於殿外，列三舞雜隊於殿下。駕興，大樂作，陞座，樂止。文武官入，列於殿外，北向拜，大樂作，拜畢，樂止。進御筵，樂作，進訖，樂止。進花，樂作，進訖，樂止。進第一爵，教坊司奏《炎精開運》之曲，樂作，内外官拜畢，樂止。散花，樂作，散訖，樂止。第二爵，教坊司奏《皇風》之曲，樂止，進湯。鼓吹饗節前導至殿外，鼓吹止，殿上樂作，群臣湯饌成，樂止。武舞入，教坊司請奏《平定天下》之舞。第三爵，教坊司請奏《眷皇明》之曲，進酒如前儀，樂止，教坊司請奏《撫安四夷》之舞。第四爵，奏《天道傳》之曲，進酒、進湯如前儀，樂止，奏《車書會同》之舞。第五爵，奏

《振皇綱》之曲，進酒如前儀，樂止，奏百戲承應。第六爵，奏《金陵》之曲，進酒、進湯如前儀，樂止，奏八蠻獻寶承應。第七爵，奏《長楊》之曲，進酒如前儀，樂止，奏採蓮隊子承應。第八爵，奏《芳醴》之曲，進酒、進湯如前儀，樂止，奏魚躍於淵承應。第九爵，奏《駕六龍》之曲，進酒如前儀，樂止，收爵。進湯，進大膳，樂作，供群臣飯食訖，樂止，百花隊舞承應。宴成，徹案。群臣出席，北向拜，樂作，拜畢，樂止。駕興，大樂作，鳴鞭，百官以次出。

二十六年更定。陞殿，韶樂，奏《聖安》之曲　乾坤日月明，八方四海慶太平。龍樓鳳閣中，扇開簾捲帝王興。聖感天地靈，保萬壽，洪福增。祥光王氣生，陞寶位，永康寧。

還宮，韶樂，奏《定安》之曲　九五飛聖龍，千邦萬國敬依從。鳴鞭三下同，公卿環珮響玎璫，掌扇護御容。中和樂，音呂濃，翡翠錦繡，擁還華蓋赴龍宮。

公卿入門，奏《治安》之曲　忠良爲股肱，昊天之德承主恩，森羅拱北辰。御爐烟遶奉天門，江山社稷興。安天下，軍與民，龍虎會風雲。後不用。

二十六年，又定殿中韶樂：簫十二，笙十二，排笙四，❶橫笛十二，壎四，篪四，琴十，瑟四，編鐘二，編磬二，應鼓二，柷一，敔一，搏拊二。丹陛大樂：戲竹二，簫十二，笙十二，笛十二，頭管十二，篥八，琵琶八，二十弦八，方響二，鼓二，拍板八，杖鼓十二。

【《明史·禮志》】二十六年，改定皇太子、親王朝賀於乾清宮。其日，皇帝皇后陞座，

❶「笙」，校點本《明史·樂志一》校改作「簫」。

侍從導引如儀，引禮引皇太子及妃、親王及妃詣上位前，贊禮贊四拜，興。贊禮引皇太子詣前，贊跪，引禮贊太子妃。諸王及妃皆跪。皇太子致詞同前，不傳制。贊禮贊皇太子俯伏，興；引禮贊諸王俯伏，興。太子妃、諸王妃皆興。贊禮引皇太子復位，贊拜，皇太子以下皆四拜。禮畢，引禮引至皇后前，其前後贊拜，皆如朝皇帝儀，致詞稱「母后殿下」。禮畢，出。七年，更定不致賀辭，止行八拜禮。朝賀皇太后禮，皆同。

三十年，更定朝賀儀：同文、玉帛案俱進安殿中，宣表訖，舉置於表案之南。

【《大政記》】惠帝建文元年正月癸酉朔，帝謁奉先殿，朝皇太后。詣孝陵上香，還，御殿受朝，不作樂。

丘氏濬曰：「我朝祖宗以來，每日先於奉先殿行禮，東朝問安，然後御朝。其於父子之親，君臣之義，兩盡。」

【《明會典》】永樂六年正旦，文皇后喪服，皇帝常服御殿，錦衣衛陳鹵簿儀仗於丹陛，教坊司陳大樂而不作，百官行禮，如洪武例。

【王圻《續通考》】永樂十二年春正月辛巳朔，日食，免朝賀。先是，鴻臚寺奏習正旦朝儀，上召禮部、翰林院官問曰：「正旦日食，百官賀禮可行乎？」尚書呂震對曰：「日食與朝賀之時先後不相妨。」侍郎儀智曰：「終是同日，免賀爲當。」楊士奇曰：「日食，天變之大者。前代元旦日食，多不受朝。宋仁宗時，元旦日食，富弼請罷宴徹樂，呂夷簡不從。弼曰：『萬一契丹行之，爲中國羞。』後有自契丹回者，言虜是日罷宴，仁宗深悔。今免賀誠當。」上從之。

十三年春正月丙子朔，日食，免朝賀。

【《明史·樂志》】永樂十八年，定朝會宴饗樂舞。

一奏《上萬壽》之曲　龍飛定萬方，受天命，振紀綱。彝倫攸敘四海康，普天率土盡來王。臣民舞蹈，嵩呼載揚，稱觴奉吾皇，❶聖壽天長。

《平定天下》舞曲　其一，《四邊静》：威伏千邦，四夷來賓納表章。顯禎祥，承乾象，皇基永昌，萬載山河壯。　其二，《刮地風》：聖主過堯舜禹湯，立五常三綱。八蠻進貢朝今上，頓首誠惶。朝中宰相，燮理陰陽。五穀收成，萬民歡暢。賀吾皇，齊讚揚，萬國來降。

二奏《仰天恩》之曲　皇天眷聖明，五辰順，四海寧，風調雨順百穀登，臣民鼓舞樂太平。賢良在位，邦家永禎。吾皇仰洪恩，夙夜存誠。

黄童白叟鼓腹謳歌承應曲，曰《豆葉黄》　雨順風調，五穀收成，倉廩豐盈，大利民生。託賴著皇恩四海清。鼓腹謳歌，白叟黄童，共樂咸寧。

四夷舞曲　其一，《小將軍》：順天心，聖德誠，❷化番邦，盡朝京。四夷歸伏，舞於龍廷。貢皇明，寶貝擎。　其二，《殿前歡》：四夷率土歸王命，都來仰大明。萬邦千國皆歸正，現帝庭，朝仁聖。天階班列衆公卿，齊聲歌太平。　其三，《慶豐年》：和氣增，鸞鳳鳴。紫霧生，祥雲朝霞映。爇金爐，香味馨，列丹墀，御駕盈。絃管簫韶五音應，龍笛間鳳笙。　其四，《渤海令》：金盃中，酒滿盛。御案前，列

❶「皇」，原作「王」，據《明史》卷六三改。
❷「誠」，原作「成」，據庫本改。

群英。君德成，皇圖慶，嵩呼萬歲聲。

其五，《過門子》：聖主興，聖主興，顯威靈，蠻夷静。至仁至德至聖明，萬萬年，帝業成。

三奏《感地德》之曲　皇心感地靈，順天時，德厚生。含宏光大品物亨，鍾奇毓秀産俊英。河清海晏，麟來鳳鳴，陰陽永和平，相我文明。

《車書會同》舞曲　其一，《新水令》：錦衣花帽設丹墀，俱公服百司同會。麟至舞，鳳來儀，文武班齊，朝賀聖明帝。

其二，《水仙子》：八方四面錦華夷，天下蒼生仰聖德。風調雨順昇平世，徧乾坤，皆讚禮，託君恩，民樂雍熙。萬萬年皇基堅固，萬萬載江山定體，萬萬歲洪福天齊。

四奏《民樂生》之曲　世間的萬民，荷天地，感聖恩。乾坤定位四海春，君臣父子正大倫。皇風浩蕩，人心載醇，熙熙樂天真，永戴明君。

《表正萬邦》舞曲　其一，《慶太平》：奸邪濁亂朝綱，搆禍難，煽動戈斨。赫怒吾皇，親征灞上，指天戈，敵皆降。其二，《武士歡》：白溝戰場，旌旗雲合迷日光。令嚴氣張。三軍踴躍齊奮揚，掃除殘甲如風蕩，凱歌傳四方。仁聖不殺降，望河南，失欃槍。其三，《滚繡毬》：肆旅拒，恃力强，一心構殃，築滄洲百尺城隍。驕蠆毒，恣虎狼，孰能禦當。順天心有德隆昌，倒戈斂甲齊歸降，撫將生還達故鄉，自此仁聞愈彰。其四，《陣陣贏》：不數孫吴兵法良，神謀睿算合陰陽。八陣堂堂行天上，虎略龍韜孰敢當。俘囚十萬皆疎放，感荷仁恩戴上蒼。其五，

《得勝回》：兩傍四方，展鳥翼風雲雁行。出奇兵，敵難量。士强馬强，偏百里，眠旌卧鎗。勝兵回，樂洋洋。　其六，《小梁州》：敵兵戰敗神魂喪，擁貔貅，直渡長江。開市門，肆不移，宣聖恩，如天曠。綸音頒降，普天下，仰吾皇。

五奏《感皇恩》之曲　當今四海寧，頌聲作，禮樂興。君臣慶會躋太平，衣冠濟濟宴彤庭。文臣武將，共荷恩榮。忠心盡微誠，仰答皇明。

《天命有德》舞曲　其一，《慶宣和》：雨順風調萬物熙，一統華夷。四野嘉禾感和氣，一榦百穗，一榦百穗。　其二，《窄甎兒》：梯航萬國來丹陛，太平年，永固洪基。正東西南北來朝會，洽寰宇，布春暉，四夷咸賓聲教美。自古明王在慎德，不須威武服戎狄。祥瑞集，❶佳期萬萬歲，聖明君，主華夷。

六奏《慶豐年》之曲　萬方仰聖君，大一統，撫萬民。豐年時序雨露均，穰穰五穀貨財殷。酣歌擊壤，風清俗淳，四夷悉來賓，正統皇仁。

七奏《集禎應》之曲　皇天眷大明，五星聚，兆太平。騶虞出現甘露零，野蠶成繭嘉禾生，醴泉湧地河水清。乾坤萬萬年，四海永寧。

八奏《永皇圖》之曲　天心眷聖皇，正天位，撫萬邦。仁風宣布禮樂張，戎夷稽首朝明堂。皇圖鞏固，賢臣贊襄。太平日月光，地久天長。

九奏《樂太平》之曲　皇恩被八紘，三光明，四海清。人康物阜歲屢登，含哺鼓腹

❶「集」下，《明史·樂志三》有「鳳來儀」三字。

皆歡聲。民歌帝力，唐堯至仁。乾坤永清，共樂太平。

導膳、迎膳、進膳及陞座、還宮、百官行禮諸曲，俱與洪武間同。

【王圻《續通考》】仁宗洪熙元年春正月壬申朔，上御奉天殿朝群臣，命禮部、鴻臚寺不作樂，群臣止行五拜三叩頭禮。先是，禮部尚書呂震請於上曰：「陛下初登大寶，天下文武之臣及海外諸國皆來朝，宜受賀作樂，如大朝之儀。」不從。次日，震固請，大學士楊士奇、楊榮、金幼孜、黄淮進曰：「陛下言是。」上曰：「山陵甫畢事，忍遽即吉。朕明日亦不欲出。」震曰：「四方萬國之人遠朝新主，皆欲一覩天顔，固聖孝誠至，亦宜勉順下情。」上顧士奇四人曰：「禮過矣。」❶對曰：「誠如聖諭，必欲俯順輿情，亦不宜備禮。」上從之，故有是命。

【《明會典》】宣宗宣德四年，令在外大小衙門，遇正旦等節慶賀禮，俱照洪武初，舞蹈山呼，行十四拜禮。

【王圻《續通考》】正統十一年正月己巳朔，立春，禮部言：「二節同日，宜殺立春禮。」從之。舊制，立春，順天府官四拜進春後，復四拜，文武百官行五拜三叩頭賀禮。至是，定順天府官四拜進春後，百官即入賀行正旦禮。後憲宗成化元年，亦正旦、立春同日，改致詞云「兹遇紀元成化，正旦逢春，氣節會同，天人交泰」云云。其慶賀、進春禮亦並舉焉。

景泰元年正月丁丑朔，帝祭奉先殿，朝上聖皇太后及皇太后。出，御奉天殿，百官行五拜三叩頭禮。時以上皇在迤北，免賀。

❶「禮」下，庫本有「臣」字。

成化十四年十一月戊午朔，始令翰林官習儀。

【王鏊《震澤長語》】國家正旦、冬至、聖節，凡大朝會，先期百官皆赴朝天宫習儀，或靈濟宫，唯翰林獨否。相傳宣廟一日召翰林不至，上問故，左右對以往習儀所。上曰：「翰林終日侍朕側，尚何習爲？恐其倒拜耶？」自是不復習，相傳以爲故事。成化中，中官汪直用事，多使邏人詗察諸司不法。是日，學士王獻、檢討張泰方在途投謁，邏人執之，以故事對。詔問内閣，時萬安劉珝、劉吉不能執奏，乃云有故事。而考諸故典不見。獻、泰雖免罪，而翰林不習儀之典遂廢。惟内閣與東西兩房，至今不習。蓋宣廟之命，史官失於紀載故也。

【《明孝宗實録》】弘治元年正月丙申朔，帝詣奉先殿，太皇太后、皇太后宫行禮畢，出御奉天殿，文武群臣公服，行五拜三叩頭禮。是年冬至及二年正旦皆然。二年冬至，始行賀禮。

【《大政記》】正德二年正月乙亥朔，日有食之，帝不御殿，免賀，視朝如常儀。

【王圻《續通考》】正德十一年正月癸未朔，群臣待漏入賀，日晡，禮始成。及散朝，已昏夜。衆奔趨而出，顛仆相踐踏。有將軍趙朗者死於禁門。御史程啟充具奏其狀，請帝昧爽視朝，以圖明作之治。不報。十四年十二月，至南京，詔百官戎服朝。明年正旦，南京兵部尚書喬宇、禮部侍郎楊廉不可，率諸臣朝服賀。

蕙田案：正德十三年正旦，帝在宣府；十四年正旦，在太原；十五年正旦，在南京：百官俱朝服於奉天門外行遥賀禮。

【《明會典》】嘉靖七年，奏准凡遇萬壽聖節、正旦、冬至大朝賀，先令承天門、端門及左右闕門守門内外官員嚴禁雜人行走。鼓初嚴，執事官并侍衛官軍先入，次王親公侯駙馬伯，次在京文武品官，次來朝品官，次内外雜職，次生儒，次外國四夷人，至奉天殿下，文武百官依品級序立，毋得攙越亂班。禮畢，外國四夷先出，次生儒，次雜職，次文武品官，次侍衛官軍及儀從人等俱盡，象馬方行。其金水橋東西角門，各添設序班。凡有攙越者，御史、序班糾舉挐奏。若有市井奸人假借儒吏衣巾冒入殿庭，錦衣衛官校緝拿。又令凡正旦、冬至、聖節，百官俱於先期之三日及二日習儀，正旦、冬至於朝天宫，聖節於靈濟宫。

【《大政記》】十四年正月壬戌朔，免朝賀。癸酉，御奉天殿，文武及朝覲官行禮。

【《明世宗實録》】時帝以憲廟恭妃初喪，不受節賀。禮部請於視朝之日，令文武百官及天下朝覲官公服行五拜三叩頭禮，一伸臣子之情。詔以十二日行。

【《明會典》】正旦、冬至百官朝賀儀。嘉靖十六年更定。前一日，尚寶司設寶案於奉天殿寶座之東，鴻臚寺設表案二於殿東中門外，禮部主客司設蕃國貢方物案八於丹陛中道左右，欽天監設定時鼓於文樓之上，教坊司設中和韶樂於奉天殿内東西，設大樂於奉天門内東西，俱北向。至期，錦衣衛陳鹵簿儀仗於丹陛及丹墀東西，設明扇於殿内東西，陳車輅、步輦於奉天門丹墀中道，北向。金吾等衛列甲士軍仗於午門外、奉天門外及丹墀東西，旗手衛設金鼓於午門外，列旗幟於奉天門外。御馬監設仗馬、錦衣衛設馴象於文、武樓南，東西相向。欽天監設報時位於丹陛之東。鼓初嚴，百官具朝服，齊班於午門外。鼓次嚴，引班官引百官并進表人員及四夷人等次第由左、右掖門入，詣丹墀序立。欽天監雞唱官司晨一員，於文樓下，西向。錦衣衛將軍六員，於殿内之南，北向。將軍四員，於丹陛四隅，東西相向。其餘侍衛將軍，各分立於殿陛等處如儀。鳴鞭四人，於丹墀中道左右，北向。金吾等衛護衛官二十四員於丹陛之南，六員於丹墀之北，俱東西相向。陳設方物，鴻臚寺司賓署丞一員；徹方物案，鴻臚寺序班十六員，於丹陛中道左右。外贊，鴻臚寺鳴贊等官十二員，於丹陛及丹墀東西。糾儀御史十二員，於丹墀之東西。殿前侍班錦衣衛千户六員，光禄寺署官四員，序班二員，傳呼鳴鞭錦衣衛百户四員，俱於殿中門外，東西相向。導表，六科都給事中二員，序班二員，於表案左右。掌領侍衛官三員，於殿内，東西相向。錦衣衛正直指揮一員，於簾右，東向；百户二員，於簾下，左右相向；捲簾畢，即趨出殿門外，各預立以俟。鼓三嚴，執事，禮部堂上官并内贊鳴贊一員；陳設表案并舉案，序班五員；典儀，鴻臚寺司儀署丞一員；捧表，禮部儀制司官四員；展表，六部、都察院、通政司、大理寺堂上官二員；宣表、致詞并傳制等項，鴻臚寺堂上官五員；捧寶，尚寶司官二員；導駕，六科給事中十員；殿内侍班，翰林院官四員、中書官四員、糾儀御史四員、序班二員及各遣祭官：俱詣華蓋殿外，候上具衮冕陞座，鐘聲止，入，序立。遣祭官以次復命訖，各趨入丹墀班。禮部堂上官跪奏方物，并請上位看馬，候得旨，復位。鴻臚寺卿跪奏執事官行禮，贊五拜叩頭畢，贊各供事。鴻臚寺卿跪請陞殿，駕興，導駕官前導，尚寶官捧寶前行，中和樂作，奏《聖安》之曲，上御奉天殿，陞座。導駕官立於殿内柱下，東西相向。侍班翰林官立於東導駕官之後，中書官立於西導駕官之後，糾儀御史、序班分立於侍班官之下。尚寶官置寶於案，分立於導駕官之上。樂止。鳴鞭、報時，雞唱訖，外贊唱排班，班齊，鞠躬，大樂作，四拜，興，平身，樂止。内贊贊進表，大樂作，導表官導表案至殿東中門止，序班舉案入，至殿中，退立於東西柱下，樂止。贊宣表目，宣表目，禮部堂上官并宣表目官詣殿中跪宣畢，各叩頭退。贊宣表，展表官取表，同宣表官詣殿中，跪。外贊贊跪，衆官皆跪。宣畢，展表官分東西先退，内外皆贊俯伏，大樂作，興，平身，樂止。宣表官退，序班舉案置殿東，外贊贊跪，衆官皆跪。代致詞官跪於丹陛中道，致詞云：「公侯駙馬伯、文武百官某官臣某等」，詞與洪武間所定同。賀訖，外贊贊俯伏，衆官皆俯伏，樂作，四拜，興，平身，樂止。傳制官詣御前跪奏傳制，俯伏，興，由東門靠東出，至丹陛之東，西向立，稱「有制」。外贊贊跪，衆官皆跪，宣制。制與洪武間所定同。宣訖，外贊贊俯伏，大樂作，興，平身，樂止。贊搢笏，鞠躬三，舞蹈。贊跪唱山呼，百官拱手加額曰「萬歲」；唱山呼，曰「萬歲」；唱再山呼，曰「萬萬歲」。贊出笏，俯伏，大樂作，四拜，興，平身，樂止。鴻臚卿詣御前跪奏禮畢，鳴鞭，中和樂作，奏《定安》之曲，駕興；尚寶官捧寶，導駕官前導，至華蓋殿，樂止。引班官引百官人等以次出，序班徹方物案。所司設黄幄於丹陛上，陳王府及勳臣、總兵官、外夷所進馬匹於丹墀内，禮部并鴻臚寺官立於丹幄東，候上易便服，御黄幄，甲士行禮畢，禮部官詣御道中，跪奏御馬過，奏畢，復位。候馬過，詣御道中，跪奏馬過畢，駕還宫。

【《明世宗實録》】十六年三月戊戌，南京禮部尚書霍韜言：❶「元旦、冬至、萬壽，臣下慶賀，皆行十二拜禮，惟南京行八拜禮，不宜獨簡。」下禮部議，以「大節在京，有宣表、致詞及傳制，俱舞蹈山呼，行十二拜禮。而南京在外皆無，是以南京每遇三大節，先期進表，俱舞蹈山呼，行十二拜禮，❷遵送郊外。至日，止八拜。此祖宗舊制，非臣下敢自爲隆殺」。詔仍舊。

【《明會典》】凡進賀表目，親王各一通，各處掛印總兵官各一通，朝鮮國王一通，南京禮部等衙門一通，浙江等布政司、按察司、直隸府州等衙門各一通，南京中軍等都督府一通，中都留守司、浙江等都司、直隸衛所等衙門各一通。

【《春明夢餘録》】大朝畢，上暫退至謹身殿更便服，於殿外丹陛上設幄，群臣盛服侍班。御馬監之馬，雲錦成群。每一馬各有名牌，壯士控之，由東過西，最爲盛觀。其制始於嘉靖中，至後久不舉行。崇禎壬申五年十一月初十日冬至郊祀，十一日百官入賀，朝畢，復一閱視。是日，閲馬三百三十匹。

【《明世宗實録》】十八年正月庚午朔，帝御奉天殿，群臣具公服，致詞，行八拜禮。時帝母章聖皇太后之喪於十二月三十日服制二十七日滿，禮部言：「檢孝貞皇太后故事，制滿後，素服御西角門視朝。山陵畢

❶「霍」，原作「崔」，據《明世宗實録》卷一九八改。
❷「十」，原脱，據《明世宗實録》卷一九八改。

後，變服。第此次適遇正旦朝會，祭享一應吉儀，宜酌議。今擬皇上正旦淺色袍，黑冠帶，御殿受朝。」疏入未下，會帝問大學士夏言：「元旦玄極殿拜天，仍具祭服，先期一日，合變服否？」於是禮部更請「正旦拜天、受朝及先期一日時享宗廟，前三日，俱服青服」。帝謂内閣曰：「既曰以日易月，雖山陵未就，實非古人未葬、百事皆輟之義。定服后，不必還就。有事於郊，宜吉服作樂；有事於廟，著淺色服，不作樂。卿等其與宗伯、翰林、禮科議否？」即曰：「否。」於是群臣請遵諭行，報可。初，禮部三請正旦朝賀，俱詔免。及上制滿，儀注内具正旦視朝一節，又別具疏請帝仍於是日御殿視朝。帝乃報曰：「履端歲首，朝會之始，但昨方除服，梓宫在上，卿等固以禮請，且朕亦謂當行實事。其於奉天門，百官青衣，本等帶，行五拜三叩頭禮，不必公服。致詞、鐘鼓、鳴鞭俱輟之。」禮部復固請，帝具翼善冠、黄袍御殿，百官公服致詞，鳴鐘鼓、鳴鞭，奏堂下樂。帝曰：「改歲更始，王者奉順天道，不可不重。有謂弗宜，非知道者。既在除服外，其如議行。」

十九年正月甲午朔，帝疾，不御朝，百官詣左順門疏起居。報聞。

二十年正月戊午朔，帝疾，不御殿，百官公服於奉天門外，朝覲官、四夷使於午門外，行五拜禮，文武大臣、侍從官各表賀。丙申，帝拜天於玄極殿，出御奉天殿，百官公服，行八拜禮。帝諭禮部：「玄極之拜，可移於九日，取陽九之數，庶猶躬奉，愈於攝行。」尚書嚴嵩因言：「新正免賀，臣子之心未安。玄極殿拜畢，請具翼善冠、黄袍出御殿行禮。」帝曰：「卿等言是。新歲，上下豈可不一接見乎？」

【《明會典》】嘉靖二十一年，令聖節、正旦、冬至俱赴朝天宫習儀。凡正旦節，自十二月二十八日起，至正月二十日止，百官俱吉服，通政司不奏事。冬至前三日、後三日，聖節前三日、後三日，俱吉服，通政司亦不奏事。凡朝賀，班首、致詞官例用勳臣，有缺則禮部題請欽定。

【王圻《續通考》】二十二年正月丙午朔，日有食之，帝御朝，免賀。

【《明世宗實録》】自是年以後，終帝之世，惟二十五年正旦一受朝賀，其餘正旦、冬至，俱不御殿，百官朝服於奉天門行五拜三叩頭禮，歲以爲常。

【王圻《續通考》】三十二年正月戊寅朔，日有食之，時陰雲不見，頃之，大雪。百官以救護罷朝。次日，始朝服詣奉天門行禮表賀。

【《大政記》】穆宗隆慶元年正月丁巳朔，免朝賀，封奏如常儀。通政司言：「舊例，自正旦至二十日，以節假，免奏事封本。兹值皇上御門聽政，勵精萬幾之始，請封奏如常。」從之。丁卯，賜百官上元節假十日，諸司仍奏事。自是，歲以爲常。

【《神宗實録》】萬曆四年十一月甲辰，定京營官大朝班次。是時，從總督戎政楊炳之請，令京營參遊佐擊坐營等官，遇聖節、冬至、元旦，俱於副將後隨班朝賀。中都、山東、河南三都司，各領班都司隨佐擊後。

右明正旦朝賀。

五禮通考卷第一百三十九

淮陰吴玉搢校字

五禮通考卷第一百四十

內廷供奉禮部右侍郎金匱秦蕙田編輯
太子太保總督直隸右都御史桐城方觀承同訂
兩淮都轉鹽運使德水盧見曾
按察司副使元和宋宗元參校

嘉禮十三

朝禮

【《宋書·禮志》】漢以高帝十月定秦且爲歲首，至武帝雖改用夏正，然朔猶常饗會，如元正之儀。魏、晉則冬至日受萬國及百寮稱賀，因小會，其儀亞於歲旦。晉有其注。

【《晉書·樂志》】冬至初歲小會歌張華。日月不留，四氣回周。節慶代序，萬國同休。庶允群后，❶奉壽升朝。我有壽禮，式宴百寮。繁肴綺錯，旨酒泉渟。笙鏞和奏，磬管流聲。上隆其愛，下盡其心。宣其壅滯，訓之德音。乃宣乃訓，配享交泰。永載仁風，長撫無外。

丘氏濬曰：「案此後世冬至行朝賀禮之始。蔡邕《獨斷》曰：『冬至陽氣起，君道長，故賀。夏至陰氣起，君道衰，故不賀。』宋人於五月朔亦賀，非是。」

蕙田案：冬至朝賀，於古無聞，至魏、晉始有之。據晉、宋《禮志》，則是因漢有十月享會，始移之冬至，而漢儀無之也。然蔡邕《獨斷》已有

❶「允」，校點本《晉書·樂志上》校改作「尹」。

「冬至陽氣起，君道長，故賀」之説，則似後漢先有之矣。

【《宋書・禮志》】宋永初元年八月，詔曰：「慶冬使或遣不，役宜省，❶今可悉停。惟元正大慶，不得廢耳。郡縣遣冬使詣州及都督府者，亦宜同停。」

【《册府元龜》】後魏孝文太和十五年十一月丙戌，初罷小歲賀。小歲，謂冬至。

蕙田案：《隋・禮儀志》：「後齊天保元年，皇太子監國，在西林園冬會。二年，於北城第内冬會。」則後齊亦有冬會之禮，而儀注未聞。

【《隋書・禮儀志》】隋制，正旦及冬至，文物充庭。

蕙田案：《隋志》全文已見正旦朝賀門，不重載。

【《唐六典》】凡冬至，大陳設如元正之儀。其異者，皇帝服通天冠，無諸州表奏祥瑞、貢獻。

【《册府元龜》】開元八年十一月，中書門下奏曰：「伏以冬至一陽初生，萬物潛動，所以自古聖帝明王，皆於此日朝萬國，視雲物，禮之大者，莫逾是時。其日亦祀圜丘，皆令攝官行事。質明既畢，日出視朝。國家以來，更無改易。緣新格將其日祀圜丘，遂改用小冬至日受朝，若親拜南郊，受朝須改，既令攝祭，禮不可移，伏請改正。」從之。因敕自今冬至日受朝，永爲常式。十六年十一月乙巳，日南至，御含元殿受朝賀如常儀。

【《唐開元禮》】皇帝皇后正至受皇太子朝賀　皇帝皇后正至受皇太子妃朝賀　皇帝

❶「役」上，校點本《宋書・禮志一》校補「事」字。

正至受群臣朝賀。

蕙田案：《開元禮》於開元二十年頒行，其儀注全文已見正旦朝賀門，惟冬至賀詞稱「天正長至，伏惟陛下，如日之升」，宣制稱「履長之慶」。皇帝受朝，服通天冠、絳紗袍，不奏祥瑞、貢物，無諸方表，爲不同耳。今不重載。

【《册府元龜》】二十二年閏十一月壬午朔，日有食之。是日長至，停朝。癸未，御應天樓，受朝賀。

【《文獻通考》】天寶三載十一月五日甲子，冬至，敕：「伏以昊天上帝，義在尊嚴，恭惟祀典，每用冬至，既於是日有事圜丘，更受朝賀，實深兢惕。自今以後，冬至宜取以次日受朝，仍永爲常式。」

蕙田案：冬至既祀圜丘，復受朝賀，煩勞非體，攝而行事，尤非敬天之義，不如以次日受朝爲便。

【《册府元龜》】天寶十載十一月丙午冬至，御觀風樓，受朝賀。

肅宗乾元元年建子月戊戌冬至，受朝賀。禮畢，朝聖皇於西宫。二年十一月丁亥冬至，帝朝聖皇於興慶宫。翌日，受朝於含元殿。

代宗廣德二年十一月甲寅，是日長至，御含元殿，受朝賀。

永泰元年十一月己未，長至，御含元殿，受朝賀，仗衛如常儀。二年十一月甲子，長至，含元殿，❶下制大赦，改元大歷。宣制畢，乃受朝賀。

大歷二年十一月己巳，長至，御含元殿，受

❶「含」上，疑脱「御」字。

朝賀，仗衛如常儀。　三年十一月甲戌，長至，御含元殿，受朝賀，仗衛如常儀。　八年閏十一月壬寅朔，冬至，御含元殿，受朝賀，仗衛如常儀。　九年十一月甲戌，長至，御含元殿，受朝賀，仗衛如常儀。　十年十一月丙午，長至，詔停賀，邇梁王葬期也。　十一年十一月丁巳，冬至，御含元殿，受朝賀，仗衛如常儀。　十三年十一月丁卯，長至，命有司祀昊天上帝於南郊，不視朝。　戊辰，上御含元殿，朝賀仗衛如常儀。

德宗建中元年十一月丁丑，日南至。　戊寅，御含元殿，受朝賀。

【《文獻通考》】建中二年十一月二十日，敕：宜以冬至日受朝賀。

【《册府元龜》】貞元七年十一月丁亥，日南至，不視朝。　十一年十一月丙辰，日南至，不受朝賀。　十五年十一月，罷冬至朝賀，以興兵討蔡州吴少誠也。　十六年十一月，罷冬至朝賀，以襄王第五男薨廢朝。

憲宗元和三年十一月甲申，日南至，權停朝賀。　六年十一月乙巳，敕令今年冬至朝賀宜權停。　八年十一月庚戌朔，敕權停冬至朝賀。

穆宗長慶元年十一月丁酉，以討鎮州，權停今年冬至朝賀。

文宗太和八年十一月庚申，日南至，宰臣率百寮等奉賀如常儀。

後唐莊宗同光元年十一月丁未，日長至，帝不受朝賀，百官詣東上閤門拜表稱慶。　議者以爲長至、元會，歲中之大朝，斯爲盛禮，著於令式。　是日合陳樂懸，排細仗，一人當陽，昭國容也。　兵興以來，而斯禮或闕，帝初一函夏，不復唐典，無故輟禮，議者惜之。

明宗天成元年十一月癸亥，日南至，帝御文德殿，百寮稱賀。　二年十一月戊辰，日南至，百官詣閤門拜表稱賀。　三年十月壬戌，中書奏：「案貞元四年，中書侍郎李泌奏：『冬至日受朝賀，請准元日。』從之。」十一月癸酉，冬至，帝御崇元殿受朝賀，仗衛如式。　四年十一月己卯，日長至，帝御文明殿受朝賀，樂懸仗衛如常儀。

長興元年十一月庚申，日長至，帝御文明殿受朝賀，樂懸仗衛如常儀。　二年十一月己丑，日長至，帝御文明殿，百寮稱賀。三年十一月甲子，日長至，帝御文明殿，百寮稱賀。

末帝清泰元年十月庚子，太常言：「冬至不視朝，百寮表賀。」是日，太府設表案席褥，禮部進表至閤門，班首一員跪奉表授閤門使，群臣俱拜，舞蹈。訖，表入。久之，閤門使出，宣曰：「履長之慶，與卿等同之。」群臣復拜舞訖而退。

晉高祖天福三年十一月丙寅，冬至，帝御崇元殿受朝賀。　五年十一月，冬至，帝受朝於崇元殿，王公上壽，列二舞於樂懸之北。舉觴奏《玄同》之樂，三爵奏《文同》之樂；帝舉食文武，歌《昭德》之舞，又歌《成功》之舞；上舉四爵，登歌作，群臣飲，懸下樂作，又奏龜茲樂一部，以俟食畢。

周太祖廣順二年十一月己卯，日南至，帝御崇元殿，群臣服朝服稱賀。退班，於永福殿庭上壽，賜群臣酒，三爵而罷。　三年十一月乙酉，日南至，帝不受朝賀，群臣閤門拜表。班退，賜茶酒。

世宗顯德元年十一月庚寅，日南至，帝不御殿，文武百寮詣閤拜表稱賀。　三年十一月庚子，日南至，帝不御殿，以宣懿皇后之喪在近故也。宰臣率百官詣閤門拜表稱賀。　五年十一月辛亥，日南至，帝御崇元殿受朝賀，金吾仗衛、太常樂懸如儀。禮畢，宰臣率百寮常服詣永德殿上壽而退。

【《宋史·禮志》】宋承前代之制，以元日、五月朔、冬至行大朝會之禮。

【《文獻通考》】太祖建隆元年十一月，冬至，上親征揚州，不受朝，宰臣率百官詣行宫拜表稱賀。

乾德三年冬至，受朝賀於文明殿。帝服通天冠、絳紗袍，設宫懸、仗衛如元會。　四年冬至，朝元殿受朝畢，常服御大明殿，群臣上壽，始用雅樂、登歌、二舞。群臣酒五行而罷。每行酒，太官令奏巡周，饋食稱食徧。

【《宋史·太宗本紀》】太平興國二年十一月庚寅，日南至，帝始受朝。

【《樂志》】太平興國二年，冬至上壽，復用教坊樂。

【《真宗本紀》】咸平三年十一月辛卯，日南至，御朝元殿受朝。

景德四年十一月戊辰，日南至，御朝元殿受朝。

【《仁宗本紀》】天聖七年十一月癸亥，冬至，率百官上皇太后壽於會慶殿，遂御天安殿受朝。

明道元年冬十一月己卯，冬至，率百官賀皇太后於文德殿，御天安殿受朝。

【《禮志》】神宗元豐元年，龍圖閣直學士、史館修撰宋敏求上《朝會儀》二篇、《令式》四十篇，詔頒行之。

蕙田案：《元正冬至大朝會儀注》一篇，已載正旦朝賀門，其異於元正者，惟不設貢物、給事中位、祥瑞案，臣僚致詞則云「晷運推移，日南長至」，宣答則云「履長之慶」耳。

又案：《文獻通考》太祖乾德三年、四年、五年，開寶二年、三年，太宗太平興國二年，端拱元年，淳化四年，真宗咸平三年，景德四年，大中祥符八年，仁宗天聖七年，明道元年，神宗熙寧二年，徽宗政和二年，並冬會。終汴京，冬至朝賀之禮，凡十五舉而已。

【陳隨隱《上壽拜舞記》】凡冬至朝賀一十三拜、一舞蹈。初，百官面西立，儀仗以下起居，知閤次之。次讀奏，自舍人宣班首以下起居稱賀，北面躬身，聽贊拜，兩拜，起，舞蹈如初；起，躬身，俟班首奏「聖躬萬福」，聽贊拜，兩拜，起，直身立；俟樞密升殿，班首致詞、宣答如正旦禮。

【王圻《續通考》】理宗寶慶二年十一月，日南至，御大慶殿受朝。

端平二年十一月，日南至，群臣朝賀。

【《遼史·禮志》】冬至朝賀儀：臣僚齊班，❶如正旦儀。皇帝、皇后拜日，臣僚陪位再拜。皇帝、皇后升殿坐，契丹舍人通，臣僚入，合班，親王祝壽，宣答，皆如正旦之儀。謝訖，舞蹈，五拜，鞠躬。出班奏「聖躬萬福」，復位，再拜，鞠躬。班首出班，俛伏，跪，祝壽訖，伏，興，舞蹈，五拜，鞠躬。贊各祗候。分班，不出，合班。御牀入，再拜，鞠躬。贊進酒。臣僚平身。引親王左階上殿，就欄內褥位，搢笏，執臺琖，進酒。皇帝、皇后受琖訖，退就褥位，置臺琖，出笏，俛伏，跪。少前，自通全銜「臣某等謹進千

❶「齊班」，《遼史·禮志六》作「班齊」。

萬歲壽酒」，俛伏，興，退，復褥位，再拜，鞠躬。殿下臣僚皆再拜，鞠躬。宣答如正旦儀。親王搢笏，執臺琖，分班。皇帝、皇后飲酒，奏樂，殿上下臣僚皆拜，稱「萬歲壽」，樂止。教坊再拜，臣僚合班。親王進受琖，至褥位，置臺琖，出笏，引左階下殿。御牀出。親王復丹墀位，再拜，鞠躬。贊祗候。分班引出。班首右階上殿奏表目進奉。❶諸道進奉，教坊進奉，過訖，贊進奉收。班首舞蹈，五拜，鞠躬。贊各祗候。班首出，臣僚復入，合班謝，舞蹈，五拜，鞠躬。贊各祗候。分班引出。聲警，皇帝、皇后起，赴北殿。皇太后於御容殿，與皇帝、皇后率臣僚再拜。皇太后上香，皆再拜。贊各祗候。可矮墩以上上殿。皇太后三進御容酒，陪位皆拜。皇太后升殿坐。皇帝就露臺上褥位，親王押北南臣僚班丹墀內立。皇帝再拜，臣僚皆拜，鞠躬。皇帝欄內跪，祝皇太后壽訖，復位，再拜。凡拜，皆稱「萬歲」。贊各祗候。臣僚不出，皇帝、皇后側坐，親王進酒，臣僚陪拜，皇太后宣答，皆如正旦之儀。臣僚分班，不出，班首右階上殿奏表目，合班謝宣宴，上殿就位如儀。御牀入，皇帝進皇太后酒如初，各就坐行酒，宣飲盡，如皇太后生辰之儀。皇后進酒，如皇帝之儀。三進酒，行茶，教坊致語，行殽饍，大饌，七進酒。曲破，臣僚起，御牀出，謝宴，皆如皇太后生辰儀。

蕙田案：遼冬至朝賀儀，略同正旦，惟帝后並升殿坐，與正旦異。元朝賀禮，蓋本於此。

【《太宗本紀》】會同四年冬十一月壬午，以

❶「奉」，原作「奏」，據《遼史》卷五三改。

冬至受賀著令。

【《穆宗本紀》】應歷十八年十一月癸卯，冬至被酒，不受賀。

【《道宗本紀》】清寧元年冬十一月戊寅，冬至，有事於太祖、景宗、興宗廟，不受群臣賀。

蕙田案：《金史·禮志》無冬至受朝賀之禮，惟《章宗本紀》承安元年十一月戊戌有事於南郊，大赦，改元。己亥，曹王永升率親王百官賀。然此以南郊禮成受賀，非冬至受賀也。冬會之禮，終金之世，竟未之行也。

又案：《元史·禮志》亦無賀冬之禮，惟元正、天壽受賀而已。徧檢諸帝紀亦無之，則元亦未行冬會之禮也。

【《明太祖實録》】洪武元年，定冬至朝會儀。

蕙田案：冬至朝賀儀注與正旦同，其致詞則云「律應黄鐘，日當長至」，宣制則云「履長之慶」。

【郭正域《典禮志》】五年八月，命罷天下進賀冬至表箋。

【《太祖實録》】十二年十一月癸丑，冬至，以孝慈皇后喪，帝常服御奉天殿，百官常服，行五拜禮。

【《續文獻通考》】二十六年六月壬寅，命禮官重定正旦、冬至朝會儀。詳見正旦朝賀門。

永樂二十二年十一月庚寅，禮部尚書吕震奏：「冬至節，請御正殿受賀。」帝以山陵未終，不許。時仁宗已即位。

天順五年十一月丁未，以冬至、萬壽節同日，改致詞、宣表等儀。

【《明會典》】弘治十七年，奏准今後天下都布按三司慶賀表箋，除萬壽聖節照例差委堂上官齋進外，其餘冬至等節，如果堂上官差占，照例於本司首領官及所屬府縣衛所佐貳官員内差委，不許濫差雜職官員齋進。

【《孝宗實録》】弘治十七年十一月癸巳，冬至，御奉天門，百官致詞行禮。以太皇太后喪。

【《武宗實録》】正德十二年十一月辛丑，冬至，帝在宣府，群臣朝服於奉天門行遥賀禮。　十四年十一月，冬至，帝在清江浦，受賀於太監張陽第。

【《明會典》】冬至大祀禮成儀，嘉靖七年定。上大祀慶成，駕還，百官具朝服於承天門外橋南立迎駕，隨至奉天殿丹墀内侍立，執事官先至華蓋殿前東西拱立，候上御華蓋殿，具衮冕服，陞座，鴻臚寺堂上官跪奏，執事官行禮，鳴贊贊入班，鞠躬，五拜，叩頭，興，平身，各供事。鴻臚寺堂上官跪奏請陞殿，教坊司樂作；上御奉天殿，陞座，樂止。錦衣衛官傳鳴鞭，鴻臚寺堂上官傳排班，鳴贊贊排班，班齊，鞠躬，四拜，興，平身，贊跪。鴻臚寺堂上官於丹陛中道跪致詞曰：「公侯駙馬伯文武百官某官臣某等，恭惟圜丘大報載成，禮當慶賀。」致詞畢，由殿東門入，殿内侍立。鳴贊贊俯伏，興，鞠躬，樂作；四拜，興，平身，樂止。鴻臚寺堂上官於殿内跪奏禮畢，傳贊禮畢，錦衣官傳鳴鞭，上還宮，百官退。

嘉靖九年，分祀二郊。以冬至大報，是日行慶成禮，次日行冬至朝賀禮畢，舉慶成宴，本年再定。次日，上詣内殿行節祭禮，又詣母后前行賀禮畢，始御奉天殿受賀。

　蕙田案：慶成禮始於洪武十二年以後，蓋孟春元日，合祀天地於南郊，還御正朝受賀也。世宗追復洪武初年之制，分祀天地，則唯冬至行郊天禮，而元日無之，故慶成禮專行於冬至。考世宗分祀之詔，起於九年二月，是此條《會典》所載屬九年者甚是，而前條云「冬至大祀禮成儀，嘉靖七年定」，則誤矣。七年歲首，尚有大祀，而不在冬至。若指歲首大祀言，則自洪武十二年以來，未之有改，不待嘉靖七年始定矣。

【《世宗實録》】十四年十一月乙亥冬至，次日帝御奉天殿，群臣公服行慶賀禮，王府、邊鎮、四夷所進表文方物皆免陳設宣奏。

【《續文獻通考》】十六年，更定正旦冬至禮。詳見正旦門。

【《大政記》】十七年十月辛酉，定冬至日大祀，次日廟享，行慶賀禮。每歲冬至節，帝祀圜丘，還御殿，百官行慶成禮，即日百官仍賀冬至，賜慶成宴。是年十一月二十一日冬至，禮官遵奉定儀，預請習儀，帝已俞之矣，尋諭内閣：「朕連日復思，慶賀事宜，有失次第，心甚不安。卿等可即會禮官，令二十一日朕回謁祖考畢，依原擬受大祀慶成賀，不宜同日並受至日之賀。二十二日清晨，朕於内殿行祭禮畢，出，受至日賀。回宫，俟設宴畢停當，行大宴禮。」自是以後，遂爲定制云。

蕙田案：冬至行慶成禮，次日行冬至朝賀，《會典》及郭正域《典禮志》及《明史·禮志》皆然。今考《實録》於九年冬至日，止言群臣行慶成禮，不言次日朝賀。而十二年之以疾免賀，十三年之行慶賀禮，十四年之公服行禮，則皆在冬至之次日。蓋十七年以前，已有次日慶賀之事。而十五年則云「冬至日免百官慶賀」，十六年則云「冬至日以足疾免朝賀」，其云「冬至日」者，猶言冬至節耳，非定指本日而言，蓋記者行文之略耳，非前後不同也。至十七年之詔，因以前次日行禮，固未著之爲令，至是年而始定歟！

【《明世宗實録》】二十五年十一月壬申，禮部請冬至仍於奉天門行禮，尚書費寀言：「積雪初霽，天氣凝寒，冬至朝賀，恐煩聖躬，請如昨歲例，臣等朝服於奉天門行禮，少伸臣子拜祝之忱。」帝以其言爲忠敬，報可。

右冬至朝賀。

蕙田案：古者有上壽之辭，無賀生辰之禮。《詩》稱「躋彼公堂，稱彼兕觥，萬壽無疆」，又云「虎拜稽首，天子萬壽」，人臣受恩於君，無以報稱，惟有祝君壽考而已。至生日之説，自古無之。惟隋高祖仁壽二年，詔：「六月十三日是朕生日，宜令海内爲武元皇帝、元明皇后斷屠。」唐太宗亦以生日幸慶善宫，賦詩賜宴。是帝皇稱生日之始，然未置酒稱賀。至玄宗，因源乾曜、張説之請，以生日爲千秋節，御花蕚樓受賀，然御花蕚樓，則尚非正衙也。且終唐之世，惟穆宗、文宗復行之，其餘諸帝，率集沙門道士講論祈福，不稱賀也。五代晉、漢、周，亦舉上壽故事。宋世，聖節上壽，或在紫宸殿，或在垂拱殿，或在崇德殿，較之正、冬御乾元殿，其禮猶殺也。《金史》以元日、聖誕上壽并爲一儀，則與元、正禮等。元明以來，蓋承用之。唐、宋、遼、金，每一帝，必別立節名。元則稱天壽節，或云聖誕節，明則惟稱萬壽節焉。

【《册府元龜》】唐玄宗以垂拱元年八月五日生於東都，開元十七年八月癸亥，以降誕之日，大置酒，張樂，宴百寮於花萼樓下。終宴，尚書左丞相源乾曜、右丞相張説率文武百官等上表曰：「臣聞聖人出則日月記其初，王澤深則風俗傳其後，故少昊著流虹之感，商湯本玄鳥之命，孟夏有佛生之供，仲春修道祖之籙，追始樂原，其義一也。伏惟開元神武皇帝陛下，二氣合神，九龍浴聖，清明總於玉露，爽朗冠於金天，月惟仲秋，日在端午，常星不見之辰，祥光照室之期，群臣相賀曰：『誕聖之辰也，焉可不以爲嘉節乎！比夫曲水禊亭、重陽射圃、五日綵線、七夕粉筵，豈同年而語也。臣等不勝大願，請以八月五日爲千秋節，著之甲令，播於天下，咸令宴樂休假三日，群臣以是日獻甘露醇酎，上萬歲壽酒。王公戚里，進金鏡綬帶。士庶以絲結承露囊，更相遺問。村社作壽酒宴樂，名爲賽白帝，報田神。上明元天光啟大聖，下彰皇化垂裕無窮。異域占風，同見美俗。』帝手詔報曰：『凡是節日，或以天氣推移，或因人事表記。八月五日，當朕生辰，感先聖之慶靈，荷皇天之眷命，卿等請爲令節，上獻嘉名，勝地良游，清秋高興，百穀方熟，萬寶以成，自我作古，舉無越禮，朝野同歡，是爲美事。依卿來請，宣付所司。』」

王氏欽若等曰：「誕聖節名始於此。」

【《舊唐書·玄宗本紀》】開元十八年秋八月丁亥，上御花萼樓，以千秋節百官獻賀。

【《唐六典》】凡千秋節，皇帝御樓，設九部之樂，百官袴褶陪位，上公稱觴獻壽。

【《開元禮》】皇帝千秋節受群臣朝賀并會。前三日，所司供備如式。前一日，尚舍鋪御座，内外張設，並如常御樓之儀。尚舍、光禄供辦如式。尚食先置壽罇於樓上御座之東，❶又置壽罇於樓前之東南，皆有盞斝。其日平曉，陳引仗衛如常儀。百官常服，咸就横街南，依東西班序立。侍中版奏「外辦」，皇帝常服御座，候褰簾。通事舍人引群官詣横街北壽罇之南，俱北面。中書門下及供奉官如常式立定。典儀贊再拜，横街南北百官俱再拜訖，尚食奉御酌壽酒以授殿中監，殿中監以授侍中，侍中執酒以立，殿中監受侍中之酒，侍中執笏稍前，跪奏稱：「千秋令節，臣等不勝大慶，謹上千萬歲壽。」奏訖，興，再拜，群臣上下皆再拜。内所司酌壽罇之酒以進，皇帝受酒，承制宣云：「得卿等壽酒，與卿等内外同慶。」皇帝舉酒，群官上下又再拜，三呼萬歲，舞蹈，又再拜訖，詣座所。太官令酌酒以進，侍中執酒以出，群官等俱出謝酒訖，就座。太常卿引樂作、止如常儀。其横街南群官，應有常食者，引就座如式，餘退。其群官所獻甘露醇酎，尚食等所由並其日平曉於樓之便門奉進。會畢，樓上褰簾，群官各出，就位立定，典儀贊再拜，群官等俱再拜。若臨時別有進止，隨事贊相。垂簾，群官退。

【《册府元龜》】開元二十三年八月五日，千秋節，御花萼樓宴群臣，御製《千秋節詩序》。時小旱，是日大澍雨，百官等咸上表賀。　二十四年八月五日，千秋節，帝御廣達樓宴群臣，奏九部樂，内出舞人繩伎，頒

❶「食」，原作「舍」，據《大唐開元禮》卷九七改。

賜有差。

天寶七載七月，文武百官、刑部尚書兼京兆尹蕭照等及宗子咸上表請改千秋節爲天長節，從之。

【《舊唐書・穆宗本紀》】元和十五年正月，憲宗崩。丙午，即皇帝位。秋七月乙巳，詔：「皇太后就安長樂，朝夕承顔，慈訓所加，慶感兼極。今月六日，是朕載誕之辰，奉迎皇太后於宮中上壽。朕既深歡慰，欲與臣下同之。其日，百寮命婦，宜於光順門進名參賀，朕於光順門内殿與百寮相見，永爲常式。」丙午，敕：「乙巳詔書載誕受賀儀宜停。」先是，左丞韋綬奏行之，宰臣以古無降誕受賀之禮，奏罷之。

【《册府元龜》】長慶元年七月庚子，降誕日，百寮於紫宸殿稱賀畢，詣昭德門，外命婦詣光順門，並進門奉賀皇太后。　二年七月甲午，降誕日，宰臣率百寮入閤奉賀訖，又詣光順門進名賀皇太后。

敬宗寶歷元年六月，敕：「降誕日，文武百寮於紫宸殿稱賀及詣光順門奉賀皇太后，自今已後宜停。」國朝本無降誕日賀儀，蓋長慶初尚書左丞韋綬率情上疏行此禮，至是方罷。

　　蕙田案：《册府元龜》所載，則降誕日稱賀之禮，至敬宗方罷。《舊唐書・穆宗紀》以爲罷於穆宗時者，非也。但千秋節受朝賀，《開元禮》已有之，乃謂「國朝本無降誕日賀儀」者，殆止據《貞觀》、《顯慶》二禮而言耳。

文宗太和七年八月，中書門下奏：「請以十月十日爲慶成節，著在令式。是日，陛下於宮中奉迎太皇太后，與昆弟諸王盛陳宴樂，群臣詣延英門奉觴上千萬歲壽。」　八年九月，敕：「慶成節宜令百寮詣延英上壽，仍令太常寺具儀注聞奏。仍准上巳、重陽例於曲江賜宴。」　九年十月，慶成節，詔宰臣及文武百官慶成節赴延英殿庭，奉觴稱賀；禮畢，錫宴於曲江亭。

開成元年十月，慶成節，宴於延英殿，太常進雲韶樂，宰臣及翰林學士赴宴，又錫百僚宴於曲江。　二年九月，詔慶成節宜令京兆府准上巳、重陽，於曲江宴會文武百寮，奉觴宜權停。

蕙田案：聖節朝賀，始於唐時。玄宗以後，其禮旋廢。惟穆宗、文宗復行之，其餘諸帝降誕日，率集沙門道士，講律論，修法會，以祈福祥而已，不朝賀。其節名，則玄宗曰千秋節，又改天長節；肅宗曰天成地平節，文宗曰慶成節，武宗曰慶陽節，宣宗曰壽昌節，懿宗曰延慶節，僖宗曰應天節，昭宗曰嘉會節，哀帝曰乾和節；其餘皆不立節名。

又案：五代後唐莊宗曰萬壽節，明宗曰應聖節，末帝曰千春節；晉高祖曰天和節，少帝曰啟聖節；漢高祖曰聖壽節，隱帝曰嘉慶節；周太祖曰永壽節，世宗曰天清節，恭帝曰天壽節。其舉行朝賀之禮者：晉高祖天福七年二月壬子，天和節，御武德殿，宰臣率文武百官上壽；漢隱帝乾祐三年三月丙子，嘉慶節，御廣政殿，文武百寮上壽酒；周太祖廣順元年七月戊子，永壽節，御廣政殿，百寮進酒上壽；二年七月壬午，永壽節，群臣詣廣政殿上壽；世宗顯德元年九月乙未，天清節，御廣政殿，宰臣率文武百寮上壽；二年九月己丑，天清節，御廣政殿，文武百寮上壽；三年九月癸丑，天清節，宰臣率百官詣廣政殿上壽；四年九月丁未，天清節，百辟上壽；五年九月壬子，天清節，臣寮詣廣德殿上壽。

【《宋史·真宗本紀》】至道三年十二月癸巳，承天節，群臣上壽於崇政殿。

大中祥符二年十二月辛巳，詔晉國大長公主喪，罷承天節上壽。

【《禮志》】仁宗以四月十四日爲乾元節。

【《仁宗本紀》】天聖元年夏四月丁未，乾元節，百官及契丹使初上壽於崇德殿。

明道二年四月己酉，罷乾元節上壽。

【《英宗本紀》】治平元年春正月己亥，壽聖節，百官及契丹使初上壽於紫宸殿。

【《禮志》】英宗以正月三日爲壽聖節，禮官奏：「故事，聖節上壽，親王、樞密於長春殿，宰臣、百官於崇德殿，天聖諒闇，皆於崇政殿。」於是紫宸上壽，群臣升殿間飲，獻一觴而退。又一日，賜宴於錫慶院。

【《神宗本紀》】熙寧元年夏四月辛亥，同天節，群臣及遼使初上壽於紫宸殿。

【陳隨隱《上壽拜舞記》】紫宸殿上壽，三十三拜，三舞蹈。初面西立，閤門進班齊牌，上升座，鳴鞭。禁衛起居，移班，北面躬身，聽贊兩拜，起，直身，搢笏，三舞蹈，跪左膝，三叩頭，出笏，就一拜，又兩拜。躬身，俟班首奏「聖躬萬福」，再聽贊拜，兩拜，移班如初。殿中監升殿，詣酒罇所。教坊起居，殿侍進御茶牀，又北面，躬身，聽贊拜，兩拜，直身，立。上公升殿注酒，詣御座前躬進，俯伏致詞，並躬身，俟上公降階，復位，聽贊拜，兩拜，起，躬身。俟樞密宣答，聽贊拜，兩拜，移班如初。上公升殿，立御座東，樂作。上飲畢，上公受盞，降階，復位，北面，躬身，聽贊拜，兩拜、舞蹈如初。不該赴座官先退，赴座官躬身，聽樞密詣折檻東宣答訖，聽贊拜，兩拜，升階，立席後。俟進酒，樂作。上飲畢，舍人贊「各賜酒」，躬身，聽贊拜，兩拜，起。贊各就坐，立如故。復贊，乃坐。酒行，先上公，次百官，搢笏，執盞立席後，躬身飲訖，聽贊拜，兩拜，復坐。食至，搢笏，執碟，出笏，再進酒，如上禮。三行，舍人曰「可起」，立席後，俟上公御座前俛伏，跪奏，復位，降階，北面，聽贊拜、兩拜、舞蹈如初。鳴鞭，捲班。

【《禮志》】熙寧三年，以大旱，罷同天節上壽，群臣赴東上閤門表賀。中書門下言：「同天節上壽班，自今樞密使副、宣徽、三司使、殿前馬步軍副都指揮使以上共作一班，進酒一醆；親王、宗室、使相至觀察、駙馬、管軍觀察使以上，皆赴紫宸殿，依本班序立上壽，更不赴垂拱殿。」蓋以管軍觀察使以上及親王、駙馬並於垂拱殿以官序高下各班進酒畢而日晏，外朝有班者仍詣紫宸殿，議者以爲近瀆，改焉。而詔祖免以上宗婦，聽班賀於禁中。

【《哲宗本紀》】元祐二年十二月丙戌，興龍節，初上壽於紫宸殿。

【《徽宗本紀》】建中靖國元年冬十月丁酉，天寧節，群臣及遼使初上壽於垂拱殿。

【《禮志》】徽宗以十月十日爲天寧節，定上壽儀：皇帝御垂拱殿，群臣通班起居畢，分班，從義郎以下醫官、待詔等先退。知引進司官一員讀奏目，知東上閤門官一員奏進壽酒，由東階升，舍人通教坊使以下贊再拜，奏「聖躬萬福」，又再拜，復位。次看醆人稍前，舍人贊再拜，上殿祗候，分東西兩階立，候進酒升殿。次舍人引親王入殿庭，北向立，贊再拜，班首奏「萬福」。舍人引進奉西入，列於親王後，酒器檐牀置馬前，揖天武躬奏「萬福」，造奉馬先出。❶內侍進御茶牀，殿中監酧酒訖，知東上閤門官殿上躬奏「親王某以下進壽酒」。舍人揖親王以下躬贊再拜，乃引親王二員升殿，知東上閤門官引詣御座前，舍人東階下西向立。尚醞典御奉盤醆授班首，搢笏受盤醆，西向立，奉御啟醆，親王一員搢笏注酒，班首奉詣御座東進訖，少退，虛跪，興，以盤授典御，退，閤門引降階。舍人引當殿北向立，東上，贊拜，興，搢笏，跪奉表，舍人接表，一員在東，餘詣親王西，置表笏上，授引進。知引進司官殿上讀奏目，退，親王以下俛伏，興，躬，舍人贊再拜，引班首升東階，餘殿下分立。閤門引詣御座東，北向，搢笏，尚醞典御如前奉盤立，樂作，皇帝飲訖，受醆，復位，再拜如上儀。知引進司官詣折檻東，西向宣曰「進奉收」。贊拜，舞蹈，又再拜，西出。親王以下赴紫宸殿立班。引進官宣「進奉出」，天武奉進奉以出。閤門復立殿上，教坊司贊送御酒，又再拜，教坊致語訖，贊再拜，退。次樞密官上壽，次管軍觀察以上上壽，進奉並如儀。內侍舉御茶牀，舍人贊教坊司以下謝祗應，再拜訖，閤門側奏無公事。皇帝赴紫宸殿後閤受群臣上壽。質明，三公以下百僚並於殿門外就次，東上閤

❶ 「造」，《宋史·禮志十五》作「進」。

門、御史臺、太常寺分引入詣殿庭東西立。閤門附内侍進班齊牌，皇帝出閤，禁衛諸班親從迎駕，自贊帝起居。皇帝升座，鳴鞭，禮直官、通事舍人引三公至執政官，御史臺、東上閤門分引百官，並横行北向立，典儀贊再拜，舞蹈，班首奏「萬福」，又再拜訖，分東西立。禮直官引殿中監、少監升東階，詣酒尊所稍西，南向西上立，舍人揖教坊司以下通班大起居，次看醆人謝升殿，❶贊再拜。内侍進御茶牀，殿侍酹酒訖，禮直官、通事舍人分引三公至執政官，御史臺、東上閤門分引百寮，並横行北向立，典儀贊再拜，贊者承傳，在位官皆再拜。禮直官、通事舍人引上公升東階，東上閤門官接引升殿，授醆、啟醆如上儀。上公詣御座，俛伏，跪奏：「文武百寮、上公具官臣某等稽首言：天寧令節，臣等不勝大慶，謹上千萬歲壽。」俛伏，興，退，降階，舍人接引復位。典儀贊再拜訖。禮直官引知樞密院官詣御座前承旨，退詣折檻稍東，西向宣曰：「得公等壽酒，與公等内外同慶。」典儀贊拜如儀，百官分東西立。禮直官、通事舍人引上公升東階，東上閤門官接引詣御座東，搢笏，殿中監授盤，上公奉進御座東，北向，樂作，皇帝飲訖，閤門引接醆，降，復位，典儀贊拜如上儀。宗室遥郡以下先退。禮直官引樞密院官詣御座前承旨，退詣折檻稍東，宣曰：「宣群臣升殿。」典儀贊拜訖。禮直官、通事舍人分引三公以下升東階，親王、使相以下升西階；御史臺、東上閤門分引秘書監以下升兩朶殿，並東西廊席後立。尚醖典御以醆授殿中監，奉御啟醆，殿中監西向

❶「看」，原作「首」，據《宋史·禮志十五》改。

立，殿中少監以酒注於醆，第二、第三準此。奉詣御座前，躬進訖，少退，舉盤西向立。樂作，皇帝飲訖，殿中監接醆，退授奉御，出笏復位。通事舍人分引殿上官横行北向，舍人贊「再拜」，典儀曰「再拜」，贊者承傳，皆再拜。舍人贊就坐，各立席後，復贊就坐，群臣皆坐。酒初行，先宰臣，次百官，皆作樂。尚食典御、奉御進食，太官設群官食。皇帝再舉酒，群官興，立席後，樂作。飲訖，舍人贊就坐，再行群官酒。皇帝三舉酒，並如第二之儀。酒三行，舍人曰「可起」，群官興，立席後。若宣示醆，即隨東上閤門官以下揖，稱「宣示醆」，躬，贊就坐。若宣勸，即立席後，躬，飲訖，贊再拜。内侍舉御茶牀，禮直官引左輔詣御座前，北向俛伏，跪奏：「左輔具官臣某言：禮畢。」俛伏，興，退，復位。禮直官、通事舍人分引三公以下文武百僚降階横行北向立，樞密院官在親王後。典儀贊再拜，皆舞蹈再拜退。

【《欽宗本紀》】靖康元年夏四月己酉，乾龍節，群臣上壽於紫宸殿。

【《高宗本紀》】建炎元年五月癸卯，天申節，罷百官上壽。

【《禮志》】建炎元年五月，宰臣等上言，請以五月二十一日爲天申節。詔曰：「朕承祖宗遺澤，獲託士民之上，求所以扶危持顛之道，未知攸濟。念二聖鑾輿在遠，萬民失業，將士暴露，夙夜痛心，寢食幾廢，況以眇躬之故，聞樂飲酒，以是爲樂乎？❶非惟深拂朕志，實增感於朕心。所有將來天申節百官上壽常禮，可令寢罷。」至是，止就佛寺啟散祝壽道場，詣閤門或後殿拜表稱賀。

❶「是」，《宋史·禮志十五》作「自」。

【《孝宗本紀》】淳熙十五年冬十月甲申，會慶節，詔北使、百官詣東上閤門拜表起居，免入賀。

【《光宗本紀》】紹熙四年秋九月庚午，重明節，百官上壽。

【《寧宗本紀》】紹熙五年七月即皇帝位，冬十月丙午，復以朱熹奏請，却瑞慶節賀表。

【《度宗本紀》】咸淳四年夏四月庚寅，乾會節，帝御紫宸殿，群臣稱賀。

【《遼史·禮志》】皇帝生辰朝賀儀：臣僚、國使班齊，皇帝陞殿坐。臣僚、使副入，合班稱賀，合班出，皆如皇太后生辰儀。中書令、北大王奏諸道進奉表目。教坊起居，七拜。臣僚東西門入，合班再拜，贊進酒，班首上殿進酒。宣徽使宣答，群臣謝宣諭，分班。奏樂，皇帝卒飲，合班。班首下殿，分班出。皆如正旦之儀。進奉皆如皇太后生辰儀。皇帝詣皇太后殿，近上皇族、外戚、大臣並從，奉迎太后即皇帝殿坐。皇太后御小輦，皇帝輦側步從，臣僚分行序引，宣徽使、諸司、閤門攢隊前引。教坊動樂，控鶴起居，四拜。引駕臣僚並於山樓南方立候。皇太后入閤，揖使副并臣僚入幕次。皇太后陞殿坐，皇帝東方側立。❶引契丹、漢人臣僚使副兩洞門入，合班，起居，舞蹈，五拜。贊各祗候，面殿立。皇帝降御座，殿上立，進皇太后生辰物。過畢，皇帝殿上再拜，殿上下臣僚皆拜。皇帝陞御座，引臣僚分班出。契丹臣僚入，謝宣宴。漢人臣僚、使副入，通名謝宣宴，上殿就位。不應坐臣僚出，從人入，皆如儀。御牀入，皇帝初進皇太后酒，皇太后賜皇帝酒，皆如皇太后生

❶「立」，《遼史·禮志六》作「坐」。

辰儀。贊各就坐，行酒。宣飲盡，就位謝如儀。殿上一進酒畢，從人入就位如儀。親王進酒，行餅茶，教坊致語如儀。行茶、行殽饍如儀。七進酒，使相樂曲終，從人起。曲破，臣僚、使副起。餘皆如正旦之儀。

【《太宗本紀》】天顯三年冬十月甲子，天授節，上御五鸞殿，受群臣及諸國使賀。❶會同四年十一月，以永寧、天授二節並受賀著令。

【《穆宗本紀》】應歷十四年秋八月戊申，以生日值天赦，不受賀。　十七年八月辛酉，生日，以政事令阿不底病亟，不受賀。

【《聖宗本紀》】統和元年冬十二月戊申，千齡節，祭日月禮畢，百僚稱賀。　二十七年冬十二月辛卯，皇太后崩於行宮。己酉，詔免賀千齡節。

【《金史·禮志》】元日、聖誕上壽儀。具元旦朝賀門。

蕙田案：上壽儀與元日同，惟致詞則云：「萬春令節，謹上壽巵，伏惟皇帝陛下萬歲萬歲萬萬歲。」宣答云：「得卿壽酒，與卿等内外同慶。」

【《熙宗本紀》】皇統三年正月乙巳，萬春節，如正旦儀。

【《世宗本紀》】大定二十八年三月丁酉朔，萬春節，御慶和殿，受群臣朝，復宴於神龍殿，諸王、公主以次捧觴上壽。上驩甚，以本國音自度曲。蓋言臨御久，春秋高，渺然思國家基緒之重，萬世無窮之託，以戒皇太孫當修身養德，善於持守，及命太尉、左丞相克寧盡忠輔導之意。於是上自歌之，皇太孫及克寧和之，極驩而罷。

❶「受」，原作「授」，據庫本改。

【《章宗本紀》】明昌元年九月壬子朔，天壽節，以世宗喪，不受朝。　二年九月丁未朔，天壽節，以皇太后喪，不受朝。　三年九月庚午朔，天壽節，以皇太后喪，不受朝。　四年九月甲子朔，天壽節，御大安殿，受親王、百官及宋、高麗、夏使朝賀。承安二年秋七月戊辰，天壽節，御紫宸殿受朝。

【《宣宗本紀》】貞祐四年二月戊戌，免親王、公主長春節入賀致禮。

興定元年二月庚戌，諭旨曰：「時方多難，將來長春節亦免賀禮。」　三年二月己卯，長春節，免朝賀。　四年三月癸卯，長春節，詔免朝。　五年三月戊戌，長春節，免朝。

元光二年三月丙辰，長春節，免朝。

【《哀宗本紀》】天興二年九月乙未，萬年節，州郡以表來賀二十餘所。

【《元史・世祖本紀》】至元八年八月己未，聖誕節，初立內外仗及雲和署樂位。　十一月乙亥，劉秉忠及王磐、徒單公履等言：「元正朝會，聖誕詔赦，及百官宣敕，具公服迎拜行禮。」從之。

【《禮樂志》】天壽聖節受朝儀，如元正儀。

世祖至元八年秋八月己未，初起朝儀。先是，至元六年春正月甲寅，太保劉秉忠、大司農孛羅奉旨，命趙秉溫、史杠訪前代知禮儀者肄習朝儀。既而，秉忠奏曰：「二人習之，❶雖知之，莫能行也。」得旨，許用十人。遂徵儒生周鐸、劉允中、尚文、岳忱、關思義、侯祐賢、蕭琬、徐汝嘉，從亡金故老烏古倫居貞、完顏復昭、

❶「二人」，原作「一人」，據校點本《元史・禮樂一》改。

完顔從愈、葛從亮、于伯儀及國子祭酒許衡、太常卿徐世隆，稽諸古典，參以時宜，沿情定制，❶而肄習之，百日而畢。秉忠復奏曰：「無樂以相須，則禮不備。」奉旨，搜訪舊教坊樂工，得杖鼓色楊皓、笛色曹楫、前行色劉進、教師鄭忠，依律運譜，被諸樂歌。六月而成，音聲克諧，陳於萬壽山便殿，帝聽而善之。秉忠及翰林太常奏曰：「今朝儀既定，請備執禮員。」有旨，命丞相安童、大司農孛羅擇蒙古宿衛士可習容止者二百餘人，肄之期月。七年春二月，奏以丙子觀禮。前期一日，布綿蕝金帳殿前，帝及皇后臨觀於露階，禮文樂節，悉無遺失。冬十有一月戊寅，秉忠等奏請建官典朝儀，帝命與尚書省論定以聞。八年春二月，立侍儀司，以忽都於思、也先乃爲左右侍儀，奉御趙秉温爲禮部侍郎兼侍儀司事，周鐸、劉允中爲左右侍儀使，尚文、岳忱爲左右直侍儀事，關思義、侯祐賢爲左右侍儀副使，蕭琬、徐汝嘉爲僉左右侍儀事，烏古倫居貞爲承奉班都知，完顔復昭爲引進副使，葛從亮爲侍儀署令，于伯儀爲尚衣局大使。夏四月，侍儀司奏請製内外仗，如歷代故事。從之。秋七月，内外仗成。遇八月帝生日，號曰天壽聖節，用朝儀自此始。

【《成宗本紀》】元貞二年秋九月辛未，聖誕節，帝駐蹕安同泊，受諸王百官賀。大德二年秋九月己丑，聖誕節，駐蹕阻嬀之地，受諸王百官賀。三年秋九月癸未，聖誕節，駐蹕古栅，受諸王百官賀。九年秋

❶「沿」，原作「沿」，據庫本改。

九月戊申，聖誕節，帝駐蹕於壽寧宮，受朝賀。

【《文宗本紀》】至順元年春二月，中書省臣言：「舊制，正旦、天壽節，内外諸司各有贄獻，頃者罷之。今江浙省臣言，聖恩公溥，覆幬無疆，而臣等殊無補報，凡遇慶禮，進表稱賀，請如舊制爲宜。」從之。

【《順帝本紀》】至元十九年夏四月，以天下多故，却天壽節朝賀。詔群臣曰：「朕方今宜敬天地，法祖宗，以自修省。朕初度之日，群臣毋賀。」庚午，左丞相太平暨文武百官奏曰：「天壽節朝賀，乃臣子報本，實合禮典。今謙讓不受，固陛下盛德。然今軍旅征進，君臣名分，正宜舉行。」不允。壬申，皇太子復率群臣上奏曰：「朝賀祝壽，是祖宗以來舊行典故，今不行，有乖於禮。」帝曰：「今盜賊未息，萬姓荼毒，正朕恐懼修省敬天之時，奈何受賀以自樂？」乙亥，御史大夫帖里帖木兒復奏曰：「天壽朝賀之禮，蓋出於臣子之誠，伏望陛下曲狥所請。若朝賀之後，内廷燕集，特賜除免，亦古者人君減膳之意。仍乞宣示中書，使内外知聖天子憂勤惕厲至於如此。」帝曰：「爲朕缺於修省，以致萬姓塗炭，今復朝賀燕集，是重朕之不德，當候天下安寧，行之未晚。卿等其無復言。」卒不聽。

【王圻《續通考》】洪武元年，定朝賀儀。凡冬至、聖節、朝會宴享皆同。其聖節致詞，皇太子則云「兹遇父皇陛下聖誕之辰，謹率諸弟某等敬祝萬萬歲壽」，丞相則云「兹遇皇帝陛下聖誕之辰，謹率文武百僚敬祝萬萬歲壽」，不傳制。

【《明太祖實録》】五年八月庚辰，帝曰：「正旦爲歲之首，天運維新，人君法天出治，禮亦宜之。生辰、冬至，於文繁矣。昔唐太宗謂生辰是父母劬勞之日，况朕皇考、皇妣早逝，每於是日，不勝悲悼，忍受天下賀乎？宜皆罷之。」

【王圻《續通考》】洪武十三年九月，上以古人父母既没，生日當倍悲痛。即位以來，常不受賀。至是，李善長等累請，乃許之。其在位諸司五品以上者，自明年始，聽其表賀。

【《明會典》】萬壽聖節百官朝賀儀，洪武二十六年定儀。與正旦、冬至同，但致詞云「恭惟皇帝陛下萬壽令節，臣某等誠懽誠忭，敬祝萬萬歲壽」，不傳制。凡進表箋，洪武二十六年定天壽聖節在外五品以上衙門，止進表文一通。

【《續文獻通考》】天順五年十一月丁未，以冬至、萬壽節同日，改致詞、宣表等儀。禮部言：「二節慶賀，致詞各異。又冬至傳制，聖節不傳制。今請通致詞曰：『兹遇律應黄鐘，日當長至，恭惟皇帝陛下萬壽聖節，膺乾納佑，奉天永昌，臣某等誠懽誠忭，敬祝萬萬歲壽。』然後惟以冬至制詞傳荅群臣。其各王府及在外文武衙門，二節賀表，若前後宣讀，不無重複，請通宣表目。又通宣表文曰：『忻逢長至，恭遇聖旦。』其在外文武衙門，至日行告天祝壽禮，宜曰：『今兹冬至，恭遇聖旦，聖壽益增。』從之。」

【《明會典》】弘治十七年，敬皇帝萬壽聖節，以孝肅太皇太后山陵襄事，百官服錦繡於奉天門，行五拜三叩頭禮。

正德十六年，肅皇帝萬壽聖節，以武宗山陵未畢，令天下齎進表文，並公侯駙馬伯儀賓進賀綵緞，俱免宣讀陳設。

嘉靖二年，肅皇帝萬壽聖節，❶以孝惠皇太后服制未滿，先期免習儀，至日早，於奉先殿行孝慈高皇后忌辰祭禮畢。上服黃袍，御奉天殿。錦衣衛設鹵簿大駕如常儀，鳴鐘鼓，鳴鞭，教坊司作樂，文武百官具朝服，先行四拜禮，致詞，又四拜。免雞唱、山呼、舞蹈等禮。表文、綵緞免宣讀陳設。

【《世宗實録》】嘉靖十四年八月中，萬壽聖節，禮部請先期習儀。詔以廟建未成，祖考未安，朕生辰豈宜受賀？至日，止常服御殿，如朔望日儀。禮部又請是日教坊司設樂於奉天門北面，百官公服，鴻臚寺仍具班首官名致詞，行五拜禮，其表文方物俱免陳設。從之。

右聖節朝賀。

五禮通考卷第一百四十

淮陰吴玉搢校字

❶「帝」，原作「后」，據《明會典》卷九七改。

五禮通考卷第一百四十一

内廷供奉禮部右侍郎金匱秦蕙田編輯
太子太保總督直隸右都御史桐城方觀承同訂
兩淮都轉鹽運使德水盧見曾
按察司副使元和宋宗元　參校

嘉禮十四

朝禮

蕙田案：《周禮》命婦朝女君，則皇后之有朝尚矣。漢制，自二千石夫人以上，服蠶衣以朝，晉、宋皆然。唐永徽五年，命婦朝於光順門。其後，以朝官、命婦雜處，朝賀詔停。《開元禮》載《皇后正旦冬至受外命婦朝儀》，於肅章門外齊班，然後入内殿行禮，賀畢有會。長慶以後，則外命婦有邑號者，正旦、冬至詣光順門起居。宋制皇親國戚之家及臣僚命婦，遇節序慶賀，許入内進奉而已。其朝賀太皇太后、皇太后，禮同。至於正旦、冬至朝賀行禮之詳，無聞焉。元正旦，命婦則以常禮詣内殿行賀禮。明正旦、冬至，皇后御坤寧殿，内使監官引内外命婦入朝，禮畢，賜宴於後殿。今具《唐開元禮》、《明・禮志》、《集禮》及歷代儀注，用著于篇。

【《宋書・禮志》】自皇后至二千石命婦，皆以蠶衣爲朝服。

【《隋書·禮儀志》】後齊元日，中宮朝會，陳樂，皇后褘衣，乘輿以出於昭陽殿。坐定，内外命婦拜，皇后興，妃主皆跪。皇后坐，妃主皆起。長公主一人，前跪拜賀。禮畢，皇后入室，乃移幄坐於西廂。皇后改服褕狄以出，坐定，公主一人上壽訖，就坐。御酒食，賜爵，並如外朝會。

後周皇后之服，凡十有二等：朝命婦則服揄衣，食命婦、❶歸寧則服狄衣，臨婦學及法道門、燕命婦、有時見命婦則蒼衣。

隋儀如後齊制，而又有皇后受群臣賀禮，則皇后御座，而内侍受群臣拜以入，承令而出，群臣拜而罷。

皇后褘衣，深青質，織成領袖，文以翬翟，五采重行，十二等。素紗内單，黼領，羅縠褾、襈，蔽膝，隨裳色，用翟爲章，三等。大帶，隨衣色，朱裏，紕其外，上以朱錦，下以緑錦。紐約用青組。以青衣、革帶、青韈舄，舄以金飾。白玉佩，玄組綬。章采尺寸，與乘輿同。祭及朝會，凡大事則服之。

【《明集禮》】古者后夫人有房中之樂，歌《周南》、《召南》，而不用鐘磬，所以諷誦以事其君子，而朝會之樂未聞焉。隋初，皇后之庭但設絲管，大業以後，始制鐘磬，而猶不設鎛鐘。

【《唐開元禮》】皇后正、至受群官朝賀。

前一日，尚寢率其屬設御幄座，如外命婦朝儀。守宮設次於宮城門外，如常儀。其日，未明一刻，諸衛各勒所部，屯門列仗及陳布於肅章門外。奉禮設文武群官、諸親、番客使等衛於宮城門外，如廟堂之式。典儀設文武群官位於肅章門外，文東武西，俱重行

❶「食命婦」至「道門」十六字，原脱，據庫本補。

北面，相對爲首。諸親位於文武五品之下，朝集使、番客等分方位次，如常設典儀。贊者位於群官東北，差退，西向北上。又設內給事位群官之北，南向。若與外命婦同時朝，則典儀於肅章門外設群官等版位。文武群官依時刻集列門外，俱就次，各服其服。若與上臺同上朝賀，則上臺禮畢，群官仍朝服，典謁引從納義門西行，就版位。尚儀奏「請中嚴」，六尚以下，各服其服，俱詣內閤奉迎。典儀率贊者先入就位，典謁引文武群官入就位，尚儀奏「外辦」。皇后首飾褘衣以出，即御南向坐。侍御警蹕及設琮璽於御座，並如常儀。內謁者監引內給事出就南面，典儀曰「再拜」，贊者承傳，文武群官等俱再拜。典儀引爲首者一人進內給事前，北面跪賀，詞至、正並與賀皇帝同，惟「伏惟殿下，與時同休」爲異耳。賀訖，俛伏，興。典謁引退，復位，群官等皆再拜。內謁者監引內給事入，依式奏聞。內給事承令出，謁者監引內給事復南面位，稱「令旨」，群官等皆再拜。內給事宣令云：「履新之慶，冬至云「履長之慶」。與公等同之。」群官等又再拜。內謁者監引內給事入，典謁引群官等，尚儀前奏「禮畢」，皇后降座以入，侍衛警蹕如常儀。

皇后正、至受外命婦朝賀并會、太皇太后皇太后受群臣外命婦朝賀禮並同。

前二日，本司宣攝內外各供其職。前一日，守宮設外命婦次如常儀。尚寢率其屬設御幄於皇后正殿北壁，南向，又設命婦爲首者脫舄席於西階前近西，東向如式。司樂展宮懸之樂於殿庭，設麾於殿上西階之西，東向。內僕進重翟以下於肅章門外道東，西向北上。司贊設命婦版位於殿庭：大長公主以下在東，太夫人以下在西；諸親婦女以下，宗親在東，異姓在西。俱重行北面，相對爲首。内謁者設外命婦等位於肅章門外：大長公主以下於道東，太夫人以下於道西，俱重行相向，北上。命婦有從夫之爵，無夫有從子之爵。設司贊位於東階東南，西向。掌贊二人，位於司贊之南，差退，俱西向。受朝日，依時刻諸衛勒所部屯門列仗及陳布於肅章門外，如常儀。外命婦等依時刻集到宮門外，至下車所道西，東向，以車爲次，北上。車次定，命婦等皆降車，内典引引之次，各服其服。尚儀奏「請中嚴」，宮官侍衛者皆朝服。司寶奉琮寶，依式俱詣内閤奉迎。司樂帥女工人入就位，典樂升就舉麾位。司贊先入就位。内典引引命婦俱就肅章門外位。尚儀奏「外辦」，皇后首飾褘衣以出，警蹕如常儀。皇后出自西房，典樂舉麾，奏《正和》之樂；即御座，南向坐，司寶奉琮寶，置於御座如常，偃麾，樂止。凡樂，皆典樂舉麾、工鼓柷而後作，偃麾戛敔而後止。司賓承引，命婦以次入就位。爲首者初入門，《舒和》樂作；至位，樂止。命婦等立定，司贊曰「再拜」，掌贊承傳，外命婦皆再拜。司賓引爲首者一人詣西階。爲首者初行，樂作；至階，樂止。爲首者脱舃，升，進當御座前，北面跪賀，稱妾姓等言，賀詞與群官同。賀訖，起。司賓引爲首者降階納舃，樂作；復位立定，樂止。司贊者曰「再拜」，掌贊承傳，外命婦等皆再拜。司言承前令，降自西階，詣命婦西北，❶東面，稱「令旨」，外命婦等皆再拜。宣令曰：「履新之慶，冬至云「履長之慶」。夫人等同之。」司贊者曰「再拜」，掌贊承傳，外命婦等皆再拜。司賓以次引出。爲首者初行，樂作；出閤，樂止。内典引承

❶「詣」，原作「諸」，據《大唐開元禮》卷九八改。下同。

引以出。尚儀前奏禮畢，還侍位。皇后降座，樂作；入自東房，侍衛警蹕如來儀，樂止。女工人退。

會　朝訖，尚寢帥其屬鋪外命婦等之座於座上：大長公主以下於御座東南，重行西向；太夫人以下於御座西南，重行東向。設升殿者座席於東西廊下，皆如上儀。又量設脱舄席於東西階下。尚食設壽罇於殿上東序之端，西向，有坫，爵一，於罇下；設升殿者酒罇於東西廊下近北；設廊下者酒罇各於其座之南：皆有坫冪，俱障以帷。設訖，司樂帥諸樂人就位。内典引引外命婦俱詣肅章門外位。尚儀奏「外辦」，皇后首飾褘衣以出，警蹕侍衛如常儀。皇后出自西房，典樂舉麾，《正和》之樂作；即御座，南向坐，司寶奉琮寶置於御座，如常儀，偃麾，樂止。司賓承引外命婦以次入就位。爲首者初入門，樂作；至位，樂止。外命婦立定，若朝會別日，贊拜如朝禮。司言前承令，降，詣命婦西北，南向，稱「令旨」，夫人等升席座。司贊曰「再拜」，贊者承傳，外命婦等皆再拜訖。司賓引外命婦應升殿者詣東西階，樂作；爲首者至階，樂止。俱就席，脱舄於階下以升。司賓引爲首者一人升階，近東，西面立，以下各就席後立。司賓引不升殿者詣東西廊下席後立。上下立定，司賓引爲首者詣酒罇所，北面立，尚食酌酒一爵以授爲首者，司賓引爲首者至御座前，北向，授尚食。尚食受爵，進置御座前。司賓引爲首者退，北面。爲首者跪奏，稱：「妾姓等言：元正首祚，冬至云「天正長至」。妾等不勝大慶，謹上千萬歲壽。」興，再拜。外命婦等皆再拜訖。司言前承令，宣令云：「令旨：夫人等同納景福。」外命婦等又再拜。

尚食取爵奉進，皇后舉酒，樂作；外命婦等皆三稱萬歲，皇后舉酒訖，尚食受虛爵，復於坫，樂止。司贊曰「再拜」，掌贊承傳，外命婦等皆再拜。司賓引爲首者就席後立，司贊曰「就座」，掌贊承傳，外命婦等俱就位。尚食進酒至階，司贊曰「酒至，興」，掌贊承傳，外命婦等俱興，立席後。尚儀至階省酒，尚食奉酒進，皇后舉酒，樂作如常；又行外命婦酒，酒至，司贊曰「再拜」，掌贊承傳，外命婦等俱再拜受觶，司贊曰「就座」，掌贊承傳，外命婦等俱就座坐飲；皇后舉酒訖，尚食受虛爵，復於坫，樂止。觴行三周，尚食奉御食，食升階，司贊曰「食至，興」，掌贊承傳，外命婦等皆起立席後。尚食至階省案，❶尚食品嘗食訖，以次進置御前。又行命婦案，御若不食外命婦，❷案先上訖，❸不須興。設食訖，司贊曰「就座」，掌贊承傳，外命婦等皆就席座。皇后飯，樂作；外命婦等俱飯御食畢，樂止。乃行酒，遂設庶羞。諸伎以次作，❹若賜酒，司言前承令，詣東階上，西向，稱「賜酒」，階下掌贊承傳，外命婦等皆起，再拜，立受觶，坐飲訖，起立，授虛觶，又再拜，就席坐。酒行十二徧。會畢，司贊曰「可起」，掌贊承傳，外命婦等皆起，立席後。司賓引降，各納舄，樂作；俱引復階下位，樂止。其廊下者，仍立於席後，立定，司贊曰「再拜」，掌贊承傳，外命婦

❶「案」，原作「候」，據《大唐開元禮》卷九八、《通典》卷一二三改。

❷「外」，原作「及」，據《大唐開元禮》卷九八、《通典》卷一二三改。

❸「上」，原作「下」，據《大唐開元禮》卷九八、《通典》卷一二三改。

❹「伎」，原作「仗」，據《大唐開元禮》卷九八、《通典》卷一二三改。

等在位者皆再拜。若有束帛，則尚功帥其屬以束帛先立於東西廂，司言前承令，降自西階，詣命婦西北，東面稱「令旨」，外命婦等皆再拜。宣令訖，外命婦等又再拜。尚功帥其屬以次受束帛訖，外命婦等又再拜。司賓引命婦等以次出，樂作；出門，樂止。内典引承引次出。尚儀前奏「禮畢」，遂還侍位。皇后降座，樂作；入自東房，警蹕侍衛如來儀，樂止。

蕙田案：《周官·内宰》：「掌致后之賓客之禮。」注：「謂諸侯夫人有會見王后之法，故亦致禮焉。」然則諸侯夫人朝於王后，而王后與之行宴會之禮者，其來尚矣。《唐開元禮》儀注獨詳，《明集禮》有宴會命婦之儀，蓋本諸此。

【《明集禮》】皇太子正旦朝賀皇后儀注。冬至、壽誕同。

前期，内使監於坤寧宮設皇后御座於正中，設皇太子幄次於王宮門外之東，近南，親王幄次於王宮門外近南之東西。其日，設儀仗於露臺上及殿庭之東西，設皇太子、親王拜位於露臺上正中及殿内正中。司贊二人位於露臺上拜位之北，東西相向；司賓二人位於司贊之南，東西相向；内贊二人位於殿内拜位之北，東西相向。樂工陳樂於王宮門外。皇太子、親王朝上位訖，司賓引導，仍具冕服，至幄次。内使監官啟知，皇后首飾褘衣，將出仗動，樂作；陞御座，樂止。司賓引導皇太子、親王入就殿前拜位。初行，樂作；至拜位，樂止。司賓二人分立于東西，司贊唱「鞠躬」，樂作；拜，興，拜，興，拜，興，拜，興，平身，樂止。司賓引導皇太子、親王俱進自殿東門，樂作；司賓伺於門外，内贊接引，至於殿前拜位，樂止。内贊唱「跪」，皇太子跪，親王皆跪，皇太子稱：「長子某，兹遇履端之節，冬至則云「履長之節」，壽旦則云「兹遇母后殿下聖誕之辰，謹率諸弟等恭上千歲壽。」謹率諸弟某王等恭詣母后殿下稱賀。」内贊唱「俛伏，興，平身」，皇太子、親王皆俛伏，興，平身。内贊引皇太子、親王自殿東門出，樂作；司賓引復殿前拜位，樂止。司贊唱「鞠躬」，樂作；拜，興，拜，興，拜，興，拜，興，平身，樂止。内使監官啟禮畢，司贊唱「禮畢」。皇后興，樂作；至内閤門，司賓引皇太子、親王還幄次，樂止。

【《明史·禮志》】中宫受朝儀。

惟《唐開元禮》有朝皇太后及皇后受群臣賀、皇后會外命婦諸儀，明制無皇后受群臣賀儀，而皇妃以下正旦、冬至朝賀儀，則自洪武元年九月詔定。凡中宫朝賀，内使監設皇后寶座于坤寧宫。丹陛儀仗，内使執之；殿上儀仗，女使執之。陳女樂於宫門外。設皇貴妃幄次於宫門外之西，近北；設公主幄次于宫門外之東，稍南；設外命婦幄次于門外之南，東西向。皇后服褘衣出閤，仗動，樂作；陞座，樂止。司賓導外命婦由東門入内道，東西班侍立訖。導皇貴妃，衆妃由東門入，至陛上拜位。贊拜，樂作；四拜興，樂止。導由殿東門入，樂作；内贊接引至殿上拜位，樂止。贊跪，妃皆跪。皇貴妃致詞曰：「妾某氏等，兹遇履端之節，冬至則云「履長」。恭詣皇后殿下稱賀。」致詞畢，皆俯伏，興，樂作；復位，樂止。贊拜，樂作；四拜興，樂止。降自東階，出。司賓導公主由東門入，至陛上拜位，以次立，行禮如皇妃儀。司賓導外命婦入殿前中道拜位，贊拜如儀。班首由西陛陛，入殿西門，樂作。內贊接引至殿上拜位，班首及諸命婦皆跪。班首致詞曰：「某國夫人妾某氏等稱賀。」賀畢，出，復位。司言跪承旨，由殿中門出，立露臺之東，南向，稱「有旨」，命婦皆跪。司言宣旨曰：「履端之慶，與夫人等共之。」贊興，司言奏「宣旨畢」。皇后興，樂作；入內閤門，樂止。諸命婦出。太皇太后、皇太后朝賀儀同。洪武二十六年，重定中宮朝賀儀。先日，女官設御座香案。至日，內官設儀仗、陳女樂於丹陛東西，北向，設箋案於殿東門。命婦至宮門，司賓引入就拜位，女官具服侍班。尚宮、尚儀等官詣內奉迎，皇后具服出。作樂，贊拜如前儀。女官舉箋案由殿東門入，樂作；至殿中，樂止。贊跪，命婦皆跪。贊宣箋目，女官宣訖，贊展箋，宣箋女官詣案前，展宣訖，舉案于殿東。命婦皆興，司賓引班首由東階陛。入殿東門，樂作；內贊引至殿中，樂止。贊跪，班首及諸命婦皆跪。班首致詞訖，皆興，由西門出。贊拜及司言宣旨，皆如儀，禮畢。千秋節致詞云：「茲遇千秋令節，謹詣皇后殿下稱賀。」不傳旨。凡朔望命婦朝參，是日設御座于宮中，陳儀仗女樂。皇后陞座，引禮女官引命婦入班，文東武西，各以夫品。贊拜，樂作，四拜，禮畢，出。陰雨、大寒暑則免。後命婦朝賀俱于仁智殿。朝東宮妃，儀如朝中宮，不傳令。

【《明集禮》】宴會命婦儀注。正旦、冬至、壽誕同。

坤寧宮受朝賀畢，內使監官仍於殿上陳設御座，于殿庭及露臺上左右設儀仗及御座，左右擎執如受朝之儀。又於御座西畔設貴妃等六妃位，東畔稍南設皇太子妃、王妃、公主位，於殿南左右第一行設一品外命婦坐次，左右第二行設二品命婦坐次，左右第三行設三品命婦坐次，左右第四行設四品外命婦坐次。以北爲上，東西相向。東西廡下，設四品以下外命婦坐次，以北爲上。樂工於殿之南楹陳大樂、細樂及諸舞隊。設御酒尊于殿之南楹正中，設皇妃酒尊於御酒尊之西，皇太子妃王妃公主酒尊於御酒尊之東，設外命婦酒尊於殿門左右及東西兩廡。御位司壺二人，尚酒、尚食二人。皇妃六人，司壺一人，奉酒、奉食二人。皇太子妃、王妃、公主，司壺一人，奉酒、奉食二人。殿上左右行，每一行司壺二人，奉酒、奉食二人。東西廡，各有司壺供酒供食之人。陳御食案於殿上正中、及皇妃六位食案於殿上之西稍南，皇太子妃、王妃、公主食案於殿上之東稍南，外命婦食案、東西廡命婦食案，皆先設於本位前。將宴，諸執事人各供事。❶司賓引大小命婦各服常服，侍立於殿門外之左右。内使監官啟知，皇后常服，皇妃、皇太子妃、王妃、公主常服隨從。出閤仗動，樂作；陞御座，樂止。司賓引皇妃、皇太子妃、王妃、公主入就位，司賓引大小命婦入，各立于座位後。丞相夫人率次命婦等舉御食案進於御座前，丞相夫人捧壽花進於御前。二品外命婦各舉食案進於皇妃、皇太子妃、王妃、公主前，進壽花於皇妃、皇太子妃、王妃、公主前。大小命婦各就位坐。奉御及諸執事人分進壽花於殿内大小命婦及分進壽花於東西廡命婦訖。司壺於御前尚酒及皇妃、皇太子妃、王妃、公主前進酒，内外命婦前各供酒，樂作；樂女北面立，舉手唱上酒，飲畢，樂止。

❶「諸」，原作「請」，據《明集禮》卷一八上改。

東西廡大小命婦前，司壺各斟酒如儀。奉御於御座前尚食，供食者於皇妃、皇太子妃、王妃、公主前及外命婦前各供食，樂作；樂女北面，舉手唱上食，食畢，樂止。東西廡大小命婦前供食者各供食如儀。凡酒七行，間進食五次。上酒、上食，樂作、樂止，並如儀。樂或間用舞隊。宴畢，皇后興，樂作；侍從導引還宫如來儀，樂止。司賓引大小命婦以次出。

【《典彙》】洪武十四年七月，皇后千秋節，諸命婦朝賀於坤寧宫，賜宴。

永樂二年九月，上召解縉、黄淮、胡廣、胡儼、楊榮、楊士奇、金幼孜，諭之曰：「皇后數言欲召見爾七人命婦，其令即赴柔儀殿見。」是日，縉等妻入見，中宫慰勞備至，皆賜五品冠服及紗幣表裏。　三年四月，上命禮部：「自今命婦，雖大朝賀，亦止於三品以上，餘悉免之。定著爲令。」

宣德時，楊士奇在内閣，時夫人已故，惟一婢侍巾櫛而已。一日，中宫有喜慶，文武大臣命婦皆朝賀。太后聞士奇無命婦，令左右召其婢，至則諸命婦已退矣。太后見其貌既不揚，衣服儉陋，命妃嬪重爲梳整，易内製首飾衣服而遣之，且笑云：「此回楊先生不能認矣。」翌日，命所司如制封之，不爲例。

嘉靖三年二月，興國太后千秋日，命婦各上箋覲賀，宴賚倍常。

右皇后受賀。

蕙田案：皇太子受群官賀儀，漢以前無聞。《唐開元禮》：正旦、冬至，則於大朝會之明日，百官朝集使等皆詣東宫行禮，群官再拜稱賀，又再拜，皇太子有答後再拜之儀。宋《政和五禮新儀》：正旦、冬至，三公賀，前後皆再拜，皇太子俱答拜，其中班首稱賀，有承令宣答之制；次樞密院官賀，又次受師傅保賓客賀，並如上儀；次文武宫官賀，無宣答，亦不答拜。元正旦，則於大朝會之明日，文武群官以下常服，至東宫行四跪拜禮，其千秋亦如之。明正、至奉天殿朝畢，皇太子於大本堂受三公、賓客、諭德賀，有答後再拜之禮；百官詣東宫賀，有稱賀宣答而不答拜。其賀箋，魏吴質有《上太子箋》，然不專於慶賀也。《唐令》，百官上東宫箋式，于皇太子稱殿下，自稱名，不稱臣，蓋始用於慶賀矣。宋箋式與唐同。元正旦及千秋，在内省院臺進箋，赴詹事院收受。在外行省亦然。其所屬五品以上，第進所屬上司，類進詹事院。皆稱名，不稱臣。明正、至、千秋，群官各進箋稱賀，外官則進於禮部，其式參用唐制，詳見《明集禮》、《會典》中。

【《通典》】晉制，皇帝會公卿，座位定，太子後至，孫毓以爲：「群臣不應起。《禮》曰：『父在斯爲子，君在斯爲臣。侍坐於所尊，見同等不起。』皆以爲尊無二上，故有所厭之義也。昔衛綰不應漢景之召，釋之正公門之法，明太子事同於群臣，群臣亦統一於所事，應依同等不起之禮。」明帝太寧二年，詔曰：「漢、魏以來，尊崇儲貳，使官屬稱臣，朝臣咸拜，此甚無謂。今太子幼冲，使臣先達，將今所習見，謂之自然，此其可以教之邪！」令内外通議。尚書令卞壼議以爲：「《春秋》王太子不會盟，禮同於君，皆所以重儲貳，異正嫡。荀奉之如君，不得不拜矣。太子若存謙冲，故宜答拜。臣以爲皇太子之立，郊告天地，正位儲宮，豈得同之皇子揖讓而已。謂宜稽則漢魏，闔朝同拜。」從之。

徐邈云：「東宮臣上表天朝，既用黄紙，❶上太子疏，則用白紙也。北人有作苻宏宮屬者，云：『東宮臣上疏於太子用白紙，太子答之用黄紙。朝士率常牋上下死罪，太子答之姓白，亦有惶恐。』此似得中朝舊法。」

【《隋書·禮儀志》】後周制，正之二日，皇太子南面，列軒懸，宮官朝賀。及開皇初，皇太子勇准故事，張樂受朝，宮臣及京官北面稱慶。高祖誚之。是後，定儀注，西面而坐，惟宮臣稱慶，臺官不復總集。煬帝之爲太子，奏降章服，宮官請不稱臣。許之。

【《唐開元禮》】皇太子元正、冬至受群臣賀。并會。

前二日，本司宣攝内外，各供其職。前一日，典設郎設皇太子幄座於正殿東序，西向。守宮設群官等次東宮朝堂。伶官帥展軒懸之樂於殿庭，以姑洗之均；又設三鎛鐘，姑洗、夷則、大吕，各依其位；設登歌以南吕之均及設麾于殿上：並如常儀。典設郎鋪群官牀座于殿上：文官三品以上於皇太子西南，重行北向；武官三品以上於皇太子西北，重行南向。俱以東爲上。朝集使三品以上及都督、刺史，各依方於文武官之下。設不升殿者座席於殿庭東西廂：文官四品五品於懸東，六品以下於横街之南，每等異位重行，西向北上；武官四品五品於懸西，六品以下於横街之南，當文官，每

❶「用」字，原誤置下句「上太子」三字後，據《通典》卷六七移正。

等異位，俱重行，東向北上。朝集使非升殿者，分方各依文武官當品之下。諸州使人，分方各於朝集使之下，亦如之。諸親於四品五品之下。宗親在東，異姓親在西，掌儀仍各設版位。奉禮設門外位於東宮朝堂之前：文官在東，武官在西，俱每等異位，重行相向，北上；諸親位於文武四品五品之下。宗親在東，異姓親在西。設諸州朝集使位：東方南方於宗親之南，每等異位重行，西面；西方北方於異姓親之南，每等異位重行，東面。俱以北爲上。典膳量設罇於廊下，近北；設不升殿者酒罇，各于其座之南。皆有坫冪，俱障以帷。其日質明，諸衛率各勒所部屯門列仗，❶文武群官依時刻集朝堂次，各服公服。❷左庶子量時刻版奏「請中嚴」，近仗就陳於閤外。❸諸侍衛之官各服其器服，俱詣閤奉迎。伶官帥工人二舞入就位，又伶官帥一人升就舉麾位。❹掌儀帥贊者入就位。吏部、兵部贊群官俱出次，通事舍人各引就門外位。又舍人引群官非升殿者先入就位。左庶子版奏「外辦」，皇太子著從省服未冠則雙童髻以出，侍衛如常。伶官帥舉麾，奏《承和》之樂。皇太子即座，西向坐，偃麾，樂止。凡樂，皆伶官帥舉麾，工鼓柷而後作，偃麾戛敔而後止。掌儀一人，升就西階上，東面立。贊者二人，立于階下。通事舍人引群官以次入就位。公初入門，《舒和》之樂作。左庶子前跪，奏稱：「左庶子臣某言：請殿下爲

❶「率各」，原作「各率」，據《大唐開元禮》卷一一二乙正。
❷上「服」，原脱，據《大唐開元禮》卷一一二補。
❸「閤」，原作「門」，據《大唐開元禮》卷一一二、《通典》卷一二八改。
❹「舉麾位」，原作「位舉麾」，據《大唐開元禮》卷一一二乙正。

公至興。」❶俛伏，興，還侍位。皇太子降立于座後，若有三公、諸伯叔，則降立於東階下，西面。公至階，則升，立詣於座後。皇太子升降，伶官帥舉麾，樂作、止如式。❷公至階，樂止。公以下升座者，俱脱履於階下。所司先設脱履席。通事舍人接引群官升就位，立定。掌儀唱「再拜」，贊者承傳，群官上下皆再拜訖，通事舍人引群官爲首者一人進皇太子前，東面立，賀稱：「元正首祚，景福惟新。伏惟皇太子殿下，與時同休。」冬至賀云：「天正長至，伏惟殿下，與時同休。」賀訖，退復位。皇太子答再拜。左庶子前承令，進宣令訖，群官上下又再拜。左庶子前跪，奏稱：「左庶子臣某言：請坐。」俛伏，興，還侍位。皇太子坐。掌儀唱「就座」，贊者承傳，群官上下皆就坐，❸俛伏，坐。伶官帥引歌者及琴瑟至階，脱履於下，升，就位坐。其笙管者詣階間，北面立。典膳郎進酒至階，掌儀唱「酒至，興」，贊者承傳，群官上下皆俛伏，興，立席後。左庶子到階省酒，典膳郎奉酒進，皇太子舉酒。食官令又行群官酒，❹酒至，掌儀唱「再拜」，贊者承傳，群官上下皆再拜。若皇太子遣停拜，即止。群官皆搢笏，受觶。掌儀唱「就坐」，贊者承傳，群官上下皆就坐，俛伏，興，飲。皇太子初舉酒，登歌作《昭和》之曲；典膳郎進受虚觶，復于坫，登歌訖。降復位。觴行三周，典膳郎進食。食升階，左庶子到階省案，掌儀唱「食至，興」，贊者承傳，群官上下

❶「爲公至」，原作「迎公王」，據《大唐開元禮》卷一一二改。

❷「帥」，原脱，據《大唐開元禮》卷一一二、《通典》卷一二八補。

❸「下」下，原有「就座」二字，據《大唐開元禮》卷一一二删。

❹「官」，原作「宫」，據《大唐開元禮》卷一一二改。下同。

俛伏，興，立座後。典膳郎品嘗食訖，以次進置皇太子前。食官令又行群官案，皇太子若不食，及宫臣案先下訖，不須興。設食訖，掌儀唱「就座」，贊者承傳，群官上下皆就座，俛伏，坐。皇太子乃飯，奏《休和》之樂，群官上下俱飯；皇太子食畢，樂止。仍行酒，遂設庶羞。伶官帥引二舞以次入。酒行九徧，會畢。掌儀唱「可起」，贊者承傳，群官上下皆俛伏，起，立席後。左庶子前跪，奏稱：「左庶子臣某言：請殿下降座。」俛伏，興，還侍位。皇太子降立於座後。掌儀唱「再拜」，贊者承傳，群官上下皆再拜。皇太子答再拜。通事舍人引群官降，納履以出。公初出，樂作；若有三公、諸伯叔，皇太子升降，伶官帥舉麾，樂作、止如式。❶ 公出門，樂止。左庶子前跪，奏稱：「左庶子臣某言：請殿下升座。」俛伏，興，還侍位。樂作。皇太子升座，樂止。群官出畢，非升座者仍立於殿庭。左庶子前跪，奏稱：「左庶子臣某言：禮畢。」俛伏，興，還侍位。皇太子興，樂作；皇太子降座以入，侍衛如來儀，侍臣從至閤，樂止。又，通事舍人引侍殿庭者以次出。❷

皇太子元正、冬至受宫臣朝賀并會。

前二日，本司宣攝内外，各供其職。前一日，典設郎設皇太子幄座于正殿東序，西向。衛尉設宫臣次於重明門外。伶官出展軒懸之樂於殿庭，以姑洗之均，設麾於殿上西階之西，又設爲首者解劍席於懸西横街之南，並如常儀。設宫臣版位於懸南，文東武西，俱重行北面，相對爲首。設典儀位於

❶「樂」，原脱，據《大唐開元禮》卷一一二、《通典》卷一二八補。

❷「殿」，原作「衛」，據《大唐開元禮》卷一一二、《通典》卷一二八改。

東階南，贊者二人在南，差退。俱西向北上。設宫臣門外位，文官道東，武官道西，重行相向，以北爲上。受朝　其日，未明三刻，開諸宫殿門，諸衛率各勒所部屯門列仗如常。宫臣依時刻集重明門外，各服其器服。左庶子版奏「請中嚴」，近仗就陳於閤外。伶官帥工人入就位，又伶官帥一人升就位。諸侍衛之官各服其器服，俱詣閤奉迎。典儀帥贊者先入就位。通事舍人引宫臣俱就門外位。又舍人引六品以下先入就位。左庶子版奏「外辦」，皇太子服遠遊冠、絳紗袍以出，左右衛侍如常儀。皇太子將出，仗動，伶官帥跪，俛伏，興，舉麾，鼓柷，奏《永和》之樂；皇太子升自阼階，即座，西向，坐，偃麾，戛敔，樂止。通事舍人引宫臣五品以上以次入就位。宫臣初入門，奏《舒和》之樂；至位，樂止。宫臣立定，典儀曰「再拜」，贊者承傳，宫臣在位者皆再拜訖，通事舍人引爲首者一人詣西階。爲首者初行，樂作；至解劍席後，樂止。爲首者就席跪解劍，❶置於席，俛伏，興。通事舍人引升階，進當皇太子座前，東面，跪賀。其賀詞與群官同。俛伏，興。通事舍人引降詣席後，爲首者跪著劍，俛伏，興，樂作；復懸南位，樂止。宫臣俱再拜。左庶子前承令，降詣宫臣西北，東面，稱「令旨」，宫臣俱再拜。宣令訖，宫臣又再拜。左庶子還侍位。典儀曰「再拜」，贊者承傳，宫臣在位者皆再拜。通事舍人以次引出還次。爲首者初行，樂作；出門，樂止。左庶子前跪，奏稱：「左庶子臣某言：禮畢。」俛伏，興，還侍位。

❶「跪」，原脱，據《通典》卷一二八、《大唐開元禮》卷一一三補。

皇太子興，樂作；降座入，侍衛如來儀，侍臣從至閤，樂止。

會　伶官帥登歌於殿上，以南吕之均。典設郎鋪宫臣牀座於其殿上：文官於皇太子幄座西南，重行北向；武官於皇太子西北，重行南向。俱以東爲上。設不升殿者座席于東西廊下，設解劍席於懸西横街之南，俱以北爲上。典設郎設壽罇於殿上西序之端，東向，❶有坫，加爵一，於罇下。又設升殿者酒罇於西廊下，近北；設殿下者酒罇，各於其座之南。皆有坫冪，俱障以帷。設訖，通事舍人引宫臣出次，俱就門外位。左庶子奏「外辦」，皇太子服遠遊冠、絳紗袍以出，侍衛如常。皇太子將出，仗動，樂作；皇太子升自阼階，即座，西向坐，樂止。典儀一人，升就東階上，西面立。通事舍人引文武宫臣以次入就位。宫臣初入門，樂作；爲首者至位，樂止。宫臣立定，若朝會別日設會，贊拜如朝禮。左庶子前承令，降，命宫臣升座，在位者皆再拜。❷通事舍人引應升殿者詣西階。爲首者初行，樂作；至解劍席，樂止。宫臣各脱舄履，跪，解劍置於席上，俛伏，興。通事舍人引升階，宫臣爲首者一人升立於階西，東向。以下各就座後，立于其位。又通事舍人引廊下位者就座後。上下立定，典膳郎前，❸跪稱：「典膳郎臣某言：請賜宫臣上壽。」俛伏，興。左庶子稱令曰：「諾。」典膳郎退，升詣酒罇所，❹東面

❶「東向」，原作「東西」，據《大唐開元禮》卷一一三改。

❷「在」，原脱，據《大唐開元禮》卷一一三、《通典》卷一二八補。

❸「膳」，原作「儀」，據庫本改。

❹「所」，原脱，據《大唐開元禮》卷一一三、《通典》卷一二八補。

立。通事舍人引爲首者詣酒罇之所，北面立。典膳郎酌酒一爵，授爲首者，搢笏，受爵。通事舍人引爲首者詣皇太子座前，東面，授左庶子。左庶子受爵，進置皇太子前。爲首者執笏，通事舍人引爲首者退，東面，跪稱：「某官臣等稽首言：元正首祚，冬至云「天正長至」。臣等不勝大慶，謹上千萬壽。」俛伏，興，再拜。宫臣等上下再拜，立於席後。左庶子前承令，少退，宣令訖，宫臣上下又再拜。左庶子取爵奉進，皇太子舉酒，奏《休和》之樂，宫臣上下皆舞蹈，三稱萬歲。皇太子舉酒訖，左庶子進受虚爵，以授典膳郎。典膳郎受爵，復於坫，樂止。初，左庶子受虚爵，殿上典儀唱「再拜」，階下贊者承傳，宫臣上下皆再拜。通事舍人引爲首者就座後立，殿上典儀唱「就座」，階下贊者承傳，宫臣上下俱就座，俛伏，坐。❶伶官帥引歌者及琴瑟至階，脱履於下，升，就位坐，又引笙管進詣階間，北面立。典膳郎進酒至階，殿上典儀唱「酒至，興」，階下贊者承傳，宫臣上下皆俛伏，起立席後。左庶子到階省酒，典膳郎奉酒進，皇太子舉酒。食官令又行宫臣酒，❷至殿上，典儀唱「再拜」，階下贊者承傳，宫臣上下皆再拜，俛伏，興，坐飲。皇太子初舉酒，登歌作《昭和》之樂三終，行觴三周。典膳郎進食，皇太子食，❸奏《休和》之樂，食畢，樂止。仍行酒，設庶羞之奠，如會群官儀。伶官帥引諸伎以次入，樂作。若賜酒，左庶子前承令，詣東階上，西向，稱「賜酒」，殿上典儀承傳，

❶「坐」，原作「興」，據《大唐開元禮》卷一一三、《通典》卷一二八改。
❷「官令又」，原作「會令及」，據同上二書改。
❸「食」，原脱，據《通典》卷一二八補。

階下贊者又承傳，宫臣上下皆執笏，俛伏，起，再拜，搢笏，立受觶，就座，俛伏，坐；飲訖，俛伏，起，受虛觶，再拜。執笏，又再拜，就座，俛伏，坐。酒九行徧，會畢。殿上典儀唱「可起」，階下贊者承傳，宫臣上下皆俛伏，起立席後。通事舍人引宫臣降詣解劍席後，跪著劍，俛伏，興，納舄履，樂作；復懸南位，樂止。位於東西廊下者，仍立於席後。立定，典儀曰「再拜」，贊者承傳，宫臣在位者皆再拜。廊下者拜於席後。諸仗俱作。通事舍人引宫臣以次出。爲首者初行，樂作；出門，樂止。左庶子跪奏稱：「左庶子臣某言：禮畢。」俛伏，興，還侍位。皇太子興，奏《永和》之樂；皇太子降座以入，侍衛如來儀，侍臣從至閤，樂止。

皇太子與師傅保相見附。

前一日，衛尉設師、傅、保次于宫門外道南，西向；伶官帥展軒懸於殿庭，以姑洗之均。其日質明，諸衛率各勒所部，屯門列仗。典儀設師、傅、保位於西階之西，東向；三少位於師、傅、保之南，少退，俱東向北上。太師、太傅、太保及三少至宫門，通事舍人引就次。左庶子奏「請中嚴」，伶官帥工人就位。又通事舍人引師、傅、保及三少立於正殿門西差退，俱東向。左庶子奏「外辦」，諸侍衛之官各服其器服，俱詣閤奉迎。皇太子著從省服以出，左右侍衛如常儀，《永和》之樂作；至東階下，西面立，樂止。通事舍人引師、傅、保、三少入就位，樂作如常。師、傅、保立定，皇太子再拜，師、傅、保答再拜。若三少特見，則三少先拜。通事舍人引師、傅、保出，樂作、止如常。師、傅、保出門，左庶子前跪，奏稱：❶「左庶子臣某言：禮畢。」皇太子入，❷左右侍衛及樂奏如來儀。

皇太子受朝集使參辭附。

前一日，典設郎設皇太子幄座於東宮正殿東序，西向。又設宮臣次及朝集使次于重明門外。其日質明，所司設宮臣及朝集使次于殿庭，諸衛率各勒所部屯門列仗。東宮文武官依時刻集朝堂就位，服袴褶；朝集使並就次，服公服。左庶子量時刻版奏「請中嚴」，近仗就陳於閤外。侍衛之官各服其器服，就閤奉迎。通事舍人各分引群官及朝集使就門外位，❸左庶子版奏「外辦」。皇太子常服即座，西向坐。通事舍人引宮臣入就位如常。典儀曰「再拜」，贊者承傳，在位者皆再拜。又通事舍人分引朝集使横行北面立定，掌儀曰「再拜」，朝集使皆再拜。通事舍人承令，詣朝集使前，稱「有令」，朝集使皆再拜。宣令訖，又再拜。舍人引宮臣以次出。其辭禮亦如之。

【宋《政和五禮新儀》】前一日，有司於東門外量地之宜，設三公以下文武群官等次如常儀；典儀設皇太子答拜褥位於階下，南向；又設文武群官版位于門之外。其日，禮直官、舍人先引三公以下文武群臣以次入，就位立定。禮直官、舍人引左庶子詣皇太子前，跪請「内嚴」。少頃，又言「外備」。内侍褰簾，皇太子常服出次，左右侍衛如常儀。皇太子降階，詣南向褥位，典儀曰「再

❶「奏」，原脱，據《大唐開元禮》卷一一三補。

❷「入」，原脱，據《大唐開元禮》卷一一三補。

❸「分」，原作「令」，據《大唐開元禮》卷一一三改。下同。

拜」，贊者承傳曰「再拜」，三公以下皆再拜，皇太子答拜。班首少前，稱賀云：「元正首祚，冬至云「天正長至」。❶景福維新。伏惟皇太子殿下，與時同休。」賀訖，少退，復位。左庶子前承命，詣群臣前答云：「元正首祚，冬至云「天正長至」。與公等均慶。」典儀曰「再拜」，班首以下皆再拜，皇太子答拜訖。禮直官、通事舍人引三公以下文武百官以次出，内侍引皇太子升階，還次、降簾、侍衛如常儀。少頃，禮直官、舍人引知樞密院官以下入，就位立定。内侍引皇太子降階詣南向褥位，樞密以下參賀如上儀。訖，退。次引師、傅、保、賓客以下入，就位參賀如上儀。師、傅、保以下以次出。内侍引皇太子升坐，禮直官引文武宫官入就位，重行北向立，典儀曰「再拜」，在位官皆再拜。左庶子少前，跪言：「具官某言：元正首祚，冬至云「天正長至」。伏惟皇太子殿下，與時同休。」俛伏，興，復位。典儀曰「再拜」，在位者皆再拜，分東西序立。左庶子少前，跪言「禮畢」，左右近侍降簾，皇太子降坐，宫官退，左右侍衛以次出。

【《宋史·禮志》】皇太子與百官相見。至道元年，有司言：「百官見皇太子，自兩省五品、尚書省御史臺四品、諸司三品以上皆答拜，餘悉受拜。宫官自左右庶子以下，悉用參見之儀，其宴會位在王公上。」與師、傅、保相見。《政和新儀》：前一日，所司設師、傅、保以下次於宫門外道，西南向；設軒架之樂於殿庭近南，北向。其日質明，諸衛率各勒所部屯門列仗。典謁設皇太子位于殿東階下，西向；設師、傅、保位于殿西階之

❶「長至」，原作「至長」，據庫本及上下文乙正。

西，三少位於傅、保之南稍却，俱東向北上。師、傅、保以下俱朝服至宫門，通事舍人引就次，左庶子請「内嚴」。通事舍人引師、傅、保立于正殿門之西，三少在其南稍却，俱東向北上。左庶子言「外備」，諸侍奉之官各服其器服，俱詣閤奉迎。皇太子朝服以出，左右侍衛如常儀，軒架作《翼安》之樂；至東階下，西向立，樂止。通事舍人引師、傅、保及三少入就位，軒架作《正安》之樂；至位，樂止。皇太子再拜，師、傅、保以下答拜。若三少特見，則三少先拜。通事舍人引師、傅、保以下出，軒架《正安》之樂作；出門，樂止。左庶子前跪，稱：「左庶子某言：禮畢。」皇太子入，左右侍衛及樂作如來儀。

徐氏乾學曰：「案周制，王用宫懸，諸侯用軒懸，而無王世子用樂之文。《禮記》云：『三王教世子，必以禮樂。』則東宫之宜設樂明矣。梁武帝天監中，東宫新成，皇太子宴會，司馬褧請奏金石軒架之樂，賀瑒請備文武二舞，正旦上壽奏《介雅》，庶幾先王之制乎？隋皇太子正旦張樂受賀。唐制，皇太子樂用軒懸，舞用六佾。明東宫受賀用大樂。則歷代之設樂，可攷而知也。」

【《金史·禮志》】皇太子與百官相見儀。三師三公欄子内北向躬揖，班首稍前奉候；皇太子離位稍前，正南立，答揖。宰執及一品職事官於欄子北向躬揖，答揖如前。二品職事官欄子外向南躬揖，皇太子起揖。三品職事官露階稍南躬揖，皇太子坐揖。四品以下職事官庭下躬揖，❶跪問候，皇太子坐受。太子太师、太傅、太保與隨朝三師同。❷東宫三少與隨朝二品同。詹事以下，並在庭下面北，每品重行，以東爲上，再拜，稍前問候，又再拜，皇太子坐受。七年，

❶「官」下，原有「官」字，據《金史》卷三七刪。

❷「太師」二字，原脱，據《金史·禮志十》補。

定制：皇太子赴朝，許與親王宰執相見，餘官宗室並迴避。後亦許與樞密使副、御史大夫、判宗正、東宫三師相見。　九年，定制：凡皇太子出，於都門三里外設褥位，三公、宰執以下公服重行立，皇太子便服，三公、宰執以下鞠躬，班首致辭云：「青宫萬福。」再拜，皇太子答拜，退。迎、送皆同。　章宗時，❶禮部尚書張行簡言：「唐制，僕射、宰相上日，百官通班致賀，降階答拜。國朝皇太子元正、生日，三師、三公、宰執以下須群官同班拜賀，皇太子立受再答拜。今尚書省宰執上日，分六品以下别爲一班揖賀，宰執坐舉手答揖，近於坐受也。宰執受賀，其禮乃重於皇太子，恐于義未安。別嫌明微，禮之大節。伏請宰執上日，令三品以下官同班賀，宰執起立，依見三品官儀式通答揖。」上曰：「此事何不早辨正之？如都省擅行，卿正之是矣。」行簡對曰：「禮部蓋嘗參酌古今典禮，擬定儀式，省廷不從，❷輒改以奏。」下尚書省議，遂用之。宰執上日，三品以下群官通班賀，起立答拜，自此始。

【《元典章》】正旦，于大朝會之明日，文武群官以常服至東宫行賀禮。皇太子居偏殿，南向坐。群官自丞相以下以次入，北面，行四跪拜禮。

【《明史·禮志》】朝賀東宫儀。漢以前無聞。隋文帝時，冬至，百官朝太子，張樂受賀。唐制，宫臣參賀皇太子，皆舞蹈。開元始罷其禮。故事，百官詣皇太子，止稱名，惟宫臣稱臣。明洪武十四年，給事中鄭相

❶「章宗」下至段末出《金史·張行簡傳》，非《禮志》。

❷「從」，原作「敢」，據《金史》卷一〇六《張行簡傳》改。

同請如古制，詔下群臣議。編修吴沈等議曰：「東宫，國之大本，所以繼聖體而承天位也。臣子尊敬之禮，不得有二。請凡啓事東宫者，稱臣如故。」從之。凡朝東宫，前期：典璽官設皇太子座于文華殿；錦衣衛設儀仗於殿外；教坊司陳大樂於文華門内東西，北向；府軍衛列甲士旗幟于門外；錦衣衛設將軍十二人于殿中門外及文華門外，東西向；儀禮司官設箋案于殿東門外，設百官拜位于殿下東西，設傳令宣箋等官位于殿内東西。是日，百官詣文華門外。導引官啓「外備」。皇太子具冕服出，樂作；陞座，樂止。百官入贊拜，樂作；四拜興，樂止。丞相陞自西階，至殿内拜位，俱跪。丞相致詞曰：「某等兹遇三陽開泰，萬物維新。敬惟皇太子殿下，茂膺景福。」畢，俛伏，興，復位。舍人舉箋案入殿中，其捧箋、展箋、宣箋、傳令，略與皇后同。令曰：「履兹三陽，願同嘉慶。」餘俱如儀。冬至致詞，則易「律應黄鐘，日當長至」。傳令則易「履長之節」。千秋節致詞，則云：「兹遇皇太子殿下壽誕之辰，謹率文武群官，敬祝千歲壽。」不傳令。凡朔望，百官朝退，詣文華殿門外，東西立。皇太子陞殿，樂作。百官行一拜禮。其謝恩、見、辭官，亦行禮。洪武元年十二月，帝以東宫師傅皆勳舊大臣，當待以殊禮，命議三師朝賀東宫儀。禮官議曰：「唐制，群臣朝賀東宫，行四拜禮，皇太子答後二拜。三公朝賀，前後俱答拜。近代答拜之禮不行，而三師之禮不可不重。今擬凡大朝賀，設皇太子座于大本堂，設答拜褥位於堂中，設三師、賓客、諭德拜位於堂前。皇太子常服陞座，三師、賓客常服入就位，北向立。皇太子起立，南向。贊四拜，皇太子答後二拜。」六年，詔百官朝見太子，朝服去蔽膝及佩。二十九年，詔廷臣議親王見東宮儀。禮官議：諸王來見，設皇太子位于正殿中，設諸王拜位于殿門外及殿内，設王府官拜位于庭中道上之東西，設百官侍立位于庭中，東西向。至日，列甲士，陳儀仗，設樂，如常。諸王詣東宮門外幄次，皇太子常服出，樂作；陞座，樂止。引禮導諸王入就殿門外位。初行，樂作；就位，樂止。導詣殿東門入，樂作；内贊引至位，北向立，樂止。贊跪，王與王府官皆跪，致詞曰：「兹遇某節，恭詣皇太子殿下。」致詞畢，王與王府官皆俛伏，興，樂作；復位，樂止；贊拜，樂作；王與王府官皆四拜興，樂止。禮畢，王及各官以次出。王至後殿，敘家人禮。東宮及王皆常服，王由文華殿東門入，至後殿。王西向，東宮南向。相見禮畢，敘坐，東宮正中，南面，諸王列於東西。嘉靖二十八年，禮部奏：「故事，皇太子受朝賀，設座文華殿中，今易黄瓦，似應避尊。」帝曰：「東宮受賀，位當設文華門之左，南向。然侍衛未備，已之。」隆慶二年，册皇太子，詔于文華殿門東間設座受賀。

右皇太子受賀。

【《宋史·禮志》】皇太后臨朝聽政。乾興元年，真宗崩，遺旨以皇帝尚幼，軍國事兼權取皇太后處分。宰相率百官稱賀，復前奉慰。又慰皇太后於簾前。有司詳定儀式：内東門拜表，合差入内都知一員跪授傳進；皇太后所降批答，首書「覽表具之」，末云「所請宜許」或「不許」。初，丁謂定皇太后稱「予」，中書與禮院參議，每下制令稱「予」，便殿處分稱「吾」。皇太后詔：「止稱『吾』，與皇帝並御承明殿垂簾決事。」百官表賀。英宗即位，輔臣請與皇太后權同聽政。禮院議：「自四月内東門小殿垂簾，兩府合班起居，以次奏事，非時召學士亦許至小殿。」時帝以疾權居柔儀殿東閤西室，太后垂簾處分稱「吾」，惟兩府日入候問聖體，因奏政事，退詣小殿簾外，覆奏太后。帝疾間，御前後殿聽政，兩府退朝，猶于小殿覆奏。哲宗即位，太皇太后權同聽政。❶三省、樞密院案儀注：「未釋服以前，遇隻日皇帝御迎陽門，❷日參官並赴起居，依例奏事。每五日，遇雙日于迎陽門垂簾，❸皇帝坐于簾内之北，宰執奏事則權屏去左右侍衛。事有機速，許非時請對，及賜召宣，亦許升殿。」禮部、御史臺、閤門奏討論御殿及垂簾儀制：「每朔、望、六參，皇帝御前殿，百官起居，三省、樞密院奏事，應見、謝、辭班退，各令詣内東門進榜子。皇帝雙日御延和殿垂簾，日參官起居太皇太后，移班少西起居皇帝，並再拜。三省、樞密院奏事，三日以上四拜，不舞蹈，候祔廟畢，起居如常儀。簾前通事以内侍，殿下以閤門。吏部磨勘奉舉人，垂簾日引。應見、謝、辭臣僚，遇朔、望、參日不坐，並先詣殿門，次内東門，應擡賜者並門賜。」從之。❹於是帝御迎陽門幄殿，同太皇太后垂簾，宰臣、親王以下合班起居。常制分班十六，至是合班，以閤門奏請故也。禮官請如有祥瑞、邊捷，宰臣以下紫宸殿稱賀皇帝畢，赴内東門賀太皇太后。從之。徽宗即位，皇太后權同

❶ 上「太」，原脱，據《宋史》卷一一七補。
❷ 「遇」，原作「御」，據庫本改。
❸ 「雙」，原作「隻」，據《宋會要·儀制》一之一三改。
❹ 「從」，原脱，據《宋會要·儀制》一之一三、《長編》卷三五三及《通考》卷二五二補。

聽政。三省、樞密院聚議：故事，嘉祐末，英宗請慈聖同聽政，五日同御内東門小殿垂簾，❶至七月十三日英宗間日御前後殿，輔臣奏事，退詣内東門簾前覆奏。又故事，惟慈聖不立生辰節名，不遣使契丹；若天聖、元豐，則御殿垂簾，立生辰節名，遣使與契丹往還及避家諱等。曾布曰：「今上長君，豈可垂簾聽政？請如嘉祐故事。」蔡卞曰：「天聖、元豐與今日皆遺制處分，非嘉祐比。」布曰：「今日之事，雖載遺制，實出自德音，又皆長君，正與嘉祐事相似。」有旨：依嘉祐、治平故事。布語同列曰：「奏事先太后，次覆奏皇帝，如今日所得旨。」遂爲定式矣。尋以哲宗靈駕發引，太后手書罷同聽斷焉。

蕙田案：太后臨朝聽政，非常禮也。列代史傳皆不載其儀，惟《宋史》有之，今附于末。

右皇太后臨朝聽政。

五禮通考卷第一百四十一

淮陰吴玉搢校字

❶「日」，原作「月」，據《長編》卷五二〇元符三年正月庚辰條改。

五禮通考卷第一百四十二

內廷供奉禮部右侍郎金匱秦蕙田編輯
太子太保總督直隸右都御史桐城方觀承同訂
兩淮都轉鹽運使德水盧見曾
按察司副使元和宋宗元　參校

嘉禮十五

尊親禮

蕙田案：聖王以孝治天下，尊親之典爲最鉅。創業嗣統之君，即位以後，莫不以斯爲首務。然其禮見於吉禮者有三：始祖配天，一也；帝后祔廟，二也；追崇本生，三也。已分見《祀天》、《廟制》、《后妃》、《私親廟》各門。今敘追尊之制、内禪起居之儀、母后上册之禮，以廣盡孝之義焉。

【《禮記・大傳》】牧之野，武王之大事也，追王大王亶父、王季歷、文王昌，不以卑臨尊也。【注】不用諸侯之號臨天子也。文王稱王早矣，於殷猶爲諸侯，於是著焉。【疏】土無二王，殷紂尚存，即爲早。所以早稱王者，案《中候我應》云：「我稱非早，一民固下。」《周本紀》云：「文王受命六年，立靈臺，布王號，於時稱王，九十六也。」故《文王世子》云「君王其終撫諸」是也。文王既稱王，文王生雖稱王，號稱猶未定，故武王追王，乃定之耳。

【《中庸》】周公成文、武之德，追王大王、王季，上祀先公以天子之禮。【注】追王太王、王季者，以王迹起焉。先公，組紺以上至后稷也。【疏】《詩・頌・閟宮》云：「太王居岐之陽，實始翦商。」是王迹起也。

吕氏大臨曰：「追王之禮，古所無有，其出於周公乎？太王避狄，去邠之岐，則王業始基之矣。王季成大王之業，至文王，受命作周。武王壹戎衣而有天下，纘大王、王季、文王之緒而已。」

陳氏祥道曰：「《大傳》言『武王追王太王、王季、文王』，《中庸》言『周公成文、武之德，追王太王、王季』。文、武有追王之志，周公行追王之事也。司馬遷言文王有正朔，追尊太王、王季，妄矣。《書》曰：『大王肇基王迹，王季其勤王家。』《詩》曰：『實維太王，實始翦商。』則文王所以三分天下有其二者，其始乃自太王、王季也。武王所以得天下，其成乃自文王也。《詩》曰：『周雖舊邦，其命維新。』又曰：『文王受命，有此武功。』《書》曰：『九年大統未集。』又曰：『集大命於厥躬。』《記》稱武王曰：『君王其終撫諸。』《春秋》書『王正月』，《公羊》曰：『王者孰謂？謂文王也。』觀此，則宜若文王既受命作周，改元稱王矣。而《記》謂武王、周公追王之何也？蓋於是時，天下之訟獄者不之紂而之文王，謳歌者不謳歌紂而謳歌文王，則虞、芮質成之後，天固已命之矣。然作周而未成，有所統而未集，不幸九年而終。至此，武王、周公所以正其名而追之也。觀祖伊稱文王以西伯，武王稱文王以文考，則文王未嘗稱王可知也。」

游氏酢曰：「武王於《泰誓》三篇稱文王爲文考，至《武成》而柴望，然後稱文考爲文王。世之説者，因《中庸》無追王文王之文，遂謂文王自稱王，豈未嘗考《泰誓》、《武成》之書乎？君臣之分，猶天尊地卑，紂未可去，而文王稱王，是二天子也，服事殷之道，固如是耶？《書》所謂『大統未集』者，後世以虞、芮質厥成爲文王受命之始故也。當六國時，秦固已雄長天下，而周之號微矣，辛垣衍欲帝秦，魯仲連以片言折之，衍不敢復出口，蓋名分之嚴如此。故以曹操之奸雄，逡巡於獻帝之末而不得逞，彼蓋知利害之實也。曾謂至德如文王，一言一動，順帝之則，而反盜虛名而拂天理乎？且武王觀政於商而須，假之五年，非僞爲也。使紂一日有悛心，則武王當與天下共尊之，必無牧野之事。然則文王已稱之名，將安所歸乎？此天下之大戒，故不得不辨。」

蕙田案：文王之不稱王，自是一定，本無可疑。《中庸》之不及文王，先儒謂武王業已追王而尚未及太王、王季，故周公成之。其説近是。《史記》及《疏》，殊非至理，陳氏、游氏辨之極的。

呂氏祖謙曰：「謂『不以卑臨尊』，此出於後來漢儒之説無疑，而非追王之本意也。嘗考之《武成》，三王皆肇基之主，所以追王之也。」

蕙田案：東萊之論是也。《記》以諸侯爲卑，天子爲尊，非聖賢之意。

【《漢書·高祖本紀》】十年八月，令諸侯王皆立太上皇廟。

班固贊曰：「『漢帝本系，出自唐帝。降及於周，在秦作劉。涉魏而東，遂爲豐公。』豐公，蓋太上皇父，其遷日淺，墳墓在豐鮮焉。及高祖即位，置祠，祀官則有秦、晉、梁、荆之巫。應劭曰：「先人所在之國悉致祠，巫祝博求神靈之意也。」文穎曰：「巫，掌神之位次者也。范氏世事於晉，故祠祀有晉巫。范會支庶，留秦爲劉氏，故有秦巫。劉氏隨魏都大梁，故有梁巫。後徙豐，豐屬荆，故有荆巫也。」世祠天地，綴之以祀，豈不信哉！」

《文獻通考》馬氏曰：「漢高帝承秦之敝，禮制隳廢，既即天子位，而七廟未嘗立。至太上皇崩，始詔郡國立廟，而皇祖以上無聞焉。《班史·高紀贊》始有豐公之名，且言致祠祀，有秦、晉、荆、梁之巫。觀注家所言，則是自晉而秦，自秦而梁，自梁而荆，似各有祖廟，各有巫以主其祀事。然《郊祀志》言『梁巫祀天地、天社、天水、房中、堂上之屬，晉巫祠五帝、東君、雲中君、巫社、巫祠、族人炊之屬，秦巫祠社主、巫保、族纍之屬，荆巫祠堂下、巫先、司命、施糜之屬』，則諸巫所掌者，乃祀典神祇之祠，非祖廟也。所謂『世祠天地，綴之以祀』者，豈是以諸祖配諸神而祠之，而各處有巫主其事耶？不可得而詳也。」

蔡邕《獨斷》：「漢高祖得天下而父在，上尊號曰太上皇，不言帝，非天子也。」

【《續漢書·祭祀志》】光武帝建武三年正月，立親廟，祀父南頓君以上至春陵節侯。南頓君稱皇考，鉅鹿都尉稱皇祖考，鬱林太守稱皇曾祖考，節侯稱皇高祖考。

蕙田案：光武中興崛起，承奉大宗，據昭穆之次，以元帝爲父。故南頓君以上四世，僅奉祠園寢，未有追尊之典，與爲人後之禮合，先儒皆以爲不可及也。

【《晉書·禮志》】延康元年，魏文帝繼王位，追尊皇祖爲太王，夫人曰太王后。黄初元年受禪，又追尊曰太皇帝，皇考武王曰武皇帝。明帝太和三年，追尊高祖大長秋曰高皇，夫人吴氏曰高皇后。

【《通典》】魏文帝即王位，尚書令桓階等奏：❶「臣聞尊祖敬宗，古之大義。故六代

❶「桓」，原作「栢」，據庫本改。

之君，未嘗不追崇始祖，顯彰所出。先王應期撥亂，啟魏大業，然禰廟未有異號，非崇孝敬、示無窮之義也。太尉公侯，宜有尊號，所以表功崇德、發事顯名者也。故《易》言《乾》《坤》，皆曰大德，言大人與天地合。臣等以爲：太尉公侯，誕育聖哲，以濟群品，可謂資始，其德之號，莫過於太王。」詔曰：「前奏以朝車迎中常侍大長秋特進君侯神主，然君不宜但依故爵乘朝車也。禮有尊親之義，爲可依諸王比，更議。」博士祭酒孫欽等議：「案《春秋》之義，五等諸侯，卒葬皆稱公，乃與王者之後宋公同號，然臣子褒崇其君父。以此言之，中常侍大長秋特進君侯，誕育太皇，篤生武王，奄有四方，其功德之號，莫過太王。今迎神主，宜乘王車，又宜先遣使者上謚號爲『太王』。」於是漢帝追謚爲「太王」。及受禪，追尊太王爲「太皇帝」，考武王爲「武皇帝」，尊王太后爲「皇太后」。明帝泰和三年六月，司空陳群等議以爲：「周武追尊太王、王季、文王皆爲王，是時周天子以王爲號，追尊即同，故謂『不以卑臨尊』也。魏以皇帝爲號，今追號皇曾祖中常侍大長秋特進君爲王，❶乃以卑臨尊也。故漢祖尊其父爲太上皇，自是以後，諸侯爲帝者，皆尊其父爲皇也。大長秋特進君宜號高皇，載主宜以金根車，可遣大鴻臚持節，乘大使車，從騶騎，奉印綬，即鄴廟以太牢告祠。」從之。又詔曰：「蓋聞尊嚴祖考，所以成湯、文、武，實造商、周，克昌王業，而《詩》《書》之義，追尊稷、禼。自我魏室之承天序，既發跡於高皇，高皇之父處士君，精神幽遠，號稱罔記，非所以崇孝

❶「曾」，《通典》卷七二作「高」。

重本也。其令公卿以下會議號諡。」侍中劉曄議：❶「周王所以后稷爲祖者，以其唐之諸侯，佐堯有大功，名在祀典故也。至於漢氏之初，追諡之義，不過其父。上比周室，則大魏發跡，自高皇而始；下論漢氏，則追諡之禮，不及其祖。曄思以爲追尊之義，宜齊高皇而已。」侍中繆襲以爲：「元者，一也，首也，氣之初也。是以周文演《易》，以冠四德；仲尼作《春秋》，以統三正。又《諡法》曰：『行義悦人曰元，尊仁貴德曰元。』處士君宜追加諡號曰元皇。」太傅鍾繇議：「案《禮·小記》曰：『親親以三爲五，以五爲九。上殺、下殺、旁殺，而親畢矣。』乃唐堯之所以敦敘於九族也。其禮上殺於五，非不孝敬於祖也；下殺於五，非不慈愛於其孫也；旁殺於五，非不篤友於昆弟也。故爲族屬，以禮殺之。處士君其數在六，於屬已盡，其廟當毁，其主當遷。今若追崇帝王之號，天下素不聞其受命之符，則是武皇帝櫛風沐雨、勤勞天下爲非功也。推以人情，普天率土，不襲此議；處士君明神，不安此禮。今諸博士以禮斷之，其義可從。」詔從之。

蕙田案：追王爲尊親第一事，自魏以前，無有稱帝者，稱之，自魏始。鍾繇以《小記》斷追尊之代，於周追王義合，劉侍中議亦不可廢。

【《宋書·禮志》】孫權立堅廟，尊曰始祖。

【《晉書·禮志》】武帝泰始元年，追尊皇祖宣王曰宣皇帝，伯考景王曰景皇帝，皇考文王曰文皇帝，宣王妃張氏爲宣穆皇后，尊太

❶「曄」，原作「奕」，據《通典》卷七二改。下同。按《三國志·魏書·劉曄傳》有「黄初元年以曄爲侍中」之語。

妃王氏爲皇太后。

【《宋書·武帝本紀》】永初元年即位，追尊皇考爲孝穆皇帝，皇妣爲穆皇后。

【《通典》】策曰：「維永初元年七月，皇帝謹遣某官某奉策上皇考尊號曰孝穆皇帝。❶仰惟聖靈，邈焉徂遠。昔有周丕崇，祚興昌、季。其在魏晉，亦申情禮。所以聿追來孝，所因者本。謹稽式上代，考諸令准。稱謂既極，情典攸遂。所以仰順天人，俯穆率土。在心遠慕，庶云有慰。」追尊先后策曰：「維年月朔，皇帝謹遣某官某奉策上皇妣尊號曰孝穆皇后。伏惟皇妣，資坤厚之性，體母儀之德。等美姜嫄，齊列任姒。訓穆中闈，化流自遠。膺歷運期，饗茲天位。謹依前典，敬奉大禮。仰慕聖善之愛，俯增《蓼莪》之思。」

齊高帝受禪，追尊皇考曰宣皇帝，皇妣曰孝皇后。

【《梁書·武帝本紀》】天監元年，追尊考曰文皇帝，妣曰獻皇后。

【《陳書·高祖本紀》】永定元年即位，追尊考曰景皇帝，妣董氏曰安皇后。

【《通典》】後魏道武帝稱尊號後，追尊遠祖二十餘代，皆稱皇帝，則歷代未聞也。不復更載謚號焉。

北齊文宣帝受東魏禪，追尊祖爲文穆皇帝，妣爲文穆皇后，考爲獻武皇帝，兄爲文襄皇帝，母爲皇太后。

後周閔帝受西魏禪，稱天王，追尊考曰文王。後其弟明帝立，稱帝號，追尊文王曰文皇帝。後其弟武帝立，追尊曰德皇帝。

【《隋書·高祖本紀》】開皇元年，追尊皇考

❶「穆」，原脱，據庫本補。

曰武元皇帝，妣曰元明皇后。

【《唐書・高祖本紀》】武德元年五月，追謚高祖曰宣簡公，曾祖曰懿王；祖曰景皇帝，妣梁氏曰景烈皇后；皇考曰元皇帝，妣獨孤氏曰元貞皇后。

【《五代史・梁本紀》】太祖開平元年，追尊祖考爲皇帝，妣爲皇后。皇高祖黯謚曰宣元，妣范氏謚曰宣僖；曾祖茂琳謚曰光獻，妣楊氏謚曰光孝；祖信謚曰昭武，妣劉氏謚曰昭懿；考誠謚曰文穆，妣王氏謚曰文惠。

【《唐本紀》】莊宗同光元年，追尊祖考爲皇帝，妣爲皇后。曾祖執宜、妣崔氏，皆謚曰昭烈；祖國昌、妣秦氏，皆謚曰文景；考謚曰武。

【《晉本紀》】高祖天福元年，追尊祖考爲皇帝，妣爲皇后。高祖璟謚曰孝安，妣秦氏謚曰孝安元；曾祖彬謚曰孝簡，妣安氏謚曰孝簡恭；祖昱謚曰孝平，妣來氏謚曰孝平獻；考紹雍謚曰考元，妣何氏謚曰孝元懿。

【《漢本紀》】高祖即位，稱天福十二年，追尊祖考爲皇帝，妣爲皇后。高祖湍謚曰明元，妣李氏謚曰明貞；曾祖昂謚曰恭僖，妣楊氏謚曰恭惠；祖僎謚曰昭憲，妣李氏謚曰昭穆；考琠謚曰章聖，妣安氏謚曰章懿。

【《周本紀》】太祖廣順元年，追尊祖考爲皇帝，妣爲皇后。高祖璟謚曰睿和，妣張氏謚曰睿恭；曾祖諶謚曰明憲，妣申氏謚曰明孝；祖蘊謚曰翼順，妣韓氏謚曰翼敬；考謚曰章肅，妣王氏謚曰章德。

【《宋史・太祖本紀》】建隆元年，奉玉册謚高祖曰文獻皇帝，妣崔氏曰文懿皇后；曾祖曰惠元皇帝，妣桑氏曰惠明皇后；祖曰簡恭皇帝，妣劉氏曰簡穆皇后；皇考曰武昭皇帝。

【《禮志》】太祖建隆元年九月，太常禮院言：「謹案唐大中初，追尊順宗、憲宗謚號，皇帝於宣政殿授玉册，遣宰臣以下持節奉册赴太廟。授册日，帝既御殿，百僚拜訖，降階，跪授册於太尉，候太尉奉册出宣政門，然後升殿。凡皇帝行禮，皆太常卿贊導奉引。」奏可。是月二十七日，帝御崇元殿，備禮遣使奉册上四廟謚號。皇帝高祖府君册曰：「孝曾孫嗣皇帝臣某再拜稽首上言：伏以昊天有命，皇宋勃興。括厚載以開階，宅中區而撫運。夷夏蠻貊，罔不獻誠；山川鬼神，罔不受職。非臣否德，肇此丕圖。實賴先正儲休，上玄降鑒。既虔膺於大寶，乃眇覿於遐源。敢遵歷代之規，式薦配天之號。」皇曾祖府君册曰：「伏以天命匪忱，惟歸於有德；人文設教，必始於貽謀。乘時既肇於興王，報本敢稽於尊祖。非隆徽稱，則大享何以配神？非鏤良珉，則洪烈何由垂世？方作猗那之頌，永嚴昭穆之容。」皇祖驍衛府君册曰：「伏以人瞻烏止，運叶龍飛。非發源之長，析派不能通上漢；非積基之厚，嗣孫不能有中區。今人紀肇修，孝思罔極。酌百王之損益，薦四廟之烝嘗。」聖考太尉府君册曰：「昔者流火開祥，周發薦文王之號；❶黄星應運，曹丕揚魏祖之功。咸因致孝之誠，式展尊親之義。❷爰遵大典，亟上尊稱。」禮畢，群臣進表奉慰。

【《遼史·文學·蕭韓家奴傳》】韓家奴爲翰林都林牙，興宗重熙十三年春，上疏曰：

❶「發」，原作「殷」，據庫本改。
❷「義」，原作「美」，據庫本改。

「臣聞先世遥輦洼可汗之後，國祚中絶；自夷离菫雅里立阻午，大位始定。然上世俗樸，未有尊稱。臣以爲三皇禮文未備，正與遥輦氏同。後世之君以禮樂治天下，而崇本追遠之義興焉。近者唐高祖尊四世爲帝。昔我太祖代遥輦即位，乃製文字，修禮法，建天皇帝名號，制宫室以示威服，興利除害，混一海内。厥後累聖相承，自夷离菫湖烈以下，大號未加，天皇帝之考夷离菫的魯猶以名呼。臣以爲宜依唐典，追崇四祖爲皇帝，則陛下弘業有光，墜典復舉矣。」疏奏，帝納之，始行追册玄、德二祖之禮。

【《興宗本紀》】重熙二十一年秋七月，追尊太祖之祖爲簡獻皇帝，妣爲簡獻皇后；太祖之考爲宣簡皇帝，妣爲宣簡皇后。

【《金史·熙宗本紀》】天會十四年八月丙辰，追尊九代以下祖考妣曰皇帝、皇后。

【《禮志》】天會十四年八月庚戌，文武百僚、太師宗磐等上議曰：「國家肇造區夏，四征弗庭。太祖武元皇帝受命撥亂，光啟大業；太宗文烈皇帝繼志卒伐，奮張皇威。原其積德累功，所由來者遠矣。伏惟皇九代祖，廓君人之量，挺御世之姿。虞舜生馮，遷於負夏；太王避狄，邑此岐山；聖姥來歸，天原肇發。皇八代祖、皇七代祖，承家襲慶，裕後垂芳。不求赫赫之名，終大振振之族。皇六代祖，徙居得吉，播種是勤。去暴露，獲棟宇之安；釋負載，興車輿之利。皇五代祖孛菫，雄姿邁世，美略濟時。成百里日辟之功，戎車既飭；著五教在寬之訓，人紀肇修。皇高祖太師，質自天成，德爲民望，兼精騎射，往無不摧，始置官師，歸者益衆。皇曾祖太師，威靈震遠，機警絶人，雅善運籌，未嘗衿甲，臨敵愈奮，應變若神。皇曾叔祖太師，機獨運心，公無私物，四方聳動，諸部歸懷，德威兩隆，風俗大定。皇伯祖太師，友于盡愛，國爾惟忠，謀必罔愆，舉無不濟。累代祖妣，婦道警戒，王業艱難，俱殫內助之勞，實著始基之漸。是宜采群臣之僉議，酌故事以遵行。欵帝於郊，稱天以誄。請上皇九代祖尊謚曰景元皇帝，廟號始祖，妣曰明懿皇后；上皇八代祖尊謚曰德皇帝，妣曰思皇后；上皇七代祖尊謚曰安皇帝，妣曰節皇后；上皇六代祖尊謚曰定昭皇帝，妣曰恭靖皇后；上皇五代祖孛堇尊謚曰成襄皇帝，妣曰威順皇后；上皇高祖太師尊謚曰惠桓皇帝，妣曰昭肅皇后；上皇曾祖太師尊謚曰聖肅皇帝，妣曰簡翼皇后；上皇曾叔祖太師尊謚曰穆憲皇帝，❶妣曰静宣皇后；上皇曾叔祖太師尊謚曰孝平皇帝，妣曰貞惠皇后；上皇伯祖太師尊謚曰恭簡皇帝，妣曰敬僖皇后。須廟室告成，涓日備物，奏上寶册，藏於天府，施之罔極。」丙辰，奉上九代祖妣尊謚廟號。是日，百僚上表稱賀。

【《元史・太祖本紀》】至元三年，追謚也速該烈祖神元皇帝。太祖之父。

【《明史・太祖本紀》】洪武元年，追尊高祖考曰元皇帝，曾祖考曰恒皇帝，祖考曰裕皇帝，皇考曰淳皇帝；妣皆皇后。

【《明集禮》】洪武元年春正月四日，太祖詣太廟，恭上四代考妣尊號。高祖伯六公，五世祖重八公季子，妣胡氏；曾祖四九公，高祖次子，妣侯氏；祖初一公，懿祖長子，妣王氏；考世珍，熙祖次子，妣陳氏。

❶「憲」，原作「簡」，據《金史・禮志五》改。

右追尊。

【《書·大禹謨》】祗載見瞽瞍，夔夔齊慄，瞽亦允若。

蔡《傳》：「言舜敬其子職之事以見瞽瞍也。齊，莊敬也。慄，戰慄也。夔夔，莊敬戰慄之容也。舜之敬畏小心而盡於事親者如此。允，信。若，順也。言舜以誠感格，雖瞽瞍頑愚，亦且信順之，即《孟子》所謂『底豫』也。」

【《史記·五帝本紀》】舜之踐帝位，載天子旗，往朝父瞽瞍，夔夔唯謹，如子道。

【《孟子》】天下大悦而將歸己，視天下悦而歸己猶草芥也，惟舜爲然。不得乎親，不可以爲人；不順乎親，不可以爲子。

【朱子《章句》】言舜視天下之歸己如草芥，而惟欲得其親而順之也。得者，曲爲承順，❶以得其心之悦而已。順則有以諭之於道，心與之一，而未始有違，尤人所難也。爲人，蓋泛言之；爲子，則愈密矣。

舜盡事親之道，而瞽瞍底豫；瞽瞍底豫，而天下化。瞽瞍底豫，而天下之爲父子者定。此之謂大孝。

【朱子《章句》】瞽瞍至頑，嘗欲殺舜，至是而底豫焉。《書》所謂「不格姦亦允若」是也。蓋舜至此而有以順乎親矣。是以天下之爲子者，知天下無不可事之親，顧吾所以事之者未若舜耳。於是莫不勉而爲孝，至於其親亦底豫焉，則天下之爲父者亦莫不慈，所謂化也。子孝父慈，各止其所，而無不安其位之意，所謂定也。爲法於天下，可傳於後世，非止一身一家之孝

❶「承順」，原作「順成」，據朱熹《孟子集注》改。

而已，此所以爲大孝也。

李氏曰：「舜之所以能使瞽瞍底豫者，盡事親之道，共爲子職，不見父母之非而已。昔羅仲素語此云：『只爲天下無不是底父母。』了翁聞而善之，曰：『唯如此而後天下之爲父子者定。彼臣弒其君，子弒其父者，常始於見其有不是處耳。』」

咸丘蒙問曰：「語云：『盛德之士，君不得而臣，父不得而子。』舜南面而立，堯帥諸侯北面而朝之，瞽瞍亦北面而朝之。舜見瞽瞍，其容有蹙。孔子曰：『於斯時也，天下殆哉，岌岌乎！』不識此語誠然乎哉？」孟子曰：「否。此非君子之言，齊東野人之語也。堯老而舜攝也。《堯典》曰：『二十有八載，放勳乃徂落，百姓如喪考妣。三年，四海遏密八音。』孔子曰：『天無二日，民無二王。』舜既爲天子矣，又帥天下諸侯以爲堯三年喪，是二天子矣。」

【朱子《章句》】孟子言堯但老不治事，而舜攝天子之事耳。堯在時，舜未嘗即天子位，堯何由北面而朝乎？

咸丘蒙曰：「舜之不臣堯，則吾既得聞命矣。《詩》云：『普天之下，莫非王土。率土之濱，莫非王臣。』而舜既爲天子矣，敢問瞽瞍之非臣如何？」曰：「是《詩》也，非是之謂也。勞於王事，而不得養父母也。曰：『此莫非王事，我獨賢勞也。』」

【朱子《章句》】不臣堯，❶不以堯爲臣，使北面而朝也。

孝子之至，莫大乎尊親；尊親之至，莫大乎以天下養。爲天子父，尊之至也；以天下養，養之至也。《詩》曰：「永言孝思，孝思

❶「臣堯」，原作「爲臣」，據《孟子集注·萬章上》改。

維則。」此之謂也。《書》曰：「祗載見瞽瞍，夔夔齊栗，瞽瞍亦允若。」是爲父不得而子也。

【朱子《章句》】言瞽瞍既爲天子之父，則當享天下之養，此舜所以爲尊親養親之至也。

蕙田案：《孟子》二章，萬古人主尊親之極則。

【《竹書紀年》】夏帝不降五十九年，遜位於弟扃。

沈氏約注：「三代之世，内禪惟不降，實有聖德。」

【《史記·趙世家》】趙武靈王二十七年五月，大朝於東宮，傳國，立王子何以爲王。王廟見禮畢，出，臨朝大夫悉爲臣。武靈王自號爲主父。

【《漢書·高祖本紀》】六年，上歸櫟陽，五日一朝太公。太公家令説太公曰：「天亡二日，土無二王。皇帝雖子，人主也；太公雖父，人臣也。奈何令人主拜人臣？如此則威重不行。」後上朝，太公擁彗，李奇曰：「爲恭也，如令卒持帚也。」師古曰：「彗者，所以掃也。」迎門却行。上大驚，下扶太公。太公曰：「帝人主，奈何以我亂天下法！」於是上心善家令言，師古曰：「晉太子庶子。」劉寶云：「善其發悟己心，因得尊崇父號，非善其令父敬己。」賜黃金五百斤。夏五月丙午，詔曰：「人之至親，莫親於父子。故父有天下，傳歸於子；子有天下，尊歸於父。此人道之極也。前日天下大亂，兵革並起，萬民苦殃。朕親披堅執鋭，自帥士卒，犯危難，平暴亂，立諸侯，偃兵息民，天下大安。此皆太公之教訓也。諸王、通侯、將軍、群卿大夫已尊朕爲皇帝，而太公未有號，今上尊太公曰『太上皇』。」師古曰：「太上，極尊之稱也。皇，君也。天子之父，故號曰皇。不預治國，故不言帝也。」蔡邕云：「不言帝，非天子也。」【《索隱》】曰：「《本紀》秦始皇追尊莊襄爲太上皇，已有故事矣。蓋太上者，無上也。皇者，德大於帝。」

【《通典》註】後漢荀悦曰：「《孝經》曰：『故雖天子，必有尊也，言有父也。』王者父事三老以示天下，所以明孝也。無父猶設三老之禮，況其存者乎？孝莫大於嚴父，故子尊不加於父母，家令之言，於是過矣。」晉愍懷太子令問中庶子劉寶云：「太公家令説太公，爲是爲非？」對曰：「荀悦論貶家令爲非，臣以爲悦不識高帝意。高帝雖貴爲天子，事父不失子之禮。時即位已六年而不加父號，是以家令言：『雖父，乃人臣也。』言無可尊敬，名號當與人臣同禮，欲以此感動之。帝聞家令言，乃悟，即立號『太上皇』，得人子尊父之道。若不聞家令言，父終無號矣。家令説是也。」

蕙田案：家令説上之言，似與《孟子》齊東野人之語相類。當時孟子弟子如咸丘蒙尚信不及，何況家令？但高祖心存敬父，聞言感悟，似家令諷之耳。故以高祖心善家令爲發悟己心亦可也。

【《魏書·獻文帝本紀》】帝雅薄時務，常有遺世之心，欲禪位於叔父京兆王子推，群臣固請，帝乃止。皇興五年七月丙午，册命太子曰：「昔堯舜之禪天下也，皆由其子不肖。若丹朱、商均能負荷者，豈搜揚側陋而授之哉！爾雖沖弱，有君人之表，必能恢隆王道，以濟兆民。今使太保建安王陸馛、太尉源賀持節奉皇帝璽綬，致位於爾躬。其踐昇帝位，克廣洪業，以光祖宗之烈，使朕優游履道，頤神養性，可不善歟！」丁未，詔曰：「朕承洪業，運屬太平。淮岱率從，四海清宴。是以希心玄古，志存澹泊。躬覽萬務，則損頤神之和；一日或曠，政有淹滯之失。但子有天下，歸尊於父，父有天下，傳之於子。今稽協靈運，考會群心，爰命儲宮，踐昇大位。朕方優游恭己，栖心浩然，社稷乂安，克廣其業，不亦善乎！百官有司，其祗奉胤子，以答天休。宣布寓内，咸使聞悉。」於是群公奏曰：「昔三皇之世，❶澹泊無爲，故稱皇。是以漢高祖既稱皇帝，尊其父爲太上皇，明不統天下。今皇帝幼冲，萬機大政，猶宜陛下總之。謹上尊號太上皇帝。」乃從之。己酉，太上皇帝徙御崇光宫，採椽不斲，土階而已。國之大事，咸以聞。

【《北齊・武成帝紀》】即位四年，傳位於太子緯，自稱太上皇。

【《周書・宣帝本紀》】詔曰：「有聖大寶，實惟重器。玄天表命，人事與能，幽顯同謀，確乎不易。域中之大，實懸定於杳冥；天下爲公，蓋不避於内舉。我大周感蒼昊之精，受河洛之錫。武功文德，光格區宇。創業垂統，永光無窮。朕以寡薄，祗承鴻緒。上賴先朝得一之迹，下藉群后不貳之心。職貢與雲雨俱通，憲章共光華並亘。圓首方足，咸登仁壽，思隆國本，用宏天歷。皇太子衍，地居上嗣，正統所歸。遠憑積德之休，允叶無疆之祚。帝王之量，未肅而成；天禄之期，不謀已至。朕今傳位於衍。乃睠四海，深合謳歌之望；俾予一人，高蹈風塵之表。萬方兆庶，知朕意焉。可大赦天下，改大成元年爲大象元年。」帝於是自稱「天元皇帝」，所居稱「天臺」，冕有二十四旒，車、服、旗鼓皆以二十四爲節。内史、御正皆置上大夫。皇帝衍稱正陽宫，置納言、御正、諸衛等官，皆准天臺。又令群臣朝

❶「皇」、「世」，原作「王」、「社」，據《魏書・獻文帝本紀》改。

天臺者，皆致齋三日，清身一日。車旗、章服，倍於前王之數。

【《文獻通考》】唐高祖武德九年，詔禪位於皇太子，稱太上皇。上皇以宏義宮有山林勝境，雅好之，貞觀三年四月，乃徙居之，改爲太安宮。上屢請上皇避暑九成宫，上皇以隋文帝終於彼，惡之，乃營大明宫以爲上皇清暑之所，未成，而上皇寢疾，不果居。睿宗在位二年，制傳位於太子。太子上表固辭，上謂太子曰：「汝以爲天下事重，欲朕兼理之耶？昔舜禪禹，猶親巡狩。朕雖傳位，豈忘國家？其軍國大事，當兼省之。」八月庚子，玄宗即位，尊睿宗爲太上皇。上皇自稱曰朕，命曰誥，五日一受朝於太極殿。皇帝自稱曰予，命曰制敕，日受朝於武德殿。三品以上除授及大刑政，決於上皇，餘皆決於皇帝。明年，上皇誥：「自今軍國政刑一皆取皇帝處分，朕方無爲養志，以遂素心。」是月徙居百福殿。肅宗至德元年，即位於靈武，尊玄宗曰上皇天帝。靈武使者至蜀，上皇喜曰：「吾兒應天順人，吾復何憂！」制：「自今改制敕爲誥，表疏稱太上皇，四海軍國事，皆先取皇帝進止，仍奏朕知。俟克復上京，朕不復預事。」命韋見素、房琯、崔渙奉傳國寶、玉册詣靈武傳位。二年，克復兩京，使韋見素入蜀奉迎上皇。上皇至鳳翔，從兵六百餘人，上皇命悉以甲兵輸郡庫。上發精騎三千奉迎。十二月丙午，上皇至咸陽，上備法駕，迎於聖賢宫。上皇在宫南樓，上釋黄袍，著紫袍，望樓下馬趨進，拜舞於樓下。上皇降樓，撫上而泣。上捧上皇足，嗚咽不自勝。上皇索黄袍，自爲上著之。上伏地頓首固辭，上皇曰：「天數人心，皆歸於汝。使朕得保養餘齒，汝之孝也。」上不得已，受之。父老在仗外，歡呼且拜。上令開仗，縱千餘人入謁上皇，曰：「臣等復覩二聖相見，死無恨矣！」上皇不肯居正殿，曰：「此天子之位也。」上固請，自扶上皇登殿。尚食進食，上品嘗而薦之。丁未，將發行宮，上親爲上皇習馬而進之。上皇上馬，上親執鞚行數步，上皇止之。上乘馬前引，不敢當馳道。上皇謂左右曰：「吾爲天子五十年，未爲貴。今爲天子父，乃貴耳。」左右皆呼萬歲。上皇自開遠門入大明宮，御含元殿，即日幸興慶宮，遂居之。上累表請避位，還東宮，上皇不許。

順宗永貞元年即位，疾不能視事，傳位太子純，稱太上皇。

宋徽宗宣和七年十二月，上內禪，以道君號退居龍德宮。皇太子即皇帝位，尊道君爲太上皇帝。

【《宋史·高宗本紀》】紹興三十二年六月丙子，詔皇太子即皇帝位，帝稱太上皇，退處德壽宮。

【《禮志》】紹興三十二年六月，詔上太上皇帝、太上皇后尊號，集議以聞。左僕射陳康伯等言：「五帝之壽，惟堯最高。百王之典，惟堯獨冠。今茲高世之舉，視堯有光。恭請上太上皇帝尊號曰光堯壽聖太上皇帝，太上皇后尊號曰壽聖太上皇后。」詔恭依，仍令禮部、太常討論禮儀以聞。左僕射陳康伯撰太上皇帝册文兼禮儀使，參政汪澈書册文并篆寶，知樞密院葉義問撰太上皇后册文，同知樞密院事黄祖舜書册文。八月十四日，奉上册寶。是日，陪位文武百僚、太傅以下行事官，並朝服入詣大慶殿下立班。皇帝自內服履袍入御幄，服通天冠、絳紗袍，出至大慶殿，詣册寶褥位前再拜，在位官皆再拜訖，皇帝行發册寶授太傅之禮如儀。禮畢，皇帝還幄，服履袍還内，文武百僚退。儀仗鼓吹，備而不作。護衛册寶，太傅以下行事官導從册寶至德壽宫。皇帝自祥曦殿服履袍乘輦，至德壽宫大次降輦。陪位文武官入殿庭立班定，太傅以下行事官從册寶入殿。皇帝服通天冠、絳紗袍升殿，詣西向褥位立。太上皇帝自宫服履袍即坐。皇帝北向四拜起居訖，次太傅以下皆四拜起居。次行奉册之禮。中書令、參知政事史浩讀册，攝侍中葉義問讀寶，讀訖，退復位。皇帝再拜稱賀曰：「皇帝臣某稽首言：伏惟光堯壽聖太上皇帝陛下册寶告成，鴻名肇正，與天同壽，率土均懽。」皇帝再拜，次侍中承旨宣答曰：「皇帝孝通天地，禮備古今，勉受鴻名，良深感慰。」皇帝再拜訖，西向立。次太傅以下再拜稱賀，致詞曰：「攝太傅、尚書左僕射臣康伯等稽首言：伏惟光堯壽聖太上皇帝陛下肅臨寶位，誕受丕稱，獨推天父之尊，普慰帝臣之願。」奏訖，再拜舞蹈。次侍中承旨宣答曰：「光堯壽聖太上皇帝聖旨：倦勤滋久，佚老是圖，勉受嘉名，但增感慰。」又再拜舞蹈。次太上皇帝降坐入宫，皇帝後從壽聖太上皇后册寶入宫。皇帝詣太上皇后坐前北向立，太上皇后升坐，皇帝四拜起居，行奉上册寶之禮。讀册官陳子常讀册，讀寶官梁康民讀寶，讀訖，復位。皇帝再拜稱賀，致詞曰：「皇帝臣某稽首言：伏惟壽聖太上皇后陛下德茂坤元，禮崇大號，寶書翕受，歡忭無疆。」皇帝再拜，次宣答官承旨宣答曰：「壽聖太上皇后教旨：皇帝祲容載藏，顯號來膺，誠孝通天，但深感惕。」皇帝再拜訖，太上皇后降坐入宫。次太傅以下文武百僚就德壽殿下拜牋稱賀以俟，皇帝服履袍乘輦還内。十六日，宰臣率文武百僚詣文德殿拜表稱賀。

【《文獻通考》】高宗紹興三十二年，内禪，加上尊號。乾道七年，再加上尊號爲光堯壽聖憲天體道太上皇帝。淳熙二年，再加上尊號爲光堯壽聖憲天體道性仁成德經武緯文太上皇帝。是年，以聖壽七十，行慶壽禮。十二年，再加「紹業興統，明謨盛烈」八字。十三年，以聖壽八十，行慶壽禮，赦天下。

三十二年六月十一日，内禪。十二日，上詣德壽宫，欲以是日率百官朝太上皇於德壽殿，以雨，百僚免入見，上就宫中行禮。自後，上詣宫行禮，即不集百官陪。十三日，詔令宰臣率百官於初二日、十六日詣德壽宫起居。又詔：「朕欲每日一朝德壽宫，面奉慈旨，恐廢萬幾，煩群下。不許。如前代朔望之禮，❶令禮官重定其期。」禮部請：「依漢高帝五日一朝太公故事，每五日一詣德壽宫朝見，如宫中禮。」從之。仍詔：「自今後詣德壽宫，惟經過官司起居，餘並免。」十七日，太上宣諭：「車駕每至宫，必於門外降輦。既行家人之禮，自宜至殿上降輦，又不須五日一朝，只朝朔望。」於是有司請：「除朔望朝拜，於每月初八日、二十二日詣德壽宫起居，如宫中儀。」從之。自後皆遵此制。如值雨及盛暑祁寒，臨期承太上特旨仍免詣。十二月冬至，上詣德壽宫稱賀上壽禮畢，入見太后，如宫中之儀。自後正、至並同。乾道元年二月朔，上詣德壽宫，

❶「禮」下，《文獻通考》卷二五二有「太簡」二字。

請太上、太后至延祥觀燒香，次幸聚景園，次幸玉津園。太上聖旨：「日晚，免車駕從。還德壽宮，臣僚止從駕還内，沿路並免起居。除管軍官從駕外，執政官以下並免。」以後，或恭請幸南内，或幸聚景園、玉津園、延祥觀、靈隱天竺寺，其儀並同。

皇帝朝德壽宮儀注。　前期，儀鸞司設大次於德壽宮門内，小次於殿東廊，西向。其日，俟皇帝出即御座，從駕臣僚、禁衛等起居如常儀。皇帝降御座，乘輦將至德壽宮，報「文武百僚詣宮門外迎駕起居」訖，前導官、太常卿、閤門官、太常博士、禮直官先入，詣大次前分左右立定。俟皇帝詣德壽宮大次，降輦入次，御史臺、閤門、太常寺報「文武百僚入詣殿庭，北向立定」。前導官導皇帝入小次，簾降。俟太上皇帝即御座，小次簾捲，前導官導皇帝升殿東階，詣殿上折檻前，奏「請拜」。皇帝再拜訖，前導官導皇帝稍前，躬奏「聖躬萬福」訖，導皇帝復位，又奏「請拜」。皇帝再拜訖，導皇帝詣太上皇帝御座之東，西向立。前導官於殿上隨地之宜少立，揖班首以下躬。典儀曰「拜」，贊者承傳曰「拜」，在位官皆再拜訖，直身，搢笏，躬身，三舞蹈，跪左膝，三叩頭，出笏就一拜，又兩拜。拜訖，且躬身，班首不離位，奏「聖躬萬福」訖，典儀曰「拜」，贊者承傳曰「拜」，在位官皆再拜，又兩拜。拜訖，直身立，揖班出。前導官以次退。從駕官歸幕次，以俟從駕還内。太上皇帝駕興，皇帝從入，見太上皇后，如宮中之儀。訖，以俟皇帝還内，如來儀。每遇正旦、冬至及朔望，並依上儀。

孝宗淳熙二年十一月，詔：「太上皇帝聖壽無疆，新歲七十，用十一月冬至加上尊號册寶，十二月十七日立春行慶壽禮。」是日早，文武百僚並簪花赴文德殿立班，聽宣慶壽赦。赦文：「太極之功不宰，其可贊者兩儀之生；大明之照無疆，所能推者千載之至。欽惟聖父，誕保我家。二百餘載，而中天定神器於攲側艱虞之始；三十六年，而宅位授朕師於康强暇豫之時。上穹綿有永之年，下土洽無爲之化。興言菲質，日侍慈顔。竭幅員之富，而未足伸至養之誠；極尊美之稱，而未足表難名之德。兹載新於歲律，庸展慶於耆齡。前殿奉巵，企高皇而踵武；大安進膳，邁貞觀之彌文。鏘金奏以充庭，❶儼臣工而在列。和氣遄周於宇宙，盛容創見於古今。仍内奉於母儀，庸備殫於子道。爲酒以介眉壽，誕膺純嘏之常；立春而下寬書，更廣庶民之富。可大赦天下。於戲！建無窮之基，則享無窮之樂，命方卜於萬年；有非常之事，則侈非常之休，恩蓋推於四海。矧群黎百姓，夙依於覆育；而耆老大夫，咸自于甄陶。今而仁壽之同躋，必也安榮之共保。諒爾有邦之衆，知予錫類之心。赦書日行五百里，敢以赦前事言者，以其罪罪之。主者施行。」宣赦訖，從駕官並赴後殿起居，謝花再拜，從駕至德壽宫，行慶壽禮。　陳設　前期，儀鸞司陳設德壽宫殿上當中，南向，設大次於德壽宫内，南向，小次於殿東廊，西向。設皇帝褥位二：一於御座之東，西向；一於御座之南，北向。尚醖設御酒尊、酒器於御座之東；❷有司又設御茶床於御座之西。俱稍北。　上壽　其日，後殿入内官喝排立俟，催班立定。應從駕應奉官、禁衛等並簪花，不係

❶「充」，原作「克」，據《文獻通考》卷二五二改。

❷「酒尊」，原脱，據校點本《文獻通考》卷二五二補。

從駕官徑赴德壽宮，並簪花以俟迎駕起居。閤門報「班齊」，皇帝服鞾袍出宮門，禁衛諸班、親從等並迎駕，自贊常起居，自贊謝花，兩拜。入內省執骨朵使臣迎賀，常起居，謝花，兩拜。皇帝坐，知閤門以下御帶、環衛官、諸司、祗應官等一班，鬬班宣名常起居，次贊謝花，兩拜訖。知閤門官升殿讀奏目，餘官並退。次舍人引應從駕官一班赴當殿，宣名常起居，次贊謝花，兩拜。執政有奏事，如儀。皇太子內中起居，簪花以俟從駕。次管軍一班，宣名，❶次贊謝花，兩拜訖。皇帝升輦，將至德壽宮，文武百僚迎駕常起居，❷贊謝花，兩拜訖。前導、太常卿、閤門官、太常博士、禮直官并管軍、御帶、環衛官等詣大次前，分左右立，文武百僚入詣德壽殿下東西相向立。俟皇帝至大次，降輦，入次，簾降，簪花，服鞾袍，閤門、御史臺、太常寺分引皇太子以下應從駕官入詣德壽殿下東西相向立。大次簾捲，前導官前導皇帝入小次，簾降。前導、太常卿、閤門官、太常博士、禮直官并管軍、御帶、環衛官等，俟太上皇帝出宮，迎太上皇帝，四拜起居。太上皇帝出宮，行門禁衛諸班、親從等迎太上皇帝，自贊常起居。太上皇帝升御座，鳴鞭，小次簾捲。前導官前導皇帝升殿東階，詣殿上折檻前北向褥位，奏「請拜」，皇帝再拜訖；躬奏「聖躬萬福」訖；又奏「請拜」，皇帝再拜訖。前導皇帝詣太上皇帝御座之東褥位，西向立。前導官於殿上隨地之宜立。閤門、御史臺、太常寺分引皇太子并文武百僚並橫行北向立，舍人揖皇太子以下躬。典儀曰「拜」，贊者承傳。在位官皆再拜，搢笏，舞

❶「名」下，《文獻通考》卷二五二有「常起居」三字。
❷「常」，原脱，據庫本及《文獻通考》卷二五二補。

蹈，又再拜訖；且躬身，班首不離位，奏「聖躬萬福」訖。典儀曰「拜」，贊者承傳。在位官皆再拜訖；直身立，分東西，相向立。禮直官引奉盤盞參知政事、受盤盞參知政事、承旨宣答簽書樞密院事、奏禮畢户部尚書、殿中監、少監升殿東階。奉盤盞參知政事、受盤盞參知政事、殿中監、少監詣酒稍北，南向立；承旨宣答簽書樞密院事并奏禮畢户部尚書詣折檻之東，西向立。舍人通樂人姓名已下四拜起居。次看盞人稍前，贊拜，兩拜。贊上殿，祗候內特進御茶牀，殿侍酙酒訖。尚醞、典御以盤盞酒注授殿中監、少監。次禮直官引奉盤盞參知政事詣酒樽所，北向，搢笏。殿中監、奉盤盞參知政事捧盤盞西向立，殿中監啟盞，殿中少監以酒注於盞，奉盤盞參知政事奉酒詣皇帝前，北向。禮直官引受盤盞參知政事詣太上皇帝御座前，西向立定。閤門、御史臺、太常寺分引皇太子并文武百僚横行，北向立，俟奉盤盞參知政事躬進皇帝，皇帝奉酒詣太上皇帝御座前。躬進訖，少後，受盤盞參知政事躬接訖，復授奉盤盞參知政事。前導官導皇帝詣御座前褥位，北向，俛伏，跪，殿下皇太子并百僚並躬身。皇帝致詞曰：「皇帝臣御名稽首言：天祐君親，錫兹難老。維春之吉，年德加新。臣御名與群臣等不勝大慶，謹上千萬歲壽。」伏，興。奏「請拜」，皇帝再拜。典儀曰「拜」，贊者承傳，在位官皆再拜訖，直身立，分東西相向立。前導官導皇帝詣御座東，西向立。❶奉盤盞參知政事以盤北向，躬進皇帝訖。奉盤盞參知政事復位立。皇帝捧盤詣御座東，西向立，樂作；俟太上皇

❶「西」下，原有「相」字，據《中興禮書》卷一八七、《宋會要輯稿·禮五七》刪。

帝飲酒訖，皇帝躬接盞，樂止。少後，受盤盞參知政事躬接訖，以授尚醖、典御，各復位立。閤門、御史臺、太常寺分引皇太子并文武百僚横行北向立。前導官導皇帝詣褥位北向，奏「請拜」，皇帝再拜。典儀曰「拜」，贊者承傳。在位官皆再拜訖，直身立。前導官導皇帝詣御座之東褥位，西向立。舍人揖皇太子已下躬，典儀曰「拜」，贊者承傳。在位官皆再拜，搢笏，舞蹈，又再拜訖，直身立。内侍舉御茶牀，禮直官引户部尚書詣御座前，北向，俛伏，跪奏：「具官臣某言：禮畢。」伏，興，退，復位立。典儀曰「拜」，贊者承傳。在位官皆再拜訖，直身立，分相向立。次舍人贊樂人謝，祗應兩拜訖，太上皇帝駕興，皇帝從入宫。文武百僚、前導、應奉官等以次退。皇帝、皇太子入賀太上皇后，於宫中行禮。執政率文武百僚拜牋賀太上皇后訖，以俟駕興，從駕并應奉官、禁衛等並簪花，從駕還内。

【《建炎以來朝野雜記》】昭慈聖獻皇后之在建康也，有司月奉千緡而止；后生辰，别奉緡錢萬。時朝廷用度不給，故其禮不及承平時。其後，顯仁后自北來歸，歲奉錢二十萬緡，月奉萬緡，冬年、寒食、生辰倍之。帛二萬餘匹，生辰絹萬匹，春、冬、端午各三千匹，綾羅二千匹。冬綿五千兩，酒日一斗，羊三牽。高宗在德壽宫，孝宗命有司月供十萬緡。高宗以養兵多費，詔減其六萬。及孝宗在重華，命月進三萬緡而已。上受禪，詔太皇太后月奉緡錢二萬，皇太后萬五千，上皇太后五萬，而重華别給二萬焉。

馬氏端臨曰：「光堯之壽祉，壽皇之孝養，古今罕儷，故具載其事。」

【《宋史・孝宗本紀》】贊曰：自古人君，起自外藩，入繼大統，而能盡宮庭之孝，未有若帝。其間父子怡愉，同享高壽，亦無有及之者。終喪三年，又能却群臣之請而力行之。宋之廟號，若孝宗之爲孝，其無愧焉。

淳熙十六年二月，内上禪，皇太子即位，移御重華宮，上尊號曰至尊壽皇聖帝。

紹熙五年，❶光宗以疾，不能行喪禮。七月，憲聖太皇太后命皇子嘉王即皇帝位，尊光宗爲太上皇，居泰安宮。以内中寢殿爲之。慶元元年，上尊號曰聖安仁壽。

蕙田案：禪位之禮，始於唐堯。然堯在位時，舜攝而已。及即位，瞽瞍爲天子父，始有孝養之文。《書》所謂「載見瞽瞍，夔夔齊慄」，當是爲天子時。此舜之大孝然也。降及後世，父子相繼，爰有内禪之舉。始於商帝不降，❷趙武靈王而北魏、北周及唐，亦踵行之。然其儀不詳。逮宋三宗相繼内禪，而克全孝道，始終無間，惟孝宗稱首。其儀備見於《文獻通考》。事雖不常有，而其禮不可軼也。若《通考》兼載事跡始終，兹因與禮無關，並削之，蓋體例不同爾。

右尊太上皇禮。

【《詩・大雅・大明》】摯仲氏任，自彼殷商，來嫁于周，曰嬪于京。乃及王季，惟德之行。大任有身，生此文王。

【《史記・周本紀》】季歷娶大任，生昌，有

❶「熙」，原作「興」，據庫本改。

❷「商帝不降」，據《史記・夏本紀》，似當作「夏帝不降」。

聖瑞。古公曰：「我世當有興者，其在昌乎！」

【《國語·晉語》】昔者大任，娠文王不變，少溲於豕牢，而得文王不加疾焉。

【《皇王大紀》】季歷娶於摯，曰大任。有賢德，目不視窈色，耳不聽淫聲，口不出惡言，容貌恭肅，齊如也。

【《列女傳》】文王生而明聖，大任教之以一而識百。君子謂大任爲能胎教。

孔氏穎達曰：「禮，婦人從夫之謚，故《頌》稱大姒爲文母。大任，非謚也。以其尊加於婦，尊而稱之，故謂之大姜、大任、大姒。惟武王妃之稱，《左傳》謂之邑姜，不稱『大』，蓋避大姜故也。」

蕙田案：孔氏云「尊加於婦，故謂之太」，此稱「太」之正義也。後人太后之稱，實始於此。

宗元案：對王季而言曰「摯仲氏任」，對文王而言曰「太任有身」。《詩》之稱謂，一字不苟如此，固非專爲其尊加於婦也。然後世太后之稱，實始於此，則知太姜、太任、太姒之類，皆「以其尊加於婦」也亦宜。

【《思齊》】思齊大任，文王之母。思媚周姜，京室之婦。大姒嗣徽音，則百斯男。

【序】《思齊》，文王所以聖也。【疏】言文王所以得聖，由其賢母所生。文王自天性當聖，聖亦由母大賢，故歌詠其母，言文王之聖，有所以而然也。

何氏楷曰：「徽，毛云『美也』。案：徽本三糾繩之名，琴節亦曰徽，則以琴絃是繩爲之，故《淮南子》云『鼓琴循絃，謂之徽』也。《文選》五臣注亦云『調也』。此以『徽音』連言，當即取琴節之義。以其音調和可聽，謂之美音，猶云令聞也。」

蕙田案：賢母之盛，莫過於周二篇，皆推本言之，以明王業所由基。後世歸美太后，崇上徽號，其義實原於此。何氏釋「徽音」字的。

【《文獻通考》】漢因秦之稱號，帝母稱皇太后，祖母稱太皇太后。

惠帝即位，尊吕皇后爲皇太后。臨朝稱制。

文帝立，尊母薄姬爲皇太后。姬初爲代太后。薄氏侯者一人。

景帝立，尊母竇皇后爲皇太后。竇氏侯者三人。

武帝立，尊母王皇后爲皇太后。王氏、田氏侯者凡三人。

昭帝崩，霍光迎立昌邑王賀，尊上官皇后爲皇太后。既廢賀，立宣帝，尊太后爲太皇太后。

元帝立，尊孝宣王皇后爲皇太后。成帝即位，爲太皇太后。王氏列侯者二人，關内侯一人。

成帝立，尊母王皇后爲皇太后。哀帝即位，尊爲太皇太后。

哀帝立，尊趙后爲皇太后。趙氏侯者二人。又尊定陶共皇太后爲帝太太后，丁姬爲帝太后。復又更號帝太太后爲皇太太后，稱永信宫，帝太后稱中安宫。而成帝母太皇太后本稱長信宫，成帝趙后爲皇太后。並四太后，各置少府、太僕，秩皆二千石。傅氏侯者六人。

蕙田案：《通考》載吕太后臨朝稱制，王太后委政於莽，以移漢祚，及班氏、胡致堂議西京外戚貽禍之本末詳矣。然其失在後，而其初固不得謂之非尊親之典也。今並削其事，變而録之。至定陶太后係私親，別詳《吉禮門》。

東漢明帝即位，尊陰皇后爲皇太后。

肅宗即位，尊馬皇后爲皇太后。帝欲封爵諸舅，太后不聽。

和帝即位，尊竇皇后爲皇太后，臨朝。殤帝立，尊鄧皇后爲皇太后。安帝立，猶臨朝政。

安帝閻皇后立少帝，爲皇太后，臨朝。

順帝梁皇后立冲帝，尊爲皇太后，臨朝。質帝立，猶秉朝政。

靈帝即位，竇太后爲皇太后，臨朝。竇氏誅，帝猶以太后有援立之恩，朝於南宫，親饋上壽，供養資奉，有加於前。

靈帝崩，王子辨即位，尊母何皇后爲皇太后，臨朝。

魏文帝受禪，尊卞后爲皇太后，稱永壽宫。

明帝即位，尊太后曰太皇太后。

明帝立，尊郭皇后爲皇太后，稱永安宫。

齊王即位，尊郭皇后爲皇太后，稱永寧宫。

晉惠帝即位，尊楊皇后爲皇太后。

東晉成帝即位，尊庾皇后爲皇太后，臨朝稱萬歲。

哀帝即位，生母章貴人尊爲皇太妃。

穆帝即位，尊褚皇后爲皇太后，臨朝稱制。

簡文帝即位，尊后爲崇德太后。

孝武皇帝即位，尊生母李氏爲淑妃。太元三年，進爲貴人。九年，又進爲夫人。十二年，加爲皇太妃。十九年，尊爲皇太后，稱崇訓宫。安帝即位，尊爲太皇太后。

【《通典》】徐邈與范甯書，訪其事。甯答謂：「子不得以爵命母。妃是太子婦號，必也正名，寧可以稱母也？」邈重與甯書曰：「禮，天子之妃曰后。《關雎》稱『后妃之德』，妃后之名，可謂大同。所以憲章皇極、禮崇物備者，在於此也。故太后之號，定於前朝，而當今所率由也。若必欲章服同於后而名號異於妃，則可因夫人之稱而加『皇太』以明尊。尊雖一理，然於文物之章，猶未盡崇高之極。此又今之所疑，不可得行也。足下嫌太子妻稱妃，然古無此稱，出於後代。今有皇太之別，可例論耶？」甯又答曰：「案《公羊傳》『母以子貴』，當以此義爲允。禮有君之母非夫人者。以此推之，王者之母，亦何必皆后乎？所謂尊母，非使極尊號也。並后匹嫡，譏存《春秋》。謂宜稱皇太夫人，下皇后一等，位比三公，此君母之極號也。稱夫人，則先后之臣也；加皇太，則至尊之母也。皇，君之謂也。君太夫人，豈不允乎？」殷仲堪與徐邈書云：「后者，婦人之貴號。在妻則言后，在母則加『太』。禮，天子之妃稱后。《關雎》曰『后妃之德』，后妃二名，其義一也。設使皇后處内，貴妾必不可稱妃。」邈又答徐乾書云：「母以子貴，《穀梁》亦有其義，故曰『賵人之母則可』。又曾成風葬，著言『禮也』。但名雖夫人，而實殊同體，❶故不敢配厭，群臣無服所服，以爲異也。鄭云『近臣從服，唯君所服』，若嫡夫人歿，則有制重者，故曰『唯君所服』之耳。與君同重，自施近臣驂僕，而非三卿五大夫。❷內有宗廟之祭，外有侯伯之命，何得以私服廢正？故庶母爲夫人，上之不得以干宗廟，外之不得以接侯伯，唯國內申其私而崇其儀，亦如侯伯子男之臣，於內稱君曰公耳。雖人君肆情行服，而卿大夫不從，所以知上有天王也。

❶「殊」，原作「如」，據《通典》卷十二改。
❷「非」，原作「下」，據《通典》卷十二改。

遡往來答釋范武子，以《詩序》云后妃義一，是以太妃車旗服章備如太后，唯不敢從於宗廟。禮又曰『百官不稱臣』，所以合無服之制也。范於時都謂不應同皇后服章，以尊議難之，自塞矣。書傳無天子庶母之文，但妾上無女君，夫人可爲通稱，如五等爵皆稱公耳。天王之與王后，未聞二其號者，所以闕之情禮，而定太妃之稱，良有由矣。體同王極，故上比稱皇；屈於郊廟，故遠避伉儷，不曰后而曰妃。因名求實，可謂至矣。禮，太后與太妃，義無異者，假令國君在時，妾自當稱夫人。但王典無二名，不得以國公夫人爲喻耳。」

【《通典》】太元十九年，又詔追崇鄭太后。尚書令王珣奏：「下禮官詳正。案太常臣胤等議：以《春秋》之義，母以子貴，故仲子、成風咸稱夫人。經云『考仲子之宮』，明不配食也。且漢文、昭二太后，並繫子號。宜遠准《春秋》考宮之義，近摹二漢不配之典，尊號既正，宜改築新廟。顯崇尊稱，則罔極之情申；别建寢廟，則嚴禰之道著；繫子爲稱，兼明貴之所由。一舉而三義以允，固哲王之高致。可如胤等議，追尊會稽太妃爲『簡文皇太后』也。」

宋武帝受禪，尊後母蕭氏爲皇太后。帝事太后孝謹，即位時春秋已高，每旦朝太后，未嘗失時刻。少帝即位，尊爲太皇太后。

孝武即位，尊母淑媛爲皇太后，宮曰崇憲。廢帝立，爲太皇太后。明帝立，號崇憲太后，乃居中宮。

廢帝即位，尊孝武王皇后爲太后，宮曰永訓。

後廢帝即位，尊明帝王皇后爲皇太后，宮曰弘訓；母陳氏尊爲皇太妃，輿服一如晉孝武李太妃故事，宫曰弘化，置家令一人。改諸國太妃曰太姬。

陳文帝即位，尊武帝章皇后爲皇太后，宫曰慈訓。廢帝即位，后爲太皇太后。宣帝立，復爲皇太后。

後主即位，尊宣帝柳皇后爲皇太后，宫曰弘範。

後魏太武即位，尊明元杜皇后爲皇太后，封后弟爲遼東王。

獻文即位，❶尊文成馮皇后爲太后，聽政。孝文時，❷尊曰太皇太后，復聽政。

明帝即位，尊宣武高皇后爲皇太后，尋爲尼，居瑶光寺，非大節慶不入宫中；尊母胡充華爲皇太妃，❸後尊爲皇太后。

齊文宣受禪，尊母婁妃爲皇太后，宫曰宣訓。濟南即位，尊爲太皇太后。

後主即位，尊武成胡后爲皇太后。

周武帝即位，❹尊母叱奴氏爲皇太后。

宣帝即位，尊武帝后阿史那氏爲皇太后。大象元年，改爲天元皇太后。二年，又尊爲天元上皇太后。静帝立，尊爲太后。尊母李氏爲帝太后。大象元年，改爲天元帝太后，又尊爲太皇太后。二年，又尊爲天元聖皇太后。静帝立，尊爲大帝太后。

静帝時，楊堅秉政，尊天元楊后爲皇太后，居弘聖宫，母朱氏尊爲帝太后。

唐憲宗立，尊順宗王皇后爲皇太后。

穆宗立，尊憲宗郭后爲皇太后。敬宗立，尊爲太皇太后。

---

❶「獻文」，原作「文成」，據《文獻通考》卷二五一改。

❷「孝」上，原衍「獻文」二字，乃截取《文獻通考》時誤將從上讀者屬下，今據文義删。

❸「充」，原作「光」，據《魏書》卷九改。

❹「武帝」，原作「武成」，據《文獻通考》卷二五一改。

宣宗立，尊母鄭妃爲皇太后。懿宗尊爲太皇太后。

敬宗立，尊穆宗王后爲皇太后。文宗時，稱寶歷太后。太和五年，宰相建白，以太皇太后與寶歷太后稱號未辨，前代詔令，不敢斥言，皆以宫爲稱。今寶歷太后居義安殿，宜曰義安太后。詔可。

文宗立，尊母蕭氏爲皇太后。太和中，懿安太后居興慶宫，懿宗后，文宗祖母。寶歷太后居義安殿，穆宗妃，敬宗母。后居内殿，穆宗妃，文宗母。號三宫太后。帝每五日問安，及歲時慶謁，率由複道至南内，群臣及命婦詣宫門候起居。

哀帝即位，尊昭宗何后爲皇太后，徙居積善宫，號積善太后。

蕙田案：唐則天武后、韋后皆稱太后，然安自尊立，非關孝養，並削不録。

後唐莊宗即位，册尊母曹氏爲皇太后，而以嫡母劉氏爲皇太妃。往謝太后，太后有慚色。帝既滅梁，使人迎太后歸洛陽，居長壽宫，而太妃獨留晉陽。太妃與太后甚相愛，其送太后於洛也，涕泣而別。

蕙田案：莊宗可謂不知禮矣，抑亦傷太后之心乎！存之可爲鑑戒。

愍帝即位，册尊明宗后曹氏爲皇太后，淑妃王氏爲皇太妃。

晉出帝即位，尊高祖后李氏爲皇太后。

漢愍帝即位，尊高祖后李氏爲皇太后。周太祖入京，事太后如母，遷於太平宫，上尊號曰昭聖皇太后。

周恭帝即位，尊世宗皇后符氏爲皇太后。宋受禪，號周太后。

宋昭憲皇太后，太祖之母。帝受禪，尊爲皇

太后。

【《宋史·禮志》】建隆元年，詔尊母南陽郡太夫人爲皇太后，仍令所司追册四親廟。後不果行。

【《文獻通考》】真宗即位，尊太宗明德李后爲皇太后，居西宫嘉慶殿。

【《宋史·禮志》】至道三年四月，尊太宗皇后李氏爲皇太后，宰臣等詣崇政殿門表賀，皇帝又詣内東門表賀皇太后。

乾興元年，真宗遺制尊皇后劉氏爲皇太后，淑妃楊氏爲皇太妃。亦不果行册禮。

【《文獻通考》】仁宗即位，尊真宗莊獻明肅皇后爲皇太后，以生日爲長寧節，出入御大安輦，鳴鞭、侍衛如乘輿，群臣上尊號曰應元崇德仁壽慈聖太后。元日，帝率百官上壽。

天聖二年七月，宰臣王欽若等拜表，請上皇太后尊號。命宰臣王曾撰册文，參知政事魯宗道書册寶。其册文曰：「嗣皇帝臣某謹再拜稽首言：恭以爲天下之母者，愛育之功博；居域中之大者，覆載之道均。乃有飾盛禮以推崇，因强名而丕顯。以恩則尊親偕極，以義則中外一詞。表德垂鴻，非可以缺。况乎寧保基緒，撫覽權綱；格萬宇之治平，副輿情之輸戴；式隆稱號，以播休鑠。伏惟皇太后陛下：聰明淑哲，淵穆懿恭；襲御龍之遐源，啟曾沙之瑞命；輔佐先聖，輯睦藩房；申翊宫朝，協敷閫教；服圖史之至戒，慕黄、老之微言。及正宫承天，居尊治内：勤儉之化，式於中闈；和平之風，被於四表。王基允固，睿問載融。曩者：號弓在辰，仍几有命，粤以大寶付於菲躬；煢煢哀荒，懼罔攸濟，實賴慈蔭以授洪圖。上奉顧托之明，俯慰遐邇之望。詳録機務，咨謀政經。憲祖宗之舊章，厲官師之凝績。本乎子物之惠，濟乃守成之業。方今蠻夷欵服，封宇靖安，百度聿修，六氣時若。肇禋肆類，克展上儀。享是休嘉，率由保翼。故得公卿庶尹、藩嶽守臣、武旅戎酋、緇黄耋艾，咸謂：周有《思齊》之什播於聲歌，漢有《長樂》之謡垂於竹帛；斟酌前訓，擬議盛猷，允非鴻名，莫揚茂烈；綿代曠典，自我而著；猶且推美而弗有，約己以至謙。連袂叩閽，露草五請。臣等以因人之欲，拜跪於内，甫迴冲慮，乃狥公言。夫含章履順之謂應元，詔訓逮下之謂崇德，❶體仁所以膺壽臧之福，宣慈所以隆聖善之懿。不勝大願，謹與百僚士、庶，奉玉册、琮寶，上尊號曰『應元崇德仁壽慈聖皇太后』。伏惟懋協歡心，誕膺洪册；承七廟之流祥，受九旻之敷錫；擁佑家邦，祉祚無極。臣某誠歡誠忭，稽首頓首，謹言。」

【《宋史・禮志》】天聖二年，宰臣王欽若等五表請上皇太后尊號。十一月郊祀畢，帝御大安殿受册，百官稱賀畢，再序班。侍中奏「中嚴外辦」，禮儀使奏「發册寶」。帝服通天冠、絳紗袍，秉珪以出，禮儀使、閤門使導帝隨册寶降自西階，内臣奉至殿庭，置横街南東向褥位，册在北，寶在南。帝立殿庭北向褥位，奉册寶官奉册寶案，太常卿、吏部禮部侍郎引置當中褥位，禮儀使奏請皇帝再拜，在位官皆再拜。太尉、司徒就册寶位。帝搢珪，跪奉册授太尉，又奉寶授司徒。皆搢笏，東向跪受，興，奉册寶案置於近東西向褥位。禮儀使奏請皇帝歸御幄，易常服，乘輿赴文德殿後幄。百官班退赴朝堂，太尉、司徒奉册寶至文德殿外幄，太

❶「訓」，原作「詞」，據《文獻通考》卷二五二改。

尉以下各就次以俟。侍中奏「中嚴外辦」。太后服儀天冠、袞衣以出，奏《隆安》之樂；行障、步障、方團扇，侍衛垂簾，即御坐，南向，樂止。太常導册案至殿西階下，各歸班，在位者皆再拜。太尉押册，司徒奉册，中書令讀册訖。侍中押寶案，司徒奉寶，侍中讀寶畢。太尉、司徒詣香案前，分班東西序立。尚宫贊引皇帝詣皇太后坐前。帝服韡袍，簾内行稱賀禮，跪曰：❶「嗣皇帝臣某言：❷皇太后陛下顯崇徽號，昭焕寰瀛，伏惟與天同壽，率土不勝欣忭。」俛伏，興，又再拜。尚宫詣御坐承旨，退，西向稱：「皇太后答曰：皇帝孝思至誠，貫於天地，受兹徽號，感慰良深。」帝再拜，尚宫引歸幄。太尉率百官稱賀，奏《隆安》之樂；太后降坐還幄，樂止。侍中奏解嚴，所司放仗，百官再拜退。太后還内，内外命婦稱賀太后、皇帝於内殿，在外命婦及兩京留司官並奉表稱賀。自是，上皇太后尊號禮，皆如之。

【《文獻通考》】宋章獻太后遺詔以皇太妃楊氏爲皇太后，即所居殿號曰保慶太后。英宗即位，尊仁宗慈聖光獻皇后爲皇太后。神宗立，尊爲太皇太后，名宫曰慶壽。

【《宋史·禮志》】熙寧二年，神宗尊皇太后曹氏爲太皇太后，詣文德殿跪奉玉册授攝太尉曾公亮、金寶授攝司徒韓絳，又跪奉皇太后高氏玉册授攝太尉文彦博、金寶攝司徒趙抃。禮畢，百官稱賀。

【《文獻通考》】神宗立，尊英宗宣仁聖烈皇后爲皇太后，居寶慈宫。哲宗嗣位，尊爲太皇太后，以生日爲坤成節。哲宗立，尊神宗

❶「跪」下，原有「詞」字，據庫本删。
❷「嗣」，原脱，據庫本補。

欽聖憲肅皇后爲皇太后，尊生母朱德妃爲皇太妃。時宣仁、欽聖二太后皆居尊，故稱號未得極其至。元祐三年，宣仁詔：「母以子貴，輿蓋、仗衛、冠服，悉侔皇后。」

【《宋史・禮志》】哲宗即位，詔尊太后高氏爲太皇太后，皇后向氏爲皇太后，德妃朱氏爲皇太妃。禮部議：「皇太妃生日節序物色，其冠服之屬如皇后例，稱慈旨，慶賀用箋。太皇太后、皇太后於皇太妃稱賜，皇帝稱奉，百官不稱臣。皇帝問皇太妃起居用箋，皇太妃答皇帝用書。」宰臣請特建太皇太后宮曰崇慶，殿曰崇慶，曰壽康；皇太后宮曰隆祐，殿曰隆祐，曰慈徽。元祐二年，詔太皇太后受册依章獻明肅皇后故事，皇太后受册依熙寧二年故事，皇太妃與皇太后同日受册。令太常禮官詳定儀注。右諫議大夫梁燾請對文德殿，太皇太后曰：「大臣欲行此禮，予意謂必難行。」燾對曰：「誠如聖慮，願堅執勿許。且母后權同聽政，蓋出一時不得已之事，乞速罷之。」中書舍人曾肇亦言：「太皇太后聽政以來，止於延和殿受遼使朝見，亦止於御崇政殿，未嘗踐外朝。今皇帝述仁祖故事，以極崇奉之禮。太皇太后儻以此時特下明詔，發揚皇帝孝敬之誠，而固執謙德，止於崇政殿受册，則皇帝之孝愈顯，太皇太后之德愈尊，兩義俱得，顧不美歟？」太皇太后欣然納之，迺詔將來受册止於崇政殿。尋以天旱權罷。未幾，太師文彦博等以時雨溥澍，稼穡有望，請舉行册禮。凡三請，乃從。九月六日，發太皇太后册寶於大慶殿，發皇太后、太妃册寶於文德殿，行禮如儀。

紹聖元年，詔：「奉太皇太后旨，皇太妃特與立宫殿名，坐六龍輿，張繖，出入由宣德正門。」有司請應宮中並依稱臣妾，外命婦入内準此，百官拜箋稱賀稱殿下。徽宗即位，加哲宗太妃號曰聖瑞，既又御文德殿，册命元符皇后劉氏爲太后，並依皇后禮制。

【《文獻通考》】徽宗立，尊哲宗元符皇后爲皇太后，殿爲崇恩宮。

欽宗既受禪，尊徽宗顯肅皇后爲太上皇后，遷居寧德宮，稱寧德太后。

靖康二年，二帝北狩，金人僭立張邦昌。邦昌迎哲宗元祐皇后入禁中，垂簾聽政。後遣使迎康王，降手書播告天下，王即位於南京，后撤簾，上尊后爲元祐太后，奉迎至行在所。以「元」字犯后祖諱，改稱隆祐太后。

高宗既即位，遥尊母韋賢妃爲宣和皇后。紹興十年，遥上皇太后册寶於慈寧殿。自後，每遇誕日至朔，皆遥行賀禮。十二年八月，自北歸，至臨安，入居慈寧宮。

【《宋史·禮志》】建炎元年五月，册元祐皇后爲隆祐太后，令所司擇日奉上册寶。時方巡幸，不克行禮，遥尊韋賢妃爲宣和皇后。紹興七年三月，詔略曰：「宣和皇后，夙擁慶羡，是生眇冲，迺骨肉之至親，偕父兄而時邁。十年地阻，懷《陟岵》、《凱風》之思；萬里使還，奉上皇、寧德之諱。宜尊爲皇太后。令所司擇日奉上册寶。」太常寺言：「請依祖宗故事，俟三年之喪終制，然後行禮。」時翰林學士朱震言：「唐德宗建中上太后沈氏尊號，時沈太后莫知所在，猶供張含元殿，具衮冕，出左序，立東方，再拜奉册。今太后聖體無恙，信使相望，豈可不舉揚前憲。臣又聞：三年之制，惟天地、社稷越紼行事。德宗以大歷四年即位，明年改元建中，時行易月之制，故以冕服行事。今陛下退朝之服，盡如禮制，謂當供張别殿，遣三公奉册，藏於有司，恭俟來歸。願下禮官講明。」❶詔從之。禮部、太常言：「寶文欲乞以『皇太后寶』四字爲文，合差撰册文官一員，書册文官一員，書篆寶文官一員。」並差執政。十年，營建皇太后宫，以慈寧爲名。十二月，帝自常御殿詣慈寧殿，遥賀皇太后，奉上册寶。十二年八月，皇太后還慈寧宫。十月十八日，奉進册寶。其日，張設慈寧殿，設坐殿中。皇太后服禕衣即御坐。本殿官設册寶於殿下。慈寧宫事務官并本殿官並朝服詣殿下，再拜，搢笏，舉册寶奉進。先進册，次進寶。進畢，降坐，易禕衣，服常服。皇帝詣慈寧殿賀，如宫中儀，次宰臣率百僚拜表稱賀。

【《文獻通考》】孝宗既受禪，尊憲聖皇后爲皇太后，居德壽宫，上尊號曰壽聖太上皇后。每遇誕節，上詣宫上壽。至朔望，朝上皇畢，入見后，如宫中之儀。乾道七年，加「壽聖慈明」尊號。淳熙二年，以上皇慶壽禮，又加號「壽聖齊明廣慈」。十年，后年七十，行慶壽禮。十三年，加尊號「備德」二字。上皇崩，遺詔改稱皇太后。上欲迎還大内，太后不許，因築本殿名慈福。光宗即位，后當爲太皇太后，以壽皇故，更號曰壽聖皇太后。紹熙四年，慶壽八十，加號「隆慈備福」。孝宗崩，始稱太皇太后。寧宗慶元元年，加尊號「光祐」二字。二年，遷居重華宫，易名曰慈福。

【《容齋隨筆》】唐德宗即位，訪求其母沈太后，歷順宗及憲宗，時爲曾祖母，❷故稱爲曾太皇太后，蓋别於祖母也。舊新二

❶「講」，原作「請」，據《宋史》卷一一〇改。

❷「爲」，原脱，據《容齋四筆》卷三《曾太皇太后》條補。

《唐書》紀皆載之。今慈福太皇太后在壽康，太上時已加尊稱，若於主上則爲曾祖母，當用唐故事加「曾」字。向者嘗已告宰相，而省吏以爲典故所無，天子逮事三世，安得有前比？亦可謂不知禮矣。又嗣濮王士歆，在隆興爲從叔祖，在紹熙爲曾叔祖，慶元爲高叔祖矣，而仍稱皇叔祖如故。士歆視嗣秀王伯圭爲從祖，今圭稱皇伯祖，而歆但爲皇叔祖，乃是弟爾。禮寺亦以爲國朝以來無稱曾高者，彼蓋不知累朝尊屬，元未之有也。

光宗既受禪，上成肅皇后尊號曰壽成皇后。孝宗崩，上皇太后尊號。慶元初，加號「惠慈」。嘉泰二年，上太皇太后尊號。寧宗既即位，尊慈懿皇后爲皇太后，退居壽康宮慈惠殿，上尊號曰壽仁。

【《續文獻通考》】理宗即位，尊楊皇后曰皇太后，同聽政。寶慶三年，上尊號曰壽明皇太后。紹定元年，加上「慈睿」。三年，又加「仁福」。

【《宋會要》】寶慶二年十二月，詔：「皇太后宜上尊號曰壽明皇太后。有司詳具儀注，朕當親率群臣詣慈明殿奉上册寶。」甲申，以史彌遠爲奉上皇太后尊號册寶禮儀使，并撰册、書册、宣繒、篆寶。

紹定三年十二月，詔曰：「壽明慈睿皇太后，載安宗社，兼體乾坤，宜加上尊號曰壽明仁福慈睿皇太后。其令有司詳具儀注，朕當親率群臣詣慈明殿奉上册寶。」

【《續文獻通考》】度宗即位，尊皇后謝氏曰皇太后。咸淳三年，上尊號曰壽和皇太后。五年，加上「聖福」。恭帝即位，尊爲太皇太后。

【《宋會要》】咸淳三年，詔：「朕纂承丕緒，郊見禮備載典册，皇太后合上尊號，可令有司討論以聞。」宰執奏：「皇太后尊號恭擬『壽和』二字。」詔於五年加上壽和皇太后尊號曰壽和聖福皇太后。

【《續文獻通考》】恭帝即位，尊母全皇后爲皇太后。

端宗即位，册母楊淑妃爲太后。

遼太祖尊母蕭氏爲皇太后。太宗即位，尊爲太皇太后。太宗尊母蕭氏爲應天皇太后。會同初，晉使馮道、韋勳上尊號曰廣德至仁昭烈崇簡。

世宗即位，尊母蕭氏爲皇太后。義宗之妃。

聖宗即位，尊母蕭氏爲皇太后，攝國政。統和元年，上尊號曰承天皇太后。❶二十四年，加上尊號曰「睿德神略應運啟化」。《契丹國志》尚有「法道弘仁聖武開統」八字。

興宗即位，母元妃蕭氏自立爲太后，攝政。

重熙元年，上尊號曰「法天應運仁德章聖」。二十三年，加上尊號曰「仁慈聖善欽孝廣德安静貞純懿和寬厚崇覺儀天」。道宗立，尊爲太皇太后。

道宗即位，尊母蕭氏爲皇太后。清寧二年，上尊號曰「慈懿仁和文惠孝敬廣愛宗天」。《契丹國志》徽號「睿聖從慈順天」，與史不同。

【《遼史·禮志》】册皇太后儀。前期，陳設於元和殿，如皇帝受册之儀。至日，皇帝御弘政殿，册入，侍從班入，門外金吾列仗，❷文武分班。侍中解劍，奏「中嚴」。宣徽使請木契、喚仗，皆如之。樂工入，閤使門外文武班中間立，喚承宣官。聲喏趨至閤使後立。❸閤使鞠躬，立揖，稱「奉敕喚

❶「皇太」，原作「太皇」，據《續文獻通考》卷二〇〇乙正。

❷「仗」，原作「班」，據《遼史》卷五二改。

❸校點本《遼史》卷五二校勘記：「聲喏」上疑脱「承受官」三字。

仗」。承受官鞠躬，聲喏，揖，引聲「奉敕唤仗」。文武合班，再拜。殿中監押仗入，文武班入，亦如之。

宣徽使押内諸司供奉官天橋班候。❶皇太后御紫宸殿，乘平頭輦，童子、女童隊樂引。至金鑾門，❷閤使奏内諸司起居訖，贊引駕，自下先引至元和殿。皇太后入西北隅閤内更衣。侍中解劍，上殿奏「外辦」。宣徽受版入奏。侍中降，復位。協律郎舉麾，樂作；大樂令、太常卿導引皇太后升坐，宣徽使贊扇合，捲簾，扇開，樂止。符寶郎奉寶置皇太后坐右。左右金吾大將軍對揖，鞠躬，奏「軍國内外平安」。東上閤門副使引丞相東門入，西閤門副使引親王西門入，通事舍人引文武班入，如儀，樂作；至位，樂止。文武班趨進，相向再拜，退復位。東西上閤門使、宣徽使自弘政殿引皇帝御肩輿至西便門下。引入門，樂作；至殿前位，樂止。❸皇帝拜，舞蹈，拜訖，引西階上殿，至皇太后坐前位，俛跪，致詞訖，俛伏，興；引西階下，至殿前位，拜，舞蹈，拜，鞠躬。侍中臨軒，宣太后答稱「有制」，皇帝再拜。宣訖，引皇帝上殿，樂作；至西閤，樂止。丞

❶「押」，原作「同」，據《遼史》卷五二改。

❷「至」，原作「寶」，據《遼史》卷五二改。

❸據《遼史》卷五二，此下脱文凡一百八十九字：「宣徽使贊皇帝拜，問皇太后聖躬萬福，拜。皇帝御西閤坐，合班起居如儀。北府宰相押册，中書、樞密令史八人舁册，東西上閤門使引册。宣徽使引皇帝送册，樂作；至殿前置册位，樂止。宣徽使贊皇帝再拜，稱萬歲，群臣陪位，揖。翰林學士四人、大將軍四人舁册。皇帝捧册行，三舉武，授册。舁之西階上殿，樂作；置太后坐前，樂止。皇帝册西面東立。舍人引丞相當殿再拜，三呼萬歲，解劍。西階上殿，樂作；至讀册位，樂止。俛伏，跪讀册訖，俛伏，三呼萬歲，復班位。宣徽使引皇帝下殿，樂作；至殿前位，樂止。」

相、親王、侍從文武合班，❶再拜、舞蹈、三呼萬歲如儀。丞相上賀，侍中宣答如儀。丞相以下出，舉樂；出門，樂止。侍中奏禮畢，宣徽索扇，扇合，下簾。皇太后起，舉樂；入閣，樂止。文武官出門外，分班侍從。兵部、吏部起居。金吾仗出，如儀。閣使奏放仗，皆如皇帝受册之儀。

【《續文獻通考》】金熙宗天會仍太宗年號。十三年，尊太祖后紇石烈氏爲太皇太后，尊太宗后唐括氏爲太皇太后。

海陵天德二年，尊嫡母徒單氏爲皇太后，尊生母大氏爲皇太后。

章宗即位，尊母徒單氏爲皇太后。顯宗之妃。

哀宗即位，尊母皇后温敦氏爲皇太后，生母元妃温敦氏爲皇太后。

【《金史·禮志》】册皇太后儀。　其日質明，有司各具繖扇，侍衛如儀。及兵部約量差軍兵，并文武百官詣兩宮迎請，引導皇太后入内，並赴受册殿，入御幄，侍衛如式。次奉册太尉等俱以册置於案，奉寶司徒等俱以寶置於案，皆盛以匣，覆以帕，詣別殿門外幄次。教坊提點率教坊入。侍衛官各就列。皇帝常服，乘輿至別殿後幄次。通事舍人引宣徽使版奏「中嚴」，復位。少頃，又奏「外辦」。幄簾捲，教坊樂作；扇合，兩宮皇太后出自後幄，並即御坐，南向，扇開，樂止。分左右少退。通事舍人引文武百僚班左入，依品重行西向，立定。通事舍人喝「起居」，班依常朝例起居，七拜訖，引文武百僚班分東西，相向立。通事舍人、太常博士贊引，太常卿前導。押册官押册而行，奉册太尉、讀册中書令、舉册官等以次從之；

❶「侍」，原脱，據《遼史》卷五二補。

押寶官押寶而行，奉寶司徒、讀寶侍中、舉寶官等以次從之。俱自正門入，教坊樂作；至殿庭西階下少東，北向，於褥位少置，樂止。冊北，寶南。通事舍人、太常博士贊引，太常卿前導。押冊官押冊升，樂作；奉冊太尉等從之，進至兩宮太后座前褥位，樂止。兩宮冊寶，齊上齊讀。舉冊官夾侍。奉冊太尉各搢笏，北向跪，俛伏，興，退立。讀冊中書令俱進向冊前，跪奏稱：「攝中書令具官臣某，謹讀冊。」舉冊官單跪對舉，中書令各搢笏，讀訖，執笏，俯伏，興，搢笏，捧冊興，於位東迴冊函北向，並進，跪置於御座前褥位。中書令、舉冊官俱降，還位。奉冊太尉並降階，東向以俟。押寶官押寶升，樂作；奉寶司徒等從之，進至兩宮皇太后座前褥位，樂止。舉寶官夾侍。奉寶司徒各搢笏，北向跪，俛伏，興，退立。讀寶侍中俱進當寶前，跪奏稱：「攝侍中具官臣某，謹讀寶。」舉寶官單跪對舉，侍中各搢笏，讀訖，執笏，俯伏，興，搢笏，捧寶興，於位東迴寶函北向，❶並進，跪置御座前褥位冊之南。通事舍人、太常博士贊引，太尉、司徒以次應行事官俱降自西階，復本班序立。宣徽使一員詣皇帝御幄前，俛伏，跪奏：「臣某謹請皇帝詣兩宮皇太后前，行稱賀禮。」俛伏，興。贊引皇帝再拜，又奏：「請北向跪。」皇帝賀曰：「嗣皇帝臣某云云。」俛伏，興，又再拜訖，又奏：「請皇帝少立。」內侍承旨退，西向，稱：「兩宮太后旨云云。」皇帝再拜。宣徽使前引，皇帝歸幄，常服乘輿還內，侍衛如來儀。應階下文武百僚重行立定，通事舍人喝「拜」，在位皆再拜。通事

❶「函」，原作「西」，據校點本《金史》卷三七改。

舍人引太師升，俛伏，跪奏稱：「文武具官臣某等稽首言：皇太后殿下顯對册儀，永安帝養，仰祈福壽，與天同休。」俛伏，興，降自西階，復位立定。通事舍人贊：「在位官皆拜！」舞蹈，三稱萬歲，又再拜。宣徽使升自東階，取旨，退，臨階西向，稱：「兩宫皇太后旨。」通事舍人贊：「在位官皆再拜。」畢，宣曰：「公等忠敬盡心，推崇協力，膺兹令典，感媿良深。」宣訖，還位。通事舍人贊：「謝宣諭，拜！」在位官皆再拜，舞蹈，三稱萬歲，又再拜。通事舍人分引應北向官各分班東西立。宣徽使升自東階，奏稱：「具官臣某等言：禮畢。」降，還位。扇合，皇太后並興，教坊樂作；降座，還殿後幄次，扇開，❶樂止。通事舍人引宣徽使奏「解嚴」。中書侍郎等各帥捧册牀官升殿，跪捧册並置於牀；次門下侍郎等各帥捧寶牀官升殿，跪捧寶並置於牀訖。通事舍人引詣東上閤門，投進所司。文武百僚以次出。皇太后常服乘輿，各還本宫，引導如來儀。文武百僚詣東上閤門拜表賀皇帝，退。禮畢，各赴本宫，受内外命婦稱賀。所司預於殿内設皇太后御座，司賓引内外命婦於殿庭北向依接前序立。❷尚儀奏請，皇太后常服即座。司贊曰「再拜」，命婦皆再拜。司賓引班首詣西階升，跪賀稱：「妾某氏等言：伏惟皇太后殿下，天資聖善，昭受鴻名，凡在照臨，不勝欣忭。」興，降階復位。司贊曰「再拜」，内外命婦皆再拜。尚宫乃宣答曰：「膺兹典禮，感愧良深。」司贊曰

❶「扇開」，原作「開扇」，據庫本及校點本《金史》卷三七乙正。

❷「接前」二字，《金史》卷三七無，疑是。

「再拜」，在位者皆再拜，退。赴别殿賀皇帝，亦如賀皇太后之儀，惟不致詞，不宣答。

【《續文獻通考》】元成宗即位，尊太母元妃伯藍也怯赤宏吉剌氏裕宗之妃。爲皇太后。武宗即位，尊太母元妃答己宏吉剌氏順宗之妃。爲皇太后。至大三年，❶上尊號曰「儀天興聖慈仁昭懿壽元」。仁宗延祐二年，加上尊號曰「全德泰寧福慶」。英宗即位。尊爲太皇太后，加上尊號曰「徽文崇祐」。

英宗即位，尊母宏吉剌氏爲太后。

寧宗即位，尊文宗皇后宏吉剌氏爲皇太后。順帝元統二年，上尊號曰「贊天開聖仁壽徽懿昭宣」。至元元年，尊爲太皇太后，加上尊號曰「貞文慈祐儲善衍慶福元」。

【《元史·禮志》】太皇太后上尊號進寶册儀。前期二日，儀鸞司設進發册寶案於大明殿御座榻前，掌謁設進册寶案於太皇太后殿座榻前，❷設受册寶案於座榻上，並册西寶東。侍儀司設册使副位於廷中，北面，册官位右，寶官位左，禮儀使位於前，以北爲上。太皇太后殿廷亦如之。至期，大昕，群臣皆公服，敘位闕前。侍儀使、禮儀使、引册使，引册、奉册、舉册、讀册、捧册官，由月華門入。侍儀使、禮儀使、引册副，引寶、奉寶、舉寶、讀寶、捧寶官，由日精門入。至露階下，依板位立。侍儀使捧牙牌入至寢殿前，跪報「外辦」，内侍入奏，出，傳制曰「可」。侍儀使俛伏，興。皇帝出閤升輦，鳴鞭三；入大明殿，陞御座，鳴鞭三。司晨報時雞唱畢，侍儀使、禮儀使、引册使

❶「至大」，原作「至治」，據《續文獻通考》卷一九〇改。

❷「案」，原作「位」，「於」字原脱，據《元史》卷六七改。

以下陞自東階，由左門入，至御榻前，相向立。掌儀贊曰「奏中嚴」，侍儀使捧牙牌跪奏曰「中嚴」，又贊曰「就拜」，曰「興」、「平身」、「復位」，曰「禮儀使稍前跪」，曰「册使以下皆跪」。禮儀使奏請進發太皇太后册寶，掌儀贊曰「就拜」，曰「興」、「平身」，曰「復位」，曰「内謁者稍前」，曰「搢笏」，曰「内謁者跪進册寶」。皇帝興，以册授册使，册使跪受，❶興，以授捧册官，出笏；以寶授册副，册副跪受，❷興，以授捧寶官，出笏。侍儀使、禮儀使，引册、引寶官導册、寶由正門出，册使以下奉隨，至階下。掌儀贊曰「以册寶置於案」，曰「出笏」、「復位」。方輿舁行，樂作；侍儀使、禮儀使，引册、引寶前導，册使以下奉隨，至興聖宫前，奠案，樂止。侍儀使以導從入至太皇太后寢殿前，跪報「外辦」。掌謁入啟，出傳旨曰「可」，侍儀使俛伏，興。侍儀使、掌謁前導太皇太后升殿。導太皇太后時，侍儀使入至大明殿，跪奏：❸「册寶至興聖宫，請行禮。」駕興，鳴鞭三，侍儀使前引導從至興聖宫，陞御座。侍儀使出，至案所，樂作；方輿入，至露階下奠案，册使副立於案前，册官東向，寶官西向，方輿分退，立於兩廡，樂止。尚引引殿前班入起居位，相向立，起居拜舞，如元正儀。禮畢，宣贊唱曰「各恭事」，贊引册使以下退至起居位。通班舍人唱曰「攝某官具官或太尉，具官無常。臣某以下起居」，引贊贊曰「鞠躬」、「平身」。進入丹墀，知班唱曰「班齊」，宣贊唱曰「拜」，通贊贊曰「鞠躬」、

❶「册使」二字，原脱，據《元史》卷六七補。
❷「册副」二字，原脱，據《元史》卷六七補。
❸「奏」，原作「奉」，據《元史・禮志一》改。

「拜」、「興」、「拜」、「興」、「平身」，宣贊唱曰「各恭事」。進至案前，依位立。宣贊唱曰「太尉以下進上册寶」，掌儀贊曰「捧册寶官前」、「搢笏」、「捧册寶」。侍儀使引册寶官前導，册使奉隨，至御榻，進册寶案前。掌儀唱曰「跪」，捧册寶官皆跪，曰「以册寶置於案」，曰「捧册寶官出笏復位」，曰「太尉以下皆跪」，曰「讀、舉册寶官興，俱至案前跪」。掌儀贊曰「舉册官搢笏，取册於匣，置於盤，對舉」，曰「讀册」，讀册官稱「臣某謹讀册」。讀畢，舉册官納册於匣。掌儀唱曰「出笏」，曰「舉寶官搢笏，取寶於盝，對舉」，曰「讀寶」，讀寶官稱「臣某謹讀寶」。讀畢，舉寶官納寶於盝。掌儀贊曰「出笏」，曰「就拜」，曰「興，平身」，曰「復位」，曰「太尉、司徒、奉册寶官稍前」，曰「捧寶册官稍前」，曰「搢笏」，曰「捧册寶上進」，❶曰「皇帝躬授太皇太后册寶」，太皇太后以册寶授内掌謁，掌謁置於案。皇帝興，進酒。太皇太后舉觴飲畢，皇帝復御座畢，掌儀贊曰「衆官皆復位」。侍儀使、引册使以下，分左右，出就位。皇帝率皇后及諸妃、公主，降丹墀，北面拜賀，陞殿。皇太子及諸王拜賀，升殿。典引引百官入就起居位，通班舍人唱曰「文武百僚具官臣某以下起居」，曰「鞠躬」，曰「平身」，引至丹墀拜位。知班報「班齊」，宣贊唱曰「拜」，通贊贊曰「鞠躬」、「拜」、「興」、「拜」、「興」、「平身」。侍儀使詣班首前請進酒，雙引至殿宇下褥位立。俟舞旋列定，通贊唱曰「分班」，樂作；侍儀使引班首由南東門入，宣徽使奉隨，至御榻前，班首跪，曲終。班首祝贊曰：「册寶禮畢，臣等不勝欣

❶「曰」，原脱，據《元史》卷六七補。

忭。顧上太皇太后、皇帝萬萬歲壽。」宣徽使應曰：「如所祝。」班首俛伏，興，還詣進酒位。以下並同元正儀。

皇太后上尊號進册寶儀。同前儀。

太皇太后加上尊號進册寶儀。同前儀。

【《續文獻通考》】明惠帝建文元年，尊母妃吕氏興宗妃。爲皇太后。

宣宗即位，尊母皇后張氏爲皇太后。英宗即位，尊爲太皇太后。

英宗即位，尊母皇后孫氏爲皇太后。景帝時，尊爲上聖皇太后。英宗復辟，上徽號曰「聖烈慈壽」。

景帝即位，尊母賢妃吴氏爲皇太后。

憲宗即位，尊母皇后錢氏爲慈懿皇太后。尊生母貴妃周氏爲皇太后。成化時，上尊號曰「聖壽慈仁」。孝宗即位，尊爲太皇太后。

孝宗即位，尊母皇后王氏爲皇太后。武宗即位，尊爲太皇太后。

武宗即位，尊母皇后張氏爲皇太后。正德五年，上尊號曰「慈壽」。世宗入繼，稱聖母，加上尊號曰「昭聖」。嘉靖三年，加上「康惠」，已改稱皇伯母。十五年，復上「恭安」。

世宗即位，尊祖母邵氏憲宗妃，睿宗母。爲皇太后。嘉靖元年，❶上尊號曰「壽安」。七年，改稱太皇太后。十五年，改稱皇后。又尊生母蔣氏睿宗妃。爲興國太后。嘉靖三年，上尊號曰本生章聖皇太后。去「本生」號，尊爲聖母。七年，上尊號曰「慈仁」。十五年，加上「康靖貞壽」。

神宗即位，尊母皇后陳氏爲仁聖皇太后。萬歷六年，加上徽號曰「貞懿」。十年，再加「康静」。又尊生母貴妃李氏爲慈聖皇太

❶「元」，原作「七」，據《續文獻通考》卷二〇〇改。

后。萬歷六年，加上徽號曰「宣文」。十年，再加「明肅」。二十九年，加「貞壽端獻」。三十四年，加「恭熹」。

【《明史·禮志》】上尊號徽號儀。　天子登極，奉母后或母妃爲皇太后，則上尊號。其後，或以慶典推崇皇太后，則加二字或四字爲徽號。上徽號致詞，而上尊號則止進册寶。上尊號，自洪熙元年六月宣宗登極尊皇太后始。其儀：先期遣官祭告天地、宗廟、社稷，帝親告太宗皇帝、大行皇帝几筵。是日，鳴鐘鼓，百官具朝服。前一日，内侍官於奉天門設册寶綵輿香亭。教坊司設中和韶樂及大樂，設而不作。清晨，内官設皇太后寶座於宫中，陳儀仗於丹陛及丹墀，設册寶案、香案於寶座前，設皇帝拜位於丹陛正中，❶親王拜位於丹墀内。女樂設而不作。皇帝具冕服，御奉天門。册寶官以册寶置綵輿中，内侍舉輿，皇帝隨輿降階陞輅。百官於金水橋南，北向立，輿至皆跪，過興。隨至思善門外橋南，北向立。皇帝至思善門内降輅。皇太后陞座，輿至丹陛。❷皇帝由左門入，至陛右，北向立。親王具冕服，各就位。奏「四拜」，皇帝及親王以下皆四拜畢，奉册寶官以册寶由殿中門入，立於左。皇帝由殿左門入，至拜位跪，親王百官皆跪。奏「搢圭」，奏「進册」。奉册官以册跪進於皇帝右，皇帝受册獻訖，以授執事官，執事官跪受，置案左。奏「進寶」，奉寶官以寶跪進於皇帝右，皇帝受寶，獻訖，以授執事官，執事官跪受，置案右。奏「出圭」，奏「宣册」，執事官跪宣讀。皇帝

❶「陛」下，原有「上」字，據《明史》卷五三删。

❷「陛」下，原有「上」字，據《明史》卷五三删。

俯伏，興，由左門出，至拜位。奏「四拜」，傳唱「百官同四拜」。禮畢，駕興。是日，皇帝奉皇太后祗謁奉先殿及太宗皇帝、大行皇帝几筵，行謁謝禮。禮畢，皇太后還宫，服燕居冠服，陞座。皇帝率皇后、皇妃、親王、公主及六尚等女官行慶賀禮。翌日，外命婦四品以上行進表箋禮。宣德以後，儀同。英宗初年二月，上太皇太后尊號儀同。❶天順八年二月，增命婦致詞云：「某夫人妾某等，恭惟皇太后陛下，尊居慈極，永膺福壽。」太皇太后同。弘治十八年，上兩宫尊號，改皇太后致詞云：「尊處慈闈，茂隆福壽。」嘉靖元年二月，上昭聖皇太后、皇嫂莊肅皇后、壽安皇太后、興獻后尊號，以四宫行禮過勞，分爲二日。又以武宗服制未滿，莊肅免朝賀，命婦賀三宫，亦分日。昭聖致詞云：「功德並隆，永膺福壽。」興獻同壽安，云：「尊居慈極，永膺福壽。」上徽號，自天順二年正月奉皇太后始。致詞云：「嗣皇帝臣，伏惟皇太后陛下，功德兼隆，顯崇徽號，永膺福壽，率土同歡。」命婦進表慶賀，致詞曰：「某夫人妾某氏等，恭惟皇太后陛下，德同坤厚，允協徽稱，壽福無疆，輿情歡戴。」餘如常儀。後上徽號及加上徽號，仿此。成化二十三年，禮部具儀上，未及皇太子妃禮，特命增之。

右上皇太后、太皇太后尊號徽號禮。

五禮通考卷第一百四十二

淮陰吴玉搢校字

❶「英宗初年二月上太皇太后尊號」，《明史》卷五三作「正統初，尊太皇太后」。

五禮通考卷第一百四十三

内廷供奉禮部右侍郎金匱秦蕙田編輯
太子太保總督直隸右都御史桐城方觀承同訂
兩淮都轉鹽運使德水盧見曾
按察司副使元和宋宗元
參校

嘉禮十六

飲食禮

蕙田案：《周禮·大宗伯》：「以嘉禮親萬民，以飲食之禮親宗族兄弟。」《大傳》云：「上治祖禰，尊尊也；下治子孫，親親也；旁治昆弟，合族以食，序以昭穆，别之以禮義，人道竭矣。」《小記》曰：「親親以三爲五，以五爲九，上殺、下殺、旁殺，而親畢矣。」《坊記》曰：「君子因睦以合族。」嗚呼！此堯之所以「克明俊德，以親九族。九族既睦，平章百姓」者也。周之盛也，内睦九族，外尊事黄耉，則有《常棣》、《行葦》之詩；及其衰也，《葛藟》、《頍弁》、《角弓》、《杕杜》刺焉。先王之於宗族兄弟也，親睦之，因而燕樂之，故有族燕之禮，有族飫之禮。《文王世子》：「若公與族燕，則異姓爲賓，膳宰爲主人，公與父兄齒。族食，世降一等。」《周語》：「王公立飫則有房烝，親戚燕饗則有餚烝。飫以顯物，宴以合好。」夫曰燕曰飫，皆所謂飲食之禮也。陳氏《禮書》云：「古者合族之禮，方其平居無事，則有燕以申好。及其有大疑謀，則有飫以圖事。燕則脱屨升堂，坐而不立，其牲體折節而餚烝，所以致愛。飫不脱屨，升堂，立而不坐，其牲半解，而房烝所以致嚴。」致愛致嚴，其禮盛矣。然燕之禮又有二：有時燕，有因祭而燕。《詩·常棣》：「儐爾籩豆，飲酒之飫。兄弟既具，和樂且孺。」《湛露》：「厭厭夜飲，在宗載考。」《周語》：「時燕不淫。」此時燕也。《詩·楚茨》：「諸父兄弟，備言燕私。既醉既飽，小大稽首。」《行葦》：「戚戚兄弟，莫遠具邇。曾孫維主，酒醴維醹。」《坊記》：「因其酒肉，聚以宗族。」此因祭而燕也。《禮書》云：「其禮之詳，❶雖不可考，要之服皮弁服，即於路寢，宰夫爲主，異姓爲賓，王與族人，燕于堂后，率内宗之屬，燕于房。其物餚烝，所以合好也。其食世降一等，所以辨親疎也。昭穆以叙之，所以明世次也。若夫夜飲以成之，所以别異姓也。几席之位，升降之儀，脱屨而坐，立監相視，羞庶羞以盡愛，爵樂無算以盡歡，其大率與諸侯燕禮不異。」蓋先王之禮，以孝弟治天下，而孝弟莫始於親親。親親之心，無所不至，則飲食之禮隆焉。且不特天子、諸侯而已。《儀禮·特牲》：「祝告利成，徹庶羞，設于西序下。」鄭康成註引

❶「詳」，原作「祥」，據《禮書》卷六三改。

《書傳》曰：「宗室有事，族人皆侍終日。大宗已侍于賓奠，然後燕私。燕私者何也？祭已而與族人飲。此徹庶羞置西序下者，爲將以燕飲與？」《書傳》云：「不醉而出，是不親也。醉而不出，是渫宗也。出而不止，是不忠也。」親而甚敬，忠而不倦，若是，則兄弟之道備，故曰「君子篤於親則民興於仁」，此物此志也夫！《大宗伯》敘爲嘉禮第一，《通典》、《通解》、《通考》皆莫詳。今從《周禮》之次，序於昏冠之上，而九族三族，錫姓命氏，天子睦族，宗子收族，立後之法，以類附焉。觀於此者，孝弟之心可以油然而生矣。

觀承案：《儀禮》有《公食大夫禮》，有《鄉飲酒禮》，有《燕禮》。《鄉飲酒》與《燕》，其牲皆狗。然骨體致敬，庶羞盡愛，亦可云食而曰飲者，有舉有薦，薦爲舉設，故曰飲也。《公食大夫》，其牲則牢，其儀則具饌于東房而無尊，雖酒亦實于觶，加于豐，而賓引奠于薦右而不飲。其後，有卒食之文，而無卒爵之文，故曰食禮。食與飲之分，各有其具者如此。至王之食禮九舉，公侯之食禮七舉；王燕飲酒，膳夫爲獻主，公侯燕飲酒，宰夫爲獻主：是其等威之辨也。而《周禮・酒人》：「共賓客之禮酒、飲酒而奉之。」注曰：「禮酒，燕饗之酒。飲酒，食之酒。」《曲禮》之「酒漿處右」，即食酒，所謂酳也。又《酒正》有三酒、四飲之辨。三酒，事酒、昔酒以飲，清酒以祭；四飲，清、醫、漿、酏，皆以共食，清即醴也。❶凡醴，啐而不飲，故冠昏饗食之禮皆設醴而不酧酢，間有酢者，亦啐之而已。此更飲與食所分之明証也。夫饗禮，鄭氏以爲無正文，然體薦殽烝，立以卒事，其文具在，由是推之，則族飫之禮，其即饗禮乎？族食，其即食禮乎？族燕之有賓主，固即燕禮，而又曰族飲者：亦即賓主以爲言，曰族燕；不即賓主以爲言，曰族飲，非二禮也。若公與族之私飲酒，是固有私飲時，或即《詩》與書傳所言「燕私」，謂燕即族燕，而以私爲厚解。如君之私于寡君，人人以爲孟嘗私己者，似燕與私爲一事，尚覺未安，何也？燕不可混于私也。《周禮·膳夫》：「凡王之稍事，設薦脯。」注云：「稍事是小事，與臣飲酒。」大事則有燕饗也，故止設薦脯。若此，則王與族人圖大事設族飫，其小事則私飲酒。是在外臣有稍事之飲，而在宗族即謂之私飲酒。然則，禮于異姓，有饗，有食，有燕飲，有稍事之飲；而在同姓，則有族飫、族食、族燕飲以及私飲酒之儀。相配以成文，于以見王道公私之無間。禮文雖缺，義可互參。因此通彼，歷歷皆可遍觀而盡識也。

【《周禮·大宗伯》】以飲食之禮親宗族兄弟。【注】親者，使之相親。人君有食宗族飲酒之禮，所以親之也。《文王世子》曰：「族食，世降一等。」《大傳》曰：「繫之以姓而弗別，綴之以食而弗殊，百世而昏姻不通

❶「醴」，據文義，疑當作「酳」。下同。

者，周道然也。」【疏】此經云飲食，亦尊卑通有。下文别有「饗燕」，則經云飲者，非饗燕，是私飲酒法；其食可以通燕食，俱有，以其下不别云食故也。注引《文王世子》，據人君法；引《大傳》，據大夫士法。則萬民亦有此飲食之禮也。

蕙田案：注分飲食，解雖細。私飲酒，謂在路寢，不在庭，即所謂「族燕」「族飫」是也，與下「饗燕」自有别。

【《禮記·大傳》】上治祖禰，尊尊也。下治子孫，親親也。旁治昆弟，合族以食，序以昭繆，别之以禮義，人道竭矣。【注】治，猶正也。繆，讀爲穆。【疏】旁治昆弟之時，合會族人，以食之禮。

陳氏祥道曰：「飲食者，人情之合歡者也。觀文王燕兄弟，而《棠棣》之美作；幽王不能宴樂同姓，而《頍弁》之刺興：則合族以食，禮之大者也。君與族人燕，則膳宰爲主人。又曰：『族食，世降一等。』《詩》曰：『厭厭夜飲，在宗載考。』《國語》曰：『親戚享宴，有殽烝。』又曰：『歲飫不倦，時宴不淫。』則族食之禮，合之以時，等之以世，掌之以膳夫。其薦也，以殽烝；其飲也，或以夜。不特如此而已，序以昭穆，别以禮義，則尊者安于爲尊，卑者安于爲卑，然後孝慈友恭油然生於其間，人道不竭于此矣乎！蓋合族以食，恩也；昭穆禮義，所以節恩者也。無恩則離，恩而無節之則亂。先王之於宗族，使不至于離且亂，無他，盡人道以治之而已。」

汪氏克寬曰：「合族以食，使之有所同，而尊卑之禮一；序以昭穆，使之有所異，而親疎之義明。如此，則皆有禮義之别，而人之道盡於此矣。」

同姓從宗，合族屬；異姓主名，治際會。【注】合，謂合之宗子之家，序昭穆也。異姓，謂來嫁者也，主于母與婦之名耳。際會，昏姻交接之會也。【疏】同姓從宗者：同姓，父族也；從宗，謂從大小宗也。合族屬者，謂合聚族人親疎，使昭爲一行，穆爲一行，同時食，故曰合族屬也。繫之以姓而弗别，綴之以食而弗殊。【疏】綴之以食而弗殊者，連綴族人以合食之禮而不殊異也。

陳氏祥道曰：「以飲食之禮親宗族兄弟，所謂『綴之以食』也。」

君有合族之道，族人不得以其戚戚君位也。

【疏】合族者，言設族食燕飲，有會合族人之道。

陳氏祥道曰：「君之於族人，主乎愛；族人之于君，主乎敬。故有合族之道，所以明其親親之恩；不得以其戚戚君，所以明其尊尊之義。不能親睦九族，燕樂同姓，與夫恃親而不恭者，豈知此哉！」

呂氏祖謙曰：「君有合族之道，如《詩》所謂飲食燕樂同姓是也。」

右飲食通義。

【《文王世子》】若公與族燕，則異姓爲賓，膳宰爲主人，公與父兄齒。族食，世降一等。

【注】異姓爲賓，謂同宗無相賓客之道。膳宰爲主人，君尊，不獻酒也。與父兄齒，親親也。族食世降一等，親者稠，踈者稀。【疏】明公與族人燕食之禮。燕飲，必立賓以行禮。異姓爲賓，必對主人。君尊，不宜敵賓，故使供膳之宰以爲主人，使得抗禮酬酢也。公既不爲主，族人又不爲賓，故與族人相齒，見親親也。族食，謂與族人燕食也。族人既有親踈，燕食亦隨世降殺。假令本是齊衰，一年四會食，若大功則一年三會食，小功則一年二會食，緦麻則一年一會食，是世降一等也。

觀承案：族食世降一等，則至緦麻，其降已窮。綴食之屬，疎同姓也，不在此列明矣。《月令》：「大合吹。」注云：「與族人大飲，作樂於大寢，以綴恩。」疏引綴食以釋「綴恩」之義，似即指此爲綴食之時；而其釋族人也，又曰「三族」，依然世降一等之族，未及同姓。又云「食常無樂」，明此爲飲禮，而非食禮也。《明堂禮》「季冬命國爲酒以合族」，亦然。大率，禮之言族，皆九族，不及同姓。《詩》傳之言宴樂同姓，多與族混，不可爲典要。惟《大傳》言同姓與族之分最明。其曰「同姓從宗，合族屬」，注云：「合之宗子之家，序昭穆也。」

其釋合也，曰同食。蓋先王慮恩之殫於遠也，命以百世不遷之宗，則同姓之屬即有百世相宗之誼，從宗合族，即所謂「綴食弗殊」也。意自相承，似不必別爲附會。

公與族燕則以齒，而孝弟之道達矣。其族食，世降一等，親親之殺也。【注】與族燕則以齒，以至尊不自異于親之列。殺，差也。【疏】公所以降己尊而與族人燕會爲列，是欲使孝弟之道通達于下也。民有親屬者，豈得相背棄哉！每世而降一等，是親親之殺。

陳氏澔曰：「族人雖衆，其初，一人之身也，豈可以賓客之道外之？故以異姓爲賓。而使膳宰爲主，與之抗禮酬酢，君尊，而賓不敢敵也。君雖尊，而與父兄列位，序尊卑之齒者，篤親親之道也。族食，與族人燕食也。世降一等，謂族人既有親疎，則燕食亦隨世降殺也。」

方氏慤曰：「凡燕之禮，必立賓以備酬酢之儀。然主人者尊賓，既謂之賓，則尊之而已，非親之也。親莫親于同姓，則凡于同姓，固無賓之之禮也。故燕族之賓，不以同姓，而以異姓爲之也。」

蕙田案：此君與族人飲食之禮，曰族燕，曰族食。燕之禮多，食之禮殺也。燕有樂，而食常無樂。

【《月令》】季冬之月，命樂師大合吹而罷。【注】歲將終，與族人大飲，作樂于大寢，以綴恩也。言罷者，此用禮樂，于族人最盛，後年若時，乃復然也。凡用樂必有禮，用禮則有不用樂者。《王居明堂禮》：「季冬，命國爲酒以合三族。」君子説，小人樂。【疏】與族人飲者，以《王居明堂禮》云「季冬命國爲酒以合三族」，故知與族人飲也。云作樂於大寢者，以其命樂師合吹，故知作樂也；大寢，則路寢也，與宗人圖事之處，既飲族人，故知於大寢。云以綴恩者，綴，謂連綴；恩，謂恩親。《大傳》云：「繫之以姓而弗別，綴之以食而弗殊。」云罷者，此用禮樂，于族人最盛，後年季冬，乃復如此作樂，以一年停頓，故云罷。大合吹，必當有禮。與族人燕飲，今惟云「命樂師」，故云「用樂必有禮」；而食常無樂，故云「禮有不用樂」也。引《明堂禮》以合三族者，三族，父子及身，則《小記》云「親親以三爲五，以五爲九」是也。君子説，謂卿大夫士。小人樂，謂凡庶也。

蕙田案：此宗族燕食之時與樂也。

【《逸禮·王居明堂禮》】季冬，命國爲酒以合三族。

汪氏克寬曰：「孝弟莫始于親親，則燕之禮不得而廢。設其器，備其物，辨其數，立其文，莫尊乎君也；不以位加于父兄，燕序必以齒，達乎孝弟之道也；莫親乎同姓也，不可以無殺，燕則族人世降一等焉。凡燕之禮，必主賓，以備酬酢。而族燕之賓主，則異姓與膳宰爲之者，篤親親之道也。夫飲食，口腹之欲也，而必節之以禮，則驕奢淫佚平而無過也；歌舞，耳目之欲也，而必和之以樂，則言動揖遜易而無乖也。莫不由親以篤乎恩，有恩以著乎愛，有愛以盡其禮焉。」

【《詩·小雅·常棣》】《序》：常棣，燕兄弟也。【疏】謂王者以兄弟至親，宜加恩惠，以時燕而樂之。周公述其事而作此詩焉。兄弟者，共父之親，推而廣之，同姓、同族皆是也。

常棣之華，鄂不韡韡。凡今之人，莫如兄弟。

【箋】承華者曰鄂。不，當作「柎」。柎，鄂足也。鄂足得華之光明，則韡韡然盛。喻弟以敬事兄，兄以榮覆弟，恩義之顯，亦韡韡然。【傳】聞常棣之言爲今也。【箋】聞常棣之言，始聞常棣華鄂之説也。如此，則人之恩親，無如兄弟之最厚。

何氏楷曰：「常棣與唐棣異木，爾雅云：『唐棣，移。常棣，棣。』案此，則惟常棣得以棣名。程子云：『今玉李也，華鄂相承甚力。』陸氏曰：『江南呼爲麥李，一跗輒生二萼，兩兩相麗，如垂絲海棠。』陸佃云：『移從移，棣從隶。唐棣之華，反而後合。常棣華鄂，上承下覆，甚相親爾。從棣，言華萼相承，輝榮相隶也。隶，仁也。移，義也。兄弟尚親，親仁也。故《常棣》以燕兄弟。』宋祁云：『世人多悞以唐棣爲常棣，於兄弟用之。唐棣，移也，移開而反合者也。此兩物不相親。』鄂，當作萼，曹憲云花苞也，唐明皇以『華萼』、『交輝』名樓，正取此詩義。」

【《詩緝》】嚴氏粲曰：「玉李，其華繁密，其鄂豈不韡韡光明乎！華以覆萼，萼以承華，華萼相承覆而光明，猶兄弟相承覆而榮顯也。凡今之人與我交接者，皆莫如兄弟之至親也。凡今之人，總言下文朋友妻子也。一章發端，姑言兄弟之常，而辭氣抑揚之間，已有感歎不盡之意，其斯周公之心乎？」

死喪之威，兄弟孔懷。原隰裒矣，兄弟求矣。

【《詩緝》】嚴氏粲曰：「一章以華萼相輝，喻兄弟之求顯，姑以安樂之時言之。既而斷以凡人皆不如兄弟，則安樂之時，未足以見其情之切至於是。二章以下，皆以死喪急難之事驗之。死喪，可畏怖之事，❶他人未必相念，維兄弟甚相思念也。方困窮流離、群聚于原野之時，維兄弟則相求以相依也。」

【朱子《詩傳》】言死喪之禍，他人所畏惡，惟兄弟爲相恤耳。至于積尸裒聚于原野之間，亦惟兄弟爲相求也。

蕙田案：孔懷，謂兄弟之患難相恤爲可念，即下句所言是也。朱子説最爲緊切。

何氏楷曰：「此就常情而言，上章所謂『莫如兄弟』者，于此驗之，最爲親切。」

脊令在原，兄弟急難。每有良朋，況也永歎。

【朱子《詩傳》】脊令，䳭渠，水鳥也。脊令飛則鳴，行則搖，有急難之意，故以起興。而言當此之時，雖有良朋，不過爲之長歎息而已，力或不能相及也。

呂氏祖謙曰：「疎其所親，而親其所疎，此失其本心者也。故此詩反覆言朋友之不如兄弟，蓋示之以親疎之分，使之反循其本也。本心既得，則由親及疎，秩然有敘。兄弟之親既篤，朋友之義亦敦矣，初非薄于朋友也。苟雜施而不孫，雖曰厚于朋友，如無源之水，朝滿夕除，胡可保哉！」

何氏楷曰：「《禽經》云：『脊令，友悌。』張華注云：『脊令，共母者，飛鳴不相離，故所以喻兄弟。』兄弟急難者，言兄弟相急于患難，謂相救也。《春秋傳》『急病讓夷』，《戰國策》『以公子高義，能急人之困』，字法本此。」

❶「怖」，原作「佈」，據庫本改。

蕙田案：此前後三章，最情理之實，非親歷者不能道，亦不能知也。非至聖，烏能體貼至此？

兄弟鬩于墻，外禦其務。每有良朋，烝也無戎。

【《詩緝》】嚴氏粲曰：「兄弟或不相得，鬩狠于墻内，非令兄弟也。然有他人來侵侮之，則同心以外禦爲務，不以小忿而敗親也。良朋雖衆，然無相助者，言兄弟之不令者，猶勝朋友之良者也。」

輔氏廣曰：「二章至四章，兄弟真切之情，惟于此際而後得見分曉。」

張氏叙曰：「二章正言兄弟休戚之相關，三章、四章又以朋友相校而徵其莫如也。脊令，水鳥，在原則失所，故興急難。況，怳通。雖愴怳不寧，徒付之長歎而已，不能身與其難也。烝，盛氣貌。戎，兵也。雖憤于横逆而無不反兵之理，則亦無能興戎以禦之也。急難者，好兄弟也。鬩墻者，惡兄弟也。兄弟不論好惡，而皆勝於朋友。謂之良朋，亦非朋友之簿也，義合之分，止如是爾。雖急難死生之際，固有可托以濟者，然非常也。曰每者，則義亦不相礙矣。」

喪亂既平，既安且寧。雖有兄弟，不如友生。

【《詩緝》】嚴氏粲曰：「情義之輕重，當於死生患難之時觀之。若喪亂既平、安寧無事之時，則以爲兄弟不如友生矣。何不於死喪患難之時以觀之乎！」

儐爾籩豆，飲酒之飫。兄弟既具，和樂且孺。【傳】儐，陳。飫，私也。不脱屨升堂謂之飫。九族會曰和。孺，屬也。王與親戚燕則尚毛。【箋】私者，圖非常之事。若議大疑於堂，則有飫禮焉，聽朝爲公。九族，從己上至高祖、下及玄孫之親也。屬者，以昭穆相次序。【疏】此章言王者親宗族也。王有大疑非常之事，與宗族私議而圖之。其時則陳列爾王之籩豆，爲飲酒之飫禮，以聚兄弟宗族爲好焉。爲此飫及燕禮之時，兄弟既已具集矣，九族會聚和而且欣樂，且復骨肉相親屬也。言由王親宗族，故宗族亦自相親也。飫，私，《釋言》文，孫炎曰：「飫非公朝，私飲酒也。」《周語》有「王公立飫」，又曰：「立成禮烝而已。」飫既爲私，不在公朝，在路門内也；酒肉所陳，不宜在庭，則在堂矣。《燕禮》云：「皆脱屨，乃升堂。」《少儀》云：「堂上無跣，燕則有之。」是燕由坐而脱屨，明飫立則不脱矣，故云不脱屨升堂謂之飫。箋解飫爲私之意，以私在路寢堂上，故謂之私。若聽朝則爲公事，對公故言私也。知飫禮爲圖非常、議大疑者，以《周語》云：「王公之有飫禮，將以講事成禮，建大德，昭大物。」言講事昭物，是有所謀矣，明圖非常、議大疑而爲飫禮也。《周語》云：「王公立飫，則有房烝。親戚燕饗，則有殽烝。」又曰：「飫以顯物，燕以合好。」則飫、燕禮異。《序》曰「燕兄弟」，此陳飫者，圖非常、議大疑乃有飫禮，則飫大於燕。燕亦是王於族親之禮，故陳之示親親也。飫禮議其大疑，則婦人不與；立以成禮，則不必和樂。下章云「妻子好合」，此傳曰「王與族人燕則尚毛」，以此詩飫燕雜陳，故下箋云：「王與族人燕，則宗婦、内宗之屬亦從后於房中。」是此章之中，兼燕禮矣。上二句爲飫，下二句爲燕，飫陳籩豆，燕言兄弟，互以相兼也。孺，屬，《釋言》文，李巡曰：「孺，骨肉相親屬也。」《中庸》曰：「燕毛，所以序齒。」《文王世子》曰：「公與族人燕，則以齒，而孝悌之道達矣。」王與宗族人燕，以毛髮年齒爲次第也。《司儀》曰：「王燕，則諸侯毛。」亦謂同姓諸侯也。故彼注云：「謂以髮鬢爲坐。」朝事尊尊，尚爵；燕則親親，尚齒。」云親親，是燕同姓明矣。

妻子好合，如鼓瑟琴。兄弟既翕，和樂且耽。【箋】好合，志意合也。合者，如鼓瑟琴之聲，相應和也。王與族人燕，則宗婦、内宗之屬亦從后於房中。

【疏】上章並陳飫燕之禮，此又論内外之歡也。王與族人燕於堂上，則后與宗婦燕於房中。王之族人見王燕其宗族，知王親之，皆傚王親親，與其妻子自相和好，志意合和，如鼓瑟琴相應和。於時兄弟既會聚矣，其族人非直内和妻子，又九族和好，忻樂而且湛，又以盡歡也。箋此解天子自燕宗族兄弟，所以得致妻子好合之意，以其王與族人燕，則宗婦内宗之屬亦從后於房中而燕，故有妻子也。宗婦者，謂同宗卿大夫之妻也。内宗者，同宗之内女嫁於卿大夫者。《春秋》莊二十四年：「夫人姜氏入，大夫宗婦覿用幣。」謂之宗婦，明是宗族之婦也。故賈、杜皆云：「宗婦，同姓大夫之婦。」襄二年《傳》曰：「葬齊姜，齊侯使諸姜、宗婦來會葬。」諸姜，謂齊同姓之女。宗婦，謂齊同姓之婦。是同姓大夫之婦名爲宗婦也。《周禮・春官・序官》云：「内宗，凡内女之有爵者。」❶注云：「内女，王同姓

❶「内」，原脱，據《周禮・春官・序官》補。

之女謂之内宗。有爵，其嫁於大夫及士者。」是王同姓之女名爲内宗也。天子燕宗族之禮亡，所以知「王與族人燕，則宗婦、内宗從后」者，《湛露》曰：「厭厭夜飲，不醉無歸。」傳曰：「夜飲，私燕也。宗子將有事，族人皆入侍。不醉而出，是不親也；醉而不出，是媟宗也。」箋云：「天子燕諸侯之禮亡，此假宗子與族人燕爲説耳。」然則天子燕同姓諸侯之禮，猶宗子燕族人，則天子燕宗族兄弟爲朝廷臣者，如宗子於族人可知。案《特牲饋食禮》祭末乃曰：「徹庶羞，設於西序下。」注云：「爲將餕，去之。庶羞，主爲尸，非神饌也。《尚書傳》曰：『宗室有事，族人皆侍終日。大宗已侍於賓奠，然後燕私。燕私者何也？已而與族人飲也。此徹庶羞置西序下者，爲將以燕飲與？然則自尸、祝至於兄弟之庶羞，宗子與族人燕飲於堂；内賓、宗婦之庶羞，主婦以燕飲於房也。』」鄭以彼《特牲》是宗子之祭禮，族人及族婦皆助，故經云「宗婦執兩籩，宗婦贊豆」，是宗婦及族人俱助宗子之祭。及至末，族人既爲宗子所燕，明宗婦亦主婦燕之可知也。且上文庶羞尸祝、兄弟之等，男子有庶羞，宗婦及内賓婦人亦有庶羞，今直云「徹庶羞」，明二者俱徹，二者俱燕也。故云「祝至於兄弟之庶羞，宗子與族人燕飲於堂，内賓宗婦之庶羞，主婦以與燕飲於房中」也。《曲禮》曰：「男女不雜坐。」謂男子在堂上、女子在房，故族人在堂、女子在房也。宗婦得與於燕，明内宗亦與其中可知。宗子之禮既然，故知天子燕族人之禮亦然，故云「王與族人燕，則宗婦、内宗之屬亦從后於房中」，此證妻子止當言宗婦，并言内宗者，内宗，宗婦之類，因言之。此后燕及妻而連言子者，此説族人室家和好，其子長者從王在堂，孩稚或從母亦在，兼言焉。

蕙田案：王與族人飲食之禮有二，一曰族燕、族食，《文王世子》所稱者是也。族燕、族食，皆燕也，而亦有不同。平居無事，則爲燕以申好，《大傳》所謂「合族以食」，《大戴記》「季冬命國爲酒，以合三族」，是族燕也。又因祭而燕，《楚茨》「諸父兄弟，備言燕私」，《中庸》「燕毛，所以序齒」，是亦族燕也。一曰族飫，因圖事而飫，與燕不同。《國語》：「王公諸侯之有飫也，將以講事成章，建大德，昭大物也，故立成禮烝而已。」注：「立成，不坐也。烝，升也。升其滿物而已。」又曰：「歲飫不倦，時燕不淫。」據此，則燕之禮主於親愛而和好，飫之禮主於嚴肅而整齊。嚴肅者易倦，親愛者易淫，故《國語》云然。是燕與飫，固大有別也。此詩傳、箋、正義敘燕飫之禮頗詳，然傳以第六章「儐爾籩豆」爲飫私，又曰「王與親戚燕則尚毛」，是一章而飫與燕兼之。箋直據《國語》之文以証飫私之義，疏遂以上二句爲飫，下二句爲燕，飫燕雜陳。竊謂毛、鄭特泥「飫」字而爲此解耳。此詩專爲燕兄弟而作，上五章備言兄弟所以當親愛之故，至此乃入燕飲正文，極道其和樂之情，「飫」字第寫其醉酒飽德之意，非所謂圖非常、議大疑之事也。又六章「妻子好合，如鼓瑟琴。兄弟既翕，和樂且耽」，蓋亦申言飲食宴樂，兄弟和好之義，似亦不專指宗婦、內宗燕於房者言。故先儒説詩，多不從箋疏之説。今以其論燕飫之禮頗詳，姑存之，然亦不甚明晰。

李氏光地曰：「此二章言終兄弟之愛之道也。人之幼也，兄弟同群，飲食必俱，相親相思，故曰孺慕也。離居異食，則意漸疎，故必常陳酒食，使兄弟具在，則其和樂也，且將如孺子時矣。有妻子，則有間之者；俱有妻子，則又有交相間者。兄弟之愛，往往不終矣。夫妻室各緣異姓之合，不能與我齊心，固恒情也。兼於各子其子，則視兄弟愈隔，故必使妻子與我好合，如琴瑟之同調而無異聲，則兄弟翕聚而不散，其和樂也且將耽嗜以終身矣。」

宜爾室家，樂爾妻帑。是究是圖，亶其然乎。

【《詩緝》】嚴氏粲曰：「言爾能與兄弟翕合，則可宜爾之室家，樂爾之妻帑。爾試窮究之，圖謀之，庶幾信吾之言乎！」

李氏光地曰：「序以爲周公所作，其極情理之至，信非聖人不能道。然傳所謂『弔二叔之不咸』，漢儒或指夏商之末，其説近是。序遂以管、蔡之事當之。反覆篇中，言兄弟急難禦務，發乎天性，正與管、蔡相反。如謂詭詞以哀之，則又無復勸戒之意，故朱《傳》但以燕飲兄弟爲説。文王之德，『刑于寡妻，至於兄弟』，由《關雎》以至《麟趾》之應，故周公推以著訓者如此。」

蕙田案：此詩燕飲兄弟，故極道兄弟天性之親切，驗之死生急難而愈真。情意之和樂，推之妻子室家而大順。要皆由燕飲兄弟以合之，此飲食之禮所以重也。

【《詩·大雅·行葦》】《序》：《行葦》，忠厚也。周家忠厚，仁及草木，故能内睦九族，外尊事黄耇，養老乞言，以成其福禄焉。

【箋】九族，自己上至高祖、下至玄孫之親也。【疏】親睦九族，非直其父祖子孫而已，故言上至高祖下至玄孫之親，見高祖五服之内皆親之。《文王世子》云：「族食，世降一等。」則天子所燕及者，非獨五服之内。此唯言九族者，言親親以及遠，舉九族以見同姓皆親之。

朱子《詩傳》：「此祭畢而燕父兄耆老之詩。」

李氏光地曰：「燕同姓之詩也。朱《傳》以爲祭畢者，以列在《大雅》，别於《小雅》之燕享云。」

敦彼行葦，牛羊勿踐履。方苞方體，惟葉泥泥。戚戚兄弟，莫遠具爾。或肆之筵，或授之几。【傳】戚戚，内相親也。肆，陳也，或陳筵者，或授几者。【箋】王與族人燕，兄弟之親，無遠無近，俱揖而進之。❶年稚者爲設筵而已，老者加之以几。

【《詩緝》】嚴氏粲曰：「首章發兄弟之愛也。言敦敦然聚者，是彼道旁之蘆葦，勿令牛羊踐履之。此葦方苞而成叢，方體而成莖，其葉初生，泥泥然潤澤而可愛，忍傷

❶「而進」，原作「族而道」，據《詩·大雅·行葦》箋改。

之乎？草之叢生，如兄弟之聚也，戚戚然親愛之。兄弟切莫疎遠，宜俱相親近也。」

真氏德秀曰：「使人主能體此章之旨，則雖一草一木，且不敢輕於摧折也，况骨肉之戚，而縱尋害乎！此詩二章以下，皆言燕樂兄弟之事，然必以此心爲之本，而後燕樂不爲虚文。不然，非所知也。」

吕氏祖謙曰：「『戚戚兄弟，莫遠具爾』，忠厚之意，藹然見於言語之外矣。下章之燕樂，皆所以樂於此也。」

肆筵設席，授几有緝御。或獻或酢，洗爵奠斝。醓醢以薦，或燔或炙。嘉殽脾臄，或歌或咢。【傳】設席，重席也。歌者，比於琴瑟也。徒擊鼓曰咢。【疏】毛以爲承上肆筵、授几之文，❶更申其事，言王於族人既爲肆之筵上，又設重席，其授几之人，尊敬老者，則有致敬蹴踖之容。既設几筵，族人升堂受燕。或乃主人進酒而獻之於賓，賓既受卒爵，或乃酌而酢答主人，主人卒飲，又洗爵，酢以酬賓，賓受而奠此斝，不復舉之。王與族燕，以異姓爲賓，使宰夫爲主人，行此獻酢之禮也。鄭以上二句特爲老者設文，既爲老者肆筵，又重設席，授之以几，復有惇史相續，代而侍之。

朱子《詩傳》：「言侍御獻醻，飲食歌樂之盛也。」

黄氏佐曰：「侍御以養其體，飲以養其陽，食以養其陰，歌樂以和其心。燕禮之盛如此，所以示慈惠也。」

敦弓既堅，四鍭既鈞。舍矢既均，序賓以賢。敦弓既句，既挾四鍭。四鍭如樹，序賓以不侮。

朱子《詩傳》：「言既燕而射以爲樂也。」

【《詩緝》】嚴氏粲曰：「既燕族人，而射以爲樂。」

李氏光地曰：「既燕而射以樂之，且觀德焉。先序其賢多者，雋也；既序其不侮敬者，優也。雖同姓亦曰賓，故下曾孫曰主。」

曾孫維主，酒醴維醹。酌以大斗，以祈黄耇。黄耇台背，以引以翼。壽考維祺，以介景福。

❶「承」，《毛詩正義》作「乘」。「授」，原作「設」，據《毛詩正義》改。

【《詩緝》】嚴氏粲曰：「述既射而復燕，因以乞言也。爲之主者，成王也。其酒醴皆醇厚矣，遂以長柄大斗從大器中酌之於樽以爲禮，而求於黄耇之人，謂乞言也。兄弟之中有老者焉。古者燕飲，於旅也語，必因以求誨於老成人，不徒爲燕樂也。大老告成王以善道，引導輔翼，以成其德，故自天佑之，成王得壽考吉祥，助其大福也。」

朱氏善曰：❶「侍御之盛，言其人之不乏也。獻醻之盛，言其禮之無闕也。飲食之盛，言其物之豐也。歌樂之盛，言其聲之和也。前二章未射，而飲燕之始也，故備言其禮樂之盛；後二章既射而飲燕之終也，故惟致其頌禱之誠：言之固有序也。」

蕙田案：《常棣》、《行葦》二詩，古盛王以飲食之禮親宗族兄弟之實際也。❷夫由身而推之，分形同氣者，莫如兄弟，皆吾親之體也。自五服之屬以及於無服之族，皆吾祖一人之體也。君子齊家以治國，親親而仁民，必自其所厚者始。親之則思所以厚之，厚之則思所以樂之，此飲食之禮所以不能已也。至親莫如兄弟，其情非可以言説喻也。《常棣》爲燕飲之樂，將以深致其莫可喻之情，而反極之急難禦務，以著其非良朋所得而擬；而復道其燕會懽飫，室家好合，以感動其天性之良，骨肉之愛。所以體貼精到而反覆長言之者，殆無以加矣。《行葦》由物理以察人倫，「維葉泥泥，戚戚兄弟」之詞，懇欵親切，惻然惟恐傷之，千載而下，猶能使人興起。聖人篤親親以化平天下，其精意固如此矣。至

❶「朱」，原作「李」，據《詩解頤》改。
❷「盛」，疑當作「聖」。

於禮樂牲醴之盛，威儀節次之詳，則又有可考焉。先之以肆筵設几，筵有席，几有御，陳設之備也。繼之以獻酢奠斝，賓主之禮也。考《燕禮》，諸侯燕其臣，以膳宰爲主人，主人獻賓，賓卒爵，賓洗爵，酢主人，主人卒爵，主人獻公，公卒爵，公酌，酢主人，主人卒爵，於是主人酌以酬賓，賓奠而不舉。詩之「或獻或酢，洗爵奠斝」，正與禮合。《文王世子》云「族燕則異姓爲賓，膳宰爲主人」是也。其牲牢，酒醴則有醓有醢，有燔有炙，正饌之外，則有嘉餚，有脾臄，有籩豆，而從獻加爵之禮行矣。若夫合樂以道和，而或歌或咢，燕射以爲樂，而序賓以賢，序賓以不侮，至於敬老乞言，頌禱之事，無不舉焉。嗚呼！可謂盛矣。蓋其合也，禮樂之美，兼有饗食之儀文，而將之以親愛，本之宗廟之昭穆，而聯之以歡樂，所謂「別之以禮義，而孝悌之道達」者歟！飲食之禮見於《禮經》者甚略，今詳疏其辭義，以補《逸禮》之所未備云。

【《小雅·湛露》】湛湛露斯，在彼豐草。厭厭夜飲，在宗載考。【傳】豐，茂也。夜飲必於宗室。【箋】豐草，喻同姓諸侯也。載之言則也。考，成也。夜飲之禮，在宗室同姓諸侯則成之，於庶姓其讓之則止。【疏】豐草得露則湛湛然柯葉低垂，以興王之燕飲于彼同姓諸侯，此同姓諸侯得王燕飲則威儀寬縱也。王與歡酣至於厭厭安閒之夜，留之私飲，雖則辭讓，以其宗室之故，則留之而成飲，不許其讓，以成親厚焉。

蕙田案：此註疏以爲同姓諸侯也。

【《楚茨》】諸父兄弟，備言燕私。【傳】燕而盡其私恩。【箋】祭禮畢，歸賓客俎，同姓則留，與之燕，所以尊賓客，親骨肉也。【疏】其諸父兄弟，留之使皆備具，我當與之燕而盡其私恩也。

樂具入奏，以綏後禄。爾殽既將，莫怨具慶。既醉既飽，小大稽首。神嗜飲食，使君壽考。孔惠孔時，維其盡之。子子孫孫，勿替引之。【箋】燕而祭時之樂復皆入奏，以安後日之福禄。骨肉安而君之福禄安。女之殽羞已行，同姓之臣無有怨者，而皆慶君，是其歡也。小大，猶長幼也。同姓之臣，燕已醉飽，皆再拜稽首曰：「神乃歆嗜君之飲食，使君壽且考。」此是慶詞。【疏】宗族不親則公室傾危，故骨肉歡而君之福禄安，同姓無怨而皆慶，是其歡矣。「神嗜飲食」以下，是慶詞也。

蔣氏悌生曰：「卒章同姓復燕於寢，以厚其恩也。」

《中庸》：「燕毛，所以序齒也。」

【朱子《章句》】燕毛，祭畢而燕，則以毛髮之色，别長幼爲坐次也。

【陳氏《禮書》】先王之於同姓，有時燕焉，有因祭而燕焉。《國語》曰：「時燕不淫。」此時燕也。《詩》曰：「諸宰君婦，廢徹不遲。諸父兄弟，備言燕私。」《坊記》曰：「因其酒肉，聚其宗族，以教民睦。」此因祭而燕也。其禮之詳，雖不可考，要之，服皮弁服，即於路寢。王皮弁以日視朝，《詩》刺不能宴同姓而曰「有頍者弁」，則皮弁也。宰夫爲主，異姓爲賓，王與族人燕於堂，后帥内宗之屬燕於房。其物餚烝，所以合好也。昭穆以其食世降一等，所以辨親疏也。昭穆以序之，所以明世次也。夜飲以成之，所以别異姓也。若夫几席之位，升降之儀，脱屨而坐，立監相禮，羞庶羞以盡愛，爵樂無算以盡驩，其大率蓋與諸侯燕禮不異。諸侯燕族人與父兄齒，雖王之尊，蓋亦不以至尊廢至親也。

【《國語·周語》】定王謂晉隨會曰：「郊禘之事，則有全烝。王公立飫，則有房烝。

【注】禮之立成者爲飫。親戚燕饗，則有餚烝。【注】餚烝，升體節解折之俎也，謂之折俎。今女非他也，而叔父使士季實來。唯是先王之宴禮，欲以貽女。余一人敢設飫禘焉。夫王公諸侯之有飫也，將以講事成章，【注】章，章程也。建大德，昭大物也，【注】大德，大功也。大物，大器也。故立成禮烝而已。【注】立成，不坐也。烝，升也。升其滿物而已。飫以顯物，燕以合好。【注】顯物，示物備也。故歲飫不倦，時燕不淫。」

敬王十年，萇弘欲城周。衛彪傒見單穆公，曰：「昔武王克殷而作詩，作此以爲飫歌，名之曰《支》，以遺後之人，使永監焉。夫禮之立成者爲飫，昭明大節而已。」

【《魯語》】公父文伯之母祭悼子，康子與焉，胙不受，徹俎不宴，宗不具不繹，繹不盡飫則退。【注】昭謂立曰飫、坐曰燕，言宗具則與繹，繹畢而飲，不盡飫禮而退，恐有醉飽之失，皆所以遠嫌也。

公父文伯之母欲室文伯，饗其宗老，請守龜卜之族。師亥聞之曰：「善哉！男女之饗，不及宗臣；宗室之謀，不過宗人。」

【陳氏《禮書》】古者合族之禮，方其平居無事，則有燕以申好。及其有大疑謀，則有飫以圖事。燕則脱屨升堂，坐而不立，其牲體折節而殽烝，所以致愛。飫不脱屨升堂，立而不坐，其牲體半解而房烝，所以致嚴。《周語》曰：「王公之有飫禮，立成禮烝而已。」又曰：「歲飫不倦。」然則飫以圖事，非必歲爲之也。《國語》言歲飫時燕，蓋明其疎數之異而已。衛彪傒曰：「武王克商，作詩以爲飫歌，名之曰《支》，以遺後之人，使永監焉。」以其戒慎，尤在於厭飫之時也。公父文伯之母祭悼子，康子與焉，繹不盡飫而退，則飫

非若燕禮之多儀也。❶

【《詩・王風・葛藟》《序》：《葛藟》，刺平王也。周室道衰，棄其九族焉。【疏】棄其九族者，不復以族食、族燕之禮敘而親睦之，故王之族人作此詩以刺王也。

緜緜葛藟，在河之滸。終遠兄弟，謂他人父。謂他人父，亦莫我顧。【疏】王族宜得王之恩施，猶葛藟宜得河之潤澤，王何故遺棄我宗族之人乎？

緜緜葛藟，在河之涘。終遠兄弟，謂他人母。謂他人母，亦莫我有。【疏】上言「謂他人父」，責王無父恩。此言「謂他人母」，責王無母恩也。然則下章「謂他人昆」，責王無兄恩也。

緜緜葛藟，在河之漘。終遠兄弟，謂他人昆。謂他人昆，亦莫我聞。

【《小雅・頍弁》《序》：《頍弁》，諸公刺幽王也。暴戾無親，不能燕樂同姓，親睦九族，故作是詩也。【疏】時同姓之諸公刺幽王也，爲不能燕樂同姓，明諸公是同姓諸公也。不能燕樂，即不能親睦。親睦由於燕樂。以經責王之不燕樂，今不親睦故，分而言之耳。

有頍者弁，寔維伊何？爾酒既旨，爾殽既嘉。豈伊異人？兄弟非他。蔦與女蘿，施於松柏。未見君子，憂心奕奕。既見君子，庶幾説懌。【箋】❷禮，天子諸侯，朝服以燕。❸天子之朝，皮弁以日視朝。女酒既美矣，女殽既嘉矣，何以不用與族人宴也？王所當與宴者，豈有異人疏遠者乎？皆兄弟，與王無他。言至親，刺其弗爲也。幽王久不與諸公宴，諸公未得見幽王之時，懼其將危亡，故憂而心奕奕然。若得見幽王諫止之，則庶幾其改變意解懌也。❹

有頍者弁，寔維何期？爾酒既旨，爾殽既時。豈伊異人？兄弟具來。蔦與女蘿，施

❶「若」，原脱，據《禮書》卷六三補。
❷「箋」，原作「傳」，據庫本改。
❸「朝服」，原作「王朝」，據庫本改。
❹「諫止」、「改變」，《毛詩正義》作「諫正」、「變改」。

於松上。未見君子，憂心怲怲。既見君子，庶幾有臧。

觀承案：《頍弁》、《集傳》謂「燕兄弟親戚之詩」，不從《傳》專言同姓。然禮，族燕必以異姓爲賓，異姓，古稱曰甥舅，則雖燕同姓，固有異姓之賓在。且《角弓》之詩曰「兄弟婚姻」，亦兼異姓爲言。《序》主九族，《傳》又從之，何一從而一否也？是《序》説原未可廢，第《傳》曰燕，《序》曰刺不燕樂，意若相反。然《詩》曰「爾酒爾殽」，曰「君子維宴」，❶安在其非燕乎？曰「死喪無日，無幾相見」，安在其非刺乎？一再讀之，乃知詩固燕也。燕而情不洽於《棠棣》，文不備於《行葦》，雖燕，無以成懽，故詩人傷心於集霰，以著交瘉之漸。迨「胥遠」「胥傚」，斯《角弓》興悲，而《葛藟》有終遠之誚、《杕杜》抱獨行之感焉。《傳》表其事，《序》推其微，文殊而義一也。細繹之自得。然則《角弓》諸詩爲不合族者示戒也，《頍弁》之詩又爲合族而情文不具者示戒。由是觀之，飲食之於人道，不綦重乎！至《伐木》之詩，曰「民之失德，乾餱以愆」，又知非特兄弟族姓間爲然矣。

【《角弓》】《序》：《角弓》，父兄刺幽王也。不親九族而好讒佞，骨肉相怨，故作是詩也。

騂騂角弓，翩其反矣。兄弟昏姻，無胥遠矣。爾之遠矣，民胥然矣。爾之教矣，民胥傚矣。此令兄弟，綽綽有裕。不令兄弟，交相爲瘉。

❶「宴」，原作「晏」，據庫本改。

民之無良，相怨一方。受爵不讓，至於已斯亡。

老馬反爲駒，不顧其後。如食宜饇，如酌孔取。【傳】饇，飽也。【箋】王如食老者，則宜令之飽；如飲老者，則當孔取。孔取，謂度其所勝之多寡。凡器之孔，其量大小不同，老者氣力弱，故取義焉。王有族食、族燕之禮。【疏】言王有族食、族燕之禮者，解經所以有食酌之事，食則族食，酌即族燕矣。以食禮無飲，燕法無食，二事也。

蕙田案：三詩，據注疏，謂皆刺王不能親睦兄弟之作。夫有《常棣》、《行葦》之盛，則有《葛藟》、《頍弁》、《角弓》之衰，盛衰之際，所係顧不大歟！

【《唐風·杕杜》】《序》：《杕杜》，刺時也。君不能親其宗族，骨肉離散，獨居而無兄弟，將爲沃所并爾。

有杕之杜，其葉湑湑。獨行踽踽，豈無他人？不如我同父。嗟行之人，胡不比焉？人無兄弟，胡不佽焉？

有杕之杜，其葉菁菁。獨行睘睘，豈無他人？不如我同姓。嗟行之人，胡不比焉？人無兄弟，胡不佽焉？

蕙田案：此係諸侯之詩，故附於後。

【《春秋》文公七年《左氏傳》】宋昭公將去群公子，樂豫曰：「不可。公族，公之枝葉也，若去之，則本根無所庇蔭矣。葛藟猶能庇其本根，故君子以爲比。【注】謂詩人取以喻九族兄弟。況國君乎？此諺所謂『庇焉而縱尋斧焉』者也。必不可。君其圖之！親之以德，皆股肱也，誰敢攜貳？若之何去之？」不聽。

蕙田案：飲食之禮，所謂「親之以德」也。葛藟之喻，警切動人。

右經傳飲食禮。

【《史記・齊悼惠王世家》】孝惠帝二年，齊王入朝，惠帝與齊王燕飲，亢禮如家人。

【《漢書・中山靖王勝傳》】議者多寃鼂錯之策，皆以諸侯連城數十，泰彊，欲稍侵削，數奏暴其過惡。諸侯王自以骨肉至親，❶今或無罪，爲臣下所侵辱。建元三年，代王登、長沙王發、中山王勝、濟川王明來朝，天子置酒，勝聞樂聲而泣。問其故，勝具以吏所侵聞，於是上乃厚諸侯之禮，省有司所奏諸侯事，加親親之恩焉。

【《昭帝本紀》】元鳳二年夏四月，上自建章宮徙未央宮，大置酒，賜宗室子錢，人二十萬。

【《後漢書・世祖本紀》】建武十七年冬十月甲申，幸章陵，修園廟，祠舊宅，觀田廬，置酒作樂，賞賜。時宗室諸母因酣悅，相與語曰：「文叔少時謹信，與人不欵曲，唯直柔耳。今乃能如此！」帝聞之，大笑曰：「吾治天下，亦欲以柔道行也。」

【《和帝本紀》】十五年冬十月，幸章陵，會宗室於舊廬，勞賜作樂。

【《後漢書》注】蔡質《漢儀》曰：「正月旦，天子幸德陽殿，臨軒，公卿大夫百官各陪朝賀，宗室諸劉雜會，萬人以上。」

【《册府元龜》】北魏孝文帝太和十九年正月辛未，車駕在懸瓠，朝享群臣。初，帝嘗詔延四廟之子，下逮玄孫之胄，申宗宴於皇信堂，不以爵秩爲列，悉序昭穆爲次，用家人之禮。燭至，公卿辭退，帝曰：「燭至辭退，庶姓之禮。在宗載考，宗族之義。卿等且還，朕與諸王宗室欲成此夜飲。」

❶「王」，原脱，據《漢書・中山靖王勝傳》補。

【《北魏書·孝明帝本紀》】熙平二年八月戊戌，宴太祖以來宗室年十五以上於顯陽殿，申家人之禮。

【《隋書·禮儀志》】北齊宴宗室禮。皇帝常服別殿，西廂東向，七廟子孫皆公服，無官者單衣介幘，集神武門。宗室尊卑，次於殿庭。七十者二人扶拜，八十者扶而不拜，升殿就位。皇帝興，宗室伏。皇帝坐，乃興，拜，而坐。尊者南面，卑者北面，皆以西爲上。八十者一坐。再至，進絲竹之樂。三爵畢，宗室避席，待詔而後復位，乃行無算爵。

【《册府元龜》】唐太宗貞觀十九年，征遼迴，幸定州。時太子監國，處定州，詔：「定州管内孝行著聞者，宜與宗室老人同賜宴會。」

文宗開成元年十二月，帝於禁中會宴諸王，因命講讀劉仲武每雙月入内對諸王，仍令尚書供食。　三年四月甲午，帝幸十六宅，賜諸王宴，頒賜有差。

後唐莊宗同光三年正月甲午，皇太后生辰，御嘉慶殿，召諸王家宴，極歡而罷。　二月，帝在鄴。己巳，擊毬於行宮之鞠場。　諸王弟從臣等供奉，賜定州王都金鞍御馬。　鞠罷，宴王都於武德殿之山亭，宣教坊樂，陳百戲、俳優、角觝，夜漏一鼓方罷。　甲戌，文思殿宴王都，頒賜有異，夜久方罷。　戊子，宴於思政殿。　三月，帝在鄴。　戊戌，宴於内殿。　丙午，帝擊毬於行宮之鞠場，皇弟存霸、皇子繼岌預焉。　毬罷，宴於迎春殿。

天成二年，秦王從榮自鄴中至，帝幸其第，宣禁中女伎及教坊樂，歡宴至晚。　從榮進馬及銀器錢絹。　帝賜諸伎樂及行從人等，乘輿歸内。　四年，潞王自河中入覲，進金銀錢絹，開内宴。壬午，宴於長春殿。

蕙田案：《五代史》：「天成二年，幸會節園，群臣買宴。」《册府元龜》載群臣共進錢絹請宴，故秦王、潞王均有金銀錢絹進也。晉天福二年，始停買宴錢。

【《宋史・太宗本紀》】雍熙二年庚戌，重九，召諸王宴射御苑中。

【《禮志》】真宗景德四年二月甲申，上御五鳳樓觀酺，宗室近臣侍坐。樓前露臺奏教坊樂。後二日，上復御樓，賜宗室宴於都亭驛。十月，詔皇太子、宗室赴玉宸殿翠芳亭觀稻，賜宴，仍以稻分賜之。

大中祥符元年正月，宴宗室於親王宮，又宴宗室、内職於都亭驛。

【《職官志》】大中祥符元年，有司上《都亭驛酺宴位圖》，皇從姪孫内殿崇班守節與從姪右衛將軍惟敘等同一班，上曰：「族子諸父，安可同列？」乃命重行設位。

【《禮志》】大中祥符八年三月戊戌，宴宗室，射於苑中。七月丙子，幸瑞聖園觀稼，宴射於水心殿。九月丁卯，宴宗室，射於後苑。

蕙田案：此三宴得《行葦》詩義。

【《仁宗本紀》】天禧四年冬十月丙午，召皇子、宗室、近臣玉宸殿觀稻，賜宴。八年三月壬申，幸後苑，遂宴太清樓。八月丁亥，詔近臣、宗室觀祖宗御書於龍圖、天章閣，又觀瑞穀於元真殿，遂宴蘂珠殿。

慶曆四年九月丁亥，宴宗室太清樓，射於苑中。五年九月辛卯，以重陽，曲宴近臣、宗室於太清樓，遂射苑中。十一月丁亥冬至，宴宗室於崇德殿。七年冬十月甲子，幸廣親宅，謁太祖、太宗神御殿，宴宗室，賜器幣有差。

【《遼史·聖宗本紀》】統和四年六月，皇太妃、諸王、公主迎上嶺表，設御幄道傍，置景宗御容，率群臣進酒，陳俘獲於前，遂大宴。

【《金史·世宗本紀》】大定十六年正月辛未，皇姑邀上至私第，諸妃皆從，宴飲甚歡。公主每進酒，上立飲之。　十七年五月，尚書省奏定，皇家袒免以上親宴饗，班次並從唐制。

【《禮志》】大定十七年，詔以皇族袒免以上親，雖無官爵封邑，若預宴，當有班次。禮官言：「案唐典，皇家周親視三品，大功親、小功尊屬視四品，小功親、緦麻尊屬視五品，緦麻、袒免以上視六品。」上令以此制爲班令。❶

二十四年二月癸酉，上曰：「朕將往上京，念本朝風俗重端午節，比及端午，到上京，則宴勞鄉閭宗室父老。」五月己丑，至上京。戊戌，宴於皇武殿，上謂宗戚曰：「朕思故鄉，積有日矣。今既至此，可極歡飲，君臣同之。」賜諸王妃主各有差。宗戚皆霑醉起舞，竟日乃罷。

二十五年正月丁亥，宴妃嬪、親王、公主於光德殿。宗室、宗婦及五品以上命婦與坐者千七百餘人，賞賚有差。四月丁丑，宴宗室、宗婦於皇武殿，大功親賜官三階，小功二階，緦麻一階，年高屬近者加宣武將軍，及封宗女，賜銀絹各有差，曰：「朕尋常不飲酒，今日甚欲沉醉，此樂亦不易得也。」宗室婦女及群臣故老以次起舞進酒，上曰：「吾來數月，未有一人歌本曲者，吾爲汝等歌之。」命宗室子弟敘坐殿下者皆坐殿上，聽上自歌。其詞道王業之艱難及繼述之不

❶「令」，原作「合」，據庫本改。

易，至慨想祖宗，宛然如覩，慷慨悲咽，不能成聲。歌畢泣下。宗戚捧觴上壽，皆稱萬歲。於是諸夫人更歌本曲，如私家之會。既醉，上復續調，至一鼓乃罷。

【《元史·太宗本紀》】六年春，會諸王宴射於斡兒寒河。夏五月，帝在達闌達葩之地，大會諸王。　八年春正月，諸王各治具來會，宴萬安宮落成。

【《明會典》】永樂六年，令帝王生日，先於宗廟具禮致祭，然後序家人禮，慶賀筵宴。

右漢至明飲食之禮。

【《書·堯典》】克明峻德，以親九族。九族既睦，平章百姓。【傳】高祖、玄孫之親。【疏】九族同出高、曾，皆當親之，故言以親也。《禮記·喪服小記》云：「親親以三爲五，以五爲九。」又《異義》：「夏侯、歐陽等以爲九族者，父族四，母族三，妻族二，皆據異姓有服。」鄭玄《駁》云：「異姓之服，不過緦麻，言不廢昏。又《昏禮》請期云：『惟是三族之不虞。』恐其廢昏，明非外族也。」是鄭與孔同。

【《皋陶謨》】惇敘九族。【傳】厚次敘九族。【疏】厚次敘九族，猶堯之爲政，先以親九族也。

【《仲虺之誥》】志自滿，九族乃離。【疏】九族，舉親以明疎也。漢代儒者説九族之義有二。案《戴禮》及《尚書緯》歐陽説：「九族乃異姓有屬者，父族四，母族三，妻族二。」《古尚書》説：「九族，從高祖至玄孫，凡九族。」此九族亦謂高祖玄孫之親也。謂九族乃離，寔離之。聖賢設言爲戒，容辭頗甚，父子之間，便以志滿相棄。此言九族，以爲外姓九族，有屬文便也。

【《周禮·春官·小宗伯》】掌三族之别，以辨親疎。其正室皆謂之門子，掌其禁令。【注】三族，謂父子孫，人屬之正名。【疏】此三族，謂父子孫，一本而言。推此而往，其中則兼九族矣。云辨親疎者，據己上至高祖，下至玄孫，傍至緦麻。重服者則親，輕服者則疎也。云正室皆謂之門子者，還據九族之内，但是適子正體，主皆是正室，亦謂之門子。

【《儀禮·士昏禮》】請期，曰：「惟是三族之不虞，使某也請吉日。」【注】三族，謂父昆弟、己昆弟、子昆弟。此三族者，己及子皆爲服期，期服則踰年，欲及今之吉也。

【《禮記·仲尼燕居》】閨門之内有禮，故三族和。【注】三族，父子孫也。

【《喪服小記》】親親以三爲五，以五爲九，上殺、下殺、旁殺而親畢矣。【注】已上親父、下親子，三也。以父親祖，以子親孫，五也。以祖親高祖，以孫親玄孫，九也。【疏】親親以三者，父子并己爲三。加祖及孫言五。以曾祖親高祖，曾孫親玄孫，以四籠五，故爲九也。然己上親父，下親子，合應云「以一爲三」而云「以三爲五」者，父子一體，無可分之義，故祖親之説，不須分矣。而分祖孫，非己一體，故有可分之義，而親名著也。又以祖親曾祖，以孫親曾孫，應云「以五爲七」而言「九」者，曾祖、曾孫，爲情已遠，非己一體所親，故略其相親之旨也。庾氏云：「由祖以親曾、高二祖，由孫以親曾、玄二孫，服之所同，義由於此也。」

【《爾雅·釋親》】父爲考，母爲妣。【注】《禮記》云：「生曰父、母、妻，死曰考、妣、嬪。」今世學者從之。案《書》曰「大傷厥考心」、「事厥考厥長」、「聰聽祖考之彝訓」，《蒼頡篇》曰「考妣延年」，《書》曰「嬪於虞」，《詩》曰「聿嬪於京」，《周禮》有九嬪之官，明此非死生之異稱矣。其義猶今謂兄爲晜、妹爲媦，即是此例。　父之考爲王父，父之妣爲王母。【注】加王者，尊之。　王父之考爲曾祖王父，王父之妣爲曾祖王母。【注】曾猶重也。　曾祖王父之考爲高祖王父，曾祖王父之妣爲高祖王母。【注】高者，言最在上。　父之世父、叔父爲從祖祖父，父之世母、叔母爲從祖祖母。【注】從祖而别，世統異故。　父之晜弟先生爲世父，後生爲叔父。【注】世有爲嫡者，嗣世統故也。【疏】繼世以嫡長，先生於父則繼世者也，故曰世父。《説文》「叔」作「尗」，許慎曰：「從上小。」言尊行之小也。　男子先生爲兄，後生爲弟。　男子謂女子先生爲姊，後生爲妹。　父之姊妹爲姑。　父之從父晜弟爲從祖父，父之從祖晜弟爲族父。　從祖父之子相謂爲從祖晜弟。

《通解》：「今本皆脱此句。」族父之子相謂爲族晜弟，族晜弟之子相謂爲親同姓。【注】同姓親，無服屬。　【疏】《禮記·大傳》云：「親者，屬也。」鄭注云：「有親者服，各以其屬親疎。」此經言親同姓者，謂五世之外，比諸同姓，猶親，但無服屬爾。　兄之子、弟之子相謂爲從父晜弟。【注】從父而別。　子之子爲孫。【注】孫猶後也。　【疏】言繼後嗣也。《廣雅》云：「孫，順也。」許慎云：「從子從系。系，續也。」言順續先祖之後也。　孫之子爲曾孫。【注】曾猶重也。　曾孫之子爲玄孫。【注】玄者，言親屬微昧也。　玄孫之子爲來孫。【注】言有往來之親。　來孫之子爲晜孫。【注】晜，後也。《汲冢竹書》曰：「不窋之晜孫。」【疏】《釋言》文。《束皙傳》曰：「太康元年，汲郡民盗發魏安釐王冢，得竹書漆字，科斗之文。其字頭粗尾細，似科斗之蟲。」不窋，后稷之子也。　晜孫之子爲仍孫。【注】仍亦重也。　仍孫之子爲雲孫。【注】言輕遠如浮雲。　王父之姊妹爲王姑，曾祖王父之姊妹爲曾祖王姑，高祖王父之姊妹爲高祖王姑。父之從父姊妹爲從祖姑，父之從祖姊妹爲族祖姑。　父之從父晜弟之母爲從祖王母，父之從祖晜弟之母爲族祖王母。　父之兄妻爲世母，父之弟妻爲叔母。　父之從父晜弟之妻爲從祖母，父之從祖晜弟之妻爲族祖母。　父之從祖祖父爲族曾王父，父之從祖祖母爲族曾王母。　父之妾爲庶母。　祖，王父也。　晜，兄也。❶【注】今江東人通言晜。

【《路史》】親親者，治之始也。《禮·小記》曰：「親親者，以三爲五，以五爲九，上殺、下殺、旁殺而親畢矣。」是所謂九族者也。　夫人生則有父，壯則有子，父子與己，此小宗三族之别也。　父者，子之祖，因上推之以及於己之祖；子者，父之孫，

❶「兄」，原作「弟」，據庫本改。

因下推之以及於己之孫。此禮傳之以三爲五也。己之祖，自己子視之則爲曾祖王父，自己孫視之則爲高祖王父；己之孫，自己父視之則爲曾孫，自己祖視之則爲玄孫。故又上推以及己之曾、高，下推以及己之曾、玄，是所謂以五爲九也。

【陳氏《禮書》】《書》與《詩序》皆言九族，特《周禮·小宗伯》、《儀禮·士昏禮》、《記·仲尼燕居》特言三族者。三族，父子孫也；九族，高祖至玄孫也。三族舉其本，九族極其末，舉三族則九族見矣。《白虎通》、夏侯、歐陽、何琦、如淳之徒，以父族四、母族三、妻族二爲九族。其説蓋以《詩》之《葛藟》刺平王不親九族，而言「謂他人父」、「謂他人母」；《頍弁》刺幽王不親九族，而言「豈伊異人，兄弟甥舅」；《角弓》亦刺不親九族，而言「兄弟婚姻，無胥遠矣」：則所謂九族者，非特内宗而已。是惡知詩人之所主者因内宗而發哉？彼謂父族四者，父之姓爲一族，父女昆弟適人者子爲二族，己女昆弟適人者子爲三族，己女適人者子爲四族。母族三者，母之父母爲一族，母之昆弟爲二族，母之女昆弟爲三族。妻族二者，妻之父爲一族，妻之母爲二族。然於母之父母則合而爲一族，妻之父母則離而爲二可乎？《爾雅》於内宗皆曰族，於母妻曰黨而已。又《禮》「小功之末可以嫁娶」，妻之黨固無妨於嫁娶，昏禮不容慮其不虞也。然則九族之説，當從孔安國、鄭康成爲正。何則？《小記》曰：「親親以三爲五，以五爲九，上殺、下殺、旁殺而親畢矣。」此九族隆殺之差也。蓋己上親父，下親子，三也；以父親祖，以子親孫，五也；以祖親曾、高，以孫親曾、玄，九也。然己之所親，以一爲三；祖孫所親，以五爲九。《記》不言者，以父子一體，而高、玄與曾同服，故不辨異之也。服父三年，服祖期。則曾祖宜大功，高祖宜小功，而皆齊衰三月者，不敢以大小功旁親之服加乎至尊。故重其衰麻，尊尊也；減其日月，恩殺也。此所謂上殺。服適子三年，庶子朞，適孫期，庶孫大功。適孫，傳重者也。有適子者無適孫，則長子在，皆爲庶孫也。則曾孫宜五月，而與玄孫皆緦麻三月者，曾孫服曾祖三月，❶曾祖報之亦三月。曾祖尊也，故加齊衰；曾孫卑也，故服緦麻。此所謂下殺。服祖朞，則世叔宜大功，以其與父一體，故加以期。從世叔則疎矣，加所不及，故服小功；族世叔又疎矣，故服緦麻。此發父而旁殺者也。祖之兄弟小功，曾祖兄弟緦麻，高祖兄弟無服。此發祖而旁殺者也。同父至親，朞；同祖爲從，大功；同曾祖爲再從，小功；同高祖爲三從，緦麻。此發兄弟而旁殺者也。父爲子朞，兄弟之子宜九月，不九月而朞者，以其猶子而進之也。從兄弟之子小功，再從兄弟之子緦麻。此發子而旁殺者也。祖爲孫大功，兄弟之孫小功，從兄弟之孫緦麻。此發孫而旁殺者也。蓋服有加也，有報也，有降也。祖之齊衰，世叔、從子之朞，皆加也。曾孫之三月與兄弟之孫五月，皆報也。若夫降有四品，則非五服之正禮耳。

【顧氏炎武《日知録》】宗盟之列，先同姓而後異姓。喪服之紀，重本屬而輕外親。

❶ 上「曾」字，原脱，據《禮書》卷六三補。

此必有所受之，不自周人始矣。「克明峻德，以親九族」，孔傳以爲自高祖至玄孫之親，蓋本之《喪服小記》「以三爲五，以五爲九」之説，而百世不可易者也。《牧誓》數商之罪，但言「昏棄厥遺王父母弟」而不及外親；《吕刑》申命有邦，歷舉「伯父、伯兄、仲叔、季弟、幼子、童孫」而不言甥舅，古人所爲先後之序，從可知矣。故《爾雅》謂於内宗曰族，於母妻則曰黨；而《昏禮》及《仲尼燕居》「三族」之文，康成並釋爲父子孫。杜元凱乃謂「外祖父、外祖母、從母子及妻父、妻母、姑之子、姊妹之子、女子之子，并己之同族，❶皆外親有服而異族者」。《左氏》桓公六年傳注。然則史官之稱帝堯舉其疎而遺其親，無乃顛倒之甚乎！且九族之爲同姓，經傳之中有明證矣。《春秋》魯成公十五年：「宋共公卒。」傳曰：「二華，戴族也。司城，莊族也。六官者，皆桓族也。」共公距戴公九世，凡十三公，内除同世者四公。而《唐六典》：「宗正卿掌皇九族之屬籍，以别昭穆之序，紀親疎之别。九廟之子孫，其族五十有九：光皇帝一族，❷景皇帝之族六，元皇帝之族三，高祖之族二十有一，太宗之族十有三，高宗之族六，中宗之族四，睿宗之族五。」此在玄宗之時已有七族，中、睿二宗同爲一世。若其歷世滋多，則有不止於九者。而五世親盡，故經文之言族者，自九而止也。杜氏於襄十二年傳注曰：「同族，謂高祖以下。」則前説之非，不待辨而明矣。又

❶「并」，原作「非」，據《春秋左傳正義》桓公六年阮元校勘記改。

❷「光」，原作「先」，據《日知録》卷二改。

孔氏《正義》謂高祖、玄孫無相及之理，桓六年。不知高祖之兄弟，與玄孫之兄弟，固可以相及。如後魏國子博士李琰之所謂「壽有長短，世有延促，不可得而齊同」者，如宋洪邁《容齋隨筆》言「嗣濮王士歆在隆興爲從叔祖，在紹熙爲曾叔祖，在慶元爲高叔祖」，其明證矣。余丁未歲在大同，遇代府中尉俊析，年近五十，其世次於孝宗爲昆弟，而上距弘治之元已一百八十年。秦、晉二府見在者，多其六七世孫。亦何必帝堯之世，高祖、玄孫之族無一二人同在者乎？疑其不相及而以外戚當之，其亦昧於齊家治國之理矣。

蕙田案：九族，馬、鄭説是也。陳氏、顧氏辨尤詳明，不可易。

又案：以上九族、三族之義。

宗元案：九族之説，自當以馬、鄭解爲當。在此條内，尤宜主同姓本族之九也。若《尚書》「以親九族」，則不必然。蓋此句該盡「修身齊家」之道，下文「平章百姓」則指國中民庶言，「協和萬邦」則指天下諸侯言，故蔡《傳》於九族雖主馬、鄭而仍包母族、妻族在内，始無漏義耳。許氏謙亦謂但自高祖至玄孫，一以服斷，則上殺、下殺、旁殺之餘，外姓凡有服之親，皆該在其中矣。此説是也。又案：母之父母合爲一族者，正所以加厚母族耳。妻之父母則分爲二，只當母之一族而已，其視母族不已殺而又殺乎！

【《書·禹貢》】錫土姓。【傳】天子建德，因生以賜姓，謂有德之人生此地，以此地名賜之姓以顯之。【疏】《周語》稱「帝嘉禹德，賜姓曰姒。胙四岳，賜姓曰姜」，《左傳》稱「周賜陳胡公之姓曰嬀」，皆是因生賜姓之事也。臣蒙賜姓，其人少矣。此事是用賢大者，故舉以爲言。

嗟麟兮。

【《詩·周南·麟趾》】麟之趾，振振公子，于嗟麟兮。麟之定，振振公姓，于嗟麟兮。【傳】公姓，公同姓。【疏】「公姓，公同姓」，言同姓，疎於同祖。上云「公子」，爲最親。下云「公族」，傳云：「公族，公同祖。」則謂與公同高祖，有廟屬之親。此「同姓」，則五服以外，故《大傳》云「五世祖免，殺同姓」是也。《大傳》注又云：「外高祖爲庶姓。」是同高祖爲一節也。此有公子、公族、公姓，對例爲然。案《杕杜》云：「不如我同父。」又曰：「不如我同姓。」傳曰：「同姓，同祖。」此同姓、同祖爲異。彼爲一者，以彼上云「同父」，即云「同姓」，同父之外，次同祖，更無異稱，故爲一也。且皆對他人異姓，不限遠近，直舉祖、父之同爲親耳。襄十二年《左傳》曰：「同姓於宗廟，同宗於祖廟，同族於禰廟。」又曰：「魯爲諸姬，臨於周廟。」謂同姓於文王爲宗廟。「邢、凡、蔣、茅、胙、祭，臨於周公之廟」，是「同宗於祖廟」也。同族，謂五服之內。彼自以五服之外遠近爲宗姓，與此又異。此皆君親，非異國也。要皆同姓以對異姓，異姓最爲疎也。

【《禮記·大傳》】四世而緦，服之窮也。五世祖免，殺同姓也。六世，親屬竭矣。其庶姓別於上，而戚單於下，昏姻可以通乎？【注】問之也。玄孫之子姓，別於高祖，五世而無服。姓，氏所由生。繫之以姓而弗別，綴之以食而弗殊，雖百世而昏姻不通者，周道然也。【注】姓，正姓。始祖爲正姓，高祖爲庶姓。繫之弗別，謂若今宗室屬籍也。《周禮·小史》：「掌定繫世，辨昭穆。」【疏】「五世祖免，殺同姓也」者，謂共承高祖之父者也，言服祖免而無正服，減殺同姓也。「六世，親屬竭矣」者，謂共承高祖之祖者也。言不服祖免，同姓而已。「庶姓別於上」，與高祖不同，各爲氏族，不共高祖，別自爲宗，是別於上也。「而戚單於下」者，戚，親也。單，盡也。謂四從兄弟，恩親盡於下，各自爲宗，不相尊敬。庶，衆也。高祖以外，人轉廣遠，分姓衆多，故曰庶姓也。高祖以上，復爲五宗也。問之者，是記者以殷法而問周，五世後昏姻可以通否？玄孫之子，則四從兄弟，承高祖父之後，至己五世而無服，各事小宗，因字因官爲氏，不同高祖之父，是庶姓別於上。庶姓，爲衆姓也，則氏族之謂也。云「姓，氏所由生」者，據五世無服，不相禀承，各爲氏姓，故云「姓，氏所由生」。「姓，正姓」者，對氏族爲正姓也。云「始祖爲正姓」者，若炎帝姓姜、黄帝姓姬。周姓姬，本於黄帝；齊姓姜，本於炎帝；宋姓子，本於契：是始祖爲正姓也。云「高祖爲庶姓」者，若魯之三桓慶父、叔牙、季友之後及鄭之七穆子游、子國之後爲游氏、國氏之等。云「若今宗室屬籍也」者，以漢之同宗有屬籍，則周家繫之以姓是也。云「小史掌定繫世」者，《周禮》小史之官掌定帝繫世本，知世代昭穆，故云「定繫世，辨昭穆」也。

陳氏澔曰：「四世，高祖也。同高祖者服緦麻，服盡於此矣，故曰『服之窮也』。五世祖免，謂共承高祖之父者，相爲祖免而已，是減殺同姓也。六世，則共承高祖之祖者，并祖免亦無矣，故曰『親屬竭』也。上，指高祖以上也。姓爲正姓，氏爲庶姓，故魯姬姓，而三家各自爲氏。春秋諸國皆然，是庶姓別異於上世也。戚，親也。單，盡也。四從兄弟，恩親已盡，各自爲宗，是『戚單於下』也。」

蕙田案：疏：「庶姓，氏族之謂。」後世之姓多氏族也。故夾漈云：「三代以後，姓氏混而爲一。」蓋源於此。

【《春秋》隱公八年《左氏傳》】無駭卒，羽父請謚與族。公問族於衆仲。衆仲對曰：「天子建德，【注】立有德以爲諸侯。因生以賜姓，【注】因其所由生以賜姓，謂若舜由嬀汭，故陳爲嬀姓。【疏】《陳世家》云：「陳胡公滿者，虞帝舜之後也。昔舜爲庶人時，居於嬀汭，其後因爲氏姓，姓嬀氏。武王克殷，得嬀滿，封之於陳。」是舜由嬀汭，故陳爲嬀姓也。案《世本》：「帝舜，姚姓。」哀元年《傳》稱：「虞思妻少康以二姚。」是自舜以下猶姓姚也。昭八年《傳》曰：「及胡公不淫，故周賜之姓。」是胡公始姓嬀耳。《史記》以爲胡公之前已姓嬀，非也。胙之土而命之氏。【注】報之以土而命氏曰陳。【疏】胙訓報也，有德之人必有美報。報之以土，謂封之以國名，以爲之氏。諸侯之氏，則國名是也。《周語》曰：「帝嘉禹德，賜姓曰姒，氏曰有夏；胙四岳國，賜姓曰姜，氏曰有吕。」亦與「賜姓曰嬀，命氏曰陳」其事同也。姓者，生也，以此爲祖，令之相生，雖下及百世，而此姓不改；族者，屬也，與其子孫，共相連屬，其旁支別屬，則各自立氏。《禮記·大傳》曰：「繫之以姓而弗別，百世而昏姻不通者，周道然也。」是言子孫當共姓也；其上文云：「庶姓别於上，而戚單於下。」是子孫當别氏也。氏猶家也。《傳》稱「盟於子晳氏」、「逐瘈狗，入於華臣氏」，如此之類，皆謂家爲氏。氏、族一也，所從言之異耳。《釋例》曰：「别而稱之謂之氏，合而言之則曰族。」《例》言别合者，若宋之華元、華喜皆出戴公，向魚、鱗蕩皆出桓公，獨舉其人，則云華氏、向氏，并指其宗，則云戴族、桓族。是其别合之異也。《記》謂之庶姓者，以始祖爲正姓，高祖爲庶姓，亦氏族之别名也。姓則受之于天子，族則禀之時君。天下之廣，兆民之衆，非君所賜，皆有族者。人君之賜姓賜族，爲此姓此族之始祖耳；其不賜者，各從父之姓族。非復人人賜也。《晉語》稱黄帝之子二十五人，其得姓者十二人。天子之子尚不得姓，况餘人哉！固當從其父耳。黄帝之子，兄弟異姓，周之子孫，皆姓姬者，古今不同，質文代革，周代尚文，欲令子孫相親，故不使别姓。其賜姓者亦少，惟外姓媯滿之徒耳。賜族者，有大功德，宜世享祀者，方始賜之；無大功德，任其興衰者，則不賜之。不賜之者，公之同姓，蓋亦自氏祖字；其異姓則有舊族可稱，不世其禄，不盡賜也。衆仲以天子得封建諸侯，故云「胙土命氏」，據諸侯言耳。其王朝大夫，不封爲國君者，亦當王賜之族。何則？春秋之世，有尹氏、武氏之徒，明亦天子賜與諸侯之臣，義無異也。此無駭是卿，羽父爲之請族。蓋爲卿，乃賜族，大夫以下，或不賜也。諸侯之臣，卿其爲極，既登極位，理合建家。若其父祖微賤，此人新升爲卿，以其位絶等倫，其族不復，因故身未被賜，無族可稱。魯挾、鄭宛，皆未賜族，故單稱名也。或身以才舉者，升卿位，功德猶薄，未足立家，則雖爲卿，竟不賜族。羽父爲無駭請族，知其皆由時命，非例得之也。華督生立華氏，知其恐慮不得，故早求之也。由此而言，明有竟無族者。魯之翬、挾、柔、溺，名見於經，而其後無聞，是或不得族也。其士會之孥，處秦者爲劉氏；伍員之子，在齊爲王孫氏。《外傳》稱知果知知伯之將滅，自别其族爲輔氏。如此之類，皆是身自爲之，非復君賜。《釋例》曰：「子孫繁衍，支布葉分，始承其本，末取其别，故其流至於百姓萬姓。」其言自有「百姓萬姓」，未必皆君賜也。《晉語》稱「炎帝姓姜」，則伯夷，炎帝之後，姜自是其本姓，而云「賜姓曰姜」者，黄帝之後，别姓非一，自以姜姓賜伯夷，更使爲一姓之祖耳，非復因舊姓也。猶后稷别姓姬，❶不是因黄帝

❶ 「姓姬」，原作「姬姓」，據《左傳》隱公八年孔疏乙正。

姓也。諸侯以字，【注】諸侯位卑，不得賜姓，故其臣因氏其王父字。爲謚因以爲族。【注】或使即先人之謚稱以爲族。【疏】杜意「諸侯以字」，言賜先人字爲族也；「爲謚因以爲族」，謂賜族雖以先人之字，或用先人所爲之謚因將爲族。以謚爲族者，衛齊惡、宋戴惡之類是也。而劉君乃稱「以謚爲族，全無一人」，妄規杜氏，非其義也。死後賜族，乃是正法。春秋之世，亦有非禮。生賜族者，華督是也。《釋例》曰：「舊説以爲大夫有功德者則生賜族，非也。至於鄭祭仲爲祭封人後，升爲卿，經書『祭仲以生賜族』者，檢《傳》既無同華氏之文。則祭者，是仲之舊氏也。」諸侯以字，字有二等。《檀弓》曰：「幼名，冠字，五十以伯仲，周道也。」然則二十有加冠之字，又有伯仲叔季爲長幼之字，二者皆可以爲氏矣。服虔曰：「公之母弟，則以長幼爲氏，貴適統，伯仲叔季是也。庶公子則以配字爲氏，尊公族，展氏、臧氏是也。」案鄭子人者，鄭厲公之弟，桓十四年，「鄭伯使其弟語來盟」，即其人也。而其後爲子人氏，不以仲叔爲氏，則服言「公之母弟以長幼爲氏」，其事未必然也。杜以慶父、叔牙與莊公異母，自然仲叔非母弟族矣。其或以二十之字，或以長幼之字，蓋出自時君之命也。叔肹稱叔，不稱孫，而三桓皆稱孫，俱氏，長幼之字自不同也。臧氏稱孫，展氏不稱孫，俱氏，二十之字自不同也。然則稱孫與不稱孫，蓋出其家之意，未必由君賜也。以字爲族者，謂公之曾孫，以王父之字爲族也。諸侯之子稱公子，公子之子稱公孫，公子、公孫，繫公之常，言非族也。其或貶責，則亦與族同。成十四年，叔孫僑如如齊逆女，《傳》曰：「稱族，尊君命也。」僑如以夫人婦姜氏至自齊，《傳》曰：「舍族，尊夫人也。」宣元年，「公子遂如齊逆女，遂以夫人至」，事與僑如正同，其《傳》直云「尊君命」、「尊夫人」，不言「稱族」、「舍族」，既非氏族，則不待君賜，自稱之矣。至於公孫之子，不復得稱公曾孫。如無駭之輩，直以名行，及其死也，則賜之族，以其王父之字爲族也。此無駭是公之曾孫，公之曾孫必須有族，故據曾孫爲文，❶言以王父字耳。公之曾孫，正法死後賜族，亦有未死則有族者，則叔孫得臣是也。公子、公孫，於身必無賜族之理。經書季友、仲遂、叔肹者，皆是以字配名，連言之，故杜注並云「字也」。其蕩伯姬者，公子蕩之妻，不可言公子伯姬，故繫於夫字，言蕩伯姬，蕩非當時之氏。其

❶「孫」，原脱，據《左傳·隱公八年》孔疏補。

《傳》云「立叔孫氏」、「臧僖伯」、「臧哀伯」、「叔孫戴伯」之徒，皆傳家據後追言之耳。其公孟彄，《世本》以爲靈公之子，字公孟，名彄，與季友、仲遂相似，俱以字配名。劉炫不達此旨，❶妄規杜過，非也。必如劉解，生賜族之文，證在何處？其公之曾孫、玄孫以外，爰及異姓，有新升爲卿，君賜之族，蓋以此卿之字，即爲此族。案《世本》，宋督是戴公之孫，好父説之子，華父是督之字，計督是公孫耳，未合賜族，應死後其子乃賜族，故杜云：「督未死而賜族，督之妄也。」沈亦云：「督之子，方可有族耳。」官有世功，則有官族。邑亦如之。」【注】謂取其舊官、舊邑之稱以爲族，皆禀之時君。【疏】舊官，謂若晉之士氏。舊邑，若韓、魏、趙氏。非是君賜，則不得族。嫌其居官邑不待公命，故云「皆禀之時君」。此謂同姓、異姓皆然也。服虔止謂異姓，又引宋司城、韓、魏爲證，韓與司城非異姓，司城又自爲樂氏，不以司城爲族也。公命以字爲展氏。【注】諸侯之子稱公子，公子之子稱公孫。公孫之子以王父字爲氏。無駭，公子展之孫，故爲展氏。

【顧氏棟高《春秋大夫無生而賜氏論》】案《春秋》，公之子稱公子，公子之子稱公孫，公孫之子以王父字爲氏，此定制也。而胡文定於僖十六年「季友卒」發傳云：「魯之大夫，有生而賜氏者，若季友、仲遂是也。蓋季友於僖有擁戴之功，仲遂於宣有援立之恩。二君報之，故生而賜氏，俾世爲卿。《春秋》於此特書，以志壞法亂紀之始，謹履霜之戒。」其論甚正，而其實不然。三家稱仲孫、叔孫、季孫氏，未嘗單舉仲、叔、季也。莊三十二年《傳》「立叔孫氏」，未嘗云立「叔氏」。其有稱叔氏者，則另爲一族，宣公弟叔肸之後，經所稱叔弓、叔鞅、叔輒是也。《論語》「孟孫問孝於我」，《檀弓》云：「此季孫之賜也。」俱有「孫」字。若生而賜爲季氏，則其子孫如季孫行父、季孫宿、季孫意如，當云季行父、季宿、季意如矣，何以復多贅一「孫」字乎！且叔氏與叔孫氏，又何分別也。以是知季友賜氏之説非也。仲遂之「仲」，本是行次，若已賜爲仲氏，則其子歸父當稱仲歸父，不當便稱公孫歸父。公孫者，未賜族之稱也。況遂父子止稱東門氏，不稱仲氏。宣十八年《傳》有「遂逐東門氏」可證。至仲嬰齊，乃更受賜仲氏耳。以是知仲遂賜氏之説非也。蓋季友卒時，尚不氏曰季，至其孫行父，始以王父

❶「旨」，原作「直」，據《十三經注疏正字》卷五九改。

字氏曰季孫，不可以孫而彊誣其祖。襄二十三年，「外史盟曰：毋或如東門遂」云云，若仲氏果宣公所賜，此係國之重典，昭章耳目，外史必不易其稱謂而曰東門氏。杜於「仲嬰齊卒」，註云：「嬰齊，襄仲子，宣十八年逐東門氏，既而使嬰齊紹其後，曰仲氏。」是則仲之有氏，至嬰齊始受君賜，以前止曰東門，與仲無與。而文定以爲宣公生而賜爲仲氏，豈不誤哉！夫因其子孫而罪其祖父，并罪其祖父當日之君以莫須有之事，遂爲一成不可變之獄，此則宋儒刻論之過也。

蕙田案：注疏論姓氏族極詳。

【《國語·晉語》】傳曰：黄帝之子二十五人，其同姓者二人而已，唯青陽與夷鼓皆爲己姓。【注】此二人相與同德，故俱爲己姓。青陽，金天氏，帝少皞也。青陽，方雷氏之甥也。夷鼓，彤魚氏之甥也。【注】方雷，西陵氏之姓。彤魚，國名。《帝繫》曰：「黄帝娶於西陵氏之子，曰嫘祖，寔生青陽。」姊妹之子曰甥。其同生而異姓者，四母之子，别爲十二姓。凡黄帝之子，二十五宗，其得姓者十四人，爲十二姓。【注】得姓，以德居官而賜之姓也。謂十四人，而二人爲姬，二人爲己，故十二姓。姬、酉、祁、己、滕、葴、任、荀、僖、姞、儇、依是也。唯青陽與蒼林氏同於黄帝，故皆爲姬姓。【注】二十五宗，唯青陽與蒼林德及黄帝，同姓爲姬姓。

【《春秋》文公十八年《左氏傳》】昔高陽氏有才子八人：蒼舒、隤敳、檮戭、大臨、尨降、庭堅、仲容、叔達，齊聖廣淵，明允篤誠，天下之民謂之八愷。高辛氏有才子八人：伯奮、仲堪、叔獻、季仲、伯虎、仲熊、叔豹、季貍，忠肅共懿，宣慈惠和，天下之民謂之八元。此十六族也，世濟其美，不隕其名。以至於堯，堯不能舉。舜臣堯，舉八愷，使主后土，以揆百事，莫不時序，地平天成。舉八元，使布五教於四方，父義、母慈、兄友、弟共、子孝，内平外成。昔帝鴻氏有不才子，掩義隱賊，好行凶德，醜類惡物，頑嚚不友，是與比周，天下之民謂之渾敦。少皞氏有不才子，毁信廢忠，崇飾惡言，靖譖庸回，服讒蒐慝，以誣盛德，天下之民謂之窮奇。顓頊氏有不才子，不可教訓，不知話言，告之則頑，舍之則嚚，傲狠明德，以亂天常，天下之民謂之檮杌。此三族也，世濟其凶，增其惡名，以至於堯，堯不能去。縉雲氏有不才子，貪於飲食，冒於貨賂，侵欲崇侈，不可盈厭，聚斂積實，不知紀極，不分孤寡，不恤貧匱，天下之民以比三凶，謂之饕餮。舜臣堯，賓於四門，流四凶族，渾敦、窮奇、檮杌、饕餮，投諸四裔，以禦螭魅。是以堯崩而天下如一，同心戴舜，以爲天子。以其舉十六相、去四凶也。

【《通考》】馬氏曰：「八愷出自高陽，八元出自高辛，驩兜出自帝鴻，共工出自少皞，鯀出自顓頊，皆黄帝之裔也。雖賢否不同，而皆以帝者子孫爲顯官於唐虞之世。蓋古之仕者世禄，而五帝三代之世系，未有不出自黄帝者，故敘此段，以備唐虞以來公族世系之本末云。」

【襄公十二年《左氏傳》】吴子壽夢卒，臨於周廟，禮也。【注】周廟，文王廟也。周公出文王，故魯立其廟。凡諸侯之喪，異姓臨於外，【注】於城外，向其國。同姓於宗廟，【注】所出王之廟。同宗於祖廟，【注】始封君之廟。同族於禰廟。【注】父廟也。同族，謂高祖以下。是故魯爲諸姬，臨於周廟。爲邢、凡、蔣、茅、胙、祭，臨於周公之廟。【注】即祖廟也。六國皆周公之支子，别封爲國，共祖周公。

【《家語》】衛公使其大夫求婚於季氏，桓子問禮於孔子。子曰：「同姓爲宗，有合族之義，故繫之以姓而弗别，綴之以食而弗殊，雖百世婚姻不得通，周道然也。」桓子曰：「魯、衛之先，雖寡兄弟，今已絶遠矣，可乎？」孔子曰：「固非禮也。夫上治祖禰，以尊尊也；下治子孫，以親親也。旁治昆弟，所以敦睦也。此先王不易之教也。」

【《白虎通》】人所以有姓者何？所以崇恩愛、厚親親、遠禽獸、別婚姻也。故世別類，使生相愛，死相哀。同姓不得相娶者，皆爲重人倫也。姓，生也，人所禀天氣所以生者也。所以有氏者何？所以貴功德，賤伎力。或氏其官，或氏其事，問其氏即可知其德，所以勉人爲善也。或氏王父字何？所以別諸侯之後，爲興滅國，繼絶世也。諸侯之子稱公子，公子之子稱公孫，公孫之子各以其王父字爲氏，故魯有仲孫、季孫、叔孫，楚有昭、屈、景，齊有高、國、崔也。

【陳氏《禮書》】姓非天子不可以賜，而氏非諸侯不可以命。姓所以繫百世之正統，氏所以別子孫之旁出。族則氏之所聚而已。然氏亦可以謂之姓，故《大傳》言「繫之以姓」，又言「庶姓別於上」，則氏、庶姓一也。氏又可以謂之族，故羽父爲無駭請族，隱公命以爲展氏，則氏、族一也。蓋別姓則爲氏，即氏則有族，族無不同氏，氏有不同族。故八元、八愷出於高陽氏、高辛氏而謂之十六族，是氏有不同族也。商氏、條氏、徐氏之類，謂之六族。陶氏、施氏之類，謂之七族。宋之華氏，謂之戴族；向氏，謂之桓族。是族無不同氏也。古者或氏於國，則齊、魯、秦、吴；氏於謚，則文、武、成、宣；氏於官，則司馬、司徒；氏於爵，則王孫、公孫；氏於字，則孟孫、叔孫；氏於居，則東門、北郭；氏於志，則三烏、五鹿；氏於事，則巫乙、匠陶：而受姓命氏，粲然衆矣。

【鄭氏樵《通志·氏族略序》】凡言姓氏者，皆本《世本》、《公子譜》二書。二書皆本《左傳》。然左氏所明者，因生賜姓，胙土命氏，及以字、以謚、以官、以邑五者而已。今則不然。論得姓受氏者，有三十二類，左氏之言隘矣。一曰以國爲氏，二曰以邑爲氏。天子、諸侯建國，故以國爲氏。虞、夏、商、周、魯衛、齊、宋之類是也。卿大夫立邑，故以邑爲氏，崔、盧、鮑、晏、臧、費、柳、楊之類是也。三曰以鄉爲氏，四曰以亭爲氏。五等之封，降國侯而爲邑侯，❶降邑侯而爲關内侯，降關内侯而爲鄉侯，降鄉侯而爲亭侯。關内、邑者，温、原、蘇、毛、甘、樊、祭、尹之類是也。裴、陸、龐、閻之類，封於鄉者，故以鄉氏。麇采、歐陽之類，封於亭者，故以亭氏。五曰以地爲氏。有封土者，以封土命氏；無封土者，以地居命氏。居傅巖者爲傅氏，徙嵇山者爲嵇氏，主東蒙之祀則爲蒙氏，守橋山之冢則爲橋氏，耏氏因耏班食於耏門，穎氏因考叔爲穎谷封人，東門襄仲爲東門氏，桐門右師爲桐門氏也。隱逸之人，居於禄里者爲禄里氏，居於綺里者爲綺里氏，美也。優倡之人，居於社南者爲社南氏，居於社北者爲社北氏，賤也。又如介之推、燭之武，未必亡氏，由國人所取信也，故特標其地，以異於衆也。六曰以姓爲氏。姓與地之爲氏，其初皆因所居而命，得賜者爲姓，不

❶ 下「侯」字，原脱，據《通志·氏族略》補。

得賜者爲地，居於姚墟者賜以姚，居於嬴濱者賜以嬴，姬之得賜居於姬水故也，姜之得賜居於姜水故也，故曰「因生以賜姓」。七曰以字爲氏，八曰以名爲氏，九曰以次爲氏。凡諸侯之子稱公子，公子之子稱公孫，公孫之子不可復言公孫，則以王父字爲氏。如鄭穆公之子曰公子騑，字子駟，其子曰公孫夏，其孫則曰駟帶、駟乞。宋桓公之子曰公子目夷，字子魚，其子曰公孫友，其孫則曰魚莒、魚石。此之謂以王父字爲氏。無氏者，則以名。魯孝公之子曰公子展，其子曰公孫夷伯，其孫則曰展無駭、展禽。鄭穆公之子曰公子豐，其子曰公孫段，其孫則曰豐卷、豐施。此諸侯之子也。天子之子亦然。王子狐之後爲狐氏、王子朝之後爲朝氏是也。無字者以名。然亦有不以字而以名者。如樊皮，字子仲，其後以皮爲氏；伍員，字子胥，其後以員爲氏：皆由以名行故也。亦有不以王父字爲氏而以父字爲氏者。如公子遂之子曰公孫歸父，字子家，其後爲子家氏是也。又如公孫枝，字子桑，其後爲子桑氏者，亦是也。亦有不以王父名爲氏而以父名爲氏者。如公子牙之子曰公孫兹，字戴伯，其後爲兹氏是也。又如季公鉏，字子彌，其後爲公鉏氏者亦是也。以次爲氏者，長幼之次也，伯仲叔季之類是也。次亦爲字。人生其始也，皆以長幼呼。及乎往來既多，交親稍衆，則長幼有不勝呼，然後命字焉。長幼之次，可行於家里而已。此次與字之別也。所以魯國三家皆以次命氏，而亦謂之字焉。十曰以族爲氏。《左傳》云「爲謚因以爲族」。《楚辭》云：「昭、屈、景，楚之三族也。」昭氏、景氏，則以謚爲族也。屈氏者，因王子瑕食邑於屈，初不因謚，則知爲族之道多矣，不可專言謚也。族近於次。族者，氏之别也。以親别疎，以小别大，以異别同，以彼别此。孟氏、仲氏，以兄弟别也。伯氏、叔氏，以長少别也。丁氏、癸氏，以先後别也。祖氏、禰氏，以上下别也。第五氏、第八氏，同居之别也。南公氏、南伯氏，同禰之别也。孔氏、子孔氏，旗氏、子旗氏，字之别也。軒氏、軒轅氏，熊氏、熊相氏，名之别也。季氏之有季孫氏，仲氏之有仲孫氏，叔氏之有叔孫氏，適庶之别也。韓氏之有韓餘氏，傅氏之有傅餘氏，梁氏之有梁餘氏，餘子之别也。遂人之族，分而爲四。商人之族，分而爲七。此枝分之别也。齊有五王，合而爲一，謂之五王氏。楚有列宗，合而爲一，謂之列宗氏。此同條之别也。公孫歸父，字子家，襄仲之子也。歸父有二子，一以王父字襄仲爲仲氏，一以父字子家爲子家氏。公子郢，字子南，其後爲子南氏，而復有子郢氏。伏羲之後，有伏、虙二氏，同音異文。共叔段之後，有共氏，又有叔氏，又有段氏。凡此類，無非辨族。十一曰以官爲氏，十二曰以爵爲氏。有官者以官，無官者以爵。如周公之兄弟也，周公爲太宰，康叔爲司寇，聃季爲司空，是皆有才能可任以官者也。五叔無官，是皆無才能，不可任以官者也。然文王之子，武王、周公之兄弟，雖曰無官，而未嘗無爵土，如此之類，乃氏以爵也。以官爲氏者，太史、太師、司馬、司空之類是也。雲氏、庾氏、籍氏、錢氏之類亦是也。以爵爲氏者，皇、王、公、侯是也。公乘、公士、不更、庶長，亦是也。十三曰以凶德爲氏，十四曰以吉德爲氏。此不論官爵，惟以善惡顯著者爲之。以吉德爲氏者，如趙衰，人愛之如冬日，其後爲冬日氏。古者賢人，爲人所尊尚，號爲老成子，其後爲老成氏。以凶德爲氏者，如英布被黥爲黥氏，楊玄感梟首爲梟氏；齊武惡巴東王蕭子響爲同姓，故改蕭爲蛸；後魏惡安樂王元鑒爲同姓，故改元爲兀。十五曰以技爲氏。此不論行而論能。巫者之後爲巫氏，屠者之後爲屠氏，卜人之後爲卜氏，匠氏之後爲匠氏。以至豢龍爲氏，御龍爲氏，干將爲氏，烏浴爲氏者，亦莫不然。十六曰以事爲氏。此又不論行能，但因其事而命之耳。夏后遭有窮之難，后緡方娠逃出，自竇而生少康，支孫以竇爲氏。漢武帝時，田千秋爲丞相，以年老，詔乘小車出入省中，時號「車丞相」，其後因以車爲氏。微子乘白馬朝周，茲白馬氏之所始也。魏初平中，有隱者常乘青牛，號青牛先生，茲青牛氏之所始也。十七曰以諡爲氏。周人以諱事神，諡法所由立。生有爵，死有諡，貴者之事也。莊氏出於楚莊王，僖氏出於魯僖公，康氏者衛康叔之後也，宣氏者魯宣伯之後也，文氏、武氏、哀氏、繆氏之類，皆氏於諡者也。凡複姓者，所以明族也。一字足以明此，不足以明彼，故益一字，然後見分族之義。言王氏則濫矣。本其所系而言，則有王叔氏、王孫氏。言公氏則濫矣，本其所系而言，則有公子氏、公孫氏。故十八曰以爵系爲氏。唐氏雖出於堯，而唐孫氏又爲堯之別族。滕氏雖出於叔繡，而滕叔氏又爲叔繡之别族。故十九曰以國系爲氏。季友之後，傳家則稱季孫，不傳家則去「孫」稱季。叔牙之後，傳家則稱叔孫，不傳家則去「孫」稱叔。故二十曰以族系爲氏。士季者，字也，有士氏，又别出爲士季氏。伍參者，字也，有伍氏，又别出爲伍參氏。此以名氏爲氏者也。又有如韓嬰者，本出韓國，加國以名爲韓嬰氏。如臧會者，本出臧邑，加邑以名爲臧會氏。如屠住者，本出住鄉，加鄉以名爲屠住氏。故二十一曰以名氏爲氏而國、邑、鄉附焉。禹之後爲夏氏，杞他奔魯，受爵爲侯，又有夏侯氏出焉。嬀姓之國爲息氏，公子邊受爵爲大夫，又有息夫氏出焉。此以國爵爲氏者也。白氏，舊國也，楚人取而邑之，以其後爲白侯氏。故二十二曰以國爵爲氏而邑爵附焉。原氏以周邑而得氏，申氏以楚邑而得氏。及乎原加「伯」爲原伯氏，以别於原氏；申加「叔」爲申叔氏，以别於申氏。是之謂以邑系爲氏。魯有沂邑，因沂大夫相魯而以沂相爲氏；周有甘邑，因甘平公爲王卿士而以甘士爲氏。故二十三曰以邑系爲氏而邑官附焉。師氏者，太師氏也。史氏者，太史氏也。師延之後爲師延氏，史晁之後爲史晁氏。此以名隸官，是之謂以官名爲氏。吕不韋爲秦相，子孫爲吕相氏。酈食其之後爲食其氏。曾孫武爲侍中，改爲侍其氏。此以官氏爲氏者也。故二十四曰以官名爲氏而官氏附焉。以謚爲氏，所以别族也。邑而加謚，如苦成子之後爲苦成氏，臧文仲之後爲臧文氏。而加謚者，如楚鬵子之後爲鬵子氏，鄭共叔之後爲共叔氏。爵而加謚者，如衛成公之後爲成公氏，楚成王之後爲成王氏。故二十五曰以邑謚爲氏，二十六曰以謚氏爲氏，二十七曰以爵謚爲氏也。二十八曰代北複姓，二十九曰關西複姓，三十曰諸方複姓，三十一曰代北三字姓也。三十二曰代北四字姓。此外則有四聲，又有複姓四聲者。以氏族不得其所系之本，乃分爲四聲以統之。複姓者，以諸有複姓而不得其所系之本者，則附四聲之後。❶氏族之道終焉。

又曰：三代之前，姓氏分而爲二，男子稱氏，婦人稱姓。氏以別貴賤。貴者有氏，賤者有名無氏，故姓可呼爲氏，氏不可呼爲姓。姓所以別婚姻，故有同姓、異姓、庶姓之別。氏同姓不同者，婚姻可通；姓同氏不同者，婚姻不可通。三代之後，姓氏合而爲一，皆所以別婚姻，而以地望明貴賤。于文，女生爲姓，故姓之字多從女，如姬、姜、嬴、姒、媯、姞、妘、婤、姶、妊、嫪之類是也。五帝之前無帝號，有國者不稱國，惟以名爲氏，所謂無懷氏、葛天氏、伏羲氏、燧人氏者也。至神農氏、軒轅氏，雖曰炎帝、黄帝，而猶以名爲氏，然不稱國。至二帝而後國號唐、虞也，夏、商因之。雖有國號，而天子世世稱名。至周而後，諱名用謚，由是氏族之道生焉。最明著者，春秋之時也。春秋之時，諸侯稱國，未嘗稱氏。惟楚國之君，世稱熊氏，荆蠻之道也。支庶稱氏，未嘗稱國。或適他國，則稱國。如宋公子朝，在衛則稱宋朝；衛公孫鞅，在秦則稱衛鞅是也。秦滅六國，子孫皆爲民庶，或以

❶「則」，原作「此」，據《通志》卷二五《氏族序》改。

國爲氏，或以姓爲氏，或以氏爲氏，姓氏之失，自此始。故楚之子孫可稱楚，亦可稱芈；周之子孫可稱周，子南君亦可稱姬嘉。又如姚恢改姓爲嬀，嬀皓改姓爲姚，兹姓與氏混而爲一者也。

【顧氏炎武《亭林集·原姓》】男子稱氏，女子稱姓。氏一再傳而可變，姓千萬年而不變。最貴者，國君，國君無氏，不稱氏，稱國。踐土之盟，其載書曰「晉重、魯申、衛武、蔡甲午、鄭捷、齊潘、宋王臣、莒期」，荀偃之稱齊環、衛太子之稱鄭勝、晉午是也。次則公子。公子無氏，不稱氏，稱公子，公子彄、公子益師是也。最下者庶人，庶人無氏，不稱氏，稱名。然則氏之所由興，其在於卿大夫乎！故曰諸侯之子爲公子，公子之子爲公孫，公孫之子以王父字若謚若邑若官爲氏。氏焉者，類族也，貴貴也。考之於傳，二百五十五年之間，有男子而稱姓者乎？無有也。女子則稱姓。古者男女異長，在室也稱姓，冠之以序，叔隗、季隗之類是也。已嫁也，於國君則稱姓，冠之以國，江芈、息嬀之類是也。於大夫，則稱姓，冠以大夫之氏，趙姬、盧蒲姜之類是也。在彼國之人稱之，或冠以所自出之國若氏，驪姬、梁嬴之於晉，顔懿姬、鬷聲姬之於齊是也。既卒也，稱姓，冠之以謚，成風、敬嬴之類是也。亦有無謚，而仍其在室之稱，仲子、少姜之類是也。范氏之先，自虞以上爲陶唐氏，在夏爲御龍氏，在商爲豕韋氏，在周爲唐杜氏。士會之帑，處秦者爲劉氏。夫概王奔楚，爲堂谿氏。伍員屬其子於齊，爲王孫氏。智果别族於太史，爲輔氏。故曰：氏可變也。孟孫氏，小宗之别爲子服氏，爲南宫氏。叔孫氏，小宗之别爲叔仲氏。季孫氏之支子，曰季公鳥、季公亥、季寤，稱季不稱孫。故曰貴貴也。魯昭公娶於吴，爲同姓，謂之吴孟子。崔武子欲娶棠姜，東郭偃曰：「男女辨姓。今君出自丁，臣出自桓。不可。」夫崔之與東郭氏，異昭公之與夷昧，代遠，然同姓百世而婚姻不通者，周道也。故曰姓不變也。是故氏焉者，所以爲男别也。姓焉者，所以爲女坊也。自秦以後之人，以氏爲姓，以姓稱男，而周制亡，而族類亂。作《原姓》。

【顧氏棟高《春秋列國姓氏表序》】氏族之學，至唐而極精，亦至唐而極亂。一亂於朝廷之賜姓，再亂於支孽之冒姓，三亂於外裔之入中國，因蕃落以起姓。何則？自漢初已有賜項伯爲劉纏，賜婁敬爲劉敬，至唐，而如李勣之徒，不知其幾矣。衛青以鄭季之子而冒姓衛氏，曹操以夏侯氏之子而冒姓曹氏，至唐，而如楊國忠之徒不知其幾矣。金日磾以休屠王太子而姓金氏，劉元海以呼韓邪之後而姓劉氏，至唐，而侯莫陳之爲侯、烏石蘭之爲石，又不知其幾矣。唐太宗既有天下，以地望明貴賤，特詔高士廉、岑文本之屬著《姓氏譜》，先列天家，次列后族及宰相，凡長孫、宇文，皆登貴姓，而於生民之初，得姓受氏之由，源委不可得而辨也。善乎先儒史伯璿之論曰：「三代以後，皆無所謂姓，只有氏而已。故後世但曰姓某氏，而不敢曰某姓某氏。蓋姓不可考，故得虚其姓於氏之上，而寔其氏於下。」亮哉言乎！愚謂欲考姓氏之分，斷須以《左氏》爲樞紐。蓋盤古、燧人之初，未始有姓也。至庖犧得風姓，炎帝得姜姓，黄帝得姬姓，帝堯以伊祁而爲祁，舜以嬀汭而爲嬀姓。至三代迭王，延及春秋之初，分封之國，存百有二十四。稽其姓，合中國與鄋瞞，姬、姜、子、姒、風、祁、嬀、姞、任、嬴、已、偃、妘、曹、芈、熊、曼、歸、隗、允、漆，僅及二十有一。是時，諸侯之國，公子公孫，支分派别，列官分職，世有掌司，因以命氏。而小國之卿大夫，名字不列於經傳，無可考者，居十之九焉。最著者，姬姓則有周、魯、鄭、衛，姜姓則有齊，子姓則有宋，姒姓則有越與杞、鄫，芈姓則有楚。其公族之析爲氏者，班班可考。又陳嬀姓，自陳敬仲奔齊而爲陳氏；晉之范，本祁姓，士會封於范而爲范氏，其在秦者爲劉氏；吴夫概奔楚，爲堂谿氏；伍員屬其子於齊，爲王孫氏。尤大彰明較著者也。又春秋重世卿，爲之立後則置氏，不必公族盡皆有氏也。故春秋之初，魯之翬、挾、柔、溺，鄭之宛，齊之年，皆無氏。逮其後，有没而立氏者，莊公季年，立叔孫氏是也。有邀鄰國以立之，如四國爲賂，故立華氏是也。

【鄭氏樵《通志》】自隋唐而上，官有簿狀，家有譜系。官之選舉，必由於簿狀；家之婚姻，必由於譜系。歷代並有圖譜局，置郎、令、史以掌之。仍用博通古今之儒，知撰譜事。凡百官族姓之有家狀者，則上之，官爲考定詳寔，藏於秘閣，副在左户。若私書有濫，則糾之以官籍；官籍不及，則稽之以私書。此近古之制以繩天下，使貴有常尊、賤有等威者也。姓氏之學，最盛於唐，而國姓無定論。林寶作《元和姓纂》而自姓不知所由來。漢有鄧氏《官譜》，應劭有《氏族篇》，又有潁川太守聊氏《萬姓譜》。魏立九品，置中正，州大中正主簿、郡中正功曹，各有簿狀，以備選舉。晉、宋、齊、梁因之。故晉散騎常侍賈弼、太保王弘、齊衛將軍王儉、梁北中郎諮議參軍知譜事王僧儒之徒，各有《百家譜》。徐勉又有《百官譜》。宋何承天撰《姓苑》與後魏《河南官氏志》，此二書尤爲姓氏家所宗。唐太宗命諸儒撰《氏族志》一百卷，柳冲撰《大唐姓系録》二百卷，路淳有《衣冠譜》，韋述有《開元譜》，柳芳有《永泰譜》，柳燦有《韻略》，張九齡有《韻譜》，林寶有《姓纂》，邵思有《姓解》。其書雖多，大概有三種。一種論地望，一種論聲，一種論字。論字者，則以偏旁爲主。論聲者，則以四聲爲主。

論地望者，則以貴賤爲主。然貴賤升沈，何常之有，安得專主地望？以偏旁爲主者，可以爲字書；以四聲爲主者，可以爲韻書：此皆無與於姓氏。

蕙田案：姓者，因於生而受賜者也；氏者，分於姓而辨族者也。族者，本乎姓氏而别宗者也。姓原於上古而少，氏分於中古而多，族淆於後世而雜。氏本乎姓，氏著而姓晦。氏分爲族，族私而氏公，故古者論氏，後世論族而已。《書》曰「錫土姓」，《左傳》曰「賜姓命氏」，前人論之詳矣。《大傳》曰：「庶姓别於上。」故氏亦曰姓。今之所謂姓者，皆氏也，即庶姓也。善乎陳用之之言曰：「别姓則爲氏，即氏則有族，族無不同氏，氏有不同族。」盡之矣。故曰「古者論氏，後世辨族」。辨族，則譜系之學不可不講也。

右族姓氏。

五禮通考卷第一百四十三

淮陰吴玉搢校字

五禮通考卷第一百四十四

内廷供奉禮部右侍郎金匱秦蕙田編輯
太子太保總督直隸右都御史桐城方觀承同訂
兩淮都轉鹽運使德水盧見曾
按察司副使元和宋宗元　參校

嘉禮十七

飲食禮

【《禮記·文王世子》】庶子之正于公族者，教之以孝悌、睦友、子愛，明父子之義，長幼之序。【注】正者，政也。庶子，司馬之屬，掌國子之倅爲政于公族者。其朝於公：内朝，則東面北上，臣有貴者，以齒；其在外朝，則以官，司士爲之。其在宗廟之中，則如外朝之位。宗人授事，以爵以官。其登餕獻受爵，則以上嗣。庶子治之，雖有三命，不踰父兄。【疏】此句應承前文「臣有貴者以齒」之下。其外朝既云「司士爲之」，則内朝自然庶子治之也。所以在此者，當是簡札遺脱。鄭不言者，略耳。其公大事，則以喪服之精麤爲序。雖于公族之喪，亦如之，以次主人。其在軍，則守於公禰。【注】謂從軍者。公禰，行主也。行以遷主，言禰，在外親也。公若有出疆之政，庶子以公族之無事者守於公宮，正室守太廟，諸父守貴宮貴室，諸子諸孫守下宮下室。五廟之孫，祖廟未毁，雖爲庶人，冠、取妻必告，死必赴，練祥則告。族之相爲也，宜弔不弔，宜免不免，有司罰之。至於賵賻承含，皆有正焉。公族其有死罪，則磬於甸人。其刑罪，則纖剸，亦告於甸人。公族無宫刑，獄成，有司讞於公。其死罪，則曰「某之罪在大辟」；其刑罪，則曰「某之罪在小辟」。公曰：「宥之。」有司又曰：「在辟。」公又曰：「宥之。」有司又曰：「在辟。」及三宥，不對，走出，致刑於甸人。公又使人追之，曰：「雖然，必赦之。」有司對曰：「無及也。」反命於公，公素服不舉，爲之變，如其倫之喪。無服，【注】素服，於凶事爲吉，於吉事爲凶，非喪服也。君雖不服臣，卿大夫死，則皮弁錫衰以居。往弔，當事則弁絰。於士，蓋疑衰。同姓，則緦衰以弔之。今無服者，不往弔也。倫，謂親疎之比也。素服亦皮弁矣。親哭之。【注】不往弔，爲位哭之而已。君於臣，使有司哭之。

公族朝於内朝，内親也。雖有貴者，以齒，明父子也。外朝以官，體異姓也。宗廟之中，以爵爲位，崇德也。宗人授事以官，尊賢也。登餕受爵，以上嗣，尊祖之道也。喪紀以服之輕重爲序，不奪人親也。戰則守於公禰，孝愛之深也。正室守太廟，尊宗室，而君臣之道著矣。諸父諸兄守貴室，子弟守下室，而讓道達矣。五廟之孫，祖廟未毁，雖及庶人，冠、取妻必告，死必赴，不忘親也。親未絶而列於庶人，賤無能也。敬弔臨賻賵，睦友之道也。古者，庶子之官治而邦國有倫，邦國有倫而衆鄉方矣。公族之罪，雖親，不以犯有司，正術也，所以體百姓也。刑於隱者，不與國人慮兄弟也。弗弔，弗爲服，哭於異姓之廟，爲忝祖，遠之也。【疏】爲其犯罪，忝辱先祖，於公法合疎遠之也。素服居外，不聽樂，私喪之也，骨肉之親無絶也。公族無宫刑，不剪其類也。

【宣公二年《左氏傳》】晉麗姬之亂，詛無畜群公子，【注】詛。盟誓。　【疏】服虔云：「驪姬與獻公及諸大夫詛無畜群公子，欲令其二子專國。」杜雖不注，義似不然。若驪姬爲此，姬死即應復常，何得比至於今，國無公族。蓋爲奚齊、卓子以庶簒適，晉國創其爲亂，不用復畜公子。案檢《傳》文及《國語》文，公之子雍在秦，樂在陳，黑臀在周，襄公之孫談在周，則是晉之公子悉皆出在他國，是其因行而不改也。自是晉無公族。【注】無公子，故廢公族之官。【疏】公族之官，掌教公之子弟。孔晁注《國語》云：「公族大夫掌公族及卿大夫子弟之官。」是卿之適子屬公族也。及成公即位，乃宦卿之適而爲之田，以爲公族。【注】宦，仕也。爲置田邑，以爲公族大夫。又宦其餘子，亦爲餘子。【注】餘子，適子之母弟也，亦治餘子之政。【疏】庶子爲妾子，知餘子則是適子之母弟也。言「亦爲餘子」，則知餘子之官亦治餘子之政，令主教卿大夫適妻之次子也。下云「庶子爲公行」，不云教庶子，然則卿大夫之妾子，亦是餘子之官教之矣。其庶子爲公行。【注】庶子，妾子也，掌率公戎行。【疏】下文趙盾自以庶爲旄車之族，即公行也。晉於是有公族、餘子、公行。【注】皆官名。

【《國語・晉語》】欒伯請公族大夫，欒伯，欒武子。公族大夫，掌公族與卿之子弟。公曰：「荀家惇惠，荀家，晉大夫。荀會文敏，荀會，荀家之族。黶也果敢，黶，欒書之子桓子。無忌鎮靜。無忌，韓厥之子公族穆子。使茲四人者爲之。夫膏粱之性難正也，故使惇惠者教之，使文敏者導之，使果敢者諗之，使鎮靜者修之。惇惠者教之則偏而不倦，文敏者導之則婉而入，果敢者諗之則過而不隱，鎮靜者修之則壹。使茲四人者爲公族大夫。」

【《孔叢子・雜訓》】魯人有同姓死而弗弔者，人曰：「在禮，當免不免，當弔不弔，有司罰之。如之何子之無弔也？」答曰：「吾以其疎遠也。」子思聞之，曰：「無恩之甚也。昔者，季孫問於夫子曰：『百世之宗，有絶道乎？』子曰：『繼之以姓，義無絶也。』故同姓爲宗，合族爲屬，雖國子之尊，不廢其親，所以崇愛也。是以綴之以食，序以昭穆，萬世婚姻不通，忠篤之道然也。」

右正公族。

【《文獻通考》】秦商鞅立法，宗室非有軍功，不得論爲屬籍。

【《漢書·高帝本紀》】七年，置宗正官，以敘九族。

【《文帝本紀》】四年，復諸劉有屬籍，家無所與。賜諸侯王子邑各二千户。❶

【《武帝本紀》】元光元年，復七國宗室前絶屬者。

馬氏曰：「孝景三年，詔：『楚元王子埶等與吴王濞等爲逆，❷朕不忍加法，除其籍，毋令污宗室。』是年始詔復之。」

後元二年正月，朝諸侯於甘泉宫，賜宗室。

【《昭帝本紀》】始元二年，以宗室毋在位者舉茂材，劉辟疆、劉長樂皆爲光禄大夫，辟疆守長樂衛尉。

【《宣帝本紀》】地節元年，詔曰：「蓋聞堯親九族，以和萬國。朕蒙遺德，奉承聖業，惟念宗室，屬未盡而以罪絶。若有遺材，改行勸善，其復屬，使得自新。」

【《成帝本紀》】建始二年，罷太子博望苑，以賜宗室朝請者。

【《漢書·劉向傳》】上封事，言：「王氏一姓朱輪華轂者二十三人，大將軍秉事用權，五侯驕奢，排擯宗室，孤弱公族。其有智能者，尤非毀而不進。遠絶宗室之任，不令得給事朝省，恐其與己分權事。勢不兩大，王氏與劉氏且不並立。宜發

❶「各」、「户」，原作「名」、「石」，據《漢書·文帝本紀》改。

❷「埶」，原作「執」，據《文獻通考》卷二五九改。

明詔，吐德音，援近宗室，親而納信，黜遠外戚，毋授以政，所以褒睦内外之姓，子孫無疆之計也。」

【《哀帝本紀》】即位，賜宗室王子有屬者馬各一駟。❶

【《平帝本紀》】元始元年，詔：「宗室屬未盡而以罪絶者，復其屬。其爲吏，舉廉；佐史，補四百石。」師古曰：「宗室爲吏者，皆令舉廉，各從本秩，而依廉吏遷之爲佐史者，例補四百石。」四年二月，賜宗室有屬籍者爵，自五大夫以上各有差。五年正月，祫祭明堂，宗室子九百人召助祭。禮畢，皆益户賜爵及金、帛，增秩、補吏各有差。詔曰：「蓋聞帝王以德撫民，其次親親，以相及也。昔堯睦九族，舜惇敘之。❷朕以皇帝幼年，且統國政，惟宗室子皆太祖高皇帝子孫及兄弟吴頃、楚元之後，漢元至今，十有餘萬人，雖有王侯之屬，❸莫能相糾，或陷入刑罪，教訓不至之咎也。《傳》不云乎：『君子篤於親，則民興於仁。』其爲宗室自太上皇帝以來族親，各以世氏，郡國置宗師以糾之，致教訓焉。二千石選有德義者以爲宗師，考察不從教令有冤失職者。宗師得因郵亭書言宗伯，請以聞。」常以歲正月賜宗師帛各十匹。❹

【《後漢書·世祖本紀》】建武二年十二月戊午，詔曰：「惟宗室列侯爲王莽所廢，先靈無所依歸，朕愍之，其並復故國。若侯身已殁，屬所上其子孫見名尚書，封拜。」十三年二月丙辰，詔曰：「長沙王興、真定王得、河間王邵、中山王茂，皆襲爵爲王，不

❶「駟」字，原脱，據《漢書·哀帝紀》補。
❷「惇」，原作「厚」，據庫本改。
❸「屬」，原作「族」，據庫本改。
❹「正月」，原作「月正」，據庫本乙正。

應經義。其以興爲臨湘侯，得爲真定侯，邵爲樂成侯，茂爲單父侯。」其宗室及絶國封侯者凡一百三十七人。丁巳，降趙王良爲趙公，太原王章爲齊公，魯王興爲魯公。

【《文獻通考》】漢置宗正卿，掌序録王國嫡庶之次及諸宗親屬遠近。郡國歲因計上宗室名籍。若有犯法，當髡以上，先上諸宗正，宗正以聞，乃報決。胡廣曰：「又歲一治諸王世譜差序秩。」❶

【《後漢書·和帝本紀》】元興元年，宗室以罪絶者，悉復屬籍。

【《文獻通考》】魏文帝黄初二年，制：封王之庶子爲鄉公，嗣王之庶子爲亭侯，公之庶子爲亭伯。

明帝太和五年，詔令諸王及宗室公侯各將適子一人朝。

齊王時宗室曹冏上書曰：「大魏之興，二十四年矣。子弟王空虚之地，君有不使之民。宗室竄於閭閻，不聞邦國之政，權均匹夫，勢齊凡庶，内無深根不拔之固，外無磐石宗盟之助，非所以安社稷、爲萬世之業也。且今之州牧郡守，古之方伯諸侯，皆跨有千里之土，兼軍武之任。或比國數人，或兄弟並據，而宗室子弟，曾無一人厠其間，與相維制，非所以强幹弱枝、備萬一之虞也。今之用賢，超爲名都之主，或爲偏師之帥。而宗室有文者必限之小縣之宰，有武者必致百人之上，非所以勸進賢能、褒異宗室之禮也。語曰：『百足之蟲，至死不僵。』以其扶之者衆也。此言雖小，可以譬大。是以聖王安不忘危，存不忘亡，故天下有變而無傾

❶「秩」下，《後漢書·百官志三》有「第」字。

危之患矣。」冀以此論感悟曹爽，爽不能用。

晉武帝懲魏氏孤立之弊，故大封宗室，授以職任。又詔諸王皆得自選國中長吏。衛將軍齊王攸獨不敢，皆令上請。又詔除魏宗室禁錮。

晉置宗正，統皇族家人圖牒。

孝武制，帝室期親，官非禄官者，月給錢十萬。

梁置宗正卿，位視列曹尚書。皇室外戚之籍，以宗室爲之。

後魏明帝時，京兆王遥大功昆弟，皆是景穆之孫，至明帝而本服絶，故除遥等屬籍。遥表曰：「竊聞聖人所以南面而聽天下，其不可得變革者，則親也，尊也。四世而緦服窮，五世而袒免，六世而親屬絶矣。去兹以往，猶繫之以姓而弗別，綴之以食而弗殊。又《律》曰議親者，非惟當世之屬親，歷謂先帝之五世。謹尋斯旨，將以廣帝宗，重磐石。先王所以變兹事條，爲此別制者，大和之季，方有意於吴、蜀，❶經始之費，慮深在初，割減之起，暫出當時也。且臨淮王提，分屬籍之始，高祖賜帛三千疋，所以重分離；樂良王長命，亦賜縑二千疋，所以存慈眷。此皆先朝殷勤克念，不得已而然者也。古人有言：『百足之虫，至死不僵』者，以其輔己者衆。臣誠不欲妄親太階，苟求潤屋，但傷大宗一分，則天子屬籍不過千數人而已。在漢，諸王之子，不限多少，皆列土而封，謂之曰侯，至於魏晉，莫不廣胙河山，稱之曰公者，蓋惡其大宗之不固，骨肉之恩疎矣。臣去皇上，雖是五世之遠，於先帝便是天子之孫，高祖所以國秩禄賦復給衣食，后

❶「蜀」，原作「屬」，據《魏書》卷一九上改。

族惟給其賦不與衣食者，欲以别内外、限異同也。今諸廟之感，在心未忘，行道之悲，倏然已及。其諸封者，身亡之日，三年服終，然後改奪。今朝猶在遏密之中，便議此事，寔用未安。」詔付尚書博議以聞。尚書令任城王澄、尚書左僕射元暉奏同遥表。靈太后不從。

先是，皇族有譴，皆不持訊。時有宗士元顯富犯罪，❶宗正約以舊制。尚書李平奏：「以帝宗磐石，周布天下，其屬籍疎遠，蔭官卑末，無良犯憲，理須根究。請立限斷，以爲定式。」詔曰：「雲來綿遠，❷蕃衍代滋，植籍宗氏，而爲不善者良亦多矣。先朝既無不訊之格，而空相矯恃，以長爲暴。諸在議請之外者，可悉依常法。」

齊置大宗正寺，掌宗室屬籍，統皇子、王國長公主家。

唐太宗貞觀元年，初，上皇欲强宗室以鎮天下，故皇再從、三從弟及兄弟之子，雖童孺，皆爲王，王者數十人。上從容問群臣：「封宗子，於天下利乎？」封德彝對曰：「前世惟皇子及兄弟乃爲王，自餘非有大功，無爲王者。上皇敦睦九族，大封宗室，自兩漢以來，未有如今日之多者。爵命既崇，多給力役，恐非示天下以至公也。」上曰：「然。朕爲天子，所以養百姓也，豈可勞百姓以養己之宗族乎？」乃詔降宗室郡王皆爲縣公，惟有功者數人不降。

蕙田案：大宗此舉是也。《傳》云「親親之殺」，封爵多則濫，濫則淫，淫則刑禍隨之，豈保全宗族之

❶「富」，原作「當」，據《魏書・刑罰志七》改。

❷「來」，原作「漢」，據《魏書・刑罰志七》改。

道乎？

玄宗先天之後，皇子幼則居内。東封後，以年漸長成，乃於安國寺東附苑城同爲大宅，分院居之，名爲十王宅，令中官押之，於夾城中起居。每日家令進膳。又引詞學工書之人入教，謂之侍讀。十王，謂慶、忠、棣、鄂、榮、光、儀、穎、永、濟，蓋舉全數。其後，盛、儀、陳、豐、恒、凉六王又就封，入内宅。開元二十五年，鄂、光得罪，忠王繼大統。天寶中，慶、棣又殁，惟榮、儀十四王居内，而府幕列於外坊，歲時通名起居而已。外諸孫長成，又於十宅外置百孫院。每歲幸華清宫，側亦有十王宅、百孫院。十王宫人，每院四百餘人。❶又於宫中置維城庫，諸王月俸物，納之以給用。諸孫納妃嫁女，亦就十院中。太子不居於東宫，但居於乘輿所幸之别院。太子之子，亦分院而居，婚嫁則同親王、❷公主，於崇仁里之禮院。

唐宗正寺，掌天子族親屬以别昭穆。凡親有五等，先定於司封。一曰皇帝周親、皇后父母，視三品。二曰皇帝大功親、小功尊屬，太皇太后、皇太后、皇后周親，視四品。三曰皇帝小功親、緦麻尊屬，太皇太后、皇太后、皇后大功親，視五品。四曰皇帝緦麻親，祖免尊屬，太皇太后、皇太后、皇后小功親；五曰皇帝袒免親，太皇太后小功卑屬，皇太后、皇后緦麻親；視六品。皇帝親之夫婦男女，降本親二等，餘親降三等，尊屬進一等，降而過五等者不爲親；諸王、大長公主親，本品；嗣王、郡王非三等親者：亦

❶「院」，原作「縣」，據庫本改。
❷「嫁」，原作「姻」，據庫本改。

視五品。《選舉志》：❶凡館有二：門下省有弘文館，生三十六人；東宫有崇文館，生二十人：以皇緦麻以上親，皇太后、皇后大功以上親，宰相貴官之子爲之。

宋仁宗景祐中，下詔：「度玉清昭應宫舊地建宫，合宗室十位聚居，賜名曰睦親院。於祖宗後選一人爲宗正，以司訓導，糾違失。凡宗族之政令，皆令掌之。奏事毋得專達，先詳視可否以聞。」

初，諸王邸散居京師，過從有禁，非朝謁從祠，不得時會見。仁宗立睦親院，以壽春郡王允讓知大宗正事，總領輯睦，甚有恩意，務以身先之。教養子孫，崇向藝學，不率則正其罪。故更相責厲，莫不勸服。故事，内朝謁，宗婦不預，因曰：「托姻皇屬而不得一望禁闥，非所以顯榮之也。」奏通其籍。又宗婦少喪夫，雖無子，不許更嫁，曰：「此非人情。」乃爲請，使有歸。

神宗熙寧二年，中書、樞密院言：「祖宗受命百年，皇族日以蕃衍，而親疏之施，未有等衰，甄序其材，未能如古。獻議之臣，謂宜有所釐正，請參酌先王典制，時事之宜，條具聞奏。詔同議以聞。臣等今謀定，方今可行之制：宣祖、太祖、太宗之子，皆擇其後一人爲宗，世世封公，補環衛官，以奉祭祀，不以服屬盡故殺其恩禮。祖宗袒免親將軍以下願出官者聽，❷仍先經大宗正司陳請。大宗正擇本宫尊長與太學教授，使學才行堪任使者，然後審察以聞。就武官者，試讀律，習書；就文官者，説試一中經，

❶「志」，原作「制」，據《新唐書·選舉志》改。

❷「親」，原重，據庫本删其一。

或論一首。將軍换諸司副使、太常丞，正率换内殿崇班、太子中允，並與州郡監當一次，任滿與親民。副率换西頭供養官、大理評事，與監當一次，任滿有州郡監司保舉者，與親民，否則即依外官。祖宗祖免親未賜名授官者，除右班殿直，年十五與請給，年二十許出官。願换文官者，與試銜知縣，並令監當考試，及任滿有無保任如前法。出官日，並特與優賜。❶願鏁廳應舉者，依外官。其非祖免親，不賜名授官。許應舉應進士者，只試策論；明經者，習一大經，試大義及策。初試不成文理者，退黜；餘令覆試。取合格者以五分爲限，人數雖多，不得過五十人。累經覆試不中，年長者當特推恩，量材録用。已出官者，給俸依在京分數，許依審官三班銓法指擬注授，不以遠近爲限。授文官者，轉官者轉官與進士出身，❷同鏁廳應進士、明經舉，有出身人至員外郎，與轉左曹。宗室不出官者，祖宗玄孫轉官至正任觀察使止，祖免親至遥郡刺史止。祖宗祖免親見任官合奏薦子孫者，許依外官。祖宗祖免親以下，見有官不願出官、父祖俱亡者，許在京居止，隨處置産；其出官者，置田宅如外官法。祖宗祖免女嫁，賜錢減半，婿與三班奉職；非祖免女，量加給賜，更不與婿官，有官者與免入遠，許依審官三班流内銓法指擬，注授班行，免指使。其祖免親娶婦，量加給賜；其非祖免親嫁娶，依庶姓，仍不得與非士族家爲婚姻。祖宗祖免親以外兩世貧無官者，量賜田。孤幼無依及尤貧失所者，不拘世數，隨

❶「優」，原作「友」，據《文獻通考》卷二五九改。

❷「轉官者轉官」，五字疑衍。

所在官司，具名聞奏，當職特加存恤。」奏上，詔曰：「自我祖宗，敦敘邦族，大則疏封於爵土，次則通籍於閣臺，❶並留京師，參奉朝請。然而世緒寖遠，皇枝益蕃，屬有親疎則恩有隆殺，才有賢否則祿有重輕。今而一貫於周行，是亦奚分於流別，雖敦睦之道誠廣，而德施之義未周。故廷臣數言，宰司繼請，謂宜定正限以等夷。朕惟親戚之間，經史有訓；漢唐之世，故事具存。或以九族辨尊卑，或以五宗紀遠近，或聽推恩而分子弟，或許自試而效才能，或宗子之賢得從科舉，或諸王之女自主婚姻，盡前世之所行，顧當今之未備。況我朝制作，動法先王，豈宗室等衰，乃無定制？因俾群公之合議，將立一代之通規，❷載覽奏封，具陳條目，以謂祖宗昭穆，是宜世世之封，王公子孫，抑有親親之教，若乃服屬之既竭，洎於才藝之並優，在隨器以甄揚，使當官而勉楙。至於任子之令，通婚之儀，凡曰有司之常，一用外官之法。僉言既允，朕意何疑。告於將來，用頒明命。宜依中書、樞密院所奏施行。」

宗正寺言：「每歲寫《仙源積慶圖》、《宗藩慶緒録》送龍圖、天章、寶文閣。今宗室非祖免親，既不賜名授官，一依外官之法，請定所修圖册。」詔下禮院詳定。禮官言：「六世親屬既竭，繫之以姓而弗別，則禮有其義；皇宗祖廟雖毁，子孫皆於宗寺附籍，則今有其文。況朝廷釐改皇族授官之制，而祖免外親，統宗襲爵，進預科選，遷官給俸，恩禮優異，悉不與外官匹庶同法。屬雖

❶「閣」，原作「閨」，據《文獻通考》卷二五九改。
❷「立」，原脱，據《文獻通考》卷二五九補。

疎而恩數不絶，若圖籍湮落，則無審其所從證。其宗正寺所修《圖》、《録》，並請仍舊。」從之。

元豐官制行，詔大宗正司不隸六曹，大宗正以宗室團練以上有德望者爲之，次一人爲同知。位高屬尊者爲制，掌糾合族屬而訓之以德行、道藝，受其詞訟而糾正其愆違，有罪則先劾以聞，法例不能决者，同上殿取裁。凡宗室服屬遠近之數及其賞罰規式，皆總之。屬有記室一人，掌牋奏；講書、教授十有二人，講授兼領小學之事。渡江後，頗用南班，多不得其人，無以表率，更生刻削，宗室皆患之。

哲宗紹聖元年，禮部言：「諸宗室係袒免以外兩世，祖父俱亡而無官，雖有官而未釐務，貧不能給者，委大宗正司及所在官司奏給錢米。」從之

徽宗崇寧元年，詔曰：「神宗嘗詔宗室年長者推恩，又嘗詔袒免外兩世貧無官者賜田，又嘗詔外任者許居於兩京，今宜遵先志。」

宰臣蔡京等言：「宗室舊來，在宫有出入之限，有不許外交之禁，宫門有幾察之令。今疎屬外屬，僅遍都下，積日滋久，殆不能容。若不居之兩京，散之近郡，立關幾察之令，或一有非意犯法，則勢有不可已者。今請非袒免親以下兩世，除北京外，欲分於西京、南京近輔或沿流便郡居止，各隨州郡大小，創置居宇。仍先自兩京爲始，每處置敦宗院，命文武官各一員管幹，參酌在京宫院法禁，不可行者頒下。」從之。

大觀二年正月，詔：「自我英宗起於濮邸，入繼大統，濮王之後，於屬雖親，於服已遠。如『不』字之子，論正服則猶是緦麻，視正統則已非袒免，無賜名授官之制，無禄廪賜予

之法。比聞貧乏匱困，或不能自存。朕富有天下，而五服内親，僅同民庶，非强本之道。欲盡親親之禮，而承統之重，義所不敢。夙夜以思，當使恩義兩得，然後爲稱。應濮陽孫『士』字可依『仲』字，『不』字及『不』字之子並依『士』字恩數條例。宗女隨其字行等第施行，庶不失承統之義，而曲盡人倫之親。」八月，詔：「保州皇族子孫，於屬雖遠，然未有仁而遺其親者。比聞皇族之孫，未官者餘三十人，或貧乏不能自存。已令置敦宗院，其六房内各擇最長年二十已上者，與三班奉職二人，一房及六人已上，加一人，並與添差監當。」宣和五年，詔：「今後内外宗室，並不稱姓。」七年後，詔依熙寧法，並著姓。建炎末，上以天屬避地者少，詔南班宗婦無子孫食禄者，廩給有差：凡祖宗緦麻親，歲給錢九十六千、米三十六斛、帛二十八疋；祖免親，錢米減三之二，綿帛並減半。四年六月己卯。故事，宗室近臣，吉凶皆有賜予。紹興初，以軍興財匱，罷之。六年正月己巳。十一年秋，皇叔祖右監門衛大將軍仲岙卒於臨安，至無以斂。判大宗正事齊安郡王士㒞言於朝，詔：「緦麻親任環列以上亡者，賜錢三百千，袒免減三之一。」九月甲辰。今以爲例焉。本朝宗室，皆聚於京師。熙寧間，始許居於外。蔡京爲政，即河南、應天置西南二敦宗院，設宗官主之。靖康之禍，在京宗室，無得免者，而睢、雒二都得全。建炎初，上將南幸，先徙諸宗室於江淮。於是，大宗正司移江寧，南外移鎮江，西外移揚州。元年八月戊午。明年春，又移西外於泰州及高郵軍。正月甲午。三年冬，又移於福州，而南外移泉州以避狄。十二月甲子。紹興元年秋，嗣濮王仲湜請合西、南外宗正爲一司，以省財用。有司以泉州乏財，不許。九月壬子。是時，兩外宗子女婦合五百餘人，歲費緡錢九萬。紹興府宗正司者，紹興三年，以行在未有居第，權分宗子居之。三十年春，恩平郡王出居會稽，遂以爲判大宗正事。三月丙子。乾道七年，虞丞相秉政，言蜀中闕大宗正司，上欲移紹興府宗正司於成都，五月戊寅。既而不行，但省會稽一司而已。今蜀中宗子甚衆，既無親賢領之，但每州以行尊者一員檢察錢米請受，由是往往蹈於非彝，而不可訓焉。東都故事，宗子皆築大舍聚居之。太祖、太宗九王後曰睦親，秦王後曰廣親，英宗二王曰親賢，神宗五王曰棣華，徽宗諸王曰蕃衍。渡江後，宗子始散居郡邑，惟親賢子孫爲近屬，則聚居之。孝宗子四人，邵悼肅王無後，莊文太子、魏惠憲王早薨。莊文之妃、惠憲之夫人，皆別居賜第。初，莊文既大祥，議者欲皇孫出居於外，或以爲不可。又踰年，竟以知樞密院府爲外第焉。紹熙初，❶寧宗封嘉王，將以所藉富民裴氏之居爲府第，而議者以爲非宜，乃改築。蓋自紹興以來，天屬鮮少，故不復賜宅名云。

【《續文獻通考》】遼皇族有五院、六院、横帳之分。五院有夷离堇房，六院有郎君房、夷离堇房、部舍利房。横帳有孟父房、仲父房、季父房，統謂之三父房。自德祖族屬號三父房，始稱横帳，乃宗室之尤貴者。蓋分益親，則名益貴也。約《遼史》文。

【《遼史·百官志》】肅祖長子洽昚之族在五

❶「熙」，原作「興」，據《文獻通考》卷二五九改。

院司，仲子葛剌、季子洽禮及懿祖仲子帖剌、季子褭古直之族，皆在六院司。此五房者，謂之二院皇族。❶玄祖伯子麻魯無後，次子巖木之後曰孟父房，叔子釋魯之後曰仲父房。季子爲德祖，德祖之元子爲太祖，謂之横帳。次曰剌葛，曰迭剌，曰寅底石，曰安端，曰蘇，皆曰季父房。此一帳三房，謂之四帳皇族。二院治之以北、南二王，四帳治之以大内惕隱，皆統於大惕隱司。遼俗，東嚮而尚左。御帳東嚮，遥輦九族南嚮，皇族三父帳北嚮，故謂御營爲横帳。

【《國語解》】國族皆姓耶律。有謂始興之地曰世里，譯者以世里爲耶律。《契丹國志》曰：「世里，上京東二百里之地名也。以所居之地爲姓，譯之則曰耶律。」又有言以漢字書曰耶律，以契丹字書曰移剌。

【《太祖本紀》】元年，詔皇族承遥輦氏九帳爲第十帳。二年正月，始置惕隱，典族屬，以皇弟撒剌爲之，即宗正職也。

【《續文獻通考》】大内惕隱司，掌皇族四帳之政教。大横帳常衮司，掌太祖皇帝後九帳皇族之事。常衮，亦曰敞穩。又有孟父族帳常衮司、季父族帳常衮司，皆各掌其房族之事。又有四帳都詳穩司，掌四帳軍馬之事。舍利司掌皇族之軍政。

【《遼史·太祖本紀》】六年以皇弟蘇爲南府宰相。南府宰相自諸弟構亂，府之名族多罹其禍，故其位久虚。至是，告於宗廟而後授之。宗室爲南府宰相，自此始。自後皇族四帳，世預其選。

【《太宗本紀》】天顯五年三月，皇弟李胡請赦宗室舍利郎君以罪繫獄者，詔從之。

❶「二」，原作「三」，據《遼史·百官一》改。

貧者。

【《興宗本紀》】重熙十一年，賑恤三父族之貧者。

【《金史·宗室表》】金人初起，完顔十二部。其後，皆以部爲氏。史臣記録，有稱宗室者，有稱完顔者。完顔亦有二：有同姓完顔，蓋疎族，若石土門迪古乃是也；有異姓完顔，蓋部人，若歡都是也。大定以前稱宗室，明昌以後，避睿宗諱，稱内族，其實一而已。宣宗詔宗室皆稱「完顔」，不復識别焉。大定、泰和之間，袒免以上親皆有屬籍，以敘授官。大功以上薨卒，輟朝，親親之道行焉。貞祐以後，譜牒散失矣。

【《穆宗子勖傳》】皇兄弟、皇子爲親王，給二品俸；宗室封一字王者，給三品俸。

【《百官志》】大宗正府掌敦睦糾率宗屬，以皇族中屬親者充。泰和中，避睿宗諱，改爲大睦親府。

【《熙宗本紀》】皇統四年，詔以去年所得宋幣，賜始祖以下宗室。

【《海陵本紀》】正隆二年，改定親王以下封爵等第，命追取存亡誥身。存者二品以上，死者一品，參酌削降。公私文書，但有「王爵」字者，立限毁抹。墳墓碑誌，並發而毁之。

【《世宗本紀》】大定十二年十一月，帝謂宰臣曰：「宗室中有不任官事者，若不加恩澤，於親親之道未宏，朕欲授以散官，量與廩禄，未知前代何如？」左丞石琚曰：「陶唐親九族，周家睦九族，見於《詩》、《書》，皆帝王美事也。」

十六年正月，詔宗室未附玉牒者，並與編次。

四月，詔定宗室子程試等第。

十七年正月，帝謂宰臣曰：「宗室中年高，

往往未有官稱，其先皆有功於國，朕欲稍加以官，使有名位可稱，何如？」對曰：「親親報功，先王之令則。」

五月，尚書奏定皇家袒免以上親燕饗班次，並從唐制。

二十五年四月，以會寧府即上京地。官一人兼大宗正丞，以治宗室之政。

二十二年十月，徙河間宗室於平州。❶

【《章宗本紀》】明昌元年六月，定親王家人有犯，其長史府掾失覺察故縱罪。八月，剌麻吉以皇家袒免之親，特收充尚書省祗候郎，仍爲永制。

三年，遣諭諸王府傅尉曰：「朕分命諸王出鎮，蓋欲政事之暇，有以自適耳。然慮其舉措或違於理，所以分置傅尉，使勸導彌縫，不入於過失。若公餘遊宴，不至過度，亦復何害？今聞爾等，用意太過，凡王門細碎之事，無妨公道者，一一干與，贊助之道，豈當如是？宜各思職分，事舉其中，無失禮體，仍就諭諸王，使知朕意。」

四年，諸王府增置司馬一人。

承安五年三月，大睦親府進《重修玉牒》。

九月，修《玉牒》成。定皇族收養異姓男爲子者，徒三年；姓同者，減二等；立嫡違法，徒一年。

【《元史·世祖本紀》】中統元年，賜親王銀、文綺、金素、綿絹。自是歲以爲常。

【《明史·諸王列傳》】明制，皇子封親王，授金册金寶，歲禄萬石，府置官屬。護衛甲士，少者三千人，多者至萬九千人。親王嫡長子，年及十歲，則授金册金寶，立爲王世

❶ 據《金史·世宗本紀》，此條當置「二十五年四月」條前。

子，長孫立爲世孫。諸子年十歲，則授塗金銀册銀寶，封爲郡王，嫡長子爲郡王世子，嫡長孫則授長孫。諸子授鎮國將軍，孫輔國將軍，曾孫奉國將軍，四世孫鎮國中尉，五世孫輔國中尉，六世以下皆奉國中尉。其生也請名，其長也請婚，禄之終身，喪葬予費。

【王圻《續通考》】鎮國將軍，初定爲三品，永樂時改一品。輔國將軍，初四品，改從二品。奉國將軍，初五品，改從三品。鎮國中尉，初六品，改從四品。輔國中尉，初七品，改從五品。奉國中尉。初八品，改從六品。

【《諸王世表》】洪武中，以子孫蕃衆，命名慮有重複，乃於東宮、親王世系，各擬二十字，字爲一世。子孫初生，宗人府依世次立雙名，以上一字爲據，其下一字則取五行偏旁者，以火土金水木爲序，惟靖江王不拘。東宫擬名曰允、文、遵、祖、訓、欽、武、大、君、勝、順、道、宜、逢、吉、師、良、善、用、晟。秦府曰尚、志、公、誠、秉、惟、懷、敬、誼、存、輔、嗣、資、廉、直、匡、時、永、信、敦。晉府曰濟、美、鍾、奇、表、知、新、慎、敏、求、審、心、咸、景、慕、述、學、繼、前、修。燕府後爲帝系，曰高、瞻、祈、見、祐、厚、載、翊、常、由、慈、和、怡、伯、仲、簡、靖、迪、先、猷。周府曰有、子、同、安、睦、勤、朝、在、肅、恭、紹、倫、敷、惠、潤、昭、格、廣、登、庸。楚府曰孟、季、均、榮、顯、英、華、蘊、盛、容、宏、才、升、博、衍、茂、士、立、全、功。齊府曰賢、能、長、可、慶、睿、智、實、堪、宗、養、性、期、淵、雅、寅、思、復、會、通。魯府曰肇、泰、陽、當、健、觀、頤、壽、以、宏、振、舉、希、兼、達、康、莊、遇、本、寧。蜀府曰悦、友、申、賓、讓、承、宣、奉、至、平、懋、進、深、滋、益、端、居、務、穆、清。湘府曰久、鎮、開、方、岳、揚、威、謹、禮、儀、剛、毅、循、超、卓、權、衡、素、自、持。代府曰遜、仕、成、聰、俊、充、庭、鼐、鼎、彝、傳、貽、連、秀、郁、炳、燿、壯、洪、基。肅府曰瞻、禄、貢、真、弼、縉、紳、識、烈、忠、曦、暉、躋、富、運、凱、諫、處、恒、隆。遼府曰貴、豪、恩、寵、致、憲、術、儼、尊、儒、雲、仍、祺、保、合、操、翰、麗、龍、興。慶府曰秩、邃、寘、台、鼒、倪、伸、師、倬、奇、适、完、因、巨、衎、隲、眷、發、需、昆。寧府曰磐、奠、覲、宸、拱、多、謀、統、議、中、總、添、支、庶、闊、作、哲、向、親、衷。岷府曰徽、音、膺、彦、譽、定、幹、企、禋、雍、崇、理、原、諮、訪、寬、鎔、喜、賁、從。谷府曰賦、質、僖、雄、敞、叢、興、闡、福、昌、篤、諧、恂、懌、豫、擴、霽、昱、禎、祥。韓府曰冲、範、徵、偕、旭、融、謨、朗、璟、逵、亶、韶、愉、灝、慥、令、緒、价、藩、維。瀋府曰佶、幼、詮、勛、允、恬、珵、效、迥、瑝、湜、源、諲、晳、暐、圭、璧、澈、澄、昂。安府曰斐、序、斌、延、賞、凝、覃、濬、祉、襄、恢、嚴、顓、輯、矩、縝、密、廓、程、綱。唐府曰瓊、芝、彌、宇、宙、碩、器、聿、琳、琚、啟、齡、蒙、頌、體、嘉、歷、協、銘、圖。郢府曰偉、聞、參、望、奭、箴、誨、洎、❶臬、夔、麒、麟、餘、積、兆、奎、穎、曄、璿、璣。伊府曰顒、勉、諟、訏、典、褒、珂、采、鳳、琛、應、疇、須、胄、選、昆、玉、冠、泉、金。靖江王曰贊、佐、相、規、約、經、邦、任、履、亨、若、依、純、一、行、遠、得、襲、芳、名。考明代帝系，熹宗、莊烈二帝名始及「由」字，其他王府亦多不出十字。

【《食貨志》】大祖洪武九年，定諸王、公主歲

❶「洎」，原作「泊」，據庫本改。

供之數：親王，米五萬石，鈔二萬五千貫，錦四十疋，紵絲三百疋，紗、羅各百疋，絹五百疋，冬夏布各千疋，綿二千兩，鹽二百引，茶千斤，皆歲支。馬料草，月支五十匹。其緞疋，歲給料匠，付王府自造。靖江王，米萬石，❶鈔萬貫，餘物半親王。馬料草二十匹。公主未受封者，紵絲、紗、羅各十疋，絹、冬夏布各三十疋，綿二百兩；已受封，賜莊田一所，歲收糧千五百石，鈔二千貫。親王子未受封，視公主；已受封郡王，米六千石，鈔二千八百貫，錦十疋，紵絲五十疋，紗、羅減紵絲之半，絹、冬夏布各百疋，綿五百兩，鹽五十引，茶三百斤，馬料草十匹。女已受封及已嫁者，米千石，鈔千四百貫，其緞疋於所在親王國造給。皇太子之次嫡子并庶子，既封郡王，必俟出閤，然後歲賜，與親王子已封郡王者同。女俟出嫁，與親王女已嫁者同。凡親王世子，與已封郡王同，郡王嫡長子襲封郡王者，❷半始封郡王。女已封縣主及已嫁者，米五百石，鈔五百貫，餘物半親王女已受封者。郡王諸子年十五，各賜田六十頃，除租稅爲永業，其所生子世守之，後乃令止給祿米。

二十八年，詔更定諸王歲給。時以官吏軍士俸給彌廣，量減諸王歲給，以資軍國之用。乃更定親王萬石，郡王二千石，鎮國將軍千石，輔國將軍、奉國將軍、鎮國中尉以二百石遞減，❸輔國中尉、奉國中尉以百石遞減。公主及駙馬二千石，郡主及儀賓八百石，縣主、郡君及儀賓以二百石遞減，縣

❶「米」下，《明史·食貨志六》有「二」字。
❷「嫡長」，原作「長嫡」，據《明史·食貨志六》乙正。
❸「國」下，原有「將軍」二字，據《明史·食貨志六》刪。

君、鄉君及儀賓以百石遞減。自後爲永制。

【《太祖本紀》】二十二年正月，改大宗正院爲宗人府。

【《職官志》】宗人府掌皇九族之屬籍，書宗室子女適庶、名封、嗣襲、生卒、婚嫁、謚葬之事。凡宗室陳請，❶爲聞於帝，達材能，録罪過。洪武三年，置大宗正院，至是，改爲宗人府，並以親王領之。其後，以勳戚大臣攝府事，不備官，❷而所領盡移之禮部。

【王圻《續通考》】太祖時，定宗室傳世爵級，凡將軍、中尉以下，其有文武才能堪任用者，宗人府具以名聞，考驗陞轉如常選法。如或有犯，宗人府取問明白奏聞。❸輕則量罪降等，重則黜爲庶人。但明賞罰，不加刑責。著爲令。

【《明史·成祖本紀》】永樂二十二年九月，時仁宗已即位。增諸王歲禄。

【《食貨志》】仁宗增減諸王歲禄，非常典也。時鄭、越、襄、荆、淮、滕、梁七王未之國，令暫給米歲三千石。遂爲例。

【《史料前集》】洪熙元年，周府加米五千石，通前二萬石，悉支本色。慶府原禄一萬石，悉支本色。寧府加米九千石，通前一萬石，悉支本色。代府加米千五百石，通前二千石，悉支本色。瀋府加米七千石，通前萬石，内本色六千石，餘折鈔。唐府加米七百石，通前二千石，悉支本色。魯府加米二千石，通前五千石，悉支本色。遼府加米一千石，通前二千石，悉支本色。肅府加米五百石，通前一千石，

❶「室」，原脱，據《明史·百官一》補。
❷「備」，原作「攝」，據《明史·百官一》改。
❸「問」，原作「聞」，據《續通考》卷一九六改。

悉支本色。秦府原禄一萬石，内加米四千五百石，通前五千石支本色，餘五千石折鈔。伊府加米一千七百石，通前二千石，悉支本色。靖江王加米七百石，通前一千石，悉支本色。趙、漢二府各加米二萬石，通前三萬石，仍歲加鈔十萬貫。晋府給米三千石。明年，又給韓王歲禄三千石，内一千五百石本色，餘折鈔。襄陵王、樂平王各歲禄千石，内五百石本色，餘折鈔。漢庶人，以宣德元年反，削國，而趙王亦辭所加之禄矣。

英宗正統十二年，定王府禄米撥給之制：將軍自賜名受封日爲始，縣主、儀賓自出閤成婚日爲始，於附近州縣秋糧内撥給。至景帝景泰七年，定郡王、將軍以下禄米，出閤在前，受封在後，以受封日爲始；受封在前，出閤在後，以出閤日爲始。

【《孝宗本紀》】弘治三年，禁宗室奏請田土及受人投獻。

【《魯王傳》】世宗嘉靖三年，定宗室毋得以媵子爲嫡之例。

【《世宗本紀》】嘉靖四十年，頒《宗藩條例》。

【《續文獻通考》】初，太祖大封宗藩，令世世食禄而不任事，親親之誼甚厚。然天潢日繁，民賦有限。其始，禄米盡支本色，既而本鈔兼支，有中半者，有本多於折者。厥後，勢不能給，而冒濫益多，奸弊百出。自宏治間，禮部尚書倪岳即請節減，以寬民力。嘉靖九年，禮部覆豐林王議處宗室疏，帝意欲封帝之皇子爲郡王，親王次子爲鎮國將軍，以張璁言宜量減禄而不降封，乃止。四十一年，御史林潤言：「天下財賦，供京師米四百萬石，而各藩禄歲至八百五十三萬石，即無災傷，蠲免歲輸，亦不足供禄米之半。將軍以下，飢寒困辱，聚詬有司，守土之臣，每懼生變。夫賦不可增，而宗室日繁，將何以支？」事下諸王議。至是，乃定條例。郡王、將軍，七分折鈔；中尉，六分折鈔；郡縣主、郡縣鄉君及儀賓，八分折鈔。他冒濫者，多所裁減。於是秦、晉、周、楚、蜀、趙、慶、襄、淮、德、崇，歲禄萬石，辭一千石；魯、益、衡，歲禄萬石，辭二千石；崇王萬三百石與唐王六千五百石，俱辭五百石。歲出爲少紓，而將軍以下，益不能自存矣。

嘉靖四十一年，事下諸王議。❶其明年，南陵王睦楧條上七議，請「立宗學以崇德教，設科選以勵人材，嚴保勘以杜冒濫，革冗職以除素餐，戒奔競以息貪饕，制拜掃以廣孝思，立憂制以省禄費」。詔下廷臣參酌之。其後，諸藩遂稍稍陳利弊。禮部尚書李春芳集而上之，諸吉凶大禮及歲時給賜，皆嚴爲之制。而武岡王顯槐復上書條藩政，請「設宗學，擇立宗正、宗表，督課親、郡王以下子弟。十歲入學，月米一石。三載，督學使者考績，其中程式者，全録之。五試不中科，則黜之，給以本禄三之一。其庶人暨妻女，月餼六石。案《食貨志》：「宗室有罪革爵者曰庶人。英宗初，頗給以糧。嘉靖中，月支米六石。」當即准此議而行之也。又言萬曆時減至二石或一石。庶女勿加恩」。其頒《宗藩條例》時，多採睦楧、顯槐二王議云。

【王世貞《處宗室策》】國家待宗室，自親王至中尉凡八等，其支子歷八世至於庶人而禄始絶。王國所屬，長史、衛校百千

❶「事下諸王議」，原作「下諸王議時」，據《續文獻通考》卷二〇五改。

人而止耳，不得臣他吏民，干有司事。親王常禄萬石，郡王二千石，鎮國將軍千石，以至於庶人亦百石。而他婚嫁、居第、資送、導從之費，不與焉。親王米石，軍校、官僚、居第、婚喪之費，又不下數萬。下至於庶人，而人各歲百石。居第二百金，婚娶百金，此不可已也。嘗觀嘉靖二十八年宗正籍，見存者已萬餘人。今又十餘年矣，人益其半而合之，當爲二萬人。又十餘年，而人益其半而合之，當爲四萬五千人。酌禄之中，人各得五百石，益萬人，是益五百萬石粟也，❶大司農何以應之？官又爲厲禁，俾不得從農商之業，其賢者又不得偕寒士從有司之薦，非所以明親親用賢之道也。今請自將軍以上，少裁其禄數，而務實其惠。中尉以下，毋賜爵禄而寬其禁，使其賢者得與寒士角才而受仕，❷不肖者從事於南畝以其力周其身，而官弗與焉，庶乎其猶可支也。

【《明史·諸王世表》】神宗萬曆七年，更定親王承襲之例。親王之子例封郡王，若以支屬嗣者，自後長子襲封親王外，餘子仍照原封世次授以本等爵級，不得冒濫郡爵。郡王無子，兄弟及兄弟之子不得請襲，違者爲冒封。

【王圻《續通考》】萬曆十年，定各王府玉牒，每年八月投禮部宗人府收貯。或有嫡庶混淆、名位舛錯、那移封期、增減歲月者，駁回重繕。

宗室之子，年十歲以上，俱入宗學。於宗室

---

❶「五百萬」，原作「萬五百」，據王世貞《弇州四部稿》卷一一四《處宗室策》改。

❷「受仕」，原作「授任」，據《弇州四部稿》卷一一四《處宗室策》改。

中，推舉一人爲宗正，領其事。年十五，乃請封。給禄米三分之一，仍留學五年，驗有進益，方出學，始給全禄。

天順八年，定各王府所生子女，年至十五方許請封。嘉靖四十年，定各王府所生子，五歲即請名。萬曆時，定各府所生子，五歲請名，十歲請封，十五歲選婚；所生女，十五歲請封，即與選婚。若因事耽延，未能如期奏請者，聽。若所生子請名、請封過期者，五年查題，十年行勘，十五年勘明另題，止給名糧五十石，本折分支。十五年以上立案。如係聽繼王爵人數過期年久，另題立案者，臨期請旨御定。男選婚、女請封過期至十五年以上者立案，其庶人請給名糧亦以十歲爲斷，過期如選婚例。

宗人有罪者，錮高墻。高墻在中都。今鳳陽府。凡先後入高墻者，男女且千人。嘉靖四年至十八年，共釋三百八十六人還原邸，給薪米自便，其婚嫁之資，一概免給。萬曆時，令查先年罪案極重者子孫，止從寛釋，不得濫請名糧；稍輕者，許現在子孫請名，歲給米十二石，身終即止；輕者，其日後子孫亦得請給。如止遺母妻而無子孫可倚者，歲給米六石，終其身。妾媵不給。凡庶人，皆不得更乞冠帶。

【《明史·神宗本紀》】十八年，更定《宗藩事例》，始聽無爵者得自便。

三十三年，開宗室科舉入仕例。

【《續文獻通考》】鄭世子載堉於二十二年正月上疏：「請宗室皆得儒服就試，毋論中外職。中式者，視才品器使。」詔允行。奉國中尉以下入試，輔國中尉以上爵尊，不得與。其後，禮臣李廷機言：「封爵、科目，原自兩途，彼既願得科目入仕，應照士子出身資格銓除，何拘原爵？」亦從之，惟不得除京朝官。

【《明史·熹宗本紀》】天啟五年十一月，行《宗室限禄法》。

【《熹宗實録》】時禮部尚書薛三省奏定宗藩限禄之法：「以天啟四年以前之禄數，爲天啟五年以後之禄額，就各府見禄多寡，自爲通融。令各省撫按酌爲歲額。」又奏言：「祖制，宗室郡王止四妾，將軍以下遞減一人。蓋亦限子之微意。今請郡王以五子爲率，一子襲封，餘四子各得應得封禄。此外多一子，則合四子之禄爲五分以均給之。子遞增，則諸子之禄遞減。俟諸子之禄僅與名禄庶人等，然後官爲增禄一人。將軍、中尉之子亦然。乞以此著爲令。」報可。

右漢至明惇敘宗室。

五禮通考卷第一百四十四

淮陰吴玉搢校字

五禮通考卷第一百四十五

内廷供奉禮部右侍郎金匱秦蕙田編輯
太子太保總督直隸右都御史桐城方觀承同訂
兩淮都轉鹽運使德水盧見曾 參校
按察司副使元和宋宗元

嘉禮十八

飲食禮

【《周禮·天官·大宰之職》】以九兩繫邦國之民。五曰宗，以族得民。【注】繼别爲大宗，收族者。【疏】大宗子與族食、族燕，序以昭穆，所以收族民，即族人也。

張子曰：「管攝天下人心，收宗族，厚風俗，使人不忘本，須是明譜繫世族與立宗子法。古人鮮有不知來處者，宗子法廢，後世尚譜牒。譜牒又廢，人家不知來處，無百年之家。骨肉無統，雖至親，恩亦薄。宗子之法不立，則朝廷無世臣。且如公卿，一日崛起於貧賤之中，以至公相。宗法不立，既死遂族散，其家不傳。宗法若立，則人人各知來處，朝廷大有所益。或問：『朝廷何所益？』曰：『公卿各保其家，忠義豈有不立？忠義既立，朝廷之本豈有不固？今驟得富貴者，止能爲三四十年之計。造宅一區，乃其所有，既死則衆人分裂，未幾蕩盡，則家遂不存。如此，則家且不能保，又安能保國家？』」

李氏覯曰：「大宗者，其先祖之負荷，族

人之綱紀乎！夫五服者，人道之大治也。然而上盡於高祖，則遠者忘之矣；旁盡於三從，則疏者忘之矣。故立大宗以承其祖，族人五世外，皆合之宗子之家，序以昭穆，則是世祖常祀而同姓常親也。」

薛氏季宣曰：「百夫無長，不散則亂。一族無宗，不離則疎。先王因族以立宗，敬宗以尊祖，故吉凶有以相及，有無有以相通，尊卑有分而不亂，親疎有別而不二，貴賤有繁而不間。然後一宗如出一族，一族如出一家，一家如出一人，此所以得民也。」

鄭氏鍔曰：「大宗則收族，雖無服之親，亦係屬而不散，故族可以得民。」

吕氏大臨曰：「古之典禮者，皆以『宗』名之。故『伯夷作秩宗』，《周官》有宗伯，下及乎都家，皆有宗人。宗者，廟也。禮始於親親，親親之法，非廟不統，所以別姓收族，無一不出於祖廟，不主乎祖宗。故天子之元子爲天子之大宗，以繼其太祖，而別子爲諸侯。諸侯不敢祖天子，而自爲一國之太祖，故諸侯之元子亦爲諸侯之大宗，以繼其太祖。而別子爲大夫，大夫亦不敢祖諸侯，而自立家爲別子之祖。繼別者爲宗，亦謂之大宗，所以別小宗，而百世不遷者也。小宗有四五世則遷者也，故繼高祖之宗，得祀高祖，凡族兄弟皆宗之。族兄弟同出於高祖，故高祖與族兄弟之服皆三月。至於繼祖、繼曾祖、繼禰，所祀所宗，莫不倣此。故其所祀者，皆謂之宗子，以主家政，而宗之者皆聽命焉。」

蕙田案：或謂惟大夫士有宗法，天

子、諸侯不爲宗，非也。《書》稱「高宗」、「中宗」，《詩》曰「宗子維城」，又曰「大宗惟翰」，❶《滕文公》曰「吾宗國魯先君」，則天子、諸侯亦稱宗明矣。蓋自爲天地、宗廟、社稷之宗，而非五宗之所得擬也。

【《詩·大雅·篤公劉》】君之宗之。

【朱子《集傳》】宗，尊也，主也。嫡子孫主祭祀，而族人尊之以爲主也。

李氏樗曰：「周禮，宗子有五：大宗子一，小宗子四。別子爲祖，繼別爲宗，百世不遷者，大宗也。繼禰之宗，繼祖之宗，繼曾祖之宗，繼高祖之宗，五世則遷者，小宗也。皆所以主祭祀而統族人，如有國有家之重者也。」

呂氏祖謙曰：「古者建國立宗，其事相須。《詩》『君之宗之』，言公劉整率其民，上則皆屬於君，下則各統於宗，其相維如此。」

【《欽定義疏》】繼別之宗謂公子及異姓起家爲大夫者。《周禮》曰「以族得民」，《詩》曰「君之宗之」，則庶民之家，亦有宗矣。意一姓聚居者，雖無仕宦朝廷，皆爲立宗以統攝之。

【《禮記·大傳》】別子爲祖，繼別爲宗，繼禰者爲小宗。【注】別子，謂公子若始來在此國者，後世以爲祖也。繼別，謂別子之世適也，族人尊之，謂之大宗，是宗子也。繼禰者，父之適也，兄弟尊之，謂之小宗。

【疏】此下廣陳五宗義也。別子，謂諸侯之庶子也。諸侯之適子、適孫，繼世爲君。而第二子以下，悉不得禰先君，故云「別子」；並爲其後世之始祖，故云「爲祖」也。鄭註「若始來在此國」，謂非君之親，或是異姓始來，亦謂之別子，以其別於在本國不來者。繼別，謂別子之適子也，繼別子爲大宗也。族人與之爲絶族者，五世外皆爲之齊衰三月，母妻亦然。繼禰，謂父之適子，上繼於禰，諸兄弟宗之，謂之小宗，以本親之服服之。

陳氏祥道曰：「人生而莫不有孝弟之心、親睦之道。先王因其有是道而爲之節文，故立爲五宗，以糾序族人，

❶「翰」，原作「藩」，據庫本改。

而使之親疏有以相附，赴告有以相通，然後恩義不失，而人倫歸厚。此《周官》所謂『宗以族得民』也。蓋諸侯之適子孫則繼世爲君，而支子之爲卿大夫者謂之別子，有自他國而來於此者亦謂之別子，有起自民庶而致位卿大夫者亦從別子之義，此三者各立宗而爲大宗，所謂繼別者也。若魯之仲孫、叔孫、季孫之類是也。其適子弟之長子，則謂小宗，所謂繼禰者也。」

陳氏澔曰：「別子有三：一是諸侯適子之弟，別於正室；二是異姓公子，來自他國，別於本國不來者；三是庶姓之起於是邦爲卿大夫，而別於不仕者：皆稱別子也。爲祖者，別與後世爲始祖也。繼別爲宗者，別子之後，世世以適長子繼別子，與族人爲百世不遷之大宗也。」

蕙田案：別子有三，公子之外，其自他國而來及崛起爲卿大夫者，皆指命氏賜族者言之。

【《通典》薛綜《述鄭氏禮五宗圖》】天子之子稱王子，王子封諸侯，若魯、衛是也。諸侯之子稱公子，公子還自仕，食采於其國爲卿大夫，若魯公子季友者是也。則子孫自立此公子之廟，謂之「別子爲祖」，則嫡嫡相承作大宗，百代不絕。

吕氏祖謙曰：「『別子爲祖』，如魯桓公生四子，莊公既立爲君，則慶父、叔牙、季友爲別子。『繼別爲宗』，如公孫敖繼慶父，是爲大宗。『繼禰者爲小宗』，如季武子立悼子，悼子之兄曰公彌，悼子既爲大宗，則繼公彌者爲小宗。所以謂之繼禰者，蓋自繼其父爲小宗，不繼祖故也。」

【晉杜預《宗譜》】別子者，君之嫡妻之子，長子之母弟也。君命爲祖，其子則爲大宗，常有一主，審昭穆之序，辨親疏之別，是故百代不遷。若無子，則支子爲後，雖七十，無無主婦；若殤，則緦絰加一等，以兄弟之列代之。殤無爲父道，兄弟昭穆同故也。死皆爲之齊縗，其月數各隨親疎爲限。雖尊，雖出嫁，猶不敢降也。屬絶，則爲之齊縗三月。若始封君相傳，則自祖始封君，其支子孫皆宗大宗。然則繼體君爲宗中之尊，支庶莫敢宗之，是以命別子爲宗主，一宗奉之。故曰祖者，高祖也，言屬逮於君則就君，屬絶於君則適宗子家也。而説者或云「君代代得立大宗」，或云「別子之母弟亦得爲祖」，或云「命妾子爲別子，其嫡妻子則還宗於君」，皆非也。別子之弟，子孫無貴賤，皆宜宗別子之子孫。小宗，一家之長也，同族則宗之，其服隨親疎爲比，姊妹出嫁，不敢降之。五屬斷服，則不宗之矣。

朱子曰：「君嫡長爲世子，繼先君爲正統，自母弟以下，皆不得爲宗。其次適爲別子，不得禰其父，又不可宗嗣君，又不可無統屬，故死後立爲大宗之祖，所謂『別子爲祖』也。其適子繼之則爲大宗，直下相傳，百世不遷。

別子者，爲諸侯之弟，別於正適，故稱別子也。爲祖者，自與後世爲世祖，謂此別子子孫爲卿大夫，立此別子爲始祖也。

繼別爲宗，謂別子之世世長子，當繼別子，與族人爲不遷之宗也。」

方氏慤曰：「諸侯之適子，繼世而爲君，非別弟之所敢宗，諸侯之於庶子，不爲之服，而子亦不敢私相服，故君命長弟以統之，使夫不敢宗君者有所宗，不敢相服者有以相服，此宗道所以立也。別子爲祖者，適子既爲諸侯，則別子乃大夫耳。大夫不敢祖諸侯，故自別爲祖焉。別子，即庶子也。然庶子有二例，別而言之，妻之子無長幼皆爲適子，妾之子無長幼皆爲庶子；合而言之，自繼世之子爲適子，其餘雖妻之子亦庶子而已。」

蕙田案：疏云：「諸侯第二子以下，悉不得禰先君，故云別子，並爲其後世之世祖。」杜氏《宗譜》：「別子，君之嫡妻之子，長子之母弟，君命爲祖，其子爲大宗，別子之弟子孫皆宜宗別子之子孫。」二説不同，據經文下云：「有大宗而無小宗，有小宗而無大宗。」又云：「公子之公，爲其士大夫之庶者，宗其士大夫之嫡者。」則杜氏之説較爲明確。蓋別子乃由君命爲之置後，故爲先君大宗之祖，群公子皆宗之，世世爲大宗，與凡公子之爲祖者有間也。詳見「公子有宗道」條下。

有百世不遷之宗，有五世則遷之宗。百世不遷者，別子之後也。宗其繼別子之所自出者，百世不遷者也。宗其繼高祖者，五世則遷者也。尊祖故敬宗，敬宗，尊祖之義也。【注】遷，猶變易也。小宗四，與大宗凡五。【疏】此覆説大宗、小宗之義。百世不遷，謂大宗也。五世則遷，謂小宗也。「宗其繼別子之所自出者」，自，由也，別子或由此君而出，或由他國而來，適子適孫世世繼別子，故鄭註云世適也。五宗者：一是繼禰，與親兄弟爲宗；二是繼祖，與同堂兄弟爲宗；三是繼曾祖，與再從兄弟爲宗；四是繼高祖，與三從兄弟爲宗。是小宗四，并繼別子之大宗凡五宗也。

【陳氏《禮書》】公子不禰先君，故爲別子。而繼別者，族人宗之爲大宗。庶子不得祭祖，故諸兄弟宗之爲小宗，以其服服之。大宗，遠祖之正體，則一而已。小宗，高祖之正體，其別有四，四世則親盡族絶，而不爲宗矣。然言「繼別爲宗」，又言「繼別子之所自出者」，言「繼禰爲小宗」，又言「宗其繼高祖者」，則繼別者，別子之子也。繼別子之所自出者，即別子也。繼禰者，庶子之子也。繼高祖者，五世之孫也。繼禰言其始，繼高祖言其終，繼別言其宗，繼別子之所自出，言其祖。

經言「繼別子之所自出」，而孔穎達言「別子之所由出」，然則別子所由出，即國君也，其可宗乎？《穀梁》曰：「燕，周之分子也。」分子，即別子也。

陳氏埴曰：「宗法，源頭有大宗以統之，則人同知尊祖；分派處有小宗以統之，則人各知敬禰。且始封之君，其適子襲封，則庶子爲大夫。大夫不得以禰諸侯，故自別爲大夫之祖，是謂『別子爲祖』也。別子之適子則爲大宗，使繼其祖之所自出，從此直下，適子世爲大宗，合族同宗之，是謂『繼別爲宗』也。別子之庶子又不得以禰別子，却待其子繼之而自別爲禰，繼禰遂爲小宗。凡小宗之適子，服屬未盡，常爲小宗。凡小宗之庶子，又別爲禰，而其適子又各爲小宗，兄弟同宗之，謂繼禰爲小宗是也。大宗是世祖正派下，雖其後支分派別，皆同宗此祖，則合族皆服齊衰三月，初不以親屬近遠論，是爲『百世不遷之宗』。小宗是禰正派下，親盡則絶。如繼禰者，親兄弟宗之，爲之服期；繼祖者則從兄弟宗之，爲之服大功；繼曾祖者，再從兄弟宗之，爲之服小功；繼高祖者，三從兄弟宗之，爲之服緦。自此以後，代常遷一代，是爲『五世則遷之宗』。宗法之立，嫡長之尊，有君道焉。大宗所以統其宗族，小宗所以統其兄弟；大宗止是一人，小宗儘多。故一人之身，從下數至始祖，大宗惟一，數至高祖，小宗則四。」

【朱子《文集》】百世不遷者，以其統先君之子孫而非統別之子孫也。別子之庶長，義不禰別子，而自爲五世小宗之祖，其適子繼之，則爲小宗。小宗者，繼別子庶子之所自出也，故惟及五世，五世之外，則無服。蓋以其統別之子孫而非統先君之子孫也。不知是否，伏乞垂誨。曰宗子有公子之宗，有大宗，有小宗。國家之衆子，不繼世者，若其間有適子，則衆兄弟宗之爲大宗；若皆庶子，則兄弟宗其長者爲小宗。此所謂「公子之宗」者也。別子即是此宗子既没之後，其適長者各自繼此別子，即是大宗，直下相傳，百世不遷。別子之衆子，既没之後，其適長子又宗之，即爲繼禰之小宗。每一易世，高祖廟毁，則同此廟者，是爲袒免之親，不復相宗矣，所謂「五世而遷」也。《答董叔重》。

有小宗而無大宗者，有大宗而無小宗者，有無宗亦莫之宗者，公子是也。【注】公子有此三事也。公子，謂先君之子，今君昆弟。【疏】此明諸侯之子，身自公子，上不得宗君，下未爲後世之宗，不可無人主領之義。君無適昆弟，遣庶兄弟一人爲宗，領公子，禮如小宗，是「有小宗而無大宗」也。君有適昆弟，使之爲宗以領公子，更不得立庶昆弟爲宗，是「有大宗而無小宗」也。公子唯一，無他子可爲宗，是「無宗」；亦無他公子來宗己，是「亦莫之宗」也。「公子是也」，言此三事，他人無，唯公子有也。

朱子曰：「有『有大宗而無小宗』者，有適則不立小宗也。有『有小宗而無大宗』者，無適則不立大宗也。謂如人君有三子：一嫡而二庶，則庶宗其嫡，是謂『有大宗而無小宗』；皆庶，則宗其庶長，是謂『有小宗而無大宗』；止有一人，則無人宗之，己亦無人宗焉，是謂『無宗亦莫之宗』也。下云：『公子之公，爲其士大夫之庶者，宗其士大夫之嫡者。』此正解『有大宗而無小宗』一句。『之公』之公，猶君也。」

公子有宗道：公子之公，爲其士大夫之庶者，宗其士大夫之適者，公子之宗道也。

【注】公子不得宗君，君命適昆弟爲之宗，使之宗之，是公子之宗道也。所宗者適，則如大宗，死爲之齊衰九月；其母則小君也，爲其妻齊衰三月。無適而宗庶，則如小宗，死爲之大功九月；其母妻無服。公子惟己而已，則無所宗，亦莫之宗。

陳氏澔曰：「此又申言公子之宗道：公子之公，謂公子之適兄弟爲君者，爲其庶兄弟之爲士大夫者，立適公子之爲士大夫者爲宗，使此庶者宗之，故云『宗其士大夫之適者』。此適是君之同母弟，適夫人所生之子也。」

晉曹述初曰：「禮，諸侯不服庶子，先君之所不服，子亦不敢私相服也。夫兄弟之恩既不可以無報，親戚群居又不可以無主，故君必命長弟以爲之宗。宗立而相服，相服之義，由於其宗，故曰『公子有宗道』也。『公子之公，爲其士大夫之庶宗』者，公子之公，謂君之庶弟受命爲宗者也。其有功德，王復命爲諸侯，尊，群庶所不敢宗，故此君復命其次庶弟代己爲宗主。士大夫，群庶之在位者也。」

蕙田案：「公子有宗道，公子之公」，當以曹氏解爲的。

吕氏祖謙曰：「假如國君有兄弟四人，庶而一嫡，❶嫡者，君之同母弟，公子既不敢宗君，君則命同母弟爲之宗，使庶兄弟宗焉。若皆庶而無適，則須令庶長權攝祭事，傳至子則自宗矣。」

蕙田案：東萊之説是也。亦可見國君之子不得皆爲别子矣。華霞峯云：「士大夫之庶者宗其士大夫之嫡者，如滕謂魯爲宗國也。」

【吕氏大臨《宗子議》】國君之嫡長爲世

❶「庶」上，《東萊别集》卷一有「三」字。

子，繼先君之正統，自母弟而下，皆不得宗。次嫡爲别子，别子既不得禰先君，則不可宗嗣君，又不可無所統屬，故爲先君一族，大宗之祖。其生也適，庶兄弟皆宗之。别子之母弟，雖適子，與群公子同，不得謂之别子。其死也，子孫世世繼之，爲先君一族之大宗。凡先君所出之子孫皆宗之，雖百世不遷。無後，則族人以支子繼之，此謂「别子爲祖，繼别爲宗」。群公子雖宗别子，而自爲五世小宗之祖，死則其子、其孫爲繼禰、繼祖之小宗，至五世以上，則上遷其祖，下易其宗，無子孫則絶，此謂「繼禰者爲小宗」。每一君有一大宗，世世統其君之子孫，故曰「宗其繼别子之所自出者，百世不遷者」也。别子所自出，謂别子所出之先君，如魯季友乃桓公之别子所自出，即桓公大宗者，乃桓公一族之大宗。「公子之公，爲其士大夫之庶者，宗其士大夫之適者」，則别子爲先君大宗之祖，群公子皆宗之，是謂「有大宗而無小宗」。若君無次適可立爲别子，止有庶公子數人，則不可無宗以統，當立庶長一人爲小宗，使諸弟皆宗之，是謂「有小宗而無大宗」。若庶長死，國君復追立庶長爲别子，以爲先君一族大宗之祖，而以其子繼之，此雖不經見，然以義求之，則一君之大宗，不可以絶後也。若君之正嫡外止有一公子，既不可宗君，又無昆弟宗己，是謂「無宗亦莫之宗」。然此公子亦爲其先君一族大宗之祖，没則百世相繼，先君之子孫皆宗之，如大宗法。國君主先君之祀，上可及先君之太祖，而下爲先君子孫之宗，故曰尊者尊統上。别子爲先君百世大宗之祖，而不敢禰先君，故曰卑者尊統下。大宗者，所以統先君之子孫，非統別子之子孫，故曰大宗，尊之統也，又曰繼別子之所自出。

蕙田案：鄭註：「別子有三：曰公子，曰始來此國者，曰庶人崛起爲卿大夫者。」此二節則專申公子之宗道，以公子有適庶之分，有大宗、小宗、無宗之異，所以著別子之義也。注疏及吕氏之説得之。

《喪服小記》別子爲祖，繼別爲宗，繼禰者爲小宗。有五世而遷之宗，其繼高祖者也。

【注】別子者，諸侯之庶子，別爲後世爲始祖也。謂之別子者，公子不得禰先君。繼別者，別子之世長子，爲其族人爲宗，所謂百世不遷之宗也。繼禰者，別子庶子之長子爲其昆弟爲宗也。謂之小宗者，以其將遷也。五世而遷，即小宗也。小宗有四：或繼高祖，或繼曾祖，或繼祖，❶或繼禰，皆至五世則遷。【疏】諸侯適子之弟，別於正適，不得禰先君，故稱別子。其子孫爲卿大夫，立此別子爲始祖，故云「別子爲祖」。別子之世世長子恒繼別子，與族人爲百世不遷之大宗，故云「繼別爲宗」也。禰，謂別子之庶子所生長子，繼此庶子，與兄弟爲小宗，比大宗爲小，故云「小宗」也。五世者，爲上從高祖，下至玄孫之子，此玄孫之子則合遷徙，❷不得與族人爲宗，故云「有五世則遷之宗」。此五世則遷，實是繼高祖者之子，記文略爾。若繼高祖之身未滿五世，猶爲服也。鄭註小宗有四：以別子之後，族人衆多，或繼高祖，與三從兄弟爲宗；或繼曾祖，與再從兄弟爲宗；或繼祖，與同堂兄弟爲宗；或繼禰，與親兄弟爲宗。一身凡事四宗。事親兄弟之適，是繼禰小宗也；事同堂兄弟之適，是繼祖小宗也；事再從兄弟之適，是繼曾祖小宗也；事三從兄弟之適，是繼高祖小宗也。兼大宗爲五。繼高祖者，至子五世，不復與四從兄弟爲宗，故云皆至五世則遷，各隨近相宗。然則小宗所繼非一，獨云「繼禰爲小宗」者，雖四，初皆繼禰爲始，據初爲元，故特

❶「或繼祖」三字，原脱，據《禮記・喪服小記》鄭注補。
❷「此」，原作「比」，據同上書孔疏改。

云「繼禰」也。❶是故祖遷於上，宗易於下，尊祖故敬宗，敬宗所以尊祖禰也。【注】宗者，祖禰之正體。【疏】四世之時，尚事高祖，至五世之時，謂高祖之父，不爲加服，是「祖遷於上」。四世之時，仍宗三從族人，至五世，不復宗四從族人，各自隨近爲宗，是易於下。宗是先祖正體，所以「尊祖故敬宗，敬宗所以尊祖禰也」。

吴氏鼎曰：「祖遷於上，謂廟祭之祧遷。宗易於下，謂服屬所不及。二者相因也。」

蕙田案：宗有五：大宗一，小宗四。大宗一者，《大傳》曰：「別子爲祖，繼別爲宗。」諸侯之嫡長，繼統正位，母弟而下，不得宗之。然不可無所統屬，故以次適爲別子，爲群公子之宗，上以別於君，下以別於諸公子，故曰別子。上不敢祖先君，下自爲後世之祖，故曰「別子爲祖」。其別子之世適，族人宗之，繼繼繩繩，百世不改，故曰「繼別爲宗」、又曰「百世不遷之宗」是也。小宗四者：一繼禰之宗，親兄弟宗之；二繼祖之宗，同堂兄弟宗之；三繼曾祖之宗，再從兄弟宗之；四繼高祖之宗，三從兄弟宗之。《大傳》曰「繼禰者爲小宗」、又曰「宗其繼高祖者，五世則遷」者也。繼禰言其初，繼高祖言其終，舉初終而四宗備，自此而上，則親盡服絶而宗遷矣。別子亦有三：一謂本國公子爲士大夫而別於君，二謂他國公子來仕而別於不來者，三謂庶姓初起爲士大夫而別於不仕者。鄭氏《大傳》注云「別子，謂公子若始來在此國者」，《王制》注云「雖

❶「特」，原作「持」，據《禮記·喪服小記》孔疏改。

非別子，始爵者亦然」，是也。其公子宗道亦有三：有小宗而無大宗者，如君無嫡兄弟，遣庶兄弟一人爲宗，領公子禮如小宗也；有大宗而無小宗者，如君有嫡兄弟，使之爲宗，以領公子，禮如大宗，更不立庶兄弟爲宗也；有無宗亦莫之宗者，公子惟一，無他公子可爲宗，亦無他公子來宗己也。《大傳》所稱「公子有此三事」是也。凡言宗，皆以繼子言，不以公子言。然而公子亦有宗道，如所稱「有小宗而無大宗，有大宗而無小宗」，一則君命同母弟爲庶兄弟之宗，一則君命庶長權攝宗事，《大傳》曰「公子有宗道：公子之公，爲其士大夫之庶者，宗其士大夫之適者，公子之宗道也」是也。公子之「公」，晉曹氏謂「君之庶弟，受命爲宗」，其解爲是。注疏並指君言，恐非。孔疏別子，以爲第二子以下，並爲没世之始祖。張子云：「如別子五人，五人各爲大宗。」按以魯三桓例之，此説亦是。然與《大傳》公子宗道之義不合。又滕推魯爲宗國，則兄弟相宗，古禮應然。魯三桓實始壞禮之家，恐不當援以爲例也。五宗服制、宗子祭禮，詳見《讀禮通考》及《大夫士廟祭門》。

又案：以上五宗正義。

【《儀禮·喪服傳》】諸侯之子稱公子，公子不得禰先君。公子之子稱公孫，公孫不得祖諸侯。此自卑別於尊者也。若公子之子孫有封爲國君者，則世世祖是人也，不祖公子。此自尊別於卑者也。【注】不得禰、不得祖者，不得立其廟而祭之也。卿大夫以下，祭其祖禰，則世世祖是人，不得祖公子者，後世爲君者，祖此受封之君，不得祀別子也。公子若在高祖以下，則如其親服，後世遷之，乃毀其廟耳。因國君以尊降其親，故終説此義云。

楊氏復曰：「子夏傳云『自卑別於尊，是以子孫之卑自別於祖之尊』，此義爲是。『自尊別於卑，乃以子孫之尊自別於祖之卑』，此説於理有害，而鄭註遂以爲『因國君以尊降其親』而説此義，則又愈非禮意。蓋國君以尊降其親，謂降其旁親，其正統之服不降。祖服期，曾祖、高祖齊衰三月，是未嘗降其祖也。鄭註蓋惑於「自尊別卑」之説，乃以封君之不祖公子爲以尊降其親，而不知公子爲別子，繼別爲宗，謂之大宗，百世不遷，大宗或無後，則爲之立後，世世不絶，而常以公子爲祖矣。若公子之子孫有封爲國君，則後世子孫只得祖封君，而不得祖公子，以紊其別子之宗，非是以封君之尊，別於公子之卑而不祖之也。」

蕙田案：傳云：「公子之子孫有封爲國君者，則世世祖是人，不祖公子。」此以後世祖此封君者言之，非謂封君之及身降其親而不祀也。鄭云「公子若在高祖以下，則如其親服」，甚得經意。其云「因國君以尊降其親」，正因上文尊同之義，謂降其旁親耳。楊氏悞會鄭意，而以封君自降其祖訾之，未是。此不祖公子之義，可以定唐宋始祖之議矣。

是故始封之君不臣諸父昆弟，封君之子不臣諸父而臣昆弟，封君之孫盡臣諸父昆弟。故君之所爲服，子亦不敢不服也。君之所不服，子亦不敢服也。【疏】「始封之君不臣諸父昆弟」者，以其初升爲君，諸父是祖之一體，又是父之一體，其昆弟既是父之一體，又是己之一體，故不臣此二者，仍爲之著服也。云「封君之子不臣諸父而臣昆弟」者，以其諸父尊，故未得臣，仍爲之服；昆弟卑，故臣之，不爲之服。「封君之孫盡臣諸父昆弟」者，繼世至孫，漸爲貴重，故盡臣之。

朱子曰：「始封之君所以不臣諸父昆弟者，以始封君之父未嘗臣之，故始封之君不敢臣也。封君之子所以不臣諸父而臣昆弟者，以封君之子所謂諸父者，即始封君謂之昆弟而未嘗臣之者也，故封君之子亦不敢臣之。封君之子所謂昆弟者，即始封君之子始封君嘗臣之者也，故今爲封君之子者亦臣之。封君之孫所謂諸父昆弟者，即封君之子所臣之昆弟及其子也，故封君之孫亦臣之。故下文繼之以『君之所不服，子亦不敢服也；君之所爲服，子亦不敢不服也』。」

蕙田案：朱子之説，義最閎遠。疏家以「漸爲貴重」爲言，陋矣。

【《白虎通》】諸侯奪宗，明尊者宜之。大夫不得奪宗何？曰：諸侯世世傳子孫，故奪宗；大夫不傳子，故不宗也。《喪服經》曰「大夫爲宗子」，不言諸侯爲宗子也。

【《通典》】晉元帝建武初，孫文上事：「宣帝，支子，不應祭章郡、京兆二府君。」僕射刁協云：「諸侯奪宗，聖庶奪嫡，豈況天子乎！自皇祚以來，五十餘年，宗廟已序，而又攻乎異端，宜加議罪。」案漢梅福云「諸侯奪宗」，此謂父爲士，庶子封爲諸侯，則庶子奪宗嫡，主祭祀也。在諸侯尚有奪義，豈況天子乎？所言聖庶者，謂如武王庶子，有聖德，奪代伯邑考之宗嫡也。

蕙田案：此章廣别子之義。言公子固爲百世不遷之祖，設後世有爲君者，則又當奪宗，祖封君而不祖公子，蓋所謂化家爲國也。此義明，則後世有天下者，始建國則立親廟，親盡廟遷，則以開國之君爲太祖，如漢、唐、明之太祖，自屬不易。乃列代有紛紛之議，無有以此經爲質者，甚矣，經學之疎也！《白虎通》、《通典》二條，足以相証，而士大夫小宗有起而爲卿大夫者，奪宗之義，可以類推矣。

【《春秋》桓公二年《左氏傳》】大夫有貳宗。

【注】適子爲小宗，次子爲貳宗，以相輔貳。【《音義》】爲小宗，本或作「爲大宗」，誤。【疏】禮有大宗、小宗。天子、諸侯之庶子，謂之別子，及異姓受族爲後世之始祖者，世適承嗣，百世不遷，謂之大宗。爲父後者，諸弟宗之，五世則遷，謂之小宗。五世遷者，謂高祖以下，喪服未絕。其繼高祖之適，則緦服之內共宗之；❶其繼曾祖之適，則小功之內共宗之；繼祖、繼禰所宗及，亦然。大夫身是適子，爲小宗，故其次者爲貳宗，以相輔助爲副貳，亦立之爲此官也。杜知非大宗而云小宗者，以其大夫，不必皆是大宗，據爲小宗者多，故杜言之也。若大夫身爲大宗，亦止得立貳宗官耳。《禮記》據公族爲説，故言「別子爲祖」，主説諸侯庶子耳，其實異姓受族亦爲始祖，其繼者亦是大宗，但《記》文不及之耳。沈云：「適子爲小宗，謂是大夫之身爲小宗；次者爲貳宗，謂大夫庶弟。貳宗與側室爲例，皆是官名，與五宗別。」

蕙田案：大夫，或是大宗，或是小宗，原不必限定。貳宗爲副貳，以治宗事。疏以爲官名，亦無據。《記》云：「公子之公，爲其士大夫之庶者，宗其士大夫之適者。」亦貳宗之意。

【陳氏《禮書》】《儀禮》曰：「都邑之士，則知尊禰。學士大夫，則知尊祖。」荀卿曰：「大夫士有常宗。」《左傳》曰：「大夫有貳宗。」蓋由士以上，莫不知尊祖禰。知尊祖禰，則尊者常宗。當其爲宗，則宗子統族人於外，主婦統族婦於內。死，雖殤也，必喪以成人；齒，雖七十也，主婦不可闕；居，雖異邦也，正祭不可舉；妻

❶「服」，原作「麻」，據庫本改。

死，雖母在也，禫不可屈。尊與出嫁者不敢降其服，賢者不敢干其任，貴者不敢擅其祭，衆車徒不敢以入其門。凡以尊正統而一人之情也。惟其疾與不肖，然後易之。故史朝言「孟縶非人，將不列於宗」；賀循言「奸回淫亂，則告廟而立其次」。凡此，特義之權耳，非其所得已者也。方周之盛時，宗族之法行，故《常棣》、《行葦》之美作於上，《角弓》、《頍弁》之刺不聞於下。以此治國而國有倫，以此繫民而民不散。則宗子之於天下，豈小補哉！

右宗法。

【《儀禮·喪服傳》】大宗者，收族者也。【注】收族者，謂別親疏，序昭穆。【疏】凡爲大宗，皆以收合族人，使不乖暌者也。

【《士昏禮》】宗子無父，母命之；親皆没，已躬命之；支子，則稱其宗；弟，則稱其兄。【注】支子，庶昆弟也。稱其宗子，命使者。弟，宗子母弟。祖廟未毀，教於公宫三月。若祖廟已毀，則教於宗室。【注】宗室，大宗之家。【疏】若與君絶服者，則於大宗之家教之。大宗，謂別子之世適長子，族人所宗事者也。

【《禮記·昏義》】祖廟既毀，教於宗室，教成祭之。【注】祭之，祭其所出之祖也。

【《大傳》】同姓從宗，合族屬。【注】合，合之宗子之家，序昭穆也。

【《儀禮·喪服傳》】父子一體也，夫妻一體也，昆弟一體也。故昆弟之義無分，然而有分者，則辟子之私也。子不私其父，則不成爲子，故有東宫，有西宫，有南宫，有北宫。異居而同財，有餘則歸之宗，不足則資之宗。【注】宗者，世父爲小宗，主宗事者也。【疏】有餘、不足，皆統於宗，仍以明一體之義。

蕙田案：此雖以親世父言，然以姪視

世父，即繼祖小宗也。由此遞續之，則世父之適子、適孫世主宗事，有餘、不足，皆統於宗可也。是即收族之義也。

【《禮記・內則》】適子、庶子祇事宗子、宗婦，雖貴富，不敢以貴富入宗子之家；雖衆車徒，舍於外，以寡約入。子弟猶歸器、衣服、裘衾、車馬，則必獻其上，而后敢服用其次也。若非所獻，則不敢以入於宗子之門，不敢以貴富加於父兄宗族。❶【注】祇，敬也。宗，大宗。以寡約入，謂入宗子之家。猶，若也。非所獻，謂非宗子之爵所當服也。加，猶高也。獻其賢者，賢猶善也。【疏】此論族人敬事宗子之禮。適子，謂父及祖之嫡子，是小宗也。庶子，謂嫡子之弟。宗子，謂大宗子。宗婦，謂大宗子之婦也。言小宗子及庶子等敬事大宗子及宗婦也。歸，謂歸遺也。子弟若有功德，被尊上歸遺衣服、裘衾、車馬，則必獻其善者於宗子。此文雖主事大宗子，其大宗之外，事小宗子者亦然。

【《通典》】奉宗禮，賀循曰：「奉宗加於常禮，平居即每事諮告。凡告宗之例，宗內祭祀、嫁女、娶妻、死亡、子生、行求、改易名字，皆告。若宗子時祭，則宗內男女畢會，喪故亦如之。若宗內吉凶之事，宗子亦普率宗黨以赴役之。若宗子時祭，則告於同宗，祭畢，合族於宗子之家，男子、女子以班。宗子爲男主，宗婦爲女主，故云『宗子雖七十，❷無無主婦』，以當合族糾宗故也。凡所告子生，宗子皆書於宗籍。大宗無後，則支子以昭穆後之。後宗立則宗道存，而諸義有主也。立主義存，而有一人不惇者，則會宗而議其罰。族不可以無統，故立宗。宗既定，則常尊歸之，理其親親者也。是故義定於本，自

❶「貴富」，原作「富貴」，據《禮記・內則》改。
❷「雖」，原作「非」，據《通典》卷七三改。

然不移；名存於政，而不繼其人：宗子之道也。故爲宗子者，雖在凡才，猶當佐之佑之，奉以爲主。雖有高明之屬、盛德之親、父兄之尊，而不得干其任者，所以全正統而奉一人之情也。若姦回淫亂、行出軌道，有殄宗廢祀之罪者，然後告諸宗廟而改立其次，亦義之權也。」

【吕氏大臨《宗法雜議》】宗子法久不行，今雖士大夫，亦無收族之法。欲約小宗之法，且許士大夫家行之。其異宫同財、有餘則歸，不足則取，及昏冠喪祭必告，皆今可行。仍似古法，詳立條制，使之遵行，以爲睦宗之道，亦無害於今法。

【蘇氏軾《勸親睦》】今欲教民和親，則其道必始於宗族。古者諸侯之子弟、異姓之卿大夫，始有家者，不敢禰其父，而自使其嫡子後之，則爲大宗，族人宗之，雖百世而宗子死，則爲之服齊衰九月，故曰「宗其繼别子之所自出者，百世不遷者也」。别子之庶子，又不得禰别子，而自使其嫡子爲後，則爲小宗。古者立宗之道，嫡子既爲宗，則其庶子之嫡子又各爲其庶子之宗。其法止於四，而其寔無窮。自秦漢以來，天下無世卿，大宗之法不可以復立，而其可以收合天下之親者，有小宗之法存而莫之行，此甚可惜也。今夫天下所以不重族者，有族而無宗也。有族而無宗，則族不可合。族不可合，則雖欲親之而無由也。族人而不相親，則忘其祖矣。今世之公卿大臣、賢人君子之後，所以不能世其家如古之久遠者，其族散而忘其祖也。故莫若復小宗，使族人相率而尊其宗子。宗子死則爲之加服，犯之則以其服坐，貧賤不敢輕，而富貴不敢以加之，冠婚必告，喪必赴，此非有所難行也。

【羅虞臣《小宗辨》】夫重本始，聯族屬，敘親疎，別嫡庶，莫大乎宗法。宗之爲言尊也。尊無二，明無二嫡也。宗以五世爲限，服盡也。服者，先王所用爲宗子聯屬族人之具也。服盡則親盡，親盡則廟毁，故曰「祖遷於上，宗易於下」，此之謂也。然自漢儒，論釋紛如，卒不可解。孔穎達曰：「族人一身事四宗，并大宗爲五。」考諸禮經，原無四宗之説。假令四宗，爲之宗法，視子孫互有異同，族人以一身事之，將誰適從？此決知其不能也。四宗之説，起於班固。固之言曰：「宗其高祖後者爲高祖宗，宗其爲曾祖後者爲曾祖宗，宗爲祖後者爲祖宗，宗其爲父後者爲父宗。」此固臆説也。夫大宗以世祖爲宗，小宗以高祖爲宗，宗至四世，族人雖各有曾祖及祖禰之親，然視之高祖，彼皆支子，不爲宗，得爲宗者，高祖所傳之嫡而已。是宗安有四乎？或曰禮經所稱曰「繼禰」、曰「繼高祖」，何謂也？曰：據其初言，則爲繼禰；自其終言，則爲繼高祖之傳嫡。❶下及玄孫，推而上及於禰，然後爲小宗者備矣。夫小宗以五世爲率，五世之内，雖父子祖孫相承，然世止一嫡耳，序之以昭穆，別之以禮義，而後族人尊之爲宗，故曰「宗子有君道焉」。曰：《内則》有云：「夫婦皆齊而宗敬，終事而後敢私祭。」若子之説，庶子無私祭乎？曰：此小宗事大宗之禮也。小宗雖有嫡子，然要諸大宗，則庶也。小宗雖奉四代之祭，然要諸大宗，則私也。故祭

❶「祖」，原作「禰」，據庫本改。

先公而後私，先大宗，後小宗，尊卑之義也，非庶子私之謂也。

蕙田案：宗子之義，經傳諸儒之論詳矣。然其法，古今皆可通行，蘇氏謂「大宗不可復立而但立小宗」，亦非篤論。夫大小一也，未有大宗不立而可立小宗者也。今世士大夫，雖譜系不必盡備，然亦必有可知者。就其所知之中，或係始遷，或係始貴，或係有道德而能文章，不論世數遠近，皆當奉以爲不祧之祖而爲大宗。其當立廟者，官爲之主，而俾其子孫趨役。即不應立廟者，亦令各建宗祠，皆置公産，以爲祭祠、喪紀、飲食、課讀之費。大宗掌其事，又擇一族人之輩尊而老成者輔之。以下則五世各爲一小宗，而祠堂公産亦如之。小宗有故，則大宗爲之經紀；大宗有故，則各小宗合爲之襄贊。以尊祖敬宗之大義，動其孝弟惇睦之天良，則争嗣争産之弊，庶幾可以少替，而游手不肖之徒，亦有所統束而不敢肆，於風俗治化不無小補。四海之廣，固有一二家能行者，亦有行之得其意而不盡合於法者，有全未行者。或爲上者率先而倡導之，示之以規條，申之以勸誘，需之以歲月，知必有起而應之者，此寔道德齊禮之一大端也。

右宗子收族。

五禮通考卷第一百四十五

淮陰吴玉搢校字

五禮通考卷第一百四十六

内廷供奉禮部右侍郎金匱秦蕙田編輯
太子太保總督直隸右都御史桐城方觀承同訂
兩淮都轉鹽運使德水盧見曾
按察司副使元和宋宗元　參校

嘉禮十九

飲食禮

【《儀禮·喪服》】爲人後者。傳曰：「何如而可爲之後？同宗則可爲之後。何如而可以爲人後？支子可也。【疏】此問其取後取何人爲之，答以「同宗則可爲之後」。以其大宗子，當收聚族人。非同宗則不可，謂同承別子之後，一宗之内，若別宗同姓，亦不可也。又云「支子可也」，以其他家適子當家，自爲小宗，小宗當收斂五服之内，亦不可闕，則適子不可後他，故取支子。支子則第二已下，庶子也。不言庶子、云支子者，若言庶子，妾子之稱，嫌謂「妾子得後人，適妻第二已下子不得後人」，是以變庶言支，支者，取支條之義，不限妾子而已。若然，適子既不得後人，則無後亦當有立後之義也。

爲人後者孰後？後大宗也。曷爲後大宗？大宗者，尊之統也。禽獸知母而不知父。野人曰：父母何算焉？都邑之士，則知尊禰矣。大夫及學士，則知尊祖矣。諸侯及其大祖，天子及其始祖之所自出。尊者尊統上，卑者尊統下。大宗者，尊之統也。大宗者，收族者也，不可以絶，故族人以支子後大宗也。適子監本正誤：「子」誤作「人」。不得後大宗。」【注】收族者，謂別親疎、序昭穆。【疏】云「爲人後者孰後？後大宗也」，案何休云：

「小宗無後當絶。」與此義同。云「曷爲後大宗」？此問必後大宗之意。云「大宗者，尊之統也」者，明宗尊，統領族人，有族食、族燕、齒序族人之義，是以須後，不可絶也。云「禽獸」以下，因上尊宗子，遂廣申尊祖以及宗子之事也。學士，謂鄉庠序及國之大學、小學之學士，雖未有官爵，以其習之四術，閑之六藝，知祖義父仁之禮，故敬父遂尊祖，得與士大夫之貴同也。諸侯及其大祖，天子及其始祖，皆是爵尊者，其德所及遠也。云「適子不得後大宗」者，以其自當家主事，并承重祭祀之事故也。天子始祖，諸侯及大祖，並於親廟外祭之，是尊統遠。大夫三廟，適士二廟，中下士一廟，是卑者尊統近也。此論大宗子而言天子、諸侯、大夫士之等者，欲見大宗子統領百世而不遷。又上祭大祖而不易，亦以尊統遠；小宗子惟統五服之內，是尊統近。

敖氏繼公曰：「小宗者，族人之所尊，而大宗又統乎小宗，故言『尊之統』，見其至尊也。大宗爲尊者之統而收族人，故族人不得不爲之立後。」

郝氏敬曰：「凡繼，繼宗也。宗爲大，則所親爲小，故舉宗法明之。大宗自始祖以下，適長世世相傳，合族人共宗之。小宗謂始祖適子之第二子，亦以適長世世相承，五服内宗之。大宗百世不遷，小宗歷高、曾、祖、考，每四世親盡則遞遷。大宗繼祖，小宗繼禰，各同父以上，各以其四親爲小宗。同父之適，謂繼禰小宗。同祖之適，謂繼祖小宗。此外則五服窮而不相統矣。以彼各有五服内繼高祖下者自爲統也。族人各有四宗，又共事其始祖之大宗，故大宗尤重。大宗絶，必擇族人支子繼之。適子不得後大宗，各有所後也。此見宗嗣至重，爲人子者，不可輕爲人後。既爲人後，則不得復遂其私也。」

盛氏世佐曰：「自『曷爲後大宗』以下，皆論『大宗不可絶，族人當以支子後之』之義。蓋爲小宗之支子者，一旦棄其本宗而爲大宗後，人子之心，或有所不安於此，故以大義斷之，而曰：後大宗者，即所以尊祖也。則族人皆知義之無所逃，而不得以親疎易位爲嫌矣。尊，謂別子之爲祖者也。大宗者，尊之統，謂祖之正統在大宗也。以母比父，則父尊，父在爲母期是也。以禰比祖，則祖又尊，不以父命辭王父是也。推而上之，至別子之爲祖者，而尊止矣。重言『大宗者，尊之統也』者，見士大夫之家，以別子爲祖，尊統雖近，而以繼別者爲正統所在，則無異於國耳。統在足以收族，統絶則族遂散而不可紀，勢必有一本之親視爲行路者，其去禽獸不遠矣。此族人必以支子後大宗之故也。適子不得後大宗者，重絶人之祀也。族人多矣，寧必以其適爲後哉？言此者，亦所以杜争繼之釁也。古之人，惡背其親，迫於大義，不得已而爲之。而後世乃貪財争後者有之，或無所利焉，則聽大宗之絶而莫之顧。噫，時代之升降遠矣！」

【陳氏《禮書·辨嫡》】子服父三年，父以尊，降服子期，而長子三年，以其傳重也。孫服祖期，祖以尊，降服孫大功，而服適孫期，亦以其傳重也。若適子在而適孫死，則祖亦服大功，以其有適子者無適孫也。適子不在而祖死，則適孫亦服三年，以其無適子者，適孫承其服也。然則古者父死立嫡子，嫡子死立適孫，上以後先祖，下以收族人，謂之大宗。大宗不可以絶，故無子則族人以支子後之，凡以尊正統而重嫡嗣也。《春秋左氏傳》曰：「太子有母弟，則立之。無則立長，年鈞擇賢，義鈞則卜。」又曰：「王后無嫡，則擇立長。年鈞以德，德鈞以卜。」以謂太子死而無後，則立嫡子之母弟，以其猶出於嫡室也。無母弟則立庶長，以其不得已而立妾子之長也。立妾子之長，則無間於貴賤。《公羊》曰：「立嫡以長不以賢，立子以貴不以長。桓何以貴？母貴也。」何休曰：「禮，嫡夫人無子，立右媵子。右媵無子，立左媵子。左媵無子，立嫡姪娣子。嫡姪娣無子，立右媵姪娣子。右媵姪娣無子，立左媵姪娣子。」不識何據云然耶。夫嫡室，所以配君子奉祭祀者也。媵與姪娣，所以從嫡室廣繼嗣者也。故《内則》以冢子母弟爲嫡子，《書》以母弟與王父同其重，則太子死而無後，立太子之母弟可也。均妾庶也，而立其母之貴者，可乎？《左氏》曰：「非嫡嗣，何必娣之子？」又曰：「王不立愛，公卿無私。」蓋言此也。禮言爲後者四：有正體而不傳重，嫡子有罪疾是也；有傳重而非正體，庶孫爲後是也；有體而不正，庶子爲後是也；有正而不體，嫡孫爲後是也。然傳至嫡孫，嫡孫無後，則必立嫡孫之弟，猶太子之母弟也。《禮》謂族人以支子後之，蓋自其無弟者言之也。今令文：「諸王公侯伯子男皆子孫承嫡者傳襲。若無嫡子及有罪疾，立嫡孫；無嫡孫，以次立嫡同母弟；無母弟，立庶子；無庶子，立嫡孫同母弟；無母弟，立庶孫。曾孫以下准此。」若然，是無嫡孫，則舍嫡孫母弟而上取嫡子之兄弟；無嫡曾孫，則舍嫡曾孫母弟而上取嫡孫之兄弟。嫡子之子宜立而不立，嫡子之兄弟不宜立而立之，是絶正統而厚旁支矣，與禮大宗不可絶之云，不亦異乎？　木之正出爲本，傍出爲支。子之正出爲嫡，旁出爲庶。故伐枝不足以傷本，伐其本則木斃矣。廢庶不足以傷宗，廢其嫡則宗絶矣。本固而枝必茂，嫡立而庶必寧，此天地自然之理也。先王知其然，於是貴嫡而賤庶，使名分正而不亂，爭奪息而不作。故子生，則冢子接以太牢，❶庶子少牢；冢子未食而見，庶子已食而見；冠則嫡子於阼階，庶子於房外；死則嫡子斬，庶子期。其禮之重輕隆殺如此，豈有他哉，以其傳重與不傳重故也。《禮》曰：「庶子不祭祖，明其宗也。」又曰：「庶子

❶「子」，原脱，據《禮書》卷六二補。「牢」，原作「宰」，據庫本及《禮書》卷六二改。下一「牢」字同。

不祭禰，明其宗也。」又曰：「父不祭於支庶之宅，君不祭於臣僕之家。」此嫡庶之分，不可不辨也。昔公儀仲子舍孫立子，而檀弓弔以免；司寇惠子舍嫡立庶，而子游弔以麻衰：皆重其服以譏之，欲其辨嫡庶之分而已。春秋之時，宋宣公舍子與夷，立弟穆公，穆公又舍子馮，立與夷，而與夷卒於見殺。莒紀公黜太子僕，愛季佗，而卒於召禍。晉獻殺世子申生，立奚齊，而卒以亂晉。齊靈公廢太子光，立公子牙，而卒以亂齊。蓋嫡一而已，立之足以尊正統而一人之情。庶則衆矣，立之則亂正統而啓覬覦之心。宋、莒、齊、晉之君，不察乎此，每每趨禍，良可悼也。或曰：「《易》言『大君有命，開國承家』，《禮》言『予以馭其幸』，則人君之於臣，其所以立者，無嫡庶之間耳。」然考之於古，魯武公以括與戲見宣王，宣王立戲，仲山甫曰：「天子立諸侯而建其少，是教逆也。」王卒立之。其後魯人殺懿公而立括，❶則魯之禍，宣王爲之也。古之所謂「開國承家」者，猶之「別子爲祖」也，爲祖而不爲宗，則其所立者非爲傳襲其先也。果使之傳襲其先而不以嫡長，則宣王已事之驗，可不鑒哉！

右宗子立後。

爲人後附

【《大清律例》】一無子者，許令同宗昭穆相當之姪承繼。先儘同父周親，次及大功、小功、緦麻。如俱無，方許擇立遠房及同姓爲嗣。其或擇立賢能及所親愛者，若於昭穆倫序不失，不許宗族指以次序告争并官

❶「公」，原脱，據《禮書》卷六二補。

司受理。

【田氏汝成《立後論》】❶古稱父後者，非謂諸子皆可以爲父後也，必嫡子乃足以當之。嫡子者，大宗、小宗之統也。身爲小宗之嫡，則五服之親皆其所統，故《禮》曰「嫡子不得後大宗，以支子可也」。而漢初之詔，賜民爲父後者爵一級，蓋嫡子之謂也。古稱立後者，非謂昆弟無子者，人人爲之立後也，惟大宗乃舉之。故《禮》曰「大宗不可絶」，故族人以支子後大宗。非大宗而立後者，蓋義舉也，於《禮》未之有聞也。古稱爲大宗後者，非必親昆弟之子也。有以從昆弟之子後從世父者矣，有以諸孫後祖者矣，有以諸曾孫後曾祖者矣，有以諸玄孫後高祖者矣。故《禮》曰「爲人後者，斬衰三年」，不名所後爲父者，以所後不定，難以預著其名也。後世宗法不明，而嫡子、庶子，皆稱父後，立後之義不明，而同居、異居昆弟之無子者，皆爲立後。稱謂之義不明，而爲人後者，伯父、叔父皆易爲父，而以孫後祖，以無服之孫後遠祖者，禮既不行，名亦不著，非先王之本旨矣。雖然，生今之世，異居而無後，則族之强無狀者或將攘其所有，而死者無所依歸，故近世立嗣之法雖與古昔殊科，而弭禍亂以敦彝倫，亦律令之所不廢也。若昆弟同居而無子，而有父母臨之，又從而割昆弟之子以爲子，則於理無當矣。乃今細民之家，惟利其昆弟之無後也。不幸昆弟無後，則汲汲分其支子以嗣之，將以并其所有。是先王明倫之教，反爲薄俗婪利之資也。立後之禮，先王起之以存宗，後世沿之以定亂。何以言乎「起之以存宗」也？蓋先王明倫之教，莫大於嚴父，嚴父故尊祖，尊祖故敬宗，故《禮》曰：「别子爲祖，繼别爲宗，繼禰者爲小宗。」繼别之子，是爲大宗，上以承祖廟，下以收族屬，猶木之有本也。没而無子，則族人推其支子之倫序相當者爲之後而奉之，使廟祠有主而族屬有依。故《禮》曰：「爲人後者孰後？後大宗也。」大宗不可絶，故族人以支子後大宗。」非大宗而立後者，古未有也。蓋有之矣，或者以義舉之乎，《禮》未之有載也。何言乎「沿之以定亂」也？後世宗法廢而姓氏亂，人但私其近親以相敦附。其下者，仁讓陵夷而參商競起，雖同胞屬裏之戚，亦有别籍異居者。没而無子，則魂魄無所依，産業無所屬，攘奪乘之而悖叛作。故王者立法，取上古存宗之意而著爲律令：凡異居無後者，則近親推

❶「汝」，原作「序」，據《明文海》卷九一改。

其支子之倫序相當者爲之後而主之。幽以爲死者，而明以養生者，所以弭禍亂而敦彝倫也。然則立後有二義矣：一曰大宗，一曰昆弟之異居者。在上古則如此，在後世則如彼。要之：存宗之義，公也，禮也；定亂之義，私也，法也。

蕙田案：如田氏説，是異居立後，同居不立後也。異居、同居豈可以爲立後不立後之準乎？律無之。

【羅虞臣《爲人後議》】如何而可以爲人後？曰：卜子夏曰：「爲人後者孰後？後大宗也。大宗不可絶，故族人以支子後之。」晉張湛曰：「後大宗，所以承正統也。若所繼非正統之重，無相後之義。」今也所後非大宗之主、小宗五世之嫡，而輒爲之置後，無乃與先王之制異乎？宗之嫡死而無子，然後得爲置後。庶子不置後，不繼祖與禰也。非所後而後焉，是曰誣禮；捨天性之愛而父他人，孝子所不忍也，是曰抑本；苟有田産財計則争爲之後，無則雖猶子於世父棄也，是曰懷利。三者皆自叛於先王之教者也，吾何予焉。曰：然則庶子之無後者不爲厲乎？曰：殤與無後者，從祖祔食，不斬祭也，如之何其爲厲也？

【柴紹炳《立後説》】支子後大宗，嫡子不得後大宗，非夫人而可以立後，非夫人而可以爲人後也明矣。《禮》稱「別子爲祖，繼別者爲大宗」，以大宗爲嫡長相承，合族所統，不可一朝忽諸毋祀，故以小宗之支子爲後。若以小宗後小宗，以支子後支子，彼無不可絶之道，此無不得已之情，忽然捐本生，稱繼嗣，於情也拂，於禮也過，君子深非之。然則生也不幸無嗣，死竟同於若敖氏之鬼與？《禮》稱「殤與無後者，從祖祔食」，正爲小宗支子之絶嗣者設爾，又何必强爲立後，自干大宗也。或曰：諸葛亮在蜀，以己未有子，求兄瑾子喬爲後，其後亮生子瞻，而諸葛恪被吴門誅，仍令喬子攀還奉瑾祀，此於義何居？夫亮非嫡長，似殊大宗，然諸葛兄弟三人，各仕一國，正《禮》所謂「別子爲祖」者也。繼別爲宗，豈容遽絶？亮之求喬爲後，攀之還奉瑾祀，❶可謂允協也。或又曰：近世陽明王氏曰：「古者士大夫無子則爲之置後，無後者鮮矣。後世人情偷薄，始有棄貧賤而不問者。古所謂無後，大抵皆殤子之類也。」然則

❶「奉」，原作「夫」，據庫本改。

古昔無問大小宗，無不立後者。夫陽明所稱士大夫置後，亦與諸葛繼別之意相通，至云「無後皆殤子」，此語未的。案《禮》又云「支子不祭殤與無後者」，殤與無後，明屬兩條，注云：庶子不得立廟，故不祭。己之殤與兄弟之無後者，必於宗子祭祖之時，與祭於祖廟也。蓋庶子兄弟無子，固不得更爲立後，祇當祔食於祖考爾。是知支庶卑賤，何容越分求繼。若夫富貴亢宗，亦得通於別子之義而謀爲立後者，尤必辨賢明序，斟酌情理之中焉。

蕙田案：羅氏、柴氏皆主從祖祔食之説，與徐氏同。辨見後。

汪氏琬曰：「古者大宗而無後也，則爲之置後，小宗則否。夫小宗猶不得置後，况支庶乎？子夏曰：『爲人後者孰後？後大宗也。』然則族人而不爲後也，其遂不祀矣乎？曰：不然也。孔子曰：『殤與無後者，祭於宗子之家，當室之白，尊於東房。』是雖不置後可也。然則有大宗之家焉，有小宗之家焉，祭者將奚從？曰：視其祖。故曰：『庶子不祭殤與無後者。殤與無後者，從祖祔食。』此之謂也。孔子曰：『宗子爲殤而死，庶子弗爲後也。』然則大宗其遂絶乎？曰：如之何而絶也。弗後殤者，而後殤者之祖禰，則大宗固有後也。然則莫尚於大宗矣，奚爲不使嫡子後之也？曰：以其傳重也。古人敬宗而尊祖，稱嫡子者，繼祖禰者也，故不可以爲人後也。然則無宗，支嫡庶而皆爲之置後，今人之所行，古人之所禁也，不亦大悖於禮歟？曰：此禮之變也。蓋自宗法廢而宗子不能收族矣，宗子不能收族，則無後者求祔食而無所，其無乃驅之爲厲乎？故不得已爲之置後也，變也。然則，今之置後者，必親昆弟之子，次則從父昆弟之子，其於古有合與？曰：不然也。禮，同宗者皆可爲之後也。大夫有適子則後適子，有庶子而無嫡子，則卜所以爲後者，如衛之石祁子是也，况無子而爲之置後，其有不聽於神乎？吾是以知其不然也。卜之則勿問其孰爲親，孰爲疎可也，是可行於古，亦可行於今者也。」

蕙田案：汪氏主卜，尤屬滑突。

徐氏乾學曰：「古禮，大宗無子則立後，未有小宗無子而立後者也。自秦漢以後，世無宗子之法，凡無子者，則小宗亦爲之置後。彼豈盡爲繼嗣起見哉？大要多爲貲産爾。不知小宗無後者，古有從祖祔食之禮，則雖未嘗繼嗣，而其祭祀固未始絶也，又何必立人爲後始可以承其祭祀哉？今世之紛紛争繼嗣者，其爲大宗，當斷之律例；若小宗，則舉從祖祔食之禮而不爲立後，其亦可也。」

蕙田案：禮以義起，法緣情立。不衷諸古，則無以探禮之本；不通於時，不足以盡物之情。如宗法爲人後一事，此極古今不同之殊致也。《禮》稱：「大宗，尊之統，不可以絶，故族人以支子後大宗。」是惟大宗當立後，而小宗則不立，支庶更無論矣。嗚呼！此誠三代以上之言，不可行於後世者也。何則？古者有井田，有世禄，井田法行，則人無兼并，世禄不絶，則宗無削奪。有世禄者，皆卿大夫也。禮，別子爲祖。別子者，本國公子、他國公子、庶人崛起，皆卿大夫也。卿大夫則有圭田以奉祭，有采地以贍族。蓋其禄受之於君，傳之於祖，故大宗百世不遷，而立後之法重焉。若後世，與古相似者，惟宗室近戚勳臣襲爵者爲然耳，若卿大夫則多出於選舉，雖公卿之子，其入仕者，或以甲科，或以恩蔭，別無世禄可藉。而士之入仕崛起者居什九。是以一族之人，或父貴而子賤，或祖賤而孫貴，或嫡賤而庶貴。貴者可爲別子，賤者同于庶人，皆以人之才質而定，非若古繼別之大宗，一尊而不可易也。至於兼并勢成，人皆自食其力，勤儉者致富，惰侈者困乏。即一家之中，有父富而子貧，兄貧而弟富，嫡貧而庶富，又以人之勤惰奢儉而分，非若古繼别之大宗有世禄之可守也。如是而責大宗以收族，其勢必不能。既無大宗，則人各禰其禰，各親其親，亦情與理之不得不然者。乃田氏、羅氏等，猶執大宗立後、支庶必不可立後之説繩之，是焉知古者大宗百世不遷，今則人人可以爲卿大夫，則人人可以爲别子，别子未必非支庶也，而謂支庶不立後可乎？而況小宗乎？古者小宗五世而遷，亦有收族之道。今則小宗之適，不皆可以收族，而支庶可以爲富人，支庶無藉於宗子，而宗子之祭祀有闕，反不能不藉於支庶。若不立後，是奪支子之産以與適。黜賢而崇不肖，此豈近於人情？宗子且不可，而況他人乎？乃議者猶執「殤與無後，從祖祔食」之説繩之，倘果有宗子可也，無宗子，則無祖廟無祭祀，不知祔於何所？食於何人？不亦拘泥而不通於事矣乎！伏讀國家功令：「無子者，許令同宗昭穆相當之姪承繼，先儘同父周親，次及小功、緦麻，如俱無，方許擇立遠房及同姓爲嗣。其或擇立賢能及所親愛者，若於昭穆倫序不失，不許宗族以次序告争并官司受理。又獨子不許出繼。」夫曰「無子」者，則凡無子皆是，未嘗指大宗、小宗及爲適、爲庶而言也。曰「同父周親」，則兄弟皆是，未嘗專指繼父之適爲言也。由親及疏，由近及遠，又有擇賢之條，即古同宗皆可爲後之義。而次序分明，則争端不起。獨子不爲人後，尤與嫡子不後大宗之義相符。此真禮以義起、法緣情立，非聖人莫能制也。今於《儀禮》之後，恭録《律令》，謹疏其大義，附諸家之説而辨之如此。至爲人後之事，三代以後，變態日滋，兹特統以三條：曰立後之正、立後之權、立後之失，皆臚載其蹟，而準之時制，參之古禮，附論於左方，俾争後争産者，知所鑒焉。

右爲後律令。

【《後漢書・袁紹傳》注】袁山松書曰：「紹，司空逢之孽子，❶出後伯父成。」

【《三國志》注】《英雄記》曰：「紹生而父死，遭母喪，服竟，又追行父服。凡在冢廬六年。」臣松之案：《魏書》云：「紹，逢之庶子，出後伯父成。」如此《記》所言，則似寔成所生。夫人追服所生，禮無其文，況於所後而可以行之！二書未詳孰是。

蕙田案：生而父死，縱是遺腹，亦便持喪，不須追服。紹之追服，正爲紹生定嗣，成死已久，名爲其子，寔未持服也。東漢之時，三年喪廢，行者輒得高名。而干譽之徒，每多過禮。紹之詐黠，於斯可見。松之反以此疑爲成所生，誤矣。

【《晉書・安平王孚傳》】九子：邕、望、輔、翼、晃、瓌、珪、衡、景。望字子初，出繼伯父朗。

【《魏書・于忠傳》】忠自知必死，表曰：「臣薄福無男，臣先養亡第四弟第二子司徒掾永超爲子。猶子之念，寔切於心。乞立爲嗣，傳此山河。」靈太后令特聽如

❶「逢」，原作「逄」，據庫本改。

請，以彰殊效。

【《唐書·崔祐甫傳》】子植嗣。植，祐甫弟盧江令嬰甫子也。祐甫病，謂妻曰：「吾殁，當以盧江次子主吾祀。」及卒，護喪者以聞。帝惻然，召植，使即喪次。

【《舊唐書·王正雅傳》】從弟重，伯父翌之子也。重子衆仲，衆仲子凝。凝無子，以弟子鑣爲嗣。鑣兄鉅，位終兵部侍郎。

蕙田案：由翌至凝，四世嫡長矣，而鑣自有兄，則以支子後大宗之正也。

【《宋史·宗室傳》】滕王德昭，長子惟正，特拜建寧軍節度使，卒，追封同安郡王。無子，以弟惟忠子從讜爲嗣。

蕙田案：惟忠是滕王第四子，從讜是惟忠第八子，是支子後大宗也。

又案：古人立後之法，專爲大宗。而後之之人，必以支子。後世宗法不行，是以繼絶之禮，並及支庶。故居今之世，而欲執何休小宗當絶之説，則爲不情。而立自當以幼房支子爲正。若乃習俗成訛，動謂長房無子，當以次房長子爲嗣，此無稽之説也。夫大宗百世不遷，則數百年祖先傳重者，止此一人，敬之所以尊祖，事之比於君道，猶不敢奪人嫡子爲後，况區區繼祖、繼禰，妄號大宗！甚或身爲仲子，乃欲取叔季弟之長子爲嗣，何其謬哉！知禮之士，慎無奪人之嫡，亦不可爲人奪嫡也。

又案：以上以次房支子爲長房後。

【《晉書·義陽王望傳》】四子：奕、洪、整、楙。奕早亡，以奕子奇襲爵。河間平王洪字孔業，出繼叔父昌武亭侯遺。

安平王第四子翼，以兄邕之支子承爲後。

【《高密王泰傳》】四子：越、騰、略、模。騰出後叔父。

【《譙王遜傳》】敬王恬四子：尚之、恢之、允之、休之。允之出後叔父愔。

【《劉毅傳》】毅二子：暾、總。總後叔父彪。

【《魏書・裴伯茂傳》】無子，兄景融以第二子孝才繼。

【《舊唐書・虞世南傳》】隋内史、侍郎世基弟也。父荔，陳太子中庶子。叔父寄，陳中書侍郎，無子，以世南繼後，故字曰伯施。

蕙田案：支庶無子，不必立後之説，前已辨之詳矣。況或暮年，賴以承歡，或孀居，撫以守志，族人能以支子後之，豈非親親之誼，而必執禮禁之乎！

又案：以上以長房支子爲幼房後。

【《後漢書・伏恭傳》】恭，字叔齊，瑯琊東武人，司徒湛之兄子也。湛弟黯，字稚文，以明《魯詩》，改定章句，作《解説》九篇，位至光禄勳。無子，以恭爲後。恭性孝，事所繼母甚謹。

【《晉書・皇甫謐傳》】謐，字士安，幼名静，安定朝那人。漢太尉嵩之曾孫也。出後叔父，徙居新安。年二十，不好學，游蕩無度。或以爲癡。嘗得瓜果，輒進所後叔母任氏。任氏曰：「昔孟母三徙以成仁，曾父烹豕以存教，豈我居不擇鄰，教有所闕，何爾魯鈍之甚也！修身篤學，自汝得之，於我何有？」因對之流涕。謐乃感激，就鄉人席坦受書，勤力不怠。居貧，躬自稼穡，帶經而農，遂博綜典籍百家之言。

【《南齊書・王延之傳》】延之父昇之，都官尚書。延之出繼伯父秀才粲之。

【《北齊書・袁聿修傳》】聿修，字叔德，陳郡陽夏人，魏中書令翻之子也，出後叔父躍。

【《魏書・南安王禎傳》】禎子英，英子熙，以元乂隔絶二宫，起兵赴難，爲乂斬於鄴街。熙異母弟義興，出後叔父並洛，肅宗初，除員外散騎侍郎。及熙之遇害也，義興以別後，故得不坐。

【《隋書・房彦謙傳》】彦謙，字孝冲。年十五，出後叔父子貞，事所繼母有踰本生。子貞哀之，撫養甚厚。後丁所繼母憂，勺飲不入口者五日。

【《唐書・盧邁傳》】再娶無子，或勸畜姬媵。對曰：「兄弟之子，猶子也，可以主後。」

【《戴胄傳》】胄無子，以兄子至德爲後。至德，乾封中累遷西臺侍郎，同東西臺三品。閲十年，父子繼爲宰相，世詫其榮。

【《宋史・馬廷鸞傳》】廷鸞，字翔仲，本灼之子，繼灼兄光後。甘貧力學。既冠，里人聘爲童子師。遇有酒食饌，則念母藜藿不給，爲之食不下咽。

【《曹覲傳》】覲，字仲賓，曹修禮子也。叔修古卒，無子，天章閣待制杜杞爲言於朝，授覲建州司户參軍，爲修古後。

【《明外史・秦文傳》】文引疾歸，惟日督教子姓。弟禮，禮子鳴雷，出後伯父文，嘉靖二十二年，舉進士第一，授修撰，終南京禮部尚書。

蕙田案：史傳主於紀事，原不爲立後之法而設，故多直稱後伯父、後叔父，而其兄弟之有無行次之伯仲，俱不可考。然兄弟子猶子，則立後自當以親者爲始，律文所謂「先儘同父周親，次及大功、小功、緦麻」，蓋亦人情天理之自然。《儀禮》言族人後大宗者，見族人雖踈，尚不可坐視其絶，非謂舍親兄弟子而反立族人子也。故總而列之，以爲取後之常法。

又案：以上以兄弟子爲後。

【《後漢書·鄧隲傳》】隲弟閶，卒，閶妻耿氏有節操，痛鄧氏誅廢，子忠早卒，乃養河南尹豹子嗣爲閶後。耿氏教之書學，遂以通博稱。永壽中，與伏無忌、延篤著書東觀，官至長田校尉。

【《魏志·文德郭皇后傳》】皇后父永。后早喪兄弟，以從兄表繼永後，拜奉車都尉。

【《張沖傳》】沖，字思約，吴郡吴人。父柬，通直郎。沖出繼從伯侍中景。

【《魏書·陸俟傳》】俟子麗，麗子定國，定國子昕之，尚顯祖女常山公主。奉姑有孝稱，又性不妬忌，以昕之無子，爲納妾媵，而皆育女。公主有三女，以昕之從兄希道第四子彰爲後。彰字明遠，本名士沈，年十六，出後，事公主盡禮。丞相、高陽王雍嘗言曰：「常山妹雖無男，以子彰爲兒，乃過自生矣。」

【《隋書·薛道衡傳》】道衡以憶高熲，帝令自盡，妻子徙且末。有子五人，收最知名，出繼族父孺。孺與道衡，偏相友愛。收初生，即與孺爲後，養於孺宅。至於長成，殆不識本生。

【《唐書·薛收傳》】收，字伯褒，蒲州汾陰人，隋内史侍郎道衡子也。出繼從父孺。

年十二，能屬文。以父不得死於隋，不肯仕。郡舉秀才，不應。案：《隋書》、《唐書》所載互異，故並列之。

蕙田案：古人之兄弟也，其同父者曰兄弟，同祖者曰從父兄弟，同曾祖者曰從祖兄弟，同高祖者曰族兄弟。外此無服，謂之同姓兄弟而已。後世稱名淆亂，同祖者改爲同堂兄弟，同曾祖者爲從堂兄弟，同高祖者爲再從兄弟，五世祖免者，亦或稱三從焉。是以史傳所載，或依古之名，則同祖即稱從兄弟；或據今爲號，則同四世、五世，並稱從兄弟。苟非寔知其支派，無由懸斷其親疎。然五世以内，親屬未竭，則取子立後，猶一氣也。故總之曰「從兄弟子」，不復加區別焉。

又案：以上以從兄弟子爲後。

【《曹植·釋思賦序》】家弟出養族父郎中伊，予以兄弟之愛，心有戀然，作此賦以贈之。

【《聞見前録》】司馬温公以康節之故，遇其孤伯温甚厚。公無子，以族人之子康爲嗣。康，字公休，其賢似公，識者謂天故生之也。

【《宋史·司馬夢求傳》】夢求，敘州人，温國公光之後也。母程歸，及門，夫死，誓不他適。旌其母曰節婦。夢求，其族子，取以爲後。

【《宇文紹節傳》】紹節，字挺臣。祖虚中，簽書樞密院事。父師瑗，顯謨閣待制。父子皆以使北死，無子。孝宗愍之，命其族子紹節爲之後。

【《張子全書》】爲其父母，不論其族遠近，並以期服服之。據今之律，五服之内，方許爲後。以禮文言，又無此文。若五服之内無人，使絶後，可乎？必須以疎屬爲之後也。

【羅虞臣《爲人後議》】曰：「人有抱其同宗之子而育者，則亦可以爲後乎？曰：可。螟蛉之體，化爲蜾蠃；班氏之族，乳虎紀焉。養育之恩大矣哉，其稱之爲父母也，豈若今之立繼者之比歟！曰：然則，其於本生也，其名也如之何？曰：父母之名，何可廢也。昔宋崔凱曰：『本親有自然之恩，降一等，亦足以明所後者爲重，無緣乃絶之矣。』夫未嘗謂可以絶其親，而遽謂可以絶其名，是惑矣。曰：不幾於二本乎？曰：禮不有繼父、慈母之名乎！曰：其服也則如之何？曰：比之爲人後者，爲其父母期服。」

蕙田案：五服以外，乃稱族人。夫族人之子，與我不同高祖，夏商之世，可通婚姻，立以爲後，疑於不相接續矣。然近支既無其人，豈容束手絶祀。且以我視族子爲疎屬矣，以高曾祖視彼之高曾，則未嘗不親也。援而立之，斯亦不失其正者。苟必泥於近親，寧以獨子承兩後，是特吝惜財産，不肯畀之疎屬，名爲不絶，而實已殄矣。是君子之所大惡也。

又案：以上以族人子爲後。

【《齊書·江斆傳》】初，宋明帝敕斆繼從叔愻，爲從祖淳後。❶僕射王儉啟：「禮無後小宗之文。近世緣情，皆由父祖之命，未有既孤之後，出繼宗族也。雖復臣子一揆，而義非天屬。江忠簡胤嗣所寄，惟斆一人，傍無眷屬，斆宜還本。」於是斆還本家，詔使自量立後者。

❶「淳」，原作「渟」，據庫本及《南齊書·江斆傳》改。

蕙田案：斅本獨子，理無出嗣，而王儉之啟，於無父命爲後尤爲切著，至云「臣子一揆，義非天屬」，然則苟無父命，雖天子不能奪也。彼貪利財産，甘棄其親而以人爲親者，讀此可以惕然心動矣。

【《大清律例續增》】乾隆四年定例，獨子不許出繼。

蕙田案：以上獨子不爲人後。

【《晉書·羊祜傳》】無子，帝以祜兄子暨爲嗣。暨以父没，不得爲人後。帝又令暨弟伊爲祜後，又不奉詔。帝怒，並收免之。太康二年，以伊弟篇爲鉅平侯，奉祜嗣。

【《宋史·宗室傳》】濮安懿王子宗祐，克己自約，蕭然若寒士。好讀書，尤喜學《易》。嘉祐中，從父允初未立嗣，咸推其賢，詔以宗祐爲後。泣曰：「臣不幸幼失怙恃，將終身悲慕，忍爲人後乎？敢以死請。」仁宗憐而從之。

蕙田案：以上父没不爲人後。

【《宋史·禮志》】紹聖四年，右武衛大將軍克務乞故登州防禦使、東牟侯克端子叔博爲嗣，請赴期朝參起居，而不爲克端服。大宗正司以聞。下禮官議：「宜終喪三年。」遂詔宗室，居父母喪者，毋得乞爲繼嗣。

蕙田案：身爲支子，禮當出後者，固不容不後。且父歿，可從祖命；母歿，可從父命。非必一居重喪，遂無出後之道也。但身在喪中而舍而去之，是猶室女居喪而服中出嫁，於情安乎？寧可虛彼之祀，以待我喪之畢。斯爲進退有禮，而無忘親棄本之罪矣。

又案：此條居喪不爲人後。

【袁氏《世範》】貧者養他人之子，當於幼時。蓋貧者無田宅可養，暮年唯望其子反哺，不可不自其幼時衣食撫養，以結其心。富者養他人之子，當於既長之時。今世之富人，養他人之子，多以爲諱，故欲及其無知之時撫養，或養所出至微之人，長而不肖，恐破其家，方議逐去，致有爭訟。若取於既長之時，其賢否可以粗見，苟能温淳守己，必能事所養如所生，且不致破家，亦不致興訟也。　多子固爲人之患，不可以多子之故輕以與人，須俟其稍長，見其温淳守己，舉以與人，兩家獲福。如在襁褓，即以與人，萬一不肖，既破他家，必求歸宗，往往興訟，又破我家，則兩家受其禍矣。

蕙田案：袁氏前一條，計較利害，頗爲偏見。蓋貧者固當撫養以結其心，❶苟所養不肖，亦何望其反哺。富者固憂其不肖破家，然既長始立，則情誼不相浹洽，亦安能事如所生。要而論之，當云「俟其稍長，以覘頭角；撫之婚冠之前，以篤恩誼」，則無問貧富，皆爲兩全之道耳。至後一條，爲生子者言之，則誠爲篤論。人莫知其子之惡，而但利其兄弟之財，至於所後不肖，破家蕩産，彼家深受其害，而己子曾不享其利。何不任彼擇其賢者，得以善全無害乎？是真以子後人者所當察也。

又案：此論立後必擇人。

【《宋史·范鎮傳》】仁宗在位三十五年，未有繼嗣。嘉祐初，暴得疾，中外無不寒心，莫敢先言者。鎮獨奮曰：「天下事尚有大於此者乎！」即拜疏曰：「方陛下不豫，海内皇皇，莫知所爲。陛下獨以祖宗

❶「結」，原作「給」，據庫本改。

後裔爲念，是爲宗廟之慮至深且明也。昔太祖舍其子而立太宗，天下之大公也。真宗以周王薨，養宗子於宫中，天下之大慮也。願以太祖之心，行真宗故事，拔近屬之尤賢者，優其禮秩，置之左右，與圖天下事，以繫億兆人心。」疏封，文彦博使客問何所言，以寔告。客曰：「如是，何不與執政謀？」鎮曰：「自分必死，故敢言。若謀於執政，或以爲不可，豈得中輟乎？」章累上，不報。除兼侍御史知雜事，鎮以言不從，固辭。執政諭鎮曰：「今間言已入，爲之甚難。」鎮復書執政曰：「事當論其是非，不當問其難易。諸公謂今日難於前日，安知異日不更難於今日乎？」凡見上面陳者三，言益懇切。鎮泣，帝亦泣，曰：「朕知卿忠，卿言是也。當更俟二三年。」章十九上，待命百餘日，鬚髮爲白。朝廷知不能奪，乃罷知諫院，改集賢殿修撰。鎮雖解言職，無歲不申前議。每因事及之，冀感動帝意。至是，因入謝，首言：「陛下許臣，今復三年矣，願早定大計。」又因祫享，獻賦以諷。

【《歐陽修傳》】修嘗因水災，上疏曰：「陛下臨御三紀，而儲宫未建。昔漢文帝初即位，以群臣之言，即立太子，而享國長久，爲漢太宗。唐明宗惡人言儲嗣事，不肯早定，致秦王之亂，宗社遂覆。陛下何疑而久不定乎？」其後建立英宗，蓋原於此。

【《司馬光傳》】仁宗始不豫，國嗣未立，天下寒心，而莫敢言。諫官范鎮，首發其議。光在并州，聞而繼之，且貽書勸鎮以死争。至是，復面言：「臣昔通判并州，所上三章，願陛下果斷力行。」帝沉思久之，曰：「得非欲選宗室爲繼嗣者乎？此忠臣之言，但人不敢及耳。」光曰：「臣言此自謂必死，不意陛下開納。」帝曰：「此何害？古今皆有之。」光退，未聞命，復上疏曰：「臣向者進説，意謂即行。今無所聞，此必有小人言陛下春秋鼎盛，何遽爲不祥之事。小人無遠慮，特欲倉卒之際，援立其所厚善者耳。定策國老、門生天子之禍，可勝言哉？」帝大感動，曰：「送中書。」光見韓琦等曰：「諸公不及今定議，異日禁中夜半出寸紙，以某人爲嗣，則天下莫敢違。」琦等拱手曰：「敢不盡力。」

【《韓琦傳》】仁宗嘉祐六年，遷昭文館大學士。帝既連失三王，自至和中得病，不能御殿，臣下爭以立嗣固根本爲言。包拯、范鎮尤激切。積五六歲，依違未之行。至是，琦乘間進曰：「皇嗣者，天下安危之所係。自昔禍亂之起，皆由策不早定。陛下春秋高，未有建立，何不擇宗室之賢者，以爲宗廟社稷計。」帝曰：「後宮將有就館者，姑待之。」已又生女。一日，琦懷《漢書·孔光傳》以進曰：「成帝無嗣，立弟之子。彼中材之主猶能如是，況陛下乎？」又與曾公亮、張昇、歐陽修極言之。會司馬光、呂誨皆有請，琦進讀二疏，未及有所啟，帝遽曰：「朕有意久矣。誰可者？」琦惶恐對曰：「此非臣輩所可議，當出自聖擇。」帝曰：「宮中當養二子，小者甚純，近不慧，大者可也。」琦請其名，帝以宗寔告。宗寔，英宗舊名也。琦等遂力贊之，議乃定。英宗居濮王喪，議起知宗正。英宗固辭，帝復問琦。琦對曰：「陛下既知其賢而選之，今不敢遽當，蓋器識遠大，所以爲賢也。願固起之。」英宗既終喪，猶堅卧不起。琦言：「宗正之命初出，外人皆知必爲皇子，不若遂正其名。」乃下詔立爲皇子。明年，英宗嗣位。

蕙田案：四條皆宋仁宗時立英宗爲嗣之事也。當時言者如包拯、吕誨、吴奎、張述，傳中皆有諫詞。兹以發端於范鎮，繼以歐陽、司馬，而韓魏公成之，故摘録以見其概。夫天子之尊，固宜早定，士庶之家，亦在預圖。苟希圖生育，觀望遷延，一旦變生，争名施奪，亡國破家，階於此矣。韓、范、司馬諸公之言，真中年無子者之炯鑒也。

【《宋史・富直柔傳》】上虞縣丞婁寅亮上書言宗社大計，欲選太祖諸孫伯字行下有賢德者，視秩親王，使牧九州，以待皇嗣之生，退處藩服。疏入，上大歎悟。直柔從而薦之，召赴行在，除監察御史。於是孝宗立爲普安郡王，以寅亮之言也。

【《范如圭傳》】時宗藩並建，儲位未定，如圭憂之，掇至和、嘉祐間名臣奏章，合爲一書以獻，請深考群言，仰師成憲。或以越職危之，如圭曰：「以此獲罪，奚憾？」帝感悟，謂輔臣曰：「如圭可謂忠矣。」即日下詔，以普安王爲皇子，進封建王。

蕙田案：二條宋孝宗嗣位之事也。厥後大統有屬，而大孝彰聞，豈非盛德之至哉！

【《明史・梁儲傳》】正德十一年春，以國本未定，請擇宗室賢者居京師，備儲貳之選。皆不報。八月，儲等以國無儲副，而帝盤遊不息，中外危疑，力申建儲之請。亦不報。

《王縝傳》乾清宮災，疏請養宗室宮中，定根本。不報。

《石天柱傳》乾清宮災，上言：「前星未耀，儲位久虛。既不常御宮中，又弗預選宗室，何以消禍本、計長久哉？」

《黃鞏傳》正德十四年，上疏曰：「陛下春秋漸高，前星未耀，祖宗社稷之託，搖搖無所寄，方且遠事觀遊，屢犯不測。收養義子，布滿左右，獨不能豫建親賢，以承大業。臣以爲陛下殆倒置也。伏望上告宗廟，請命太后，旁諏大臣，擇宗室親賢者一人養於宮中，以繫四海之望。他日誕生皇子，仍俾出藩，寔宗社無疆之福也。」員外郎陸震草疏將諫，見鞏疏稱歎，因毁己藁，與鞏連署以進。帝怒甚，下二人詔獄。越二十餘日，廷杖五十，斥爲民。

蕙田案：梁儲諸人諄諄於建儲之議，使武宗能決之於早，如宋之立英、孝二宗，則父子素定，可以潛消議禮之禍。而正人貶謫，元氣彫喪，不若是之甚矣。徙薪曲突無恩澤，至於焦頭爛額而後已，惜哉！

《願體集》繼嗣一節，多有不肯早立，以致身後爭繼，禍起蕭墻。且爭繼者何心？原圖繼産，非爲繼嗣也。及至紛爭，家産蕩廢，應繼者反不願繼。何如身在之日，早於應繼之中擇其善者繼之，加意撫養，令其感恩深重，不特無身後爭端，亦且頂戴過於親生矣。

蕙田案：古之立後，早定而獲福者，宋之英宗、孝宗，其明驗也。不早定而漠如途人者，明世宗，其炯鑒也。乃世之愚夫，至於耄老，猶思博取廣求，而不早定嗣。無論爭奪破家，即晚而定嗣，情義淡漠，不相比附，豈非自貽之慼哉。宋、明諸名臣，多以早定皇嗣爲言，皆愛君憂國之苦心，特時有聽有不聽耳。天子、庶人，其揆一也。

又案：以上立後宜早定。

【《宋書·謝弘微傳》】弘微從叔峻無後，以弘微爲嗣。童幼時，精神端審，所繼叔父混，名知人，見而異之。年十歲，出繼，襲爵建昌縣侯。弘微家素貧儉，而所繼豐泰，惟受書數千卷、國吏數人而已。

【《梁書·阮孝緒傳》】孝緒父彥之，孝緒七歲出後伯父允之。允之母周氏卒，有遺財百餘萬，孝緒一無所納，盡以歸允之姊琅琊王之母。聞者咸歎異之。

【《宋史·蔡齊傳》】齊無子，以從子延慶爲後。既歿，有遺腹子曰延嗣，乃歸其宗，籍家所有付之，無一毫自予。萊人義焉。

【《金史·移剌履傳》】履父聿魯早亡，聿魯之兄興平節度使德元無子，以履爲後。及長，德元生子震德，元歿，盡推家貲與之。

【《世宗紀》】大定十三年四月，定出繼子所繼財産不及本家者，以所繼與本家財産通數均分。

蕙田案：此蓋以貧者無後，富者多子，必有互相推諉之弊，遂至坐視其絶者，故酌此以通之，庶幾繼絶之道得以盡行。立制之意可謂苦心矣。若知禮君子，當以義命自安，何屑屑於此哉！

【《元史·孝友傳》】王薦兄孟輪早世，嫂

林氏更適劉仲山。仲山嘗以田鬻於薦，及死，不能葬，且無子。族以其貧，莫肯爲之後。薦即以田還之，使置後，且治葬焉。

蕙田案：傳言王薦之善，與立後之禮無涉。然王以路人能返其田，以存人之祀；劉有同族，乃以田之有無，爲立後之進退。人之度量相越，豈不遠哉！故列諸此，以愧世之規家計而圖立後者。

【《明外史·王燾傳》】燾，字濬仲，崑山人。少孤貧，九歲爲人後。族人有謀其産者，燾舉以讓之，獨迎養嗣祖母及母惟謹。

【《大清律例》】若義男、女婿爲所後之親喜悦者，聽其相爲依倚，不許繼子并本生父母用計逼逐，仍酌分給財産。若無子之人家貧，聽其賣産自贍。

蕙田案：流俗多以立後起争奪，傷情誼。或棄親而不恤，謂之不情；或不應立而强求，謂之非禮。其端總爲財産起見。若夫有志之士，薄此而不爲，坐視其絶而不顧，則又以財産爲浼己而激而過焉者也。若謝弘微以下諸人，既不廢禮，又不貪利，心事皭然如青天白日，聞者足使頑夫廉、薄夫敦。

又案：以上爲後不計財産。

右立後之正。

【《後漢·袁紹傳》】紹三子：譚、熙、尚。譚長而惠，尚少而美。紹後妻劉有寵而偏愛尚，數稱於紹，紹亦奇其姿容，❶欲使

❶「紹」，原脱，據《後漢書·袁紹傳》補。

傳嗣，乃以譚繼兄後，出爲青州刺史。

【《晉書·周顗傳》】顗三子：閔、恬、頤。閔無子，以弟頤長子琳爲嗣。

【《明史·外戚·錢貴傳》】長子欽爲錦衣衛指揮使，與弟忠俱没於土木。欽無子，以忠遺腹子雄爲後。

【《鄭濂傳》】鄭文厚生欽。文融無子，以欽嗣。欽嘗刺血療本生父文厚疾。

【《通典·漢石渠議》】大宗無後，族無庶子，己有一嫡子，當絶父祀以後大宗不？戴聖云：「大宗不可絶。言嫡子不爲後者，不得先庶耳。族無庶子，則當絶父以後大宗。」聞人通漢云：「大宗有絶，子不絶其父。」宣帝制曰：「聖議是也。」

魏劉德問：「爲人後者，支子可也，長子不以爲後。同宗無支子，惟有長子，長子不後人則大宗絶，後則違禮，如之何？」田瓊答曰：「以長子後大宗，則成宗子。禮，諸父無後，祭於宗家，後以其庶子，還承其父。」

晉范汪《祭典》云：「廢小宗，昭穆不亂；廢大宗，昭穆亂矣。先王所以重大宗也。豈得不廢小宗以繼大宗乎！漢家求三代之後弗得，此不立大宗之故也。豈不以宗子廢絶，圖籍莫紀。若常有宗主，雖喪亂，要有存理。或可分布掌録，或可藏之於名山，設不盡在，決不盡失。且同姓百代不婚，周道也，而姓自變易，何由得知？一己不知，或容有得婚者，此大違先王之典，而傷自然之理。由此言之，宗子之重於天下久矣。」

【《性理會通》】程子曰：「禮，長子不得爲人後。若無兄弟，又繼祖之宗絶，亦當繼祖。禮雖不言，可以義起。」

【薛蕙《爲人後解》】禮之所以立後，曰重大宗也。小宗無子，以爲可絶者也，故不爲之立後。大宗無子，不可以絶，故立後以繼之。小宗不可擬大宗，故曰重大宗也。曷爲後大宗不後小宗？重本也。大宗者，祖之正體也，本也。小宗者，祖之旁體也，支也。本存而支亡，亡而猶存也，尊者存焉耳。本亡而支存，存而猶亡也，存者微矣。是故小宗無後，祖不絶；大宗無後，祖絶矣。禮之後大宗、不後小宗，重絶祖也。雖然，大宗者，卿大夫之禮也。古者公子爲卿大夫，及始仕而爲大夫者，謂之别子。繼别子者，謂之大宗，故曰「大宗者，卿大夫之禮也」。此卿大夫也而不可絶，益知天子之不可絶矣。大宗者，繼别云爾，曰尊之統也，故同族云爾，曰收族者也。天子之統，受之始祖，始祖受之天，不啻尊之統也。内治同姓，外治異姓，不啻收族者也。甚大宗矣，是故不可絶也。故天子無嗣，建支子以後天子，禮也。支子後天子，適子不爲後乎？禮之正者，支子爲後；禮之變者，適子亦爲後矣。何言乎「禮之變者，適子亦爲後」？適子不爲後者，非他也，傳小宗之統焉爾，明小宗之統爲重也，益知天子之統爲尤重矣。故適子可以後大宗，可以後大宗，斯可以後天子矣。天子者，始祖之體，大統之所在，尊則無上，親則本始也。諸侯雖有尊焉，不敢信其尊矣；雖有親焉，不敢專其親矣。信其尊，嫌於貳君；專其親，嫌於貳祖。故諸侯適子後天子者，不敢遂其尊親也。尊親者，人之至重也。然而不敢遂焉，亦猶有至重者也。繼大統者，因斯舉也，而知其所由來，則可以事天，可以保宗廟，可以有天下，是故明於爲人後之義者，措諸天下無難矣。

【羅虞臣《長子亦可爲人後議》】孫遠死而無嗣，其弟重以長子彬後之。或曰：重之命非也，長子不得爲後。曰：斯重宗之義也，吾將以重爲知禮矣。昔子思兄死，而使其子白續以主祖及曾祖之祭，蓋遠嫌也。以己代兄，是謂奪宗。以子繼伯父，則有父命焉。其孔氏之家之變禮乎！重之命，惡得爲非？

【《大清律箋釋》】承繼之法，由親而疎，自近而遠，又有擇賢立愛之條。可謂情義交盡，周晰無遺矣。乃末俗圖財起爭，兼有執小宗可絶、大宗不可絶之説者，殊不知此指兩房乏嗣，僅有可繼之一人而言也。

蕙田案：人之生子，必有長，然後有次。子雖衆多，而適子猶獨子也，安可爲人後乎？且爲後亦有不同。設是身爲支子而大宗適長無子，又别無支子可嗣，以我長子後之，則爲大宗之適，義之權也。若己爲繼禰長子，何敢廢父之適孫以後堂兄乎？己爲繼祖長孫，何敢廢祖之適曾孫以後從兄乎？而世俗不明宗子之法，動云絶幼不絶長，於是有伯兄無子，奪仲叔之適以後之者，已爲誤矣。甚有仲兄無子，亦欲絶叔季以後之者，豈非誤而又誤者乎？《箋釋》剖明之曰：「小宗可絶、大宗不可絶，此指兩房乏嗣，僅有可繼一人而言。」足以破舉世之惑矣。

又案：以上以幼房適子爲長房後。

【《晉書·荀顗傳》】顗無子，以從孫徽爲子。

【《阮孚傳》】無子，從孫廣嗣。

【《劉頌傳》】頌無子，養弟和子雍，早卒，更以雍弟翊子隮爲嫡孫，襲封。

【《齊書·江斆傳》】初，宋明帝敕斆繼從父悆，爲從祖淳後。❶僕射王儉啟：「江忠簡胤嗣所寄，唯斆一人，斆宜還本。若不欲江悆絶後，可以斆小兒繼悆爲孫。」尚書參議，謂：「間世立後，禮無其文。荀顗無子立孫，墜禮之始，何期又立此論，義無所據。」於是斆還本家。詔使自量立後者。

【《王奐傳》】出繼從祖中書令球，故字彦孫，爲雍州刺史，輒殺寧蠻長史劉興祖。

❶「淳」，原作「渟」，據庫本及《南齊書·江斆傳》改。

上大怒，收之。奂子彪陳兵閉拒，皆伏誅。奂弟佃女爲長沙王晃妃，世祖詔曰：「奂自陷逆節，長沙王妃男女並長，且奂又出繼，前代或當有准，可特不離絶。」

【《魏書・王叡傳》】叡次子椿無子，以兄孫叔明爲後。

【《宋史・禮志》】元豐國子博士孟開請以姪孫宗顔爲孫，據「晉侍中荀顗無子，以兄之孫爲孫」。其後，王彦林請以弟彦通爲叔母宋繼絶。詔皆如所請。

【《宗室傳》】越王傑無子，仁宗以恭憲王元佐之孫允言子宗望爲之後；允初無子，以允成孫仲連爲之後。

【《李昉傳》】昉，字明遠，深州饒陽人。父超，晉工部郎中、集賢殿直學士。從大父右贊善大夫沼無子，❶以昉爲後。初，沼未有子，❷昉母謝方娠，指謂叔母張曰：「生男當與叔母爲子。」故昉出繼於沼。

【《元史・魏初傳》】初從祖璠無子，以初爲後。

【《通典・間代立後議》】晉何琦議以爲：「卿士之家，別宗無後，宗緒不可絶，若昆弟以孫若曾孫後之，理宜然也。禮緣事而興，不應拘常以爲礙也。魏之宗室，❸遠繼宣尼；琦從父以孫紹族祖；荀顗無子，以兄孫爲嗣：此成比也。」宋庾蔚之謂：「間代取後，禮未之聞。宗聖，時王所命，以尊先聖，本不計數，恐不得引以比也。」

❶「沼」，原作「右」，據校點本《宋史・李昉傳》改。段末「沼」字同。

❷「沼」，原作「超」，據校點本《宋史・李昉傳》改。

❸「室」，《通典》卷九六作「聖」，據下文，疑是。

【徐乾學《立孫議》】舅氏亭林先生立從子洪慎之子世樞爲孫，或者曰：「無子而立孫，非昭穆之序，是使世樞有祖而無禰也。先生即有子而殤，殤不立後，盍擇諸族兄弟之子以爲嗣乎？」余應之曰：「不然。自夫子之告子游，已謂：三代以後，天下爲家，各親其親，各子其子，爲人之同情。是則兄弟之子，必親於從兄弟之子，從兄弟之子，必親於族兄弟之子也明矣。古人之立宗也，自非大宗，五世親盡，則族屬絶。苟謂兄弟之子無當立者，舍兄弟之孫弗立而立疎遠族屬之子爲嗣，其於祖若考之意果無憾乎？有國者之繼世，與士大夫之承家，其理則一而已矣。吾外家顧氏侍郎公有二子，贊善公爲大宗，蓼菴公繼禰之宗也。蓼菴公有子，未婚而夭，貞孝王孺人服喪衰以歸於顧。又十二年，先生生，方在襁褓，蓼菴公撫而立之，爲貞孝後。先生寔贊善公之孫，吾外祖賓瑶公之子，於賓瑶公子孫爲至親。賓瑶公諸孫，洪善，冢適也；洪泰孤子，不得爲人後。吾仲舅子嚴，失明年老，唯洪慎一子，非支子，不得爲人後。洪慎生三子矣，立世樞爲先生後，不亦可乎！」《晉書·荀顗傳》：「顗無子，以從孫徽嗣。中興初，以顗兄玄孫序爲顗後，封臨淮公。」荀氏，穎川名族，子姓甚繁，豈無昭穆之倫可立爲嗣者，而獨以從孫嗣？其必不舍親屬而他立也，禮之權而不失經者也。何琦之從父以孫紹族祖，琦以爲：「宗緒不絶，若昆弟以孫若曾孫後之，理宜然也。理緣事而興，不必拘常以爲礙也。」故雷次宗釋《儀禮》「爲人後者」之文，以爲不言所後之父者，或後祖父，或後高曾，凡諸所後，皆備於其中。庾純云：「爲人後者三年，或爲子，或爲孫。若荀太尉養兄孫以爲孫，是《小記》所謂爲祖後者也。」何琦、庾純，古所稱知禮之君子，其言鑿鑿如此。惟庾蔚之謂「間代取嗣，古未之聞」。然試以各親其親之常情準之，則必喟然發悟，以爲不悖於先王之道矣。故昭穆相續，其常也。如親屬無當立者，不得已而立從孫爲孫，如父子之誼，仍不改其昭穆之倫，毋亦勢之不得不然，而聖人之所許與。故詳論之，以告吾母黨云。

蕙田案：無子立孫，固爲變禮。然立後之義，但取祖宗一氣，可相承接，非詐冒爲己所親生也，則無子有孫，亦復何害。且立後之不可紊者，惡其亂昭穆也。正其名曰祖孫，則昭穆序矣。夫弟之不可後兄者，以其本是同輩，即長兄撫其幼弟，異時幼弟生子，仍可後兄也。倘暮年無子，而兄弟之子死亡已盡，或存者皆爲獨子，苟不立孫，則其人之絶祀也必矣，無可望矣，是安得不變而通之以濟其窮乎！且雷次宗解經論之於前，亭林先生行之於後，名儒成例，可遵而行也。世人拘泥，反以立孫爲失序，而或强借夭殤之子，或扳立兄弟夭殤之子，而後以孫繼之。此似乎得禮，而實爲矯誣。知禮君子，直須名正言順，定祖孫之分可矣，何必强爲緣飾，而反蹈於非禮哉。

又案：以上立兄弟之孫爲後。

【《晉書·河間平王洪傳》】洪二子：威、混。威嗣，徙封章武。其後，威既繼義陽王望，更立混爲洪嗣。

蕙田案：此條，本生祖父無子，立出後子之子爲後。

【《晉書·王戎傳》】子萬年，十九卒。有庶子興，戎所不齒，以從弟陽平太守愔子爲嗣。

蕙田案：有子立嗣，似屬創見。然繼體祖宗，事關重大，子出微賤，而猥以承祧，是不敬其先人也。世有嫡妻無子，即以婢妾之子爲後，甚而女僕外婦、姦生庶孽，而概以主持匕鬯，可乎？聞王戎之風，可以識古人尊祖敬宗之義矣。

【《大清律例》】分析家財田産，不論妻妾婢生，止以子數均分。姦生之子，量與半分。如別無子立，應繼之人爲嗣，與姦生均分；無應繼之人，方許承繼全分。

蕙田案：此條有子，別立後。

【《周書・杞簡公連傳》】子光寶，爲齊神武所害，以章武公導子亮嗣。

【《邵惠公顥傳》】翼，字乾宜，武成初，封西陽郡公，早薨，謚曰昭，無子，以杞國公亮子温爲嗣。

【王懋竑《立嗣辨》】吾家同寰公生四子：重甫、純甫、和甫、玉甫。重甫公生繩武，和甫生祖武、宗武、成武。純甫公、玉甫公俱絶無後。宗武繼純甫公，其繼玉甫公者，當在成武，而繩武已有二子：天擎、楚材。於是以楚材繼玉甫公爲孫，此議之前定者也。其後，天擎早卒，無子，則重甫公及繩武之世又絶。天擎與楚材爲嫡兄弟，自當以楚材子爲嗣，而楚材止有一子，故天擎臨没，遺言且無立嗣，以待楚材次子之生。今次子生已週歲矣，即宜立爲天擎嗣，以奉同寰公及繩武之後。此揆之禮律而合，度之人鬼而安，斷斷無疑者也。而議者紛紜不一。時宗武子麟勘生四子，祖武子子倫生二子，或主次序之説，謂宜立麟勘之子。或謂宗武已承嗣其後，不得更承嗣，宜立子倫之子。此兩説者，愚請得而辨之。《禮》曰：「如何而可以爲人後？支子可也。」《律》曰：「凡立後者，先儘同父周親。」天擎、楚材，則同父也。楚材之子，於天擎爲嫡姪，於繩武爲嫡孫，同父周親，更無二人。以天擎言之，固不肯舍嫡姪而立從姪；以繩武言之，更安肯舍己之孫而立他人之孫哉！且楚材之子之後天擎也，爲歸宗，不爲繼嗣。即使楚材止一子，亦當以其子歸宗。楚材之不得歸宗者，以兄弟不相爲後，天擎之世不可絶；而必以其子歸宗者，以祖父爲重，而不得自有其子也。萬一不生次子，則寧更繼他人。而推祖父之意，必以其子還爲後，并不得拘支子、適子之説也。況今楚材已有次子，正合《禮》「支子爲後」之云，則更何所擬議而紛紜不已哉？或謂楚材已嗣玉甫公，則與麟勘、子倫同，不得以同父論。是又不考於《禮》《律》之過也。禮，爲人後者，爲其父母期。凡私親，皆降一等。今律亦然。故以名言之，麟勘、楚材，於繩武皆從父，而麟勘之服小功，楚材之服則期矣。麟勘、楚材，於天擎皆再從兄弟，而麟勘之服小功，楚材之服則大功矣。是皆不没其父子兄弟之實，而麟勘烏得以房分次序與楚材較哉？麟勷子之不得爲嗣也，以與楚材子較，而其親不敵也，非夫已承嗣、不得更承嗣之説也。已承嗣、不得更承嗣，不知出於何書，而乃據以爲説。設使子倫無次子，而拘於此，將舍同寰公之後而別取之乎？故非楚材與天擎爲嫡兄弟，則承嗣者必麟勷之子無疑也。是子倫且不得與麟勷較，而又烏得以與楚材較哉？成武之不繼玉甫公，是欲均房分也。今謂楚材已嗣玉甫公，其子不得更嗣天擎，而當以子倫之子，是重甫公之後不可兼其二，而和甫公之後反可據其三，此又豈平情之論乎？若謂楚材家少自足，而子倫貧乏，爲裒益之計，先王之制禮律也，固爲一定之法，以杜後世之争，不得以私意轉移其間。今子倫之子必不得立，即使得立，而據禮律以争者，必不能以已，是啟無窮之隙而失兩盡之道也。况使重甫公不得有其曾孫，繩武不得有其孫，而天擎臨没拳拳之言付之不聞，三世之魂，必有嘆息痛恨於地下者，而傍徨躑躅，不肯以享非其後之祀，人鬼之情，皆有不安，其不可也决矣。或謂楚材本不當嗣玉甫公，今其子既歸宗，則楚材不得擅玉甫公之所有。夫楚材之嗣玉甫公也，專以房分論，而不以昭穆次序論也。其誤已在前，不可改矣。然以今推之，嗣玉甫公者，當在成武。成武無子，嗣成武者，仍在楚材，固非有誤也。奈何藉口而欲分楚材之所有哉？同寰公於新莊公爲長子，至天擎，累世正嫡，所謂繼高祖之宗。今自重甫公以後斬焉，煢煢孤魂，孑然無依，四時祭享，誰爲其主。在同族之親，故復爲此辨，以告於諸叔、諸昆弟，以定其議。要使重甫公、繩武、天擎不至斬焉乏祀，則志願畢矣。

蕙田案：王氏辨是也。以人情言之，出後之兄弟，其情固親兄弟也。則出後者之子，其情亦親於從子矣。若其出後之人無子，則當依所後之親疎立後，而不可强扳本生兄弟之子爲後，承統於彼，不得狥其私親矣。

又案：以上本生兄弟無子，立出後兄弟之子爲後。

【《宋史·禮志》】紹聖元年，尚書省言：「元祐南郊赦文：『户絶之家，近親不爲立繼者，官爲施行。』今户絶家許親近尊長命繼，已有著令，即不當官爲施行。」

大觀四年，詔曰：「孔子謂『興滅繼絶，天下之民歸心』。王安石子雱無嗣，有族子棣，已嘗用安石孫恩例官，可以棣爲雱後，以稱朕善善之意。」

【邵寶《日格》】人之子而子於人，遂爲之子，尊父命也。父殁則母命之。父母殁矣，伯叔雖絶嗣，將不得子之乎？請于君，君命之，猶父命之也。民之微，曷以請於君？請於令長，猶請於君也。

蕙田案：二泉先生之言，恐世人拘守父殁不爲人後之説，而絶後者多，故申明其説以通之，可謂以君子待人者矣。夫繼絶存亡，盛德之事。果是當後，固可以官長斷之，猶父命也。然必宗族公議，萬無推諉，然後請之於官，而命之可也。若其投牒訴訟，自陳當後者，乃貪財背親之人。官長當重懲之以敦風俗，不可以二泉先生之言而反致成人之惡也。

又案：以上官爲絶户立後。

【陳龍正《家矩》】一親友無後者，不論貧富，必與立嗣。有田産及女者，半給贅婿，半留嗣子。如親房無可繼之人，公議于遠房擇而嗣之。遠房又無可繼，先變産價，置買棺槨葬地，餘田方入義莊公用。每歲清明前一日，守祠人備三牲酒飯燭帛，往掃其墓。餕餘，即給守祠人。每墓約費米三斗，開義租内銷算。孤魂一生勤積，惠遺後人，令無祀而有祀，以明報也。貧無産者，亦如之。又不以報論。

【《大清律例》】户絶，財産果無應繼之人，所有親女承管。無女者，聽地方官詳明上司，酌撥充公。

蕙田案：地方官酌撥充公，指絶户

無族者言。若其家有宗祠義庄，可以收族祔祭，則原聽其宗族主持矣。然如陳幾亭先生所云，亦必宗族蕃盛，而祠堂義庄規模遠大，寔足以收族贍貧，主無後之祭者，乃可行之。若末俗貪夫，見人絕後，便生瓜剖之心，强名曰作祭田，充義舉，寔則共相噉噬之而已。甚有已議立後，而近支弟姪猶欲各析其貲者。此無良之事、非義之財，族人苟稍有識者，當明目張胆以救正之，不惟己身不可染指，亦不可狥貪夫之欲而坐視無子者之侵削於人也。

又案：以上絕户財産充公。

右立後之權。

五禮通考卷第一百四十六

淮陰吴玉搢校字

五禮通考卷第一百四十七

內廷供奉禮部右侍郎金匱秦蕙田編輯
太子太保總督直隸右都御史桐城方觀承同訂
兩淮都轉鹽運使德水盧見曾
按察司副使元和宋宗元 參校

嘉禮二十

飲食禮 爲人後附

【《禮記·曾子問》】孔子曰：「宗子爲殤而死，庶子弗爲後也。」【注】族人以其倫代之，明不序昭穆，立之廟。其祭之，就其祖而已，代之者主其禮。

【疏】以其未成人，庶子不得代爲之後。庶子既不爲後，宗子禮不可闕，族人以其倫輩與宗子昭穆同者代之。此爲大宗。族人但是宗子兄弟行，無親疎，皆得代之。知此是指大宗者，以何休《公羊》注云：「小宗無子則絶，大宗無子則不絶，重適之本也。」

徐氏乾學曰：「此庶子，即宗子之弟也。蓋言宗子殤没，庶子即爲父後，不必爲宗子後，故云『庶子弗爲後也』。若依注疏之言，則是父有親子，反舍之不立，而别立他人之子，盡以己之世爵禄産授之，此豈近于人情耶？且有宗子，則宗子爲後，宗子夭，則庶子爲後，此理之必然也，豈有庶子不可爲父後而反以族人代宗子爲後乎？難者曰：『此庶子既不爲殤後，《小記》何以有爲殤後之文？』不知《小記》本文上言『男子冠而不爲殤』，下即繼之曰『爲殤後者，以其服服之』，❶則

❶「服服」，原脱一「服」字，據庫本補。

彼之所謂殤，指已冠婚者而言；此之所謂殤，指未冠婚者而言。已冠婚者得以立後，未冠婚者不得立後，故《記》文有不同也，又何疑乎？」

【《晉書·文六王傳》】城陽哀王兆，字千秋，十歲而夭。武帝踐阼，詔曰：「亡弟千秋，有夙成之質，不幸早亡，其以皇子景度爲千秋後。雖非典禮，亦近世之所行，且以述先后本旨也。」於是追加封謚。景度薨，復以第五子憲繼哀王後。薨，復以第六子祇爲東海王，繼哀王後。薨，又封第十三子遐爲清河王，以繼兆後。

遼東悼惠王定國，年三歲薨。咸寧初，追加封謚，以齊王攸長子蕤爲嗣。

廣漢殤王廣德，年二歲薨。❶咸寧初，追加封謚，以齊王第五子贊紹封。薨，更以第二子實嗣。

【《武十三王傳》】毗陵悼王軌，二歲而夭，以楚王瑋子義嗣。

始平哀王裕，年七歲薨，以淮南王允子迪嗣。

蕙田案：殤子立後，其情有二。一是寵愛其子，思念不忘，於是爲之冥婚立後，封爵贈謚，建廟立碑，以爲榮寵。若《晉書》所載是也。其失也愚。一是兄弟子行中已無應繼之人，惟孫行尚有支子，又恐無子立孫則其孫有祖而無父，于是强借夭殤之子，或別立兄弟夭殤之子爲子，而後以孫繼之。其失也詐。夫殤無爲父之道，必以立後爲厚之，未見其爲厚也。孫有後祖之義，必以無父而

❶「薨」，原脱，據《晉書·文六王傳》補。

諱之，未見其可諱也。是皆明禮者所不爲也。❶

又案：以上爲殤子立後。

【《禮記·射義》】孔子射於矍相之圃，蓋觀者如堵墻。射至於司馬，使子路執弓矢出延射曰：「僨軍之將、亡國之大夫、與《音義》：「與，音預。」爲人後者，不入。其餘皆入。」【注】與猶奇也。後人者，一人而已。既有爲者，而往奇之，是貪財也。【疏】謂有人無後，既立後訖，此人復往奇之。奇，謂配合之外，復有奇隻也。

【《舊唐書·盧簡辭傳》】無子，以弟簡求子貽殷、元禧入繼。貽殷終光禄少卿。元禧登進士第，終國子博士。

【《宋史·留從效世家》】從效無子，以兄從願之子紹錤、紹鎡爲子。

【劉敞《與爲人後議》】孔子射於矍相之圃，子路誓客曰：「僨軍之將、亡國之大夫、與爲人後者不入，其餘皆入。」蓋去者半。敢問何如斯謂之「與爲人後」矣？「與」之也者，干之也，求之也。庶子奪其宗，非干歟？適子不爲族人後，適子而後其族，非干歟？諸父、諸兄，尊也；諸弟，倫也。義不可以爲後，非干歟？禮，不後異姓。異姓而爲人子，非干歟？庶子而奪其宗，則簒其祖也。適子而後其族，則輕其親也。諸父諸兄諸弟而後其子，兄弟則亂昭穆也。異姓而後于人，則背其姓也。當周之衰，僨軍之將、亡國之大夫、與爲人後者蓋多，此仲由所惡也。或曰：「昔之言禮，與子異。」曰：「然。昔之言禮者，以爲人有後矣，而又往與之者也。有後人而又往與之，是兩後矣，安見

❶「禮」，原作「理」，據庫本改。

有兩後者歟？且人惟無後，故求後焉。未有有後而又求副焉者也，此非子路之指。」或曰：「立後者，立族人。族人既爲人之後矣，而晚父有子，立族人歟？立子歟？」曰：「諸侯將立後，必告於天子而見於祖。大夫將立後，必告於諸侯而見於祖。《傳》：『爲人後者，爲之子也。』降其私親，所以重之也。故有子則反，苟代匱而已，非立後也。」

【呂柟《春官外署語》】胡林問：「射禮延射云：『敗軍之將、亡國之大夫、與爲人後者不得入。』夫爲人後者，自是昭穆應繼，不得已而爲之，何以與敗軍之將、亡國之大夫等？」先生曰：「此爲人後，當是異姓養子之類，背父離母，失其家矣，與敗軍、亡國者又何異也！若同姓爲後，禮經有明徵矣。」周璞曰：「注疏謂與爲求。」先生曰：「此説更明。可見古注疏不可不讀。」

朱氏國禎曰：「射禮，『敗軍之將、亡國之大夫、與爲人後者不得入』，敗亡之恥，莫甚焉，不入固宜。爲人後者，亦如之，何故？馮文所云『賤夫妄爲者』也，然則宜爲後者當入矣。蓋射本觀德，德以孝爲先。既爲人後，則本生父母不得執三年喪，人子之心何安，而敢上觀德之埸乎！先王蓋以教孝也。由是觀之，爲人後者，當列不幸之科矣。馮又曰：『非大宗非賢非德而後之，皆曰妄棄其親而親人，幾於禽獸。』吁！何至若是之甚。其不妄者，豈無十之四乎。或者馮公有感之言，不可爲據。」

蕙田案：一人二後，情事亦有不同。其爭奪承繼，以兩立爲解紛者，其爲貪利喪行，不待言矣。亦有富貴之家，己雖無子，而樂見子孫之蕃盛，此其意亦無大惡，然於情理有不可者。蓋我既無子，而兄弟以子後之，此存亡繼絶之大德、非常破格之義舉，聖人之所甚重也。今乃一之不足而至于再，于彼于此，可以唯吾所欲立。其視己之衣食貲財爲甚重，而視人之以子後己爲甚輕，于情于理，其可安乎？又有貧富不均，誼敦手足，見兄弟之多男，而多取之以紓其累者。此尤近于美意，然不思兄弟之子猶子，兄弟貧窘，而我獨豐盈，飲之，食之，教之，誨之，皆伯叔父分中之事也，何必斤斤焉，使舍其父而父我，然後可以施其撫育，何其隘而私乎！且彼兄弟之子，並無干求争奪之心，而自兩後並立之後，旁觀之人皆以爲與爲人後而卑鄙之，是愛之適以害之也。既不以禮自處，又不以禮處人，亦何所取意而爲之也哉？注疏與劉氏説不同，其義一也，當並存之。

又案：以上一人立二後。

【《漢書·張安世傳》】兄賀有一子早死，無子，子安世小男彭祖，師古曰：「言養以爲子。」封陽都侯。賀有孤孫霸，年七歲，拜散騎中郎將，賜爵關内侯。

蕙田案：上言「無子」，謂賀無子。孤孫，即早死之子所生，非無孫矣。夫立後所以繼絶也，不絶而取人爲後，則與義男、養子何異？取者、受者皆失之矣。

又案：以上有孫，復立子。

【《春秋》】成公十五年：「春王三月乙巳，仲嬰齊卒。」【《公羊傳》】仲嬰齊者何？公孫嬰齊也。公孫嬰齊則曷爲謂之仲嬰齊？爲兄後也。爲兄後則曷爲謂之仲嬰齊？爲人後者爲之子也。爲人後者爲其子，則其稱仲何？孫以王父字爲氏也。然則嬰齊孰後？後歸父也。歸父使於晉而未反，何以後之？叔仲惠伯，傅子赤者也。文公死，子幼，公子遂謂叔仲惠伯曰：「君幼，如之何？ 願與子慮之。」叔仲惠伯曰：「吾子相之，老夫抱之，何幼君之有？」公子遂知其不可與爲謀，退而殺叔仲惠伯，殺子赤而立宣公。宣公死，成公幼，臧宣叔者相也。君死不哭，聚諸大夫而問焉，曰：「昔者叔仲惠伯之事，孰爲之？」諸大夫皆雜然曰：「仲氏也。其然乎？」於是遣歸父之家，然後哭君。歸父使乎晉，還自晉，至檉，聞君薨家遣，墠帷，哭君成踊，反命于介，自是走之齊。魯人徐傷歸父之無後也，於是使嬰齊後之也。

【胡《傳》】嬰齊者，公子遂之子，公孫歸父之弟也。歸父出奔齊，魯人徐傷其無後也，于是使嬰齊後之，故書曰「仲嬰齊」。此可謂亂昭穆之序、失父子之親者。以後歸父，則弟不可爲兄嗣；以後襄仲，則以父字爲氏亦非矣。

杜氏預曰：「嬰齊，襄仲子，歸父弟。宣十八年逐東門氏，既而使嬰齊紹其後，曰仲氏。」

徐氏乾學曰：「卿大夫以下，繼世與天子不同。天下不可一日無天子，國不可一日無君，是故繼嗣不立，則取于旁支，以弟後兄可也，以兄後弟可也，甚至以叔後姪，古亦爲之。君之生存，既以盡臣其諸父昆弟，身没而旁支入繼，必爲之服斬衰。既爲之服斬衰，即以祖禰事之可也。大夫則不然，以別子爲祖，亦不能臣其宗族，繼世相傳，以宗法齊之而已。春秋之法，大夫以罪廢逐，不得入宗廟，即思其先世而爲之立後，亦直以廢逐者之兄弟代主大宗之祀，世及相傳，而不及於廢逐者之子姪，正所以嚴昭穆之序也。魯于叔孫氏嘗逐僑如而立其弟豹矣，於臧氏嘗逐紇而立其兄爲矣，于東門氏則逐歸父而立嬰齊，其事正同。不聞豹禰僑如、爲禰紇，而顧必以嬰齊禰歸父，此魯人之創舉也。其意若謂「吾逐歸父，以其父故，父罪之大，不可後，寧後其子爾」，乃不自知其已大悖典制矣。故何氏以爲『亂昭穆之序，失父子之親』，胡氏以爲『弟不可爲兄後，父字不可爲氏』，真不易之論也。然則魯人之處此宜何如？ 曰：歸父固宗子，又一時所稱賢大夫也，《左氏》、《公》、《穀》皆以書其出奔爲善之。魯人既察其無罪而爲之立後，則自有宗法在，不得復同於廢逐之臣矣。《禮・曾子問》篇曰：『若宗子有罪，居於他國，庶子爲大夫，其祭也，祝曰：「孝子某使介子某執其常事。」攝主，不厭祭，不旅，不假，不綏祭，不配。』又曰：『宗子去在他國，庶子無爵而居者，望墓爲壇，以時祭。若宗子死，告於墓而後祭于家。宗子死，稱名不言孝，身没而已。』蓋卿大夫家，乃宗法所自始，其禮固甚嚴也。使歸父有子，當直立之，無子則當立嬰齊之子。嬰齊又無子，則當使爲攝主，以待其子之生。季孫有疾，命正常曰：『南孺子之子，男也，則以告而立之；女也，則肥也可。』季孫卒，康子即位。既葬，康子在朝，正常以告，康子請退。此卿大夫之庶子攝位以待宜立者之生之證也。」

【《魏書・文成五王傳》】河間王若未封而薨，詔京兆康王子太安爲後。太安與若爲從弟，非相後之義，廢之，以齊郡王弥繼。

【《蘇淑傳》】淑，字仲和，武邑人也。立性敦謹，頗涉經傳。兄壽興，坐事爲閹官，後爲河間太守，賜爵晉陽男。及壽興將卒，遂冒養淑爲子。

【《舊唐書・淮陽王道玄傳》】無子，詔封其弟道明爲淮陽王，以奉道玄之祀。

【《宋史・李筠世家》】城陷，筠將赴火，妾劉欲俱死。筠以其有娠，麾令去。守節筠子。既購得之，果生子焉。守節無子，以劉氏所生之弟爲嗣。

【《王欽若傳》】欽若子從益無子，以叔之子爲後。❶

【袁氏《世範》】同姓之子，昭穆不同，亦不可以爲後。鴻雁微物，猶不亂行，人乃不然，至以叔拜姪，於理安乎？況啟争端。設不得已，養弟養姪孫以奉祭祀，惟當撫之如子，以其財産與之，受所養者奉所養如父母，如古人爲嫂制服，如今世爲祖承重之意，而昭穆不亂，亦無

❶「之」，原作「二」，據《宋史・王欽若傳》改。

害也。

【《大清律》】若立嗣，雖係同宗而尊卑失序者，罪亦如之。如立異姓，杖六十。其子亦歸宗，改立應繼之人。

蕙田案：仲嬰齊以弟後兄，千古未有不知其非者。而近世士民之家，猶有紊亂名分、以弟繼兄者，何歟？大都長子早亡，理當立後，則此一分家產，屬之他人，不若取一幼子，畀其寡婦爲子，則我之家產，仍是我子所有。但知取後于人則我子少一分財產，不思人來後我則我家添一分子孫，此大惑也。若人以子少則富，未聞多子之家留其一而其餘推以與他人者，是愛子之心無異，貧與不貧，不暇計也。獨至立後繼絶，則雖親兄弟孫猶忍弗能予，而寧以幼子當之，不知幼子固我子也，而冢適則已絶矣。是謂惜財產而甘爲絶户也，豈不謬哉！

又案：以上以弟後兄。

【《舊唐書·德宗諸王傳》】文敬太子謜，順宗之子。德宗愛之，命爲子。

【《宋史·陳洪進世家》】子：文顯、文顗、文顥、文頊。文頊本文顯子。初，洪進在泉州，❶有相者言一門受禄，當至萬石。時洪進與三子皆領州郡，而文頊始生，乃以文頊爲子，欲應其言。

蕙田案：孫之於祖，可謂親矣，何必改稱爲子乃爲親愛乎！不能加親於孫而適使之絶于父也，有是理乎？

❶「州」，原作「妙」，據《宋史·陳洪進世家》改。

又案：以上名孫爲子。

【《晉書・司馬彪傳》】彪，字紹統，高陽王睦之長子也，出後宣帝弟敏。少篤學不倦，然好色薄行，爲睦所責，故不得爲嗣。雖名出繼，實廢之也。彪由此不交人事而專精學習，故得博覽群集，終其綴集之務。

蕙田案：睦父進爲敏兄，且身列諸侯王，則彪乃繼祖之適孫也。敏雖無子，而兄弟之子固不乏人。睦以愛憎之私，妄將適子後敏，長幼昭穆，皆所不顧，人之愚昧，一至此乎！

又案：此以長房適子爲幼房後。

【《魏書・胡叟傳》】年八十而卒，無子，無有家人營主凶事者。胡始昌迎而殯之於家，葬於墓次，即令一弟繼之，襲其爵始復男，虎威將軍。叟與始昌雖爲宗室，不相好附，于其存也，往來乃簡。及亡而收恤至厚，議者以爲非必敦哀疏宗，或緣求利品秩也。

【《宋史・李至傳》】至七歲而孤，鞠於飛龍使李知審家。及貴，即逐其養子，以利其資。知審因至亦至右金吾衛大將軍。❶

【《癸辛雜識》】止安陳公振，字震亨，居吴門，無子。有同姓昌世者，爲人端慤，每加敬愛，因延之家塾。常從容與言命繼之事，且託之訪歷，久未有所啟。問之，以難其人爲對，則曰：「得如子者乃佳。」昌世皇恐不敢當。又久之，問如初，昌世謝，未敢輕有所進。乃曰：「如此，則無出于子矣。」昌世固辭不敢，强之再三，乃勉承命。後因語及曩嘗夢謁家廟，覺有拜於後者，顧視，則昌世也。此意遂决。昌世以其澤入仕。嘗倅三衢，攝郡，於公帑纖毫無所取。穆陵聞之，擢爲郎，淳祐

❶ 上「至」，原作「之」，據《宋史・李至傳》改。

間也。

【《北溪字義》】在今世論之，立同宗又不可泛。蓋姓出于上世，聖人之所造，正所以别生分類。自後有賜姓、匿姓者，又皆混雜，故立宗者，又不可恃同姓爲憑，須擇近親有來歷分明者立之，則一氣所感，父祖不至失祀。

蕙田案：同姓而不知世系所出，猶異姓也。夫虞有出於帝舜者爲嬀姓，有出於虞仲者爲姬姓；曹有出於振鐸者爲姬姓，有出於邾婁者爲曹姓。後世之姓，與古初之姓，有名異而實同，或字同而實異，安在其可以爲後乎？

又案：此以同姓非宗爲後。

【《春秋》襄五年】夏，叔孫豹、鄫世子巫如晉。　【《公羊傳》】外相如不書，此何以書？　爲叔孫豹率而與之俱也。　叔孫豹則曷爲率而與之俱？　蓋舅出也。【何注】巫者，鄫前夫人襄公母姊妹之子也，俱莒外孫，故曰舅出。　莒將滅之，故相與往殆乎晉也。【注】殆，疑。　疑讞于晉，齊人語。　莒將滅之，則曷爲相與往殆乎晉？　取後乎莒也。　其取後乎莒奈何？　莒女有爲鄫夫人者，蓋欲立其出也。【注】時莒女嫁爲鄫後夫人，夫人無男有女，還嫁之于莒，有外孫。鄫子愛後夫人而無子，欲立其外孫。　書者，善之。　得爲善者，雖揚父之惡，救國之滅者可也。

秋，公會晉侯、宋公、陳侯、衛侯、鄭伯、曹伯、莒子、邾婁子、滕子、薛伯、齊世子光、吴人、鄫人於戚。　【《公羊傳》】吴何以稱人？　【注】據上善稻之會不稱人。　吴、鄫人云則不辭。【注】方以吴抑鄫國，故進吴稱人。　何以抑鄫者，經書「莒人滅鄫」，文與巫訢，❶巫當存。❷　惡鄫文必以吴者，

❶ 「文」，原作「又」，據《春秋公羊傳注疏》襄公五年阮元校勘記改。

❷ 「巫」，原作「晉」，據《公羊傳》襄公五年注改。

夷狄尚知父死子繼，故以甚鄫也。

襄六年，莒人滅鄫。【《公羊》何注】莒稱人者，莒公子，鄫外孫。稱人者，從莒無大夫也。言滅者，以異姓爲後，莒人當坐滅也。不月者，取後于莒，非兵滅。【《穀梁》范注】莒是鄫甥，立以爲後，非其族類，神不歆其祀，故言滅。【《穀梁傳》】非滅也。【注】非以兵滅。中國日，卑國月，夷狄時。鄫，中國也，而時，非滅也。家有既亡，國有既滅。【注】滅猶亡，亡猶滅。家立異姓爲後則亡，國立異姓爲嗣則滅。既，盡也。滅而不自知，由別之而不別也。莒人滅鄫，非滅也。立異姓以莅祭祀，滅亡之道也。【楊疏】言鄫所以滅者，立嗣須分別同姓，而鄫不別也。

【胡《傳》】或曰：鄫取莒公子爲後，罪在鄫子，不在莒人，《春秋》應以梁亡之例而書「鄫亡」，不當但責莒人也。今直罪莒舍鄫何哉？曰：莒人之以其子爲鄫後，與黃歇進李園之妹於楚王、呂不韋獻邯鄲之姬于秦公子，其事雖殊，其欲滅人之祀而有其國則一也，《春秋》所以釋鄫而罪莒歟！以此防民，猶有以韓謐爲世嗣、昏亂紀度如郭氏者。

李氏廉曰：「滅鄫之説，先儒所以不取《左氏》者，豈非以昭四年復有魯取鄫之文，故以此爲非實滅乎？趙子案其事情，以爲莒人以兵破鄫，立其子使守之而爲附庸，其子又鄫之外甥，令奉鄫祀，然神不歆非類，是使鄫絶祀，故須書滅。《公》、《穀》但傳得立鄫甥守祀之説，而不知事實耳。莒今滅爲附庸，後魯取之，故復書取也。究此，則三傳亦互相通。此恐得其實。」

【《三傳折諸》】徐健菴曰：「汪氏云：鄫無後而以莒之子爲後，鄫未嘗無後也。襄五年經稱『鄫世子巫』，是知其立巫爲後，告於大國者也。舍衆著之適長而暱於牀第之情，迎異姓爲後，其罪浮於賈充輩遠矣。先王之制禮也，大宗無後者爲之置後。今鄫本有後也，而反立異姓以爲後，何爲而不滅亡與。按《律》：『乞養異姓義子以亂宗族者，杖六十。若以子與異姓人爲嗣者，罪同。其子歸宗。』此乞養異姓子亦言無後者耳。若鄫、莒之事，又律文所不載，當從重科斷者也。」

【《三國志・馬忠傳》】忠，字德信，少養外家，姓狐名篤。後乃復姓，改名忠。

【《王平傳》】平，字子均，本養外家何氏，後復姓王。

【《朱然傳》】然，字義封，治姊子也。本姓施氏。初，治未有子，然年十三，乃啟策，乞以爲嗣。

【《魏氏春秋》】陳矯本劉氏子，出嗣舅氏，而婚于本族。徐宣每非之。庭議其闕，太祖惜矯才量，欲擁全之，乃下令曰：「喪亂以來，風教凋薄，謗議之言，難用褒貶。自建安五年以前，一切勿論。其以斷前誹議者，以其罪罪之。」

【《晉書・陳騫傳》】騫父矯，魏司徒。矯本廣陵劉氏，爲外祖陳氏所養，因而改焉。

【《賈充傳》】充無嗣。及薨，充婦郭槐輒以外孫韓謐爲黎民子，充子黎民，三歲死。奉充後。郎中令韓咸、中尉曹軫諫曰：「禮，大宗無後，以小宗支子後之。無異姓爲後之文。無令先公懷腆后土，良史書過，豈不痛心！」槐不從。咸等上書，求改立嗣，不報。槐遂表陳，是充遺意。詔曰：「太宰魯公充，崇德立勳，❶勤勞佐命，背世殂殞，每用悼心。又胤子早終，世嗣未立。古者列國無嗣，取始封支庶以紹其統，而近代更除其國。至於周之公旦，漢之蕭何，或預建元子，或封爵元妃，蓋尊顯勳庸，不同常例。太宰素取外孫韓謐爲世子黎民後，吾退而斷之，外孫骨肉至近，推恩計情，合于人心，其以謐

❶「崇」，原作「勤」，據庫本改。

爲魯公世孫，以嗣其國。自非功如太宰，始封無後，皆不得以爲例。」

【《秦秀傳》】充薨，秀議曰：「充舍宗族弗授而以異姓爲後，悖禮溺情，以亂大倫。昔鄫養外孫莒公子爲後，《春秋》書『莒人滅鄫』。聖人豈不知外孫親耶？但以義推之，則無父子耳。又案詔書『自非功如太宰，始封無後如太宰，所取必己自出如太宰，不得以爲比』。然則外孫爲後，自非元功顯德，不之得也。天子之禮，蓋可然乎？絶父祖之血食，開朝廷之禍門。《謚法》：『昏亂紀度曰荒。』請謚荒公。」不從。

【《魏書・高崇傳》】崇，字積善。父潛，顯祖初歸國，賜爵開陽男，居遼東。詔以沮渠牧犍女賜潛爲妻，封武威公主，拜駙馬都尉，❶加寧遠將軍。卒，舅氏坐事誅。公主痛本生絶嗣，遂以崇繼牧犍後，改姓沮渠。景明中，啟復本姓，襲爵。

【《舊唐書・李叔明傳》】本姓鮮于氏。大歷末，有閬州嚴氏子上疏稱「叔明少孤，養子於外，遂冒姓焉。請復之」。詔從焉。叔明初不知其從外氏姓，意醜其事，遂抗表乞賜宗姓。代宗以戎輅寄重，許之，仍置嚴氏子于法。

【《宋史・葉夢鼎傳》】本陳待聘之子，七歲，後於母族。

蕙田案：異姓爲後，固爲非禮。然直書不諱，則本系尚明。傳中言「召赴行在，丁本生母憂」。蓋與爲伯叔後者同行出降之禮。此是當時父命使然。倘葉氏無後可立，而待聘別

❶「駙」，原作「附」，據庫本改。

自有子，固不容自復本宗，而視葉之絶嗣也。若諱言非禮而没所由來，則尤不可矣。

【《元史・王鶚傳》】無子，以壻周鐸子之綱承其祀。

【《明史・外戚傳》】陳公淳，皇后父也，追封揚王。王無子，生二女，長適季氏，次即皇太后。晚以季氏長子爲後。

【《陳泰傳》】幼從外家曹姓，既貴乃復故。

【《王得仁傳》】本謝姓，父避讐外家，因冒王氏。

【《夏良勝傳》】徐鰲本高氏子，少孤，依舅京師，冒徐姓，從其業爲醫。

蕙田案：世俗視兄弟之子甚疏，而視女及女夫甚親。于是有不立應繼而甘招贅壻，亦有不得已而立後，而與贅壻分支作兩房者。其爲非禮，不待論矣。倘有微族單門，伶仃孤子，實無宗支應繼之人者，若不招壻，則無以自存，此安得不以外孫承祀乎？曰：是有説焉。夫既無應繼，則所有財産不得不歸之女壻、外孫。女壻、外孫既得其財産，不得不承其祭祀，此情理之必然者也。雖曰鬼神不享非類，然古之有功德於天下者，則天下祭之；有功德於一國一鄉者，則一國一鄉祭之，以云報也。今以庶民之家，宫室衣食，俱蒙婦翁外祖之庇，則亦有功德於一家一人者也，奈何不祭之以報乎！然其祭之也，宜主之以外孫，而不主之以壻，没外孫之身而止。或外孫生子早，識其祖母之父母，則亦祭之，没身而止。明其殺於本宗也。而其祝文稱謂則仍以外祖、外曾祖爲名，而外孫、外曾孫仍自姓其本姓，此不得已之變通，亦庶幾亡於禮者之禮也。若乃更其姓氏，易其稱謂，使自廢其祖先之祀，甚乃忘其所自而通婚於同宗，是謂陷人非禮，有識者所當深戒。

又案：此以女壻、外孫爲後。

【《北齊書·高隆之傳》】隆之，字延興，本姓徐氏，云出自高平金鄉。父幹，魏白水郡守，爲姑壻高所養，因從其姓。

【《五代史·周本紀》】世宗本姓柴氏。柴氏女適太祖，是爲聖穆皇后。后兄守禮子榮，幼從姑長太祖家，以謹厚見愛，太祖遂以爲子。

【《宋史·程瑀傳》】瑀，字伯寓，饒州浮梁人。其姑臧氏婦，養瑀爲子。及姑殁，始復本姓。累官至校書郎，爲臧氏父母服。

蕙田案：姊妹之子，猶有血氣之屬。妻兄弟子何人，而可以爲後乎？在己則妻爲夫綱，在其子必知母而不知父矣，真可憫也。

又案：以上以妻兄弟子爲後。

【《北齊書·獨孤永業傳》】永業，字世基，本姓劉，母改適獨孤氏。永業幼孤，隨母爲獨孤家所育養，遂從其姓。

【《隋書·王充傳》】充，字行滿，祖支頹耨，徙居新豐。頹耨死，其妻少寡，與儀同王粲野合，生子曰瓊，粲遂納之，以爲小妻。其父收，幼孤，隨母嫁粲，粲愛而養之，因姓王氏，官至懷、汴二州刺史。王充，本王世充，《隋書》以唐諱去之也。

【《唐書·安禄山傳》】禄山，營州柳城胡

也，本姓康。母阿史德，爲覡，居突厥中，❶禱子于軋犖山，❷虜所謂鬭戰神者。既而妊，及生，有光照穹廬，野獸盡鳴。望氣者言其祥。范陽節度使張仁愿遣搜廬帳，欲盡殺之，匿而免。母以神所命，遂字軋犖山。少孤，隨母嫁虜將安延偃。開元初，偃攜以歸國，與將軍安道買亡子偕來，得依其家，故道買子安節厚德偃，約兩家爲兄弟，乃冒姓安，更名禄山。

【《郭子儀傳》】子曖。曖子銛尚西河公主。主初降沈氏，生一子。銛無嗣，以沈氏子嗣。

【《舊唐書・元載傳》】家本寒微，父景昇，任員外官。載母攜載適景昇，冒姓元氏。

【《青箱雜記》】范文正公幼孤，隨母適朱氏，因冒姓朱，名説。後復本姓，以啟謝時宰曰：「志在投秦，入境遂稱於張禄；名非霸越，乘舟乃効于陶朱。」以范睢、范蠡亦嘗改姓名故也。

【《明史・熊概傳》】幼孤，隨母適胡氏，冒其姓。巡撫南畿浙江，還始復姓。

蕙田案：既娶改嫁之婦，孤兒無依，後夫養之，亦聖人所不禁也。但易姓以亂其宗，則不可。若其間情誼之厚薄，禮制之重輕，詳《喪服》「繼父同居」條，宜參考焉。

又案：以上以妻前夫子爲後。

【《詩・小雅・小宛》】螟蛉有子，蜾蠃負之。教誨爾子，式穀似之。【注】螟蛉，桑上小青蟲。蜾蠃，土蜂也。取桑蟲負之于木空中，七日化爲其子。式，用。穀，善也。螟蛉有子，則蜾蠃負之，以興不似者可教而似，教誨爾子，用善而似之可也。

❶「厥」，原脱，據《新唐書・安禄山傳》補。

❷「子」，原作「之」，據《新唐書・安禄山傳》改。

【《蜀志》】衛繼，字子業。兄弟五人，繼父爲縣功曹。繼兒時，與兄弟隨父遊戲庭寺中。縣長成都張君無子，每呼其子省弄，甚憐愛之。因語功曹，欲乞繼，功曹即許之，遂養爲子。繼敏達夙成，學識通博，進仕州郡，歷職清顯。而其餘四人，無堪當世者。父恒言己之將衰，張明府將盛也。時法禁以異姓爲後，故復爲衛氏。

【《陳書·周文育傳》】文育，字景德，義興陽羨人也。少孤貧，本居新安壽昌縣，姓項氏，名猛奴。年十一，能反覆遊水中數里，跳高五六尺。與群兒聚戲，衆莫能及。義興人周薈爲壽昌浦口戍主，見而奇之，因召與語。文育對曰：「母老家貧，兄姊並長大，困於賦役。」薈哀之，乃隨文育至家，就其母請文育養爲己子。母遂與之。及薈秩滿，與文育還都，見于太子詹事周捨，請製名字。捨因爲立名文育，字景德。

【《魏書·胡叟傳》】叟，字倫許，安定臨涇人也。不治產業，常苦饑貧，然不以爲恥。養子字螟蛉，以自給養。每至貴勝之門，恒乘一牸牛，弊韋袴褶而已。作布囊，容三四斗，飲噉醉飽，便盛餘肉餅以付螟蛉。見車馬榮華者，視之蔑如也。

【《五代史·王晏球傳》】晏球，字瑩之，洛陽人也。少遇亂，爲盜所掠。汴州富人杜氏得之，以爲子，冒姓杜氏。

【《宋史·安德裕傳》】父重榮，晉成德軍節度。德裕生未朞，重榮舉兵敗，乳母抱逃水竇中，爲守兵所得。執以見軍校秦習，習與重榮有舊，因匿之。習先養石守瓊爲子，及年壯無嗣，以德裕付瓊養之，因姓秦氏。習卒，德裕行三年服，然後還本姓。習家盡以橐裝與之，凡白金萬餘兩，德裕却之，曰：「斯秦氏之蓄，於我何有？」聞者高之。

【《薛居正傳》】惟吉，字世康，居正假子也。居正妻妒悍無子，婢妾皆不得侍側，故養惟吉，愛之甚篤。

【《孝義傳》】劉孝忠，母死，孝忠傭爲富家奴，得錢以葬。富家知其孝行，養爲己子。後養父兩目失明，孝忠爲舐之，經七日，復能視。

申積中，成都人。襁褓中，楊繪從其父起求之爲子。及長，知非楊氏，而絶口不言。年十九，登進士第。事所養父母，盡孝終身。有二弟一妹，爲畢婚娶，始歸本族，復爲申氏。

【《江萬里傳》】萬里無子，以蜀人王橚子爲後，即鎬也。

【《韓侂胄傳》】侂胄娶憲聖吴皇后姪女，無子，取魯誼子爲後，名珍。既誅，侂胄削籍，流沙門島。

【《癸辛雜識》】戴良齋云：「昔有宦家，過屠門，見幼穉而愛之，抱以爲子。戒抱者以勿言。既長，且承序矣。嘗因祀先，恍惚見受享者皆佩刀正坐，而裏章服者，列位其傍。愕然以語保者。保者始告以實。自是，當祀，必先祀其所生，而後祀其所爲後者云。」命後者不可不知也。

【《遼史·耶律隆運傳》】隆運，本姓韓，名德讓，西南面招討使匡嗣之子也。賜姓名。薨，無子。清寧三年，以魏王貼不子耶魯爲嗣。天祚立，以皇子敖盧斡繼之。

蕙田案：隆運本宗韓氏，有弟有姪，乃舍之不立，而偏以耶律氏子爲嗣。細人之愛以姑息，而不知適以殄其嗣。悲夫！

【《金史·章宗紀》】承安五年九月，定皇族收養異姓男爲子者，❶徒三年；姓同者，減二等。

【《明史·外戚傳》】馬公，高皇后父也，追封徐王。王無後，以外親武忠、武聚爲之。

【《張詩傳》】詩，字子言，順天人。本農家李氏子，八歲時，育於官恐當作「宦」。家張氏。閱三十年，始知，乃痛自悲悼，覓得其兄弟，哭諸父母之墓，議歸宗。終以張氏無子，遂仍其舊。

　　蕙田案：張詩可謂孝矣。夫己之父母，尚有兄弟。張氏宗祀，寄之一詩。少受撫育，長而背之，于李無大益，而于張爲酷禍，宜仁孝之人所不忍爲也。

【羅虞臣《譜法》】或問譜法有進有黜。曰：他姓之子後吾宗，雖成派，吾其猶黜諸。吾宗之子爲他姓後，雖易世，吾其猶進諸。

【《大清律》】其乞養異姓子以亂宗族者，杖六十；若以子與異姓人爲嗣者，罪同。其子歸宗。凡文武官員應合襲廕者，若無嫡長、嫡次、庶出子孫，許令弟姪應合承繼者襲廕。若將異姓外人乞養爲子，瞞昧官府，詐冒承襲者，乞養子杖一百，發邊遠充軍；本家所關俸給，事發截日住罷。他人教令詐冒者同罪。

　　蕙田案：異姓爲後之失，人皆知之，不必爲之贅説矣。余獨以爲事變無窮，固有已成父子于前而不容頓然改正者，又當量其緩急輕重而善處

❶「養」，原作「義」，據《金史·章宗紀》改。

之。若安德裕、申積中、張詩諸人，或報恩而後反其宗，或繼絶而終守其祀，觀過知仁，無乖情理，是亦君子之所諒也。若乃衣食乳哺，深受其恩，家産田園，親享其利，一旦托返本復始之名，以行其負義忘恩之實，以是爲禮，又所謂「是惡知禮意」者矣！

又案：以上以異姓爲後。

【《管子·入國》】所謂恤孤者，凡國都皆有掌孤。士人死，子孤幼，無父母所養，不能自生者，屬之其鄉黨知識故人，養一孤者一子無征，養二孤者二子無征，養三孤者盡家無征。掌孤數行問之，必知其食飲饑寒、身之膌胜而哀憐之。此之謂恤孤。

【《魏書·馮熙傳》】熙，字晉昌，文明太后之兄也。父朗，坐事誅。熙生於長安，爲姚氏魏母所養。以叔父樂陵公邈因戰入蠕蠕，魏母攜熙逃避至氐羌中撫育。年十二，好弓馬，有勇幹，氐羌皆歸附之。魏母見其如此，將還長安，始就博士學問。事魏母孝謹，如事所生。魏母卒，乃散髮徒跣，水漿不入口三日。詔不聽服，熙表求依趙氏之孤。高祖以熙情難奪，聽服齊衰期。

【《宋史·后妃傳》】神宗欽成朱皇后，開封人。父崔傑早世，母李更嫁朱士安。后鞠於所親任氏。熙寧初入宮，進婕妤，生哲宗。哲宗即位，尊爲皇太妃。紹聖中，贈崔、任、朱三父皆至師保。崇寧元年薨，追册爲皇后。

蕙田案：三姓並贈，典禮濫極矣。然鞠養之恩，不敢忘報，固忠厚之道也。凡在民庶，可愬然歟！

【《大清律例》】其遺棄小兒，年三歲以下，雖異姓，仍聽收養，即從其姓，但不得以無子遂立爲嗣。　例：凡乞養義子，有情願歸宗者，不許將分得財產攜回本宗。其收養三歲以下遺棄之小兒，仍依律，即從其姓，但不得以無子遂立爲嗣，仍酌分給財產，俱不必勒令歸宗。如有希圖貲財，冒認歸宗者，照律治罪。

【《箋釋》】四歲以上，不報官收養者，以收留迷失子女論。《輯注》駁之：蓋收養遺棄，意在哀其死；收留迷失，意在利其人：情若有異也。縱年至四五歲，不能自知其父母姓氏居址者，自應收養，以全其生。如能明言父母姓名及居址何處，即應查訪送還，或報官喚人認領。竟留而不言，亦有不合，第不宜科以杖徒重罪耳。或謂三四歲兒，成人後生父告認，問以冒認良人爲子之罪，斷還養父。議者謂子無絶父母之理。案父母忍心遺棄，揆義已絶。他人養成而認爭之，固有不合，第其中或有正妻嫉妬，抛棄不留，夫主知情；甚有家庭謀佔財產，私抱棄置，無由根尋者。事變多端，似不宜執一而論。倘查明訊確，實非本生父母遺棄，現在年老無兒，當令認償，養費加倍謝酬，勸諭收養者放回，延其宗嗣，亦體悉民情之一端也。余曾有所見聞，故特附筆於此。

【《大清律》】凡收留人家迷失子女，不送官司而自收爲妻妾子孫者，杖九十，徒二年半；其收留在逃者，杖八十，徒二年：給親完聚。

蕙田案：收養遺棄而藉以爲後，則非禮矣。

又案：以上收養遺棄附。

【《漢書·外戚惠后傳》】呂太后欲其生子，萬方，終無子，乃使陽爲有身，取後宮美人子名之，殺其母，立所名子爲太子。惠帝崩，太子立爲帝。四年，乃自知非皇后所出，曰：「太后安能殺我母而名我！

我壯，即爲所爲。」太后恐其作亂，乃幽之永巷，言帝病甚，左右莫得見。太后下詔廢之，更立恒山王弘。

蕙田案：太后欲張后有子，詐取後宫子名之。後宫所生，亦安見其盡非帝子。然推太后之心，則其爲是否亦所不論，嫌疑之際，大臣遂盡舉誅之。倘四子之中有一真惠帝子，豈不因之而斬乎？甚矣，作僞之爲害也！

【《趙充國傳》】傳子，至孫欽。欽尚敬武公主，無子。主教欽良人習詐有身，名它人子。欽薨，子岑嗣侯。岑父母求錢財無已，忿恨相告。岑坐非子免，國除。

【《三國志·齊王芳紀》】芳，字蘭卿。明帝無子，養王及秦王詢，宫省事秘，莫有知其所由來者。

【《北溪字義》】神不歆非類，民不祀非族。古人繼嗣，大宗無子，以族人之子續之，取其氣脉相爲感通，可以嗣續無間。此亦至正大公之舉，而聖人所不諱也。後世理義不明，人家以無嗣爲諱，不肯顯立同宗之子，多潛養異姓之兒，陽若有繼，而陰已絶矣。仲舒《繁露》載漢一事，有人家祭，用祝降神，祭畢，語人曰：「適所見甚怪，有官員公裳盛服，欲進而躊躇不敢進。有一鬼蓬頭裸袒，手提屠刀勇而前，歆其祭。」主人不曉其由。有長老説其家舊日無嗣，乃取異姓屠家之子爲嗣，即今主祭者，所以只感召得屠家父祖而來，其繼立本家之祖先，非其氣類，自無交接感通之理。

蕙田案：今《繁露》中絶無此文。蓋是書本多殘闕，或宋時善本尚多，别有見也。但詳其文氣，殊與《繁露》不類，豈或有記憶之誤歟？否則，《繁露》曾有此事，撮其事述之，而非董之原文歟？皆不可知也。疑即《癸辛雜識》戴良齋云云一條，《北溪》誤憶耳。

【《明史・諸王傳》】楚恭王英㷿薨，子華奎幼，萬曆八年始襲爵。三十一年，楚宗人華趆等言：「華奎與弟宣化王華壁，皆非恭王子。華奎乃恭王妃兄王如言子，抱養宮中。華壁則王如綍家人王玉子也。華趆妻即如言女，知之悉。」禮部侍郎郭正域請行勘。大學士沈一貫右華奎，委撫、按訊，皆言僞王事無左驗。而華趆妻持其説甚堅，不能決。廷議令覆勘。中旨以楚襲封已二十餘年，宜治華趆等誣罔。御史錢夢皋爲一貫劾正域，正域發華奎行賄一貫事，華奎遂訟言正域主使，正域罷去。東安王英燧、武岡王華增、江夏王華塇等，皆言僞跡昭著，行賄有據。諸宗人赴都投揭。奉旨切責，罰祿、削爵有差。華趆坐誣告，降庶人，錮鳳陽。未幾，華奎輸賄入都，宗人遮奪之。巡撫趙可懷屬有司捕治，宗人藴鈐等方恨可懷治楚獄不平，遂大閧，毆可懷死。巡按吴楷以楚叛告，一貫擬發兵會勦。命未下，諸宗人悉就縛。於是斬二人，勒四人自盡，錮高墻及禁閒宅者復四十五人。三十三年四月也。自是無敢言楚事者。久之，禁錮諸人以恩詔得釋，而華奎之真僞竟不白。【《郭正域傳》】先是，楚恭王得廢疾，隆慶五年薨。遺腹宮人胡氏孿生子華奎、華壁。或云内官郭綸以王妃兄王如言妾尤金梅子爲華奎，❶妃族人如綍奴王玉子爲華壁。儀賓汪若泉嘗訐奏之。事下撫按，王妃持甚堅，得寢。萬曆八年，華奎嗣王，華壁亦封宣化

❶「綸」，原作「倫」，據庫本改。

王。宗人華趆者，素强禦，忤王。華趆妻，如言女也。是年，遣人訐華奎異姓子也，不當立。一貫屬通政使沈子木格其疏勿上。月餘，楚王劾華趆疏至，乃上之。命下部議。未幾，華趆入都，訴通政司邀截實封及華奎行賄狀，楚宗與名者凡二十九人。子木懼，召華趆，更令易月日以上。旨并下部。正域請敕撫按公勘，從之。初，一貫屬正域毋言通政司匿疏事。及華趆疏上，正域主行勘。一貫言親王不當勘，但當體訪。正域曰：「事關宗室，臺諫當亦言之。」一貫微笑曰：「臺諫斷不言也。」及帝從勘議，楚王懼，奉百金爲正域壽，且屬毋竟楚事，當酬萬金，正域嚴拒之。已而湖廣巡撫趙可懷、巡按應朝卿勘上，言：「詳審毋左驗。而王氏持之堅，諸郡主、縣主則云罔知真僞。乞特遣官再問。」詔公卿雜議於西闕門，日晏乃罷。議者三十七人，各具一單，言人人殊。李廷機以左侍郎代正域署部事，正域欲盡録諸人議，廷機以辭太繁，先撮其要以上。一貫遂嗾給事中楊應文、御史康丕揚劾禮部壅閼群議，不以實聞。正域疏辨，且發子木匿疏、一貫阻勘及楚王餽遺狀。一貫益恚，謂正域遣家人導華趆上疏，議令楚王避位聽勘，私庇華趆。當是時，正域右宗人，大學士沈鯉右正域，尚書趙世卿、謝傑、祭酒黄汝良則右楚王。給事中錢夢皐遂希一貫旨論正域，詞連次輔鯉。應文又言正域父懋嘗笞辱於楚恭王，故正域因事陷之。正域疏辨，留中不報。一貫、鯉以楚事皆求去，廷機復請再問。帝以王嗣位二十餘年，何至今始發，且夫訐妻証，不足憑，遂罷楚事勿按。正域四疏乞休去。【《沈一貫傳》】萬曆三十一年，楚府鎮國將軍華越訐楚王華奎爲假王，一貫納王重賄，令通政司格其疏月餘，先上華奎劾華越欺罔四罪疏。正域楚人，頗聞假王事有狀，請行勘虛實，以定罪案。一貫持之。正域以楚王餽遺書上，帝不省。及撫按臣會勘并廷臣集議疏入，一貫力右王，嗾給事中錢夢皋、楊應文劾正域勒歸聽勘，華越等皆得罪。【《董漢儒傳》】楚宗五十餘人訐假王事獲罪，囚十載。漢儒力言「王，假也」，請釋繫者。【《外戚・邵喜傳》】世宗大母邵太后弟也，封昌化伯。子蕙嗣，嘉靖二年卒，無子，族人争嗣。初，太后入宫時，父林早歿。太后弟四人：宗、安、宣、喜。宗、宣無後，及蕙卒，帝令蕙弟萱嗣。蕙姪錦衣指揮輔、千户茂言：萱非嫡派，不當襲。蕙母争之。議久不決。大學士張璁等言：「邵氏子孫已絶，今其争者皆傍支，不宜嗣。」時帝必欲爲喜立後，乃以喜兄安之孫杰爲昌化伯。明年，《明倫大典》成，命武定侯郭勛頒賜戚畹，弗及杰。杰自請之，帝詰勛。勛怒，録邵氏争襲章奏，訐杰實他姓，請覆勘。帝不聽。會給事中陸粲論大學士桂萼受杰賂，使奴隸冒封爵。帝怒，下粲獄，而盡革外戚封，杰亦奪襲。

蕙田案：三代以下，各親其親，各子其子，人情所同也。已無子而可取他人子名之，是己子不足以爲親，人子不足以爲疎也，此豈其情也哉。觀史書所載，詐爲有子者，若漢之惠后、敬武公主，明之楚藩，類皆出於婦女之所爲。内懷嫉妬，外要權寵，遂至斬其夫之世緒而不顧，斯已惑矣。至若近世士夫之家，尚有合謀妻妾，詐爲有身，及宗族訴訟，而折獄之官不容舍其父母之言，偏狥無稽之訐告，以致所名之子，多得守田廬，承祭祀，不自知其爲餒而之鬼。雖其事隱秘，而所見所聞，蓋間有之。嗚呼！彼獨非人情乎。蓋嘗深原其故，而知其吞聲飲恨，甘心爲此下下之策者，良由憤激至深，而非真以爲宗支享祀之計也。何則？人生無子，大不幸之事也。無子而人以子繼之，甚盛德之舉也。當大不幸之時而受其甚盛德之舉，此其兄弟之情宜益篤，而其繼立之父子宜益親。然而若是者不多見，何也？薄俗寡恩，惟知貪利，其人中年無子，方以爲憂，而兄弟之間，已若有喜色；其人晚年得子，方以爲喜，而兄弟之子，反若失所望。此其幸灾樂禍之心，根于寤寐，見諸聲色，無子之人，未有不爲之痛心者也。卒也耄年無子，或有子而不育，而彼之久懷覬覦者，遂將肆然據之爲己有，是所爲兄弟叔姪者，乃路人之不若，而讐人之不啻也。然則，無子者欲以我之田園産業一旦付之讐人，則寧付之路人之爲愈也。然又不可正告親族曰：「我將以與路人也。」則莫如取路人之子而强名之，陽以博嗣續之名而快意於一時，隱以絶覬覦之心而洩憤於平日。即彼明知其爲抱養他族，而勢不容以口舌爭也。至於身後之事，鬼神之享，杳渺無憑之事，亦何暇計及哉！此其所以悍然行之而不顧也。夫人以私情之忿，遂至亂其族類，絶其享祀而不恤，其爲非禮無識，誠無所逃其罪矣。然以情事言之，則激成其事者，罪又甚焉。何也？無子之人，處淒涼煢獨之境，罄其資財以與人者，期于無子而有子也。乃未事之先，眈眈虎視；得之之後，了無德色。此其撫心悲恨，情事固所難堪。若彼爲兄爲弟爲姪者，處安常之境而生兼併之謀，利羨餘之財而幸骨肉之絶，致使其人痛心疾首，忽思變計，從此遂成釁隙而不可復合，則族類之所以亂，祭享之所以絶，雖曰彼自爲之，其能不以激成之者爲罪之魁也哉！

又案：以上名他人子附。

【《魏書·崔元伯傳》】弟徽子衡。衡長子敞。敞弟鍾。敞亡後，鍾貪其財物，誣敞息子積等三人非敞之嗣。辭訴累歲，人士嫉之。

【《宋史·韓億傳》】知洋州。州豪李甲兄死，迫嫂使嫁，因誣其子爲他姓，以專其貲。嫂訴於官，甲輒賂吏掠服之。積十餘年，訴不已。億視舊牘未嘗引乳醫爲證，召甲出乳醫示之，甲亡以爲辭，寃遂辨。

【《元史·順帝紀》】及明宗崩，文宗復正大位。至順元年四月，明宗后八不沙被讒遇害，遂徙帝於高麗，使居大青島中，❶

❶「島」，原作「嶼」，據《元史·順帝紀》改。

不與人接。閲一歲，復詔天下，言明宗在朔漠之時，素謂非其己子，移于廣西之静江。【《虞集傳》】文宗在上都，將立其子阿剌忒納答剌爲皇太子，乃以妥歡帖穆爾太子乳母夫言「明宗在日，素謂太子非其子」，黜之。

【《明史·孫燧傳》】六月乙亥，宸濠生日，宴鎮巡三司。明日，燧及諸大吏入謝，宸濠伏兵左右，大言曰：「孝宗爲李廣所誤，抱民間子，我祖宗不血食者十四年。今太后有詔，令我起兵討賊，亦知之乎？」衆相顧愕眙，燧直前曰：「安得此言！請出詔示我。」宸濠曰：「毋多言。我往南京，汝當扈駕。」燧大怒曰：「汝速死耳，吾豈從汝爲逆哉！」

蕙田案：宸濠叛逆，所謂路人皆知其心者也。然其發端，藉口於民間子，可謂詐而愚矣。乃世之謀奪承嗣者，猶紛紛以誣訐抱養爲得計，其皆宸濠之故智乎！然宸濠曾借是以成其事乎？夫亦可以悟矣。

【《王守仁傳》】子正億，隆慶初襲新建伯。子承勛嗣。子先進無子，以弟先達子業弘繼。先達妻曰：「伯無子，爵自傳吾夫。由父及子，爵安往？」先進怒，因育族子業洵爲後。及承勛卒，先進未襲死。業洵自以非嫡嗣，終當歸爵先達，且虞其争，乃謗先達爲乞養，而別推承勛弟子先通當嗣。屢争於朝，數十年不决。崇禎時，先達子業弘與先通疏辨，而業洵兄業浩時爲總督，所司懼忤業浩，竟以先通嗣。業弘憤，持疏入禁門訴。自刎不殊，執下獄，尋釋。先通襲伯四年，流賊陷京師，被殺。

蕙田案：先進爲陽明嫡曾孫，義不可絶者也。業弘雖不言有兄弟與否，然嫡伯無子，便當入嗣襲爵，禮之正也。先達妻既不肯以子入嗣，則當别立兄弟之子，近支果無其人，則育業洵而子之，亦禮之正也。夫業洵之支屬雖疎，然於先進爲子行；先通之服屬雖近，然於先進爲堂弟。既可絶先進而别嗣其爵，則先達爲承勛次子，宜其有以藉口而争者反至無詞。於是而乞養之謗興矣。是其争訐不已之端，一起於業弘之不肯入嗣，再搆於業洵之不襲而反襲一堂弟之先通也。故先通有子，則當改嗣；無子，則立業洵。此兩言而决者也。乃告訐紛紛，至於朝議不能爲之决，何歟？蓋大禮議後，倫紀不明，先達妻之説，正世宗所謂「嗣位不嗣統」者也。利始祖之爵禄而絶大宗之祭祀，上行下效，相襲成風，揆厥所由，蓋璁、萼之流毒遠矣。

又案：以上誣指人爲非其父所生附。

【《宋史・程顥傳》】爲晉城令。富人張氏父死，旦，有老叟踵門，曰：「我，汝父也。」子驚疑莫測，相與詣縣。叟曰：「身爲醫，遠出治疾，而妻生子，貧不能養，以與張。」顥質其驗。取懷中一書進，其所記曰：「某年月日抱兒與張三翁家。」顥問：「張是時纔四十，安得有翁稱？」叟駭謝。

【《大清律》】若冒認良人爲妻妾子孫者，杖九十，徒二年半。

蕙田案：晉城老叟，特欲誣此少年，

冀其養贍，不知即果其子，亦當令張氏别立應繼而子隨叟歸，富人之利，仍無與也。又有孤兒幼小，宗族争繼，而賄買閒人，冒認己子，并質証者，此皆譸張爲幻之徒。彼貧窶之人，以子與富人抱養，必不利一時之酬謝，而使子失一生之産業，此人情也。然則真者必不認，認者必不真，居官者慎無爲所惑也。

又案：以上冒認人爲己所生附。

又案：立後之失，至異姓亂宗止矣。其間若收養遺棄，名他人子，甚至誣指人爲非其父所生，冒認人爲己所生，皆異姓爲後之變態也。自立後之義不明，遂爲世道人心之害，因連類附之，以爲炯鑑。若夫史傳所載，更有義兒及中官養子，則又理外之事，與立後無關，不贅入焉。

右立後之失。

【《蜀志·諸葛亮傳》】喬，字伯松，亮兄瑾之第二子也，本字仲慎。初，亮未有子，求喬爲嗣。亮以喬爲己嫡子，故易其字焉。年二十五卒，子攀。諸葛恪見誅於吴，子孫皆盡，而亮自有胄裔，故攀還後爲瑾後。

【《晉書·彭城王權傳》】子康王釋薨，子雄立，坐奔蘇峻伏誅。更以釋子紘嗣。紘，字偉德，初繼高密王據，雄誅，入繼本宗。

【《嵇紹傳》】子昣早夭，以從孫翰襲封。成帝時，以翰爲奉朝請。翰以無兄弟，自表還本宗。

【《魏書·城陽王長壽傳》】長壽長子多侯早卒。次子鸞，字宣明，始繼叔章武敬王。及兄卒，還襲父爵。

【《宋史・禮志》】熙寧二年，同修起居注、直史館蔡延慶父褒，故太尉齊之弟也。齊初無子，子延慶。後齊有子而褒絶，請復本宗。禮官以請，許之。

【《大清律》】若所養父母有親生子及本生父母無子欲還者，聽。　若養同宗之人爲子，所養父母無子，所生父母有子而捨去者，杖一百，發付所養父母收管。

蕙田案：以上本生無子歸宗。

【《晉書・皇甫謐傳》】出後叔父。後叔父有子既冠，謐年四十，喪所生後母，遂還本宗。

【《南齊書・魚服侯子響傳》】子響，字雲音，世祖第四子也。豫章王嶷無子，養子響。後有子，表留爲嫡。永明六年，有司奏：「子響體自聖明，出繼宗國，大司馬臣嶷昔未有嗣，所以因心鞠養。陛下弘天倫之愛，臣嶷深猶子之恩，遂乃繼體扶疏，世祚垂改，茅蔣菴蔚，冢嗣莫移，誠欣惇睦之風，實虧立嫡之教。臣等參議，子響宜還本。」乃封巴東郡王。

【《隋書・鄭譯傳》】譯父道邕，魏司空。譯從祖開府文寬，尚魏平陽公主，則周太祖元后之妹也。主無子，太祖令譯後之，由是譯少爲太祖所親。文寬後誕二子，譯復歸本生。

【《大清律例》】若立嗣之後却生子，其家産與原立子均分。

蕙田案：以上所後有子，歸宗。

【《通典》】東晉成帝咸和五年，散騎侍郎賀喬妻于氏上表云：「妾昔初奉醮歸於賀氏，後嗣不殖，母兄群從以妾犯七出，數告賀氏求妾還。妾姑薄氏，過見矜愍，無子歸之天命，婚姻之好，義無絶離。故使夫喬多立側媵。喬仲兄群哀妾之身，愬妾之志，數謂親屬曰：『于新婦不幸無子，若群陶新婦生前男，以後當以一子與之。』陶氏既産澄、馥二男，其後子輝在孕。❶群即白薄：『若所育是男，以乞新婦。』妾敬諾拜賜，先爲衣服，以待其生。輝生之日，洗浴斷臍，妾即取還，服下乳以乳之。❷陶氏時取孩抱，群恒訶止。婢使有言其本末者，群輒責之。誠欲使子一情以親妾，而絶本恩於所生。輝百餘日，無命不育。妾誠自悲傷，爲之憔悴。姑長上下，益見矜憐。群續復以子率重見鎮撫，妾所以訖心盡力，皆如養輝。故率至于有識，不自知非妾之子也。率生過周，而喬妾張始生子纂。于時群尚平存，不以爲疑。原薄及群以率賜妾之意，非唯以續喬之嗣，乃以存妾之身。妾所以得終奉烝嘗於賀氏，緣守群信言也。率年六歲，纂年五歲，群始喪亡。其後言語漏洩，而率漸自嫌爲非妾所生。率既長，與妾九族内外修姑姨之親而白談者，或以喬既有纂，其率不得久安爲妾子，若不去，則是與爲人後。去年，率即歸還陶氏。喬時寢疾，曰：『吾母、兄平生之日所共議也，陌上遊談之士，遽能深明禮情？當與公私共論正之。』尋遂喪亡。率既年小，未究大義，動於遊言，無以自處。妾亦婦人，不達典儀，惟以聞於先姑，謂妾養率以爲己子，非所謂爲人後也。妾受命不天，嬰此煢獨，少訖心力，

❶「在」，原作「再」，據校點本《通典》卷六九改。
❷「服」下，《通典》卷六九有「藥」字。

老而見棄，曾無蜾蠃式穀之報，婦人之情，能無怨結？謹備論其所不解者六條，其所疑十事如左：夫禮所謂人後者，非養子之謂。而世不深案禮文，恒令此二事以相疑亂，處斷所以大謬也。凡言後者，非並時之稱，明死乃主喪，生不先養。今乃以生爲人子，亂於死爲人後。此妄一不解也。今談者以喬自有纂，不嫌率還本也。原此失禮爲後之意。《傳》曰：『爲人後者孰後？後大宗也。』今喬上非大宗，率不爲父後，何繫於有纂無纂乎？此妄二不解也。夫以支子後大宗者，爲親屬既訖，無以序昭穆、列親疏，故繫之以宗，使百代不遷，故有立後之制。今以兄弟之子而比之族人之子後大宗，此妄三不解也。凡爲後者，降其本親一等，以成人之性，奉父母之命。而出身於彼，豈不異嬰孩之質，受成長於人，不識所生，惟識所養者乎？鄙諺有之曰：『黄雞生卵，烏雞伏之。但知爲烏雞之子，不知爲黄雞之兒。』此言雖小，可以喻大。今以義合之後，比成育之子，此妄四不解也。《禮傳》曰：❶『爲人後者，爲所後祖父母、妻、妻之父母、昆弟、昆弟之子，若子。』若子者，義比於子，而恩非子也，故曰爲後者異于爲子也。今乃以爲後之公義，奪育養之至恩，此妄五不解也。與爲人後者，自謂大宗無後，族人既以選支子爲之嗣矣。今人之中，或復重爲之後。後人者，不二之也。自非殉爵，則必貪財，其舉不主於仁義，故尤之也。非謂如率爲嫡長先定，庶少後生，而當以

❶「禮」，原作「孔」，據《通典》卷六九改。

爲譏。此妾六不解也。妾又聞，父母之於子，生與養，其恩相半，豈抱胎之氣重，而長養之功輕？孔子曰：『子生三年，然後免於父母之懷，故服三年。』《詩》曰：『父兮生我，母兮鞠我。長我育我，顧我畜我，出入腹我。欲報之恩，昊天罔極。』凡此所歎，皆養功也。螟蛉之體，化爲蜾蠃；班氏之族，乳虎紀焉。由此觀之，哺乳之義，參於造化也。今率雖受四體於陶氏，而成髮膚于妾身，推燥居濕，分肌損氣，二十餘年，已至成人，豈言在名稱之間，而忘成育之功？此妾一疑也。夫人道之親，父子、兄弟、夫妻，皆一體也。其義：父子，手足也；❶兄弟，四體也。❷夫惟一體之親，故曰兄弟之子猶己子，故以相宗也。今更以一體之親，擬族人之疎；長養之實，比出後之名。此妾二疑也。夫子之於父母，其情一也。而有以父之尊，厭母之親；❸以父之故，斷母之恩；以父之命，替母之禮：其義安取？蓋取尊父命也。凡嫡庶不分，惟君所立，是君命制于臣也。慈母如母，生死弗怠，是父命之行于子也。妾之母率，尊命則由群之成言，本義則喬之猶子，計恩則妾之懷抱。三者若此，而今棄之。此妾三疑也。諸葛亮無子，取兄瑾子喬爲子。喬本字仲慎，及亮有子瞻，以喬爲嫡，故改字伯松，不以有瞻而遺喬也。蓋以兄弟之子猶己子也。陳壽云：『喬卒之後，諸葛恪被誅絶嗣，亮既自有後，遣

❶「手」，《通典》卷六九作「首」。
❷「也」下，《通典》卷六九有「夫妻，判合也」一句。
❸「親」，原作「情」，據《通典》卷六九改。

喬子攀還嗣瑾祀。』明恪不絶嗣，則攀不得還。亮，近代之純賢；瑾，正達之士。其兄弟行事如此，必不陷子弟于不義，而犯非禮於百代。此妾四疑也。《春秋傳》曰：『陳女戴嬀生桓公，莊姜以爲己子。』取而字之。《傳》又曰：『爲人後者爲之子。』往而承之也。取而字之者，母也；往而承之者，子也。在母，母之仁也，則螟蠃之育螟蛉；在子，子之義也，則成人之後大宗也。苟能别以爲己子與爲後之子不同文也，則可與求禮情矣。以義相况，則宗猶父也，父猶母也。莊姜可得子戴嬀之子，繫之于夫也；兄弟之子可以爲子，繫之于祖。名例如此，而論者弗尋。此妾五疑也。董仲舒，一代純儒，漢朝每有疑義，未嘗不遣使者訪問，以片言而折中焉。時有疑獄曰：『甲無子，拾道旁棄兒乙養之以爲子。及乙長，有罪殺人，以狀語甲，甲藏匿乙。甲當何論？』仲舒斷曰：『甲無子，振活養乙，雖非所生，誰與易之！《詩》云：「螟蛉有子，蜾蠃負之。」《春秋》之義，父爲子隱。甲宜匿乙。』詔不當坐。夫異姓不相後，禮之明禁，以仲舒之博學，豈闇其義哉！蓋知有後者不鞠養，鞠養者非後，而世人不别。此妾六疑也。又一事曰：『甲有子乙以乞丙，乙後長大，丙所成育。甲因酒色謂乙曰：「汝是吾子。」乙怒，杖甲二十。甲以乙本是其子，不勝其忿，自告縣官。仲舒斷之曰：「甲生乙，不能長育以乞丙，于義已絶矣，雖杖甲，不應坐。」』夫拾兒路旁，斷以父子之律；加杖所生，附于不坐之條。其爲予奪，不亦明乎。今說者不達養子之義，唯亂稱爲人後。此妾七疑也。漢代秦嘉早亡，其妻徐淑乞子而養之。淑亡後，子還所生。朝廷通儒，移其鄉邑，録淑所養子，還繼秦氏之祀。異姓尚不爲嫌，况兄弟之子？此妾八疑也。吴朝周逸，博達古今。逸本左氏之子，爲周氏所養，周氏又自有子，時人不達亦譏逸。逸敷陳古今，故卒不復本姓，識學者咸謂當矣。此妾九疑也。爲人後者，止服所後，而爲本父服周，一也；女子適人，降所生，二也；爲父後者，爲出母無服，三也；諸侯之庶子，不得服其母，四也；庶子爲王，不敢服其母，五也。凡此五者，非致人情，禮稱以義斷恩，節文立焉。率情立行者，蠻貊之道也。患世人未能錯綜禮文，表裏仁義，亂於大倫，故漢哀以諸侯嗣天子，各還尊其私親，以爲得周公嚴父之義，而不知其大悖國典。夫未名之子，死而不哭。既名之後，哭而不服。三殤之差，及至齊衰：所禀、所受，其體一也，而長幼異制，等級若此。又今世人生子，往往有殺而不舉者，君子不受不慈之責，有司不行殺子之刑，六親不制五服之哀，賓客不修弔問之禮，豈不以其蠢爾初載，未夷於人乎？生而殺之如此，生而棄之，受成長于他人，則追名曰『本吾子也』，乃全責以父子之恩，自同長養之功。此妾十疑也。」敕下太常、廷尉、禮律博士，案舊典決處上。博士杜瑗議云：「夫所謂爲人後者，有先之名也，言其既没，於以承之耳，非並存之稱也。率爲喬嗣，則猶吾子，群之平素，言又惻至，其爲子道，可謂備矣。而猥欲同之與爲人後，傷情棄義，良可悼也。昔趙武之生，濟由程嬰，嬰死之日，武爲服三年喪。夫異姓名義，其猶若此，況骨肉之親，有顧復之恩，而無終始之報！凡于氏所據，皆有明證，議不可奪。」廷史陳序議：「令文：無子而養人子以續亡者後，於事役復除無迴避者聽之，不得過一人。」令文：「養人子男，後自有子男，及閹人非親者，皆別爲户。」案喬自有子纂，率應別爲户。尚書張闓議：「賀喬妻于氏表，與群妻陶辭所稱不同。陶辭：喬妻于氏無子，夫群命小息率爲喬嗣。一年，喬妾張生纂。故驃騎將軍顧榮謂群，喬已有男，宜使率還，問與爲人後者不同。故司空賀循取從子紘爲子，鞠養之恩，皆如率。循後有晚生子，遣紘歸本。率今欲喬，即便見遣。于表養率以爲己子，非謂爲人後，立六義十疑，以明爲後不並存之稱，生言長嫡，死乃言後，存亡異名。又云『乞養人子而不以爲後』，見於何經？名不虛立，當有所附，于古者無此事也。今人養子，皆以爲後。于又云：『爲人後者，族人選支子爲之嗣，非謂如率爲嫡長先定，庶幼後生，而以爲譏。』此乃正率宜去，非所以明其應留也。且率以若子之輕義，奪至親之重恩，是不可之甚也。于知禮無養子之文，故欲因今世乞子之名，而博引非類之物爲喻，謂養率可得自然成子，避其與後之譏乎！」丹陽尹臣謨議：「言辭清允，❶折理精練，難于之説，要而合典。上足以重一代之式，愚以爲宜如闓議。」

【《周書·豆盧寧傳》】初，寧未有子，養弟永安子勣。及生子讚，親屬皆請讚爲嗣。

❶「言」上，《通典》卷六九有「臣按尚書闓議」一句。

寧曰：「兄弟之子猶子也，吾何擇焉！」遂以勣爲世子。世以此稱之。及寧薨，勣襲爵。

【《癸辛雜識》】昌化章氏昆弟二人皆未有子，其兄先抱育族人一子。未幾，其妻得翊。其弟言：「兄既有子，盍以所抱子與我。」兄告其妻。妻猶在蓐，曰：「不然。未有子而抱之，甫得子而棄之，人其謂我何？且新生那可保也。」弟請不已，嫂曰：「不得已，寧以我新生與之。」弟初不敢當，嫂卒與之。已而二子皆成立。長曰翊，字景韓；季曰詡，字景虞。翊之子樵、櫄，詡之孫鑄、鑑，皆相繼登第，遂爲名族。孝友睦婣之報如此，婦人有識，尤可尚也。

【歸有光《金守齋墓誌》】初，子喬未生時，即以沐齋先生守齋兄。之季子爲嗣，名之曰嵒，撫愛如己子，嵒亦不知其非己出也。君春秋六十有三，以嘉靖某年月日終。二子即嵒、喬。

蕙田案：以上所後生子不歸宗。

【歸有光《題立嗣辨》】錫命無子，而同父弟宜亦未有子，故以同祖兄寵之子能白爲子。時寵有三子，故以能白與錫命子之，其理順矣。迨後宜生三子，而寵子皆殁，議者謂能白當還寵，而宜子當後錫命。錫命是以爲此辨。以爲等之兄弟之子而二十餘年，蜾蠃式穀之恩不忍更也。不忍更者，情也。情之所在，即禮也。昔諸葛亮取兄瑾子喬爲子，及亮有子瞻而恪被誅無嗣，亮遺喬還嗣瑾祀。錫命今尚無子，與亮異，而寵未嘗無子而無孫，獨可使能白之子嗣之，庶乎無憾也已。

蕙田案：此條本生喪子可立孫者不歸宗。

【《晉書・高密王泰傳》】據薨，無子，以彭城康王子紘爲嗣。其後，紘歸本宗，立紘子俊以奉其祀。

蕙田案：據與紘，本從祖兄弟，此襲封之制，如古諸侯禮，故不以行輩拘也。歸宗立後，則行輩無誤而情理兩合，是可爲法，雖間代亦可也。

又案：此條歸宗而以子後所後。

【《宋史・禮志》】淳熙四年十月二十七日，户部言：「知蜀州吴擴申明，乞自今養同宗昭穆相當之子，夫死之後，不許其妻非理遣還。若養子破蕩家産，不能侍養，實有顯過，即聽所養母愬官，近親尊長證驗得實，依條遣還，仍公共繼嗣。」

【《大清律例》】若繼子不得於所後之親，聽其告官别立。

蕙田案：以上所後不肖歸宗。

【《晉書・河間王洪傳》】章武王混薨，諸子皆没於胡。少子滔初嗣新蔡王確，亦與其兄俱没。後得南還，與新蔡太妃不協。大興二年上疏，以兄弟並没遼東，宜還所生。太妃訟之，事下太常。太常賀循議：「章武、新蔡，俱承一國不絶之統，義不得替其本宗而先後傍親。案滔既被命爲人後矣，必須無復兄弟，本國永絶，然後得還所生。今兄弟在遠，不得言無。且鮮卑恭命，信使不絶。自宜詔下遼東，發遣令還，繼嗣本封。滔今未得便離所後也。」元帝詔曰：「滔雖出養，自有所生母。新蔡太妃相待甚薄，滔執意如此，如其不聽，終當紛紜，更爲不可。今便順其所執，還襲章武。」

蕙田案：太常之議，禮也。元帝之詔，情也。據禮則兄弟尚存，不應歸宗。論情則母子既乖，不容强合。

蓋雖不可以爲常法，而不幸處變，亦宜有以變通而兩全之矣。

【《宋書·東平王子嗣傳》】子嗣，字孝叔，孝武帝第二十七子也。❶大明七年生，仍封東平王，繼東平冲王休倩。休倩母顔性理嚴酷。泰始二年，子嗣所生母景寧園昭容謝上表曰：「故東平冲王休倩，託荄璿極，岐嶷夙表，降年弗永，遺緒莫傳。孝武皇帝敕妾子臣子嗣出繼爲後。既承國祀，方奉烝薦，庶覃遐慶，式延于遠。而妾顔訓養非恩，撫導乖理，情闕引進，義違負螟。昔世祖平日，詭申慈愛；崩背未幾，真性便發。猶逼畏崇憲，少欲藏掩。自兹以後，專縱嚴酷，實顯布宗戚，宣灼宫闈，用傷人倫，爰惻行路。妾天屬冥至，感切實深，伏願乾渥廣臨，曲垂照賜，❷復改命還依本屬，則妾母子雖隕之辰，猶生之年。」許之。

【《晉熙王昶傳》】昶二妾，各生一子，並卒。泰始六年，以第六皇子燮字仲綏繼昶，改封爲晉熙王。燮襲爵。太宗既以燮繼昶，乃下詔曰：「夫虎狼護子，猴猨負孫，毒性薄情，亦有仁愛。故識念氣類，尚均群品，况在人倫，可亡天屬。晉熙太妃謝氏，沈刻無親，物理罕比，征北公雖孝道無替，而遭此不慈，自少及長，闕恩育之，闕。乃至休否莫闗，寒温不訪，晨昏屏塞，定省靡因。事無違忤，動致誚責，毒句發口，人所難聞，加惡備苦，過於讎隙，遂事憤于宗姻，義傷於行路。公故

❶「子」，原脱，據庫本補。

❷「垂」下，原有「末」字，據《宋書·東平王子嗣傳》删。

妃郗氏，婦禮無違，逢此嚴酷，遂以憂卒，用夭盛年。又謝氏食則豐珍，衣則文麗，奉己之餘，播覃群下。而諸孫纊不温體，食不充饑，付於姆妳之手，縱以任軍之路。遇其所生，棄若糞土，繼縷比之重囚，窮困過於下使。誠皇規方遠，沙塞將一，公修短不諱，亦難豫圖。兼妾女累弱，一第領主，防閑之道，人理斯急。朕所以詔第六子燮奉公爲嗣，欲以毗整一門，爲公繼紹。但謝氏待骨肉至親，尚相棄蔑，况以義合，免苦爲難。患萌防漸，危機須斷。便可還其本家，削絶蕃秩。」

蕙田案：以上所後不慈歸宗。

右爲後歸宗。

淮陰吴玉搢校字

五禮通考卷第一百四十七

五禮通考卷第一百四十八

内廷供奉禮部右侍郎金匱秦蕙田編輯
太子太保總督直隸右都御史桐城方觀承同訂
兩淮都轉鹽運使德水盧見曾
按察司副使元和宋宗元　參校

嘉禮二十一

冠禮

蕙田案：《大宗伯》：「嘉禮，以昏冠之禮親成男女。」《曲禮》：「人生，十年曰幼，學；二十曰弱，冠。」又曰：「男子二十，冠而字。」《内則》：「二十而冠，始學禮。」《冠義》所謂「責以成人之道」是也。《山堂考索》云：「三代之盛，冠禮頗備。東遷以後，禮樂廢壞。魯襄公可冠而未冠，則晉悼公問其年，而告之曰『盍爲冠具』。春秋之時猶如此，則盛時可知也。秦漢以來，人自爲禮，家自爲俗，雖縉紳大夫，豈知所謂筮日、筮賓，卜筮之制爲如何？始加緇布、再加皮弁、三加爵弁，其弁之制爲如何？夏用葛屨、冬用皮屨，其屨之制又如何？」唐柳宗元《答韋中立書》云：「冠禮，數百年來，人不復行。近有孫昌引者，獨發憤行之。既成禮，明日造朝，至外廷，薦笏言於卿士曰：『某子冠畢。』應之者咸憮然。京兆尹鄭叔則怫然曳笏却立，曰：『何預我耶？』廷中皆大笑。天下不以非鄭尹而快孫子，何哉？獨爲所不爲也。」由是觀之，則冠禮之廢也久矣。考其制度，天子、諸侯、大夫冠禮之有無，見於經傳者已無定論，所紀十二、十三、十五行冠之年歲又不盡如《曲禮》、《内則》之云，特《士冠》之見於《儀禮》者爲稍完耳。今從朱子《經傳通解》，以《儀禮》爲首，摭拾經史遺文，以綴於篇。

【《儀禮・士冠禮》】鄭《目録》云：「童子任職，居士位，年二十而冠，主人玄冠、朝服，則是仕於諸侯。天子之士，朝服皮弁、素積。古者四民世事，士之子恒爲士。冠禮於五禮屬嘉禮。」【疏】天子、諸侯同十二而冠，自有天子、諸侯冠禮，但《儀禮》之内亡耳。士既三加，爲大夫早冠者，亦依士禮三加。若天子、諸侯則多，故《大戴禮・公冠篇》云「公冠四加」，緇布、皮弁、爵弁，後加玄冕。天子亦四加，後當加衮冕矣。天子之子，亦用士禮而冠。案《家語・冠頌》云：「王太子之冠，擬冠。」則天子元子，亦擬諸侯，四加。若諸侯之子，不得四加，與士同三加可知。

敖氏繼公曰：「此篇主言士冠其適子之禮。」

筮于廟門。【注】冠必筮日於廟門者，重以成人之禮，成子孫也。廟，謂禰廟。

敖氏繼公曰：「於廟門者，爲將有事於廟中也。必于門者，明其求於外神也。」

蕙田案：疏云「不筮月者，《夏小正》云：『二月，綏多士女，冠子、取妻時也。』既有常月，故不筮」，非也。「綏多士女」，專指昏言，《周禮》「仲春之月，令會男女」是也。云「冠子取妻」，乃注家之誤耳。下經云「屨，夏用葛，冬皮屨可也」，則冠無常月明矣。筮日而不筮月，筮之常法也。

主人玄冠、朝服、緇帶、素韠，即位于門東，西面。【注】主人，將冠者之父兄也。玄冠，委貌也。朝服者，十五升布衣而素裳也。衣不言色者，衣與冠同也。朝筮必朝服，尊蓍龜之道也。緇帶，黑繒帶也。天子與其臣，玄冕以視朔，皮弁以日視朝；諸侯與其臣，皮弁以視朔，朝服以日視朝。

郝氏敬曰：「玄冠，玄緇爲之。朝服，見君之禮。」

【陳氏《禮書》】《特牲》筮祭同玄端，《少牢》筮與祭同朝服，而《士冠》筮服朝服、冠服玄端者，《特牲》、《少牢》，祭事也，筮不可尊於先祖，故同服；《士冠》，非祭事也，筮可尊於子孫，故異服也。

有司如主人服，即位於西方，東面，北上。【注】有司，群吏有事者，謂主人之吏所自辟除，府、史以下也。今時卒吏及假吏皆是也。

敖氏繼公曰：「有司，即筮者、占者、宰、宗人之類。」

筮與席、所卦者，具饌于西塾。【注】筮，謂蓍也。所卦者，所以畫地記爻。饌，陳也。具，俱也。西塾，門外西堂也。布席於門中，闑西閾外，西面。【注】闑，門橛也。閾，閫也。

張氏爾岐曰：「布席，將坐以筮也。前具之西塾，至此乃布之。云門中者，以大分言之。闑西閾外，則布席處也。」

筮人執筴，抽上韇，兼執之，進受命於主人。【注】筮人，有司主三《易》者也。韇，藏筴之器也。自西方而前受命者，當知所筮也。

張氏爾岐曰：「筴，即蓍。兼執之者，兼上韇與下韇而并執之。此時蓍尚在下韇，待坐時，乃取出以筮。」

宰自右少退，贊命。【注】宰，有司主政教者也。贊，佐也。佐主人告所以筮也。筮人許諾，右還，即席坐，西面。卦者在左。【注】東面受命。右還，北行就席。卦者，有司主畫地識爻者也。卒筮，書卦，執以示主人。【注】書卦者，筮人以方寫所得之卦也。主人受眡，反之。【注】反，還也。筮人還，東面，旅占，卒，進告吉。【注】旅，衆也。還，與其屬共占之。若不吉，則筮遠日，如初儀。【注】遠日，旬之外。【疏】《曲禮》：「吉事，先近日。」冠，吉事，故先筮近日。不吉，乃更筮遠日。是上旬不吉，乃更筮中旬；又不吉，乃更筮下旬。云「如初儀」者，自「筮於廟門」已下至「告吉」是也。徹筮席，【注】徹，去也。宗人告事畢。【注】宗人，有司主禮者也。

【陳氏《禮書》】筮必於廟，尊其尊也。廟必於禰，親其親也。士筮於門而不於堂，避其君也。筮必面西，求諸陰也。卦者必居筮之左，上其北也。《聘禮》君受聘於先君之祧，卿受問於祖廟，《士冠》、《士昏》皆止言廟，則凡言廟者，禰廟也。《記》曰「凡行事，受於禰廟」是也。若諸侯則冠於祖廟，《左氏》曰「以先君之祧處之」是也。

蕙田案：以上筮日。

主人戒賓。賓禮辭，許。【注】戒，警也，告也。賓，主人之僚友。古者有吉事，則樂與賢者歡成之；有凶事，則欲與賢者哀戚之。今將冠子，故就告僚友使來。禮辭，一辭而許也。再辭而許曰固辭。三辭曰終辭，不許也。

主人再拜，賓答拜。主人退，賓拜送。

盛氏世佐曰：「凡拜送者，客不答拜，禮有終也。」

蕙田案：以上戒賓。

前期三日，筮賓，如求日之儀。【注】前期三日，空二日也。筮賓，筮其可使冠子者，賢者恒吉。《冠義》曰：「筮日、筮賓，所以敬冠事。」

張氏爾岐曰：「前日戒賓，汎及僚友。此又於僚友中專筮一人，使爲加冠之賓也。」

蕙田案：以上筮賓。

乃宿賓。賓如主人服，出門左，西面再拜。主人東面答拜，【注】宿，進也。宿者必先戒，戒不必宿。其不宿者爲衆賓。或悉來，或否。主人朝服。

蕙田案：宿賓在冠前二日，爲筮賓之明日也。

乃宿賓。賓許，主人再拜，賓答拜。主人退，賓拜送。【注】乃宿賓者，親相見，致其辭。宿贊冠者一人，亦如之。【注】贊冠者，佐賓爲冠事者，謂賓若他官之屬，中士若下士也。宿之，以筮賓之明日。

張氏爾岐曰：「佐賓爲冠事，即下文坐櫛、設纚、卒紘諸事，助賓成禮，故取其屬降於賓一等者爲之。」

蕙田案：以上宿賓。

厥明夕，爲期於廟門之外。主人立於門東，兄弟在其南，少退，西面，北上。有司皆如宿服，立於西方，東面，北上。【注】厥，其也。宿服，朝服。

張氏爾岐曰：「宿賓之明夕，冠前一日之夕也。爲期，猶言約期也。」

擯者請期，宰告曰：「質明行事。」【注】擯者，有司佐禮者。在主人曰擯，在客曰介。質，正也。宰告曰：旦日正明行冠事。告兄弟及有司。【注】擯者告也。告事畢。【注】宗人告也。擯者告期於賓之家。

敖氏繼公曰：「賓，謂賓及衆賓也。」

蕙田案：以上爲期。

夙興，設洗，直於東榮，南北以堂深，水在洗東。【注】洗，承盥洗者棄水器也，士用鐵。榮，屋翼也。

敖氏繼公曰：「《說文》曰：『屋梠之兩頭，起者爲榮。』又曰：『梠，楣也。』《爾雅》曰：『楣謂之梁。』然則榮者，乃梁東西之兩端也。直東榮，謂遥當之也。周制，卿大夫以下爲夏屋，故其設洗以東榮爲節；人君爲殿屋，故以東霤爲節：其處同也。」

陳服於房中西墉下，東領，北上。【注】墉，牆也。

張氏爾岐曰：「所陳之服，即下文爵弁服、皮弁服、玄端三服也。房在堂上之東。北上者，爵弁服在北，皮弁服次南，玄端最南也。冠時先用卑服，北上便也。」

爵弁服：纁裳，純衣，緇帶，韎韐。【注】此與君祭之服。《雜記》曰：「士弁而祭於公。」爵弁者，冕之次，其色赤而微黑，如爵頭然，或謂之緅。其布三十升。纁裳，淺絳裳。凡染絳，一入謂之縓，再入謂之赬，三入謂之纁，朱則四入與？純衣，絲衣也。餘衣皆用布，惟冕與爵弁服用絲耳。先裳後衣者，欲令下近緇，明衣與帶同色。韎韐，緼韍也。士緼韍而幽衡，合韋爲之。士染以茅蒐，因以名焉。今齊人名蒨爲韎韐。❶韍之制似韠。冠弁者不與衣陳而言於上，以冠名服耳。【疏】凡冕，以木爲體，長尺六寸，廣八寸，績麻三十升布，上以玄，下以纁，前後有旒。其爵弁制大同，惟無旒，又爲爵色爲異。又名冕者，俛也，低前一寸二分，故得冕稱。其爵弁則前後平，故不得冕名。其尊卑次於冕，故云「冕之次」也。陳服則於房，緇布冠、皮爵弁在堂下，❷是冠弁不與服同陳，今以弁

❶「韐」，彭林《儀禮注疏》校勘記謂是衍文，是。

❷「皮」下，阮刻《儀禮注疏》無「爵」字。

在服上並言之者，以冠弁表明其服耳，不謂同陳之也。

皮弁服：素積，緇帶，素韠。【注】此與君視朔之服也。皮弁者，以白鹿皮爲冠，象上古也。積猶辟也，以素爲裳，辟蹙其要中。皮弁之衣，用布亦十五升，其色象焉。**玄端：玄裳、黄裳、雜裳可也，緇帶，爵韠。**【注】此莫夕於朝之服。玄端，即朝服之衣，易其裳耳。上士玄裳，中士黄裳，下士雜裳。雜裳者，前玄後黄。士皆爵韋爲韠，其爵同。不以玄冠名服者，是爲緇布冠陳之。

敖氏繼公曰：「爵弁服，士之上服也。皮弁，次於爵弁，亦士之尊服也。二弁之衣用絲者，宜別於冠服也。冠服之衣用布。」

緇布冠缺項，青組纓屬于缺；緇纚，廣終幅，長六尺；皮弁笄、爵弁笄；❶**緇組紘纁邊：同篋。**【注】缺，讀如「有頍者弁」之頍。緇布冠無笄者，著頍，圍髮際，結項中，隅爲四綴，以固冠也。項中有𦃃，亦由固頍爲之耳。今未冠笄者著卷幘，頍象之所生也。屬，猶著。纚，今之幘梁也。終，充也。纚一幅，長六尺，足以韜髮而結之矣。笄，今之簪。有笄者，屈組爲紘，垂爲飾。無笄者，纓而結其絛。纁邊，組側赤也。同篋，謂此以上凡六物。隋方曰篋。

敖氏繼公曰：「下經言賓受冠，『右手執項，左手執前』，則是冠後亦謂之項也。此缺項者，蓋別以緇布一條圍冠而後不合，故名之曰缺項，謂其當冠項之處則缺也。其兩端有𦃃，別以物貫穿而連結之以固冠，其兩相又皆以纓屬之而結於頤下以自固。蓋太古始知爲冠之時，其制如此。後世之冠，縫著於武，亦因缺項之法而爲之也。纚，舊説謂繒爲之，纚長六尺，則固足韜其髮矣。然廣惟一幅，則圍髮際而不足，或亦缺其後與？古者布帛，幅廣二尺，經言纚於缺項、二笄之間，以見三加同一纚也。紘，弁之繫也，以組一條爲之。冠用纓，弁用紘，各從其便也。」

蕙田案：敖氏説極明。陳用之謂注「讀缺爲頍，無所經見」。姜上均云：「《説文》頍從支頁聲，乃舉首貌。《詩·有頍者弁》蓋又以弁有舉

❶「爵弁笄」三字，原脱，據庫本補。

首之形而釋爲弁之貌也。則頍初非首服之名，又何得讀缺爲頍而指爲首服之制乎？」注説未妥。

張氏爾岐曰：「此所陳者，飾冠之物，非謂冠也。缺項、青組纓屬於缺，共一物；纚一物，並緇布冠所用；皮弁笄一物，爵弁笄一物；緇組紘，皮弁、爵弁各有一，共二物。凡六物同篋貯之，待冠時隨各冠致用也。」

櫛實于簞。【注】簞，笥也。 蒲筵二。在南。【注】筵，席也。

張氏爾岐曰：「一爲冠子，一爲醴子也。在南，在三服之南，通指缺項、纚笄、組櫛等，不專言蒲筵。」

側尊一甒醴，在服北。有篚實勺、觶、角柶，脯醢，南上。【注】側，猶特也。無偶曰側，置酒曰尊。側者無玄酒。服北者，纁裳北也。篚，竹器如笭者。勺，尊升，❶所以𣂕酒也。爵三升曰觶。柶，狀如匕，以角爲之者，欲滑也。南上者，篚次尊，籩豆次篚。古文「甒」作「廡」。

敖氏繼公曰：「尊，設尊也。甒，瓦甒。醴尊設於房，臣禮也，國君則於東廂。南上，醢在北。」

爵弁、皮弁、緇布冠各一匴，執以待于西坫南，南面，東上，賓升則東面。【注】爵弁者，制如冕，黑色，但無繅耳。《周禮》：「王之皮弁，會五采玉璂，象邸玉笄。諸侯及孤卿大夫之冕、皮弁，各以其等爲之。」則士之皮弁，又無玉象邸飾。緇布冠，今小吏冠，其遺象也。匴，竹器名，今之冠箱也。執之者，有司也。坫在堂角。

陳氏祥道曰：「士之服，止於爵弁，而荀卿曰『士韋弁』，孔安國曰『雀韋弁也』，則爵弁即韋弁耳。又曰古文『弁』象形，則其制上鋭如合手然。韋，其質也；爵，其色也。」

敖氏繼公曰：「爵弁、皮弁，其制同也。《周禮》言王與諸侯及孤卿大夫之弁飾以玉璂，❷各以其等爲之。于西方而統於賓，蓋以賓專掌冠事。執匴者，皆主人之贊者也。南面而東上，及東面則北上矣，不言者可知也。坫在東西堂之南。」

張氏爾岐曰：「有司三人，各執一冠，豫在西階西以待

❶ 「尊升」，彭林《儀禮注疏》校勘記引金曰追説，當作「尊斗」。

❷ 「璂」，原作「琪」，據《周禮・夏官・弁師》改。

冠事。賓未入，南面序立；賓升堂，則東面向賓也。」

蕙田案：以上冠日陳設。

主人玄端爵韠，立于阼階下，直東序，西面。【注】玄端，士入廟之服也。阼猶酢也，東階所以答酢賓客也。堂東西牆謂之序。

張氏爾岐曰：「案《特牲》祭服用玄端，玄端是士自祭其先之服，與上所陳爲子加緇布冠之玄端一服也，但玄冠耳。主人服此服立阼階下以待賓至，其立處，與堂上東墻相直。」

兄弟畢袗玄，立於洗東，西面，北上。【注】兄弟，主人親戚也。畢，猶盡也。袗，同也。玄者，玄衣玄裳也。緇帶、韠。位在洗東，退於主人。不爵韠者，降於主人也。古文「袗」爲「均」也。

敖氏繼公曰：「袗，如『袗絺綌』之袗，乃被服之别稱。玄，玄端也，畢袗玄者，謂盡服玄端也。洗東，於主人爲東南。」

蕙田案：朱子《通解》：「袗，古文作『均』，而鄭注訓『同』，《漢書》字亦作『袀』，則是當從均袀爲是。但疏乃云：當讀如《左傳》『均服振振』，一也。則未知其以袗字爲均耶，抑以袗音爲振也。《集韻》又釋袀爲『戎衣、偏裻』，今亦未詳其義。」盛世佐以古文作「均」爲是。考經文有「女從者畢袗玄」，不應兩處皆誤，敖繼公說似屬自然。

擯者玄端，負東塾。【注】東塾，門内東堂。負之，北面。

張氏爾岐曰：「擯者立此以待傳命，疏謂『别言玄端，不言如主人服，則與主人不同可知』。當衣冠同而裳異也。下文贊者别言玄端，亦然。」

將冠者采衣，紒，在房中，南面。【注】采衣，未冠者所服。《玉藻》曰：「童子緇布衣，錦緣，錦紳，并紐，錦束髮，皆朱錦也。」紒，結髮。古文「紒」爲「結」。

朱子曰：「房户宜當南壁東西之中，而將冠者在房中當户而立也。」

蕙田案：以上即位。

賓如主人服，贊者玄端從之，立于外門之外。【注】從，猶隨也。外門，大門外。擯者告。主人迎，出門左，西面再拜。賓答拜。【注】左，東也。出以東爲左，入以東爲右。主人揖贊者，與賓揖，先入。【注】與賓揖，先入道之，贊者隨賓。每曲揖。【注】周左宗廟，入外門，將東曲，揖；直廟將北曲，又揖。至於廟門，揖入。三揖，至於階，三讓。【注】入門，將右曲，揖；將北曲，揖；當碑，揖。

張氏爾岐曰：「上文每曲揖，據入大門向廟時。既入廟，主人趨東階，賓趨西階，是主人將右，欲背賓，宜揖；既當階，主賓將北面趨階，與賓相見，又宜揖；廟中測影麗牲之碑，在堂下三分庭之一，在北，是庭中之大節，至此又宜揖：皆因變伸敬，以道賓也。」

主人升，立于序端，西面。賓西序，東面。【注】主人、賓俱升，立相向。

蕙田案：以上迎賓。

贊者盥于洗西，❶升，立于房中，西面，南上。【注】盥於洗西，由賓階升也。立於房中，近其事也。南上，尊於主人之贊者。

朱子曰：「贊者西面則負東墉，而在將冠者之東矣。」

主人之贊者筵于東序，少北，西面。【注】主人之贊者，其屬中士若下士。筵，布席也。東序，主人位也。適子冠於阼。少北，辟主人。將冠者出房，南面。【注】南面，立於房外之西，待賓命。贊者奠纚、笄、櫛于筵南端。【注】贊者，賓之贊冠者也。奠，停也。賓揖將冠者，將冠者即筵坐。贊者坐，櫛，設纚。【注】即，就。設，施。賓降，主人降。賓辭，主人對。【注】主人降，爲賓將盥，不敢安位也。辭對之辭，未聞。賓盥，卒，壹揖，壹讓，升。主人升，復初位。【注】揖、讓皆壹者，降於初。賓筵前坐，正纚，興，降西階一等。執冠者升一等，東面授賓。【注】正纚者，將加冠，宜親之。興，起也。

❶ 「于洗西」三字，阮元《儀禮注疏校勘記》以爲衍文。

降，下也。下一等，升一等，則中等相授。冠，緇布冠也。

賓右手執項，左手執前，進容，乃祝。坐如初，乃冠。興，復位。贊者卒。【注】進容者，行翔而前鶬焉，至則立祝。坐如初，坐筵前。興，起也。復位，西序東面。卒，謂設缺項、結纓也。【疏】項，謂冠後。翔，謂行而張拱也。鶬，與「蹌」同。

敖氏繼公曰：「右手執項，以冠時進右手便也。容者，示之以威儀。」

蕙田案：上「缺項」之「項」，宜與此「項」字同解。卒者，終其事也，以青組纓束冠而又爲之結於項下也。

冠者興，賓揖之。適房，服玄端、爵韠，出房，南面。【注】復出房南面者，一加禮成，觀衆以容體。

蕙田案：以上初加。

賓揖之，即筵坐；櫛，設笄；賓盥，正纚：如初。降二等，受皮弁。右執項，左執前，進祝，加之如初。復位。贊者卒紘。【注】如初，爲不見者言也。卒紘，謂繫屬之。

張氏爾岐曰：「即筵坐櫛者，當再加皮弁，必脱去緇布冠，更櫛也。方櫛訖，即云設笄，疏以爲此紒内安髮之笄，非固冠之笄，其固冠之笄，則加冠時賓自設之。」

興，賓揖之。適房，服素積、素韠，容，出房，南面。【注】容者，再加彌成，其儀益繁。

蕙田案：以上再加。

賓降三等，受爵弁，加之。服纁裳韎韐。其他如加皮弁之儀。【注】降三等，下至地。徹皮弁、冠、櫛、筵，入於房。【注】徹者，賓贊及主人之贊者爲之。

【《五經名義》】《士冠禮》三加：緇布冠，欲其尚質重古；次皮弁，欲其行三德三行；次爵弁，欲其承事神明。

蕙田案：以上三加。

【陳氏《禮書》】士禮，始加緇布，不忘本也。次加皮弁，朝服也。三加爵弁，祭服也。不忘本，然後能事君；能事君，然後能事神。所謂「三加彌尊，喻其志」者，如是而已。賓盥，所以致潔；降盥，降受冠、弁，所以致敬。始加受冠降一等，執者升一等，再加降二等，三加降三等，以服彌尊，故降彌下也。

筵于户西，南面。【注】筵，主人之贊者。户西，室户西。

敖氏繼公曰：「户西，即户牖間也。後皆倣此。户西，客位也。筵於此者，以其成人，尊之。」

蕙田案：敖氏説是也。大夫士皆有東西房，故以牖間爲客位也。詳見前室條下。

贊者洗于房中，側酌醴，加柶，覆之，面葉。【注】洗，盥而洗爵者。《昏禮》曰房中之洗「在北堂，直室東隅。篚在洗東，北面盥」。側酌者，言無爲之薦者。面，前也。葉，柶大端。贊酌者，賓尊，不入房。

張氏爾岐曰：「注引《昏禮》證房中別有洗，非在庭之洗也。側酌者，贊者自酌還自薦也。柶，類今茶匙。葉，即匙頭。贊者前其葉以授賓者，欲賓得前其柄以授冠者，冠者得之，乃前其葉以扱醴而祭也。柶，用時仰之，贊者不自用，故覆之以授也。」

賓揖，冠者就筵，筵西，南面。賓受醴于户東，❶加柶，面枋，筵前北面。【注】户東，室户東。

張氏爾岐曰：「酌醴者出房向西授賓，賓至室户東受之。筵前北面，致祝當在此時。祝辭見後。」

冠者筵西拜受觶，賓東面答拜。【注】筵西拜，南面拜也。賓還答拜於西序之位。東面者，明成人，與爲禮，異於答主人。

張氏爾岐曰：「冠者拜訖，進受觶。賓既授觶，乃復西序之位答之。賓答主人拜，當西階北面，此西序東面，故註云『異於答主人』。」

薦脯醢。【注】贊冠者也。薦，進也。冠者即筵坐，左執觶，右祭脯醢，以柶祭醴三，【注】祭于脯醢之豆間也。祭者，示有所先也。【疏】祭醴三者，如《昏禮》始扱一祭，又扱再祭也。注云「有所先」，即先世之造

❶「受」，原作「授」，據《儀禮·士冠禮》改。

此食者也。興。筵末坐，啐醴，捷柶，興。降筵坐，奠觶拜，執觶興。賓答拜。冠者奠觶于薦東。【注】啐，嘗也。其拜皆如初。

蕙田案：以上醴冠者。

【陳氏《禮書》】冠必用醴，若不用醴，則醮焉。以醴者，太古之物，故其禮簡，所以示質。酒者，後世之味，故其禮煩，所以示文。故適子用醴，庶子用醮。適婦有醴與享，庶婦使人醮之不享，是醮輕于醴也。

降筵，北面坐取脯，降自西階，適東壁，北面見于母。【注】適東壁者，出闈門也。時母在闈門之外。婦人入廟，由闈門。

敖氏繼公曰：「取脯，亦右取而左奉之。必取脯者，見其受賜也。執脯見於母，因有脯而爲之，且明禮成也。云適東壁而見之，則是時母位在此與。」

蕙田案：廟在宅東，闈門當在廟西，注「適東壁，出闈門」，非是。

母拜受，子拜送，母又拜。【注】婦人於丈夫，雖其子，猶俠拜。

敖氏繼公曰：「母於其子乃俠拜者，重冠禮也。子拜送，亦再拜。此拜，非主於受送也，亦因有脯而言之耳。凡婦人與丈夫爲禮，其禮重者亦俠拜。」

蕙田案：子冠畢，北面見母，母拜受脯，欽其有成人之德，是謂重承先祖之正，欲見禮子之體，將爲宗廟之主，故拜成人，非失尊序也。《冠義》云：「成人而與爲禮也。」與之爲禮，進之也。禮，凡婦人肅拜。《少儀》云：「婦人，雖君賜，肅拜。」肅拜者，立拜也，立而俯下手也。《周禮》九拜，肅爲輕，鄭注謂「雖其子，猶俠拜」，則太重矣。

又案：以上見于母。

賓降，直西序，東面，主人降，復初位。【注】初位，初至階讓升之位。冠者立於西階東，南面，賓字之，冠者對。【注】對，應也。其辭未聞。【疏】未字先見母，字訖乃見兄弟之等，急於母，緩於兄弟也。

蕙田案：❶以上字冠者。

賈氏公彦曰：「殷質，二十爲字之時，兼伯仲叔季稱之。周文，爲字之時，未呼伯仲，至五十乃加而呼之。故《檀弓》云：『幼名，冠字，五十以伯仲，周道也。』」

賓出，主人送于廟門外。請醴賓，賓禮辭，許。賓就次。【注】醴賓者，謝其勤勞也。次，門外更衣處也，以帷幕簟席爲之。

蕙田案：以上賓出就次。

冠者見于兄弟，兄弟再拜，冠者答拜。見贊者，西面拜，亦如之。【注】見贊者西面拜，則見兄弟東面拜，贊者後賓出。【疏】亦如之者，言贊者先拜，而冠者答之也。入見姑姊，如見母。【注】入，入寢門也。廟在寢門外。如見母者，亦北面，姑與姊亦俠拜也。不見妹，妹卑。

蕙田案：以上見兄弟、贊者、姑姊。

乃易服。服玄冠、玄端、爵韠，奠摯見於君。遂以摯見於鄉大夫、鄉先生。【注】易服不朝服者，非朝事也。摯，雉也。鄉先生，鄉中老人爲卿大夫致仕者。

張氏爾岐曰：「見君，見鄉大夫、先生，非必是日，因見兄弟等，類言之耳。」

蕙田案：以上見君與鄉大夫、先生。

乃醴賓以壹獻之禮。【注】壹獻者，主人獻賓而已，即燕無亞獻者。獻、酢、酬，賓、主人各兩爵而禮成。《特牲》、《少牢饋食之禮》獻尸，此其類也。士禮一獻，卿大夫三獻。賓醴不用柶者，❷泲其醴。《内則》曰：「飲：重醴清糟。」凡醴事，質者用糟，文者用清。主人酬賓，束帛儷皮。【注】飲賓客而從之以財貨曰酬，所以申暢厚意也。束帛，十端也。儷皮，兩鹿皮也。贊者皆與，

❶「田」下，原無「案」字，據全書體例補。

❷「賓醴」，阮刻作「禮賓」。

贊冠者爲介。【注】贊者，衆賓也。皆與，亦飲酒爲衆賓。介，賓之輔，以贊爲之，尊之。飲酒之禮，賢者爲賓，其次爲介。

敖氏繼公曰：「言此於酬賓之後者，明酬幣惟用於正賓也。贊者，亦兼贊冠者而言。介，副也，以副於正賓名之。飲酒之禮，有賓，有介，有衆賓。此贊冠者爲介，其餘爲衆賓也。衆賓之位亦在堂。《鄉飲酒禮》賓席于户牖間，介席于西序，衆賓之席繼而西。」

蕙田案：以上醴賓。

【陳氏《禮書》】既冠，乃醴賓以壹獻之禮，酬賓束帛儷皮，贊者皆與。蓋君子之於人，勞之，必有以禮之。故《昏禮》享送者，《鄉飲》司正祭禮賓尸，《冠禮》醴賓，其義一也。

賓出，主人送于外門外，再拜，歸賓俎。【注】一獻之禮，有薦有俎，其牲未聞。使人歸諸賓家也。

蕙田案：以上送賓歸俎。

朱子曰：「此以上正禮已具，以下皆禮之變。」

張氏爾岐曰：「以上《士冠禮》正經，頗疑數事。冠於廟，重成人也。未冠，不以告；既冠，不以見，何也？見於母而不見于父，見贊者而不見賓，疏以爲冠畢已見，似矣，然醴畢即見于母，儀節相承，則見父、見賓，當于何時？豈在酌醴定祥之前與？又言歸俎，而不言載俎。其牲未聞，注已陳之，要皆文不具也。」

蕙田案：《曲禮》言「取妻者齊戒以告鬼神」，而《士昏禮》不具，何疑乎《冠禮》之無告廟文也？《文王世子》「冠、取妻必告」，有明證矣。父爲主人，與賓皆行冠事，何必再行見禮？張氏之説泥矣！

若不醴則醮，用酒。【注】若不醴，謂國有舊俗可行，聖人用焉不改者也。《曲禮》曰「君子行禮，不求變俗，祭祀之禮，居喪之服，哭泣之位，皆如其國之故，謹修其法而審行之」是也。酌而無酬酢曰醮。醴，亦當爲「禮」。【疏】自此以上，説周禮冠子之法。自此以下，至「取籩脯以降如初」，❶説夏、殷冠子之法。

蕙田案：疏分周禮，夏、殷禮。其説非，辨見後。

尊于房户之間，兩甒，有禁。玄酒在西，加勺，南枋。【注】房户間者，❷房西室户東也。禁，承尊之器也。名之爲禁者，因爲酒戒也。玄酒，新水也，雖今不用，猶設之，不忘古也。洗，有篚在西，南順。【注】洗，庭洗，當東榮，南北以堂深。篚亦以盛勺觶，陳于洗西。南順，北爲上也。始加，醮用脯醢。賓降，取尊于篚，辭降如初。卒洗，升酌。【注】始加者，言一加一醮也。加冠於東序，醮之於户西，同耳。始醮，亦薦脯醢。賓降者，爵在庭，酒在堂，將自酌也。辭降如初，如將冠時降盥，辭主人降也。凡薦，出自東房。冠者拜受，賓答拜如初。【注】贊者筵於户西，賓升，揖冠者就筵，乃酌，冠者南面拜受，賓授爵，東面答拜，如醴禮也。於賓答拜，贊者則亦薦之。冠者升筵，坐。左執爵，右祭脯醢，祭酒，興。筵末坐，啐酒。降筵，拜，賓答拜。冠者奠爵于薦東，立于筵西。【注】冠者立俟賓命，賓揖之，則就東序之筵。徹薦、爵，筵、尊不徹。【注】徹薦與爵者，辟後加也。不徹筵、尊，三加可相因，由便也。加皮弁，如初儀。再醮，攝酒，其他皆如初。【注】攝，猶整也。整酒，謂撓之。加爵弁，如初儀。三醮，有乾肉折俎，嚌之，其他如初。北面取脯，見于母。【注】乾肉，牲體之脯也。折其體以爲俎。嚌，嘗之。若殺，則特豚，載合升，離肺實于鼎，設扃鼏。【注】特豚，一豚也。凡牲皆用左胖，煮於鑊曰亨，在鼎曰升，在俎曰載。載合升者，明亨與載皆合左右胖。離，割也。割肺者，使可祭也，可嚌也。

高氏愈曰：「士田禄微，故不殺。殺則爲盛禮。」

蔡氏德晉曰：「醮止於乾肉折俎而不殺

❶「籩」，原作「邊」，據下文改。
❷「户」，原作「中」，據庫本改。

牲。此言：其盛則殺牲也。」

始醮，如初。【注】亦薦脯醢，徹薦爵，筵尊不徹矣。

再醮，兩豆：葵菹、嬴醢；兩籩：栗、脯。【注】嬴醢，蝺蝓醢。 三醮，攝酒如再醮，加俎，嚌之，皆如初，嚌肺。【注】攝酒如再醮，則再醮亦攝之矣。加俎嚌之，嚌，當爲「祭」，字之誤也。祭俎如初，如祭脯醢。 卒醮，取籩脯以降，如初。

蕙田案：以上醮及殺牲而醮。

劉氏敞曰：「『若不醴，則醮用酒』，謂庶子也。醴重醮輕。《昏禮》適婦醴之，庶婦醮之。丈夫之冠，猶婦人之嫁，則醮用酒者，必庶子也。下文曰『庶子冠于房外，南面，遂醮焉』，是矣。註云『謂國有舊俗可行，聖人用焉』，又註『醮于客位』云『夏、殷禮也』，皆非也。夏、殷有天下千有餘歲，冠禮行之久矣，設以醮爲禮焉，溥天之下皆醮也，周公何以改之？ 然則『醮於客位』當曰『醴於客位』，嫡子冠于阼，醴于客位，以變爲敬也。庶子冠與醮相因，不於阼，亦不於客位，略庶子也。醮禮繁，醴禮簡，以簡爲貴也。醮三舉，醴一辭，以少爲貴也。醮用酒，醴用醴，以質爲貴也。醮有折俎，醴脯醢而已，不尚味也。酒在房外，醴在房中，以變爲敬也。此皆聖人分別嫡庶，異其儀也。」

朱子曰：「不醴而醮，乃當時國俗不同，有如此者。如魯、衛之幕有縿布，袝有離合，皆周禮自不同，未必夏、殷法也。記註所云，若以宋、杞二代之後及它遠國未能純用周禮者言之，則或可通，然亦未有明文可考也。此註又言改字者，上下文異，故須別出也。」

敖氏繼公曰：「此醮與醴，大意略同，惟用酒而儀物繁爲異。上既見醴禮矣，此復言不醴則醮者，蓋冠禮之始，惟醴而已，然少近於質，故後世聖人又爲此醮禮與之並行焉。言若者，文質在人，用之惟所欲耳。」

郝氏敬曰：「醮，釂也，盡飲之名。醴一酌，醮三酌，加折俎，盛者殺牲，較醴多文矣。凡禮，先質而後文。醴與醮，皆歷世已行之跡。若者，隨時不定之辭。若醴則用醴，若醮則用酒，醴濁而酒清。」

張氏爾岐曰：「醴醮二法，其異者：醴側尊在房，醮兩尊於房户之間；醴用觶，醮用爵；醴篚從尊在房，醮篚從洗在庭；醴待三加畢乃一舉，醮每一加即一醮；醴薦用脯醢，醮每醮皆用脯醢，至三醮又有乾肉折俎；醴贊冠者酌授賓，賓不親酌；醮則賓自降取爵，升酌酒；醴則每加入房，易服出房，立待賓命；醮則每醮訖，立筵西待賓命；醴者每加冠必祝，醴時又有醴辭；醮者加冠時不祝，至醮時有醮辭。其餘儀節，並不異也。」姜氏兆錫曰：「『若不醴』，及『若殺』，皆禮之變。用酒禮，盛於醴；殺牲禮，盛於脯醢折俎。而冠禮不以盛禮先之者，聖人於始冠示以淳古之意，即始加用緇布冠之意也。其又及於用酒殺牲者，則權也。夫拜下改爲拜上，聖人雖違衆而不從其泰；若麻冕改純，則聖人亦以無害於禮而從之。若不醴，若殺，意亦如此。若如疏者之説，則夏尚忠，商尚質，而反謂其文勝於周也，豈理之所可通哉？」

盛氏世佐曰：「衆説不同，當以朱子爲正。凡禮，皆由質而趨於文，疏以醴之質者爲周禮、醮之文者爲夏殷禮，倒矣，宜後儒莫之從也。劉氏知疏説之非，而其自爲説亦未善。如以此節爲醮庶子，經當云『若庶子，則醮用酒』，而下文亦不應別見庶子冠法矣。朱子謂庶子一醮以酒，安得有若此及下文殺牲之盛禮哉？蓋冠禮之初，惟醴而已，庶子則一醮以酒，所謂『醴重而醮輕』也。醴重醮輕，鄭註《曾子問》語。若三醮殺牲，乃後人爲此，以尊異適子，而庶不敢干焉。敖氏知冠禮始惟有醴，後乃爲醮，所見最卓，而以醮爲聖人所制，則惑也。此特叔世變禮之後，國俗有此不同，記者以其無甚害於禮而存之，猶夫子從純之意耳。姜説實本朱子，然亦不能堅守其説而遷就之，至以用酒殺牲爲聖人之權。蓋見此節列於經文之內，不敢斷然以爲變禮，不得不曲爲回護而其辭屈矣。是皆不知此篇經記混淆之所致也。竊謂此篇之經，至『歸賓俎』而止矣。自此以下，皆記也。凡爲記者有三：有記經所未備者；有記禮之變異者；變以時代言，異以國俗言。有各記所聞，頗與經義相違者。記經所未備者，周公之徒爲之，與經並行者也；記禮之變異，則非周之盛時之書矣；至於各記所聞而頗失經意者，則七十子後學所記也。意其初經與記分，記與記亦不相雜，至漢儒掇拾灰燼之餘，竄以經師之説，而三者之辨，不可復知，且有經連於記，記混於經者矣。何以明其爲記也？試以《昏禮》較之：『若不醴』及『若殺』，猶《昏禮·記》『若不親迎』也，所謂記禮之變異也。『若孤子』、『若庶子』及『冠者母不在』，猶《昏禮·記》『庶婦』及『宗子無父』之類，所謂記經未備也。諸辭則《昏禮》俱屬《記》，尤爲明證。惟屨制一節，朱子移附陳器服節之末，或是彼處脱簡。然詳其文體，亦似《昏禮·記》『摯不用死，腊必用鮮』之類。經蓋以屨賤，不與冠服並言，而記者詳之，亦是記所未備也。自『冠義』以下，乃漢儒取《戴記》、《家語》以成文，非本記之舊矣。觀其首『冠義』二字，若《小戴記》篇目，十七篇無此例也。疑作者原不敢自附於本經之記，而編《禮》者誤以『記』之一字加之。若移彼『記』字於『若不醴』之首，則得矣。朱子謂醴賓節以上正禮已具，以下皆禮之變，是也，特未正其爲《記》耳。」

蕙田案：盛説頗有見地，存參。

觀承案：醴重而醮輕，醮文而醴質，醮繁而醴簡，此注家所以互異也。舊説以醴爲周禮，醮爲夏、殷禮者，固爲無據；謂適子用醴，庶子用醮，下文又別見庶子冠法，亦未見其然。竊謂饗以訓恭儉，適子用醴，所以慎選古儀，而不從俗之煩以重之，且以著冠禮之正義；如從俗而用醮，亦非有害于禮者，故別具其儀於後。經義上下，原自貫通，即不移「記」字於「若不醴」之首，未始不分明也。

若孤子，則父兄戒、宿。【注】父兄，諸父諸兄。冠之日，主人紒而迎賓，拜，揖，讓，立於序端，皆如冠主，禮於阼。【注】冠主，冠者親父若宗兄也。古文「紒」爲「結」。今文「禮」作「醴」。凡拜，北面於阼階上。賓亦北面於西階上答拜。若殺，則舉鼎陳于門外，直東塾，北面。【注】孤子得申禮，盛之。父在，有鼎不陳於門外。

蕙田案：以上孤子冠。

觀承案：《士冠禮》不言告廟。諸侯以上告廟，且將之以裸享，節之以金石，已變士禮矣，而不知仍士禮也。士之父没而冠，掃地而祭於禰，以示不敢自擅。蓋冠者，父冠其子，祖亦不可以冠孫。諸侯以上之有告廟，皆自爲主人時也，與士之父没而祭禰義同。禮，孤子之冠，父兄戒、宿，冠之日，主人紒而迎賓。紒，冠者之飾。方其未冠，故紒而迎賓，則冠者之孤，皆得自爲主人，故曰仍士禮也。

若庶子，則冠于房外，南面，遂醮焉。【注】房外，謂尊東也。不於阼階，非代也。不醮於客位，成而不尊。

蕙田案：以上庶子冠。

冠者母不在，則使人受脯于西階下。

張氏爾岐曰：「母不在，謂有他故也。使人受脯，當於後見也。」

蕙田案：以上見母權法。

戒賓曰：「某有子某，將加布於其首，願吾子之教之也。」【注】吾子，相親之辭。吾，我也。子，男子之美稱。古文「某」爲「謀」。賓對曰：「某不敏，恐不能共事，以病吾子，敢辭。」【注】病，猶辱也。古文「病」爲「秉」。主人曰：「某猶願吾子之終教之也。」賓對曰：「吾子重有命，某敢不從。」【注】敢不從，許之辭。宿曰：「某將加布於某之首，吾子將莅之，敢宿。」賓對曰：「某敢不夙興。」【注】莅，臨也。今文無對。

蕙田案：以上戒賓、宿賓之辭。

始加，祝曰：「令月吉日，始加元服。【注】令、吉，皆善也。元，首也。棄爾幼志，順爾成德。壽考惟祺，介爾景福。」【注】爾，女也。既冠爲成德。祺，祥也。介、景，皆大也。因冠而戒，且勸之。女如是則有壽考之祥，大女之大福也。再加，曰：「吉月令辰，乃申爾服。【注】辰，子丑也。申，重也。敬爾威儀，淑慎爾德。眉壽萬年，永受胡福。」【注】胡，猶遐也，遠也，遠無窮。三加，曰：「以歲之正，以月之令。咸加爾服，【注】正，猶善也。咸，皆也。皆加女之三服，謂緇布冠、皮弁、爵弁也。兄弟具在，以成厥德。黄耇無疆，受天之慶。」【注】黄，黄髮也。耇，凍黎也。皆壽徵也。疆，竟。

蕙田案：以上加冠祝辭。

醴辭曰：「甘醴惟厚，嘉薦令芳。【注】嘉，善也。善薦，謂脯醢。芳，香也。拜受祭之，以定爾祥。承天之休，壽考不忘。」【注】不忘，長有令名。

蕙田案：以上醴辭。

醮辭曰：「旨酒既清，嘉薦亶時。【注】亶，誠也。古文「亶」爲「癉」。始加元服，兄弟具來。孝友時格，永乃保之。」【注】善父母爲孝，善兄弟爲友。時，是也。格，至也。永，長也。保，安也。行此乃能保之。今文「格」爲「嘏」。凡醮者不祝。

張氏爾岐曰：「『孝友時格』，孝友極其至也。教以盡孝友之道，乃可長保之也。注『凡醮者不祝』，謂用酒以醮者，每加冠畢，但用醮辭醮之，其方加冠時，不用祝辭也。詳醮辭『始加元服』等句，與祝辭相類，兼用之則複矣。疏以爲醮庶子不用祝辭，錯會注意。」

再醮，曰：「旨酒既湑，嘉薦伊脯。乃申爾服，禮儀有序。祭此嘉爵，承天之祜。」【注】祜，福也。三醮，曰：「旨酒令芳，籩豆有楚。【注】旨，美也。楚，陳列之貌。咸加爾服，肴升折俎。【注】肴升折俎，亦謂豚。承天之慶，受福無疆。」

蕙田案：以上醮辭。

字辭曰：「禮儀既備，令月吉日，昭告爾字，爰字孔嘉。【注】昭，明也。爰，於也。孔，甚也。髦士攸宜，宜之于假。【注】髦，俊也。攸，所也。于，猶爲也。假，大也。宜之是爲大矣。永受保之，曰伯某甫。」仲、叔、季，唯其所當。【注】伯、仲、叔、季，長幼之稱。甫是丈夫之美稱。孔子爲尼甫，周大夫有家甫，❶宋大夫有孔甫，是其類。甫，字或作「父」。

【《白虎通》】人所以有字何？冠德明功，敬成人也。故《禮·士冠》經曰：「賓北面字之：『曰伯某甫。』又曰：『冠而字之，敬其名也。』」所以五十乃稱伯仲者，五十知天命，思慮定也，能順四時長幼之序，故以伯仲號之。《禮·檀弓》曰：「幼名，冠字，五十乃稱伯仲。」

蕙田案：以上字辭。

屨，夏用葛。玄端黑屨，青絇、繶、純，純博寸。【注】屨者，順裳色。玄端黑屨，以玄裳爲正也。絇之言拘也，以爲行戒，狀如刀衣鼻，在屨頭。繶，縫中紃也。純，緣也。三者皆青。博，廣也。

張氏爾岐曰：「此下言三服之屨，不與上服同陳者，屨賤，故別言之。夏葛屨，冬皮屨；春秋，熱則從夏，寒

❶「家甫」，《儀禮注疏》作「嘉甫」。

則從冬。此玄端黑屨，初加時所用，注云『以玄裳爲正』者，玄端兼有黄裳、雜裳，屨獨用黑，與玄同色，故云以玄裳爲正也。絇在屨頭，繶其牙底相接縫中之絛。純，謂緣口緣邊。三者皆青色也。」

素積白屨，以魁柎之，緇絇、繶、純，純博寸。【注】魁，蜃蛤。柎，注也。

張氏爾岐曰：「此皮弁服之屨，再加時所用。以魁蛤之灰注於上，使色白也。」

爵弁纁屨，黑絇、繶、純，純博寸。【注】爵弁屨以黑爲飾，爵弁尊，其屨飾以繢次。

張氏爾岐曰：「此三加所用之屨，疏云：『爵弁尊，其屨飾以繢次者，案《冬官》畫繢之事云：青與白相次，赤與黑相次，玄與黄相次，繢以爲衣。青與赤謂之文，赤與白謂之章，白與黑謂之黼，黑與青謂之黻，繡以爲裳。是對方爲繢次，比方爲繡次。又鄭注《屨人》云：複下曰舄，襌下曰屨。凡舄之飾，如繢之次；凡屨之飾，如繡之次。』上文黑屨青飾，白屨黑飾，皆繡之次；此爵弁纁屨而黑飾，不取比方之色，而以對方黑色爲飾，是用繢次與舄同，故云爵弁尊也。」

朱子曰：「三屨，經不言所陳處，疑在房中。既冠而適房改服，并得易屨也。」

冬，皮屨可也。不屨繐屨。【注】繐屨，喪屨也。縷不灰治曰繐。【疏】言此者，欲見大功未可以冠子，故於屨末因禁之也。

蕙田案：以上三服之屨。

【《記》】冠義。始冠，緇布之冠也。太古冠布，齊則緇之。其緌也，孔子曰：「吾未之聞也。冠而敝之可也。」【注】太古，唐、虞以上。緌，纓飾。未之聞，太古質，無飾。❶重古，始冠，冠其齊冠。白布冠，今之喪冠是也。

【《春秋》昭公九年《左氏傳》】豈如弁髦，而因以敝之。【注】童子垂髦始冠，❷必三加冠成禮，而棄其始冠，故言弁髦因以敝

❶「無」上，據阮元《儀禮注疏校勘記》，除毛本外，各本有「蓋亦」二字。

❷按全書體例，「注」下至段末文字當爲小字。

之。【疏】弁，謂緇布冠，斂括垂髦，三加之後，去緇布之冠，不復更用，故云因以敝之。

【《郊特牲》孔疏】太古之時，其冠惟用白布，常所冠也。若其齊戒，則染之爲緇。今始冠重古，故先冠之也。古禮，布冠不合有緌，而後世加緌，故記者云「其緌也」，引孔子之言謂未聞緇布冠有緌之事。冠而敝之者，言緇布冠初加暫用冠之，罷冠則敝棄之可也。以其古之齊冠，後世不復用也。

皇氏曰：「鄭云《雜記》『緇布冠無緌』，而《玉藻》云『緇布冠繢緌』者：此經所論，謂大夫士，故緇布冠無緌；諸侯則位尊盡飾，故有緌也。」

方氏慤曰：「緇布之冠，太古尚質，未聞有緌，末世寖文，乃加緌耳。《玉藻》言『緇布冠繢緌』者，兼末世言之也。孔子未嘗聞其緌者，指盛世言之也。」

蕙田案：此記用緇布冠之義。

適子冠於阼，以著代也。醮於客位，加有成也。三加彌尊，諭其志也。冠而字之，敬其名也。【注】名者質，所受於父母，冠成人，益文，故敬之。

【《郊特牲》孔疏】士冠禮冠者在主人之少北，是近主位也。庶子則冠於房户外，南面。客位，謂户牖之間。南面，此謂適子。

方氏慤曰：「冠者，成人之服。阼者，主人之階。成人則將代父爲主，故冠于阼，以著代也。醮則以酒澤之也，每一加則一醮，蓋酒以饗賓。冠於阼，是以主道期之；醮于客位，是以賓禮崇之也。以其有成人之道，故以是禮加之，故曰『加有成也』。然緇布之粗，不若皮弁之精，皮弁之質，不若爵弁之文，故曰『三加彌尊』。服彌尊則志宜彌大，故曰『喻其志也』。以冠考之，非特冠彌尊而衣也屨也亦彌尊，非特衣屨彌尊，至於祝辭、醮辭亦然，所以喻其志則一而已。」

蕙田案：此記重適子之義。

委貌，周道也。章甫，殷道也。毋追，夏后氏之道也。【注】或謂委貌爲玄冠。委，猶安也。言所以安正容貌。章，明也。殷質，言以表明丈夫也。甫，或爲「父」。毋，發聲也。追，猶堆也。夏后氏質，以其形名之。三冠皆所常服以行道也，其制之異同，未之聞。

蕙田案：注意以三者皆爲玄冠，蓋始加本當用此，因重古而用緇布冠，既乃以易之也。張氏爾岐謂：「此因冠者冠畢，❶易服玄冠，故記之。」

周弁，殷冔，夏收。【注】弁名出於槃。槃，大也，言所以自光大也。冔名出於幠。幠，覆也，言所以自覆飾也。收，言所以收斂髮也。齊所服而祭也。❷其制之異未聞。❸

張氏爾岐曰：「此因三加爵弁而記其制之相等者，殷則冔，夏則收也。」

三王共皮弁、素積。【注】質不變。【疏】言三代再加，所同用也。

蕙田案：以上記三代冠之同異。

無大夫冠禮，而有其昏禮。古者五十而后爵，何大夫冠禮之有？【注】據時有未冠而命爲大夫者。周之初禮，年未五十而有賢才者，試以大夫之事，猶服士服，行士禮。二十而冠，急成人也。五十乃爵，重官人也。大夫或時改娶，有昏禮是也。

敖氏繼公曰：「無大夫冠禮而有其昏禮，據禮經而言也。其下二句，所以釋無大夫冠禮之意也。古者，謂始有冠禮之時。五十而爵者，以其年艾德盛，乃可服官政也。」

公侯之有冠禮也，夏之末造也。【注】造，作也。自夏初以上，諸侯雖父死子繼，年未滿五十者，亦服士服，行士禮，五十乃命也。至其衰末，上下相亂，篡弒所由生，故作公侯冠禮，以正君臣也。

葉氏夢得曰：「諸侯既冠而即位，固已同於士禮矣。未冠而即位，則既爲諸侯，何緇布、皮弁、爵弁之云？則冠禮無復施，安得有公侯之冠禮？此所以爲夏之末造也。鄭氏謂諸侯雖父死，年未及五十，亦服士服，行士禮，五十乃命。古禮雖不可盡見，然諸侯固未當以年斷。審如其説，不幸有未冠而立，立未及五十而死，則終身不得爲諸侯乎？此理之必不然者也。」

張氏爾岐曰：「此言不獨大夫無冠禮，雖公侯冠禮，亦

❶ 下「冠」字，原作「既」，據《儀禮鄭註句讀》改。
❷ 此句疑爲衍文，詳阮元《儀禮注疏校勘記》。
❸ 「異」下，魏了翁《儀禮要義》有「同亦」二字。

夏末始作，非古也。據註訓『造』爲作，則『末』字當一讀。近徐師曾解《郊特牲》，云『末造，猶言末世』，則二字連讀。」

天子之元子猶士也，天下無生而貴者也。【注】元子，世子也。無生而貴，皆由下升。繼世以立諸侯，象賢也。【注】象，法也。爲子孫能法先祖之賢，故使之繼世也。以官爵人，德之殺也。【注】殺，猶衰也。德大者爵以大官，德小者爵以小官。

敖氏繼公曰：「元子，長子。其冠時猶用士禮，以其未即位則無爵故也。舉天子之元子，以見其餘。」

方氏慤曰：「嗣諸侯者有冠禮，嗣大夫則無之。蓋諸侯繼世以立，大夫以官爵之而不繼世也。諸侯必繼世以立，所以象賢；大夫不繼世，爲其德之殺也。」

王氏安石曰：「天子元子，冠同于士，雖君儲副，有君父在上，故冠用士禮，所謂『無生而貴者』也。象，法象也。父祖之賢，子孫能法象之，故使之雖未冠，南面君國，是以諸侯別有冠禮也。爵，言命爲大夫也，視諸侯德有殺，故冠惟士禮，與諸侯不同，此言大夫之所以無冠禮也。」

盛氏世佐曰：「《記》自『無大夫冠禮』下，即劉歆所謂『倉等推士禮而致於天子』之説也。古者，謂殷以前耳，非周初也。《喪服》殤小功章云：『大夫爲昆弟之長殤。』此周公之書也，身爲大夫，其兄乃有未冠而殤者，則年未二十而爲大夫者有矣。如謂試爲大夫而仍行士禮，則爲昆弟之長殤當服大功，不得降而爲小功也。降而爲小功，則已爵也。又案大夫以上，本無冠禮，而《玉藻》記天子、諸侯始冠之冠，《家語》載成王冠頌及公侯冠禮，《左傳》載魯襄公冠事，《國語》載趙文子冠事。然則，諸侯冠禮，始於夏末；天子冠禮，始於周初；大夫冠禮，其始於周之季世乎？孔穎達謂：『此《記》直云諸侯，不云天子，又下云天子之元子猶與士同，則天子冠禮，由來已久，但無文以明之。』

此臆説也。《家語》言天子冠禮，而直以成王之事實之，且曰：『此周公之制也。』足徵其所自起矣。惟其先有諸侯冠禮，而後有天子冠禮，故《大戴禮・公冠篇》《公冠》，今本作《公符》。云『天子儗焉』。歸有光作《天子諸侯無冠禮論》乃訾之，殆未之深考與！」

死而謚，今也。古者生無爵，死無謚。【注】今，謂周衰，記之時也。古，謂殷。殷士生不爲爵，死不爲謚。周制以士爲爵，死猶不爲謚耳，下大夫也。今記之時，士死則謚之，非也。

張氏爾岐曰：「爵以德升，故冠從乎賤，用士禮。古者生不以士爲爵，死不爲之立謚，士固賤者也。」

朱子曰：「自『繼世』以下，於冠義無所當，疑錯簡也。」

蕙田案：錯簡之説近是，存參。

又案：《禮記・郊特牲》文與此冠義同，今不復載。

右《儀禮・士冠禮》。

【《家語・冠頌》】邾隱公既即位，將冠，使大夫因孟懿子問禮於孔子。子曰：「其禮如世子之冠。冠于阼者，以著代也。醮於客位，加其有成。三加彌尊，導喻其志。冠而字之，敬其名也。雖天子之元子，猶士也。其禮無變，天下無生而貴者故也。行冠事，必於祖廟，以裸享之禮將之，以金石之樂節之，所以自卑而尊先祖，示不敢擅也。」懿子曰：「天子未冠即位，長亦冠乎？」孔子曰：「古者，王世子雖幼，其即位則尊爲人君，人君治成人之事者，何冠之有？」懿子曰：「然則諸侯之冠異天子與？」孔子曰：「君薨而世子主喪，是亦冠也已，人君無所殊也。」懿子曰：「今邾君之冠非禮也？」孔子曰：「諸侯之有冠禮也，夏之末造也，有自來矣，今無譏焉。天子冠者，武王崩，成王年十有三而嗣立，周公居冢宰，攝政以治天下。明年夏六月，既葬，冠成王，而朝於祖以見諸侯，示有君也。周公命祝雍作頌曰：『祝王辭達，而勿多也。』祝雍辭曰：『使王近於民，遠於年，嗇於時，惠於財，親賢而任能。』其頌曰：『令月吉日，王始加元服。去王幼志，服衮職，欽若昊命，六合是式。率爾祖考，永永無極。』此周公之制也。」懿子曰：「諸侯之冠，其所以爲賓主，何也？」❶孔子曰：「公冠則以卿爲賓，公自爲主，迎賓揖升自阼，立於席北，❷其醴也則如士，饗之以三獻之禮。既醴，降自阼階。諸侯非公而自爲主者，其所以異，皆降自西階。玄端與皮弁，異朝服素韠。公冠四加，玄冕祭。其酬幣，於賓則束帛乘馬。王太子、庶子之冠，擬焉，皆天子自爲主，其禮與士無變，饗食賓也皆同。」懿子曰：「始冠必加緇布之冠何也？」孔子曰：「示不忘古。太古冠布，齊則緇之，其緌也，吾未之聞，今則冠而敝之可也。」懿子曰：「三王之冠，其異何也？」孔子曰：「周弁，殷冔，夏收，一也。三王共皮弁、素積。委貌，周道也。章甫，殷道也。毋追，夏后氏之道也。」

【《禮記·玉藻》】始冠緇布冠，自諸侯下達，冠而敝之可也。玄冠朱組纓，天子之冠也。緇布冠繢緌，諸侯之冠也。【注】皆始冠之冠也。玄冠，委貌也。諸侯緇布冠有緌，尊者飾也。

陳氏澔曰：「天子始冠之冠則玄冠，而以朱組爲纓；諸侯雖是緇布冠，却用雜采之繢爲纓緌，爲尊者飾耳，非古制也。」

❶「也」，原作「如」，據《孔子家語》改。

❷「立」，原作「主」，據庫本改。

【《大戴記·公符》】自爲主，迎賓，揖，升自阼，立於席。既醴，降自阼。其餘自爲主者，其降也自西階以異，其餘皆公同也。公玄端以皮弁皆韠，朝服素韠。公冠四加玄冕。饗之以三獻之禮，無介，無樂，皆玄端。其醻幣朱錦綵，四馬，其慶也同。❶天子擬焉。太子與庶子，其冠皆自爲主，其禮與士同，饗賓也皆同。【注】公符，公冠也。四，當爲「三」；玄，當爲「衮」。字之誤。

【《春秋》襄公九年《左氏傳》】十二月，晉悼公以諸侯之師伐鄭而還，公送晉侯，晉侯以公宴於河上，問公年。季武子對曰：「會於沙隨之歲，寡君以生。」【注】沙隨，在成十六年。晉侯曰：「十二年矣，是謂一終，一星終也。【注】歲星十二歲而一終矣。國君十五而生子，冠而生子，禮也。【注】冠，成人之服，故必冠而後生子。君可以冠矣。大夫盍爲冠具？」武子對曰：「君冠，必以祼享之禮行之，【注】祼，謂灌鬯酒也。享，祭先君。行，將也。以金石之樂節之，【注】以鐘磬爲舉動之節。以先君之祧處之。【注】諸侯以始祖之廟爲祧。今寡君在行，未可具也，請及兄弟之國而假備焉。」晉侯曰：「諾。」公還，及衛，冠於成公之廟，【注】成公，今衛獻公之曾祖。從衛所處。假鐘磬焉，禮也。

【《國語·晉語》】晉趙文子冠，【注】文子，趙盾之孫、趙朔之子趙武也。冠，謂以士禮始冠。見欒武子，武子曰：「美哉！【注】武子，欒書也。禮，既冠，奠贄于君，遂以贄見于鄉大夫、先生。昔吾逮事莊主，【注】莊，莊子，趙朔之謚，大夫稱主。趙朔嘗將下軍，欒書佐之。華則榮矣，實之不知，請務實乎。」【注】榮者，有色貌。實之不知，華而不實也。見范文子，【注】文子，范燮。文子曰：「而今可以戒矣。夫

❶「同」，原脱，據《大戴禮》補。

賢者寵至而益戒，不足者爲寵驕。【注】智不足者，得寵而驕。故興王賞諫臣，逸王罰之。先王疾是驕也。」見韓獻子，【注】獻子，晉卿韓厥。獻子曰：「戒之，此謂成人。成人在始與善。始與善，善進善，不善蔑由至矣；始與不善，不善進不善，善亦蔑由至矣。如草木之産也，各以其物。【注】物，類也。人之有冠，猶宮室之有墻屋也，糞除而已，又何加焉。」【注】糞除，喻自修潔。見智武子，武子曰：「吾子勉之！【注】武子，晉卿荀首之子荀罃。成子之文，宣子之忠，其可忘乎！吾子勉之！有宣子之忠，而納之以成子之文，事君必濟。」見張老而語之，【注】張老，晉大夫張孟。❶張老曰：「善矣，從欒伯之言，可以滋；【注】滋，益也。范叔之教，可以大；韓子之戒，可以成。物備矣，志在子。【注】物，事也。人事已備，能行與否，在子之志。智子之道善矣，是先主覆露子也。」【注】先主，謂成、宣。露，❷潤也。

【《白虎通》】王者太子亦稱士何？舉從下升，以爲人無生得貴者，莫不由士起。是以舜時稱爲天子，必先試於士。《禮·士冠經》：「天子之元子，士也。」

【陳氏《禮書》】諸侯始加，緇布冠繢緌，次加皮弁，三加爵弁，四加玄冕。天子則始加玄冠朱組纓，次加皮弁，三加爵弁，四加玄冕，五加衮冕矣。《郊特牲》言「玄冠朱組纓，天子之冠。緇布繢緌，諸侯之冠」，鄭氏皆以爲始冠之冠。《家語》稱成王冠，祝雍辭曰「去幼志，服衮職」，❸而賈公彦、孔穎達皆言天子當加衮冕，則始終

❶「孟」，原作「老」，據《國語·晉語六》注改。
❷「露」，原作「覆」，據《國語·晉語六》注改。
❸「服」，原作「心」，據庫本改。

之所加，與士異也。《家語》曰王太子之冠亦擬諸侯四加，則天子五加可知矣。諸侯四，則其子三加可知矣。王太子四加，而《禮記》言「天子之元子，猶士」者，非謂加數也。《儀禮·士冠》無祼享之禮，無金石之樂，而季武子曰「君冠，必祼享之禮行之，金石之樂節之」，而《家語》之説亦然。此蓋國君之禮歟？國君自冠，有享禮；大夫士自冠，亦然。《曾子問》曰：「父没而冠，則已冠，埽地而祭於禰。」

楊氏復曰：「《儀禮》所存者，惟《士冠禮》。自士以上，有大夫、諸侯、天子冠禮，見於《家語·冠頌》、《大戴·公冠》與《禮記·特牲》《玉藻》者，雖遺文斷缺不全，而大概亦可考。如趙文子冠，則大夫禮也；魯襄公、邾隱公冠，則諸侯禮也；周成王冠，則天子禮也。大夫無冠禮，古者五十而後爵，何大夫冠禮之有？其冠也則服士服，行士禮而已。」

【歸氏有光《天子諸侯無冠禮論》】《儀禮》有《士冠禮》，無《天子冠》、《諸侯冠禮》，非逸也。《記》曰：「無大夫冠禮，而有其昏禮。古者五十而後爵，何大夫冠禮之有？公侯之有冠禮，夏之末造也。天子之子，猶士也。天下無生而貴者也。繼世以立諸侯，象賢也。」明天子、諸侯、大夫之無冠禮也。冠者，將責爲人子、爲人弟、爲人臣、爲人少之禮，故冠必有主人。孤子則父兄戒宿，父謂諸父，蓋父兄以成人之禮責子弟也。天子爲元子之時，以士冠禮，所謂「有父在，則禮然」也。已奉宗統，君臨天下，將又責之爲人子、爲人弟、爲人臣、爲人少之禮乎？《家語》稱孔子答孟懿子之問，吾取焉，曰：「古者王世子雖幼，其即位則尊爲人君。人君治成人之事者，何冠之有？」曰：「諸侯之冠異天子與？」曰：「君薨而世子主喪，是亦冠也，與人君無所殊也。諸侯之有冠禮也，夏之末造也。」此孔子之遺言也。益以祝雍頌《公冠》之篇則誣矣。《公冠》曰：「公冠自爲主，迎賓，揖升自阼，立於席。既醴，降自阼。享之以三獻之禮，無介，無樂，其酬幣朱錦綵，四馬，其慶也。天子擬焉。」曰「自爲主」，曰「賓降阼」，嫌尊矣，非爲人子、爲人弟、爲人臣、爲人少之禮也。且禮自上達，而曰天子擬冠何也？

此非孔氏之言也。《公冠》曰「公冠四加玄冕」，《左傳》季武子曰「君冠，必以祼享之禮行之，以金石之樂節之，以先君之祧處之」，《玉藻》曰「始冠緇布冠，自諸侯下達，冠而敝之可也。玄冠朱組纓，天子之冠也。緇布冠繢緌，諸侯之冠也」。蓋務爲天子、諸侯、士庶之别，而不知先王制冠禮之義，所以同之於士庶者也。

郝氏敬曰：「古無大夫冠禮，亦附會之説。禮所以獨有士者，禮莫不始於士也。明乎士禮，而大夫以上，可引而伸之，加其等，益其數，天子、諸侯，皆可知矣。今謂五十爲大夫，故無大夫冠禮。天子、諸侯，未聞必五十而後爲，其亦無冠禮，又何也？《玉藻》云『玄冠朱組纓，天子之冠。緇布冠繢緌，諸侯之冠』，《大戴記》云『諸侯冠禮，四加玄冕』，《春秋傳》云『公冠用祼享之禮行之，金石之樂節之』，此禮皆起於夏末乎？焉知士冠之獨始於古也。古有士，即有大夫，有士冠，即有大夫冠，而諸侯、天子，所損益可知也。」

徐氏師曾曰：「古者，天子、諸侯十二而冠，與大夫皆用士禮，故《儀禮》無天子、諸侯、大夫之冠禮，非逸也。設不幸天子崩，太子未冠，則冕而踐祚，不行冠禮。蓋已奉宗統，君天下，不可復責以成人之道也。故《家語》孔子曰：『古者王世子雖幼，其即位則尊爲人君，人君治天下之事者，何冠之有？』又曰：『君薨而世子主喪，是亦冠也。』所謂因喪而冠也。蓋世子未命於天子，故不言即位而言主喪。周氏不考於《禮》，乃謂元子、世子不當用士禮，而引《玉藻》、《公符》、《左傳》、《冠頌》以補之，殊不知《玉藻》、《公符》、《左傳》所云，皆後世之失。成王《冠頌》，如誠有之，意者周公欲王修德，故因仍夏末之禮，而使祝雍作頌以勖之爾，安可取以補《儀禮》之逸乎？」

盛氏世佐曰：「《大》《小戴記》、《家語》、《左傳》、《國語》諸書及《儀禮》之記，所論天子、諸侯、大夫冠禮之有無，何其殊也！有謂天子諸侯即位已冠，無冠禮者。《冠頌》云『古者王世子雖幼，其即位則尊爲人君，人君治成人之事者，何冠之有』？又云『君薨而世子主喪，是亦冠也已。人君無所殊也』是也。有援此以證大夫者。鄭注《喪服》云「大夫無殤服」，疏云：「已爲大夫，則冠矣，大夫冠而不爲殤。」朱子云：「得爲大夫之時，已治成人之事，如《家語》所説人君之例。」有謂天子之元子、諸侯之世子其冠與古士禮同者。《冠頌》邾隱公既即位，將冠，問禮於孔子。子曰『其禮如世子之冠，雖天子之元子，猶士也。其禮無變，天下無生而貴者故也』，此《記》亦云『天子之元子，猶士』是也。有謂諸侯、大夫因喪而冠，後不改冠者。《曾子問》云『天子賜諸侯、大夫冕弁服於太廟，歸設奠，服賜服，於斯乎有冠醮，無冠醴』注云：「不醴，明不爲改冠。」然則此諸侯、大夫亦因喪而冠者，疏乃謂其「幼弱未冠，總角從事，至當冠之年，因朝天子」，非。是也。有謂諸侯、大夫年未五十，猶服士服、行士禮，至五十乃命，所以無冠禮者。此《記》與《郊特牲》所云是也。此皆論其無者之據也。言天子冠者，《冠頌》記冠成王之頌，《公冠》云『天子儗焉』，《玉藻》記天子之冠是也。言諸侯王太子庶子之冠與士異者，❶《冠頌》記公冠則以卿爲賓，至其酬幣，於賓則束帛乘馬等儀節；又云『王太子庶子之冠儗焉』；《公冠篇》略同；及《左傳》季武子之説、《玉藻》記諸侯之冠是也。言大夫冠者，《國語》云晉趙文子冠是也。此則論其有者也。或一禮而異議，或一篇而異詞，覽者幾茫乎不知所從矣。然其説蓋各有指焉，未可是彼而非此也。夏以前，諸侯無冠禮。周以前，天子無冠禮。春秋以前，大夫無冠禮。凡言無者，皆推本古義，以見世代之升降，而其中有二説焉。即位已冠，爲繼世者言之也。五十乃命，爲崛起者言之也。至於除喪

❶「庶」，原作「世」，據《儀禮集編》改。下一「庶」字同。

不改冠者，爲其先已冠訖，特與吉冠不同耳。今亦略見於《雜記》，《記》云：「既冠於次，入哭踊，三者三，乃出。」非無其禮也。夫自天子、諸侯之冠禮既作，必有成書，以著其詳。中更去籍滅學之變而亡之，故本經不能具，要其大節目之所在，未嘗不以士禮爲準，而其中四加、三獻之類，則亦尊卑隆殺之所由辨也。見謂同者不盡同，見謂異者不盡異，自天子以至諸侯之世子，其冠禮大略可覩矣。惟大夫之冠，僅一見於《國語》，而其禮不得聞，《記》殆以其衰世之制而略之與？」

蕙田案：自《家語》以下各條，與《儀禮·記》互相發類，附於後。諸家之說，盛氏近之。

右經傳天子、諸侯、大夫冠禮。

【《禮記·曲禮》】男子二十，冠而字。

【《內則》】男女未冠笄者，雞初鳴，咸盥漱，櫛、縰、拂髦、總角。二十而冠，始學禮，可以衣裘帛，舞《大夏》，惇行孝悌，博學不教，內而不出。

【《荀子·大略篇》】古者天子、諸侯子十九而冠，冠而聽治，其教至也。

【《說苑·建本篇》】周召公年十九，見正而冠，冠則可以爲方伯諸侯矣。

【《白虎通》】陽小成於陰，陰小成於陽，故二十而冠，三十而娶。陰小成於陽，大成於陰，故十五而笄，二十而嫁也。

【《冠義》孔疏】《世本》云：「黃帝造火食旃冕。」是冕起於黃帝也。但黃帝以前，則以羽皮爲之冠。黃帝以後，乃用布帛。其冠之年，即天子、諸侯十二。故襄九年《左傳》云：「國君十五而生子，冠而生子，禮也。」又云：「一星終也。」十二年歲星一終。又，文王十五而生武王，尚有兄伯邑考。又《金縢》云：「王與大夫盡弁。」時成王十五而已著弁，既已著弁，則已冠矣。是天子十二而冠，與諸侯同。又《祭法》云：「王下祭殤五。」若不早冠，何因下祭五等之殤？大夫冠年雖無文，案《喪服》「大夫爲昆弟之長殤」，大夫既爲昆弟之長殤，則不二十始冠也。其士則二十而冠也，《曲禮》云「二十曰弱，冠」是也。

【杜佑《通典》】文王十三生伯邑考。《左傳》曰：「冠而生子，禮也。」許慎《五經異義》曰：「《春秋左氏傳》説：歲星爲年紀，十二而一周於天，天道備，故人君于十二可以冠。自夏殷，天子皆十二而冠。」譙周《五經然否論》云：「《古文尚書》説：武王崩，成王年十三。武王以庚辰歲崩，周公以壬午歲出居東，癸未歲反。《禮·公冠》記周公冠成王，命史作祝辭告，是除喪冠也。周公未反，成王冠弁，開金縢之書，時十六矣。是成王十五，周公冠之而後出也。」許慎《五經異義》云：「武王崩後，管、蔡作亂，周公出居東，是歲大風，王與大夫冠弁開金縢之書，成王年十四，是喪冠也者，恐失矣。」案《禮》傳，天子之年，近則十二，遠則十五，必冠矣。

【陳氏《禮書》】二十而冠，士禮也。天子、諸侯則十二而冠。故《春秋傳》曰：「十二年謂一終，一星終也。國君十五而生子，冠而生子，禮也。」考之經傳，文王十三生伯邑考，成王十五而弁，則十二而冠可知。荀卿曰「天子、諸侯十九而冠」，失之矣。《小記》曰：「大夫冠而不爲殤。」則大夫不待五十而爵者，亦不待二十而冠，豈天子、諸侯之冠，特先士禮一歲哉？

陸氏佃曰：「『二十曰弱，冠』，則二十而冠，禮之大節在是也。唯天子、諸侯，十五而冠，早成其德。先儒謂晉侯曰：『國君十五而生子，冠而生子，禮也。君可以冠矣。』魯襄公是時年十二，諸侯十二而冠，誤矣。蓋曰『可以冠』，則非禮之正也。《金縢》：『王與大夫盡弁。』成王時年十五，則冠在是歲可知。」

蕙田案：陳氏、陸氏説俱可通。

右冠年。

【《禮記·文王世子》】五廟之孫，祖廟未毀，雖爲庶人，冠、取妻必告。

【《曾子問》】父没而冠，則已冠，埽地而祭於禰。已祭而見伯父、叔父，而后饗冠者。

右告廟祭禰。

曾子問曰：「將冠子，冠者至，揖讓而入，聞齊衰、大功之喪，如之何？」【注】冠者，賓及贊者。孔子曰：「内喪則廢，外喪則冠而不醴，徹饌而埽，即位而哭。如冠者未至，則廢。【注】内喪，同門也。不醴，不醴子也。其廢者，喪成服，因喪而冠。 如將冠子而未及期日，而有齊衰、大功、小功之喪，則因喪服而冠。」【注】廢吉禮而因喪冠，俱成人之服。及，至也。 「除喪不改冠乎？」【疏】曾子疑除喪之後更改易而行吉冠之禮。 孔子曰：「天子賜諸侯、大夫冕弁服於太廟，歸設奠，服賜服，於斯乎有冠醮，無冠醴。」【注】酒爲醮。冠禮，醴重而醮輕。此服賜服，酌用酒，尊賜也。不醴，明不爲改冠。改冠當醴之。

【《雜記》】以喪冠者，雖三年之喪可也。既冠於次，入哭踊，三者三，乃出。【注】言雖者，明齊衰以下皆可以喪冠也。始遭喪，以其冠月，則喪服因冠矣。非其冠月，待變除卒哭而冠。次，廬也。 【疏】謂將冠，值喪，當成服時，因喪服加冠。非但輕服得冠，雖三年重喪，亦可因喪服而冠，故云可。冠於次，謂加冠于廬次之中。若齊衰以下，加冠于次舍之處。冠後，入喪所，哭而跳踊，每哭，一節三踊，如此者三，凡九踊，乃出就次所。

蕙田案：冠以責人爲人子、爲人弟之道，遭喪則盡哀盡敬，全子道焉，可不冠乎！冠者以喪冠，冠以喪之冠也，《曾子問》「因喪服而冠」是也。

大功之末，可以冠子，可以嫁子。父小功之末，❶可以冠子，可以嫁子，可以取婦。己雖小功，既卒哭，可以冠、取妻；下殤之小功則不可。【注】此皆謂可用吉禮之時。父大功卒哭而可以冠子、嫁子，小功卒哭而可以取婦；己大功卒哭而可以冠子，❷小功卒哭而可以取妻：必偕祭乃行也。下殤小功，齊衰之親，除喪而後可爲昏。禮，凡冠者，其時當冠，則因喪而冠之。

方氏苞曰：「大功以上，其情切而爲期遠，故因喪服而冠。小功、緦麻，則俟焉而用吉可矣。此人情之實也。」

梁氏萬方曰：「注『己大功卒哭而可以冠子』句，『子』字當爲衍文。」

【《通典·大功小功末冠議》】晉傅純難曰：「《雜記》本文，己在小功則得冠，大功不得冠也。鄭云『己大功卒哭可以冠』，與本文不同何耶？」賀循答曰：「道父爲子嫌，但施於子，不施於己，故下言『己雖小功』，著己與子亦同也。俱同，則大功之末，己可以冠。以理推之，正自應爾，非謂與本文不同。」高崧問范汪曰：

❶ 王引之曰：「小，當爲『大』，因下文兩言『小功』而誤也。」詳《經義述聞》卷一六。

❷ 張敦仁《撫本禮記鄭注考異》：「按：『子』，衍字也。冠者，己身加冠也。經文『冠子取婦』，據父言之；『冠取妻』，據己言之：分别極明。今本《正義》中復據此句亦衍『子』字，乃後人妄添，非其舊也。」

「小功之末，可以冠子。己雖小功，卒哭可以冠。而鄭、孫二家注並云『已大功卒哭可以冠』。求之於《禮》，無可冠之文。」范汪答曰：「『大功之末，可以冠子』，此於子，已爲無服。又云『父小功可以冠子』，疑與上章，俱有『末』語，特於下言『已雖小功，卒哭可以冠』，是爲小功卒哭，皆得行冠娶之事也。大夫三月而葬，葬而後虞，虞而後卒哭，是爲父雖小功，子服盡也。大功許冠婚，則小功便無所不可也。」高崧重問范汪曰：「下殤小功則不可，而云『小功之末，可以冠婚』何？」范汪重答曰：「下殤小功，此是周服之下殤，不可以服輕而恩疎也。」或曰：「『因喪而冠』，亦《禮》之明文，何以復於大功、小功喪中每言冠乎？」答曰：「在喪，冠而已，不行冠禮也。於大功、小功之末，故可行冠禮。因喪而冠，與備行冠禮殊也。」或問者曰：「《禮》：『大功之末，可以冠子嫁子；小功之末，❶可以冠子嫁子，可以取婦。己雖小功，既卒哭，可以娶妻。』案經『大功之末』，雖云『可以冠子嫁子』，不言己可以冠，鄭注云『已大功卒哭而可以冠』，未解。經又云『大功之末』，而注云『卒哭』，不知此言末，便是卒哭，爲非卒哭耶？」答曰：「《記》云『大功之末，可以冠子嫁子』，而注又云『已大功卒哭而可以冠，小功卒哭而可以冠、娶妻』者，冠而後娶，今既云冠嫁其子，則於文不得復自著己冠，故注家合而明之。以小功得娶妻，則大功亦可以得冠。冠輕婚重，故大功之末得自冠，小功之末得

❶「小」上，《通典》卷五六據《禮記·雜記下》補「父」字。

自娶。以《記》文不備，故注兼明之。注之有此比。禮，三月既葬。卒哭，於小功則餘有二月，是末也；於大功則正三分之一，便謂之末，意嘗以疑之。然鄭氏注《喪服經》云：『葬，喪之大事。』既畢，故謂之末耶？」重問曰：「省及申釋注意，甚爲允也。然僕猶有所未了。禮，小功卒哭可以取者，婚禮，『娶婦之家，三日不舉樂』，明婚雖屬吉，而有嗣親之感。小功餘喪，不重祖考之思，故可以娶也。大功可冠，猶有疑焉。夫吉禮將事，必先筮賓，然後成禮。大功之末可以冠嫁其子者，以已大功之末，於子則小功，服已過半，情降既殊，日算浸遠，故子可以行吉事。至於己身，親有功布重制，月數尚近，而便釋親重之服，行輕吉之禮，於此稱情，無乃薄耶？且非禮正文，出自注義耳。若有廣比，想能明例以告之。」答曰：「齊衰之喪，則冠婚皆廢。大功則廢婚而行冠，冠吉輕而婚吉重故也。冠吉輕，故行之於大功之末；婚吉重，故行之於小功之餘。但以大功末云可以冠子，而自著己冠之文不便。賢者以三隅反之，推小功得自娶，則大功得自冠。以身有功服，月數尚近，釋親重之服，行輕吉之事。今正以大功小功之末，俱得行吉禮，故施輕吉於重末，行重吉於輕餘。重服不可以行重吉，故許其輕者；輕服可以通重吉，故因得行之。若大功之冠，則行吉冠之禮而反喪服。若服在齊衰，不得行吉，則因喪而冠，以冠禮貴及，不可踰時。而齊衰之服崇重，則大功之末差輕，輕則行以吉，重則因以凶也。」

蕙田案：范汪之答，於經注兩合。

右有喪而冠。

【《周禮・春官・大宗伯》】以嘉禮親萬民，以昏冠之禮親成男女。

鄭氏鍔曰：「昏者，禮之本。冠者，禮之始。昏則親男女之情，冠則成男女之德也。」

【《地官・黨正》】凡其黨之昏冠，教其禮事。

【《禮記・樂記》】昏姻冠笄，所以別男女也。

【《冠義》】凡人之所以爲人者，禮義也。禮義之始，在於正容體，齊顔色，順辭令。容體正，顔色齊，辭令順，而後禮義備，以正君臣、親父子、和長幼。君臣正，父子親，長幼和，而後禮義立。故冠而後服備，服備而後容體正、顔色齊、辭令順。故曰：冠者，禮之始也。是故，古者聖王重冠。古者冠禮：筮日、筮賓，所以敬冠事。敬冠事所以重禮，重禮所以爲國本也。故冠於阼，以著代也。醮於客位，三加彌尊，加有成也。已冠而字之，成人之道也。見於母，母拜之，見於兄弟，兄弟拜之，成人而與爲禮也。玄冠玄端，奠摯於君，遂以摯見於鄉大夫、鄉先生，以成人見也。【注】國本，國以禮爲本也。阼，謂主人之北也。適子冠於阼。若不醴，則醮用酒。於客位，敬而成之也。户西爲客位。庶子冠於房户外，又因醮焉，不代父也。鄉先生，謂鄉老而致仕者。服玄冠玄端，異於朝也。【疏】阼是主人接賓處，適子冠於阼，所以著代父之義也。鄭注「阼爲主人之北」。若不醴，則醮用酒。庶子冠於户外，又因醮焉」，皆《士冠禮》文。周禮，適子則以醴禮之，庶子則以酒醮之。其於周時，或有舊俗，行先代之禮，雖適子亦用酒醮，則因而行，不必改也。醮者，醮盡之義，鄭注《士冠禮》「酌而無酬酢曰醮」是也。冠於客位，尊以成人，若賓客待之也。加有成也，謂益加有成人之事。此《記》是士冠禮，故三加。若大夫，亦同。《士冠禮》云：「古者五十而後爵，何大夫冠禮之有？」是大夫雖冠，用士禮。若諸侯，則有冠禮。故《左傳》云：「公冠，用裸享之禮行之，金石之樂節之。」其加則四，而有玄冕。故《大戴禮・公冠》四加也。諸侯四加，則天子亦當五加衮冕也。今唐禮，母見子，但起立，不拜。案《儀禮》廟中冠子，以酒脯奠廟訖，子持所奠酒脯以見於母，母拜其酒脯，重從尊者處來，故拜之，非拜子也。

吕氏大臨曰：「母拜之義，古今學者疑焉。孔氏《疏義》曰：『廟中冠子，以酒脯奠廟，子持所奠脯以見母，母以脯自廟中來，故拜之，非拜子也。』此説未然。所薦脯醢，爲醴子設，非奠廟也。蓋古者有庸敬，有斯須之敬。子之於母，固所尊也，所尊則庸敬矣。然婦人之義，在家從父，已嫁從夫，夫死從子。母雖尊也，卒有從子之道，故當其冠也，以成人之禮禮之，則屈其庸敬，以申斯須之敬，明從子之義，猶未害乎母之尊也，庸何疑焉！」

陳氏祥道曰：「《儀禮》曰主人玄冠而朝服，緇帶而素韠，立於廟門之東面以筮日者，以日月往來而吉凶無常者也。古之人，舉大事，興大功，則必擇之以元辰，占之以卜人，況冠，禮之大者也。玄冠以象道之幽，朝服皮弁以致其誠之潔，緇以黑爲主，素以白爲主，黑與白，純而不變者也。唯夫有道之君子，素其誠而不雜其行，此所以筮日而日無不吉也。筮其賓客，《儀禮》所謂『前期三日，如求日之儀』是也。昔之人，有吉事則與賢者歡成之，有凶事則亦與賢者哀戚之。冠事，吉禮，所以筮賓而歡成之也。上而有冠，則天道也；中而有服，則人道也；下而有屨，則地道也。故三加而彌尊，每加莫不有此三者焉。夫始加也，其冠則緇布，而服則玄端、爵韠，屨則黑而其絇青。❶再加也，冠則皮弁，而服則素積素韠，屨則白而絇緇。及其三加，則冠非特此而授之以纁裳韎韐也，屨則纁而其絇黑。其加之有序，其序之有章，而衆人由之，亦足以得性命之文，而況夫君子者乎！所謂喻其志、則有成者，凡在是也。母所以生我者也，兄所以長我者也，而見於母，母拜之，見於兄弟，兄弟拜之，豈非以見其既冠而深責之以成人耶！此家與之成禮也。君者，出令以正我者也，而不可以不見。故玄端玄冠，以奠摯見於君。非特家與之成禮也，而國又與之成禮也。鄉大夫，以智帥我者也；鄉先生，以德先我者也，而不可以不見。故遂以摯見於鄉大夫、鄉先生者，非特國與之成禮，而鄉黨鄰里亦與之成禮也。故自一家達於一鄉，自一鄉達於一國，莫不與之成禮，故曰將責成人者，『將責其爲人子、爲人弟、爲人臣、爲人

❶「屨則」至「素韠」二十一字，原脱，據《禮記集説》卷一五四補。

少之禮行焉』，其是之謂乎？蓋冠必用醴，若不醴，則醮焉。以醴者，太古之物，故其禮簡，所以示質。酒者，後世之味，故其禮煩，所以示文。故適子用醴，庶子用醮。適婦有醴與饗，庶婦使人醮之，不饗。諸侯、大夫受賜服於天子，歸設奠，服賜服，於斯乎有冠醮，無冠醴，是醮輕於醴也。《士冠》『若不醴，則醮』者，則冠適子，或醴或醮，惟其所用矣。」

方氏慤曰：「所謂玄冠玄端者，《禮運》曰『天子齊，玄衣玄冠玄裳』，❶《郊特牲》曰『玄冕齊戒』，《司服》曰『其齊服有玄端』。或曰玄冕，或曰玄冠，或曰玄衣，或曰玄端，何也？蓋有旒則謂之玄冕，無旒則謂之玄冠，以其身之所依則謂之玄衣，以其服有兩端則謂之玄端。或玄衣而加玄冕，或玄衣而加玄冠，皆謂之玄端。《玉藻》曰『天子玄端而祭』，則玄冕玄端者，祭服也；玄冠玄端，齊服也。然而，玄冕雖以祭，亦有用之以齊者，《郊特牲》言『玄冕齊戒』是也。玄冠雖以齊，亦有用之以燕者，《玉藻》言『玄端而居』是也。」

成人之者，將責成人禮焉也。責成人禮焉者，將責爲人子、爲人弟、爲人臣、爲人少者之禮行焉。將責四者之行於人，其禮可不重歟！故孝弟忠順之行立，而後可以爲人；可以爲人，而後可以治人也。故聖王重禮。故曰：冠者，禮之始也，嘉事之重者也。是故古者重冠，重冠故行之於廟。行之於廟者，所以尊重事。尊重事，而不敢擅重事。不敢擅重事，所以自卑而尊先祖也。

【疏】先王重冠，故行之於廟。士行之於禰廟，故《士冠禮》注：「廟，謂禰廟。」既在禰廟，此云「尊先祖」者，尊禰即尊先祖之義。且下士祖禰共廟。其諸侯，則冠於太祖之廟。故《左傳》云「先君之祧處之」，《聘禮》云「不腆先君之祧」，鄭注以爲「始祖之廟」，則天子當冠於始祖之廟也。

【《説苑》】冠者，所以別成人也。修道束躬，以自申飭，所以檢其邪心，守其正意也。君子始冠，必祝成禮，加冠以勵其

❶ 「禮運」，疑當作「禮圖」，謂張鎰《三禮圖》也。「天子齊」云云，不見《禮運》，而見於《三禮圖集注》卷一。

心。故君子成人，必冠帶以行事，棄幼小嬉戲惰慢之心，而衎衎於進德修業之志。是故服不成象，而内心不變，内心修德，外被禮文，所以成顯令之名也。是故皮弁素積，百王不易，既以修德，又以正容。孔子曰：「正其衣冠，尊其瞻視，儼然人望而畏之，斯不亦威而不猛乎！」

【《白虎通》】冠者，㡓也，所以㡓持其髮也。人懷五常，莫不貴德。示成禮，有修飾首，❶别成人也。

【《小學》】司馬温公曰：「冠者，成人之道也。成人者，將責爲人子、爲人弟、爲人臣、爲人少者之行也。將責四者之行於人，其禮可不重與！冠禮之廢久矣，近世以來，人情尤爲輕薄，生子猶飲乳已加巾帽，有官者或爲之製公服而弄之，過十歲猶總角者，蓋鮮矣。彼責以四者之行，豈能知之？故往往自幼至長，愚騃如一，由不知成人之道故也。古禮雖稱二十而冠，然世俗之弊，不可猝變，若敦厚好古之君子，俟其子年十五以上，能通《孝經》、《論語》，粗知禮義之方，然後冠之，斯其美矣。」

右冠義。

五禮通考卷第一百四十八

淮陰吴玉搢校字

❶「飾」下，《白虎通疏証》卷一〇《紼冕》有「文章故制冠以飾」七字。

五禮通考卷第一百四十九

內廷供奉禮部右侍郎金匱秦蕙田編輯
太子太保總督直隸右都御史桐城方觀承同訂
兩淮都轉鹽運使德水盧見曾
按察司副使元和宋宗元 參校

嘉禮二十二

冠禮

【《史記·始皇本紀》】始皇九年四月己酉，王冠，帶劍。

【《漢書·惠帝本紀》】四年三月甲子，皇帝冠，赦天下。

蕙田案：此皇帝冠肆赦之始。

【《通典》】漢改皇帝冠爲加元服。惠帝加元服，用正月甲子若丙子爲吉。

蕙田案：甲子、丙子，用剛日也，亦桑弧蓬矢之意。

【《景帝本紀》】景帝後三年正月，皇太子冠，賜民爲父後者爵一級。

【《三輔黃圖》】博望苑，武帝立子據爲太子，爲太子開博望苑。《漢書》曰：「武帝年二十九乃得太子，甚喜。太子冠，爲立博望苑，使之通賓客，從其所好。」

蕙田案：太子年甫冠即通賓客，從其所好，失豫教之道矣。

【《昭帝本紀》】元鳳四年，帝加元服，見於高廟，賜諸侯王、丞相、大將軍、列侯、宗室下至吏民金帛牛酒各有差。賜中二千石以下及天下民爵。毋收四年、五年口賦。三年以前逋更賦未入者，皆勿收。

蕙田案：冠而見廟，始見於此。

【《續漢書·禮儀志》注】《博物記》曰：孝昭帝冠辭曰：「陛下摛顯先帝之光耀，以承皇天之嘉祿。欽奉仲春之吉辰，普尊大道之邦域。秉率百福之休靈，始加昭明之元服。推遠沖孺之幼志，蘊積文武之就德。肅勤高祖之清廟，六合之內，靡不蒙德，永永與天無極。」

蕙田案：此別製冠詞之始。時用仲春，不用正月，蓋不拘於時矣。

【《宣帝本紀》】五鳳元年，皇太子冠，皇太后賜丞相、將軍、列侯、中二千石帛，人百匹；大夫人八十匹。又賜列侯嗣子爵五大夫，男子爲父後者爵一級。

【《元帝本紀》】竟寧元年，皇太子冠，賜列侯嗣子爵五大夫，天下爲父後者爵一級。

【《漢書·匡衡傳》】衡上疏曰：「臣聞室家之道修，則天下理得。故《詩》始《國風》，《禮》本《冠》、《昏》。適子冠乎阼，禮之用醴，衆子不得與列，所以貴正體而明嫌疑也，非虛加其禮文而已。乃中心與之殊異，故禮探其情而見之外也。」

【《哀帝本紀》】孝哀皇帝，元帝庶孫定陶恭王子也。年三歲，嗣立爲王。元延四年入朝，盡從傅、相、中尉，上以問，定陶王對曰：「令諸侯王朝，得從其國二千石。」上令誦《詩》，通習能說。成帝由此賢定陶王，數稱其材，爲加元服而遣之，時年十七矣。

【《平帝本紀》】元始五年冬十二月丙午崩，有司議曰：「禮，臣不殤君。皇帝年十有四歲，宜以禮斂，加元服。」奏可。

【司馬彪《漢儀志》】漢制，正月甲子若丙子爲吉日，可加元服。儀從《冠禮》。乘輿初加緇布，進賢，次爵弁，次通天冠。訖，皆於高廟如儀謁見。

蕙田案：漢禮用四加。

【《續漢書》】加元服，乘輿皆於高祖廟，謁見案世祖廟，❶始冠緇布冠於宗廟，從古制。

【《漢書·王莽傳》】莽令天下，冠以戊子爲元日，婚以戊寅之旬爲忌日，百姓多不從者。

【《後漢書·和帝本紀》】永元三年，皇帝加元服，賜諸侯王、公、將軍、特進、中二千石、列侯、宗室子孫在京師奉朝請者黄金，將、大夫、郎吏、從官帛，賜民爵及粟帛，各有差。大酺五日。郡國、中都官繫囚，死罪贖縑至司寇作及亡命各有差。庚辰，賜京師民酺，布兩户共一匹。

【《通典》黄香《太子冠頌》】惟永元之盛代，仰皇德之茂純。躬烝烝之至孝，崇敬順以奉天。以三載之孟春，建寅月之上旬，皇帝將加玄冕，簡甲子之元辰。厥日正於太皞，厥時叶於百神。皇輿幸夫金根，駕元虯之連蜷，建螭龍以爲旂，鳴節路之和鸞。既臻廟以成禮，乃迴軫而反宫。正朝服以享宴，撞太簇之庭鐘。祚蕃屏與鼎輔，暨夷蠻之君王，咸進酒於金罍，獻萬年之玉觴。

【蔡邕《上始加元服與群臣上壽表》】伏惟陛下，應天淑靈。丁期中興，誕及幼齡。聖姿碩義，威儀孔備。俯仰龍光，顔如日星。言稽典謨，動蹈規矩。緝熙光明，思齊周成。早智夙就，參美顯宗。令月吉日，始加元服。進御幘結，以章天休。臣

❶「案」，《通典》卷五六校勘記以爲衍字。

妾萬國，遐邇大小，同喜逸豫，式歌且舞。臣等不勝踴躍鳧藻，謹奉生頭酒九鍾。稽首再拜，上千萬壽。陛下享兹吉福，永守皇極。通遵太和，靖綏六合。宜民宜人，受禄於天。《書》曰：「一人有慶，兆民賴之，其寧惟永。」《詩》曰：「顒顒卬卬，如圭如璋。令聞不忘，萬壽無疆。」

【《後漢書·周防傳》】防年十六，仕郡小吏。世祖巡狩汝南，召掾史試經，防能誦讀，拜爲守丞。防以未冠，謁去。

【《下邳惠王衍傳》】衍有容貌，肅宗即位，常在左右。建初初，冠，詔賜衍師傅已下官屬金帛各有差。

【《馬防傳》】防爲衛尉，子鉅爲常從小侯。六年正月，以鉅當冠，特拜爲黄門侍郎，肅宗親御章臺，下殿陳鼎俎，自臨冠之。

蕙田案：皇帝臨冠廷臣止此。

【《後漢書·安帝本紀》】永初三年，皇帝加元服，大赦，賜王、主、貴人、公卿以下金帛各有差，男子爲父後及三老、孝悌、力田爵人二級，流民欲占者人一級。

【《順帝本紀》】永建四年正月丙子，帝加元服，賜王、主、貴人、公卿以下金帛各有差，賜男子爵及流民欲占者人一級，爲父後、三老、孝悌、力田人二級，鰥寡孤獨篤癃貧不能自存者，人帛一匹。

【《晉書·禮志》】《周禮》雖有服冕之數，而無天子冠文。《儀禮》云：「公侯之有冠禮，夏之末造也。」王、鄭皆以爲夏末上下相亂，篡弑由生，故作公侯冠禮，則明無天子冠禮之審也。大夫又無冠禮，古者五十而後爵，何大夫冠禮之有？周人年五十而有賢才，則試以大夫之事，猶行士禮也。故筮日、筮賓，冠於阼以著代，醮於客位，三加彌尊，皆士禮耳。然漢代以來，天子、諸侯，頗採其儀。正月甲子若丙子爲吉日，可加元服，儀從《冠禮》是也。漢順帝冠又兼用曹褒新禮，乘輿初加，緇布、進賢，次爵弁、武弁，次通天，皆於高廟，以禮謁見世祖廟。王公以下，初加進賢而已。案此文，始冠緇布，從古制也，冠於宗廟是也。

蕙田案：據《晉志》，曹褒新禮，皇帝冠於高廟，惟皇帝四加，初用緇布冠；王公以下三加，初加進賢冠，則不用緇布冠也。

【《桓帝本紀》】建和二年，皇帝加元服，大赦天下，賜河間、渤海二王黄金各百斤，彭城諸國王各五十斤，公主、大將軍、三公、特進、侯、中二千石、二千石、將、大夫、郎、吏、從官、四姓及梁鄧小侯、諸大夫以下帛各有差，年八十以上賜米酒肉，九十以上加帛二匹、綿三斤。

【《靈帝本紀》】建寧四年，帝加元服，大赦天下，賜公卿以下各有差。唯黨人不赦。

【《禮儀志》注】《獻帝傳》：「興平元年，帝加元服，司徒淳于嘉爲賓，加賜玄纁駟馬，貴人、公主、卿、司隸、❶城門五校及侍中、尚書、給事黄門侍郎各一人爲太子舍人。」

蕙田案：加元服用賓見此。

【《禮儀志》注】《獻帝起居注》曰：建安十八年正月，濟北王加冠户外，以見父母。給事黄門侍郎劉瞻兼侍中，假貂蟬加濟北王，給之。

❶「貴人公主卿司隸」，《後漢書・禮儀上》注作「賜貴人王公卿司隸校尉」。

【《通典》】後漢何休《冠儀約制》：「將冠子者，具衣冠。冠者父兄若諸父、宗族之尊者一人爲主。主人告所素敬僚友一人爲冠賓，必自告其家。告曰：『某之子某若弟某長矣，將加冠於首，願吾子教之。』賓既許，主人自定吉日。先冠一日，宿，告賓曰：『請以明日行事。』賓曰：『敢不從命。』主人灑掃，内外皆肅。執事者於兩楹間爲冠者設北嚮筵，❶又設賓東嚮筵，兩筵相接。授冠以篋器，設於兩筵。又設尊爵於東方。冠者如常服，待命於房。夙興，賓到，迎延揖讓如常。坐定，執事曰：『請行事。』主人跪告賓曰：❷『請勞吾子』，賓跪答曰：『敬諾。』賓起，立西序，東面聽命之禮畢，❸冠者興，西向拜賓。賓答拜訖，命就筵。賓主各還坐，冠者北嚮筵坐，伏。賓跪曰：『吾子之使，請將命。』主人跪答曰：『勞吾子。』賓起，就東嚮筵。執事者執爵，跪向冠者，祝曰：『令月吉日，始加元服。棄爾幼志，順爾成德。壽考惟祺，介爾景福。』冠者即坐，賓跪加冠訖，冠者執爵酹地，然後啐酒，訖，賓興，復還本坐，主人亦起，乃俱坐。冠者還房，自整飾，出拜父，父爲起。若諸父、群從及兄應答拜者，❹答拜如常。入拜母，母答拜。其餘兄弟姑姊妹，皆相拜如常。主人命冠者出，更設酬爲勸，乃罷。異日有祭事自告祖考者，自如舊祭禮常儀。」

蕙田案：此漢時士庶冠禮，大概仿

❶「嚮」，原作「享」，據《通典》卷五六改。下三「嚮」字同。
❷「賓」字原脱，據《通典》卷五六補。
❸「之禮畢」，《通典》卷五六作「行禮」。
❹「從」下，《通典》卷五六校補「父」字。

佛《儀禮》，添出拜父一節。

右秦漢三國。

【《三國・魏志・齊王本紀》】正始四年，帝加元服，賜群臣各有差。

【《晉書・禮志》】魏天子冠一加。其説曰：士禮三加，加有成也。至於天子、諸侯，無加數之文者，將以踐阼臨下，尊極德備，豈得與士同也？魏氏太子再加，皇子、王公世子乃三加。孫毓以爲一加、再加，皆非也。又，舊禮皆冠於廟，自魏以來，始於正殿行事，别卜日謁廟，侯太尉奠獻九室以下，帝衮服，執鎮圭入，再拜，乃出會群臣。

【《通典》】其説曰：古之士禮，服必三加彌尊，所以喻其志。至於天子、諸侯，數無文。將以踐阼臨人，尊極德成，不復與士以加喻勉爲義。禮，冠於廟，自魏不復在廟矣。

蕙田案：據此，自魏以前，天子加元服猶用古禮，至是始分一加、二加、三加之别，又改爲正殿行事，非禮也。

【《晉書・武帝本紀》】武帝泰始七年，皇太子冠，賜王公以下帛各有差。

【《禮志》】惠帝之爲太子，將冠，武帝臨軒，使兼司徒、高陽王珪加冠，兼光禄大夫、屯騎校尉華廙贊冠。

蕙田案：臨軒行事，從魏制也。

泰始十年，南宫王承年十五，依舊應冠。有司奏議：「禮，十五成童，國君十五而生子，以明可冠之宜。又漢魏遣使冠諸王，非古典。」於是制王十五而冠不復加使命。王彪之云：「《禮》、《傳》冠皆在廟。案武帝既加元服，車駕出，拜於太廟，以告成也。蓋亦猶擬在廟之儀。」《禮》醮辭曰：「令月吉日，以歲之正，以月之令。」案魯襄公冠以冬，漢惠帝冠以二月，明無定月。而後漢以來，帝加元服，咸以正月。及咸寧二年秋閏九月，遣使冠汝南王柬，此則必非歲首。

【《惠帝本紀》】惠帝永平元年，皇太子冠，見於太廟。

【《禮志》】冠禮於廟，然武、惠冠太子，太子皆即廟見，斯亦擬在廟之儀也。

【《通典》】晉王堪《冠禮儀》：「永平元年正月戊子，冠中外四孫。立於步廣里舍之阼階，設一席於東廂，❶引冠者以長幼次於席南，東上。賓、宗人立於西廂，東面，南上。堪立於東軒西，南面，西上。陳元服於席上。宗人執儀，以次呼冠者，各應曰『諾』。宗人申誡之曰：『以歲之正，以月之令。兄弟具來，咸加爾服。棄爾幼志，順爾成德。敬慎威儀，惟人之則。壽考惟祺，永受景福。』冠者皆跪而冠，各自著布。興，再拜，從立於賓，南上。酌四杯酒，各拜醮而飲。事訖，上堂，向御史府君再拜。訖，冠者皆東面坐，如常燕禮。」

蕙田案：此晉士大夫冠禮。

【《成帝本紀》】咸康元年春正月庚午，朔，帝加元服，大赦，改元，增文武位一等，大酺三日，賜鰥寡孤獨不能自存者米人五斛。

【《禮志》】江左諸帝，將冠，金石宿設，百僚陪位。又豫於殿上鋪大牀，御府令奉冕、幘、簪導、衮服以授侍中常侍。太尉加幘，太保加冕。將加冕，太尉跪讀祝文曰：「令月吉日，始加元服。皇帝穆穆，

❶「廂」，原作「廟」，據《通典》卷五六改。

思弘衮職。欽若昊天，六合是式。率遵祖考，永永無極。眉壽惟祺，介兹景福。」加冕訖，侍中繫玄紞，❶侍中脱帝絳紗服，加衮服冕冠。事畢，太保率群臣奉觴上壽，王公以下三稱萬歲，乃退。

【《華恒傳》】恒領太常。及帝加元服，寇難之後，典籍靡遺，冠禮無所依據。恒推尋舊典，撰定禮儀，事並施用。

蕙田案：冠用金石之樂，見此。

【孫毓《五禮駁》】魏氏天子一加，三加嫌同諸侯。毓案：《玉藻》記曰：「玄冠朱組纓，天子之冠也。緇布冠繢緌，諸侯之冠也。」其説謂皆始冠，則是有次加之辭。此二冠皆卑服質古，勢不一加，必重加朝、祭之服，以崇彌尊。聖人制禮，所以一時歷加衆服者，今始成人，卜擇令日而徧加之，所以重始也。若冠日有不加者，後必不擇吉而服，非重始也。又《禮器》有以少爲貴者，冠不在焉。《記》有「彌尊」、「喻志」之言，蓋以服從卑始，象德日新，不可先服尊服，轉而即卑。今嫌《士禮》喻志之文，因從魏氏一加之制，考之《玉藻》，似非古典。今三加者，先冠皮弁，次冠長冠，後冠進賢冠，以爲彌尊，於意又疑。裴頠答治禮問：「天子禮玄冠者，形之成也。爲君未必成人，故君位雖定，不可孩抱而服冕弁。」摯虞以爲：「天子即位之日，即爲成君，冕服以備，不宜有加。諸侯即位爲成，❷豈不定？諸侯成君，不拘盛典而可以冠，天子成君，獨有火龍黼衣便不可乎？意爲宜冠

❶「紞」，原作「紘」，據《通典》卷五六改。
❷「成」下，《通典》卷五六有「君位」二字。

有加。」

蕙田案：魏氏一加，非禮也。孫毓等議是。

【《穆宗本紀》】升平元年正月，帝加元服，告於太廟，始親萬幾，大赦改元，增文武位一等。

【《禮志》】穆帝、孝武將冠，皆先以幣告廟，訖，又廟見也。

【《通典》】臺符問：「修復未畢，吉凶不相干，可加元服與不？」太常王彪之議：「禮有喪冠，當是應冠之年，服制未終，若須服終，便失應冠之年故也。禮所以冠無定時月，春夏不可，便用秋冬。若今歲內修復未畢，入新年，卜仲春之日加元服，不失年，不失禮。今便準喪冠，闕享樂而行事，誠有倚傍。然加衮冕，火龍煥然，以準喪儀，情有不體。若別有事，必速加元服，權諸輕重，不須修復畢者，便當準喪冠耳。」又議：「新年至尊，當加元服，今若依成帝故事用三元日者，冠有金石之樂，恐修山陵未畢，於樂便闕。禮，冠自卜日。又云：『夏葛屨，冬皮屨。』明無定時，❶不必三元也。案晉故事及兩漢，皆非三元，當任時事之宜耳。」又議：「近訪得成皇帝加元服儀注，闕無拜廟事。案禮，冠皆於廟。《儀禮》云：『既畢，賓出，主人送於廟門。』明必在廟。近代以來，不復在廟。成皇帝既加元服，拜太廟以告成，蓋亦猶擬在廟之儀。今既加元服，亦應拜廟。」

蕙田案：王彪之議，頗得漢魏之詳。所稱「冠無定時日」、「必在廟」，尤合

❶「明」，原無，據《通典》卷五六補。

禮意。

【《孝武帝本紀》】太元元年，帝加元服，見於太廟。

【《康獻褚皇后傳》】穆帝既冠，太后詔曰：「昔遭不造，帝在幼沖，皇緒之微，眇若贅旒。百辟卿士，率遵前朝，勸喻攝政。以社稷之重，先代成義，僶俛敬從，弗違固守。仰憑七廟之靈，俯仗群后之力，帝加元服，禮成德備，當陽親覽，臨御萬國。今歸事反政，一依舊典。」於是居崇德宮。簡文帝即位，尊后爲崇德太后。及帝崩，孝武帝幼沖，太后復臨朝，帝既冠，乃詔曰：「皇帝昏冠禮備，遐邇宅心，宜當陽親覽，緝熙維始。今歸政事，率由舊典。」於是復稱崇德太后。

【《安帝本紀》】隆安元年，帝加元服，增文武位一等。

【《晉書·輿服志》】緇布冠，蔡邕云：「即委貌冠也。」太古冠布，齊則緇之。緇布冠，始冠之冠也。其制有四形，一似武冠，又一似進賢，其一上方其下加幘顏，其一刺上而方下。進賢冠，古緇布遺象也，斯蓋文儒者之服。前高七寸，後高三寸，長八寸，有五梁、三梁、二梁、一梁。人主元服，始加緇布，則冠五梁進賢。三公及封郡公、縣公、郡侯、縣侯、鄉亭侯，則冠三梁。卿大夫、八座、尚書、關中內侯、二千石及千石以上，則冠兩梁。中書郎、秘書丞郎、著作郎、尚書丞郎、太子洗馬舍人、六百石以下，至於令史、門郎、小史，並冠一梁。漢建初中，太官令冠兩梁，親省御膳爲重也。博士兩梁，崇儒也。宗室劉氏亦得兩梁冠，示加服也。

蕙田案：此以進賢冠爲緇布冠遺

象，故晉王公以下初加進賢冠，唯天子用古制，始加緇布也。進賢冠又以梁之多少分貴賤。

【《宋書·文帝本紀》】元嘉十六年十二月乙亥，皇太子冠，大赦天下。

【《孝武帝本紀》】孝武帝大明七年冬十月壬寅，太子冠，賜王公以下帛各有差。

【宋謝莊《太子元服上至尊表》】伏惟皇太子殿下，明兩承乾，元良作貳，抗法迂身，英華自遠。樂以修中，禮以治外。三美克懋，德成教尊。今日昭辰，顯加元服。對靈祇之望，儔上庠之歡。率天罄世，莫不載躍。

【《上太后表》】離景承宸，樞光陪極。毓問東華，飛英上序。樂正歌風，司成頌德。清明神鏡，温文在躬。練日簡辰，顯被元服。懋三王之教，矚少陽之重。

【《後廢帝本紀》】元徽二年，御加元服，大赦，賜民男子爵一級，爲父後及三老、孝悌、力田者爵二級，鰥寡孤獨篤癃不能自存者穀五斛，年八十以上加帛一匹。大酺五日。賜王公以下各有差。

【《南齊書·鬱林王本紀》】鬱林王昭業，文惠太子長子，封南郡王。永明五年，冠於東宮崇政殿。其日小會，賜王公以下帛各有差。

【《禮志》】永明五年十月，有司奏：「南郡王昭業冠，求儀注未有前準。」尚書令王儉議：「皇孫冠事，歷代所無。禮雖有嫡子，無嫡孫，❶然而地居正體，下及五世。今南郡王，體自儲暉，實惟國裔，元服之典，宜異列蕃。案《士冠禮》，主人玄冠朝服，賓加其

❶「無」，原脱，據校點本《南齊書·禮志上》補。

冠，贊者結纓。鄭玄云：『主人，冠者之父兄也。』尋其言父及兄，則明祖在父不爲主也。❶《大戴禮記·公冠篇》云：公冠自爲主，四加玄冕，以卿爲賓。此則繼體之君及帝之庶子不得稱子者也。《小戴禮記·冠義》云：『嫡子冠於阼，以著代也。醮於賓位，三加彌尊，加有成也。』注稱：『嫡子冠於阼，庶子冠於房。』《記》又云：『古者重冠，故行之於廟，所以自卑而尊先祖也。』據此而言，彌與鄭注《儀禮》相會。是故中朝以來，太子冠則皇帝臨軒，司徒加冠，光禄贊冠。諸王則郎中加冠，中尉贊冠。今同於儲皇則重，依於諸王則輕。又《春秋》之義：『不以父命辭王父命。』《禮》：『父在斯爲子，君在斯爲臣。』皇太子居臣子之節，無專用之道。南郡雖處蕃國，非支庶之列，宜稟天朝之命，微申冠阼之禮。晉武帝詔稱漢、魏遣使冠諸王非古正典。此蓋謂庶子封王，合依《公冠》自主之義。至於國之長孫，遣使爲允。宜使太常持節加冠，大鴻臚爲贊。醮酒之儀，亦歸二卿。祝醮之辭，附準經記，别更撰立，不依蕃國常體。國官陪位拜賀，自依舊章。其日，内外二品清官以上，詣公車門集賀，并詣東宫南門通牋。别日上禮，宫臣亦詣門稱賀，如上臺之儀。既冠之後，尅日謁廟，以宏尊祖之義。此既大典，宜通關八座丞郎并下二學詳議。」僕射王奂等十四人議並同，并撰立贊冠、醮酒二辭。詔可。祝辭曰：「皇帝使給事中、太常、武安侯蕭惠基加南郡王冠。」祝曰：「筮日筮賓，肇加元服。棄爾幼志，從厥成德。親賢使能，克隆景福。」醮酒辭曰：「旨酒既

❶「父」，原脱，據《南齊書·禮志一》補。

清，嘉薦既盈。兄弟具在，淑慎儀型。永屆眉壽，於穆斯寧。」

蕙田案：此天子嫡孫冠禮，王儉等議是也。集賀、上禮見此。

【《明帝本紀》】建武三年，皇太子冠，賜王公以下帛各有差，爲父後者賜爵一級。斷遠近上禮。

【《禮志》】明帝永泰元年，徐孝嗣議曰：「案《士冠禮》三加畢乃醴冠者，醴則惟一而已，故醴辭無二。若不醴，則每加輒醮以酒，故醮辭有三。王肅云：『醴本上古，其禮重；酒用時味，其禮輕故也。』或醴或醮，二三之義，詳記於經文。今皇王冠畢，一酌而已，即可擬古設醴，而猶用醮辭，實爲乖衷。謂自今王侯以下，冠畢一酌醴，以遵古之義。醴即用舊文，於事爲允。」

蕙田案：用醴一酌，徐議是。

【《梁書·武帝本紀》】天監十四年正月，皇太子冠，赦天下，賜爲父後者爵一級，王公以下頒賚各有差。停遠近上慶禮。

蕙田案：《通典》、《政和禮儀》俱作「十三年」，❶與本紀不同。

【梁蕭子範《冠子箴》】是月惟令，敬擇良辰。式遵士典，諧筮於賓。嘉字爰錫，醮酒方陳。禮莊爾質，德成爾身。永變童心，長移悼齒。朱錦辭髮，青絇在履。丹石爲操，冰泉厲己。務簡朋匹，田蘇遊止。❷在我尚謙，推物盡美。面諂退言，弗納於耳。直弦矢辭，斯爲良士。

【沈約《冠子祝文》】蠲茲令日，元服肇加。成德既舉，童心自化。行之則至，無謂道

❶「俱」，原作「但」，據庫本改。
❷「田」，原作「由」，據庫本改。

賒。敦以秋實，食以春華。無恥下問，乃至高車。子孫千億，廣樹厥家。

【《阮孝緒傳》】孝緒，字士宗，陳留尉氏人也。年十三，徧通五經。十五，冠而見其父彦之，戒曰：「三加彌尊，人倫之始。宜思自勖，以庇爾躬。」答曰：「願迹松子於瀛海，追許由於穹谷，庶保促生，以免塵累。」自是，屏居一室，非定省未嘗出户。家人莫見其面，親友因呼爲「居士」。

【《陳書·文帝本紀》】天嘉六年春，皇太子加元服，王公以下賜帛各有差。孝悌、力田、爲父後者賜爵一級，鰥寡孤獨不能自存者穀人五斛。

【《後主本紀》】至德二年秋七月，太子加元服，在位文武賜帛各有差。孝悌、力田、爲父後者各賜一級，鰥寡癃老不能自存者人穀五斛。

【《北魏書·高祖本紀》】高祖太和十九年，皇太子冠於廟。

【《禮志》】太和十九年五月甲午，冠皇太子恂於廟。丙申，高祖臨光極堂，太子入見，帝親詔之。事在《恂傳》。六月，高祖臨光極堂，引見群官，詔曰：「比冠子恂，禮有所闕。當思往失，更順將來。禮，古今殊制，三代異章。近冠恂之禮有三失。一，朕與諸儒同誤；二，諸儒違朕，故令有三誤。今中原兆建，百禮維新，而有此三失，殊以愧歎。《春秋》襄公將至衛，以同姓之國，問其年幾，而行冠禮。古者皆灌地降神，或有作樂以迎神。昨失作樂。至廟庭，朕以意而行拜禮，雖不得降神，於理猶差完。司馬彪云：漢帝有四冠，一緇布，二進賢，三武弁，四通天冠。朕見《家語·冠頌篇》，四加，冠公也。《家語》雖非正經，孔子之言，與經何異！諸儒忽司馬彪四冠之《志》，致使天子之子而行士冠禮，此朝廷之失。冠禮朕以爲有賓，諸儒皆以爲無賓，朕既從之，復令有失。孔所云『斐然成章』，其斯之謂。」太子太傅穆亮等拜謝，高祖曰：「昔裴頠作《冠儀》，不知有四。裴頠尚不知，卿等復何愧！」

【《廢太子恂傳》】太和十七年七月癸丑，立恂爲皇太子。及冠恂於廟，高祖臨光極東堂，引恂入見，誡以《冠義》曰：「夫冠禮，表之百代，所以正容體、齊顔色、順辭令。容體正、顔色齊、辭令順，故能正君臣、親父子、和長幼。然母見必拜，兄弟必敬，責以成人之禮。字汝元道，所寄不輕，汝當尋名求義，以順吾旨。」

蕙田案：此用冠於廟之禮，從古也。所謂三失：不作樂，一也；不用四加，二也；不用賓，三也。親臨告誡，不傳制，尤爲重禮。

【《肅宗本紀》】正光元年秋，帝加元服，内外百官進位一等。

【《禮志》】肅宗加元服，時年十一，既冠，拜太廟，大赦，改元，官有其注。

【《劉芳傳》】王肅之來奔也，高祖雅相器重，朝野屬目，芳未及相見。高祖宴群臣於華林，肅語次云：「古者唯婦人有笄，男子則無。」芳曰：「推經禮正文，古者男子婦人俱有笄。」肅曰：「《喪服》稱『男子免而婦人髽，男子冠而婦人笄』，如此，則男子不應有笄。」芳曰：「此專謂凶事也。禮，初遭喪，男子免時則婦人髽，男子冠時則婦人笄，言俱時變，而男子婦人免髽冠笄之不同也。又冠尊，故奪其笄稱，且互言也，非謂男子無笄。又《禮・内則》

稱：『子事父母，雞初鳴，櫛、纚、笄、總。』以茲而言，男子有笄明矣。」高祖稱善者久之，肅亦以芳言爲然，曰：「此非劉石經耶？」

【《北齊書・後主本紀》】天統三年二月，帝加元服，大赦，九州職人各進四級，内外百官普進二級。

【《隋書・禮儀志》】後齊皇帝加元服，以玉帛告圜丘、方澤，以幣告廟，擇日臨軒。中嚴，群官位定，皇帝著空頂介幘以出。太尉盥訖，升，脱空頂幘，以黑介幘奉加訖，太尉進太保之右，北面讀祝訖，太保加冕，侍中繫玄紘，脱絳紗袍，加衮服。事畢，太保上壽，群官三稱萬歲。皇帝入温室，移御座而不上壽。後日，文武群官朝服，上禮酒十二鍾，米十二囊，牛十二頭。又擇日親拜圜丘、方澤，謁廟。皇太子冠，則太尉以制幣告七廟，擇日臨軒。有司供帳於崇正殿。中嚴，皇太子空頂幘公服出，立東階之南，西面。使者入，立西階之南，東面。皇太子受詔訖，入室盥櫛，出，南面。使者進揖，詣冠席，西面坐。光禄卿盥訖，詣太子前梳櫛。使者又盥，奉進賢三梁冠，至太子前，東面祝，脱空頂幘，加冠。太子興，入室更衣，出，又南面就席。光禄卿盥櫛。使者又盥祝，脱三梁冠，加遠遊冠。太子又入室更衣。設席中楹之西，使者揖就席，南面。光禄卿洗爵酌醴，使者詣席前，北面祝。太子拜受醴，即席坐，祭之，啐之，奠爵，降階，復本位，西面。三師、三少及在位群臣拜事訖。又擇日會宫臣，又擇日謁廟。

【《五禮新儀》】至設會，因奉觴上壽，禮各有宜也。辭云「某臣某言，伏惟皇帝陛下，吉辰元服，禮制樂和。臣等不勝大慶，謹上萬歲壽」也。

蕙田案：齊制，太子初加黑介幘，次加冕；皇太子初加進賢，次加遠遊冠。止似二加，未詳其義。

【《北周書·宣帝本紀》】宣帝，高祖長子也。建德元年，高祖親告廟，冠於阼階，立爲皇太子。

蕙田案：親告廟而冠於阼階，是在廟也。

右三國南北朝。

【《隋書·禮儀志》】隋皇太子將冠，前一日，皇帝齋於大興殿，皇太子與賓贊及預從官齋於正寢。其日質明，有司告廟，各設筵於阼階。皇帝衮冕即御座。賓揖皇太子進，升筵，西向坐。贊冠者坐櫛，設纚。賓盥訖，進加緇布冠。贊冠進設頍纓。賓揖皇太子適東序，衣玄衣素裳以出。贊冠者又坐櫛，賓進加遠遊冠。改服訖，賓又受冕。太子適東序，改服以出。賓揖皇太子南面立，賓進受醴，進筵前，北面立祝。皇太子拜受觶。賓復位，東面答拜。贊冠者奉饌於筵前，皇太子祭奠。禮畢，降筵，進當御東面拜。納言承詔詣太子戒訖，太子拜。贊冠者引太子降自西階，賓少進，字之。贊冠者引皇太子進，立於庭，東面。諸親拜訖，贊冠者拜，太子皆答拜。與賓贊俱復位。納言承詔降，命令有司致禮。賓贊又拜。皇帝降復阼階，拜，皇太子以下皆拜。皇帝出，更衣還宮。皇太子從至闕，因入見皇后，拜而還。

蕙田案：初加緇布，次加遠遊，次加冕，三加也。

【《唐書·太宗本紀》】貞觀八年，皇太子加元服，降死罪以下，賜五品以上子爲父後者爵一級，民酺三日。

【《通典》】貞觀五年，有司上言：「皇太子將冠，禮，宜用二月爲吉，請追兵以備儀注。」太宗曰：「今東作方興，恐妨農事。」令改用十月。太子少保蕭瑀奏稱：「准陰陽家，用二月爲勝。」上曰：「陰陽拘忌，朕所不行。若動靜必依陰陽，不顧禮義，欲求福佑，其可得乎！若所行皆遵正道，自然當爲吉會。且吉凶在人，豈假陰陽拘忌？農事甚要，不可暫失。」原本「追兵」闕疑，一本作「遣官」。

【《高宗本紀》】永徽六年，皇太子加元服，降死罪以下，賜酺三日，五品以上爲父後者勳一轉。

顯慶四年十月，皇太子加元服，大赦，賜五品以上子孫爲祖父後者勳一轉，民酺三日。

【《唐會要》】開元六年，侍中宋璟上表曰：「臣伏以太常狀，以皇太子冠，准《東宮典記》，有上禮之儀。謹案：上禮非古，從南齊、後魏，始有此事，而垂拱、神龍，更扇其道。群臣斂錢獻食，君上厚賜答之，姑息施恩，方便求利。每緣一事，有此再煩。齊、魏乃吴、虜之風，故不足效。後車轍有前車之戒，應當取適。皇太子冠，乃盛禮，自然合有錫賚。上臺、東宮，兩處宴會，非不優厚。其上禮宜停。」

蕙田案：上禮，《五禮精義》云：「古者君臣之有嘉事，必設賀慶之禮，所以通上下之情。庾蔚之云：『凡事吉，則遣送酒肉以賀之。』則上禮自魏行之。晉王彪之云：『上禮唯酒犢而已。犢十二頭，酒十二斛，以應天地之大數也。於朝堂設禮訖，牛酒付所司。』」相沿已久，習尚成風。宋文貞公以爲群臣斂錢爲獻，君上厚賜答之，姑息施恩，方便求利，應當停止，可謂卓見矣。

【《舊唐書·玄宗本紀》】開元八年春正月甲子，朔，皇太子加元服。

開元禮：皇帝加元服卜日如別儀。

告圜丘方丘附

前一日，諸告官清齋於告所。其守衛及設罇坫等，前一日陳設，如巡狩、圜丘攝事儀。告方丘，自前一日陳設，及告官清齋等，亦如之。爲埋埳於壝南外壝之内，北出陛。未明二刻，諸告官各服其服，郊社令、良醖令入實罇罍及玉帛。太罇二：一實明水，爲上；一實汎齊，次之。山罍二：一實玄酒，爲上；一實清酒，次之。玉以四珪有邸，幣以蒼。告方丘：太罇二，一實明水，一實醴齊；玉，兩珪有邸；幣以黃。未明一刻，奉禮帥贊者先入就位，贊引引御史、太祝以下入行埽除如常儀。質明，謁者引告官以下俱就門外位。奉禮帥贊者先入就位，贊引引御史以下入就位。謁者引告官、贊引引執事者次入就位。立定，奉禮曰「再拜」，謁贊者承傳，凡奉禮者，謁贊者皆承傳。告官以下皆再拜。謁者進告官之左，曰：「有司謹具，請行事。」儀至禮畢，燔祝版於齋所，並同巡狩、告圜丘攝事儀。告方丘，其儀同，但改「昊天」爲「皇地祇」，其玉帛埋之。

告宗廟

其禮與巡狩告宗廟儀有司攝事同，惟祝文臨時撰。

臨軒行事

先一日，尚舍奉御設御冠席於太極殿中楹間，南向，莞筵紛純，加藻席繢純，加次席黼純。守宮設群官次於朝堂，太樂令展宮懸於殿庭，並如常儀。設協律郎舉麾位於殿上西階之西，東向；一位於樂懸東南，西向。鼓吹令分置十二案於建鼓之外。乘黄令陳車輅，尚輦奉御陳輿輦，並如常儀。典儀設文官一品以下五品以上位於懸東，六品以下於横街南，皆重行，西面北上。設武官一品以下五品以上位於懸西，六品以下於横街南，當文官，皆重行，東面北上。設朝集使位分方於文武官當品之下。設諸親位於四品五品之中。皇帝親在東，異姓親在西。設蕃客位各分方於朝集使六品之南。諸州使人分方位於朝集使九品之後。又設太師、太尉位於横街之南道東，北面西上。又設典儀位於懸之東北，贊者二人在南，少退，俱西向。奉禮設門外位於東西朝堂，皆如元日之儀。其日，諸衛勒所部屯門列黄麾仗如常。群官依時刻集朝堂，俱就次，各服其服。通事舍人引就朝堂前位。侍中版奏「請中嚴」。太樂令、鼓吹令帥工人入就位。奉禮郎設罍洗於阼階東南，罍在洗東，加勺冪；篚在洗西，南肆，實巾加冪。尚舍奉御設席於東房内，近西；又張帷於東序外。殿中監陳衮服於東房内席上，東領，玄衣纁裳十二章，八章在衣：日、月、星辰、山、龍、華蟲、火、宗彝；四章在裳：藻、粉米、黼、黻。白沙中單，黼領，青褾、襈、裾。革帶，玉鉤觽。大帶，青帶朱裏，紕其外，上以朱，下以緑，鈎用組之。❶朱黻三章，龍、山、火。鹿盧玉具劍，火珠鏢首。白玉雙珮，玄組。雙大綬，六綵：玄、黄、赤、白、縹、緑，純玄質，長二丈四尺，五百首，廣一尺。小雙綬，長二尺六寸，色同大綬，而首半之，間施二玉環。朱韈，赤舄，金飾。績纚、玉簪及櫛，

❶「鈎用組之」，《通典》卷一二二作「紐約用組」。

三物同箱，在服南，❶北向。尚舍奉御設莞筵一，粉純，加藻席繢純，加次席黼純，又在南。尚舍奉御實醴罇於東序外帷内，坫在罇北，實角觶柶各一，加冪。饌陳於罇西，籩豆各十二；俎三，在籩豆北。設罍、洗於罇東，罍在洗西，加勺冪；篚在洗東，北肆，實巾加冪。執罍罇籩豆及在廷罍篚者，並絳公服立於其所。衮冕，垂白珠十二旒，以組爲纓，色同其綬。❷黈纊充耳，玉導，置於箱。❸太常博士一人，立於西階下近西，東面。諸侍衛之官各服其器服，俱詣閤奉迎。典儀帥贊者先入就位，通事舍人各引群官入就位。太常博士引太常卿升西階，立於西房外，當户北向。侍中版奏「外辦」。皇帝著空頂黑介幘、雙童髻、雙玉導，絳紗袍以出，侍衛警蹕如常儀。皇帝將出，太樂令令撞黄鐘之鐘，右五鐘皆應。協律郎舉麾，鼓柷，❹奏《太和》之樂。皇帝出自西房，太常博士引太常卿，太常卿引皇帝即御座，南向立，樂止。太常卿與博士退立於皇帝之左。通事舍人引太師、太尉就位。凡太師、太尉進，皆舍人導引。太師初入門，《舒和》之樂作，至位，樂止。典儀曰「再拜」，贊者承傳，群臣在位者皆再拜。太師升自西階，太師初行，樂作，至階，樂止。太師升立於西階上，東面。太尉詣阼階下罍洗，盥手，升東階，詣東房内取纚櫛箱，進，跪奠於御座西端。太師詣御座前，跪奏稱「請坐」，退，復位。皇帝坐，太尉進當御座前少左，跪脱空頂幘，置於櫛箱；櫛畢設纚，興，少西，東面立。太師降

❶「南」，原脱，據《通典》卷一二二補。
❷「綬」，原作「纓」，據《通典》卷一二二改。
❸「置」，原脱，據《大唐開元禮》卷九一補。
❹「柷」，原作「吹」，據《大唐開元禮》卷九一改。

盥，初降，樂作，盥訖，詣西階下，樂止。太常受冕，左執項，右執前，升西階，進當皇帝前左，樂作。太師祝曰：「令月吉日，始加元服。壽考維祺，以介景福。」乃跪冠，興，復西階上位。太尉進皇帝前少左，跪設簪纓，興，復位。皇帝興，太常卿引適東房。殿中監進徹櫛纚箱以退。皇帝著袞服，太常卿引即席，南向坐，樂止。太尉詣序外帷内，盥手洗觶，酌醴，加柶，覆之，面葉，立於序内，南向。太師進受醴，面柄，進御前，北面祝曰：「甘醴唯厚，嘉薦令芳。承天之休，壽考不忘。」訖，跪進觶，興，退，降立於西階下，東面。將祝，殿中監進，進饌者奉饌，設於御座前，皇帝左執觶，右取脯，❶擩於醢，❷祭於籩豆間。太師取胏一以進皇帝，皇帝奠觶於薦西，受胏，却左手執本，右手絶末以祭，上右手，❸嚌之，授太尉。太尉加於俎，❹降立於太師之南。皇帝帨手，侍中一人進帨巾。取觶，以柶祭醴，啐醴，建柶，奠觶於薦東。皇帝初受觶，《休和》之樂作，奠觶訖，樂止。太師、太尉俱復橫街南位。太師初行，樂作，至位，樂止。典儀唱「再拜」，贊者承傳，在位者皆再拜。太師、太尉出，初行，樂作，出門，樂止。侍中前，跪奏「禮畢」。皇帝興，太樂令令撞蕤賓之鐘，左五鐘皆應，《太和》之樂作。太常卿引入東房，侍衛警蹕如來儀。入訖，樂止。通事舍人引東西面位者以次出。

見太后

其日，冠訖，著通天冠服，詣太后所御殿，如

❶「取」，原作「執」，據《大唐開元禮》卷九一改。
❷「醢」，原作「醯」，據《大唐開元禮》卷九一改。
❸「右手」，《大唐開元禮》卷九一作「左手」，疑是。
❹「太尉」二字，原脱，據《大唐開元禮》卷九一補。

常朝見之式。尚宮引就殿前，北面再拜訖，尚宮引出，還宮如常。

謁太廟

將謁，有司卜日如別儀。前一日，皇帝清齋於太極殿。太尉以下清齋於廟所。近侍之官應從入廟者，各於本司清齋一宿。諸衛令其屬晡後一刻，各以其方器服守衛廟門，與太樂工人俱清齋一宿。前三日，尚舍直長施大次於太廟南門之外道西，東向，尚舍奉御鋪御座。守宮設文武侍臣次於大次之後，文左武右，俱東向。設太尉以下次於齋坊内，設三師次於侍臣次之西，東向。前二日，太樂令設宮懸之樂於廟庭，如常儀。右校清掃内外。前一日，奉禮設御座於樂懸之南道西，北向。設太尉以下及御史等位於内外，如常儀。設酒罇之位於廟堂上前楹間，各於室户之左，北向。每室雞彝一，鳥彝一，犧罇二，山罍二，皆加勺冪，皆西上，各有坫。以置瓚爵。設罍、洗、篚如常。篚實珪瓚、巾、爵。其執罇、罍、篚、冪及烹牲皿，並如巡狩告謁儀。日未明三刻，太尉以下各服其服，太廟令、良醖令各帥其屬入實罇罍。雞彝、犧罇上罇皆實以明水，山罍之上罇實以玄酒，鳥彝實以鬱鬯，犧罇實以醴齊，山罍實以清酒。太官令帥進饌者實籩豆、行埽除，及奉出獻祖以下祖主各置於座如常儀。❶訖，各就位，如巡狩告儀。質明，謁者引太尉以下俱就門外位，太樂令帥工人次入就位。其升堂坐者，皆脱履於階下，降納如常。謁者引太尉，贊引引執事者次入就位。立定，奉禮曰「再拜」，太尉以下皆再拜。其先拜者不拜。謁者進太尉之左，白有司請行事。其行事儀至讀祝文，如時

---

❶「奉」，原作「奏」，據《大唐開元禮》卷九四改。

享攝事儀。唯無燔膟膋及瘞毛血。讀祝文曰：「維某年歲次月朔日，孝曾孫皇帝某，太祖以下稱「臣某」。謹遣太尉臣名，敢昭告於獻祖宣帝、祖妣某氏，敬尊常典，禮加元服。以今吉辰祇見，謹以一元大武、明粢、薌合、薌萁、嘉蔬、嘉薦、醴齊，尚饗。」訖，興，太尉再拜。初讀祝文訖，樂作。太祝進跪奠版於神座，俛伏興，還鐏所，太尉拜訖，樂止。謁者引太尉以次獻，皆如獻祖之儀。唯不盥洗。徧獻訖，其飲福受胙如常儀。訖，謁者引太尉降，復位。贊引引御史、太祝及執鐏罍篚冪者俱就執事位，重行西面，立以候。皇帝既謁廟出門，太祝等升復位，登歌，作《雍和》之樂。諸祝各進，入室徹豆，出，還鐏所，登歌止。奉禮曰「賜胙」，其贊拜及納神主、燔祝版，並如時享攝事儀。

親謁

前出三日，本司宣攝内外各供其職。前一日，守宮設群官五品以上次，東西朝堂如常。謁日，晝漏上水三刻，鑾駕出宮。發引前七刻槌一鼓，爲一嚴。三嚴時節，前一日左相奏裁。❶ 發引前五刻，槌二鼓，爲再嚴。其鑾駕發引之儀，與時享出宮儀同，唯陳小駕鹵簿乘金輅爲異。❷ 駕過，❸通事舍人引文武群官不從者退就次以候。駕至大次，廻輅東向，將軍降，❹立於輅右。❺ 侍中進當鑾駕前，跪奏稱：「侍中臣某言，請降輅。」俛伏，興，還侍位。皇帝降輅，乘輿之大次，繖

❶「節前一日左相」，原作「即一刻侍中」，據《大唐開元禮》卷九二改。
❷「陳」，原作「乘」，據《大唐開元禮》卷九二改。
❸「過」，原作「廻」，據《大唐開元禮》卷九二改。
❹「將軍」上，《大唐開元禮》有「千牛」二字。
❺「右」，原脱，據《大唐開元禮》卷九二補。

扇、華蓋、侍衛如常儀。通事舍人引三師各就便坐，各服其服，出，立於大次門外。太常博士引太常卿立於大次門外，當門西向。侍中版奏「外辦」。皇帝出次，華蓋、侍衛如常。（侍中負寶陪從如式。）博士引太常卿，太常卿引皇帝，（凡太常卿前道，皆博士先引。）至廟門外，殿中監進鎮珪。皇帝執鎮珪，華蓋、仗衛停於門外。三師、近侍者從入如常。皇帝初入門，《太和》之樂作，至版位，北向立，樂止。太常卿與博士退立於左，太常卿前，奏稱：「請再拜。」皇帝再拜。少頃，太常卿又奏稱：「請再拜。」皇帝又再拜。訖，太常博士引太常卿，太常卿引皇帝出，還大次。初行，樂作，出門，樂止。殿中監受鎮珪，華蓋、侍衛如常儀。皇帝既還大次，請解嚴，轉仗衛。至既入閤，侍中版奏：「請解嚴。」叩鉦，❶將士各還本所，如時享還宮儀。

會群臣

皇帝見廟之明日會群臣，如元會之儀。其上壽詞云：「具官臣某言：伏惟皇帝陛下，吉辰元服，禮備樂和，臣等不勝大慶，謹上千萬歲壽。」

群臣上禮

前一日，守宮量設次於東朝堂如常儀。其日，應上禮之官，依時刻各集於次，皆服朝服。奉禮先設上禮之官位於東朝堂之前，近南，文東武西，重行北面，相對爲首。又設中書舍人位於吏部爲首者之北，南向。設奉禮位於文官東北，贊者二人在南，差退，俱西向。通事舍人各引應上禮之官就位。立定，令史二人對舉表案，禮部郎中

❶「鉦」，原作「釭」，據《大唐開元禮》卷九二改。

引就中書舍人前，取表授舍人訖，引案退。奉禮唱「再拜」，贊者承傳，在位者皆再拜。中書舍人奉表入進。通事舍人引在位者退。

蕙田案：《開元禮》皇帝冠止一加冕而已。

【《唐書・車服志》】天子未加元服，以空頂黑介幘、雙童髻、雙玉導，加寶飾。三品以上，亦加寶飾。五品以上，雙玉導金飾。六品以下，無飾。緇布冠，始冠之服也。天子五梁，三品以上三梁，五品以上二梁，九品以上一梁。

【《五禮精義》】古者冠布，齋則緇之，明冠制不殊，但緇白有異。今喪冠，則古緇布無梁幘也。鄭注《冠禮》云：「緇布冠，今小吏冠，其遺象也。」漢小吏之冠，即委貌矣，《晉志》「緇布即委貌」是也。又云：「進賢冠，緇布遺象。」然進賢加梁幘，與古不同，若從今制，當類進賢而無幘梁者也。又云：「古者天子之士服，皆皮弁素積，而夕則玄冠玄端。」玄冠，委貌也，緇布象之，故服則玄端，即素裳也。

【《開元禮義鑑》】將冠者何服？《禮》云：「童子之冠也，緇布衣，錦緣，錦紳并紐，錦束髮，皆朱錦也。」《士冠禮》曰：「將冠者綵衣，紒，在房中，南面。」鄭氏云：「綵衣是未冠者之服。」禮說童子幘無屋，故云空頂也。《士冠禮》云：「將冠者綵衣，紒。」鄭云：「綵衣，未冠者所服。」又云：「冠禮，緇纚廣終幅，長六尺。」鄭云：「纚，今之幘梁也。終，充也。纚一幅長六尺，足以韜髮而結之。」蓋古者以黑繒爲纚，先韜髮而後加冠幘卷梁，故鄭引漢事言之。

【《開元禮》】皇太子加元服告太廟

皇太子將冠，先告太廟如常吉之儀。

臨軒會賓贊

所司先奏請司徒一人爲賓，卿一人爲贊冠，吏部承以戒之。前一日，尚舍奉御整飾御幄於太極殿，衛尉設群臣、朝集使、諸蕃客次於左右朝堂。太樂令展宫懸之樂於殿庭，設舉麾位於殿上，一位於懸下。鼓吹令設十二案，乘黄令陳車輅，尚輦奉御陳輿輦。典儀設文官一品以下五品以上位於横街之北，西面北上，諸州使人五品以上合班；六品以下位於横街南，諸州使人六品以下、諸蕃客又在南，皆西面北上；設武官五品以上位於横街北，東面北上，諸州使人五品以上合班，諸親位於其南；六品以下位於横街南，諸州使人六品以下及蕃客等又於其南，皆東面北上。設典儀位於懸之東北，贊者二人在南，少退，俱西向。設賓受命位於横街南道東，北面，贊者位又於其後，少東，北面。奉禮郎設門外文官一品以下位於順天門外道東，每等異位重行，西面；武官三品以下位於門西，每等異位重行，東面：並以北爲上。其日，諸衛勒所部列黄麾仗如常儀。群臣各依時刻集朝堂，俱就次，各服其服。侍中量時版奏：「請中嚴。」協律郎、太樂令帥工人就位。諸侍衛之官各服其器服奉迎。典儀帥贊者先入就位。通事舍人引先置群官入，❶立定，又引賓、贊入，立於太極門外道東，西向。黄門侍郎引主持節，❷中書侍郎引制書案，立於樂懸東南，面西北上。侍中版奏「外辦」。

❶「置」，《大唐開元禮》卷一一〇作「至」。
❷「持節」，《大唐開元禮》卷一一〇作「節持幡節」。

皇帝服通天冠、絳紗袍以出，曲直、華蓋、警蹕、侍衛如常儀。皇帝將出，仗動，太樂令令撞黄鐘之鐘，右五鐘皆應，協律郎舉麾，鼓柷，奏《太和》之樂。皇帝升輿，出自西房，即御座，南向坐。符寶郎奉寶置於御座，樂止。通事舍人引賓、贊入就位，賓、贊初行，入門，《舒和》之樂作，至位，樂止。立定，典儀曰「再拜」。侍中及舍人前承制，侍中降至賓前，稱「有制」，公再拜，「將加冠於某之首，公其將事」。公少進，北面，再拜稽首，辭曰：「臣不敏，恐不能供事，敢辭。」侍中拜奏，又承制降，稱：「制旨：某公將事，無辭。」公再拜，退復位。侍中退。舍人至卿前，稱「敕旨」，卿再拜，「將加冠於某之首，卿宜贊冠」，卿再拜。舍人退。黄門侍郎引主節至賓所，主節授黄門侍郎，❶黄門侍郎執節立於賓東，北面。賓再拜，受節，❷付主節訖，又再拜。主節立於賓後，黄門侍郎退。中書舍人引制書案至賓所，取制書，在賓東北，面西立。賓再拜，受制書，執立，又再拜。持案者立於賓後，中書侍郎退。典儀曰「再拜」，贊者承傳，群官在位者皆再拜。舍人引賓、贊出，賓、贊初行，樂作，出門，樂止。侍中前跪，奏稱：「侍中臣某言：禮畢。」俛伏，興，還侍位。皇帝興，太樂令令撞蕤賓之鐘，左五鐘皆應，鼓柷，奏《太和》之樂。皇帝降座，侍衛、警蹕如來儀。入自東房，樂止。舍人引一品以下以次出。初賓贊出門，賓以制書置於案，升車，從輅而行。威儀鼓吹詣東宫，降輅，入次，賓、贊具服。其服一品以下以次出。蕃客各還

❶「節」下，《大唐開元禮》卷一一〇有「以節」二字。
❷「受」，原作「授」，據庫本改。

館。九品以上詣東宮朝堂次，服其服，就位如冠儀。

冠

前一日，衛尉設賓次於重明門外道西，南向，贊冠次又於其西，南向，並鋪床席。又於重明門內道西施一次，擬會賓贊。設文武群官九品以上及群親并宮臣次如常儀。❶奉禮設文武群官九品以上、諸親在五品之下及宮臣門外位如常儀。❷典儀設殿庭位：❸文武群官共宮臣合班，❹諸親在五品下；文官在東，西面，武官在西，東面，皆以北爲上。又設皇太子位於閤外道東，西向。設三師位於閤外道西，三少位於三師之南，少退，東向。典儀又設皇太子受制位於樂懸北，北面。所司設軒懸之樂於殿庭，又設舉麾位於庭上，一位於懸下。有司設皇太子羽儀、車輿於殿庭如常儀。典設郎帥其屬鋪解劍席於懸之東北。冠日平明，宮臣皆朝服，非宮臣者公服。三師、三少公服，並集於重明門外次。宗正卿乘犢車侍從，詣左春坊權停。左右二率各勒所部屯門列仗。左庶子版奏「請中嚴」。工人及諸行事之官各入就位。奉禮郎設罍洗於東階東南，罍在洗東，篚在洗西，南肆。篚實爵，加勺冪。典設郎鋪皇太子冠席於殿上，東向壁，下近南，西向。設賓席於西階上，東向。設主人席於皇太子席西南，西向。設三師席於冠席北，三少席於冠席南。典設郎張帷幄於東序內，設褥席於帷中。又張帷幄於

❶「如」，原作「入」，據庫本改。
❷「門」，原脱，據《大唐開元禮》卷一一〇補。
❸「典儀」二字，原脱，據《大唐開元禮》卷一一〇補。
❹「官」下，原衍「共典儀」三字，據《大唐開元禮》卷一一〇刪。

序外，擬置饌物等。内直郎陳服於帷内，東領北上。衮冕服，玄衣纁裳，九章。白紗中單，黼領，青褾、❶襈、裾。革帶，❷金鈎䚢。大帶，朱韍二章。玉具劍，火珠鏢首，瑜玉雙珮，朱組。❸雙大綬，四綵：赤、白、縹、紺，純朱質，長一丈八尺，三百二十首，廣九寸。小綬長二尺六寸，色同大綬而首半之，間施二玉環。白韈赤舄，金飾。象笏。遠遊冠，服絳紗袍，白紗中單，皂領、褾、襈、裾。白方心曲領假帶，絳紗蔽膝。白練裙襦，白韈黑舄。其革帶劍珮綬笏，與冕服同。緇布冠，玄衣素韠，白紗中單，青領、褾、襈、裾。履、韈、革帶、大帶、笏。緇纚、用皂羅巾方六寸，屬帶於前兩隅。犀簪二物同箱，在服南。櫛實於箱，又在南。莞筵四，紛純；繅席四，績純，又在南。良醖令實側罇甒醴，加勺冪於序外帷内，設罍在洗北，篚在洗南，東肆。實巾一，角觶、角柶各一，加冪。太官令實饌，豆九籩九於罇西，俎三在豆北。❹執在庭罍洗者，絳公服，立於罍洗之南，北向。執帷内罇、罍、洗、籩、豆、俎等，並絳公服，立於罇、罍、豆、俎之所。冕，白珠九旒，犀導，組纓，青纊充耳。遠遊三梁冠，金附蟬九首，施珠翠，黑介幘，犀導，肆髮纓緌；緇布冠，青組纓，屬於冠。冠、冕各一箱盛，奉禮郎二人各執立於階之西，東面北上。主人、贊冠者❺庶子爲之。升諸東序帷内，少北，户東，西面立。典謁引群官以次入就常位。初，賓贊入次，左庶子版奏「外辦」。通事舍人引

❶「青褾」，原作「襟」，據《通典》卷一二六改。
❷「帶」，原脱，據《通典》卷一二六補。
❸「朱」，原作「珠」，據《通典》卷一二六改。
❹「三」，原脱，據《大唐開元禮》卷一一〇補。
❺「贊」上，原有「各」字，據《大唐開元禮》卷一一〇删。

三師等入就閤外道西位，東面立。皇太子著空頂黑介幘，雙童髻，玉導寶飾，綵衣，紫褶緣袴，織成褾領，緣錦紳，烏皮履。乘輿以出。洗馬迎於閤門外，左庶子跪奏稱：「左庶子臣某言：請殿下降輿。」俛伏，興，還侍位。皇太子降輿，洗馬引之道東位，西向立。左庶子又前，跪奏稱：「左庶子臣某言：請殿下再拜。」皇太子再拜，三師、三少答再拜。洗馬引就階東南位，三師訓導在前，三少訓從於後，千牛仗二人夾左右，其餘仗衛列於師保之外。通事舍人引宗正卿入見皇太子訖，通事舍人引出迎賓。洗馬引皇太子，初行，樂作，至階東，西面立，偃麾，樂止。宗正卿引迎賓於門東，西面。賓立於門西，東面。宗正卿再拜，賓不答拜。賓入門，樂作。主人從入，立於樂懸東北，西面。賓入，贊冠者從入。舍人引賓、贊詣殿階間南面立，樂止。贊冠者立於賓西南，東面。節在賓東，少南，西面。制案在贊冠西南，東面。賓就案取制執。洗馬引皇太子詣受制位，北面立。皇太子初行，樂作，至位，樂止。主節脱節衣，賓稱「有制」，皇太子再拜，宣詔曰：「制：皇太子某，吉日元服，率由舊章。命太尉就宫展禮。」訖，皇太子又再拜。少傅進詣賓前，受制書，退授皇太子。皇太子受制書，付庶子，案退。洗馬引皇太子師保等如式升東階，量人從升。初行，樂作，至階，樂止。入東序帷内，近北，西向立。師保等就席位訖，賓升西階，宗正卿升東階，各立席後。初，賓升，舍人引贊冠者詣罍洗，盥手，升自東階，詣序帷内，於主人贊冠之南，俱西面。贊引皇太子出，立於席東，西面。賓之贊冠者取纚櫛二箱，坐奠於皇太子南端，興，席北少東，西向立。賓揖皇太子進，升筵，西向坐。賓之贊冠者進筵前，東面坐，脱空頂黑介幘置於箱，❶櫛畢，設纚，興，少北，南面立。賓降盥，主人從降，樂作，賓升，樂止。主人從升。執緇布冠者升，賓降一等受之，右執項，左執前，進皇太子筵前，東向立，祝曰：「令月吉日，始加元服。棄厥幼志，順其成德。壽考維祺，以介景福。」乃跪冠，興，復位，東面立。賓之贊冠進筵前，東面，跪結纓，興，復位。皇太子興，賓揖皇太子。贊冠者引皇太子適東序帷内，著玄衣素裳之服以出，立于席東，西面。賓揖皇太子進，升筵，西向坐。賓之贊冠者進筵前，東面，跪脱緇布冠，置於黑介幘之箱，櫛纚依舊不解，興，復位。賓降二等，受遠遊冠，右執項，左執前，進皇太子筵前，東向，祝曰：「吉月令辰，乃申嘉服。克敬威儀，式昭厥德。眉壽萬年，永受祺福。」乃跪冠，興，復位。賓之贊冠者引皇太子適東序帷内著朝服以出，立於席東，西面。賓揖皇太子進，升筵，西向坐。賓之贊冠者進筵前，東面，跪脱遠遊冠，置於纚箱，櫛纚依舊不解，興，復位。賓降三等，受冕，右執項，左執前，進皇太子筵前，東向，祝曰：「以歲之正，以月之令。咸加其服，以成厥德。萬壽無疆，承天之慶。」乃跪冠，興，賓復位。賓之贊冠者跪受簪，結纓，興，復位。皇太子興，賓揖皇太子。贊冠者引皇太子適東序著衮冕之服以出，立於席東，西面。贊冠者徹纓櫛二箱，入於帷内。主人贊冠者又設醴皇太子席於室户西，南向，下莞上藻。賓之贊冠者於東序帷内盥手洗觶，典膳郎酌醴，加柶，覆之，面柄，賓之贊

❶「頂」，原脱，據《大唐開元禮》卷一一〇補。

冠者受，面葉，立於序内，南面立。賓揖皇太子，贊冠者引皇太子就筵西，南面立。賓進受醴，加柶，面柄，進皇太子筵前，北面立，祝曰：「甘醴惟厚，嘉薦令芳。拜受祭之，以定厥祥。承天之休，壽考不忘。」皇太子筵西拜受觶。賓復位，東面答拜。贊冠者與進饌者奉饌陳於皇太子筵前。❶皇太子升筵，坐，左執觶，右執脯，擩於醢，祭於籩豆之間。贊冠者取篚葅，❷偏擩於豆，以授皇太子，又祭於籩豆之間。贊冠者取胏一以授皇太子。皇太子奠觶於薦西，興，受胏，郤左手執本，坐，繚，右手執末以祭，上左手，嚌之，興，以授贊冠者加於俎。皇太子帨手，興，取觶，以柶祭醴三。始扱一祭，又扱再祭，加柶於觶，面葉，興；筵末坐，啐醴，建柶，興；降筵西南，南面坐，奠觶，再拜，執觶興。賓答拜。皇太子升筵，坐，奠觶於薦東，興，降筵。贊冠者引皇太子降自西階，立於西階之東，南面。賓初答拜訖，降立於西階之西，近南，東面。引賓之贊冠者隨降立於賓西南，東面。皇太子立定，賓少進，字之曰：「禮儀既備，令月吉日。昭告厥字，君子攸宜。宜之於嘏，永受保之。奉敕字某。」皇太子再拜，曰：「某雖不敏，敢不祗奉。」又再拜。洗馬引皇太子降，初行樂作，至阼階下位，樂止。三師在南，北面，三少在北，南面，立定，皇太子西面再拜，三師等答再拜以出。於三師拜訖，典儀曰「再拜」，贊者承傳，群官在位者皆再拜。左庶子前，稱「禮畢」。皇太子乘輿以入，侍

❶「與」，原作「輿」，「者奉饌」三字原脱，據《大唐開元禮》卷一一〇改補。

❷「篚」，《大唐開元禮》卷一一〇作「韭」。

臣從至閤如常儀。初皇太子降，通事舍人引賓贊及宗正出就會所。

會賓贊

賓既出，立於會所門外之西，❶東面，北上。宗正卿立於門東，西面。立定，一揖一讓而入。宗正卿立於座東，西面，賓贊立於座西，東面，俱再拜，就座。俛伏，坐。遂行酒。酒至，賓主俱興，再拜，就席坐飲。食至，賓主俱興。設食訖，賓主俱坐食。會訖，贊立於西廂，❷東面南上。宗正卿立於東廂，西面。執事奉束帛之篚以授宗正卿，又執事者奉帛篚立於宗正卿之後，後牽乘馬入陳於庭，北首西上。賓贊俱迴，北面西上，再拜。宗正卿以幣篚進，西南向授賓；執事者以幣進授贊冠者。宗正卿與執事者退，復位。賓贊降，從者互受幣。賓當庭實，揖左右馬以出，❸三馬從出，從者互受馬。宗正卿出門東，西面；賓出門西，東面北上。宗正卿與賓俱揖而退。賓贊就車輅，詣順天門外復命。

朝謁

朝前，衛尉先於順天門外東朝堂之北設太子次，又於後設三師、三少及詹事等次。皇太子冠訖，諸衛尉率依常鹵簿陳列威儀仗衛，前後部鼓吹備列。師傅以下及宮臣皆服其服。皇太子服遠遊冠，絳紗袍，乘輿以出，儀衛侍從如常禮，洗馬前導。皇太子出重明門，左庶子跪奏：「請降輿升輅。」又左庶子稱令曰「諾」。左庶子俛伏，興。皇太子降輿，升金輅。三師乘軺車，訓導在前。

❶「立」，原脱，據《大唐開元禮》卷一一〇補。

❷「贊」上，《大唐開元禮》卷一一〇有「賓主俱興賓」五字。

❸「右」，據《儀禮·聘禮》疑衍。

三少亦乘軺車，訓從在後。威儀仗衛依鹵簿。發引鳴鐃而行，至長樂門，鐃吹止。至順天門外次，❶迴輅西向。左庶子跪奏：「請降輅就次。」又左庶子稱令曰「諾」。左庶子俛伏，興。皇太子降輅，洗馬前導入次，左庶子侍左，❷右庶子侍右。❸舍人引三師、三少、詹事就次。皇太子停於次少頃，舍人奏聞。典儀先於皇帝所御殿前設皇太子位。左庶子跪奏：「請入。」又左庶子稱令曰「諾」。左庶子俛伏，興。皇太子出次，左庶子等夾侍，❹舍人引洗馬導引。當門揖，引入。外宮諸儀衛鹵簿等悉陳列於門外。皇太子入自東上閤，❺洗馬、左庶子等從入。至皇帝所御殿前位，北向立，從官陪後。左庶子贊拜，皇太子再拜。侍中宣敕，戒曰：「事親以孝，接下以仁，使人以義，養人以惠。」訖，皇太子再拜，少進，稱：「臣雖不敏，敢不祇奉！」又再拜訖，引下詣皇后所御殿。至殿院，内給事奏聞，出，引皇太子入，❻洗馬、左庶子等不入。太子至皇后所御殿前，北向立，再拜。尚儀前承令，降詣皇太子西北，東面，稱「令旨」。皇太子再拜。宣令戒之，詞如皇帝。皇太子再拜，少進，稱：「臣夙夜祇奉，不敢失墜。」又再拜。司言引至閤，舍人承引以出。皇太子還，如來儀。

皇太子謁太廟

前一日，皇太子宿齋於正殿，其宮臣從入廟

❶「外」，原脱，據《大唐開元禮》卷一一〇補。
❷下「左」字，原脱，據《大唐開元禮》卷一一〇補。
❸「右庶子侍」四字，原脱，據《大唐開元禮》卷一一〇補。
❹「侍」，原作「持」，據《大唐開元禮》卷一一〇改。
❺「入」，原脱，據《大唐開元禮》卷一一〇補。
❻「引」，原作「則」，據《大唐開元禮》卷一一〇改。

者宿齋於家正寢。所司掃除廟之內外。❶衛尉設皇太子次於正寢西南角，東向；又設三師以下及宮官次於皇太子之後，少近西，俱東向；又設宮官次於東宮朝堂。❷奉禮郎設皇太子版位於廟廷道東，❸北向。典儀設宮官位於重明門外，文官在東，西面；武官在西，東面；每等異位，重行，俱以北爲上。其日未明，所司依鹵簿陳設於重明門外。宮臣應從者，依時刻集朝堂次，皆服朝服，非朝服者服常服。諸衛率各勒所部陳設如式。❹左庶子版奏「請中嚴」。僕策輅於西閤外，南向。車右執刀立於輅前，❺北向。舍人引宮官各就位，侍衛之官各服其器服，其庶子負寶如式，俱詣閤奉迎。左庶子版奏「外辦」。僕奮衣而升，正立，執轡，皇太子服遠遊冠、絳紗袍以出，左右侍衛如常。洗馬引皇太子升，僕立授綏，命車右升訖，車驅，左庶子以下夾侍如式。出重明門，左庶子進當輅前，跪奏，稱：「左庶子臣某言：請車輅權停，請侍臣上馬。」俛伏，興，退稱「侍臣上馬」，贊者唱「侍臣上馬」，文武侍臣皆上馬。宮官上馬畢，左庶子進當輅前，跪奏，稱：「左庶子臣某言：請發引。」俛伏，興，退侍位。皇太子車輅動，鐃吹不作，文官在左，武官在右。至下馬所，侍臣並下車馬。皇太子至次所，迴輅南向。左庶子跪奏，❻稱：「左庶子臣某言：請殿下降輅。」俛伏，興，還侍位。皇太子降輅，

❶「掃」，原作「拂」，據《大唐開元禮》卷一一〇改。
❷「朝」，原作「官」，據《大唐開元禮》卷一一〇改。
❸「廟」，原作「朝」，據《大唐開元禮》卷一一〇改。
❹「衛」，原脱，據《大唐開元禮》卷一一〇補。
❺「車」，原作「左」，據《大唐開元禮》卷一一〇改。
❻「左」，原脱，據《大唐開元禮》卷一一〇補。

洗馬引入次，侍臣立如常。皇太子入次一刻頃，左庶子跪奏，稱：「左庶子臣某言：請殿下出次。」俛伏，興。皇太子出次，謁者引家令，家令引皇太子，入自南門，三師、三少導從如式。庶子二人，一人贊左，一人贊右。舍人二人從，近仗量人從入。皇太子至位，立定，家令奏：❶「請殿下再拜。」皇太子再拜。少頃，家令奏：「請殿下再拜辭。」皇太子再拜辭。家令奏「禮畢」。謁者引家令，家令引皇太子，出自南門，升輅還宮，如來儀。至重明門外，皇太子乘輅入。將士停，三師、三少還。皇太子至殿前，迴輅。左庶子跪奏：「請殿下降輅。」俛伏，興。皇太子降，入，侍臣從至閤。左庶子跪奏：「請將士各還本位。」其還宮，鳴鐃吹如常。

會群臣

皇太子冠見廟之明日，皇帝會群臣如元會之儀。其上壽詞云：「皇太子爰以吉辰，載加元服，德成禮備，普天同慶。臣等不勝悅慶，謹上千萬歲壽。」

群臣上禮

先上禮三日，本司宣令諸應上禮文武之官，一品以下，五品以上。前一日，衛尉量設次於東朝堂。晝漏上水七刻，❷各集於次，皆朝服。奉禮郎先設上禮之官位於東朝堂南，文東武西，北面重行，相對爲首。又設中書舍人位於文官爲首者之北，南向。設奉禮郎位於文官東北，贊者二人在其南，❸差退，俱西向。牛酒在文武二位之間，少

❶「家令」至「拜辭」十五字原脱，據《大唐開元禮》卷一一〇補。
❷「晝」，原脱，據《大唐開元禮》卷一一〇補。
❸「其」，原作「東」，據《通典》卷一二六改。

前。舍人各引應上禮之官就位，立定。❶令史二人對舉賀録案，禮部郎中引就中書舍人前，取賀録授舍人訖，引案退。奉禮郎唱「再拜」，贊者承傳，在位者皆再拜。中書舍人奉賀録入進。舍人引在位者退。酒十二斛，犢十二頭，赤繩爲籠頭，奏訖，並付所司。

皇太子會宮臣

皇太子會宮臣如常會之儀，上壽與上同詞。

宮臣上禮

先上禮一日，詹事宣告上禮之官，詹事以下，七品以上。晝漏上水七刻，皆朝服集東宮南門之左。典儀先設群官位於中門外，北面，以西爲上。牛酒置其位西五步，少近。晝漏上水八刻，通事舍人引群官皆就位。立定，❷詹事丞奉群官簡録案於詹事前，東面跪授導客舍人，導客舍人西面立受，迴南向立。典儀唱「再拜」，詹事以下俛伏，興，皆再拜。導客舍人以簡録案入。通事舍人引群官詹事以下退。酒九斛，盛以銅鍾一斛；犢九頭，赤繩爲籠頭，皆付所司。

蕙田案：《開元禮義鑑》云：「《家語》云：皇太子之冠，擬諸侯四加，三同士禮，後加衮冕也。漢儀，王公初加進賢冠。魏王子及王公子並三加，先皮弁，次長冠，次進賢冠。晉惠帝爲太子冠，一加幘冕。北齊皇太子，初進賢冠三梁冠，再遠遊冠。隋皇太子初加緇布冠，再加遠遊冠。開元之制三加，初加緇布冠，再加遠遊

❶「立」，原脱，據《通典》卷一二六補。
❷「立」，原脱，據《通典》卷一二六補。

冠，三加衮冕。」《五禮精義》云：「皇帝加元服告天地，太子冠獨告太廟者，天子爲天下之主，將有大事，必先告天地。皇太子雖儲貳之尊，然未接天地，故獨告宗廟，示親也。」

【《開元禮》】親王冠。百官一品以下盡九品、庶人並附。其嫡子但以品第。庶子與親王同，其降殺則異。

前三日，本司帥其屬筮日、筮賓於廳事。五品以上嫡子，筮於廟門外。無廟，筮於正寢之堂。主人公服，立於楹間之東，西面。於寢，則堂上楹間近東。掌事者各服其服，立於門西，東面。於寢，則楹間近西，東面。布筮席於主人之西，西面。餘並如別儀。前三日筮賓，如求日之儀。主人，謂將冠者之父也。賓，謂可使冠子者。

前二日，主人至賓第，掌次者引之次，主人公服出，立於大門外之西，東面。賓公服立於阼階下，西面。儐者公服，進於賓之左，北面受命，出，立於門東，西面，曰：「敢請事。」主人曰：「皇子某王一品以下曰「某之子」。其下倣此。將加冠，請某公教之。」相稱各隨官爵。儐者入告。賓出，立於門左，西面，再拜。主人答拜。主人曰：「皇子某王將加冠，願某公教之。」一品以下云「吾子」。下倣此。賓曰：「某不敏，❶恐不能供事。一品以下加「以辱吾子」。敢辭。」主人曰：「某猶願某公教之。」賓曰：「王重有命，某敢不從。」主人再拜，賓答拜。主人還，賓拜送。主人命使者戒贊冠者，如戒賓。一品以下，主人戒冠贊者如戒賓，亦通使子弟戒之。前一日，掌次者設次於大門外之右，南向。其日夙興，掌事者一品以下贊者。庶子同。設洗於阼階東南，東向，當東霤。六品以下當東榮。南北以堂深。罍水在洗東，加勺冪。篚在洗西，南肆。篚實巾一、勺一，加冪。席於東房内西墉下。無房者張帷。陳衣於

❶「敏」，原作「敢」，據庫本改。

席，東領北上。衮冕服，青衣纁裳九章，五章在衣：山、龍、華蟲、火、宗彝。四章在裳：藻、粉米、黼、黻。一品冕服同上。二品鷩冕服七章。三章在衣：華蟲、藻、火。四章在裳：宗彝、粉米、黼、黻。三品毳冕服五章。三章在衣：宗彝、藻、粉米。二章在裳：黼、黻。四品繡冕服三章。一章在衣，粉米；二章在裳，黼、黻。五品玄冕，衣無章，裳刺黼一章。六品以下爵弁服，青衣纁裳。白紗中單，黼領，青褾、襈、裾。革帶，鉤韘。大帶，青帶紕其外，上朱下緑，紐約用組。一品二品大帶，皆紕其外，上以朱，下以緑。三品大帶，四品五品素帶，皆紕其垂，外以玄，内以黄，紐約皆用青組。六品以下練帶，紕其垂，内外以緇，❶約用青組。❷中單，青領。朱黼二章：山、火。三品以上，飾以裳色，山、火二章。四品繡冕，山一章。五品玄冕，無章。六品爵韠。劍飾以珠玉。三品以上飾以金玉，四品五品飾以金。山玄玉雙珮。纁朱雙綬，四綵，赤、黄、縹、紺，純朱質，纁文織，長丈八尺，二百四十首，廣九寸。小雙綬，長二尺六寸，色同大綬而首半之，間施二玉環。一品雙佩山玄玉，五品以上水蒼玉。雙綬，一品緑綟綬，四綵：緑、❸紫、黄、赤，純緑質，❹長丈八尺，二百四十首，廣九寸。二品三品紫綬，三綵：紫、黄、赤，純紫質，長丈六尺，一百八十首，廣八寸。皆有小雙綬，長二尺六寸，色同大綬而首半之。一品施二玉環。四品青綬，三綵：青、白、紅，純青質，長丈四尺，一百三十首，廣七寸。五品黑綬，二綵：青、紺，純紺質，長丈二尺，一百首，廣六寸。皆有小雙綬，長二尺六寸，色同大綬而首半之。六品以下無劍、珮、綬。朱韈赤舄。五品以上同。六品以下白韈赤履。庶人黑介幘，服絳公服，方心，革帶，紉韘，假帶，韈履。庶子以上皆同。遠遊冠服，❺絳紗單衣，白紗中單，皂領、褾、襈、裾，白裙襦。赤裙衫。一品以下進賢冠。假帶，曲領方心，絳紗

❶「緇」，原作「編」，據《通典》卷一二八改。
❷「約」上，疑脱「紐」字。
❸「緑」，原脱，據《通典》卷一二八補。
❹「純」，原脱，據《通典》卷一二八補。
❺「服」，原脱，據《通典》卷一二八補。

蔽膝，白韈黑舄。一品以下，革帶鉤䚢，珮，雙綬。六品以下無劍、綬。八品以下，去中單、曲領、蔽膝、黑履。庶人黑介幘，服白裙襦，青領，革帶，韈履。緇布冠服，青衣素裳，白紗中單，青領、褾、裾，素韠。其革帶、大帶、劍、珮、綬，與冕服同。韈、舄與遠遊冠服同。三品以上，中單、革大帶、劍、珮、綬，與冕服同，韈、舄與進賢冠同。六品以下，中單、革帶、纁帶，與爵弁同，韈、履與進賢服同。庶人帶、韈、履與介幘服同，去韠。緇纚，其纚用皂巾，方六寸，屬於前兩隅。犀簪、櫛，實於箱，在服南。莞筵三，紛純，加藻席三，緇純，在南。三品以上莞筵四，加藻席四。四品、五品蒲筵四，緇布純，加萑席四，玄帛純。六品以下蒲筵四，不加萑席。其庶子各如其品。嫡子之席各用三。罇於房户外之西，兩甒，玄酒在西，加勺羃。設坫於罇東，置二爵，加羃。豆十籩十，在服北。俎三，在籩豆北。凡牲體節折，加離肺。❶俎三，實羊、豕及腊。籩實脯、棗之類。豆實菹醢之屬。❷一品以下側罇甒醴，在服北，加勺羃。設坫在罇北，❸實角觶、柶各一，加羃。饌陳於坫北。四品以下無坫，同設篚。庶子尊於房户外之西兩甒，玄酒在西，加勺羃。設坫於罇東，置二爵於坫，加羃。饌陳於服北。一品俎三、籩十、豆十，三品八，四品、五品六，六品以下用特牲，俎一、籩二、豆三。庶子同嫡子牲器。設洗於東房近北，罍水在洗西，篚在洗東，北肆，實以巾。質明，賓、贊至於主人大門外，掌次者引之次。賓、贊俱公服。諸行事者，各服其服。六品以下無公服者，服常服。執罇、罍、篚者皆就位。冕，青珠九旒，青纊充耳，犀簪導，組纓色如其綬。三品以上衮冕，垂青珠九旒，以組爲纓，色如其綬，青纊充耳，角簪導。鷩冕七旒，毳冕五旒，餘皆同衮冕。四品、五品繡冕，垂青珠四旒，以組爲纓，色如其綬，青纊充耳，角簪導。玄冕三旒，餘同繡冕。六品以下爵弁，玄纓導。庶人則黑介幘。庶子同嫡子。遠遊冠，三梁，金附

❶「加」，原作「如」，據《通典》卷一二八改。
❷「菹」，原作「俎」，據《通典》卷一二八改。
❸「坫」，原脱，據《通典》卷一二八補。

蟬，黑介幘，纓青緌，犀導。三品以上，進賢冠三梁，纓青緌，犀導。四品、五品以上，二梁。六品以下，一梁。庶人則黑介幘。緇布冠，青組纓。冠冕各一箱，各一人執之，待於西階之東，西面北上。設主人之席於阼階上，西面；設賓席於西階上，東面；皇子席於房户之西，南面：房外，罇東。俱下莞上藻。一品以下，冠者席於主人東，北面。庶子如親王儀。主人公服立於阼階東，當序，西面。諸親公服，❶非公服者常服。立於罍洗東南，西面北上。一品以下，儐諸尊者，停別室。儐者公服，立於門内道東，北面。皇子雙童髻，空頂幘，雙玉導，❷金寶飾，綵袴褶，錦紳，烏皮履，四品、五品導飾以金，六品以下無金飾。立於房内，南面。主人贊冠者公服，立於房内户東，西面。賓及贊冠者出次，立於門西，贊冠者少退，俱東面北上。儐者進於主人之左，北面受命，出，立於門東，西面，曰：「敢請事。」賓曰：「皇子某王將冠，某謹應命。」一品以下云：「某子有嘉禮，命某執事。」❸庶子同。儐者入告。❹主人迎賓於大門外之東，西面再拜，賓答拜。凡賓主拜揖入出，皆贊者相導。❺主人揖贊冠者，贊冠者報揖。主人又揖賓，賓報揖。主人入，賓及贊冠者次入。及内門，主人揖賓，賓報揖。主人與賓入，贊冠者從。至内霤，將曲揖，賓報揖。主人及階，主人立於階東，西面；賓立於階西，東面。主人曰：「請公升。」一品以下「請吾子升」。他倣此。賓曰：「某備將事，敢辭。」主人曰：「固請公升。」賓曰：「某敢固辭。」主人

❶「諸」，原脱，據《大唐開元禮》卷一一四補。
❷「雙」，原脱，據《大唐開元禮》卷一一四補。
❸「某」，原脱，據《通典》卷一二八補。
❹「者」，原作「曰」，據《大唐開元禮》卷一一四改。
❺「皆」，原作「階」，據《通典》卷一二八改。

曰：「終請公升。」賓曰：「敢終辭。」主人升自阼階，立於席東，西面。賓升自西階，立於席西，東面。贊冠者及庭，盥於洗，❶升自阼階，入東房，立於主人贊冠者之南，俱西面。主人贊冠者引皇子出，立於户外之西，南面。賓之贊冠者取纚櫛簪箱，跪奠於皇子筵東端，一品以下筵南。庶子筵東。興，席東少北，南面立。一品以下席北少東，西面立。庶子南面。賓揖皇子。賓主俱即席坐。皇子進，升席，南面坐。一品以下西面坐。庶子南面。賓之贊冠者進筵前，北面，一品以下東面。庶子北面。跪，脱雙童髻，置於櫛箱畢，❷設纚，興，復位。賓主俱興。賓降盥，主人從降。賓東面，辭曰：「願王不降。」❸一品以下云「吾子」。下倣此。主人曰：「公降辱，敢不從。」賓降，至罍洗，盥手訖，詣西階，賓主一揖一讓升，主人立於席後，西面，賓立於西階上，東面。執緇布冠者升，賓降一等受之，右執項，左執前，詣皇子筵前，北面，跪冠，興，復西階上席後，東面立。祝文曰：「令月吉日，始加元服。棄爾幼志，順爾成德。壽考維祺，介爾景福。」乃跪奠冠，興。賓之贊冠者進筵前，北面跪，設頍，結纓，興，復位。一品以下東向跪，結纓。庶子同親王而無頍。皇子興，賓揖，皇子適房，賓主俱坐。皇子著青衣素裳之服出，❹户西南面立。賓主俱興。賓揖，皇子進，立於席後，南面。一品以下進升席，西向坐。一品以下庶子同親王。賓降盥，主人從降，辭對如初。賓盥手，跪取爵於篚，興，洗訖，詣西階，賓主一揖一讓升，主

❶「於」，原脱，據《大唐開元禮》卷一一四補。

❷「櫛箱」，《大唐開元禮》卷一一四作「箱櫛」。下「脱緇衣冠」下「櫛箱」同。

❸「王」，原作「主」，據《大唐開元禮》卷一一四改。

❹「素」，原作「紫」，據《大唐開元禮》卷一一四改。

人立於席後，西面。賓詣酒罇所，酌酒，進皇子筵前，北向立，祝曰：「旨酒既清，嘉薦亶時。始加元服，兄弟具來。孝友時格，永乃保之。」皇子筵西拜，受爵。賓復西階上，東面答拜。執饌者薦籩豆於皇子筵前。皇子升筵坐，左執爵，右取脯，擩於醢，祭於籩豆之間，祭酒，興，筵末坐，啐酒，執爵興，降筵西，跪奠爵，再拜，執爵興。賓答拜。冠者升筵，跪奠爵於薦東，興，立筵西，南面。❶執饌者徹薦爵。賓揖，皇子進升筵，南面坐。一品以下無賓降盥、主人從降下至此儀。其一品以下，嫡子三加冠後，酌醴以禮之，又有祝辭。其庶子則醮而不醴。親王冠同於庶子。賓之贊冠者，跪脱緇衣冠，置於櫛箱畢，設纚，興，復位。賓降二等，受遠遊冠，一品以下進賢冠。庶人黑介幘。左執項，右執前，詣皇子筵前，北面，跪冠，一品以下詣冠者筵前，東向立，祝曰：「吉月令辰，乃申爾服。敬爾威儀，淑慎爾德。眉壽萬年，永受斯福。」乃跪冠。興，復位。賓之贊冠者坐，設簪，結纓，興，復位。皇子興，賓揖，皇子適房，賓主俱坐。皇子著朝服，一品以下、庶子著絳紗服，庶人則白裙襦服。出房，户西，南面立。賓主俱興。賓揖，皇子進立席後，南面，賓詣酒罇所，一品至三品嫡子冠禮，無「賓詣酒罇所」以下「執饌者徹薦爵立俟」。取爵酌酒，進皇子筵前，北面立，祝曰：「旨酒既湑，嘉薦伊脯。乃申其服，庶子云「爾服」。禮儀有序。祭此嘉爵，承天之祜。」皇子筵西拜，受爵。賓復西階上，東面答拜。執饌者薦籩豆。皇子升筵坐，❷左執爵，右祭脯醢，祭酒，興，筵末坐，啐酒，執爵興，降筵

❶「南面」二字，原脱，據《大唐開元禮》卷一一四補。

❷「筵坐」至「興」十二字，原脱，據《大唐開元禮》卷一一四補。

西，❶跪奠爵，再拜，執爵興。賓答拜。皇子升筵坐，奠爵於薦東，興，立於筵西，南面。執饌者徹薦。賓揖，皇子進升席，南面坐。賓之贊冠者跪脱遠遊冠，庶人脱黑介幘。置於箱，櫛畢，設纚，興，復位。賓降三等受冕，六品以下爵弁，庶人則黑介幘。左執項，右執前，詣皇子筵前，北面，跪冠，興，復位。賓之贊冠者坐，設簪，結纓，興，復位。皇子興。賓揖，皇子適房。賓主俱坐。主人贊冠者徹櫛箱，入房。皇子著衮冕之服，庶子及六品以下爵弁服，庶人絳公服。出房，户西，南面立。賓主俱興。賓揖，皇子進立於席後，南面。賓詣酒罇所，取爵酌酒，進皇子筵前，北面立，祝曰：「旨酒令芳，籩豆有楚。咸嘉其服，庶子云「爾服」。肴升折俎。承天之慶，福壽無疆。」皇子筵西拜，受爵。賓復位，東面答拜。三品以上，賓之贊冠者跪，設簪，結纓，興，復位。冠者興。賓揖，冠者適房。賓主俱坐。冠者著絳紗服，庶人白裙襦服，出房，户西南面。賓主俱興。賓揖，冠者進升席，西向坐，賓之贊冠者跪脱進賢冠，庶人黑介幘，置於櫛箱畢，❷設纚，興，復位。賓降三等受冕，六品受爵弁，庶人黑介幘，右執項，左執前，進冠者筵前，東向立，祝曰：「以歲之正，以月之令，咸加爾服，兄弟具在，以成厥德。黄耇無疆，受天之慶。」乃跪，興，復位。賓之贊冠者設簪，結纓，興，復位。冠者興。賓揖，冠者適房。賓主俱坐。主人贊冠者徹纚櫛簪箱及筵入於房，又筵於室户西，南向。冠者著冕服，六品以下爵弁服，庶人絳公服，出户西南面。賓主俱興。主人贊冠者盥手洗觶於房，酌醴，加柶，覆之，面葉，出房，南面立。賓揖，冠者就筵，西面立。賓進受醴於室户東，加柶，面柄，進冠者筵前，北面立，祝曰：「甘醴惟厚，嘉薦令芳。拜受祭之，以定爾祥。承天之休，壽考不忘。」冠者筵西拜受觶。賓復西階上，東面答拜。一品以下，庶子與親王儀同。執饌者薦籩豆，

❶「降」，原脱，據庫本及《大唐開元禮》卷一一四補。
❷「櫛箱」，《通典》卷一二八作「箱櫛」。

設俎於籩豆之南。皇子升筵坐，左執爵，一品以下用觶。下倣此。右祭脯醢。贊冠者取胏一以授，皇子奠爵於薦西，興，受。郤左手執本，坐，右絶末以祭，上左手，嚌之，興，加於俎。皇子帨手，執爵祭酒，興，筵末坐，啐酒，興，降筵西，南面坐，奠爵，再拜，執爵興。賓答拜。皇子升筵，坐奠爵於薦東，興。贊冠者引皇子降立於西階之南，東面。❶初，皇子降，賓降自西階，❷直西序，東面立。主人降自阼階，直東序，西面立。賓少進，字之曰：「禮儀既備，令月吉日。昭告爾字，爰字孔嘉。君子攸宜，宜之于嘏。永受保之，曰孟某甫。」仲叔季，唯其所當。皇子曰：「某雖不敏，夙夜祗奉。」賓出，主人送於内門之外。一品以下，賓答拜。賓主俱坐。冠者升筵，跪奠觶於薦東，❸興，進，北面跪取脯，降自西階，入見母，進奠脯於席前，❹退，再拜以出。冠者母不在，則使人受脯於西階下。初，冠者入見母，賓主俱興，賓降，當西序東向立；❺主人降，❻當東序西向立。❼冠者既見母。出立於西階之東。南向，賓少進。字之曰：「禮儀既備，令月吉日。昭告爾字，爰字孔嘉。髦士攸宜，宜之於嘏。永受保之，曰字某。」冠者曰：「某雖不敏，夙夜祗奉。」賓出，送於内門外。一品以下庶子取脯見母如嫡子，餘如親王。主人西面請賓曰：「公辱執事，請禮從者。」賓曰：「某既得將事，敢辭。」主人曰：「敢固以請。」賓曰：「某辭不得命，敢不從。」賓就次，主人入。初，賓出，皇子東面見，諸親拜之，皇子答拜。一品以下，又冠者西

❶「南東」，《通典》卷一二八作「東南」。
❷「降」，原脱，據庫本及《大唐開元禮》卷一一四補。
❸「奠觶」，原作「觶奠」，據《通典》卷一二八改。
❹「席」，原作「薦」，據《通典》卷一二八改。
❺「序」，原作「席」，據《通典》卷一二八改。
❻「降」，原脱，據《通典》卷一二八補。
❼「當」，原脱，據《通典》卷一二八補。

南拜賓之贊冠者，答拜。❶庶子同。皇子入見内外諸尊於别所。賓主既釋服，改設席訖，賓、贊俱出次，立於門西，東面。主人出，門東西面。主人揖賓，賓報揖，主人先入，賓、贊從之。至階，一揖一讓，升，各就座後，立定，俱升座。會就，賓主俱興，賓立於西階上，贊冠者在北，少退，俱東面。❷主人立於東階上，西面。一品以下，及衆賓降立於西階下，東面。庶子同。掌事者奉束帛之篚升，❸授主人於東序端。主人執篚少進，西面立。又掌事者奉幣篚升，立於主人後。於幣篚升，牽馬者牽兩馬入，陳於内門三分庭一在南，北首，西上，北面。賓還西階上，北面，贊冠者立於左，少退，俱北面再拜。主人進立於楹間，南面。賓贊進立於主人之右，俱南面，東上。主人授幣篚，賓受之，退復東面位。於主人授幣篚，掌事者又以幣篚授贊冠者，退復位。主人還阼階上，北面拜送。賓贊降自西階，從者訝受幣。賓當庭實，❹東面揖，出，❺牽馬者從出，從者訝受馬於門外。❻賓降，主人降，送於大門外之東，西面再拜。賓退，主人入。四品以下，於衆賓降，並立於西階下，掌事者以幣篚升，授主人於序端。賓北面再拜。主人進立於楹間，南面。賓進立於主人之右，俱南面。賓受幣，退復東面位。主人還阼階，北面再拜送。賓降自西階，從者訝受幣。❼賓出，主人送賓於大門外之東，西面再拜。賓退，主人入。庶子同親王儀。孤子則諸父諸兄戒賓。冠之日，主人髻而迎賓，拜揖讓如冠主。冠於阼。醴之、庶子醮之及禮賓、拜送皆如上儀。明日見廟

❶「贊冠者」三字，原脱，據《通典》卷一二八補。
❷「面」，原作「階」，據《通典》卷一二八改。
❸「奉」，原作「受」，據《通典》卷一二八改。
❹「實」，原作「賓」，據《通典》卷一二八改。
❺「出」，原脱，據《通典》卷一二八補。
❻「從者」二字，原脱，據《通典》卷一二八補。
❼「訝」，原作「拜」，據《通典》卷一二八改。

者，冠者朝服，無廟者見祖禰於寢。質明，贊禮者引入廟南門，中庭道西，北面，❶賓贊再拜訖，引出。六品以下，見祖禰於正寢，冠者公服，庶人常服。質明，張几筵於正寢，贊禮者引入，至庭，北面再拜訖，引出。五品以上子孫、九品以上子冠，假用出身品服。其三品以上大功以上親，五品以上期以上親，❷冠同八品九品之服。皇子詣闕，至次，著朝服。通事舍人引皇子入詣皇帝所御之殿，至閤，近臣奏，皇帝即御座，南向坐。近臣引皇子入，立於階間，北面再拜訖，近臣引皇子至皇后殿閤外。近臣附奏，皇后即御座，南向坐。司言至閤，引皇子入，立於階間，北面再拜。司言引出閤，皇子出，還第如來儀。

【《明集禮》】親王即周之同姓諸侯、漢之諸侯王也。漢室冠諸侯，遣使行事。魏氏冠諸王，用三加禮。晉議冠南宫王，不復加使命；冠汝南王，復用漢遣使之儀。劉宋冠蕃王，齊冠南郡王，止一加。唐制，親王冠於廳事，主人行禮，天子不自爲主，止稱賓、贊，無臨軒遣命之文，三加三醮，並同於士也。

右隋唐。

五禮通考卷第一百四十九

淮陰吴玉搢校字

❶「面」，原脱，據《通典》卷一二八補。

❷「五品」至「上親」八字，原脱，據《通典》卷一二八補。

五禮通考卷第一百五十

内廷供奉禮部右侍郎金匱秦蕙田編輯
太子太保總督直隸右都御史桐城方觀承同訂
兩淮都轉鹽運使德水盧見曾
按察司副使元和宋宗元參校

嘉禮二十三

冠禮三

【《宋史·真宗本紀》】大中祥符八年十二月，皇子冠。

【《禮志》】皇子冠。前期，擇日奏告景靈宫。太常設皇子冠席文德殿東階上，稍北東向。設褥席，陳服于席南，東領北上：九旒冕服、七梁進賢冠服、折上巾公服。七梁冠簪導、九旒冕簪導同箱，在服南。設罍洗、酒饌、旒冕、冠巾及執事者，並如皇太子儀。其日質明，皇帝通天冠、絳紗袍御文德殿。皇子自東房出，内侍二人夾侍，王府官從，《恭安》之樂作，即席，南向坐，樂止。掌冠者進折上巾，北向跪冠，《修安》之樂作；贊冠者進，北面跪正冠，皇子興，内侍跪進服訖，樂止。掌冠者揖皇子復坐，以爵跪進，❶祝曰：「酒醴和旨，籩豆静嘉。授爾元服，兄弟俱來。永言保之，降福孔皆。」皇子搢笏，跪受爵，《翼安》之樂作，飲訖，太官令進饌訖。再加七梁冠，《進安》之樂作，掌冠者進爵，祝曰：「賓贊既戒，肴核維旅。申加

❶「進」，原脱，據《宋史》卷一一五《禮志》補。

厥服，禮儀有序。允觀爾成，承天之祜。」皇子跪受爵，《輔安》之樂作，太官奉饌。三加九旒冕，《廣安》之樂作，掌冠者進爵，祝曰：「旨酒嘉栗，敢薦令芳。三加爾服，眉壽無疆。永承天休，俾熾而昌。」皇子跪受爵，《賢安》之樂作，太官奉饌，饌徹。皇子降，易朝服，立横階南，北向位，掌冠者字之曰：「歲日云吉，威儀孔時。昭告厥字，君子攸宜。順爾成德，永受保之。奉敕字某。」皇子再拜，舞蹈，又再拜。左輔宣敕，戒曰：「好禮樂善，服儒講藝。蕃我皇室，友于兄弟。不溢不驕，惟以守之。」皇子再拜，進前俛伏，跪稱：「臣雖不敏，敢不祗奉。」俛伏，興，復位，再拜，出。殿上侍立官並降，復位，再拜，放仗。明日，百僚詣東上閤門賀。

【《玉海》】祥符八年十二月戊寅，承天節，群臣上壽。是日，皇子慶國公加冠禮，輔臣面賀，宗室賀于内東門。司天言：「日煇珥直抱氣。」戊子，集賢校理晏殊上《皇子冠禮賦》，詔奬之。辛卯，進封壽春郡王，制曰：「辯惠之性，言必有章。趨進之容，動皆合禮。維城之制，載協周邦。半楚之封，尚尊漢牘。」

【《政和五禮新儀》】近制，加冠者止加烏紗折上巾，不用《開寶禮》。舊儀，宗室子若將授官者，必先賜袍笏，令裹頭，而後授命焉。

蕙田案：此三加三醮也。宋《開寶通禮》如《開元禮》。

【《禮志》】皇太子冠儀常行于大中祥符之八年。徽宗親製《冠禮沿革》十一卷，命禮儀局倣以編次。其儀：前期奏告天地、宗廟、社稷、諸陵、宮觀。殿中監帥尚舍張設垂拱、❶文德殿門之内，設香案殿下螭陛間，又爲房於東朵殿。大晟展宮架樂于横街南，太常設太子冠席東階上，東宮官位于後，設褥位，陳服於席南，東領北上。遠遊冠簪導、衮冕簪導同箱，在服南。設罍洗阼階東，罍在洗東，篚在洗西，實巾一，加勺冪。光禄設禮席西階上，南面，實側尊在席南。又設饌於席，加冪。執事者並公服，立罍洗酒饌之所。九旒冕、遠遊冠、折上巾各一匴，奉禮郎三人執以侍于東階之東，西面北上。設典儀位于宮架東北，贊者二人在南，西向。禮直官、通事舍人、太常博士引太子詣朵殿東房。皇帝乘輦，駐垂拱殿，百官起居如月朔視朝儀。左輔版奏「中嚴」，内外符寶郎奉寶先出；左輔奏「外辦」，皇帝服通天冠、絳紗袍詣文德殿，簾捲。大樂正令撞黄鍾之鐘，右五鐘皆應。殿上鳴鞭，皇帝出西閤乘輦，協律郎俛伏，跪，舉麾，興，工鼓柷，奏《乾安》之樂，殿上扇合。禮直官、太常博士引禮儀使導皇帝出，降輦即座，簾捲扇開，鞭鳴，樂止，爐烟升。符寶郎奉寶陳於御座左右，禮直官、通事舍人、太常博士引掌冠、贊冠者入門，《肅安》之樂作，至位，樂止。典儀曰「再拜」，在位者皆再拜。左輔詣御坐前，承制降東階，詣掌冠者前，西向，稱「有制」。典儀贊在位官再拜訖，宣制曰：「皇太子冠，命卿等行禮。」掌冠、贊冠者再拜訖，文臣侍從官、宗室、武臣節度使以上升殿，東西立，應行禮官詣東階下立。東宮官入，詣太子東房次。禮直官等引太子，内侍二人夾侍，東宮官後從，《欽安》之樂作，即席，西向坐，樂止。引掌冠、

❶「帥」，原作「設」，據《宋史》卷一一五《禮志》改。

贊冠者以次詣罍洗所，❶樂作，搢笏，盥帨訖，出笏，升，樂止。執折上巾者升，掌冠者降一等受之，右執項，左執前，進皇太子席前，北向立，祝曰：「咨爾元子，肇冠于阼。筮日擇賓，德成禮具。於萬斯年，承天之祜。」乃跪冠，《順安》之樂作。掌冠者興，席南北面立，後準此。贊冠者進席前，北面，跪正冠，興，立于掌冠者之後。太子興，内侍跪進服，服訖，樂止。掌冠者揖太子復坐，禮直官等引掌冠者降詣罍洗如上儀。贊冠者進席前，北向跪，脱折上巾，置于匱，興，内侍跪受，興，置于席。執遠遊冠者升，掌冠者降二等受之，右執項，左執前，進太子席前，北向立，祝曰：「爰即令辰，申加元服。崇學以讓，三善皆得。副予一人，受天百福。」乃跪冠，《懿安》之樂作。掌冠者興。贊冠者進，跪簪結紘，興。太子興，内侍跪進服，服訖，樂止。掌冠者揖太子復坐，掌冠者降詣罍洗，及贊冠者跪脱遠遊冠，並如上儀。執衮冕者升，掌冠者降三等受之，右執項，左執前，進太子席前，北向立，祝曰：「三加彌尊，國本以正。無疆惟休，有室大競。懋昭厥德，保兹永命。」乃跪冠，《成安》之樂作。掌冠者興。贊冠者如上儀，跪簪結紘。内侍進服，服訖，樂止。禮直官等引太子降自東階，樂作，由西階升，即醴席，南向坐，樂止。又引掌冠者詣罍洗，樂作，盥帨訖，升西階，樂止。贊冠者跪取爵，内侍注酒，掌冠者受爵，跪進太子席前，北向立，祝曰：「旨酒嘉薦，有飶其香。拜受祭之，以定爾祥。令德壽豈，日進無疆。」太子搢圭，跪受爵，《正安》之樂作。飲訖，奠爵，執

❶「者」字，原脱，據《宋史》卷一一五補。

圭。太官令設饌席前，太子搢圭，食訖，樂止，執圭興。太官令徹饌爵。禮直官等引自西階，詣東房，易朝服，降立横街南，北向。東宮官復位，西向。太子初行，樂作，至位，樂止。禮直官等引掌冠、贊冠者詣前，西向，掌冠者少進，字之曰：「始生而名，爲實之賓。既冠而字，以益厥文。永受保之，承天之慶。奉敕字某。」太常博士請再拜，太子再拜訖，搢笏，舞蹈，再拜，奏聖躬萬福，又再拜。左輔承旨，降自東階，詣太子前，西向，宣曰「有敕」，太子再拜，宣敕曰：「事親以孝，接下以仁。遠佞近義，禄賢使能。古訓是式，大猷是經。」宣訖，太子再拜訖，禮直官等引太子前，俛伏，跪，奏稱：「臣雖不敏，敢不祗奉。」奏訖，興，復位，再拜訖，引出殿門，樂作，出門，樂止。侍立官並降復位。典儀曰「拜」，贊者承傳，在位者再拜。禮儀使奏禮畢，鳴鞭。大樂正令撞蕤賓之鐘，左五鐘皆應，《乾安》之樂作，皇帝降坐，左輔奏解嚴、放仗，在位官再拜，退。太子入内，朝見皇后，如宫中儀。迺擇日謁太廟、别廟，宿齋於本宫。質明，服遠遊冠、朱明衣，乘金輅。至廟，改服衮冕，執圭行禮。群臣稱賀，皇帝賜酒三行。

蕙田案：此三加一醴也。

【《徽宗本紀》】政和四年二月癸酉，長子桓冠。

【《玉海》】政和四年二月，禮制局定皇長子冠禮。十七日癸酉，行禮於文德殿。掌冠以禮部尚書，贊冠以鴻臚卿，列黄麾細仗于殿庭。

【《鐵圍山叢談》】冠禮肇於古。國初草昧，未能行，因循至政和，始脩焉。是時，淵聖皇帝猶未入儲宫，初以皇長子而行冠。丁是天子御文德殿，百僚在位，命官行三加禮。是日，方樂作行事，而日爲之重輪也。先是，諸王冠止于宫中行世俗之禮，謂之上頭而已。繇是而後，天子諸王咸冠於外庭，蓋自淵聖始。

【《政和五禮新儀》】品官冠子儀。

告廟。

將冠，主人諏日擇賓，告於禰廟，無廟者爲位於廳事兩楹之間，南面。主人公服再拜，乃告曰：「某子某年若干矣，卜某甲子冠吉。賓某官某，贊某官某。不泯先君之嗣，徼福于我先君，實辱臨之，以始卒冠事。謹告。」凡行事，如非南向，並各因所向陳設。以後倣此。前三日，主人戒賓。賓如主人服，出門立，西面，肅而入。賓入門而左，主人入門而右，賓升東階，主人升西階，主人再拜，賓答拜。主人曰：「某之子某，將以某日加冠於其首，願吾子終教之。」賓曰：「某不敏，恐不能共事，以病吾子，敢辭。」主人曰：「某猶願吾子終教之也。」賓曰：「吾子重有命，某敢不從。」主人再拜，賓答拜。主人退，賓送於門外。前一日，主人擇賓可使冠子者一人而宿之，如戒賓之儀。宿曰：「某將加冠於子某之首，願吾子將莅之，敢宿。」賓對曰：「某敢不夙興。」宿贊冠者亦如之。質明，執事者設洗於東階東南，水在洗東，箱實巾一，在洗西。陳服於房中，東領北上。無房者，張帷爲之。平冕，金鍍鍮石稜，角簪，青羅素裙，蔽膝，白綾中單，❶緋白羅大帶，金鍍銅華帶，緋羅履襪。五品以上五旒冕，青生色大袖，緋羅繡裙，蔽膝，皂綾銅環，餘同平冕服。三梁冠朝服，金鍍銀稜，角簪，銀立筆，緋羅大袖，

❶「綾」，原作「綬」，據《政和五禮新儀》卷一八四改。

白紗中單，皂襈，白羅方心曲領，緋羅蔽膝，緋白羅大帶，銀褐綬勤台，金鍍銅束帶，佩，方勝練鵲錦綬，❶青絲網，鍮石環。五品以上四梁冠，❷金鍍銀稜，犀簪，束帶，銀佩，簇四盤鵰錦綬，❸餘同二梁冠。折上巾公服，巾總。二梁冠、平冕、笄、組、紘實於篚，平冕、二梁冠、折上巾各一箱，執以待于西隅，南面東上。賓升，則東面。設洗於房中之東，水在洗東。箱實巾一，在洗西。質明，主人公服立於東階下，西面。兄弟各服其服，立于洗東，西面北上。將冠者立於房中，南面。賓贊如主人服，立于外門之外。主人出迎，揖，先入，三揖至於階，三遜。設主人位于東階上，西面。賓贊位于西階上，東面。主人以賓升，就位。贊冠者盥於洗西升，立于房中，西面。設冠位於主人東北，西面。將冠者出房，南面。贊冠者奠巾總於席南端。賓揖將冠者即席坐。贊冠者坐，設巾總。賓降，主人從降。賓辭：「請勿降。」主人曰：「吾子降辱，敢不從降。」賓既盥，一揖一遜，升，主人復初位。賓即將冠者席前，跪正巾，興，降西階一等。執折上巾者升，東面，授賓。賓右手執項，左手執前，進揖冠者席前，東向立，祝曰：「粵惟初冠，考禮之稱。正爾容體，順爾辭令。盡革童心，永膺大慶。」乃跪冠，興，復位。贊冠者跪正折上巾。冠者興。賓揖，冠者適房服，折上巾服。出房，南面立。賓主俱興。賓揖，冠者即席坐。贊冠者跪脱折上巾，設笄。賓降，主人從降，辭對如初。賓既盥，揖遜。賓即冠者

❶「勝」，原作「膝」，「綬」，原作「綾」，據《政和五禮新儀》卷一八四改。
❷「冠」，原作「羅」，據《政和五禮新儀》卷一八四改。
❸「鵰」，原作「賜」，據《政和五禮新儀》卷一八四改。

席前，跪正巾，興，降西階二等。❶執二梁冠者升，東面，授賓。賓右手執項，左手執前，進冠者席前，東向立，祝曰：「載契我龜，載加爾服。爾既順序，毋曰欲速。自天申之，申以百福。」乃跪冠，興，復位。贊冠者卒紘。冠者興。賓揖，冠者適房服，二梁冠服。出房，南面立。賓主俱興。賓揖，冠者即席坐。贊冠者跪脱二梁冠，設笄。賓降，主人從降，辭對如初。賓既盥，揖遜，升。賓即冠者席前，跪正巾，興，降西階三等。執平冕者升，東面，授賓。賓右手執項，左手執前，進冠者席前，東向立，祝曰：「授時之吉，迎天之休。抗以高明，掖其進修。三加彌尊，百禄是遒。」乃跪冠，興，復位。贊冠者卒紘。冠者興，賓揖，冠者適房服，平冕服。出房，南面立。賓主俱興。執事者徹折上巾、二梁冠席於房。執事者布席于西階上，南面，設酒饌如常儀。執事者盥手洗爵於房中。贊冠者以酒注于爵。賓揖，冠者即席西，南面立。賓受爵，進席前，北向立，祝曰：「旨酒既嘉，載肴斯阜。既曰克家，亦惟繼祖。孝友慈祥，受天之祐。」冠者席西拜受爵，賓東面答拜。贊冠者薦饌。贊冠者即座坐飲食訖，❷降席，再拜，賓答拜。易服拜父，父爲起。入拜母，母爲起。賓降當西序，東面。主人降當東序，西面立。冠者出，立于西階東，南面。賓少進，字之曰：「卜筮云吉，禮儀孔明。爰字爾德，嘉爾有成。伊何曰伯某甫。」仲叔季，惟其所當。冠者曰：「某雖不敏，敢不祗奉。」賓出，主人西面，請賓曰：「吾子辱執事，請禮從者。」賓

❶「降」，原作「復」，據《政和五禮新儀》卷一八四改。
❷「贊」，《政和五禮新儀》卷一八四《品官庶子冠儀》無。

曰：「某既得將事，敢辭。」主人曰：「敢固以請。」賓曰：「某辭不得命，敢不從。」賓就次如別儀。冠者廟見及見諸父、諸兄、姑姊如常儀。若以巾、帽、折上巾爲三加者，聽。冠訖，主人釋服，改席。賓與贊冠者如主人服，出次，立于門西，東面。主人出門東，西面。主人揖賓，先入，賓及贊冠者從之。至階，揖遜，升，各即席。衆賓皆與。執事者奉幣酬賓。會訖，賓主俱興。主人再拜，賓答拜。賓出，主人送于門外。孤子冠，即諸父、諸兄爲主，如上儀。品官子孫、三舍生冠，依品官儀。

庶人子冠儀。將冠，主人諏日擇賓，告于禰，爲位於廳事，南面，主人北面，再拜，乃告曰：「某子某年若干矣，卜以某甲子冠吉，乃速賓某以始卒冠事，庶幾臨之。」謹告。」凡廳事如非南向，並各因所向陳設。前期，主人戒賓曰：「某日將冠於子某首，願吾子莅之。」賓許諾。其日，夙興，張帷爲房于廳事之東，陳服其中，東領北上。酒饌在服北。帽一、折上巾一，陳于西階之西。爲賓主位如常儀。爲冠者席于主人東，少北，西向。將冠者待于房中。賓至，主人出迎，揖而入，坐定。冠者出自房，執事者曰：「請行事。」主人曰：「敢勞吾子。」賓揖，將冠者即席坐。執帽者升，賓降受之，進冠者席前，東向立，祝曰：「令月吉日，始加首服。棄爾幼志，茂爾成德。俾壽而臧，以介多福。」乃跪加帽，興，復位。賓揖，冠者適房，易服出，即冠席，復坐。賓跪脱帽。執折上巾者升，賓降受之，進冠者席前，東向立，祝曰：「吉月令辰，申加爾服。欽爾威儀，柔嘉維則。壽考不忘，以終厥德。」乃跪冠，興，復位。賓揖，冠者適房。執事者徹冠箱冠席，入於帷中。爲醴席於西階，南向。冠者易服出。賓主俱興，執事者以酒注于琖。賓揖，冠者即醴席，西向立。賓受琖，進席前，北向立，祝曰：「爾酒既湑，爾肴伊旅。拜受祭之，自求多祜。」❶冠者席西拜受，賓答拜。執事者薦饌于席前。冠者坐飲食訖，再拜，賓答拜。冠者興，離席，立于東階之西，東南向。賓少進，字之曰：「爾服既莊，爾儀既備。兄弟偕止，爰告爾字。永保受之，令德是似。」冠者拜，賓答拜。冠者廟見如常儀。拜父，父爲起。入拜母，母爲起。拜諸父群從之尊者。主人享賓。賓出，❷主人送於門外。孤子冠，即諸父、諸兄爲主，如上儀。戒賓，若主人有故，聽以函書。❸

蕙田案：宋制，庶人二加也。

又案：《政和五禮新儀》皆御製禮，故宋無皇帝加元服禮。

【司馬氏《書儀》】男子年十二至二十皆可冠。必父母無期以上喪，始可行之。冠、婚，皆嘉禮也。《曾子問》：「冠者至，聞齊衰、大功之喪，冠而不醴。❹如冠者未至則廢。」《雜記》曰：「大功之末，可以冠子，可以嫁子。」然則大功之初，亦不可冠也。《曾子問》有因喪服而冠者，恐于今難行。其禮：主人盛服，主人，謂冠者之祖父、父及諸父、諸兄，凡男子之爲家長者皆可也。凡盛服，有官者具公服靴笏，無官者具幞頭鞾襴或衫帶，各取其平日所服最盛者。親臨。筮日於影堂門外，西向。卜筮在誠敬，不在蓍龜。或不能曉卜筮之術者，止用杯珓亦可也。❺其制，取大竹根判之，或止用兩錢擲于盤，以一仰一俯爲吉，皆仰爲平，皆俯爲凶。西向，據影堂門南向者言之。私家堂室不能一一如此，但以前爲南，後爲北，左爲東，右爲西。若不吉，則更筮

❶「祜」，原作「祐」，據庫本改。
❷「賓」，原脱，據庫本補。
❸「聽」，原作「所」，據《政和五禮新儀》卷一八五改。
❹「衰大功之喪冠」六字，原脱，據庫本補。
❺「杯珓」，原作「坏珓」，據清雍正刻本《書儀》卷二改。

他日。凡將筮日，先謀得暇可行禮者數日，然後筮取其吉者用之。前期三日，筮賓如求日之儀。凡賓，當擇朋友賢而有禮者爲之。亦擇數賓，取吉者。或不及筮日、筮賓，則曰擇其可者而已。乃遣人戒賓，《士冠禮》主人自戒賓、宿賓。今欲從簡，但遣子弟若童僕致命。或使者不能記其辭，則爲如儀中之辭，後云「某上」。一辭爲一紙，使者以次達之。賓答亦然。曰：「某主人名也。使者不欲斥主人名，即稱官位，或云某親。有子某，子名。將加冠于某之首，願吾子之教之也。」賓答曰：「某賓名。不敏，恐不能供事，以病吾子，敢辭。」病，猶辱也。禮辭，一辭而許曰敢辭，再辭而許曰固辭，三辭曰終辭，不許也。主人曰：「某願吾子之終教之也。」賓對曰：「吾子重有命，某敢不從。」凡賓主之辭，或不以書傳，慮有誤忘，則宜書于笏記。無笏者，爲掌記。前一日，又遣人宿賓，曰：「某將加冠於某之首，吾子將莅之，敢宿。」賓對曰：「某敢不夙興。」古人宿贊冠者一人，今從簡，但令賓自擇子弟親戚習禮者一人爲之。前夕，又有請期、告期，今皆省之。其日，夙興，賓、主人、執事者皆盛服。執事者，謂家之子弟、親戚或僕妾，凡預于行禮者皆是也。執事者設盥盆於廳事阼階下東南，❶有臺，帨巾在盆北，有架。古禮，謹嚴之事，皆行之于廟，故冠亦在廟。今人既少家廟，其影堂亦褊隘，難以行禮，但冠于外廳，笄在中堂可也。《士冠禮》：「設洗直于東榮，南北以堂深。水在洗東。」今私家無罍洗，故但用盥盆、帨巾而已。盥，濯手也。帨，手巾也。廳事無兩階，則分其中央，以東者爲阼階，西者爲賓階。無室無房，則暫以帟幕截其北爲室，其東北爲房。此皆據廳堂南向者言之。陳服于房中西牖下，東領北上：❷公服靴笏，無官則襴衫、靴。次旋襴衫，次四䙆衫，若無四䙆，止用一衫。腰帶，櫛篦，總，幧頭。總，頭帤。幧頭，掠頭也。席二

❶「設」，原脱，據《書儀》卷二補。

❷「上」，原脱，據《書儀》卷二補。

在南。公服衫設于椸。椸，音移，衣架也。靴置椸下。笏、腰帶、篦、櫛、總、幧頭置卓子上。酒壺在服北，次盞注，亦置卓子上。幞頭、帽、巾各承以盤，蒙以帕，主人執事者三人執之，立於堂下西階之西，南向東上。賓升則東向。主人立于阼階下，少東，西向。子弟、親戚立於盥盆東，西向北上。親戚預於冠禮者，皆謂男子也。尊卑共爲一列。若有僮僕預于執事，則立于親戚之後。拜立行列皆倣此。擯者立於門外以俟賓。主人于子弟親戚中擇習禮者一人爲擯。將冠者雙紒、童子紒似刀鐶，今俗所謂吴雙紒也。袍、今俗所謂襖子是也。夏單冬複、勒帛、素屐，幼時多躡采屐，將冠可以素屐。在房中，南向。賓至，贊者從之，立于門外，東向，贊者少退。擯者以告主人。主人迎賓，出門左，西向，再拜。賓答拜。主人與贊者相揖，不拜，又揖賓，乃先入門。賓並行，少退，贊從賓，後入門。

賓主分庭而行，揖讓而至階，又揖讓而升，主人由阼階，先升，立于階上，少東，西向；賓由賓階繼升，立于階上，少西，東向。贊者盥手，由賓階升，立于房中，西向。擯者取席于房，布之于主人之北，西向。此適長子之禮也。衆子則布席于房户之西，南向。將冠者出房，立于席北，南向。衆子立于席西，東向。賓之贊者取櫛、總、篦、幧頭，置於席南端，衆子置于席東端。興，席北少東，西向立。衆子則席東少北，南向立。賓揖將冠者，將冠者即席，西向坐，衆子南向坐。爲之櫛，合紒，施總，加幧頭。賓降，主人亦降，立于阼階下。賓禮辭。賓盥手畢，主人一揖一讓，升自阼階，賓升自西階，皆復位。賓降西階一等，執巾者升一等授賓，古者階必三等，于中等相授。今則無數，但三分其階升降，每分一等可也。賓執巾正容，徐詣將冠者席前，東向，衆子北向。祝曰：「令月吉日，始加元服。棄爾幼志，順爾成德。壽考維祺，介爾景福。」乃跪，爲之著巾，興，復位。贊者爲之取篦掠髮。冠者興，賓揖之，適房服四褛衫、無四褛衫，止用衫、勒帛。腰帶出房，南向良久。《士冠禮》注曰：「復出房南面者，一加禮成，觀衆以容禮。」賓揖之即席跪。賓盥如初，降二等受帽，進祝曰：「吉月令辰，乃申爾服。謹爾威儀，淑慎爾德。眉壽萬年，永受胡福。」加之，復位如初，興。賓揖之適房服旋襴衫、腰帶，正容出房，南向良久。賓揖之即席坐。賓盥如初，降三等受幞頭，進祝曰：「以歲之正，以月之令。咸加爾服，兄弟具在，以成厥德。黄耇無疆，受天之慶。」贊者徹帽，賓加幞頭，復位如初。冠者興，賓揖之適房改服公服若靴襴，正容出房立，南向。主人執事者受帽，徹櫛篦席，入于房。擯者取席，布于堂中間少西，南向。衆子仍故席。贊者取盞，斟酒于房中，出房，立于冠者之南，西向。賓揖冠者就席。冠者立於席西，南向。賓受盞于贊者，詣席前，北向祝曰：「旨酒既清，嘉薦令芳。拜受祭之，以定爾祥。承天之休，壽考不忘。」古者冠用醴，或用酒。醴則一獻，酒則三醮。今私家無醴，以酒代之，但改醴辭「甘醴惟厚」爲「旨酒既清」耳，所以從簡。冠者再拜于席西，升席，南向，受盞。賓復位，東向答拜。冠者即席，南向，跪，祭酒，興，就席末坐，啐酒，啐，子對切，少飲酒也。興，降席，授贊者盞，南向再拜。賓東向答拜。冠者入家，拜見於母，母受之。《冠義》曰：「見于母，母拜之。見于兄弟，兄弟拜之。成人而與爲禮也。」今則難行，但于拜時，母爲之起立可也。下見諸父及兄做此。賓降階，東向。主人降階，西向。冠者降自西階，立于西階東，南向，賓字之曰：「禮儀既備，令月吉日。昭告爾字，爰字孔嘉。髦士攸宜，宜之于嘏。嘏，古雅切。永受保之，曰伯某甫。」仲叔季，惟所當。冠者對曰：「某雖不敏，敢不夙夜祗奉。」賓請退，主人請禮賓，賓禮辭，許，乃入。設酒饌，延賓及擯、贊如常儀。酒罷，賓退，主人酬賓及贊者以幣。端匹丈尺，臨時隨意。凡君子使人，必報之。至於婚喪相禮者，當有以酬之。若主人實貧，相禮者亦不當受也。仍拜謝之。《士冠禮》：「乃禮賓以一獻之禮。」注：「一獻者，主人獻賓而已，即燕。無亞獻者，獻、酬、酢，賓、主人各兩爵而禮成。」又曰：「主人酬賓束帛、儷皮。」注：「飲賓客而從之以財貨曰酬，所以申暢厚意也。束帛，十端也。儷皮，兩鹿皮也。」又曰：「贊者皆與。贊冠者爲介。」注：「贊者，衆賓也。介，賓之輔，以贊爲之，尊之。飲酒之禮，賢者爲賓，其次爲介。」又曰：「賓出，主人送于外門外，再拜，歸賓俎。」注：「使人歸諸賓家也。」今慮貧家不能辦，故務從簡易。於賓之請退也，冠者東向拜見諸父、諸兄，諸父爲一列，諸兄爲一列，每列再拜而已。下見諸母姑姊，倣此。西向拜贊者。贊者答拜。入見諸母、姑姊，皆爲之起。遂出見於鄉先生鄉里耆德。及父之執友。冠者拜，先生、執友皆答拜。若有誨之者，則對，如對賓之辭，且拜之。先生、執友不答拜。若孤子冠，《士冠禮》：「主人紒而迎賓，拜揖，遂立于序端，皆如冠主。」《開元禮》亦然。恐于今難行，故須以諸父諸兄主者。則明日量具香酒，饌於影堂，冠者北向，焚香跪酒，俛伏，興，再拜而出。《曾子問》：「父没而冠，則已冠，掃地而祭于禰；已祭，而見伯父叔父，而後享冠者。」此謂自爲冠主者也。《開元禮》孤子冠之明日見于廟，冠者朝服，無廟者見祖禰于寢。質明，贊禮者引入廟南門中庭道西，北，❶賓贊再拜訖引出。今參用之。

蕙田案：《書儀》初加巾，次加帽，三加幞頭，從時制也。

【《高宗本紀》】宣和三年，進封康王。四年，

❶ 「北」下，《大唐開元禮》卷一一九有「面」字，疑是。

始冠，出就外第。

【《寧宗本紀》】寧宗諱擴，光宗第二子也。淳熙五年十月，封英國公。九年正月，始冠。

【《南渡典儀》】皇子行冠禮儀略。太史擇日。降旨命太常寺參酌舊禮，有司具辦儀物。至日，質明，百僚立班，皇帝即御坐。禮直官、通事舍人、太常博士引掌冠、贊冠者入就位。掌冠以太常卿，贊冠以閤門官。初入門，《祇安》之樂作，至位，樂止。典儀贊「再拜」，在位皆再拜，跪。左輔詣御坐前，承制降自東階，詣掌冠者前，稱「有制」。典儀贊「再拜」，在位皆再拜訖，左輔宣制曰：「皇子冠，命卿等行禮。」掌冠、贊冠者再拜。左輔復位。王府官入，詣皇子東房。禮直官、通事舍人、太常博士引皇子，内侍二人夾侍，王府官後從。皇子初行，《恭安》之樂作，即席，南向坐，樂止。禮直官等引掌冠、贊冠者詣罍洗，樂作，搢笏，盥手訖，執笏升，樂止。執折上巾者升，掌冠者降一等受之，右執項，左執前，進皇子席前，北向跪冠，《修安》之樂作，掌冠者興，席南北面立。贊者進席前，北面，跪進服。服訖，樂止。掌冠揖皇子復坐，贊冠者跪取爵，内侍以酒注于爵，掌冠受爵，跪進皇子席前，北向立，祝曰：「酒醴和旨，籩豆静嘉。授爾元服，兄弟俱來。永言保之，降福孔皆。」皇子搢笏，跪受爵，《翼安》之樂作，飲訖，奠爵，執笏。太官令奉饌，設于皇子席前，皇子搢笏，食訖，執笏。太官令徹饌。贊冠者進席前，北向，跪脱折上巾，置于匴，興。内侍跪受服，興，置于席。執七梁冠者升，掌冠者降二等受之，右執項，左執前，進皇子席前，北向，跪冠，《欽安》之樂作。掌冠者興。贊冠者進席前，北向，跪簪結紘，興。

皇子興，内侍進服。服訖，樂止，復坐。贊冠者進酒如前，祝曰：「令月吉辰，爰申爾服。禮儀不愆，受天之禄。兄弟具來，介爾景福。」皇子跪受爵，《崇安》之樂作。太官令奉饌如前。贊冠者進席前，北向，跪脱七梁冠，置于篚，興。内侍跪受服，興，置于席。執九旒冕者升，掌冠者降三等受之，右執項，左執前，進皇子席前，北向跪冠，《廣安》之樂作，掌冠者興。贊冠者進席前，北面，跪簪結紘，興，立。皇子興，内侍進服。服訖，樂止，復坐。贊冠者進酒如前，祝曰：「旨酒既清，嘉薦令芳。三加爾服，眉壽無疆。永承天休，俾熾而昌。」皇子跪受爵，《賢安》之樂作。太官令奉饌如前。皇子降自東階，詣朵殿東房，易朝服，降，立于横街南。王府官階下，西向。皇子初行，樂作，至位，樂止。禮直官等引掌冠者詣皇子位，少進，字之曰：「歲日云吉，威儀孔時。昭告厥字，君子攸宜。順爾成德，永受保之。奉敕字某。」皇子再拜，舞蹈，再拜，奏聖躬萬福，又再拜。左輔詣御坐前，承旨降階，詣皇子前，宣曰「有敕」，皇子再拜。宣敕戒曰：「好禮樂善，服儒講藝。蕃我王室，友于兄弟。不溢不驕，惟以守之。」宣訖，皇子再拜。餘如皇太子儀。次日，文武百僚詣東上閤門拜表稱賀。

【《宋史·理宗本紀》】寶祐二年冬十月癸酉，皇子禥進封忠王。十一月壬寅，日南至，忠王冠。

【《樂志》】皇子冠二十首寶祐二年。

皇帝將出文德殿　於皇帝德，乃聖乃神。本支百世，立愛惟親。❶ 敬供冠事，以明

❶「惟」，原作「立」，據《宋史》卷一三九改。

人倫。承天右序，休命用申。

賓贊入門　豐芑貽謀，建爾元子。揆禮儀年，筮龜敬事。八音克諧，嘉賓至止。於以冠之，成其福履。

賓贊出門　禮國之本，冠禮之始。賓升自西，維賓之位。于著于阼，維子之義。厥維欽哉，敬以從事。

皇帝降坐　路寢闢門，黼坐恭己。群公在庭，所重維禮。正心齊家，以燕翼子。於萬斯年，王心載喜。

皇子初行　有來振振，月重輪兮。瑜玉在佩，綦組明兮。左徵右羽，德結旌兮。步中《采薺》，矩蠖循兮。

賓贊入門　我有嘉賓，直大以方。亦既至止，厥德用光。冠而字之，厥義孔彰。表裹純備，黃耇無疆。

皇子詣受制位　吉圭休成，其日南至。天子有詔，冠爾皇嗣。爲國之本，隆邦之禮。拜而受之，式共敬之。

皇子升東階　茲惟阼階，厥義有在。歷階而升，敬謹將冠。經訓昭昭，邦儀粲粲。正纚賓筵，❶壽考未艾。

皇子升筵　秩秩賓筵，籩豆孔嘉。帝子至止，衿纓振華。周旋陟降，禮行三加。成人有德，匪驕匪奢。

初加　帝子惟賢，懋昭厥德。跪冠于房，玄冠有特。鼓鐘喤喤，威儀抑抑。百禮既洽，祚我王國。

初醮　有賓在筵，有尊在户。磬管將將，醮禮時舉。跪觴祝辭，以永燕譽。實祚萬年，磐石鞏固。

再冠　《復》乃肇祥，《震》維標德。乃共

❶「纚」，原作「灑」，據《宋史·樂志十四》改。

皮弁，其儀不忒。體正色齊，維民之則。璇霄眷佑，國壽箕翼。

再醮　冠醮之義，匪酬匪酌。于户之西，敬共以恪。金石相宣，冠醮相錯。帝祉之受，施及家國。

三加　善頌善禱，三加彌尊。爵弁峩峩，介珪温温。陽德方長，成德允存。燕及君親，厥祉孔蕃。

三醮　席于賓階，禮義以興。受爵執爵，多福以膺。匪惟服加，德加愈升。匪惟德加，壽加愈增。

皇子降　命服煌煌，跬步中度。慶輯皇闈，化行海宇。禮具樂成，愓若戒懼。寶璐厥躬，有秩斯祜。

朝謁皇帝將出　皇王烝哉，令聞不已！燕翼有謀，冠醮有禮。百僚在庭，遹相厥事。頌聲所同，嘉受帝祉。

皇子再拜　青社分封，前星啟燄。繁弱綏章，厥光莫揜。容稱其德，蓄學之驗。芳譽敷華，大圭無玷。

皇子退　玄衮黼裳，垂徽永世。勉勉成德，是在元子。胙土南賓，厥旨孔懿。充一忠字，作百無愧。

皇帝降坐　愛始於親，聖盡倫兮。元子冠字，拜禮成兮。天步舒徐，皇心寧兮。家人之吉，億萬春兮。

【朱子《家禮》】冠禮，男子年十五至二十皆可冠，必父母無期以上喪始可行之。大功未葬，亦不可行。前期三日，主人告於祠堂。古禮筮日，今不能然，但正月内擇一日可也。主人，必冠者之祖父自爲繼高祖之宗子者，若非宗子，則必繼高祖之宗子主之。有故，則命其次宗子。若其父自主之，告禮見祠堂章，祝版但云「某之子某，若某之某親之子某，年漸長成，將以某月某日加冠於其首，謹以」，後同。若族人以宗子之命自冠其子，其祝版亦以宗子爲主，曰「使介子某」。若宗子已孤而自冠，則亦自爲主人，祝版前同，但云「某將以某月某日加冠於首，謹以」，後同。**戒賓。**古禮筮賓，今不能然，但擇朋友賢而有禮者一人可也。是日，主人深衣，詣其門，所戒出見如常儀。啜茶畢，戒者起，言曰：「某有子某，若某子某親有子某，將加冠於其首，願吾子之教之也。」對曰：「某不敏，恐不能供事，以病吾子，敢辭。」戒者曰：「願吾子之終教之也。」對曰：「吾子重有命，某敢不從。」地遠，則書初請之辭爲書，遣子弟致之。所戒者辭，使者固請，乃許而復書曰：「吾子有命，某敢不從。」**前一日，宿賓。**遣子弟以書致辭曰：「來日某人加冠於子某，若某親某子某之首，吾子將莅之，敢宿。某上某人。」答書曰：「某敢不夙興。」**陳設。**設盥帨於廳事，如祠堂之儀。以帟幕爲房，於廳事之東北。或廳事無兩階，則以堊畫而分之。**厥明，夙興，陳冠服。**有官者，公服帶靴笏。無官者，襴衫帶靴。通用皂衫、深衣、大帶、履、櫛、纚、掠，皆卓子陳于房內，東領北上。酒注盞盤，亦以卓子陳于西階下。執事者一人守之。長子，則布席于阼階上之東，少北，西向。衆子，則少西，南向。宗子自冠，則如長子之席，少南。**主人以下序立。**主人以下，盛服就位。主人阼階下少東，西向。子弟、親戚、童僕在其後，重行西向，北上。擇子弟親戚習禮者一人爲儐，立于門外，西向。將冠者，雙紒，四䙆，采勒帛，采履，在房中，南面。若非宗子之子，則其父立于主人之右，尊則少進，卑則少退。**賓至，主人迎入，升堂。**賓自擇其子弟親戚習禮者爲贊冠者，俱盛服，至門外，東面立，贊者在右，少退。擯者入告主人。主人出門左，西向再拜，賓答拜。主人揖贊者，贊者報揖。主人遂揖而行，賓、贊從之。入門，分庭而行，揖讓而至階，又揖讓而升，主人由阼階先升，少東，西向，賓由西階繼升，少西，東向。贊者盥帨，由西階升，立于房中，西向。擯者筵于東序，少北，西面。將冠，出房，南面。**賓揖將冠者就席，爲加冠巾。冠者適房，服深衣，納履出。**賓揖，將冠者出房，立于席右，向席。贊者取櫛、纚、掠，置于席左，興，立于將冠者之左。賓揖，將冠者即席，西向，跪。贊者即席，如其向，跪，爲之櫛，合紒，施掠。賓乃降，主人亦降。賓盥畢，主人揖，升，復位。執事者以冠巾盤進，賓降一等受冠笄，執之正容，徐詣將冠者前，向之祝曰：「吉月令日，始加元服。棄爾幼志，順爾成德。壽考維祺，以介景福。」乃跪加之。贊者以巾跪進，賓受，加之，興，復位，揖。冠者適房，釋四䙆衫，深衣加大帶，納履，出房，正容，南向立良久。再加帽子，服皂衫，革帶，繫鞋。賓揖，冠者即席跪。執事者以帽子盤進，賓降二等受之，執以詣冠者前，祝之曰：「吉月令辰，乃申爾服。謹爾威儀，淑慎爾德。眉壽永年，享受遐福。」乃跪加之，興，復位，揖。冠者適房，釋深衣，服皂衫、革帶、繫鞋出房，立。三加幞頭，公服，革帶，納靴，執笏；若襴衫，納靴。禮如再加，惟執事者以幞頭盤進，賓降没階，受之，祝辭曰：「以歲之正，以月之令。咸加爾服，兄弟具在，以成厥德。黄耇無疆，受天之慶。」贊者徹帽，賓乃加幞頭。執事受幞，徹櫛入于房。餘並同。乃醮。長子，則擯者改席于堂中間少西，南向。衆子，則仍故席。贊者酌酒于房中，出房，立于冠者之左。賓揖，冠者就席右，南向。乃取酒詣席前，❶北面祝之曰：「旨酒既清，嘉薦芬芳。拜受祭之，以定爾祥。承天之休，壽考不忘。」冠者再拜，升席，南向受盞。賓復位，東面答拜。冠者進席前，跪，祭酒，興，就席末，跪，啐酒，興，降席，授贊者盞，南向再拜。賓東向答拜。冠者遂拜贊者，贊者賓左，東向，少退，答拜也。賓字冠者，賓降階，東向。主人降階，西向。冠者降自西階，少東，南向。賓字，字之曰：「禮儀既備，令月吉日。昭告爾字，爰字孔嘉。髦士攸宜，宜之於嘏。永受保之，曰伯某甫。」仲叔季，惟所當。冠者對：「某雖不敏，敢不夙夜祗奉。」賓或别作辭命以字之，亦可。出就次。賓請退，主人請禮賓，賓出就次。主人以冠者見於祠堂。如祠堂章内生子而見之儀，但改告辭曰「某之子某，若某親某之子某，今日冠畢，敢見」。冠者進立於兩階間，再拜。餘並同。若宗子自冠，則改辭曰「某今日冠畢，敢見」，遂再拜，降，復位。餘並同。冠者見于尊長。父母，堂中南面坐；諸叔父兄在東序，諸叔父南向，諸兄西向；諸婦女在西序，諸叔母姑南向，諸姊嫂東向。冠者北向，拜父母，父母爲之起。同居有尊長，則父母以冠者詣其室拜之，尊長爲之起。還，就東西序每列再拜，應答拜者答拜。若非宗子之子，則先見宗子及諸尊於父者於堂，乃就私室見於父母及餘親。若宗子自冠，有母則見於

❶「詣」，原作「就」，據《家禮》改。

母如儀。族人宗之者，皆來見於堂上，宗子西向，拜其尊長，每列再拜，受卑幼者拜。乃禮賓。主人以酒饌延賓及擯贊者，酬之以幣而拜謝之，幣多少隨宜。賓、贊有差。冠者遂出，見于鄉先生及父之執友。冠者拜先生、執友，皆答拜。若有誨之，則對，如對賓之辭。再拜之，先生、執友不答拜。

丘氏濬曰：「註内『將冠者雙紒，四䙆衫，勒帛，采屐』，紒，即是髻子。《書儀》註：『童子髻，似刀環。』疑是作兩圓圈子也。四䙆衫，不知其制。考《玉篇》、《廣韻》等書，並無『䙆』字，惟《車服志》史照《釋文》曰：『䙆，音睽挂反，衣裾分也。』李廌《師友談記》有云：『國朝面賜緋，即四䙆義襴衫。』《事物紀原》『衫』下註云：『有缺骻衫，庶人服之，即今四袴衫也。』《紀原》，宋高承作，所謂今者，指宋時言也。豈四袴衫即此四䙆耶？又案《書儀》，始加，適房服四䙆衫，無四䙆衫，即服衫。則是四䙆衫亦可無也。況此服非古制，殊非深衣之比，隨時不用可也。若夫所謂勒帛、采屐者，《書儀》無采屐，而于『勒帛』下有『素』字，自註云：『幼時多躡采，將冠可以素。』謂之躡，意勒帛乃用以裹足者也。屐是木履，今云采屐，疑是以采帛代木爲之，謂之勒帛采屐，似是以帛裹足納履中也。此蓋當時童子服，後不必深泥，惟隨時用童子所常服者代之，似亦無害。所謂帽子皂衫者，其制不可考。惟文公《語録》有云：『前輩士大夫家居，常服紗帽、皂衫、革帶。』又云：『温公冠禮，先裹巾，次裹帽。』又云：『今來帽子做得恁地高硬，既不便于從事，又且費錢。皂衫費更重。向疑其必廢，今果人罕用也。』由是數言推之，則帽子必是以紗爲也。温公時猶以軟幅裹頭，至文公時始爲高硬之制，後與皂衫俱不用於世也。今世所戴帽子有二等，所謂大帽者，乃是笠子，用以蔽雨日之具，決不可用；惟所謂小帽者，以縐紗或羅或緞爲之，此雖是褻服，然今世之人，通貴賤以爲燕居常服，環衛及邊方官舍以事朝見者，亦往往戴之。今世除此二帽之外，別無他帽。必不得已，用以再加，其紗製者，似亦可用。」

右宋。

【《金史·禮志》】皇帝加元服，告太廟，或一室，或徧告及原廟，並一獻禮，用祝幣。

【《明史·禮志》】天子加元服儀。前期，太史院卜日，工部製冕服，翰林院撰祝文、祝辭，禮部具儀注，中書省承制命某官攝太師、某官攝太尉。既卜日，遣官奏告天地、宗廟，行一獻禮。前一日，内使監令陳御冠席于奉天殿正中，其南設冕服案及香案、寶案。侍儀司設太師、太尉起居位於文樓南，西向；設拜位於丹墀内道，設侍立位於殿上御席西，東向；設盥洗位於丹墀西。其餘文武百官及諸執事位次，陳設如大朝儀。是日質明，鼓三嚴，文武官入。皇帝服空頂幘，雙童髻，雙玉導，絳紗袍，御輿以出，侍衛、導從、警蹕，奏樂如常儀。皇帝陞坐。捲簾，鳴鞭，報時雞唱訖，通班贊各供事。太師、太尉先入就拜位，百官皆入，贊拜，樂作，四拜，興，樂止。引禮導太師先詣盥洗位，搢笏盥帨訖，出笏，由西陛升，内贊接引至御席西，東向立。引禮復導太尉詣盥洗位，盥帨訖，立於太師南。侍儀跪奏：「請加元服。」太尉詣皇帝前，少右，跪，搢笏，脱空頂幘以授内使，内使跪受幘，興，置于箱。太尉進櫛，設纚畢，出笏，興，退立于西。太師詣御前，北向立。内使監令就案取冕立於左，太師祝曰：「令月吉日，始加元服。壽考維祺，以介景福。」内使監令捧冕，跪授太師。太師搢笏，跪受冕，加冠，加簪纓訖，出笏，興，退立于西。内使監令徹櫛纚箱。御用監令跪奏：「請皇帝著衮服。」皇帝興，著衮服訖，侍儀跪奏：「請就御坐。」内贊贊進醴，樂作。太師進御前，北面立。光禄卿奉酒進，授太師。太師搢笏，受酒，至御前，北面，祝曰：「甘醴惟厚，嘉薦令芳。承天之休，壽考不忘。」祝訖，跪授内使。内使跪受酒，捧進御前。皇帝受，祭少許，啐酒訖，以虚盞授内使，樂止。内使受盞，降，授太師。太師受盞，興，以授光禄卿。光禄卿受盞，退。太師出笏，退，復位。內贊導太師、太尉出殿西門，樂作，降自西階。引禮接引至丹墀拜位，樂止。贊拜，樂作，太師、太尉及文武官皆四拜，興，樂止。搢笏，三舞蹈，山呼，出笏，俯伏，興，樂作。復四拜，樂止。侍儀奏禮畢，皇帝興，鳴鞭，樂作，警蹕侍從導入宫，樂止。百官以次出。皇帝改服通天冠、絳紗袍，入宫拜謁太后，如正旦儀。擇日謁太廟，與時祭同。明日，百官公服稱賀，賜宴于謹身殿。

【《明集禮》】皇太子加元服，參用周禮，其年近則十二，遠則十五，天子自爲主，設御座于殿庭，設冠席於殿東壁，擇三公、太常爲賓、贊，三加冠，一祝醴。

【《禮志》】皇太子冠禮。洪武元年定：先期，太史監筮日，工部製衮冕、遠遊冠、折上巾服，翰林院撰祝文、祝辭，禮部具儀注。中書省承制命某官爲賓、某官贊。既筮日，遣官祭告天地、宗廟。前一日，內使監令陳御座香案於奉天殿，設皇太子次於殿東房，賓贊次於午門外。質明，執事官設罍洗於東階，設皇太子冠席於殿上東南，西向；設醴席於西階上，南向；張帷幄於東序內，設褥席於帷中，又張帷於序外。御用監陳服於帷內，東領北上：衮服九章、遠遊冠、絳紗袍、折上巾；緇纚、犀簪二物同箱，在服南；櫛實於箱，又在南。司尊實醴於側尊，加勺冪，設於醴席之南；設坫於尊東，置二爵。進饌者實饌，設於尊北。諸執事者各立於其所。冕九旒，遠遊冠十八梁，折上巾，冠冕各一箱盛。執事官各執立於階之西，東面北上。「冕九旒」以下三十二字，依《集禮》增。鼓三嚴，文武官入。皇帝服通天冠、絳紗袍，御輿出，樂作，升座，樂止。捲簾、鳴鞭、報時訖，賓、贊就位，樂作，四拜，興，樂止。侍儀司跪承制，降自東階，詣賓前，稱「有敕」。賓、贊及在位官皆跪。宣制曰：「皇太子冠，命卿等行禮。」賓、贊、在位官皆俯伏，興，四拜。文武侍從班俱就殿内位，賓、贊、執事官詣東階下位。東宫官入詣皇太子東房，太常博士亦詣東房，導皇太子入就冠席，内侍二人夾侍，東宫官後從，初行，樂作。即席，西南向，樂止。賓、贊以次詣罍洗，樂作。搢笏盥帨訖，出笏，樂止。升自西階，執事者奉折上巾陞進，賓降一等受之，右執項，左執前，進皇太子席前，北面祝畢，乃跪冠，樂作。賓興，席南，北面立。贊冠者進席前，北面跪，正冠，興，立於賓後。内侍跪進服，皇太子興，服訖，樂止。賓揖皇太子復坐。賓、贊降，詣罍洗訖，贊進前跪，脱折上巾，置於箱，興，以授内侍。執事者奉遠遊冠進，賓降二等受之，樂作。進冠如前儀，畢，贊進前，北面，跪簪結紘，興，立於賓後。内侍跪進服訖，樂止。賓揖皇太子復坐。賓、贊又降，詣罍洗訖，贊進前，跪脱遠遊冠，置於箱，興，以授内侍。執事者奉衮冕者進，賓降三等受之，樂作。進冠如前儀，畢，贊進前，北面，跪簪結紘，興，立於賓後。内侍跪進服訖，樂止。太常博士導皇太子降自東階，樂作。由西階升，即醴席，南向坐，樂止。賓詣罍洗，樂作，盥帨訖，樂止。贊冠者取爵、盥爵、帨爵，詣司尊所酌醴，授賓。賓受爵，跪進於皇太子席前，北向，祝畢。皇太子搢圭，跪受爵，樂作。飲訖，奠爵，執圭。進饌者奉饌於前，皇太子搢圭，食訖，執圭，興，樂止。執事官徹爵與饌。太常博士導皇太子降自西階，至殿東房，易朝服，詣丹墀拜位，北向。東宮官屬各復拜位。皇太子初行，樂作，至位，樂止。賓、贊詣皇太子位稍東，西向。賓少進，字之，辭曰：「奉敕字某。」皇太子再拜，跪聽宣敕，復再拜，興，進御前，跪奏曰：「臣不敏，敢不祇奉。」奏畢，復位。侍立官並降殿復拜位，四拜。禮畢，皇帝興，樂作。還宮，樂止。内給事導皇太子入内殿朝見皇后，如正旦儀。百官以次出。明日謁廟，如時享禮。又明日，百官朝服詣奉天殿稱賀，退易公服，詣東宮稱賀，錫宴。

【《明會典》】洪武二十六年，定親王冠禮。至日，傳制遣官持節行禮。前期，儀衛司先設王邸，在東序張帷幄，設裀褥於序中，又張帷於序外。儀禮司設掌贊、宣敕戒等官序立位於王邸東稍，西向。具九旒冕、翼善冠、絳紗袍等服并網巾、金簪二物。候節至，王出迎門外。節入，置中庭。王詣香案前，四拜畢，就冠席西，南向。賓、贊以次詣罍洗盥訖，通贊、典儀二人露臺東，西向。冠席在東序南，西向。醴席在西，南向。行禮執事官陞向東階，❶稍東，西向。掌冠者執網巾陞，賓降一等受之，進王席前，祝曰：「惟兹吉日，冠以成人。克敦孝友，福禄來臻。」畢，供奉官束髮。掌冠跪進網巾，贊冠者跪正之。内侍跪進服訖，執翼善冠者陞，賓降二等受之，進如前儀，祝曰：「冠禮斯舉，實由成德。敬慎威儀，惟民之則。」畢，跪進冠，興。贊冠進，脱翼善冠，興。内使跪脱袍服。執衮冕者陞，賓降三等受之，進如前儀，祝曰：「冠至三加，命服用章。敬神事上，永固藩邦。」跪進服，興，樂作。

❶「向」，《明會典》卷六二作「自」。

贊冠跪簪結紘，興。內侍跪進衮服訖，王降自東階，由西階陞醴席，南向坐。掌冠詣罍洗盥手訖，陞西階。贊冠者取爵，詣司尊所酌醴，授賓。賓跪進席前，北面，祝曰：「旨酒嘉薦，載芬載芳。受兹景福，百世其昌。」畢，王搢圭，受爵，樂奏《喜千春》之曲；飲訖，奠爵，進饌，饌訖，出圭，樂止。王降自西階，詣東序易服訖，王詣拜位。宣敕戒官至中庭，西向立，稱「有制」。王跪，宣敕戒曰：「孝於君親，友於兄弟。親賢愛民，率由禮義。毋溢毋驕，永保富貴。」四拜，興。禮畢，王還。掌冠等官復命。王是日謁廟畢，就詣父皇及東宮前謝。次日，百官稱賀畢，詣王府行叩頭禮。

永樂八年，皇孫監國，稱皇長孫。及行冠禮，始稱皇太孫。

蕙田案：《儀注》：行禮於華蓋殿，上御奉天殿，傳制持節行禮。初加緇纚網巾，再加翼善冠，三加衮冕，祝辭同東宮。是日，王具冕服，謁祭奉先殿，謁見皇太后、皇帝、皇后、皇妃、東宮及妃。明日，皇上常服，陞金臺，百官常服稱賀。王具常服，詣奉天門前東廡坐，百官常服行禮。

【《大政紀》】成化十四年，皇太子冠。

【《明會典》】成化十四年，續定皇太子冠禮。前期一日，遣官具特牲告廟，行一獻禮。錦衣衛設幕次於文華殿東序。鴻臚寺設節案、香案於殿內之北正中，設香案於節案之南，設冠席於殿內之東，西向；設醴席於西上，南向。內使張帷於序外，陳袍服：皮弁服、衮服、圭、帶、舄等物，❶各以箱盛置於帷

❶ 「圭」，原作「鞋」，據《明會典》卷六四改。

中。案上具翼善冠、皮弁、九旒冕，各用盤盛，以紅袱覆之，置於東階之南案上。光禄寺設盥洗所於東階冠案之南，稍東；設司尊所於醴席之西南。司尊者實醴於側尊，加勺冪，設坫於尊東，置二爵於坫。進饌者實饌，設於尊北。諸執事者皆立於其所。教坊司設樂。是日早上，具皮弁服御華蓋殿，鴻臚寺奏請陞殿，傳制遣官，文武百官各具朝服侍班如常儀。制詞曰：「朕皇太子某冠，命卿等持節行禮。」節將至，禮部官詣東序啟皇太子。皇太子迎節，樂作。禮部官導皇太子出迎於殿門外，持節官捧節入，置於案，退立於節案之東，樂止。禮部官導皇太子詣香案前，樂作。行四拜禮畢，樂止。持節官同賓、贊并宣敕戒等官，序立於東南盥洗之次。禮部官啟皇太子就冠席，樂作。禮部等官導皇太子詣冠席，内侍二人夾侍，皇太子即席西，南向坐，樂止。鴻臚寺鳴贊贊：「行初加冠禮。」樂作。引禮序班引賓、贊皆詣盥洗所。賓、贊皆搢笏，以次盥手訖，出笏，樂止。鳴贊二人稍南，東西向立。賓贊官陞自東階，稍東，西向立，樂作。内侍以盤捧翼善冠陞，賓降階一等受之，樂止。賓右手執冠後，左手執冠前，進皇太子席前，北面立，祝曰：「吉月令辰，乃加元服。懋敬是承，永介景福。」樂作，賓跪，進冠，興，復位。贊者跪正冠，興，立於賓後，樂止。禮部官啟易服。皇太子入帷幄，易新袍服出。禮部官啟復坐。鳴贊贊：「行再加冠禮。」樂作。内侍揭蓋袱，以盤捧皮弁陞，賓降階二等受之，樂止。賓右手執皮弁後，左手執皮弁前，進如前儀，祝曰：「冠禮申舉，以成令德。敬慎威儀，惟民之式。」樂作，内侍釋翼善冠，賓跪，進皮弁，興，復位。贊者跪正皮弁，興，立於賓後，樂止。禮部官啟易服。皇太子入帷幄，易皮弁服、舃出。禮部官啟復坐。鳴贊贊：「行三加冠禮。」樂作。内侍以盤捧冕旒陞，賓降階三等受之，樂止。進如前儀，祝曰：「章服咸加，飭敬有虔。永固皇圖，於千萬年。」樂作。内侍釋皮弁冠。賓跪進冕旒，興，復位。贊者跪簪結紘，興，立賓後，樂止。禮部官啟易服。皇太子入帷幄，易衮服出。禮部官啟復坐。鳴贊贊：「行醮禮。」皇太子詣醴席，樂作。降自東階，由西階陞，即醴席，南向坐，樂止。光禄寺官舉醴案，樂作。引禮序班引賓贊詣盥洗所，賓贊搢笏，盥手訖，出笏，陞西階。贊者取爵，詣司尊所，酌醴，授賓。賓執爵，詣席前立，樂止，祝曰：「旨酒孔馨，嘉薦載芳。受天之福，萬世其昌。」畢，賓跪進爵。鳴贊贊：「皇太子搢圭，受爵，置於案。」教坊司作樂，奏《喜千春》之曲。次啟進酒。皇太子舉爵飲訖，奠爵於案，樂止。光禄寺進饌，樂作，至案，樂止。饌訖，贊出圭，徹案。賓、贊復位。鳴贊贊：「受敕戒。」皇太子降自西階，樂作。由東階詣拜位，宣敕戒官詣皇太子拜位稍東，西向立，樂止，稱「有制」。鳴贊贊：「跪。」皇太子跪。宣敕戒曰：「孝事君親，友於兄弟。親賢愛民，居仁由義。毋怠毋驕，茂隆萬世。」樂作，贊俯伏，興，四拜，樂止。禮部官捧節出，樂作。皇太子送節至殿門外，引還東序，内侍引還宫。持節及賓、贊、宣敕戒等官復命。當日，皇太子具冕服，謁祭奉先殿，用樂行禮如常儀。畢，詣太皇太后、皇太后、皇帝、皇后前謝，俱行五拜三叩頭禮，俱用樂。次日，皇帝具皮弁服，御華蓋殿。鴻臚寺奏請陞殿，文武百官具服稱賀。詞曰：「皇太子冠禮既成，禮當慶賀。」行五拜三叩頭禮畢，就詣文華殿，行賀皇太子禮。錦衣衛陳設儀仗如常儀。

太子冠禮，弘治八年以後，同成化十四年禮，增謁祭奉慈殿，用樂行禮如常儀。

成化二十三年，更定親王冠禮。鴻臚寺設王冠所於奉天門前東廡左順門之北。是日早，上預告奉先殿畢，具皮弁服，御華蓋殿，傳制遣官持節行禮。初加翼善冠，再加皮弁，三加冕旒。祝詞與前同。進酒、王受敕戒，詞與前同。

【《禮志》】初，皇子冠之明日，百官稱賀畢，詣王府行禮。成化二十三年五月，皇子冠之次日，各詣奉天門東廡序立，百官常服四拜。

嘉靖二十四年，穆宗在東宮，方十歲，欲行冠禮。大學士嚴嵩、尚書費寀初皆難之，後遂阿旨，以爲可行，而請稍簡煩儀，止取成禮。帝以冠當具禮，至二十八年始行之。

其儀，洪武元年定。

【《明會典》】嘉靖二十八年，皇太子冠。以孝烈皇后几筵未徹，先是，遣内命婦告几筵如告廟之禮。既冠，謁祭几筵，行禮如奉先殿，但不用樂。謁見所生皇妃，行四拜禮，亦不用樂。冠之日，原遣告廟官及内閣詹事府、坊局官、儀制司官俱入侍班，錦衣衛掌印官入侍衛，餘同前儀。

又，是年裕王、景王冠，禮儀俱同成化二十三年，但賓自致祝，不用宣祝官，百官稱賀俱吉服。

隆慶元年十一月，定東宮加冠儀注，弘孝殿、神霄殿亦當豫告。

蕙田案：《儀注》：與成化十四年同。

【《禮志》】神宗三年正月，帝擇日長髮，命禮部具儀以聞。大學士張居正等奏言：「禮重冠昏。皇上前在東宮，已行冠禮。上公掌冠，輔臣陪列，三加彌尊，執爵而醮。鉅禮既成，可略其細。臣等以爲，不必令部臣擬議，第先期詣奉先殿、弘孝殿、神霄殿，以長髮告。是日禮畢，詣兩宮皇太后，行五拜三叩頭禮，隨御乾清宮受賀。」帝是之，著爲令。

【《明會典》】神宗五年，潞王冠，禮儀俱同嘉靖二十八年。

【《典彙》】神宗二十四年二月，禮部奏：「周制，天子之元子，冠禮之行，近年則十二，遠則十五。國朝典禮，屢參用之，著於《大明集禮》、《大明會典》，累朝所遵行者。今皇長子春秋已十有五矣，揆之典禮，正合行冠禮之年也。先二十一年十二月十六日，臣等欽奉聖諭：『皇長子出閣在邇，合先行冠禮，以見講官。但思尚未册立，既不可遽用東宮之儀，又不可下同親王之服，姑令暫著常服出講，以待册立之日，再行冠禮。』如敕奉行。」禮科給事中楊天民奏：「我朝典禮，皇子冠婚，大都於十五歲舉行。間多先時，率無後期。二百年來，未之或改。兹惟皇長子睿齡日茂，已及十有五歲，加冠選婚，正當其候。舊章可考，無容愆期。查二十一年二月初八日聖旨：『少俟二三年，中宮無出，再議册立。』惟加冠之禮，原奉聖諭，待册立并行。今冠期實不容緩，矧與『少俟二三年』之旨期會，通行符合。用是謹循職掌，欽奉往時成憲及近日新旨以請，乞特諭禮部，擇吉具儀，及時并舉，則於大典有光，於成命無爽矣。」十一月初七日，禮部奏：「累朝舊制，皇太子加冠，文武百官朝賀皇上之後，即以朝服賀皇太子。親王加冠，朝賀皇上之後，另具吉服賀親王。載在令典。皇太子於文華門受賀，原有定例，臣等已列之儀注。惟是親王，舊例詣皇極門前，百官行禮。今四王冠禮既行於文華殿之西廡，而西廡之地勢偪窄，百官班不能盡容。相應俟賀皇太子禮畢，百官易吉服。司禮監請四王常服坐西廡內，文武大臣、堂上官及近侍官拜於西丹墀內，庶僚拜於文華門外近西行禮。」報可。又奏皇太子御文華殿東間，福王等王御西間，百官行稱賀禮。上是之。

【《明史·禮志》】神宗二十九年十一月，禮部尚書馮琦言：「舊制，皇太子冠設冠席、醴席於文華殿內。今文華殿爲皇上臨御遣官之地，則皇太子冠、醴席應移於殿之東序。又親王冠，舊設席於皇極門之東廡。今皇太子移席於殿東序，則親王應移殿西序。」從之。

品官冠禮。其儀，前期擇日，主者告於家廟，乃筮賓。前二日，主者戒賓及贊冠者。明日，設次於大門外之右，南向。至日，夙興，設洗於阼階東南，東西當東霤。六品以下當東榮，南北以堂深。罍水在洗東，加勺冪。篚在洗西，南肆。實巾一於篚，加冪。設席於東房西牖下，❶陳服於席，東領北上。莞筵四，加藻席四，在南。側尊甒醴在服北，加勺冪。設坫在尊北。四品以下設篚，無坫。饌陳於坫北。設洗於東房，近北。

❶「房」下，原衍「内」字，據《明史·禮志八》刪。

罍水在洗西，篚在洗東，❶北肆，實以巾。質明，賓、贊至門外，掌次者引之次。賓、贊公服，諸行事者各服其服。執尊、罍、篚者，皆就位。冠各一笥，各一人執之。待於西階之西，東面北上。設主席於阼階上，西面；設賓席於西階，東面；冠者席於主者東北，西面。主者公服立於阼階下，當東序，西面。諸親公服立於罍洗東南，西面北上。尊者在别室。儐者公服，立於門内道東，北面。冠者雙童髻、空頂幘、雙玉導、金寶飾、綵褶、錦紳、烏皮履。六品以下，導不以玉。立於房中，南面。主者、贊冠者公服立於房内户東，西面。賓及贊冠者出次，立於門西，東面北上。儐者進受命，出立門東，西面，曰：「敢請事。」賓曰：「某子有嘉禮，命某執事。」儐者入告，主者迎賓於大門外之東，西面，再拜，賓答拜。主者揖贊冠者，贊冠者報揖。又揖賓，賓報揖。主者入，賓、贊次入，及内門至階，主者請陞，賓三辭，乃陞。主者自阼階，立於席東，西向；賓自西階，立於席西，東向。賓贊冠者及庭，盥於洗，陞自西階，入於東房，立於主贊冠者之南，西面。主贊冠者導冠者立於房外之西，南面。賓贊冠者取纚櫛簪，跪奠於冠者筵南端，退立於席北，少東，西面。賓揖冠者，冠者進，升席，西向坐。賓贊冠者進筵前，東面跪，脱雙童髻，櫛畢，設纚，興，復位立。賓降至罍洗，盥訖，詣西階。主者立於席後，西面。賓立於西階上，東面。執緇布冠者升，賓降一等受之，右執項，左執前，進冠者筵前，東向立，祝用士禮祝詞。祝畢，跪冠，興，復位。賓贊冠者進筵前，東面，跪結

❶「東」，原作「西」，據《明史·禮志八》改。

纓，興，復位。冠者興，賓揖之適房，賓主皆坐。冠者衣青衣素裳出户西，南面立。賓主俱興。賓揖冠者，冠者進升席，西向坐。賓贊冠者跪脱緇布冠，櫛畢，設纚。賓進進賢冠如初加禮，祝用士禮詞。易「萬年」爲「永年」，易「胡福」爲「遐福」。祝畢，跪冠，興，復位。賓贊冠者跪，設簪結纓，興，復位。冠者適房，易絳紗服出，升席。賓贊冠者跪脱進賢冠，櫛畢，設纚。賓進爵弁如再加禮，祝用士禮詞。祝畢，賓贊冠者設簪結纓如前。冠者適房，著爵弁之服出。主贊冠者徹纚櫛簪箱及筵，入於房。又設筵於室户西，南向。冠者出房户西，南面立。主贊洗觶於房，酌醴出，南面立。賓揖冠者就筵西，南面立。賓受醴，進冠者筵前，北面立，祝畢，冠者拜受觶，賓復西階上答拜。執饌者薦饌於筵，冠者左執觶，右取脯，祭於籩豆之間。贊者取胏一以授冠者，奠觶於薦西以祭。冠者坐取觶，祭醴，奠觶，再拜，賓答拜。冠者執觶興，賓、主俱坐。冠者升筵，跪奠觶於薦東，興，進，北面跪取脯，降自西階。入見母，進奠脯於席前，退，再拜出。母不在，則使人受脯於西階下。初，冠者入見母，賓、主俱興。賓降，當西序東面立。主者降，當東序西面立。冠者出，立於西階東，南面。賓少進，字之，辭同士禮。冠者再拜，跪曰：「某不敏，夙夜祗奉。」賓出，主者送於内門外，西向，請禮從者。賓就次，主者入。初，賓出，冠者東面見諸親，諸親拜之，冠者答拜；冠者西向拜賓贊，賓贊亦答拜。❶見諸尊於別室，亦如之。賓、主既釋服，入醴席，一獻訖，賓與衆賓出次，立於

❶「賓贊」，原作「冠者」，據《明史·禮志八》改。

門東，西面。主者出揖賓，賓報揖。主者先入，賓及衆賓從之。至階，賓立於西階上，主者立於東階上，衆賓立於西階下。主者授幣篚於賓，又授賓之贊冠者，復位，還阼階上，北面拜送。賓、贊降自西階，主者送賓於大門外，西面，再拜而入。孤子則諸父、諸兄戒賓。冠之日，主者紒而迎賓，冠於阼階下，其儀亦如之。明日見廟，冠者朝服入廟南門中庭道西，北面再拜，出。

蕙田案：《明集禮》云：「後世所謂品官，蓋即古之大夫也。古之大夫無冠禮，大夫五十而後爵，何冠禮之有？其冠也，則服士服，行士禮而已。自唐至宋，品官冠禮，悉倣士禮而增益。至於冠制，則一品至五品三加俱用冕，❶六品而下三加用爵弁焉。《明會典》品官之儀，始加緇布冠，再加進賢冠，三加爵弁，以爲一代通行之制。」

庶人冠禮。凡男子年十五至二十，皆可冠。將冠，筮日、筮賓於祠堂，戒賓俱如品官儀。是日，夙興，張帷爲房於廳事東，皆盛服。設盥於阼階下東南，陳服於房中西牖下。席二在南，酒在服北次。幞頭帽巾，各盛以盤，三人捧之，立於堂下西階之西，南向東上。主人立於阼階下，諸親立於盥東，儐者立於門外以俟賓。冠者雙紒，袍，勒帛，素履，待於房。賓至，主人出迎，揖而入。坐定，冠者出於房，執事者請行事。賓之贊者取櫛、總、篦、幞頭，置於席南端。賓揖冠者，冠者即席西向坐，贊者爲之櫛，合紒施總，加幞頭。賓降，主亦降，立於阼階下。

❶「加」，原作「品」，據《明集禮》卷二四改。

賓盥，主人揖讓，升自西階，復位。執事者進巾，賓降一等受之，詣冠者席前，東向。祝詞同品官。祝訖，跪著巾，興，復位。冠者興，賓揖之入房，易服深衣大帶，出就冠席。賓盥如初。執事者進帽，賓降二等受之，進祝，跪冠訖，興，復位。揖冠者入房，易服襴衫腰帶，出就冠席。賓盥如初。執事者進幞頭，賓降三等受之，進祝，跪冠訖，興，復位。揖冠者入房，易公服出。執事者徹冠席，設醴席於西階，南向。贊者酌醴出房，立於冠者之南。賓揖冠者即醴席，西向立。賓受醴，詣席前，北面祝。冠者拜受，賓答拜。執事者薦饌，冠者即席坐，飲食訖，再拜，賓答拜。冠者離席，立於西階之東，南向。賓字之，如品官辭。冠者拜，賓答拜。冠者拜父母，父母爲之起；拜諸父之尊者，遂出見鄉先生及父之執友。先生、執友皆答拜。賓退，主人請禮賓。賓辭，固請，乃入就坐。設酒饌。賓退，主人酬賓、贊，侑以幣。禮畢，主人以冠者見於祠堂，再拜出。

蕙田案：《儀禮》所存者，惟《士冠禮》。後世之所謂冠儀，皆推士禮爲之者也。其大夫、諸侯、天子冠禮，雖見於《家語·冠頌》、《大戴·公冠》與《禮記·特牲》《玉藻》、《國語》，而遺文殘闕。漢魏迄明，其儀注損益，亦每不同。冠則隨時尊用，有一加、二加、三加、四加之殊，祝辭則或用古，或新製。醴則專用酒，而或一醴，或三醮。冠之所，則或於廟，或於朝庭，或於邸，或於別殿。告則或兼兩郊，或止宗廟。天子則或親臨，或遣使持節，至有以皇帝而下臨臣子之冠。以男冠而推，爲女子之笄，致不一焉。要其初，本無古禮可據，亡於禮者之禮，亦唯存其意而已。雖《書儀》、《家禮》，亦猶是爾。

右金明。

【《禮記·曲禮》】女子許嫁，笄而字。

黄氏震曰：「字以尊名。男冠女笄，皆成人而字，唯君父之前則名。」

【《雜記》】女子十有五年，許嫁，笄而字；雖未許嫁，年二十而笄，醴之，婦人執其禮。燕則鬈首。【注】雖未許嫁，年二十亦爲成人矣。醴之，酌以成人。言婦人執其禮，明非許嫁之笄。既笄之後，去之，猶若女有鬌結也。【疏】賀瑒云：「十五許嫁而笄，則主婦及女賓爲笄禮，主婦爲之著笄，而女賓以醴禮之也。未許嫁而笄，則婦人禮之，無女賓，不備儀也。」

劉氏璋曰：「笄，今簪也，婦人之首飾也。女子笄則當許嫁之時，然嫁止於二十，以其二十而不嫁，則爲非禮。」

【《内則》】女子十有五年而笄。

吕氏坤曰：「笄，翟形，成人之飾也。」

【《春秋公羊傳》】婦人許嫁，笄而字之，死則以成人之喪埋之。【注】謂不爲殤也。魯僖公九年「伯姬卒」是也。

沈氏佳曰：「古者，男子冠而字之，《儀禮》『賓字之』，《檀弓》云『幼名，冠字，伯仲某甫』是也。女子，幼名，笄字，如孟光字德耀，班昭字惠姬是也。周制，許嫁，笄而醴之，稱字；女子未許嫁，則二十而笄，不字，《易·屯》九二爻辭『女子貞，不字，十年乃字』是也。故朱子《本義》云：『字，謂許嫁也。』其實，女子有字，字非許嫁之謂也，謂許嫁乃稱字也。」

吕氏坤曰：「古婦人名，今不名。不名何？字。鳥獸草木，未有不名者，士女不名不字，鄙也夫！」

【《唐開元禮義鑑》】《禮》云「雖未嫁，年二十而笄。其儀如冠男子，但用酒醮之爲異耳。」禮云：女子著笄，明有繫屬。故笄在許嫁。二十而笄者，禮云女子許嫁爲成人，故著笄焉，明在繫屬於外。若未許嫁，年二十而笄，以其成人，非謂繫嫁也，故《禮記》言「婦人執其禮」，明非許嫁之笄。許嫁笄，當使主婦對女賓執其禮。是二十未許嫁，未許嫁有笄之義也。

【《宋史·禮志》】公主笄禮。年十五，雖未議下嫁，亦笄。笄之日，設香案於殿庭，設冠席於東房外，坐東向西；設醴席於西階上，坐西向東；設席位於冠席南，西向。其裙背、大袖長裙、褕翟之衣，各設於椸，陳於庭；冠笄、冠朵、九翬四鳳冠，各置於槃，蒙以帕。首飾隨之，陳於服椸之南，執事者三人掌之。櫛、總置於東房。内執事宫嬪盛服旁立，俟樂作，奏請皇帝陞御坐，樂止。提舉官奏曰：「公主行笄禮。」樂作，贊者引公主入東房。次行尊者爲之總髻畢，❶出，即席，西向坐。次引掌冠者東房，西向立。執事奉冠笄以進，掌冠者進前一步受之，進公主席前，北向立，樂止，祝曰：「令月吉日，始加元服。棄爾幼志，順爾成德。壽考綿鴻，以介景福。」祝畢，樂作，東向冠之，冠畢，席南，北向立。贊冠者爲之正冠、施首飾畢，揖公主適房，樂止。執事者奉裙背入，服畢，樂作，公主就醴席，掌冠者揖公主坐。贊冠者執酒器，執事者酌酒，授於掌冠者，執酒，北向立，樂止，祝曰：「酒醴和旨，籩豆静嘉。受爾元服，兄弟俱來。與國同休，降福孔皆。」祝畢，樂作，進酒。公主飲畢，贊冠者受酒器。執事者奉饌，食訖，徹饌。復引公主至冠席坐，樂止。贊冠者至席前，贊冠者脱冠置於槃，執事者徹去，樂作。執事者奉冠以進，掌冠者進前二步受

❶「行」，據文義，疑當作「引」。

之，進公主席前，北向立，樂止，祝曰：「吉月令辰，乃申爾服。飾以威儀，淑謹爾德。眉壽永年，享受遐福。」祝畢，樂作，東向冠之，冠畢，席南，北向立。贊冠者爲之正冠、施首飾畢，揖公主適房，樂止。執事奉大袖長裙入，服畢，樂作。公主至醴席，掌冠者揖公主坐。贊冠者執酒器，執事者酌酒授於掌冠者，執酒，北向立，樂止，祝曰：「賓贊既戒，殽核惟旅。申加爾服，禮儀有序。允觀爾成，永天之祜。」祝畢，樂作，進酒。公主飲畢，贊冠者受酒器。執事者奉饌，食訖，徹饌。復引公主至冠席坐，樂作。贊冠者至席前，贊冠者脱冠置於槃，執事者徹去，樂作。執事奉九翬四鳳冠以進，掌冠者進前三步受之，進公主席前，向北而立，樂止，祝曰：「以歲之吉，以月之令。三加爾服，保茲永命。以終厥德，受天之慶。」祝畢，樂作，東向冠之，冠畢，席南，北向立。贊冠者爲之正冠、施首飾畢，揖公主適房，樂止。執事奉褕翟之衣入，服畢，樂作，公主至醴席。掌冠者揖公主坐。贊冠者執酒器，執事者酌酒，授於掌冠者，執酒北向立，樂止，祝曰：「旨酒嘉薦，有飶其香。咸加爾服，眉壽無疆。永承天休，俾熾而昌。」祝畢，樂作，進酒。公主飲畢，贊冠者受酒器。執事者奉饌，食訖，徹饌。復引公主至席位立，樂止。掌冠詣前相對，致辭曰：「歲日具吉，威儀孔時。昭告厥字，令德攸宜。表爾淑美，永保受之。可字曰某。」辭訖，樂作，掌冠者退。引公主至君父之前，樂止。再拜起居，謝恩再拜。少俟，提舉進御坐前承旨訖，公主再拜。提舉乃宣訓辭曰：「事親以孝，接下以慈。和柔正順，恭儉謙儀。不溢不驕，毋詖毋欺。古訓是式，爾其守之。」宣訖，公主再拜，前奏曰：「兒雖不敏，敢不祗承。」歸位再拜。見后母之禮如之。禮畢，公主復坐，皇后稱賀，次妃嬪稱賀，次掌冠、贊冠者謝恩，次提舉衆内臣稱賀，其餘班次稱賀，並依常式。禮畢，樂作；駕興，樂止。

蕙田案：公主笄禮，於他書不詳，即《政和御製冠禮》亦未及也。惟《宋史》載此儀，皇帝親臨於内殿，三加三醮，蓋倣庶子冠禮而爲之者。

【司馬氏《書儀》】女子許嫁，笄。年十五，雖未許嫁，亦笄。主婦、女賓執其禮。主婦，謂笄者之祖母、母及諸母、嫂，凡婦女之爲家長者皆可也。女賓，亦擇親戚之賢而有禮者。贊，亦賓自擇婦女爲之。行之於中堂。執事者亦用家之婦女、婢妾。戒賓、宿賓之辭，改「吾子」爲「某親」或邑封。婦人於婦黨之尊長當稱兒，卑幼當稱姑姊之類；於夫黨之尊長當稱新婦，卑幼當稱老婦。陳服，止用背子，無篦、幧頭，有諸首飾。謂釵、梳之類。席一。背設於椸。櫛、總、首飾，置卓子上，冠笄盛以盤，蒙以帕。笄，如今朵子之類，所以綴冠者。執事者一人執之。陪位者及擯，亦止於婦女内擇之。擯立於中門内。將笄者雙紒，繻。繻，今之褑子。主人迎賓於中門内。布席於房外，南面。如庶子之冠席。賓祝而加冠及笄，贊者爲之施首飾。賓揖笄者適房，改服背子。既笄，所拜見者，惟父及諸母、諸姑、兄姊而已。笄祝用冠者始加巾祝字辭，去「髦士攸宜」一句。餘皆如男子冠禮。

【朱子《家禮》】女子許嫁，笄。母爲主。前期三日，戒賓。一日，宿賓。以牋紙書其辭，使人致之。陳設。如冠禮，但於中堂布席，如衆子之位。厥明，陳服。如冠禮，但用背子、冠笄。序立。主婦如主人之位。將笄者雙紒，衫子，房中，南面。賓至，主婦迎入，升堂。主婦升自阼階。賓爲將笄者加冠笄，適房服背子，乃醮。如冠禮，辭亦同。乃字。如冠禮，但改祝辭「髦士」爲「女士」。主人以笄者見於祠堂。笄者見於尊長，乃禮賓。以上皆如冠儀而省。

蕙田案：士庶女子笄禮，自宋《書儀》、《家禮》而外，明世蓋無聞焉。然冠禮久廢，而今人家於女子年十三則畜髮，謂之上頭，擇日行之。或拜見父母尊長，告於親黨。劉氏曰：「笄，今簪也。簪所以固冠，今世惟已嫁者乃得用之，似與禮意適合。」❶

右女子笄。

五禮通考卷第一百五十

淮陰吴玉搢校字

❶ 「與」，原作「於」，據庫本改。

鳴謝

《儒藏》精華編惠蒙善助，共襄斯文；謹列如左，用伸謝忱。

本焕法師　壹佰萬元

智海企業集團董事長　馮建新先生　壹佰萬元

NE·TIGER時裝有限公司董事長　張志峰先生　壹佰萬元

張貞書女士　壹佰萬元

北京大學《儒藏》編纂與研究中心

本册审稿人　方向東　王　鍔

本册责任編委　沙志利

圖書在版編目(CIP)數據

儒藏.精華編.六六/北京大學《儒藏》編纂與研究中心編.—北京：北京大學出版社，2020.7

ISBN 978-7-301-11784-2

Ⅰ.①儒… Ⅱ.①北… Ⅲ.①儒家 Ⅳ.①B222

中國版本圖書館CIP數據核字（2020）第027592號

書　　名	儒藏（精華編六六） RUZANG（JINGHUABIAN LIULIU）
著作責任者	北京大學《儒藏》編纂與研究中心　編
責任編輯	吴遠琴
標準書號	ISBN 978-7-301-11784-2
出版發行	北京大學出版社
地　　址	北京市海淀區成府路205號　100871
網　　址	http://www.pup.cn　　新浪微博：@北京大學出版社
電子信箱	dianjiwenhua@126.com
電　　話	郵購部 010-62752015　發行部 010-62750672　編輯部 010-62756449
印 刷 者	北京中科印刷有限公司
經 銷 者	新華書店
	787毫米×1092毫米　16開本　65.25印張　780千字
	2020年7月第1版　2020年7月第1次印刷
定　　價	1200.00元

ISBN 978-7-301-11784-2
9 787301 117842 >
定價：1200.00元